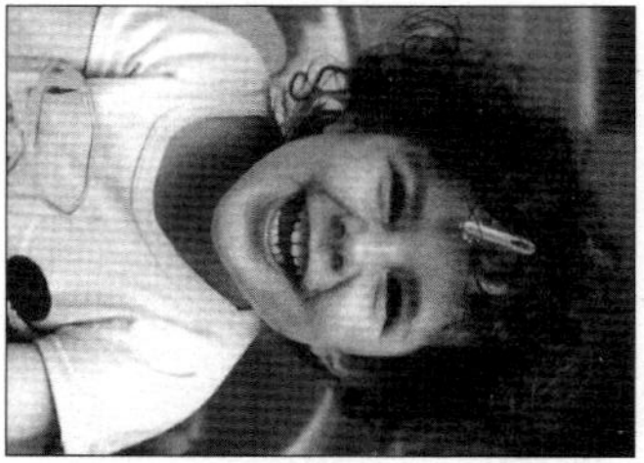

Die Menschen | Staat, Gesellsch. | Land & Natur
Gebiet Montana | Gebiet Lovetsch | Gebiet Varna Gebiet Russe | Gebiet Burgas | Gebiet Chaskovo | Gebiet Plovdiv | Gebiet Sofia | Kurorte, Seebäder
Anhang

Elena und Ralf Engelbrecht
Bulgarien-Handbuch

„Wenn du die Welt kennst,
können dich Alter und Einsamkeit nicht besiegen."

Ein hundertjähriger Bulgare

Für Alexander
und meine Mutter, Josefine Pachler,
die nur in Bulgarien glücklich leben kann.

Elena und Ralf Engelbrecht

Bulgarien-Handbuch

Impressum

Elena und Ralf Engelbrecht
Bulgarien
erschienen im
Reise Know-How Verlag Peter Rump GmbH
Osnabrücker Str. 79
33649 Bielefeld

4., komplett aktualisierte Auflage 2003

Gestaltung:
Umschlag: M. Schömann, P. Rump (Layout)
Günter Pawlak (Realisierung)
Inhalt: Frank-Peter Herbst
Fotos: Die Autoren, ansonsten Krassi Reetz (KR), Alexander Engelbrecht (AE),
Tschawdar Michalkow (TM), Ljubomir Popjordanow (LP), Christine Schmidt (CS)
Werner Schuh (WS), Klaus Werner (KW), Anke Trautmann (Titelfoto)
Karten: Catherine Raisin, der Verlag

Druck, Bindung: Fuldaer Verlagsagentur

ISBN: 3-8317-1133-X

PRINTED IN GERMANY

Dieses Buch ist erhältlich in jeder Buchhandlung der BRD, Österreichs,
Belgiens, der Niederlande und der Schweiz. Bitte informieren Sie Ihren
Buchhändler über folgende Bezugsadressen:
BRD: Prolit GmbH, Postfach 9, 35461 Fernwald (Annerod)
sowie alle Barsortimente
Schweiz: AVA-buch 2000, Postfach, CH-8910 Affoltern
Österreich: Mohr Morawa Buchvertrieb GmbH, Sulzengasse 2, A-1230 Wien
Niederlande, Belgien: Willems Adventure, Postbus 403, NL 3140 AK Maassluis

Wer im Buchhandel trotzdem kein Glück hat, bekommt unsere Bücher
auch direkt bei:
Rump-Direktversand, Heidekampstr. 18, 49809 Lingen (Ems)
oder über unseren ***Büchershop im Internet: www.reise-know-how.de***

• Wir freuen uns über Kritik, Kommentare und Verbesserungsvorschläge.

Vor der Reise

Praktische Reisetipps A–Z

Land und Natur

Staat und Gesellschaft

Die Menschen

Kurorte und Seebäder

Städte u. Landschaften

RUMÄNIEN
Donau
Donau
Russe
Seite 475
Montana
Seite 431
Lovetsch
Seite 415
Seite 379
Varna
SERBIEN
SCHWARZES MEER
Sofia
Seite 229
Plovdiv
Seite 289
Seite 328
Chaskovo
Burgas
Seite 347
MAZEDONIEN
GRIECHENLAND
TÜRKEI
0
100 km

Exkurse

Vorwort

Jeder von uns, der von der ungestillten Sehnsucht nach der weiten Welt gepackt ist, hat seine zweite Heimat gefunden oder ist auf dem Weg, sie zu endecken. Bulgarien, für viele noch ein weißer Fleck, ist seit Jahren unsere Wahlheimat, und sie wird es bleiben. In Bulgarien leben unsere besten Freunde, Menschen, die uns zeigen, wie man mit wenig glücklich sein kann. In dem kleinen Land entdecken wir stets aufs neue die großen menschlichen Werte, die heilende Freude des Zusammenlebens. In den wilden Bergen oder an einem stillen Strand, irgendwo am Schwarzen Meer, tanken wir Begeisterung und Inspiration. Sprachlos vor den wundertätigen Ikonen in den stillen Klöstern kommen wir zur Besinnung. Die unverwischten Spuren der Thraker, Slawen, Römer, Byzantiner, Türken und Bulgaren führen uns in die 1300jährige dramatische Geschichte Bulgariens zurück.

Die bulgarische Volksmusik, die aus den tiefsten Wurzeln der Seele sprudelt, äußert am deutlichsten die Sehnsüchte, Freuden und Leiden des kleinen Volkes. Die bulgarischen Volkstänze sind so ergreifend, dass niemand stillsitzen kann. Mitmachen, mitsingen, mittanzen, mitfühlen ist die beste Art, die komplizierte Psyche der Bulgaren zu begreifen.

Bulgarien bietet für jeden Touristen etwas. Für Leidende - heilende Mineralquellen und reine Bergluft. Für Sportfreunde - Schneeberge, steile Felsen und Meer. Für Familien mit Kindern - unzählige Sandstrände, viel Sonne und saftige süße Früchte. Für „Höhlenmenschen" - aufregenden wilde Höhlen. Zu all diesen Reisezielen führt dieser Reiseführer.

Es gibt so viele Wege, die schließlich immer wieder zu neuen Bekanntschaften führen. Nirgendwo hat uns die Nacht auf der Straße ereilt. Abends, bei gastfreundlichen Bulgaren, mit einem Glas *Rakija* (selbstgebranntem Schnaps) oder schweren Rotwein, dazu *Owtsche Sirene* (Schafskäse), reden wir über Gott und die Welt. Und es beflügelt uns die bulgarische Lebensphilosophie: „Es gebe Leben und Gesundheit, alles andere kommt schon in Ordnung." Man fühlt sich überall erwartet und erwünscht. *„Dobre doschli!"* (Herzlich willkommen!), *„Nasdrawe!"* (Zum Wohl!) oder *„Tschakame wi pak!"* (Wir erwarten Euch wieder!), sind ehrlich gemeinte Wörter, auf die man sich verlassen kann.

Na dobar pat! Gute Reise!

Ihre Elena und Ralf Engelbrecht

Hinweise zur Benutzung

Es ist erstaunlich, wie viele Reisende ohne jegliche Vorstellung von Land und Leuten, ohne Reisevorbereitungen, nicht mal mit einem Reiseführer in der Tasche durch die Ferne ziehen. Solche Leute fordern das Schicksal geradezu heraus und laufen Gefahr, schlechte Erfahrungen zu sammeln. Zwei deutsche Familien schwören: „Nie wieder nach Bulgarien mit dem Auto!" Sie wollten individuell urlauben. Nach einem Autounfall auf den schlechten rumänischen Straßen wurde das zweite Fahrzeug in Bulgarien gestohlen. Sie sammelten ihre Urlaubserlebnisse und Reiseeindrücke auf Polizeistationen und Behörden.

Für ein gutes Gelingen Ihrer Bulgarienreise, für positive und optimale Reiseerlebnisse wurde dieses Buch praxisorientiert und systematisch aufgebaut.

Im Teil ***Praktische Reisetipps*** finden Sie in alphabetischer Reihenfolge alle wichtige Hinweise für die Reisevorbereitung und für das Bereisen des Landes.

Im Teil ***Land und Natur*** gewinnen Sie eine Vorstellung von Geografie und Naturgegebenheiten Bulgariens.

Bei ***Staat und Gesellschaft*** liegt der Akzent auf dem Kapitel Geschichte. Wer die Geschichte kennt, der wird den Umbruch in der Gegenwart verstehen.

Im Teil ***Die Menschen*** finden Sie den Schlüssel zum Verständnis der Bulgaren und ihrer Kultur.

Bei den Ortsbeschreibungen ist das Kapitel ***Kurorte und Seebäder*** für diejenigen geschrieben, die vor allem ihr Wohlergehen und sportliche Aktivitäten im Auge haben. Die ausführlichen Informationen über die internationalen Kurorte im Gebirge und am Meer werden auch Pauschaltouristen und Familien mit Kindern helfen, ihre richtige Wahl zu treffen und sich unabhängig vom Reiseleiter zurechtzufinden, und zudem meist sparsamer zu leben.

Um sich auch in den abgelegensten Ecken Bulgariens orientieren zu können, haben wir das Land in Gebiete eingeteilt. So verschaffen wir jedem die Freiheit, seine ***Routen*** selbst zu gestalten. Die Ortsbeschreibungen in den einzelnen Gebieten sind logisch angeordnet, so dass sie an sich schon eine bestimmte Route ergeben und den nahtlosen Übergang von einem Gebiet zum anderen ermöglichen.

In den ***Ortsbeschreibungen*** finden Sie technische Angaben zu Übernachtung, Kulinarisches, nützliche Adressen und Transport. Stadtpläne und Karten erleichtern die Orientierung. Und wenn man Fragen zu einem konkreten Ort oder bestimmten Thema hat, steht im Anhang ein umfangreiches ***Register*** zur Verfügung.

Wanderer, Kletterer und Wintersportler sollten das Kapitel ***Sport und Erholung*** besonders beachten sowie die ***Wandervorschläge*** bei den Ortsbeschreibungen.

Bulgarische Bezeichnungen

Nach der politischen Wende wurden zahlreiche Straßen und Plätze umbenannt. Manche Ortschaften erhalten wieder ihre alten Namen. Neue Museen entstehen, alte verschwinden. Um Irrtümer zu vermeiden, haben wir ***die neuen und die alten Namen*** angegeben. Trotzdem findet man sich zurecht, weil selbst die Bewohner noch aus Gewohnheit die alten Bezeichnungen verwenden.

Sämtliche ***Namen*** sind der besseren Verständigung wegen in einer der Aussprache angepassten ***lateinischen Umschrift ohne Sonderzeichen*** wiedergegeben. Zum Beispiel steht auf mancher Landkarte *Kârdžali* - im Buch *Kardshali;* auf dem Reiseprospekt *Kazanlâk* - im Buch *Kasanlak;* auf einem Stadtplan *uliza Tzar Boris III* - bei uns *Zar Boris III.* Ausführlich siehe im Kapitel „Sprache".

Die vereinfachte Umschrift erlaubt es also, die bulgarischen Bezeichnungen wie deutsche auszusprechen. Lediglich zwei Besonderheiten sind zu beachten:

sh wie *g* in Manege
ch wie in a*ch*

Damit die verbale Kommunikation besser klappt, falls man einmal mit der Karte nicht weiterkommt und eine kleine Ortschaft, ein Kloster oder eine bestimmte Straße nicht findet und sich danach erkundigen muss, haben wir im Text häufig gleich die bulgarischen Bezeichnungen verwendet. In Klammern die ***Abkürzung,*** der Akzent markiert die Betonung.

bulewárd (bul.)	Boulevard
chísha	Herberge
ésero (es.)	See
jazowír (jaz.)	Stausee
kwartál	Wohngebiet
manastír (man.)	Kloster
méstnost	Ort
nos	Kap
ploschtád	Platz
próchod	Gebirgspass
reká	Fluss
salív	Bucht
úliza (ul.)	Straße
wrach	Gipfel
zárkwa	Kirche

Weitere oft benutzte Bezeichnungen findet man in der ***Kleinen Sprachhilfe*** im Anhang des Buches.

Dankeschön - blagodarja - благодаря

Wir sind überwältigt von dem positiven Echo, das unser Buch bei seinen Lesern/Nutzern gefunden hat. Dabei freuen wir uns nicht nur über die Vielzahl von Zuschriften, über berechtigte Kritik und Aktualisierungsvorschläge, sondern vor allem darüber, mit wieviel Herz und Verstand und mit welch offenen Augen die Menschen unterwegs waren. Bei vielen ist der Funke der Begeisterung für das Land und seine Menschen über- gesprungen, und nicht wenige wollen Bulgarien die Treue halten. Wir danken allen, die sich wiederum die Mühe gemacht haben, uns ihre Erfahrungen und Eindrücke mitzuteilen und mit ihren Hinweisen zur Verbesserung und Aktualiät des Reiseführers beitrugen. Ein besonders herzliches Dankeschön - *sardetschna blagodarnost* - gilt: Werner Schuh aus Zwickau, Heiko Focken aus Leipzig, Ljubomir Popjordanov, Geschäftsführer von Odysseia-In Travel GmbH (Sport & Tourist Agency) Sofia, Georgi Dimitrov aus Sofia.

Die vielen Zuschriften und Telefonanrufe bezeugen, dass die Vorhersage des Bulgaristen Dr. Dietmar Endler von der Deutsch-Bulgarischen Gesellschaft Leipzig eingetreten ist: „Das Buch wird den Bulgaren neue Freunde gewinnen, und den Freunden der Bulgaren - neue Einsichten."

Die Grenze als Selbstbedienungsladen oder der Zöllnerberuf – eine Lizenz zur Selbstbereicherung

„Wir wollten über die rumänische Grenze. ‚Nix geht, jetzt Grenze nix offen'. ‚Warum nicht?' ‚Ich sagen, Grenze nix offen. Du schönes Handy': Das ‚schöne' Handy hat den Besitzer gewechselt, da war die Grenze dann offen. Die bulgarische Grenze war auch ‚zu', der Grenzer dort wollte aber cash."

„Für Ausreise und Donaufähre - obwohl die Brücke offen war - zahlten wir rund 15 €. Dann 55 € fürs Einreisevisum und 2,50 € für die Wagen-Desinfektion, das heißt, das Auto musste durch ein Wasserbad gefahren werden. Damit nicht genug. An der Grenze zur Türkei verweigerte man uns die Ausreise, weil angeblich (trotz Stempel im Pass) kein Einreisevisum vorhanden sei. Der Wagen und alles Gepäck wurden durchwühlt. Ich war kurz vorm Herzinfarkt. Deshalb zahlte meine Frau lieber 60 € Ausreisegebühr. Ohne Quittung natürlich. Später stellten wir fest, dass Videokamera, Fotoapparat, Fernglas, Kosmetika und einige Kleidungsstücke fehlten."

„Wir kamen am frühen Morgen um 5.00 Uhr an die bulgarisch-rumänische Grenze und waren das einzige Auto. Keiner hat uns gesagt, warum wir nicht weiter fahren dürfen. Nach zwei Stunden sind bestimmt mehr als 100 Autos gekommen und alle sind nach und nach gefahren, wir mussten noch als letzte warten. Wir haben uns entschlossen, lieber zu warten als Schmiergeld zu bezahlen. Mit dieser Einstellung durften wir die Grenze um 22.00 Uhr überfahren."

„Vor Polizei und Zöllnern muss man anscheinend wirklich auf der Hut sein, sofern man nicht etwas schmiert. Als ich an der bulgarischen Grenze ankam, mehrte sich der Zöllner lange nicht aus, bis er einen Polizisten dazuholte und beide zusammen mein Wohnmobil durchsuchten. Ich stand vor dem Durchgang zum Fahrerhaus und konnte so beide gut beobachten. Da sie merkten, dass ich ihr träges Durchwühlen genau beobachte, zogen sie nach ca. 15 Minuten ab, ohne etwas mitzunehmen, und ich konnte weiterfahren."

Die schlechten Erfahrungen unserer Leser können wir nicht alle erwähnen. Eine Art Internet-Klage-Mauer mit Fallbeispielen und Tipps zum Selbstschutz findet man unter www.i-tipps.de/gaunertricks/bulgarien.htm.

Vor der Reise

Reisevorbereitungen

Organisiert oder auf eigene Faust?

Touren kann man bei spezialisierten Veranstaltern buchen oder teurer bei Reisebüros in Bulgarien selbst. Es ist jedoch ohne weiteres möglich, Bulgarien auf eigene Faust und mit öffentlichen Verkehrsmitteln zu bereisen. Gute Variante: Kombination aus preiswerter Pauschalreise und individuellen Aktivitäten.

Einreise

Alle Bürger aus Ländern der EU sowie aus EFTA-Staaten reisen ***visafrei*** nach Bulgarien. Für die Ein- und Ausreise genügt demnach deutschen, österreichischen und Schweizer Staatsbürgern ein gültiger ***Reisepass.*** Kinder unter 16 Jahren dürfen nur noch mit Kinderausweis mit Lichtbild oder mit Reisepass einreisen.

Seit dem 01.12.2001 müssen Ausländer und Staatenlose bei der Einreise den Nachweis erbringen, dass sie über einen in Bulgarien gültigen ***Krankenversicherungsschutz*** verfügen. Dieses gilt auch für Kurz- und Transitreisen.

Ausländer, die individuell nach Bulgarien reisen, sind verpflichtet, sich innerhalb von 48 Stunden nach der Einreise bei der für ihren Aufenthaltsort zuständigen Polizeidienststelle oder Ausländerbehörde anzumelden. In Hotels, Pensionen und bei registrierten Privatvermietern übernehmen jeweils die Gastgeber die Anmeldung.

Zollformalitäten

Erlaubt ist die Einfuhr sämtlicher für die Reise und den Aufenthalt benötigten Dinge. Wertgegenstände sind bei der Einreise zu deklarieren, damit sie - wie es Pflicht ist - problemlos wieder mit ausgeführt werden können. Die Ein- und Ausfuhr von ***Antiquitäten und Kunstwerken*** ist erheblich eingeschränkt. Verboten ist der Export von Gegenständen mit historischem, wissenschaftlichem, künstlerischem und kulturellem Wert. ***Ausländische Währungen*** können unbegrenzt ein- und ausgeführt werden, die Ein- und Ausfuhr bulgarischer Währung ist jedoch verboten.

Bürokratie

Die Praxis duldet manches, was die Theorie nicht erlaubt. Zur Praxis gehört allerdings auch die Korruption. Sorgfältige Ausweis- und Gepäckkontrollen sind nicht die Regel.

Krankenversicherung

Zwischen Bulgarien und Deutschland besteht kein Sozialversicherungsabkommen. Es ist unbedingt anzuraten, vor der Reise eine private Reise-Krankenversicherung abzuschließen. Diese übernimmt im Falle einer notwendigen Behandlung in Bulgarien die entstandenen Kosten, eventuell auch für den Rücktransport.

Geldfragen

Wechselkurs: Der Lew ist per Gesetz an den Euro gebunden. 1 Lew entspricht € 0,51. Die Preise für alle Dienstleistungen sind in Lewa zu bezahlen.

Wechselstellen befinden sich in den meisten Hotels, in sämtlichen Städten und an den Grenzübergangsstellen.

Kreditkarten: American Express, Diners Club, Eurocard, Access, Airplus, Carte blanche und andere werden in teuren Hotels, bei Banken, Mietwagenbüros, großen Tankstellen und Fluggesellschaften akzeptiert.

Bankautomaten sind mittlerweile in jeder größeren Stadt und auch am Flughafen in Sofia verfügbar. Hier kann man problemlos Geld in Höhe bis zu 200 Lewa (€ 102) mit Mastercard, Maestro, Cirrus, EC-Card, Visa, Visa Electron, American

Express und eplus, auch in deutscher Sprache, abheben.

Unterkunft

Die Palette reicht von Luxushotels in Sofia und den internationalen Kurorten am Schwarzen Meer und im Gebirge über Mittelklassehotels, Privatquartiere, Motels und Campingplätze bis zu Herbergen und Klöstern. Die teuerste Übernachtung - von einer Präsidentensuite abgesehen - beträgt € 194 (380 Lw), die billigste € 2,60-3,60 (5-7 Lw).

Versorgung

In den größeren Städten ist die Versorgung ausreichend, in den Dörfern hapert es dagegen nach wie vor. Die Bauernmärkte bieten jedoch täglich frisches Obst und Gemüse.

Transportmittel

Bulgarien kann man mit Flugzeug, Eisenbahn, Schiff, Mietwagen, Taxi, Bus, Motorrad und Fahrrad erkunden. Die öffentlichen Verkehrsmittel sind zwar überaltert, aber man kommt damit ans Ziel.

Reisezeit

Bulgarien ist ein ganzjährig zu bereisendes Land; für ***Wintersportler*** von Dezember bis März, für ***Badelustige*** von Ende Mai bis Mitte September, für ***Entdecker*** von Mai bis Mitte Juli und September bis Mitte Oktober.

Kosten und Preise

Bulgarien ist ein äußerst preiswertes und ***kostengünstiges Reiseland.*** Besonders niedrig sind die Preise fürs Essen und Trinken sowie für die öffentlichen Verkehrsmittel. Vorsicht bei ***Kellnern und Taxifahrern,*** sie versuchen bei Ausländern immer wieder, die Preise selbst zu bestimmen. Für ***Übernachtung*** zahlen westliche Ausländer offiziell einen viel höheren Preis. Qualität und Preise sind äußerst instabil, mit ***ständigen Änderungen*** ist zu rechnen.

Verständigung

In den Städten und Kurorten kann man mit Französisch, Englisch und zum Teil mit Deutsch auskommen, Russisch verstehen alle. Zum eigenen Vorteil sollte man sich mit ein paar Brocken Bulgarisch befreunden. Hilfestellung dazu bietet die Kleine Sprachhilfe im Anhang oder, noch besser, der Kauderwelsch-Sprachführer „Bulgarisch - Wort für Wort" aus dem gleichen Verlag.

Die Menschen

Bulgaren sind herzlich, liebevoll und gastfreundlich. In Sofia und den überlaufenen Kurorten stößt man jedoch auf Typen, die ganz genau wissen, was sie von Ausländern wollen. Am Arbeitsplatz, im Büro, ist der Bulgare kompliziert, zu Hause jedoch der liebste Mensch.

Verhalten

Der gravierendste Verhaltensunterschied gegenüber westeuropäischen Normen ist das Schütteln des Kopfes als bejahende Zustimmung und das Nicken als „nein". Es ist daher ratsam, die jeweilige Kopfbewegung mit dem entsprechenden bulgarischen Wort *„da"* (ja) oder *„ne"* (nein) bzw. *„njama"* (gibt es nicht) zu verbinden.

Bulgarien-Highlights

Die Kirche von Bojana

Bojánskata zárkwa, Боянската църква

Ein Denkmal der bulgarischen mittelalterlichen Architektur und Kirchenmalerei. Der älteste, östliche Teil wurde während des 11. Jh. gebaut. Bekannt ist sie durch den hohen künstlerischen Wert der Wandmalereien aus dem Jahre 1259. Diese Fresken gehören zu den wertvollsten Schöpfungen der mittelalterlichen europäischen Malerei. Befindet sich 8 km von Sofia entfernt. Siehe Seite 250.

Das thrakische Grabmal von Kasanlak

Kasanláschkata trakijska gróbniza,
Казанлъшката тракийска гробница

Ein Denkmal der thrakischen Architektur und Kunst von Ende des 4./Anfang des 3. Jh. v. Chr., erst 1944 zufällig entdeckt. Das Grabmal besteht aus einem reich bemalten rechteckigen Vorraum, einem engen Gang und einer gewölbten Grabkammer aus Ziegeln. Besonders wertvoll und beeindruckend sind die Wandmalereien, die das Leben eines thrakischen Herrschers darstellen.

Befindet sich in einem Park 5 km östlich von Kasanlak und ist 200 km von Sofia entfernt. Siehe Seite 330.

Der Reiter von Madara

Madárskijat kónnik, Мадарският конник

Das archäologische Reservat Madara verdankt seinen Weltruf dem einzigen frühmittelalterlichen Monumentalrelief Europas. Madarskijat konnik ist am nordwestlichen Hang des Plateaus von Madara im 8. Jh. in einer Höhe von 23 m aus einer senkrechten Felswand herausgemeißelt worden. 226 Stufen führen zu dem rätselhaften, fast lebensgroß dargestellten Reiter, der mit seinem Speer einen Löwen durchbohrt hat, und dessen Pferd ein Hund folgt. Die Komposition stellt den Triumph nach einem Sieg des Ersten Bulgarischen Reiches über das benachbarte Byzanz dar. Um das Relief sind drei Inschriften in griechischer Sprache in Stein gemeißelt. In ihnen wird zum ersten Mal der Name Bulgarien erwähnt.

Befindet sich in 1,5 km Entfernung östlich vom Dorf Madara und 380 km von Sofia entfernt. Siehe Seite 406.

Das Rilakloster

Rílskijat manastír, Рилският манастир

Größter Klosterkomplex der Balkanhalbinsel (außer Athos). Wichtiges christliches Kultur- und Bildungszentrum. Ein Bollwerk des bulgarischen Geistes in Zeiten nationaler Unterdrückung. Eine nationale Pilgerstätte. Gegründet wurde es im 10. Jh. vom bulgarischen Heiligen Ivan Rilski. Das Kloster liegt im nordwestlichen Teil des Rilagebirges in 1100 m Höhe. Sein heutiges Aussehen stammt vom Anfang des 15. Jh. Der Klosterkomplex hat die Form eines Vierecks mit einer Gesamtfläche von 8800 Quadratmetern.

Befindet sich 3 km östlich des kleinen Städchens Rila und 120 km südwestlich von Sofia. Siehe Seite 270.

Nessebar

Nessébar, Несебър

Kaum zu glauben, dass es sich auf diesem Halbinselchen, durch eine 10 m breite und etwa 300 m lange Straße mit dem Festland verbunden, um eine der ältesten Siedlungen Europas handelt. Mehr als 3000 Jahre lang wurde sie ununterbrochen besiedelt. In Nessebar sind wertvolle kulturhistorische Denkmäler erhalten: antike Festungsmauer, byzantinische Kirchen, über 60 Wiedergeburtshäuser.

Befindet sich 4 km vom Sonnenstrand (*Slántschev brjag*) entfernt, 38 km nordöstlich von Burgas, 430 km von Sofia, 100 km südlich von Varna. Siehe Seite 364.

Die Felsenkirchen von Ivanovo

Iwánowskite skálni manastíiri,
Ивановските скални манастири

Einst ein großes Felsenkloster *„Swetí Archángel Michaíl"* („Der Heilige Archangel Michael"), gebildet aus einem Komplex von Kirchen, Kapellen und Mönchszellen, erhebt es sich in einer Höhe von 6–8 m in den Felsen gehauen auf beiden Seiten des Flusses Russenski Lom. Im 13. und 14. Jh. war das Kloster ein wichtiges geistiges und kulturelles Zentrum, reichlich durch die bulgarischen Zaren und Patriarchen gefördert. Von den Wandmalereien der Kirchen und Kapellen wurde das meiste zerstört, doch die vorhandenen Reste in der Kirche *„Swetá Bogoródiza"* („Heilige Gottesmuter") zeugen von dem Versuch, sich durch eine ausgeprägte Individualität und Eigenständigkeit der dargestellten Personen vom Kanon der traditionellen mittelalterlichen Kirchenmalerei zu entfernen. Die Felsenkirche, in einer Höhe von 38 m errichtet, hat eine Ausdehnung von 16 m Länge, 4 m Breite und 2,15 m Höhe.

4 km vom Dorf Ivanovo, 20 km südlich von Russe und 460 km von Sofia entfernt. Siehe Seite 421.

Nationalpark Pirin

Nazionálnijat park Pírin,
Националният парк Пирин

Das Pirin-Gebirge ist der größte Nationalpark in Bulgarien und nimmt eine Fläche von 26.489 ha ein. Er beherbergt Gegenden mit besterhaltener Natur. Über 60 % des Pirin sind mit Wäldern bedeckt. Hier befinden sich der älteste Baum Bulgariens, die Baikuschevpinie, mit einem Alter von 1200 Jahren, über 50 Gipfel mit einer Höhe von 2600 m, etwa 70 Gletscherseen, viele Wasserfälle, Höhlen und erhabene Schluchten.

Erstreckt sich in 100 km Entfernung von Sofia. Siehe Seite 92 und 227.

Das Naturreservat „Srebarna"

Priródnijat reserwát „Srébarna",
Природният резерват „Сребърна"

Das Reservat mit einer Fläche von 600 ha befindet sich 2 km südlich der Donau. Es umfasst den See Srebarna und dessen Umgebung. Es ist eine der interessantesten Feuchtgebiete in Europa mit einer außerordentlichen Vielfalt an Pflanzen- und Tierarten. Viele der Tiere im Reservat sind seltene Vertreter des genetischen National- und Weltfonds: krausköpfige Pelikane, Reiher, Ibisse, wilde Gänse und Enten, Krebse, Schildkröten, Fischotter. Am Ufer des Sees ist ein Museum errichtet, in dem Sammlungen aller das Reservat besiedelnden Tierarten zu sehen sind.

16 km westlich von Silistra und 430 km von Sofia. Siehe Seite 430.

Thrakisches Grabmal von Sveschtari

Trakíjskata gróbniza pri sélo Sveschtári,
Тракийската гробница при село Свещари

Das Grabmal ist ein unikales Denkmal der thrakisch-hellenistischen Kunst aus der ersten Hälfte des 3. Jh. v. Ch. Es besteht aus einem Gang und führt über einen Vorraum zur Grabkammer. Vom Vorraum zweigt noch ein Seitenraum ab. Alle drei Kammern besitzen einen fast quadratischen Grundriss und sind aus gut bearbeiteten, weißen Kalksteinblöcken gefertigt. Am beeindruckendsten sind die zehn Frauenfiguren im Fries, jede 1,30 m groß. Frontal dargestellt und in festlicher Pose, stützen sie mit ihren erhobenen Händen die Last des Gewölbes. Der Plan, die Architektur, der Reliefschmuck, die Wandmalereien und die gesamte künstlerische Gestaltung sind einmalig in Bulgarien und werden als Phänomen der thrakischen Nekropolenkunst bezeichnet.

Befindet sich 10 km nordwestlich der Stadt Isperich und 410 km nordwestlich von Sofia. Siehe Seite 427.

Bulgarien im Überblick

Offizieller Name
Repúblika Balgárija
Република България
(Republik Bulgarien)

Fläche
110.911 Quadratkilometer

Hauptstadt (Einwohnerzahl)
Sofia (1,1 Mio)

Größte Städte
Plóvdiv (350.000)
Várna (300.000)
Burgás (200.000)
Stára Sagóra (150.000)
Rússe (140.000)
Pléven (120.000)

Staatsform/Regierungsform
Republik mit parlamentarischer Regierungsform

Staatspräsident
Georgi Parvánov, auf fünf Jahre gewählt (seit November 2001 im Amt)

Regierungschef/Ministerpräsident
Simeon Sakskoburggotski (der Ex-Zar Simeon II. von Sachsen Coburg-Gotha, seit Juni 2001)

Staatsfeiertag
3. März (1878, Unabhängigkeit von der osmanischen Herrschaft)

Bevölkerung
7,974 Mio, davon 84% Bulgaren, 9,5% Türken, 4,6% Roma und Sinti, andere 2,3%

Religion
Christen (87%), Muslime (12,7%), Sonstige (0,3%)

Sprache und Schrift
Bulgarisch, die älteste slawische Schriftsprache, geschrieben mit kyrillischem Alphabet; Türkisch für Minderheiten

Ausdehnung und Lage
22°-28° östlicher Länge, 21°-24° nördlicher Breite. Die maximale Ausdehnung Bulgariens von Ost nach West beträgt 520 km, von Nord nach Süd 330 km.

Grenzen
Mit Rumänien (609 km), Serbien und Mazedonien (506 km), Griechenland (493 km), Türkei (259 km), Schwarzmeerküste (378 km)

Klima
Größtenteils gemäßigtes Kontinentalklima, im Südwesten Mittelmeereinfluss; warme Sommer und relativ kalte Winter

Gebirge (höchster Gipfel)
Rhodopen (Großer Perelík 2191 m), Pírin (Wíchren 2914 m), Wítoscha (Tschérni Wrach 2290 m), Ríla (höchster Berg der Balkanhalbinsel: Mússala 2925 m), Stára Planiná (Balkangebirge, Bótev 2376 m)

Längste Flüsse
Donau (Anteil 609 km), Iskar (368 km), Túndsha (349 km), Maríza (321 km)

Zeit
Osteuropäische Zeit = Mitteleuropäische Zeit (MEZ) + 1 Std. (in Bulgarien gilt auch die Sommerzeit,)

Währung
„Lew“ ('Löwe', Mehrzahl *Lewa*, Abkürzung Lw). Ein Lew hat 100 *Stotinki* (Einzahl *Stotinka*, Abkürzung St).

Praktische Reisetipps A–Z

An- und Rückreise

Eigenes Fahrzeug

In unserem motorisierten Zeitalter werden zunächst viele bei der Wahl des Verkehrsmittels auf das eigene Auto schielen. Wäre da nicht das Problem der Transitländer, stellte dies eine für Bulgarien - ein Land mit relativ geringem Autoverkehr - durchaus akzeptable und reizvolle Variante dar, die wir schon mehrfach praktiziert haben.

Derzeit würden wir jedoch niemandem empfehlen, mit dem eigenen Fahrzeug nach Bulgarien zu fahren. Durch die Folgen des Bürgerkrieges im ehemaligen Jugoslawien, schlechte Straßen und ***wachsende Kriminalität*** in Rumänien ist die Fahrt für Autotouristen gefährlich geworden. Wenn man Bulgarien dann erreicht hat, warten dort die Diebe auf frische Ware.

Nicht zu unterschätzen sind auch die irrealen **Wartezeiten** an der rumänischen Grenze, die ohne die Zahlung einer erzwungenen „Bestechung" durchaus 24 Stunden und mehr betragen können.

Hinzu kommt der Papierkram für die **Transitvisa** (für das ehemalige Jugoslawien und Rumänien) und damit eine Menge zum Teil nicht kalkulierbarer Unkosten, weil durchaus jeder selbsternannte Milizenchef noch einmal Gebühren abkassieren könnte. So schön die Fahrt mit eigenem fahrbaren Untersatz wäre, hier muss man auf bessere Zeiten warten.

Die ***Straßenbenutzungsgebühr*** beträgt für Pkw mit bis zu 8 Sitzplätzen 2 $ bzw. 10 $ für Kleinbusse mit mehr als 8 Sitzen. Für die Benutzung der Autobahn mit Pkw werden Gebühren von 0,10 $ pro Kilometer, mindestens aber 5 $ (Kleinbusse: 0,20 bzw. 10 $) erhoben. Die Gebühr ist bei der Einreise fällig.

Bei der Einreise ist neben dem Reisepass eine ***Grüne Versicherungskarte*** erforderlich.

Es findet eine gebührenpflichtige ***Fahrzeugdesinfektion*** statt.

Grenzübergänge

Bulgarisch-serbische Grenze

- ***Bregovo:*** verbindet Negotin mit Vidin
- ***Vraschka tschuka:*** verbindet Sajtschar mit Kula
- ***Kalotina:*** vebindet Nisch mit Sofia
- ***Stresimirovci:*** verbindet Nisch mit Sofia

Bulgarisch-mazedonische Grenze

- ***Gjueschevo:*** verbindet Skopje mit Kjustendil
- ***Stanke Lesitschkovo:*** verbindet Deltschevo mit Blagoevgrad
- ***Slatarevo:*** verbindet Novo selo mit Slatarevo

Bulgarisch-griechische Grenze

- ***Kulata:*** verbindet Sidirokastron mit Blagoevgrad
- ***Svilengrad:*** verbunden mit Didymotichon

Bulgarisch-türkische Grenze

- ***Kapitan Andreevo:*** verbindet Edirne mit Svilengrad
- ***Malko Tarnovo:*** verbindet Karklareli mit Malko Tarnovo

Bulgarisch-rumänische Grenze

- ***Durankulak:*** verbindet Mangalia mit den bulgarischen Seebädern
- ***Kardam:*** verbindet Negru Voda mit Dobritsch (Tolbuchin)
- ***Silistra:*** verbunden mit Calarasi
- ***Russe:*** die so genannte „Brücke der Freundschaft" über die Donau verbindet Giurgiu mit Russe
- ***Vidin:*** verbindet Kalafat mit Vidin durch eine Fährverbindung über die Donau

Der ***Grenzübergang in Vidin*** ist der am meisten belastete. Hier bilden sich von Mai bis Oktober riesige Schlangen, so dass man mit einer Wartezeit von bis zu 20 Stunden rechnen muss. Zur Überfahrt über die Donau stehen zwei kleine und zwei große Fähren bereit, die im Intervall von einer halben bis zu einer Stunde rund um die Uhr verkehren. Vorsicht beim Befahren der Fähre. Durch die steile Böschung kann man ganz leicht mit dem Wagen aufsetzen. Deshalb unbedingt schräg auffahren.

Ausländer bezahlen in harter Währung. Die Gebühren für die Benutzung der Fähre betragen:

• LKW	$ 70	€ 61,35
• PKW	$ 15	€ 12,78
• Mikrobus, Auto mit Wohnwagen	$ 30	€ 25,60
• Bus	$ 40	€ 33,20
• pro Person	$ 2	€ 2,15

Als ***Alternative zum eigenen Auto*** bietet sich eine von mir selbst praktizierte Variante an. Ich ließ mir von Freunden einen zuverlässigen Mann mit Auto besorgen. Im Lande fremd, kann man je nach Sympathie einen privaten Taxifahrer mieten, freundschaftliche Beziehungen schaffen und für mindestens € 10,20 (20 Lw) täglich (soviel hatte ich ausgehandelt) plus Vollverpflegung und Übernachtungskosten sowie Benzin das Land bereisen. So hat man einen Einheimischen zur Hand und gleichzeitig einen Bodyguard; für zu zweit oder allein reisende Frauen oder Mädchen ist diese Variante besonders zu empfehlen. Vor Fahrtantritt notiere man sich von dem Fahrer die Angaben des Personalausweises, bei Problemen mit kyrillischen Buchstaben kopieren, und am besten lerne man noch seine Familie kennen.

Bahn- und Busreisen

Eisenbahn

Für Eisenbahnfans und Leute, die einfach Lust aufs Bahnfahren haben, räumen wir gern Platz ein für die detaillierten Angaben unseres Lesers, Heiko Focken, aus Leipzig. Auf seiner Internetseite findet man nützliche Bahninformationen und tolle Fotos: www.drehscheibe-online.de

Anreise

„Durchgehende Züge aus Westeuropa nach Bulgarien gibt es nicht mehr. Die bequemste Anreisemöglichkeit auf der Schiene ist der ***Weg über Budapest,*** wohin von zahlreichen deutschen Städten direkte Züge verkehren. Gegen 20 Uhr verlässt dann der Schnellzug „Transbalkan" die Donaumetropole und erreicht einen Tag später Sofia. Schlafwagen für diesen Zug sollte man jedoch am besten erst vor Ort beim bulgarischen Schlafwagenschaffner (im Schlaf-Kurswagen nach Thessaloniki) buchen, da bei einer Reservierung in Deutschland die wesentlich höheren DB-Aufpreise berechnet werden.

Eine insbesondere für Reisende aus Ostdeutschland interessante Variante ist der ***Weg über Prag.*** Der dort gegen 23.30 Uhr abfahrende „Pannonia-Express" führt in den Sommermonaten Liege-Kurswagen an die Schwarzmeerküste. Dreimal in der Woche verkehrt der Wagen nach Varna, viermal in der Woche nach Burgas. Die Fahrzeit beträgt allerdings rund 36 Stunden.

Daneben bietet das Münchner Unternehmen „Optima-Tours" in den Sommermonaten einen wöchentlich verkehrenden ***Zug von Villach*** (Österreich) zum bulgarisch-türkischen Grenzbahnhof Svilengrad an, der auch Autos mitnimmt.

Im Land

Wer in Bulgarien einen der rot-weiß lackierten Schnellzüge oder Expresszüge besteigt, wird sich oftmals wie zu Hause fühlen: In den vergangenen Jahren übernahm die ***bulgarische Staatsbahn BDZ*** zahlreiche Schnellzug-Abteilwagen aus Deutschland, die vormals bei der Deutschen Reichsbahn und der Deutschen Bahn AG ihren Dienst verrichteten. Wenngleich man den Wagen im Ausbesserungswerk „Septemvri" äußerlich das Livree der BDZ verpasste, so findet man in den Abteilen allenthalben Werbetäfelchen für den ICE oder Aschenbecher mit eingraviertem Kürzel „DR". Aber auch sonst erkennt der aufmerksame Bahnreisende bei genauerem Hinschauen bekannte Gesichter aus heimischen Gefilden: Die Schwestern der aus sowjetrussischer Fertigung stammenden, roten ***Großdiesel-loks*** der BDZ-Baureihe 07 laufen als Baureihe 232 in vielen hundert Exemplaren auch bei der Deutschen Bahn, und die überall im Land tätigen Rangierlokomotiven der Baureihe 52 wurden in fast 300 Exemplaren gar direkt vom Volkseigenen Lokomotivbau aus der DDR importiert. Und auf der schmalspurigen Rhodopenbahn klettern Lokomotiven, die anno 1965 bei Henschel in Kassel zur Welt kamen, bis heute auf den mit 1267 m.ü.M. am höchsten gelegenen Bahnhof Bulgariens.

Bahnfahren in Bulgarien ist für westeuropäische Geldbörsen ausgesprochen preiswert. Die ohnehin geringen Kilometerpreise nehmen bei zunehmender Reiseweite sogar noch ab. Allerdings sollte man ein wenig mehr Zeit als von daheim gewohnt mitbringen, denn auch auf Hauptstrecken liegt die ***Reisegeschwindigkeit*** selten über 70 km/h. Höchstgeschwindigkeit für bulgarische Züge ist 120 km/h. Im Rahmen von ***Ausbaumaßnahmen*** arbeitet die BDZ jedoch an der Beschleunigung des Bahnverkehrs. Im Rahmen des Paneuropäischen Verkehrskorridors Nr. 4 (Prag/Wien - Budapest - Bukarest - Russe - Istanbul/Sofia - Thessaloniki) wurde mit Hilfe und Know-how der EU im Jahre 2001 die Strecke von Sofia nach Kulata an der griechischen Grenze elektrifiziert. Heftig gebuddelt wird in diesem Zusammenhang derzeit auch an der spektakulären Balkantransversale zwischen Gorna Orjachoviza und Stara Sagora mit ihren 23 Tunnels.

Auf bulgarischen Strecken verkehren die Züge unregelmäßig mehrmals am Tag. ***Taktverkehre*** gibt es außer zwischen Plovdiv und Sofia nicht. Der Gedanke, mal eben aus einem Zug auszusteigen und eine Stunde später mit dem nächsten weiter zu fahren, zieht i. d. R. einen mehrstündigen Zwangsaufenthalt nach sich. Bahnfahrern sei daher unbedingt die Investition von 1,50 Lewa für das ***Kursbuch*** „Sakraténo raspissánie" (Съкратено разписание) ans Herz gelegt, welches auch mehrere Monate nach dem Fahrplanwechsel an größeren Bahnhöfen erhältlich ist. Es enthält in kyrillischer Schrift alle Züge im Land und ins Ausland, allerdings sind in den Fahrplantabellen nicht alle kleinen Stationen aufgeführt. Für die Fahrten auf den Hauptstrecken leistet auch das ***Auslandskursbuch der Deutschen Bahn*** gute Dienste, welches auch die wichtigsten bulgarischen Züge enthält.

Die Züge in Bulgarien sind insbesondere auf den Nebenbahnen überraschend pünktlich. Lediglich bei internationalen Zügen, die beim Eintreffen in Bulgarien z.T. schon eineinhalb Tage unterwegs sind, sollte man mit Anschlüssen nicht zu eng kalkulieren.

Nachfolgend einige ***Preisbeispiele*** (in Lewa) für Bahnreisen in Bulgarien, Stand August 2002:

Strecke	***2. Klasse***	***1. Klasse***
100 km	3,60 Lw	5,00 Lw
200 km	7,10 Lw	10,10 Lw
500 km	11,70 Lw	16,80 Lw
Sofia - Varna	12,50 Lw	18,00 Lw
Sofia - Burgas	10,50 Lw	15,00 Lw
Sofia - Plovdiv	4,60 Lw	6,50 Lw

Fahrten im Expresszug kosten zwischen 1 und 2,40 Lewa, im Personenzug etwa 0,50 - 1 Lew weniger. Im Voraus gekaufte Netzkarten wie „Euro-Domino" oder Interrail sind bei diesen Fahrpreisen rausgeschmissenes Geld und lohnen sich nicht.

Die ***Fahrkarten*** erhält man an den meisten Bahnhöfen am Fahrkartenschalter, ansonsten im Zug. Sie gelten jeweils für eine ganz bestimmte Verbindung und beinhalten in Fernzügen zumeist gleich die Platzreservierung (diese kostet sonst 0,50 Lewa). Am Schalter wird i. d. R. der Fahrschein für die nächstmögliche Verbindung verkauft. Nutzt man trotzdem einen höherwertigen Zug, sollte man dies alsbald dem Schaffner mitteilen oder - besser noch - die Fahrkarte zuvor umtauschen. Als wir zwischen Stara Sagora und Veliko Tarnovo statt des auf der Fahrkarte ausgewiesenen Bummelzuges den „Bosphor-Express" benutzten, wollte uns der Schaffner einen „internationalen Tarif" von 20

Euro pro Person abknöpfen. Da er aber „kein Mafioso sei", würde er sich aber auch mit insgesamt 20 Euro begnügen. Nach zähen Verhandlungen zahlten wir schließlich zusammen 20 Lewa, natürlich ohne Erstellung einer Fahrkarte.

In Sofia ist zu beachten, dass an jedem ***Schalter*** nur Fahrkarten für eineRichtung ausgeben werden. Die Schalter für Fahrten nach Plovdiv z.B. befinden sich im Untergeschoss des Bahnhofes.

Ausgesprochen preiswert sind ***Nachtreisen*** in bulgarischen Schlaf- und Liegewagen. In den insbesondere im Sommer oftmals stark besetzten Nachtzügen sollte man sich daher den Luxus eines Schlafwagens gönnen. Der Aufpreis für ein frisch bezogenes Bett mit Waschgelegenheit im Abteil beträgt im BDZ-Binnenverkehr im 1-Bett-Abteil (1.-Klasse-Fahrschein erforderlich) 9,70 Lw, im 2-Bett-Abteil (1.-Klasse-Fahrschein erforderlich) 9,70 Lw, im 3-Bett-Abteil 7,70 Lw, im Liegewagen mit 6 Liegen pro Abteil 4 Lw.

Schlaf- und z.T. auch Liegewagen verkehren auf folgenden Verbindungen:

- Russe - Povdiv
- Silistra - Russe - Sofia
- Dobritsch - Sofia
- Varna - Gorna Orjachovitza - Sofia
- Varna - Kasanlak - Sofia
- Varna - Plovdiv
- Burgas - Plovdiv - Sofia
- Burgas - Gorna Orjachoviza - Pleven (nur Juni bis September).

Der Nord-Süd-Nachtverbindung von Plovdiv über Gorna Orjachoviza nach Momtschilgrad - Podkova hat man im Juni 2002 allerdings den Schlafwagen weggenommen. Zu berücksichtigen ist bei Nachtfahrten, dass die Fahrgeräusche auf den z.T. recht miesen bulgarischen Gleisen doch etwas über denen eines Zuges in Deutschland oder Österreich liegen.

Auf der Strecke Burgas - Sofia, verkehren die meisten Züge über Plovdiv, einige jedoch (Abfahrten 5.25 und 13.25 Uhr ab Burgas sowie Sofia ab 7.15 und 16.00 Uhr) benutzen die landschaftlich wesentlich reizvollere Strecke via Kasanlak am Fuße des Balkans.

Auf den Strecken Sofia - Burgas und Sofia - Varna werden in einigen Zügen auch ***Autos mitgenommen.*** Die Preise für die Mitnahme des eigenen Vehikels liegen je nach Autogröße zwischen Sofia und Varna bei 34 bis 57 Lewa, zwischen Sofia und Burgas bei 24 bis 43 Lewa.

Busreisen

Die **Deutsche Touring,** der größte und umfassendste internationale Linienverkehrsanbieter, ermöglicht zum großen Teil täglich von über 170 deutschen Städten Linienverkehre in 35 Länder Europas. Busverbindungen bestehen zu den bulgarischen Städten Sofia, Plovdiv, Stara Sagora, Burgas und Varna.

Aktuelle Information unter Tel. Mo.-Fr. 9.00-18.00 Uhr (069) 790350, E-Mail: service@deutsche-touring. com, www.deutsche-touring.com.

Viele Trassen führen durch Gebirge

Flugreisen

Fliegen ist unbestritten die bequemste Art, nach Bulgarien zu reisen, und zwar in zirka zweieinhalb Stunden! Man spart die Gebühren für die Transitvisa und notfalls sämtliche Laufereien. Einziger Nachteil beim Fliegen: Das Freigepäck ist im Allgemeinen auf 20 kg beschränkt. Sobald man zu zweit reist, relativiert sich dieser Nachteil jedoch. Regelmäßige ***Flugverbindungen*** von und nach Sofia bestehen mit Berlin, Frankfurt am Main, München, Wien, Zürich und Amsterdam sowie mit Athen und Istanbul (für die Weiterreise). Charterflüge, die besonders preiswert sind und von Reiseveranstaltern durchgeführt werden, pendeln von Bremen, Düsseldorf, Hamburg, Hannover, Köln, Nürnberg, Stuttgart, Erfurt, Dresden und Leipzig/ Halle nach Sofia, insbesondere aber nach Varna und Burgas.

Preislich muss man bei der Fluggesellschaft *Balkan Air* mit € 205-307 (400-600 Lw) für den Hin- und Rückflug nach Bulgarien rechnen.

Achtung! Bulgarischen Fluglinien haftet ine gewisse ***Unzuverlässigkeit*** an. Sowohl beim Hin- als auch beim Rückflug muss man sich unbedingt einen Tag vorher nach der genauen Zeit des Abfluges erkundigen. Besonders unangenehm ist, wenn das Flugzeug zwei Stunden vor dem angegebenen Termin startet oder man gar nicht auf der Passagierliste vermerkt ist.

- Für die Fluggesellschaft ***Balkan Air*** bestellt man die Tickets über die *Balkan Holidays Reisebüro GmbH* (Anschriften siehe im Kapitel „Informationsstellen") oder benutzt die etwas teureren Angebote von *Lufthansa, Austrian Airlines* und *Swissair.* Über jedes größere Reisebüro ist es möglich, diese Flugtickets zu erwerben.
- ***Balkan Air,*** ploschtad Narodno sabranie 12, Sofia, Tel. (02) 880 663, 874 736
- ***Lufthansa,*** uliza Saborna 9, Sofia, Tel. (02) 980 4101, 980 4141, Fax (02) 981 2911
- ***Austrian Airlines,*** buleward Knjaginja Maria-Luisa 68, Sofia, Tel. (02) 931 1090, Fax (02) 334 003
- ***Swissair,*** buleward Knjaginja Maria-Luisa 66, Sofia, Tel. (02) 931 0871, Fax (02) 931 1359
- Das neue ***Lufthansa City Center*** in Sofia (zusätzlich zum Lufthansa-Stadtbüro) bietet seinen Kunden, die individuell reisen wollen, komplette Serviceleistungen: Verkauf von Flugtickets aller Fluggesellschaften, Transfer vom bzw. zum Flughafen, Unterkunft etc. Die bulgarischen Mitarbeiter sprechen alle Deutsch und Englisch. Reisebüropartner in Sofia ist das ***Reisebüro Hornit, Lufthansa City Center,*** buleward Skobelew 59, Tel. (02) 951 5262, Fax (02) 951 5907, E-Mail: Lcc-Sofia@mobicom.com.

Pauschalreise

Da Bulgarien ein äußerst preiswertes Reiseland ist, bietet sich derzeit für ganz Clevere eine ***preislich optimale Variante:*** Man schlüpft in die Rolle des Pauschalreisenden, auch wenn man eigentlich an eine eigene Reiseplanung dachte. Dazu bucht der Globetrotter bei einem Reisebüro nur eine ganz normale Pauschalreise. Sie erfolgt hauptsächlich per Charterflug entweder nach Varna oder Burgas. In der Vor- und Nachsaison sind diese Reisen besonders preiswert, zum Beispiel drei Wochen mit Übernachtung und Frühstück für € 322 (630 Lw), eingeschlossen der Flug. In der Hochsaison dagegen kostet diese Reise von zwei Wochen bis € 409 (800 Lw). Zu diesem Preis kommen keine weiteren Ausgaben.

Solch ein „Sonderangebot" nutzt man für seine eigene Reise. Man hat dann gewöhnlich ein festes Quartier irgendwo am Schwarzen Meer, wohin man jederzeit wieder zurückkehren kann oder wo man sich so lange aufhält, wie man will, und startet von hier aus seine Touren auf eigene Faust ins Landesinnere mit öffentlichen Verkehrsmitteln oder Leihwagen. Das ist auf jeden Fall billiger, als wenn man die zusätzlichen Angebote der Reiseveranstalter in Anspruch nimmt, die an westlichen Preisen orientiert sind. So nutzt man die Vorteile der Pauschaltouristik und verfügt zusätzlich über die Freiheit des individuell Reisenden.

Ausrüstung

Beim Zusammenpacken der Reiseutensilien passiert es immer wieder, dass man zuviel mitnehmen will. Deshalb gilt es zu bedenken, dass man alles Gepäck auch selbst tragen (können) muss.

Den unbedingt mitzunehmenden persönlichen Bedarf (z.B. bestimmte Medikamente) muss jeder selbst kennen; bei allem, was darüber hinausgeht, sollen einige Tipps weiterhelfen: Kleidung, Schuhe, Kosmetik, Kaffee - inzwischen kann man alles in Bulgarien kaufen, allerdings zu wesentlich höheren Preisen als bei uns, in geringerer oder schlechter Qualität und bei unzureichender Auswahl.

- ***Für die Sicherheit:*** Brustbeutel, Bauchgurt, Hand- oder Fußgelenkbörse bereitlegen, damit man Geld, Ausweise, Flugticket oder Fahrkarte voneinander getrennt aufbewahren kann (siehe Kapitel „Sicherheit").
- ***Dokumente und Geld:*** Reisepass mit Kopie der ersten Seiten (bei Verlust hilfreich), internationaler Führerschein, Grüne Versicherungskarte, internationaler Studentenausweis, internationaler Jugendherbergsausweis, Flugticket und Kopie davon; Bargeld, Reiseschecks mit Abrechnung über gekaufte Schecks; Kreditkarte(n), EC-Karte.
- ***Unbedingt mitnehmen:*** Reiseführer, Sprachführer und Landkarten.
- ***Kleidung:*** Eine leichte Jacke und einen Pullover für kühle Nächte am Meer, für Höhlenbesuche sowie generell bei einem Gebirgsaufenthalt.
- ***Regenschutz:*** Ein Regenmantel oder eine Plane sind unbedingt notwendig im Gebirge.
- ***Sonnenschutz:*** Hut, Mütze, Sonnenbrille (sie kann Brillenträgern als ohnehin notwendige Ersatzbrille dienen); Sonnenschutzmittel mit hohem Lichtschutzfaktor.
- ***Hygieneartikel:*** Papiertaschentücher, Erfrischungstücher, Toilettenpapier, WC-Papiersitze, Damenbinden und Tampons, Kondome.
- ***Für das Kind:*** Babynahrung, Windeln (es gibt sie nicht überall und nicht in allen Größen).
- ***Nützliche Kleinigkeiten:*** Eurostecker, Taschenlampe, Reisewecker, Taschenrechner, Taschenmesser, Flaschenöffner, Notizbuch, Adressbuch für Verwandte sowie alte und neue Bekanntschaften. Fotoapparat (mit Reservebatterie), Filme. Waschmittel, Klammern und Leine.
- ***Reiseapotheke:*** Heftpflaster, Wundspray, elastische Binde, Schere, Verbandsmaterial; Schmerztabletten (Aspirin, keine Zäpfchen, sie könnten im Sommer in der Hitze zerlaufen), Durchfallmittel (zum Beispiel Kohletabletten), Mückenspray (besonders für die Küste), Systral-Gelee gegen Sonnenbrand (hilft auch bei Insektenstichen), Tabletten gegen Reisekrankheit.
- ***Zu Gast/Gastgeschenke:*** Es ist nie verkehrt, einige Familienfotos mitzunehmen, das schafft immer eine nette, herzliche Atmosphäre. Ansichtskarten von dem Ort, in dem man lebt, und ein Bild vom Haus, wo man wohnt, erleichtern die Verständigung, und man hat gleich etwas (mehr) von sich zu berichten.

Als kleine Aufmerksamkeit empfehlen sich bei Einladungen sowohl für die Hausfrau als auch für den Herrn des Hauses westliche Kosmetik (Parfüm, Deostifte, Hautcreme Nivea oder Palmolive, Rasierwasser), ein guter Kaffee, preiswerte Taschenrechner oder Digitaluhren und für die Kinder Bonbons, Kaugummi oder Schokolade (nicht in der warmen Jahreszeit), Kugelschreiber und Werbeaufkleber. Großes Interesse zeigt man auch an Versandhauskatalogen, nicht nur neuesten Datums. Wer nicht reist, möchte so ein bisschen von der großen Konsumwelt kennen lernen und die „Original"-Preise dazu.

Autofahren

Straßen- und Verkehrssituation

Individuelles Reisen mit dem eigenen Fahrzeug ist in Bulgarien unproblematisch, wenn man über einige Besonderheiten informiert ist und sich darauf einstellt. Probleme entstehen im Wesentlichen aus der relativ unsicheren Anreise (siehe Kapitel „An- und Rückreise") und der Kriminalität im Land (siehe Kapitel „Sicherheit").

In Bulgarien existiert ein gut ausgebautes, ***dichtes Straßennetz.*** Die Straßen sind mit wenigen Ausnahmen alle asphaltiert. Sie sind in kyrillischer, häufig zusätzlich in lateinischer Schrift ***ausgeschildert.*** Schlaglöcher und Querrinnen gibt es jedoch en masse.

Stau kennt man in Bulgarien nicht. Auf Neben- und Hauptstraßen hat man manchmal das Gefühl, alleine zu sein. Und weil es so ruhig ist, wird es auch gefährlich, denn jeder denkt, die Straße gehört ausschließlich ihm. Da werden riskant ***Kurven*** geschnitten, und manch bulgarischer Autofahrer bewegt sich trotz Rechtsverkehrs gar auf der linken Straßenhälfte. Deshalb besonders in uneinsichtigen Kurven scharf rechts fahren. Landestypisch ist, dass plötzlich ***Schafherden*** auf der Straße stehen können, Esel freilaufend am Straßenrand weiden und seit der Privatisierung in der Landwirtschaft viele Freizeit-Landwirte mit ihren kleinen Pferde- und Eselkarren unterwegs sind, dabei abends ohne Licht fahren beziehungsweise die überhängende Ladung das Rücklicht verdeckt. Solche Situationen können lebensgefährlich werden, besonders für Motorradfahrer. Bei ***Fahrten in der Dunkelheit*** ist also äußerste Vorsicht angesagt. Die Unbekümmertheit der Bulgaren ist manchmal haarsträubend. Autofahrer schalten das Licht erst in letzter Minute ein, um die Batterie zu schonen, oder sind zu bequem zum Blinken. Achtung! In den Ortschaften spielen die Kinder bis spätabends noch auf der Straße.

Seit der Wende fehlte vielfach das Geld, die ***Straßenmarkierungen*** zu erneuern. Da auch die Begrenzungspfähle selten oder gar nicht gereinigt werden, muss man sich erst daran gewöhnen, nachts auf einem schwarzen Asphaltband, ohne Trennlinie und andere optische Hilfen zu fahren. Noch unangenehmer ist es, wenn Verkehrsschilder oder Ortsschilder fehlen oder einfach umgedreht wurden. Idioten gibt es eben überall. Staatlich „verschuldet" sind die vielen ***unbeschrankten Bahnübergänge,*** denen man bei Fahrten durchs Land mit Vorsicht begegnen muss.

Vorsicht ist in den Sommermonaten Juli und August auf der gesamten ***Transitstrecke in die Türkei*** geboten. Die Route Sofia - Plovdiv - Haskovo - Svilengrad wird dann durch die vielen auf Heimaturlaub fahrenden Türken und Urlauber aus hiesigen Gefilden zur am stärksten frequentierten Strecke Bulgariens. Nicht wenige Autos sind total überladen, die Fahrer von den langen Strecken ohne Ruhepausen übermüdet, und dazu wollen manche noch in persönlicher Bestzeit in Istanbul anlangen. Zwangsläufig geschehen hier jedes Jahr viele schwere Unfälle und führen zum vorzeitigen Ende der Reise.

Straßennetz

Bereits 1939 verfügte Bulgarien über 19.554 km Autostraßen, 1990 waren es 36.935 km. Der Bau von ***Autobahnen*** begann 1975, bis jetzt sind mehr als 350 km fertig. Geplant sind der Ausbau der Strecken:

- *„Trakija"* (Sofia - Plovdiv - Stara Sagora - Burgas), bisher ist der Abschnitt Sofia - Plovdiv - Tschirpan übergeben;
- *„Chemus"* (Sofia - Botevgrad - Pleven - Popovo - Schumen - Varna), fertig sind die Teilstücke Sofia - Pravez - Jablaniza und Varna - Devnja;
- *„Tscherno more"* (Varna - Burgas).

Drei gute ***Straßen*** durchziehen das Land ***von West nach Ost*** und verbinden jeweils die Hauptstadt mit dem Schwarzen Meer:

- Sofia - Botevgrad - Veliko Tarnovo - Targovischte - Schumen - Varna (471 km, dieser Weg führt durch historische Städte Nordbulgariens);
- Sofia - Pirdop - Karlovo - Kasanlak - Sliven - Karnobat - Burgas (392 km, durchquert das bekannte Rosental und ist die landschaftlich reizvollste und kürzeste Verbindung zwischen Sofia und dem Schwarzen Meer, auch als *Podbalkanskija pat,* „Weg unterhalb des Balkans", bekannt);
- Sofia - Plovdiv - Popoviza - Tschirpan - Stara Sagora - Sliven - Karnobat - Ajtos - Burgas (428 km, langweilige Wegstrecke mit dem einzigen touristischen Schwerpunkt Plovdiv).

Mehrere ***Pässe*** überqueren das Balkangebirge *(Stara planina)* und stellen die Ver-

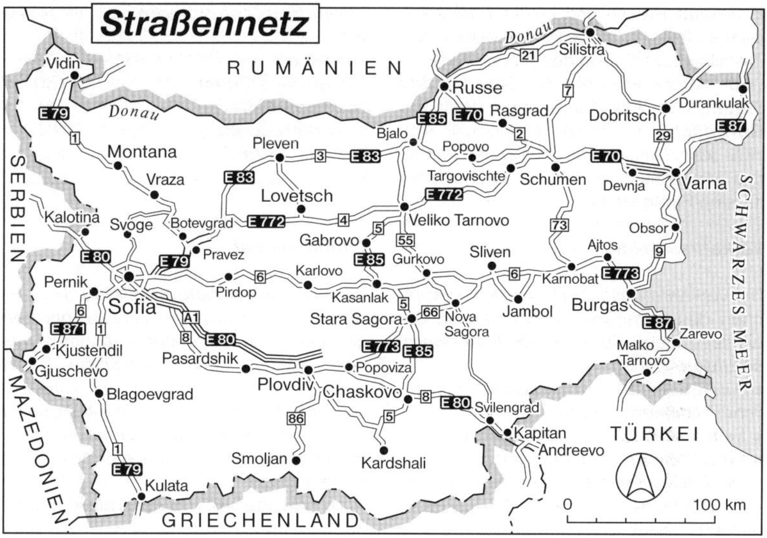

Straßennetz

bindung zwischen Nord- und Südbulgarien her (siehe auch „Reisezeit"):

- Vidin - Montana (ehemals Michajlovgrad) - Vraza - Mesdra - Svoge - Sofia (der Weg führt durch den großartigen *Iskarski prolom,* Iskar-Durchbruch);
- Russe - Veliko Tarnovo - Gabrovo - Kasanlak - Stara Sagora (dieser Weg verläuft durch die alte Hauptstadt Bulgariens, Veliko Tarnovo, über den historischen *Wrach Stoletov,* Stoletov-Gipfel, durch das sehenswerte Dorf Schipka und ein Stück des Rosentales);
- Russe - Bjala - Veliko Tarnovo - Prochoda na Republikata (Pass der Republik) - Gurkovo (auch im Winter passierbar!);
- Durankulak - Varna - Obsor - Slantschev brjag - Nessebar - Burgas - Sosopol - Zarevo, ehemals Mitschurin (diese Straße umspannt den gesamten Bogen der Schwarzmeerküste, überquert den Balkan nur in seinen Ausläufern und berührt alle Seebäder Bulgariens).

Dokumente und Versicherungsfragen

Sowieso dabeihaben muss man den Führerschein und Fahrzeugschein, in Bulgarien noch die ***Internationale Grüne Versicherungskarte.*** Eine ***Vollkaskoversicherung,*** die generell bei einem Versicherer zu Hause abzuschließen ist, sollte auch nicht fehlen.

Verkehrsregeln

Für Pkw und Wohnmobile gilt auf Autobahnabschnitten als ***Höchstgeschwindigkeit*** 120 km/h, auf allen anderen Straßen außerhalb geschlossener Ortschaften 90 km/h, in Orten 50 km/h.

Für Pkw mit Wohnwagen beziehungsweise mit Anhänger und für Motorräder entsprechend 100 km/h, 80 km/h, 50 km/h.

Es besteht immer noch absolutes ***Alkoholverbot*** trotz gegenteiliger Äußerungen in unserer Presse und breiter Diskussion dieses Themas in Bulgarien. Über 0,5 Promille droht Entzug des Führerscheins.

Für Motorradfahrer gilt ***Schutzhelmpflicht,*** für Pkw-Fahrer und Beifahrer ***Gurtpflicht.*** An diese Regeln hält sich zwar kein Bulgare; für Ausländer könnte das Missachten jedoch ein Grund mehr für eine Strafe sein.

Notruftelefonnummern

•***Polizei:***	166
•***Rettungsdienst:***	150
•***Pannenhilfe:***	146
•***Verkehrspolizei:***	165
•***Feuerwehr:***	160

Verkehrsschilder

Die Verkehrsschilder in Bulgarien entsprechen den europäischen Normen. In der Landessprache gibt es ***zusätzliche Warnschilder:***

- *„Nawlisane w opassen utschastak!"* (Gefährlicher Straßenabschnitt!)
- *„srutwane na kamani!"* (Steinschlag!)
- *„Opasni sawoi!"* (Gefährliche Kurven!)

Da sehr oft Verkehrsschilder, Wegweiser, Ortseingangs- und Hinweisschilder fehlen (geklaut, verschrottet, verdreht) ist man bei der Orientierung auf die Hilfe der Einheimischen angewiesen. Nicht zu fragen bedeutet Umwege!

Unfall

Ruhe bewahren und im Falle von verletzten Personen sich zuerst um sie kümmern ***(Unfallrettungsdienst Tel. 150).*** Jeder Unfall muss sofort der Polizei gemeldet werden, auch um zu Hause der Versicherung einen Nachweis für den Schaden vorlegen zu können. Da man im Urlaub gewöhnlich eine Kamera mit sich führt, sollte man unbedingt ein paar Aufnahmen vom Unfallort machen.

Hat das Fahrzeug ***Totalschaden,*** muss es zum nächsten Zollamt (bulgarisch *„mitniza"*) geschleppt werden, wo der Zustand des Fahrzeuges amtlich bescheinigt wird, damit man bei der Ausreise die Grenze auch ohne Auto wieder passieren kann.

Zum ***Abschleppen*** oder auch, wenn die Schäden gering sind, wende man sich an den Pannendienst oder eine Werkstatt.

Pannendienst

Der bulgarische ***Automobilklub*** *Sajus na balgarskite awtomobilisti* (Verband der bulgarischen Autofahrer) unterhält eine etwas bescheidene, aber zuverlässige Flotte mobiler Hilfsengel, die *Patna pomoscht* (Pannenhilfe). Mitglieder von international bekannten Automobilklubs erhalten auf alle Leistungen des Pannendienstes 20 % Ermäßigung.

Die ***Pannendienst-Zentralen*** bieten noch weitergehende Hilfen:

- Abschleppen von unfallgeschädigten Fahrzeugen im Inland und ins Ausland,
- Ausstellen von Zollpapieren für das Abschleppen ins Ausland,
- Sicherstellung von Unfallwagen,
- Unterstützung der Automobilklubmitglieder bei der Beschaffung von Ersatzteilen,
- Kauf von Flugtickets und Eisenbahnfahrkarten für die Rückkehr des Fahrers unfallgeschädigter Kraftfahrzeuge.

Bereitschaftsdienst der Patna-pomoscht-Autoschlosser: auf Hauptverkehrsstraßen ganzjährig 9.00-22.00 Uhr, auf den übrigen Straßen von Oktober bis April 9.00-18.00 Uhr, von Mai bis September 10.00-19.00 Uhr.

- ***Patna pomoscht,*** Sofia, uliza Positano 3, Tel. (02) 883 978;
- ***Information:*** Patna pomoscht, Sofia, uliza Zar Boris I. 147, Tel. (02) 835 750

Daneben gibt es ***private Pannendienste,*** die oft eher zur Stelle sind. Sie sind telefonisch nicht abrufbar und suchen sich ihre Kunden unterwegs beim Fahren. Private Firmen geben keinen Rabatt.

Parken

Parkverbotsschilder sollten unbedingt beachtet werden, sonst könnte das Auto plötzlich abgeschleppt sein. Lassen Sie sich nicht von Schildern irritieren, die auf ***Parkautomaten*** hinweisen. Das bedeutet nichts anderes, als dass es sich hier um ***gebührenpflichtige Parkplätze*** handelt, Automaten gibt es aber noch nicht. Und während Sie vergeblich den nicht vorhandenen Automaten suchen, wird bereits der Parkplatzwächter vor Ihnen stehen, um seine Forderung zu verkünden, bei Ausländern gewöhnlich etwas höher ausfallend. Parkplätze dieser Art sind erst in den letzten Jahren entstanden. Die Preise betragen bis zu € 1,50 (3 Lw) pro Tag und Fahrzeug.

Moderne Tankstelle in blau-grün

Verhalten der Polizei gegenüber Ausländern

Während unserer letzten Reise durch Bulgarien sind wir kaum ***Verkehrspolizisten*** begegnet, was aber nicht bedeutet, dass es sie nicht gibt. Sie sind zu erwarten an Fernverkehrsstraßen und in der Umgebung der größeren Städte. Wegen überhöhter Geschwindigkeit werden Ausländer häufig (gerechtfertigt) angehalten. Es ist kein Geheimnis, dass die bulgarischen ***Polizisten bestechlich*** sind, und meist gelangt das Geld sofort in ihre Tasche. Man versucht, bei Ausländern gleich Westgeld zu kassieren, ohne eine Quittung auszustellen, versteht sich.

Tanken

Für das relativ geringe Fahrzeugaufkommen gibt es ausreichend ***Tankstellen*** in Bulgarien, neue werden zusätzlich gebaut. Die Tankstellen befinden sich gut sichtbar bis auf Großstädte außerhalb der Ortschaften und sind rund um die Uhr geöffnet.

Am besten soll man bei ***OMV und Shell*** tanken. Bei OMV schmeckt der Kaffee und der Tee besonders gut und die Toilette ist sauber. Telefonautomaten findet man vor dem Eingang jeder Tankstelle.

Die ***Benzinpreise*** schwanken und bewegen sich inflationsbedingt ständig nach oben. Das Benzin ist jedoch billiger als bei uns.

- ***Super verbleit,*** A 96 und A 98 Oktan 1,50 bis 1,60 Lewa
- ***Normal verbleit*** und ***bleifrei*** *(besolowen)*, A 93 Oktan: 1,40 Lewa
- ***Diesel*** *(disel)*: 1,30 Lewa

Bekleidung

Bulgarien ist auch in Bezug auf Mode ein europäisches Land. Hier herrschen ***keine besonderen Umstände,*** denen man sich anpassen muss. Wie man sich kleidet, ist jedem selbst überlassen.

Da die ***Bulgaren selbst*** besonderen Wert auf schicke Kleidung und gepflegtes Aussehen legen, staunen sie immer wieder, „wie die Leute aus dem Westen mit viel Geld und großer Auswahlmöglichkeit sich so ohne Geschmack anziehen können“. Die Bulgaren legen folgenden Maßstab an: Wer Geld hat, den erkennt man an seiner Kleidung, wer kein Geld besitzt, ist ein Arbeitsloser, der nur nach Bulgarien gekommen ist, weil er sich nicht mehr leisten kann. Ein gepflegtes Äußeres erweckt bei den Bulgaren mehr Vertrauen, auch wenn man sportlich und leger angezogen ist.

Nicht dass es strenge Vorschriften für den ***Besuch von Kirchen und Klöstern*** gibt, man erwartet aber von einem Gast des Landes, dass er durch seine Kleidung Achtung vor den stillen und heiligen Gotteshäusern zeigt. Längere Hose oder Rock und verdeckte Schultern können diesem Anliegen dienen.

Auch auf dem Lande, wo besonders viele ältere Menschen leben, wird man besser aufgenommen, wenn man selbst im Hochsommer seine Nacktheit nicht zur Schau stellt. Überall gilt das Sprichwort: Nach der Kleidung wird man empfangen, nach dem Geist (Verstand) verabschiedet.

Diplomatische Vertretungen

Botschaften und Konsulate Bulgariens

In Deutschland

● ***Botschaft der Republik Bulgarien***
Mauerstraße 11, D-10117 Berlin, Tel. (030) 201092226, Fax 2086838, E-Mail: bgstivbln@aol.com oder Botschaft@myokay.net, Mo.-Fr. 08.30-12.00 Uhr und 13.30-17.30 Uhr

Volkstracht gehört im ländlichen Bulgarien zu jedem Fest, Foto WS

• Konsularabteilung der Botschaft
Mauerstraße 10, D-10117 Berlin, Tel. (030) 20648935. Fax 2086124. Mo., Di., Do., Fr. 09.00-11.30 Uhr (Publikumsverkehr), Mo.-Fr. 14.00-15.30 Uhr (tel. Auskünfte)

• Generalkonsulat der Republik Bulgarien
Walhallastraße 7, D-80639 München, Tel. (089) 17117614, Fax 155006, Mo.-Fr. 09.00-13.00 Uhr; Konsularangelegenheiten Tel. (089) 155026/27 (AB), Fax 155006, Mo., Di., Do., Fr. 10.00-12.00 Uhr, E-Mail: genkonslbg@AOL.com

• Honorargeneralkonsul der Republik Bulgarien
Neue Rabenstraße 28, 20354 Hamburg, Tel. (040) 4103512, 4104462 (AB), Fax 41193764, Di. und Do. 10.00-12.00 Uhr

• Botschaft der Republik Bulgarien, Außenstelle Bonn
Auf der Hostert 6, D-53173 Bonn, Tel. (0228) 363061/-65. Fax 358215. Konsularabt.: Tel. (0228) 35107, Fax 351028, E-Mail: bulbot@aol.com, Mo.-Fr. 08.30-11.30 Uhr (außer Mi.) und 14.30-16.30 Uhr (nur tel. Auskünfte)

In Österreich

• Botschaft der Republik Bulgarien
Schwindgasse 8, A-1040 Wien, Tel. (01) 5056444, 5053113, Fax 5051423. E-Mail: bulembassyamb@eunet.at, Mo., Di., Do., Fr. 09.00-12.00 Uhr. Konsularabt.: Mo., Di., Do., Fr. 09.00-12.00 Uhr (tel. Auskünfte nur nachmittags)

In der Schweiz

• Botschaft der Republik Bulgarien
Bernastraße 2, CH-3005 Bern. Tel. (031) 3511455/56. Fax 3510064. Konsularabt.: Tel. (031) 3511367. Mo.-Fr. 09.00-12.00 Uhr (außer Mittwoch), bulembassy@bluewin.ch

In den Niederlanden

• Embassy of the Republic of Bulgaria
Duinroosweg 9, 2597 Kj The Hague, Tel. (070) 3503051, Mo.-Fr. 08.30-16.30 Uhr, E-Mail: bulnedem@xs4all.nl

Vertretungen Deutschlands in den Transitländern

Tschechische Republik

• Botschaft der Bundesrepublik Deutschland
Vlašská 19, Malá Strana, Prag 1, Tel. (00420) 257113111, 257531481, Fax 257534056, E-Mail: ZReg@Prag.auswaertiges-amt.de, www.deutsche-botschaft.cz

Slowakische Republik

• Botschaft der Bundesrepublik Deutschland
Hviezdoslavovo Nam. 10, 81303 Bratislava, Tel. 0042 (12) 59204400, Fax 54419634, E-Mail: public@germanembassy.sk, www.germanembassy.sk.

Ungarn

• Botschaft der Bundesrepublik Deutschland
Úri utca 64-66, 1014 Budapest, Tel. 0036 (1) 4883500, 4883567 (nach Dienstschluss), 0036 (30) 9241767 Bereitschaftsdienst, Fax 0036 (1) 4883505, www.deutschebotschaft-budapest.hu

Österreich

• Botschaft der Bundesrepublik Deutschland
Metternichgasse 3, 1130 Wien, Tel. 0043 (1) 71154, Fax 7138366, Postfach 160, E-Mail: diplo@deubowien.at,www.deubowien.at

• Honorarkonsul der Bundesrepublik Deutschland
Statteggerstr. 18, 8045 Graz, Tel. 0043 (316) 694970, Fax 6902425

• Honorarkonsul der Bundesrepublik Deutschland
Robert Graf Platz 1, 7000 Eisenstadt, Tel. 0043 (2682) 695450, Fax 695455, E-Mail: wrannp@wkbgld.WK.or.at

• Honorarkonsul der Bundesrepublik Deutschland
Hauptplatz 11, 4010 Linz/Donau, Tel. 0043 (732) 797701, Fax 795272

• Honorarkonsul der Bundesrepublik Deutschland
Bürgerspitalplatz 1, 5020 Salzburg, Tel. 0043 (662) 8415910, Fax 84159185

Jugoslawien

• Botschaft der Bundesrepublik Deutschland
Ulica Kneza Milosa 74-76, 11000 Beograd, Tel. 00381 (11) 3064300, Fax 3064303, E-Mail: ermemba@eunet.yu

• Außenstelle der Botschaft der Bundesrepublik Deutschland in Belgrad
Herzegovacka 10, 81000 Podgorica, Tel. 00381 (81) 201070, Fax 201070, E-Mail: aussenstelle_pg@cg.yu

• Deutsches Verbindungsbüro Kosovo Pristina
Adem Jashanica 17, Dragodan II, 38000 Pristina (Kosovo), Tel. 00381 (38) 590793, 590428, Fax 590836, E-Mail: go-pristina@web-sat.com

Kroatien

● ***Botschaft der Bundesrepublik Deutschland***
Ulica Grada Vukovara 64, 10000 Zagreb, Tel. 00385 (1) 61581-00/02/05, Fax 6155536, E-Mail: deutsche.botschaft.zagreb@inet.hr, www.DeutscheBotschaft-Zagreb.hr

● ***Honorarkonsul der Bundesrepublik Deutschland***
Obala Hrvatskog narodnog preporoda 10, 21000 Split, Tel. 00385 (21) 362114, Fax 362115

Slowenien

● ***Botschaft der Bundesrepublik Deutschland***
Presernova 27, 1000 Ljubljana/Slowenien, Tel. 00386 (1) 4790300, Fax 4250899, E-Mail: germanembassy-slovenia@siol.net

Griechenland

● ***Botschaft der Bundesrepublik Deutschland***
Karaoli & Dimitriou 3, 10675 Athen-Kolonaki, Tel. 0030 (10) 7285111, Fax 7251205, E-Mail: boathens@compulink.gr

● ***Generalkonsulat der Bundesrepublik Deutschland***
Odos Karolou Diehl 4 a, 54623 Thessaloniki, Tel. 0030 (310) 251120, 251130, Fax 240393, E-Mail: gkthessaloniki@internet.gr

Rumänien

● ***Botschaft der Bundesrepublik Deutschland***
Strada Rabat 21, 71272 Bucuresti, Tel. 0040 (21) 2302830 (auch außerhalb der Dienstzeiten), Fax 2305846, www.bukarest.diplo.de, E-Mail: botschaft@deutschebotschaft-bukarest.ro

● ***Außenstelle der Botschaft der Bundesrepublik Deutschland in Bukarest***
Strada Mures Nr. 116a, 1900 Timisoara, Tel. 0040 (256) 309800, Fax 190487, E-Mail: germanco@mail.dnttm.ro, www.GermanConsulTimisoara.ro

● ***Generalkonsulat der Bundesrepublik Deutschland***
Strada Lucian Blaga 15-17, Sibiu (Hermannstadt), Rumänien, Tel. 0040 (269) 211133, 212241, Fax 214180, E-Mail: Info@GermanConsulSibiu.ro

Türkei

● ***Botschaft der Bundesrepublik Deutschland***
114 Atatürk Bulvari, 06540 Kavaklidere-Ankara, Tel. 0090 (312) 4555100, Fax 4266959, www.germanembassyank.com

● ***Generalkonsulat der Bundesrepublik Deutschland***
Inönü Caddesi 16-18, Istanbul, Tel. 0090 (212) 3346100, Fax 2499920, E-Mail: gk.istanbul@sim.net.tr, www.deutschesgeneralkonsulat-istanbul.org.tr

Ausländische Botschaften und Konsulate in Bulgarien

Alle Auslandsvertretungen in Bulgarien sind an den bulgarischen Feiertagen geschlossen.

● ***Botschaft der Bundesrepublik Deutschland***
uliza Joliot Curie 25, Casa postale 869, BG-1113 Sofia, Tel. (02) 918380, Fax 9631658, E-Mail: gemb@vilmat.com, www.german-embassy.bg

● ***Botschaft der Republik Österreich***
uliza Schipka 4, BG-1000 Sofia, Tel. (02) 9803572/73, Fax 9810567, E-Mail: sofia-ob@bmaa.gv.net, Mo.-Fr. 09.30-12.00 Uhr

● ***Botschaft der Schweizerischen Eidgenossenschaft***
uliza Chipka 33, BG-1504 Sofia, Postanschrift: Casa postale 244, BG-1000 Sofia, Tel. (02) 9460197, 9433068. Fax 9461186 (Visa), 9461622, E-Mail: chembg@geobiz.net, Mo.-Fr. 08.30-10.00 Uhr

● ***Niederländische Botschaft***
uliza Galitschiza 38, 1126 Sofia, Tel. (02) 9625785/90/95, Fax 9625988, E-Mail: Embassy@netherlandsembassy.bg, Consular@netherlandsembassy.bg, Mo.-Fr. 09.00-17.00 Uhr

Ein- und Ausreisebestimmungen

Einreiseformalitäten

Alle Bürger aus Ländern der EU sowie aus EFTA-Staaten reisen ***visafrei*** nach Bulgarien. Für die Ein- und Ausreise genügt demnach deutschen, österreichischen und Schweizer Staatsbürgern ein gültiger ***Reisepass.*** Kinder unter 16 Jahren dürfen nur noch mit Kinderausweis mit Lichtbild oder mit Reisepass einreisen. Reisepässe und Kinderausweise müssen bei der Einreise noch mindestens sechs Monate gültig sein. Andere Personaldokumente, wie zum Beispiel Personalausweise, werden nicht akzeptiert. Deutsche Staatsangehörige benötigen für Aufenthalte in Bulgarien bis zu 90 Tagen innerhalb von sechs Monaten - gerechnet ab dem Zeitpunkt der ersten Einreise - kein Visum. Bei Überschreitung der erlaubten Aufenthaltsdauer droht eine Geldstrafe in Höhe von 500 bis 5.000 Lewa.

Seit dem 01.12.2001 müssen Ausländer und Staatenlose bei der Einreise den Nachweis erbringen, dass sie über einen in Bulgarien gültigen ***Krankenversicherungsschutz*** verfügen. Dieses gilt auch für Kurz- und Transitreisen.

Ausländer, die zum ***Privatbesuch*** nach Bulgarien reisen, sind verpflichtet, sich innerhalb von 48 Stunden nach der Einreise bei der für ihren Aufenthaltsort zuständigen Polizeidienststelle oder Ausländerbehörde anzumelden. Zur ***Anmeldung*** muss auch der Gastgeber mitkommen und seinen Personalausweis vorlegen (gilt nicht für Pauschaltouristen).

Individualtouristen müssen sich auch innerhalb von 48 Stunden bei einer der polizeilichen Meldestellen registrieren lassen. Bei allen „offiziellen" Übernachtungen (in Hotels, Pensionen, bei registrierten Privatvermietern) übernehmen jeweils die Gastgeber die Anmeldung.

Das Anmeldeformular, die sogenannte ***Adressenkarte für Ausländer*** *(adresna karta sa tschushdenez,* адресна карта за чужденец) - für jede neue Übernachtung in einem anderen Quartier gibt es eine weitere - muss aufgehoben werden, um bei der Ausreise erforderlichenfalls die Übernachtungen für die gesamte Aufenthaltsdauer lückenlos nachweisen zu können. (Zum Nachweis einer Nacht im Schlafwagen die Fahrkarte aufheben.)

Diese Regelung dient nicht der Kontrolle der Ausländer, sondern „nur" der Verhinderung von „Schwarzübernachtungen", bei denen die Vermieter nicht ihrer Steuerzahlungspflicht nachkommen. Der ausländische Gast wird quasi zum Steuereintreiber! Das Ganze ist eigentlich eine Zumutung und sehr umständlich obendrein, denn am Ende des Urlaubs hat man einen ganzen Berg Adressenkarten, von denen keine verloren gehen darf. Direkt problematisch könnte es für Camper und Wohnwagen-/Wohnmobil-Besitzer werden, die außerhalb von Campingplätzen schlafen, oder für Pkw-Reisende, die ganz einfach in ihrem eigenen Auto übernachten. Konsequent gedacht, würde die neue Verfahrensweise auch spontaner Gastfreundschaft einen Riegel vorschieben, wo jemand ohne jede materielle Absicht den Fremden abends in sein Haus bittet. Und problematisch ist es auch deshalb, weil bei Nichtbeachtung eine empfindliche ***Strafe*** in Höhe von 200 bis 2000 Lewa droht.

Aber keine Regel ohne Ausnahme bzw. Ausweg. Individualtouristen müssen - im Einvernehmen mit dem (ersten) Privatvermieter - nur angeben, dass sie seine kostenlosen Privatgäste, seine Freunde sind und bei ihm z.B. 14 Tage bleiben wollen. Und gegebenenfalls im Lande befragt, machen sie eben einen (Tages-)Ausflug. So einfach haben Sie Ihre Bewegungsfreiheit zurückgewonnen.

Den Leserzuschriften und meinen eigenen Recherchen nach zu urteilen, wurde bisher übrigens kein Deutscher bei seiner Ausreise auf die Adressenkarten hin kontrolliert. Meistens werden der Kontrolle nur ehemalige Landsleute, also deutsche Staatsangehörige bulgarischer Abstammung, unterzogen und ausländische Studenten aus nichteuropäischen Ländern, die in Westeuropa studieren.

Aktuelle Informationen im Internet: www.auswaertiges-amt.de

Anreise mit dem eigenen Boot

Alle Berufs- und Hobbykapitäne, die die territoriellen Gewässer Bulgariens besuchen, werden einer „Ein- und Ausreiseüberprüfung" in den folgenden Häfen unterzogen:

•***An der Donau:*** Widin, Russe, Orjachovo, Swischtov und Silistra.
•***An der Schwarzmeerküste:*** Baltschik, Varna, Nessebar, Pomorie, Burgas und Zarevo.

Devisenbestimmungen

Für Ausländer und bulgarische Staatsangehörige gelten folgende Bestimmungen (Ministerratsbeschluss vom 05.07.99).

Import von ausländischen Devisen und Landeswährung (Lew; 1 Euro entspricht 1,95583 Lew):
•Devisen oder Lewa bis zu einem Betrag/Wert von 5000 Lewa: Import frei.
•Über 5000 Lewa: Anmeldung des Betrags gegenüber bulgarischen Zollbehörden ist obligatorisch.

Export von ausländischen Devisen und Landeswährung:
•Ausländische Devisen oder bulgarische Lewa bis zu einem Gegenwert/Betrag von 5000 Lewa: Export ist frei.
•Ausländische Devisen oder bulgarische Lewa Gegenwert/Betrag über 5000 Lewa bis 20.000 Lewa: Export ist ebenfalls frei, die vorherige Erklärung gegenüber den bulgarischen Zollbehörden über den Betrag sowie über die Erwerbsgrundlage ist obligatorisch.
•Ausländische Devisen oder bulgarische Lewa Gegenwert/Betrag über 20.000 Lewa: Soweit der Betrag den Wert der bereits importierten und angemeldeten Mittel nicht übersteigt, ist der Export frei. Er bedarf nur der Anmeldung gegenüber bulgarischen Zollbehörden. Anderenfalls ist eine Genehmigung durch die Bulgarische Nationalbank einzuholen.

In allen genannten Fällen wird bei Nichtbeachtung von Deklarationspflichten der gesamte im- oder exportierte Devisen- oder Lewabetrag ***entschädigungslos*** zu Gunsten des bulgarischen Staates ***eingezogen.*** Des Weiteren können auch noch Geldstrafen zwischen 5000 und 35.000 bulgarischen Lewa verhängt werden.

Zollbestimmungen

„Wenn sie so viel wissen wollen, fragen sie das Finanzministerium", erhielten wir ausgerechnet von den Zöllnern am rumänisch-bulgarischen Grenzübergang in Vidin zur Antwort, als wir uns eingehender nach den Ein- und Ausfuhrbestimmungen erkundigten. Das bedeutet, dass die ***Kontrollen*** nach Ermessen der Zöllner und nach der Nationalität der Reisenden erfolgen. Dabei schneiden die Deutschen und die anderen EG-Bürger besonders gut ab. Hier unterstellt man keine Handelsabsichten und kontrolliert lediglich im Ausnahmefall.

Man kann sich generell an folgende Grundregel halten: Gegenstände für den persönlichen Bedarf sind in jedem Fall zollfrei. Soweit es sich aber um ***Wertgegenstände*** oder Gegenstände mit einem höheren bulgarischen Marktwert (vor allem Handy, Video- und Fotokamera sowie Schmuck) handelt, müssen diese bei der Einreise in der ***Zollerklärung*** (*mítnitscheska deklarázija,* митническа декларация) deklariert werden und sind bei der Ausreise wieder mitzunehmen.

Waffen darf man nur mit Sondergenehmigung ein- und ausführen. Die Einfuhr von 20 Liter ***Kraftstoff*** in Kanistern ist zollfrei, die Ausfuhr zusätzlichen Sprits verboten.

Weiterhin gilt offiziell: Erlaubt ist die Ausfuhr von 250 ***Zigaretten*** oder 50 Zigarren oder 250 Gramm Tabak, 2 Litern ***Wein*** und 1 Liter ***Spirituosen.***

Mitnahme von Tieren

Erforderlich sind ***Tollwutimpfbescheinigung*** (bei Hunden maximal zwölf Monate alt, bei Katzen sechs) und ein amtstierärztliches ***Gesundheitszeugnis*** (höchstens zwei Wochen alt). Beide Bescheinigungen müssen in einem ***internationalen Impfpass*** eingetragen sein. Für mitgenommene Tiere bezahlt man an der Grenze 20

Fahrzeugdiebstahl

Das Auswärtige Amt weist darauf hin, dass im Falle des Diebstahls eines vorübergehend nach Bulgarien eingeführten Kfz/Motorrades sowohl der Einfuhrzoll als auch die Mehrwertsteuer für das betreffende Fahrzeug an die zuständigen bulgarischen Behörden entrichtet werden müssen. Die zu zahlenden Beträge liegen zwischen 1000 und 10.000 Euro. Vor Zahlung darf das Land nicht verlassen werden. Daher rät das Auswärtige Amt dringend zum Abschluss einer Versicherung, die die Nachzahlung von Einfuhrzoll und Mehrwertsteuer bei Diebstahl abdeckt.

Lewa (€ 10,20), für Tiere im Transit nur zehn Lewa (€ 5,10).

Sollte man ein Tier in Bulgarien kaufen, dann werden alle Formalitäten in der *Nazionalna weterinarna slushba* ***(Nationaler Veterinärdienst)*** in Sofia, uliza Pentscho Slawejkow 15 a, erledigt.

Einkäufe

Wer nach Bulgarien fährt, kann sich voll und ganz auf das Land und seine Menschen konzentrieren, ohne ständig von Kaufverführungen abgelenkt zu werden; ***vom Kaufrausch*** bleibt er ***verschont.*** Als Tourist sollte man es so nehmen, wie es ist, also eher als Vorteil betrachten, so wie früher manch „West"-Deutscher es als Vorteil empfand, bei einem DDR-Besuch von der im Westen allgegenwärtigen Werbung verschont zu bleiben. Dabei muss man die einheimische Bevölkerung auch nicht bedauern, das Angebot hat sich nämlich seit der Wende dennoch deutlich verbessert. Es überwiegen die vielen ***kleinen Geschäfte,*** die oftmals über Nacht aus einer Garage oder einer umgebauten Wohnstube entstanden sind. Verkauft wird alles, womit überhaupt Handel getrieben werden kann. Das meiste sind Billigprodukte minderwertiger Qualität, die aus den Nachbarländern Türkei und Griechenland kommen. Daneben gibt es auch teure Boutiquen mit eleganter westeuropäischer Kleidung oder Geschäfte mit hochwertigen westlichen Industrieprodukten vor allem aus Deutschland.

Ein Phänomen ist das ***Lebensmittelangebot;*** in einem Land mit besten Bedingungen für landwirtschaftliche Produktion kommt fast alles aus dem Westen. Holländischer Käse, bayrische und dänische Wurst, deutscher Joghurt, schweizerische und amerikanische Süßwaren - obwohl zu höheren Preisen als bei uns verkauft, vertreiben diese Importe die einheimischen Waren. Charakteristisch ist die Äußerung eines Freundes: „Wäre nicht noch der bulgarische Käse, könnte man denken, man lebt im Ausland."

In jedem größeren Ort gibt es täglich ***Bauernmärkte,*** wo man hauptsächlich (preiswert) frisches Obst und Gemüse kaufen kann. Als Markttag gilt der Sonnabend. Obwohl es auf dem Bauernmarkt billig ist, macht es trotzdem Spaß zu handeln. Noch billiger (ohne zu handeln) ist es dann am späten Nachmittag.

In den ***Supermärkten*** muss das persönliche Gepäck am Eingang abgegeben werden. Taschen- und Gepäckkontrollen sind hier üblich. Deshalb immer Kassenzettel aufbewahren.Bezahlt wird in den Geschäften in Lewa.

Viele Urlauber glauben an ein Schnäppchen und greifen sofort bei den ***im Flugzeug*** von den bulgarischen Fluggesellschaften angebotenen Zigaretten, Parfüms und Alkoholika zu. Die etwa um die Hälfte billiger verkaufte Stange westlicher Zigaretten kann man im Land noch einmal um den halben Preis niedriger erwerben (für etwa € 6,10/12 Lw).

Souvenirs

Das originellste Mitbringsel ist nach wie vor ein Fläschchen ***Rosenöl.*** Nur in Bulgarien gibt es Rosenöl so preiswert und ansprechend verpackt (in einem verschraubbaren Holzgefäß) zu kaufen. Das Aroma ist derart intensiv, dass zwei bis drei Tropfen, ins Badewasser geschüttet, ausreichen, um etwas für einen angenehmen Duft und für seine Haut zu tun.

Hübsch sind die Tischdecken, Läufer, Deckchen und Blusen mit handgestickten Motiven aus der bulgarischen Folklore. Das ***Kunsthandwerk*** bietet darüber hinaus so typisch Bulgarisches wie Keramikgefäße, holzgeschnitzte Teller, Bocksbeutel, kupferne Mokkaservices u.s.w.

Wer außerhalb der Souvenirgeschäfte ***echte Volkskunst*** von Meistern aus ganz Bulgarien erwerben möchte, der begebe sich in die einzigartige ständige Verkaufsausstellung nach Oreschaka ins Balkangebirge (siehe Reiseteil, „Trojan und Umgebung“).

Für Liebhaber interessant sind die gekonnt angefertigten Reproduktionen kleinerer alter ***Ikonen*** (die billigsten um die € 10,20/20 Lw), wie auch die modernen bulgarischen ***Grafiken, Bilder und Kleinplastiken,*** die künstlerisch wertvoll und dennoch preisgünstig sind. Wenn man in einem Geschäft ein besonderes Interesse beim Käufer feststellt, ist man (unaufgefordert) gern bereit, die Quittung mit einem niedrigeren Preis auszustellen, weil für moderne Kunst an der Grenze 20 % vom Kaufpreis ***Zoll*** bezahlt werden muss. Die Ausfuhr von Werken des nationalen Kulturerbes ist verboten. Dazu gehören auch die manchmal Ausländern angebotenen alten Ikonen,

Freunde der bulgarischen ***Volksmusik*** und des Folkloregesangs, Liebhaber bulgarischer Stimmen in Kirchen und auf Opernbühnen können die Quelle ihrer Begeisterung sehr günstig auf den üblichen CD's, LP's und MC's erwerben.

Logoklau aus Bulgarien ! Der Glücksstern von Mercedes in Bulgarien beheimatet !

„Liegt das Urheberrecht für den Mercedesstern in Bulgarien?“ fragte im Oktober 1995 die Sofioter Zeitung *24 Stunden*. Ein Tongefäß aus dem 11. Jh. nach Chr. zeigte an der Unterseite erstmals und zweifelsfrei den ***dreistrahligen Stern,*** den der Stuttgarter Weltkonzern mit größter Selbstverständlichkeit als Logo benutzt und mit dem vor Augen man in der ganzen Welt nobel Auto fährt. Das Gefäß war bei gemeinsamen Ausgrabungen deutscher und bulgarischer Archäologen nahe dem Weinstädtchen Tschirpan südwestlich von Stara Sagora in Zentralbulgarien zu Tage gefördert worden. Bulgarien könnte dem Zeitungsartikel zufolge durchaus erwägen, den Konzern wegen Benutzung dieses eindeutig bulgarischen Designs vor den Richter zu zitieren. Ansprüche sollten allerdings unverzüglich angemeldet werden, „andernfalls könnte den Griechen einfallen, dass Bulgarien im 11. Jh. zum Byzantinischen Reich gehörte und das Emblem daher ihres sei...und wir stehen wieder mit leeren Händen da.“

Auf eine Spendenanfrage bezüglich eines dringend für die Ausgrabungen benötigten Kleintransporters gibt es aber bis heute keine Reaktion aus der Mercedes-Zentrale in Stuttgart-Untertürkheim. Eher werden wohl Spenden der Bulgaren selbst oder ihrer ausländischen Freunde die ***Fördervereine*** in Tschirpan, Stara Sagora oder Halle/Saale erreichen. Dies gilt besonders, seitdem der Fundort sich bereits über die Fachwelt hinaus einen Namen als Klein-Troja gemacht hat.

In der unter dem Namen ***Carassura*** international bekannt gewordene Fundstätte am Nordrand der Thrakischen Ebene graben deutsche und bulgarische Archäologen bereits seit 1981 gemeinsam an einem in Jahrtausenden gewachsenen Siedlungshügel. Die Arbeiten stehen von Anbeginn unter deutscher wissenschaftlicher Anleitung; seit 1994 hat die Martin-Luther-Universität Halle-Wittenberg die Federführung der Grabungen übernommen. Fachleute schätzen die historische Anlage und die reichen Funde als neuerliche ***archäologische Sensation*** ein.

Carassuras Lage unmittelbar an der ***historischen Hauptverkehrsstraße*** über die

Balkanhalbinsel lässt auf eine wahrhaft europäische Bedeutung schließen. Über Thrakien verlief nicht nur jahrtausendelang der Fernhandel zwischen Europa und dem Vorderen und Mittleren Orient, das Gebiet selbst war auch Lieferant des in Rom und Byzanz benötigten Goldes. Es zogen hier jedoch nicht nur Händler entlang, sondern auch Horden von Barbaren, römische Legionen und byzantinische Heere, Kreuzritter und Abenteurer. In schriftlichen Quellen wird seit Beginn des 4. Jh. mehrfach eine als Ausspanne dienende Straßenstation Carassura an der großen Heerstraße erwähnt, die 30 römische Meilen von Philippopolis (Plowdiw) und 18 Meilen von Augusta Trajana (Stara Sagora) entfernt lag. Die nachgewiesene Existenz von Heiligtümern des Apollon, Pluton und Asklepion spricht für den antiken Reichtum an Wasser und dessen Heilkraft. Funde von Bestatteten in zwei frühchristlichen Basiliken aus dem 5. Jh. mit missgebildeten Knochen legen die Vermutung nahe, dass Carassura auch als ***Kurort*** gedient haben könnte.

Aber immer wieder wurde das Land verwüstet und die Siedlungen geplündert. Ideale Bedingungen wie der fruchtbare Boden, der Wasserreichtum und das milde Klima bildeten jedoch die Grundlage für seine ständige Neubesiedlung. So ist an diesem Hügel eine ***ununterbrochene Siedlungskette*** vom Neolithikum (ca. 4000 v. Chr.) bis in die zweite Hälfte des 13. Jh. n. Chr. nachweisbar. Dann bricht diese bis dahin lückenlose Besiedlung, die nicht nur in Bulgarien großen Seltenheitswert hat, plötzlich ab. Über 1000 Skelette und zahlreiche Waffenfunde deuten auf einen gewaltsamen Untergang des Ortes. Die Leichen, planlos auf dem gesamten Siedlungsareal verteilt, wurden offenbar in großer Eile verscharrt. Sie lagen in nur 20-30 cm Tiefe. In den spärlichen Quellen aus dieser Zeit ist aber nirgends eine Schlacht erwähnt.

Grabungsaufschlüsse könnten so die gesamte bulgarische Geschichtsschreibung verändern. 1994 gelang eine sensationelle Entdeckung: Festungsartige bis zu 3,80 m starke und 5-7 m hohe Mauern sowie einige inzwischen ebenfalls freigelegte Türme und Tore. Diese ***Festungsanlage*** schloss den Siedlungshügel und eine gegenüberliegende Anhöhe ein, die durch das Tal eines kleinen Flüsschens abgetrennt ist. Eine solche frühantike Festung auf zwei durch einen Fluss getrennten Hügeln ist einmalig auf dem Balkan. Im Verlauf der Grabungen stieß man auch auf drei Ringmauern, die wie bei allen anderen entsprechenden Ausgrabungen ein thrakisches Heiligtum umschlossen. Weil es hier glücklicherweise keine Raubgrabungen gab, erwartet man ein unversehrtes thrakisches Heiligtum. Wenn sich das bewahrheiten sollte, würde es sich bei Carassura wahrhaft um ein neues Troja handeln.

Die Ausgrabung hat noch einen ganz anderen, ***sozialen Effekt.*** Zur Grabungssaison beschäftigt sie 50-70 Personen und ist damit der größte Arbeitgeber der Umgebung, ein nicht zu unterschätzender Faktor bei einer 90-prozentigen Arbeitslosigkeit in Tschirpan.

Dem ***normalen Besucher*** von Carassura werden zunächst lediglich die Mauerreste einer befestigten spätantiken Stadtanlage sowie die Fundamente einer frühchristlichen Basilika ins Auge fallen. Aber im Sommer zur Grabungszeit wird den unangemeldet Vorbeischauenden (sieben Kilometer östlich von Tschirpan in Richtung Stara Sagora) mit etwas Glück ein Archäologe oder ein studentischer Praktikant binnen kurzem in die sechs Jahrtausende währende Geschichte dieses Siedlungshügels einweihen. Sollte der Aufenthalt länger als geplant dauern, steht gleich in Tschirpan ein einfaches Hotel (Übernachtung ohne Frühstück, dafür solides Parkrestaurant vorhanden) zur Verfügung.

Weitergehend Interessierte sind herzlich eingeladen, sich an das *Archäologische Museum* in Stara Sagora oder an den *Verein zur Förderung der deutsch-bulgarischen archäologischen Grabungen Carassura e.V.,* Burgstraße 38, 06114 Halle/Saale zu wenden.

Tongefäß mit dem dreistrahligen Stern

Elektrizität

Die ***Netzspannung*** beträgt überall 220 Volt. In den Hotels und auf den internationalen Campingplätzen gibt es in der Regel keine Probleme mit den Steckern. Fernab der Touristenzentren sollte man jedoch einen ***Eurostecker*** bei sich haben, es sei denn, der Mann verzichtet auf die Elektrorasur und die Frau auf die elektrische Haartrocknung und das Kleiderbügeln zwischendurch.

Ein ganz anderes Problem stellen die in Bulgarien schon normal gewordenen häufigen ***Stromsperren*** dar. Besonders im Winter kann es zur Stromrationierung kommen. Die ohnehin dürftige Straßenbeleuchtung fällt dann ganz aus. Einziger Lichtspender sind in solchen Fällen die vorbeifahrenden Autos. Da Straßenpflaster und Bürgersteige oft zu wünschen übrig lassen, besteht nachts - harmlos gesprochen - akute Stolpergefahr. Eine Taschenlampe ist hier das einzige, was hilft. Man sollte sie immer einstecken haben, denn die Straßenbeleuchtung wird oft schon ausgeschaltet, wenn die Haushalte noch mit Strom versorgt werden.

Stromversorgung: Den deutschen Elektriker trifft der Schlag, den Bulgaren stört das wenig

Inzwischen ist es schon zur Regel geworden: Im Winter herrscht Mangel an Strom und im Sommer an Wasser.

Essen und Trinken

Infolge seiner geografischen Lage war Bulgarien stets sowohl europäischen als auch orientalischen Einflüssen ausgesetzt. Die bulgarische Küche erfuhr dadurch mannigfaltige Beeinflussung, am stärksten durch die türkische (nicht wenige Speisen tragen noch heute ihre türkischen Bezeichnungen), österreichische und französische Kochkunst. Viele Gerichte sind ***äußerst fettreich,*** und man muss dem Magen etwas Zeit lassen, sich auf die neue Kost einzustellen. Dennoch ist es gerade ein Merkmal der bulgarischen Küche, solch fettreiche Gerichte wie Gemüse mit Fleisch, Saucen, fette Braten und pikante Kebaps mit Petersilie, Dill, Bohnenkraut, Waldkräutern und vitaminreichen ***Salaten*** aus Radieschen, Tomaten, Kopfsalat, Kraut, Zwiebeln, Paprika, Möhren, Knoblauch und eingelegtem Gemüse verdaulicher zu machen.

Man muss die bulgarische Küche wirklich probieren, um die Besonderheiten zu schmecken, die sie weit über die Grenzen hinaus beliebt gemacht haben. Zu diesen Besonderheiten gehört vor allem die ***gleichzeitige Wärmebehandlung der Zutaten,*** immer auf kleiner Flamme. Das Gericht darf nur langsam kochen, wird gebraten oder geschmort. Nur auf diese Weise bleiben die Nährwerte erhalten, und das Ergebnis sind ein erlesenes Aroma sowie verschiedenste für die bulgarische Küche typische Geschmackskombinationen. Die gleiche Wirkung erzielt man auch durch die Verwendung vielfältigster Zutaten, passender Gewürze und des geeigneten Fettes. Seit eh und je bevorzugt der Bulgare Schmoren, Braten, Backen, Kochen und irdene Gefäße. Nicht von ungefähr gibt es Spezialitäten, die es nur in Bulgarien gibt.

Vorspeisen

Vorspeisen sind von der bulgarischen Tafel nicht wegzudenken, sie nehmen einen Ehrenplatz ein aufgrund ihres Vitaminreichtums und guten Geschmacks, des appetitlichen Aussehens und ihrer Würzigkeit. Zu den verschiedenen Salaten, dem Essiggemüse und dem bunten Salz passt hervorragend der bulgarische Sliwowitz *Sliwowa rakija* (Pflaumenbranntwein) oder der *Grosdowa rakija* (Traubenbranntwein). In der Kombination Vorspeise (Salat) und **Schnaps** wird jedes Abendessen eröffnet, schließlich folgt das Hauptgericht und ein Dessert. Vorsicht beim Bestellen von Schnaps in Gaststätten. Die Speisekarte enthält immer die Preise für 50 Gramm (nicht Zentiliter!). Sagt man: *„edna rakija“* („einen Schnaps“), bekommt man stets 100 Gramm serviert. Man muss sich schon deutlicher ausdrücken und sagen: *„edna malka rakija“* („einen kleinen Schnaps“), um die für unsereinen angemessenen 50 Gramm zu erhalten. Denn es sollte nicht vergessen werden, der Schnaps ist mindestens 60prozentig, und 50 Gramm sind bereits mehr als ein üblicher „Doppelter“.

Am besten schmeckt es doch bei Freunden

- ***Schopska-Salat:*** besteht aus Tomaten, Gurken, Paprika, Zwiebeln, Petersilie und darüber geriebenem Schafskäse
- ***Mletschna salata*** (Weißer Salat): Gurken, Quark, Sahne, Walnusskerne, Knoblauch, Dill, gekochte Eier
- ***Kjopoolu:*** Auberginenpüree mit Knoblauch

Suppen

Das Mittagessen sieht als Vorspeise eine Suppe vor, ihr schließt sich das Hauptgericht an, zu dem gleichzeitig ein Salat gegessen wird, gefolgt von einem Dessert.

- ***Tarator:*** Gurkenkaltschale (im Sommer sehr erfrischend) aus klein geschnittenen frischen Gurken, Joghurt, Knoblauch, Dill, Öl und Walnüssen
- ***Manastirska tschorba*** (Klostersuppe): Weiße Bohnen, auf Klosterart zubereitet
- ***Kurban tschorba:*** Lammfleischsuppe

Hauptgerichte

Hauptgerichte werden nicht immer heiß serviert, da die Bulgaren nicht so heiß essen.

Fleischlose Speisen

- ***Palneni tschuschki sas sirene:*** mit Eiern und Schafskäse gefüllte Paprikaschoten
- ***Güwetsch:*** Gemüseeintopf

Fleischgerichte

- ***Winen kebap:*** Gulasch mit Wein
- ***Kawarma:*** Gulasch vom Schwein oder Hammel, mit Rotwein und Tomatenmark
- ***Srednogorski güwetsch:*** Gemüseeintopf mit Kalbfleisch
- ***Petscheno schkembe:*** gebackene Flecke
- ***Wreteno:*** Schweinefiletrouladen
- ***Sarmi:*** Rouladen mit Hackfleisch und Reis in Wein- oder Weißkohlblättern
- ***Mussaka:*** Hackfleisch und Kartoffeln, überbacken mit Milch und Eiern

Grillgerichte

- ***Kebaptscheta:*** Hackfleischröllchen
- ***Kjufteta:*** Hackfleischklößchen
- ***Nadenitschki:*** geringelte Knackwürste
- ***Schaschlik***
- ***Parshola:*** Kotelett
- ***Maschena skara:*** gemischtes Fleisch vom Grill
- ***Skumrija:*** gegrillte Makrelen

Typisch bulgarische Gewürze

- ***Merodija:*** verschiedene getrocknete Kräuter mit Salz gemischt. Schmeckt hervorragend zum Butterbrot, warmen Fladenbrot (pitka), gekochten Eiern, Suppen und fast allen Gerichten.
- ***Scharena sol*** (buntes Salz): Merodija, Paprika und Salz.
- ***Samardala:*** sehr stark duftende Kräuter mit Salz gemischt. Schmeckt gut zum Butterbrot, warmen Fladenbrot und gekochten Eiern.
- ***Nane:*** getrocknete oder frische Pfefferminz
- ***Tschubriza:*** Bohnenkraut
- ***Magdanos:*** Petersilie
- ***Kopar:*** Dill
- ***Ljutiwi tschuschki:*** Peperoni. Gibt es zu jeder Speise; getrocknet, frisch oder eingemacht.
- ***Tscheren piper:*** Schwarzer Pfeffer
- ***Piper oder Tscherwen piper:*** Paprika. Wird reichlich zu allen möglichen Speisen verwendet.
- ***Tschessan:*** Knoblauch. Besonders im Frühjahr essen die Bulgaren sehr gern frischen Knoblauch (mit Stengel). Er ist nicht nur gesund und zu jeder Speise passend, er erzeugt auch Appetit.
- ***Olio:*** Öl. Meistens Sonnenblumenöl; wird maßlos für die Zubereitung von Salaten, Suppen und Speisen verwendet. Für den fettarmes Essen gewohnten deutschen Magen ein Schock! Früher konnten sich nur Wohlhabende fettreiche Speisen leisten. Je fetter also, desto reicher …

Käse

- ***Sirene petscheno w pergamentowa chartija:*** in Pergamentpapier gebackener Schafskäse
- ***Sirene po schopski (Käse auf Schopenart):*** Schafskäse, gebacken mit Tomatenscheiben, Paprikaschoten und Ei

Dessert

- ***Sladoled:*** Eis
- ***Pasta:*** Kuchen
- ***Papesch:*** Zuckermelone
- ***Dinja:*** Wassermelone
- ***Praskowi:*** Pfirsische
- ***Grosde:*** Weintrauben

Backwaren

Weißbrot isst man zu jedem Gericht, wie sonst kann man die fettreichen Speisen besser „bewältigen“. Kartoffeln sind lediglich als Beilage oder Gemüse gedacht, jedoch keineswegs unbekannt, wie manche meinen.

- ***Pitka:*** Rundbrot
- ***Baniza:*** Blätterteiggebäck (eine Art Strudel), typisch zubereitet mit Schafskäsefüllung.
- ***Tikwenik:*** Blätterteig, gefüllt mit geriebenem Kürbis. Nur bei Bulgaren zu Hause erhältlich.

Gaststätten

Die Auswahl an Gaststätten ist heute größer denn je. Die ***Preise*** bewegen sich von erstaunlich niedrig über freundlich bis hin zum teilweisen Westniveau in verschiedenen Kurortzentren, wo die Qualität jedoch nicht immer Schritt gehalten hat.

Die Beilage und das Fleisch, was zusammen erst eine Portion ergibt, bestellt und bezahlt man getrennt. Wer richtig bulgarisch speisen will, gehe in eine ***„mechana“*** (Nationalitätengaststätte). Um die Umstellung des Magens auf die neue Kost zu erleichtern, beginne man mit Grillgerichten.

Nach der Wende hat auch die Schnellimbisskette des Welternährers McDonald's in Bulgarien Fuß gefasst. Gleichzeitig besinnen sich die Bulgaren auf ihre traditionelle Küche, so dass inzwischen in jeder Gaststätte die beliebtesten bulgarischen Gerichte auf der Speisekarte stehen. In guten Restaurants werden die ***Speisekarten*** meist in drei Sprachen angeboten: in Bulgarisch, Englisch und Deutsch. In kleineren Gaststätten muss man die Speisekarte nachdrücklich fordern. Die Kellner geben sie nicht gern aus der Hand oder behaupten, dass es so etwas noch nicht gibt bei ihnen. Das ist das erste Anzeichen für einen Betrug. In solchen Fällen besser die Gaststätte sofort verlassen.

Fertigmenüs kosten um die € 4,10 (8,00 Lw). Wenn man außerhalb der Kurorte eine Gaststätte aufsucht, kann man das Menü schon für ca. € 2,60 (5,00 Lw) bekommen, einschließlich Getränk.

• Schafskäse 1 kg	2,00-2,30 €
• Hartkäse 1 kg	2,60 €
• Obst u. Gemüse 1 kg	0,50-1,00 €
• Brot (nur Weißbrot) 1 kg	0,25 €
• Wurst, einfach 1 kg	2,10-2,60 €
• Hartwurst 1 kg	6,90 €
• Filet „Elena" 1 kg	5,70 €
• Schweinefleisch 1 kg	2,10 €
• Rinderbraten 1 kg	2,60 €
• Milch 1 l	0,30-0,36 €
• Wein 1 l	0,77-1,00 €
• Schnaps, bulgarischer (Perlowa rakija), 0,7 l	4,10-5,10 €
• Zigaretten, bulgarische 20 Stück	0,15-0,40 €
• Zigaretten, westl.	0,50-0,77 €
• Bier, bulgarisches 0,5-l-Flasche	0,20-0,25 €

Selbstverpflegung

Da der Bulgare selbst keinen Wert auf das ***Frühstück*** legt, muss man bei einer privaten Übernachtung ausdrücklich äußern, was man zum Frühstück zu essen wünscht. Sollte man mit leerem Magen das Quartier verlassen (müssen), kann man in einer *Sakuswalnja* (Frühstückerei) eine warme Suppe oder eine *Baniza* mit dem berühmten bulgarischen Joghurt *Kisselo mljako* beziehungsweise *Ajran* (Buttermilch) essen.

Die mit Lebensmitteln bestversorgte Stadt ist nach wie vor Sofia, als gut ist die Versorgung aber auch in den anderen Städten zu bezeichnen. Tragisch sieht es dagegen ***auf den Dörfern*** aus, wo es manchmal sogar problematisch ist, Brot zu kaufen. Das gilt nicht nur fürs Landesinnere, sondern ebenso für die Dörfer an der Schwarzmeerküste. In den Dorfkneipen kann man oft kaum auf ein Essen hoffen. Uns wenigstens angebotene Konserven waren wiederum überlagert. Deshalb immer in den Städten mit Lebensmitteln bevorraten!

Wegen der permanenten Inflation werden die folgenden ***Preise*** nur in Euro angegeben.

Wer seinem Geldbeutel und seinem Magen einen Gefallen tun will und sich dabei noch ganz volkstümlich wie die Bulgaren im Sommer ernähren möchte, der kaufe sich als ***Reiseproviant*** den hervorragend schmeckenden Schafskäse *Owtsche sirene* und/oder *Kaschkawal* (Hartkäse), ein Weißbrot, Tomaten, Gurken und Paprika, dazu Mineralwaser. So kann man problemlos die heiße Jahreszeit überstehen. Herrlich schmeckt auch Schafskäse mit Weintrauben oder Zuckermelone und Brot.

Durchschnittspreise in den Kurorten am Schwarzen Meer

• Suppe	0,36 €
• Schopska-Salat	0,51 €
• Schweineschnitzel paniert	1,79 €
• halbes Grillhähnchen	2,56 €
• Eis „Melba"	0,77 €
• Kompott	0,26 €
• Stück Kuchen	0,51 €
• Bier (0,5 l)	0,77 €
• Coca Cola	0,46 €
• Limonade/Fruchtsaft	0,36 €
• Mineralwasser	0,26 €
• Flasche Wein	2,56-3,58 €
• Flasche Sekt	7,16 €

Getränke

Coca Cola wurde nun nicht erst durch McDonald's nach Bulgarien gebracht. Die Lizensproduktion läuft schon seit vielen Jahren. Aus eigener Produktion stammen schmackhafte Limonaden, Fruchtsäfte und das wunderbare Mineralwasser.

Auch aus eigener, genauer gesagt hauseigener Produktion stammt der auf den Bauernmärkten billig angebotene ***Alkohol!*** Doch Finger weg! Immer wieder gibt es günstigstenfalls „nur“ Vergiftungen durch die skrupellose Beimischung von Methylalkohol. Wenn jemand Geschmack an dem bulgarischen Schnaps gefunden hat, kann er in einem normalen Geschäft den hervorragenden *Perlowa rakija* (Perlenschnaps) kaufen. Die bereits erwähnten Schnäpse *Sliwowa* und *Grosdowa* gibt es in den besonders empfehlenswerten Sorten: *Muskatowa rakija, Pomorijska rakija, Slivenska perla, Evksinowgradska rakija* und *Sungurlarska grosdowa.* Daneben genießt der bulgarische Anisschnaps „Mastika“ große Popularität. Nicht unbekannt sind die bulgarischen ***Cognacmarken*** „Preslav“ (sieben Sterne), „Pliska“ und „Pomorie“ (je fünf Sterne).

Auch ***Bier*** produziert Bulgarien, wenn auch nicht in einer solchen Sortenvielfalt. Man soll unbedingt die besten beiden Sorten „Sagorka“ (aus Stara Sagora) und „Kamenitza“ (aus Plovdiv) probiert haben. Zur Bereicherung des (Import-)Bierangebotes haben die Bayern unaufgefordert beigetragen. Es gibt aber auch sonst zahlreiche Importbiersorten.

Am typischsten für Bulgarien ist jedoch sein ***Wein.*** Bulgarien gehört zu den Ländern mit der ***längsten Weinbautradition Europas.*** Die Sonne, die Reben und der Wein sind seit Jahrtausenden Symbole des Landes. Archäologische Funde beweisen, dass bereits vor 5000 Jahren auf dem Territorium des heutigen Bulgariens Wein angebaut wurde. Die ersten Reben haben die Thraker, die frühesten Siedler auf der Balkanhalbinsel, vom Nahen Osten ins Land gebracht. Die erste Werbung für die thrakischen Weine findet sich in *Homers Odyssee.* Er erzählt von dem thrakischen Fürsten Maron, der Odysseus u. a. mit 12 Amphoren göttlichen Weins beschenkte. Die Thraker galten als hervorragende Weinbauer und Winzer. Für sie, wie auch für die ganze antike Welt, war der Wein ein göttliches Elexier, das Kraft, Tapferkeit und Inspiration verleiht. *Dionysos,* der griechische Gott des Weines, des Rausches und der Fruchtbarkeit, wurde hoch verehrt. Manchmal vielleicht auch zu hoch ... Vor zwölfhundert Jahren sah der weise bulgarische *Khan Krum* im Wein eher eine Gefahr für sein noch junges Reich. Er hielt es für nötig, ein Gesetz zu schaffen, wonach alle Weinstöcke vernichtet werden sollten. Aber dieses zähe, hartnäckige Gewächs ging nicht ein, sondern verbreitete sich statt dessen immer mehr. Erst zu Beginn des 20. Jahrhunderts wurden die Rebstöcke von einem wahren Feind bedroht: von der ***Reblaus.*** Der Tatsache, dass ein großer Teil der Anbauflächen damals der Reblaus zum Opfer fiel, ist es allerdings zu verdanken, dass neben den traditionellen alten bulgarischen Rebsorten französische eingeführt wurden, welche unter den günstigen Anbaubedingungen Bulgariens sehr gut gedeihen konnten. Bulgarische Spitzenweine fanden Eingang in die Weinkarten der First-class-Restaurants und -Hotels Europas. In Bezug auf die Weinausfuhr gehört Bulgarien zu den ersten zehn Exportländern. Die „Weinpäpste" aus der ganzen Welt rühmen das hervorragende Preis-Leistungs-Verhältnis der bulgarischen Weine.

Bulgarien teilt sich in fünf große Weinregionen auf: die Donauebene, das einzige Gebiet, in dem die einheimische Traube *Gamza* angebaut wird, daneben der hervorragend harmonische *Cabernet Sauvignon;* die Schwarzmeerregion – aus diesem Gebiet stammen die besten Weißweine des Landes wie *Chardonnay, Sauvignon*

Café: „Die schöne Elena"

Blanc, der aromatische *Dimjat* oder der *Riesling;* das Rosental mit der in diesem Gebiet am verbreitetsten Rebsorte, der roten *Kadarka;* das Thrakiatal, das einzige Anbaugebiet des einheimischen *Mavrud,* hier werden aber auch hervorragende *Cabernet Sauvignon* und *Merlot* gekeltert; das Strumatal - hier ist der bekannte *Melnikwein* beheimatet, der so schwerflüssig ist, dass man ihn, wie die Leute dort versichern, „im Tuch wegtragen kann".

Ziel auch der kleinsten Kellerei ist es, wohlschmeckende und bekömmliche Weine zu erzeugen. Rotweinkenner wissen, dass Rebsorten wie Cabernet Sauvignon und Merlot besonders viel Sonne brauchen. Die ausgereiften und kerngesunden Trauben sind die notwendige Grundlage für die Erzeugung der unverwechselbaren bulgarischen Rotweine. Den ***Rotwein*** genießen die Bulgaren mit Häppchen von *owtsche sirene* (Schafskäse), *balkanski kaschkawal* (die beste Sorte Hartkäse) und *lukanka* (luftgetrocknete Salami).

Wer in Bulgarien auf den Geschmack gekommen ist, kann sich den umtriebigen bulgarischen Zwillingsbrüdern Latchezar und Svetlozar Bossev in Dresden anvertrauen. Sie sorgen dafür, dass die Liebhaber bulgarischer Weine, feiner Obstbrände und anderer alkoholischer Köstlichkeiten nicht bis zum nächsten Urlaub warten müssen.

- ***Bossev Weinmarketing,***
Strehlener Straße 22, 01069 Dresden,
Tel. 0351/4724663, Tel./Fax 0351/4724836;
www.bulgarien-weine.de,
E-Mail: Bossev@t-online.de

Übrigens sind die Bulgaren vermutlich das einzige Volk, das einen ***Tag des Winzers*** feiert und zwar den *„Trifon Saresan"* am 14. Februar.

Feste und Feiertage

Die ***politische Wende*** von 1989 brachte auch eine Wende in der Festlegung der Feiertage des neuen Bulgarien. An die kommunistische Ideologie gebundene Feiertage wie der 9. September entfielen, dafür besann man sich auf den alten Nationalfeiertag am 3. März und führte die traditionellen kirchlichen Feiertage Weihnachten und Ostern wieder ein.

In den muslimisch besiedelten Gebieten des Landes werden die religiösen ***Feiertage des Islam*** begangen. Es sind vor allem das drei Tage währende ***Zuckerfest*** *(Scheker bajram)* am Ende des Fastenmonats Ramadan und das viertägige ***Opferfest*** *(Kurban bajram).*

Offizielle Feiertage

- ***1. Januar:*** Neujahr
- ***3. März:*** Nationalfeiertag anlässlich der Befreiung Bulgariens von der osmanischen Fremdherrschaft (3.3.1878)
- ***Karfreitag und Ostern*** (meist später als bei uns, siehe *„Der Gregorianische Kalender ...“*)
- ***1. Mai :*** Internationaler Tag der Arbeit
- ***6. Mai :*** Tag der Streitkräfte, Tag des Heiligen Georg *(Gjorgjow-den)*
- ***24. Mai:*** Tag des slawischen Schrifttums und der bulgarischen Kultur *(Kiril i Metodij)*
- ***6. September:*** Tag der bulgarischen Einheit (1885 Anschluss Ostrumeliens an das Fürstentum Bulgarien)
- ***22. September:*** Tag der Unabhängigkeit (1908, Bulgarien erklärt seine Unabhängigkeit).
- ***1. November:*** Gedenktag an die führenden Persönlichkeiten der bulgarischen nationalen Wiedergeburt
- ***24./25./26. Dezember:*** Weihnachten
- ***31. Dezember:*** Silvester

Bedeutende internationale Musikfestivals und Volksfeste

- ***1. Januar:*** Kukeri-Spiele in Raslog.
- ***Anfang Januar:*** Festival der Orchestermusik in Plovdiv.
- ***14. Februar:*** Winzertag Trifon Saresan in der Umgebung von Pleven und Pasardshik
- ***Anfang März:*** Kukeri-Spiele in Pernik und Kjustendil.
- ***14.-28. März:*** Internationales Musikfestival „Märzmusiktage“ in Russe. Auf dem Programm stehen sinfonische Musik, Kantaten, Oratorien, Opernaufführungen und Chorkonzerte.
- ***April:*** Festival der Sofioter Nationaloper.
- ***24. Mai-1. Juli:*** Internationales Festival „Sofioter Musikwochen“. Aufgeführt werden sinfonische und Kammermusik, Oratorien und Opern.
- In der ***zweiten Maihälfte*** in Jahren mit ungerader Endziffer: Internationale Biennale des Humors und der Satire in Gabrovo. Beteiligt sind Humoristen aus mehr als 100 Ländern mit Werken der Malerei, Grafik, Skulptur, Literatur und Schauspielkunst.
- ***Juni, alle zwei Jahre:*** Internationaler Wettbewerb für junge Opernsänger in Sofia. Wettbewerbsteilnehmer, die zur dritten, das heißt letzten Runde zugelassen werden, treten zur Belohnung in einer Aufführung von der Nationaloper der Hauptstadt auf.
- ***Anfang Juni:*** Rosenfest in Kasanlak und Karlovo. Rosenernterituale mit viel Volksmusik und Tänzen, Wahl der Rosenkönigin, festliches Essen.
- ***Juni:*** Internationales Musikfestival im antiken Theater in Plovdiv.
- ***Juni, alle zwei Jahre:*** Internationales Festival der Kammermusik im Garten des Ethnografischen Museums in Plovdiv.
- ***Mitte Juni bis Mitte Juli:*** Internationales Festival „Varnaer Sommer“ mit klassischer Musik, Oper und Ballett in Varna und Slatni Pjassazi.
- ***Ende Juni:*** Nationales Festival der Romamusik in Stara Sagora. Das erste fand 1993 statt und wurde begeistert aufgenommen.
- ***Anfang Juni bis Mitte Juli*** jedes Wochenende: Musiktage „Madarski konnik“ („Der Reiter von Madara“). Symphonische Musik in der einmaligen Atmosphäre der großen Höhle des Nationalen Architekturreservates „Madarski konnik“.
- ***Juli:*** Internationaler Ballettwettbewerb in Varna.
- ***Juli,*** die letzten zehn Tage des Monats (erstmals 1993): Nationales Theaterfestival in Varna.
- ***August:*** Opernfestival „Bühne der Jahrhunderte“ in Veliko Tarnovo.
- ***August, drei Tage alle fünf Jahre,*** das nächste Mal 2005: Nationales Festival der authentischen Folklore in Koprivschtiza. Einmalig in dieser Größenordnung.
- ***August, alle zwei Jahre:*** Festival der Folklore „Pirin pee“ („Pirin singt“) in Predela.
- ***August, alle zwei Jahre,*** das nächste Mal 2004: Festival der authentischen Folklore der Rhodopen in Roshen bei Pamporovo.
- ***In der zweiten Augusthälfte, alle zwei Jahre***: Internationales Folklorefestival in Burgas.
- ***1.-10. September:*** Festival der kleinen Theaterformen in Sosopol.

- ***Anfang September:*** Internationales Schlagerfestival „Goldener Orpheus" *(„Slatnija Orfej")* im Seebad Slantschev Brjag.
- ***Ende September:*** Festival der Klaviermusik in Schumen.
- ***Ende September, die letzten 10 Tage:*** Internationales Festival der Puppentheaterkunst *„Dwama sa malko - trima sa mnogo"* („Zwei sind zuwenig - drei sind zuviel") in Plovdiv.
- ***Anfang Oktober,*** die ersten 10 Tage, alle drei Jahre, das letzte Mal 2002: Internationales Festival der Puppentheaterkunst *„Slatnija delfin"* („Der goldene Delfin") in Varna. Eingetragen im Internationalen Kulturkalender.
- ***November:*** Internationales Jazzfestival in Sofia.
- ***27. Dezember-4. Januar:*** Internationales Neujahrsmusikfestival im Sofioter Kulturpalast.

Manche der hier aufgeführten Festivals sind wegen fehlender Subventionen in ihrem Fortbestehen gefährdet. Interessenten müssten sich daher nochmals an Ort und Stelle vergewissern.

Abseits der Kultur: In der einzigen bulgarischen Messestadt Plovdiv findet jährlich Anfang Mai und von Ende September bis Anfang Oktober eine große ***internationale Messe*** statt. In dieser Zeit sind die Hotels in Plovdiv, Pasardshik und Assenovgrad zu erhöhten Preisen mit Messegästen ausgebucht!

Film und Foto

In den größeren Städten und den Touristenzentren Bulgariens findet man genügend Fotostudios der Firmen AGFA, Kodak, Konica und Fuji. Problemlos sind hier ***Filme und Diafilme*** etwa zum gleichen Preis wie in Deutschland erhältlich (unbedingt auf das Verfallsdatum achten!). Schwer ist es jedoch im Fall des Falles, eine ***Fotobatterie*** zu bekommen. Deshalb sollte man sich unbedingt zu Hause mit einer Reservebatterie versorgen.

Einen Film kann man in einer Stunde (Express) oder in 24 Stunden (normal) zum Preis von etwa € 0,51 (1 Lw) ***entwickeln*** lassen. Ein ***Abzug*** (9 x 13 cm) kostet, je nachdem ob express oder normal, € 0,15 bis 0,26 (0,30 bis 0,50 Lw). Man muss sagen, ob der Film geschnitten oder ganz gelassen werden soll. Sagt man nichts, bekommt man den Film meist im Ganzen zurück. Adressen von Fotostudios sind im Reiseteil bei den größeren Städten angegeben.

Man beachte, dass es nicht in allen ***Museen oder Kirchen*** erlaubt ist, zu fotografieren. Meist erhält man jedoch gegen eine geringe Gebühr eine Fotoerlaubnis.

Wie überall auf der Welt, ist es auch in Bulgarien selbstverständlich, beim ***Fotografieren von Personen*** die Leute vorher höflich zu fragen. Bei besonders sympathischen Menschen haben wir uns auf unseren Reisen immer die Adressen der Leute geben lassen und ihnen die Bilder dann auch geschickt. Ein bloßes Versprechen hinterlässt keinen guten Eindruck.

Für die ***Einfuhr*** von Fotoapparaten, Filmen, Videokameras und -kassetten gibt es keinerlei Beschränkungen. Es ist dennoch ratsam, den Fotoapparat und die Videokamera bei der Einreise in die Zollerklärung einzutragen, damit man sie problemlos wieder ausführen kann.

Geld

Die bulgarische ***Landeswährung*** ist der *Lew* ('Löwe', Mehrzahl *Lewa,* Abkürzung *Lw).* Ein Lew unterteilt sich in 100 *Stotinki* (Einzahl *Stotinka,* Abkürzung *St).* Der Lew ist per Gesetz an den Euro gebunden. 1 Lew entspricht somit € 0,51. Nach Eindämmung der teilweise bis zur Hyperinflation ausgearteten Geldentwertung auf vorbildliche 1 bis 4 % im Jahre 1998 macht auch wieder die Münzeinheit Stotinka Sinn. In Umlauf sind seit dem 5. Juli 1999 ***Münzen*** zu 1, 2, 5, 10, 20 und 50 Stotinki. Die Münzen von 1 bis 5 Stotinki sind gelb, von 10 bis 50 Stotinki weiß. Seit Ende 2002 gibt es 1-Lew-Münzen mit dem Antlitz des Heiligen Iwan Rilski. Auf ihrer Kopfseite ist das berühmte, in Stein ge-

Der Gregorianische Kalender – eine „Kriegslist" der Bulgaren und ihre Folgen

Satiriker meinen, dass das im Ersten Weltkrieg stehende Bulgarien den Gregorianischen Kalender 1916 nur deshalb eingeführt habe, um seine Gegner zu irritieren.

Zur Erinnerung: Um Differenzen zwischen der Jahresberechnung alten Stils, dem Julianischen Kalender, und dem tropischen (tatsächlichen) Jahr auszugleichen, wurde durch Edikt des ***Papstes Gregor XIII.*** 1582 eine neue Jahreseinteilung eingeführt, die als Gregorianischer oder Kalender neuen Stils noch heute bei uns gilt. Damals übersprang man auf einmal 10 Tage, damit der Frühlingsanfang im Folgenden Jahre 1583 wieder auf den 21. März fiel, denn ansonsten hätte dieser Tag in Wirklichkeit auf dem 31. März gelegen. Und da der erste Vollmond im Frühling Grundlage für die Festlegung des vom Zeitpunkt her beweglichen Osterfestes bildet, hatte diese Kalenderreform einen bedeutenden ordnenden Sinn im christlichen Jahreslauf. Die Reform wurde zuerst in den katholischen Ländern übernommen (in Frankreich, Italien, Spanien, Portugal und Polen noch 1582), später auch in den protestantischen Ländern (in Norwegen, Dänemark und in Preußen 1700 - im katholischen Bayern schon 1583) und fast zuletzt, als man international schon langsam im zeitlichen Abseits stand, im orthodoxen Bulgarien (China 1911, Bulgarien 1916, Sowjetrussland 1918, Serbien und Rumänien 1919, Griechenland 1924, Türkei 1926).

Die Zwistigkeiten der ***orthodoxen Kirche*** mit der römisch-katholischen waren der Grund, weshalb sie sich nicht der päpstlichen Kalenderreform anschloss. Im Jahre 1916 trat deshalb nur der bulgarische Staat der Jahreseinteilung, die sich international durchgesetzt hatte bei, die orthodoxe Kirche bewahrt ihre Position bis heute.

Im Unterschied zu 1582 betrug die Differenz zwischen Julianischem und Gregorianischem Kalender 1916 schon ganze 13 Tage. Dieser Fehler wurde wettgemacht, indem auf den 31. März 1916 sofort der 14. April folgte. Trotz des damals tobenden 1. Weltkrieges gibt es deshalb keinen bulgarischen Soldaten, der in der Zeit vom ***1.-13. April 1916*** gefallen ist, aber auch nicht einen Bulgaren, der in dieser Zeit das Licht der Welt erblickt hätte - oder anders ausgedrückt: In keines Bulgaren Geburtsurkunde findet sich ein Geburtsdatum mit einem dieser 13 Tage.

Die bulgarische „Raffinesse" bei der Angleichung an den neuen Kalender bestand darin, dass auch die ***Feste um 13 Tage versetzt*** wurden. So geriet aus Missverständnis der 25. Dezember auf den 6. Januar, und sowohl *Jesus Christus* als auch *Christo Botew* wurden plötzlich um ein Jahr jünger. Objektiv gesagt, geschah dies aus reiner Unwissenheit. Erst Patriarch *Kyrill* rückte 1953 die Feste wieder an ihre traditionellen Plätze; die Feste, aber nicht die Tage. Das hatte im kommunistischen Bulgarien aber letztlich keine Bedeutung. Die Weihnachtsfeiertage, der 25. und 26. Dezember, Ostern und Pfingsten blieben bis 1989 „normale" Arbeitstage; für diese christlichen Feste gab es offiziell überhaupt keinen Platz, weil die Religion inoffiziell verboten war.

1970 korrigierte die bulgarische Kirche auch den „Standort" ihrer Heiligen, die mit der Kalenderreform in Bulgarien von ihren angestammten, festen Plätzen verdrängt worden waren, und versetzte sie wieder zurück. Im bulgarischen christlichen Kalender sind aber ***manche Fehler geblieben.*** Und es blieben die Widersprüche zwischen staatlicher und kirchlicher Zeitrechnung. So liegt der offiziell am 24. Mai gefeierte Tag des Heiligen Kyrill und Method eigentlich auf dem 11. Mai. Auf dieses Datum hatte die Kirche den Gedenktag auch zurückverlegt und begeht ihn nunmehr zum richtigen Zeitpunkt würdig im gottesdienstlichen Rahmen. Der Staat aber blieb beim Irrtumsdatum 24. Mai.

Dass das ***bulgarische Osterfest*** und damit das am 50. Tag nach Ostern gefeierte ***Pfingsten*** von unseren Festtagsterminen abweicht, liegt jedoch weniger an der inkonsequenten Kalenderreform, sondern mehr an orthodoxen Besonderheiten. Die Vorbereitung des für die Orthodoxie wichtigsten christlichen Festes erfordert einen längeren Zeitraum, bedingt durch eine länger währende Fastenzeit. Aus der Gegenüberstellung werden die (uneinheitlichen) Abweichungen ersichtlich.

	Ostern in Deutschland	***Ostern in Bulgarien***
2003	15. April	27. April
2004	31. März	11. April
2005	20. April	1. Mai

In Bulgarien kann man derzeit laute Stimmen vernehmen, die fordern, alle Volksfeste konsequent an ihre alte Stelle zu rücken. Es ist anzunehmen, dass es ***in Zukunft Terminverschiebungen*** geben wird. Wenn man sich dafür jedoch noch lange Zeit lässt, ist die Zeitdifferenz zwischen Julianischem und Gregorianischem Kalender möglicherweise schon auf 14 Tage angewachsen.

hauene mittelalterliche bulgarische *Reiterbildnis von Madara* geprägt. Mit der letzten Währungsreform, bei der zur Vereinfachung des Zahlungsverkehrs und dem bequemeren Umgang mit dem bulgarischen Lew drei Nullen gestrichen wurden - 1000 alte Lewa entsprechen einem neuen Lew -, sind am 1. Juli 1999 ***neue Geldscheine*** herausgegeben worden. Die alten Lewascheine verloren am 31. Dezember 1999 ihre Gültigkeit. So gibt es jetzt Scheine zu:

- ***1 Lew*** - mit dem Antlitz des heiligen Iwan Rilski (876-946), einem orthodoxen Heiligen, dem Patron des größten bulgarischen Klosters Rilski manastir (Rilakloster, s. Seite 260)
- ***2 Lewa*** - mit dem Antlitz des Mönchs Paissij Chilendarski (1722-1773) (s. Seite 163 „Große Namen eines kleinen Volkes")
- ***5 Lewa*** - mit dem Antlitz des Malers Iwan Milew (1897-1927)
- ***10 Lewa*** - mit dem Antlitz des Schriftstellers und Philosophen Dr. Petar Beron (1799-1871)
- ***20 Lewa*** - mit der Antlitz des bulgarischen Premiers Stefan Stambolow (1854-1895)
- ***50 Lewa*** - mit der Antlitz des bulgarischen Schriftstellers Pentscho Slawejkow (1866-1912) (s. unter „Literatur").

Durch die Anbindung an die DM wurde der Lew am 1. Januar 1999 automatisch an den ***Euro*** gekoppelt. Der Wechselkurs hat sich dadurch nicht geändert. Den Euro als Währungseinheit will Bulgarien aber nicht vor seinem Beitritt zur EU einführen. Trotz der Anbindung an den Euro ist der Lew nicht frei konvertierbar. Die ***Ein- und Ausfuhr*** der bulgarischen Währung ist nach wie vor verboten.

Bankautomaten sind heute in jeder größeren Stadt verfügbar. Sie stehen bereits bei der Einreise am Flughafen in Sofia und jetzt sogar in der Lebensmittelabteilung des hauptstädtischen Universalkaufhauses „ZUM". Akzeptiert werden Mastercard, Maestro, Cirrus, EC-Card, Visa, Visa-Electron, American Express und e-plus. Letzteres dürfte vor allem Schweizer Postcardbesitzer freuen. Sie können pro Tag den Gegenwert von immerhin 1000 Schweizer Franken bei einer Gebühr von 3 Franken abheben. Ansonsten kann man problemlos bis zu € 102 (200 Lw) jeweils - und das auch in deutscher Sprache - ziehen. Bei Verwendung der Eurocard werden 5 % für die Barauszahlung plus 1 % für das Abheben im Ausland berechnet, bei der EC-Card sind es gleich 8 %, die zusätzlich abgebucht werden.

Als Reisezahlungsmittel empfiehlt sich noch immer Bargeld in Form von Euro oder Dollar. ***Travellerschecks*** nehmen nur größere Banken und Tourismusbüros entgegen, und das auch nur in Sofia, Plovdiv, Velingrad und den Urlauberzentren am Schwarzen Meer. Der Sicherheitsvorteil der Travellerschecks, bei Verlust von der

50 Jahre Handwerker: armenischer Fotograf

ausstellenden Bank ersetzt zu werden, greift also in Bulgarien nicht richtig. Wenn Travellerschecks überhaupt akzeptiert werden, dann zu einem ungünstigeren Kurs als beim Bargeldtausch.

Bis zu 8 % Gebühren werden auch in zahlreichen ***Wechselstuben*** Sofias berechnet, und das trotz des Hinweises „keine Provision"! Dagegen kann man andernorts tatsächlich gebührenfrei Geld tauschen. Man sollte daher vor dem Geldtausch in Wechselstuben konkret fragen, wieviel man tatsächlich bekommt.

Generell tauscht man in Wechselstuben günstiger als in Hotels und Banken, wo ein deutlich niedriger Kurs geboten wird. Oft wechseln ganze Reisegruppen, soeben am Urlaubsziel angekommen, zum eigenen finanziellen Nachteil sofort im Hotel, und dazu noch größere Beträge.

Wer ***Bargeld*** mitnimmt und dies nicht an einem Ort aufbewahrt, sondern am Körper oder im Gepäck verteilt (s. „Sicherheit" und „Ausrüstung"), fährt damit augenblicklich noch am besten. So entfällt das Suchen nach der passenden Akzeptanzstelle, die Reise- und/oder Euroschecks entgegennimmt und dazu noch einen guten Kurs bietet, Öffnungszeiten (s. dort) können weitgehend außer Acht gelassen werden (allein in Sofia gibt es über 200 Wechselstuben, einige sind rund um die Uhr geöffnet), und man ist jederzeit flüssig, weil notfalls auch Geschäfte und Gaststätten Euro oder Dollar annehmen. Die von uns u.a. favorisierten ***Brustbeutel*** sollten aber nicht - wie häufig gesehen - frei herumbaumeln, sondern immer unter dem Hemd getragen werden. Auch Geldgürtel oder eingenähte Taschen an der Innenseite von Rock oder Hose eignen sich zum unauffälligen „Geldtransport".

Schwarztausch sollte für Reisende kein Thema mehr sein! Abgesehen davon, dass er nicht einmal verboten ist, sind die Zeiten der akzeptablen Gründe dafür endgültig vorbei. Heute bedeutet Schwarztausch 100%iger Betrug! Die Tricks sind vielfältig, die Betrüger schnell, und ehe Sie sich versehen, haben Sie einen Stapel wertloser polnischer Zlotyscheine in der Hand oder gar Zeitungspapier untergejubelt bekommen. Mancher Tourist, der sein Portemonnaie schon gezückt hatte, wurde gar mit Reizgas besprüht. Nur bei Freunden oder guten Bekannten kann man Geld inoffiziell eintauschen. Achtung! In Bulgarien ist auch ***Falschgeld*** in Umlauf, obwohl die neuen Geldscheine fälschungssicherer sind. Die neuen Banknoten zeigen als Wasserzeichen einen Löwen, besitzen den üblichen Metallfaden und eine Blindenmarkierung.

Es sollte möglichst nicht soweit kommen, dass jemand auf ***Geldüberweisungen*** von zu Hause angewiesen ist. Die bulgarischen Banken wechseln ihre Partner zu oft, weshalb keine verlässlichen Angaben möglich sind. Bei Raub oder Verlust wende man sich an die Polizei (Protokoll erstellen) und auch an die diplomatische Vertretung. Man muss ein wenig Verständnis dafür aufbringen, dass die bulgarischen Banken noch ungenügend Erfahrung besitzen und sich erst in der Aufbauphase befinden.

Nachdem sich Bulgarien zu Beginn der 90er Jahre mehr den USA zugewandt hatte, weil es sich von Europa vernachlässigt fühlte, dominiert in der jetzigen Ausrichtung wieder eindeutig Europa, nicht zuletzt ablesbar an den finanzpolitischen Entscheidungen. Neben den hauptsächlich Euro-orientierten Preisangaben bevorzugt aber insbesondere die ***Hotelbranche Dollar-Preise.*** Auf dem Immobiliensektor werden die Preise sogar ausschließlich in Dollar angegeben. Durch den sich ständig ändernden Wechselkurs des Euro zum Dollar variieren also auch die Übernachtungspreise laufend. Selbst dort, wo die Preise in Euro angegeben sind, werden sie auf Dollarbasis berechnet und sind deshalb keine Festpreise. Auch mit diesem Reiseführer in der Hand und den darin enthaltenen konkreten

Preisangaben zu einem Hotel o. Ä. hat man keinen Anspruch auf den eventuell im Buch angegebenen niedrigeren Preis.

Übernachtungskosten, die in Dollar gerechnet werden, werden fast immer in Lewa gezahlt. Für alle ausländischen Gäste ist eine im Übernachtungspreis ***versteckte Lebens-, Unfall- und Gepäckversicherung*** obligatorisch. Dies wird nirgends erwähnt, ist aber Tatsache (s. Kapitel „Unterkunft"). Fest steht, die Höhe der Versicherung hängt von der Kategorie der Unterkunft ab. Die Versicherungssumme wird im Fall der Fälle in der Währung des Landes ausgezahlt, aus der der Gast kommt, und zwar nach dem in Bulgarien gültigen Wechselkurs für nichtkommerzielle Zahlungen.

Kreditkarten akzeptieren selbstverständlich Firstclass-Hotels, Autoverleihfirmen und große Tankstellen. In Geschäften kann man seine Karte(n) steckenlassen, die interessieren dort niemanden. Nur in einigen Abteilungen des landesgrößten Sofioter Kaufhauses „ZUM" hat man sich auf Kreditkarten vorbereitet.

Trinkgeld: In einem Land, wo der Mindestlohn ca. € 40,90 (80 Lw), der Mindeststundenlohn ca. € 0,26 (0,50 Lw) und die Mindestsozialhilfe ca. € 25,60 (50 Lw) beträgt, muss auch das Trinkgeld dieser Situation angepasst sein. Im Gegensatz zu den Bulgaren, die ihr meistes Geld für Lebensmittel und Energie ausgeben, erscheint dem westlichen Urlauber das Essen sehr preiswert. (Äußerungen wie: „Das ist aber billig!“ sollten unterbleiben. Dies führt nur zur Erhöhung der Preise für Ausländer!) Einen Kellner im Landesinneren (nicht in den großen Urlauberorten) schockieren Sie regelrecht mit einem Trinkgeld von € 0,51 oder 1,02 (1 oder 2 Lw). Dies dann noch in Großmannssucht „hingeworfen" beleidigt jeden Vertreter dieser Gilde. Einen festen Prozentsatz für Trinkgeld gibt es in Bulgarien nicht; wir halten bei guter Bedienung 5 bis 10 % für angemessen.

Ob man bei einem Einkauf auf die Herausgabe der angeblich oft ***fehlenden Münzen*** verzichtet, ist jedem selbst überlassen. Natürlich stellen sie nur einen geringen Wert dar. Wir sehen das eher als eine Frage der marktwirtschaftlichen Erziehung. Wenn man sich nicht gerade auf dem Basar befindet, ist ein Preis bindend; ansonsten könnte man auch zu Ihren Gunsten auf die Ziffern hinter dem Komma verzichten.

Für den Rückflug sollte man auch daran denken, noch etwas bulgarisches Kleingeld für die ***Toilettenbenutzung im Transitraum*** zu reservieren, um nicht € 0,51 (1 Lw) auf den Teller legen zu müssen. Manche Toilettenfrau soll so mehr verdienen als ein Pilot!

Ein guter ***Tauschkurs*** bedeutet: 1 € = 1,94 bis 1,96 Lewa. An Grenzübergängen und Flughäfen ist der Tauschkurs generell viel niedriger als im Landesinneren. So mussten viele ahnungslose Touristen für höhere Geldbeträge einen unzumutbaren Tauschkurs von 1,74 bis 1,78 Lewa bezahlen. In Fällen, wo man dringend auf etwas Landeswährung angewiesen ist, sollte man bei solch ungünstigen Gelegenheiten nur einen minimalen Geldbetrag umtauschen.

Achtung vor den Wechselstuben in den ***Touristenhochburgen.*** Die Geldwechsler haben sich tolle Tricks ausgedacht, wie sie die Touristen gnadenlos abzocken. Der neueste, echt üble Trick ist, den Kurs optisch so darzustellen, dass der Tourist ihn nicht wirklich erkennt. Beispiel: Vor der Wechselstube steht ein großes Schild mit den Wechselkursen. Für jede Währung gibt es zwei oder drei Spalten. Auffällig ist, dass die Schilder ausschließlich kyrillisch beschriftet sind, außer der Aufschrift „NO COMMISSION“ (soll heißen: keine Wechselgebühren) und soll gutgläubige Kunden anlocken. Der Trick funktioniert so: Ganz links steht eine Vielzahl ausländischer Währungen. Rechts daneben steht der offizielle Wechselkurs. In der

nächsten Spalte rechts folgt dann der Kurs, der wirklich ausgezahlt wird, und rechts daneben steht der Scheckkurs. Auf der Tafel finden sich also jede Menge Zahlen und der normale Tourist blickt nicht so richtig durch; soll er ja auch gar nicht. Beim Euro funktioniert das so:

Offizieller Wechselkurs: 1,96

Ausgezahlter Kurs: 1,196

Es gibt also nicht 1,96 BGL, sondern etwa 1,20 BGL. Oder so:

1 Euro =

Verkauf = 1,88 Ankauf = 1,190 BGL

Daher denkt nun der Laie durch die irritierende Art und Weise der Zahlenangaben, er bekäme 1,88 Lewa für 1 Euro (der Euro wird angekauft, daher der Ankauf-Preis). Aber die 1 steht mit einem Abstand so geschickt davor, dass man tatsächlich nur 1,19 Lewa bekommt.

Man erhält keinen Beleg, und sollte sich jemand beschweren, kann er evt. mit körperlicher Bedrohung rechnen.

In Hotels und guten Banken kann man sich solch ein derbes Spiel aus Imagegründen nicht erlauben, dafür muss man hier auf die Kurse achten.

Preise

(Stand 2002; alle in Euro oder $ angegebenen Preise sind in Lewa zu zahlen):

Öffentliche Verkehrsmittel:

- ***Eisenbahn und Busse:*** z. B. Varna - Burgas € 3,07 (6 Lw); Varna - Stara Sagora € 5,10 (10 Lw); Varna - Plovdiv € 7.70 (15 Lw); Plovdiv - Stara Sagora € 2,56 (5 Lw); Plovdiv - Burgas € 5,10 (10 Lw), Plovdiv - Varna € 7,70 (15 Lw).
- ***Inlandsflug:*** z.B. Sofia - Burgas 53 $ (ca. € 57,50).
- ***Taxi:*** € 0,20-0,30 (0,30-0,40 Lw) pro Kilometer + € 0,20 (0,40 Lw) Grundgebühr (€ 1,50/3 Lw Grundgebühr am Schwarzen Meer).

•***Öffentliche Verkehrsmittel innerhalb einer Ortschaft:*** € 0,15 (0,40 Lw) für eine Strecke; jede Stadt hat ihre eigenen Preise und Fahrscheine
•***Parkgebühren:*** € 0,51-1,53 (1-3 Lw) pro Tag.

Übernachtung: das billigste Privatzimmer ohne Frühstück € 5.10-7,70 (10-15 Lw) pro Person (s. „Unterkünfte")

Museumsbesuch: € 1,02-2,05 (2-4 Lw) (das teuerste ist das Nationalhistorische Museum Sofia mit € 5,10/10 Lw)

Toilettenbenutzung: € 0,10 (0,20 Lw), selten € 0,15 (0,30 Lw).

Lebensmittel:
•***Weißbrot*** (bjal chljab) (700 g): € 0,26 (0,50 Lw),
•***Schwarzbrot*** (tscheren chljab) (300 g): € 0,13 (0,25 Lw),
•***Joghurt*** (kisselo mljako): € 0,26-0,36 (0,50-0,70 Lw),
•***Hartkäse*** (kaschkawal) aus Kuhmilch: € 2,56-3,83 (5-7,50 Lw)/kg, aus Schafsmilch: ca. € 5,10 (10 Lw)/kg,
•***Schafskäse*** (owtsche sirene) oder Käse aus Kuhmilch (krawe sirene): € 1,53-2,30 (3-4,50 Lw)/kg,
•***Sonnenblumenöl*** (slantschogledowo olio): € 0,92-1,02 (1,80-2,00 Lw),
•***Lukanka-Salami:*** € 8,18-8,69 (16-17 Lw)/kg,
•***Kartoffeln*** (kartofi): € 0,26-0,33 (0,50-0,65 Lw)/kg,
•***Weißkohl*** (sele): € 0,15-0,28 (0,30-0,55 Lw)/kg,
•***Tomaten*** (domati): € 0,10-0,26 (0,20-0,50 Lw)/kg,
•***Gurken*** (krastawizi): € 0,10-0,31 (0,20-0,60 Lw)/kg,
•***Wassermelone*** (dinja): € 0,05-0,26 (0,10-0,50 Lw)/kg,
•***Zuckermelone*** (papesch): € 0,05-0,26 (0,10-0,50 Lw)/kg,
•***Äpfel*** (jabalki): ca. € 0,51 (1 Lw)/kg.

Frisches Obst und Gemüse werden täglich auf den Bauernmärkten verkauft. Die Preise schwanken je nach Qualität und Tageszeit. Am späten Nachmittag sind die Preise günstig. Das Kosten, ein Mengenrabatt und Feilschen sind die Regel.

Alkoholische und nichtalkoholische Getränke, Zigaretten:
•***Bulgarisches Bier*** (bira): z. B. „Sagorka“ oder „Kameniza“ (sind die besten Sorten): ca. € 0,31/0,60 Lw (Supermarkt)
•***Mineralwasser*** (mineralna woda): 1,5 Liter € 0,41 (0,80 Lw); 0,5 Liter € 0,26/0,50 Lw (Supermarkt)
•***Schachtel Zigaretten*** (kutija zigari): € 0,51-1,53 (1-3 Lw).

Restaurant:
•***Mineralwasser:*** 0,5-Liter-Flasche € 0,51 (1 Lw); 1,5-Liter-Flasche € 1,23 (2,40 Lw),
•***Coca-Cola, Fanta, Sprite*** (Dose): € 1,28 (2,50 Lw),
•***Saft*** (naturalen sok): 0,25 Liter € 0,87 (1,70 Lw),
•***Bier (bulgarisches):*** 0,33 Liter € 0,77-0,87 (1,50-1,70 Lw),
•***Bier (Import):*** 0,33 Liter bis € 1,74 (3,40 Lw),
•***Schnaps*** (rakija): 50 ml € 0,77 (1,50 Lw),
•***Kaffee*** (kafe): 0,75 l € 7,16 (14 Lw) € 0,10-0,26 (0,20-0,50 Lw),
•***Suppe*** (supa): € 0,51-1,53 (1-3 Lw),
•***Schopskasalat*** (schopska salata): € 0,51-0,77 (1,00-1,50 Lw),
•***Omelette*** (omlet): € 1,84-1,94 (3,60-3,80 Lw),
•***gefüllte Paprika*** (palneni tschuschki): € 2,30 (4,50 Lw),
•***Mussaka*** (mussaka): € 2,56 (5 Lw),
•***Kohlroulade*** (sarmi ot kisselo sele): € 2,81 (5,50 Lw),
•***Fleischspieß*** (meschana skara): € 2,81 (5,50 Lw),

Gesundheit

Zwischen Bulgarien und Deutschland besteht kein Sozialversicherungsabkommen. Ostdeutsche Reisende wird interessieren, dass seit dem 1. Januar 1993 auch für sie kein gesetzlicher Krankenversicherungsschutz mehr besteht. Entsprechende Abkommen aus DDR-Zeiten sind aufgehoben. Damit können gesetzliche Krankenkassen keinerlei Kosten mehr für ambulante oder stationäre Behandlungen übernehmen. Empfehlenswert ist deshalb generell der Abschluss einer privaten Reisekrankenversicherung, auch wenn Bulgarien kein Land ist, das außergewöhnliche gesundheitliche Risiken erwarten lässt.

Die hygienischen Verhältnisse sind gut, besondere ***Impfungen*** - außer gegen Tetanus (Wundstarrkrampf) - nicht erforderlich; dennoch ist niemand vor Erkrankungen und Unfällen ausgerechnet im Urlaub sicher. Wer kostengünstig eine Krankenversicherung abschließen möchte, kann dies im so genannten Paket zusammen mit einer Reisegepäck- oder Haftpflichtversicherung oder wesentlich kostengünstiger als reine ***Reisekrankenversicherung*** (weltweit gültig, für unter € 10,20 (20 Lw) Jahresbeitrag pro Person; abzuschließen am besten in einem Fairsicherungsladen - zu erfragen bei der örtlichen Verbraucherzentrale). Glücklich preisen können sich Privatversicherte, die im europäischen Ausland versichert sind.

Um Versicherungsleistungen in Anspruch nehmen zu können, müssen entsprechende Belege vorgewiesen werden: ***Arztrechnungen*** müssen den Namen des Arztes, des Patienten, den Befund, die ärztlichen Leistungen, Datum und das Honorar in Lewa enthalten; ***Rezepte*** sollen den Namen des Erkrankten, die Medikamente, Datum, Stempel und Unterschrift des Apothekers aufweisen.

Der Rücktransport wird nur dann von der Krankenversicherung bezahlt, wenn man transportfähig ist und die Rückführung vom bulgarischen Arzt aus medizinischer Sicht als unbedingt notwendig angeordnet wird.

Auch Schutzbriefe, beispielsweise des ADAC, beinhalten meistens den Rücktransport. Der ***ADAC-Auslandsdienst*** ist von Bulgarien unter der Telefonnummer (0049/89) 767 722 44 erreichbar.

Sollte man auf medizinische Hilfe angewiesen sein, ist die Wahl zwischen staatlichem ***Krankenhaus, Poliklinik und Privatarzt*** zu treffen (siehe Kapitel „Gesundheitswesen"). Adressen findet man im Infoteil der Ortsbeschreibungen. In den Touristenzentren stehen viele, auch deutschsprachige Mediziner zur Verfügung. Einen Arzt gibt es aber in jedem Dorf, wenn es nicht gerade nur aus drei Häusern besteht. Im Bedarfsfall kann man sich getrost dem medizinischen Können der Ärzte anvertrauen. Die technisch meist nicht so perfekt ausgestatteten Praxen erfordern von den Ärzten noch handwerkliche Meisterschaft - und über diese verfügen sie.

Die ***häufigsten Erkrankungen*** bei Touristen entstehen durch die Umstellung auf die neue Kost: Durchfall (die Speisen sind sehr fettreich) oder Verstopfung. Unbedachtes Sonnenbaden führt schnell zum Sonnenbrand. Wegen des Klimawechsels stellt sich bei Frauen oft vorzeitig die Regel ein. Schwitzen und Luftzug führen gerade im Sommer leicht zu einer Erkältung.

Bei Durchfall soll man weniger dem oft angeratenen Colatrinken vertrauen. Neben Kohletabletten sind ungesüßter schwarzer Tee und (gerösteter) Zwieback immer noch die wirksamsten Mittel. Ab dem zweiten Tag leicht verdauliche Speisen wie den bulgarischen Joghurt zu sich nehmen, auf keinen Fall schon das verlockende frische Obst und Gemüse. Dies wäre vor dem Verzehr ohnehin stets abzuwaschen.

Leitungswasser zu trinken, wie die Bulgaren es tun, vermeide man vorsichtshalber. Es gibt genügend preiswertes Mineralwasser in großen Flaschen zu kaufen.

Das Wasser der Gebirgsbäche kann dagegen bedenkenlos genossen werden.

Apotheken sind in Bulgarien zahlreich vorhanden. Sie führen teilweise auch westliche Medikamente. Wer ständig bestimmte Medikamente einzunehmen hat, darf sich auf das örtliche Angebot nicht verlassen und muss seine Medizin mitbringen. Schmerz- und Fiebertabletten findet man problemlos. In jeder Stadt sind einige Apotheken 24 Std. geöffnet. (Die Lokalpresse gibt die Apotheken an, die nachts oder auch am Wochenende Dienst haben.) Die ***Schnelle medizinische Hilfe*** *(barsa pomoscht)* ist landesweit unter Tel. 150 erreichbar.

Zur Orientierung geben wir einige ***Preise*** an, die in der Poliklinik in Slantschev brjag 2002 verlangt wurden:

- Kostenlos werden lebensbedrohliche Fälle be handelt (Vorinfarkt, Schlaganfall, schweres Asthma, Gehirnerschütterung).
- Jede Untersuchung, einschließlich klinischer Untersuchung: 11 $ (ca. € 11,90).
- Verbinden, Physiotherapie, Spritze: 5 $ (ca. € 5,40).
- Gipsverband anlegen: 25-30 $ (ca. € 27-32,50).

Wer an Zahnschmerzen leiden sollte, für den ist es beruhigend zu wissen, dass die bulgarischen ***Zahnärzte*** sehr geschickt sind. Außerdem ist die Behandlung preisgünstig.

- Kariesbehandlung je nach verwendetem Material (auch westliches ist vorhanden): € 5,14-7,16 (12-14 Lw)
- Entzündung des Zahnmarks (Pulpitis): ca. € 8,18 (16 Lw)
- Zahn ziehen: € 1,02-2,05 (2-4 Lw)
- Betäubung (nach Wunsch): € 0,77 (1,50 Lw)
- Zahnersatz (Metallkeramik): € 66-169 (130-330 Lw)

Kuren und Heilbehandlungen

Auf geradezu ideale Weise kann man in Bulgarien eine Urlaubsreise mit einer Heilbehandlung kombinieren, denn Bulgarien ist auch ein ***Land der Kurorte.*** Und da es diese sowohl im Gebirge als auch am Meer gibt, bestehen gute Möglichkeiten, die unterschiedlichsten Urlaubsvorstellungen mit den jeweiligen Möglichkeiten der Prophylaxe und Heilung in Übereinstimmung zu bringen.

Sportliche Eigeninitiative in einem Sofioter Neubaugebiet

Die ***Qualität der medizinischen Betreuung*** und die Therapieerfolge sind so gut, dass sich eine Reise in das südosteuropäische Land auch „nur" zu diesem Zwecke lohnt. So zählen zum Beispiel die bulgarischen ***Heilquellen*** unbestritten zu den wirkungsvollsten der Welt, nur - die wenigsten wissen das. Auch in den Traditionen ***altüberlieferter Volksheilkunde,*** die mittlerweile wissenschaftlich immer weniger umstritten ist, kennt man sich in Bulgarien noch bestens aus. Neben den verschiedensten Kuren, von denen wir besonders die erfolgreiche ***Behandlung von Allergien*** hervorheben möchten, gibt es ***spezielle Programme*** für allgemeine Regeneration, gegen Müdigkeit, Abgeschlagenheit, für Rekonvaleszenz, Fitnesskuren für Manager, Kuren für Sportler und bei Bewegungsarmut im Alltag. Darüber hinaus werden gezielt Ferienprogramme wie Antistress, Langlebigkeit, Schlankheitskuren, nervliche Entspannung, Fitness, Kosmetik, Musiktherapie, zum Abgewöhnen des Rauchens usw. angeboten.

Alle Kurgäste werden zu Beginn des Aufenthaltes gründlich vom Kurarzt untersucht. Dennoch ist es ratsam, vom Hausarzt ein Attest vorzulegen. Für jeden wird ein optimaler, ***individueller Therapieplan*** festgelegt. Zwischen- und Endkontrollen sind Bestandteil des Kurprogramms.

Man sollte sich in jedem Fall vor Reiseantritt bei seiner ***Krankenkasse*** erkundigen, ob sie sich an den Kosten beteiligt. Für eine erfolgversprechende Behandlung muss man mindestens 14 Tage einplanen, am besten sind drei Wochen. Seine ***Kurreise bucht*** man bei einem heimischen Reisebüro oder bei den Vertretungen von *Balkan Holidays* (siehe „Informationsstellen").

Ausführliche Beschreibungen der Kurorte und Seebäder sowie der Heilangebote finden sich in den Kapiteln „Mineralbäder", „Höhenkurorte" und „Seebäder".

Es muss nicht das städtische Bad sein! Erfrischend ist auch der klare Gebirgsbach.

Hygiene, Toiletten und Baden

Im Vergleich zu früheren Jahren hat sich die Hygiene in Bulgarien sprunghaft verbessert. Man kann heute davon ausgehen, dass die hygienischen Verhältnisse insgesamt gut sind, auch wenn man nicht die gewohnten Bedingungen vorfindet.

Im ***privaten Gastgewerbe*** kommt es nicht mehr vor, dass man an schmutzigen Tischen sitzen muss; die Verhältnisse im Sanitärbereich haben sich hier direkt revolutioniert.

Bei ***öffentlichen Toiletten*** dagegen ist der hygienische Zustand für Ausländer immer noch schockierend. Vorsicht! Es gibt Bulgarienreisende, die dieser Kulturschock alle kulturellen und sonstigen Erlebnisse und Eindrücke vergessen lässt, für die dieser Eindruck so dominierend ist, dass sie sich nach Jahren nur noch „daran" erinnern. Nach wie vor überwiegen die Stehklos - an und für sich bei öffentlichen Toiletten eher von Vorteil - aber die Sauberkeit ist katastrophal. Daran ändert auch die Anwesenheit einer Toilettenfrau nichts, die von der Rolle weg das Toilettenpapier verkauft und die Benutzungsgebühr kassiert. Da das zugeteilte Papier sehr knapp bemessen ist, sollte man stets eigenes einstecken haben. Das Papier ist dann wegen Verstopfungsgefahr nicht ins Klo, sondern in den dafür bereitstehenden Eimer oder Korb zu werfen (auch in den Hotels und Privatquartieren gewünscht, wo Sitzklos vorhanden sind). Unangenehm ist, dass die Kabinentüren infolge kaputter Schlösser meist nicht zu verschließen sind. Wasser zum Händewaschen ist in jeder Toilette vorhanden, niemals Seife und Handtuch.

Auch die Toiletten in den Zügen sind meistens unsauber. Oft gibt es kein Wasser für die Spülung oder zum Händewaschen.

Der „Normaltourist" am Schwarzen Meer spürt davon nichts, wer aber im Lande selbst unterwegs ist, muss auf eine solche Situation vorbereitet sein. Ratsam ist es immer - wie überall - vor dem Essen die Hände zu waschen, Toilettenpapier und Erfrischungstücher bei sich zu haben.

Wenn man eine Toilette ansteuert, achte man auf die ***Symbole:***

Ж für жени (Frauen)
М für мъже (Männer).

Verhaltenshinweis: Man sollte sich in besagten Fällen oder generell nicht wütend über die mangelnde öffentliche Hygiene äußern und die Bulgaren beleidigen. Seine berechtigten Forderungen kann man ruhig, eventuell noch freundlich vortragen. Erstgenannte Beschwerdeform hat nämlich dazu geführt, dass viele Bulgaren aus Angst, den hygienischen Vorstellungen der Touristen nicht gerecht zu werden, keine Ausländer mehr zu sich lassen. Besonders nachteilig wirkt sich das aus, wenn zum Beispiel im Batschkowo-Kloster keine ausländischen Touristen mehr übernachten dürfen, weil diese in der Vergangenheit mit wenig Taktgefühl ihre Unzufriedenheit kundtaten. Touristen, und vor allem ausländische, in den romantischen Klostermauern übernachten zu lassen, ist eine preiswerte und vollkommen freiwillige Dienstleistung und ganz im Interesse kulturbeflissener Quartiersuchender selbst. Sich solch eine Chance unbedacht zu verschließen ist schlicht dumm. Wenn in manchen Klöstern das Wasser fehlt, so ist das kein so großes Problem, da es in der Nähe immer einen Fluss, einen Bach oder eine Quelle gibt. Es sprudelt in ganz Bulgarien reichlich Wasser aus Leitungen oder Quellen, wo man sich auch ein wenig waschen kann.

Wer zu Gast ist oder in einem Privatquartier wohnt, beachte, dass sich in den meisten Unterkünfte die ***Dusche*** in der Toilette befindet. Da es keine Duschkabinen gibt und das Wasser frei abläuft, ist die Toilette oft nass. Badelatschen bereithalten! Auf dem Dorf gibt es die berühmten Holzhäuschen im Hof und in solchen Fällen immer ein Stehklo. Neuere Häuser verfügen alle über Innentoilette und zumeist Sitzklos.

Die persönliche Hygiene der Bulgaren erfolgte bis vor einigen Jahren hauptsächlich in den öffentlichen ***städtischen Bädern,*** die in jeder Stadt vorhanden sind, oder in den vielen ***Mineralbädern.*** Es war ein ungeschriebenes Gesetz, jedes Wochenende mit der ganzen Familie ins Bad zu ziehen. Hier nahm man sogar stundenlanges Schlangestehen in Kauf. Das Bad ist noch heute nach Männlein und Weiblein getrennt. Der größte Unterschied ist jedoch, die meisten Bäder besitzen kein Schwimmbecken, sie existieren ausschließlich zum Zwecke der Reinigung und Entspannung. Und da man sich ganz am besten nackt wäscht, ist die Geschlechtertrennung sofort begreifbar. Manche Mineralbäder verfügen auch über ***Familienkabinen,*** sowohl zum Umziehen als auch zur Reinigungsprozedur. Dabei muss die Familienzusammengehörigkeit (per Pass!) nachgewiesen werden.

Die ***Säuberung*** erfolgt ***traditionell*** in einer bestimmten Reihenfolge, deren Gründlichkeit erstaunen lässt; auf alle Fälle reinigen die Bulgaren ihren Körper ganz anders als wir. Zuerst überschüttet man sich mit Wasser, früher mittels einer Schöpfkelle, heute mit einer Plastikschüssel. Dann werden zweimal die Haare gewaschen. Jetzt wird der gesamte Körper mit einem möglichst trockenen und deshalb immer wieder auszuwringenden Waschlappen richtiggehend geschrubbt. Dabei bilden sich bekannte Röllchen aus abgestorbener Haut. Nach dem zweiten Schrubben verschwinden auch sie. Nunmehr folgt ein zweimaliges Waschen mit Seife. Zuletzt werden die Haare ein drittes Mal mit Schampoo behandelt.

Das Schrubben und Einseifen des Körpers (ob teilweise oder ganz, bestimmt man an der Kasse und erhält eine entsprechende Marke) übernimmt ein ***Bademann,*** *Teljak* genannt, gegen Bezahlung. Die Badefrau ist die *Teljakinja.* Wer das ausprobieren möchte, sollte einen eigenen Waschlappen dabeihaben. Es kann durchaus passieren, dass man vom Nachbarn angesprochen wird, ihm den Rücken zu schrubben und zu seifen. Ansonsten verrichteten diese Arbeit bisher Türken oder Zigani. Von fast allen erhalten sie, um den Eifer beim Schrubben zu steigern, noch ein Trinkgeld.

Leider sind nach der politischen und damit auch wirtschaftlichen Wende die meisten Stadtbäder aus finanziellen Gründen geschlossen worden und die Mineralbäder schon längst renovierungsbedürftig.

Noch erhalten geblieben ist der Ausdruck *„Tschestita banja!“,* was eigentlich „Gratulation zum Bad!“ bedeutet. So begegnete man einander zu den Zeiten, als die Bulgaren nur einmal im Monat oder nach der Ernte mit Ochsenkarren, Essen und Musik zum Bad gefahren sind. Das Badevergnügen kam einem Fest gleich nach der schweren Arbeit, wenn man seinen Körper endlich von aller Last, Müdigkeit und dem Schmutz befreien konnte. Wenn jemand aus dem Bad kam, merkte man ihm das sofort an, denn er ging aufrecht und stolz daher, so dass es eines solchen Grußes geradezu bedurfte. Heute lachen die Bulgaren selbst darüber, sich zum Bade zu gratulieren, und mit Humor sagen sie deshalb immer noch: *„Tschestita banja!“*

„Vorbildliches Haus“, beliebte Auszeichnung für Unterkünfte

Informationsstellen

Informationsmaterial über Bulgarien und die Einreisebestimmungen sowie aktuelle Angaben von Fluggesellschaften erhält man u.a. über die Abteilung Wirtschaft und Handel bei der jeweiligen bulgarischen Botschaft (s. Kap. „Diplomatische Vertretungen").

Auswärtiges Amt

Referat 040
D-11013 Berlin, Tel. (030) 5000-2000,
Fax 5000-51000, www.auswaertiges-amt.de

Balkan Holiday-Reisebüro

Schaffhauserstraße 5, CH-8006 Zürich,
Tel. (01) 3628070, Fax 3622958,
E-Mail: balkan@active.ch,
www.balkan-holidays.ch,
Mo.-Fr. 08.30-12.30 und 13.30-17.30 Uhr

Bulgarisches Fremdenverkehrsamt

Stephanstr. 1-3, 60313 Frankfurt am Main,
Tel. (069) 295284/85, Fax 295286

Handelsvertretung

Schwindgasse 8, 1040 Wien IV,
Tel. (01) 5854005, Fax 5854006

Handelsvertretung

Mauerstr. 11, 10117 Berlin,
Tel./Fax (030) 2512579, 2012107

Tourismusabteilung des Wirtschaftsministeriums

uliza Sweta Sofia 1, BG-1000 Sofia,
Tel. (02) 9879778, Fax 9879778, 9896939,
E-Mail: info@bulgariatravel.org,
www.bulgariatravel.org

Bulgarischer Verein für alternativen Tourismus (BVAT)

bulewárd Alexander Stambolijski 20, BG-1000 Sofia, Tel. (02) 9890538, Fax 9803200,
E-Mail: baat_bg@hotmail.com,
www.newtravel.com

Bulgarische Gay Organisation Gemini

BG-1142 Sofia, bulewárd Wassil Lewski 3 Etage 1, App. 7, Tel. (02) 9876872, Handy 0179/237568, E-Mail: bgogemini@einet.bg, Internet: www.bgogemini.org. Post-Anschrift: BG-1784 София п.к. 123. Eine gute Adresse für Lesben, Schwule, Transvestiten. Kontakt zu Gruppen, Empfehlungen für Gaststätten, Nachtbars, Kulturleben, Internationale Projekte (Sprache: Englisch).

Informationen aus dem Internet

Aktuelle Informationen über beliebige Reiseziele: www.auswaertiges-amt.de.

Auf der Homepage des Reise Know-How Verlages findet man Informationen über das Reiseziel, weiterführende ***Links*** sowie ***Latest News.*** Sie bieten aktuellste Infos und Tipps zur Ergänzung der letzten Auflage: www.reise-know-how.de.

Mit Kindern unterwegs

Wer mit Kindern in Bulgarien unterwegs ist, wird die Herzlichkeit der Bulgaren noch stärker zu spüren bekommen. Ein bulgarisches Sprichwort besagt: „Wenn es unseren Kindern gut geht, dann geht es uns auch gut." Eher Mitleid und großes Staunen erwecken jedoch junge Familien, die ***mit dem Baby auf dem Rücken*** durch das Land ziehen. Ein Kleinstkind gehört nach bulgarischem Verständnis ins Haus. Im Winter zum Beispiel wird man keine Mutti mit ihrem Baby spazierengehen sehen. Das Kind bleibt in dieser Jahreszeit unbedingt im warmen Zuhause.

In den Urlaubszentren am Schwarzen Meer und in einigen Gebirgskurorten stehen ***Kindergärten mit deutschsprachiger Betreuung*** zur Verfügung. Sollte die Muttersprache fehlen, ist es für die Kinder im Allgemeinen trotzdem ein Gewinn, mit einer internationalen Schar bei Spielen und speziellen Veranstaltungen herumzutollen, Verständnis füreinander zu finden und die Kräfte zu messen. Die Kinder gut betreut zu wissen ermöglicht den Eltern, auch einmal ihr eigenes Programm am Tag oder abends zu organisieren.

Obwohl es in den größeren Städten und Touristikzentren ***Babywindeln und Höschenwindeln*** wie Pampers sowie Kindernahrung zu kaufen gibt, ist das Angebot noch nicht ausreichend. Bei ***Kindernah-***

rung kann man am ehesten auf die preiswerteren einheimischen Produkte zurückgreifen. Dennoch empfiehlt es sich insbesondere bei Kleinstkindern, einige Reserven mitzubringen.

Zum Besuch eines ***bulgarischen Zoos*** ist mit Kindern nicht zuzuraten. Die Bedingungen, unter denen die Tiere gehalten werden, sind traurig und müssten eigentlich schon längst die Tierschützer auf den Plan rufen. ***Spielzeugmuseen*** gibt es in Bulgarien nicht. Was man den Kindern anbieten kann, ist eine Vorstellung im ***Puppentheater.*** Die Puppen sind so schön und die Inszenierungen so phantasievoll, dass es Kindern und Eltern Spaß macht, auch ohne Bulgarisch zu verstehen.

Für den Urlaub mit Kindern gelten an der Schwarzmeerküste ***Preisermäßigungen*** bis zu 100 %, innerhalb des Landes die üblichen Kinderermäßigungen.

Empfohlene ***Literatur:*** Der ADAC hält in allen Geschäftsstellen die selbst herausgegebenen Hinweise „Mit Kindern unterwegs" parat.

Lernen und Arbeiten

In Bulgarien zu jobben lohnt sich nicht; einerseits ist die Arbeitslosigkeit selbst unter gut ausgebildeten Fachkräften sehr groß, andererseits ist Bulgarien ein ***Billiglohnland.*** Die für Ausländer geltenden höheren Übernachtungspreise führen dazu, dass das verdiente Geld kaum zum Lebensunterhalt reicht. Sollte man trotz dieser Bedingungen in Bulgarien arbeiten wollen, vielleicht um Land, Leute und die Sprache näher kennenzulernen, so kann man sich in den Touristenhochburgen als ***Kellner*** bewerben oder an deutschsprachigen Schulen und Kindergärten ***unterrichten.*** Die Bezahlung und Übernachtung muss man mit dem Arbeitgeber vereinbaren. Einen interessanten Grund, um an einem Sprachengymnasium zu arbeiten, gab es bisher für junge Franzosen. Für sie galt diese Zeit als Wehrersatzdienst.

Außer in Sofia gibt es ***deutsche Gymnasien*** in Lovetsch, Chaskovo und Smol-

Mit Kindern unterwegs

jan. In diesen Schulen unterrichtet man sämtliche Fächer in Deutsch. Überall werden ständig auch Deutschkurse für Anfänger und Fortgeschrittene organisiert. Viele ambitiöse Eltern suchen für ihre Sprösslinge gute Deutschlehrer für ***Privatstunden.*** Neben der traditionell vorherrschenden französischen Sprache sind Deutsch und Englisch groß im Kommen.

- ***Erste private deutsche Grundschule,*** Mladost-I, Frau Stanka Kirilowa Stojanowa-Jowtschewa, Sofia, Tel. (02) 767 562
- ***Deutsches Gymnasium,*** uliza Positano 26, Sofia, Tel. (02) 875 305
- ***Private Deutsche Schule,*** uliza Urwitsch 13, bl. 36 B, Sofia, Tel. (02) 598 850
- ***73. Schule für fremde Sprachen,*** uliza Georgi Ismirliew 2, Sofia, Tel. (02) 586 171
- ***141. Schule für fremde Sprachen,*** Swoboda, Sofia, Tel. (02) 384 249
- ***31. Schule für fremde Sprachen und Management,*** uliza Geo Milew 2, Sofia, Tel. (02) 721 056
- ***Sprachschule „Lira",*** spezielle Bulgarisch-Kurse für Ausländer (Umgangs- und Fachsprache), uliza Midschur 8, kwartal Losenez, 1164 Sofia, Tel./Fax (02) 666 568.
- Für weitere Anschriften und Informationen hier die Adresse des ***Ministeriums für Bildung und Wissenschaft:*** *Ministerstwo na obrasowanieto i naukata,* buleward Knjaginja Marija-Luisa 22, Sofia, Tel. (02) 833 582, Fax (02) 831 319

Das ***Goethe-Institut*** in Sofia genießt mit seinem Kultur- und Bildungsprogramm einen guten Ruf. Es befindet sich in einer kleinen Straße ganz in der Nähe des Kulturpalastes.

- ***Goethe-Institut,*** uliza Ljuben Karawelow 72, Sofia, Tel. (02) 962 4103, 962 4503, Fax (02) 962 4129.
- ***Öffnungszeiten*** der Bibliothek, Mediothek und Information: Di. und Mi. 9.00-12.00 und 15.00-17.00 Uhr, Do. 9.00-12.00 und 15.00-19.00 Uhr, Fr. 15.00-19.00 Uhr

Wer sich in Bulgarien von der mitreißenden Volksmusik und den Tänzen anstecken lässt, könnte Lust verspüren, diese ***Volkskunst erlernen*** zu wollen. Momentan sind die Angebote für solche Kurse noch begrenzt. Wenn es jemand ernst meint, muss er sich selbst um einen Lehrer bemühen. Die beste Gelegenheit, persönliche Beziehungen anzuknüpfen, bietet sich bei einem Folklorefestival (siehe „Feste und Feiertage"). Um Auskunft, Rat und Empfehlung kann man sich an die *Utschilischte sa narodni instrumenti i narodna musika* (Schule für Volksinstrumente und Volkslieder) im Dorf Schiroka laka bei Smoljan wenden.

Ein Schnupperangebot in Sachen bulgarische Volkskunst, das für viele sicherlich vollkommen ausreichend ist, stellen die von *Balkantourist* veranstalteten ***Spezialreisen*** dar:

- Lehrgang für Volkstänze
- Ikonenmalerei im Rilakloster
- Lehrgang in Keramik und Töpferei
- Lehrgang in Holzschnitzerei

Allerdings dauern diese Urlaubs-Lehrgänge eben nur acht Tage und umfassen nicht mehr als 25 Stunden Unterricht. Auskünfte beim örtlichen Reisebüro, über die Fremdenverkehrsämter oder bei *Balkantourist,* Kontor Spezialtourismus, buleward Vitoscha 1, 1000 Sofia, Tel. (02) 43331.

Nachtleben

Für Nachtschwärmer gibt es in jeder Stadt mindestens eine ***Nachtbar,*** die sich meistens in den großen Hotels befindet. Einlass ist in der Regel frühestens 22.00 Uhr, Programmbeginn erst 23.00 Uhr und später, geöffnet bis 4.00 oder 6.00 Uhr. Statt einer Eintrittskarte kauft man ein *Kuwert,* eine Art „Verzehrbon", um der Bar einen Mindestumsatz zu garantieren. Dieses *Kuwert* gilt in vollem Preisumfang als Bargeld und wird beim Begleichen der Rechnung abgegebent. Es ist egal, ob man dafür Kaffee trinkt oder einen Cocktail; nur im wörtlichen Sinne „verzehren" kann man außer Nüssen und Salzstangen nichts dafür. Vor einem Nachtbarbesuch sollte man deshalb ausreichend essen. Besonders an Wochenenden empfiehlt es sich, ein solches *Kuwert* etwa eine Stunde vor dem Barbesuch zu besorgen, da der Andrang sehr groß ist. Man wird jedoch überrascht sein, wie gut die Kostüme sind und wie künstlerisch anspruchsvoll in den meisten Fällen das Programm.

Die ***Diskotheken*** sind in der Mehrzahl der jungen Generation vorbehalten, und in entsprechend freundlicher Größenordnung bewegen sich auch die Preise.

Die Möglichkeit zum ***Tanzen*** bietet sich aber nicht nur in den Nachtbars und Discos, sondern auch in vielen Restaurants, und zwar bei volkstümlicher oder poppiger Livemusik und gutem Essen. Darüber hinaus gibt es in den touristischen Ballungsgebieten abwechslungsreiche ***Folkloreprogramme.*** Man bietet den Urlaubern Essen am Lagerfeuer und Aufführung von Volksbräuchen, Kinoabende und Konzerte. Im Landesinneren, wo vom Tourismus wenig zu spüren ist, muss man sich unter die Einheimischen mischen und das ortsübliche Angebot nutzen. Unter der Rubrik „Nachtleben" findet man dazu im Reiseteil bei den Städten die entsprechenden Angaben.

Öffnungszeiten

In den staatlichen Unternehmen und bei vielen Behörden ist noch nicht das alte bulgarische Sprichwort außer Kraft gesetzt, das behauptet: „Die Arbeit hat keine Füße, dass sie wegläuft." Nun hat der Bulgare sowieso ein ***anderes Verhältnis zur Zeit,*** an manches muss man sich aber erst gewöhnen.

In der Post haben wir einmal die Nerven verloren, weil wir nicht bedient wurden, da die offizielle Frühstückspause von 10.00 bis 10.15 Uhr kurz bevorstand. Unser Anliegen wäre bis zum Pausenbeginn dreimal erledigt gewesen. Als wir bei einem Museum die Öffnungszeiten erfragen wollten, sagte die Frau freundlich: „Na ja, es soll eigentlich ab 9.00 Uhr geöffnet sein, aber schreiben Sie am besten ab 10.00 Uhr. Das ist sicherer. Sie verstehen, bis man kommt, bis man fertig und warm wird, das braucht seine Zeit." Die Krönung war ein Erlebnis in Stara Sagora, das aber im ganzen Land vorstellbar ist. Beseelt von dem Wunsch, unseren Schuhen eine Reparatur angedeihen zu lassen, steuerten wir zur stinknormalen Arbeitszeit am Nachmittag ein Geschäft der komplexen Dienstleistungen an. Ohne ersichtlichen Grund und ohne einen Aufschluss gebenden Zettel an der Tür war diese verschlossen. Aus den bei hochsommerlichen Temperaturen geöffneten Fenstern des ersten Stockwerks hörten wir dann den Grund der Schließung nach draußen dringen. Gemischte Stimmen sangen eifrig den Refrain eines beliebten Tafelliedes: *„Sa zeluwki i ljubow, wseki e gotow."* („Zum Küssen und Lieben ist jeder bereit.")

Genau das Gegenteil erlebt man bei den ***Privatfirmen*** und den privaten Händlern, die den Sinn eines anderen alten bulgarischen Sprichwortes neu entdeckt haben: „Lasse die heutige Arbeit nicht für morgen." In der sich entwickelnden freien Marktwirtschaft hat man begriffen, dass Zeit Geld ist. Und gerade deshalb kann man hier auch keine festen Öffnungszeiten nennen. Um so mehr kann man nur staunen, wie viele Geschäfte bis zum späten Abend (bis 21.00 oder 22.00 Uhr) oder gar rund um die Uhr geöffnet haben. Manchmal fällt es deshalb schwer, die Wochenenden in Bulgarien auszumachen.

Wenn man sich in diesem Land befindet, sollte man selbst so flexibel sein wie die Bulgaren. Man kann auch ohne genaue Zeiten Museen besichtigen, einkaufen gehen, Behörden aufsuchen. Allerdings gilt bei den ***Behörden und Museen*** noch eine aus sozialistischen Zeiten stammende

Redewendung: „Arbeitszeit - von Zeit zu Zeit, Ruhetag - jeden Tag". So sind die offiziellen Öffnungszeiten im positiven wie im negativen Sinne lediglich Orientierungen, und es bleibt nichts anderes übrig, als nur die ungefähren Öffnungs- und Arbeitszeiten anzugeben. Eine Garantie können wir allerdings in keinem Fall übernehmen, mit einer Ausnahme: andere Länder, andere Sitten!

- ***Ämter:*** Mo.-Fr. 8.30 (9.00) Uhr bis 17.30 (18.00) Uhr, bei ca. einer Stunde Mittagspause.
- ***Post:*** In jeder Stadt gibt es im Zentrum eine *Zentralna poschta* (Hauptpost) und kleinere Postämter in den Stadtteilen. Die Hauptpost ist durchgehend geöffnet, meistens 8.00-20.00 Uhr. Die kleineren Postämter haben neben besagter 15minütiger Pause am Vormittag und Nachmittag auch eine Mittagspause und sind Mo.-Sa. 8.30-17.30 Uhr geöffnet.
- Die ***Telefonzentralen*** bei den Hauptpostämtern arbeiten jeden Tag von 8.00-21.00 Uhr, in Sofia sogar rund um die Uhr.
- ***Museen:*** Wenn man die vielen Ausnahmen außer Acht lässt, scheint eine Regel zu gelten: 8.30-12.30 und 14.00-17.30 Uhr.
- ***Banken:*** Mo.-Fr. 9.00-12.00 Uhr und 15.00-17.00 Uhr
- ***Wechselstuben:*** meistens 9.00-20.00 Uhr; viele sind auch am Wochenende und einige rund um die Uhr geöffnet
- ***Tankstellen:*** 6.00-21.00 Uhr. Gewöhnlich gibt es eine Tankstelle an der Ausfahrt der größeren Städte und an Verkehrsknotenpunkten, die 24 Stunden täglich geöffnet hat.

Post

Die Postämter in kleineren Orten tragen gut sichtbar ein grünes Schild mit der weißen kyrillischen Aufschrift ПОЩА (Post). In den größeren Städten sind die Postämter auch in lateinischer Schrift bezeichnet. Auf einer Post kann man für seine Briefe nicht nur Briefmarken, sondern auch Briefpapier und Umschläge kaufen.

Wer sich für längere Zeit in Bulgarien aufhält, kann seine Briefe ***postlagernd*** schicken lassen. Im Hauptpostamt des jeweiligen Ortes muss er sie dann gegen Vorlage des Reisepasses abholen. Der postlagernde Brief sollte dazu folgendermaßen adressiert sein:

Name
централна поща (zentralna poschta)
до поискване (do poiskwane)
1000 София (Sofia)
Bulgarien

Es empfiehlt sich, auch seine ***Ansichtskarten*** auf der Post oder am Kiosk zu kaufen. Der Straßenhändler verlangt höhere Preise und bei Ausländern meist noch etwas mehr. Ansichtskarten, Briefpapier, Umschläge, Briefmarken und postlagernde Sendungen erhält man alle am gleichen Schalter, dem für Briefsendungen.

Die ***Postkarte*** ins Ausland kostet € 0,20 (0,44 Lw), der ***Brief*** bis 20 g und Luftpost € 0,41 (0,90 Lw).

Bis vor wenigen Jahren hat eine Postangestellte jedes Paket überprüft und selbst verpackt. Nach neueren Dienstanweisungen ist dies nicht mehr erforderlich. Sollte die Postangestellte aus alter Gewohnheit und ungebremster Eigeninitiative trotzdem darauf bestehen, ist es wirklich angebracht, sich beim Chef zu beschweren.

Leider sind an dieser Stelle Hinweise auf die ***Unzuverlässigkeit der bulgarischen Post*** vonnöten. Mehrere unserer Briefe, in einigen Fällen mit Einladungen für bulgarische Freunde, haben ihren Empfänger nie erreicht. Einige der von uns abgesandten Pakete sind entweder spurlos verschwunden oder um einen Teil ihres Inhalts erleichtert worden. Wenigstens sollte man unter solchen Umständen keine Päckchen, sondern stets Pakete schicken; es sei denn, man sichert die Päckchen gegen den Mehrpreis einer Einschreibege-

Die Urlaubskarte nun in den richtigen Briefkasten чужбина (Ausland) werfen (Foto: CS)

bühr vor ersatzlosem Verlust. Auf den einfachen Paketschein oder den Einschreibezettel für Päckchen beziehungsweise Briefe erhält man von der Post nach einer langwierigen Überprüfung Schadenersatz für den Inhalt und das Leistungsentgelt. Den Nachforschungsantrag für eine vermisste Postsendung darf man jedoch nicht zu voreilig stellen, wenn man weiß, dass die normale Paketpost bis zum Empfänger in Bulgarien bereits 1-1,5 Monate unterwegs sein kann.

Radfahren

Radfahren ist in Bulgarien bis heute eher selten. Da wir nicht über genügend eigene Erfahrungen verfügen (obwohl wir begeisterte Fahrradfahrer sind!), möchten wir das positive Echo unserer Leser Reinhard v. Tenspolde und Bärbel Rieken aus Darmstadt wiedergeben, die im September 2000 - unseres Wissens als erste nach der Wende - Bulgarien mit Fahrrad und öffentlichen Verkehrsmitteln bereist haben:

„Fahrradfahren ist in Bulgarien nicht gefährlicher als in Deutschland, auch nicht in Sofia. Überall auf den Straßen wurde ein respektvoller Bogen um uns gemacht. Bei auftretendem Gegenverkehr ist es genauso gefährlich wie bei uns, denn der Autofahrer denkt in den seltensten Fällen ans Abbremsen. Grundsätzlich eignet sich das Straßennetz Bulgariens sehr gut zum Fahrradfahren. Auf den Hauptstraßen ist weniger Verkehr als bei uns anzutreffen, und auf den Nebenstraßen ist man König. Die Straßendecken sind auf weiten Strecken in Ordnung und dort, wo Schlaglöcher auftreten, ist es für ein normal gebautes solides Rad ein geringeres Problem als für den Autofahrer - der kann sie nicht unbedingt umfahren. Übers Land mit Gepäck Rad zu fahren ist zwar für einen Bulgaren ungewöhnlich, aber es wird respektvoll akzeptiert. In den Großstädten tauchen schon die ersten Mountainbikes auf, und in der Touristenzentrale von Trjavna kann man Bikes

ausleihen und ist eingeladen, auf Karten verzeichnete Radwanderrouten im Stara Planina zu benutzen.

Fahrräder werden in Bulgarien sowohl in der Bahn im letzten Waggon als auch im Bus mal mit, mal ohne geringes Aufgeld mitgenommen. Die Mitnahme im Flugzeug erfolgte bei Balkan Air ohne Aufpreis.

Gewöhnungsbedürftig ist die ***Orientierung im Lande.*** *Die beste Karte konnten wir auf einem Straßenmarkt in Varna mit einem Maßstab von 1:540.000 erhalten. Das macht nichts, denn viel mehr ausgebaute Straßen als dort eingezeichnet gibt es tatsächlich nicht. Vielfach existieren keine Wegweiser oder Ortseingangsschilder, so dass vielfaches Rückfragen bei Einheimischen angesagt ist."*

Dem ist unsererseits nichts mehr hinzuzufügen, außer dass solcherart Erfahrungen nur Mut machen können.

Reisezeit

Kalter Winter - heißer Sommer (oft trocken oder mit heftigen Gewittern), nasser Frühling - sonniger und früchtereicher Herbst. Diese Gegensätze bestimmen das bulgarische Jahr.

Für diejenigen, die das Land querdurch bereisen wollen, sind ***die besten Monate Mai und Juni.*** Unvergessliche Eindrücke kann gewinnen, wer zu dieser Zeit seine Reise in Südwestbulgarien beginnt, auf der Route Sofia - Melnik mitten durch die Gebirge Rila, Pirin und die Westrhodopen. Die Wiesen strahlen in frischem Grün, und die Kräuter verbreiten ein berauschendes Aroma, das mit dem Duft der Nadelbäume konkurriert. Noch ist es nicht heiß, und die großen Frühjahrsregen weichen schon kurzen, aber kräftigen Regenfällen. Sie stören die Reise jedoch nicht, sondern erfrischen und beleben die Natur noch mehr. Die letzte Route sollte in dieser Vorsaisonzeit der Schwarzmeerküste vorbehalten bleiben. Jetzt ist es noch ruhig, und die menschenleeren Strände werden fast nur von Möwen bevölkert. Die Einheimischen erwarten mit Freude und Ungeduld die ersten Gäste. Die Ruhe, Einsamkeit und die angenehme, noch verträgliche Sonne kann man vom 24. Mai (der offiziellen Eröffnung der Badesaison in ganz Bulgarien) bis Ende Juni genießen. Dann haben fast alle Campingplätze geöffnet, und die verschiedensten touristischen Dienstleistungen sind schon in Betrieb. Bereits Mitte Juni merkt man langsam, dass der Sand mittags heiß wird wie die Glut der Feuertänzer. Nun dauert es auch nicht mehr lange, bis die Felder gelb werden von der Sonne.

Vom 1. Juli bis Anfang September rechnet man die aktive Meeressaison, vom 15. Juli bis 25. August bricht der Massenbetrieb über die Strände herein. Anfang Juli bis Ende August regiert in ganz Bulgarien gnadenlos die Sonne. Wer keine Hitze verträgt, sollte im Juli/August nicht an die Schwarzmeerküste fahren. Auch die Wassertemperaturen erreichen dann - von vielen allerdings bevorzugt - Badewannenwärme. In der Hauptzeit des Reisens kann man außer ans Meer natürlich noch ins Gebirge starten. In der Hochsaison das Land zu durchstreifen könnte ein fragwürdiges Vergnügen werden. Man muss aber schon einiges aushalten und sich am besten in jungen Jahren befinden. Wenn man unter Umständen bei 42 °C im Schatten seine Tage im dunklen Hotelzimmer hinter geschlossenen Vorhängen mit den Füßen in einem Eimer kalten Wassers zubringt, kann man weniger von einem gelungenen Urlaub, sondern eher von verlorener Zeit sprechen. Bei zu großer Hitze verspürt man dann auch wenig Appetit und findet selbst nachts keinen richtigen Schlaf.

Im September zieht am Schwarzen Meer erneut Ruhe ein. Die Touristenlawine ist nach Hause zurückgekehrt. In den Kur- und Ferienorten dominiert wieder die bulgarische Sprache. Bis zum ersten Schultag, dem 15. September, genießen die Bulgaren noch die verbilligten Preise und die Ruhe am Strand und in den Unterkünften. Noch ruhiger und viel billiger (die Übernachtungspreise in den Privatquartieren sinken jetzt auf ihren Tiefststand oder sind entsprechend auszuhandeln) wird es ***ab Mitte September bis zur ersten Oktoberwoche.*** Das Meer ist nun nur noch für den einzelnen da.

Oktober bis Mitte November herrscht der *Ziganskoto ljato* (der Zigeunersommer), weil es immer noch relativ warm ist, besonders in Südwestbulgarien. Hier kann man dem Sommer nachlaufen und die letzten Sonnenstrahlen einfangen. Jetzt ist zwar nicht die attraktivste Zeit zum Reisen, denn die Natur ist ausgebrannt, müde vom Sommer, und das Land bereitet sich schon langsam auf den Winter vor; reizvoll ist es aber allemal noch. Derjenige, der jetzt unterwegs ist in Bulgarien, wird Zeuge oder auch Helfer bei der Weinernte, die bis November andauert. Im Herbst (Ende Oktober/Anfang November) kommen die zahlreichen Feste, die jedes Dorf in der Art unserer Erntedankfeste feiert. In dieser touristenfreien Zeit erlebt man Bulgariens Alltag und findet überall preiswerte Unterkunft.

Die Wochen von ***Dezember bis Anfang März*** sind den Winterurlaubern in den Hochgebirgskurorten mit viel Schnee und Sonne vorbehalten. In dieser Zeit ist das Land, besonders Nordbulgarien und die Gebirgsgegenden, schwer zu bereisen, da die Pässe der Stara planina (des Balkangebirges), vor allem der Schiptschenskija prochod (Schipkapass auf der Strecke Kasanlak - Gabrovo) und der Trojanskija prochod (Trojanpass, zwischen dem Dorf Karnare und Trojan), auch als Beklemeto (nach der gleichnamigen Ortschaft) bekannt, oft unpassierbar sind. Als Ausweichmöglichkeit würde sich dann allerdings der verkehrsfreundliche Prochod na Republikata (Republikpass) auf der E 85 zwischen Gurkovo und Veliko Tarnovo anbieten.

Reiseveranstalter bieten in den Wintermonaten Reisen an die Schwarzmeerküste an. Nur wenige werden die absolute Ruhe als Vorteil empfinden, die meisten

Leere Strände im Juni: Wo gibt es das noch?

definieren sie als Langeweile. Hinzu gesellen sich die Kälte und die fehlenden Sportmöglichkeiten um diese Jahreszeit. Alles wirkt dann wie ausgestorben, und der Spaß ist total, wenn es zum Stromausfall kommt (s. „Elektrizität"). Im Winter lohnt sich eine Reise ans Schwarze Meer nur, wenn man zur Kur in ein modernes Hotel fährt, das alle Freizeitmöglichkeiten einschließlich eines Schwimmbades unter eigenem Dach bereithält.

Wer nicht die vorzüglichen Wintersportbedingungen der Hochgebirgskurorte nutzt, kann im Winter auch einmal bulgarische Freunde besuchen. ***Zu Weihnachten*** und ***zum Jahreswechsel*** bietet sich dazu eine gute Gelegenheit, wenn das Wiedersehen mit der Möglichkeit verbunden ist, neben bulgarischer Gastfreundschaft fremde Sitten und Bräuche kennenzulernen.

Sicherheit

Kriminalität

Die Angaben zur Kriminalität könnten manchen, der sich auf eine Reise nach Bulgarien vorbereitet, gleich von der Fahrt abhalten. So sollen die folgenden Ausführungen nicht verstanden werden. Andererseits darf man vor der Realität nicht die Augen verschließen. Reiseveranstalter und Tourismusbehörden sind meist nur darauf bedacht, die Gefahren zu verschweigen oder herunterzuspielen.

Kriminalität gibt es auf der ganzen Welt, so auch in Bulgarien. Früher war sie jedoch wirklich kaum der Rede wert. Der ***Demokratisierungsprozess*** brachte nicht nur jedem „normalen" Bulgaren größere Freiheiten, sondern auch den Ganoven. Und er ließ bei offenen Grenzen und der seit Februar 1991 internen Konvertierbarkeit der bulgarischen Währung die Kriminalität erstmals zu einem lohnenswerten Geschäft werden. Somit ist die Kriminalität inzwischen doch zu einem beachtenswerten Thema geworden.

Der ***Leichtsinn der Reisenden*** beginnt bereits dort, wo jemand das Reiseziel ohne gründliche Informationen ansteuert, wenn er ahnungslos ist, was Sitten, Bräuche und soziale Probleme des fremden Landes betrifft. Zu dieser Ahnungslosigkeit kommt zumeist noch die „Sprachlosigkeit". Die Leute können sich im Notfall auch nicht auf einfachste Art äußern.

Nachdem schon 1996 ein ***Höchststand*** an registrierten Straftaten mit einer Zunahme um 120 % erreicht worden war, musste 1997 ein neuer Rekord mit einer weiteren Steigerung um 23 % verzeichnet werden. Dennoch relativiert sich die Zahl der ***Straftaten pro Jahr*** bezogen auf jeweils 100.000 Einwohner. Für 1997 betrug diese Zahl in Bulgarien 2893. In München waren es dagegen 8000 und in Berlin 18.000. Außerdem erfasste man seit 1997 auch Straftaten, wie z.B. Taschendiebstähle, die zuvor nicht registriert und als geringfügig eingestuft wurden.

Im ersten Halbjahr 1998 sank dann die Zahl der Verbrechen um kräftige 35-40 % endlich wieder. Während die Verbrechenszahlen in Plovdiv sogar auf die Hälfte des Vorjahres zurückgingen, blieb die Lage in Sofia noch immer angespannt. Hier betrug der Rückgang nur 23 %.

Mit dem neuen Programm „Null Toleranz gegen das Verbrechen" tritt die Polizei seit Herbst 1998 für ein weiteres Absinken der Verbrechen ein. Die Zeiten, als die Ordnungshüter mit ihrem Benzinlimit nur täglich 23 km Streife fahren konnte, sind zwar vorüber, aber die unzulängliche Finanzierung der einzelnen Behörden des Innenministeriums beeinträchtigt noch immer den effizienten Kampf gegen die Kriminalität. Außerdem befindet sich das heutige Bulgarien auf einem der letzten Plätze im europäischen Vergleich hinsichtlich der Anzahl der Polizisten auf 100.000 Einwohner. Eingeleitete Reformprozesse werden jedoch fortgeführt, wobei an gemeinsamen Programmen für die Ausbildung von Polizisten laut den Standards von EU und NATO gearbeitet wird.

Das Jahr 1997 brachte neben einem neuen Rekord an Straftaten auch einen Rekordzuwachs bei der ***Aufklärungsrate*** auf 45 %. Leider hat die bulgarische Rechtsprechung mit dieser positiven Entwicklung nicht annähernd Schritt gehalten. Nachdem die Säuberung des Justizapparates mit einer Reihe von Amtsenthebungen seit langem abgeschlossen ist, besteht noch immer ein akuter Mangel an kompetenten Juristen. So kommt es zu unerträglichen ***Verzögerungen in der Rechtsverfolgung.*** Zuletzt sind von 100 aufgedeckten Verbrechen nur 4 bestraft worden. Dies demotiviert wiederum die Polizei und beeinflusst die öffentliche Meinung negativ.

Zur Analyse der ***Ursachen der Kriminalität*** muss die Komplexität der Faktoren gesehen werden, die zu der abrupten Verarmung eines Großteils der Bevölkerung geführt haben. Dazu gehören u.a. die noch immer unklaren Eigentumsverhältnisse, die Schwierigkeiten bei der Umstrukturierung des Arbeitsmarktes, der bedeutende Rückgang des Bruttoinlandprodukts, der Zusammenbruch des Bankensystems und die sich anschließende Hyperinflation Anfang 1997. Das alles hatte eine erhöhte Neigung zu kriminellen Straftaten und ein leichteres Überschreiten der Hemmschwelle zur Folge.

Nicht zuletzt auf Druck der USA wurden eine Reihe von Novellen im Gesetz über das ***Urheberrecht*** verabschiedet sowie eine obligatorische Lizensierung von CD-Herstellern eingeführt. Zur Abschreckung beschlagnahmte man sofort 630.000 nichtlizensierte CD's und 42.000 Audiokassetten. Ein herber Schlag gegen Schnäppchenjäger.

So gern man in Bulgarien auch große Autos fährt, in der Gunst der ***Autodiebe*** stehen immer noch die eher kleineren Wagen wie VW Golf und Fiat an vorderer Stelle. Die Chance, das einmal geklaute Auto wiederzubekommen, ist minimal. In Werkstätten wird der Wagen umgespritzt, die Motornummer beseitigt und danach offiziell neu registriert. Auch das Importieren gestohlener Fahrzeuge ist gang und gäbe und eine Möglichkeit für manch bulgarischen Zöllner, sein bescheidenes Gehalt bedeutend aufzubessern.

Besonders die ***Autostraße „Trakia" (E 80)*** ist ein beliebtes Betätigungsfeld der Mafiosi. Man sollte sich auf einer Autokarte mit schwarzen Kreuzen die zum Anhalten und Übernachten besonders gefährlichen Stellen markieren. Das Motel „Boshur", 4 km von Sofia entfernt in Richtung Serbien, verfügt zwar über gute Bedingungen für Autotouristen, ist aber schon längst wegen vieler Überfälle entvölkert. Besonders gefährlich sind der Campingplatz „Tschaja", ca. 15 km von Plovdiv Richtung Chaskovo an der linken Seite der E 80, und 5 km weiter die Kreuzung nach Sadovo sowie nach weiteren 10 km die Kreuzung nach Popoviza. Nicht weniger gefährlich ist der so genannte *Letischte* (Flughafen), ein Teil der E 80 ohne mittlere Sperrlinie. Immer öfter werden die Überfälle auf aus der Türkei kommende Touristen gleich hinter dem Grenzübergang Kapitan Andreevo verübt.

Die ***Gangster*** verfügen selbstverständlich stets über neue Autos, sie benutzen Polizei- oder polizeiähnliche Uniformen, Stoppzeichen und Blinkleuchten der Polizei. Halten Sie deshalb nur bei uniformierten Polizisten und Polizeiautos, wenn Sie sicher sind, eine Verkehrsregel verletzt zu haben. Fahren Sie selbst auf die Gefahr einer erhöhten Strafgebühr lieber weiter und sagen später, Sie wussten nicht, wie richtige bulgarische Polizisten aussehen, und außerdem hätten Sie Angst vor Überfällen gehabt. Halten Sie niemals auf der „Autobahn", nicht einmal für natürliche menschliche Bedürfnisse. Leider müssen wir Autofahrer noch vor einem besonders üblen Trick warnen. Kurz nach dem Passieren der bulgarischen Grenze werden von Bulgaren mit ihren Autos ***Unfälle provoziert,*** um von dem ausländischen Autofahrer Versicherungsgelder zu kassieren. Dazu arbeiten Polizei und Betrüger Hand in Hand. Und selbstverständlich hat immer der Ausländer den Unfall verursacht ... Das Ganze ist zudem auch nicht ganz ungefährlich. Bei einer Gruppe junger Deutscher hielt im Sommer 2002 kurz hinter der Grenze ein Fahrzeug direkt auf sie zu. Nur durch ein abruptes Lenkmanöver konnte der geistesgegenwärtige Fahrer den Zusammenstoß verhindern. Da ihm diese Praxis bekannt war, gab er Gas, anstatt anzuhalten, und kam ungeschoren davon.

Sollten Sie nunmehr trotzdem mit dem eigenen Auto nach Bulgarien fahren wollen, so möglichst nur mit einer alten Karre. Wird das ***Auto*** dennoch ***gestohlen,*** muss man unbedingt zur Polizei gehen, Anzeige erstatten und sich ein Protokoll aushändigen lassen. Das ist unabdingbare Voraussetzung für das Verlassen des Landes, weil das Fahrzeug von den bulgarischen Grenzbehörden in den Reisepapieren vermerkt wird. (Damit will man unter anderem das Verkaufen des Autos im Lande verhindern ...) Außerdem ist das ***Polizeiprotokoll*** Grundlage für Regressansprüche an die Versicherung. Am billigsten ist es, das Protokoll gleich in Bulgarien übersetzen zu lassen. ***Übersetzerbüros*** gibt es in jeder Stadt. Als mir selbst 1993 im Zentrum von Varna Gepäck aus dem Kofferraum eines Ladas mit bulgarischem Kennzeichen gestohlen wurde, kostete mich die Übersetzung ganze € 2,05 (4 Lw), die Prozedur bei der Polizei nur eine Stunde, wobei mir allerdings meine Sprachkenntnisse zugute kamen. Ansonsten immer einen Dolmetscher besorgen (s. nützliche Adressen bei Ortsbeschreibungen), zur Not jemanden aus einem Reisebüro. Das Protokoll muss die genaue Aufzählung der gestohlenen Sachen enthalten.

Das Auswärtige Amt weist darauf hin, dass im Falle des Diebstahls eines vorübergehend nach Bulgarien eingeführten Kfz/Motorrades sowohl der ***Einfuhrzoll*** als auch die Mehrwertsteuer für das betreffende Fahrzeug an die zuständigen bulgarischen Behörden entrichtet werden müssen. Die zu zahlenden Beträge liegen zwischen 1000,- und 10.000 Euro. Vor Zahlung darf das Land nicht verlassen werden. Daher rät das Auswärtige Amt dringend zum Abschluss einer Versicherung, die die Nachzahlung von Einfuhrzoll und Mehrwertsteuer bei Diebstahl abdeckt.

Ein ernstes Problem in Bulgarien sind die vielen vorhandenen ***Waffen.*** Inzwischen rüsten sogar die potenziellen Kriminalitätsopfer auf. Eine Reihe von Freunden, vom Kraftfahrer bis zum Universitätsprofessor und allesamt durchaus als friedliebend zu bezeichnen, verblüfften mich durch den Besitz und den selbstverständlichen Umgang mit einer Schusswaffe.

Besondere Vorsicht ist in größeren Städten auf belebten Plätzen, in Bahnhöfen, auf Märkten usw. vor ***Taschendieben*** angebracht. Von Einheimischen sind wir z.B. in Sofia auf Folgendes aufmerksam gemacht worden: Auf dem Platz Sweta Nedélja (Heilige Nedelja) soll man nicht auf die Angebote der Romafrauen eingehen, sich aus der Hand lesen zu lassen. Sie bewegen sich in kleineren Gruppen, meistens in Begleitung von kleinen Kindern. Die Touristen werden in ein Gespräch verwickelt und merken erst später, dass ihre Geldbörse, der Fotoapparat oder sonst etwas fehlt. Auch in Varna, auf dem Markt empfiehlt es sich, besonders vorsichtig sein. Man sollte nicht unnötig viel Bargeld mit sich herumtragen.

Rauschgift

Drogen haben die bulgarische Gesellschaft zusätzlich kriminalisiert. Ein nicht unerheblicher Teil der Einbrüche und

Raubüberfälle geht auf das Konto der ***Beschaffungskriminalität.***

Auch früher schon war Bulgarien ein Transitland im Rauschgiftgeschäft. Gleich nach dem politischen Wandel setzte die internationale Drogenmafia alles daran, in Bulgarien wie in den anderen Ländern des ehemaligen Ostblocks selbst einen gewinnbringenden Markt für Drogen aufzubauen. Dazu wurden - wie allgemein üblich - die „Fische", das sind diejenigen, die erst anfangen, Drogen zu nehmen, mit bewusst niedrigen Preisen angefüttert. Die Phase der so genannten „Fischzucht" ist abgeschlossen und Bulgarien inzwischen selbst ein ***Abnehmerland für Drogen*** geworden. Man schätzt die Zahl der Konsumenten von Heroin auf 30-40.000. Heute beteiligen sich die Bulgaren gleichermaßen mit Türken, Deutschen, Kosovoalbanern und anderen Ausländern nicht nur am Schmuggel und Handel mit Drogen, sondern auch an deren Herstellung. In kurzer Zeit hat diese ***internationale Zusammenarbeit*** ein bedrohliches Ausmaß angenommen. Man sagt, dass jeder Bulgare außer vom Fußball auch etwas vom Rauschgift versteht. Die Zahl der Zollbeamten und Polizisten, die in den dunklen Geschäften mit Drogen, Autoschieberei, Menschenhandel und Waffenschmuggel mitmischen, ist dabei schwindelerregend gestiegen, obwohl die Zeitungen immer wieder berichten, dass einer großen Zahl von Zöllnern gekündigt wurde. So ist die kleine Stadt Petritsch, im goldenen Dreieck zwischen Bulgarien, Griechenland und Mazedonien gelegen, als die reichste Stadt Bulgariens bekannt. Nirgendwo sind uns so viele westliche Nobelkarossen begegnet wie hier. Und die Zöllner errichteten sich in dieser Gegend keine Häuser, sondern Paläste. Dabei weiß jeder, woher das Geld stammt ...

Auf der Gegenseite sind glücklicherweise auch ***Erfolge*** zu verzeichnen. Immer wieder werden, verteilt in ganz Bulgarien, Anbauflächen von Cannabis - auf großen Flächen zwischen anderen Kulturen verborgen - entdeckt und vernichtet. Ausgehoben wurden auch illegale Labors für die industrielle Herstellung von Amphetaminen. Und nicht zuletzt sind im vergangenen Jahr Drogen im Wert von mehr als € 34,77 Mio (68 Mio. Lw) konfisziert worden. Ein weiterer Hoffnungsschimmer ist der jüngste Zusammenschluss von 44 Organisationen im ganzen Land zu einem Bürgerforum für effektive Prävention gegen Drogensucht.

Prostitution

Obwohl die Prostitution in Bulgarien gesetzlich verboten ist, ist sie dennoch im ganzen Land anzutreffen. Allein in Sofia gibt es ca. 80 illegale Bordelle. In großen Hotels der Städte, die häufig von Fremden frequentiert werden, klopfen die „Liebesdienerinnen" sogar ungebeten an den Zimmertüren. Solcherart belästigt, flüchten sich manche Touristen in kleine Hotels oder Privatquartiere. Einen festen Platz hat die Prostitution auch an den Transitstrecken, in Motels und der Nähe von Grenzübergängen sowie im Sommer an der Schwarzmeerküste mit Zentrum in Varna. Die Mädchen überschwemmen förmlich die Straßen in der Umgebung von Nachtlokalen. Da Prostitution immer eng ***mit Kriminalität verbunden*** ist, besteht insbesondere für Ausländer überall die Gefahr, dass die Mädchen nur als Lockvogel dienen und der Freier von den Zuhältern zusammengeschlagen und ausgeraubt wird. Auch die Immunschwächekrankheit ***AIDS*** hat um Bulgarien keinen Bogen gemacht, so dass diese Ansteckungsgefahr hier ebenfalls droht.

Neben ***Menschenhandel*** mit z. T. auf offener Straße entführten jungen Mädchen sind es vor allem wirtschaftliche Gründe, die leichtgläubige Bulgarinnen nur allzu oft auf verlockende Zeitungsinserate von Arbeits- oder Heiratsvermittlern im Ausland hereinfallen lassen. Für € 1023 bis 2556 (2000 bis 5000 Lw) werden sie dann als Prostituierte verkauft und in verschiedene westeuropäische Staaten sowie in die Türkei verschleppt. Nach Angaben der bulgarischen Frauenorganisation *Animus* sind von diesem Schicksal rund 10.000 Bulgarinnen betroffen. Nur 20 von ihnen hätten es bisher geschafft, mit schweren Psychotraumata wieder in ihre Heimat zurückzukehren. Um die Frauen zu versklaven und zur Prostitution zu zwingen, werden die Methoden der Zuhälter immer brutaler.

Sicherheitsmaßnahmen

Jeder kann selbst viel für seine Sicherheit tun. Das beginnt bereits bei der Reisevorbereitung. Wertvollen Schmuck lasse man am besten zu Haus, ebenso kostbare Kleidung und alle anderen Statussymbole. Bulgarien ist nicht die Côte d'Azur, hierher reist man nicht zum Repräsentieren. Man kleide sich zweckmäßig, aber einfach, das erleichtert auch das Gepäck.

Geld und Papiere trage man getrennt voneinander, am Körper verteilt. Dazu empfiehlt sich auf jeden Fall die Anschaffung der sehr preiswerten Brustbeutel, Bauchgurte und Hand- oder Fußgelenkbörsen. Zieht man beispielsweise die Kniestrümpfe über eine solche Fußgelenkbörse, macht sie das vollkommen unsichtbar. Natürlich darf man dann nicht in aller Öffentlichkeit an sich herumnesteln, um irgendwo Geld zum Vorschein zu bringen, damit eine Rechnung bezahlt werden kann. Täglich einen bestimmten Betrag muss man sich schon vor dem Aufbruch in eine normal zugängliche Tasche stecken. Reicht das Geld doch einmal nicht aus, suche man am besten eine Toilette auf, um sich mit Nachschub zu versorgen.

Diese versteckten Behältnisse gibt es entweder in Globetrotterläden zu kaufen oder im Versandhandel, z.b. bei LARCA Sportartikel GmbH, Postfach 1644, Dürrwiesen 9, D-73614 Schondorf-Haubersbronn. Für ganz Eilige auch per Telefon: (07181) 210 76 oder Fax (07181) 690 42.

Zweckmäßigerweise sollte man im Gepäck ***Kopien*** der ersten Seiten des Reisepasses und ggf. des Flutickets mit sich führen. Sollte das Original verlorengehen oder gestohlen werden, erleichtert die Kopie etwaige Formalitäten bei der Ausstellung von Ersatzpapieren in der deutschen Botschaft. Eine Kopie der Fahrerlaubnis oder anderer noch mitgeführter Papiere sollte man auch zu Hause verwahren.

Wer den Mut besitzt und, durch nichts zu beeindrucken, dennoch die über 2000 km mit dem eigenen Auto fährt, egal ob – wie empfohlen – mit einer alten, klapperigen Karre oder einem besseren Vehikel, lasse das Auto in Bulgarien am besten auf dem ***Hotelparkplatz.*** Das hilft aber natürlich auch nur, wenn der bewacht ist. Hoteleigene Tiefgaragen sind noch absolute Seltenheit. Wenn man – auch unterwegs – in der Stadt parkt, dann ebenfalls nur auf einem bewachten Parkplatz. In Großstädten signalisiert ein ***geöffnetes Handschuhfach:*** Hier gibt es nichts zu holen! Das Gepäck immer abdecken; wenn schon Gepäck im Auto, dann nichts sichtbar liegen lassen. Bei längerem Aufenthalt kann man sich auch eine ***private Garage mieten.*** Das klappt noch einfacher auf dem Lande. Für das Abstellen in einem Hof muss man € 0,51-1,02 (1-2 Lw) rechnen, falls das Geld überhaupt gewünscht wird. Beim Übernachten daran denken, die Versicherung zahlt nichts für über Nacht im Fahrzeug verbliebenes Gepäck. Alle Versicherungen sind bei Reisegepäck immer sehr pingelig.

Im Hotel ist nach wie vor das beste Versteck für Wertsachen der ***Hotelsafe,*** nur dann sind die Wertsachen auch tatsächlich versichert. Am besten, man packt alles in einen großen Umschlag, klebt ihn zu und unterschreibt halb auf der Klebelasche, halb auf dem Umschlag, das wirkt wie ein Siegel. So kann der Umschlag nicht unbemerkt geöffnet oder gar ausgetauscht werden. Lassen Sie sich von der Rezeption quittieren, was genau Sie im Tresor hinterlegt haben. Lassen Sie die Wertsachen ansonsten niemals offen liegen, selbst unter dem Bett sind sie sicherer aufgehoben als auf dem Nachttisch.

Überprüfen Sie gleich beim Einzug ***in der Unterkunft,*** ob Fenster und Balkontür richtig schließen, wenn nicht, verlangen Sie ein anderes Zimmer oder die Reparatur des Schadens. Sind Sie unterwegs, können Sie Radio oder Fernseher auf mittlerer Lautstärke laufen lassen. Ziehen Sie abends die Vorhänge zu, und lassen Sie das Licht brennen. Auch das hinterlässt einen bewohnten Eindruck und verschreckt Langfinger. Hängen Sie das Schild „Do not disturb/nicht stören" außen an die Zimmertür, auch wenn Sie nicht da sind. Kein derartig getäuschter Dieb traut sich dann noch, die Tür aufzubrechen. Wundern dürfen Sie sich dann allerdings nicht über das ebenfalls ferngebliebene Zimmermädchen.

All diese Vorsichtsmaßregeln dürfen Sie größtenteils missachten, wenn Sie ein ***Privatquartier*** mieten. So übernachtet man billiger und mit weniger Ängsten. Vorsicht ist aber dann angebracht, sollte die Familie mehrere Zimmer an verschiedene Gäste vermieten. Mir wurde in einem solchen Fall am Schwarzen Meer schon einmal der im gemeinsamen Badezimmer zum Trocknen aufgehängte Bikini gestohlen.

Am Schwarzen Meer und in den Kurorten bemüht sich aber auch der Staat um mehr Sicherheit. Hier ist sofort eine verstärkte Polizeipräsenz spürbar. Auch die großen Campingplätze werden von bewaffneten Aufpassern bewacht.

Ängstliche Leser, die noch vor Reiseantritt bis hierher gelesen haben, können sich freuen, der Gefahr entronnen zu sein ... Sie haben noch Gelegenheit, zu Hause zu bleiben. Immerhin hätten Sie dann das Geld für die Reise gespart und das Land zumindest aus dem Reiseführer kennen gelernt. Die anderen aber sollten nicht in jedem Zimmernachbarn oder Etagenkellner gleich einen potenziellen Hoteldieb sehen und in jeder freundlichen Geste arglistige Täuschung. Das gilt übrigens für das gesamte Land. Eine solche Einstellung belastet letztlich mehr, als dass sie das Gefühl von Sicherheit vermittelt. So böse ist die Welt doch wieder nicht - auch nicht in Bulgarien.

Wie und wann die deutsche Botschaft helfen kann

Was tun, wenn man plötzlich ohne einen Pfennig Geld dasteht? Zum deutschen Konsulat gehen? Ohne weiteres gibt es hier kein Bargeld. Finanzielle Unterstützung wird nur im äußersten Notfall gewährt. Dennoch, die deutschen Botschaften sind nach § 5 des Konsulargesetzes dazu verpflichtet, deutschen Bürgern im Ausland beizustehen. Aber erst einmal müssen alle privaten Hilfsmöglichkeiten ausgeschöpft werden. Konkret muss der Bestohlene nachweisen, dass zu Hause niemand erreichbar ist, der Geld überweisen könnte. Dann erst stellt das Konsulat seinen Service zur Verfügung. Bei der Legationskasse im Bonner Außenamt können Verwandte, Freunde oder Bekannte die benötigte Summe einzahlen. Und erst wenn die Bestätigung dafür beim Konsulat in Sofia vorliegt, wird dort an den vom Pech Betroffenen ausgezahlt.

Nur wenn das alles nicht funktioniert, gibt es Bargeld direkt von der diplomatischen Vertretung, natürlich nur leihweise und nur für die Heimreise, nicht zur Fortsetzung des Urlaubs. Die Konsulate sind aus allzu verständlichem Grund so zurückhaltend mit Barem: Die Rückzahlungsmoral der Urlauber oder Geschäftsreisenden ist katastrophal. Bei vier von fünf Hilfesuchenden müssen die Schulden später eingetrieben werden, oft genug vom Gerichtsvollzieher. Und bei etwa 20 % hilft alles nichts, hier stellt sich das Geliehene im

Nachhinein als unfreiwilliges Geschenk dar und der vermeintliche Pechvogel als raffinierter Abzocker.

Wer in Sofia die Hilfe des deutschen oder österreichischen Konsulats in Anspruch nehmen will, muss sich mit den Bulgaren in eine Reihe einordnen. Eine Wartezeit von bis zu zwei Tagen (!) ist dabei durchaus möglich. Adressen siehe „Diplomatische Vertretungen".

Sprache

Als wir uns bei einer Angestellten in einem noch staatlichen Touristeninformationszentrum in Sofia erkundigten, welche Sprachen hier gesprochen werden, schaute sie uns beleidigt an und antwortete in einem Ton, der keinen Zweifel an der Sprachbegabung der Bulgaren lassen sollte: „Was denken Sie, ich habe Hochschulausbildung, und selbstverständlich spreche ich alle Sprachen." Obwohl die Bulgaren tatsächlich sprachbegabt sind, hat man nicht alle Tage das Glück, auf solche Polyglotten zu stoßen …

Recht weit kann man unter jungen Menschen mit ***Englisch*** kommen, das sich als Fremdsprache immer mehr in den Vordergrund drängt. Unter den älteren Bulgaren dominiert noch das ***Französisch.*** Und welche Freude, ***Deutsch*** belegt schon heute den dritten Platz. Die Vorliebe der Bulgaren unter anderem für die italienische Musik drückt sich hier und da auch in ***italienischen Sprachkenntnissen*** aus. Und seien Sie nicht überrascht, wenn Ihnen ein Bulgare in ***Spanisch*** oder ***Esperanto*** pariert.

Am besten sind jedoch die Reisenden dran, die des ***Russischen*** mächtig sind. Es ist nicht nur die enge Sprachverwandtschaft, sondern vor allem das jahrzehntelange Pflichtfach Russisch an allen bulgarischen Schulen, welches diese Sprache zur am weitesten verbreiteten Fremdsprache werden ließ. Wenn die Bulgaren Russisch trotz allem nicht immer so gut sprechen können, so verstehen sie doch zumindest alles. Bekanntlich gibt es seit der politischen Wende in Osteuropa viele Leute, die Russisch zwar vortrefflich verstehen, die darauf aber nicht reagieren. Das wird Ihnen in Bulgarien nie passieren.

Nun sollten Sie aber für den Aufenthalt in Bulgarien nicht Russisch lernen, sondern wenn schon, dann die offizielle Landessprache ***Bulgarisch.*** Populär und dennoch anspruchsvoll, nicht wissenschaftlich, aber vollkommen exakt und absolut praxisbezogen, dabei zu schnellem Erfolg führend, das ist der Kauderwelsch-Sprechführer „Bulgarisch" - Wort für Wort von Elena Engelbrecht aus dem Reise Know How Verlag Peter Rump, Bielefeld.

Bulgarisch gehört zur slawischen Sprachfamilie und wird auch von den ethnischen Minderheiten zum Teil als Zweitsprache gesprochen. ***Mazedonisch,*** die am wenigsten bekannte südslawische Sprache, ist in Südwestbulgarien verbreitet und erscheint aufgrund ihrer Ähnlichkeit zum Bulgarischen wie ein Dialekt der bulgarischen Standardsprache. Selbst das Serbische besitzt eine verblüffende Ähnlichkeit.

Die meistgesprochene nichtslawische Sprache ist das ***Türkische*** in den Siedlungsgebieten der ethnischen Gruppe der Türken - verstärkt in Nordostbulgarien und den südlichen Teilen der Rhodopen. Es wird auch ***Griechisch*** in den Grenzgebieten zu Griechenland und in mancher Ortschaft an der Schwarzmeerküste gesprochen, wo die ursprüngliche Bevölkerung reine Griechen waren. Die große Gruppe der Zigani pflegt das ***Romani.***

Die bulgarische Schriftsprache bedient sich des ***kyrillischen Alphabets.*** Jeder Bulgare wäre zutiefst beleidigt, wenn jemand dazu „russisches Alphabet" sagen würde (siehe „Die Brüder Kyrill und Methode - Schöpfer eines Alphabets nicht nur für Bulgaren"). Durch das Russische hat das kyrillische Alphabet nur seine weiteste

Verbreitung erfahren. Für jedes nichtlateinische Alphabet, also auch für das kyrillische, existiert eine ***Umschrift;*** ist sie wissenschaftlich und dient der Rückübertragbarkeit in die Ursprungssprache, wie etwa im Bibliothekswesen, handelt es sich um eine Transliteration. Die sich an der tatsächlichen Aussprache orientierende Umschrift, die dem täglichen Gebrauch viel dienlicher ist, bezeichnet man als Transkription. Sowohl von der Transliteration als auch der Transkription gibt es mehrere voneinander abweichende Systeme. Dabei verwendet die Transliteration oder die kompliziertere Form der Transkription als auffallendste Äußerlichkeit verschiedene Sonderzeichen, die ohne nähere Kenntnisse nicht zu lesen, geschweige denn auszusprechen sind.

Während Landkarten sich mehr „wissenschaftlich" gebärden und die geografischen Eigennamen nach einer komplizierteren Transkription schreiben, haben wir uns für die ***einfachste Transkription*** entschieden, die der tatsächlichen Aussprache am nächsten kommt. Dazu waren wir schon verpflichtet, weil wir nur selten die kyrillische Schrift verwenden; und schließlich wollen Sie ja verstanden werden in Bulgarien. Nur zu einem Zugeständnis „mussten" wir uns durchringen: Um die Abweichungen zu Landkarten und den in Bulgarien verwendeten lateinischen Beschriftungen in Grenzen zu halten und Sie nicht zum ständigen Umdenken zu zwingen, geben wir in allen Ortsnamen das kyrillische „В" als „v" wieder und nicht wie sonst immer als „w". Wir schreiben also „Varna" statt „Warna" (aber *Wassil Lewski* statt *Vassil Levski* und *Todor Shiwkow* statt *Todor Živkov).*

Problematisch ist die Aussprache des im Bulgarischen sehr häufig vorkommenden ***Härtezeichens*** „Ъ". Wir verwenden dafür das einfache „a" und verzichten auf ein Sonderzeichen.

Für den Fall, dass einem bei Orts- oder Personennamen in der Literatur oder in

Das kyrillische Alphabet

А	a	П	p
Б	b	Р	r
В	v, w	С	ss
Г	g	Т	t
Д	d	У	u
Е	e	Ф	f
Ж	sh	Х	ch
З	s	Ц	z
И	i	Ч	tsch
Й	j	Ш	sch
К	k	Щ	scht
Л	l	Ъ	a
М	m	Ь	*
Н	n	Ю	ju
О	o	Я	ja

* = Weichheitszeichen

Bulgarien doch einmal in lateinischer Umschrift rätselhafte Formen begegnen, bringen wir zur schnellen Entschlüsselung zusammengestellt alle vorkommenden ***Ausnahmevarianten:***

ž ***sh*** (Žeravna = Sheravna oder Sherawna)
ž ***stimmhaftes s*** (Stara Zagora = Stara Sagora)
c ***z*** (Carevo = Zarevo oder Zarewo)
š ***sch*** (Šumen = Schumen)
št ***scht*** (Koprivštica = Koprivschtiza oder Kopriwschtiza).

Telefonieren

Das Telefonieren ins Ausland ist von Bulgarien kein Problem mehr. Neue ***Telefonautomaten*** sind ausreichend vorhanden. Folgendes ist allerdings zu beachten: Es existieren blaue *(Mobika)* und orangefarbene *(BulFon)* Apparate von zwei verschiedenen Telefongesellschaften. Wer häufig telefoniert, sollte Telefonkarten beider Gesellschaften besitzen (400 Einheiten kosten 20 Lewa/€ 10,20).

Die Qualität der Auslandsferngespräche ist exzellent – sie kosten etwa € 0,51

Das Telefongeheimnis auf Bulgarisch

Wir haben bei den Ortsbeschreibungen zahlreiche Telefonnummern angegeben in der Hoffnung, dass sie von Nutzen sein können. Unsere eigenen Bemühungen, per Telefon Informationen zu erhalten oder etwas zu organisieren, schlugen allerdings zumeist fehl. Bei einem Telefongespräch mit Bulgaren bekommt man selten die gewünschten Antworten und erfährt nicht, mit wem man gesprochen hat.

Als sich unser Sohn einmal an der Schwarzmeerküste aufhielt, mussten wir ihm etwas Wichtiges mitteilen. So wählten wir die Nummer seines Hotels. Klingeln. Abheben. Man hörte das Atmen am anderen Ende der Leitung. Einer musste den Anfang machen. Ich meldete mich: „Guten Tag! Mein Name ist Engelbrecht."

Eine Frauenstimme antwortete fragend: „Ja?"

„Spreche ich mit dem Hotel Glarus?"

„Was wollen Sie?"

„Spreche ich mit der Rezeption des Hotels Glarus?"

„Ja, was wollen Sie?"

„Ich bitte Sie, mich mit Herrn Engelbrecht zu verbinden."

„Wer ist das?"

„Ein Hotelgast von Ihnen."

„Das geht nicht."

„Dann hinterlegen Sie ihm bitte einen Zettel, er soll unbedingt zu Hause anrufen."

„Ich kenne ihn nicht. Jetzt habe ich keine Zeit, da wir Schichtwechsel haben. Rufen Sie später an."

„Mit wem habe ich gesprochen?"

„Mit der Rezeption."

„Wie ist Ihr Name?"

„Das spielt keine Rolle."

Nach einer Stunde rief der andere von uns an. Das ganze Gespräch wiederholte sich ziemlich genau und nahm eine vorwurfsvolle Wendung:

„Da sind so viele Gäste im Hotel, man kann schließlich nicht alle kennen. Außerdem habe ich gerade erst die Schicht übernommen."

Auf die Frage: „Mit wem habe ich gesprochen?", gab es noch ein tolles Missverständnis. Die unbekannte Stimme antwortete aufgeregt: „Fürs Flirten habe ich keine Zeit! Außerdem bin ich verheiratet!"

Viele unserer bulgarischen Bekannten melden sich, wenn sie uns anrufen, auch nicht mit ihrem Namen. Das kann manchmal direkt peinlich sein, denn nicht immer gelingt es sofort, die Stimme am Telefon zu erkennen und freudig „Hallo Dontscho!" zu rufen. Sollte man sich aber genötigt sehen zu fragen, wer denn am Telefon sei, kann man große Enttäuschung hervorrufen: „Wie kannst du mich so schnell vergessen?"

Ein wenig mag dieses merkwürdige Verhalten mit der bulgarischen Geschichte zusammenhängen, als man lieber gesenkten Hauptes und namenlos blieb und so die größten Chancen hatte, ungeschoren davonzukommen. Auch ist es bequem, die persönliche Verantwortung hinter dem Unbekanntbleiben zu verstecken.

(1 Lw)/ Minute –, die der Inlandsgespräche lässt nach wie vor zu wünschen übrig. Man kann sich manchmal trotz Schreien kaum verständigen.

Postämter, von denen man auch telefonieren kann, gibt es nicht nur in den Städten, sondern in jedem Dorf. Natürlich ist es auch möglich, von allen Hotels aus anzurufen (zumeist gegen Aufpreis).

Telefonkarten (Fonokarta, Фонокарта) kann man auf jeder Post, in Kiosken und Hotels kaufen.

Mobiltelefonnetz ist in den Städten gut ausgebaut. Am besten beim eigenen Netzanbieter zu Hause den Roaming-Partner erfragen und Karte aus dem Internet ausdrucken.

Internet-Cafés sind in Hülle und Fülle in jeder größeren Stadt vorhanden. Am besten fragt man jüngere Leute: Kade ima internet sala? Къде има интернет зала? (Wo gibt es Internet-Saal?). Das kann das Finden eines Internet-Cafés erheblich erleichtern.

Internationale Vorwahlen	
Deutschland	0049
Österreich	0043
Holland	0031
Schweiz und Liechtenstein	0041

Wichtige Telefonnummern	
Feuerwehr	160
Schnelle medizinische Hilfe	150
Polizei	166
Verkehrspolizei (KAT, Kontrol na awtomobilnija transport)	165
Pannenhilfe	146

Uhrzeit

Bulgarien liegt in der ***osteuropäischen Zeitzone.*** Sie ist der mitteleuropäischen Zeit (MEZ) um eine Stunde voraus. Wenn man in Deutschland um 20.00 Uhr die Nachrichten anschaut, schlägt die Uhr in Bulgarien bereits 21.00 Uhr. Dort sieht man die Nachrichtensendung übrigens auch um 20.00 Uhr, nur ist es dann bei uns erst 19.00 Uhr. Im Sommer gilt die gleiche Zeitdifferenz von einer Stunde, da Bulgarien von Ende März bis Ende September/Oktober ebenfalls die ***Sommerzeit*** hat.

Unterkunft

Überblick

Das ***Angebot an Übernachtungsmöglichkeiten*** ist in den letzten Jahren in Bulgarien größer denn je geworden. Auch in der Hochsaison braucht man in den Touristenzentren keine Angst mehr zu haben, auf der Straße campieren zu müssen, weil fast alle Hotels von Pauschalreisenden ausgebucht sind. Auf den nahegelegenen Campingplätzen und in den Privatquartieren der umliegenden Ortschaften ist es immer möglich, eine Unterkunft zu finden. Zu den vielen Privatquartieren und den neuen, kleinen ***Privathotels*** kommen die ***früheren Betriebserholungsheime,*** die ihre Pforten jetzt auch ausländischen Gästen öffnen. Die zahlreichen ***ehemaligen Residenzen*** von *Todor Shiwkow,* die heute allesamt als Hotels genutzt werden, ergänzen das Angebot in der oberen Kategorie.

Die ***Übernachtungspreise*** haben in den vergangenen Jahren angezogen. Das ist eigentlich kein Problem, da sie teilweise extrem niedrig waren. Um ***Wucher*** handelt es sich dagegen in Sofia und besonders an der Schwarzmeerküste. Wenn in Nessebar für eine Übernachtung in der Altstadt nicht unter € 10,23 (20 Lw), teilweise sogar ab € 25,56 (50 Lw) (und das in der Vor- und Nachsaison) verlangt werden, so ist das schlicht unverschämt. Ein Leser schrieb dazu treffend: „Die Küstenregion ist nicht empfehlenswert, da der Tourismus die Leute schon versaut hat, wie leider überall, wo es viele Touristen gibt. Die Preise sind mindestens viermal so hoch und die Leute nur ein viertel so freundlich. Jeder wittert sofort eine Chance, Geld zu verdienen." Machen sie diesen Irrsinn nicht mit! Sehen Sie sich das Zimmer an, bleiben Sie freundlich und sagen Sie deutlich, wieviel Sie bereit sind zu zahlen. Und wenn es zu keiner Einigung kommt, dann gehen Sie zum nächsten Haus. Mit gutem Gewissen kann man außerhalb der Saison in den Ortschaften an der Schwarzmeerküste und im Landesinneren je nach Lage € 3,58-5,10 (7 bis 10 Lw) für ein Bett und € 7,67 (15 Lw) fürs Doppelbett, in der Hauptsaison € 5,10-7,67/7,67-10,23 (10-15 Lw/15-20 Lw) bezahlen, für das Frühstück € 0,77-1,02 (1,50-2 Lw).

Wer ohnehin vorhat, nur am Meer zu bleiben, der kann allen Preistreibern ein Schnäppchen schlagen. Er bucht eine preiswerte Pauschalreise zu Hause (z. B.

im September 2002 Last minute eine Woche Ü/F mit Flug für € 210). Bei solch einem Preis gibt es genügend finanziellen Spielraum für Ausflüge, gegebenenfalls mit zusätzlicher Privatübernachtung. Aber auch hier sollte nicht das wieder draufgelegt werden, was beim Reisepreis eingespart wurde (s. Pauschalreise).

Ganz im Gegensatz zu den Touristenzentren werden die Reisenden überrascht sein von der unbegrenzten und herzlichen ***Gastfreundschaft der Bevölkerung*** in den abgelegenen Gebirgsdörfern. Solche Gelegenheiten sollte man nicht nutzen, um kostenlos schlafen und essen zu können, sondern um die unverbrauchten menschlichen Werte dieser Leute zu erleben und zu genießen. Diese unverhofften Gastgeber sind nicht auf Touristen eingestellt, sondern auf eine Begegnung mit anderen Menschen, um etwas von ihnen zu erfahren, um eine neue Freundschaft zu schließen. Als Beleidigung würde verstanden werden, wenn jemand den Wunsch äußert, aus Dankbarkeit Geld zu geben. Da man aber andererseits nicht zulassen kann, als Tourist solche Menschen auszunutzen, haben wir bei derartigen Begegnungen nach der Verabschiedung doch einen angemessenen Geldbetrag hinterlassen und von zu Hause ein Päckchen geschickt. Bei einem längeren Aufenthalt halfen wir den Gastgebern in der Landwirtschaft mit.

Wer Bulgarien durchstreifen möchte, sollte sich sein ***Quartier*** immer ***erst vor Ort suchen.*** Erstens weiß man nie, wohin es einen verschlägt, und zweitens ist eine ***Reservierung*** im Voraus stets teurer.

Bei den Ortsbeschreibungen haben wir auch Adressen von Vermittlungsbüros und Hotels angegeben und die Unterkünfte bewertet. Und noch etwas zur Vorbestellung: Natürlich erfährt man von der quartierbuchenden Stelle stets, um welche Hotel- oder Privatzimmerkategorie es sich handelt. In der derzeitigen Umstellungsphase kann man sich jedoch nicht unbedingt auf die angegebene Kategorie verlassen; höchstens auf den genannten Preis, nicht aber den entsprechenden Komfort. Begibt man sich dagegen dort, wo man sich gerade aufhält, selbst auf Quartiersuche, kann man die Bedingungen, für die man zur Kasse gebeten würde, erst überprüfen und gegebenenfalls noch etwas anderes auswählen.

Die Übernachtungspreise in der ***Hauptreisezeit*** (Juli und August) an der Schwarzmeerküste und vom 15. Dezember bis etwa 15. April in den Gebirgskurorten sind im Vergleich zur Vor- und Nachsaison um maximal 40 % höher. Kinder von zwei bis zwölf Jahren erhalten eine attraktive Ermäßigung, im Extremfall am Schwarzen Meer bis 100 %. Die Preise in Hotels und Motels sowie auf Campingplätzen sind bis auf wenige Ausnahmen feststehend. Nur in den Privatquartieren und Privathotels ist es möglich, die Übernachtungskosten aus- beziehungsweise herunterzuhandeln.

In den Übernachtungskosten ist nicht immer ein ***Frühstück*** enthalten. Man frage lieber vorher und vereinbare ein Frühstück, dessen Zusammenstellung und den Preis. Für angemessen halten wir max. € 1,53 (3 Lw).

In allen Quartieren - außer den beim Zimmernachweis nicht offiziell gemeldeten Privatzimmern - ist im Übernachtungspreis eine eventuell anfallende ***Kur- oder Strandtaxe*** und eine obligatorische ***Lebens-, Unfall- und Gepäckversicherung*** enthalten. Die Versicherungsgebühr wird kassiert, unabhängig davon, ob der Gast selbst bereits versichert ist. Hierzu wird weder gefragt noch informiert, und man erhält auch an der Rezeption keine Auskunft. Im Schadensfall erfrage man an der Rezeption die Versicherung und wende sich dorthin. Da diese den Hotelangestellten oft wirklich nicht bekannt ist, geben wir die Adresse einer großen bulgarischen Versicherung an, bei der der größte Teil der Hotels versichert ist: Sastrachowatelno i presastrachowatelno akzionerno drushestwo „Balgaria“, bul. Alexander Stambolijski 2 A, 1000 Sofia, Tel. (02) 550 018, Fax (02) 657 538.

Hotels

In den Hotels werden ***unterschiedliche Preise*** berechnet für Bulgaren, Ausländer aus dem Osten und Ausländer aus dem Westen. (Die im Buch angegebenen Preise beziehen sich alle auf eine westliche Herkunft.) Die Hotelpreise sind am Dollarkurs ausgerichtet, werden aber normalerweise in Lewa bezahlt. Da es sich bei den Preisangaben fast ausnahmslos um ***Preise pro Person*** handelt, sind die Preise für ein Doppelzimmer immer die Angaben für nur eine Person. Wenn ein Zwei-Bett-Zimmer mit zwei Personen belegt wird, verdoppelt sich der Preis. Obwohl dieses Buch sehr sorgfältig recherchiert wurde, gibt es durch Inflation, willkürliches Preisfestsetzen bei der Privatisierung und anderes ständig Veränderungen. Wir bitten deshalb um Verständnis für „falsche“ Preisangaben und sind dankbar für alle Briefe, die eine Aktualisierung des Buches erleichtern.

Die bulgarischen Hotels weisen nach dem üblichen ***Kategorisierungssystem*** einen bis fünf Sterne auf. Die Einbettzimmer, Zweibettzimmer oder Appartements besitzen meist eine Dusche, seltener eine Badewanne. Jedes Hotel ab zwei Sterne verfügt über ein oder mehrere Restaurants, Tages- und Nachtbar, kleine Verkaufseinrichtungen und einige Dienstleistungen bis hin zur Autovermietung. Innerhalb der gleichen Kategorie gibt es derzeit landesweit unterschiedliche Bedingungen und Preise.

Es kommt öfter vor, dass ein Hotel mit mehr Sternen billiger ist als eines mit weniger Sternen in einer anderen Stadt. In dieser Umbruchzeit muss man auch bei heruntergewirtschafteten Hotels unter Umständen mit höheren Preisen rechnen.

Hotelpreise

Derzeit ist es kaum möglich, Richtpreise für Hotels anzugeben, da jeder nimmt, was er will. So kann es passieren, dass für ein renovierungsbedürftiges Hotel-(zimmer) mehr Geld genommen wird, als man für ein komfortables schickes Hotel verlangt. Natürlich liegen die Hotelpreise über denen der Privatquartiere. Zur Orientierung geben wir die momentan üblichen Hotelkategorien an – sie entsprechen bis zur Kategorie 5 in etwa der gängigen Sternenanzahl. Preiskategorie 6 und 7 stellen die absolute Ausnahme dar.

Preiskategorie 1: 9 $ und weniger
Preiskategorie 2: 9-18 $
Preiskategorie 3: 18-36 $
Preiskategorie 4: 36-60 $
Preiskategorie 5: 60-90 $
Preiskategorie 6: 90-150 $
Preiskategorie 7: 150 $ und mehr

Der Sicherheitsfunktion eines Zimmerschlüssels schenke man kein absolutes Vertrauen. In Slantschev brjag trauten wir unseren Augen nicht, als wir beim Betreten des Hotelzimmers fremdes Gepäck vorfanden. Ein Blick auf den Schlüsselanhänger bestätigte, dass wir im richtigen Zimmer waren, aber nicht im richtigen Hotel ... Wir hatten es mit dem identischen Nachbarbau verwechselt. Deshalb ***Wertsachen*** unbedingt an der Rezeption abgeben (siehe Kapitel „Sicherheit“).

Im Landesinneren gibt es vorwiegend Zwei- und Dreisternehotels. Die Preise der Provinzhotels stimmen mit denen am Schwarzen Meer überein, wo die meisten Hotels auch mit zwei oder drei Sternen verziert werden. Hotelrestaurants der Provinz sind am Wochenende beliebte Orte für festliche Mittagessen von Hochzeitsgesellschaften. Da kann man als einzelner Gast leicht das Nachsehen haben, beson-

Privatunterkünfte, wie hier in Melnik, finden sich oft an besonders reizvollen Stellen (Foto KW)

ders in kleineren Orten, wo es keine Ausweichmöglichkeiten gibt.

In den Seebädern sind die besten Hotels ganzjährig in Betrieb. Nicht alle von den Saisonhotels öffnen und schließen zum gleichen Zeitpunkt.

Im gesamten Land vertreten ist die Luxuskategorie der ***Interhotels*** ab drei, normalerweise aber ab vier Sterne mit internationalem Standard. In dem Kapitel „Gesundheit und Tourismus" haben wir Angaben zu den Preisen aufgrund eigener Erfahrungen gemacht.

Dort, wo man besonders viele Privatzimmer findet - in der Umgebung größerer Städte und in den Villenvierteln an der Küste - gibt es auch viele ***kleine Privathotels,*** manche mit eigener Gaststätte. Einbettzimmer gibt es hier selten.

Das teuerste Hotel in Bulgarien ist mit seinen exklusiven Preisen das ***Sheraton Sofia.*** Ein Einzelzimmer kostet € 223 (436 Lw) und ein Doppelzimmer pro Person € 125 (245 Lw). Die Präsidentensuite steht für ca. € 409 (800 Lw) zur Verfügung, einschließlich Frühstück.

Achtung! In den bulgarischen Hotels geht es ***nicht immer leise*** zu. Der Bulgare kommt auch im Hotel nicht so zeitig zur Ruhe. Außerdem ist die Aktivität der Musikkapellen in den Hotelrestaurants nicht nur aufs Wochenende beschränkt. Sie können praktisch jeden Abend spielen, und zwar bis Mitternacht, so dass man mit kürzeren Nächten rechnen muss. Die preiswerte Alternative: ein Privatquartier.

Privatzimmer

Sie sind nach wie vor die beste Gelegenheit, um Land und Leute kennenzulernen. So erlebt man die Bulgaren hautnah, ihren Lebensstil, Alltag, ihre Mentalität, und nicht zuletzt schont es den Geldbeutel und ist auch in puncto Sicherheit (siehe dort) von Vorteil. Man soll allerdings keine höheren Ansprüche an die ***Einrichtung der Zimmer*** stellen. Selbstverständlich geben sich die Vermieter Mühe, das Zimmer nach ihren Vorstellungen gut einzurichten. Das Allerwichtigste - Bett, Tisch und Stuhl - ist schon da. Ein Frühstück kann vereinbart werden.

Privatzimmer vermittelt der ***Privatzimmerdienst,*** oder sie werden vom Vermieter selbst vergeben. Wenn der Privatzimmerdienst behauptet, es sei nichts mehr frei, ist es auf eigene Faust immer möglich, ein freies Bett zu entdecken. Oft trifft man vor einem Haus auf das Schild „Hotel", wobei hier nur ein oder zwei Zimmer zu vermieten sind. In solchen Fällen muss der ***Preis*** selbst ausgehandelt werden. Dabei beachte man, dass die Vermieter versuchen, von Ausländern das meiste Geld zu verlangen.

Es besteht auch die Möglichkeit, Ein- und Zweiraumappartements (ohne die Anwesenheit eines Privatvermieters) bei den Vermittlungsbüros zu bekommen. Ob Appartement oder einfaches Privatzimmer, man sollte es sich natürlich vor einer Zusage immer zuerst zeigen lassen.

Motels

Die wenigen Motels im Lande, meistens in der Nähe der Großstädte und einiger Grenzübergänge, sind zur Zeit nicht so empfehlenswert. Sie bieten keinerlei Bequemlichkeit und ***wenig Sicherheit*** (siehe Kapitel „Sicherheit").

Die ***Preise*** erreichen das Niveau von Zweisternehotels. Nur einige Motels, vor allem im Rilagebirge, sind gemütlicher und glänzen mit freundlichen Preisen.

Touristische Häuser und Unterkünfte

Die Funktion der ***Jugendherbergen*** erfüllen in Bulgarien die so genannten touristischen Häuser und Unterkünfte. Sie werden vom Bulgarischen ***Touristenverband*** bewirtschaftet und stehen jedermann offen. Wer einen Internationalen Jugendherbergsausweis mit seinem Passbild vorzeigen kann, bekommt auf die Übernachtung etwa 30 % Ermäßigung. Die empfehlenswerten Herbergen haben wir in den Ortsbeschreibungen aufgeführt. Diese Art Häuser und Unterkünfte gibt es in den meisten bulgarischen Städten und überall im Gebirge.

Eine immer aktuelle Information liefert das ***„Internationale Jugendherbergsverzeichnis",*** herausgegeben vom Deutschen Jugendherbergswerk, Postfach 220, 32754 Detmold, Tel. (05231) 7401-0. In Bulgarien ist ein nationales Verzeichnis nur sehr schwer und nur auf Bulgarisch erhältlich.

Diese touristischen Unterkünfte haben verschiedene ***Bezeichnungen,*** verschiedene Ausstattung und je nach den vier ***Kategorien*** unterschiedliche Preise:

- ***Turistitscheski domowe*** (touristische Häuser) verfügen über Appartements und Zimmer mit einem, zwei, drei, vier, fünf bis acht und über acht Betten. WC und Dusche für die Zimmer sind auf dem Flur. In manchem dieser Häuser kann man besser untergebracht sein als in einem gleichteuren Hotel.
- ***Turistitscheski spalni*** (touristische Schlafräume) weisen die gleiche Zimmerstruktur auf wie die touristischen Häuser; mit Gemeinschaftsküche und Speisesaal.
- ***Turistitscheski chishi*** (touristische Herbergen) besitzen ebenfalls die gleiche Zimmeraufteilung wie die touristischen Häuser; mit Gemeinschaftsküche und Speisesaal.
- ***Turistitscheski sasloni*** (touristische Unterkünfte) sind spartanisch eingerichtet mit langen Holzpodesten und Matratzen, wo man dicht an dicht ohne Geschlechtertrennung in einer Zahl von 40-50 Personen zu schlafen versucht. Das gelingt aber im Allgemeinen mühelos nach den Strapazen des Tages, denn diese Unterkünfte findet man nur im Gebirge. Wenn man Glück hat und das Haus leer ist, kann man hier zum gleichen Preis auch nur zu zweit übernachten.

Die Übernachtung bezahlt man pro Person beziehungsweise pro Bett; je mehr Betten in einem Zimmer stehen, desto billiger wird es. Insgesamt gesehen liegen die ***Preise*** derzeit zu hoch und sind in keiner Weise jugendfreundlich. Generell auf Jugendherbergsausweis zu reisen ist deshalb indiskutabel.

Übernachtungspreise JH

	mit Ausweis	*ohne Ausweis*
Appartement	28,60 €	41 €
1 Bett	9,20 €	13,30 €
2 Betten	3,60-7,70 €	4,10-10,70 €
3-4 Betten	2,60-6,10 €	3,60-9,20 €
5-8 Betten	2,10-4,10 €	3,10-7,20 €

über 8 Betten und auf Holzpodesten einheitlich bis zu 1 €.

Klöster

Klöster sind die romantischsten Orte überhaupt, wo sich Architektur, Natur und Ruhe zu einem unvergesslichen Eindruck vereinigen. Meist schlängelt sich ein Flüsschen in der Nähe vorbei, und die Wandermöglichkeiten sind schier unbegrenzt.

Immer mehr Klöster ***öffnen ihre Pforten*** auch für Ausländer, was bis zur Wende wegen der Gefahr des Diebstahls von Ikonen verboten war. Heute haben die Diebstähle leider zugenommen, die Anzahl der sich öffnenden Klöster wächst aber trotzdem.

Eine gegenläufige Tendenz bilden die Klöster, die sich vor Ausländern verschließen, weil diese sich unbedacht und oft unangemessen über Hygiene und Wohnverhältnisse beschwerten. Wer solche ***Beschwerden*** vorträgt, tut dies oft unbegründet und mit falschen und unangebrachten Maßstäben.

An dieser Stelle wollen wir das Erlebnis einer Nonne weitergeben, die keine Deutschen (stellvertretend für keine Ausländer) mehr übernachten lassen will. Einmal hatte sie auf einer Wiese in der Nähe des Klosters ein Zelt gesehen. Mitleid mit dem jungen Paar bekommend, wollte sie ihnen zum Frühstück warme Milch bringen. Als sie sich dem Zelt näherte, war sie schockiert über das, was sie sah. Das Pärchen war, weltvergessen und begeistert von der Natur und der Ruhe, in Liebesekstase. Die arme Nonne schlug schnell drei Kreuze und hat sich noch schneller entfernt. „Solche Leute, die keine Ehrfurcht vor Gott haben, will ich nicht mehr sehen.“ Für sie sind die Deutschen zu einem Synonym für Sünde geworden.

Die von der Welt abgeschiedenen Nonnen und Klosterbrüder haben noch keine klaren Vorstellungen, wieviel sie für eine Übernachtung verlangen sollen. Die ***Preise*** pendeln zwischen € 1,53 und 5,10 (3 und 10 Lw) plus einer kleinen Spende für die Kirche. Die Zimmer sind mit zwei Betten ausgestattet, WC und Dusche gibt es auf dem Flur; manche Klöster bieten den Luxus eines WCs mit Dusche im Zimmer.

Wer sich auf den Weg zu einem Kloster begibt, muss sich auf ***Selbstversorgung*** einstellen und den Rucksack mit Lebensmitteln füllen.

Betriebserholungsheime

Zunehmend empfangen die Betriebserholungsheime fremde, darunter auch ausländische Gäste. Sie nennen sich aber nicht Hotels, sondern *Potschiwni domowe* (Erholungsheime). Manche bieten sogar medizinische Betreuung sowie Sportmöglichkeiten, sie besitzen ein Restaurant und eine Bar. Die Preise entsprechen in der Regel den Zwei-Sterne-Hotels.

Campingplätze

Die meisten Campingplätze gibt es an der Schwarzmeerküste. Meist besteht die Möglichkeit, außer einem Stellplatz eine ***Holzhütte*** mit einfacher Ausstattung (zwei Betten, Schrank, Stühle und ein Tisch)

Im romantischen Rila Kloster kann man in schlichten Zimmern übernachten

oder einen Bungalow (ebenfalls zwei Betten, kleine Küche mit Kühlschrank; einer Dusche und WC) zu mieten.

Die ***sanitären Anlagen*** sind im Allgemeinen noch veraltet und bei Vollbelegung nicht ausreichend, ihre Sauberkeit lässt aber verhältnismäßig wenig zu wünschen übrig. Größtenteils sind die Campingplätze vom 1. Juni bis 30. September ***geöffnet.***

Während unserer letzten Reise entlang der Küste haben wir festgestellt, dass einige Campingplätze, die wir von früher kannten, verwüstet und mit Gras bewachsen auf einen neuen Betreiber warteten. Dafür waren aber auch schmucke Plätze hinzugekommen. Seit der Wende werden alle Campingplätze von bewaffneten jungen Männern ***bewacht.***

Preise: In der Hochsaison Juli und August kostet das Zelt pro Tag € 2,05 (4 Lw), je Person € 2,05 (4 Lw), das Auto € 2,05 (4 Lw), den Wohnanhänger € 4,60 (9 Lw), fürs Wohnmobil € 4,60 (9 Lw), Mikrobus € 4,10 (8 Lw), Motorrad € 0,82 (1,60 Lw); ein Bungalow kostet insgesamt € 18,90-20,50 (37-40 Lw), eine Holzhütte € 5,10-7,16 (10-14 Lw).

Eine ***aktuelle Information*** verspricht jedes Jahr der ADAC Camping-Führer, „Europas Campingplätze im Test".

Wildes Campen ist in Bulgarien verboten. In abgelegenen Ecken kann man trotzdem immer wieder sein kleines Zelt aufschlagen. Eine Möglichkeit, auf Nummer Sicher zu gehen, besteht darin, bei den Bauern zu fragen, ob man gegen ein geringes Entgelt auf ihrem Gelände zelten darf. So hat man noch den Vorteil, seine hygienischen Bedürfnisse befriedigen zu können.

Campingausrüstung: Zubehör und Ersatzteile sind in Bulgarien noch schwer erhältlich. Für das Zelten am Meer nehme man ein reflektierendes Überzelt mit, falls man keinen schattigen Stellplatz bekommt. Am günstigsten ist die Benutzung eines Benzinkochers wegen der Ersatzbeschaffung des Brennstoffs. Zum normalen

Schlafsack sollte man nicht nur aus hygienischen Gründen unbedingt einen separaten Leinen-Innen-Schlafsack dabeihaben. In sommerlicher Hitze kann man nur in ihm schlafen.

Noch unerfahrene Camper finden Rat und **Auskunft** beim *Deutschen Camping-Club (DCC) e. V.,* Mandlstraße 28, 80802 München, Tel. (089) 334 021. Mitglieder erhalten die informative Monatszeitschrift „Camping".

Verkehrsmittel

Eisenbahn

Die ***erste Eisenbahnlinie*** Bulgariens wurde 1866 von einem Baron *Hirsch* eröffnet. Sie führte von Russe über Kaspitschan nach Varna und diente den Interessen der westeuropäischen Länder, indem diese Verbindung einen schnelleren Warentransport von der Donau bis zum Schwarzen Meer ermöglichte. Im Jahre 1888 durchquerte der erste internationale Personenzug Bulgarien, später folgte der legendäre Orientexpress.

Obwohl Bulgarien mit seinen vielen Gebirgen eine Reihe natürlicher Hindernisse aufweist, ist das Land heute von einem ***engmaschigen Eisenbahnnetz*** durchzogen. Mehrmals täglich verkehren zwischen Sofia und den wichtigsten bulgarischen Orten Personen-, Schnell- und Expresszüge. Am Wochenende werden auf den Hauptverkehrsstrecken zusätzliche Züge aller Kategorien eingesetzt. 1991 waren 61,4 % (= 2609 km) des gesamten Streckennetzes elektrifiziert.

Hauptstrecken

- Sofia - Gorna Orjachoviza - Varna.
- Dragoman - Sofia - Plovdiv - Svilengrad.
  Diese Eisenbahnlinie ist ein Teil der internationalen Strecke Paris - Milano - Belgrad - Sofia - Istanbul - Ankara.
- Sofia - Kulata. Dies ist eine von zwei Eisenbahnverbindungen mit Griechenland. Sie schlängelt sich durch das landschaftlich reizvolle Strumatal.
- Sofia - Plovdiv - Stara Sagora - Jambol - Burgas. Die Strecke verbindet die Hauptstadt und die thrakischen Städte mit dem südlichen Teil des Schwarzen Meeres. Wer von Sofia mit gleichem Zielort direkt ans Schwarze Meer fahren möchte, benutzt aber die kürzere und viel angenehmere Strecke Sofia - Karlovo - Burgas.
- Russe - Gorna Orjachoviza - Stara Sagora - Dimitrovgrad - Podkova. Verbindet Nord- und Südbulgarien.
- Russe - Kaspitschan - Varna. Stellt eine Verbindung zwischen der Donaustadt und dem nördlichen Schwarzen Meer her.

Die bekanntesten Expresszüge

- ***„Slatni pjassazi"*** (Sofia - Varna)
- ***„Slantschev brjag"*** (Sofia - Burgas)
- ***„Dianaexpress"*** (Sofia - Jambol)
- ***„Trakiaexpress"*** (Sofia - Plovdiv)
- ***„Dunavexpress"*** (Russe - Kardshali)

Internationale Züge sind täglich zwischen Sofia und Athen, Belgrad, Berlin, Bratislava, Budapest, Bukarest, Warschau, Wien, Dresden, Salzburg, Istanbul, Minsk, Moskau, München, Prag, Riga, Sankt Petersburg und Tallin unterwegs. Für internationale Züge – nur hier ist es möglich, die Fahrkarte für die Hin- und Rückreise zu erwerben – sollte man sich das Billett für Schlaf- oder Liegewagen beziehungsweise die Fahrkarte einschließlich Platzkarte wenigstens eine Woche vorher sichern.

Expresszüge sind platzkartenpflichtig! Ohne ***Platzkarte*** wird man erst gar nicht mitgenommen. Im Sommer und an den Wochenenden ist es besonders in den Großstädten immer etwas problematisch, kurz vor der Abfahrt des Zuges eine Fahrkarte samt erforderlicher Platzkarte zu bekommen. Es empfiehlt sich, mindestens einen Tag zuvor beide Karten auf dem Bahnhof oder in einer Vorverkaufsstelle zu besorgen. Man kann die Platzkarte selbstverständlich für ein Raucher- oder Nichtraucherabteil oder für die erste und zweite Klasse wählen. In den Expresszügen gibt

es gewöhnlich auch einen Speisewagen. Wichtig zu wissen: Eine ***Fahrkarte*** gilt in Bulgarien nur für eine Fahrtrichtung und nur für einen bestimmten Zug an nur dem Tag, für den sie erworben wurde! Sollte man den Zug verpassen, für den die Fahrkarte gültig ist, muss man sie sofort für den nächsten Zug umschreiben lassen, weil sie sonst verfällt. Das ist besonders wichtig für die Schnell-, Express- und die internationalen Züge.

Die ***Fahrpreise*** für die Eisenbahn steigen ständig, sind aber für unsere Verhältnisse unwahrscheinlich niedrig und neben einer Busfahrt die preiswerteste Möglichkeit, sich mit öffentlichen Verkehrsmitteln fortzubewegen. So kostet z.B. der Expresszug Sofia - Burgas ca. € 6,14 (12 Lw) inkl. Platzkarte (Stand 2002).

In jeder größeren Stadt gibt es mindestens eine ***Vorverkaufsstelle,*** wo man Fahrkarten und Platzkarten sowohl fürs Inland als auch für das Ausland erwerben kann. Vorverkaufsstellen in Sofia:

- ***Hauptbahnhof,*** bul. Knjaginja Marija-Luisa, Tel. (02) 443 951
- ***ploschtad Petko Slawejkow 8,*** Tel. (02) 87 57
- ***„Rila", Meshdunarodno patnitschesko bjuro*** (Internationales Eisenbahnverkehrsbüro), uliza General Gurko 5, Tel. (02) 870 777, (02) 879 696
- ***Internationale Schlafwagen und Tourismusgesellschaft Wagon Lits Cook,*** uliza Leandre Leque 10, Tel. (02) 873 452
- Büro für alle Verkehrsmittel in der ***Unterführung des Kulturpalastes***, Information, Tel. (02) 597 126, Fahrkartenverkauf, Tel. (02) 593 106, Schlafwagenkarten, Tel. (02) 597 124

Busverkehr

Als Alternative zur Eisenbahn eröffnen immer mehr ***Privatbuslinien*** eine Verbindung zwischen den größeren Städten Bulgariens. Preisvorteile gegenüber der Bahn gibt es nicht, bequemer ist es auch nicht; die Distanz wird jedoch oft schneller überwunden. Und neben der kürzeren Fahrzeit bieten die Busse einen zusätzlichen Zeitpunkt gegenüber dem Fahrplan der Eisenbahn an. Außerdem haben sie ihre Fahrzeiten so günstig gewählt, dass man frühzeitig am Ziel ist und noch den ganzen Tag vor sich hat.

Die ***Fahrkarte*** kauft man beim Busfahrer oder - wenn man weiß, wo - im Vorverkauf (zum Beispiel in einem bestimmten Reisebüro). Insofern kann man Pech haben und mit einem Privatbus nicht mehr mitkommen, wenn man sich darauf verlässt, die Karte erst beim Busfahrer zu erwerben. Für den Kauf eines Fahrscheins gelten die gleichen Regeln wie bei der Eisenbahn. Man muss sich geduldig in die Schlange am Schalter einreihen, um für eine bestimmte Richtung und Uhrzeit die Fahrkarte zu lösen. Es werden nur soviel Fahrkarten verkauft, wie Sitzplätze vorhanden sind. Das gilt für staatliche und private Busse gleichermaßen. Schon aus diesem Grund ist es nicht möglich, einfach den nächsten Bus zu nehmen, falls man seinen verpasst hat. In einem solchen Fall muss man die Fahrkarte sofort wieder umschreiben lassen. Nur in Sofia gibt es (und hier nur am Hauptbahnhof) für jede Fahrtrichtung einen extra Fahrkartenschalter.

Preisunterschiede zwischen privaten und staatlichen Bussen existieren nicht. Privatbusse fahren nur andere ***Strecken,*** meist die kürzesten und lukrativsten, während der normale Busverkehr auch abgelegenere Orte bedient.

Als Konkurrenz zu den normalen staatlichen Buslinien dürfen die Privatunternehmer nicht vom Busbahnhof aus verkehren. ***Ankunft und Abfahrt*** der privaten Linien ist irgendwo in der Nähe des Bahnhofs oder vor einem Hotel. Hierzu sind keine genauen Angaben möglich, da es laufend und zu viele Veränderungen gibt. Am besten, man erkundigt sich in einem Hotel in Bahnhofsnähe nach einer Busverbindung zu dem gewünschten Ort.

Gewöhnlich befindet sich der ***Busbahnhof*** immer in der Nähe des jeweiligen Bahnhofes, so dass man vom Zug aus gleich in den Bus umsteigen kann.

Die einzige im Lande: Straßenbahn in Sofia

Städtischer Verkehr

Neben Bussen (*awtobus*) und ***Trolleybussen*** (Oberleitungsbussen) verkehrt nur in Sofia zusätzlich noch eine ***Straßenbahn*** *(tramwaj)*. Sofia hat auch eine kleine ***U-Bahn*** *(metro)* mit insgesamt 6 Stationen. Die Gesamtstrecke soll bis 2008 fertig gestellt werden.

In der Hauptstadt besteht für alle Transportarten ein ***einheitlicher Tarif.*** Ein Fahrschein kostet 0,40 Lewa, Tageskarte 2 Lewa, Wochenkarte 9 Lewa. Und damit fährt man bis zur Endhaltestelle. Für einen größeren Rucksack, Koffer oder eine Reisetasche sollte man unbedingt noch einen Fahrschein lösen. Besonders beliebte Zielscheiben der Kontrolleure sind ahnungslose ausländische Touristen. ***Fahrscheine*** kauft man am Kiosk. Zwischen den einzelnen Städten gibt es geringfügige Preisunterschiede.

Ein ***Fahrplan*** existiert nicht. In der Regel fahren die städtischen Verkehrsmittel alle 10-15 Minuten. Sollte es länger dauern, muss man eben geduldig warten. Irgendwann wird man schon erlöst. Da man sich nachts darauf nicht verlassen kann, fahre man dann lieber mit einem Taxi.

Vorsicht, Taxifahrer!

„Warum zocken Sie die ausländischen Touristen so gnadenlos ab?", fragte ich einen Taxifahrer, der mich später selbst erbarmungslos ausnehmen wird, auf dem Weg vom Flughafen Varna in die Stadt. „Tja, meine Frau ist seit zehn Jahren arbeitslos." „Findet sie keine Arbeit?", fragte ich besorgt. „Na ja, Arbeit gibt es schon, aber derjenige, der für 100 Lewa arbeitet, ist selbst schuld. Ich lasse meine Frau für das Geld nicht arbeiten! Die Touristen bringen genug Geld ins Land, und wenn ich es nicht nehme, dann wird ein anderer es tun." Ich schaute ihn verständnislos an. „Weißt du", fuhr er fort, „das Terrain an der Schwarzmeerküste ist hart umkämpft. Um die Hotelgäste in einem internationalen Kurort hin und her kutschieren zu dürfen, muss man zum Beispiel pro Saison am Slatni pjassazi (Goldstrand) 1500 Lewa bezahlen, für Albena 3000 Lewa. Was ich in der Hauptsaison verdiene, soll mir für den Rest des Jahres reichen." Beim Abschied verlangte er 15 €, obwohl unsere Vereinbarung 15 Lewa lautete. Der gleiche Weg - nur in umgekehrter Richtung vom Bahnhof Varna zum Flughafen (etwas über 9 km) - kostete bei der Abreise mit etwas Handeln 8 Lewa. Bei der Abreise eben, weil man dann kein uninformierter Neuankömmling mehr ist.

In einem Land wie Bulgarien, wo das Durchschnittseinkommen zwischen 100 und 200 Le-

Luftverkehr

Nach mehreren abenteuerlichen Privatisierungsversuchen der ***nationalen Fluggesellschaft*** *Balkan Bulgarian Airlines* ist der neue Name noch umstritten: entweder *Bulgaria Air Tours* oder *Balkan Air Tours*. Sie unterhält Direktverbindungen von Frankfurt/M., München, Wien und Zürich, Berlin, im Sommer gibt es Linienflüge ab Leipzig. Weitere Fluggesellschaften, die Bulgarien anfliegen, sind Lufthansa, Swissair, British Airways, Air France, KLM und Olympic Airlines.

Durchschnittliche ***Flugzeiten:***

- Frankfurt - Sofia 2,5 Std.,
- München - Sofia 1,5 Std.,
- Wien - Sofia: 1,4 Std.,
- Zürich - Sofia: 2,15 Std.

Internationale Flughäfen

Sofia (SOF) (www.sofia-airport.bg) liegt 10,6 km östlich der Stadt. Linienbus 84 und Mikrobus 30 fahren tagsüber im 10-Minuten-Takt zum Stadtzentrum, 21.00-0.30 Uhr alle 20 Min. (Fahrzeit ca. 30 Min., Preis 0,40 Lewa). Taxistand (ca. 5-6 Lewa ins Zentrum Sofias).

- Internationale Linien - Abflug: Tel. (02) 9372211
- Internationale Linien - Ankunft: Tel. (02) 9 372 212
- Inlandsflüge: Tel. (02) 9 372 213
- Gepäckreklamation: Tel. (02) 937 2491

wa und die Renten zwischen 50 und 100 Lewa betragen, öffentliche Verkehrsmittel, z.B. Busse, 0,30–0,40 Lewa die ganze Fahrt und die Eisenbahn auf einer 500 km langen Strecke in der 2. Klasse nur 11,70 Lewa, 1. Klasse 16,80 Lewa kosten, erscheinen die Preisvorstellungen eines Taxifahrers ohne jede Relation. So kommt es, dass bulgarische Taxifahrer in den Touristenzentren an einem Tag weitaus mehr verdienen als ein beliebiger Landsmann, der auch eine Familie zu ernähren hat, in einem Monat. Dabei verdient der Taxifahrer nicht nur an der Dienstleistung des Chauffierens, er kassiert auch noch Provision, wenn er Gäste an Privatquartiere, Hotels und Gaststätten vermittelt.

„Für die Fahrt vom Flughafen Sofia in die Stadt", schreibt ein Leser, „habe ich knapp 30 Lewa (mit Taxameter und Quittung) bezahlt, für den Weg von der Stadt zum Flughafen zeigte der Taxameter etwas über 8 Lewa an. Der Taxifahrer wollte wissen, ob ich eine Quittung will, bei „ohne" könne er mir Rabatt geben. Er versuchte ständig, mich auszuhorchen, ob ich denn den Fahrpreis zum Airport kenne, was ich für die Herfahrt bezahlt habe. Der ‚Rabatt' bestand dann darin, dass er meinen 10-Lewa-Schein einfach einsteckte, ohne rauszugeben.

„Eine weitere Möglichkeit, Touristen abzuzocken", teilt ein anderer Leser mit, „haben sich die Taxifahrer in Nessebar einfallen lassen. Wir sind immer mit dem Taxi von Sonnenstrand nach Nessebar gefahren. Eine Fahrt von unserem Hotel kostete bis 22.00 Uhr 7 Lewa, ab 22.00 Uhr 9 Lewa. Dieser Preis wurde uns auf Nachfrage von allen Taxifahrern genannt. Die Taxifahrer in Nessebar haben es entweder abgelehnt, überhaupt zu fahren, oder sie forderten 20–25 Lewa für die Fahrt. Nachdem wir den Preis nannten, den wir an Taxifahrer aus Sonnenstrand zahlten, wurde uns die Autotür vor der Nase zugeschlagen. Wohlgemerkt: Zu dieser Zeit standen ungefähr 40–50 Taxis dort und warteten auf Fahrgäste. Manch einer kann den Hals wohl nicht voll genug kriegen. Na dann eben nicht. Sind wir eben einmal mit dem Linienbus gefahren. Der Preis betrug 0,50 Lewa je Person."

Fazit: Taxifahrer scheinen sich auf der ganzen Welt zu gleichen, ihnen ist überall mit Vorsicht zu begegnen. Wer im Urlaub aber die Sau raus lassen will und jeden Preis akzeptiert, schadet allen anderen Touristen und verdirbt die Sitten. Das bedeutet, auch der Urlaub kann zeitweise ein bisschen „anstrengend" sein, wenn man verhandeln muss und manchmal vielleicht auch ein Stück laufen ...

Wer aber doch einmal auf einen zuverlässigen Taxifahrer gestoßen ist, sollte sich ihn am besten „sichern" und sich dessen Erreichbarkeit mitteilen lassen. So kann man mit ihm weitere Fahrten zu einem vorher vereinbarten Preis absprechen.

Varna (VAR), ca. 10 km außerhalb der Stadt, Tel. (052) 500 274, 505 092. Linienbusverbindung in die Innenstadt im 20-Minuten-Takt. Taxistand (ca. 6–7 Lewa Fahrpreis in die Stadt).

Burgas (BOJ), 13 km außerhalb der Stadt, Tel. (056) 683 181. Linienbusse fahren alle 20 Min. zum Stadtzentrum. Taxistand (höchstens 10 Lewa ins Zentrum).

Luftverkehr Inland

Flugverbindungen gibt es im Sommer von Sofia nach Varna und Burgas. Die Flugzeit beträgt jeweils weniger als eine Stunde (mit der Bahn bzw. dem Bus/Pkw nach Varna 7 bzw. 8 Std. und nach Burgas 6 bzw. 7 Std.).

Ticketservice von Balkan Air in Sofia

- Auskunft und Reservierung, Tel. (02) 684 148, (02) 685 194, (02) 689 361/418
- Ploschtad Narodno sabranie 12, Verkauf Tel. (02) 883 595, (02) 874 736
- uliza Lege 19, Verkauf Tel. (02) 884 192
- Nationaler Kulturpalast, Tel. (02) 659 557/517

Unabhängiger Ticketverkauf in Sofia

- ***Lufthansa City Center,*** Verkauf von Flugtickets aller Gesellschaften, Trans fer vom/zum Flughafen, Unterkunft etc, deutschsprachige Mitarbeiter; vertreten durch das ***Reisebüro Hornit,*** buleward Skobelev 59, Sofia, Tel. (02) 951 5262, Fax (02) 951 5907, Lcc-Sofia@mobicom.com.

Ticketservice in Plovdiv

- uliza Schesti septemwri 142, Tel. (032) 431 977, (032) 434 004

Schifffahrt

Seit dem Zusammenbruch der bulgarischen Wirtschaft nach der politischen Wende hat sich die Küstenschifffahrt am Schwarzen Meer noch nicht erholt. Auf dem bulgarischen Abschnitt der Donau ist die Passagierschifffahrt seit dem Krieg im ehemaligen Jugoslawien eingestellt.

Autoverleih

Interessenten müssen mindestens 21 Jahre alt sein, wenigstens ein Jahr die Fahrerlaubnis besitzen, ihren Pass vorlegen, einen festen Wohnsitz in der Heimat und eine registrierte Adresse in Bulgarien nachweisen. Die Bezahlung (auf westlichem Niveau) ist mit Kreditkarte möglich, bar in Valuta oder in Lewa. Zur Verfügung stehen die ***Firmen:***

- ***Hertz,*** bul. Vitoscha 41, 1000 Sofia, Tel. (02) 834 387
- ***Europcar,*** uliza Positano 8, 1000 Sofia, Tel. (02) 835 049, uliza Saborna 111 A, 1000 Sofia, Tel. (02) 877 788
- ***Budget,*** bul. Zar Boris III. 126, 1618 Sofia, Tel. (02) 552 136, (02) 706 148

Vertretungen findet man außerdem in den großen Hotels im ganzen Land. Angeboten werden hauptsächlich französische, deutsche und japanische ***Wagen.*** Nicht in den Prospekten stehen die preiswertesten Autos, die russischen Ladas, die dennoch vorhanden sind. Danach muss man sich extra erkundigen. Die Fahrzeuge kann man auch mit Fahrer mieten. Wer einen Mietwagen nutzen möchte, sollte bereits daheim eine sogenannte „Mallorca-Police" abschließen.

Trampen

Die guten alten Zeiten scheinen in Bulgarien vorbei zu sein. Die erhöhten Benzinpreise und Angst vor der wachsender Kriminalität verhindern das gemeinsame Fahren sowohl von Seiten der Fahrzeuglenker als auch von Trampern. Trotzdem kann man immer noch etwas Glück bei den Berufskraftfahrern der großen Brummis haben. Auf eigene Erfahrungen können wir leider nicht mehr zurückgreifen, da wir nach der Wende selbst von unserem leidenschaftlichen Trampen Abschied genommen haben.

„Bewachter Parkplatz"

Wandern, Bergsteigen und Wintersport

Überblick

Für Wanderer, Bergsteiger und Wintersportler bietet das südwestliche Bulgarien die ***schönsten und aufregendsten Gebirge*** der gesamten Balkanhalbinsel.

„Wenn mich jemand fragen sollte, welches Gebirge mir am meisten gefällt, werde ich antworten: die Rhodopen. Natürlich ist das Rilagebirge auch wunderschön, aber seine Schönheit ist männlich, die unterwirft. Das Rilagebirge ist für Bergsteiger geschaffen, für Eroberer - die Rhodopen für Dichter und Schöpfer. Das Rila ist eine majestätische Insel, die Rhodopen - ein großes Meer! Und was ist vom Piringebirge zu sagen? Es ist wie eine stolze Verführerin; im Unterschied zum Rila hat es mehr Weiblichkeit und Sanftheit ... Seine Umarmung ist stark und erregend, seine Schönheit - verlockend und fesselnd, und doch fehlt ihm das Lyrische der Rhodopenlandschaft, ihre Gemütlichkeit und Wärme. Das Piringebirge schwingt mit Wildheit und Gefahren die Peitsche, die Rhodopen - niemals! Das Pirin ist nur wie ein schönes Weib, die Rhodopen sind zugleich Weib und Mutter!" (*Nikolaj Chajtow,* bulg. Schriftsteller)

Verhaltensregeln im Gebirge

- Nie alleine unterwegs sein.
- Winterwanderungen erfordern eine besonders gute physische Vorbereitung, Ausrüstung und Kenntnis der Route.
- Bevor man die Unterkunft verlässt, sollte man zur eigenen Sicherheit sagen, in welche Richtung, mit welchem Ziel man aufbricht und wann man zurückkommt.
- Im Not- und Ernstfall ist - soweit überhaupt möglich - das schnellstmögliche Aufsuchen der Unterkunft die einzige Möglichkeit, Hilfe zu holen. Auf Hilfe unterwegs zu warten, hat nur Sinn, wenn man vor Aufbruch sein Tagesziel angegeben hat.
- Im Allgemeinen sind die Wanderwege gut markiert. Bei besonders schwierigen Touren ist es empfehlenswert, einen Bergführer zu engagieren.

- ***Bulgarischer Alpinenklub*** (Bálgarski alpíjski klub), buleward Wassil Lewski 75, Tel. (02) 9 300 532, Tel./Fax (02) 987 1798, E-Mail: bac@netbg.com, www.bac.netbg.com, stellt bei Bedarf Führer fürs Felsenklettern.

Bergrettungsdienst

Planínska spassítelna slúshba (PSS)
Планинска спасителна служба (ПСС)

Die ***Zentrale*** des Bergrettungsdienstes in Sofia unterhält das ganze Jahr über einen Bereitschaftsdienst. Mit 144 Berghütten und 28 als Ausgangspunkt für Bergwanderungen dienenden Ortschaften besteht eine Funkverbindung, die dreimal täglich aufgenommen wird. Die Zentrale gibt telefonische Auskünfte über Wetterlage und Terrainverhältnisse im Gebirge und berät Einzelwanderer und Gruppen über die möglichen Gefahren auf den jeweiligen Routen. Man muss sich jedoch nicht unbedingt direkt an den Bergrettungsdienst wenden, es reichen im Allgemeinen die Auskünfte der Hütte oder touristischen Unterkunft.

Zentrale in Sofia

- *Zentrála na PSS*, bul. Jems Bautscher 76/Ecke bul. Tscherni wrach, neben dem japanischen Hotel im Gebäude des Nationalen Komitees des Bulgarischen Roten Kreuzes (*Nationálen komitét na bálgarskija tscherwén krast*). Dienst rund um die Uhr, Tel. (048) 1843, (088) 621 286, (02) 9 632 000, www.pss.bglink.net. Auch Englisch.

Vitoscha

- ***Tscherni wrach:*** im Gebäude der meteorologischen Station in der ersten Etage. Verfügt über einen großen Bungalow in der Nähe (hier notfalls Übernachtung möglich). Dienst rund um die Uhr, Tel. (02) 9 671 128.
- ***Aleko:*** bei der Berghütte (*chísha*) „Aleko". 24-Std.-Dienst, Tel. (048) 1840, (02) 9 671 155

Pirin

- ***Bansko:*** befindet sich in der Umgebung von Bansko, an der Straße zur Berghütte (*chísha*) Wichren. Dienst rund um die Uhr, Tel. (048) 1842, (07443) 3075, (07443) 3076
- ***Chisha Javorov:*** Tel. (0747) 5206.

Rila

- ***Borovez:*** befindet sich links auf dem Weg zum Schloss „Zarska Bistriza" und Dorf Beli Iskar, ca. 100 m nach der unteren Liftstation „Borowez – Gipfel Jastrebez". Dienst rund um die Uhr, Tel. (048) 1841, (07128) 450
- ***Maljoviza,*** Tel. (07125) 2222, (07125) 2246
- ***PSS*** (*planínska spasítelna slúshba*) ***Blagoevgrad*** (Büro), Tel. (073) 22253

Rodopi

- ***PSS Plovdiv,*** Tel. (048) 916 920, (088) 702 063, (032) 624 890
- ***Studenez (Pamporovo),*** Tel. (03021) 336
- ***Sdravez,*** Tel. (03109) 241

Stara planina

- ***Gipfel Botev,*** Tel. (02) 875 835, Tel. (032) 266 142
- ***Chisha Busludsha,*** Tel. (0432) 42270
- ***PSS Trojan,*** Tel. (0670) 34065
- ***PSS Teteven,*** Tel. (0678) 2539
- ***PSS Lovetsch*** (Büro), Tel. (068) 24308

Wanderkarten und Ausrüstung

Inzwischen ist der Erwerb von Wanderkarten, Wander- und Skiausrüstung ziemlich unproblematisch. In großen Städten, in Ortschaften, die Ausgangspunkt für Wanderungen sind, in Touristeninformationen, Unterkünften und Berghütten findet man Wanderkarten in Bulgarisch, Englisch und teilweise in Deutsch. Empfehlenswert ist eine Wanderkarte mit gemischt kyrillischer und lateinischer Beschriftung oder notfalls zwei getrennte Karten. Das erleichtert die Verständigung unterwegs.

Ausrüstungsgeschäfte gibt es in jeder größeren Stadt, z.B. in Sofia:

- ***Wandern- und Sportshop „Stenáta",*** Sofia uliza Zar Samuil 63/Ecke uliza Positano, Eingang uliza Positano gegenüber von Sólni pasár, Tel. (02) 980 5491, Fax (02) 980 3200, Mo.-Fr. 9.00–18.30

Skischulen

Die Bulgaren sind der Meinung, dass ihre Skischulen zu den besten Europas gehören. Die ***Skilehrer*** verfügen über eine abgeschlossene Hochschulausbildung, meist als Sportlehrer, reiche Erfahrungen und gute Fremdsprachenkenntnisse. Wer die grundlegende Skitechnik noch nicht beherrscht, wird es wirklich kaum irgendwo anders besser als in Bulgarien beigebracht bekommen. Besonders willkommen sind Kinder. Der Unterricht erfolgt in den fünf ***Klassen*** A, B, C, D und E, bei einer Gruppenstärke von höchstens 15 Teilnehmern, die je nach dem Grad ihrer Fähigkeiten zusammengestellt werden.

Skiausleihe

Skiausleihstationen (bulgarisch: *skigarderob*) gibt es in allen Gebirgskurorten. Es gibt sowohl Skier als auch Skiausrüstungen. Gewöhnlich werden Skier der Firmen *Fischer* und *Atomic* zur Ausleihe angeboten, automatische Skibindungen von *Tyrolia* und *Marker* sowie Skischuhe von *Lange, Dynafit, Kastlinger, Alpina* und *Dachstein.*

Unabhängig davon, ob man mit eigenen oder geliehenen Skiern unterwegs ist: Vorsicht vor ***Diebstahl!*** Bei einer Rast lasse man vor einer Gaststätte nicht beide Skier unbeaufsichtigt stehen; notfalls getrennt aufbewahren.

Kennzeichnung der Skipisten

- ***Grün*** – für Anfänger
- ***Blau*** – für Fortgeschrittene
- ***Rot*** – für gute Skiläufer und Wettkämpfer
- ***Schwarz*** – für sehr gute Skiläufer/Wettkämpfer

Höhlen

In Bulgarien gibt es über 2000 Höhlen, viele sind noch unerforscht. Nur ein Kleiner Teil ist der Öffentlichkeit erschlossen, das heißt mit Wegen versehen und beleuchtet. Hier werden ***Führungen*** jedoch

Wintersport im Rilagebirge (Foto: LP)

nicht immer regelmäßig durchgeführt. ***Unerschlossene Höhlen*** zu betreten ist absolut gefährlich. Man darf nie allein sein und müsste sogar eine Ersatztaschenlampe bei sich haben. Von solchen Unternehmungen ohne Führer müssen wir dringend abraten.

Spezialisierte Reiseagenturen

Zu den Leistungen der Travel-Agenturen gehört u.a. Reservierung und Buchung von Unterkünften in Sofia und ganz Bulgarien, Kuraufenthalten, Mietautos mit oder ohne Fahrer, Wanderungen mit oder ohne Führer einschließlich Übernachtungen unterwegs, Fahrscheine und Flugtickets, Serviceleistungen für verschiedene Sportarten etc.

- ***Odysseia-In Travel GmbH (Sport & Tourist Agency),*** buleward Stambolijski 20 b, 1000 Sofia, Tel. (02) 989 0538, Fax 980 3200, E-Mail: odysseia@omega.bg; www.newtravel.com. Der Geschäftsführer Ljubomir Popjordanow, ein total netter Typ, lässt keine touristischen Wünsche offen. Der beste und professionellste Privatanbieter von Spezialreisen. Nahezu alles scheint zum Angebot zu gehören: Wandern/Trekking, Skiwanderungen, Wildwasserfahrten, Höhlenwanderungen, Schneesurfen, Felsenklettern ... Von der Firma werden erfahrene Führer, Transportmittel und eine gute Unterkunft zur Verfügung gestellt.
- ***Alexander Tur,*** uliza Pop Bogomil 44, Tel./Fax (02) 983 332, 983 2371, 983 3090, 983 5568, uliza Sweta Sofia 6, Tel. (02) 884293, Fax (02) 819649, E-Mail: alextour@omega.bg, www.AlexanderTour.com
- ***Pirintourist*** uliza Vrabtscha 6 Tel. (02) 981 1687; 881 079, Fax (02) 981 9036
- ***Balkantourist*** buleward Vitoscha 1, Tel. (02) 884 293, Fax (02) 800 134
- ***Balkan Holidays*** uliza Triadiza 5, Tel. (02) 875 669, Fax (02) 832 545
- ***Eurocompas-Tours Ltd.*** Spezialist für Spezialwanderungen in Bulgarien, Griechenland, Mazedonien und Albanien, buleward Vitoscha 182, Tel. (02) 519 222, Fax (02) 547 172

- ***Travel Byte – World Leaders in Student and Youth Travel,*** uliza 6 (schésti) Septemwri 39, Tel. (02) 9812154; (02) 814979, Fax 9811787
- ***Chain for Youth Tourism ORBITA,*** buleward Christo Botew 48, Tel. (02) 9879128, (02) 800102, Fax (02) 9885814; (02) 801506
- ***DM Travel & Trade Ltd.,*** uliza Lavele 15, Tel. (02) 813669; 873260; 884200, Fax (02) 800721

Vitoschagebirge

Der älteste bekannte ***Name,*** Skombros, wurde uns von dem altgriechischen Historiker *Tukidit* (460-400 v. Chr.) überliefert. *Plinius* (23-79) nannte es Skopius. Letztendlich geben alle seine Namen den Charakter des Gebirges wieder, und der bedeutet „scharfes, spitzes, steiles Gebirge".

Die Vitoscha hat zehn Gipfel über 2000 m und noch weitere 27 über 1500 m. Der herausforderndste ist der ***Tscherni wrach*** (Schwarzer Gipfel) mit seinen 2290 m. Oft sind er und seine Umgebung in Nebel gehüllt. Der Tscherni wrach ist der meistbestiegene Gipfel des Landes. Die Überlieferung berichtet, dass schon *Alexander der Große* im 4. Jh. v. Chr. den Tscherni wrach bestiegen hat. Im August 1895 führte der große bulgarische Schriftsteller *Aleko Konstantinow* (Autor von „Baj Ganjo", dem ersten humoristischen Roman) 300 Leute auf den Gipfel und legte damit den Grundstein für die Wanderbewegung in ganz Bulgarien. Sein Motto lautete: „Lerne die Heimat kennen, um sie zu lieben." Ihm zu Ehren werden jedes Jahr ***im August Massenwanderungen*** der Sofioter Bergfreunde organisiert. Ein Fels des Gipfels trägt eine Gedenktafel mit der Aufschrift „Aleko, dem Glücklichen".

Zum Gipfel gelangt man auf Bergpfaden vom Dorf Kladniza, dem Dorf Martschaevo, den Sofioter Wohngebieten kwartal Knjashevo, Bojana, Dragalevzi, Simeonovo und den Dörfern Bistriza, Shelesniza, Jarlovo sowie Tschujpetlovo. Die ***Hauptausgangspunkte*** der Wanderung zum Gipfel sind:

- ***chisha Selemiza*** (Selemiza-Baude) - Gipfel Samara (2108 m) - Tscherni wrach (ca. 3 Stunden)
- ***chisha Ostriza*** (Ostriza-Baude) - Tscherni wrach (ca. 3,5 Stunden)
- ***chisha Kumata*** (Kumata-Baude) - Tscherni wrach (ca. 2,5 Stunden)
- ***potschiwen dom*** („Erholungsheim") Bor - Tscherni wrach (ca. 3,5 Std.)
- ***chisha Aleko*** (Aleko-Baude) - Tscherni wrach (ca. 2 Std.)
- ***utschebna basa WIF*** (Trainingslager der Hochschule für Körperkultur) - Tscherni wrach (ca. 1,5 Std.).

In der Zone über 2000 m dauert der ***Winter*** fünf bis sechs Monate, in der Mittelgebirgszone vier bis fünf Monate und in der niedersten Ebene des Gebirges zirka vier Monate. Die absolut niedrigste Temperatur wurde auf dem Tscherni wrach am 27.12.1941 gemessen: –27° C. Der erste ***Schnee*** fällt schon im Oktober. Oft wird die Schneedecke bis zu 3 m dick und liegt bis zu 200 Tage. Gewöhnlich taut der Schnee im Mai. Es gibt eine schattige Stelle, wo der Schnee den ganzen Sommer über liegenbleibt. Dieser weiße Fleck ist deutlich von Sofia aus zu sehen.

Die meisten Regenfälle sind im Mai und Juni zu verzeichnen, die wenigsten im August und September. Das Gebirge ist bekannt für seine ***plötzlichen Witterungsumschwünge.*** Besonders die Sommermonate sind von kräftigen, aber kurzen Gewitterstürmen um die Mittagszeit gekennzeichnet, die dem Wanderer durchaus gefährlich werden können; vor allem wenn er als Sonntagsausflügler völlig unvorbereitet ins Gebirge aufgebrochen ist. Auch an den wärmsten Tagen sinkt die Temperatur abends sehr schnell.

Typisch für die Vitoscha sind die auffallend schönen und ***großen Flussbetten*** mit ihren gerundeten und geglätteten Rollsteinen, Zeugen alter geologischer Formationen. Das Wasser blubbert versteckt tief unter ihnen oder sucht sich schäumend zwischen den Steinen seinen Weg. Der Steindurchmesser beträgt manchmal 4-5 m und mehr. Die Länge dieser „steinernen Flüsse" reicht von ein paar 100 m bis zu 2 km, in der Breite messen sie bis über 50 m. Besonders schön sind diese „Steinflüsse" im Tal der Wladajska reka und bei den Slatnite mostowe („Goldenen Brücken"). Wenn es regnet, dann glänzen und stönen sie, als würden mythische Wesen mit Donner und Gewalt ins Tal hinunterströmen.

Noch heute versuchen manche, ihr ***Goldgräberglück*** im Vitoscha-Gebirge zu finden. Wie einst die Thraker und Römer graben sie tiefe Gruben, um auf Gold zu stoßen. Selbstverständlich bleibt die Lage dieser Goldgruben ein Geheimnis.

Die ***Vitoschaflora*** ist reicher als die vieler europäischer Gebirge. An den Ausläufern trifft man gemischte Laubwälder. Buche und Eiche sind hier zwar dominierend, wachsen aber friedlich mit den anderen Vertretern der Laubwelt. Viele Heilkräuter sind in der Vitoscha zu finden. Von 1700-2000 m erheben sich die immergrünen Nadelbäume.

Besonders reich ist die ***Tierwelt,*** da die Jagd hier schon seit Jahren verboten ist. Noch 200 Arten Schmetterlinge sind hier zu Hause, verbreitet ist das Wildschwein, und ab und zu trifft man auf Bären, vermutlich Gäste aus dem Rila-Gebirge.

Seit 1934 ist die Vitoscha zum ***Volkspark*** erklärt. Obwohl die Vitoscha das überlaufene Wochenenderholungsgebiet der Sofioter ist und Naturschützer die zu intensive Erschließung des Gebirges mit Lifts und Gaststätten kritisieren, hat sie im südlichen Teil noch unverhofft wilde ***Überraschungen für Wanderer*** bewahrt, die absolut nichts mit Zivilisation zu tun haben. Dort offenbart sich eine gewaltige Natur, in der man unter Umständen ums Überleben kämpfen muss. Ein tieferes Eindringen in das Gebirge empfiehlt sich deshalb nur zu zweit und für durchtrainierte Wanderer, gutes Schuhwerk und der Besitz einer Wanderkarte und eines Kompasses vorausgesetzt. Unterwegs kann man auch auf giftige Schlangen stoßen. Nördlich des Dorfes Tschujpetlovo (einem der höchstgelegenen bulgarischen Orte), bis wohin eine Straße führt, befindet man sich in solch urwüchsigem, exotischem Gelände. Ein abenteuerliches Unternehmen wäre die Wanderung von hier zum Tscherni wrach, vorbei an der Quelle der Struma.

Für Skiläufer sind in der Vitoscha bestens die ***Skizentren*** Aleko (1810 m), Kopitoto (1250 m) und Belite bresi (1700 m) geeignet.

Reservate

- ***Bistrischko branischte*** – eines der größten Naturreservate Bulgariens; für Touristen gesperrt.
- ***Torf-Reservat*** – 144 Hektar großes Gelände nördlich vom Gipfel Sredez; für Touristen gesperrt.

Historische Baudenkmäler

- ***Bojanska zarkwa*** – „Die Kirche von Bojana" (11.-12. Jh.), eine der sehenswertesten des Landes mit weltbekannten Wandmalereien von 1259, die den Höhepunkt der bulgarischen mittelalterlichen Malerei darstellen. Faszinierend die realistischen Darstellungen des *Sewastokrator Kalojan* und seiner Frau *Desislawa* von einem unbekannten Meister 100 Jahre vor der europäischen Renaissance, Bojana ist ein Villenvorort Sofias, erreichbar mit den Buslinien 63, 64 und 65.
- ***Dragalevski manastir*** – „Dragalevski-Kloster" (14. Jh.) im Sofioter Vorort Dragalevzi, direkt erreichbar mit dem Bus Nr. 66.

Natursehenswürdigkeiten

- ***Alekowi wodopadi*** – „Aleko-Wasserfälle" am Fluss Skakawiza
- ***Bojanski wodopad*** – Wasserfall am Fluss Bojanska reka
- ***Samokowischte*** – 20 m hoher Wasserfall am Fluss Bistriza
- ***Shiwata woda*** – Karstquelle „Lebendiges Wasser", befindet sich zwischen den Dörfern Tschujpetlovo, Bosnek (jeweils ca. 1,5 Stunden bis zur Quelle) und Kladniza (ca. 2,5 Stunden); Naturphänomen: An der Quelle sprudelt das Wasser in unregelmäßigen, sich aber exakt wiederholenden Zeitabständen aus dem Rachen eines Krokodils. Besonders gut im Herbst zu beobachten.
- ***Duchlata*** – ist die schönste mehrerer Höhlen beim Dorf Bosnek und zugleich die längste Bulgariens (13.229 m); nicht elektrifiziert.

Lifte

Für das Bergwandern stehen in der Vitoscha zahlreiche Unterkünfte, teilweise mit Gaststätte, zur Verfügung. Zu mancher Übernachtungs- oder Stärkungsmöglickeit führt einer der vielen Lifte:

- ***Lift vom (Sofioter) kwartal Knjashevo*** - zum Hotelrestaurant Kopitoto, Fahrzeit zehn Minuten, schöner Ausblick auf Sofia und Stara planina, leider zur Zeit nicht in Betrieb.
- ***Lift vom kwartal Dragalevzi*** - mestnost („Gegend") Baj Krastjo, Fahrzeit 17 Minuten; ebenfalls herrlicher Ausblick auf Dragalewska reka, Sofia, Stara planina und Losenska planina.
- ***Lift von Baj Krastjo*** zum Goli wrach (1837 m), Fahrzeit 15 Minuten.
- ***Sessellift von der chisha Aleko*** (Aleko-Baude) - nach Stenata (eine Skipiste).
- ***Sessellift von der Station Romanski***
- ***Lift zum wrach Malak Resen*** (2191 m).

Kletterwände

Auf Alpinistenanwärter warten tolle Kletterwände unterschiedlichen Schwierigkeitsgrades als Trainingsobjekte:

- ***Kominite*** („Die Schornsteine") erheben sich über dem Fluss Dragalevska. Die Wände des Felsens Dolnija Komin („Unterer Schornstein", 1600 m) sind 50-60 m hoch und haben eine östliche und südöstliche Ausrichtung. Der Golemija Komin („Großer Schornstein", 1620 m) ist stark erodiert und bietet bequemen Halt in Fugen, Ritzen, Spalten und „Griffen". Der südliche Abhang des Gornija Komin („Oberer Schornstein") besteht aus einer 70 m hohen, nicht so steilen Wand.

  Die Kominite sind ca. 1,5 Stunden von Sofia entfernt. Der beste Ausgangspunkt ist die Liftstation Baj Krastjo, von wo es nur noch 30 Minuten sind.
- ***Felsen Resnjovete:*** Ein schwieriges Objekt ist die 200 bis 250 m hohe östliche Wand des Gipfels Goljam Resen. Ausgangspunkte sind die Hütte chisha Aleko und die Trainingsbasis der Sporthochschule.
- ***Die Felsen über Bojana*** sind 45 Minuten vom gleichnamigen Villenvorort entfernt. Von Interesse ist der 15 m hohe Goljamata skala („Großer Felsen"), an dem verschiedene Klettertouren mit unterschiedlicher Klettertechnik für Anfänger bestens geeignet sind. Den Felsen erreicht man über den Wanderpfad Bojana - Kopitoto, der auf dem Gipfel Goljam kamak („Der Große Stein") endet. Um zum Fuß des Felsens zu gelangen, muss man unterhalb an der Seite herumgehen.
- ***Felsen über dem Wasserfall von Bojana:*** 30 m hoch, besitzt er verschiedene gut geformte Kanten mit kleinen und großen Traversen. Neben Anfängern können sich hier auch Fortgeschrittene unter anderem mit der Anwendung der hohen Technik des doppelten Seils bewähren.
- ***Unter dem Wasserfall*** findet man noch ein wesentlich größeres Felsmassiv. Seine Höhe beträgt 70-80 m und die Breite 130 m. Die Bewältigung setzt höchste physische Ausdauer und gute technische Fähigkeiten voraus. Das Klettern wird durch die Feuchtigkeit des Wasserfalls zusätzlich erschwert.

Piringebirge

Von seiner Höhe her rangiert das Piringebirge gleich nach dem Rilagebirge. Bei den Thrakern wurde es Orbelus, „eisiges Gebirge", genannt. Ein altslawischer Name lautete nach den Bergfeen Judeniza, ein anderer nach einer Gottheit Perun. Laut slawischer Mythologie lebte Gott Perun auf dem Gipfel Wichren und regierte mit Donner und Blitz über die Menschen.

Die günstigsten ***Ausgangspunkte für Wanderungen*** in das Piringebirge sind Raslog, Bansko, das Dorf Dobrinischte, Nevrokop (früher Goze Deltschev), das Dorf Pirin, Melnik, Sandanski, der Bahnhof Strumjani und das Dorf Breshani. Dorthin gibt es auch Busverbindungen. Zu den wichtigsten Herbergen kann man sogar mit dem Auto gelangen: bis zu den Herbergen Jaworow, Banderiza, Goze Deltschew, Pirin, Jane Sandanski und Kameniza.

In hohen Lagen des nördlichen und mittleren Pirin bleibt der ***Schnee*** manchmal das gesamte Jahr über liegen. In Bajuwi dupki, Kutelska prespa und im Golemija Kasan passiert es am ehesten, dass der neue Schnee auf den alten fällt. Die reichlichen Schneefälle, die Besonderheiten des Reliefs und die starken Winde führen in jedem Winter zur Lawinenbildung! Für Wanderer können im Frühjahr und sogar noch im Sommer die Schneewehen aus firniertem Schnee gefährlich werden.

Die drei ***Naturreservate*** „Bajuwi dupki-Dshindshiriza", „Orelek" und „Tissata" darf man nur auf den markierten Wanderwegen durchqueren.

Ausführliche Angaben siehe bei „Höhenkurorte, Bansko“, dem Ausgangspunkt für das Besteigen des Wichren (2914 m).

Rilagebirge

Im Rilagebirge kann man gleichermaßen wandern und Ski fahren. Das ***höchste Gebirge*** auf der Balkanhalbinsel wurde von dem altgriechischen Historiker *Tukidit* „großes und unbewohnbares Gebirge“ genannt. Für den römischen Dichter *Ovid* war es „ein eisiges Gebirge, das den Hebros (den heutigen Fluss Mariza) gestillt hat“, und bei den Thrakern „ein Ort mit viel Wasser“; eine Umschreibung, die in mehrfacher Hinsicht Bestätigung findet. Die ***Rilaseen*** üben eine große Anziehungskraft aus (siehe „Höhenkurorte, Borovez“).

Das Gebirge ist von fast allen Ortschaften, die sich rings zu Füßen des Gebirges gruppieren, das ganze Jahr über ***leicht zugänglich.*** Diese Orte sind durch bequeme Asphaltwege verbunden. Die Länge des gebirgsumschließenden Asphaltringes beträgt 266 km. Viele befahrbare Wege folgen den Flusstälern und dringen tief ins Gebirge ein, manchmal führen sie direkt zu einer Herberge. Als Ausgangspunkte ins Rilagebirge können auch Bahnhöfe dienen. Für manche Bergtour muss man noch ein Stück mit dem Bus zurücklegen. Direkte Buslinien gibt es von Sofia zu verschiedenen Orten am Rilagebirge: nach Samokov (der einfachste und kürzeste Weg), Dupniza, Blagoevgrad, Raslog, Beliza, Velingrad (mit Verbindung über Jundola und Jakoruda).

Idyllischer See im Rilagebirge (Foto: LP)

Rhodopen

Dieses gewaltige Gebirgsmassiv ist ein Labyrinth von Bergkämmen und Gebirgsmulden. Von ihrer ***Naturschönheit*** wurden schon die römischen Dichter *Ovid, Vergil* und *Horaz* bezaubert. Kein Zufall soll es gewesen sein, dass hier der sagenhafte Sänger *Orpheus* das Licht der Welt erblickt haben soll. Hier stimmt einfach alles - die wunderschöne Natur und die Ortschaften mit ihren offenherzigen Menschen. Man findet ***abgeschiedene Dörfer,*** deren Bewohner die von der Zivilisation vergessenen Werte noch bewahren.

Zu den lohnenswertesten Zielen, das sind vor allem die Ortschaften, gelangt man einfacher auf Straßen. Trotz aller Abgeschiedenheit sind die Orte allesamt mit dem Auto erreichbar. Das Landschaftsbild prägen weniger alpine Abschnitte als vielmehr endlose Wälder, Höhlen, Klammen und einsame Täler.

Ideale ***Wintersportmöglichkeiten*** bieten sich in Pamporovo (siehe „Höhenkurorte, Pamporovo").

Der erlebnisreichere Teil des Gebirges sind die ***Südrhodopen*** (obwohl geografisch in West- und Ostrhodopen unterteilt). Zum Pflichtprogramm gehört in den Südrhodopen der Besuch der beiden nahe beieinander liegenden Höhlen Jagodinskata peschtera und Djawolskoto garlo. Schon der Weg zu den Höhlen ist ein Abenteuer. Der zu passierende ***Bujnowez-Engpass*** beim Dorf Jagodina (Bezirk Smoljan) befindet sich in einer Entfernung von 5-6 km westlich vom Bujnow-Fluss (Oberlauf des Watscha-Flusses). Dieser Engpass ist rund 7 km lang, an seiner ständig wechselnden Seite begleitet ein kleines Flüsschen den Weg. Mehrere schmale und vom ersten Eindruck her nicht vertrauenerweckende Brücken aus Baumstämmen sind zu überwinden, gegebenenfalls auch mit dem Fahrzeug, denn es ist der einzige Zugang. Links und rechts ragen hohe Felswände auf, die den Durchgang manchmal auf nur wenige Meter verengen. Oft steht der Fels soweit über, dass man sich schon bei der Annäherung wie in einer Höhle vorkommt.

Am Ende des Engpasses stößt man auf das eigentliche Ziel, den leicht zu übersehenden Eingang zu der beleuchteten ***Höhle von Jagodina*** (Länge des für Touristen freigegebenen Teils 1100 m, Gesamtlänge 10 km). Zur Orientierung dient eine auf der rechten Seite befindliche kleine Steinbrücke (über 300 Jahre alt). Gefunden wurden hier wertvolle Gegenstände aus dem Neolithikum, der Bronze- sowie der Eisenzeit.

Die Höhle ist ganzjährig Di.-So. 9.00-17.00 Uhr geöffnet, Einlass zu jeder vollen Stunde mit 45minütiger Führung auch in Deutsch. Wenn für eine Führung nicht die geforderte Personenzahl zusammenkommt, erhöht sich der Eintrittspreis.

Von der Höhle sind es noch 10 km bis zum ***Dorf Bujnovo.*** Hier - unmittelbar an der griechischen Grenze - endet die Straße. Noch vor der Höhle gibt es einen Abzweig zum ***Dorf Jagodina.*** Der gefährliche Weg führt nur bergauf, bis man unter den Wolken plötzlich auf das Dorf stößt. Für diese Abgeschiedenheit ist es erstaunlich zivilisiert.

Zur ***Djawolskoto garlo*** gelangt man durch den in östlicher Richtung 5-6 km entfernten, parallel zum Bujnowez-Engpass verlaufenden ***Engpass Trigradski skali*** in der Nähe des Dorfes Trigrad. Die 7 km lange Schlucht ist ebenfalls mit dem Auto befahrbar und auf 2 km noch reizvoller als die andere. Die steilen Felswände sind stellenweise bis zu 300 m hoch. Im hinteren Teil der Schlucht verschwindet der Trigrader Fluss mit einem 42 m hohen Wasserfall in der Trichterhöhle Djawolskoto garlo, um 600 m weiter als Karstquelle wieder zur Erdoberfläche zurückzugelangen. Öffnungszeit der Höhle: ganzjährig Di.-So. 7.30-12.00 Uhr und 13.30-17.00 Uhr; Gesamtlänge 2,5 km, zu besichtigen 700 m.

In dieser Gegend gibt es nur die ***Herberge Trigradski skali*** beim Dorf Trigrad und eine einfache Touristenunterkunft im Dorf Mugla.

Stara planina

Mit seiner extremen Länge bietet das Gebirge unerschöpfliche ***Wandermöglichkeiten,*** bei denen man längst verlassene Dörfer, unerforschte Höhlen und eine Vielzahl von Klöstern finden kann.

Zum ***Bergsteigen*** eignen sich bestens die Felsen im Westteil des Balkans, besonders bei Lakatnik und Vraza, nördlich von Sofia. Nähere Beschreibungen siehe im Gebiet „Montana“. Zum Skifahren ist das Gebirge nicht geeignet.

Wassersport

Baden beziehungsweise Schwimmen ist selbstverständlich die sportliche Aktivität Nummer eins am Schwarzen Meer. Für alle anderen Arten Wassersport stehen die ***Yachthäfen der internationalen Kurorte*** zur Verfügung, wo die entsprechende Ausrüstung ausleihbar ist.

Für Wassersportler ist die ***südliche Schwarzmeerküste*** viel reizvoller und das Wasser noch sauberer (außer um Burgas) als im Norden. Das Badeparadies reicht von Slantschev brjag bis Sinemorez.

Schwimmen

Achtung! Ungeübte Schwimmer sollten sich nur bis zu den ***Bojenbegrenzungen*** ins Meer begeben. Dieser Bereich liegt unter besonderer Beobachtung der Rettungsschwimmer. Außerdem weisen ***Warnschilder*** (meist leider nur in bulgarischer Sprache) auf Untiefen und sonstige Gefahren hin.

Auf die Stimmung des Meeres weist die ***Beflaggung am Strand*** hin:

- ***grüne Flagge*** – Baden, Schwimmen und Benutzen von Wassertretbooten, Luftmatratzen oder ähnlichem erlaubt;
- ***gelbe Flagge*** – Schwimmen bis zu den roten Bojen erlaubt, Benutzen von Wasservelos und Luftmatratzen sowie Ballspielen im Wasser verboten;
- ***rote Flagge*** – Baden im Meer streng verboten.

FKK (Nudismus)

Das Nacktbaden ist den Bulgaren eigentlich schon ***seit frühen Zeiten*** bekannt, als sich Männer und Frauen im Sommer in den Flüssen erfrischten und reinigten. Angeblich waren die Badeorte nach Geschlechtern getrennt, in Wirklichkeit aber gar nicht soweit voneinander entfernt. So konnten Männlein und Weiblein stets einen Blick aufeinander werfen.

In den ***60er Jahren*** des 20. Jahrhunderts wurden für Nacktbadelustige wieder getrennte, aber unmittelbar aneinander grenzende Badestreifen geschaffen, diesmal jedoch durch eine Bretterwand getrennt. Diese Sichtbarriere war alsbald von Gucklöchern durchbohrt. Das Nacktparadies endete bereits im Wasser. Hier mussten die fallengelassenen Hüllen beiderseits der Bretterwand wieder getragen werden. Ganz so prüde ist man heute nicht mehr. Was früher verboten und mit Strafe belegt war, findet auch unter Bulgaren immer mehr Anhänger und am Schwarzen Meer Verbreitung.

Am Meer ist ***'oben ohne'*** schon normal geworden. Als wir einen Campingplatzbesitzer fragten, ob es möglich sei, am Campingstrand nackt zu baden, bekamen wir die völlig unerwartete Antwort: „Bei uns ist es verboten, mit Textilien zu baden.“ Diese Freizügigkeit besteht aber nur am Schwarzen Meer, ***im Landesinneren*** bekommt man heute noch Ärger.

1990 haben die ***bulgarischen Nudisten*** eine Bewegung gegründet und befassen sich seitdem mit der Idee, spezielle Campingplätze, Motels und Badeabschnitte in ganz Bulgarien zu schaffen.

Land und Natur

Geografie

Bulgarien ist ein südosteuropäisches Land. Durch seine geografische Lage bildete es seit jeher eine ***Brücke zwischen Asien und Europa.*** Auch heute bewährt sich seine günstige Transitlage. Durch das Land führt ein diagonaler Weg von West- und Mitteleuropa nach Istanbul und dem Nahen und Mittleren Osten.

Mit einer ***Fläche*** von knapp 111.000 qkm ist Bulgarien relativ klein. Seine größte Ausdehnung misst 520 km Luftlinie von West nach Ost; von Nord nach Süd beträgt die maximale Entfernung 330 km.

Im Norden grenzt Bulgarien an Rumänien. Die gemeinsame Grenze ist 609 km lang und folgt auf 470 km dem natürlichen Lauf der Donau. Die westlichen ***Nachbarstaaten*** sind Serbien und Mazedonien (506 km). Im Süden schließen sich Griechenland (493 km) und die Türkei (259 km) an. Das ***Schwarze Meer*** begrenzt Bulgarien im Osten mit 378 km Küste. Dies ist bisher immer noch der von Touristen für am interessantesten gehaltene Teil des Landes, weil 53 % der Küste mit oft langen und breiten Strandflächen und herrlich feinem Sand zum Baden einladen und sich hier natürlich die meisten internationalen Kurorte befinden.

Ein Drittel des Landes bedecken Gebirge. Das längste und mächtigste ist der ***Balkan.*** Er bildet die Fortsetzung des Karpatenbogens. Die Gebirgskette des Balkans zieht sich 555 bis 600 km (die Angaben schwanken) mit durchschnittlich 50 km Breite vom Norden bis zum Schwarzen Meer quer durch das gesamte Land und trennt es in zwei fast gleich große Teile, in Nord- und in Südbulgarien. 32 Pässe sicherten zum Teil schon seit dem Altertum die Überquerung dieses Hindernisses.

Der Balkan, welcher einer ganzen Halbinsel den Namen gab, wird von den Bulgaren selbst meist ***„Stara planina"*** genannt, was soviel wie „Altes Gebirge" bedeutet. Die oft verwendete Bezeichnung

Bei Naturfreunden hoch im Kurs - der Balkan

'Balkangebirge' ist eigentlich doppelt gemoppelt, denn das Wort 'Balkan' kommt aus dem Türkischen und bedeutet hier bereits 'Gebirge'. Neueren bulgarischen Forschungen zufolge soll es sogar altbulgarischen Ursprungs und erstmals von den Arabern verwendet worden sein; die Türken hätten es ähnlich vielen anderen Wörtern nur aus dem Arabischen übernommen. Wahrheit und Legende vermögen wir hier nicht zu trennen. Tatsache ist hingegen, dass die höchste Erhebung der Stara planina der ***Botew*** mit 2376 m ist, benannt nach dem größten bulgarischen Revolutionär und Poeten *Christo Botew.*

Nach Norden fällt der Balkan allmählich in den ***Vorbalkan*** ab, der stellenweise breiter als die Hauptgebirgskette ist. Von den nördlichsten Ausläufern dieses Balkan-Vorgebirges bis zur Donau erstreckt sich die hügelige ***Donauebene.*** Auf Grund ihres fruchtbaren Lößbodens ist sie die Kornkammer Bulgariens.

Zwischen dem Balkan und dem südlich davon parallel verlaufenden Mittelgebirge ***Sredna gora*** liegen die ***Subbalkanischen Täler.*** Zwei dieser ausgedehnten Talkessel - die von Karlovo und Kasanlak - sind wegen ihres berühmten Rosenanbaus als Rosental bekannt.

Westlich der Sredna gora folgt das im Süden Sofias gelegene Naherholungsgebirge der Hauptstädter, die ***Vitoscha.*** Obwohl sehr klein, ist es wegen seiner guten Erreichbarkeit das meistbesuchte bulgarische Gebirge. Sein „Schwarzer Gipfel", der Tscherni wrach, ragt 2290 m empor.

In Westbulgarien schließen sich südlich der Vitoscha die beiden alpinen ***Hochgebirge Rila*** und das bis an die griechische Grenze reichende ***Pirin*** an. Das Rilagebirge beherbergt mit dem Mussala (2925 m) den höchsten Gipfel der gesamten Balkanhalbinsel. Wörtlich aus dem Thrakischen übersetzt, heißt 'Rila' „wasserreiche Gegend". Den Wahrheitsgehalt dieser Bezeichnung beweisen nicht nur die höchsten Niederschlagsmengen und das Entspringen des größten Flusses Südbulgariens, der Mariza, sondern auch die über 150 kristallklaren Bergseen. Im Pirin steigt das Gebirge mit dem Wichren noch einmal auf 2915 m an.

Neben Rila und Pirin breitet sich in Südbulgarien das gewaltige Gebirgsmassiv der ***Rhodopen*** bis nach Griechenland aus. Es ist das großflächigste ganz Südosteuropas. Dieses Labyrinth von Bergkämmen und Gebirgsmulden faszinierte schon seit Urzeiten die Menschen und beflügelte ihre Phantasie. Die Griechen und Thraker ließen hier ihren sagenhaften Sänger *Orpheus* zur Welt kommen, dessen Harfespiel und Gesang sogar Pflanzen und wilde Tiere bezauberte. In der Vergangenheit wurden die Rhodopen deshalb Orpheuswälder genannt. Den Wanderer locken hier weniger die Zweitausender wie im Pirin, obwohl es sie auch gibt - höchster Berg der Rhodopen ist der Goljam („Großer") Perelik mit 2191 m - sondern liebliche Hügelketten mit ihren Nadel- und Laubwäldern.

Zwischen den Rhodopen im Süden und der Sredna gora im Norden erstreckt sich die dichtbesiedelte und fruchtbare ***Oberthrakische Tiefebene*** mit dem Becken der Mariza. Der Name der Tiefebene weist auf die im zweiten Jahrtausend vor Christi hier siedelnden thrakischen Stämme, die in diesem Gebiet vielfältige, noch heute zu verfolgende Spuren hinterließen.

Obwohl Bulgarien von einem dichten ***Flussnetz*** überzogen wird, verfügt das Land über wenig Wasserressourcen. Die Flüsse sind meist kurz, wasserarm und ohne konstante Wasserführung. Deshalb ist nur die Donau schiffbar. Von ihr abgesehen, ist neben dem bedeutendsten Fluss ***Mariza*** (322 km innerhalb Bulgariens) der ebenfalls dem Rilagebirge entspringende ***Iskar*** (368 km) Bulgariens längster Fluss. Er ist übrigens der einzige, der die gesamte Stara planina durchbricht. (Dieser Gebirgsdurchbruch ist auch touristisch bedeutsam und verdient erwähnt zu werden, weil er an manchen Stellen äußerst malerisch und entsprechend sehenswert ist - siehe „Gebiet Montana".) Die anderen Flüsse beginnen in der Stara planina nur ihren Lauf, um wie der Iskar entweder in die Donau, wie die Kamtschija ins Schwarze Meer oder die Mariza ins Ägäische Meer zu münden.

Die negativen Auswirkungen der sommerlichen Dürre vor allem in der Landwirtschaft versucht man durch den Bau von ***Stauwerken*** (bisher über 2000 kleinere und größere Stauseen) und mit dem Ausbau des Bewässerungssystems zu bekämpfen. Natürliche Seen gibt es - wenn man die Hochgebirgsseen einmal außer acht lässt - sehr wenige. Dafür besitzt Bulgarien über 500 ***Mineralquellen*** und nimmt dabei einen führenden Platz in Europa ein. Heilbäder gibt es in fast allen Landesteilen. Meist gehen sie auf Siedlungen zurück, die schon Thraker, Römer und Byzantiner vor mehr als 2000 Jahren an den Mineralquellen gründeten. Diese Siedlungen mit ihren Tempelbädern waren schon in der Antike gefragte Reiseziele.

Klima

In den öffentlichen Medien, beispielsweise im Deutschlandfunk, klafft hinsichtlich Bulgariens ein ***'klimatisches Loch'.*** Der (Reise-)Wetterbericht reicht bis Bukarest und setzt sich erst in Ankara und Athen fort; Bulgarien scheint auf der Wetterkarte nicht zu existieren. Dabei war Bulgarien das erste Land des ehemaligen Ostblocks, welches (bereits in den 50er Jahren) nicht nur mit seinen landschaftlichen Reizen, sondern auch mit seinen klimatischen Vorzügen warb und das Land dem Tourismus erschloss.

Im größten Teil Bulgariens herrscht ***gemäßigtes Kontinentalklima.*** Im Südwesten des Landes macht sich sogar mediterraner Einfluss (Mittelmeerklima) bemerkbar. Nur auf einem schmalen Küstenstreifen schwächt der Schwarzmeereinfluss das Kontinentalklima ab.

Entscheidend für die vorherrschenden Klimaverhältnisse ist außer der Lage Bulgariens - es nimmt die südlichsten Teile der gemäßigten Klimazone ein - auch die Vielzahl seiner Gebirge. So bildet der das gesamte Land durchziehende Balkan eine wirksame ***Wetterscheide*** und differenziert das Klima zwischen Nord- und Südbulgarien etwas. Da er die kalten und schweren, vom Norden her eindringenden Luftmassen aufhält, ist das Klima in der südlich gelegenen Oberthrakischen Tiefebene wärmer als in der Donauebene. Als weitere Klimascheide wirken auch die Rhodopen, die einen stärkeren Einfluss des Mittelmeeres verhindern und das Kontinentalklima in Südbulgarien verstärken.

Für Nordbulgarien gelten allgemein kalte, schneereiche Winter und heiße, trockene Sommer; für Südbulgarien gemäßigte Winter, Frühsommerregen und heiße Sommer. Die durchschnittlichen ***Januartemperaturen*** betragen im Norden -2 °C, im Süden +2 °C und an der Schwarzmeerküste +3 °C. Die mittlere ***Julitemperatur*** erreicht in ganz Bulgarien 22-25 °C. In Sadovo, einem Ort bei Plovdiv, wurde 1916 mit 45,2 °C die höchste Temperatur, die die Quecksilbersäule jemals in Bulgarien erreicht hat, gemessen. Die ***Sonnenscheindauer*** erzielt in den Südgebieten die gleichen Spitzenwerte wie in Griechenland, und zwar 2500 Stunden im Jahr.

Am Schwarzen Meer wird es im Sommer nicht so unerträglich heiß, es herrschen tagsüber durchschnittlich 26 °C. Und nachts wird es angenehm kühl. Daher findet man in den Hotels keine Klimaanlage. Ein angenehmer Herbst verlängert die Badesaison.

Sowohl die Seebäder als auch die Gebirgskurorte bieten mit ihrem gesundheitsfördernden Klima beste Voraussetzungen für die Erholung von Urlaubern und Kurreisenden. In Höhenlagen von 900 bis

Klimadiagramme

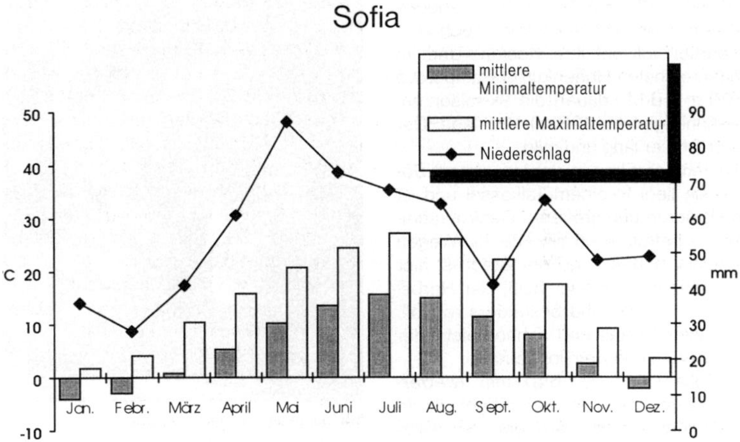

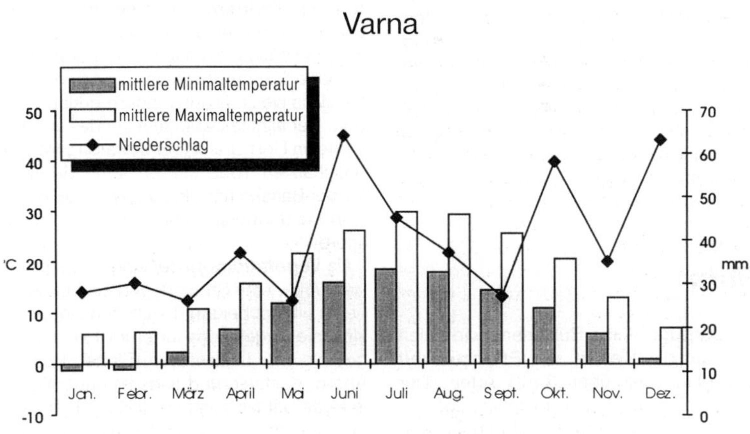

1000 m über dem Meeresspiegel beginnt der Übergang zu ausgesprochenem ***Gebirgsklima.*** Auf dem Mussala werden im Winter -12 °C gemessen. Im ältesten bulgarischen Höhenkurort Borovez ist in 1300 m Höhe das gesamte Jahr über Feriensaison. Mit 150 Tagen Schneedecke von Dezember bis Mai kommen auch Wintersportler voll auf ihre Kosten. Und im sonnenreichsten Höhenkurort Pamporovo (1620 m ü.d.M.) dauert die Skisaison am Sneshankagipfel (1926 m) 120 Tage. Der Winter ist hier lang und mild.

Die Temperaturen in der Hauptstadt ***Sofia*** - sie liegt in einem Talkessel und ist von kleineren und größeren Gebirgen umgeben - betragen -5 bis +28 °C. Wegen der relativ hohen Lage der Stadt ist hier der Sommer nicht sehr heiß, der Herbst ist trocken, warm und besonders reizvoll. Der Winter ist kalt und schneereich, der Frühling kühl und ziemlich feucht.

In Sofia fallen ca. 640 mm ***Niederschläge*** pro Jahr, etwas weniger als im Landesdurchschnitt. An der Schwarzmeerküste sind es jährlich nur 400 mm, und in den Gebirgen steigen die Niederschläge auf über 1200 mm. Die Regenfälle sind in Bulgarien allgemein sehr intensiv. Ein Schirm hilft da manchmal wenig. Bereits im Frühjahr kann die Heftigkeit des Regens an Sommergewitter heranreichen. Niederschläge fallen im Winter hauptsächlich als ***Schnee.*** In Nordbulgarien hält sich die Schneedecke 50-70 Tage, im Süden ist sie in nur wenigen Tagen wieder geschmolzen.

Flora

Das günstige Klima Bulgariens wirkt sich auch auf die ***Vielfalt der Pflanzenwelt*** aus. Man zählt über 3500 Arten. Der größere Teil der Pflanzen gehört zur mitteleuropäischen Flora, der übrige Teil entstammt der nordeuropäischen oder gehört zur Steppen- und Mittelmeerflora.

500 Jahre alte Platane in Sagradie

Hervorzuheben ist Bulgariens ***Reichtum an Wäldern.*** Über ein Viertel des Landes ist bewaldet, und zwei Drittel davon sind Wälder mit natürlichem Ursprung. Manche Bäume besitzen ein solches Alter, dass sie zu Naturwundern erklärt wurden. Der älteste Baum des Landes ist eine Eiche im Dorf Granit (bei Stara Sagora) mit geschätzten 1650 Jahren. Eine Bergkiefer bei Bansko (im Piringebirge) soll so alt sein wie der bulgarische Staat, über 1300 Jahre.

Als ***Vegetationsgürtel*** sind in Bulgarien vier Wald-, eine Strauch- und eine Graszone zu unterscheiden. Deutlich ausgeprägt sind die Vegetationsgürtel im Hochgebirge, wo die Laubwälder (Eiche, Buche, Ahorn, Kastanie und andere) bei 1500 m in Nadelwälder (Fichte und Kiefer) übergehen, die bis 2000 m Höhe reichen. Dann folgen bis 2850 m Latschenkiefern und Buschwerk. In noch größeren Höhenlagen kann man auf das seltene Edelweiß stoßen. Im ganzen Land findet man dagegen eine Vielzahl von ***Heilpflanzen,*** die gesammelt und sogar exportiert werden.

Fauna

Im Vergleich mit den meisten europäischen Ländern besitzt Bulgarien eine reiche Tierwelt mit ***großer Artenvielfalt.*** Es wurden allein ***356 Vogelarten*** festgestellt. Als wahres Paradies stellt sich für Ornithologen das Naturschutzgebiet Srebarna an der Donau (12 km westlich der Stadt Silistra) dar. Unter den hier anzutreffenden rund 160 zum Teil äußerst seltenen Sumpf- und Wasservögeln befindet sich der Höckerschwan und der Krauskopfpelikan, dessen Population in Europa (ohne den europäischen Teil der ehemaligen Sowjetunion) auf nur noch 600-800 Tiere geschätzt wird. An der Schwarzmeerküste kann man neben Schwärmen von Möwen so raren Vögeln wie Fischreihern, Ibissen, Kranichen und manchmal auch Krauskopfpelikanen begegnen.

Dafür leben im Schwarzen Meer zur besonderen Freude der Touristen ***keine Haifische;*** als Kehrseite der Medaille aber insbesondere wegen zunehmender Verschmutzung kaum noch ***Delphine*** und ***Schwarzmeerrobben.*** Am Mandrensko-See nahe Burgas versammeln sich die großen Rosapelikane; die Trappen, andere in Bulgarien vorkommende große Vögel, im Trappental südwestlich von Varna.

In den Gebirgen, in dessen Flussläufen sich Forellen tummeln, gibt es noch ***wilde Ziegen, Bären, Füchse, Wölfe und Wildkatzen.*** Am Himmel kreisen Adler, Falken und ab und zu noch Geier. Im Pirin und im Rilagebirge leben viele Gemsen, Rehe, Hirsche und Auerhühner, in den Wäldern fühlen sich auch Stein- und Baummarder in Sicherheit. Vor allem auf Rehe, Hirsche und sogar auf Dachse stößt man im Balkan.

Bei dem Tierreichtum Bulgariens ist auch das ***Jagdwesen*** gut entwickelt. Mit gemischten Gefühlen lesen wir jedoch Werbung wie: „Bulgarien bietet den ausländischen Jägern ausgezeichnete Bedingungen für die Jagd und das Trophäensammeln. ... ist Bulgarien ohne Konkurrenz sowohl in Bezug auf die Qualität der Trophäen als auch auf die Organisation der Jagd." Zu sehr drängen sich uns hier Gedanken an ehemalige Staatsjagden und den Ausverkauf der Natur auf.

Bulgariens zahlreiche Höhlen, von denen 103 als so genannte Naturwunder eingestuft sind, beherbergen eine zwar beachtenswerte, aber sicherlich nur wenige interessierende ***Höhlenfauna,*** deren größte Vertreter die Fledermäuse sind.

Zu den ***Haustieren*** zählen neben den üblichen Vertretern auch Büffel, Esel und Maultiere.

Umwelt- und Naturschutz

Der Umweltschutz ist im Artikel 31 der ***Verfassung*** der Republik Bulgarien fest verankert. Darin wird nicht nur die Pflicht des Staates, sondern auch die des einzelnen Bürgers zum Schutz und zur Erhaltung der Natur und der Naturschätze, des Wassers, der Luft, des Bodens und der Kulturdenkmäler betont.

Bereits seit 1928 kann man mit der Gründung des Naturschutzverbandes und eines Naturschutzamtes der Forstdirektion beim Ministerium für Landwirtschaft von ***organisiertem Umweltschutz*** sprechen. Das erste Naturschutzgesetz folgte 1936. Und 1971 wurde in Bulgarien sogar das erste Umweltministerium der Welt geschaffen. Was muss man sich da um eine bedrohte Umwelt sorgen? - möchte man meinen.

Aber in einem Land, welches mit Macht die ***Industrialisierung*** vorantrieb, um vom Status eines Agrarstaates wegzukommen, wo alles - einschließlich der Landwirtschaft -, mit 5-Jahr-Plänen und streng eingebunden in das sozialistische Wirtschaftssystem, auf Produktionszuwachs getrimmt war, mussten Umweltbelange zwangsläufig zur wichtigsten Nebensächlichkeit degenerieren. Zunehmend fehlten auch finanzielle Mittel für den Ersatz alter Produktionsanlagen und die Ausstattung mit moderner Umwelttechnik. Ein Export, der stärker noch als in anderen sozialistischen Staaten vor allem auf die Sowjetunion ausgerichtet war, brachte auch nicht die erforderlichen Devisen z. B. zur Einfuhr notwendiger, im Lande nicht vorhandener Luftfilteranlagen. Eine Kalamität, aus der das Land seit der politischen Wende keinesfalls herausgekommen ist.

Einen bedrückenden Eindruck machen die kaputten, ruinösen Korpusse der Fabriken und Werke, aus denen aber immer noch dichter Qualm aufsteigt. 1989 sind nun erstmals ***bisher totgeschwiegene Umweltprobleme*** offen benannt und entsprechende Zahlen veröffentlicht worden. Ein typisches Beispiel für ein Gebiet mit langjährigen Ökoproblemen ist das des ***Metallurgiekombinates Kremikovzi*** bei Sofia. Bei einer jährlichen Produktion von zwei Millionen Tonnen Stahl stößt es im gleichen Zeitraum etwa 200 t Staub, 117 t Schwefeldioxid, 167 t Nitratverbindungen, 316 t Kohlendioxid sowie Phenol und Schwermetalle aus. Ein weiteres Beispiel ist ***Mariza-Istok,*** der 50 km südlich von Stara Sagora gelegene größte Energiekomplex des Landes. Für eine Leistung von mehr als 2500 Megawatt müssen im Jahr über 20 Millionen Tonnen minderwertiger Braunkohle gefördert werden. Bei der Energiegewinnung übersteigen die Emissionen von Staub und insbesondere von Schwefelwasserstoff die zulässigen Normen um ein Vielfaches.

In Russe, an der Donau, führten grenzüberschreitende Chlorgaswolken aus dem rumänischen Giurgiu sogar zu sozialen Spannungen, denn zu dieser ohnehin unerträglichen Luftverschmutzung taten 40 bulgarische Industriebetriebe in der Umgebung der Stadt ein übriges. Der Staat hatte lange versucht, die Umweltsituation zu ignorieren und hinderte die Bewohner am Verlassen der Stadt. Ein Wegzug aus Russe wurde nicht gestattet. Als Erkrankungen der Atemwege nicht nur bei Kindern enorm zunahmen, kam es im Februar 1988 zu einer Demonstration von mehr als 2000 Menschen. Die bulgarische Regierung war mittlerweile gezwungen, sich offiziell bei Rumänien über die Emissionen zu beschweren, was zu zwischenstaatlichen Differenzen führte.

Die Umweltprobleme von Russe nahm im gleichen Jahr eine Reihe verantwortungsbewusster Intellektueller in Sofia zum Anlass, die ***erste oppositionsökologische Bewegung, „Ekoglasnost",*** noch während der Periode des Totalitarismus zu gründen. Öffentliche Proteste führten zu

Zusammenstößen mit der Polizei. Viele einfache Bürger überwanden damals jedoch ihre Angst und trugen sich in Protestlisten mit Namen, Adresse und Arbeitsstelle ein.

Bei Stara Sagora gibt es ein chemisches Kombinat, das vor über 30 Jahren von russischen Spezialisten nach einem deutschen Projekt von 1928 mit einem Teil demontierter Anlagen aus dem Nachkriegsdeutschland errichtet wurde. Trotz dieser musealen Anlagen und ständiger Havariegefahr wird hier noch heute Stickstoffdünger produziert. Die ***chemischen Werke in Devnja,*** beim Kurort Varna, spucken jährlich ca. 6200 t Schwefeldioxid aus. Der Grund auch hier: veraltete Technik. Seit 1991 wurde nun wenigstens die Produktion von Schwefelsäure gestoppt.

Die Katastrophe von Tschernobyl lenkte die Aufmerksamkeit der Öffentlichkeit auch auf Bulgariens einziges ***Kernkraftwerk Kosloduj*** an der Donau. Besonders nach der Stillegung des baugleichen Reaktortyps in Greifswald wachsen die Zweifel am Sicherheitsstandard dieses Atomkraftwerkes. Der Westen drängt auf Stillegung, was aber ohne Hilfe aus gleicher Richtung ein Ding der Unmöglichkeit ist, wo doch 40 % des in Bulgarien benötigten Stromes in Kosloduj erzeugt werden.

Viel Energie wird durch ***uneffektives Heizen*** vergeudet. Nur 16 % der Wohnungen sind an eine Fernheizung angeschlossen (die meisten in Sofia). Da diese unzuverlässig funktioniert, benutzt man zusätzlich stromfressende Wärmestrahler und Heizlüfter. Bei nicht wenigen Bulgaren machen die Heizkosten auf Grund gestiegener Energiepreise im Winter bis zu 50 % des Nettoverdienstes aus. Die übrigen 84 % der Haushalte werden individuell mit Kohle oder Holz, vereinzelt mit Heizöl geheizt. Moderne Erdöl- oder Erdgasheizungen sind bisher unbekannt.

Im totalen Kontrast zur schönen Natur des Landes stehen die zahlreichen Berge von Haushaltsabfällen, denen man in der Nähe von Ortschaften überall begegnet. Allein um Sofia gibt es 200 ***Mülldeponien,*** deren Zahl ständig wächst. Es besteht noch kein System einer geordneten Abfallentsorgung. Die Abfallberge, die einem oft als wilde Deponien erscheinen, entpuppen sich zumeist als die offiziellen.

Giftige Emissionen aus Schornsteinen, Mülldeponien, die in ihrer Anlage und Ausbreitung auch vor fruchtbarem Boden nicht Halt machen, Überdüngung der Äcker haben bereits dazu geführt, dass inzwischen über eine Million Hektar ***Boden*** nicht mehr für eine landwirtschaftliche Nutzung geeignet ist.

Obwohl Bulgarien ein wasserarmes Land ist, wird ***Trinkwasser*** in rauen Mengen ***vergeudet;*** einesteils durch defekte Wasserleitungen, aus denen mehr versickert als verbraucht wird, großteils durch verbotene Entnahme für industrielle Zwecke, wo es nach der Nutzung chemisch verseucht wieder abgegeben wird, und letztendlich durch unbekümmertes Verhalten der Bevölkerung, die Autos mit dem Wasserschlauch wäscht oder an tropfenden Wasserhähnen beziehungsweise laufenden Toilettenspülungen keinen Anstoß nimmt. Hier ist die alte Denkweise vorherrschend: Es kostet ja (noch!) nichts.

Durch Industrie und Landwirtschaft ist ***nitratverseuchtes Trinkwasser*** zu einem landesweiten Problem geworden. Gern werden Abfälle und Abwässer direkt in die Flüsse entsorgt. Täglich sind es 650.000 m^3 Abwässer, die ungeklärt ins Schwarze Meer eingeleitet werden (davon sind 73 % industrieller Herkunft, der Rest stammt aus Haushalten). Wenn Bulgarien und die anderen Schwarzmeeranrainerstaaten diesen unheilvollen Zustand nicht bald ändern werden, droht das Schwarze Meer in wenigen Jahrzehnten biologisch umzukippen in ein totes Meer. Dass auch Westeuropa daran nicht ganz schuldlos ist, zeigt die hohe Schadstoffbelastung der Donau, die ja bekanntlich in das Schwarze Meer mündet.

Um die vielerorts bedrohte Natur in Bulgarien in ihrem ursprünglichen Zustand zu erhalten, wurde in noch nicht geschädigten Territorien ein Netz geschützter Naturgebiete von unterschiedlichem Status geschaffen. Dies sind die eigentlichen Naturschutzgebiete, in denen jede wirtschftliche Tätigkeit untersagt ist, die Volksparks, Naturschutzgelände, so genannte Naturwunder und historische Ortschaften, die hierin auch mit einbezogen wurden. ***Naturschutzgebiete*** errichtete man dort, wo es galt, wissenschaftlich bedeutsame oder vom Aussterben bedrohte Pflanzen- und Tiergemeinschaften zu erhalten. Bis jetzt gibt es - vorwiegend in Waldregionen - fast 100 solcher Schutzgebiete. Das erste Bulgariens wurde bereits vor über einem halben Jahrhundert eingerichtet. Es ist das ***Silkosiagebiet*** in Strandsha, einem kleinen Gebirge im Südosten des Landes. Hier galt es, eine Flora zu bewahren, die nur in Südosteuropa, im Strandshagebirge, vorkommt. Hierzu gehören die immergrünen Sträucher der pontischen Alpenrose.

Bajuwi Dupki ist eines der größten Naturschutzgebiete im schönsten, dem nördlichen und höchsten Teil des Piringebirges. Ein hier stehender Nadelwald ist etwa 500 Jahre alt, einige Schwarzkiefernbestände sogar über 1000 Jahre. Das bekannteste bulgarische Naturschutzgebiet ist ***Srebarna*** (siehe Kapitel Fauna). Es zählt zu den vier Nistplätzen des vom Aussterben bedrohten Krauskopfpelikans in Europa. Auf Grund seiner Bedeutung wurde das Gebiet in die UNESCO-Liste des Weltkulturerbes aufgenommen.

Ein ***Volkspark*** umfasst ein begrenztes Naturschutzgebiet, einen Bereich für Erholung und Tourismus sowie einen peripheren Bereich, in dem Erholungsheime, Sportanlagen und Straßen gebaut werden können, so annähernd die offizielle Definition. Der älteste dieser Art auf der gesam-

Kahlschlag in den Rhodopen

ten Balkanhalbinsel ist der 1934 eingerichtete Park Vitoscha. Dieser größte Volkspark Bulgariens umfasst das gesamte Vitoschagebirge bei Sofia. In einem von zwei in diesem Park bestehenden Naturschutzgebieten geht es unter anderem um den Erhalt eines ökologischen Systems von Moos- und Torfgattungen.

Zur Terminologie ist zu vermerken, dass der Begriff „Volkspark" tatsächlich noch heute verwendet wird. Bulgarien ist das einzige Land Europas, wo man nicht von Nationalparks spricht, wie schon heute manche voreilig zu den bulgarischen Volksparks sagen. Dieser Begriff ist aber nicht ehrgeizigen sozialistischen Umwelt- und Naturschützern zu verdanken, sondern bereits mit der Einweihung des ersten Volksparks Vitoscha eingeführt worden, also vor über 60 Jahren. Die Naturschützer haben damals den Begriff aus Liebe zu dem Wort *„naroden"* (völkisch, das Volk betreffend) gewählt. Insofern ist „Volkspark" eine bulgarische Erfindung, und zwar eine, die man der restlichen Welt schwer erklären kann, weshalb schon einige Bulgaren meinen, für diesen Begriff sei heute kein Platz mehr. Aber auch in anderer Beziehung sind die Volksparks ins Gerede gekommen. Während sich die Nationalparks - große Gelände, in denen jede wirtschaftliche Tätigkeit untersagt ist - allesamt in staatlichem Eigentum befinden, bestehen auf weite Teile der elf bulgarischen Volksparks private Besitzansprüche; und es wird schwer sein, die betreffenden Gebiete nicht zurückzugeben und sie zukünftig jeder wirtschaftlichen Nutzung zu entziehen. Deshalb der Ratschlag der Europäischen Föderation der Natur- und Nationalparks an Bulgarien: lieber kleinere Territorien mit strenger Kontrolle zu schaffen, als um jeden Preis große Gebiete mit Landwirtschaft, Weideflächen und Jagdmöglichkeiten beizubehalten.

Geologische, paläontologische, botanische und andere Objekte, deren Erhalt von gemeinnützigem Interesse ist, können zu so genannten ***Naturwundern*** bestimmt werden. 450 dieser Naturwunder zählt man in Bulgarien. Berechtigterweise sind die Felsen von Belogradtschik (in Nordwestbulgarien) am bekanntesten. Auch Wasserfällen, Karstquellen, alten Bäumen und Höhlen wurde die Ehre dieser Benennung zuteil.

Für 150 Dollar ins Ausland

Not macht bekanntlich erfinderisch und Umbruchsituationen allemal - und das nicht nur im positiven Sinne. Im Sommer 1993 machten Schlagzeilen die Runde, wonach manche Wissenschaftler und andere Fachleute ihre Kenntnisse über die Coleoptera, die lateinische Bezeichnung für die erste Ordnung der Käfer, in klingende Münze umsetzen. Gesammelt werden ***seltene Arten von Käfern,*** die man in England, Deutschland, Frankreich, Österreich, der Tschechischen Republik und in Belgien verkauft. Für präparierte Stücke werden hier bis zu 60 $ (ca. € 65) gezahlt und für noch lebende Exemplare des Procerus scabrosus und des Lucanus cervus sogar 150 $ (ca. € 162) und mehr. Ein Blick ins Buch bestätigt sofort den Verdacht: Lucanus cervus, Hirschkäfer, 2,5-7,5 cm lang, Männchen viel größer, geschützt!!!

Wie ist das möglich? Normalerweise ist der ***Handel mit geschützten Insekten*** verboten oder geschieht, wenn schon kontrolliert, indem die für die Ausfuhr bestimmten Tiere einen amtlichen „Pass" bekommen. Erleichtert wird die illegale Ausfuhr jedoch durch eine schlechte Kenntnis der bulgarischen Insektenwelt. Von den wenigen und eng spezialisierten Entomologen (Insektenforschern) sind bisher noch nicht alle Arten erforscht und in einem Verzeichnis über schützenswerte und von der Ausfuhr ausgeschlossene Arten erfasst, so dass sie ungehindert die Grenze passieren können. Dass die Zöllner bei Kontrollen infolge dessen hilflos diese Tiere betrachten, ändert jedoch nichts am eigentlich strafbaren Charakter solcher „Exporte".

Staat und Gesellschaft

Staatssymbole

Staatsflagge

Das Feld- und ***Kampfzeichen der alten Bulgaren*** war einfach ein an einer Lanze befestigter Pferdeschwanz. Fürst *Boris I.* führte nach der Übernahme des Christentums (865) eine Fahne aus Stoff mit Kultgestalten ein. Die ***älteste bulgarische Fahne*** ist die der bulgarischen Freiwilligen in der russischen Armee des 18. Jahrhunderts mit den Gestalten der Heiligen Konstantin und Elena. Sie wird noch heute in der Eremitage in Sankt Petersburg aufbewahrt.

Die ***erste dreifarbige bulgarische Fahne*** taucht im nationalen Befreiungskampf des 19. Jahrhunderts auf. Nach der Befreiung von den Osmanen bestimmt 1878 die Tarnover Verfassung die dreifarbige Fahne zur bulgarischen Nationalflagge und legt die Reihenfolge der horizontalen Farbstreifen mit weiß, grün und rot fest. Weiß symbolisiert die Friedensliebe des bulgarischen Volkes, grün die Fruchtbarkeit der bulgarischen Erde und rot die den Bulgaren heilige Freiheit.

Der ***Löwe als Symbol*** hat in Bulgarien eine lange Tradition, nicht nur als heraldisches Element. Die Paläste des Ersten Bulgarenreiches waren schon mit steinernen Löwen geschmückt. Im Zweiten Bulgarischen Reich ist der Löwe unter anderem auf Münzen abgebildet. Seit 1879 gilt er offiziell als Emblem Bulgariens. Die Kommunisten umrahmten den Löwen noch mit Weizenähren, dem Sowjetstern und einem Zahnrad, Landwirtschaft und Industrie gleichermaßen symbolisierend. Zwei im kommunistischen Staatswappen enthaltene Jahreszahlen standen für die Landnahme (681) und die Befreiung vom Faschismus (1944). Nach dem politischen Umbruch verschwand nicht nur der sozialistische Zierat aus dem Emblem, sondern für unbestimmte Zeit das ganze Staatswappen.

Das neue Staatswappen

Seit 1997 steht das ***neue Staatswappen*** fest: Der Sowjetstern ist einer Zarenkrone gewichen, aus einem Löwen wurden drei, alle in gelb gehalten. Das rote Wappenschild trägt jetzt anstatt der Jahreszahlen die Worte „Vereinigung macht stark".

Hymne

Die ***erste bulgarische Hymne,*** „Es rauscht die Mariza", war ein beliebtes Lied unter den bulgarischen Freiwilligen während des Serbisch-Türkischen Krieges 1876.

Die ***Kommunisten an der Macht*** verboten 1947 die als nationalistisch bezeichnete Hymne und ersetzten sie durch das 1885 von *Zwetan Radoslawow* verfasste populäre patriotische Lied „Stolzes Altes Gebirge" (Gorda Stara planina). Neu vertont hieß das Lied später „Geliebte Heimat" (Mila rodino) und wurde nach weiteren Bearbeitungen 1964 zur bulgarischen Nationalhymne erklärt.

Die jüngste, ***nach der Wende entstandene Hymnenvariante*** entspricht wieder der ersten Fassung des Liedes „Stolzes Altes Gebirge".

Geschichte

Frühgeschichte

Bereits um 5000 v. Chr. entstand im Südosten des Kontinents ***eine der ersten Zivilisationen Europas.*** Ausgrabungsfunde, wie zum Beispiel das älteste Gold der Menschheit (s. Nationalhistorisches Museum, Sofia) belegen deren Leistungsfähigkeit, die sich mit der damaligen kulturellen Entwicklung Kleinasiens oder des östlichen Mittelmeerraumes durchaus messen konnte.

Die ***Thraker*** sind die ältesten uns näher bekannten Bewohner des heutigen Bulgariens. Sie lebten in einer Vielzahl voneinander unabhängiger Stammesverbände mit einer Stammesaristokratie und einem Priesterkönig oder Fürsten an ihrer Spitze. Die Thraker betrieben Landwirtschaft mit Ackerbau und Viehzucht. Berühmt und begehrt waren bei den Griechen besonders ihre Pferde und ihr Wein. Erste Nachricht über die Thraker gibt im 8. Jh. v. Chr. der Grieche *Homer* in der „Ilias" und „Odyssee". *Herodot* berichtet im 5. Jh. v. Chr. von ihnen als dem nach den Indern größten Volk, das allerdings wegen seiner vielen Fehden untereinander niemals das stärkste sein könne. Thrakischer Herkunft sind der *Orpheus* (Mythologie) und der legendäre *Spartakus,* der Führer des größten antiken Sklavenaufstandes.

Antike

Im 7. Jh. v. Chr. setzen sich ***griechische Siedler*** an der Schwarzmeerküste fest und gründen Orte wie Odessos (Varna) und Messembria (Nessebar). Vom 5. bis 4. Jh. v. Chr. vereinen sich mehrere thrakische Stämme zum ***Odrysenreich*** und stehen an der Schwelle der Staatsbildung. Allmählich gewinnen die Griechen die Oberhand. 342 v. Chr. unterwirft *Philipp II.* sämtliche thrakischen Gebiete südlich des Balkans. Sein Sohn *Alexander der Große von Mazedonien* (336-323 v. Chr.) vollendet das väterliche Werk.

Im 2. Jh. v. Chr. kommen neue Herren ins Land. Die thrakischen Gebiete werden ***römische Provinzen:*** Moesia und Thracia. Es kommt zu einer wirtschaftlichen und kulturellen Blüte. Die Römer schaffen eine einheitliche Verwaltung, bauen Straßen und Städte aus.

Durch die Teilung des Römischen Reiches fällt Ende des 4. Jh. fast der gesamte Balkanraum an ***Byzanz.*** Die Schwäche des Byzantinischen Reiches nutzen ab dem 3. Jh. nomadische Völker und Stämme immer wieder zu Überfällen und Plünderungen.

Das Erste Bulgarische Reich (681-1018)

Im 5. und 6. Jh. dringen verstärkt slawische Stämme von nördlich der Karpaten über die Donau vor. Ihrer zahlenmäßigen Stärke haben die byzantinischen Kaiser wenig entgegenzusetzen. So beginnen diese ***Südslawen*** schon im 6. Jh., sich auf dem größten Teil der Balkanhalbinsel anzusiedeln. Im Gebiet des heutigen Bulgarien sind sie schließlich so zahlreich, dass sie zur dominierenden Bevölkerungsgruppe werden.

Im darauffolgenden 7. Jh. fallen die aus Zentralasien stammenden Bulgaren, ein kriegerisches Turkvolk, das heute als ***„Protobulgaren"*** bezeichnet wird, vom Norden her in das Land ein. Mit den bereits ansässigen Slawen wird man schnell einig und schließt einen Vertrag zum Schutz gegen Byzanz. Damit war eigentlich der erste bulgarische Staat geboren mit dem Protobulgaren *Khan Asparuch* an der Spitze. 681 muss Byzanz das ***Bulgarenreich*** anerkennen. Hauptstadt wird Pliska, 893 dann Preslav.

Dank einiger begünstigender Faktoren in der Folgezeit sind Ende des 9./Anfang des 10. Jh. Thraker, Slawen und Protobulgaren in einem ***ein-***

Thrakische Grabkammer

heitlichen bulgarischen Volk aufgegangen. Solch begünstigende Momente sind zum Beispiel gemeinsam durchgeführte Feldzüge oder im Jahre 865 die ***Annahme des Christentums*** oströmischer Prägung als Staatsreligion durch Zar *Boris I.* Mitte des 9. Jh. schaffen die aus Saloniki stammenden Brüder *Kyrill* und *Method* die Grundlagen für das ***erste slawische Alphabet.*** Die slawische Sprache verdrängt die griechische aus dem Gottesdienst und wird auch Literatursprache.

Seine größte territoriale Ausdehnung erlangt das Erste Bulgarenreich unter Zar *Simeon* (893-927), als es vom Schwarzen Meer bis zur Adria und nördlich bis hinter Belgrad reicht, so dass es zeitweilig eine gemeinsame Grenze mit dem Deutschen Reich gab. ***Größte räumliche Machtentfaltung*** und eine kulturelle Blüte lassen die Jahrzehnte um das 9./10. Jh. zum „Goldenen Zeitalter" Bulgariens werden.

Begleitet ist diese Zeit aber auch von einer ständigen ***Rivalität mit dem Byzantinischen Reich,*** die oft genug zu kriegerischen Auseinandersetzungen führt. Nachdem *Khan Krum* (803-814) dem besiegten byzantinischen Kaiser den Kopf abschlagen ließ, auf dass aus dem Schädel ein silberbeschlagenes Trinkgefäß gefertigt werde, nimmt der Byzantiner *Basileios* 1014 späte Rache an 15.000 gefangengenommenen bulgarischen Kriegern. Von jeder Hundertschaft lässt er 99 Bulgaren blenden, dem jeweils Hundertsten ein Auge ausstechen, damit dieser Halbblinde die völlig Erblindeten zum Zaren *Samuil* zurückführen könne. Diese Bluttat bringt ihm den Beinamen „Bulgarentöter" ein. Sie besiegelt den Untergang des Ersten Bulgarischen Reiches. 1018 ist die ***byzantinische Herrschaft wieder hergestellt.***

Das Zweite Bulgarische Reich (1186-1396)

Erst als sich 1185 die Bojarenbrüder *Peter* und *Assen* in Tarnovo (dem heutigen Veliko Tarnovo) gegen die byzantinische Fremdherrschaft erheben, ist einem Aufstand Erfolg beschieden. 1186 wird die ***Unabhängigkeit Bulgariens*** ausgerufen und Tarnovo zur Hauptstadt erklärt. Unter Zar *Iwan Assen II.* (1218-1241) erlebt das bulgarische Reich seine größte politische, wirtschaftliche und kulturelle Blüte. An dem Aufschwung von Handwerk und Gewerbe haben auch deutsche Bergleute und Handwerker aus Siebenbürgen einen nicht unerheblichen Anteil.

Nach der Eroberung Konstantinopels durch die Kreuzfahrer im Jahre 1204 nutzen Zar *Kalojan* und besonders *Assen II.* die „Gunst" der Stunde, nämlich die byzantinische Ohnmacht, um das ***Herrschaftsgebiet auszudehnen.*** Es erreicht fast die Größe wie unter Zar *Simeon* und erstreckt sich bis ans Schwarze, Ägäische und Adriatische Meer. Bulgarien ist zu dieser Zeit eine europäische Großmacht. Eroberungsversuche des oströmischen, byzantinischen Kaiserreiches schlagen fehl. Dafür sollten sich auf Wunsch des Zaren *Kalojans* Bulgariens Geistliche der weströmischen, katholischen Kirche zuwenden. Folgen der auf Grund eines ***Bündnisses zwischen Zar und Papst*** verordneten und über 30 Jahre währenden Kirchenunion bleiben für die bulgarischen orthodoxen Christen aus, der Zar aber wird vom Papst mit Krone und Zepter gekrönt.

Nach dem Tod *Assen II.* folgen ***sieben Jahrzehnte Anarchie,*** die nicht weniger als 14 verschiedene Zaren an die Macht sehen. Unter ihnen gelangt der ***Schweinehirt Iwajlo*** (1277-1280) zu besonderer Berühmtheit. Seine Geschichte erscheint als eine sehr frühe Mär vom Tellerwäscher zum Millionär, allerdings als eine sehr tragische. Er organisiert gegen die Bulgarien erobernden Tataren einen Bauernaufstand. Mit seinem Heer gelingt ihm sogar nicht nur die Vertreibung der tatarischen Eindringlinge, er fügt auch dem Zaren *Konstantin Tich* eine so schwere Niederlage zu, dass er noch im gleichen Jahr dessen Witwe heiraten und sich zum Bulgarenzaren krönen lassen kann. 1280 besiegt er die gegen ihn ins Feld ziehenden Byzantiner, gegen die eigenen, missgünstigen Bojaren ist er allerdings machtlos. Sie zwingen ihn, ausgerechnet bei den Tataren Zuflucht zu suchen, wo er alsbald eines gewaltsamen Todes stirbt.

Die ***separatistischen Bestrebungen*** der Bojaren lassen das Land auseinandertriften. Im 14. Jh. ist Bulgarien mit dem erstarkenden Serbischen Reich neben Byzanz mehr ein Gegner denn ein Verbündeter erwachsen. Die innere Zerrissenheit beider südslawischer Feudalstaaten und deren Gegensatz zu Byzanz nutzt ab Mitte des 14. Jh. das Osmanische Reich geschickt bei Einfällen und Eroberungszügen auf der Balkanhalbinsel. Bereits 1371 wird mit der ***Schlacht an der Mariza*** das Schicksal des Zweiten Bulgarischen Reiches entschieden. Die Hauptstadt Tarnovo wird 1393 niedergebrannt und zerstört. Damit sich gerade in der ehemaligen Hauptstadt kein neuer Widerstand regt, laden die osmanischen Eroberer 120 Bojaren und Bürger der Oberschicht in die Peter-und-Pauls-Kirche am Burgberg zu einer Ratstagung, wo sie allesamt niedergemetzelt werden. Der Zar, der sich nach Vidin gerettet hatte, ist zuletzt nur noch ein Vasall mit einer türkischen Besatzung in seinem „Reich". 1396 unterwerfen die Osmanen auch Vidin ihrer Macht.

Die Osmanenherrschaft (1396-1878)

Aus Bulgarien war eine türkische Provinz geworden. Es war die Zeit angebrochen, die von den Bulgaren als die schwärzeste in der Geschichte, als „Türkenjoch", bezeichnet wird. Der Begriff „Türkenzeit" ist bei ihnen mit einem einzigen Trauma besetzt. Die ***türkische Fremdherrschaft*** war eine Zeit rücksichtsloser feudaler Ausbeutung, politischer Rechtlosigkeit und grausamer Unterdrückung. Fest steht, dass die Osmanen die Bulgaren als *„Rajah"* bezeichneten, was soviel wie „Viehherde" bedeutet. Deutlicher kann man die Missachtung und Rechtlosigkeit des unterdrückten Volkes nicht ausdrücken. Aus der Überlieferung sind erschütternde Szenen bekannt, wo sich jeder einzelne Bewohner eines Dorfes entscheiden muss, ob er dem christlichen Glauben treu bleibt oder zum Islam übertritt. Auf die Christus und sich selbst treu Bleibenden wartete auf der anderen Seite eines Baches bereits der Henker. Eine Vielzahl junger Burschen und Mädchen verlor so unter dem Krummsäbel ihr Leben.

Unmenschlich war auch eine andere, harmlos als ***„Knabenlese"*** umschriebene Steuer, die alle fünf Jahre fällig war. Von sämtlichen 10-12jährigen Knaben wurde jeder zehnte, wenn er gesund und kräftig war, seinen Eltern entrissen und in der Ferne im islamischen Glauben zu einem dem Sultan treu ergebenen Diener erzogen. Auf diese Weise schuf man sich die militärische Elite der Janitscharen. Ohne familiäre Bindungen waren diese Kämpfer fanatisch-furchtlose und grausame Soldaten, von allen gefürchtet. Die Kopf- oder so genannte ***Blutsteuer*** gab es auch in der Form, dass junge Mädchen zwangsweise in die Harems türkischer Feudalherren überführt wurden.

Eine besondere Rolle spielten die ***Tschorbadshi.*** Diese wohlhabenden bulgarischen Großbauern mussten für die Türken die Steuern eintreiben. Sie wurden besonders gehasst, weil sie ihre privilegierte Stellung ausnutzten und nicht nur die „Pflicht"-Steuer für die Türken den Bauern abknöpften, sondern zusätzlich für die eigene Tasche materielle Forderungen erhoben.

Bis zur Machtübernahme durch die Osmanen war Bulgarien ein in die europäische Entwicklung eingebundener Staat gewesen. Jetzt waren alle ***Fäden nach Europa zerrissen***. Alle kulturellen wie geistigen Entwicklungen und Strömungen, seien sie Renaissance, Humanismus, Aufklärung oder Barock genannt, gehen an Bulgarien vorbei.

Dauerhafter Widerstand gegen die fremden Herrscher und die Tschorbadshi regt sich Ende des 16. Jh. Es formiert sich eine als Rächer der Armen verstehende ***Heiduckenbewegung,*** der sich auch mutige, als Männer verkleidete junge Frauen anschließen. Das Freiheitsstreben des Volkes erfährt neuen Auftrieb, als 1829 die Türkei die Unabhängigkeit Serbiens und Griechenlands anerkennen muss. 1876 kommt es zu dem gewaltigen ***Aprilaufstand*** in Bulgarien. Die grausame Niederschlagung und die nachfolgenden Repressalien an der Bevölkerung fordern den Tod von 30.000 Menschen. Eine Welle der Empörung erfasst die gesamte zivilisierte Welt. Das Schicksal Bulgariens wird zu einer europäischen Angelegenheit. Auf der französischen Nationalversammlung erhebt *Victor Hugo* seine Stimme für die geknebelten Bulgaren. In seiner berühmten Rede vom 26. August 1876 appelliert der große französische Schriftsteller an die Weltöffentlichkeit, sich für die Bulgaren einzusetzen und sie zu unterstützen: „Die Zeit ist reif, unsere Stimme zu erheben ... Es gibt Augenblicke, in denen das menschliche Gewissen das Wort ergreift und die Regierungen dazu zwingt zu gehorchen ... Wann wird dem Märtyrertum dieses kleinen heldenhaften Volkes ein Ende bereitet? Es wird Zeit, dass die Zivilisation ihr erhabenes Verbot über die Fortdauer dieser Zustände erlässt. Wir, die Völker, befehlen den Regierungen, ein solches Verbot zu erlassen ..." Trotz dieser glühenden Worte sind die Westmächte an einem Status quo interessiert und scheuen sich, die Existenz des Osmanischen Reiches ernsthaft zu gefährden. Sie lassen Russland den Vortritt und geben den Russen grünes Licht mit dem Hinweis, dass sie sich selbst bei den Auseinandersetzungen zurückhalten werden.

Am 24. April 1877 erklärt ***Russland*** dem Osmanischen Reich den Krieg. Nach der militärischen Niederlage erkennen die Türken im Friedensvertrag von San Stefano am 3. März 1878 die ***Unabhängigkeit ganz Bulgariens*** an. Allerdings sollte alsbald nicht ganz Bulgarien die Früchte insbesondere russischer Anstrengungen genießen dürfen. Die Großmächte, vor allem England und Österreich-Ungarn, fürchteten ein russisches Übergewicht und waren an keinem starken slawischen Balkanstaat interessiert. Deshalb initiierten sie im Sommer 1878 den ***Berliner Kongress.*** Das Bulgarien ehedem großzügig nach seinen ungefähren ethnischen Grenzen zugesprochene Territorium von 160.000 Quadratkilometern wurde nachträglich auf den Norden des Landes zusammengestrichen. Hier entstand zwischen Donau und Balkan einschließlich des Sofioter Gebietes das Fürstentum Bulgarien – ein unvergleichlich kleinerer Staat, dem auch noch die völlige Unabhängigkeit verwehrt blieb. Das Fürstentum war Vasall des Sultans, aber es durfte als einziges Gebiet den Namen Bulgarien führen. Der Süden des Landes in der Größe der Oberthrakischen Tiefebene wurde zur türkischen Provinz

Ostrumelien mit einem von Sultan ernannten christlichen Generalgouverneur. Von dem Bulgarien ursprünglich zugedachten Gebiet ging ein kleiner Teil noch an Rumänien, ein Stück an Serbien. Mazedonien und Westthrakien werden gar dem Osmanischen Reich wieder zurückgegeben. Die Bitten des bulgarischen Volkes nach einem einheitlichen Staat bleiben von den Großmächten ungehört.

Der politischen Befreiung Bulgariens ging eine Bewegung voraus, die von der Mitte des 18. Jh. bis zum Russisch-Türkischen Krieg 1877/78 reicht und als ***nationale Wiedergeburt*** bezeichnet wird. Mit der Herausbildung und Entwicklung kapitalistischer Verhältnisse verbunden war die Entstehung einer einheimischen Bourgeosie, die Formierung der bulgarischen Nation und einer Ideologie des nationalen Befreiungskampfes. Im ganzen Land begegnet man dem Begriff *„Wasrashdane"* (Wiedergeburt), zumeist bezogen auf in dieser Periode errichtete stolze Häuser, aber auch in Verbindung mit der Literatur, dem Theater, der Bildung, Kunst und Musik.

Bulgarien zwischen zwei Befreiungen (1879-1944)

Als das Fürstentum Bulgarien 1879 die ***Verfassung von Tarnovo*** erhält, ist dies eine der demokratischsten Europas. Sie legt den Status Bulgariens als konstitutionelle Monarchie fest. In Tarnovo wählt die verfassungsgebene Versammlung den deutschen Prinzen *Alexander von Battenberg* zum ***ersten Fürsten Bulgariens.*** Mit der Übernahme einer Verfassung nach westeuropäischem Muster und der Wahl eines deutschen Herrschers wird die „Europäisierung" Bulgariens verstärkt. Ein Zugeständnis an die russischen Befreier ist *Battenbergs* Verwandtschaft; er ist Neffe der russischen Zarin. Einen Deutschen an die Spitze des Staates zu stellen hatte allerdings fast schon Tradition. Vor Bulgarien besaßen bereits Griechenland und Rumänien einen König aus deutschem Fürstenhaus, später folgte noch Albanien diesem Beispiel.

1885 bricht ***in Ostrumelien ein Aufstand*** für den Anschluss des Gebietes an das Fürstentum Bulgarien aus. Fürst *Battenberg* erzwingt daraufhin gewaltsam - gegen den Willen Russlands - die Angliederung Ostrumeliens. Serbien missgönnt Bulgarien dessen Macht- und Gebietszuwachs

Im Mausoleum des Fürsten Alexander von Battenberg

und überfällt unter dem Druck Österreich-Ungarns das Nachbarland. Nach dem ***Sieg der jungen bulgarischen Armee*** wird das vereinigte Bulgarien auch international anerkannt. Trotzdem wächst der Widerstand gegen Fürst *Battenberg* von seiten russlandfreundlicher Kräfte. Von prorussisch gesinnten Offizieren gestürzt, muss *Alexander I.* 1886 abdanken.

1887 wird der 25jährige ***Prinz Ferdinand von Sachsen-Coburg-Gotha*** gegen die Zustimmung Russlands zum Thronfolger gewählt. Die eigentliche Macht hatte aber seit 1887 der ***Ministerpräsident Stambolow*** als Vertreter der Handelsbourgeosie inne. Er versuchte, Bulgariens Wirtschaft und Verwaltung an Westeuropa heranzuführen und das Land russischem Einfluss zu entziehen. Als ihn das Volk 1894 zum Rücktritt zwingt, gelingt es Prinz *Ferdinand,* die eigene Macht zu stabilisieren und das Verhältnis mit Russland zu normalisieren. Er nimmt 1896 die 10 Jahre zuvor abgebrochenen diplomatischen Beziehungen zu Russland wieder auf.

In den innertürkisch unruhigen Zeiten der Jungtürkischen Bewegung sieht Fürst *Ferdinand* seine Chance und erklärt die ***vollständige Unabhängigkeit Bulgariens,*** während er in Anlehnung an alte Traditionen den Titel „Zar der Bulgaren" annimmt. Damit sind die letzten Verpflichtungen gegenüber der Türkei, wie sie aus dem Berliner Vertrag noch bestanden, annuliert.

Unter den Bedingungen zunehmender Industrialisierung und der sich entwickelnden kapitalistischen Verhältnisse entsteht 1891 die ***Bulgarische Sozialdemokratische Partei,*** die spätere Bulgarische Kommunistische Partei. Es gründen sich ***Gewerkschaften*** und 1900 der ***Bulgarische Bauernvolksbund,*** der auf Grund überwiegend ländlicher Strukturen die einzige Partei mit einer Massenbasis ist.

1912 kommt es auf russische Initiative zur Gründung des ***Balkanbundes*** gegen die Türkei. Es beginnt der ***Erste Balkankrieg,*** der mit einem Sieg der verbündeten Bulgaren, Serben, Griechen und Montenegriner endet. Thrakien, Mazedonien und Albanien werden von türkischer Herrschaft befreit. Für Bulgarien bedeutet dies den Zugewinn von Ostthrakien und Teilen Mazedoniens. Damit gelang es Zar *Ferdinand I.,* auch die bulgarische Bevölkerung dieser Gebiete an den bulgarischen Staat anzuschließen.

Gleich nach Ende des Ersten Balkankrieges vereinbaren Serbien und Griechenland ein geheimes Militärbündnis gegen Bulgarien. Und Bulgarien, einerseits durch Gebietsgewinne auf den Appetit gekommen, andererseits von Österreich-Ungarn ermuntert, das durch die Einheit der Balkanvölker die weitere Ausdehnung seines Einflusses gefährdet sieht, will mit einer Blitzaktion vollendete Tatsachen schaffen. Unter der Devise „Großbulgarien" gibt der ruhm- und machtbesessene Zar ohne Wissen der Regierung am 29. Juni 1913 – nach gerade einem Monat Frieden – persönlich den Befehl zum Angriff. Gleichzeitig werden die serbische und die griechische Armee überfallen. Später nannte man das Datum den „Wahnsinnstag". In der neuerlichen Auseinandersetzung, dem ***Zweiten Balkankrieg,*** steht Bulgarien allein gegen die zuvor Verbündeten, gegen die Türkei und Rumänien. Dementsprechend vollkommen ist die Niederlage, und fast wäre Sofia noch eingenommen worden. Der ***Friedensvertrag von Bukarest*** ist die erste Katastrophe für das junge Bulgarien. Die Gebietsverluste sind größer als die kurz zuvor erzielten Gewinne. Die Süddobrudsha geht an Rumänien, Adrianopel muss der Türkei geräumt werden, und mit dem Piringebirge ist Bulgarien nunmehr nur der kleinste Teil Mazedoniens verblieben.

Nur zwei Jahre später unterliegt Bulgarien nach anfänglicher Neutralität erneut territorialen Verlockungen. Da nur Deutschland und die anderen Mittelmächte die bulgarischen Ansprüche auf Mazedonien und Thrakien anerkennen, lässt sich Bulgarien in den Strudel des ***Ersten Weltkrieges*** hineinziehen. Im Oktober 1915 tritt Bulgarien an der Seite von Deutschland und Österreich durch Kriegserklärung an Serbien aktiv in das Kriegsgeschehen ein. Kurz vor Ende des Krieges schickt Bulgarien, um die Katastrophe noch abzuwenden, seine gesamte wehrfähige männliche Bevölkerung an die Front. Die Idee eines „Großbulgarien" erreicht den Höhepunkt der Absurdität, als an der Nordfront bulgarische Truppen gemeinsam mit türkischen gegen russische Stellungen eingesetzt werden. Das war ein Spiel mit den heiligsten Gefühlen des Volkes. Immer wieder kommt es zu Unruhen unter den Soldaten bis hin zu einem Soldatenaufstand. Ende September 1918 muss Bulgarien bedingungslos kapitulieren. Unter dem Druck des Volkes dankt vier Tage später Zar *Ferdinand* zugunsten seines Sohnes *Boris* ab.

Der ***Friedensvertrag von Neuilly*** (bei Paris) vom November 1919 bringt neue territoriale Verluste. Bulgarien verliert den Zugang zur Ägäis an Griechenland und muss Gebiete an das neu entstandene Jugoslawien abtreten. Die zu zahlenden Reparationen betragen 2,25 Milliarden Goldfrancs.

Das Land ist durch die beiden Balkankriege und den Ersten Weltkrieg ausgeblutet und bis zum äußersten erschöpft. Die kompromittierten bürgerlichen Parteien müssen die Macht an eine demokratische Massenpartei, den Bulgarischen Bauernbund, abtreten. Nach den Parlamentswahlen übernimmt 1920 dessen Führer, ***Alexander Stambolijski,*** das Amt des Ministerpräsidenten. Er scheitert an einem kräftezehrenden Zweifrontenkrieg gegen die Großbourgeosie und die linken Kräfte. Seine Regierung wird im Juni 1923 durch einen ***Militärputsch*** gestürzt, er selbst findet den Tod.

Gegen die faschistische Regierung unter *Alexander Zankow* kommt es im September 1923 zum ***ersten antifaschistischen Aufstand*** in der Geschichte. Er wird grausam niedergeschlagen, die Bauernpartei und die Bulgarische Kommunistische Partei werden verboten und die KP-Führer *Wassil Kolarow* und *Georgi Dimitroff,* die maßgeblichen Anteil an der Vorbereitung des Aufstandes hatten, in Abwesenheit zum Tode verurteilt. Über die Emigration in Moskau gelangt *Dimitroff* später nach Berlin, wo er angeblich den Reichstag „angezündet" haben soll (siehe „Der Held von Leipzig"). Ministerpräsident *Zankow,* ein Professor der Politökonomie, wird als „der blutige Professor" berüchtigt. Auf sein Konto kommen 30.000 Opfer bei der Niederschlagung des Volksaufstandes und der anschließenden blutigen Unterdrückung politischer Gegner bis 1925.

Über den Streit der Parteien, Wechsel der Regierungen und nach erneuten Putschversuchen gelingt es Zar *Boris* im Januar 1935, seine persönliche Macht zu festigen. Es beginnt die Zeit, die in der bulgarischen Geschichtsschreibung als ***monarchofaschistische Diktatur*** bezeichnet wird.

1939 meinte ***das bürgerliche Bulgarien,*** einen hohen Lebensstandard erreicht zu haben. Man hatte sich von der Weltwirtschaftskrise überraschend schnell erholt. Ein seltsames Phänomen war jedoch, dass die bulgarische Bourgeosie, auf die sich die gesamte Gesellschaftsordnung stützte, lediglich 7 % der Bevölkerung ausmachte. Die kleinen Handwerker und Kaufleute mit geringem Privateinkommen rutschten allmählich immer mehr ins Proletariat ab. Die Landbevölkerung machte 80 % aus. 1939 gab es aber allein in den Städten 120.000 Arbeitslose. Von der Intelligenz waren Mitte der 30er Jahre 12 % arbeitslos. Deshalb wurde 1940 ein interessantes Sondergesetz verabschiedet, das die Beschäftigung von 20- bis 30jährigen Arbeitslosen mit Hoch- oder Fachschulabschluss mit der Begründung vorschrieb, „sie vor Entartung und Aufrührertum schützen zu müssen".

Zu Beginn des ***Zweiten Weltkrieges*** erklärt die bulgarische Regierung wiederum ihre Neutralität. Zar *Boris,* der sich seit 1933 ganz bewusst aus politischen Abenteuern mit Deutschland herausgehalten hatte, unterliegt jedoch, wie im Ersten Weltkrieg sein Vater, territorialen Verlockungen. Deutschland mit seinen Verbündeten garantierte die Grenzen eines Großbulgariens, wie sie bereits im Frieden von San Stefano 1878 festgelegt worden waren. Bulgarien tritt am 1. März 1941 dem ***Dreimächtepakt*** bei. Am 2. März marschieren deutsche Truppen ein und nutzen das Land zunächst als Aufmarschgebiet gegen Griechenland und Jugoslawien, später gegen die Sowjetunion. Der Sowjetunion aber den Krieg zu erklären, lehnt Bulgarien bei allem Drängen von deutscher Seite ab. Dafür erklärt es im Dezember 1941 Großbritannien und den USA den Krieg. Zar *Boris* war ein gewiefter Diplomat.

Ihm war es gelungen, ohne einen Schuss die ***territorialen Träume*** Bulgariens durchzusetzen. Bulgarische Truppen besetzen die 1941 von Deutschland eroberten Gebiete mit bulgarischer Bevölkerungsmehrheit. Im Land regiert der Zar mit Notstandsgesetzen, es kommt zu Massenverhaftungen. Viele politische Gegner werden in Konzentrationslager und in Arbeitslager gesteckt. Aus noch heute ungeklärter Ursache stirbt Zar *Boris III.* überraschend im August 1943 nach einem Besuch bei *Hitler.* Sein erst 6jähriger Sohn *Simeon II.* übernimmt in Regentschaft die Macht.

1942 wurde unter Leitung der Bulgarischen Kommunistischen Partei zur Vereinigung aller demokratischen und patriotischen Kräfte des Landes die Vaterländische Front geschaffen. Der ***bewaffnete antifaschistische Kampf*** war von Partisaneneinheiten bereits nach dem deutschen Überfall auf die Sowjetunion aufgenommen worden. Gegen den so genannten roten Terror setzte die Regierung den weißen Terror. Die Zahl getöteter Partisanen und derer, die Partisanen unterstützten, wird auf 20.000 geschätzt.

Bevor die bulgarische Regierung ihre Absicht artikuliert hatte, zur Neutralität zurückzukehren, erklärte die Sowjetunion am 5. September 1944 Bulgarien schließlich den Krieg. Nun reagierte die bulgarische Regierung schnell und brach schon am nächsten Tag die diplomatischen Beziehungen mit Deutschland ab. Am 8. September überschreitet die ***Rote Armee*** die Donau - zum zweiten Male als Befreier des bulgarischen Volkes. Bezeichnend, dass keine bulgarische Kugel auf die Sowjetarmee abgefeuert wird. Der ***Aufstand vom 9. September,*** der in der Machtergreifung in Sofia gipfelt, ist fast nur noch eine Formsache. Noch am gleichen Tag bildet die Vaterländische Front die ***erste volksdemokratische Regierung.*** Am 28. Oktober 1944 schließt die neue Regierung Frieden mit den Alliierten und tritt in den Krieg gegen Nazi-Deutschland ein. Im Kampf für die Befreiung Jugoslawiens, Ungarns und Österreichs fallen noch 32.000 bulgarische Soldaten.

45 Jahre zu den hellen Horizonten des Sozialismus

In Bulgarien erinnert sich jeder an die berühmten Worte *Georgi Dimitroffs,* dass Bulgarien in 10 bis 20 Jahren das erreichen muss, wofür andere Völker unter anderen Bedingungen teilweise ein Jahrhundert gebraucht haben. Wie sieht nun 20 Jahre danach ein westlicher Journalist die Situation im Lande, welches Bild bietet sich ihm? Der Amerikaner *Eldon Griffiths* erklärte am 18.9.1964 der Sofioter Zeitung „Literaturen front" gegenüber folgendes: „Vor dem Krieg verfügte Bulgarien über 10 Meilen gepflasterte Straßen, und die im Land erzeugte Elektroenergie hätte nicht einmal ausgereicht, um die Leuchtreklame des Times Square zu speisen. Die Bauern waren mit 30 Lebensjahren schon alt. Die Kinder liefen barfuß umher und hatten noch nie ein Auto gesehen oder gar ein Radio gehört. Der Versuch der Kommunisten, aus diesem rückständigen Bauernvolk eine Industriegesellschaft zu machen, hat zu einem beachtlichen Erfolg geführt. Der Durchschnittsbauer hat nie besser gelebt als jetzt. Die sozialistische Gesellschaftsordnung hat das Analphabetentum abgeschafft, das Land ist vollständig elektrifiziert worden. In Bulgarien ist ein Wirtschaftswunder vor sich gegangen." Wie, mit welchen Mitteln, um welchen Preis und unter welchen konkreten historischen Bedingungen haben die Kommunisten dies erreicht?

Der 9. September 1944 - die folgenden 45 Jahre lang als Nationalfeiertag begangen - wurde von den Verlierern als „Neunter-September-Umsturz" bezeichnet, von den sich selbst als „Sieger der Geschichte" betrachtenden Kommunisten dagegen als ***„sozialistische Revolution".*** Fest steht, der 9. September war eine Zäsur, für die Kommunisten der Beginn einer neuen Epoche. Für sie brach gleichsam eine neue Zeitrechnung an wie nach der Geburt Christi. Noch in den ersten Monaten nach der Septemberwende erlebte die Kommunistische Partei einen ungeahnten Zulauf. Ihre Mitgliederzahl stieg von 15.000 auf 255.000.

In dieser Zeit ging es den Kommunisten, die in der Regierung der Vaterländischen Front alle Schlüsselpositionen innehatten, um die Absicherung ihrer soeben errungenen Macht. Unter der Losung: „Tod dem Faschismus und dem Klassenfeind" wurden in den dunklen Nächten des Jahres 1944 ohne Gericht und Urteilsspruch ***30.000 Menschen,*** hauptsächlich Vertreter der bulgarischen Intelligenz, ***umgebracht.*** Im Zeitraum 1945-1946 wüteten dann die eilig errichteten ***Volksgerichte.*** Sie verkündeten „im Namen des Volkes" 2730 Todesurteile und verhängten über 12.000 oft hohe Haftstrafen, „abzusitzen" in Gefängnissen und den berüchtigten Straf- und Arbeitslagern. Von dieser Art soll es in Bulgarien 80 Lager gegeben haben, die höchste Zahl in einem sozialistischen Land. Die offizielle Geschichtsschreibung berichtete darüber: „Die Koalitionsregierung der Vaterländischen Front, geleitet von der BKP, gründete eine Volksmiliz und vernichtete ihre politischen Gegner mit revolutionärer Gewalt." (Kurze Geschichte Bulgariens, Verlag Wissenschaft und Kunst, Sofia 1983)

Am 18.11.1945 fanden die ***ersten Nachkriegswahlen*** statt. Die Vaterländische Front erhielt als einzig zugelassene Liste 88 % der Stimmen. Im September 1946 entschieden sich die Bulgaren in einem Referendum mit über 92 % für die Abschaffung der Monarchie. Kurz darauf wird in Bulgarien die ***Volksrepublik ausgerufen.*** Der neunjährige Zar *Simeon II.* und die Zarin-Mutter müssen das Land verlassen. Aus erneuten Wahlen im Oktober 1946 geht ***Georgi Dimitroff als Ministerpräsident*** hervor. Neben 275 Mandaten für die Kommunistische Partei errang auch die Opposition noch 99 Mandate. Vor dem Urnengang setzten die Kommunisten wohlweislich noch die ***Agrarreform*** durch und verteilten Boden an die Klein- und Mittelbauern. Parallel dazu wurden die ersten kooperativen Genossenschaften aufgebaut.

Die offizielle Opposition war dennoch eine reale Bedrohung für die Kommunisten. Gegen sie gab es keine gesetzlichen Mittel. So kam es „zwangsläufig" 1947 zu einem ***inszenierten Prozess gegen*** den Führer der Bauernpartei, ***Nikola Petkow*** (1889 geboren), der für den Erhalt des Privateigentums und der bourgeoisen Verhältnisse eintrat. Der Prozess fand statt im Zusammenhang mit der Vorbereitung einer neuen Verfassung Bulgariens. In dem bulgarischen Geschichtswerk von 1983 heißt es dazu: „Bei der Diskussion von Vorstellungen für eine neue Verfassung wurde klar, dass die konterrevolutionäre Opposition nur zu einer Verzögerung, zu endlosen und fruchtlosen Debatten führt. Deshalb, nach einer gewissen Zeit des geduldigen Abwartens, hat die Regierung und die große Volksversammlung die Entscheidung getroffen, die Opposition wegen ihrer Antivolkstätigkeit zu entfernen." Im Juni 1947 wurde die parlamentarische Immunität von *Nikola Petkow* aufgehoben, und man verhaftete ihn mit 23 weiteren oppositionellen Abgeordneten. Indem die Kommunisten ihn erhängten und auch die anderen ermordeten, hatten sie praktisch die ***gesamte Opposition vernichtet*** und die starke Bauernpartei gleichgeschaltet - getreu dem Stalinschen Motto: „Kein Mensch - kein Problem!"

Die Annahme der neuen Verfassung bedeutete die ***Übernahme des stalinistischen Systems.*** Noch im Dezember 1947 wurden Industrie, Bergbau und Banken nationalisiert und der private Groß- und Außenhandel beseitigt. Getrost konnte man nunmehr Ende 1947 die sowjetischen Truppen abziehen. 1948 kommt es zur Auflösung der bürgerlichen Parteien, es existieren nur noch die KP und die mit ihr verbündete Bauernpartei. Damit ist die Kommunistische Partei unter *Dimitroff* der alleinige Träger der Staatsmacht.

Nach *Dimitroffs* Tod 1949 übernimmt *Wassil Kolarow* das Amt des Ministerpräsidenten. Bulgarien ist Gründungsmitglied des RGW (Rat für Gegenseitige Wirtschaftshilfe, im Westen als COMECON bezeichnet). Als bereits 1950 *Kolarow* stirbt, kommt der Stalinist *Tscherwenkow,* ein Schwager *Dimitroffs,* an die Macht. Unter ihm finden ***wieder große Säuberungsaktionen*** statt, die mit dem Tod der vermeintlich Oppositionellen verbunden sind. Im Zuge einer nach Stalins Tod langsam einsetzenden Entstalinisierung verzichtet *Tscherwenkow* zugunsten **Todor Shiwkows** 1954 auf den Posten des Ersten Sekretärs des Zentralkomitees der BKP. Als Ministerpräsident verbleibt er aber noch bis 1956 im Amt. Als dessen Nachfolger, *Anton Jugow,* 1961 über Parteiintrigen stolpert, schlägt die große Stunde *Todor Shiwkows.* 1962 ist *Shiwkow* nicht nur Chef der BKP, sondern als Ministerpräsident steht er auch an der Spitze der Regierung. Es beginnt die Ära des am Ende dienstältesten sozialistischen Staatsführers nach *Fidel Castro.* Mit einer Verfassungsänderung 1971 wird *Shiwkow* Vorsitzender des Staatsrates, sprich Staatspräsident. Die wichtigste Änderung der Verfassung ist das Festschreiben der führenden Rolle der BKP in der Gesellschaft und im Staat. Damit hatte sich sämtliche Macht in einer Person konzentriert. Fest eingebunden in den COMECON, schritt Bulgarien mittels Fünf-Jahr-Plänen weiter voran beim Aufbau des realen Sozialismus.

Zahlreiche Kongresse und Parteitage der KP sorgten für Abwechslung im Alltag und eine verwirrende Vielfalt in der Plakatierung; die Losungen- und Sprücheschreiber stellten sie vor ständig neue Aufgaben. Jeder sollte nach den Vorstellungen der Partei arbeiten, lernen und leben. Die Kunst wurde ideologisiert und hatte der Partei zu dienen. Die Partei zu würdigen war der Kunst vornehmste Aufgabe, den sozialistischen Aufbau und seine Erfolge in Werken des sozialistischen Realismus überzeugend darzustellen, ihre wichtigste.

An allen Erfolgen hatte die Partei ein Verdienst, für die Fehler war der „Klassenfeind" verantwortlich. Deshalb wurde gegen ihn ein ***erbitterter ideologischer Kampf*** geführt. Die KP hatte alles und alle unter Kontrolle. Wenn auch nicht jeder im Blickfeld der Staatssicherheit stand, so war die

45 Jahre zu den hellen Horizonten des Sozialismus ...

gesamte Bevölkerung wenigstens in den verschiedensten ***sozialistischen Massenorganisationen*** erfasst. Alle Schulkinder der 1. und 2. Klasse waren Jungpioniere, so genannte „Tschawdartscheta" (benannt nach dem legendären Heiducken *Tschawdar*) mit blauen Halstüchern. In der 3. Klasse rückten sie auf und gehörten bis zur 8. Klasse zu den Pionieren mit rotem Halstuch. (Das Rot sollte das von den Kämpfern gegen Faschismus und Imperialismus vergossene Blut symbolisieren.) Danach war man automatisch bis zum 28. Lebensjahr Mitglied des Dimitroff-Komsomol und gehörte zur Kampfreserve der Partei. Wer im Komsomol durch besondere Aktivität auffiel und dessen Eltern noch Parteimitglieder waren, von dem wurde ein Eintritt in die Reihen der bulgarischen KP erwartet. Damit standen dem jungen Genossen sofort alle Türen offen.

Nach der Verfassung waren alle Bürger vor dem Gesetz gleich. Danach wurden keinerlei auf Volkszugehörigkeit, Herkunft, Religion und Vermögensstand beruhende Privilegien anerkannt. Jede Propagierung von Rassen-, Völker- oder religiösem Hass wird gesetzlich bestraft, hieß es. Den Bürgern sind Glaubens- und Gewissensfreiheit wie auch die Ausübung religiöser Riten zugesichert. Die Kirche ist vom Staate getrennt. Die ***Doppelmoral der Partei*** ließ von diesen Verfassungsgrundsätzen jedoch viele Abweichungen zu: Die Gesellschaft war geteilt in „unsere" und „euere". Die „Unseren" waren die Parteimitglieder, die Funktionäre verschiedenen Grades. Bei Verfehlungen wurden sie selten bestraft, sondern meist nur versetzt - auf einen anderen Posten. Für „unsere" Kinder und Enkelkinder war der Weg zum Studium geebnet, auch wenn Abiturzeugnis oder Aufnahmeprüfungen schlecht ausfielen. Sie erhielten grundsätzlich ein Stipendium, unabhängig vom Einkommen der Eltern. Für die „Unseren" galten die höheren Renten der aktiven Kämpfer gegen Faschismus und Imperialismus.

Der Volksmund sagte: „Die Parteifunktionäre haben besser gelebt als die bulgarischen Zaren." Für die Kämpfer für soziale Gerechtigkeit existierte bereits der Kommunismus, den für alle erreichen zu wollen sie stets vorgaben. Ihre Bilder schmückten wie heilige Ikonen die Betriebs-, Büro- und Schulwände, waren unerlässliche Attribute jeder 1.-Mai- oder Septemberdemonstration. Die Teilnahme an den Massenaufmärschen war Pflicht, Schüler, Studenten und Werktätige mussten sich gegen Unterschrift daran beteiligen. Und die Fahnen konnten nicht hoch genug getragen werden. Die Ovationsrufe wurden tagelang vorher geübt, um vor der Tribüne der Aktiven spontan zu erschallen; etwa: „Es lebe die BKP!" oder das besonders einfallsreiche „Hurra!".

Das Schlimmste, was die Kommunisten gemacht und was selbst die Türken in fast 500 Jahren nicht geschafft haben, war, das bulgarische Volk von seinen christlichen Traditionen zu entfremden. Um keinen anderen Glauben als den an den Kommunismus zu besitzen, wurde die Pflege der ***christlichen Traditionen verboten;*** ein Verbot, das nirgends schriftlich fixiert war. Nach sowjetischem Vorbild gab es keine christlichen Feiertage, kein Weihnachten und kein Ostern wurde gefeiert. Die Kirche ist hauptsächlich nur noch für die Älteren dagewesen. Die junge Generation hatte von vielem keine Ahnung mehr. Dabei stammen ausgerechnet von dem Kommunisten *Dimitroff* die Worte: „Wenn die Kirche nicht gewesen wäre, gäbe es kein Nationalbewusstsein mehr in Bulgarien und damit auch kein heutiges demokratisches Bulgarien."

Auch wenn religiöse Sitten und Bräuche unterdrückt oder rot eingefärbt wurden, hat man insgesamt jedoch sehr viel zur ***Pflege des Brauchtums*** getan. Natürlich stand selbst die Mitarbeit in den Volkskunstkollektiven unter einem gewissen Zwang, und sei es, den Kulturplan der Arbeitsbrigade oder des Betriebes zu erfüllen. Von den meisten wurde diese Kulturarbeit aber zu Recht begrüßt. Die Ausnutzung der kulturellen Betätigung zur Ausschmückung von Parteitagen und anderen Parteiaktivitäten war noch das kleinste Übel.

Wenn man heute mit Erstaunen die ***menschenleeren Dörfer*** betrachtet, so ist das eine Folge der Umgestaltung des Landes in einen Industrie-Agrar-Staat. Mehr als drei Millionen Menschen verließen die Dörfer in Richtung Stadt. Besonders betroffen sind die Bergdörfer. Die Bauern für die Industriearbeit zu gewinnen war nicht einfach. Der Landwirt ist mit Leib und Seele mit der Erde verbunden. Anders als für den Kollegen aus der Stadt war das Leben des Bauern-Arbeiters nicht leicht, denn neben der Arbeit im Betrieb unterhielt er zu Hause eine kleine Landwirtschaft mit Acker, Obstgarten und Tieren. Und nur in der Landwirtschaft zu arbeiten bedeutete auch nicht den Himmel auf Erden. Üppig waren die Löhne in den landwirtschaftlichen Produktionsgenossenschaften nicht, und den garantierten Urlaub zu nehmen, hatte man praktisch wenig Gelegenheit. Arbeit gab es immer.

Aber bei den jungen Leuten war die Partei erfolgreich. Sie entdeckten die Vorteile des Stadtlebens und der Industriearbeit schnell für sich: festen achtstündigen Arbeitstag, 5-Tage-Arbeitswoche, garantierter Urlaub, höheres Gehalt und höhere Rente sowie all die Freizeitmöglichkeiten der Stadt. Die Folge war eine ***ungebremste Migration.*** Die Jungen wollten und sollten nicht mehr so schwer arbeiten wie ihre Eltern. Daraus resultierte die ernstgemeinte Überlegung: „Lerne, damit du nicht arbeiten musst." Ein Gesetz der Einwohnerschaft, welches die Menschen an den Ort fesselte, wo sie geboren waren beziehungsweise wo sich ihr Wohnsitz befand, wurde durch Heirat in die Stadt oder einen Betriebsvertrag für mindestens fünf Jahre umgangen. Die rettende Idee, zahlreiche Dörfer zur Stadt zu erklären und Kulturhäuser einzurichten, konnte diesen Prozess nicht mehr stoppen. So entstand in den 70er Jahren eine sich immer mehr verschärfende ***Krise in der landwirtschaftlichen Produktion.*** Es fehlte einfach an Arbeitskräften. Da kam der Partei wieder ein genialer Einfall: Alle Werktätigen in allen Sphären des Arbeitslebens, dazu Schüler und Studenten wurden verpflichtet, bei der Ernte im Herbst wochenlang auf dem Feld zu arbeiten. Um die ***so genannten „freiwilligen Brigaden"*** entstand eine Hysterie, die den Charakter einer Tragikkomödie annahm. Jeder Betrieb, jedes Krankenhaus und jede Schule oder Universität erhielt eine bestimmte Anzahl Quadratmeter landwirtschaftlicher Fläche zur Bearbeitung zugeteilt. Die Energetiker, die sich wochenlang in Bauern verwandelten, konnten nicht in vollem Umfang Strom produzieren, was nicht nur im Bereich der Industrie große Schäden anrichtete. Ärzte, Krankenschwestern und Krankenpfleger hatten Mühe, ihrer medizinischen Versorgungspflicht nachzukommen. Es gab Fälle, wo eine Operation nicht durchgeführt werden konnte, weil der Strom abgeschaltet war und/oder der Arzt gerade auf dem Feld arbeitete. Die Künstler, die ebenfalls zur Sicherstellung des Exports und der Versorgung der Bevölkerung mit landwirtschaftlichen Gütern ihren Beitrag leisten mussten, gaben mit Schwielen an den Händen Konzerte oder malten Gemälde. Trotz aller Ernteeinsätze war die Arbeit nicht mehr zu schaffen. Der Volksmund witzelte: „Keine Angst! Es werden neue, kleinere Bäume gezüchtet, damit die Kinder aus den Kindergärten noch mitmachen können." So verwandelte sich der reale Sozialismus in ein reales Chaos. Keiner wusste, wo sein richtiger Platz war. Nur die Funktionäre standen auf ihrem festen Platz und dirigierten die Massen wie auf einem Schlachtfeld.

Das Humorgefühl der Bulgaren half ihnen, *Todor Shiwkow* als ewigen kommunistischen Zaren zu ertragen: „Bulgarien ist das einzige Land in der Welt, das einen Schweinehirten wie Iwajlo und einen Schäfer wie Todor Shiwkow zum Herrscher hatte - beide echte Söhne des Volkes." *Shiwkow* selbst war von seiner Unsterblichkeit so sehr überzeugt, dass er sich ein Denkmal in „seinem" Dorf errichten ließ.

Sprichwörtlich war die ***bulgarisch-sowjetische Freundschaft.*** Nach *Georgi Dimitroffs* Worten war sie so „notwendig wie die Sonne und die Luft für jedes lebende Wesen". Das konnte *Todor Shiwkow* nur bestätigen und ergänzte: „Wer die Sowjetunion nicht liebt, der liebt auch Bulgarien nicht." Es war nur eine Formsache, und beinahe wäre Bulgarien zur 16. Sowjetrepublik geworden.

Westliche Modeerscheinungen wurden in Bulgarien verboten. Doch untauglich waren die Polizeimaßnahmen dagegen. Lange Haare wurden unter Milizaufsicht geschnitten, oder die Miliz verunstaltete die Frisur selbst gleich so, dass man freiwillig zum Friseur ging. Bärte musste man abrasieren. Miniröcke zerschnitt die Miliz sofort. Eine Zeitlang kontrollierten die Ordnungshüter am Tage alle Gaststättenbesucher. Wer keine Arbeit nachweisen konnte, galt als Schmarotzer und erhielt ohne Widerspruchsrecht auf der Stelle irgendeine Arbeitsstelle zwangsweise zugewiesen.

Der ***Lebensstandard*** war in Bulgarien zwar nicht so hoch wie in der DDR, dafür konnte jeder Bulgare ein Haus oder eine Wohnung, dazu eine Datscha oder einen kleinen Obst- und Weingarten sein eigen nennen. Die Bulgaren beruhigten sich selbst und sagten: „Lieber Shiwkow als Enwer

Vergängliche Dankbarkeit an die Sowjetarmee

Hodscha oder Nicolae Ceausescu"; also lieber das kleinere Übel. Anders als z.B. in der DDR war die bulgarische Presse nach einem Aufruf der Partei, in dem ***Kritik und Selbstkritik*** gefordert wurde, viel freier und kritischer - aber ohne Ergebnisse. Auch viele sozialkritische Bücher westeuropäischer oder amerikanischer Autoren erschienen in Bulgarien, die in der DDR überhaupt nicht oder um Jahre später verlegt wurden. Im Endergebnis blieben aber auch sie alles nur „Stimmen in der Wüste".

Jedes sozialistische Land hat in seiner Vergangenheit ein Jahr, wo die Unzufriedenheit eskalierte. Die DDR wurde im Juni 1953 erschüttert, Ungarn erhob sich 1956, die Tschechoslowakei wollte 1968 einen neuen Sozialismus wagen - bei der Niederschlagung half Bulgarien mit zwei Regimentern -, Polen zeigte 1980 „solidarnosc". In Bulgarien erzählte man nur politische Witze um den Preis eines goldenen Gefängnisgitters. Die bulgarische Geschichte ist voll von Aufständen gegen jeden Unterdrücker und fremden Eroberer; nur gegen das kommunistische System wurde keine Hand erhoben. Es verstand wie kein anderes, das Volk mit der festen Knute des Gehorsams zu binden und mit der lockeren Kette der Illusion von einer besseren, gerechteren Welt zu beruhigen. Erst der Fall der Berliner Mauer führte auch in Bulgarien zur Palastrevolution.

Der 45jährige Weg hat Bulgarien nicht zu den hellen Horizonten des Sozialismus geführt. Es war ein zwar misslungenes, zugleich aber interessantes Experiment. Manches wurde dennoch erreicht, so dass sich heute nicht wenige zurücksehnen. Viele können bei der derzeitigen hohen Arbeitslosigkeit, angesichts steigender Kriminalität und anderer Probleme den festen Arbeitsplatz, die zahlreichen Kindereinrichtungen, die Möglichkeit des Mittagessens in Kindergarten, Schule und Betrieb, die betriebliche medizinische Versorgung, die Kinderferienlager und den bezahlbaren Urlaub in Betriebsheimen nicht vergessen.

Eines wurde in den 45 Jahren (wie in allen sozialistischen Ländern) verwirklicht, was wohl als einmaliger Fall in der Geschichte zu betrachten ist. Die Partei hat ***Menschen mit Idealen*** erzogen. Sie hat es geschafft, dass die Mehrzahl der Menschen nicht bedingungslos das Materielle in den Vordergrund stellten, sondern auch auf die moralische Anerkennung großen Wert legten. Es reichte ein Lob, eine Medaille, so kitschig das auch klingen mag. Es stand nicht an aller Anfang die Frage: „Wieviel bekomme ich?" Das ist vielleicht für immer vorbei. Während sich die Nostalgiker nach den hellen Horizonten zurückwenden, haben die Zukunftzugewandten einen neuen Gott entdeckt - das Geld.

Zeittafel zur Geschichte

- ***681-1018:*** Erstes Bulgarisches Reich. Die ansässigen Thraker, die eingeströmten Südslawen und Protobulgaren bilden unter *Khan Asparuch* den ersten bulgarischen Staat. Hauptstadt Pliska, 893 Preslav.
- ***852-889:*** *Boris I.*, 865 Annahme des Christentums als Staatsreligion, Schaffung eines slawischen Alphabets durch *Kyrill* und *Method.*
- ***893-927:*** *Zar Simeon I.*, 919 Unabhängigkeit der bulgarischen Kirche. 9./10. Jh. „Goldenes Zeitalter" Bulgariens mit größter territorialer Ausdehnung und kultureller Blüte. Herausbildung des bulgarischen Schrifttums.
- ***1018-1185:*** Byzantinische Herrschaft über Bulgarien. 1185 erfolgreicher Aufstand gegen die byzantinische Fremdherrschaft.
- ***1186-1396:*** Zweites Bulgarisches Reich. Hauptstadt Tarnovo.
- ***1218-1241:*** Zar *Iwan Assen II.*, größte politische, wirtschaftliche und kulturelle Blüte.
- ***1396-1878:*** Osmanenherrschaft in Bulgarien.
- ***1870:*** Gründung des bulgarischen Exarchats als erster Schritt zur Wiedergewinnung einer unabhängigen bulgarischen Kirche.
- ***1876:*** Aprilaufstand gegen die Türken und grausame Niederschlagung.
- ***1877/78:*** Russisch-Türkischer Krieg bringt Bulgarien die Befreiung.
- ***1878 (3.3.):*** Friedensvertrag von San Stefano. Grenzkorrekturen durch den Berliner Kongress: Der Norden des Landes wird das Fürstentum Bulgarien, Südbulgarien bleibt als Ostrumelien türkische Provinz.
- ***1879:*** Mit der Verfassung von Tarnovo ist Bulgarien eine konstitutionelle Monarchie. Wahl des deutschen Prinzen *Alexander von Battenberg* zum ersten Fürsten Bulgariens.
- ***1885:*** Anschluss Ostrumeliens an das Fürstentum Bulgarien.
- ***1886:*** Sturz Fürst *Battenbergs* durch russisch gesinnte Offiziere.
- ***1887:*** Wahl des Prinzen *Ferdinand von Sachsen-Coburg und Gotha* zum neuen Fürsten Bulgariens.
- ***1891:*** Gründungsversammlung der Bulgarischen Sozialdemokratischen Partei, seit 1919 Bulgarische Kommunistische Partei (BKP).
- ***1900:*** Gründung des Bulgarischen Bauernbundes.
- ***1908:*** Bulgarien erklärt seine Unabhängigkeit, Fürst *Ferdinand* nimmt den Zarentitel an.
- ***1912/13:*** Erster Balkankrieg mit Anschluss der restlichen bulgarisch besiedelten Gebiete.
- ***1913:*** Zweiter Balkankrieg führt zu größeren Gebietsverlusten.

- **1915:** Eintritt Bulgariens in den Ersten Weltkrieg an der Seite der Mittelmächte.
- **1918:** Bedingungslose Kapitulation Bulgariens. Zar *Ferdinand* tritt zugunsten seines Sohnes *Boris III.* ab.
- **1919:** Friedensvertrag von Neuilly-sur Seine mit neuen, noch größeren territorialen Verlusten und hohen Reparationszahlungen.
- **1920:** Aus Parlamentswahlen geht der Bulgarische Bauernbund als Sieger hervor, *Alexander Stambolijski* Ministerpräsident. Aufnahme in den Völkerbund.
- **1923 (9.6.):** Militärputsch, faschistische Regierung unter *Alexander Zankow* bis 1926.

1923 (23.9.): Erster antifaschistischer Aufstand in der Weltgeschichte unter Führung der BKP.

- **1926-1935:** Wechsel bürgerlicher Regierungen in verschiedenen Koalitionen.
- **1935-1943:** „Königsdiktatur" (monarchofaschistische Diktatur) als persönliche Herrschaft Zar *Boris III.*
- **1941 (1.3.):** Bulgarien schließt sich dem Dreimächtepakt an. (2.3.) Einmarsch deutscher Truppen, Bulgarien ist Aufmarschgebiet gegen Jugoslawien und Griechenland, später gegen die Sowjetunion (13.12.). Kriegserklärung Bulgariens an Großbritannien und die USA.
- **1942:** Schaffung der Vaterländischen Front unter Leitung der BKP und Verstärkung des Partisanenkampfes.
- **1943:** Tod *Boris III.*, der minderjährige Thronfolger *Simeon II.* übernimmt die Regentschaft.
- **1944 (5.9.):** Kriegserklärung der Sowjetunion an Bulgarien. (9.9.) Nach Aufstand Machtergreifung der Vaterländischen Front in Sofia und Bildung einer volksdemokratischen Regierung. (28.10.) Waffenstillstandsabkommen mit den Alliierten (GB, UdSSR, USA) und Kriegseintritt gegen das nationalsozialistische Deutschland.
- **1945 (4.11.):** Rückkehr *Dimitroffs* aus Moskauer Exil. Erste Nachkriegswahlen mit Stimmenmehrheit für die Vaterländische Front (18.11.). Annahme des Gesetzes über die Bodenreform.
- **1946:** Nach Referendum über die Abschaffung der Monarchie (8.9.) Proklamierung der Volksrepublik Bulgarien (15.9.).
- **1946 (27.10.):** Wahlen zur Volksversammlung, Ministerpräsident wird *Georgi Dimitroff.*
- **1947 (10.2.):** Friedensvertrag in Paris stellt die Grenzen vom 1.1.1941 wieder her und nimmt Bulgarien von Reparationszahlungen aus.
- **1947 (4.12.):** Verkündung neuer Verfassung, die Sieg der volksdemokratischen Ordnung dokumentiert; danach Beginn der Verstaatlichung der Wirtschaft, der Kollektivierung der Landwirtschaft und der zentralistischen Wirtschaftsführung mit

Georgi Dimitroff – der Held von Leipzig

Am 21. September 1933 blickte die Welt auf Leipzig. Vor dem Reichsgericht standen der Vorsitzende der KPD-Fraktion im Reichstag, *Ernst Torgler*, die bulgarischen KP-Funktionäre *Georgi Dimitroff, Blagoj Popow* und *Wassil Tanew* sowie der 24jährige Holländer *Marinus van der Lubbe*. Sie waren angeklagt, in der Nacht des 27. Februar den ***Reichstag in Brand*** gesetzt zu haben. Der Prozess, der die Schuld der KPD beweisen sollte, geriet zur propagandistischen Niederlage der Nationalsozialisten und zum persönlichen Sieg *Georgi Dimitroffs*.

Nach dem misslungenen antifaschistischen Septemberaufstand 1923 aus Bulgarien emigriert, lebte er in den Folgejahren in verschiedenen Ländern Europas. Seit 1929 hielt er sich in Berlin auf. Bei der Suche nach einem „Brandstifter" geriet die deutsche Polizei zufällig auf *Georgi Dimitroffs* Spur. Im Verlauf der Verhöre wurde ihm klar, dass das Ziel darin bestand, aus ihm einen ***Brandstifter zu „fabrizieren".*** Um dem Gerichtsprozess gewachsen zu sein, in dem er nicht nur sich selbst, sondern die kommunistische Bewegung verteidigte, las er im Gefängnis Hitlers „Mein Kampf", studierte das deutsche Strafrecht und die deutsche Geschichte, vervollkommnete seine deutschen Sprachkenntnisse. Mit gefesselten Händen blätterte er in den Werken der deutschen Klassik und Weltliteratur, um sich hiervon inspirieren zu lassen.

Am dritten Verhandlungstag, dem 23. September, begann der Präsident des IV. Strafsenats des Reichsgerichts, *Georgi Dimitroff* zu vernehmen. Seine ***erste Rede vor dem Reichsgericht*** fand in der Welt breiten Widerhall. Die Presse, unabhängig von ihrer politischen Orientierung, gab zu, dass *Dimitroff* „angeborene Würde besitzt" (Times), dass er „ein Mann von hervorragender Intelligenz und Begabung ist" (Gazeta Warszawska). Durch seine Selbstverleugnung - *Dimitroff* dachte nicht an sich, an sein Leben, seine Sicherheit - gewann er die Sympathien und Unterstützung Tausender ehrlicher Menschen in der Welt.

Am 4. November 1933 erschien der preußische Ministerpräsident und Reichstagspräsident ***Hermann Göring als Zeuge*** vor Gericht. Es gibt wohl kaum einen zweiten Fall in der Geschichte, dass sich zwei Welten, so markant in zwei Persönlichkeiten verkörpert, gegenüberstanden. *Göring* hielt eine dreiste Rede. Seine beleidigenden Worte prallten ab an der beeindruckenden Gestalt *Dimitroffs.* Mit seinen enthüllenden Fragen trieb er *Göring* in eine Sackgasse. In ohnmächtiger Wut suchte *Göring* einen Ausweg aus dieser Situation. Der Senatspräsident kam ihm zu Hilfe, indem er befahl, *Dimitroff* aus dem Saal zu führen. Doch noch beim Hinausgehen fragte dieser: „Sie haben wohl Angst vor meinen Fragen, Herr Ministerpräsident?" Der geschlagene „Zeuge" drohte dem Angeklagten, mit ihm abzurechnen, sobald er außerhalb der Rechtsmacht des Gerichtshofes sein werde.

Auch der Propagandachef ***Goebbels,*** der am 8. November vor Gericht antrat, konnte den von Göring hinterlassenen Eindruck nicht verwischen. „Inmitten der allgemeinen Mutlosigkeit über den errichteten Terror ...", schrieb die belgische Zeitung „Peuple" am 14.11.1933, „fühlt man sich ermuntert und getröstet, wenn man sich an die stolze Haltung dieses bulgarischen Kommunisten vor dem Reichsgericht in Leipzig erinnert".

Brillant war die ***Schlussrede Dimitroffs,*** die er am 16. Dezember 1933 hielt. Als leidenschaftlicher Patriot konnte er über die gegen die Bulgaren gerichteten gehässigen Angriffe der Nazipresse nicht mit Schweigen hinweggehen. Er verteidigte die Ehre, die Würde und die Kultur seines Volkes. „Ein Volk, das 500 Jahre unter einem fremden Joch gelebt hat, ohne seine Sprache und sein Nationalbewusstsein zu verlieren ... – ein solches Volk ist nicht barbarisch und wild", erklärte er stolz. „Barbarisch und wild ist in Bulgarien nur der Faschismus." Die im Saal Anwesenden verstanden, dass sich diese Worte nicht nur auf den bulgarischen Faschismus bezogen. Am 23. Dezember 1933 wurden *Georgi Dimitroff* und die anderen KP-Funktionäre „aus Mangel an Beweisen" ***freigesprochen,*** allerdings verblieben sie weiterhin in „Schutzhaft". Zwei Monate währte der Kampf um ihre Rettung. Der Beschluss der Sowjetunion, ihm die ***sowjetische Staatsbürgerschaft*** zu verleihen, entschied den Ausgang dieses Kampfes. Am 27. Februar betrat *Dimitroff* sowjetischen Boden.

Die Welt kennt viele große Namen wie *Pablo Picasso, Diego Rivera, Rosa Luxemburg, Bertolt Brecht,* die an das sozialistische Ideal geglaubt haben. Das verringert nicht ihre geistige Größe und die Bedeutung ihrer Werke. *Dimitroff* prägte sich ein in der Pose des Unbeugsamen, des überlegenen Redners, mit erhobenem Zeigefinger oder verschmitztem Lächeln; als Angeklagter, der vor dem Reichsgericht zum Ankläger des Nationalsozialismus wurde. Mit seinem mutigen Auftreten hat er sich zu Recht einen bleibenden Platz in der Geschichte erobert.

1. Mai 1946: Dimitroff begrüßt den Demonstrationszug

Demonstration in Sofia: Bei 130 Parteien versucht jede Gruppierung auf sich aufmerksam zu machen

Zweijahrplan (1947/48) und Fünfjahrplänen (erster 1949-1953).

- ***1949 (2.2.):*** Tod *Georgi Dimitroffs*.
- ***1949 (Dez.):*** Bulgarien wird Mitglied des RGW/Comecon.
- ***1954:*** *Todor Shiwkow* Erster Sekretär des ZK der BKP.
- ***1955 (15.5.):*** Mitglied des Warschauer Paktes. Aufnahme in die UNO (14.12).
- ***1962:*** *Shiwkow* Ministerpräsident.
- ***1969:*** „Rückführungsabkommen" mit der Türkei über die Ausreise bulgarischer Türken.
- ***1971:*** Annahme einer sozialistischen Verfassung, *Shiwkow* übernimmt neugeschaffenes Amt des Staatsratsvorsitzenden.
- ***1974:*** Volle diplomatische Beziehungen zwischen der Bundesrepublik Deutschland und Bulgarien.
- ***1981:*** 1300-Jahr-Feier des Staates.
- ***1989:*** Durch die gewaltsame Bulgarisierung der türkischen Bevölkerung kommt es ab Frühjahr zu deren massenhafter Auswanderung. Die bulgarische Wirtschaft gerät in Schwierigkeiten.

1989 (10.11.): Sturz *Shiwkows* als KP-Chef auf einer ZK-Sitzung; wird vom bisherigen Außenminister *Petar Mladenow* abgelöst.

- ***1990 (15.1.):*** Streichung der führenden Rolle der KP aus der Verfassung. Haftbefehl gegen *Shiwkow* (18.1.). Umbenennung der KP in „Bulgarische Sozialistische Partei" (BSP) (4.4.).
- ***1990 (7.6.):*** Größte Massendemonstration in der Geschichte des Landes mit etwa 1 Mio. Menschen zur Unterstützung der Opposition bei den bevorstehenden Wahlen.
- ***1990 (10.6.):*** Erste freie Wahlen; die Sozialisten gewinnen die absolute Mehrheit mit 211 von 400 Mandaten. Größten Erfolg hat die BSP noch auf dem Land. Im Parlament Wahl von *Shelju Shelew* zum Staatsoberhaupt (1.8.).
- ***1990 (15.11.):*** Aus der Volksrepublik wird die Republik Bulgarien.
- ***1991 (12.7.):*** Bulgarien erhält eine neue, demokratische Verfassung.
- ***1991 (13.10.):*** Zweite Parlamentswahlen nach der politischen Wende. Sieger wird das Oppositionsbündnis SDS (deutsche Abkürzung UDK = Union der Demokratischen Kräfte) mit 34,4 %. Die Reformkommunisten erzielen 33,1 %. Nach 47 Jahren scheint die kommunistische Herrschaft in Bulgarien gebrochen.
- ***1992 (12. und 19.1.):*** Das Volk bestätigt durch Wahlen *Shelju Shelew* als Staatspräsident.
- ***1994 (18.12.):*** Die Sozialisten erobern bei Parlamentswahlen mit 44 % der Stimmen die absolute Mehrheit zurück. Die zerstrittene UDK folgt weit abgeschlagen mit rund 24 %.
- ***1995 (7.12.):*** Antrag Bulgariens auf Vollmitgliedschaft in der EU.
- ***1996 (Mai):*** Der im spanischen Exil lebende *Zar Simeon II.* besucht erstmals Bulgarien. *Peter Stojanow,* ein konservativer Oppositionspolitiker (UDK), gewinnt die Präsidentenwahl (3.11.). Der Amtsantritt des neuen Staatspräsidenten erfolgt im Jan. 1997.

• 1997 (19.4.): Vorgezogene Parlamentsneuwahlen, bei denen das Wahlbündnis der *Vereinigten Demokratischen Kräfte ODS* mit der UDK an der Spitze 52,2 % der abgegebenen Stimmen erhält und das politische Kräfteverhältnis wieder umkehrt. Die regierenden Sozialisten (BSP) erringen nur 22,1 %. Neuer Ministerpräsident wird *Iwan Kostow* von der UDK. (1.7.) Der neu eingesetzte Währungsrat koppelt den Lew an die DM.

• 1998 (5.8.): Tod des langjährigen sozialistischen Staatspräsidenten *Todor Shiwkows.*

• 2001 (seit 10.04.): Bulgarische Staatsangehörige benötigen kein Visum für Kurzaufenthalte im Gebiet der Schengen-Staaten, deren Dauer 90 Tage pro Halbjahr nicht übersteigt und wenn dieser Aufenthalt nicht mit einer Erwerbstätigkeit verbunden ist.

• 2001 (17.06.): Das Wahlbündnis des früheren Zaren Simeon II. hat die bulgarischen Parlamentswahlen gewonnen. Die „Nationale Bewegung Simeon II." (NDSW) errang 120 der 240 Mandate und verfehlte damit nur knapp die absolute Mehrheit im Parlament.

• 2002 (23.–26.05.): Trotz seiner gesundheitlichen Probleme besucht Papst Johannes Paul II. Bulgarien. Die orthodoxen Christen in Sofia und Plovdiv bereiten dem Papst einen ehrenwürdigen Empfang.

Staat und Verwaltung

Seit 1990 ist Bulgarien eine Republik. Am 12. Juli 1991 wurde eine ***neue Verfassung*** in Kraft gesetzt. Von damals noch 400 Abgeordneten stimmten 309 dafür. Die 80 Vertreter der Demokraten (UDK) blieben der Abstimmung fern. Sie befürchteten die Aufgabe der strafrechtlichen Verfolgung früherer kommunistischer Funktionsträger, weil nur ganz allgemein Verbrechen gegen „Frieden und Menschlichkeit" unter Strafe gestellt wurden. Manche Formulierung erschien ihnen zu verschwommen, auch wurde die Regelung der Rückgabe nationalisierten Eigentums als mangelhaft empfunden. Verfassungsänderungen können von mindestens einem Viertel der Parlamentsmitglieder vorgeschlagen werden. Bei Verfassungsstreitigkeiten entscheidet ein ***Verfassungsgerichtshof,*** dessen Existenz in der bulgarischen Geschichte einmalig ist.

Staat, Gesellsch.

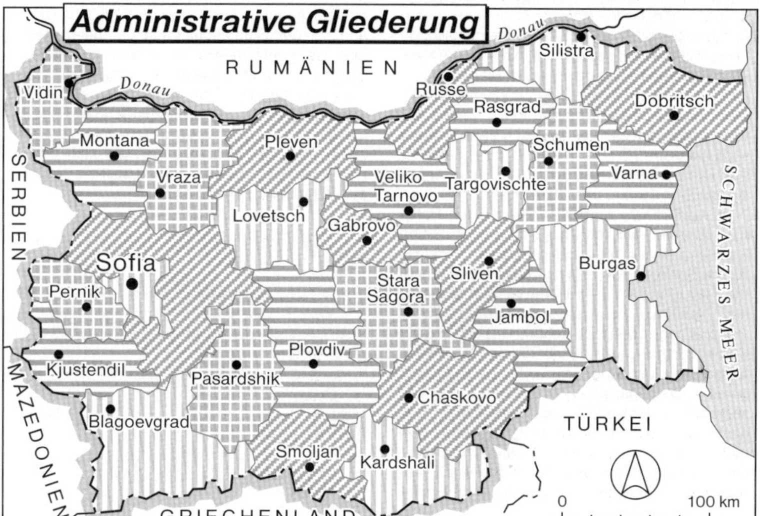

Simeon – die letzte Hoffnung eines Volkes

„Wir wollen unseren Zaren! Wir wollen unseren Zaren" rief das Volk im Mai 1996 und drückte seine Hände – so sehr, dass sie ihm wund wurden ... Es war sein erster Besuch 50 Jahre nach seiner Vertreibung. Und 300.000 Bulgaren bereiteten ihm in Sofia einen triumphalen Empfang.

Als Sechsjähriger war der Thronfolger nach dem Tod des unter mysteriösen Umständen verstorbenen Vaters am 28. August 1943 als Simeon II. zum Zaren ausgerufen worden. Bereits einen Tag nach dem von den Kommunisten inszenierten Referendum über die Abschaffung der Monarchie musste der junge Zar mit seiner Mutter Joanna am 9. September 1946 mit einem Handgeld von 200 Dollar das Land verlassen. In der Eile vergaßen die neuen Machthaber, auf seiner Abdankung zu bestehen, so dass der Zar nie auf seine Thronrechte verzichtete. Über Istanbul gelangte er mit Mutter und Schwester sowie einem kleinen Gefolge nach Alexandria, und im Sommer 1951 gewährte die spanische Regierung der bulgarischen Königsfamilie Asyl und Niederlassungsrecht in Madrid.

Nach einem Studium der Volkswirtschaft begann Simeon II. eine Karriere als Finanzberater. Aus der am 20. Januar 1962 geschlossenen Ehe mit der vermögenden und aus bestem Hause stammenden Spanierin Dona Margarita gingen fünf Kinder hervor. Sein Lebensmotto war: „Die beste Schule für einen Monarchen ist das Exil, vorausgesetzt er kann daraus wieder zurückkehren." Zu dieser Absicht bekannte er sich im Februar 1990: „Grundsätzlich sei er bereit, nach Bulgarien zurückzukehren."

Im April 2001, zehn Wochen vor den Parlamentswahlen, war es endgültig soweit. Seine Residenz wurde das zurückerlangte Schloss Wrana bei Sofia, wo er seine Kindheit verbracht hatte. Er ging ein Wahlbündnis ein und gründete die „Nationale Bewegung Simeon II." Dabei muss er wohl gedacht haben, was Bulgariens Politiker bisher geleistet haben, kann ich allemal besser, und es ist besser für das Land. Ob gut gemeint auch gut gemacht bedeutet, bleibt in seinem Fall abzuwarten. Den enttäuschten Bulgaren erschien er wie eine Lichtgestalt. Viel mehr als sein gütiges Gesicht kannten sie allerdings nicht von ihm. Dem Zaren gelang es dennoch, die Sehnsüchte der Wähler zu beflügeln. Es ist dies die Sehnsucht nach Erlösung. Simeon wird quasi durch seine Herkunft eine höhere Moral als den gemeinen Politikern zugeschrieben. So vollbrachte er am 17. Juni 2001 mit seinem fulminanten Wahlsieg bei den Parlamentswahlen in Bulgarien mit 42,73% der abgegebenen Stimmen bereits ein Wunder, das es zuvor noch nie gegeben hatte. Somit war erstmals ein Monarch durch demokratische Wahlen in einem früheren kommunistischen Land an die Macht zurückgekehrt. Dabei verfehlte seine „Nationale Bewegung" die absolute Mehrheit nur hauchdünn. Von 240 Sitzen in der Nationalversammlung errang sie 120.

Der neue Hoffnungsträger der Bulgaren wurde am 16. Juni 1937 als Simeon Prinz von Sachsen-Coburg und Gotha geboren. Die deutschen Wurzeln seiner Familie, die in Bulgarien herrschte, seit sein Großvater Ferdinand 1887 von der Nationalversammlung des Landes zum erblichen Fürsten gewählt wurde, wurden in seiner Kindheit noch gepflegt. So spricht Simeon II. neben Bulgarisch, Englisch, Französisch, Italienisch und Spanisch auch fließend Deutsch.

Der Wunsch der Bulgaren nach Teilhabe an den Segnungen der modernen Welt ist verbunden mit der Sehnsucht nach der guten alten Zeit, die damals gewiss auch nicht so gut war. Sachsenkoburgotski, wie sein bürgerlicher Name lautet, eignet sich in idealer Weise als Identifikationsfigur, die alle Zerklüftungen der Gesellschaft überspannt. Er wird nun unter Beweis stellen müssen, welchen Wert ein königlicher Heiligenschein besitzt. Augenblicklich scheint der Glanz schon etwas verblasst zu sein.

Seit 1992 wird der Staatspräsident in ***direkten Wahlen,*** nicht mehr wie zuvor vom Parlament, für eine Amtsperiode von fünf Jahren gewählt. Außenpolitisch mehr repräsentative Funktionen wahrnehmend, ist er innenpolitsch als Präsident des Nationalen Sicherheitsrates und Oberbefehlshaber der Armee nicht ganz machtlos. Er kann das Inkrafttreten von Gesetzen verzögern und sie zur weiteren Behandlung an das Parlament zurückverweisen.

Aus der Wahl zur Volksversammlung am 13.10.1991 ging ein ***neues Parlament*** mit nur noch 240 Sitzen hervor. Nach dem neuen, am 22.8.1991 in Kraft getretenen Wahlrecht wurden die Abgeordneten in geheimer Wahl für die Dauer von vier Jahren gewählt. Neugeschaffen wurde auch eine Vier-Prozent-Klausel.

Die ***Verwaltung*** des Landes ist seit dem 1.1.1999 in 28 Regionen gegliedert. Diese Unterteilung entspricht in Anzahl und Größe exakt den 28 Unterbezirken der ehemals 9 Verwaltungsgebiete. Von dieser kleinräumigeren Aufteilung verspricht man sich mehr Bürgernähe und ein besseres administratives Dienstleistungsangebot vor Ort. Positiver Nebeneffekt: 1000 neue Verwaltungsstellen.

Massenmedien

Sehr deutlich ist der politische Wandel bei den Presseerzeugnissen ablesbar. Heute hat jede politische Richtung, auch die der Parteilosen, jede Interessengemeinschaft und Gruppierung ihr eigenes Blatt. 1996 übernahm die Essener Zeitungsgruppe WAZ (Westdeutsche Allgemeine Zeitung) die beiden größten Verlage Bulgariens *168 Tschasa* und *Media Holding.* Sie investierte ca. € 25,6 Mio (50 Mio Lw) in eine neue Druckerei sowie modernste Kommunikationstechnik und sicherte so das Überleben der zwei auflagenstärksten Zeitungen des Landes, der *24 Tschasa („24 Stunden")* und *Dnewen Trud* („Tagesarbeit").

Die meisten bulgarischen Blätter plagen ***Finanzierungsprobleme,*** die auch vor der kommunistischen *Duma* nicht Halt machen. Im August 1998 wurde ihr Erscheinen vorübergehend eingestellt. Die Sozialisten Bulgariens suchen für ihre Zeitung nicht nur nach neuem Geld, sondern auch nach einem neuen Profil.

Neben einer hohen Zahl von angepassten Journalisten, die eigene Recherchen oft vermissen lassen, ist ***engagierter Journalismus*** auch in Bulgarien gefährlich geworden. Im Frühsommer 1998 ging ein Aufschrei durch alle Medien, als auf eine über die Mafia schreibende Journalistin ein Säureattentat verübt wurde. Bezüglich der Parteizeitungen ist es jedoch so, wie es immer war: Man schreibt das, was der jeweiligen Partei nützt. Der einzige Unterschied zu früher besteht darin, dass es heute nicht eine, sondern mehrere Parteien und damit mehrere Meinungen gibt.

Die zentrale ***Nachrichtenagentur*** des Landes ist die 1898 gegründete *Bulgarische Telegrafenagentur (BTA).* Außerdem existiert noch die 1967 gegründete *Sofia-Press-Agentur* und seit 1991 die erste private Agentur *Leff Informationen Service.*

Rundfunk und Fernsehen sind noch und vorwiegend staatlich. Das Kurzwellen-Auslandsprogramm von *Radio Sofia* strahlt Sendungen auch in deutscher Sprache aus. Bulgariens Fernsehen bringt viel deutsche Werbespots und gestaltet sein Programm nach westlichem Vorbild.

Deutschsprachige Zeitungen und Zeitschriften

Die beste Zeitung in deutscher Sprache, das *Bulgarisches Wirtschaftsblatt,* wird in 34 Ländern vertrieben, enthält sachkundige und vielseitige Informationen – gleichermaßen interessant für Geschäftsleute und Bulgarienfreunde. Das Abonnement kostet € 73,60 (144 Lw) pro Jahr.

- ***Bulgarisches Wirtschaftsblatt,***
uliza Zar Assen 31, Postfach 594, 1000 Sofia, Tel. (02) 980 2828, Fax (02) 981 5331, E-Mail: wb-ganev online.bg; http://www.online.bg/wb/
- ***„Bulgarien heute"***
ploschtad Sweta Nedelja 113, 1158 Sofia, Bulgarien
- ***„Bulgarischer Horizont"***
P.O.Box 23042 Slawejkow Prospekt 11, 1000 Sofia, Bulgarien, Tel. (02) 835 233
- ***Zeitschrift „Bulgarien"***
I. J. Print Interjournal GmbH, uliza Rakowski 127, 1000 Sofia, Bulgarien, Tel. (02) 880 441/25, 879 203

Wirtschaft

Spätestens mit der Auflösung der sozialistischen Wirtschaftsorganisation RGW im Jahre 1991 wehte Bulgarien der ***raue Wind der Weltwirtschaft*** ins Gesicht. Bis dahin war die bulgarische Wirtschaft fast ausschließlich auf den osteuropäischen Markt zugeschnitten. Auf ihn entfielen vier Fünftel des bulgarischen Im- und Exports. Der Wegfall dieser Absatzmärkte und die jetzt auch für Bulgarien geltenden Weltmarktpreise führten zu einem beispiellosen Zusammenbruch der Volkswirtschaft. Ganze Wirtschaftszweige, die früher im Zuge der Industrialisierung unter großen Opfern und mittels ausländischer Kredite aufgebaut worden waren, wurden unrentabel und verschwanden über kurz oder lang von der Bildfläche. Viele Industrieanlagen verloren jeden wirtschaftlichen Wert. Für die Modernisierung der entwicklungsfähigen Betriebe fehlten sichere rechtliche Rahmenbedingungen und klare Eigentumsverhältnisse. Damit fehlten für fremdes Kapital jegliche Investitionsanreize und für bulgarische Privatfirmen herrschte zusätzlich Kreditknappheit.

Änderungen konnten nur grundlegende Reformen wie eine durchgreifende ***Privatisierung*** schaffen. Aber genau das geschah bis 1997 sehr zögerlich und widerwillig, schien doch der bulgarische sozialistische Weg nicht nur überzeugten Kommunisten einigermaßen erfolgversprechend gewesen zu sein. Dabei ließen die meisten außer acht, dass die material- und energieintensiven Industrieprodukte überwiegend mit Hilfe billiger sowjetischer Erdöl- und Erdgasimporte hergestellt wurden und nur in einem geschützten Markt wie dem des RGW rentabel verkauft werden konnten.

Noch 1995 entstammten 93 % der ***Industrieproduktion*** dem staatlichen Sektor und im Folgejahr machten noch mehr Wirtschaftsunternehmen Verlust als Gewinn. Trotzdem waren die meisten Bulgaren der Meinung, dass der Staat defizitäre Firmen unterstützen müsse. Tatsächlich deckten Staatsfirmen ihre Verluste vornehmlich durch immer neue Kredite. Die Privatisierung sah im Endergebnis so aus, dass die Verluste nationalisiert, also vom Staat und dem ganzen Volk getragen wurden, die Gewinne aber in Privattaschen flossen. Das wie auch immer erwirtschaftete nationale Kapital wurde nun aber auf Grund fehlender Investitionsanreize auch nicht arbeitsplätzeschaffend investiert, sondern wanderte ins Ausland oder zeigte sich in Form von Luxuskarossen oder Prachtvillen. Der Staat hatte die Kontrolle über seine Industrieunternehmen verloren. 1996 wurden nur noch 25 % der ausgegebenen Kredite bedient, die defizitären Betriebe zahlten ihre Steuern nicht mehr. Insofern war der Zusammenbruch des Finanzsystems mit der Regierung an der Spitze nur noch eine Frage der Zeit. Dieser erfolgte dann mit der Hyperinflation und der Bankenkrise der Jahre 1996 und besonders 1997, deren Folgen das Land bis heute mit bitterer Armut bezahlen muss.

In der ***Landwirtschaft*** wurde schon seit Jahren immer weniger investiert, die Kreditvergabe aufgrund der Bankenkrise zusätzlich erschwert. Die Produktion war soweit zurückgegangen, dass sich das Land 1996 nicht mehr selbst versorgen konnte und als traditionelles Getreideexportland erstmals Getreide importieren musste. Die Zerschlagung der großen agro-industriellen Komplexe, wie sie von der UDK-Regierung 1991/92 in Angriff genommen worden war, hatte die ursprünglichen Flurgrenzen aus der Zeit vor der Kollektivierung zum Ziel. Die Folge war eine ***Zersplitterung des Bodens*** in kleine und ineffektive Ländereien. Inzwischen kehren sogar viele arbeitslose Städter in die Dörfer zurück und bearbeiten ihre zurückerhaltenen Klein- und Kleinstflächen selbst. Diese neu entstandenen landwirtschaftlichen Betriebe produzieren vorwiegend für den Eigenbedarf und schaffen es als so genannte „Einmachgläser-Wirtschaften" oft nicht, mehr als die Wintervorräte anzulegen. Eine Vergrößerung der Bodenparzellen durch Zusammenlegung steht erst noch bevor.

Die wirtschaftliche Entwicklung hat die Bevölkerung so sehr verarmen lassen, dass heute der größte Teil des Verdienstes eigentlich nur für Lebensmittel ausgegeben werden müsste. Aber so gut wie jeder Bulgare verfügt über einen eigenen Garten oder ein Stück Land, das er nebenberuflich zur ***Selbstversorgung*** mit Obst und Gemüse nutzt. Viele halten zusätzlich noch Schafe, Schweine oder sogar Rinder. Dies erst sichert mancher Familie die Existenz.

Neben der offiziellen Arbeitsstelle, die die Rentenansprüche sichert, gehen viele Bulgaren noch einer ***inoffiziellen Tätigkeit*** nach, wobei dieses Zusatzeinkommen häufig dem offiziellen Lohn entspricht. Auf Grund der wieder steigenden Mieten und Immobilienpreise sichern auch Mieteinnahmen in den Städten (vermietet wird an Ausländer, Studenten, Firmen, Dörfler, die in der Stadt arbeiten) und in Kurorten sowie Einkünfte aus dem Verkauf von Immobilien ca. 20 % der Bevölkerung ein hohes (zusätzliches) Monatseinkommen. Da die real verlangten Mieten zumeist viel höher sind, als im Mietvertrag ausgewiesen, lassen sich derzeit die Einkünfte der Bulgaren nur sehr ungenau von den Behörden erfassen. Letztendlich ist die ***durchschnittliche Kaufkraft*** der Bulgaren also wesentlich höher als der normale Durchschnittsverdienst. Außerdem verfügt nahezu jeder Bulgare über Wohneigentum, weshalb bei den wenigsten ein Teil ihres Einkommens für die Miete ausgegeben werden muss. Es bleibt ein bulgarisches Geheimnis schon aus sozialistischen Zeiten, mehr Geld auszugeben, als offiziell verdient wird.

Die 1997 ins Amt gekommene Regierung der *Vereinigten Demokratischen Kräfte ODS* schaffte es als erste Regierung nach der Wende durch ihre ***aktive Reformpolitik***, das Vertrauen des IWF und der Weltbank zu gewinnen. Die makrowirtschaftlichen Daten weisen denn auch in den letzten Jahren einen positiven Trend auf und politisch ist Bulgarien eines der stabilsten Länder der Region geworden – ein wichtiger Faktor für das wachsende Vertrauen vor allem der europäischen Staaten. So werden Bulgarien von Seiten der EU deutliche Fortschritte bei der Vorbereitung des Landes auf den EU-Beitritt bescheinigt. Bulgarien hofft nicht ohne Berechtigung, bei der EU-Erweiterung 2007 dabei zu sein. Genügend Probleme bleiben noch immer. Neben den bekannten Schwächen im Wirtschaftssystem gehört die Korruption zu den größten Hindernissen für ausländische Investoren.

Tourismus

Die schöne, reichhaltige Natur, die günstigen klimatischen Bedingungen sowie die interessante kulturhistorische Erbschaft bieten dem Tourismus in Bulgarien ***gute Entwicklungschancen.*** In den vergangenen drei Jahrzehnten ist der Tourismus bereits zu einem bedeutenden Wirtschaftsfaktor und Devisenbringer geworden. Im Superjahr 1994 waren dies 400 Mio. und 1997 noch 369 Mio. $ (ca. € 400 Mio).

Nach dem dramatischen Einbruch infolge der politischen Wende ist in den letzten Jahren das touristische ***Interesse an Bulgarien gestiegen***. Im internationalen Vergleich hat sich das Blatt zu Gunsten Bulgariens gewendet. Konnte noch vor wenigen Jahren Bulgarien nicht mit den Mittelmeerländern konkurrieren, haben insbesondere Hotelneubauten und -modernisierungen trotz inzwischen gestiegener Preise das Preis-Leistungs-Verhältnis dennoch verbessert. Da es Preissteigerungen auch in anderen Ländern gab, ist Bulgarien nach wie vor ein preiswertes und lohnenswertes Urlaubsland.

Politisch stabil, bisher von Terror und Ölverschmutzungen verschont, schnell mit dem Flugzeug, notfalls auch mit dem Auto oder Zug erreichbar, kehren viele Ostdeutsche wieder an ihre alten Traumstrände zurück, und viele Westdeutsche und Westeuropäer beginnen das Land neu zu entdecken. Bulgarien ist touristisch zum Boomland geworden. Allein aus Deutschland, das traditionell mit der Zahl seiner Besucher an vorderster Stelle liegt, kamen 2002 (von Januar bis September) 454.176 Touristen. Aus bulgarischer Sicht lässt allerdings die Zahl der Gäste aus Österreich und der Schweiz zu wünschen übrig.

Die Seebäder waren in der Hochsaison 2002 fast 100-prozentig ausgebucht. Wichtigste Zielgruppe bleiben hier ***Familien.*** Entsprechend viel wird für Kinder getan. Hierzu zählen nicht nur die hohen Kinderermäßigungen in den Hotels, sondern auch die vielfältigen Animationsprogramme vom Wasserrutschen bis zur garantierten Kinderbetreuung.

Ein großer Teil der Hotelanlagen, nicht nur am Meer, hat aber noch ***Renovierungs- und Modernisierungsbedarf.*** Am Sonnenstrand gehören viele Hotels der niedrigen 2-Sterne-Kategorie an. Hilfestellung bei der Modernisierung seiner Hotelbasis an der Schwarzmeerküste hat Bulgarien mehrfach von den finanzstarken deutschen Reiseanbietern ITS, TUI und NUR erhalten.

Die meisten Gäste wollen weiterhin an die Küste, doch hat sich die Zahl der Urlauber in den Bergkurorten sowie der ***Alternativtouristen,*** die Landaufenthalte, Kurbäder, Gesundheitsurlaube und Klosterbesuche vorziehen, erhöht. Das ist schon deshalb positiv, weil ausländische Reisende so auch das „andere" Bulgarien kennen lernen und zugleich die Abhängigkeit der Tourismusbranche vom Sommergeschäft gemindert wird.

Es bleibt vordringliche Aufgabe, die ***Privatisierung*** in der Tourismusindustrie abzuschließen. Der bulgarische Staat setzt neuerdings auch auf die Vergabe von Konzessionen, zum Beispiel für den Betrieb der Badestrände. Bereits seit 1992 bietet man Plätze in den ehemaligen Residenzen der kommunistischen Parteiaristokratie an. Dasselbe gilt für verschiedene, bisher der Partei und Regierung vorbehaltene ***Sanatorien,*** die noch immer wenig bekannt sind, obwohl sie über hervorragende Möglichkeiten für Therapie und Rekreation verfügen.

Unabhängig von den inzwischen realisierten Prozenten resultieren aus der Privatisierung eine ***Reihe von Problemen,*** die zwar typisch für diese Übergangszeit sind, die aber oft zu Lasten der Touristen gehen und die Schaffung verbesserter Bedingungen behindern. Viele Hotels, die noch nicht privatisiert sind, machen einen schlampigen Eindruck. Die jetzige Praxis, die Hotels und Campingplätze nur für drei Jahre zu verpachten, erschwert die Privatinitiative und Investitionsfreudigkeit der Halbeigentümer. Es ist keine Ausnahme, dass die noch staatlichen Hotels und Gaststätten bewusst unfreundlich und niveaulos geführt werden, um die Gäste regelrecht zu verscheuchen und damit die

Tourismusmagnet Rhodopengebirge

Stausee Dospot in den Rhodopen (Foto: LP)

Objekte materiell zu ruinieren mit dem Ziel, sie um so eher und möglichst spottbillig privat übernehmen zu können.

Viele der ***Campingplätze am Schwarzen Meer*** sind vernachlässigt und leer; die verpachteten können oft nur mit den Spitzenmonaten Juli und August rechnen. Für eine bessere Auslastung müsste nicht nur geworben, sondern vor allem investiert werden. Bestimmte Unzulänglichkeiten nehmen die Urlauber in der Hauptsaison gezwungenermaßen noch am ehesten in Kauf. Die betonte Saisonalität und räumliche Konzentration führt in bestimmten Territorien und besonders im Monat August zum ***Überschreiten zuträglicher Belastungen*** der Urlaubsgebiete und zumutbarer Bedingungen für die Touristen.

Dagegen sind von einem Rückgang auch der einheimischen Gäste besonders hart die zahlreichen ***Herbergen im Gebirge*** betroffen. Nach der Zahl der Herbergen, Unterkünfte und Berghütten stehen, statistisch gesehen, nur in Deutschland mehr Übernachtungsmöglichkeiten im Gebirge zur Verfügung. Bezogen auf die Bevölkerungszahl, sind die Liebhaber der Natur in Bulgarien die bestversorgten der Welt. 263 Herbergen und 99 andere touristische Objekte gehörten allein dem Bulgarischen Touristenverband. Diese Zahl hat sich in den letzten Jahren allerdings um 40 vermindert, weil auf Grund der ungenügenden Auslastung die Aufwendungen für die Unterhaltung alle Kräfte überstiegen.

Die Privatisierung der Touristenobjekte am Schwarzen Meer zieht nicht nur Bulgaren, sondern auch deutsche, französische, österreichische, griechische, türkische und arabische Investoren an. Sie sind nicht nur angelockt von den natürlichen Gegebenheiten der Schwarzmeerküste, sondern auch von den billigen Arbeitskräften und niedrigen Bodenpreisen.

Für ausländische Geldgeber schwierig zu lösen sind jedoch die folgenden Probleme: Ein Landerwerb zwischen 2 und

20 Hektar umfasst gewöhnlich auch Ackerland. Eine Zustimmung zur Änderung der Bodennutzung und eine Baugenehmigung zu erhalten, ist mit vielen Schwierigkeiten verbunden. Falls auch das geschafft ist, kann man noch über die fehlende Infrastruktur stolpern. Der Anschluss an das Energienetz, die Wasserleitung und eines Telefons droht zur unüberbrückbaren Hürde zu werden.

Am gewinnbringendsten ist der ***Jagdtourismus.*** Die Experten der Weltorganisation für Jagd und die Erhaltung des Wildes erklärten, Bulgarien verfüge mit über die beste Jagdwirtschaft in Europa. Jedoch werden zum Beispiel die elitären Trophäen von Rehböcken so sehr unter den üblichen Marktpreisen abgegeben, dass die Tiere in manchen Gebieten durch massenhafte Vernichtung bereits bedroht sind und Ausländer spöttelnd bemerken, die Bulgaren würden ihren Nationalreichtum nicht schätzen.

Durch den Massentourismus werden künstlich die Übernachtungs- und Verpflegungspreise nicht nur in den typischen Touristenzentren, sondern auch im Landesinneren erhöht. In jedem Hotel oder Privatquartier gibt es ***getrennte Preise für Ausländer und Bulgaren.*** In den Gaststätten ist es massenhaft zur Praxis geworden, nach der Sprache, die man spricht, bezahlen zu müssen. Bulgarisch ist die billigste Sprache, alle anderen werden höher eingestuft. In Pamporowo (in den Rhodopen) bezahlt ein Bulgare nach den Aussagen eines Kellners umgerechnet etwa € 0,09 (0,18 Lw) für einen Tee, ein Ausländer € 0,96 (1,87 Lw). Ein Hotelbett kostet einen Bulgaren € 6,39 (12,50 Lw), dagegen darf der Ausländer für die gleichen Bedingungen Lewa in Höhe von

Menschen, Falken und Adler retten die Ehre des bulgarischen Tourismus

Unter dieser Überschrift erschien ein Artikel in der bulgarischen Zeitung „Standart" vom 2. Mai 1993. Der geschilderte Vorfall datiert aus der jüngsten Vergangenheit des bulgarischen Tourismus und ist laut „Standart" ein Beispiel für den unbegrenzten Erfindungsreichtum und die Klugheit der Bulgaren. Spielplatz der Geschichte sind zwei Hotels irgendwo am Schwarzen Meer, die beispielsweise „Orel" („Adler") und „Sokol" („Falke") heißen. Eine Reisegruppe mit deutschen Touristen hat für das Hotel „Adler" gebucht und schon bezahlt. Dem Urlaub steht nichts mehr im Wege – nur das Hotel ist noch nicht fertig, es wird noch renoviert. Das Ausweichhotel „Falke" – hier waren die Renovierungsarbeiten gerade abgeschlossen – ist jedoch eine Kategorie tiefer. Da man weiß, dass die preisbewussten Deutschen den Unterschied nicht ohne Rabattforderungen an den Reiseveranstalter hinnehmen werden, kommt man auf eine geniale Idee: Man tauscht kurzerhand die Hotelschilder aus. Und mit den neuen Namen leben die Hotels heute noch …

Möge die hier aufgeschlagene Seite aus der Hotelgeschichte ein kleiner Hinweis darauf sein, dass nicht jede Unkorrektheit in diesem oder einem anderen Buche ein Verschulden der Autoren oder des Verlages darstellen. Selbstverständlich bleiben beide Seiten für jeden Hinweis dankbar – und korrigieren auch unverschuldete Fehler.

€ 25,60 berappen. Während man in Hotels relativ hilflos ist und nur mit bulgarischen Freunden oder Bekannten buchen könnte, um in den Genuss des „ermäßigten" Preises zu gelangen - vorausgesetzt, es wird nicht von allen der Ausweis gefordert - kann man sich in Gaststätten selbst behelfen. Man muss unbedingt die Speisekarte *(menju)* verlangen, auf ein Gericht deuten und sich sofort den Preis notieren. Mit etwas Durchsetzungsvermögen erhält man die Speisekarte in der Regel auch. Wenn nicht, muss man die Preise vor der Bestellung unbedingt erfragen - und notfalls gehen.

Kommentare von seiten ausländischer Touristen wie: „Das ist ja spottbillig!", verletzen nicht nur das Selbstwertgefühl der Bulgaren, sie führen auch zu Preiserhöhungen in der Hauptsaison bis hin zu gnadenloser Ausbeutung unter dem Motto: „Wenn diese Preise für sie zu niedrig sind, dann können sie soviel bezahlen, wie zu Hause gewohnt." Viele Leute wissen oder merken gar nicht, dass sie über den Tisch gezogen werden. Auch die erhöhten Preise erscheinen ihnen noch realistisch. Mehrmals waren wir Zeuge, wie Touristen schamlos betrogen wurden. So kauften wir einmal am Goldstrand zwei Ansichtskarten mit zwei Briefmarken. Die deutsche Familie, die vor uns das gleiche verlangte, bezahlte den dreifachen Preis. Als wir daraufhin die Verkäuferin fragten, warum so ein Unterschied, antwortete uns die junge Bulgarin selbstbewusst: „Weil die viel Geld haben, müssen sie mehr bezahlen."

In Bulgarien ist das ***Bild von den Deutschen*** immer noch geteilt, man unterscheidet nach wie vor zwischen Ost und West, zwischen zwei Kategorien Deutscher. Schlimm und schade, dass die Deutschen dazu oft selbst Anlass geben. Hier merkt man eben, wenn West- und Ostdeutsche vielmals nichts miteinander zu tun haben wollen oder sich selbst triumphierend als „echte" Deutsche beziehungsweise bemitleidend oder nur scherzhaft als „zweite Kategorie" bezeichnen. Dem Westdeutschen wird nachgesagt, er sei selbstbewusster, sein Benehmen „würdevoller". Manchmal wird arrogant allerdings nur mit „würdevoll" verwechselt.

Während unserer Reisen entlang der Schwarzmeerküste hörten wir immer wieder Klagen in den Hotels und Gaststätten: „Zu uns kommen nur die Arbeitslosen, die Armen und die Rentner." Der Mythos des zahlungskräftigen Deutschen ist am Schwarzen Meer zerstört. „Wo andere, ohne ans Geld zu denken, viel essen und kräftig trinken, kauen die Deutschen an einer Pizza zu dritt." Die deutsche Sparsamkeit können die Bulgaren nicht begreifen und stufen sie als Armut ein; denn wer „reich" ist, gibt sein Geld nach ihrer Meinung locker aus. Damit sind vor allem neureiche Russen gemeint, die mit 10.000-20.000 $ (ca. € 10.850-21.700) in den Urlaub fahren.

Trotz der Schwierigkeiten in der Wirtschaft gelang es der Tourismusbranche als erster, den Plancharakter des vergangenen Systems abzuschütteln. Und abgesehen von den Schwierigkeiten in der Übergangsphase ist Bulgarien auf dem besten Wege, ein Zentrum des europäischen Tourismus zu werden.

Die Menschen

Bevölkerung

1991 entdeckte die *Mensa International* die Bulgaren als neue ***Intelligenzweltmeister.*** Bei Tests bewiesen von fast 100 teilnehmenden Bulgaren die Hälfte einen IQ (Intelligenzquotienten) von über 98. Damit liegen die Israelis nicht mehr allein auf dem ersten Platz.

Die Bevölkerung Bulgariens ist von 1990 bis 2000 von fast 9 Mio. auf ca. 8,2 Mio. gesunken. Ausschlaggebend für diesen ***Rückgang*** ist u.a. die hohe Zahl von Emigranten. Allein von 1990-1996 haben 400.000 Personen Bulgarien verlassen (im Zeitraum 1947-1989 waren es insgesamt „nur" 600.000). Gleichzeitig ist die Geburtenrate mit einem Rückgang von 5,4 % auf den niedrigsten Stand in der Geschichte gesunken. Hingegen hat sich die Sterblichkeitsrate einschließlich der Kindersterblichkeit sprunghaft erhöht.

Verschlechtert hat sich trotz einer hohen Zahl von Hundertjährigen auch die durchschnittliche ***Lebenserwartung.*** Bei Männern beträgt sie 67 und bei Frauen 74 Jahre und liegt damit unter dem Wert von westeuropäischen Staaten. Dazu trägt besonders die schlechte Ernährung, der verstärkte Alltagsstress und der Missbrauch von Alkohol und Nikotin bei.

Von 3,6 Mio. Bulgaren im arbeitsfähigen Alter zwischen 16 und 60 Jahren befinden sich 3,1 Mio. in einem Arbeitsverhältnis. Sie müssen die restlichen 5,1 Mio. Menschen unterhalten, von denen 2,2 Mio. noch nicht volljährig und 2,4 Mio. Rentner sind. Durch den dramatischen Rückgang der Geburtenziffer kommt es zu einer ***Überalterung der Bevölkerung.*** Schon jetzt ist jeder vierte Bulgare ein Rentner. Kein statistischer Kniff, sondern finanziell notwendig ist die Heraufsetzung des Rentenalters seit 1999 bei Frauen von 55 auf 60 und bei Männern von 60 auf 63 Jahre. Von den 500.000 Arbeitslosen empfangen infolge eines fehlenden sozialen Netzes ca. 200.000 keinerlei Unterstützung.

Auf einem Quadratkilometer leben ca. 75 Einwohner, im europäischen Durchschnitt sind es 67 und in Deutschland 225 Einwohner pro qkm. Fast 70 % der Bulgaren wohnen in Städten, Tendenz abnehmend. Die Zahl der Frauen ist geringfügig höher als die der Männer.

Demografische Probleme oder ist Bulgarien noch zu retten?

Reißerisch aufgemachte Zeitungsberichte beschäftigen sich mit der angstvollen Frage, ob die bulgarische Bevölkerung ***zur Minderheit degenerieren*** oder gar verschwinden werde; ob es noch jemanden gebe, der die Renten erarbeitet und nicht zuletzt die einzigartige bulgarische Kultur und Lebensweise reproduziert. Dass diese übertriebenen Bedenken nicht ganz grundlos sind, zeigt die Entwicklung der letzten Jahre bezüglich der rückläufigen Geburtenziffern bei den Bulgaren im Gegensatz zu den anderen ethnischen Gruppen, insbesondere den Sinti und Roma. Ein weiterer Negativfaktor ist die ***Auswanderung*** vor allem junger Leute. Das begehrteste Zielland ist dabei Deutschland vor den USA, Kanada, Österreich, Frankreich und Südafrika. Die USA tragen ihrerseits auch einen Teil dazu bei, das Interesse an der Auswanderung wachzuhalten: Sie wollen im Jahre 2000 bis zu 3500 der begehrten Greencards durch eine Lotterie verteilen, die den Besitzern eine Aufenthalts- und Arbeitserlaubnis sichert.

Von den 1992 zur Welt gekommenen Kindern wurden 55 % von minderjährigen Müttern - zumeist Angehörige der Sinti und Roma - geboren, was diesbezüglich einen Rekord in Europa darstellt. Eine weitere traurige Bilanz besagt, dass 4342 dieser Kinder zur ***Adoption*** freigegeben sind oder ausgesetzt und der Obhut von Kinderheimen anvertraut wurden. Insgesamt leben zur Zeit 45.000 Kinder in diesen Heimen. So entstand ein attraktives Angebot für viele kinderlose Ehepaare aus

Deutschland, Italien, Frankreich und den USA. Allein von Paaren aus den USA wurden von 1991 bis 1997 ca. 150 Kinder adoptiert, weitere 500 ausländische Eltern warten derzeit auf ihr bulgarisches Kind. Gemäß einer Verordnung von 1998 beträgt die Gebühr für die ausländischen Adoptiveltern € 767 (1500 Lw) (zuvor € 2556/5000 Lw). Wenn ein Ausländer das Kind seines bulgarischen Ehepartners bzw. eines Verwandten, der bulgarischer Staatsbürger ist, adoptiert, wird nur eine Gebühr von € 5,10 (10 Lw) erhoben.

Ethnische Gruppen

Die Besiedlungsgeschichte Bulgariens war so wechselhaft, die Verschmelzung der verschiedenen Einflüsse so gründlich, die sozialpolitischen Ereignisse bis zuletzt so spannend, dass eine genaue Gliederung nach ethnischen Merkmalen auf große Schwierigkeiten stößt. Es können deshalb nur ungefähr die Zahlen der einzelnen ***Hauptethnien*** genannt werden.

- ***Gesamtbevölkerung:*** ca. 8 Mio
- ***Bulgaren:*** ca. 6 Mio.
- ***Türken:*** ca. 1,2 Mio.
- ***Sinti und Roma:*** 700.000
- ***Armenier, Juden, Russen, Griechen, Karakatschanen*** u.a.: 240.000

Die Bezeichnung Bulgaren hat sich als allgemeiner Volksname in der frühen Phase des Aufbaus eines bulgarischen Volkstums am Ende des 9. Jh. durchgesetzt. Eine ***bunte Völkermischung*** aus Thrakern, Slawen und Protobulgaren, denen sich Kelten und Germanen, Römer und Byzantiner sowie Goten zugesellten, hat sich im Laufe der Geschichte fest miteinander verschmolzen. Sicher fließt noch manch unbekanntes Blut in den heutigen Bulgaren, die sich zweifelsfrei als Slawen bezeichnen. Dennoch spotten sie selbst mit zahlreichen Witzen über ihre Herkunft. Da Bulgarien die Brücke zwischen Europa und Asien bildet, heißt es z.B. in freizügiger, typisch bulgarischer Redensart: Jeder, der durch Bulgarien gezogen ist, hat hier seinen Samen gelassen; oder im Umkehrschluss: Nur derjenige, der nicht durch Bulgarien gewandert ist, hat seinen Samen nicht hier gelassen. Die beste Bestätigung dieser „Weisheit" findet man noch heute in den Überlieferungen und im Brauchtum, deren Einzelheiten verraten, dass verschiedene Völker im Laufe der Geschichte ihre Spuren hinterlassen haben, die dann alle zu einer bulgarischen Kultur zusammengewachsen sind.

Türken

Über 100 Jahre nach der Befreiung Bulgariens von der türkischen Fremdherrschaft bleibt für viele ***Türken*** Bulgarien heute noch ihr Heimatland. Diese größte ethnische Gruppe bewohnt ziemlich konzentriert den Nordosten des Landes (das Gebiet ist im Volksmund unter dem Namen Deliorman bekannt) im Umkreis der Städte Rasgrad, Schumen und Targowischte sowie den westlichen Teil der Rhodopen. In ***zwei Übersiedlungsaktionen*** in den Jahren 1950 und 1969 gingen in Übereinstimmung mit der Türkei 185.000 Türken in die für sie unbekannte Heimat ihrer Vorfahren zurück. Ende der 80er Jahre kam es zu einer größeren ***Fluchtbewegung,*** als das alte Regime durch die Aktion „Bulgarisierung" die kulturelle Identität der Türken mit Gewalt zu zerstören versuchte (bis hin zur Slawisierung ihrer Namen). So kehrten 1989 340.000 bulgarische Türken dem Land den Rücken, von denen allerdings 120.000 wieder zurückkehrten.

Sinti und Roma

Schon seit der Zeit des Zaren *Iwan Schischman* (1378) sind die Nachfahren der Auswanderer aus dem legendären Land Sind in Nordindien – die Roma und Erlija – auf bulgarischem Boden ansässig. Die heutigen *„Zigani"* (Zigeuner) sind in allen Ortschaften Bulgariens anzutreffen, besonders stark in Sofia, Plovdiv, Stara Sagora und Sliven. Bis in die 60er Jahre lebten sie üblicherweise noch nomadisch oder halbnomadisch. Heute kommt das nur noch vereinzelt vor. In Religion und Sprache passen sie sich im Allgemeinen ihrer Umgebung an, sie sind also teils christlich, teils mohammedanisch und in der Regel zweisprachig. Einer ihrer traditionellen Berufe, der des Wanderhandwerkers, wird in unseren Tagen nur selten noch ausgeübt. Mit Vorliebe ist man nach wie vor (Wander-) Händler, Musikant und die Frau Wahrsagerin.

Diese große Minderheit nennt sich selbst ***„Zigani",*** was für sie keine Beleidigung oder Diskriminierung darstellt. Der rassistische Ausdruck *„mrasni Zigani"* (schmutzige Zigeuner) wird in Bulgarien allerdings für jedermann, der sich schlecht benimmt und unehrlich ist - unabhängig von seiner Herkunft - verwendet. Im gegenwärtigen Demokratisierungsprozess und nach Gründung verschiedener Romaverbände versucht man, die Bezeichnung „Roma" durchzusetzten. Die bulgarische Presse verwendet dagegen immer noch ausweichende und spöttelnd-umschreibende Bezeichnungen wie „unsere gebräunten Mitbürger" oder „braungebrannte Bulgaren", wenn von der ***Misere der Roma*** die Rede ist. Denn augenblicklich beträgt deren Arbeitslosenquote 80 %. Sie waren die ersten, die gefeuert wurden. Als Folge sind sie gleichzeitig Opfer und Täter in puncto Kriminalität, Prostitution und Korruption. Viele haben gleich nach der Wende versucht, ihr Glück in Deutschland zu finden. Heute erzählen sie mit Stolz, dass sie hier viel Geld bekommen haben, mit dem sie jetzt ein Gewerbe ausüben können.

In diesem Bevölkerungsteil besitzen die ehemaligen Kommunisten, die nunmehrigen Sozialisten, ein gewaltiges Wählerpotential, denn die Roma können die ***„guten***

Auch heute noch betreiben die Sinti und Roma das Schaustellergewerbe

alten Zeiten" nicht vergessen. Seit den 70er Jahren hatte die Regierung eine Politik der verstärkten Integration durchgesetzt. Da die Roma die ***höchste Geburtenrate*** des Landes aufweisen (mindestens vier Kinder, die Mädchen sind schon mit 13-14 Jahren inoffiziell verheiratet und kriegen mit 15 ihr erstes Kind), sah sich der Staat zur besonderen Unterstützung der Roma gezwungen. Den ersten Platz in Europa bezüglich der Zahl der Frühehen, der von Minderjährigen geborenen Kinder und der Schwangerschaftsabbrüche belegt Bulgarien nicht ohne kräftiges Zutun der Roma. Viele Romakinder füllen auch die staatlichen Kinderheime, teils wegen Schädigungen, aber meist, weil sie nach der Geburt von ihren Müttern freigegeben werden. Das Erscheinungsbild des ansonsten geburtenschwachen Bulgarien sollte nicht irgendwann nur von den Roma bestimmt werden. So hoffte man mit einer Integration - durch Sesshaftmachung, Ausbildung (besonders der Kinder) und durch Arbeit -, das Lebensniveau der Roma zu erhöhen und damit indirekt auf die Senkung der Kinderzahl Einfluss zu nehmen.

Bei den zur Unterstützung kinderreicher Familien an alle betroffenen Bulgaren ausgereichten Krediten wurden die Roma sogar bevorzugt. Die zinslosen und teilweise nicht zurückzuzahlenden Kredite waren zum Bau von Eigenheimen bestimmt. Bei den Roma entstanden oft Skelette von Häusern, in denen nur ein Zimmer bewohnt werden konnte. Ohne den Bau zu vollenden, zog man ins unfertige neue Heim - und ließ es zumeist bei diesem Zustand. Die geplanten ***„Zigeunerviertel"*** *(ziganski machali)* verkamen so eher zufällig, keinesfalls beabsichtigt in fast jeder Stadt zu einer Art Slum. Der nächste Schritt war, in den staatlichen Platten-Neubauten für gemischte Mieter (Bulgaren und Roma) zu sorgen. Die Bulgaren haben allerdings manchmal fluchtartig, oft nach zähem Ringen mit sich - schließlich gab man eine heißbegehrte Wohnung auf - diese Quartiere verlassen, denn es gab eine Vielzahl größerer und kleinerer Probleme im ***Zusammenleben mit den Roma,*** die die Grenze des Zumutbaren oft überschritten. Dabei hat die „alte" Regierung sogar Ehen zwischen Bulgaren und Roma gefördert und materiell unterstützt. Zuletzt folgte die ***Bulgarisierung der Romanamen.*** Im Gegensatz zur türkischen Minderheit waren die meisten Roma mit dieser „sozialistischen Taufe" zufrieden, weil sie nun endlich als Bulgaren angesehen wurden.

Zweifellos sind gewisse Erfolge bei der ***Integration der Roma*** nicht zu übersehen, und es ist ein Verdienst der sozialistischen Ära, dass das ***Lebensniveau der Roma angehoben*** wurde und dass deren Kinder in der Mehrzahl erstmals kontinuierliche Schulbildung genossen. Um Eltern und Kindern die Erfüllung der Schulpflicht zu erleichtern, baute man neue Schulen in Nähe der Romaviertel.

Von der beabsichtigten Integration der Roma kann jedoch nur in Ansätzen die Rede sein. Am ehesten gelang die Sesshaftmachung. Aber z.B. wegen der traditionellen Frühheirat konnten viele Kinder keine gute Ausbildung erhalten und arbeiteten schließlich doch nur als Reinigungsfrauen, Straßenkehrer oder Straßenbauer. Einigen Roma ist es allerdings gelungen, als anerkannte Musiker, Künstler, Ärzte, Lehrer und Sportler zu wirken. So erhielt 1993 die bulgarische Romafrau *Sali Ibrahim* den einzigen Preis für Poesie der internationalen „Friedrich-Naumann-Stiftung" für ihre erste Gedichtsammlung „Kosmische Liebe". Beim ersten Musikfestival der Romamusik Bulgariens im Juni 1993 in Stara Sagora versetzten sie das Publikum in Begeisterung.

Juden

Juden *(Ewrei)* werden auf der Balkanhalbinsel bereits in schriftlichen Quellen des Mittelalters erwähnt. Entscheidender Anlass für ihre massenhafte Einwanderung war aber erst die Verfolgung und Vertreibung ***sephardischer Juden aus Spanien*** gegen Ende des 15. und zu Beginn des 16. Jh. Auf Grund von Zusagen und ausgestattet mit Privilegien des Sultans, ließen sie sich in großer Zahl im Osmanischen Reich nieder und gründeten Kolonien auch in zahlreichen bulgarischen Städten. Als Kaufleute, Handwerker und Ärzte schufen sie sich großes Ansehen. Sie sprachen Spaniolisch, ein mit vielen hebräischen Wörtern durchsetztes Altspanisch.

Im Laufe der Zeit und besonders in den letzten Jahrzehnten ***büßten*** die bulgarischen Juden etwas ***von ihrer Identität ein.*** Einige vermischten sich mit Bulgaren, noch mehr aber vergaßen ihre angestammte Sprache, und viele wanderten nach Israel aus. Heute leben Juden nur noch vereinzelt in den größeren Städten des Landes, vor allem in Sofia und Plovdiv.

Armenier

Wie die Juden so waren auch die Armenier über die gesamte Balkanhalbinsel verstreut. Zwischen beiden ethnischen Gruppen gibt es viele Ähnlichkeiten. Bereits byzantinische Kaiser holten die Armenier zur Abwehr bulgarischer Angriffe nach Thrakien und siedelten sie hier an. Die Armenier arbeiteten ebenfalls als Kaufleute und Handwerker und genossen den Ruf, das ***gebildetste Volk des ganzen Orients*** zu sein. Mit ihrem Unternehmungsgeist und dank ihrer Intelligenz brachten sie es vielfach zu hohem Ansehen und Reichtum. Ihre prunkvollen und gepflegten Häuser werden immer wieder in Berichten westlicher Reisender beschrieben.

Die Armenier schufen sich durch Abspaltung von der griechisch-orthodoxen Kirche bereits im 5. Jh. eine ***eigene orthodoxe Kirche.*** Es gibt aber auch katholische Armenier. Sie alle passten sich der Lebensweise in Bulgarien weitgehend an und sprechen heute fast ausschließlich die Sprache ihres Gastlandes. Die heutigen Armenier üben noch immer intellektuelle Berufe aus, sind Ärzte und Künstler. Auch sie leben in den größeren Städten Bulgariens.

Mazedonier

Sprachlich und geistig-kulturell eng mit den Bulgaren verwandt ist die ca. 200.000 Menschen umfassende Bevölkerungsgruppe der Mazedonier. Bisher wurden sie von offizieller bulgarischer Seite als ein ethnischer Zweig des bulgarischen Volkes betrachtet. Das führte zwangsläufig immer wieder zu ***Dissonanzen mit Jugoslawien.*** Überhaupt war die mazedonische Frage stets ein Streitpunkt zwischen beiden Ländern (z. B. die beiden Balkankriege 1912/13, als es um die Einverleibung des bis dahin türkischen Mazedoniens ging). Beide Staaten meldeten historische Ansprüche an, gehörte Mazedonien doch im Mittelalter zu verschiedenen Zeiten sowohl zum Ersten und Zweiten Bulgarenreich als auch zum Serbischen Reich, bis alle unter osmanische Herrschaft fielen. Nach der Befreiung Mazedoniens 1912 wurde es laut Großmächteentscheid unter Serbien, Bulgarien und Griechenland aufgeteilt, so dass ein dritter Staat in die „mazedonische Frage“ einbezogen wurde.

Für Bulgarien existierte bis 1989 ***offiziell keine mazedonische Volksgruppe.*** Das war allerdings nicht von Anfang an so. Nach dem 2. Weltkrieg bis Mitte der 50er Jahre konnte man sich als Angehöriger der mazedonischen Minderheit bezeichnen, was auf Grund des guten Verhältnisses zwischen *Tito* und *Dimitroff* möglich war. Bei der Volkszählung 1956 machten davon in Pirin-Mazedonien (Südwestbulgarien) noch 180.000 Menschen Gebrauch. Später gab es ebensowenig Mazedonier mehr in Bulgarien wie Türken. Alle waren nunmehr „Bulgaren“. Heute kommt es in diesem Gebiet zu vereinzelten ***nationalistischen Äußerungen,*** in denen der Anschluss an die Republik Mazedonien gefordert wird.

Pomaken

Bei den etwa 200.000 Pomaken (oder bulgarischen Mohammedanern) handelt es sich um Bulgaren, die im 16. und 17. Jh. ***zwangsweise zum Islam*** übergetreten sind. Gerade diese Bulgaren im Südwesten des Landes hatte die Politik der Zwangsislamisierung hart getroffen und erst zur ethnischen Minderheit im eigenen Vaterland werden lassen. Die persönliche Tragödie dieser Opfer des religiösen Fanatismus ist ein Teil der Tragödie des bulgarischen Volkes. Man hat die Bulgaren, die den Islam übernommen haben, *„pomazi"* genannt, weil sie unter Verdacht standen, dass sie *Pomagatschi* (Helfer) der osmanischen Machthaber seien. Die Pomaken werden noch heute von den Bulgaren ***als Verräter betrachtet*** (manche behaupten sogar, sie seien Türken, die ihre Muttersprache verloren hätten) und von den Türken als keine echten Türken verachtet. Dennoch versuchen die Anhänger der Partei der türkischen Minderheit (Partei für Recht und Freiheit) mit allen Mitteln, diese Menschen als Wähler für sich zu gewinnen. Da sich niemand weiter um die Pomaken kümmert und ihre Interessen vertritt, sind sie mancherorts gezwungen, sich an die türkische Minderheit anzulehnen bis zum Erlernen der Sprache.

In den Städten mit überwiegend türkischer Bevölkerung haben die Bulgaro-Mohammedaner sich völlig turzisiert und ihr Volksbewusstsein verloren, während diejenigen in den entfernten Dörfern in der Zeit der Türkenherrschaft ihre bulgarische Muttersprache bewahrt haben. Bulgarisch sprechen noch heute sogar die ***in Nordgriechenland lebenden Pomaken.*** Diese interessanteste ethnische Gruppe Bulgariens lebt in Kolonien in den Rhodopen, im Rosental und bei Teteven im Nordwesten des Landes. In den Rhodopendör-

Pomakenkinder: die echten Südslawen

fern sprechen sie ein melodisches und dialektfreies Bulgarisch, das man sonst nirgendwo hören kann.

Die Pomaken sind blauäugig, blond und sehr schweigsam. Von ihrem Äußeren her muss man vermuten, dass es sich um ***reine Südslawen*** handelt, die sich im 7. Jh. in die Berge zurückgezogen haben, um der Verschmelzung mit den Protobulgaren zu entgehen. Später - mit der Übernahme des mohammedanischen Glaubens - retteten sie die ganze Umgebung vor weiterer Drangsal, da sie die türkische Forderung nach einer bestimmten Anzahl zum Islam Gehörender erfüllt hatten.

In den Rhodopen leben sie bescheiden und zurückgezogen in einer der ärmsten Regionen des Landes und seit Generationen von der schweren Arbeit des Tabakanbaus. Sogar ihr Tod soll nach ihrer Auffassung keine Spuren hinterlassen. Ihre ***Friedhöfe*** sind grasbewachsen. Nur zwei spitze Steine - einer für die Füße und ein Stein für den Kopf - ohne Namen und sonstige Zeichen bestimmen ihren Platz in der Erde. Das entbehrungsreiche Leben hat sie gelehrt: „Der Mensch soll auch, wenn er tot ist, nicht mehr bekommen, als er braucht." Bei Ausgrabungen fand man in den Gräbern christliche Symbole, Zeugnisse ihrer vergessenen Identität, die sie heimlich in die Ewigkeit mitgenommen haben. Diese Menschen erzählen nicht gern über sich und sind sehr ängstlich, geradezu scheu. Sie sind die ewigen Opfer der Geschichte.

Alianen

(aliáni oder *kasálbaschi,* türkisch *kizil, rot'* und *bas* = Kopf, Rotköpfige) Die Alianen sind Anhänger einer islamischen Sekte, die ähnlich den Schiiten Mohammeds Schwiegersohn Ali verehren (daher deren Name ‚Ali'-anen). Im 17. Jh. wurden sie wegen ihrer von der Staatsreligion abweichenden religiösen Auffassungen aus Persien, dem heutigen Iran, vertrieben und gelangten auf bulgarischen Boden. Vor ***Verfolgung*** waren sie aber auch hier nicht sicher, denn die Osmanen, die damals im Lande herrschten, sahen in ihnen wie in den Christen Andersgläubige.

Heute leben die Alianen unter sich in vereinzelten Dörfern oder in Ortschaften mit Mischbevölkerung in *machalí* (Wohnvierteln oder ganzen Straßenzügen). Vorwiegend ***siedeln*** sie in der Landschaft Ludogórieto, einem großen Plateau in Nordostbulgarien, und in den Ostrhodopen bei Kárdshali.

Die Alianen besuchen keine Moscheen. Ihre ***religiösen Praktiken*** vollziehen sie in einer Grabstätte eines alianischen Heiligen *(teké)*. Jedem alianischen Dorf steht ein Oberhaupt der Gemeinde *(dedé)* vor. Abends versammelt er seine Gemeinde in einem von ihm bestimmten Haus, wo man musiziert und religiöse Lieder singt.

Die Alianen sprechen einen türkischen Dialekt, haben aber ein gespaltenes ***Verhältnis zu den Türken.*** Obwohl sie sehr gastfreundlich sind, darf kein mohammedanischer Türke ihr Haus betreten.

Im Unterschied zu den Mohammedanern stehen sie - gleichsam als verbindendes Element mit den Bulgaren - ***Schnaps und Wein*** nicht ablehnend gegenüber und ihre Frauen tragen keine Kopfbedeckung.

Da die Alianen, anthropologisch gesehen, hell und blond sind, wie es für Slawen typisch ist, könnte man meinen, sie seien mit ihnen verwandt. Insofern hält sich die Auffassung, sie seien von den Türken zwangsweise zum Islam konvertierte Slawen.

Gagausen

In Nordostbulgarien lebt diese kleine Gruppe, eine türkischsprachige Minderheit christlich-orthodoxen Glaubens.

Karakatschanen

Sprachlich, aber nicht ethnisch mit den Griechen verwandt ist die recht unbekannte und nicht sehr große Gruppe der Karakatschanen, die, über das Land verstreut, von Viehzucht und Käseherstellung leben. Die meisten von ihnen sind in jüngster Zeit sesshaft gemacht worden. Trotz widerspüchlicher Ansichten werden sie heute allgemein als hellenisierte Thraker angesehen. Die Karakatschanen sind orthodoxe Christen und sprechen einen griechischen, stark mit slawischen Wörtern durchsetzten Dialekt. Es ist festzustellen, dass sich die Karakatschanen immer stärker an die bulgarische kulturelle Umgebung anpassen.

Auslandsbulgaren

Als Folge von Auswanderungswellen im 19. Jh. leben heute ethnische Bulgaren noch in benachbarten Regionen Nordgriechenlands (Pomaken), Mazedoniens, Serbiens und Rumäniens sowie in Albanien, in der Ukraine und in Moldawien. Selbst in den fernen USA, in Kanada und in Australien gibt es bulgarische Kolonien.

Die bulgarische Familie

Nach der gegenwärtigen bulgarischen Familiengesetzgebung ist die Eheschließung generell erst Personen mit vollendetem 18. Lebensjahr gestattet. Das Verhältnis des Volkes zum ***Heiratsalter*** stimmt aber nicht immer mit dem Gesetz überein. Insbesondere die moralischen und religiösen Normen der Roma und der türkischen Bevölkerung widersprechen dem. Das normale Heiratsalter der Frauen liegt zwischen 20 und 24 Jahren und das der Männer bei 20 bis 25.

Die Liebe ist selbstverständlich die wichtigste ***Voraussetzung für eine Heirat.*** Die gleiche Ausbildung, die materiellen Werte und der Wohnort sind jedoch zusätzliche und oft ausschlaggebende Motivationen für die endgültige Entscheidung, wenn die „Nebensächlichkeiten" auch einigermaßen stimmen. Dazu zählen neben Schönheit und Intelligenz die Treue, ein stabiler Beruf, gesellschaftliche Autorität und gute Eigenschaften als Hausfrau bzw. Ehemann. So entstand in den letzten Jahrzehnten ein klassisches Ehemodell: Ingenieur plus Ärztin. 81% der Ehen werden zwischen Partnern mit gleichem Bildungsniveau geschlossen.

Entspricht der ins Auge gefasste Partner den meisten der Kriterien, dann steht einer ***Hochzeit nach bulgarischer Art*** nichts mehr im Wege, es sei denn, die junge Dame hat sich - wie neuerdings verbreitet - einen Ausländer geangelt. Die bulgarische Hochzeit ist jedenfalls ein großes Erlebnis - und das nicht nur für die jungen Leute. Die Eltern haben sich schon längst auf dieses Ereignis vorbereitet. Alles muss unvergesslich bleiben. Das Geld, was man ein Leben lang gespart hat, wird jetzt mit vollen Händen ausgegeben. Die „Kinder" werden fein angezogen. Wenn die ganze Verwandtschaft beider Seiten erscheint, dazu die Freunde, Kollegen, Nachbarn und Bekannten, ist eine Gästeschar von 200-300 Personen nicht ungewöhnlich. Sie alle möchte man möglichst in die beste Gaststätte zum Essen einladen. Dort spielt noch eine Kapelle auf, und die ausgelassene Stimmung wird mit der Videokamera festgehalten. Die Trauzeugen, die später auch Taufpaten sein sollen, sind die hochverehrten und wichtigsten Personen. Sie werden von Braut und Bräutigam reichlich beschenkt. Aber auch alle anderen Gäste erhalten kleine Geschenke.

Die Braut begrüßt jeden, indem sie ihm ein Taschentuch oder Blumen an den Kragen steckt. Besonders Nahestehende bekommen noch Handtücher, Schlafanzüge, Stoffe, Schürzen oder Ähnliches über die Schulter gelegt. Damit ist der spannendste Moment des Festes erreicht - die ***Geschenkübergabe*** an das junge Paar. Es ist üblich geworden, dass dies in Form von Bargeld geschieht. Das wird der Braut ans Hochzeitskleid geheftet oder zu einer Kette aufgefädelt. In der letzten Zeit wehren sich viele junge Leute gegen solche

Die glücklichen Großeltern

Geldketten. Geld ja, aber gleich in die Hand. Große Geschenke machen natürlich die Trauzeugen. Die Krönung dieses Wettbewerbs stellen die „Gaben“ der Eltern dar. Stolz tritt der Vater des Bräutigams ans Mikrophon und verkündet: „Zu etwas Großem hat es nicht gereicht, hier gebe ich der jungen Familie etwas Kleines“ - und zeigt einen Schlüssel. Es ist das „Sesam, öffne dich!" für die neue Eigentumswohnung. Der Vater der Braut hat auch keinen Grund, sich zu schämen. Die Frischvermählten empfangen einen zweiten Schlüssel - für das Auto. Stets wird das Geschenkeüberreichen von Applaus begleitet und die Feier immer wieder von dem Ruf *„gortschiwo!"* (bitter) unterbrochen. Daraufhin muss das junge Paar sofort mit einem süßen Kuss die Aussage bekräftigen und für den Fortgang des Geschehens sorgen.

Der Start der jungen Familie ins Leben hat die Eltern so ziemlich den Ertrag all ihrer bisherigen Mühen gekostet: Die gute Ausbildung und zur Eigentumswohnung oftmals noch die Wohnungseinrichtung. Wem es möglich ist, der macht es so, und wer es nicht kann, strebt trotzdem danach. Für all diejenigen, die derartig handeln - und es sind in der Tat die meisten - geht das Sparen weiter für die bald kommenden Enkelkinder.

Beim Trampen trafen wir einmal einen Mann aus einem Dorf mit seinem alten Auto, der über seine Kinder in der Stadt klagte: Eine Eigentumswohnung hätten sie von ihm, die Möbel, ein Auto; sie seien aber undankbar. Jetzt bezahle er ihnen nur noch einen Urlaub mit den Enkeln am Schwarzen Meer, dann sei Schluss, weiter können sie mit ihm nicht rechnen. „Ich muss auch einmal an mich denken", sagte er und steuerte ein mit Konserven und allen möglichen landwirtschaftlichen Produkten vollbeladenes Auto zu seinen Kindern in die Stadt ...

Heute ist das ***typische Familienmodell:*** Vater, Mutter und ein bis zwei Kinder. Mit den Eltern oder Schwiegereltern lebt man oft immer noch zusammen, vor allem wegen nicht ausreichenden Wohnraums in der Stadt. Die ***traditionelle Großfamilie*** verliert unter den neuen Lebensbedingungen ihre Attraktivität. Aber auch bei getrenntem Wohnen bleibt die Achtung vor den alternden Eltern und die Sorge um sie erhalten. Die Tradition des Zusammenlebens verlangte, die Eltern im Alter zu pflegen. Und diese Verpflichtung ist so tief verwurzelt, dass sie auch bei getrennter Lebensführung nicht verlorengegangen ist. Noch ist es unvorstellbar und eine große Schande vor den Nachbarn, wenn man seine pflegebedürftigen Eltern, die alles für die Kinder und Enkel getan haben, in ein Alten- oder Pflegeheim stecken wollte.

Die wichtigsten ***Werte in der Ehe*** sind die gegenseitige Achtung und das Sich-Verstehen beider Partner. Die Liebe hat eine zweitrangige Bedeutung. Schon früh, eine unerhörte Ausnahme für den Balkan, erkannte der Bulgare die ***Frau als gleichberechtigt*** an, aber er hat nie viel Wesens darum gemacht. Der Bulgare empfindet eine tiefe Achtung seiner Frau gegenüber, weil sie ein zuverlässiger, sogar sein bester „Partner“ ist. Diese Rolle der Ehefrau gab ihr absolute Gleichheit gegenüber dem Mann mit dem Recht auf Eigeninitiative, Mitsprache in allen Fragen der Familie, des Besitzes und der Verwaltung eines Vermögens. Eine etwas ältere, aber auch heute noch zutreffende Einschätzung liefert der bulgarische Soziologe *T. Panow:* „Einen einzigen Vorwurf kann man dem bulgarischen Familienleben machen, wenn das überhaupt ein Vorwurf ist. In der bulgarischen Familie existiert zwischen dem Mann und der Frau nicht eine übertriebene Zärtlichkeit oder außerordentliche Liebenswürdigkeit, überhaupt nicht jene Atmosphäre der Verliebtheit, die das Familienleben vieler Völker charakterisiert. Die scheinbare Kühle in der Äußerung der Liebesbegeisterung hindert den Mann ganz und gar nicht, ein wunderbarer Liebhaber, Ehegatte und Vater und umgekehrt die Frau nicht, eine ausgezeichnete Liebhaberin, Hausfrau und Mutter zu sein … Hier gibt es keine unerträgliche Tyrannei, die von der einen oder anderen Seite ausgeübt wird; im Gegenteil, die persönliche Freiheit wird von jedem ausreichend weit anerkannt, und man beobachtet bislang noch keine Versuchungen für ihre Begrenzung.”

Stolz ist der Vater, wenn das ***erste Kind ein Junge*** ist. Das bedeutet, dass sein Name weiterbestehen kann. Ideal wäre, wenn das zweite Kind ein Mädchen wird. Das soll eine Bestätigung sein, dass der „Meister“ auch künstlerische Fähigkeiten besitzt. Hat er nur zwei Mädchen, schluckt er schwer und spottet gern, dass er eben ein echter Künstler sei. Während die Ehefrau mit der Heirat den Namen des Mannes übernimmt, an den noch das grammatische Erkennungsmerkmal der Weiblichkeit, ein -a, (Herr Kolew, Frau Kolewa) angefügt wird, ist die ***Namensgebung der Kinder*** zwar interessant, aber normalerweise ebenso einfach. Jedes Kind beziehungsweise jeder Bulgare besitzt einen dreiteiligen Namen, bestehend aus Vornamen, Vatersnamen und Familiennamen. Ein Junge bekommt als Vornamen den Rufnamen des Großvaters (meistens vom Vater des Ehemannes). Das Mädchen erhält selbstverständlich den Vornamen der Oma, aber zusätzlich auch den Vatersnamen wie der Junge. Somit ist bei beiden (und allen weiteren) Kindern ersichtlich, wie der Vater mit Vornamen heißt. Wenn der Name feststeht, wird das Kind festlich ***getauft*** – bis gestern offiziell im Rathaus als sozialistisches Ritual und heimlich in der Kirche; heute offiziell und bevorzugt in der Kirche.

Das ***Streben nach Bildung*** ist zum leidenschaftlichen Instinkt geworden. Bildung hat für die Bulgaren nicht nur die Bedeutung einer geistigen Waffe, die die Erhaltung des kleinen Volkes sichern soll, in ihr liegt auch die Hoffnung auf eine bessere Existenz begründet. Womit könnte sich der Bulgare nach seinem Verständnis hervortun? Nicht mit der Geschichte seines Landes, nicht mit dessen Wirtschaftskraft oder Größe, Bulgarien besaß keinen weltbekannten *Goethe* oder *Shakespeare*. Die Aufmerksamkeit und Achtung, die jedem Amerikaner, Franzosen oder Deutschen automatisch zuteil wird, muss sich der Bulgare erst erkämpfen. Er glaubt, dies am besten erreichen zu können, indem er sich als Arzt, Jurist, Dozent, Künstler oder Wissenschaftler vorstellen kann. Das erklärt, weshalb die Familie soviel Energie und entsprechende finanzielle Mittel für ihre Sprösslinge aufbringt, um ihnen schon von Kindheit an gezielt bestimmte Kenntnisse zu vermitteln und Fähigkeiten auszubilden.

Die hohen Forderungen der Schule reichen den anspruchsvollen Bulgaren nicht aus. Das Kind soll schon im Kindergarten lesen können und anfangen, eine Fremdsprache zu erlernen. Die Oma und die ambitiöse Mutter schleppen das Kind nicht nur ins Puppentheater, sondern auch zum Musik- und Sprachunterricht und zur Ballettstunde, denn auf ***künstlerische Erziehung*** wird ebenfalls großer Wert gelegt.

Nach diesem Leistungsdruck kommt mit dem gut bestandenen Abitur ein großes Fest - der ***Abiturball.*** Ende Mai versammeln sich die Abiturienten in einer Gaststätte zum festlichen Abendessen und Tanz. Hier wird meist eine Art internationale Modenschau veranstaltet. Unser Kind muss die beste Kleidung tragen, so die übertriebene Forderung der Eltern. Auf der Suche nach exquisiter Kleidung fährt man bis ins Ausland. Das gesparte Geld wird noch einmal großzügig ausgegeben. Zum Fest gibt es Blumen und Geschenke. Während die jungen Leute in der Gaststätte feiern, versammelt sich die ganze Verwandtschaft in fröhlicher Runde zu Hause.

Ein neuerlicher familiärer Anlass zum Feiern ist die ***Einberufung des Sohnes zum Militärdienst.*** Nicht, dass man martialisch eingestellt wäre, hier geht es mehr darum, einen Zeitpunkt zu feiern, wo aus dem Sohn ein junger Bursche geworden ist, den bereits die Pflichten des Lebens erwarten. Besonders auf dem Lande nimmt solch ein feierlicher Abschied schon die Dimension einer Hochzeitsfeier an.

Trotz des großen familiären Zusammenhalts ist auch die bulgarische Ehe nicht vor destruktiven Tendenzen sicher. Dabei ist bemerkenswerterweise die Zahl der ***Scheidungen*** nach der Wende gesunken. Die Bulgaren reagieren inzwischen toleranter auf die Untreue des Ehepartners, nicht zuletzt der gestiegenen Scheidungskosten wegen. Rund € 169 (330 Lw) muss man umgerechnet für eine Scheidung im gegenseitigen Einverständnis bezahlen, € 332-511 (650-1000 Lw) bei schuldhaftem Verhalten eines Ehepartners. Wenn es gar kompliziert wird, müssen für das Ehescheidungsverfahren bis zu € 1023 (2000 Lw) berappt werden. Obwohl in Bulgarien eine geschiedene Frau mit Kind(ern) kaum eine Chance hat, einen neuen Ehepartner zu finden, geht die Initiative zur Trennung in den meisten Fällen von ihr aus.

Der ***Tod*** versammelt wieder die gesamte Verwandtschaft, Bekannte, Kollegen, Freunde und Nachbarn. Der Sarg mit dem/der Verstorbenen wird in ein Zimmer der Wohnung gestellt, und ein Familienmitglied (oft die Oma) hält eine Nacht lang die Totenwache. Am nächsten Tag kommen alle, die den/die Verstorbene(n) kannten, legen Blumen am Sarg nieder und verabschieden sich von dem/der Toten mit einem Kuss. Da es unüblich ist, Traueranzeigen in die Zeitung zu setzen, künden gedruckte Nekrologe mit Porträt und Lebensdaten, an verschiedenen Stellen angebracht, sowie der an die Tür gelehnte Sargdeckel vom traurigen Ereignis.

Nach dem Begräbnis sitzt man auch in Bulgarien zu Hause oder in der Gaststätte beim so genannten Leichenschmaus zusammen. Hier erhält jeder ein Taschentuch oder Handtuch. In einer komplizierten Folge von Zeitabständen trifft man sich nach orthodoxer Tradition zu ***Totengedenkfeiern*** bei Essen, Trinken und erneuten Geschenken. Das Essen soll die Seele der Verstorbenen sättigen, und die dann an die Gäste verteilten Geschenke werden sie an das Leben des Verstorbenen erinnern.

Aktive Teilhaber an allen Ereignissen der Familie sind - wie längst ersichtlich - die Nachbarn. Wie wichtig die ***Pflege einer guten Nachbarschaft*** für die Bulgaren ist, drückt sehr deutlich das Sprichwort aus: „Der Nachbar ist wichtiger als der Verwandte." Der Nachbar hilft, so gut er kann. Ob es um zu borgendes Geld geht, um die Kinderbetreuung. Oft fragt man ihn nach etwas Salz, Mehl, oder was man sonst noch vergessen hat, und bleibt schließlich auf einen Kaffee, der sich beim vertraulichen Schwatzen stundenlang ausdehnen kann.

Die Bulgaren gehen ***gern zu Besuch;*** eine spezielle Einladung ist weder üblich, noch ein bestimmter Anlass erforderlich. Und ebenso unerschrocken empfangen sie plötzlich vor der Tür stehende Gäste. Ein Abendessen, wozu immer auch Alkohol gehört, zieht sich bei ausgelassener Stimmung bis in die Nacht hin. Die bulgarischen Kinder traben nicht so schnell ins Bett, sie sind Teilnehmer an diesen langen Abenden.

Die ***Freizeit*** der Bulgaren ist eine echte Improvisation. Die Arbeitswoche hat fünf Tage, der Arbeitstag acht Stunden. Nach der Arbeit geht die Hausfrau, wenn auch wenig, so doch jeden Tag einkaufen. Trifft sie dabei oder auf dem Weg nach Hause eine Bekannte oder Freundin, so geht sie schnell auch einmal mit ihr ins Café, um die letzten Neuigkeiten auszutauschen. Eine feste Zeit fürs Abendessen gibt es nicht. Wenn das warme Essen zubereitet ist und man Hunger hat, beginnt die Mahlzeit. Vielleicht hat auch der Ehemann Freunde getroffen und verspätet sich. Ein Problem erwächst daraus für keine Seite.

Gern besuchen die Bulgaren ***kulturelle Veranstaltungen.*** Der ***Fußball*** ist in Bulgarien ein ebensolches Massenspektakel wie in Deutschland. Und natürlich zieht es Teenager regelmäßig in die ***Disco.***

Trotz immens verteuerter ***Bücher*** wird das Geld für sie immer wieder gefunden; denn jedes Buch ist ein offenes Fenster zur Welt und ein Gesprächsthema mehr. Es gibt sehr viele feinfühlige Bulgaren, die gern Gedichte lesen, und nicht wenige, die welche schreiben. Zu Recht könnte man Bulgarien auch ein Land der Poesie nennen.

Die warme Jahreszeit mit ihren ***italienischen Nächten*** von Mai bis Oktober zieht abends alle Bulgaren ins Freie - auf die Straße oder in die Parks. Die Menschenmassen, die dann unterwegs sind, lassen sich schon locker mit einer Demonstration vergleichen. Man spaziert, sitzt auf einer Bank oder in einem der zahlreichen Straßencafés. Neugierig, mit kritischen Blicken teils sehnsuchtsvoll verfolgen die Alten das vorbeifließende Jugendleben.

Den Bulgaren zieht es in die Natur

Die bulgarische Frau

Das Erste, was die Blicke der ausländischen Touristen auf den Straßen Bulgariens auf sich zieht, ist sie, die bulgarische Frau! Egal, ob neben ihr ein Mann oder eine Freundin geht oder ob sie sich allein bzw. mit Kinderwagen durch das Gedränge schiebt, sie ist ***immer elegant gekleidet,*** stark geschminkt und duftet nach gutem, meist französischem Parfüm. Auch wenn die modischen Schuhe, die Schminke, das ersehnte Parfüm sie ein Monatsgehalt kosten, die Bulgarin kann der Verlockung kaum widerstehen, aus sich mit solchen „Zutaten" eine Französin zu machen, oder das, was in Bulgarien als idealisierte Vorstellung von einer Französin existiert. Und was sie figürlich betrifft, so erreicht sie dies ohne Sport und ohne Hunger.

Der Ursprung dieses ***Strebens nach dem Ideal,*** nach Schönheit stammt aus längst vergangenen Zeiten, deren Exponate sich nur noch in ethnografischen Museen, in Antiquitätengeschäften und hin und wieder in nach Mottenpulver riechenden Kleidertruhen finden. Die Schönheitsvorstellungen der Großmütter orientierten sich zwar nicht an Europa, dafür waren deren Zeugnisse, z. B. die ***Volkstrachten,*** mit einzigartig schönen und unnachahmlichen Mustern bestickt, die jeden Fremden entzückten. Es sind Aussprüche bekannt, wonach die Kleidung so ansprechend sein musste, dass auch ein Holzklotz darin schön aussieht.

Man sollte keine Gelegenheit versäumen, der Einladung einer bulgarischen Familie zu ihr nach Hause Folge zu leisten, um sich auch von den ***Kochkünsten der Bulgarin*** zu überzeugen. Und zwar zaubert die Meisterin des häuslichen Herdes die schmackhaften Speisen ohne Kochbuch, aber mit erstaunlichem Ideenreichtum oft scheinbar aus Nichts. Etwas Gemüse und die unersetzlichen bulgarischen Gewürze – und über das Ergebnis kann man nur staunen; ganz abgesehen davon, dass der Tisch immer reichlich gedeckt, wenn nicht brechend voll ist.

Der Sozialismus hat die Belastbarkeit der Bulgarin hart trainiert. Die stimulierende Devise der Partei zur Durchsetzung der ***Emanzipation*** war: Die Frau solle eine dem Manne gleichwertige und ihm gleichgestellte Arbeiterin sein. Und so musste diese sozialistische Werktätige im Arbeitsprozess Schulter an Schulter neben dem Mann ihre Frau stehen. Dazu gehörte sehr oft eine gute Ausbildung (mehr als die Hälfte der Hochschulabsolventen sind immer noch Frauen). Die bulgarische Frau war nicht nur Lehrerin, Ingenieurin, Ärztin, Wissenschaftlerin und Künstlerin, sondern auch Energetikerin, Mähdrescherfahrerin und Straßenbauarbeiterin. Typisch ist noch heute das Bild von gebückten Frauen auf den Feldern (während die Männer Brigadiere sind). Inzwischen verbietet eine Verordnung des Sozial- und Gesundheitsministeriums 42 Berufe für Frauen, unter anderem im Bergbau, in der chemischen Industrie und ehemals so begehrte Tätigkeiten wie Bagger-, Bulldozer- und Kombinefahrerin. Noch keinen Anlass zum Handeln sieht man dagegen in der Tatsache, dass auf dem Weg zu ihrer Emanzipation inzwischen jede zweite Bulgarin zur Zigarette greift, und das mit steigender Tendenz.

Neben der tagtäglichen Arbeit lautete ein Hauptkriterium für die Beurteilung in der Personalakte („Arbeitscharakteristik"): Ist man eine ***gesellschaftlich aktive Persönlichkeit?*** Das bedeutete nichts anderes, als dass auch die Frau nicht die geringste Gelegenheit verpassen sollte, um nach getaner Arbeit überall präsent zu sein und schöpferisch aktiv zu werden. Auf Partei- und Gewerkschaftsversammlungen sollte sie den Standpunkt der Partei vertreten bzw. die Parteiideologie verbreiten oder sich diese zumindest aneignen. Auch die Teilnahme an einem Volkskunstensemble brachte die geforderten Punkte. Die Krönung der gesellschaftlichen Tätigkeit war die Beteiligung an den so genannten ***Subbotniks,*** d. h., „freiwillige", unbezahlte Arbeit außerhalb der Arbeitszeit. Meist zentral angeordnet, fand diese spezielle Form „freiwilliger kollektiver Arbeit sozialistischer Werktätiger ohne Entgelt" zur allgemeinen Erbauung nur an Sonnabenden statt.

Die ***Rolle der Hausfrau*** wurde offiziell negiert und als für die Gesellschaft nutzlose Tätigkeit abgetan. Der gesamte Inhalt der Bezeichung Hausfrau wurde in die Ära der Großmütter verbannt, die das Unglück hatten, ein gesamtes Leben Hausfrau zu bleiben. Das führte dazu, dass sich die bulgarische Frau geschämt hätte, ja dass es undenkbar war, sich als Hausfrau zu bezeichnen. Es hätte bedeutet, sich gleichsam als Parasitin abzustempeln.

Nach den von der Partei geforderten täglichen Heldentaten in und außerhalb der Arbeitszeit eilte die Frau zum Kindergarten, zog das hinter ihr her trippelnde Kind von Geschäft zu Geschäft, wartete geduldig an den langen Schlangen, um das täglich frische Brot, die Flasche Öl und das Stück Käse zu kaufen. Dann stürmte sie in die Küche, das warme Abendessen und einen frischen Salat zuzubereiten, um danach lächelnd die Gäste aus der Nachbarschaft zu empfangen, die zum Schwätzchen auf einen Schnaps (mit Essen) gekommen waren. Und nach all dem fiel sie ohnmächtig vor „Glück" und Müdigkeit in die Arme ihres Mannes, die bulgarische Nation zu verjüngen.

Hier war die Partei großzügig. Der werktätigen Frau standen drei Babyjahre je Kind zu, wovon das erste Jahr voll bezahlt wurde. Und wieviele ***Mütter*** konnten dieses Privileg nutzen? Das Arbeitseinkommen der glücklichen Väter reichte meist nicht aus, die Bedürfnisse der vergrößerten Familie zu befriedigen. Außerdem hätte man ohnehin nicht gern gesehen, wenn eine junge, gesunde, arbeitsfähige Frau eines Kindes wegen zu Hause blieb. Trotz der Forderung der Partei nach mehr Kindern in der bulgarischen Familie reagierte die Gesellschaft auf Familien mit drei und mehr Kindern mit abschätzigem Lächeln. Solche Familien werden auch jetzt noch als Zigeuner bezeichnet und mit Asozialen verglichen.

So setzte sich langsam ein neues, ***dreiköpfiges Familienmodell*** durch: „Mama, Papa und ich". Damit jedoch nichts den Arbeitseifer und die gesellschaftliche Aktivität der Frau behinderte, gab es ausreichend Kinderkrippen, Kindergärten und Wochenkrippen - mit einer wirklich guten Betreuung der Kinder -, um alsbald die Mutterrolle zu übernehmen. So begann für viele Kinder die ***kollektive Erziehung*** bereits ab dem sechsten Lebensmonat

Für all ihre Mühen wurde die bulgarische Frau - und das auch heute noch - mit 55 Jahren ***pensioniert.*** Von nun an wurde ihre Lebensaufgabe eine andere: Das Betreuen der Enkelkinder und die Hilfe im Haushalt der jungen Familie standen nunmehr im Vordergrund. Einige Frauen arbeiteten jedoch weiter und verdienten sich zusätzlich zur Pension Geld. Für nicht wenige der kinderreichen Mütter, die um ihrer Nachkommen willen früher doch zu Hause blieben, ist das Weiterarbeiten heute eine Notwendigkeit, weil sie keine Rente erhalten. Sie müssen die Minimalrente des Ehemannes durch eigene Erwerbstätigkeit aufbessern.

Die „hohe Moral" der Partei ließ keine Literatur über ***Sexualität,*** Partnerschaftsbeziehungen und kontrazeptive Mittel zu (außer einer Übersetzung des DDR-Bestsellers „Mann und Frau intim" von Siegfried Schnabl). Obwohl heute der Markt mit Sexualliteratur bis hin zur Pornografie überschwemmt ist, spricht die Bulgarin kaum über ihre intimen Probleme und ist immer noch Sklavin altmodischer Sexualvorstellungen. Wie kann man sich sonst erklären, dass die Frau den ***Abort*** vor kontrazeptiven Mitteln bevorzugt? Im Jahre 1992 gab es gegenüber 96.522 Geburten 138.405 (offiziell erlaubte) Schwangerschaftsabbrüche. Damit liegt Bulgarien an erster Stelle in Europa und an zweiter in der Welt.

Die neue Zeit hat viel Unbekanntes gebracht, unter anderem ***Massenarbeitslosigkeit und wachsende Armut,*** Erscheinungen, die besonders Frauen mit voller Wucht treffen. Aber „La donna e mobile". Und nach dieser Devise handelt heute die bulgarische Frau, die sich in der Übergangsperiode zur Marktwirtschaft ein neues Tätigkeitsfeld suchen muss. In zahlreichen Cafés und über Nacht aus Garagen entstandenen kleinen Geschäften arbeiten freundliche Bulgarinnen, die ihren Unterhalt bis gestern als Lehrerinnen, wissenschaftliche Mitarbeiter, Psychologen und Ingenieure verdienten. Das bezeichnen sie nicht als sozialen Abstieg, sondern als Chance im Kampf ums Überleben. Es ist erstaunlich, wie wandlungsfähig die bulgarische Frau ist. Was wäre Bulgarien ohne seine märchenhaften Aschenputtel in den Zeitläufen der Geschichte?

Eines kann der ausländische Besucher aus westlicher Sicht dabei schwer nachvollziehen. Die Bulgarin übt heute nicht nur um des Geldes willen diese „niederen" Tätigkeiten aus. Wenn sie keine bessere Arbeit findet, so übernimmt sie die einfache, weil sie sich noch nicht damit abfinden kann, nur noch „Hausfrau" zu sein. Ganze 45 Jahre stand sie im öffentlichen Leben. Sie fühlt sich wie ein Triathlet, der gezwungen ist, plötzlich mit dem Leistungssport aufzuhören. Bis gestern hatte sie ihre Arbeit, oftmals im Wunschberuf, war gesellschaftlich aktiv und spielte noch recht gut ihre Rolle als Mutter und Hausfrau. Selbst wenn es ihr nicht an Geld mangelt, so kann sie sich oft noch nicht auf das Familienleben zurückziehen und mit Selbstbewusstsein und Stolz sagen: „Ich bin Hausfrau!"

Der bulgarische Mann

So wie Sie ihn auf der Straße treffen, könnte er blond, brünett oder schwarzhaarig sein, elegant oder sportlich gekleidet - in seinen Gedanken ist er ***Maximalist,*** in seinem Handeln ***Kavalier.*** Ein Hauptkriterium für männliches Benehmen ist nicht nur ***Trinkfestigkeit*** allgemein, sondern insbesondere lang anhaltendes Trinken. Bezüglich dieses „männlichen" Kriteriums sind die Deutschen ein Spottobjekt: „Was für ein Mann ist er, wenn ihn 50 Gramm Schnaps schon wacklig machen?"

Auch das ***Essen*** ist ein Merkmal der Männlichkeit. Viel essen bedeutet viel Kraft. „Das Essen entscheidet den Kampf", sagt ein altes bulgarisches Sprichwort. Kräftiges Essen und Trinken haben noch eine andere Beziehung: „Wie du isst und trinkst, so liebst du auch. Denn was bleibt dem Menschen sonst übrig vom Leben außer Essen, Trinken und die Liebe", so lautet die feste Überzeugung der Bulgaren.

In seiner Rolle als ***Liebhaber*** hält sich der Bulgare ohnehin für unschlagbar. Er ist stolz, dass von seiner ganzen Arbeit das Schönste seine Kinder sind, und ergänzt mit Humor, „weil ich sie nicht mit den Händen gemacht habe".

Kaum ein anderes Volk hat mehr Sexualwitze als das bulgarische. Das ***Sexualmotiv*** beherrscht das Denken und Verhalten des Mannes, und zwar so hochgradig, dass er, egal wovon die Rede ist, allem Gesagten eine Doppeldeutigkeit unterschiebt. Natürlich legt er auch seine Antworten daraufhin zurecht. Auf die harmlose Frage: „Hast du gut geschlafen?", könnte er antworten: „Ja, weil ich nicht geschlafen habe." Und ein anderer mag ergänzen: „Denn vom Schlafen bleiben keine Erinnerungen." Die bekannte Devise: „Man kann nicht alle guten Bücher der Welt lesen, aber man muss danach streben", wandelt der lesefreudige Bulgare bei allem Respekt vor der ursprünglichen Bedeutung um in: „Man kann nicht mit allen schönen Frauen der Welt schlafen, aber man muss es versuchen." Ausländerinnen sind schockiert, dass sie bereits nach einem 3-Minuten-Gespräch von einem Bulgaren hören: „Wo sehen wir uns heute abend? Gehen wir etwas trinken? Du gefällst mir sehr. So eine Frau treffe ich das erste Mal in meinem Leben!" Immer wieder hörte ich Klagen von Urlauberinnen, die sich davon belästigt fühlten. Als ich einmal längere Zeit nicht in Bulgarien war, hatte ich die „natürlichen" Schutz- und Abwehrreaktionen, wie sie jede Bulgarin perfekt beherrscht, vergessen. Es bedurfte erst einiger „schockierender" Erlebnisse, bis ich wieder in Form war und auch humorvoll reagieren konnte.

Hier muss ich mich beeilen, die erschreckten Damen zu beruhigen. Dieses direkte und manchmal aggressive Anmachen kann man nämlich auch als Kompliment auffassen. Die komplizierte Psyche des bulgarischen Mannes verlangt, dass er sich vor einer Frau stets ***von seiner eigenen Männlichkeit überzeugt.*** Nichts wäre schlimmer für ihn, als für homosexuell (Päderast) gehalten zu werden. Deshalb gilt Päderast als die schlimmste Beleidigung; als ein Mann, der - und hier möchte ich nicht so direkt wie die Bulgaren sein - keinen Beischlaf mehr ausüben kann. So ist es für einen Bulgaren auch die größte Schande, wenn seine Frau fremdgeht, denn dann wäre ein anderer im Bett besser als er.

Jedenfalls fühlt sich der Bulgare verpflichtet, als ***Kavalier*** auch seine sexuellen Dienste anzubieten. Wenn es klappt, hat er ein Abenteuer mehr, wenn nicht, hat er seine männliche Ehre in den eigenen Augen gerettet - und war eben nur Kavalier. In dieser Rolle reicht er die Hand beim Aussteigen aus der Bahn; trägt das schwere Gepäck zur nächsten Haltestelle, Telefonzelle oder zum

Das ***Wochenende*** bleibt der Hausarbeit oder der Arbeit im Garten vorbehalten. Aufs Land wird nicht nur gefahren, um die Eltern zu besuchen, sondern auch um das Auto mit Vitaminen vollzustopfen.

Viele Städter führen ein ***regelrechtes Doppelleben.*** In der Woche pendeln sie zwischen Neubauwohnung und Fabrik oder Büro, und am Wochenende zieht es sie ins Dorf, dorthin, wo sie ihr eigenes Haus haben, einen Obst- und Gemüsegarten und eventuell noch Haustiere, um die sich zwischenzeitlich die Eltern oder Nachbarn kümmern. Wer das Wochenende zu Hause in der Neubauwohnung verbringt, wird morgens gegen 7.00 oder 8.00 Uhr recht unsanft geweckt. Dann beginnen regelmäßig die ersten Hausfrauen, lautstark ihre Decken und Teppiche zu klopfen.

nächstgelegenen Taxistand; er lässt ihr den Vortritt, rückt den Stuhl zurecht, bietet Feuer (samt Zigarette) und bezahlt am Ende die Rechnung.

Wie die Auserwählte reagiert, hängt von ihr selbst ab, aber auf keinen Fall darf es grob sein. Das würde er als Verletzung der männlichen Würde verstehen. Sehen Sie es am besten von der guten Seite. Der bulgarische Mann ist wirklich ein Kavalier, ein nostalgischer Don Juan, wie er bei uns schon längst gestorben ist.

Egal, wo man lebt, viel Zeit wird für das ***Anlegen der Wintervorräte*** aufgebracht, für Kompott, Konfitüre, Letscho, selbstgebrannten Schnaps, Wein, für die *Ljuteniza* (aus geröstetem rotem Paprika, Auberginen und Tomaten) und nicht zuletzt für das Einlegen des Wintergemüses *Turschija.* Jede Hausfrau hat ihr eigenes Rezept, deshalb schmeckt es überall ein wenig anders.

Religion

Christentum

Bulgarien ist ein Teil der christlichen Welt. Die meisten Gläubigen bekennen sich zur ostorthodoxen Kirche.

Der christliche Glauben spielte in Bulgariens Geschichte eine außerordentlich bedeutsame Rolle. Zur Zeit der Gründung des Ersten Bulgarischen Reiches bestand die Bevölkerung aus einem Gemisch verschiedener Völker mit unterschiedlichen Sprachen und Religionen, wozu auch das Christentum gehörte. Es hatte schon seit der römischen Invasion auf der Balkanhalbinsel Verbreitung gefunden. *Boris* war der erste bulgarische Herrscher, der die Bedeutung der Religion und einer nationalen Kultur als wichtigstes Bindeglied im Staate begriff. Mit seiner ersten und zugleich wichtigsten Reform setzte er ab dem Jahre 864 die ***Christianisierung*** des bulgarischen Volkes durch. Als er sich 865 taufen ließ, wurde das Christentum offizielle Staatsreligion. Geschickt lavierte *Boris* zwischen Rom und Konstantinopel, den beiden Zentren des Christentums, um die Unabhängigkeit der bulgarischen Kirche zu erreichen.

Durch die zur selben Zeit von den Brüdern *Kyrill* und *Method* geschaffene slawisch-bulgarische Schriftsprache konnten auch die wichtigsten Kirchenbücher aus dem Griechischen übersetzt werden. 893 wurde im Gottesdienst die bulgarische Sprache eingeführt, die die griechische völlig ablöste. 919 war die ***Unabhängigkeit der bulgarischen orthodoxen Kirche*** vom Konstantinopler Patriarchen mit der Gründung eines eigenen Patriarchats verwirklicht. Diese Unabhängigkeit ging allerdings mehrmals wieder verloren.

Ein besonders dunkles Kapitel eröffnete die türkische Eroberung Bulgariens. In dieser Zeit, als der Islam die höchste und privilegierte Religion war, ist der christliche Glauben für die unterdrückten Bulga-

Der Pope Bogomil aus Koprivschtiza

ren die einzige Hoffnung und das einzige Mittel zur ***Bewahrung ihres Nationalbewusstseins*** gewesen. So verschmolz die religiöse Zugehörigkeit zum Christentum mit der Zugehörigkeit zum bulgarischen Volk. Christ zu sein war gleich Bulgare zu sein. Damit war der Kampf des bulgarischen Volkes gegen die Unterdrückung zugleich ein Kampf für eine unabhängige Kirche. Noch unter den türkischen Machthabern wurde 1860 die Oberhoheit des griechischen Patriarchats abgelehnt, und ein Bulgare erklärte sich zum Oberhaupt der bulgarischen Kirche. 1870 erfolgte die ***Gründung des bulgarischen Exarchats,*** der ersten gesamtnationalen Institution des bulgarischen Volkes im 19. Jahrhundert, der Zeit der nationalen Wiedergeburt. Seine Anerkennung durch den Sultan bedeutete zugleich die Anerkennung der Bulgaren als selbstständige ethnische Einheit. Somit hatte das Christentum zum zweiten Mal seinen Beitrag zur Einigung der Bulgaren geleistet. Seit 1953 existiert auch wieder ein ***eigenes bulgarisches Patriarchat.***

Während die katholische Kirche zentralistisch-hierarchisch aufgebaut ist, gliedert sich die Ostkirche in mehrere eigenständige Landes- oder Staatskirchen mit eigenem Patriarchen. Obwohl beiden Kirchen das Christentum zugrunde liegt, ist die ***orthodoxe Ostkirche*** viel mehr dem Himmlischen, Mystischen und Asketischen zugewandt, während der katholische Glauben eher auf das Irdische, Pragmatische ausgerichtet ist.

Im Osten hat sich das ***Marienbild*** schon früher verselbstständigt als im Westen. Der Bulgare zündet beim Kirchenbesuch die erste Kerze vor der Gestalt der Heiligen Maria mit dem Kinde an. Die Achtung und die Verehrung der Frau in ihrer Rolle als Mutter fand einen deutlichen Ausdruck in der ***bulgarischen Ikonenmalerei.*** Um die unbegrenzte Mutterliebe auszudrücken, haben die bulgarischen Meister intuitiv das Kind an der linken Seite Marias gemalt, dorthin, wo das Mutterherz schlägt. So bezeichnet der Volksmund die Geburt eines Kindes auch als „Abpflücken aus dem Herzen". Der amerikanische Kinderpsychologe *Lee Salk* stellte erst vor einigen Jahren fest, dass Mütter ihre neugeborenen Kinder in vier von fünf Fällen auf dem linken Arm tragen, und zwar unabhängig davon, ob es sich um Rechts- oder Linkshänder handelt. Eine Auswertung von mehr als 600 Mutter-Kind-Darstellungen aus allen Epochen der Kunstgeschichte ergab die gleiche Seitenbevorzugung. Die Ursache ist die instinktive Neigung, dem Kind einen Platz am mütterlichen Herzen zu geben. Neben Maria gelten die Heiligen als Mittler zu Gott. Und wer die Ikonen mit ihren Heiligendarstellungen verehrt, verehrt auch Gott. Mit der besonderen Verehrung Marias weiß der Bulgare, dass gerade die Gottesmutter die Leiden und die Wünsche eines jeden verstehen kann, sie kann auch verzeihen und behüten - so wie jede Mutter.

Viele Besucher Bulgariens fragen sich, warum es in der ostorthodoxen Kirche ***keine Orgel*** gibt, wo doch schon in frühchristlicher Zeit der Chorgesang im Gottesdienst von Musikinstrumenten begleitet wurde. Die ersten Christen bedienten sich der religiösen jüdischen Musik. Die verschiedenen, sich später zum Christentum bekennenden Völker führten dann alle ihre eigene Musik in den Gottesdienst ein. So bildeten sich unterschiedliche musikalische Motive heraus. Im 7. Jahrhundert erforschte der heilige *Joan Damaskin* all diese kirchenmusikalischen Motive, sortierte sie und lehnte manche ab, weil sie weltlichen Charakter besaßen. Er stellte ein Gesangbuch für acht Stimmen zusammen, das in der ostorthodoxen Kirche bis heute in Gebrauch ist. Und beim ***achtstimmigen Chorgesang*** blieb es - unter Verzicht auf jegliche instrumentale Begleitung oder sonstige Kirchenmusik im Gottesdienst. Man war überzeugt, dass die lebendige menschliche Stimme das vollkommenste Musikinstrument ist und durch sie aufrichtiger und glaubhafter die tiefsten Gefühle und feinsten Regungen der christlichen Seele zum Ausdruck gebracht werden können. Über die Jahrhunderte hinweg erzielten die Bulgaren in dieser sehr schwierigen Gesangsart eine meisterhafte Perfektion.

Maria mit dem Kind: die beliebteste Ikone

Während des ***gesellschaftlichen Umbruchs*** in Bulgarien und der damit einhergehenden hohen Arbeitslosigkeit sind die Popen derzeit die meistbeschäftigten Leute im Land. Mancherorts kommt es massenhaft zu ***Erwachsenentaufen.*** Hochzeiten werden wieder vor dem Traualtar vollzogen, und es finden heutzutage Menschen den Weg in die Kirche, die früher niemals eine heilige Stätte betreten haben.

Ihren geistigen Nachwuchs bildet die bulgarische orthodoxe Kirche in zwei ***Priesterseminaren*** und zwei theologischen Fakultäten aus. Die Kirche lebt ausschließlich von den Spenden der Gläubigen und von staatlichen Subventionen. Eine Kirchensteuer ist in Bulgarien unbekannt.

Geleitet wird die bulgarische Kirche von dem ***Swetija Sinod*** (von der „Heiligen Synode"), der neben dem Patriarchen stehenden, obersten Kirchenbehörde. Das Oberhaupt selbst ist der ***Patriarch*** mit Sitz in Sofia. Ihm unterstehen elf Diözesen, jeweils unter der Leitung eines Metropoliten (eines Bischofs als Vorsteher einer Kirchenprovinz), zwölf Bischöfe und ca 2000 Priester. 1971 existierten 3200 Kirchen und 500 Kapellen. Derzeit gibt es 120 Klöster, ein Teil von ihnen ist unbewohnt. Zur Heiligen Synode gehört ein Verlag für geistige Literatur, die Zeitung „Zarkowen westnik" („Kirchliche Zeitung") und die Monatszeitschrift „Duchowna kultura" („Geistige Kultur").

Islam

Die Religion Mohammeds ist nach dem Christentum die zahlenmäßig zweitstärkste in Bulgarien. Das Oberhaupt ist ein ***Großmufti.*** Darüber hinaus gibt es noch sechs Muftis in Russe, Kardshali, Schumen, Rasgrad, Dobritsch und Ajtos. Ihnen unterstehen ungefähr 600 ***Hodschas.*** In Bulgarien gibt es 1180 ***Moscheen.***

Weitere Religionsgemeinschaften

Weitere Glaubensgemeinschaften bilden die schätzungsweise 55.000 ***Katholiken*** mit 60 Priestern und 50 Kirchen, 20.000 ***Protestanten*** mit 260 Pfarrern und 150 Kirchen sowie ca. 6000 ***Juden.***

Von den ***bisher im Verborgenenexistierenden Glaubensrichtungen*** gibt es die Theosophische Gesellschaft, die Da-

Bogomilen – die Hippies des Mittelalters

Im Bulgarien des 10./11. Jahrhunderts brachten häufige Kriege, eine hohe Steuerlast und die keine Grenzen kennende Fronarbeit der Bevölkerung Not und Elend. Das Volk verarmte zusehends und geriet in vollkommene feudale Abhängigkeit. Viele Bauern wurden zu Leibeigenen auf ihrem ehemals eigenen Land. Während das Leben für die Masse schon unerträglich geworden war, brachte die „gottgewollte“ Ordnung Reichtum und Wohlleben für die Aristokratie und den hohen Klerus und vertiefte die Kluft zwischen Obrigkeit und Volk. So gab es auch aus den Reihen der Geistlichkeit eine nicht nur auf die Kirche beschränkt bleibende Kritik an den bestehenden Verhältnissen. Aus Protest gegen die feudale Unterdrückung und Ausbeutung zog sich der Mönch ***Iwan Rilski*** (876-946) in die Einsamkeit der Wälder des Rilagebirges zurück.

Während die asketischen Eigenbrötler vor der Bosheit der Welt flüchteten, tauchte in Plovdiv der ***Pope Bogomil*** auf, der mit seiner ketzerischen Lehre den Widerstand predigte. Seine Schüler, die Bogomilen, verstreuten überall die dualistische Behauptung, dass ***Satan ein Sohn Gottes*** sei und sich mit den Engeln verschworen hätte, den Schöpfer der Welt von seinem himmlischen Thron zu stürzen. Der Satan habe die äußere Welt und die Körper von Adam und Eva geschaffen, denen der Gott des Guten eine Seele einhauchte. Jesus Christus, der sich nicht mit seinem Bruder Satan einigen konnte, wurde gekreuzigt und wird wiederkommen und den über die ganze Menschheit herrschenden Teufel vertreiben. Der Tag des Schrecklichen Gerichts würde die Armen ins Paradies schicken und den Teufel samt seiner Verehrer in die Hölle verbannen.

Von den Bogomilen wurde jegliche ***Macht über andere abgelehnt,*** ebenfalls der Staat und die Kirche als Institution mitsamt der Geistlichkeit. Ihr Ideal war die Gleichheit und Brüderlichkeit aller Menschen. Die Anhänger dieser sozial-religiösen Lehre und Bewegung erkannten nicht die religiösen Symbole und die kirchliche Liturgie an, weil die Religion im Dienste der Reichen stand. Den Krieg erklärten sie zum Verbrechen

Die Bogomilen artikulierten ihren Protest nicht nur, sie lebten ihn auch. Sie schlossen sich in offenen, nach Vollkommenen, Gläubigen und Zuhörern ***dreigeteilten Bruderschaften*** zusammen, deren jede von einem *Dedez* („Vorsteher“) geleitet wurde. Ihre Liturgie war einfach und für alle verständlich. Das Leben, das sie führten, war so bescheiden, dass sie mit dem Geringsten auskommen konnten. Bei ihnen hieß es: Ein Gegenstand oder eine Frucht sind Geschenke von unserem Schöpfer für uns alle. Deshalb sage nicht, das ist mein und das ist dein und denke nicht, dass die Aneignung eine Sünde ist. Selbst der Gottgesandte hat den Maulesel gestohlen, mit dem er in Jerusalem eingezogen ist.

Männer und Frauen lebten vollkommen ***gleichberechtigt in losen Beziehungen***. Die Bogomilen predigten: Tritt nicht ein in die Ehe; die Ehe trennt den Mann von den Männern und die Frau von den Frauen, erfüllt sie mit Neid und mit Feindschaft gegen den anderen. Durch die Ehe erhebt sich der Satan über den Gott. Und weiter heißt es bei ihnen: Wir begegnen verschiedenen Seelen auf dieser Welt. Die einen kommen und gehen in unbekannte Richtung davon, andere versuchen, sich an unsere Seele zu kleben. Die sind im Irrtum, weil die Seele immer einsam ist und möge sie auch nach Liebe dürsten. Sie kann nicht für längere Zeit eine andere Seele bei sich dulden, weil sie sich dann quälen. Jede ist für sich, und eine Berührung untereinander ist für sie schmerzhaft wie die Berührung der Sünder in der Hölle.

nowisten, die Anthroposophische Gesellschaft, den Spiritismus, Tolstoismus und andere.

Die Lehren der Baptisten, Methodisten und Adventisten haben schon längst ihre Anhänger in Bulgarien gefunden. Zunehmend wird besonders die Suche der jüngeren Generation nach neuem Lebenssinn von den Missionaren amerikanischer und indischer Sekten genutzt.

In ihrem Kommunenleben sollten die chaotischen und total ***freien sexuellen Beziehungen*** dem Satan dienen. Nach der lustvollen Sünde beteten sie weinend zu Gott und baten inbrünstig um Verzeihung. Das entsprach voll und ganz ihrem Glauben, denn die materielle Welt, wozu der menschliche Körper gehörte, war im Besitz des Satans und ihm zu Diensten verpflichtet. Das Geistige, die Seele diente Jesus Christus.

Da die Bogomilen unduldsam gegen jede überkommene Ordnung auftraten, ist der Gedanke nicht weit, dass dieser Versuch, die Gesellschaft zu verändern, seine späte Auswirkung in der Reformation in Deutschland hatte. Und so gesehen, sind auch die Jugendrevolten unserer Zeit nichts Neues: die verträumten Hippies, die aufbegehrenden 68er. Mit ihrer Lebensweise und ihren Anschauungen war die Bogomilenbewegung eine Art gesellschaftlicher Protest gegen den Staat. Als Ideologie der Unterdrückten fand sie ***rasche Verbreitung*** unter dem einfachen Volk und dehnte sich über die ganze Balkanhalbinsel aus. In Bosnien wurde sie sogar offizielle Staatsreligion. Auch auf Italien und Frankreich griffen die Ideen der Bogomilen im 12./13. Jahrhundert über; und das in einem solchen Maße, dass die Anhänger der Albigenser und Katharer sogar als *„bugri“* („Bulgaren“) bezeichnet wurden.

Gegen die Bogomilen gingen die Herrschenden ***mit äußerster Grausamkeit*** und Härte vor. Es gab Straffeldzüge, in deren Verlauf die Bogomilendörfer und -siedlungen dem Erdboden gleichgemacht wurden. Ihre Anführer wurden - wie *Wassilij* im Jahre 1111 - in Konstantinopel auf dem Scheiterhaufen verbrannt. Nach der Eroberung Bulgariens durch die Osmanen verschwand die Bogomilenbewegung allmählich.

Feste, Sitten und Bräuche

Feste und Bräuche das Jahr hindurch

Der griechische Philosoph *Demokrit* meinte, ein Leben ohne Feste sei wie eine Straße ohne Herbergen. Im bulgarischen Kalender gibt es nicht nur die bekannten christlichen Feste, er ist auch mit zahlreichen traditionellen Sitten und Bräuchen gefüllt. Dabei stammen manche ***Bräuche*** noch ***aus der Zeit des Heidentums*** und haben die Jahrtausende überdauert. Weder die Vorbehalte der christlich-orthodoxen Kirche noch der muslimischen Machthaber konnten diese tief im Bewusstsein der Bulgaren verwurzelten Handlungen und Rituale ausrotten. Sie sind in ihrer Form fast unangetastet und vollständig selbst unter der islamisierten bulgarischen Bevölkerung in den abgelegenen Gegenden der Rhodopen bewahrt worden. Wenn auch einige dieser Bräuche - wie das Weihnachtsfest, das Neujahrsfest, die Mittsommernacht und das Erntefest - christliche Elemente aufgenommen haben und mit den Kirchenfesten in Zusammenhang gebracht werden, so lassen der Inhalt der Ritualgesänge als auch die Form der Ritualtänze unzweifelhaft ihren Ursprung in der vorchristlichen Zeit erkennen. Auch die Festrituale selbst zeigen unverkennbar ihren alten Ursprung: von den ***Kukeri-Spielen*** (Austreibung des bösen Geistes während der kältesten Wintertage) über den ***German-Zauber*** (Beschwörung der Geister für Regen) bis zum ***Nestinarski-Tanz*** (Tanz auf der Feuerglut), die mancherorts bis zum heutigen Tag in Südostbulgarien erhalten geblieben sind. Der Nestinarski-Tanz stellt eines der seltensten Überbleibsel der antiken Zauberei in unserer zivilisierten Welt dar.

In den letzten Jahrzehnten galten nach offizieller Lesart viele Bräuche als primitiv und dörflich-rückschrittlich. Manche Bräuche und Gedenktage wurden ***ihres religiösen Inhaltes entleert,*** um der neuen Ideologie zu dienen. Andere Bräuche entdeckte man für den Tourismus und belebte sie neu. So wird zum Beispiel der ***Nestinarski-Tanz*** heute als Touristenattraktion an der Schwarzmeerküste vorwiegend von Roma dargeboten und ist sowohl seines ursprünglichen mystischen Inhalts beraubt als auch vom 21. Mai, dem Tag der beiden *Heiligen Konstantin und Elena,* losgelöst. Er gehört ganz einfach zum Angebot des Reiseveranstalters. Kein Tänzer verfällt dabei mehr in einen Trancezustand, und die allseits bewunderte „Schmerzbeherrschung" ist auch nur durch einen Trick möglich. Für jedermann sichtbar, aber von keinem bemerkt, läuft der Tänzer vor Betreten des Glutfeldes immer wieder durch eine Schlammschicht, um seine nackten Füße mit einer Erdkruste zu schützen. Wenn der Tänzer dann noch ein Kind der Zuschauer auf den Schultern über die Glut trägt, steigt die Spannung und Bewunderung auf ihren Höhepunkt. Die Kenntnis dieses Geheimnisses sollte man aber lieber für sich behalten, da die „Künstler" sonst ärgerlich und angriffslustig werden. Aus der Vorführung eines Volksbrauches ist nur noch eine artistische Schau mit - zugegebenermaßen - hohem Unterhaltungswert geworden.

Die ***politischen Veränderungen*** in Bulgarien haben sich auch auf die Feiertage und Bräuche ausgewirkt. Verschiedene, an das sozialistische System gebundene Feiertage wurden abgeschafft, traditionelle religiöse Feiertage wieder eingeführt. Auch bisher unterdrückte Bräuche will man wieder mit neuem Leben erfüllen.

Die verbreitetsten Feste sind die ***Namenstage*** („imen den"). Es gibt fast so viele, wie Namen vorhanden sind. So ist der 1. Januar zum Beispiel der „Wassiljowden", der Wassilstag. In Bulgarien ist es nicht üblich, zum Namenstag extra einzuladen; der Namensträger ist an diesem Tag aber auf Besuch eingestellt. Man kann insbesondere als Ausländer seine Bekannten und Freunde oder auch die Gastgeber sehr angenehm mit einer Gratulation (*„tschestit imen den",* „Glückwunsch zum Namenstag") und einem kleinen Geschenk überraschen.

In den verschiedenen ethnografischen Gebieten des Landes werden die zahlreichen Bräuche stets etwas voneinander abweichend gefeiert. Die folgenden Feste, Bräuche und Riten gehören zu den bekanntesten.

In der ***Silvesternacht*** wird der Tisch reich und festlich gedeckt; früher mit allem, was man selbst produzierte. Je reicher gedeckt, desto fruchtbarer das neue Jahr. Nichts an Essen und Trinken soll fehlen, denn wie man das neue Jahr beginnt, so wird es fortdauern. Ein geschmückter Christbaum steigert die festliche Atmosphäre. Der Jahreswechsel wird wie in

Väterchen Frost bei der Arbeit

Deutschland mit knallenden Sektkorken und Feuerwerk begangen. In den ersten Minuten des neuen Jahres beginnt für die bis dahin aufgebliebenen Kinder der spannendste Moment. Jetzt kommt der wie ein Weihnachtsmann verkleidete Nachbar als *„djado Mras"* („Großväterchen Frost") und bringt die sehnsüchtig erwarteten Neujahrsgeschenke. Erst nach einem aufgesagten Gedicht oder gesungenen Lied wandern sie in die Hände des Kindes. Für alle spannend wird es beim Verzehr der *Baniza s kasmeti* (Blätterteiggebäck mit Glück). Dieses Gebäck ist gefüllt mit den Spitzen von Kornelkirschenzweigen, an denen sich kleine Papierröllchen mit darauf vermerkten Glücks-Wünschen befinden. Bei jedem lautet das Neujahrsglück anders: Gesundheit, Haus, Auto, Bildung, Liebe, Glück, Geld. In der Stadt geht man zum Feiern häufig in eine Gaststätte.

Nach Mitternacht und in den frühen Morgenstunden ziehen Kinder von Haus zu Haus, die so genannten *Surwakari,* und klopfen mit geflochtenen und geschmückten Kornelkirschenzweigen, den *Surwatschki,* allen Erwachsenen auf den Rücken. Sie singen Neujahrslieder und wünschen Gesundheit, ein langes Leben und viel Glück. Dafür erhalten sie kleine Geschenke in Form von getrocknetem Obst, Gebäck und Nüssen oder werden mit kleinen Geldbeträgen bedacht. In der Stadt beschränken sich die Kinder zumeist auf die Nachbarhäuser, immer aber ziehen sie zu den Großeltern und anderen Verwandten. Dieser typische Brauch zum Jahreswechsel ist am ehesten mit dem deutschen Brauch des „Ascheabkehrens" am Aschermittwoch vergleichbar.

Der 6. Januar ist der ***Jordanowden,*** der Jordanstag. Es ist normalerweise die kälteste Zeit des Winters. In den Dörfern wird dann ein großes Kreuz in das eiskalte Wasser eines nahen Flusses geworfen. Die Männer haben die Aufgabe, dieses Kreuz herauszuholen, was selbstverständlich ein tolles Spektakel mit viel Essen, Trinken und Tanzen ist. Das ins Wasser geworfene Kreuz steht im Zusammenhang mit der Taufe Jesu Christi im Fluss Jordan.

Gleich am nächsten Tag, dem 7. Januar, folgt der ***Iwanowden,*** Namenstag der vielen Bulgaren, die *Iwan* heißen. Von alters her wird dieser Tag zugleich als ***Tag der Trauzeugen*** begangen. Nicht nur zur Hochzeit haben die Trauzeugen eine herausragende Rolle gespielt, ihrer gedenkt man vor allem auf dem Lande auch später noch. Am Iwanowden werden sie von den Verheirateten aufgesucht. Im Gepäck befinden sich Wein und Schnaps, vor allem aber reichlich Essen, wozu immer eine frischgebackene *Baniza* gehört. Früher bat man die Trauzeugen um Verzeihung für Fehler im alten Jahr, bevor man auf ein glückliches neues Ehejahr anstieß.

Der bedeutendste Karnevalsbrauch *(sirni sagowesni* = Fastnacht) sind die traditionell sieben Wochen vor Ostern stattfindenden ***Kukeri-Spiele.*** Diese Maskerade gilt als Überbleibsel alter thrakischer Dionysosfeste (Dionysos, Gott der Fruchtbarkeit und des Weines) und bringt den Wunsch nach Fruchtbarkeit - vom Kindersegen bis zur reichen Ernte - zum Ausdruck. Die *Kukeri,* junge Männer mit Fellkostümen und phantasievollen, zum Teil überdimensionierten, abschreckenden Masken, springen dabei geräuschvoll umher. Sie haben sich große Glocken zum Vertreiben von Übel und Krankheiten um den Körper gebunden. Ihr Publikum holen sich die Tanzenden auch aus den Häusern ins Freie. Dabei werden genau festgelegte rituelle Szenen gespielt; bei diesem Fruchtbarkeitskult vorwiegend Szenen des Pflügens und Säens. Jedes Gebiet hat seine eigenen Masken, Kostüme und Szenen.

Am 14. Februar wird der ***Trifon Saresan,*** der ***Tag des Winzers,*** gefeiert. Die Weinbauern ziehen morgens hinaus, um mit dem Beschneiden der Rebstöcke zu beginnen. Auch dieses Fest ist thrakischen Ursprungs zu Ehren von Dionysos, des Gottes der Fruchtbarkeit und des Weines, und wird wie jedes Fest mit gutem Essen und Trinken, mit Musik, Tanz und Gesang versüßt. Besonders in Nordbulgarien wird auch ein „Winzerkönig" gewählt und mit einem Kranz aus Rebzweigen gekrönt. Ihm wurde früher ein Jahr lang besondere Ehre zuteil, da man glaubte, dass von seinem persönlichen Wohlergehen bis zur Wahl seines Nachfolgers das Ausmaß der herbstlichen Weinlese abhing. Außerdem verwahrte er für diesen Zeitraum die Ikone des *Heiligen Tryphon,* des Schutzheiligen der Winzer.

Mit dem 1. März ist ein sehr beliebter alter Volksbrauch verbunden, der ebenfalls aus thrakischen Zeiten stammt und nur in Bulgarien bekannt und verbreitet ist. Anfang März tragen alle Bulgaren ***rotweiße Anhängsel an der Kleidung*** oder als wollenen „Armreif" ums Handgelenk. Diese *Martenizi* haben sie am 1. März von Freunden und Bekannten mit den besten Wünschen für Liebe, Glück und Gesundheit empfangen. Ursprünglich nur aus zwei zusammengedrehten Wollfäden bestehend, können es heute zwei rotweiße Bommeln, Püppchen oder andere phantasievolle Gebilde sein. Es gibt immer wieder neue Kreationen. Die Legende berichtet, dass eine junge Frau, die Schwester eines großen Herrschers, Grüße ihrem ins Feld gezogenen Geliebten senden wollte. Sie fing eine Schwalbe und band an deren Füße zwei Baumwollfäden. Kurz vor Frühlingsbeginn hatte die Schwalbe den Geliebten gefunden. Einer der Fäden war blutig geworden vor Anstrengung. Fortan, so befahl der Herrscher, solle ein jeder im Lande den Frühling mit jeweils einem roten und einem weißen Faden begrüßen. Noch heute ist mit dem Brauch die Freude auf den bevorstehenden Frühling verbunden. Die *Marteniza* trägt man bis zum Erscheinen des ersten Storches oder bis zum Frühlingsanfang, längstens jedoch bis Ende März. Wenn man den ersten Storch erblickt, wird die *Marteniza* schnell unter einen Stein gelegt, damit das Glück nicht davonfliegt. Bleibt eine solche Begegnung bis Ende März aus, hängt man die *Marteniza* in einen Baum oder Strauch, damit das bunte Anhängsel von einem Storch gesehen wird und er es mitnehmen und dem Glück hinterhertragen kann. So werden jedes Jahr aufs neue Millionen von *Marteniza* verkauft.

Noch gewürdigt wird der 8. März, der ***Internationale Frauentag,*** mit Blumensträußen für die Ehefrau und Mutter. Inzwischen beruht diese Geste auf rein privater Initiative und ist nicht mehr wie bisher vom (sozialistischen) Staat initiiert. Dafür gibt es in Bulgarien keinen Muttertag.

Acht Tage vor Ostern, am Sonnabend vor Palmsonntag, ist der ***Lasarowden,*** Namenstag aller Männer, die *Lasar (Lazarus)* heißen. Mit diesem Tag verbunden ist der alte Volksbrauch *Lasaruwane* (Lazarusbesuche). Festlich gekleidete und mit schönem Schmuck und Blumen gezierte Mädchen wünschen mit rituellen Liedern und Tänzen Gesundheit, Glück und Fruchtbarkeit der Äcker. So stellen sich, reihum zu Besuch gehend, auf diese Weise - und das ist der tiefere Sinn des Brauches - die heiratsfähigen Mädchen der örtlichen Gemeinschaft vor.

Am folgenden Tag, Palmsonntag, werden alle einen Blumennamen tragenden Frauen und Mädchen geehrt. Der ***Tag Zwetniza*** gehört den bulgarischen Violeta, Margarita, Rosa, Zweta, Temenuga.

Welikden (Ostern) heißt das bedeutendste christliche Fest in Bulgarien, auch „Fest der Feste" genannt. Bereits die Übersetzung als „großer Tag" weist auf die der Auferstehung Jesu Christi zukommende Bedeutung hin. Höhepunkt der Osterfeiern sind die Gottesdienste in der Osternacht, die in der Regel Karsamstag gegen 23 Uhr beginnen. Dem Ostergottesdienst schließt sich eine Prozession um die Kirche an. Dabei ziehen die Menschen mit brennenden Kerzen dreimal um die dunkle Kirche. Nach Verlesung des Auferstehungsevangeliums klopft der Priester dreimal an die verschlossene Kirchentür. Wenn sie sich auftut, ziehen alle mit den leuchtenden Kerzen in die Kirche ein. Im Anschluss an den Gottesdienst begrüßen die Gläubigen einander mit *„Christos woskresse!"* („Christus ist auferstanden!") und erhalten zur Antwort *„Wo istina woskresse"* („Er ist wahrhaftig auferstanden."). Mit der gleichen Grußformel begegnen sich zu Ostern die Nachbarn, Freunde und Verwandten zu Hause oder auf der Straße. In der Kirche tauscht man untereinander noch gefärbte Ostereier und *Kosunak* (Osterkuchen) aus, ein Brauch, der noch aus frühchristlicher Zeit stammt. Der Überlieferung zufolge erhielt *Pilatus,* später auch der römische Kaiser, am Morgen nach der Auferstehung Christi rotgefärbte Eier als Versinnbildlichung der Auferstehung und als Symbol des Lebens.

Erhalten hat sich der Brauch, an der Festtafel des Ostersonntags nach dem Essen die Ostereier von beiden Seiten gegeneinanderzuschlagen. Sieger dieses Wettstreits ist derjenige, dessen Ei nicht kaputtgeht. Er soll in Zukunft Glück haben. Der Unterlegene ist schon dadurch „bestraft", weil er das kaputte Ei sofort aufessen muss. So zwingt sich mancher nacheinander fünf bis sechs Eier hinein. Auf jeden Fall macht es soviel Spaß, dass einige immer wieder mit unlauteren Mitteln arbeiten. Sie haben eigens ein hölzernes und damit unschlagbares „Kampfei" vorbereitet.

Kinder können dann noch nach einem am Faden hängenden Stück *Chalwa* (türkischem Honig) springen, dabei versuchend, etwas hiervon abzubeißen.

Der 6. Mai wird in Bulgarien gefeiert. Zunächst ist er als ***Georgjowden*** (Georgstag) Namenstag der *Georgi* heißenden Männer. Der *Heilige Georgi* lebte zur Zeit des römischen Imperators *Diokletian* in Kappadokien. Seinen Ruf als legendärer römischer Offizier errang und festigte er mit vielen Heldentaten und Wundern. Wegen seines christlichen Glaubens starb er am 23. April 306 als Märtyrer. Das Sterbedatum ist auch der eigentliche Gergjowden, an dem der *Heilige Georgi* in der orthodoxen Kirche geehrt wird. Am bekanntesten ist er als Drachentöter. Auf einem weißen Pferd sitzend, mit einer Lanze in der Hand und als weitere Attribute noch mit einem Drachen und eventuell einer Königstochter dargestellt, so findet man ihn gemäß der Legende auf bulgarischen Ikonen und auch in den Werken der bildenden Kunst des christlichen Abendlandes. Der *Heilige Georgi* dient als Beschützer der Viehherden. In der Nacht zum 6. Mai werden die Schafe auf die Weide getrieben, weil der Tau dann Heilkraft besitzt. Früher gingen in dieser Nacht auch Frauen hinaus und wälzten sich nackt in dem vom heiligen Tau feuchten Gras, um Gesundheit und Fruchtbarkeit zu erhalten. Die mit diesem Tag verbundenen Bräuche lassen Gergjowden zu dem bedeutendsten Frühlingsfest in Bulgarien werden. Zu Ehren des *Heiligen Georg*i wird das erste Lamm geschlachtet; zuvor durften früher kein Lammfleisch und keine Milchprodukte gegessen werden. Das Lamm soll männlich und weiß sein. Nach besonderen Rezepten wird speziell zum Georgstag noch Brot gebacken, das man mit Schafsymbolen verziert. Gergjowden verbringt man zumeist außerhalb der Ortschaften in der freien Natur. Auch die bulgarischen Streitkräfte berufen sich auf den Heiligen Georgi, speziell auf dessen „Militärlaufbahn". Noch heute ist der 6. Mai der Tag der bulgarischen Armee und mit einer Ehrenparade in Sofia verbunden.

Der 21. Mai ist der bereits vorgestellte ***Tag der beiden Heiligen Konstantin und Elena.*** Er wurde benannt nach dem römischen Kaiser *Konstantin,* der im Jahre 313 das Christentum als gleichberechtigte Religion anerkannte und die Christenverfolgungen einstellte. Mit der *Heiligen Elena* wird seine Mutter geehrt, die ihn im christlichen Glauben erzog. An diesem Tag fand schon der alte religiös-mystische ***Feuertanz*** *Nestinarstwo* statt, bevor der 21. Mai von der christlich-orthodoxen Kirche usurpiert und den beiden Heiligen geweiht wurde. Während dieses Festes führten *Nestinarki,* „vom Geist besessene" Frauen, unter Musikbegleitung mit der Ikone der beiden Heiligen in den Händen barfuß Tänze auf der Feuerglut auf, bis sie ohnmächtig vor Erschöpfung, aber unversehrt zusammenbrechen, dabei wenig verständliche Weissagungen ausstoßend. Heute wird der Tanz auch von Männern, den *Nestinari,* vollführt. Im Dorf Balgari in Südostbulgarien (an der E 87 zwischen Malko Tarnovo und Zarevo, dem ehemaligen Mitschurin) pflegt die gesamte Bevölkerung seit Generationen den Brauch des Feuertanzes. Immer wieder wurde versucht, das Wunder des Betretens der Glut, die eine Hitze bis 800 °C besitzt, zu erklären. Eine physiologische Besonderheit soll angeblich die Ausführung des Tanzes erleichtern: Die Feuertänzer hätten allesamt dicke Hornhaut und Plattfüße. Wissenschaftlich hat sich der bekannte bulgarische Psychiater *Emanuil Scharankow* mit diesem Phänomen beschäftigt. Der Sofioter Professor verfasste das auch in deutscher Sprache erschienene Werk „Feuergehen. Psychologisch-physiologische und historisch-geografische Untersuchung des Nestinarentums in Bulgarien". Wer aber am 21. Mai nach Balgari kommt, der wird enttäuscht sein. Hier feiert man den Tag von *Konstantin* und *Elena* stets nach dem alten Kalender am dritten und sogar noch am vierten Juni.

Am 1. Juni stehen natürlich auch in Bulgarien die Kinder im Vordergrund. Das äußert sich bemerkenswerterweise bereits im Straßenverkehr. Zum ***Kindertag*** und am Schulanfang (15. September) fahren die Autos den ganzen Tag über mit Licht und sehr vorsichtig. Bei den ansonsten häufig recht unkultiviert chauffierenden Bulgaren ist das eine durchaus bemerkenswerte Tatsache.

Fest des Brotes in Plovdiv

Der 24. Juni, der längste Tag des Jahres, ist als ***Enjowden (Johannistag)*** wieder Namenstag der *Enjo* heißenden Männer. In den Dörfern werden Sonnenwendfeuer angezündet. Wie überall in Europa, wo diese rituellen Feuer bekannt sind, haben die in Bulgarien stattfindenden Feste etwas mit dem Sonnenkult zu tun. Dem Volksglauben nach besitzen an diesem Tag die Kräuter ihre heilendste Wirkung – und zwar zugleich gegen 77 Krankheiten. Dazu müssen die Kräuter aber früh gesammelt werden, weil sie mit Sonnenaufgang ihre heilende Wirkung verlieren. Außerdem musste früher noch eine nackte Frau die Kräuter am gleichen Tag an einem verlassenen Ort trocknen und kochen, damit die magischen Kräfte zur Geltung kamen. Das Volk gestaltete Enjowden als ein großes Fest, da gleich danach die harte Feldarbeit begann und eine Zwangspause bis zu den Feiern des Herbstes und Winters einsetzte.

Im Herbst, Ende Oktober/Anfang November, hat jedes bulgarische Dorf sein eigenes Fest; vom Charakter her ein ***Erntedankfest.*** In jedem Haus werden zwei bis drei Speisen in großen Mengen gekocht, reichlich Schnaps und Wein bereitgestellt, Salat zubereitet und uneingeladene Gäste erwartet. Man freut sich auf Nachbarn, Verwandtschaft aus der Stadt und auch auf Unbekannte. Schafft man es dann, sich von einem Haus loszureißen, so ist es sehr verlockend, noch dem nächsten Haus einen Besuch abzustatten – vorausgesetzt, man hat noch etwas Platz im Magen gelassen.

Am 26. Oktober, dem ***Dimitrowden,*** ist Namenstag sehr vieler Bulgarinnen und Bulgaren, und zwar aller mit Namen *Dimitrinka* und *Dima* sowie *Dimiter, Dimo* und *Mitko.* Sämtliche slawischen Völker ehren den *Heiligen Dimitrij,* die Serben und die Bulgaren sehen in ihm sogar den Schutzheiligen der Slawen. Früher hat man Dimitrowden auf dem Lande groß gefeiert, denn nach alter Tradition mussten bis zu diesem Tag die Erntearbeiten abgeschlossen sein. Die Saisonarbeiter wurden dann ausgezahlt und nach Hause entlassen.

Der 6. Dezember heißt ***Nikulden*** und ist damit nichts anderes als der Nikolaustag. Der *Heilige Nikolaus* wird in der gesamten christlichen Welt geehrt. Er half nicht nur Armen und Unglücklichen, sondern allen, die in Not waren, so auch Seeleuten in Gefahr. Aus diesem Grund wird der *Heilige Nikolaus* als Beschützer der Seeleute und Fischer angesehen, und man isst ihm zu Ehren an diesem Tag Fisch. Einen gefüllten Nikolausstiefel kennt man in Bulgarien nicht. Aber selbstverständlich ist Nikulden wieder auch Namenstag der *Nikolina* und *Nina* heißenden Frauen und Mädchen und der *Nikolaj, Nikola* sowie *Koljo* heißenden Männer und Jungen.

Der 8. Dezember gilt als ***Tag der Studenten.*** Überfüllte Gaststätten und Diskotheken sowie eine lautstarke Kulisse sind in den Universitätsstädten vorprogrammiert.

Koleda ist die bulgarische Bezeichnung des ***Weihnachtsfestes.*** Was zum Neujahrsmorgen die *Surwakari,* sind in der Nacht vom 24. zum 25. Dezember die *Koledari,* umherziehende junge Burschen und Mädchen. Statt der Kornelkirschenzweige *Surwatschki* tragen sie die *Koledarka,* einen mit Schnitzereien reich verzierten Eichenholzstock. Koleda beginnt am 24. Dezember als *Malka koleda* (kleines Weihnachten). Am *Badni wetscher* (Heiligabend) ist es nach wie vor üblich, fleischlose Gerichte auf den Tisch zu bringen. Mit der Zahl Sieben hat man es zu Weihnachten auch in Bulgarien. Während man in Deutschland oder zumindest in Sachsen sieben verschiedene Stollensorten probieren soll, ist es für die Bulgaren „Pflicht", Heiligabend sieben verschiedene vegetarische Speisen zu essen. Dazu gehören traditionell Weintrauben- oder Sauerkrautblätter mit Reis, Weißbohneneintopf, Blätterteigkuchen mit Kürbisfüllung und in jedem Fall Rundbrot und

Dürrobstkompott sowie Nüsse. Die orthodoxen Bulgaren dürfen erst am ersten Weihnachtsfeiertag ein Fleischgericht zu sich nehmen. Während im Blätterteig Silvester ein Glückszettel mit eingebacken ist, wird zu Weihnachten eine Münze darin versteckt. Wer die Münze in seinem Gebäck findet, hat besonderes Glück im nächsten Jahr. Übrigens ist die Wahl der vegetarischen Speisen nicht ganz dem Zufall überlassen. Reis, Bohnen, auch getrocknetes Obst - alles wächst und „vermehrt" sich in Verbindung mit Wasser, so wie es mit dem Glück im kommenden Jahr generell auch geschehen soll. Zu Weihnachten macht man sich keine Geschenke. Selbstverständlich ist der 25. Dezember wiederum auch ein Namenstag, und zwar - wie könnte es anders sein - der Männer namens *Christo.*

Bräuche rund um Kinder

Von Müttern und Großmüttern heimlich praktiziert wird der Brauch, den von den Neugeborenen ***abgefallenen Nabel*** dorthin zu werfen, wo man sich die berufliche Zukunft des Kindes wünscht. In einem Krankenhaus weggeworfen, soll das Kind Arzt werden oder irgendeinen anderen medizinischen Beruf ergreifen, in einer Schule fallengelassen, stellt man sich für das Kind eine Lehrerlaufbahn vor. Beliebt ist auch das „Hinterlegen" in der Oper oder im Theater. Wir haben den Nabel unseres Sohnes, ohne weiter nachzudenken, in einer Schule weggeworfen. Und jetzt dürfen wir uns nicht wundern, warum er ein Lehrerstudium absolviert.

Zunächst muss das Kind erst einmal laufen lernen. Gegen Ende des ersten Lebensjahres, wenn das Kind schon den Drang nach zweibeiniger Fortbewegung verspürt, wird der Brauch ***Proschtapulnik*** gepflegt. Mütter oder Großmütter backen einen *Krawaj,* einen großen Kuchenring, so groß, dass sie ihn dem Kind überstülpen können. Steht das Kind nun wie mit einem Schwimmring um den Bauch wankend oder noch festgehalten da, müssen alle Kinder der Straße gleichzeitig ein Stück Kuchen von dem *Krawaj* abreißen und damit schnell und möglichst weit wegrennen. Bei dem Kleinen hofft man auf den Nachahmungseffekt beim Davonstürmen der Kinderschar, darauf, dass es so schneller laufen lernt.

Wenn der Nachwuchs dann einigermaßen läuft, kann die Frage: „Was wird aus dem Kind?" noch ganz anders beantwortet werden. Auf ein Tablett legt man die verschiedensten Gegenstände. Sie symbolisieren alle einen bestimmten ***Beruf oder eine Tätigkeit.*** Dann stellt man das Tablett in einiger Entfernung vom Kind ab. Der Gegenstand, den das neugierig antrippelnde Kleine zuerst ergreift oder berührt, wird seine Zukunft bestimmen. Ein Werkzeug steht für einen Handwerksberuf, ein Pinsel für einen Maler oder eine andere künstlerische Tätigkeit. Ein Spiegel oder ein Kamm kann nicht nur für eine Berufung als Friseur in Frage kommen, es kann auch darauf hindeuten, dass ein Mädchen mal etwas kokett wird.

Für das weitere Gedeihen des Kindes, speziell für gesunde Zähne, soll noch ein anderer Brauch dienen. Seinen ***ersten Milchzahn*** wirft das Kind selbst hinter sich auf das Dach des Hauses, wobei es ruft: „Nimm Omi Knochenzähnchen, gibt mir eiserne dafür", damit die neuen, zweiten Zähne fest und kräftig werden.

Verhaltenstipps

Körpersprache

Die Bulgaren scheren sich keinen Deut darum, dass alle Welt nickt, wenn sie „Ja" sagt. In Bulgarien schüttelt man dabei traditionell den Kopf. Eigentlich könnte man glauben, ***Jasagen*** und Nicken, Neinsagen und Kopfschütteln gehören zusammen und sind eine natürliche Geste wie das international verständliche Bedeuten von Trinken beziehungsweise Dursthaben und Essen beziehungsweise Hungerhaben. Mitnichten! Hier hat man seinen eigenen Kopf. Der gravierendste Unterschied in Bulgarien ist also das Schütteln des Kopfes beim Ja und das Nicken bei Nein. Es ist deshalb ratsam, die jeweilige Kopfbewegung mit dem entsprechenden Laut/Wort, also mit *„da"* (ja) oder *„ne"* (nein) bzw. *„njama"* (gibt es nicht) zu verbinden.

Der ***Handschlag,*** bei uns alltägliche und allgegenwärtige Geste, besitzt in Bulgarien einen anderen Stellenwert. Er ist nur üblich beim Vorstellen/Vorgestelltwerden oder beim Verabschieden (dem letzten Abschied). Bekannte küssen sich zur Begrüßung auf die Wange. Man macht sich nach allen Regeln der Kunst lächerlich und nervt zugleich die Leute, wenn man zu Gast ist und tagtäglich morgens mit einem freundlichen Lächeln die Hand schüttelt und beim Gute-Nacht-Sagen nochmals die Hand reicht. Außerdem wirkt ein unangebrachter Handschlag sogar distanzierend.

Dankeschön/Entschuldigung

Auch wenn sich der Bulgare für eine Geste oder ein Geschenk mehrfach revanchieren wird, mit der verbalen Äußerung des Dankes hat er seine Probleme. Er lächelt und schaut verlegen nach unten, obwohl sein Herz durchaus berührt ist. Vor lauter Hemmungen lehnt er jedes Geschenk zunächst standhaft ab; allerdings in der Hoffnung, dass er immer wieder zur Annahme gedrängt wird. Schließlich nimmt er es in der vollen Überzeugung, damit jemandem einen Gefallen zu tun. (Er ist eher gewohnt zu geben als zu nehmen.) In der Geschichte hatte der Bulgare kaum einen Grund, sich zu bedanken, statt dessen genug Gründe, um sich einer vermeintlichen Schuld wegen zu entschuldigen. Im Gegensatz zum verschluckten „Dankeschön" kann man deshalb bei jeder passenden und unpassenden Gelegenheit eine Entschuldigung vernehmen. Dafür stehen gleich mehrere Wörter zur Auswahl: *„proschtawajte", „iswinete"* und *„pardon".* Diese Verhaltensweise gilt heute sogar als Ausdruck der Höflichkeit.

Zu Gast

Die sprichwörtliche bulgarische Gastfreundschaft äußert sich in ***spontanen Einladungen*** Fremden gegenüber und in unerwarteten Besuchen. Spezielle Einladungen unter Bulgaren sind unüblich. Man ist jederzeit auf Gäste eingestellt und freut sich darüber, auch wenn sie unpassend kommen sollten, zumindest lässt man sich das niemals anmerken. Ein Ausdruck der Gastfreundschaft ist ein stets vollgedeckter Tisch, der manchmal auch mehr bietet, als es das Lebensniveau der Familie eigentlich erlaubt. Das heißt, man ist für Besuch sogar bereit, Schulden zu machen (und Urlaub zu nehmen). Selbst „reicher" Westbesuch wird ohne Hintergedanken in die Gaststätte eingeladen, wobei der Bulgare wie selbstverständlich bezahlt. Soweit sollte man es jedoch nie kommen lassen.

Wenn man nach Hause eingeladen wird, jemanden zu Hause besucht, heißt die oberste Devise: ***Schuhe ausziehen.*** (Oft sind die Straßen schmutzig und die öffentlichen Toiletten sowieso.) Das Wohnzimmer zu betreten ist besonders auf dem Lande noch immer ein Festakt und besonderen Anlässen vorbehalten. Auch trotz Aufforderung, die Schuhe anzubehalten, folge man dem ungeschriebenen Gesetz.

Man staunt immer wieder über die Tolpatschigkeit und Gedankenlosigkeit mancher Leute. Zwei Beispiele sprechen eine besonders deutliche Sprache und gaben Anlass, über die eigene Mentalität nachzudenken.

Eine Bekannte, gerade aus Bulgarien zurückgekehrt, erzählte begeistert: "... und die Menschen, die sind unvorstellbar freundlich. In einem Restaurant saßen wir mit einer bulgarischen Familie an einem Tisch. Wir kamen ins Gespräch, und sie haben uns sofort zu sich nach Hause eingeladen. Drei Tage lang waren wir zusammen, haben bei ihnen toll gegessen und geschlafen und unter ihrer Führung die Sehenswürdigkeiten von Varna kennen gelernt. Dann sind wir noch an der Schwarzmeerküste entlanggefahren ..." Als wir fragten, ob sie sich bei der bulgarischen Familie revanchieren und sie zu sich einladen wollten, schaute sie verständnislos und sagte: „Wieso denn, wir sind Deutsche. Das ist nicht typisch für uns. Ich will zu Hause meine Ruhe haben!"

Vor einigen Jahren - als Reiseleiterin - betreute ich eine Gruppe Bulgaren, die für drei Tage auf Durchreise in Leipzig weilte. Mit einer Frau aus der Gruppe passierte mir folgende Geschichte. Ihr Mann arbeitete in Bulgarien als Verkehrspolizist. Bei einem schweren Autounfall wurde der junge Mann eines mitfahrenden deutschen Tramperpärchens ernsthaft verletzt, so dass er ins Krankenhaus eingeliefert werden musste. Beide befanden sich schon am Ende ihres Urlaubs, und so stand seine Freundin ziemlich mittellos da, fast ohne Geld und ohne Obdach; schlechteste Voraussetzungen, um auf ihren Freund zu warten. Der Polizist nahm das Mädchen mit zu sich nach Hause, und sie wurde für einen Monat das dritte Kind der Familie, kostenlos ernährt und mit allem versorgt, bis sie und ihr Freund wieder glücklich zurückreisen konnten. Nun wollte die Bulgarin, die selbst kein Deutsch sprach, dass ich bloß bei der Familie des Mädchens anrufe und frage, wann sie sich sehen könnten. Außerdem hatte sie ein hübsches Geschenk für die beiden mitgebracht.

„Guten Tag! ... in meiner bulgarischen Reisegruppe ist Frau Stojanowa, die gern ihre Tochter Ute sehen möchte."

„Ute ist nicht zu Hause. Ich bin ihre Mutter."

„Haben Sie richtig verstanden? Die Frau Stojanowa ist die Bulgarin, die ihre Tochter einen Monat lang beherbergt hat."

„Ja, ist gut. Und was will sie?"

„Sie will gar nichts. Die Frau fragt bloß, wie es Ute und ihrem Freund geht."

„Tja, Ute hat keine Zeit. Sie ist gerade fertig mit dem Schauspielstudium und bereitet jetzt ihre erste Premiere vor. Ihr Freund ist in Berlin."

„Wollen Sie nicht wenigstens die Bulgarin kennen lernen, die für ihre Tochter soviel getan hat?" Bei meinen Worten kullerten der in der Telefonkabine neben mir stehenden Bulgarin dicke Tränen auf die Brust.

„Wissen Sie, die Geschichte liegt schon ein Jahr zurück und außerdem, jetzt am Wochenende wollen wir unsere Ruhe haben. Wir sind Deutsche und eben keine Bulgaren, die machen, was sie gerade wollen."

„Die Bulgarin braucht keine Verpflegung und keine Übernachtung, sie reist schon morgen weiter und hat sogar ein Geschenk für Ihre Tochter."

„Dann soll sie es an der Rezeption lassen. Sagen Sie mir bitte die Adresse des Hotels."

Ich habe versucht, mich die ganze Zeit zu beherrschen und zu sehen, wieweit die Frechheit gehen kann. Die Bulgarin fragte mit verweinten Augen: „Und wie geht es der Ute?" Ich konnte ihr nur antworten: „Ute und ihrer Familie geht es so gut, dass sie nichts von Ihnen wissen möchten!" Wie sollte ich der Frau erklären, dass manche Deutsche eben Deutsche sind und Deutsche bleiben wollen. Sie hätte es mit ihrem normalen menschlichen Verstand nicht begriffen.

Derartige Beispiele sind empörend und diskriminierend. Deshalb appellieren wir an diejenigen, die zu solchen „Deutschen" gehören. Bleiben Sie auch in einem so gastfreundlichen Land wie Bulgarien Deutsche, halten Sie die Leute auf Distanz, und nehmen Sie die Gastfreundschaft gar nicht erst in Anspruch! So bleiben Sie zu nichts verpflichtet, und die Bulgaren fühlen sich nicht ausgenutzt.

Architektur

Die frühesten architektonischen Zeugnisse alter Völker und vergangener Kulturen sind auf bulgarischem Boden nur als Ruinen erhalten. Einige wurden erst durch Ausgrabungen wieder ans Licht geholt. Manches zählt zu den Schätzen von Museen und kann dort bewundert werden. Die wenigen erhaltenen Mosaike, Fresken, Steinreliefs und Säulen bieten dennoch eine überzeugende Vorstellung früherer Prachtentfaltung.

An der Schwarzmeerküste finden sich bei Nessebar, Varna und Sosopol Überreste der im 6. und 5. Jh. v. Chr. blühenden ***hellenischen Städte*** Messembria, Odessos und Apollonia. In Stara Sagora, Plovdiv, Sofia trifft man auf Architekturdenkmäler der einst ***römischen Städte*** Verea, Trimontium und Serdica aus dem 1.-4. Jh. n. Chr. Das berühmte thrakische Grabmal Kasanlak aus dem 3. Jh. v. Chr., die Kuppelgrabmäler bei Silistra und Pomorie aus den Tagen römischer Herrschaft vom 4. Jh., die Festungen Baba Vida in Vidin und Assenova krepost in Assenovgrad, die Festungsmauern von Veliko Tarnovo, der Chreljovata kula (Chreljo-Turm) im Rilakloster bezeugen den archäologischen Reichtum Bulgariens.

Die Festigung des Bulgarenreiches und dessen Ausdehnung nach Süden und Südwesten war im 9. und 10. Jh. von einer regen Bautätigkeit begleitet. Diese wurde mit der Einführung des Christentums als Staatsreligion und dem damit verbundenen steigenden Bedarf an Kirchenbauten im ganzen Land sowie einem gleichfalls gestiegenen Repräsentationsstreben der Herrscher noch verstärkt. Aus dieser Zeit stammen die meist nur in ihren Grundmauern erhaltenen ***Paläste und Kathedralen in den Hauptstädten Pliska und Preslav.*** Bereits die ersten kirchlichen Bauten nach 865 weisen in Bulgarien eigenständige Charakterzüge auf. Quaderbau und gemischtes Mauerwerk wurden schon im 10. Jh. allmählich durch die Kästelbautechnik und das Bauen mit eingezogenen Backsteinreihen abgelöst. Die dadurch erzielte ***malerische Wirkung der Kirchen*** ist eine typische Besonderheit der bulgarischen Baukunst, die sie von zeitgleichen byzantinischen Kirchenbauten deutlich unterscheidet. Noch gesteigert wird diese malerische Wirkung der rot-weiß gestreiften oder karierten Außenmauern der Kirchen durch keramische Applikationen und die Mauern gliedernde Blendarkaden und Bogenfriese. Man spricht deshalb direkt von einem „malerischen Stil" in der bulgarischen Architektur, der sich im gesamten mittelalterlichen Bulgarenreich ausbreitete.

Nessebar: zwei Kulturen vereint

Die bulgarische Baukunst – Architektur der Wiedergeburtszeit

Kriege mit Österreich, Russland und Persien sowie der nicht abflauende Widerstand der unterdrückten Völker ***schwächten*** seit dem 17. Jh. zunehmend ***das Osmanische Reich.*** Zwischen den osmanischen Mohammedanern kam es zu separatistischen Kämpfen um Macht, Besitz und Thron. Durch das Land zogen raubend und brandschatzend entlaufene Soldaten und Räuberbanden. Die Zeit des „goldenen Traums" der Sultane ging dem Ende entgegen. Entscheidend für die Bulgaren war nach 1830 das Ausscheiden Griechenlands aus dem osmanischen Machtbereich. Bulgarische Kaufleute konnten jetzt Handelsverbindungen fortführen, die griechische Kaufleute räumen mussten. Dabei eroberten sie sich Märkte in vielen Ländern der Welt und erschlossen sich eigene Handelswege. Ein rasches wirtschaftliches ***Aufblühen der bulgarischen Provinzen*** war das Ergebnis. Der sich langsam in den Händen bulgarischer Handwerker und Kaufleute konzentrierende Reichtum, die Errichtung der ersten Schulen, eine sich Bahn brechende Entwicklung von Kunst, Literatur und Kultur beschleunigten den Aufschwung der Nation. ***Westlicher Einfluss*** strömte ins Land. Diese Blüte des bulgarischen Wissens und Könnens, des geistigen Lebens wurde in der Geschichtsschreibung ***Wasrashdane (Wiedergeburt)*** genannt.

Die Bautätigkeit entfaltete sich insbesondere in der ersten Hälfte des 19. Jh. in einem lange nicht mehr gekannten Maße. In rascher Folge entstanden Kirchen, Schulen und Wohnhäuser. Die Dominante der Stadtzentren wurde nunmehr der hohe ***Uhrturm*** als Ausdruck der Vorrangstellung des Bürgertums im öffentlichen Leben. Zwei besonders schöne Uhrtürme stehen in Trjavna und Botevgrad. Der berühmteste bulgarische Baumeister dieser Zeit, ***Nikola Fitschew*** (1800-1881, im Volksmund auch *Koljo Fitscheto* genannt) schuf ausgereifte ingenieurtechnische Anlagen wie die berühmte Jantra-Brücke bei Bjala und die überdachte Brücke von Lovetsch.

Am augenfälligsten im ganzen Land sind die ***Veränderungen in der Wohnhausarchitektur.*** Die ersten großen und soliden Wohnhäuser gab es schon im 17. Jh. in Arbanassi und Bansko; Ortschaften, deren Einwohner in Handel und Produktion auf Grund einer wichtigen

Wiedergeburtshäuser im Gebirgsdorf Etara von außen
Foto: KR

Versorgungsrolle für die Osmanen gewisse Privilegien genossen. Auch aus dem 17. und 18. Jh. stammen bedeutende Bauwerke wie das Filaretow-Haus in Sheravna und das Kordopulow-Haus in Melnik, die zu den reifsten Leistungen der dekorativen Kunst Südosteuropas zählen. Jetzt aber entstanden nicht mehr einzelne Gebäude, sondern ganze ***Ensembles von so genannten Wiedergeburtshäusern.*** Man findet sie in vielen Ortschaften Bulgariens, deren Namen auf den offiziellen Landkarten rot umrandet sind, da diese unter Denkmalschutz stehen. Sehr reizvoll und gut erhalten ist diese Architektur in der Altstadt von Plovdiv und Veliko Tarnovo, in den Balkangebirgsstädten Arbanassi, Trjavna, Boshenzi, Etara, Kotel, Sheravna und Koprivschtiza, in dem Rhodopenort Schiroka laka, im Pirin in Melnik und Bansko sowie an der Schwarzmeerküste in Nessebar und Sosopol. Einen einmaligen Eindruck mit einem gewissen nostalgisch-melancholischen Flair bieten die leider schon etwas verfallenden steinernen Wiedergeburtshäuser in den von der Welt abgeschiedenen Dörfern Dolen und Kovatscheviza in den südwestlichen Rhodopen.

Egal, wo sich diese Bauten befinden, allen ist ein Zug gemeinsam: das Streben nach Schönheit im Alltag in Harmonie mit der Natur. In den Ortschaften führen enge Gassen zu den hohen ***schweren Holzpforten*** mit schmiedeeisernen Klinken und Beschlägen. Dahinter verbergen sich ***Höfe,*** zu denen üppige Blumengärten, schattenspendende Bäume und Brunnen mit immer fließendem Wasser gehören. Um die Höfe erheben sich die ***märchenhaft schönen Häuser.*** Die durch Vorsprünge und verspielte Erker abwechslungsreich gestalteten Fassaden, die Verwendung von Fachwerk mit holzgeschnitzten Dachgesimsen, von farbigem Putz und bunten Wandverzierungen ergeben den typischen Stil dieser Häuser. Die ***Innenausstattung*** ist reich an Wandschränken, bemalten Wandnischen, holzgeschnitzten Türen, Säulen und Zimmerdecken. Alles ist breit angelegt, hell und sonnig.

Oft spiegeln die Wohnhäuser die Berufe ihrer Bewohner wider, wenn sich im Erdgeschoss die ***Wirtschaftsräume*** mit Lager, Werkstatt oder Geschäft befinden. Die Wohnräume liegen dann in dem oder den oberen Stockwerken. Die gesamte Wohnanlage mit Garten ist von der Außenwelt jeweils mit einer schützenden ***hohen Mauer*** getrennt.

Durch den Einsatz örtlicher Baumaterialien und regional abweichender Bauweisen bildeten sich mehrere ***Wohnhaustypen*** heraus: das Rhodopen-, Strandsha-, Schwarzmeer-, Balkan- und das Dobrudshahaus. Unter allen entwickelte sich das ***Plovdiver Wohnhaus*** zum prächtigsten Bürgerhaus und wurde zum Inbegriff des Wiedergeburtshauses überhaupt. Nur im Landesosten baute man vorwiegend komplette Holzhäuser, während in allen anderen Gebieten die Gebäude aus einem mit Steinen gebauten Erdgeschoss und einem darüber errichteten Fachwerkbau bestanden.

und von innen

Die gewachsenen religiösen Freiheiten nutzte man nicht nur zum Bau von wieder geräumigeren und schöneren Kirchen, auch viele der noch existierenden ***Klosterbauten*** entstammen in ihrer heutigen Form ebenfalls der Wiedergeburtszeit. Waren die Klöster mit ihrer bescheidenen Architektur während der osmanischen Besatzungszeit Mittelpunkte der Bildung und Kultur, so wäre ohne das Rilakloster, das größte Kloster im Lande, das Überleben der nationalen Kunst und Kultur auf der gesamten Balkanhalbinsel undenkbar gewesen. Jetzt wurden mit freiwillig gespendeten Geldern der gesamten Bevölkerung die alten Klöster renoviert und neue gebaut.

Das in kultureller und wirtschaftlicher Hinsicht zurückgebliebene Osmanische Reich förderte in keiner Weise die bulgarische Architektur, sie konnte sich unter diesen Bedingungen kaum eigenständig entwickeln. Die Eroberer veränderten weitgehend das Erscheinungsbild der bulgarischen Städte. Größere öffentliche Bauten wurden zunächst zerstört. Dann baute man die Innenstädte weiter aus. In ihrer Silhouette dominierten nunmehr die zahlreichen Minarette der Moscheen und eine ***Vielzahl von Kuppeln.*** Solche Kuppeln überdachten jetzt die Hammams (Bäder), Karawansereien (Gast- und Wirtshäuser) und Bedestenen (Markthallen) sowie die Türben (Mausoleen) und Medresen (theologischen Schulen).

Die ***Moscheen*** in Bulgarien zählen zu den bedeutendsten Denkmälern islamischer sakraler Baukunst in Europa, deren sämtliche Stilrichtungen hier exemplarisch vertreten sind. Während ein wesentlicher Teil der kultischen und profanen osmanischen Bauten zu Beginn des 20. Jahrhunderts städteplanerischen Überlegungen weichen musste, fiel - dies sei der Gerechtigkeit halber erwähnt - ein nicht unbedeutender Teil dieser Bauten der in jahrhundertelanger Fremdherrschaft angestauten Wut der Bulgaren zum Opfer. Einige der wichtigsten Bauwerke aus osmanischer Besatzungszeit konnten dennoch erhalten werden und sind heute selbstverständlicher Bestandteil des modernen Städtebildes bulgarischer Großstädte. Sie geben den Städten ein exotisches Gepräge und zählen zu den Hauptsehenswürdigkeiten, wie beispielsweise die Bujuk-Moschee (1474) und die Banja-Baschi-Moschee (1576) in Sofia, die Dshumaja-Moschee (1423) und die Imaret-Moschee (1444) in Plovdiv sowie die Tombul-Moschee (1744) in Schumen. Von den vielen Namen großer Architekten hebt sich der von *Mimar Sinan* (1489-1578/88) besonders hervor. Er schuf einige der schönsten Bauten im Osmanischen Reich.

Eine größere Bautätigkeit setzte in Bulgarien erst zur Zeit der nationalen Wiedergeburt (ab Mitte des 18. Jh.) beziehungsweise nach der Befreiung 1878 ein. Damals kamen auch viele ausländische Architekten ins Land. Nach dem II. Weltkrieg entstanden große ideologiegebundene Bauwerke. Dabei besaß der Stil der ***Stalinära*** in den 50er Jahren noch eine gewisse Ästhetik, vor allem aber genügte er qualitativen Anforderungen, und das sowohl in der Innenarchitektur als auch in der gesamten Bauausführung.

Insbesondere die später in ***Plattenbauweise*** errichteten großen Wohngebiete und auch viele Gesellschaftsbauten ließen von dem Wort „Baukunst" nicht mehr viel übrig. Das Streben nach Schönheit in Verbindung mit Zweckmäßigkeit war dem Kostenfaktor widerspruchslos gewichen. Der Abbruch ganzer historisch gewachsener und mit kleinen Häusern bestandener Wohngebiete zugunsten riesiger Plattenwohnbauten führte zu einem anonymen Labyrinth, in dem sich selbst ein Hund verirren kann. Heute schon graue und zerbröselnde Fassaden verstärken den trostlosen Eindruck noch.

In den Kleinstädten schuf man ein so genanntes ***gesellschaftliches Zentrum*** mit dem Haus der Partei, einem Kulturhaus, Einkaufsmöglichkeit und einem riesigen Platz für Kundgebungen. Wenn irgend möglich, wurde dieser Platz mit Marmorplatten ausgelegt. Beste Beispiele für solchen Größenwahn sind Pravez (der Geburtsort *Todor Shiwkows)* und Blagoevgrad, wo über dem ehemaligen Parteihaus seit 1991 die Fahne der amerikanischen Universität weht ...

Literatur

Die Herausbildung der altbulgarischen Literatur, der ältesten slawischen Literatur überhaupt, war im 9. und 10. Jh. mit der Entstehung und Festigung des Ersten Bulgarenreiches verbunden. Durch die ***Schaffung der slawischen Schrift*** von den Brüdern *Kyrill* und *Method* und einer bulgarischen Literatur, die damals immer nur eine geistliche sein konnte, wurden die Slawen in die europäische Kultur mit einbezogen. Die Übersetzung liturgischer Texte in das Altkirchenslawische bedeutete zugleich die ***Überwindung des Dreisprachendogmas.*** Bis dahin war es nur üblich, Gott in Hebräisch, Griechisch und Lateinisch „in den Büchern zu preisen". Nunmehr wurde Altbulgarisch zur auch päpstlich abgesegneten vierten Schriftsprache und Bulgarien zur Wiege des slawischen Schrifttums.

Unter *Simeon* begann Anfang des 10. Jh. das „goldene Zeitalter" der altbulgarischen Kultur und Literatur. Die Schüler von *Kyrill* und *Method* gründeten zwei große ***literarische Schulen in Preslav und Ochrid.*** Noch heute imponieren die Erfolge eines von ihnen: *Kliment* vereinfachte das Alphabet, indem er die schwer verständliche glagolitische Schrift durch die leichter verständliche ***kyrillische Schrift*** ersetzte (die schon vorhanden war und ebenfalls von *Kyrill* stammte, aber aus kirchenpolitischen Gründen wegen ihrer größeren Ähnlichkeit zur griechischen Schrift zunächst abgelehnt wurde). Ihm gelang auch, in Ochrid in nur sieben Jahren 3500 Schüler auszubilden und eine umfangreiche religiöse Literatur zu schaffen. Die literarische Schule von Ochrid wird deshalb zu Recht als ***altbulgarische Universität*** bezeichnet. Innerhalb weniger Jahrzehnte entstand eine Literatursprache, die für den Ausdruck der kompliziertesten philosophischen Zusammenhänge geeignet war. Sie wurde zur Kirchen- und Amtssprache sowie zur Grundlage der Literatur auch der anderen christlich-orthodoxen Slawen, wie der Russen und Serben sowie der nichtslawischen Rumänen. Als Kirchensprache hat sie sich in den slawischen christlich-orthodoxen Ländern trotz geringer Zugeständnisse an die modernen Sprachen bis zum heutigen Tag erhalten.

Die Literatur im 9.-12. Jh. hatte einen ausgeprägt religiös-didaktischen Charakter. Im Gegensatz dazu gab es die umfangreiche antifeudal-religiöse ***Oppositionsliteratur der Bogomilen.***

Im 13./14. Jh. begann eine neue Blütezeit der altbulgarischen Literatur, die mit der ***literarischen Schule von Tarnovo*** verbunden ist. Die osmanische Fremdherrschaft hemmte die eigenständige Entwicklung der Literatur im 15.-17. Jh. beträchtlich. Die Mehrheit der bulgarischen Schriftsteller war gezwungen, das Land zu verlassen. In den rumänischen Fürstentümern Moldau und Walachei entstand im 15. und 16. Jh. eine rumänisch-bulgarische Literatur in bulgarischer Sprache. Um die Mitte des 15. Jh. wurde der Gottesdienst in bulgarischer Sprache verboten und wieder durch das offizielle Griechisch ersetzt. Das galt aber nicht für die Klöster. Und hier - weit von den großen Straßen entfernt und im Gebirge versteckt - wurde das bisherige in Bulgarien hervorgebrachte Schrifttum heimlich gehütet und vervielfältigt. Die neu entstehende Literatur war jetzt stärker weltlichen Problemen zugewandt. Und gerade das Werk eines Mönchs eröffnete die ***Periode der nationalen Wiedergeburt*** von der Mitte des 18. Jh. bis zum Russisch-Türkischen Krieg 1877/78, indem es das Gewissen des bulgarischen Volkes wachrüttelte und an dessen Nationalstolz appellierte. Mit ***Paisij Chilendarskis*** (1722-1773) aufklärerischem Buch „Slawobulgarische Geschichte" von 1762 beginnt zugleich der Abschnitt der neubulgarischen Literatur. Seine Sprache bedeutete die Auflösung der kirchenslawischen Norm der mittelalterlichen bulgarischen Literatur. An ihre Stelle setzte er die gesprochene Volkssprache.

1846/47 erscheint in Leipzig die ***erste bulgarische Zeitung,*** der „Balgarski orel" („Bulgarische Adler"). 1855 wird in Plovdiv das erste bulgarische Verlagshaus gegründet. 1856 entstehen die ersten ***Tschitalischta (Lesestuben)*** als örtliche Bildungsstätten, die bis heute zum Besuch von Abendschulen und Fremdsprachenlehrgängen, und Konzerten genutzt werden. Die Literatur der nationalen Wiedergeburt gipfelt in den Gedichten von ***Christo Botew*** (1848-1876).

Nach der Befreiung Bulgariens von der osmanischen Fremdherrschaft wird die Literatur durch neue Ideen und Genres bereichert. Der überragende ***Iwan Wasow*** (1850-1921), der „Patriarch der bulgarischen Literatur" veröffentlicht 1889 seinen weithin bekannten Roman „Unter dem Joch". Ein anderer Großer ist ***Pentscho Slawejkow*** (1866-1912). Seine Gedichte sind Meisterwerke der bulgarischen Lyrik. *Slawejkow,* der in Leipzig studiert hatte, trug durch Übersetzungen sehr zur Verbreitung der deutschen Literatur in Bulgarien bei. Er wurde als bisher einziger bulgarischer Schriftsteller für den Literaturnobelpreis nominiert. Ein wichtiger Vertreter des kritischen Realismus ist ***Aleko Konstantinow*** (1863-1897). Mit „Baj Ganjo" (1895, deutsch „Der Rosenölhändler") schrieb er den ersten satirischen Roman Bulgariens. In den beiden Jahrzehnten zu Beginn des 20. Jh. entstanden unter westeuropäischem und russischem Einfluss der bulgarische Symbolismus und weitere Werke des kritischen Realismus. Als ein bürgerlich-humanistischer Schriftsteller von internationalem Rang betätigte sich ***Jordan Jowkow*** (1880-1937), der sehr feinfühlig das Leben der Bauern literarisch gestaltete. Zwischen den beiden Weltkriegen gibt es auch eine Fülle von Prosa und Lyrik zu revolutionären und antifaschistischen Themen.

Dorfbibliothek heute

Unter sozialistischen Bedingungen entstanden in Bulgarien einige beachtenswerte Werke. Von ***Emilijan Stanew*** (1907-1979) stammt der historische Roman „Der Antichrist“ (1970) über die Bogomilenbewegung. Die von ihm verfassten Kinderbücher haben auch in Deutschland ihre Liebhaber gefunden.

Eine dokumentarische Untersuchung wurde der Auseinandersetzung mit dem deutschen, italienischen und spanischen Faschismus gewidmet, dessen oppositioneller Verfasser, ***Shelju Shelew***, im Januar 1990 zum ersten nichtkommunistischen Staatsoberhaupt Bulgariens gewählt wurde. Sein Buch „Der Faschismus", 1982 ierschienen, zeigte mit so übergroßer Deutlichkeit die Parallelen zwischen den beiden autoritären Gesellschaftssystemen Faschismus und Sozialismus, dass das Verbot nur eine Frage von wenigen Tagen war. Ohnehin hatte sich das Erscheinen des Buches über 15 Jahre lang hingezogen, weil kein Verlag bereit war, das hochinteressante, aber brisante Thema zu veröffentlichen.

Auch ***nach der politischen Wende*** blieben viele Autoren, wie *Tontscho Shetschew* und *Jordan Raditschkow,* mit ihren Werken geliebt und geachtet.

Besonderes Interesse in der ***gegenwärtigen Literaturszene*** gilt den Autoren *Nedjalko Jordanow, Stefan Zanew, Iwajlo Petrow* und *Radoj Ralin.* Das letzte Beispiel für internationale Anerkennung liefert ***Victor Paskow*** mit seinem Roman „Viola d'amore“ (1987). Das Buch wurde bisher in 15 Sprachen übersetzt. Die französische Ausgabe erhielt den Preis des Salon de livre in Bordeaux. 1993 erschin die deutsche Ausgabe bei Kiepenheuer, Leipzig.

Ein weiterer 1993 im Deutschen erschienener Autor ist ***Vlado Daverov*** mit „Junge Liebe ist kein Spiel", edition q Verlags-GmbH, Berlin. Sein Buch umfasst einen Kurzroman und fünf Erzählungen. Während die Erzählungen Alltagsängste des kleinen Mannes ironisch bis sarkastisch behandeln, beleuchtet der Roman die Probleme von Gymnasiasten einer deutschsprachigen Schule. Es ist die Generation der heute über 40jährigen, die auch im realsozialistischen Bulgarien mit den Liedern der Beatles heranwuchsen.

Von der Lyrikerin ***Ekaterina Tomowa*** stammen die 1981 in Bulgarien gegen vielerei Widerstände erschienenen Dokumentarerzählungen „Die vom Himmel Vergessenen". Hundertjährige Rhodopenbewohner - teils noch Analphabeten - offenbaren ihre bemerkenswerte Sicht des Lebens. Diese Betrachtungsweise scheint so gar nicht in unsere Zivilisation zu passen und ist doch genau das, was uns heute fehlt. 1994 im Verlag Kiepenheuer & Witsch erschienen und im gleichen Jahr in Düsseldorf auf die Bühne gebracht.

Dreiundzwanzigjährig schuf ***Christo Saprjanov*** 1988 den Roman „Der gehäutete Hund", der wegen eines Publikationsverbotes erst 1992 in Bulgarien veröffentlicht werden konnte und von der Literaturkritik des Landes als „Jahrhundertwerk“ gelobt wurde. Es entstand ein Buch, wie es im Westen kaum mehr geschrieben wird: Eine Welt voller Verlierer, Vedammter, Verlorener, wo es nur ums Überleben geht. An der Grenze der Zivilisation, im Hohen Norden der Sowjetunion, errichten Bulgaren für gutes Geld eine Straße durch die Wildnis, bis zu 16 Stunden am Tag. Wodka und primitiver Sex hält sie am Leben, um sie gleichzeitig zu zerstören. Verlag neue Kritik, Frankfurt am Main 1994.

Ein Leckerbissen ist die zweisprachige Ausgabe einer ***Sammlung bulgarischer Poesie*** mit dem Titel „Hör den Weg der Erde". In dem Band - entstanden als Arbeit einer Übersetzungswerkstatt - werden mehrmals zwei Übersetzungsvarianten neben das Original gestellt. Die verdienstvolle Mühe der Herausgabe übernahm Gregor Laschen für „edition die horen", Verlag für neue Wissenschaft, Bremerhaven 1994 (Band 6 der Reihe „Poesie der Nachbarn").

Große Namen eines kleinen Volkes

Jedes Volk hat seine Helden. Sie verkörpern die besten Eigenschaften ihrer Nation und sind den nächsten Generationen ein stolzes Beispiel, um sagen zu können: „Auch wir haben der Welt etwas gegeben."

Die Brüder Kyrill und Method - Schöpfer des kyrillischen Alphabets

Beide Brüder, *Konstantin-Kyrill* (826 oder 827- 869) und *Method* (um 815-885), entstammen der stark slawisierten zweitgrößten Stadt des Byzantinischen Reiches, Thessaloniki. Ihre slawische Herkunft, hervorragende Ausbildung und besonders die ausgezeichnete Kenntnis des um Thessaloniki gesprochenen Slawischen prädestinierten sie für eine Mission im fernen Mähren.

863 werden die als Slawenapostel bezeichneten Brüder in das Großmährische Reich entsandt. Sie sollen dem westslawischen Feudalstaat bei der Verteidigung seiner Unabhängigkeit gegenüber dem ostfränkischen Reich und dessen Klerus durch Ausbildung einheimischer slawischer Geistlicher und die ***Einführung einer slawischen Liturgie*** behilflich sein. In Mähren wurde die Sprache der beiden Brüder verstanden, da die slawischen Sprachen noch nicht so stark differenziert waren. Sie schufen ein auf der Sprache der bulgarischen Slawen basierendes slawisches Alphabet, das die spezifischen Vokale und Konsonanten des Slawischen berücksichtigte. Nunmehr war, anders als bei der Verwendung des griechischen Alphabets, eine Übereinstimmung zwischen dem gesprochenen und geschriebenen Wort möglich. Das zunächst verwendete ***glagolitische Alphabet*** wird später von den Schülern der beiden durch das einfachere ***kyrillische Alphabet*** ersetzt. Auf einer Reise von *Kyrill* und *Method* nach Rom verteidigen sie die Ebenbürtigkeit der slawischen Sprache gegenüber dem Hebräischen, Griechischen und Lateinischen.

Nach *Kyrills* Tod in Rom kehrt *Method* über Pannonien wieder nach Mähren zurück, wo er mit

Kyrill und Method gaben den Bulgaren die Schrift

den Würden eines Erzbischofs stirbt, nicht ohne sich längst die Feindschaft der deutschen Bischöfe zugezogen zu haben. Die verbliebenen Schüler werden sofort eingekerkert oder vertrieben - von Fürst *Boris* aber 886 in Bulgarien mit offenen Armen empfangen. Er ließ durch sie das slawische Schrifttum fördern, um sich gegen den griechischen Einfluss abzuschotten. So werden die ***Schüler von Kyrill und Method*** genauso für die Unabhängigkeit eines slawischen Reiches wirksam wie zuvor ihre Lehrmeister in Mähren. Und sie sind so erfolgreich, dass die in Bulgarien sich herausbildende Schriftsprache von den Russen, Serben und sogar von den nichtslawischen Rumänen (hier bis zum 19. Jh.) übernommen wird.

Die große kulturelle Leistung Bulgariens im 10. Jh. war die ***Übersetzung religiöser Texte*** aus dem Griechischen in eine Form des Slawischen, die manchmal als Altbulgarisch, mit gleicher Berechtigung und sogar genauer als Altkirchenslawisch bezeichnet wird. So gelang *Method* die Übertragung fast der gesamten Bibel. Der Mann, der ihm dies vornehmlich ermöglicht hatte, war *Kyrill.*

Der Mönch Paissij Chilendarski – das gute Gewissen eines Volkes

Der Mönch *Paissij* (1722-1773) aus der Pirinstadt Bansko lebte im Kloster Chilendar auf dem Berg Athos. Dieser einfache, bescheidene Klosterbruder ohne höhere Bildung studierte den Bücherschatz der Athosklöster und versuchte als erster, aus „vielen Büchern und historischen Schriften schöpfend", die ***Geschichte Bulgariens seit seinen Anfängen*** im Jahre 681 bis zur Unterwerfung durch die Osmanen zu rekonstruieren und zu systematisieren. Als die Welt in den Jahrhunderten der osmanischen Herrschaft schon fast vergessen hatte, dass es eine bulgarische Nation gab und gibt, sammelte er aus eigenem Antrieb viele Legenden und Bücher und verfasste seine „Slawobulgarische Geschichte". Er wollte allen, aber in erster Linie seinen bulgarischen Brüdern verkünden, dass auch sie Zaren und Patriarchen, einen starken und angesehenen Staat, eine stolze und ruhmreiche Vergangenheit gehabt haben.

Sein Appell an das Nationalbewusstsein der Bulgaren musste auch den ***Stolz auf die eige-***

Paissij Chilendarski steuerte den Nationalstolz bei

ne Sprache wecken, was damals nicht leicht fiel. Wer im Staatsdienst etwas werden wollte, musste zumindest Türkisch sprechen, und das Gotteswort wurde auch schon wieder über 300 Jahre in griechischer Sprache gepredigt. Eine Folge der Unterstellung der Christen im Osmanischen Reich unter das griechische Patriarchat in Istanbul. *Paissij* wendet sich mit bitteren Worten an das gute Gewissen der Bulgaren: „Oh, Uneinsichtiger und Schwachsinniger, weshalb schämst du dich, dich Bulgare zu nennen, und liest nicht in deiner Sprache und sprichst sie nicht? Oder hatten die Bulgaren kein Reich und kein Regiment? So viele Jahre herrschten sie und waren ruhmreich und gerühmt auf der ganzen Erde, und viele Male nahmen sie Tribut von den starken Römern und den weisen Griechen ... Aber weswegen, du Uneinsichtiger, schämst du dich deines Volkes und fühlst dich zu einer fremden Sprache hingezogen? Sind doch, sagst du, die Griechen weiser und politer, die Bulgaren hingegen sind einfältig und dumm und haben keine politen Worte ... es gibt viele Völker, weiser und ruhmreicher als die Griechen. Ob irgendein Grieche seine Sprache und Bildung und sein Volk aufgibt, wie du, Unsinniger, solches aufgibst? ... Du, Bulgare lass dich nicht verführen, kenne dein Volk und deine Sprache und lerne in deiner Sprache. Mehr wert ist die bulgarische Einfalt und Arglosigkeit. Die einfältigen Bulgaren nehmen jedermann in ihrem Hause auf und bewirten ihn, und sie geben denen Almosen, die sie darum bitten. Die weisen und politen aber tun das mitnichten, sondern sie nehmen den einfachen noch weg ..." (Insel-Verlag, Leipzig)

Nach Fertigstellung seines „Geschichtsbüchleins" verließ *Paissij* den Athos, zog durch das Land und ließ das Buch in Klöstern und Dörfern abschreiben. Ewig kränkelnd, aber unermüdlich unterwegs, erlag er in einem Dorf südöstlich von Plovdiv seinen Leiden. Eine Grabstelle ist unbekannt. Von den Bulgaren wird er als ***Vater ihrer nationalen Wiedergeburt*** verehrt. Sein Buch wurde zur „nationalen Bibel", die tatsächlich in vielen Orten in der Kirche neben der Bibel ihren Platz hatte.

Der Revolutionär Wassil Lewski – Kämpfer „für eine reine und heilige Republik"

Wassil Iwanow Kuntschew wurde 1837 in Karlovo geboren. Er war der Organisator und ***Führer der revolutionären nationalen Befreiungsbewegung.*** Den Namen *Lewski* („wie ein Löwe") erhielt er auf Grund seiner Tapferkeit als ***Freischärler in den Bulgarischen Legionen*** in Belgrad. 1858 noch Mönch, 1859 Hilfsprediger, verschrieb er alsbald sein Leben einzig und allein der Volksrevolution. Die begrenzte Wirkung der Freischärlertaktik gegen die Osmanen hatte er selbst erfahren. Er bereiste das Land und schuf ein dichtes ***Netz von geheimen Revolutionskomitees,*** die einen allgemeinen Aufstand vorbereiten sollten. Seine ganze Tätigkeit vollzog sich in völliger Illegalität und unter der ständigen Gefahr, entdeckt zu werden, aber er war beseelt von dem Gedanken an „eine reine und heilige Republik".

Infolge Verrats fiel er den Türken in die Hände und wurde 1873 – fünf Jahre vor der Befreiung Bulgariens – in Sofia durch den Strang ***hingerichtet.*** Bis heute kennt jeder Bulgare die Worte des Apostels der Freiheit: „Wenn ich gewinne – dann gewinnt das ganze Volk, wenn ich verliere – dann verliere ich nur mein Leben."

Der Poet Christo Botew – 20 Gedichte, die die Bulgaren erschüttern

Christo Botew (1848-1876) war ein ***genialer Dichter*** und glühender Revolutionär. Mit zwanzig war er bereits ein reifer Mann, mit fünfundzwanzig hatte er bewiesen, dass er ein Genie ist. Sein Talent ordnete er bedingungslos dem Ideal eines freien Bulgarien unter.

Beflügelt von der Pariser Kommune, sah er das einzige Mittel zur Befreiung im bewaffneten Volksaufstand. Als 1876 in Bulgarien der ***Aprilaufstand*** ausgebrochen war, bestieg *Botew* mit 200 als Gärtner und Arbeiter verkleideten bulgarischen Emigranten in Rumänien den österreichischen Donaudampfer „Radetzky". Er zwang den Kapitän, am bulgarischen Ufer nahe dem Dorf Kosloduj anzulegen. Vom Dampfer schrieb er in einem Brief an seine Frau: „Sollte ich sterben, dann vergiss nicht, dass ich nach meinem Vaterland am stärksten Dich liebte."

Botew und seine Gefährten konnten nicht wissen, dass der Aufstand in diesem Gebiet noch nicht losgebrochen bzw. woanders bereits wieder zusammengebrochen war. So schloss sich ihnen auch kein Aufständischer auf ihrem Marsch Richtung Vraza an, und die kleine Schar wurde von einer ihnen entgegengeschickten Abteilung türkischer Soldaten schnell besiegt. *Christo Botew* ***fiel durch eine Kugel,*** die ihn in die Stirn traf. Die Türken schnitten ihm den Kopf ab, den Leichnam überließen sie den Tieren des Waldes. Von ihm blieb nichts übrig als seine Gedichte und die Erinnerung an seine ruhmreiche Tat. Seine etwa 20 Gedichte aber gehören allesamt zur Weltliteratur, und schon allein sie machen ihn unsterblich - so wie er es in einem Gedicht vorausgesagt hat:

„Der für die Freiheit ficht und für sie fällt,
der ist unsterblich: Ihn betrauern
Tier, Wald und Erde und das Sternenzelt,
und ewig wird sein Ruhm im Liede dauern."

In dem Granitblock an seiner Todesstätte sind folgende Worte eingemeißelt: „Deine Prophezeihung hat sich bewahrheitet - du lebst!"

Christo Botew starb für sein Volk

Kunsthandwerk und Malerei

Kunsthandwerk

Von Reisenden, die zwischen dem 15. und 19. Jh. nach Bulgarien kamen, wurden am meisten die Volkstrachten bestaunt und mit Entzücken beschrieben. Die ***bulgarische Volkstracht*** wurde von Thrakern und Protobulgaren beeinflusst, hauptsächlich ist sie aber slawischen Ursprungs. Früher waren die Trachten nur Arbeitskleidung, die durch künstlerische Ausschmückung ein festliches Aussehen erhielten. Die Kleidung unterschied sich in Farbgebung, Ausführung, Zusammenstellung und Stickerei von Gegend zu Gegend, manchmal von Dorf zu Dorf.

Der ausschließliche Zweck der ***Stickerei*** bestand in der Verzierung der Kleidung, wobei Pflanzenmotive und geometrische Ornamente eindeutig vor Tierdarstellungen überwogen. Ursprünglich wurde direkt auf den Stoff gestickt, später stickte man das Muster auf ein dünnes Gewebe, das auf die Volkstracht aufgenäht wurde. Bevorzugt waren stets warme Rottöne, auch bei Farbkombinationen überwog das Rot. Die Stickerei ist noch heute sehr verbreitet, wird aber nicht mehr zur Herstellung von Volkstrachten verwendet. Die Bulgarin widmet sich vor allem dem Sticken von Tischdecken und Läufern, Sitzkissen und Socken.

Teppichwebereien existieren in Bulgarien schon seit Ende des 9. Jh. Zur Zeit der nationalen Wiedergeburt entstanden große Webereizentren unter anderem in Kotel und Tschiprovzi. Trotz einer dekorativen Vielfalt lässt sich sagen, dass die Teppiche aus Kotel streng und großgemustert sind, während kleine Muster die Teppiche aus Tschiprovzi typisch kennzeichnen.

Die so genannten ***Guberi*** können dicke Wolldecken oder Teppiche sein. Sie sind erkennbar an den langzottligen gedrehten

Stolz zeigt diese Bulgarin ihre Tracht

oder ungesponnenen Wollfransen auf der einen Seite. Die in den Rhodopendörfern hergestellten Guberi heißen *Chalischta* und haben breite weiße, braune und gelbe Streifen. Die Guberi sind ein- oder mehrfarbig beziehungsweise ungefärbt. Natürlich lässt sich Bulgariens Textilkunst nicht mit der der benachbarten Türkei vergleichen. Dennoch sind auch Bulgariens Teppiche über die Landesgrenzen bekannt.

Das älteste Handwerk in Bulgarien ist vermutlich die ***Töpferei,*** wie archäologische Funde belegen. Sie zeugen von einem nationalen Stil bereits im Mittelalter. Das Ritzen oder das Ziehen von umlaufenden geraden Linien, wie es noch bis Ende des 19. Jh. üblich war, wurde inzwischen von farbiger Bemalung verdrängt. Typische Töpferprodukte waren früher der Wasserkrug, aus dessen einem Henkel man trinken konnte, und die flache Flasche für Branntwein.

Reiche Traditionen besitzt auch die ***Holzschnitzerei.*** Sie blühte auf in der Wiedergeburtszeit, als sie sich in der Architektur durchsetzte - an Kapitellen der Holzpfosten, an Dachgesimsen, Türen, Säulen und Zimmerdecken, wo immer wieder das Sonnenmotiv und Pflanzenflechtwerk auftaucht. Im 18. Jh. wurden viele Bilderwände in Kirchen und Klöstern geschnitzt. Bemerkenswerte Beispiele sind die Bilderwände der Kirchen Sweti Nikola in Sofia und Sweta Bogorodiza in Pasardshik. Die Holzschnitzereien in Bansko und im Rilakloster stammen von Meistern aus der berühmten Schule von Samokov.

Das ***Kupferschmiedehandwerk*** erlebte seinen Höhepunkt ebenfalls während der Wiedergeburtsperiode in Bulgarien. Typische Produkte waren die Wasserkessel mit Henkel, Präsentierteller und die großen Wasserkrüge mit klappbarem Deckel. Eine im Kunsthandwerk noch heute beliebte kontrastreiche „Verfeinerung" ist die innen oder außen angebrachte silbrig glänzende Verzinnung. Begehrte Souvenire sind die feilgebotenen kupfernen Mokkaservices.

Die ***Goldschmiedekunst*** hat ihre besten und ältesten Zeugnisse in den zum Nationalschatz der Bulgaren gehörenden Funden aus der Thrakerzeit. Unverwechselbar sind die Kirchengeräte, aber auch der Schmuck, der aus den Goldschmiedewerkstätten von Vraza und besonders von Tschiprovzi hervorgegangen ist. Letztere war neben Thessaloniki das bedeutendste Zentrum der Goldschmiedekunst auf dem Balkan, bis die Stadt nach einem misslungenen Aufstand 1688 von den Türken niedergebrannt wurde. Der größte Formenreichtum der Goldschmiede ist jedoch am Frauenschmuck sichtbar, der zum wichtigsten Bestandteil der Volkstracht wurde und die farbenprächtigen Stickereien in idealer Weise ergänzt.

Nach der Befreiung des Landes 1878 und nach dem I. Weltkrieg ***verfiel die tra-***

ditionelle Handwerkskunst zusehends infolge der verstärkten Industrieproduktion Bulgariens und billiger, importierter Industriewaren. Mit der Besinnung des Staates auf die kulturellen Traditionen und nicht zuletzt bedingt durch die steigenden Touristenzahlen, versuchte man seit Ende der 1960er Jahre das ***Volkskunsthandwerk neu zu beleben.*** In Erinnerung an die einstigen Ladenstraßen bulgarischer Wiedergeburtsstädte entstanden in den früheren Handwerkersiedlungen Basarstraßen in der Art von ***Freilichtmuseen der alten Handwerke.*** In kleinen Läden schaffen die Meister hier wiederum unikale Werke. Ihnen bei der Arbeit auf die Finger sehen kann man zum Beispiel im Freilichtmuseum Etara bei Gabrovo. Diese Art Handwerksproduktion lockt nicht nur Touristen an, man produziert hauptsächlich auch für sie - aber zu festen Preisen und bisher noch ohne zu handeln.

Malerei

Mit der Annahme des Christentums wuchs der künstlerische ***Einfluss aus Byzanz.***

Im Zweiten Bulgarenreich entfaltete sich im 13./14. Jh. in der damaligen Hauptstadt eine der bedeutendsten eigenständigen Schulen der ostkirchlichen Kunst - die ***Malschule von Tarnovo.*** Die Meister dieser Kunstschule überschritten die geltenden Regeln und Grundsätze und strebten nach Leben und Schönheit. Die Kunstkritiker definieren ihren Stil deshalb als neuartig, gekennzeichnet vom Bestreben nach realistischer Wiedergabe der menschlichen Stimmungen und Erlebnisse, nach bildnishafter und psychologischer Individualisierung. Das sind bereits Merkmale und Zeichen der in Europa zwei Jahrhunderte später einsetzenden Renaissance. Ein glänzendes Beispiel für die Schule von Tarnovo sind die realistischen Wandmalereien in der Kirche von Bojana bei Sofia. In ihnen sind deutlich Versuche einer Individualisierung der Gestalten und einer Porträtkunst spürbar. Charakteristisch sind auch die Wandmalereien in der Felsenkirche bei Ivanovo.

Das 13./14. Jh. war die Blütezeit der ***Ikonenmalerei.*** Von den Bulgarien besetzenden Osmanen wurden mit den Bauwerken auch viele Kunstwerke der Malerei vernichtet. Die Zeit der Fremdherrschaft führte dennoch nicht zum völligen Stillstand der bulgarischen Kultur. In einigen abgelegenen Kirchen sind Wandmalereien von bedeutendem künstlerischem Wert zu sehen, so in den Klöstern von Dragalevzi (1476) und Kremikovzi (1483). Als ein neues Zentrum der christlich-orthodoxen Kunst traten damals die ***Klöster auf dem Berge Athos*** in Erscheinung, für die bulgarischen Gebiete bildete sich jedoch kein Kunstzentrum heraus. Die Künstler blieben auf den Ikonen mit sehr wenigen Ausnahmen anonym, immer im Hintergrund, und sie verliehen ihren Werken kaum mehr individuelle Züge. Nur selten gaben sie ihren Namen, mit einem Gebet verbunden, der Nachwelt zur Kenntnis.

Mit der ***nationalen Wiedergeburt*** beginnt eine neue Etappe in der Entwicklung der bulgarischen Kultur. Als Folge der gestiegenen ästhetischen Bedürfnisse entstehen einige ***neue Kunstschulen,*** wie die von Trjavna, Samokov, Bansko und Debar. Bedeutende Vertreter der neuen Schulen waren *Sachari Sograf* (1810-1853) und *Stanislaw Dospewski* (1823-1878). Die Künstler beginnen wieder, ihren Werken einen deutlichen individuellen Ausdruck zu geben. Die neuen Lebensbedingungen und die neue Umwelt ändern auch die religiöse Einstellung der Menschen. Auf diese Weise werden die Schöpfungen der bildenden Kunst erneut irdischer und nehmen einen optimistisch lebendigen Charakter an. Die bulgarischen Ikonografen sind Ende des 18./Anfang des 19. Jh. nicht mehr nur Mönche, sondern auch Geistliche auf dem Lande, Lehrer und einfache Leute. Die asketischen, blassen Gesichter der Heiligen werden durch ruhige, lebensfrohe und vollblütige Gestalten ersetzt. Die Muttergottes erhält etwas von den Zügen der italienischen Madonna der Renaissance. Die jahrhundertelang starren ikonografischen Gestalten eines bestimmten Heiligen werden durch die Züge reeller Persönlichkeiten ersetzt.

Die reine Personifizierung der Bildnisse findet allerdings in den ***Stifterbildnissen*** statt. *Sachari Sograf,* der bekannteste Maler aus der bulgarischen Wiedergeburtszeit, hat zahlreiche Stifterbilder geschaffen. Darunter nehmen auch seine Selbstbildnisse einen bedeutenden Platz ein. Sie sind ein Ausdruck des gewachsenen künstlerischen und sozialen Selbstbewusstseins des Künstlers. Um es deutlich zu sagen, bis zu diesem Zeitpunkt gab es als Folge der an Bulgarien vorbeigegangenen europäischen Kulturentwicklung nur die Heiligendarstellung. Und die bulgarischen Heiligen werden in diesen Jahrzehnten mit einem warmen patriotischen Gefühl gemalt. Die griechischen Inschriften verschwinden auf den bulgarischen Ikonen ebenso wie die zweisprachig (bulgarisch und griechisch) geschriebenen Texte. Nun stehen die Maler zu ihrer Herkunft und signieren stolz mit ihren Heimatorten.

Auch die Natur wird erstmals zum selbstständigen Darstellungsobjekt der Kunst. Die bisher nur angedeutete Landschaft wird durch die Darstellung niedriger Sträucher, Bäume und hügeliger Anhöhen ersetzt. Von *Nikola Obrasopissow* stammt die ***erste Darstellung einer Landschaft*** mit der Aussicht auf eine Kirche (1868) in der Beljo-Kirche in Samokov. *Stanislaw Dospewski,* ein Neffe von *Sachari Sograf,* war ein vortrefflicher Porträtist und Mitbegründer der bulgarischen weltlichen Malerei. Wegen seiner Tätigkeit in den Hilfskomitees für die Opfer des Aprilaufstandes und der regelmäßig weitergeleiteten Informationen über die Grausamkeiten der Türken bei der Niederschlagung des Aprilaufstandes

Malerei von Slatju Bojadshiew

wurde er im Gefängnis Menterhane in Istanbul eingekerkert und starb dort einen qualvollen Tod.

Ein noch weitgehend unbekanntes bulgarisches Phänomen von internationaler Bedeutung sind die ***naiven Ikonen.*** Mehrere Jahrzehnte vor der „Entdeckung" der naiven Malerei um 1900 („Les Primitifs modernes") setzten sich in allen Teilen Bulgariens Autodidakten mit ihren in professioneller Meisterschaft gemalten naiven Ikonen durch. Diese Volkskünstler schufen ihre Werke in der Verneinung jeglicher Doktrin und rein technischer Routine. Jedes Bild widerspiegelt auf individuelle Weise die Sehnsucht des einfachen Menschen nach einem friedlichen und harmonischen Leben. In den perfekten Bildkompositionen zeigt sich nicht nur eine Vorliebe zum Detail und eine Vernachlässigung des Hell-Dunkel-Kontrastes, sondern auch eine naive Spontanität der Gefühle, teils mit feinem Humor, teils mit großem Ernst. Bei der Beliebtheit ihrer Werke ist es nicht verwunderlich, dass sich die Individualisten sowohl auf den häuslichen Ikonostasen und miniatürlichen Wanderikonen als auch in den Dorfkirchen und Klöstern einen Platz neben den Ikonen sicherten, die den alten Malregeln folgten.

Heute kann man die Begeisterung von *Picasso, Apollinaire* und anderer Kunstgrößen vor den Bildern des Zollangestellten *H. Rousseau* (1886 „entdeckt"), des Postbeamten *L. Vivin* (1889), der Putzfrau *S. Louis* (1912) und anderer französischer Naiver verstehen (verzeihen!) - sie alle kannten eben nicht die Pioniere der naiven Malerei in Bulgarien.

Einen weiteren Aufschwung erhielt das Kunstschaffen nach der Befreiung Bulgariens 1878 und der ***Gründung der Staatlichen Zeichenschule*** in Sofia 1896 (1908 in Kunstgewerbeschule, 1921 in Kunstakademie umgewandelt).

Es gibt einige bulgarische Maler, die die Anzahl der Künstler von Weltrang vergrößert haben. Wie so oft zählt auch hier der Prophet nichts im eigenen Lande. Entweder gingen beziehungsweise gehen die Künstler oder ihre Werke ins Ausland. Um ***Jules Pascin*** entbrannte gar ein Streit zwischen Bulgaren und Franzosen. Man entschloss sich zu einem Kompromiss und bezeichnete ihn als bulgarisch-französischen Maler und Graphiker. Eigentlich hieß er *Julius Pinkas,* wurde 1885 in Vidin geboren und starb 1930 einen Freitod in Paris. *Pascin* studierte in Wien und Paris, arbeitete eine Zeitlang für den „Simplicissimus" und ging 1905 erneut nach Paris, wo er besonders durch *Henri Matisse* und *Amedeo Modigliani* angeregt wurde. 1914-1921 hielt er sich in den USA auf, um danach wieder nach Paris zurückzukehren. In seinem Werk überschneiden sich Elemente des Fauvismus mit romantischen Zügen in seiner Vorliebe für sinnlich betonte Mädchenakte.

Manche Kritiker und Kunsthistoriker können seit mehr als 20 Jahren nicht viel mit dem in Bulgarien geborenen Verhüllungskünstler ***Christo Jawaschew,*** genannt *Christo,* anfangen. Während seines Studiums an der Kunstakademie in Sofia nutzte der Bulgare 1956 einen Studienaufenthalt in Prag, um von dort nach Wien zu fliehen. Nur ein Semester Kunststudium hielt es ihn in Wien, und nach kurzer Station in der Schweiz lebte er sechs Jahre in Paris. Anschließend ging er nach New York, wo noch heute seine Wahlheimat ist. Gemeinsam mit seiner französischen Frau *Jeanne-Claude* versucht der weltberühmte *Christo,* Architektur, Malerei und Bildhauerei zu einer Kunst zu vereinigen und die konventionelle Kunst in Frage zu stellen. Es klingt verrückt: *Christo* verhüllt Pont Neuf, die berühmte Brücke in Paris, in Chicago ein Museum, stellt in Kalifornien und Japan 3000 Schirme auf, umsäumt ganze Inseln mit Stoffbahnen und bezahlt alles aus eigener Tasche - das Geld verdient er durch den Verkauf seiner Entwürfe. Nun war der Berliner Reichstag an der Reihe ...

(Buchempfehlung: Christo. „Der Reichstag und urbane Projekte", herausgegeben von Jacob Baal-Teshuva, Prestel-Verlag, München, 1993). Im Nov./Dez. 1998 verhüllte Christo im schweizerischen Rieben insgesamt 163 Bäume Polyestergewebe.

Einer der bekanntesten bulgarischen Namen in Italien ist der des Avantgardisten ***Alzek Mischew,*** der in den 70er Jahren voller Enthusiasmus eine Flucht aus Bulgarien wagte, um zu Fuß die Avantgarde- und Künstlermetropole Mailand zu erreichen und damit nicht nur sich zu beweisen, dass es für die Kunst keine politischen und nationalen Grenzen gibt. Für das Schaffen des 1941 geborenen Bulgaren ist der Pinsel nicht ausreichend - Fotografie, Musik, Urbanistik, Philosophie, konzeptuale Kunst, Performance sind seine irdischen und kosmischen Sphären.

Weshdi Raschidow ist ein Künstler, der sich immer wieder mit einer erfolgreichen Ausstellung - zumeist im Ausland - in Erinnerung bringt. Seine Skulpturen werden gleichgut im Westen und im Osten bewundert und gekauft. Der Terminkalender des noch in Bulgarien arbeitenden Künstlers ist für drei Jahre im Voraus mit Ausstellungen in verschiedenen Ländern Europas gefüllt.

Andi Lekarski wohnt seit 1962 in Paris. Seine Malereien und Skulpturen sind in den bedeutendsten Kunstsammlungen der Welt zu finden. *Lekarski* sagt von sich, dass er keiner speziellen Schule angehöre, sondern der Schule des 20. Jahrhunderts.

Musik, Theater, Kino und Fernsehen

Musik

Die bulgarische Musik ist ein Phänomen - sei es der ***achtstimmige Kirchengesang*** ohne Instrumentalbegleitung, der selbst „gesittete" Kirchenkonzertbesucher

Ari Leschnikow – der Beatle der zwanziger Jahre

Am 31.7. 1978 starb nach langer Krankheit und einer noch längeren Zeit offizieller Vergessenheit der Schlagerstar *Asparuch Leschnikow.* Obwohl noch 1977 offiziell geehrt, ist der Mann mit dem strahlenden Lächeln und dem koketten Schnurrbart den meisten Bulgaren unbekannt.

Dabei war *Leschnikow* der Liebling Deutschlands. Der junge Mann mit der weichen, lyrischen Stimme studierte ab 1922 in Berlin. Seine spätere Aufname in das Berliner Revuetheater ist der erste Schritt zur Weltberühmtheit. Als 1928 die ***Comedian Harmonists*** gegründet werden, gehört Ari Leschnikow als erster Tenor dazu. Die sechs jungen Männer füllen die Theatersäle wie keine andere Gruppe ihrer Zeit. Es folgen Tourneen durch die Welt, Schallplattenaufnahmen sowie Filme mit Weltstars.

Mitte der 30er Jahre ist das Ende dieser berauschenden Karriere gekommen, da die drei Juden in der Gruppen von den Nazis nicht toleriert werden. Die *Comedian Harmonists* zerfallen und Ari kehrt nach Bulgarien zurück.

Nach dem Krieg versucht er, sich dem neuen sozialistischen Pathos anzupassen. Er gründet eine Gruppe und singt vor Arbeitsbrigaden. Aber die neuen Machthaber erinnern sich daran, wie berühmt er in Deutschland war. In seiner Heimat kann sich die Weltlegende fortan als Parkwächter kaum über Wasser halten.

Die Deutschen vergessen ihn jedoch nicht. Er wird 1965 in die DDR eingeladen und stürmisch empfangen. 1998 erweckt der Film des Regisseurs Josef Vilsmaier *„Comedian Harmonists"* das berühmte Sextett zu neuem Leben. In nur drei Wochen sehen 1,5 Millionen Zuschauer die ***Beatles der Zwanziger Jahre.***

In Bulgarien erinnert sich nur die ältere Generation noch an Lieder wie „Ein bitterer Kaffee" und „Ein ewiges Geheimnis ist die Liebe".

Ari Leschnikow - das strahlende Lächeln eines Comedian Harmonist

aus der Fassung geraten lässt, die bulgarische ***Volksmusik,*** bei der niemand ruhig sitzen bleiben kann, der bulgarische ***Folkloregesang,*** der Unbekanntes über die Möglichkeiten der menschlichen Stimme offenbart (wie eine finnische Zeitung schrieb), oder seien es die berühmten bulgarischen ***Opernsänger,*** die auf allen großen Opernbühnen der Welt zu Hause sind. Fast könnte man von einem Mysterium der bulgarischen Stimmen sprechen. Dazu überrascht die Andersartigkeit der für uns ungewohnten Stimmen beim Volksgesang. Die im Kehl- oder Nasenraum gebildeten Töne klingen bei der beliebten starken Stimme des Sängers rau und hart, die Stimmen der Frauen sind dennoch rein und klar.

Die Begegnung mit der bulgarischen Volksmusik ist verblüffend und phantastisch. Da der Volksgesang aber fast immer mit Volkstanz verbunden ist, ist ein Live-Auftritt durch nichts zu ersetzen. Selbst Popstars ließen sich von der bulgarischen Musik inspirieren, und auch Exbeatle *George Harrison* zeigte unverhohlen seine Begeisterung. Einige bulgarische Lieder drangen schon in westliche Hitparaden vor, ein Lied aus den Rhodopen stieg sogar in kosmische Höhen auf. Es war neben anderen musikalischen Schätzen der Menschheit auf einer Schallplatte enthalten, die den beiden amerikanischen Raumstationen „Voyager" als Botschaft an außerirdische Zivilisationen mitgegeben wurde. Möglicherweise vermag das bulgarische Volk solche Leistungen nur hervorzubringen, weil Musik und Gesang zum Wesen des Bulgaren gehören. Sie begleiteten das Volk bei der Arbeit und an allen Fest- und Feiertagen. Entsprechend lang, zugleich aber auch kompliziert ist die Entwicklung der bulgarischen Musik.

Im 14. Jh. ging von der Hauptstadt des Zweiten Bulgarenreiches, Tarnovo, die durch Zar *Iwan Alexander* initiierte großartige kulturelle Entwicklung aus, die das Land noch vor seinem Untergang durch die osmanische Eroberung erleben sollte. In Tarnovo gab es nicht nur eine literarische und eine Malschule, hier wurde auch eine ***Schule des nationalen Kirchengesangs*** gegründet, die sogar nachhaltigen Einfluss auf die musikalische Entwicklung anderer Länder ausübte. Es entstand ein eigenständiger bulgarischer Kirchengesang. Zu dieser Zeit wirkte auch der bulgarische Komponist, Sänger und Musiktheoretiker ***Joan Kukusel.*** Dieser „Sänger mit der Engelsstimme", der nach seinem Tode heiliggesprochen wurde, reformierte den byzantinischen Kirchengesang und schuf eine neue, verbesserte Notenschrift.

Als sich der Schatten der Fremdherrschaft auf Bulgarien gelegt hatte, war nur noch die Entwicklung der Volksmusik möglich. Diese entfaltete einen schier unerschöpflichen Reichtum. ***Volkslieder*** mit und ohne musikalische Begleitung gibt es zu allen nur denkbaren Anlässen – Brauchtums- und Arbeitslieder, Tafellieder, Tanz- und Hochzeitslieder, Heiduckenlieder und solche voller Trauer und Freiheitssehnsucht. Gerade in den Rhodopen, wo die gesamte Bevölkerung zwangsislamisiert wurde, entstanden Lieder, in denen die Sängerinnen ihre Klage und Trauer hinauszuschreien scheinen. Hier trifft die Feststellung wirklich zu: Der Bulgare singt, auch wenn er weint.

Und hier, in den Rhodopen, ist ein typisches Kennzeichen des bulgarischen Volksliedes, das es einzigartig macht, besonders ausgeprägt: die woanders in Europa unbekannte ***verlängerte Taktzeit*** wie 8/8, 10/8, 12/8. Weiterhin typisch ist die ***Einstimmigkeit des Gesangs,*** selbst dann, wenn zwei Chöre singen, und der rhythmische ***Reichtum an asymmetrischen Takten,*** z. B. 5/8, 7/8, 9/8. Diese Vielfalt veranlasste Fachleute zu sagen, dass sie „von für einen Ausländer phantastischen Zuständen bis zu einer primitiven Monotonie reicht". In den völlig abgelegenen Gebieten sind selbst unter der islamisierten bulgarischen Bevölkerung eine Reihe uralter Lieder und Tänze mit ihren ***Rhythmen und Tonarten aus vorchristlicher Zeit*** erhalten geblieben. Sie sind noch Zeugnisse der Gemeinschaft der indoeuropäischen Völker und einer damals gemeinsamen Sprache. Verschiedene, nicht mehr verständliche Wörter erscheinen in diesen Liedern als unverständliche Zaubersprüche. Erst in den 30er Jahren des 20. Jh. konnten für die eigentümlichen Tonarten und Rhythmen bulgarischer Volkslieder und Tänze von der Musikforschung einige Parallelen gefunden werden - und zwar in ebenfalls seit Jahrtausenden überlieferter Folklore des fernen Indiens.

Auch ein Teil der verbreitetsten ***Musikinstrumente*** stammt aus den weit zurückliegenden Zeiten der Antike und wurde im Mittelalter weiterentwickelt. Zu den heute noch gebräuchlichsten Instrumenten gehören die *Gadulka* (birnenförmiges Streichinstrument ohne Griffbrett mit zwei bis fünf Saiten, vom Klang her einer alten Viola da gamba ähnlich), die *gusla* (einsaitiges Streichinstrument mit langem Hals ohne Griffbrett und mit geringerem Tonumfang), der *Kawal* (Hirtenflöte, die häufig als Soloinstrument verwendet wird) und die *Gajda* (Dudelsack). Der wegen seines lauten Tones für das Musizieren im Freien besonders geeignete und deshalb auf Volksfesten gern eingesetzte Dudelsack sorgt bei Fremden aus unseren Breitengraden immer wieder für Überraschung, ist er doch den meisten nur aus Schottland und von Frankreich her bekannt.

Die ***bekanntesten Volkstänze*** sind mit vielen verschiedenen landschaftlichen Ausprägungen der Nationaltanz *Choro* und die *Ratscheniza*. Während letztere paarweise oder allein, die Hände in die Hüften gestemmt, getanzt wird, ist das *Choro* ein Reihen- oder Kettentanz. Entweder hat man die Hände dabei ebenfalls in den Hüften, man kann sich auch gegenseitig an Hüfte oder Schultern umfassen, oder man greift dem Nachbarn in den Gürtel. Oft gehört zur Musik noch ein Tanzlied; das *Choro* ist wie eine Erzählung mit Musik, Text und der Sprache des Körpers. Getanzt wird voller Leidenschaft, wobei alle menschlichen Gefühle wie Freude, Begeisterung, Sehnsucht und Schmerz ausgedrückt werden. Hier kann man nicht überlegen zuschauen, sondern muss sich anstecken lassen und mitmachen. Dann ist das *Choro* ein wirklich unvergessliches Erlebnis und ein echter Genuss dazu.

Erst seit der nationalen Wiedergeburt ist ***Chorgesang*** in Bulgarien populär. Unter den Chören haben sogar Kinderchöre Anerkennung im Ausland gefunden.

Eine eigene nationale ***Unterhaltungsmusik*** entwickelte sich in Bulgarien erst nach 1944.

In Sofia werden am Bulgarischen Staatlichen Konservatorium (hervorgegangen aus der 1921 gegründeten Staatlichen Musikakademie) neben Musikern, Dirigenten und Komponisten auch Sänger ausgebildet. Eine zweite Stätte für die Heranbildung der Nachfolger des *Orpheus* befindet sich in Plovdiv.

Bulgarien hat weltberühmte ***Opernsänger*** hervorgebracht, die fast ausschließlich auf den großen Bühnen der Welt auftreten. Zu ihnen gehörte an erster Stelle der 1993 verstorbene weltbeste Bassist *Boris Christow* (1914 in Plovdiv geboren). Neben seinen Opernrollen als Boris Godunow *(Mussorgski)*, Mephisto *(Boito)* und dem Philipp in *Verdis* „Don Carlos" erlangte Christow besondere Beliebtheit mit seinen bulgarischen und russischen Kirchenliedern. Weitere für die Opernfans wichtige Namen sind die des in Italien lebenden Bassisten *Nikolaj Gjaurow* (1929 in Velingrad, Rhodopen, geboren), der Sopranistinnen *Rajna Kabaiwanska* (geb. 1934) und *Gena Dimitrowa* (geb. 1941) sowie der Mezzosopranistin *Elena Nikolaj* und des Tenors *Nikola Nikolow*.

Die Zahl der hervorragenden ***Instrumentalisten*** unserer Zeit wird vergrößert durch die Bulgaren *Stojka Milanowa, Bojan Letschew, Mintscho Mintschew, Simeon Pironkow* und viele andere. *Emil Tschakarow* dirigierte die bekanntesten Orchester der Welt und als bisher einziger Bulgare die Berliner Philharmonie.

Theater

Wie bei anderen Künsten liegen auch die ***Anfänge des nationalen bulgarischen Theaters*** in den Jahren der nationalen Wiedergeburt und sind mit dem Kampf um die Befreiung des Landes verbunden. 1856 gab es in Schumen und Lom - und bald in vielen anderen Städten des Landes - die ersten Aufführungen. Gespielt wurde in den soeben entstandenen Lesehallen oder neu gegründeten Schulen. Das erste Stück stammte von *Dobri Wojnikow* (1833-1878), dem Begründer des bulgarischen Theaters, und war noch völlig unpolitisch. Eine Liebesgeschichte mit dem Titel „Die vielleidende Genoveva", gespielt ausschließlich von männlichen Laiendarstellern. Das Stück rührte aber so sehr an die Herzen der Bulgaren, dass im Taumel um das wiedergefundene Liebesglück schier Bäche voll Tränen vergossen wurden. Die Bulgaren lagen einander in den Armen, und die Stimmung erreichte ihren Höhepunkt im plötzlichen Singen von Freiheitsliedern. Das Theater entwickelte eine solch emotionale Kraft, dass die Aufführungen von den Türken vorübergehend verboten wurden.

Nach der Befreiung entstand in Plovdiv 1883 die ***erste Berufstheatergruppe.*** Gespielt wurden neben den eigenen Dramen besonders russische und westeuropäische Stücke. 1904 wurde in Sofia das ***Nationaltheater gegründet.*** Nach 1944 entwickelte sich die Schauspielkunst in einem bis dahin nicht gekannten Ausmaß. Die Zahl der Bühnen stieg von sechs auf 36 im Jahre 1977. Die ***Laienschauspielkunst*** erlebte in den so genannten „Volkskunstkollektiven" einen nie dagewesenen Aufschwung. 1948 wurde in Sofia die Theaterhochschule eröffnet. Die führende Landesbühne ist die des ***Nationaltheaters „Iwan Wasow"*** in Sofia. In den letzten Jahren entstanden auch ***erste private Theater.***

Puppentheater

In vielen größeren Städten gibt es neben den großen Bühnen noch die kleinen der Puppentheater. Diese werden viel häufiger als bei uns auch von Erwachsenen besucht. Das Repertoire umfasst Werke für Kinder und Erwachsene. 1946 entstand in Sofia das erste ***professionelle Puppentheater;*** im November 1962 läutete die Geburtsstunde des modernen Puppentheaters, als an der Sofioter Theaterhochschule die ersten 15 Studenten ihre Ausbildung in der Meisterschaft des Puppenspiels aufgenommen hatten. Bis heute sind die 19 Puppentheater in Bulgarien sehr beliebt und einige, wie die von Varna, Stara Sagora und Plovdiv weit über die Landesgrenzen hinaus bekannt.

Noch bis in die 50er Jahre wanderten die ***letzten Volkskunstpuppenspieler*** durch die Ortschaften, sammelten die Kinder auf der Straße um ihre kleinen Bühnen, die sie auf dem Rücken trugen. Das waren Holzkisten mit darauf montierten Puppen. Durch zwei Fäden an der rechten Hand konnte der unbekannte Regisseur, Dramaturg und Komponist sie springen und sich drehen lassen. Während er die Puppen bewegte, spielte er ein Instrument, sang und erzählte eine Geschichte.

Kino

Das Fernsehen ist eine ernsthafte Konkurrenz für das Kino geworden. Bis vor kurzem zählten die Bulgaren zu den treuesten Verehrern der siebten Kunst. Ein Film war bisher immer ein Stück der weiten unbekannten Welt, ein Schicksal, mit dem man sich identifizieren konnte, und jeder im-

Neno, der Puppenspieler

Die wahre Geschichte von Neno Kukladshijata (Neno, der Puppenspieler), der als der Begründer der Puppenkunst zum Ende des 19. Jh. in Bulgarien gilt, könnte das Schicksal vieler umherziehender Puppenspieler aus dem Volke sein.

Der Vater der kleinen Bjanka war Händler. Von einer Reise hatte er eine wunderschöne Puppe aus Bukarest mitgebracht, die ihre Augen schließen konnte, wenn sie schlief. Voller Freude und Stolz zeigte Bjanka ihre „Wunderpuppe" den anderen Kindern auf der Straße, die mit ihren selbstgefertigten Stoffpuppen spielten. Einmal wollte ihre Cousine Deschka die „Wunderpuppe" umarmen. Bjanka aber gab ihr die Puppe nicht. Da sprang Deschkas Bruder Ratscho hinzu, entriss Bjanka die Puppe und gab sie seiner Schwester. Augenblicklich weinte und schrie Bjanka so laut, dass es Neno von seiner Messerschleiferwerkstatt aus hörte. Er beruhigte die Kinder und versprach Ratscho und Deschka: „Ich mache euch eine schönere Puppe als die von Bjanka. Und wenn sie nicht schlafen kann, so wird sie tanzen und singen, dass das ganze Dorf sie bewundern wird." Sogleich sammelte Neno Stoffreste, Faden, Holz und Werg. Er konnte zwar keine Augen machen, die auf- und zuklappten, statt dessen hatte er zwei Puppen, die die Namen der beiden Kinder trugen, auf einer Holzkiste befestigt und ließ sie durch die Fäden sich bewegen. Das geschah, während er auf einer Tambura, einem einfachen Saiteninstrument, spielte. Die Fäden, an den Fingern der rechten Hand befestigt, bewegten beim Hin- und Herziehen des Bogens die Puppen. Das ganze Dorf versammelte sich und bestaunte sprachlos die tanzenden Ratscho und Deschka. So zufällig war das erste Puppentheater entstanden.

Dieser einfache Mensch ohne pädagogische und künstlerische Ausbildung konnte so herrlich tief in die Kinderseele eindringen und eine mär chenhafte Welt darstellen. Nach dem Tode seiner Frau widmete Neno sein Leben dem Puppenspiel und den Kindern. Er wanderte noch ganze 25 Jahre lang mit seinen beiden Lieblingspuppen umher, die für ihn längst zu lebendigen Kindern geworden waren. Wo ihn die Dunkelheit erreichte, dort nächtigte er. Mit seinen Liedern und selbstausgedachten Geschichten schenkte er den Kindern viel Freude - und das ohne Geld und Belohnung. Der Winter 1916 ließ ihn endlich in einer Baracke bei Lovetsch erstarren. Bei ihm waren nur seine treuen Puppen Ratscho und Deschka, die ihn bis zum Grab begleiteten, traurig und schweigsam, weil die Hand, die ihnen Leben schenkte, für immer steif war.

Einer der vielen Nachfolger Nenos

portierte Film war auch eine Fremdsprache live, in der man die Lieblingsschauspieler original sprechen hören konnte. Bis heute noch synchronisiert man keine Filme.

1906 wurde in Sofia das ***erste bulgarische Lichtspielhaus*** eröffnet, 1945 das staatliche Unternehmen „Bulgarisches Filmwesen" ins Leben gerufen und ihm die Entscheidung über Filmimport und -verleih übertragen, 1948 wurde dann die ***Filmindustrie verstaatlicht.*** Der bulgarische Film unterlag im Vergleich mit der Musik, dem Theater, der Literatur und der

Malerei stärker der Einengung durch die kommunistische Ideologie. Trotzdem versuchten immer wieder talentierte Regisseure, neue sozial brisante Themen aufzugreifen. Zu ihnen gehörten *Binka Sheljaskowa, Rangel Waltschanow, Christo Christow* und *Walo Radew.* Beliebtheit erlangte *Donjo Donew* mit seinen Trickfilmen, besonders mit „Trimata glupazi" („Die drei Dummköpfe").

Das bulgarische Kino steckt heute in einer ***Finanzkrise.*** Gute Regisseure und Schauspieler versuchen, ihre Ideen und Talente in Zusammenarbeit mit amerikanischen, französischen und deutschen Produzenten zu verwirklichen. Manchen bulgarischen Schauspielern ist es gelungen, erfolgreich in Hollywood einzudringen. Für einen Eintritt von € 1,02-3,07 (2-6 Lw) ist der Kinobesuch für viele Bulgaren ein Luxus geworden.

Fernsehen

1954 gab es die ersten Ausstrahlungsversuche von Fernsehsendungen. 1959 begann ein Sender mit einem regelmäßigen Programm. 1972 wurde das Farbfernsehen eingeführt. Heute bietet das bulgarische Fernsehen ***zwei Programme*** an. Dazu kommen seit der Wende noch die ***Satellitenprogramme*** Ostankino (russisches Fernsehen), TV 5, RTL, SAT 1, PRO 7, 1PLUS, SUPERCHANNEL und Eurosport, womit für manchen schon der Urlaub gerettet wäre …

Bildungswesen

Eine große Errungenschaft nach der Befreiung Bulgariens von der türkischen Herrschaft war der Aufbau eines neuen, ***modernen europäischen Schulsystems.*** Bereits davor, in der Zeit der bulgarischen Wiedergeburt, gab es eine Bewegung, die die Bildung des Volkes und dessen Anschluss an die europäische Zivilisation anstrebte. Damals spielte die Bildung besonders als Mittel zur Beförderung nationalen Bewusstseins für eine nationale Erhebung gegen die Fremdherrschaft eine Rolle. Sehr schnell sollte westeuropäisches Niveau erreicht werden. Dass dies gelang, beweist die Qualität der Hochschulreife vor dem II. Weltkrieg, als viele Bulgaren ihr Studium an den besten europäischen Universitäten ohne Schwierigkeiten absolvierten. Die finanzielle Lage der Studenten war jedoch erbärmlich. 1928/29 hatten 50 % von ihnen ein Einkommen unter dem Existenzminimum.

In den zwanziger Jahren hatte die Regierung der Bauernpartei für Kinder bis zu 14 Jahren die ***allgemeine Schulpflicht*** eingeführt. Im Artikel 53 Absatz 2 der neuen Verfassung von 1991 ist die kostenlose Schulausbildung bis zum 16. Lebensjahr festgeschrieben. Für diejenigen, die den Schulbesuch vorzeitig abbrechen wollen, besteht die Möglichkeit, bestimmte Berufe zu erlernen. Im Unterschied zur sozialistischen Schule gibt es ***keine Schüleruniformen mehr.*** Diese und andere Änderungen haben zu einer gewissen Lockerung der Schuldisziplin geführt, die für unsere Verhältnisse jedoch noch immer unvorstellbar gut ist.

Die Lehrbücher für Kinder im schulpflichtigen Alter sind kostenlos. Im Bildungswesen fanden 1990/92 umfangreiche ***Reformen*** statt. 1992 wurde an den Schulen wieder der Religionsunterricht eingeführt. Am augenfälligsten sind die neu gegründeten ***Privatschulen.*** Auch hier bezahlt der Staat die Ausbildung, solange sich die Schüler im schulpflichtigen Alter befinden. Die privaten Schulen werden nur am „Eingang" (Erlaubnis für die Eröffnung) und am „Ausgang" (Erlaubnis für die Herausgabe eines staatlich anerkannten Zeugnisses) kontrolliert. Es gibt keine streng festgelegten Lehrpläne mehr. Für fremde Bildungseinrichtungen besteht die Möglichkeit, in Bulgarien Schulen und Universitäten zu eröffnen.

Die ***Grundschulausbildung*** dauert acht Jahre, unterteilt in zwei Etappen: die eigentliche Grundschule mit einer Dauer von vier Jahren und die vorgymnasiale Stufe von ebenfalls vier Jahren. In den ersten vier Jahren unterrichtet ein Lehrer alle Fächer, nur im Sport und in Kunsterziehung werden Fachlehrer eingesetzt. In der fünften Klasse beginnt der Fremdsprachenunterricht. Alle Fächer werden nunmehr von Fachlehrern übernommen. Die achte Klasse schließt mit Prüfungen ab, wonach jeder Schüler einen Beruf erlernen kann oder ins Gymnasium geht. Das „normale" ***Abitur*** erlangt man nach weiteren drei Jahren, also mit 11 Schuljahren.

Eine ***Berufsausbildung mit Abitur*** (Technikum) erfordert erfolgreich bestandene Aufnahmeprüfungen und dauert je nach Beruf zwischen drei und fünf Jahre. Ein ***Sprachengymnasium*** - ebenfalls mit strengen Aufnahmeprüfungen - wird nach vier Jahren abgeschlossen. Diese Zeitspanne umfasst ein Vorbereitungsjahr, während dessen wöchentlich 19 Stunden intensiv die gewählte Sprache angeeignet wird. Das ist der begehrteste Gymnasialzweig. Hier werden sämtliche Fächer in der jeweiligen Fremdsprache unterrichtet - in Russisch, Englisch, Französisch, Deutsch oder Spanisch. Übrigens gibt es heute 33 deutschsprachige Gymnasien im ganzen Land. Die erste deutsche Schule wurde bereits 1883 in der Donaustadt Russe gegründet. Seit 1977 existiert auch ein altsprachliches Gymnasium in Sofia. Russisch ist heute kein Pflichtfach mehr, es ist aber die Sprache, für die es die meisten Lehrer gibt.

Die ***Fremdsprachenlehrer*** waren bisher häufig Gastlehrer. Immer noch ist Französisch die beliebteste Sprache. Es werden heute aber dringend Englischlehrer benötigt. Die Zahl der privaten Englischlehrer wächst daher ständig. Nicht nur qualifizierte Sprachlehrer, sondern überhaupt Fachlehrer gehen lieber zur Privatschule, die höhere Löhne als die staatliche Schule zahlt. Der Lehrermangel wird in den nächsten Jahren schlimme Ausmaße annehmen.

Dem ständig wachsenden Bedürfnis, Fremdsprachen zu erlernen, entspricht die Tendenz, auch Kindergärten zu eröffnen, in denen eine Fremdsprache gesprochen wird. Die meisten davon sind privat, und die knappe Hälfte sind Joint-ventures. Ein Platz in einem ***fremdsprachigen Kindergarten*** oder Gymnasium gilt als das Höchste, was man für seine Kinder erstreben kann. Mütter sollen vor Prüfungszimmern in Ohnmacht gesunken sein, nur weil ihre Sprösslinge durchs Aufnahmeexamen gerasselt sind.

In gewisser Weise tragisch ist das ***Schicksal der Wissenschaftler.*** Der Sozialismus schaffte es, dass Menschen mit höherer Bildung geringgeschätzt wurden. Die kommunistische Ideologie pries die Helden der physischen Arbeit und bemühte sich, die Bedeutung gut ausgebildeter Spezialisten und Wissenschaftler in der Gesellschaft zu schmälern. Dies geschah „notgedrungen" mit der Absicht, die Intelligenz als „minderwertige" Schicht darzustellen, die auf Kosten der Arbeiter lebt, um damit das Bewusstsein der produktiv Tätigen als „Träger" der Gesellschaft zu stärken. Bewusst niedrig waren dementsprechend die Löhne von Hochschulabgängern. Viele hatten noch einen Zweitberuf. In der Presse diskutiert wurden Fragen, ob ein Chirurg, der den ganzen Tag schwere Operationen durchführt, nachts Taxi fahren könne.

Bei allen Freiheiten heutzutage, auch der Freiheit der Bildung, fehlt der Wissenschaft das Geld. Die Wirtschaftskrise behindert auch die Wissenschaften, weil der Staat sie nicht mehr in dem Maße subventionieren kann. Der ohnehin schlechte Lebensstandard der Wissenschaftler sank noch mehr. Deshalb suchen viele eine Gelegenheit, sich im Ausland zu verwirklichen. Die Anzahl der ***emigrierten Wissenschaftler*** ist besorgniserregend und gefährdet die Kontinuität der wissenschaftlichen Forschung, da meist dringend benötigte junge Nachwuchskräfte das Land verlassen.

Die Hochschulausbildung in Bulgarien ist, historisch gesehen, recht jung. Sofias Universität wurde fünf Jahrhunderte später gegründet als die ersten Unis des mittelalterlichen Europas und ein Jahrhundert nach der Berliner Humboldt-Universität, die zum Muster der Hochschulbildung geworden war. Die Sofioter Universität erscheint als ein ***Teil einer übernationalen europäischen Tradition*** - und das nicht nur, weil die meisten Professoren in Europa ausgebildet wurden, sondern auch, weil ihre Geschichte bis 1944 die Geschichte der Festigung und der Verteidigung europäischer akademischer Werte und des echten Universitätsgeistes ist.

Von 1990 bis 1992 wurden viele ***neue Hochschulen*** gegründet. Derzeit existieren 26 Universitäten, fünf Akademien, 20 Hochschulen sowie fünf neue Privatuniversitäten. 40 % der Hochschuleinrichtungen sind in Sofia konzentriert.

Um für einen Studiengang zugelassen zu werden, muss man sich ***schwerer Aufnahmeprüfungen*** unterziehen. Die für westliche Ausländer sehr geringen Lebenshaltungskosten und die gute Qualität der Ausbildung nutzen immer mehr ***ausländische Studenten,*** besonders aus Griechenland und den arabischen Ländern, aber auch schon aus den USA, für ein Studium in Bulgarien. Sie können sich hier eigene Zimmer oder Wohnungen leisten. Außerhalb Sofias zahlt man im Augenblick 80 $ (ca. € 86) Monatsmiete für eine Zweizimmerwohnung.

Das Verhältnis Student zu Dozent beträgt im Durchschnitt 9:1, konkret bewegt es sich bei den verschiedenen Hochschulen zwischen 22:1 und 4:1. Die ***Anzahl der bulgarischen Studenten*** erreichte 1988 bereits 150.517, womit auf 10.000 Einwohner 168 Studenten kamen. Obwohl heute die überwiegende Mehrheit ihr Studium selbst finanzieren muss, hat sich die Anzahl der Studenten inzwischen deutlich erhöht. Die Historiker sprechen gelassen davon, dass das Streben nach mehr Wissen ein Charakterzug der Bulgaren ist.

Problematisch ist inzwischen, dass der Drang nach höherer Bildung oft ***am Bedarf vorbeigeht.*** 1998 gab es z.B. 200 freie Arbeitsplätze für Ökonomen bei 60.000 Studierenden dieser Fachrichtung. Es ist eine Tendenz erkennbar, wonach die Hochschulen die künftigen Arbeitslosen ausbilden und ein Studium mit einem Diplom für die Arbeitslosigkeit abschließt.

Viele versuchen deshalb ein Studium im Ausland. Dazu werden Verträge mit ausländischen Firmen geschlossen, die den Unterhalt sowie den künftigen Arbeitsplatz sichern. Damit eine Firma ein solches Vertrauen in einen jungen Menschen setzt, muss er schon ausgesprochen gut sein. Die übergroße Mehrheit erhält sich die Chance auf einen Arbeitsplatz im Ausland mit einem überall in der Welt anerkannten Diplom. Das ist im Prinzip an allen bulgarischen Hochschulen mit einigen Zusatzprüfungen erhältlich.

Viele Studenten gehen davon aus, später einmal keine hohen Gehälter beziehen zu können, bzw. haben keine Hoffnung auf eine ***berufliche Karrieremöglichkeit.*** Das ist ein weiterer Grund, warum 39,8 % der 650 unter Federführung der *Friedrich-Ebert-Stiftung* im Frühjahr 1998 befragten Studenten aus Sofia angaben, bei der ersten Gelegenheit dem Land den Rücken kehren zu wollen und nochmals 30 % mit der Einschränkung, nur unter bestimmten Voraussetzungen. Lediglich 6,9 % behaupteten, Bulgarien nie verlassen zu wollen. Es gibt jedoch Ansätze, die zeigen, dass man mit der entsprechenden Bildung heute auch in Bulgarien ordentliches Geld verdienen kann und Abwanderung in einen besser bezahlten Job oder ins Ausland nicht die einzigen Möglichkeiten zum Vorankommen sind.

Wird Bulgarien das Gesundheitshaus Europas?

Hier, wo einst ein Vulkan tätig war, erheben sich heute stille, kahle Berge. Aus dem tiefsten Schoß der Erde sprudelt kochendes Wasser und verteilt sich in dünnen Armen auf der grünen Wiese. Diese von Sagen umhüllte magische Gegend ist unter dem Namen ***Rupite*** in ganz Bulgarien bekannt.

Mehr als 30 Jahre hat hier ***baba Wanga*** *(„Großmutter Wanga")* aus der südwestbulgarischen Stadt Petritsch Tausenden Menschen aus dem In- und Ausland bei Gesundheitsproblemen und Schicksalsschlägen geholfen. Als „das Wunder von Petritsch" oder „das Phänomen Bulgariens" war die blinde Hellseherin *Wangelia Surtschewa* (1911-1996) weithin bekannt. Ihr eigenes Leben war von vielen Schicksalsschlägen geprägt. Als „Entschädigung" für ihre Erblindung im Alter von 12 Jahren hat sie die Gabe erhalten, ***in die Vergangenheit, Gegenwart und Zukunft zu sehen.*** Sie konnte sich in jede Zeit und an jeden Ort der menschlichen Entwicklung versetzten und mit einer erstaunlichen Genauigkeit biblische und wissenschaftlich gesicherte geschichtliche Ereignisse beschreiben, ergänzen oder völlig neu bewerten. Sie versetzte die Lebenden in Staunen, wenn sie die Verstorbenen beim Namen nannte und deren Botschaften übermittelte. Für sie gab es keine Sprachbarriere, weder bei Menschen noch mit Pflanzen und Tieren oder dem ganzen Universum. Für sie existierte nicht der Begriff „Zeit", nicht „tote" Natur, für sie war alles lebendig und ein Ganzes. „Wenn ich alles den Menschen sagen würde, was ich sehe und weiß, so werden sie sofort diese Welt verlassen wollen." So hat sie nur das Gute und Hilfreiche weitergegeben. Mit zahllosen Experimenten, Filmen und mit wissenschaftlichen Methoden haben es die Fachleute nicht geschafft, zu ihren Lebzeiten das Rätsel von *baba Wanga* zu lösen.

Selbst der kommunistische Staatschef *Todor Shiwkow* und seine Tochter *Ljudmila Shiwkowa* haben trotz ihrer materialistischen Weltanschauung Dienste der weisen Frau in Anspruch genommen. An ihrem Grab, unweit ihres Häuschens, wurde 1994 die ***Kirche Sweta Petka*** von einer postkommunistischen Stiftung erbaut. Die Wände schmücken frei erfundene moderne Ikonen, von dem Maler *Swetlin Russew* geschaffen. In seinem künstlerischen Elan stellte er die Porträts bekannter kommunistischer Funktionäre als Heilige dar. Sich selbst hat der Schöpfer der „revolutionären" Ikonografie als blutüberströmten Märtyrer gesehen und sich so an die Außenwand rechts von der Eingangstür platziert. Es herrscht eine merkwürdige Atmosphäre an diesem Ort, wo die Menschen Kerzen anzünden (doppelt so teure wie in jeder anderen Kirche) und inbrünstig zu diesen kommunistischen Ikonen beten. Zweifellos hat sich diese Kirche zu einem ***Wallfahrtsort entwickelt*** und wieder einmal bestätigt, wie manipulierbar manche Menschen sind. Und so werden im Namen von *Wanga* Spenden gesammelt für einen ganzen Klosterkomplex. Ob das im Sinne von *baba Wanga* ist, die dem Materiellen keinerlei Achtung schenkte?

Wangas Nachfolger vermehren sich mit jedem Tag. Es ist eine ***Flut von Wahrsagern, Hellsehern und Quacksalbern,*** die sich Extrasensoren, Bioenergetiker, Kontrakteure oder Heilseher nennen und sich über das ganze Land ergießen. Jeder Bulgare kennt in seiner Umgebung mindestens einen, der weiterhelfen kann. Sei es bei Liebeskummer, Magie für Trennung oder Zusammenführung, Heilen vom bösen Blick, körperlichen und seelischen Leiden oder kriminellen Delikten, für alle Probleme findet man einen Berufenen.

Bei all unserer Skepsis mussten auch wir feststellen, dass es Dinge gibt, die man mit seiner Vernunft nicht erklären kann. Was bei uns ein Heilpraktiker in einem mehrjährigen Zusatzstudium lernt, beherrscht eine bulgarische Oma aus dem hohlen Bauch - einen Hexenschuss oder einen verstauchten Fuß heilt sie in wenigen Minuten. Dieser ***Heilboom*** ist für einige nur die Fortsetzung der großen Tradition Bulgariens auf dem Gebiet der Volksmedizin.

Seit den 90er Jahren gibt es Verbände der Naturheiler, die mit dem Ziel gegründet wurden, die Tätigkeit der Heilseher praktisch zu unterstützen und sie vor dem Export in den Westen zu schützen. Die Gründer dieser Verbände sind einhellig der Meinung, dass Bulgarien seine Heilseher selbst braucht. Letztlich könne das Land nur so eines Tages zum ***Gesundheitshaus Europas*** werden.

Ob in Rupite oder in Sandanski mit der kleinen Quelle am Stadtpark, die bei Sehschwäche helfen soll (es wird behauptet, dass manche nach Spülung der Augen ihre Brille weggeworfen haben), oder die Wunderquelle am Kloster Uspenie Bogoroditschno, in Bulgarien ist für jedes Leiden ein Kraut gewachsen und für jede Krankheit sprudelt eine Quelle - davon sogar mehr als 500!

Hinweise zur Heilung in Rupite

Egal ob bei Mondschein oder brütender Sonne, bei Regen oder Schnee, man soll sich im Wasser nicht länger als 10-15 Minuten aufhalten, und zwar schweigend und ruhig liegend. Die Prozedur kann nach einer Pause bis zu dreimal wiederholt werden. Das Wasser eignet sich auch zur ***Trinkkur.*** Dazu Leere Flaschen mitnehmen! Zu empfehlen bei rheumatischen Erkrankungen, Hautkrankheiten, Magenbeschwerden und zur allgemeinen Entspannung. Nach überlieferter Meinung der Einheimischen wirkt das Wasser am besten bei Sonnenaufgang am 7. August, dem Folgetag der Verklärung Christi.

Kleine Sprachhilfe:

Igledátschka na kárti, na kafé - Wahrsagerin aus Karten oder Kaffeesatz
Ijasnowídka - Hellseherin
Itschakraktschíja - Person, die speziell Hexenschuss (lumbágo) oder verstauchten Fuß (iskáltschen krak) behandelt; normalerweise werden diese Heiler nur beim Namen genannt, z.B. baba (Oma) Donka, djado (Opa) Iwan
Inaróden letschítel - Volksheiler
Ibawátschka - Person, die Warzen (bradáwiza) bespricht oder den bösen Blick (úroki) bannt

Einige Rezepte von Baba Wanga zum Ausprobieren:

Bronchitis beim Kind

Zwei frische geschlagene Eier werden in Schweineschmalz gebraten und mit Salz bestreut. Wenn die Eier abgekühlt sind, werden sie für eine Nacht auf die Brust des Kindes gelegt und mit einem Tuch darüber festgewickelt.

Schlafstörungen beim Kind

1. 1 kg Flusssand wird in einem Gefäß mit viel Wasser gekocht. Nach dem Abkühlen wird das Kind mit dem Wasser begossen.

2. Das Kind wird in einem mit Morgentau vollgesogenen Leinentuch eingewickelt, über das man noch eine Decke schlägt. So liege das Kind zwischen einer halben und ganzen Stunde, bis der Leinenstoff auf dem Körper getrocknet ist.

Rückenschmerzen

Der Rücken wird mit Honig bestrichen. Durch kurzes Aufdrücken der ganzen Handfläche des Massierenden wird die Haut „gelockert", da sie durch den Honig für kurze Zeit an der Hand kleben bleibt und ein Stück hochgezogen wird. Die Prozedur kann man am nächsten Tag wiederholen, bis der Schmerz verschwindet.

Ikone der baba Wanga von Swetlin Russew

Gesundheitswesen

Die ärztliche Versorgung war bisher staatlich und - mit Abstrichen - für alle kostenlos. Seit Januar 1999 werden die Ärzte als „Einzelhändler“ betrachtet und damit als juristisch und finanziell selbstständige Handelstreibende, was nichts anderes als die ***Abschaffung des staatlichen Gesundheitswesens*** bedeutet. Diese Veränderung haben hauptsächlich die sehr schlecht bezahlten Ärzte in den staatlichen Krankenhäusern erzwungen, weil es üblich geworden war, inoffiziell von den Patienten Geld zu verlangen. Manche bestellten nach kostenloser allgemeiner Behandlung die Patienten, bei denen z. B. eine Spezialuntersuchung erforderlich war, in ihre Privatsprechstunde, die sie in der Freizeit im Krankenhaus abhielten. Dazu ist es erforderlich zu wissen, dass die Ärzte aufgrund ihres nur symbolischen Gehalts, welches die meisten zu einem Nebenjob zwang, für die Gesellschaft stets als Spottobjekte herhalten mussten.

Nunmehr sind nur noch die medizinische Nothilfe, die Blutspendezentren, die Kinderheime und die Psychiatriekrankenhäuser unter staatlicher Fürsorge geblieben. Der Weg zur ***Privatisierung der Krankenhäuser*** wurde geebnet, indem man diese analog zu Handelsgesellschaften umfunktionierte. Krankenhäuser, ambulante Einrichtungen sowie selbstständige Ärzte sind jetzt dem Handelsgesetz unterstellt und belasten nicht mehr den Staatshaushalt.

Mit dem Aufbau eines ***Krankenversicherungssystems*** auf Beitragsbasis wurde erst im Jahr 2001 begonnen. Derzeit werden die Krankenversicherungsbeiträge nur vom Arbeitgeber entrichtet, später sollen auch die Arbeitnehmer beteiligt werden. Die ***Zahl der Ärzte*** beträgt rund 29.500, und ein Mediziner ist für ca. 300 Einwohner zuständig. Im Vergleich dazu betreut in Westeuropa ein Arzt ca. 1000 Menschen. Im Land gibt es 289 Krankenhäuser mit 86.160 Betten. Erwähnenswert ist, dass die bulgarischen ***Ärzte gut qualifiziert*** sind. Fehlende moderne Medizintechnik wird durch solide ärztliche Handwerkskunst teilweise mehr als kompensiert. Ein breites medizinisches Ausbildungssystem bildet Fachkräfte nicht nur für Bulgarien, sondern auch für das Ausland heran.

Häufigste Todesursachen sind Krebs- und Kreislauferkrankungen (besonders Hirngefäßerkrankungen). Neben fehlender Bewegung und ungesunder Ernährung trägt dazu nicht unerheblich das Rauchen bei - und die Bulgaren, auch Bulgarinnen, sind leidenschaftliche Raucher.

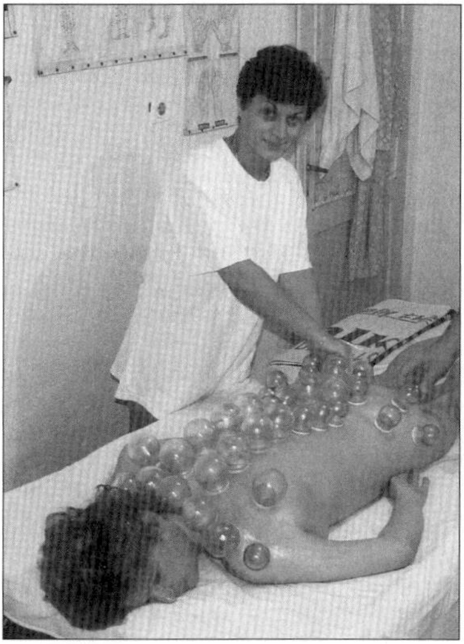

Beim Masseur

Kurorte und Seebäder

Mineralbäder

In Bulgarien trifft man auf alle Arten von Mineralwasser, die die Natur überhaupt zu bieten hat. Das ist ein auf der Welt vermutlich einzigartiges Angebot an „Gesundbrunnen". Von den über ***500 Mineralquellen*** sind drei Viertel warm oder heiß (37-100 °C). Da es nur vereinzelt kalte Quellen gibt, liegen die Temperaturen der meisten übrigen bei 20-37 °C.

Besonders heilkräftig ist bei vielen Erkrankungen der so genannte ***Limanschlamm,*** der an der Schwarzmeerküste gewonnen wird. Bulgarien besitzt auch reiche Vorkommen an gesundheitsförderndem ***Moor.*** Auf die Erfahrungen der Bulgaren mit warmem Mineralwasser, Heilschlamm und Moor kann man sich getrost verlassen. Die ***Tradition*** reicht Jahrtausende zurück. Während die Bäderheilkunde schon bei den Thrakern in hoher Blüte stand, verfeinerten die genusssüchtigen Römer diese Kunst noch weiter. Die Bedingungen waren hier so gut, dass sie ausgiebig ihren Badegelüsten frönen und dabei dank der heilenden Wasser zu neuen Kräften finden konnten. Die Mineralquellen waren für sie überhaupt erst der Anlass, viele Siedlungen zu gründen.

Velingrad
Велинград

Das bekannte südbulgarische Heilbad liegt in einem Tal im schönsten Teil der Rhodopen, umgeben von dichten Nadelwäldern. Man erzählt, dass sich an dieser Stelle einst ein Vulkan befand. Nach dessen Erlöschen sprudelte das Mineralwasser - und das bis heute gleich aus ***72(!) Quellen.*** Hier, in 750 bis 850 m ü.d.M., herrscht ein ausgeglichenes Klima mit milden Wintern und kühlen Sommern. Vor allem der auf Grund reicher Vegetation ***erhöhte Sauerstoffgehalt*** ermöglicht, die Badekur mit einer Klimakur zu verbinden. In Velingrad wurde als einer der ersten

Kurorte die ***Behandlung mit Heilpflanzen*** eingeführt, die man dem Mineralwasser für Bäder und Trinkkuren zusetzte.

„Nur hier fühle ich mich wie ein Mann", sagt strahlend der 65-jährige Bulgare, der seit 10 Jahren nicht mehr das Meer gesehen hat, denn jeden Sommer besucht er nur noch den Kurort mit dem heiligen Wasser. Es heißt, das Wasser würde die männliche Schwäche heilen. Wenn auch die Behauptungen über die ***Wirkung*** des Mineralwassers ***auf die Potenz des Mannes*** nach Meinung der Balneologen etwas übertrieben seien, ist die heilende Kraft gegen die ***Frauensterilität*** unumstritten. Wie immer witzelt der Volksmund über solche Themen. So sagen die Einheimischen über die Kurlauberinnen: „Die Frauen kommen leer zu uns und gehen schwanger nach Hause." Wenigstens 15 Wasserprozeduren sind notwendig, damit man einen Effekt bei den Frauen erreichen kann, behauptet Frau *Dr. Maslarowa.*

Besonderen Erfolg erzielt man in der Behandlung von ***neurologischen Erkrankungen*** und bei chronischen ***Störungen des Atmungssystems.*** Große Erfahrung besitzt man in der optimalen Beeinflussung von ***Erkrankungen des Stütz- und Bewegungsapparates,*** wie zum Beispiel bei Rheuma. Die Ärzte erzählen, dass die Menschen gebeugt ankommen und aufrecht wieder nach Hause gehen. Eine Kur in Velingrad ist außerdem bei leichten Formen von ***Zuckerkrankheit,*** bei ***Fettsucht, Herz- und Kreislauferkrankungen, Blutdruckkrankheiten*** und leichter ***Arteriosklerose*** empfehlenswert.

Das für die Gesundheit goldene Wasser läuft in dem Ort frei aus zahlreichen Röhren in kleine Becken. Hier waschen die Roma und Sinti ihre Kleidung, und die Limonadenfabrik der Stadt spült mit dem goldenen Wasser ihre Flaschen. Die Bewohner bezahlen keine Energie für das Einkochen von Obst und Gemüse, für das

Kochen von Eiern und Kartoffeln. Man **kocht alles in einem der vielen Brunnenbecken** auf der Straße. Das zukünftige Kompott braucht über eine Stunde, die Eier sind in 20 Minuten hart.

Vom Sommer bis zum Herbst herrscht in Velingrad **Hochbetrieb.** Diejenigen, die hierher kommen, ziehen das Mineralwasser dem Schwarzen Meer vor, denn hier gibt es außer dem Goldwasser Bulgariens, noch das Rhodopengebirge.

Kureinrichtungen

- Der modernste Komplex für Balneotherapie ist das ***Hotel „Kamina"*** mit 204 Betten in Ein- und Zwei-Raum-Appartements, alle verfügen über Kühlschrank, Telefon und Farbfernseher. Es gibt Tages- und Nachtbar, Diskothek, Spielsaal, Restaurant und ein öffentliches Schwimmbad. Der balneo-physiotherapeutische Block besitzt ein Hallenbad (Wassertemperatur 42 °C), Sauna, medizinische Kabinetts für Elektro-, Licht-, Wasser- und Manualtherapie, für Wassermassage und einen Tennisplatz. Adresse: 4600 Velingrad, kwartal Tschepino, uliza Edelweiß 4, Tel. (0359) 3272, 3146, 4265, EZ € 30,70 (60 Lw), DZ € 41 (80 Lw).
- Bei der Gestaltung eines individuellen Kurprogramms hilft die ***Kurortpoliklinik*** im Wohngebiet Ladshene, Tel. (0359) 2561, oder im balneotherapeutischen Zentrum.
- Man kann sich auch der ***Firma „Sozialen otdich"*** anvertrauen: Velingrad, bul. Chan Asparuch 48, Fax (0359) 3234, Tel. (0359) 2674. Sie kümmert sich um die Erholung und Therapie auch für ausländische Touristen.
- Gleiches gilt für die ***Firma „Boby-T & Victoria Tours"*** gegenüber vom Bahnhof: Velingrad, kwartal Ladshene, uliza Edelweiß 23, Fax (0359) 464 52, Tel. (0359) 2631.
- Velingrad hat über ***sieben öffentliche Mineralbäder,*** wo auch Heilprozeduren möglich sind.
- In der Stadt gibt es nummerierte ***Brunnen.*** Das Trinken des Wassers erfolgt nach der Anweisung des Arztes entsprechend der Krankheit.
- In den Sanatorien sind ***fünf Schwimmbecken mit Mineralwasser*** frei zugänglich. Im öffentlichen Freibad stehen drei Schwimmbecken zur Verfügung. Das große, mit olympischen Ausmaßen, ist mit normalem Wasser gefüllt, die beiden kleineren mit Mineralwasser unter Zusatz von Leitungswasser, um sie von 94 °C auf verträgliche 28-29 °C herunterzukühlen. Der Eintritt beträgt für den ganzen Tag etwa € 0,26 (0,50 Lw).
- Das neue ***Hotel „Welina"*** war früher nur den hohen Funktionären vom Zentralkomitee zugänglich. Heute bietet das Hotel westlichen Standard bei ca. 30 % niedrigeren Preisen im Vergleich zum Hotel „Kamina". Sämtliche therapeutischen Anwendungen sind möglich. Ein großes Schwimmbecken (Wasser etwa 30 °C warm) ist vorhanden.
- Die zahlreichen ***Privatunterkünfte*** kosten Ausländer pro Übernachtung nur € 2,05 (4 Lw). Allerdings muss von ihnen abgeraten werden, da sie keinerlei Komfort bieten, sondern wirklich nur Betten. Wer sich damit aber abfindet, kann sein Kurprogramm selbst organisieren.

Kulinarisches/Unterhaltung

- Die Anzahl der Privatgaststätten ist nicht mehr zu überblicken. Eine der besten Küchen bietet das ***Restaurant „Anons",*** wo die Karte mit Speisen und Getränken dick wie ein Telefonbuch ist.
- Für die Liebhaber des Nachtlebens steht nach 22.00 Uhr die ***Diskothek „Piccadilly"*** mit herrlichem Interieur, poliertem Granit und vielen Spiegeln zur Verfügung. Hier ist es so voll, dass man kaum seine Zigaretten aus der Tasche ziehen kann. Eine Klimaanlage erfrischt die Atmosphäre.
- Schlaflose Nächte verspricht auch die ***Nachtbar „Duspata".***

Transport

- Der Kurort befindet sich an der ***Straße Nr. 84,*** nur 90 Minuten bzw. ca. 120 km von Sofia entfernt und ca. 85 km von Plovdiv.
- Auch die ***Bahnverbindung*** ist gut. Den Bahnhof und den Busbahnhof in Velingrad findet man am Ende der Alexander-Stambolijski-Straße, in 10 Minuten zu Fuß vom Platz Swoboda zu erreichen. Mit der Bahn benötigt man von Sofia ca. 4 Std. (umsteigen in Septemvri in die Schmalspurbahn).

Chissarja
Хисаря

42 km nördlich von Plovdiv befindet sich an den niedrigen Südhängen des Sredna-Gora-Gebirges in etwa 364 m ü.d.M. der wegen der außergewöhnlichen Heilkraft seiner Mineralwässer geschätzte Kurort Chissarja, ganz in der Nähe des berühm-

ten Rosentales. Die Wassertemperatur der ***22 Quellen*** beträgt zwischen 27 und 51 °C. Im Sommer scheinen die Luft- mit den Wassertemperaturen konkurrieren zu wollen, denn dann ist es hier - an ***einer der heißesten Stellen Bulgariens*** - manchmal unerträglich. Der Ort ist, ökologisch gesehen, ganz sauber. Die Einheimischen sagen, dass es hier nur Staub während des Pflügens gibt.

In allen Kureinrichtungen werden ganzjährig komplexe Bade- und Klimakuren durchgeführt. Sie gelten vor allem der Behandlung von ***Erkrankungen der Harnorgane*** (Nierensteine, Nierenbeckenentzündungen), ***der Leber*** (chronische Hepatitis), ***der Gallenwege*** (Gallensteine) und ***des Verdauungssystems*** (Magengeschwüre, chronische Gastritis).

Auf der Fahrt nach Chissarja sind bereits von weitem die Überreste einer verhältnismäßig gut erhaltenen westlichen ***Festungsmauer*** zu erkennen. Von den vier einstigen Eingangstoren sind nur das westliche und das südliche vorhanden. Das ***südliche Tor,*** ehemals der Haupteingang zur Stadt, sieht mit etwas Phantasie wie zwei Kamele aus. Folgerichtig ist es unter dem bulgarischen Namen *Kamili* (Kamele) allgemein bekannt und wurde sogar zum Sinnbild der Stadt.

Die Festungsmauer ist noch ein wertvolles „Überbleibsel" aus ***römisch-byzantinischer Zeit*** (3.-5. Jh.). Damals hieß der Ort Augusta, und der Ruhm Chissarjas als Heilbad wurde zu dieser Zeit von den Römern begründet. Der Ort genoss jedoch schon seinerzeit einen so guten Ruf, dass er von römischen Kaisern und hohen staatlichen Würdenträgern aufgesucht wurde. Letztere besaßen hier prächtige Villen. Die „Kurpatienten" von einst führten neben ihrer Behandlung zugleich ein geselliges Leben mit Musik und allerlei Unterhaltung. Der ***heutige Name der Stadt*** datiert aus der osmanischen Besatzungszeit. *Chissar* heißt auf türkisch „Festung". Hier in Chissarja, etwas abseits vom großen Geschehen, haben sich neun ***altchristliche Basiliken*** aus dem 5. und 6. Jh. erhalten. Neben spätantiken Nekropolen kann man die Grabstätte eines reichen römischen Großgrundbesitzers beim Spaziergang entdecken. Ein kleines ***archäologisches Museum*** mit ethnografischer Sammlung, uliza Alexander Stambolijski 8, tgl. 8.00-12.00/13.30-17.30 Uhr, rundet das Kulturangebot ab.

Kureinrichtungen

- ***Balneohotel „Augusta"*** (3 Sterne), bul. Gurko 3, 4180 Chissarja, Tel. (0337) 3821, 3800.
- ***Osdrawitelno selischte „Sdrawez",*** die „Kurortsiedlung Sdrawez" (Gesundheit), uliza Geo Milew. Sie ist eingebettet in einen schönen Park, wo einstöckige Häuschen und Appartements sowie Tennisplätze den Kurenden zur Verfügung stehen. Die Siedlung verfügt über sehr gut ausgebildetes medizinisches Personal.
- ***Balneologischer Komplex Hotel „Chissar",*** uliza General Gurko 2, Tel. (0337) 2782-85, Fax (0337) 2634.
- Öffentlich zugänglich ist ein ***Mineralfreibad.*** Dem Wasser der ***Thermalquelle „Momina banja"*** kann man in ganz Bulgarien - in Flaschen abgefüllt - begegnen.

Unterkunft

- Für Besucher von Chissarja gibt es den sehr schönen ***Campingplatz „Slaweew dol"*** mit 38 Bungalows, Tel. (0337) 2586.
- Für Wanderer ins Sredna-gora-Gebirge bietet ***Turistitschesko drushestwo „Orela"*** (Touristengesellschaft „Adler") den Service, die Übernachtung in der ***chisha Fenera*** (22 km von Chissarja) in einem jahrhundertealten Buchenwald zu vermittelt; uliza Augusta 16, Tel. (0337) 2592.

Transport

- Von Plovdiv erreicht man die kleine Stadt zunächst über die ***Straße Nr. 64,*** von der man nach ca. 23 km links abbiegen muss.
- ***Bahnhof*** - im westlichen Stadtteil, Tel. (0337) 2256
- ***Busbahnhof*** - gegenüber dem Bahnhof, Tel. (0337) 2069
- Es bestehen ***Bahn- und Busverbindungen*** nach Plovdiv und den Städten im Rosental.

Sandanski
Сандански

Am Fuß der südwestlichen Abhänge des Piringebirges erstreckt sich in 224 m Höhe an dem kleinen Flusslauf der Sandanska Bistriza der südlichste Kurort Bulgariens, die etwa 25.000 Einwohner zählende Stadt Sandanski.

Eine ***thrakische Siedlung*** existierte schon 3000 v. Chr. Auch Reste einer antiken Stadt sind noch zu sehen. Im Mittelalter lebten hier zwei Ärzte, die Brüder *Damjan* und *Kusma*. Sie haben Tausenden Gesundheit geschenkt - und das wörtlich, denn sie nahmen kein Geld von ihren Patienten. Die Kirche sprach die beiden heilig. Als Heilige gaben sie der Stadt für lange Zeit den Namen *Sweti wratsch* (Heiliger Arzt). Ihre heutigen Nachfolger sind keine Heiligen mehr, sie heilen nur gegen Bezahlung. Selbstverständlich heißt auch die hiesige Kirche „Sweti wratsch". Den jetzigen Namen erhielt die Stadt erst in jüngerer Zeit. Sie wurde benannt nach *Jane Sandanski* (1872-1915), einem für die Befreiung Südbulgariens von türkischer Herrschaft kämpfenden Revolutionär.

Sandanski ist ein ganz außergewöhnlicher Kurort, eine Stadt der Gesundheit, geprägt vom Klima des Mittelmeerraumes und des Gebirges. In dem ***Kurort mit der längsten Sonnenscheindauer*** ist es zu allen Jahreszeiten wärmer und sonniger als in sämtlichen anderen Gebieten des Landes. Der Frühling hält bereits Ende Februar Einzug, und der Herbst reicht bis in den Dezember hinein und ersetzt oftmals den Winter, um sich gleich mit dem Frühling zu verschmelzen. Die ***Niederschläge*** sind die geringsten im Land (127 l/qm), weshalb auch eine geringe Luftfeuchtigkeit von nur 66 % zu verzeichnen ist. Es gibt also mehrere Gründe für das häufige Ausfallen des Winters.

Der ***Herbst*** ist mild und außerordentlich angenehm. Es ist die ***beste Jahreszeit*** für einen Kuraufenthalt. Dann bietet auch die gesamte Gegend ein überreiches Angebot an Obst und Gemüse. Hier reifen die aromatischsten und süßesten Weintrauben. Nebel - höchstens an fünf bis sechs Tagen im Jahr - gehört hier genauso zu den Seltenheiten wie Schnee.

Mit den klimatischen Vorzügen verbindet sich eine ***Vielzahl von Mineralquellen,*** deren Wässer klar, farb- und geruchlos sowie von angenehmem Geschmack sind. Hauptsächlich unterscheiden sie sich durch ihre Temperatur, die im Bereich zwischen 42 und 81 °C liegt.

Die Luft ist einmalig, sie spendet Frische und macht das Atmen leicht. Die ***ungewöhnlich saubere Atmosphäre*** und das Fehlen allergieerregender Aerosole sind ***ideal für Menschen mit Atembeschwerden.*** Das spezifische Mikroklima der Stadt ist eines der besten in Europa für die Behandlung von Bronchialasthma. Sandanski bietet die perfekte Kombination von traumhaften Ferien und Gesundheitspflege. Für chronische Lungenleiden wird zumeist ein einmonatiger Aufenthalt empfohlen. Unter den Einheimischen sind Erkrankungen der Atemwege so gut wie unbekannt. Mehr als 400 Familien, in denen es einen ***Asthmatiker*** gibt, sind aus ganz Bulgarien nach Sandanski übergesiedelt. Für Asthmatiker ist dieser Ort die Nummer eins. Die niedrige relative Luftfeuchtigkeit trägt dazu bei, dass die Entzündungen im Bronchialbereich zurückgehen. Sonnenbäder oder künstliche ultraviolette Bestrahlungen unterstützen den Prozess. Schon in der ersten Woche werden die Anfälle seltener, kürzer oder hören ganz auf (bei mehr als 55 % der Patienten). Wenn Asthmatiker im Alltag ständig Arzneimittel verabreicht bekommen, kann hier die Dosis herabgesetzt und allmählich ganz gestrichen werden.

Die niedrige Luftfeuchtigkeit hilft auch bei der ***Behandlung von Rheuma,*** wie man insgesamt Erkrankungen des Stütz- und Bewegungsapparates erfolgreich behandelt. Bei ***neurologischen Krankheiten*** (Bandscheibenschäden) ist eine komplexe Bäder-, Klima- und Bewegungstherapie zu empfehlen. Auch ***allergische Hautkrankheiten*** (Schuppenflechten) werden in Sandanski günstig beeinflusst. Zu sehr guten Ergebnissen führt eine umfassende Behandlung bei ***Erkrankungen der Harn- und Verdauungsorgane*** (Gastritis, Magen- und Zwölffingerdarmgeschwüre, chronische Hepatitis, Gallensteinleiden, Nierenbeckenentzündungen).

In Sandanski empfiehlt sich der Besuch des ***Städtischen Archäologischen Museums,*** uliza Makedonija 2 (Tel. 3188, tgl. 9-12 und 15-19 Uhr). Erwähnenswert sind Mosaikböden aus dem 5./6. Jh., die zu einer byzantinischen Basilika gehörten.

Ebenfalls in der uliza Makedonija, in der sich die meisten Geschäfte befinden, wirbt eine ***Kunstgalerie*** um Interesse. Eine Statue des *Spartakus,* Führer eines großen Sklavenaufstandes gegen die Römer, erinnert daran, dass der ruhmreiche Thraker in dieser Gegend aufwuchs.

Vom Friedhof *(grobischta)* oberhalb der Stadt gleich neben der Kirche *Sweti bes srebarnizi Damjan i Kusma* („Die Heiligen Damjan und Kusma ohne Silber") genießt man einen herrlichen Blick auf die Stadt und die Berge. Inmitten des Friedhofs befindet sich kleines Terrain mit ***36 Gräbern deutscher Soldaten*** aus beiden Weltkriegen. Laut Erzählung des Pope hatten sich im letzten Krieg die Griechen im Gebirge festgesetzt. Die Deutschen kauften in der Umgebung alle Esel auf, banden ihnen Lampen um und jagten sie nachts den Berg hinauf. Darauf begannen die Griechen zu feuern und verrieten so ihre Position.

Unterkunft

- Wer sich für einen Aufenthalt in Sandanski entscheidet, dem steht inzwischen die ***ehemalige Residenz von Todor Shiwkow*** offen, eine luxuriöse Hotelanlage namens ***„Sweti wratsch".*** Sie thront auf einem Hügel oberhalb der Stadt und ist 5 km von ihr entfernt. Mediziner haben festgestellt, dass die ohnehin günstigen klimatischen Bedingungen hier noch eine Steigerung erfahren: Die beste und heilendste Luftströmung vom Mittelmeer streift diese Erhebung. Die Luft scheint die Haut förmlich zu streicheln. Toiletten und Bäder sind mit Marmor ausgekleidet, die Schwimmhalle ist nie überfüllt, die Aussicht auf die Berge des Pirin ein Erlebnis. Betuchtere Touristen können mit eigenem Flugzeug anreisen. Am Hotel gibt es eine Start- und Landebahn, es stehen beheizte Garagen zur Verfügung, und alles ist bewacht. Noch ist dieses Hotel ein Geheimtipp. Trotz gehobener Preise ist ein Hotelplatz durchaus finanzierbar. Die „Mühe" einer eigenen telefonischen Bestellung lohnt sich. Die aufgeführten Preise stellen Normalpreise dar, sie können bei längerem Aufenthalt oder zu bestimmten Zeiten erheblich gesenkt werden. Auf die Angaben wie Sauna, Fitnessraum usw. haben wir bei dieser Hotelkategorie bewusst verzichtet. Die medizinische Behandlung erfolgt selbstverständlich auch mit Mineralwasser.

  Hotel „Sweti wratsch", 2800 Sandanski, Tel. (0746) 86-25/26Fax (0746) 8626; Einzelübernachtung DZ 30 $ (ca. € 32,50), App. 60 $ (ca. € 65), sonst günstiger.
- ***Turistitscheski zentar (Touristenzentrum)*** in der zweiten Etage des Kulturhauses *(Kulturen dom),* ploschtad Balgaria 1 (mitten im Zentrum am Fußgängerboulevard), Tel./Fax (0746) 2403, Mo.- Fr. 9.00-19.00 Uhr, Sa. u. So. 10.00-19.00 Uhr, vermittelt Hotels und Privatquartiere. Auskunft über Verkehrsverbindungen und Ausflüge. Englischsprachiges Personal.
- ***Hotel „Sandanski"***, nach einem österreichischem Projekt errichtet. 2800 Sandanski, Tel. (0746) 5165 bis 69, Fax (0746) 5271. Dieser Palast der Gesundheit ist das größte Kurhotel der Viersternekategorie auf der Balkanhalbinsel.
- ***Hotel „Aneli",*** uliza Goze Deltschev 1, Tel. (0746) 289 52, 50 m von der Abfahrtstelle der Privatbusse nach Sofia, 20 Lewa/DZ.
- ***Evangelska baptiska zarkwa,*** uliza Boris Sarafow 29, Tel. (0746) 7645/46. Der Pfarrer der evangelisch-baptistischen Gemeinde, *Dimiter Podgorski,* freut sich über jeden Besuch. In drei Etagen unter dem Gemeindesaal sind 60 Gästebetten verteilt. Es ist sauber, zum Kochen gibt es eine Küche. Die Übernachtung kostet offiziell pro Person € 1,02-1,53 (2-3 Lw); € 2,56 (5,- Lw) sind aber durchaus angebracht, insbesondere, wenn man die Küche nutzt.

Transport

- Sandanski ist über die durch das Strumatal führende E 79 gut zu erreichen; 170 km von Sofia entfernt, nur 20 km von der griechischen Grenze (Grenzübergang Kulata) und 46 km von der mazedonischen Grenzstation. Nahe der Stadt führt auch die internationale Eisenbahnlinie Sofia - Thessaloniki - Athen vorbei. Der Bahnhof befindet sich 4 km außerhalb, Tel. (0746) 2130, der Busbahnhof in der uliza Perun 17, Tel. (0746) 2235.

●Zwischen Bahnhof und Busbahnhof verkehren bei jedem eintreffenden Zug Busse. Täglich mehrmals fahren Busse vom Hotel „Sandanski" nach Blagoevgrad und Sofia.

●Neben dem offiziellen Busbahnhof gibt es eine ***Abfahrtstelle für Privatbusse nach Sofia*** am Kulturhaus. Preis 5 Lewa (€ 2,56), Fahrtzeit 3 Std. Abfahrtzeiten: 06:00, 08:00, 09:00, 12:00 Uhr. Manche Busse fahren auch vom Hotel „Sandanski" ab. Ausführliche Informationen im Hotel.

Ausflüge in die Umgebung

Eine Sehenswürdigkeit ersten Ranges in der Umgebung Sandanskis ist das 16 km entfernte pittoreske ***Weinstädtchen Melnik,*** mehrmals täglich mit dem Bus vom Busbahnhof aus zu erreichen. Von Melnik kann man weitere sechs Kilometer zum ***Roshenski manastir (Roshenkloster)*** zurücklegen (s. Gebiet Sofia).

Eine in ganz Bulgarien bekannte Gegend ist ***Rupite,*** da sich hier Haus, Grab und Gedächtniskirche der Wahrsagerin *baba Wanga* befinden. Im engeren Sinne meinen die Einheimischen aber die 200 m von der Kirche entfernte ***heiße Mineralquelle*** und ein paar mit diesem Gesundheitswasser gefüllte Badelöcher. Vorsicht, nur langsam ins Wasser steigen! Es ist tatsächlich sehr heiß, aber um so gesünder (siehe auch Exkurs „Wird Bulgarien das Gesundheitshaus Europas?").

Zu erreichen über die E 79 (nur 16 km von der griechischen Grenze Richtung Übergang Kulata entfernt) an der ersten Abfahrt nach Petritsch. Dort, wo es links nach Melnik geht, biegt man rechts ab. Nach 4 km steht ein kleines Schild mit der Aufschrift *„Xpama na lelq Vanga"* (Gedächtniskirche von Tante Wanga). Man folgt dem Schild nach links und stößt nach 2 km auf einige Häuser und kurz danach auf einen Parkplatz. Übernachtungsmöglichkeiten gibt es in bescheidenden Bungalows.

Das vor der Stadt liegende ***Piringebirge*** selbst ist ein unerschöpfliches Reservoir für Spaziergänge, Bergwanderungen und mehrtägige Touren. Das Naturschutzgebiet „Pirin" zählt wegen seiner seltenen Pflanzen- und Tierwelt zu den von der UNO geschützten Naturgebieten. Die Angabe der Wegstrecke zu einer der Unterkünfte in den Bergen, die leicht als Ausgangspunkt für weitere Ziele dienen kann, soll die Vielzahl dieser Möglichkeiten andeuten.

●***Sandanski - Chisha (Herberge) Jane Sandanski:*** Die kürzeste Verbindung vom Kurort Sandanski zur Chisha Jane Sandanski bildet die 18 km lange Asphaltstraße. Da alle anderen Pfade und Wege länger sind, sollte man im Sommer, wenn der Bus zur Hütte fährt, getrost die bequeme Art des „Aufstiegs" nutzen. Seiner Wanderslust kann man in den Bergen noch genügend und auf lohnenswertere Art frönen. 7 km sind es bis zum Dorf Liljanovo. Nach weiteren 7 km beginnen Serpentinen, und man erreicht die Gegend Popina laka in 1230 m Höhe. Eine breite, von Mischwald umrahmte Wiese wird von dem Flüsschen Glawniza durchflossen. Hier befinden sich Datschas und Wohngebäude der Forstwirtschaft.

Die ***Herberge*** „Jane Sandanski" besitzt 70 Betten, einen großen Speiseraum und ist aufgrund der katastrophalen Bedingungen nur in Notfällen zu empfehlen (pro Bett 7 $/ca. € 7,60). In der Nähe befindet sich eine volkstümliche Gaststätte.

In fünf bis sechs Minuten Entfernung, 100 m unterhalb der Vereinigung der Flüsschen Glawniza und Spanopolska, gibt es den sehr schönen 11 m hohen ***Popinolaschkija wodopad*** (Wasserfall). Von der Chisha Jane Sandanski führen ***viele markierte Wanderwege*** in die gesamte herrliche Umgebung. Je nach der zur Verfügung stehenden Zeit kann man eine mehrtägige Rundwanderung unternehmen oder unterwegs abbrechen und zum Ausgangspunkt zurückkehren bzw. eintägige Touren starten.

●***Chisha Jane Sandanski - Chisha Kameniza:*** Zur Chisha Kameniza kann man auf zwei Wegen gelangen, in zwei oder in drei Stunden. Die kürzere Route ist steiler, aber abwechslungsreicher. Die Chisha Kameniza befindet sich an einem Hang am Fluss Kosja reka in 1750 m und bietet 107 Gästen Unterkunft.

●***Chisha Kameniza - Mestnost (Gegend) Solischteto - Gipfel Jalowarnika - Kosi prewal***

(Ziegenpass) - Chisha Kameniza: Diese Tageswanderung für trainierte Bergwanderer, die in ca. sieben Stunden wieder zur Herberge zurückführt, erfordert höchste physische Anstrengungen auf großteils unmarkierten Wegen. Das Erreichen des Gipfels Jalowarnika (2763 m) setzt alpine Ausrüstung voraus. Der anstrengende Aufstieg wird aber mit höchstem Gebirgsgenuss belohnt. Nähere Angaben zur Strecke erhält man in der Herberge.

● ***Chisha Kameniza - Mestnost (Gegend) Solischteto - Starata mandra (Alte Käserei) - Chisha Pirin:*** Bevor man die Gegend Solischteto erreicht, kann man an einer Markierung N 20 nach links abbiegen und zum ***Gipfel Kuklite*** (2686 m) aufsteigen. Ohne diesen Abstecher gelangt man nach Solischteto, westlich vom Kuklite gelegen, in 1,5 Std. Von hier hat man in nordöstlicher und östlicher Richtung einen wunderschönen Blick auf eine Reihe näherer und fernerer Gipfel. Südöstlich davon breitet sich eine vom Fluss Goliza durchzogene herrliche Landschaft aus. Die auf dem weiteren Weg stehende ***Alte Käserei*** ist ein bekanntes, aber verfallenes Gebäude, das nur als Unterschlupf bei Witterungsunbilden dienen kann.

Nach fünf Stunden führt die Wanderung zur ***Chisha Pirin*** in 1640 m ü.d.M. Sie ist eine kleine, spartanisch eingerichtete Herberge mit 33 Betten. Wer zeitig genug aufgebrochen ist, kann von hier weiterwandern nach Melnik. In 5,5 Std. wäre auch dieses Ziel erreicht, wo man den erlebnisreichen Tag mit einem Glas schweren Melniker Rotweins ausklingen lassen könnte.

● ***Chisha Kameniza - Gebirgspass zwischen den Gipfeln Kuklite und Saba - Chisha Pirin:*** Diese zweite Möglichkeit, von der Chisha Kameniza zur Herberge Pirin zu gelangen, ist nur unwesentlich länger (5,5 Std.), jedoch ziemlich beschwerlich, wenn auf den steilen Hängen bis zum Frühsommer noch Schnee liegt. Nach 2 Std. erreicht man ***Kuklenskoto esero,*** einen sehr schönen und selten besuchten See.

Jetzt gilt es, die letzte schwierige Steigung zu bewältigen, den steilen und steinigen Pfad, der nach einer Stunde zu dem ***Gebirgspass*** zwischen den Gipfeln Kuklite ud Saba hinaufführt. Die Anstrengung wird belohnt durch den Ausblick auf das majestätische Panorama eines Gipfelmassivs.

Der nun abfallende Pfad verläuft in südöstlicher Richtung, nimmt eine Kurve nach links, führt an verschlammten Seen vorbei und nach 1 Std. 40 min. zu einem Schafstall. In weiteren 50 Minuten ist man an der ***Chisha Pirin*** angelangt. Wollte man von hier zur Jane Sandanski zurückkehren, benötigte man noch einmal 6 Std.

Von der Chisha Jane Sandanski gibt es noch weitere markierte Wanderziele: die ***Chisha Sini wrach*** (Blauer Gipfel, 4 Std.), ***Chisha Wichren*** (7 Std.), ***Chisha Demjaniza*** (7 Std.) und die ***Schutzütte Tewno esero*** (5 Std.). Will man in einer der Herbergen übernachten, ist es am zweckmäßigsten - wenn man nicht sein Hotel mit der Organisation beauftragt - sich direkt an die Betreiberfirma der Herbergen in Sandanski, uliza Makedonija 53, Tel. und Fax (0746) 5221, zu wenden.

Weitere Mineralbäder

Viele andere Kurorte mit besten Mineralquellen und guter medizinischer Betreuung können wir derzeit noch nicht empfehlen, weil hier Kurbehandlung und Unterbringung räumlich getrennt sind. Das wäre an und für sich kein Problem, wenn die Unterkunft nicht in einfachsten Hotels und teilweise unzumutbaren Privatquartieren erfolgen würde. Äußere Bedingungen, die sich aber schnell zum Vorteil verändern können. In der Reihe dieser „Reserve"-Kurorte stehen ***Kjustendil*** (in Südwestbulgarien, 90 km von Sofia entfernt), ***Varschez*** (im westlichen Balkan), ***Devin*** (in den Rhodopen), ***Naretschen*** (ebenfalls in den Rhodopen, 44 km südlich von Plovdiv), ***Bankja*** (bei Sofia), ***Pavel banja*** (57 km nordwestlich von Stara Sagora), ***Sapareva banja*** (am Fuße des Rilagebirges) und viele andere.

Bulgarien besitzt außerdem ***große Reserven an Mineralwässern.*** Schon die bis jetzt bekannten Quellen decken bereits jeglichen Bedarf von Badekurbehandlungen und ließen noch eine viel stärkere medizinische Nutzung zu. Gemeinsam mit den mit Sicherheit vermuteten, aber noch zu erschließenden Mineralwässern könnte sogar die Befriedigung der künftigen Bedürfnisse um ein Mehrfaches übertroffen werden. Die zukünftigen Möglichkeiten belaufen sich auf Badekuren für jährlich 12-14 Millionen Kurpatienten.

Höhenkurorte

Bansko
Банско

Der bekannte Höhenkurort breitet sich in einem Talkessel am Fuße des Pirin, 930 m ü.d.M., aus. Er dient als Hauptausgangspunkt in das Gebirge und entwickelte sich so zum jüngsten und ***viertgrößten Skizentrum Bulgariens.***

Nach Bansko kommt man wegen der sehr ***reinen Luft*** und um des Sportes willen, zumindest wegen aktiver Begegnung mit der urwüchsigen Natur. Die 12.000 Einwohner beherbergende Stadt ist sommers wie winters die richtige Adresse für in intakter Natur und unter besten klimatischen Bedingungen Erholung und Bewegung suchende Urlauber. Dabei ist die Umgebung prädestiniert für ***Bergabenteurer und passionierte Wanderer.*** Der Luftkurort hat sich auf internationale Gäste eingestellt, es gibt zahlreiche Schilder mit touristischen Hinweisen nicht nur auf Bulgarisch, sondern auch auf Englisch.

In der Gegend herrscht ***gemäßigtes Kontinental- bis Gebirgsklima mit Mittelmeereinfluss.*** Die Sommer sind kurz und kühl, die Winter lang, still, vielseitig und faszinierend. Von Dezember bis März bewegen sich die Temperaturen zwischen 0 ° und –16 °C, die Schneedecke ist dann bis 4 m dick. Insgesamt liegt Schnee von Oktober bis Mai, zum Teil bis Anfang Juli. Auch im Winter ist es an den meisten Tagen sonnig.

Die ***Skisaison*** reicht gewöhnlich von Ende November bis Ende Mai. Es existieren Loipen und Pisten verschiedener Schwierigkeitsgrade und Längen sowie eine Vielzahl von Sessellifts. Wer auch im Sommer Ski fahren möchte, hat dazu von Anfang Juni bis Ende Oktober am Sneshnika bei Banski Suchodol, wohin man mit der Seilbahn Lednika gelangt, Gelegenheit.

In Bansko leben nur Bulgaren, es gibt hier keine andere Nationalität. Die Menschen haben ihre Lebensweise bis heute

Die Kirche „Sweta Troiza"

bewahrt, sie sind sehr gastfreundlich und pflegen ihre einmalige Folklore. Jedes Jahr finden Ende Mai die Banskoer Folklorefesttage statt. Bis 1978 gab es in diesem Ort keine einzige Scheidung! Auf der Fahrt nach Bansko haben wir ein trampendes Mädchen mitgenommen. Das war ein Anlass, uns sofort zum Mittagessen bei der Familie des Mädchens einzuladen. Die Leute haben uns die örtlichen Sehenswürdigkeiten gezeigt und waren enttäuscht, dass wir nach ein paar Stunden weiterfuhren und nicht bei ihnen übernachteten.

Die Stadt ist ein Zentrum der nationalen Wiedergeburt. Damals entstanden die ***ersten Steinhäuser,*** die Ende des 17. Jh. bereits zwei Stockwerke aufwiesen. Die Häuser wirken wie zweigesichtige Festungen, außen alles Steinfassade mit kleinen vergitterten Fenstern und Schießscharten, innen hölzerne Balkons, jedoch unterirdische Räume und geheime Gänge im Keller sowie unauffällige Verbindungstüren zum Nachbarhaus im Hof. Man war auf Überfälle und längere Verteidigungen vorbereitet. Eine eisenbeschlagene Tür verwehrte unliebsamen Gästen den Eintritt. Die Wiedergeburtshäuser verleihen der Stadt einen einmaligen Reiz. Zu Reichtum kamen ihre Bewohner durch die zentrale Lage des Ortes, die sie für einen gewinnbringenden Handel zu nutzen verstanden.

Bansko entstammen einige ***bedeutende Persönlichkeiten,*** so der Mönch *Paissij Chilendarski* (s. Exkurs „Große Namen eines kleinen Volkes") und der Aufklärer *Neofit Rilski* (um 1793-1881), der als Patriarch des bulgarischen Bildungswesens gilt. Die Stadt widmete in ihren Mauern *Paissij* ein Denkmal, *Neofit* ein Museum und dem Dichter *Nikola Jonkow Wapzarow* (1909-1942) ebenfalls ein Museum, eingerichtet in dessen Geburtshaus im Stadtzentrum. Dem Haus gegenüber errichtete man noch ein Denkmal für den Dichter. Im ***Wapzarow-Museum*** kann man auch ethnografische Kunstgegenstände kaufen. Eine ständige Ausstellung im ***„Kunstzentrum Bansko"*** zeigt Werke der einstmals berühmten Malschule von Bansko aus dem 18./19. Jh. und Arbeiten der Holzschnitzerei. Interessant schon wegen seiner Innenausstattung ist die ethnografische Ausstellung im ***Weljanow-Haus.*** Sehenswert auch die einmalige holzgeschnitzte Ikonostase in der (zumeist verschlossenen) Friedhofskirche Sweta Bogorodiza (Heilige Muttergottes). Die größte und wertvollste Kirche des Pirin ist die dreischiffige ***Sweta Troiza*** (Heilige Dreifaltigkeit). Ihr 30 m hoher Glockenturm bildet schon seit seiner Errichtung 1850 das Wahrzeichen der Stadt. Außergewöhnlich sind die Holzschnitzereien und Wandmalereien auch in dieser Kirche. Schon etwa € 0,51 (1 Lw) Eintritt berechtigen zum Besuch aller Museen. Für den gleichen Betrag kann man sich überall einer Führung anschließen.

Unterkunft/Kulinarisches

Ein reizvolles Ziel ist Bansko sowohl im Winter als auch im Sommer. Die Stadtverwaltung schafft über das ganze Jahr verteilt noch zusätzliche kulturelle und sportliche Verführungen, wie das ***Internationale Jazz Festival*** (August), das ***Folklorefestival „Pirin singt"*** (*„Pirin pee"*) usw.

Das Übernachtungsangebot reicht von neuen modernen Hotels - wo jedes Zimmer B/WC und meist einen TV-Anschluss besitzt, manches Hotel ein eigenes Schwimmbecken, viele eine Sauna und Skiverleih - über gemütliche, saubere Familienhotels bis hin zu Privatquartieren. Man kann sagen, dass fast jedes Haus zum Gästeempfang bereit steht. Für jeden Geldbeutel gibt es das Richtige. Die Übernachtungspreise bewegen sich in der Regel zwischen 10 und 44 Lewa pro Person. Hand aufs Herz, wir können kein einziges Hotel besonders empfehlen, um nicht gleichzeitig die anderen zu benachteiligen. Bansko ist eine liebenswerte kleine Stadt. Man sollte sich selbst auf den Weg machen und das richtige Bett für sich entdecken.

Während der großen Festivals und zur Hauptsaison im Winter steigen die Übernachtungspreise um ca. 20%, sie sind aber im Vergleich zu anderen Orten relativ niedrig.

- Orientierungshinweise sowie Infomaterial bekommt man im ***Touristen-Informationszentrum,*** ploschtad Wapzarov 2, Tel. (07443) 5048 oder unter www.bansko.bg.
- Internetadressen von einigen 4-Sterne-Hotels: www.hotelbulgariabansko.com und www.hoteltanne.com
- Die guten ***Nationalitätengaststätten*** *(mechana),* die auf die Erhaltung der jahrhundertealten kulinarischen Tradition in Bansko besonders großen Wert legen, befinden sich in den Wiedergeburtshäusern: Sirleschtowa kaschta, Todewa kaschta, Dedo Pene, Mechana Gjomowi (mit Übernachtungsmöglichkeit), Milusch Gowedarow, Gowedarewi, Petrewitsch, Tschanowete. Das kulinarische Angebot ist so reich wie die Zahl der Gaststätten, die Speisen sind sehr schmackhaft und preiswert.

Transport

- ***Busbahnhof*** *(Awtogara),* uliza Patriarch Evtimij, Tel. (07443) 2420, 4-5 Busse täglich nach Sofia (3 Std.), 7-8 Busse nach Blagoevgrad, 11-mal nach Goze Deltschev, zweimal nach Plovdiv (3,5 Std.), einmal (nicht am Di. und Do.) nach Petritsch. Fast alle Busse, die den Abschnitt Bansko-Goze Deltschev-Bansko befahren, halten in den Ortschaften Mesta und Dobrinischte. Im Sommer fahren mehr Busse als im Winter.
- ***Bahnhof*** nördlich vom Zentrum, uliza Akademik Jordan Iwanov, Tel. (07443) 2215. Eine durch das Piringebirge führende, romantische Schmalspurbahn (Septémvri - Vélingrad - Jakorúda - Béliza-Bánja - Raslóg - Bánsko - Dobrínischte) verbindet den Kurort über Gara Septemvri (hier ist der Anschluss an die Normalspur) mit Sofia (156 km) und Plovdiv (148 km). Die sehr reizvolle Eisenbahnstrecke endet auf der anderen Seite kurz hinter Bansko in Dobrínischte.
- ***Taxistand*** am Busbahnhof, Tel. 4187, und vor dem Hotel „Pirin", uliza Zar Simeon 68, im Zentrum täglich vom 7.00-20.00 Uhr. Taxidienstleistungen bieten die meisten Hotels und selbst die Vermieter.

Ausflüge in die Umgebung

- Oberhalb von Bansko beginnt ein die höchsten Gebirgszüge des Pirin umfassendes ***Naturschutzgebiet,*** wozu auch der Wichren mit seinen 2914 Metern gehört; 79 Gipfel ragen über 2500 m auf. Wanderer treffen hier auf seltene Pflanzen und Tiere sowie kristallklare Gebirgsseen.
- Im Sommer bietet sich die Möglichkeit, bis in die größten Höhen vorzudringen. Etwas Bergerfahrung und eine gute Ausrüstung muss man hier schon mitbringen. Sie sind besonders vonnöten, wenn man von der Vichren-Hütte (1950 m) oder der Hütte Banderiza (1810 m) ***zum Vichren-Gipfel*** aufbricht, der von beiden Ausgangspunkten in drei bis vier Stunden erreichbar ist. Zu den Hütten führt eine an der oberen endende Gebirgsstraße, die (leider) die Auffahrt mit Pkw ermöglicht. An dieser Straße steht die fünf Minuten von der Banderiza-Hütte entfernte über 1300 Jahre alte ***Bajkuschewa-mura (Bajkuschewa-Kiefer).*** Zehn Minuten benötigt man von der Hütte zum ***Banderiza-Wasserfall.*** Unweit der Vichren-Hütte liegt der große ***Ribno-See,*** Quellgebiet des Banderiza-Flusses. Ein Minibus fährt vom Busbahnhof im Sommer regelmäßig zur Hütte Banderiza.
- Der ***Bergrettungsdienst*** steht - auch für Wettervorhersagen - unter Tel. (07443) 3075, 3076 oder (048) 1842 zur Verfügung.

Pamporovo
Пампорово

Pamporovo ist das „klassische" Winterziel in Bulgarien und der ***bekannteste bulgarische Hochgebirgskurort.*** Er erstreckt sich in 1620 m ü.d.M. in den mittleren Rhodopen, am Fuße des mit einem Fern-

Felspilze in den Rhodopen – nicht zum Verzehr geeignet. (Foto: LP)

sehturm einschließlich Aussichtscafé bestückten Sneshanka-Gipfels (Schneewittchen-Gipfel, 1926 m). Von der Weltabgeschiedenheit manchen Rhodopenortes ist in Pamporovo nichts zu spüren.

Auf Grund des hervorragenden Klimas und garantiert 120 (bis maximal 150) Tagen Skisaison ist der Ort ***internationales Skizentrum*** und jährlich Austragungsort internationaler Wettkämpfe. Überdies gilt Pamporovo als der ***sonnigste bulgarische Höhenkurort.*** Der Einfluss des Ägäischen Meeres gleicht schroffe Temperaturschwankungen aus; es herrscht ein gemäßigtes Hochgebirgsklima mit viel Schnee (von Anfang November bis Mitte April), viel Sonne, mildem Wind und ohne Nebel. Pamporovo hat somit beste klimatische Voraussetzungen für ***Sonnenbäder und Wanderungen zu Heilzwecken.*** Das Klima wirkt günstig bei Menschen mit Bluthochdruck, beginnender Arteriosklerose, Stoffwechselstörungen, Neurosen, chronischen und allergischen Hautkrankheiten, Erschöpfungszuständen, chronischen Erkrankungen der Lunge und der oberen Atemwege.

Die Entwicklung Pamporovos zum Höhenkurort begann 1936 mit dem Bau mehrerer Erholungsheime und Villen. Vom sozialistischen Erneuerungsstreben blieb auch der Ort nicht verschont. 1950 bekam er den ***Namen „Wassil Kolarow"***, eines Mitstreiters *Georgi Dimitroffs,* verpasst. Irgendwann fand man es noch im Sozialismus unpassend, Wintersport in Wassil Kolarow zu treiben, und gab dem Ort unauffällig seinen angestammten Namen zurück.

Im Winter führen Lifte zu Pisten und Loipen, die unterschiedlich schwierig und lang sind. Modernes ***Wintersportgerät*** kann in unmittelbarer Nähe der Skipisten ausgeliehen werden. Für Kinder zwischen drei bis acht Jahren gibt es einen ganztags geöffneten, mehrsprachigen (auch mit Deutsch) ***Skikindergarten,*** in dem der Nachwuchs das Skifahren spielerisch erlernt. Die ***Skischule*** der Großen gehört zu den renommiertesten Europas. Alle der über 100 Lehrer verfügen über eine Spezialausbildung und Fremdsprachenkenntnisse. Sie führen täglich zwei mal zwei Stunden Skiunterricht durch und garantieren, dass man nach einer Woche sicher auf den Brettern steht. Der Kurs dauert dennoch 6-12 oder 14 Tage. Auch für Langläufer und Skisurfer wird ein spezieller Kurs angeboten. Eine ***Eisbahn*** bietet die Möglichkeit zum Schlittschuhlaufen.

Pamporovo im Sommer, das bedeutet kristallklare Luft und Duft nach Kräutern und Harz. Dann präsentieren sich die Rhodopen als ***Wanderparadies.*** Die Wanderwege, z.B. zu den idyllischen Dörfern der Umgebung, sind alle gut markiert. Der ***Bergrettungsdienst*** (Tel. 336) befindet sich bei der Berghütte „Studenez".

Für den Urlauber/Kurgast hat man sich einiges einfallen lassen. Dazu gehören: Zu ***Gast bei Familien*** in Dörfern der Umgebung. Die Gastgeber empfangen ihre Gäste nach altem Brauch mit Brot und Salz und einem Glas Schnaps, führen sie durchs Haus, bieten Kostproben von Rhodopenliedern oder Instrumentalaufführungen und verwöhnen schließlich die Gäste mit selbst zubereiteten Spezialitäten der bulgarischen Küche. Der Besuch bei einer Rhodopenfamilie ist eine glänzende (Geschäfts-) Idee, sie entbehrt allerdings jeglicher Natürlichkeit.

Spezielle Kurse in einer ***Folkloreschule*** unterrichten im bulgarischen Volkstanz und der Stickerei.

Pamporovo ist zwar ein ausgezeichneter Kurort mit vielen Annehmlichkeiten und herrlicher Natur, seine Jungfräulichkeit hat der Ort allerdings längst verloren. ***Hier herrscht der Kommerz!*** Wer aber Luxus und ein bisschen Hautevolee genießen möchte, der ist genau am richtigen Ort.

Unterkunft

- Als Unterkunft stehen in Pamporovo sieben Hotels und das ca. 2 km vom Zentrum in Richtung des Dorfes Schiroka Laka entfernte ***Feriendorf Malina (Himbeere)*** mit seinen 30 Holzhäuschen in der Art von Finnhütten zur Verfügung.
- Das beste Haus am Platz ist das ***Drei-Sterne-Hotel Perelik*** (463 Betten) mit Schwimmbecken (12,5 x 25 m), Sauna, Solarium, Turnhalle, Räumen für Physiotherapie, Bowlinghalle, Frisiersalon, natürlich Bar und Restaurant, Café und Weinstube mit Folkloreorchester. Preise für eine Übernachtung mit Frühstück: EZ € 37,80 (74 Lw), DZ je Person € 28,60 (56 Lw), mit Halbpension zuzüglich € 5,10 (10 Lw).
- Unmittelbar neben dem Perelik liegt das ***Drei-Sterne-Hotel Murgawez*** (150 Betten), beide durch einen Gang miteinander verbunden. Preise: EZ € 30,70 (60 Lw), DZ € 23,50 (46 Lw).
- ***Zwei-Sterne-Hotels:*** EZ € 22,50 (44 Lw), DZ € 16,90 (33 Lw). ***Ferienhaus*** bei 4 Personen je Person € 12,02 (23,50 Lw).

Kulinarisches

- Besonders empfehlenswert sind die rustikalen ***Gaststätten „Malina"*** (1,5 km vom Zentrum, 11.00-14.30 Uhr und 18.00-22.30 Uhr, Tel. 272) und ***„Vodenizata"*** (Die Mühle), 7 km, 11.00-14.30 Uhr und 18.00-22.30 Uhr, Tel. 430).
- Das ***Restaurant „Tschevermeto"*** (300 m vom Zentrum) lockt mit seiner Spezialität „Tscheverme" (Lamm am Spieß).

Jedes Jahr im März werden ***Kukerifeste*** in Schiroka laka veranstaltet. Alle zwei Jahre im August findet ein großes ***Folkloretreffen mit Sängerwettstreit*** auf den Roshenwiesen statt (Kulturauskünfte, Tel. 438).

Transport

- Die Zufahrt erfolgt am einfachsten auf der gut ausgebauten ***Straße Nr. 86*** von Plovdiv (85 km) mit Abzweig in Tschepelare oder von Sofia (260 km) über die ***E 80/A1*** sowie die Landstraßen 8, 84 und 37 bis Dospat und über Devin. Diese Strecke ist zwar viel umständlicher, aber, abgesehen vom autobahnähnlichen Anfang, ermöglicht sie eine schöne Fahrt durch die Rhodopen.
- Die größere Stadt Smoljan ist 15 km entfernt. Selbstverständlich gibt es ***Busverbindungen*** nach Smoljan, aber auch nach Plovdiv und Sofia.

Ausflüge in die Umgebung

Zu den angebotenen Inlandsausflügen können wir allesamt raten, wenn auch nicht unbedingt zu den überteuerten Angeboten der Reiseveranstalter. Die Urlaubskasse wird bedeutend geschont, wenn sich drei bis vier Personen für insgesamt ca. € 10,20 (20 Lw) ein eigenes Taxi mieten. Taxis sind unter Tel. 465 zu erreichen. Schon eine Fahrt in das ***Planetarium des nahe gelegenen Smoljan*** würde pro Person € 6,01 (12 Lw) Teilnahmegebühr bedeuten, in das Dorf Schiroka laka, allerdings mit Mittagessen, € 11,20 (22 Lw). ***Bujnowskoto shdrelo i Jagodinskata peschtera*** (die Bujnovoer Schlucht und die Jagodina-Höhle) sind 55 km entfernt und kosteten ansonsten € 7,20 (14 Lw).

Ferner bieten sich folgende Ausflugsziele an. Genauere Angaben zu allen Zielen finden sich in der Beschreibung des Gebietes Plovdiv.

- ***Trigradskite skali i Djawolskoto garlo*** (die Trigrader Schlucht und der Teufelsrachen), 60 km von Pamporovo;
- ***Uchlowiza:*** Höhle beim Dorf Mogiliza, 37 km;
- ***Tschudnite mostowe*** (Wunderbrücken) beim Dorf Sabardo, eine Felsenbildung, 40 km entfernt;
- ***Museum für Speläologie*** (wissenschaftliche Höhlenforschung) und Karstformen in Tschepelare, 11 km.

Samokov
Самоков

Das 26.000 Einwohner zählende Samokov befindet sich rund 60 km südlich von Sofia und bereits in 950 m Höhe an den ***nördlichen Ausläufern des Rila,*** Bulgariens höchstem Gebirge.

Im 14. Jh., als kleinere Siedlungen entstanden, gewann die Stadt durch die Eisenverhüttung, durch Handel und Handwerk an Bedeutung und Reichtum. Begünstigt infolge des wirtschaftlichen Aufschwungs, konnten in Samokov während der nationalen Wiedergeburt ***zwei bedeutende Kunstschulen*** entstehen, die die Stadt zu einem der wichtigsten Kunstzentren Bulgariens machten: zum einen die berühmte Holzschnitzereischule und zum anderen die nicht minder bekannte Malerwerkstatt, in der beispielsweise die Schöpfer der Wandmalereien *Sachari Sograf* und *Stanislaw Dospewski* arbeiteten.

An die Zeit, als Samokov ein Zentrum der Wiedergeburt war, erinnert das ***Historische Museum,*** uliza Ljuben Baramow 4 (Mo.-Fr. 8.00-12.00 & 13.00-17.30 Uhr).

Im Stadtzentrum verstecken hohe Steinmauern das Anfang des 19. Jh. gegründete ***Dewitscheski manastir Pokrow preswetaja Bogorodiza*** (Nonnenkloster Der Heiligen Gottesmutter, Übernachtung 10 Lw). Die ***Metropolitenkirche*** (Erzbischofskirche) Sweta Bogorodiza (Die Heilige Gottesmutter) stammt aus dem 18. Jh. und zählt zu den interessantesten architektonischen und Kunstdenkmälern Bulgariens. Die Ikonostase entstand 1791-1793 und stellt einen Höhepunkt bulgarischer Holzschnitzkunst dar. Die Ikonen schuf *Christo Dimitrow* (1746-1819) aus Samokov. Durch ihn und seine beiden Söhne *Dimiter Sograf* (1796-1860) und *Sachari Sograf* (1810-1853) entstand in Samokov eine Künstlerdynastie, die mit ihren Schülern und Gehilfen über mehrere Generationen das künstlerische Leben Bulgariens prägte und den Übergang von der kirchlichen zur weltlichen Malerei einleitete. Dabei gilt *Sachari Sograf* als Vollender der christlichen Kunsttradition.

Ein Denkmal aus der Osmanenzeit ist die ***Moschee*** im Stadtzentrum, uliza Michail Daschin, die Bajrakli dshamija. 1840 von Samokover Baumeistern umgebaut, 1960 restauriert, genießt sie den Ruf eines unikalen Architekturdenkmals. Die Kuppel wird von vier Säulen getragen; das Innere weist, ganz überraschend, Blumenmotive auf. Außer der Moschee mit ihrem auffälligen Minarett besitzt die Stadt noch einen großen ***Brunnen im orientalischen Baustil.***

Von den Wiedergeburtshäusern, die eher den Eindruck palastähnlicher Bürgerhäuser erwecken, ist besonders das

Arie-Haus (um 1858) mit seinen phantastisch geschnitzten Decken hervorzuheben.

Übernachtung/Kulinarisches

- Preiswert ist das ***Hotel-Restaurant „Koala"***, uliza Michail Konew 25, Tel. (0721) 2332.
- ***Klub „Rojal":*** Tagesbar, Restaurant, Nachtbar mit Nonstop-Programm; uliza Christo Nikow (Stadtzentrum)
- ***„Tanin",*** englischer Klub, uliza Otez Paissij 19, Tel. (0721) 4330

Transport

- ***Busbahnhof*** uliza Targovska, Tel. (0722) 22391. Nach Samokov fahren von Sofia (vom Busbahnhof Süd) zwischen 7.00 und 19.30 Uhr alle 30 Minuten Busse und Minibusse (1,5 Std. Fahrzeit) . Von Samokov starten Minibusse nach Borovez, Gowerdárzi und Maljowiza. Nach Dupniza (1 Std.) verkehren Busse um 7.30, 14.20 und 17.00 Uhr.

Borovez
Боровец

Nur 10 km Asphaltstraße (Nr. 82) trennen Samokov von Borovez, einem der größten bulgarischen Gebirgskurorte. Der 1897 entstandene älteste Höhenkurort Bulgariens wurde in den 30er Jahren ausgebaut. Hier hatten auch einst die letzten Angehörigen des bulgarischen Königshauses ihre Residenzen.

Borovez liegt unmittelbar am Fuße des Rilagebirges, eingebettet in jahrhundertealte Fichten und Kiefern *(bor* heißt bulgarisch „Kiefer"). Bis hierher ist man bereits bei 1300 m ü.d.M. angelangt. In dieser Höhenlage existieren ***ideale Wintersportbedingungen.*** Die Schneedecke hält sich von Mitte November bis Ende April/Anfang Mai, wobei sie im März ihre größte Höhe erreicht. Da die Skipisten zwischen 1300 und 2560 m ü.d.M. angelegt sind, endet die Skisaison erst Mitte Mai, und es können bis zu 150 Tage Wintersport garantiert werden. Während es unten kalt ist, ist es oben auf Grund der bis 1600 m reichenden Inversionsbewölkung sonnig und angenehm. Andererseits, wenn auf den Gipfeln Stürme toben, ist es unten ruhig, und man kann dort ungetrübt Skisport treiben. Die durchschnittlichen Tiefsttemperaturen im kältesten Monat Januar betragen -4,6 °C in 1346 m Höhe und -7,4 °C bei 2393 m ü.d.M.

Borovez bietet Loipen und Pisten unterschiedlichster Länge und Schwierigkeitsgrade sowie zahlreiche und alle Arten von Lifts (einen Kabinenlift an der größten, 1800 m langen Piste). Fast obligatorisch: eine angesehene ***Skischule*** mit gut ausgebildeten und Fremdsprachen beherrschenden Lehrern, einen ***Skikindergarten*** (Kinder bis acht Jahren) und ein vielseitiges Ramenprogramm. Wegen bester Bedingungen hat sich Borovez zum Austragungsort der Weltmeisterschaften in den alpinen Disziplinen profiliert.

Im Sommer herrscht in Borovez eine angenehme Frische, die mittlere Julitemperatur liegt bei 15,2 °C. Man atmet den Duft von Kiefern, wild wachsenden Blumen und Kräutern.

Die frische, ***sauerstoffreiche Gebirgsluft*** besitzt eine gute Heilwirkung, Hauptursache für die Entstehung des Kurortes. Wegen fehlender Luftverunreinigung ist die Ultraviolettstrahlung der Sonne sehr intensiv.

Und nicht zu vergessen, die Wirkung der heilsamen Luft von Borovez kann noch mit den heilenden Kräften der Mineralwässer der Umgebung verbunden werden. Ein ***Ring von thermalen Mineralquellen*** umschließt den Kurort in einer Entfernung von nur 15-20 km. Zu den bekanntesten Kurbädern gehören ***Dolna banja*** (Wassertemperatur 64 °C) und ein Stück weiter ***Kostenez*** an der Mariza. Die Temperatur des Wassers ist ungefähr gleich, nicht aber die Qualität. Nach ihren heilenden Eigenschaften liegt die Quelle von Kostenez weltweit an 25. Stelle und ist bei degenerativen Erkrankungen des peripheren Nervensystems und chronischen Entzündungen der oberen Atemwege besonders zu empfehlen.

Auf der entgegengesetzten Seite von Borovez befindet sich das berühmte ***Sapareva banja.*** Eine der Quellen hat eine Temperatur von über 100°C und gehört zu den heißesten der Welt. Ihr Wasser hilft insbesondere bei chronischem Rheumatismus, Frauenleiden und Erkrankungen des peripheren Nervensystems.

Unterkunft

Es gibt eine Reihe Hotels unterschiedlichen Niveaus und zwei Feriendörfer. Touristen, die mehr als drei Tage bleiben, zahlen € 3,32 (6,50 Lw) ***Kurtaxe.***

- Bestes Hotel ist das viersternige ***„Samokov"*** für 700 Personen, das viele Vorzüge bietet: Alle Zimmer mit Telefon und Satellitenanschluss, Restaurant „Mariza" mit bulgarischer Küche. Bar „Panorama", Cocktailbar, Tages- und Nachtbar. Schwimmhalle (12,5 x 25 m), Fitnesszentrum, Sauna, Billardsaal, Tennis, Bowling; Frisiersalon, bewachter Parkplatz, Skigarderobe, Reiseleitung, Handelszentrum. Preise: 1. Juli - 31. August und 16. Dezember - 31. März EZ mit Frühstück € 32 (62,50 Lw), DZ pro Person € 27,10 (53 Lw); 4. April - 30. Juni und 1. September - 15. Dezember EZ € 27,10 (53 Lw), DZ € 21,50 (42 Lw).
- ***Hotel „Rila"*** (drei Sterne): Von einer französischen Firma erbaut, mit 2000 Betten, besonders für Familien mit Kindern geeignet. Drei Restaurants, Tages- und Nachtbar, Diskothek, Café mit eigener Konditorei, Sporthalle, Sauna, medizinische Betreuung, Frisiersalon, Geschäfte, Skigarderobe, Skikindergarten; Tel. (997 25) 441 oder 446, Reservierung 381. Preise: 12. Dezember - 31. März EZ € 25,80 (50,50 Lw), DZ € 21,50 (42 Lw); 1. Juli - 31. August EZ € 21,50 (42 Lw), DZ € 17,40 (34 Lw).
- ***Feriendorf „Jagoda"*** (drei Sterne): 40 Häuschen finnischen Typs inmitten eines Kiefernwaldes mit jeweils vier Betten, Kochecke und in zehn Häuschen eigene Sauna. Zusätzlich im Feriendorf noch Herren- und Damensauna sowie Restaurant; Tel. Rezeption (997 25) 343. Preise: Häuschen mit Sauna für eine Person € 45 (88 Lw) mit Frühstück, ohne Sauna € 38,60 (75,50 Lw); mit Sauna bei drei Personen pro Person € 16,30 (32 Lw), ohne Sauna € 14,06 (27,50 Lw) pro Person.
- ***Feriendorf „Malina"*** (drei Sterne): 25 zweistöckige Holzhäuschen mit zwei Schlafräumen und jeweils zwei Betten. Kochgelegenheit, Vorzimmer mit Fernseher, Badezimmer; Gaststätte und Tagesbar; Tel. Rezeption (997 25) 435. Preise: gesamtes Häuschen, genutzt von nur einer Person € 37,80 (74 Lw) mit Frühstück; bei vier Personen für jeden € 10,70 (21 Lw) mit Frühstück.

Essen und Trinken

- ***Taverna „Tschamkorija",*** bulgarische und griechische Küche, gute Atmosphäre, Livemusik; 8.00-5.00 Uhr, Tel. 243
- ***Nachtbar „Hawaii"*** mit Videoklub, 18.00-6.00 Uhr, Tel. 263

Weitere nützliche Adressen

- Der ***Skiservice*** und das Gebäude des Kontroll- und ***Bergrettungsdienstes*** befinden sich an der Anfangsstation der Kabinenseilbahn.
- ***Autoverleih,*** Tel. 383

Ausflüge in die Umgebung

Borovez ist der bequemste Ausgangspunkt für **Wanderungen durch den Ostteil des Rilagebirges** und ***zum Mussala,*** dem mit 2925 m höchsten Gipfel des Rila und der gesamten Balkanhalbinsel. In einem Umkreis von 20 km sind alle 78 Gipfel des Gebirges mit einer Höhe über 2500 m zu erreichen. Das Rilagebirge vereint sanfte bewaldete Hänge und weit ausgedehnte Wiesen mit Blumen, die sonst nirgendwo auf der Welt anzutreffen sind, wie z.B. die Rilaprimel. Dazu kommen bizarre Felsgebilde, die smaragdgrüne Bergseen umrahmen. Rila ist das Gebirge mit den schönsten Seen überhaupt. Nicht umsonst sind die über ***150 Gebirgsseen*** einschließlich der 16 Berghütten beliebte Wanderziele. Auf Grund der klimatischen Bedingungen trifft man bei den Wanderungen auf zwei Pflanzengürtel, den ***Wald- und den Grasgürtel.*** Der Waldgürtel erstreckt sich bis zu 2000 m ü.d.M.

Die ***Wanderrouten*** sind lückenlos markiert und bestehen im Waldgebiet aus einer Linienmarkierung und im Grasgürtel aus Betonpyramiden sowie Pfeilern.

●In nur ein bis eineinhalb Stunden kann man zu Fuß jeweils bis zum ***Tschernata skala (Schwarzer Fels)*** entlang der Mariza und zur Gegend Sokolez (*sokol* ist der Falke), die 6 km von Borovez entfernt Richtung Beli Iskar liegt, gelangen.

●Von Borovez führt eine Hochgebirgsstraße mit herrlichen Aussichten über den ebenfalls bekannten Rilakurort ***Govedarzi*** zum ***Komplex Maljoviza*** in 1750 m ü.d.M., der wiederum Ausgangspunkt für Wanderungen in den Nordwestteil des Gebirges ist. So gelangt man von hier aus ohne große Anstrengungen in einer Stunde zur beliebten ***Maljoviza-Berghütte.*** Etwa die gleiche Entfernung - an steil aufragenden Felsen vorbei - wäre zum ***Gipfel Maljoviza*** (2729 m) zurückzulegen, den der bulgarische Alpinismus zu seinem Wahrzeichen auserkoren hat.

●Die Landstraße von Govedarzi führt, wenn man nicht zum Komplex Maljoviza abbiegt, geradewegs zu der kleinen ***Berghütte „Vada".*** Von der Hütte kommt man am bequemsten zu den herrlichen ***Sedemte esera (Sieben Seen)***. Sie gelten als Synonym für die Schönheit des gesamten Gebirges, dürfen aber nicht mit den Mussala-Seen gleicher Anzahl verwechselt werden.

●Es gibt kaum einen Naturfreund, der in Borovez weilt und sich einen eintägigen Ausflug zu den eng beieinanderliegenden drei höchsten Gipfeln des Gebirges entgehen lässt: dem ***Mussala*** (2925 m), dem ehemaligen Georgi Dimitroff (2902 m) und heutigem ***Malka Mussala*** ('Kleine Mussala') sowie dem ***Iretschek*** (2852 m). Zumindest der Mussala ist ein Muss! Von ihm genießt man eine majestätische Aussicht. Als höchstem Gipfel oblag ihm die Ehre, lange Jahre den Namen „Stalin" zu tragen. Erst der zweithöchste wurde nach dem „einheimischen" *Dimitroff* benannt.

Die (mehrsprachigen) Bergführer empfehlen folgende Route: Mit dem 4827 m langen Sessellift direkt bis zum Jastrebez-Gipfel (2350 m hoch), Wanderung in einer Stunde bis zur ***Hütte „Mussala".*** Da der Pfad nicht steil ist, kann bis hierher jeder gelangen. Die Hütte selbst ist eine der ältesten in Bulgarien und die am allerhöchsten gelegene (2389 m) - direkt am Ufer des siebenten Mussala-Sees. Diese Seen gehören ebenfalls zu den bekanntesten und schönsten im Rilagebirge. In der Hütte ist Platz für 120 Übernachtungsgäste; es gibt eine Küche, einen Essraum und einen Kiosk für Lebensmittel, Wasser- und Stromanschluss sind vorhanden. Von hier ist der Mussala-Gipfel, an den sieben Mussala-Seen entlang, in anderthalb Stunden erreichbar. Der letzte See, am nördlichen Fuß des Mussala-Gipfels, ist der ***Ledenoto esero (Eissee);*** so benannt, weil sein Wasser in einer Höhe von bereits 2709 m bis Ende Juli zu Eis erstarrt ist. Es ist der am höchsten gelegene See auf der Balkanhalbinsel - ein weiterer Superlativ dieses Gebietes. Der Blick vom Gipfel ist wirklich einmalig und im Voraus Entschädigung für die schwierigste, noch folgende Wegstrecke.

Auf dem Mussala steht die 1932 errichtete erste meteorologische Hochgebirgsstation in Südosteuropa. 1960 kam eine Weltraumbeobachtungsstation hinzu. Jetzt führt der Weg über den Kamm Trionite (die Sägen) zum Gipfel ***Malka Mussala.*** Es ist ein ständiges Auf und Ab über alle „Sägezähne". Leichter geht es dann wieder auf dem Pfad zum Iretschek-Gipfel und weiter vorbei an dem Felsgebilde „Sphynx" - hinab zur ***Mussala-Hütte.*** Von hier ließen sich noch einige andere Hütten erwandern: die Hütte „Tschakar Wojewoda" (in zweieinhalb Stunden), die „Savratschiza" (in sechs Stunden) und die Hütte „Boris Hadshisotirow" (in ebenfalls sechs Stunden).

●Eine „klassische" Drei-Tage-Wanderung führt zum ***Rilakloster,*** das auf der UNESCO-Liste des Weltkulturerbes steht. Sich einem solch herausragenden Kulturobjekt auf diese Art langsam zu nähern, verspricht einen einmaligen Eindruck. Die Rückkehr nach Borovez erfolgt dann per Bus.

Seebäder

„Kuren Sie sich fit!“, heißt es auch am Schwarzen Meer. Hier, wo die meisten ihren Urlaub verbringen, kann man noch eine Menge mehr tun für seine Gesundheit, als die wohlmeinenden klimatischen Bedingungen ohnehin jedem garantieren. Von Juni bis September ist das Wetter an der Küste beständig. Die südliche Lage und die geringe Bewölkung garantieren eine langwährende und ***intensive Sonnenstrahlung,*** die nicht nur bräunt, sondern zugleich die allergischen Prozesse im Organismus unterdrückt, die Heilprozesse reguliert und den allgemeinen Gesundheitszustand verbessert. Besonders wertvoll ist die Brise, die tagsüber vom Meer weht und ständig Aerosole an Land trägt. Die ***Luft*** ist deshalb nicht nur sehr rein und frei von Allergenen, sondern auch angereichert mit feinsten Teilchen Brom, Jod, Chlor, Kalzium und Sulfat. Der Luftdruck ist hoch und somit auch der Sauerstoffgehalt der Luft. Dieser hohe Luftdruck erleichtert die Gasdiffusion in der Lunge. Das alles sind ideale Bedingungen für Kurgäste mit Lungenleiden. Sie können die Meeresluft förmlich „trinken“.

Angenehm ist das von Raubfischen freie, ***salzarme Meerwasser*** und der Umstand, dass trotz des Gedrängels in der Hochsaison auf jeden Badegast die doppelte Größe Strandfläche entfällt wie in den Seebädern Frankreichs, Italiens und Spaniens.

Die Schwarzmeerküste ist überdies reich an wichtigen ***Mineralquellen*** und an großen ***Heilschlammvorkommen. Bäder- und Klimatherapie*** besitzen hier eine uralte Tradition. Viele große Hotels verfügen über eigene Kureinrichtungen, die natürlich ganzjährig genutzt werden können. Hochqualifizierte, oft deutsch sprechende Fachärzte stehen fast überall zur Verfügung.

Darüber hinaus ist das ***sportliche und Freizeitangebot*** – verständlicherweise in der warmen Jahreszeit – überaus reichhaltig, wobei für ***Kinder*** besonders viel getan wird. Der allmählich abfallende Meeresgrund ist für sie und für ungeübte Schwimmer ideal. Jungen Familien kommen die zahlreichen Kinderermäßigungen, teilweise bis zu 100 %, sehr zugute. Deutschsprachige Kinderbetreuung, Babysitter für nachts und zahlreiche Kindergärten ermöglichen den gestressten Eltern, auch einmal allein etwas zu unternehmen.

Albena
Албена

Das Seebad ist nur 30 km vom internationalen Flughafen Varna und 14 km vom bekannten Seebad Slatni pjassazi (Goldstrand) entfernt. Von Sofia trennt Albena eine knappe Flugstunde. Auf der Autostraße sind es von Varna 37 km.

Albena ist der ***jüngste Badeort Bulgariens*** (www.albena.bg). Die Hotels sind stufenförmig angelegt, viele befinden sich, eingebettet in üppige Grünanlagen, direkt am ***traumhaften Strand:*** 12 km lang und hundert Meter breit, feinsandig und sauber. Gleich hinter dem Strand beginnt ein bewaldetes Hügelland, das zu romantischen Waldspaziergängen einlädt.

In Bulgarien ist Albena das modernste Zentrum für Klimakuren und Heilbäder. 1986 eröffnete man das ***Balneologische Zentrum „Dobrudsha",*** das größte an der Schwarzmeerküste überhaupt. Seine Heilquelle ist 30 °C warm und reich an Magnesium, Kalzium, Natrium, Kohlenstoff und Schwefelverbindungen. Das Kurzentrum „Dobrudsha" wurde im gleichnamigen Vier-Sterne-Hotel (s.u.) untergebracht. Das Hotel verfügt über ein durch eine Schwimmschleuse miteinander verbundenes Hallen- und Freibad mit Mineralwasser. Unmittelbar neben dem Zentrum „Dobrudsha" gibt es eine Poliklinik. Die Lage des Hotels ist ein wenig abseits und besonders ruhig, nur wenige Schritte von einem ausgedehnten Wald und 300 m vom Strand entfernt.

Hier lässt sich der Urlaub ideal mit abhärtenden, prophylaktischen und Heilprozeduren verbinden. Für die Gäste erarbeitete man spezialisierte Urlaubsprogramme, die einen Aufenthalt von 14 oder 21 Tagen vorsehen.

Zu den angebotenen mehr als 120 ***medizinischen Dienstleistungen*** gehören: mineralische Wannenbäder mit Extrakten aus Heilpflanzen und Algen, hydrogalvanische Perl-, Schlamm- und Moorbäder, Paraffinbehandlung, Akupunktur und Lasertherapie, Inhalationen mit Meerwasser, Honig und Heilkräutern, Massagen, Sauna, medizinische Kosmetik. Angeraten sind Kuren speziell bei Erkrankungen des Stütz- und Bewegungsapparates (unter anderem Rheuma und Nachwirkungen von Knochenbrüchen), des peripheren Nervensystems, bei chronischen Lungen- sowie Herz- und Gefäßerkrankungen und einigen allergischen Krankheiten. In der kühleren Jahreszeit werden auch funktionelle Nervenstörungen behandelt, in der wärmeren speziell Frauenkrankheiten und einige Hauterkrankungen. Besonderen Zuspruch finden das „Geriatrie-Programm" gegen das Altern mit dem original bulgarischen Medikament Gerikain, Entfettungskuren sowie die „Apitherapie", bestehend aus der inneren, äußeren und physiotherapeutischen Anwendung von Bienenprodukten.

Preisbeispiele für eine einwöchige Kur pro Person (vor Ort buchen): Badekur € 57,30 (112 Lw), Gerikainkur € 60,30 (118 Lw), Anti-Stress-Programm € 120,20 (235 Lw), Rheumakur € 139 (272 Lw), Fitnessprogramm € 57,30 (112 Lw), zweiwöchige Apitherapie-Kur € 134 (262 Lw), zweiwöchige Long-Live-Kur € 80,30 (157 Lw).

Albena ist der richtige Ort für Leute, die einen aktiven und dennoch ruhigen Urlaub verbringen möchten, sich dabei aber gleichzeitig von den angenehmen Seiten des Lebens verwöhnen lassen wollen. Den ***sportlichen Aktivitäten*** sind keine Grenzen gesetzt. Der Jachtklub führt Lehrgänge in Wasserski, im Surfen und Segeln mit europaweit anerkannten Zertifikaten durch. Es gibt Reitunterricht, Tennis-, Volleyball- und Basketballplätze, Minigolfanlagen, Bowling, Bogenschießen, Angel- und Tauchmöglichkeiten sowie eine Fahrradausleihstation. Auch Segelboote kann man ausleihen,

Speziell für Kinder werden Schwimm-, Tennis- und Reitkurse angeboten und außerdem gibt es Wasser-Go-Karts, Rutschbahnen und Aufblasburgen, einen lustigen Panoramazug, Clowns und nette Zwerge, Leckereien in der Kinderkonditorei „Wesseloto sajtsche" (Das lustige Häschen), und für sie sind die „Pedalos" (Wassertretboote) bestimmt, um mit Mutti und Vati oder den Großeltern eine „Seefahrt" zu machen. Der Kinderklub „Slanze" (Sonne) veranstaltet täglich zwischen 9.00 und 16.00 Uhr Lehrgänge im Zeichnen, Basteln, Singen und Tanzen - bei freiem Eintritt. Abends gibt es für die Kleinen Konzerte, Kinderdiskos und Treffen mit anderen Nationen.

Es stehen ***Freilichtkinos*** zur Wahl, eine ***Leihbibliothek*** bietet schöngeistige Literatur in zehn verschiedenen Sprachen, und gelesen werden kann auch in der Lesehalle.

Traditionsgemäß findet jährlich Anfang August die ***„Woche des Meeres"*** mit umfangreichem Kultur- und Sportprogramm und den ***Schönheitswettbewerben*** Miss Albena und Miss Schwarzes Meer (an den beiden letzten Tagen) statt.

Information

- ***Albena AG,*** 9620 Kurort Albena, Tel. (05722) 2248, Fax (05722) 2786.
- Im ***Kultur- und Informationszentrum*** (im Hotel „Bratislava") erhält man umfangreiche Auskünfte aller Art. Hier ist auch die Bibliothek untergebracht, eine Buchhandlung, der Konzertsaal und eine Ausstellungshalle. Touristische Information Tel. 2312, 2389, 2048.
- ***Vorwahl*** nach Albena von außerhalb des Bezirkes Dobritsch 05 722; Vorwahl Albena innerhalb des Bezirks Dobritsch 995 722.

Unterkunft

- ***Hotel „Dobrudsha",*** 9620 Albena, Tel. 05772-2482, Fax 2814. Großes und modernes Vier-Sterne-Hotel (s.o.). Preise: 16.9.-15.6. EZ € 39,40 (77 Lw), DZ € 31,70 (62 Lw), 16.6.-15.9. EZ € 52,20 (102 Lw), DZ € 41,90 (82 Lw), bei zwei Personen ein Kind im Zusatzbett frei.
- Albena bietet eine Fülle in Ausstattung und Service ähnelnder ***Mittelklassehotels.*** Für Liebhaber der rauschenden Brandung bieten sich die ***Hotels unmittelbar am Strand*** an: „Balik", „Borjana", „Eliza", „Karvuna", „Nona" und „Tervel".
- ***Preise:*** Hotels „Balik", „Gergana", „Dorostor", „Dobrotiza", „Kaliakra", „Karvuna", „Orlov", „Tervel" (sämtliche Preise mit Frühstück): 16.9.-15.6. EZ € 29,70 (58 Lw), DZ € 22 (43 Lw), 16.6.-15.9. EZ € 39,40 (77 Lw), DZ € 29,10 (57 Lw). Hotels „Borjana", „Drushba", „Eliza", „Kamelia", „Kaliopa", „Mura", „Slavuna", „Slavjanka": 16.9.-15.6. EZ € 27,10 (53 Lw), DZ € 19,40 (38 Lw), 16.6.-15.9. EZ € 35,80 (70 Lw), DZ € 25,60 (50 Lw). Hotels „Vichren", „Kom", „Kompas", „Raliza", „Schabla", „Orchidee": 16.9.-15.6. EZ € 22 (43 Lw), DZ € 14,80 (29 Lw), 16.6.-15.9. EZ 29,1 (57 Lw), DZ € 19,40 (38 Lw).
- Ruhe Suchende sollten die stillen und einsamen Häuschen des ***Feriendorfes*** wählen.
- ***Campingplätze „International"*** und ***„Exotika"*** zwischen Kranevo und Albena.
- ***Camping „Albena",*** westlich vom gleichnamigen Seebad. Wald, Bungalows (für € 13,30/26 Lw), Zeltplätze.

Kulinarisches/Unterhaltung

Es ist nicht leicht, den Feinschmeckern eine Gaststätte zu empfehlen.Um sich die passende Gaststätte auszuwählen, könnte man sich abends mit einer ***Pferdekutsche*** spazierenfahren lassen (Abfahrt 16.00-22.00 Uhr vor dem Hotel „Slawjanka"). Zu dieser Zeit kann man sich auch wie in allen anderen Schwarzmeerkurorten in eine ***Allee der Maler*** begeben, um ein Bild zu kaufen oder sich porträtieren zu lassen.

- Eine vorzügliche Küche bieten die Restaurants ***„Orlow", „Gergana" und „Dobrudsha"*** oder die typischen ***Fischgaststätten „Bambuka"*** (Bambus), ***„Starija dab"*** (Alte Eiche) und ***„Ribarska chisha"*** (Fischerhütte).
- Am Abend lohnt sich ein Besuch in der ***Folkloregaststätte „Slawjanski kat"*** (Slawische Stube) im Wald, die mit einem abwechslungsreichen Programm aufwartet.
- In der im Stil altbulgarischer Feldzelte (aus der Zeit der Protobulgaren) errichteten Gaststätte ***„Starobalgarski stan"*** (Altbulgarisches Lager) serviert man Wildbret mit dazu passenden würzigen Rotweinen. Ein Folkloreensemble führt hier bulgarische Bräuche vor.
- Wer gern laute Tanzmusik mag, für den gibt es im „gestrandeten" Räuberschiff die ***Diskothek „Arabella".***
- Drei Kilometer von Albena entfernt, an der Straße nach Baltschik, führt man auf dem ***Picknickplatz „Orechite"*** (Nussbäume) als Touristenattraktion den berühmten ***Nestinarski-Tanz*** auf der Feuersglut auf.
- Die ***Bar „Gorski zar"*** (Erlkönig) ist berühmt nicht nur wegen ihrer Architektur, sondern auch wegen des unterhaltsamen Programms.

Transport

- Der ***Busbahnhof*** befindet sich an der Einfahrt des Seebades, Tel. 2860.
- Alle 15 Minuten fahren ***Busse*** nach Baltschik, Kranevo und Goldstrand; alle 30 Minuten nach Varna und Dobritsch; alle zwei Stunden nach Kavarna und zum Kap Kaliakra.
- ***Mietwagenausleihe*** im Hotel „Dobrudsha" 8.00-20.00 Uhr.
- ***Taxi,*** Tel. 2344 von 8.00 bis 23.00 Uhr, Tel. 2156 nach 23.00 Uhr.

Slatni pjassazi (Goldstrand)

Златни пясъци

Das Seebad liegt an der nördlichen Schwarzmeerküste Bulgariens, 17 km nordöstlich von Varna.

Der Name „Goldstrand" basiert auf dem wörtlich zu nehmenden ***„goldenen" Sand;*** er ist feinkörnig, goldgelb und sowohl für Luft- und Sonnenbäder als auch für Sandbäder bestens geeignet. Fast 4 km erstreckt sich der Strand und ist bis 100 m breit.

Slatni pjassazi gilt als die ***„Riviera" Bulgariens*** und ist ein international beliebter Kur- und Badeort inmitten ausgedehnter Parks, die zu einem jahrhundertealten Wald gehören. Die ***Buchen- und Eichenhaine*** reichen zum Teil bis an das Meer und bedecken auch die angrenzenden Hügel. Durch den Kühle spendenden Wald, der zugleich den Sauerstoffgehalt der Luft erhöht, und eine ständig wehende leichte Meeresbrise werden die 27-29 °C betragenden Durchschnittstemperaturen des Juli und August erträglich. Gemeinsam mit den ***heilsamen Mineralquellen*** bestehen beste Voraussetzungen für einen Kur- und Erholungsaufenthalt.

Für denjenigen, der beides sucht, stehen insbesondere die ***Balneohotels*** „International" (4 Sterne), Tel. (052) 855 611/19, und „Ambassador" (3 Sterne), Tel. (052) 855 431, zur Verfügung. Im „International" ist man in einem der – mehrfach ausgezeichneten – renommiertesten Hotels Bulgariens untergebracht. Das „Ambassador" ist ein gediegenes Mittelklassehotel, ebenfalls nur 200 m vom Strand entfernt, preiswerter und mit einem moderneren, 1986 eingerichteten balneologischen Zentrum. Das 30 °C warme Mineralwasser, das zwei Quellen am Strand entspringt, wird in den Kurbereichen beider Hotels genutzt. Beide medizinischen Einrichtungen bieten nicht nur für die eigenen Hotelgäste Kuranwendungen, Massagen und Akupunktur. Nutzen kann man

Am Goldstrand werden viele Arten von Aktivitäten angeboten

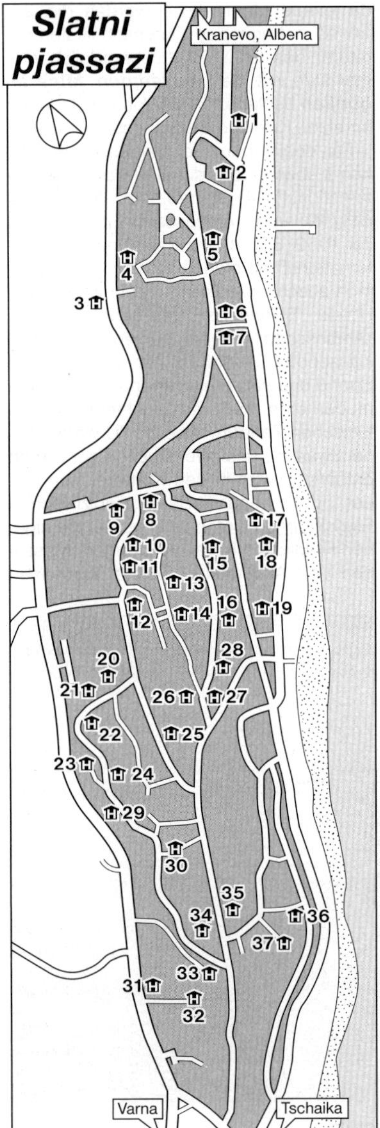

1	Hotel Obsor
2	Hotel Morsko Oko
3	Hotel Sora
4	Hotel Bris
5	Hotel Lasur
6	Hotel Metropol
7	Hotel Morska svesda
8	Hotel Temenuga
9	Hotel Diana
10	Hotel Ljuljak
11	Hotel Sintschez
12	Hotel Siniger
13	Hotel Mak
14	Hotel Sdravez
15	Hotel Javor
16	Hotel Erma
17	Hotel Slatna kotva
18	Hotel Sirene
19	Hotel Rodina
20	Hotel Serdica
21	Hotel Sorniza
22	Hotel Madara
23	Hotel Perla
24	Hotel Kristal
25	Hotel Mimosa
26	Hotel Malina
27	Hotel Jagoda
28	Hotel Iglika
29	Hotel Havanna
30	Hotel Atlas
31	Hotel Koprivschtiza
32	Hotel Pliska
33	Hotel Veliko Tarnovo
34	Hotel Schipka
35	Hotel Sofia
36	Hotel Moskva
37	Hotel Ambassador

auch die mit Mineralwasser gespeisten Frei- und Hallenbäder (für Hotelgäste kostenlos), die Saunen und Fitnesscenter. Angeboten werden Physiotherapie, Elektro- und Lichtbehandlung, die vielfältigsten Wannenbäder, Heil- und Schlammbäder.

Erfolgreich behandelt man hier Kurpatienten mit Stresssymptomen, physischen und psychischen Ermüdungserscheinungen (nicht im Juli/August), Rheuma, Erkrankungen des Stütz- und Bewegungsapparates, der oberen Atemwege, Frauenkrankheiten, Arteriosklerose, Hypertonie, Diabetes und Fettsucht. Es gibt Prozeduren zur allgemeinen Abhärtung, medizinische Kosmetik und Fitnessprogramme.

Sport wird in Slatni pjassazi ganz groß geschrieben - zu Wasser und zu Lande, für Erwachsene und für Kinder. Der Jachtklub hält Segeljachten, Motorboote, Surfbretter, Wasserski, Wasservelos und Tauchausrüstungen parat und führt Lehrgänge im Segeln, Surfen und Tauchen durch. Einen ganz besonderen Reiz besitzt das Fallschirmsegeln mit dem Motorboot. Auf dem Trockenen kann man Bogenschießen betreiben, Reitunterricht nehmen, Bowling, Volleyball, Kricket, Tennis, Minigolf oder Riesenschach spielen. Die Attraktion für Kinder, die auch Erwachsene nicht kalt lässt, ist die zweispurige, zwölf Meter hohe Wasserrutsche, bei der man glatte 100 m hinabsausen kann.

Neben Ausflügen in die nähere und weitere Umgebung ist es möglich, sich an einer ***Weinverkostung*** zu beteiligen, eine Spazierfahrt mit dem ***Pferdewagen*** zu machen oder sich mit einem ***Heißluftballon*** in die Lüfte zu erheben.

Information

- ***Goldstrand,*** 9007 Varma, Tel. (052) 355 391/ 292, Fax (052) 355 587, www.goldensands-bg.com
- ***Touristische Informationen*** und Dienstleistungen in der Nähe des „Kasinos“, Tel. 855 677, im Hotel „International“, Tel. 855 627, im Restaurant „Trifon Saresan“, Tel. 855 938, und im Kulturzentrum, Tel. 855 571

Unterkunft

Die folgenden ***Hotelpreise*** verstehen sich sämtlich inklusive Frühstück. Für Kinder zwischen zwei und zwölf Jahren bei einem Zustellbett im Zimmer der Eltern gibt es 50 % Ermäßigung.

- Hotels „Ambassador“, „Erma“, „Slatna kotva“, „Metropol“, „Morsko oko“, „Moskva“, „Morska svesda“, „Obsor“, „Rodina“, „Schipka“, „Sofia“: 16.9.-15.6. EZ € 32,70 (64 Lw), DZ € 22,50 (44 Lw), 16.6.-15.9. EZ € 42,40 (83 Lw), DZ € 29,70 (58 Lw).
- Hotels „Glarus“, „Lasur“, „Sirene“: 16.9.-15.6. EZ € 26 (51 Lw), DZ € 19,40 (38 Lw), 16.6.-15.9. EZ € 34,80 (68 Lw), DZ € 25,60 (50 Lw).
- Hotels „Atlas“, „Bris“, „Veliko Tarnovo“, „Diana“, „Sdravez“, „Iglika“, „Mak“, „Malina“, „Mimosa“, „Pliska“, „Jagoda“ und „Javor“: 16.9.-15.6. EZ € 21 (41 Lw), DZ € 16,90 (33 Lw), 16.6.-15.9. EZ € 27,60 (54 Lw), DZ € 22 (43 Lw).
- Hotels „Sora“, „Sorniza“, „Kristal“, „Koprivschtiza“, „Ljuljak“, „Madara“, „Perla“, „Serdica“, „Siniger“, „Sintschez“, „Temenuga“, „Havanna“: 16.9.-15.6. EZ € 17,40 (34 Lw), DZ € 13,30 (26 Lw), 16.6.-15.9. EZ € 23 (45 Lw), DZ € 17,40 (34 Lw).
- neu: ***Holiday Club „Riviera“*** in einem gepflegten Park direkt an der Meeresküste südlich von Slatni pjassazi; ehemalige Regierungsresidenz mit sechs Hotels (zwei bis fünf Sterne). Fünf-Sterne-Hotel „Imperial“ mit balneologischem Zentrum, Hallenbad mit Mineralwasser (25x12,5 m), Sauna; umfangreiche medizinische Dienstleistungen.

  Information/Reservierung: Holiday Club Riviera, 9007 Varna, Tel. (052) 855215/16, Fax (052) 855101.
- ***Zimmernachweis*** (052) 855 788
- ***Villensiedlung „Slatni pjassazi“*** (Drei Sterne) neben Hotel „Morsko oko“, Tel. (052) 855 472
- ***Campingplätze „Slatni pjassazi“*** und ***„Panorama“*** nördlich von Slatni pjassazi in einem Waldgelände mit Bungalows.

Kulinarisches/Unterhaltung

- Es gibt eine Vielzahl von ***Folkloregaststätten,*** die mit der bulgarischen Küche, Volksliedern und -tänzen sowie der ursprünglichen Lebensweise und den Bräuchen des Landes eingehend bekannt machen.
- Inmitten des Waldes veranstaltet man auf der ***„Metscha poljana“*** (Bärenwiese) zwischen 18.00 und 24.00 Uhr Waldfeste, Folklore- und Varietéprogramme, wozu es neben verschiedenen Vorspeisen einen leckeren Braten, Gegrilltes und Wein vom Fass gibt.

● Ebenfalls im Wald hat das ***„Ziganski tabor"*** (Zigeunerlager) seine Zelte aufgeschlagen. Das Unterhaltungsprogramm läuft 20.00-1.00 Uhr.

● ***„Kolibi"*** (Hütten) ist eine wiederum im Wald gelegene Diskothek im Freien (22.00-4.00 Uhr).

● Die ***Diskothek „Veliko Tarnovo"*** im gleichnamigen Hotel hat so lange geöffnet, wie sich Gäste darin aufhalten.

● ***„Kukeri"*** ist noch eine Diskothek im Freien mit Folklore- und Varietéprogramm (20.30-1.00 Uhr). Von der Bar eröffnet sich ein herrlicher Blick auf das gesamte Seebad.

Transport

● ***Bushaltestelle*** vor dem Hotel „Rodina"
● ***Taxi*** rund um die Uhr, Tel. 855 675
● ***Mietwagenausleihe*** in der Nähe des „Kasinos", Tel. 855 363
● ***Fahrradausleihe*** neben den Hotels „Malina", „Lilia" und „Rodina" und vor dem Swimmingpool „Havanna"

Sweti Konstantin i Elena
Свети Константин и Елена

Hinter dem auffälligen (Orts-)Namensungetüm „Die Heiligen Konstantin und Elena" verbirgt sich Bulgariens ältestes See- und Kurbad, das ***ehemalige Drushba*** (Freundschaft), ganz in der Nähe von Varna. Für diesen Ortsnamen tauchte jetzt im Deutschen die nicht übersichtlichere abgekürzte Version ***St. Konstantin und Elena*** auf. Aus Werbegründen sprach man bisher jedoch wenig vom ältesten bulgarischen Seebad, sondern eher vom ersten modernen Seebad an der bulgarischen Schwarzmeerküste. Natürlich geschah dies nicht ganz zu Unrecht, weil man bereits im Jahre 1948 mit dem Bau von Hotels und Erholungsheimen begann.

Der Kur- und Badeort liegt zwischen Varna und Goldstrand (Slatni pjassazi) ist von letzterem 8 km entfernt und von der größten Schwarzmeerstadt 10 km.

In einem großen Park befindet sich das vermutlich aus dem 14./15. Jh. stammen-

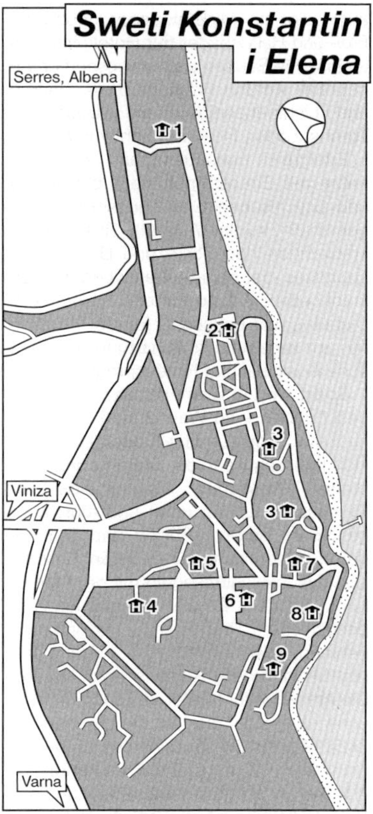

1 Touristenkomplex Sunny Days
2 Hotel Tschajka
3 Hotel Odesos
4 Hotel Koral
5 Hotel Gloria
6 Grand-Hotel Varna
7 Hotel Bor
8 Hotel Prostor
9 Hotel Rubin

de ***Kloster „Sweti Konstantin“,*** das dem Ort früher den gleichlautenden Namen gab. Die kleine restaurierte Klosterkirche kann man besichtigen, das Kloster selbst diente bisher lange Zeit als Verwaltungsgebäude.

Sweti Konstantin i Elena, in einer etwa 3 km langen Bucht idyllisch verborgen und von einer herrlichen Parklandschaft umgeben, besitzt mehrere, durch steile Felsen voneinander getrennte, windgeschützte und ***romantische Sand- und Felsstrände.*** Diese Kleinteiligkeit der Strände in Verbindung mit dem ruhigen Meer überträgt sich auf die gesamte Atmosphäre des vergleichsweise kleinen Seebades. Hier befindet man sich in einer ***Oase der Ruhe*** und in einer Natur, die begeistert. Immergrüne Zypressen und Feigenbäume, jahrhundertealte Eichen, Buchen, Fichten und Linden reichen stellenweise bis ans Meer und spenden ihren Schatten den verstreut errichteten Hotels. Da es auch ein Feriendorf mit Bungalows gibt, von dem jeder ein Kinderzimmer besitzt, und darüber hinaus im Seebad noch Spielräume zur Verfügung stehen, ist Sweti Konstantin i Elena besonders ***für Familien mit Kindern geeignet.***

Ältere Urlauber kommen gern und zahlreich wegen der Ruhe und Behaglichkeit sowie der ***heilkräftigen Mineralquellen,*** deren Temperatur zwischen 36 und 46 °C beträgt. Das „Gesundheitswasser“ ist schwach mineralisch mit leicht alkalischer Reaktion und reich an Hydrokarbonaten, Chlorid, Natrium, Kalzium, Magnesium und Schwefelverbindungen. Das Klima und die Zusammensetzung des Mineralwassers ermöglichen eine Behandlung vor allem von Erkrankungen der Atmungsorgane, Herz- und Kreislaufstörungen, funktionellen Erkrankungen des Nervensystems (nicht im Juli und August zu empfehlen), Stoffwechselstörungen (Fettsucht und Zucker) und Gelenkleiden.

Wer sich wirklich etwas leisten kann und will, wirft sein Geld im größten und luxuriösesten Hotel der gesamten bulgarischen Schwarzmeerküste, dem ***Grand-Hotel „Varna“,*** bestimmt nicht zum Fenster hinaus. In diesem komfortablen Haus kann man sich verwöhnen lassen und in einem Balneologie- und Rehabilitationszentrum von Weltrang zugleich eine Kurbehandlung in Anspruch nehmen. Das von einer schwedischen Firma nach einem bulgarischen Entwurf errichtete Fünf-Sterne-Hotel hat das gesamte Tiefgeschoss diesem Zweck geweiht und hier die Kurabteilung untergebracht.

Zu den über 100 ***Heilbehandlungen*** gehören mineralische, elektrogalvanische, Kräuter- und Perlbäder, klassische und Laserakupunktur, Reflektortherapie, transkutane Nervenstimulierung, Paraffin- und Zwiebelumschläge, verschiedenste Massagen; Kräuterinhalationen, Elektro- und Lichtheilverfahren sowie medizinische Kosmetik. Sehr wirkungsvoll sollen die Schlankheitskuren sein, die Programme für psychische Entspannung, zur Prophylaxe gegen frühzeitiges Altern, die Behandlung von Krampfadern und psychogen bedingter Geschlechtsschwäche.

Das Hotel ist zudem auch ein ***Sportzentrum,*** und zwar von solcher Qualität, dass es sogar von Leistungssportlern geschätzt wird. Schwimmen kann man im Swimmingpool (25 x 25 m) mit 38 °C-warmem Mineralwasser oder im Hallenbad (8 x 15 m) in bis auf 33 °C erwärmtem Meerwasser. Beide Bäder sind zum Rein- und Rausschwimmen miteinander verbunden. Tennisplätze (mit Unterricht), Squashhalle, Bowlinghalle mit sechs Bahnen, ein Fußballplatz, Volleyball- und Basketballplätze, Minigolfanlage, Billard, Fahrradverleih und eine ganze Mehrzwecksporthalle komplettieren das Angebot. Am nur 100 m entfernten Strand werden Surfbretter, Segeljachten und Pedalos verliehen.

Der Ruhebedürftige kann hier einen vollwertigen Urlaub verbringen, bei dem er weder auf Sport noch auf Unterhaltung verzichten muss. Das in kleinerem Rahmen gehaltene ***Freizeitangebot*** ist anspruchsvoll und wird noch ergänzt durch den nahen „Goldstrand“ Slatni pjassazi.

Preisbeispiele für eine einwöchige Kur pro Person (an Ort und Stelle zu buchen): Badekur € 74,10 (145 Lw), Gerikainkur € 66,50 (130 Lw), Reduktionskur € 142 (278 Lw), Anti-Stress-Programm € 142 (278 Lw).

Information

● ***Sv. Sv. Konstantin i Elena AG,*** 9006 Kurort Sweti Konstantin i Elena, Tel. (052) 361 971/5, Fax (052) 361 315, Telex 77 615.

Unterkunft

● ***Grand-Hotel „Varna“,*** 9006 Kurort Sweti Konstantin i Elena, Tel. (052) 861 491/98, 861 181, Fax (052) 861 920. Übernachtung mit Frühstück im EZ € 101 (198 Lw), im DZ pro Person € 65,40 (128 Lw).
● ***Hotel „Tschajka“:*** (ein Kind im Zusatzbett 50 % Ermäßigung), 16.9.-15.6., EZ € 21 (41 Lw), DZ € 16,40 (32 Lw); 16.9.-15.9., EZ € 27,60 (54 Lw), DZ € 21,50 (42 Lw).
● ***Hotels „Bor“, „Prostor“, „Rubin“:*** 16.9.-15.6. EZ € 13,30 (26 Lw), DZ € 9,70 (19 Lw); 16.6.-15.9., EZ € 17,90 (35 Lw), DZ € 13,30 (26 Lw).
● ***Hotels „Gloria“, „Koral“, „Odesos“:*** 16.9.-15.6., EZ € 11,20 (22 Lw), DZ € 9,20 (18 Lw); 16.6.-15.9., EZ € 14,80 (29 Lw), DZ € 11,80 (23 Lw).
● neu: ***Touristenkomplex „Sunny Days“*** („Slantschev den“) am Nordstrand von Sweti Konstantin i Elena, Slantschev den AG (Sunny Day), 9006 Kurort Sweti Konstantin i Elena, Tel. (052) 361 971/5, Fax (052) 361 315. Vier Hotels (zwei bis fünf Sterne), die bisher für die Öffentlichkeit gesperrt waren. Zwei balneologische Zentren und Schwimmhallen mit Thermalwasser sowie Saunen in den Hotels „Palace“ (fünf Sterne) und „Marina“ (vier Sterne). In beiden Hotels umfangreiche Kur- und Fitnessprogramme.

Kulinarisches/Unterhaltung

● Auch bezüglich der Gastronomie ist das Angebot des ***Grand-Hotel*** führend: im zwölften Stock die Panoramabar mit bestem Ausblick, Spielkasino, Nachtbar mit Varietéprogramm, Folkloredarbietungen, Sinfonie- und Chorkonzerte, Fischparty am Swimmingpool bis in die späte Nacht und vieles mehr.

Schweben wie im Weltall

● Empfehlenswert ist der Besuch der originell eingerichteten Gaststätte ***„Manastirska isba“*** (Klosterkeller) mit hervorragender bulgarischer Küche.

Elenite
Елените

Elenite (Die Hirsche) ist ein ausgesprochen ***kleines Feriendorf*** an der südlichen Schwarzmeerküste Bulgariens, 8 km nördlich von Slantschev brjag (Sonnenstrand) und 40 km nördlich von Burgas. Es sprudeln zwar keine Mineralquellen, aber zu den allgemein geltenden Vorzügen des Schwarzen Meeres gesellt sich hier eine ***göttliche Ruhe,*** die einen gewiss sein lässt, den Alltagsstress weit hinter sich gelassen zu haben. In Elenite ist alles zwei Nummern kleiner als anderswo.

Wo der Balkan mit seinen Ausläufern bis ans Meer reicht, sind in einer kleinen stil-

len Bucht mit einem 800 m langen Sand- beziehungsweise Kiesstrand insgesamt 224 ***Villen am Hang*** oder an der Küste harmonisch zwischen Meer und Wald eingefügt. Die Villen im finnisch-nördlichen Stil weisen höchstens zwei Stockwerke auf. Nur noch das dreisternige ***Hotel „Emona"*** ergänzt mit 96 Betten das Platzangebot.

In Elenite kennt man sich, man ist sozusagen unter sich; was aber nicht auf die Nationalität zutrifft, denn die ist international. Neben Deutschen wird der Ort von Engländern, Holländern, Russen, Österreichern, Schweizern und Bulgaren aufgesucht.

Wer einen ruhigen Familienulaub plant, kann sich getrost für Elenite entscheiden. Die Kleinen können einen Kindergarten besuchen, es gibt Wasserrutschbahnen und Schwimmbecken auf zwei Ebenen.

Der Jachtklub bietet Wasserski, Surfbretter, Wassertreter, Segel-, Ruder- und Motorboote sowie die Möglichkeit zum Fallschirmsegeln. Das Feriendorf verfügt über Tennisplätze und ein Fitnesscenter mit finnischer Sauna und Massage. Ausflüge in die Natur oder ins Hinterland kann man zu Fuß oder auf dem Rücken eines Pferdes machen. Wem die Decke trotzdem auf den Kopf fällt, der schwinge sich in einen der Pendelbusse und fahre zum belebten Sonnenstrand (Slantschev brjag).

Vorhanden sind Post, Bank, Wechselstube, Friseur, Apotheke, Informationscenter (im Hotel), Handelszentrum, medizinische Versorgung.

Unterkunft

• ***Feriendorf Elenite,*** Elenite AG, 8240 Kurort Slantschev brjag, Tel. (0554) 824 23, 85157; Fax (0554) 851 47; Telex (0554) 835 81. Seit 1997 heißt hier der neueste Hit ***„all inclusive",*** das bedeutet Vollversorgung mit allem vom Frühstück bis zum À-la-carte-Essen in zwei Restaurants und

Flüssigem in den Bars. Es schließt auch Sport- und Unterhaltungsangebote sowie Sonnenschirm und Liegestuhl am Strand ein. Bezahlt werden müssen nur importierte Getränke, Tennis, Bananafahrt, Parasailing, Fahrräder und Surfkurse. Auch die Kindergartennutzung gehört tagsüber zum Angebot (nachts gegen Gebühr).

Individualtouristen können in der Saison nur mit Glück freie Betten für stattliche € 66,50 (130 Lw) all inclusive finden. Wer bereits über ein Quartier verfügt und nur das all-inclusive-Angebot nutzen möchte, kann dies von 10.00-18.00 Uhr für € 17,90 (35 Lw), Kinder für € 10,20 (20 Lw) tun.

Slantschev brjag (Sonnenstrand)
Слънчев бряг

Das Seebad an der südlichen Schwarzmeerküste liegt in einer großen, flachen Bucht zwischen dem Dorf Vlas und dem denkmalgeschützten, 3 km entfernten alten Nessebar. Auf der E 87 sind es in südlicher Richtung 36 km bis Burgas.

Slantschev brjag (Sonnenstrand) ist ein Ferienort der Superlative und eigentlich schon kein Urlaubsort mehr, sondern eine Urlauberstadt mit seinen über 27.000 Betten. Möglicherweise ist es das größte Seebad an der gesamten Schwarzmeerküste, an der bulgarischen allemal. Über 100 Hotels (von einem bis drei Sterne) und noch mehr Gaststätten warten auf ihre Gäste, denen ein 8 km langer, 30-60 m, teilweise sogar bis 150 m breiter Strand mit stellenweise natürlichen Dünen und einem goldenen, feinen und weichen Sand zur Verfügung steht.

Die schönste Stelle in Slantschev brjag ist wohl die Terrasse des Hotels „Russalka" um 6.30 Uhr beim Sonnenaufgang. Von der am anderen Ende des Seebades auf der höchsten Stelle befindlichen Gaststätte „Chanska schatra" (Dschingis-Kahn-Zelt) kann man 77 m ü.d.M. den gesamten Ort wie auf einer Handfläche ausgebreitet genießen. Wer sich einen noch weiteren Überblick über das gesamte Seebad verschaffen will, kann dies bei Sonnenschein oder Neonlicht mit einem Hubschrauberflug tun.

Kaum jemand vermutet heute, dass sich hier früher einmal eine richtige kleine Sandwüste ausbreitete. Die ersten Urlauber nach dem Entstehen des Seebades im Jahre 1959 wurden unangenehm überrascht, als der kleinste Windhauch das Essen mit Sand würzte. Ebenso unangenehm waren Tausende von Schlangen, die sich gemeinsam mit den armen Urlaubern sonnten. Zwei Lastwagen mit Igeln aus ganz Bulgarien lösten das Problem.

Inzwischen hat sich Slantschev brjag in eine weitläufige Oase der 10.000 Palmen verwandelt. Und jedes Jahr werden 300 weitere im Kurort angepflanzt, die die Sonne auf den Alleen und vor den Hotels schlucken. Trotz seiner Größe ist der Ort nahezu autofrei. Zur Fortbewegung stehen Fahrräder, auch Rikscharäder für die gesamte Familie und die besonders Kinder interessierende Minibahn, Pferdefuhrwerke oder Eselkarren bereit. Jedoch ist auch das entlegenste Hotel keine 15 Minuten vom Strand entfernt.

Der Badeort kann Urlaubern empfohlen werden, die in kurzer Zeit ein Maximum erleben und nichts verpassen wollen. Rund um die Uhr ist etwas los; das Leben scheint hier auf schnelleren Touren zu laufen. Und dennoch oder gerade deshalb ist das Seebad auch ein für Kinder besonders geeigneter Urlaubsort. Zum einen sind es die natürlichen Gegebenheiten des flach abfallenden, salzarmen Meeres und eines Strandes mit richtigen Sanddünen zum Austoben, zum anderen gibt es Planschbecken mit Meerwasser, eine Vielzahl Spielplätze, Puppentheater, Karussels, Rutschbahnen, Aufblasburgen, Kindercarting, Kinderlokale mit Kinderspeisekarten, spezielle Kinderkonzerte, Diskos, Kinderfeste mit Wettbewerben für die schönste Zeichnung, die lustigste Sandfigur oder mit Karneval. Und was wurde für die Eltern geschaffen? – zwölf Kindergärten, auch deutschsprachige, die Tag und Nacht(!) geöffnet sind.

Trotz fehlender Mineralquellen ist Slantschev brjag auch ein Kurort, in dem neben den günstigen klimatischen Verhältnissen zumindest zwei kleinere Zentren für Therapie und Prophylaxe existieren: die Hotels „Globus" und „Burgas", jeweils mit drei Sternen und über 200 Betten. In beiden Hotels gibt es geheizte Schwimmbecken mit Seewasser (12 x 6 und 20 x 25 m) sowie Heilgymnastik, Massagen, Physiotherapie, Saunen und Solarien. Bei Erkrankung der Atmungsorgane erhöht sich nach einer Kur die antiallergische Reaktivität des Organismus, die Überempfindlichkeit lässt nach, und die Atemreserve der Kranken vergrößert sich. Ebenfalls mit Erfolg sollen Erkrankungen des Stütz- und Bewegungsapparates (besonders rheumatische Leiden), Erkrankungen des peripheren sowie funktionale Störungen des zentralen Nervensystems als auch Herz- und Gefäßerkrankungen behandelt werden. Für ältere Kurgäste organisiert man spezielle Fitnessprogramme. Bei den ganzjährig geöffneten Hotels empfiehlt sich jedoch eine Kurbehandlung außerhalb der hektischen Saison.

Der zu einem aktiven Urlaub unentbehrlich dazugehörende Sport wird hier in einer solchen Vielfalt der Möglichkeiten angeboten, dass schon eine Aufzählung schwerfällt: Wassertretboote, Wasserrutschbahn (8.00-19.00 Uhr), Fallschirmsegeln, Jachtklub mit Windsurf-, Wasserski- oder Segelschule. Hat man die entsprechenden Zertifikate erworben, kann man eine Schwertjacht für fünf Personen beziehungsweise eine Kieljacht für sechs oder acht Personen mieten. Kinder im Alter von sechs bis 14 Jahren dürfen die Schwimmschule besuchen. Der Tennisklub lädt zum Spiel und Lehrgang. Beleuchtete Plätze sind auch nach 20.00 Uhr geöffnet. (Zwischen 11.00 und 15.00 Uhr - in der Mittagshitze - sind die Gebühren niedriger.) Eine Reitschule befindet sich gleich beim Reitstall (7.00-19.00 Uhr). Radausleihe ist zwischen 8.00 und 21.00 Uhr möglich, die Bowlinghalle von 9.00 bis 24.00 Uhr geöffnet.

Jedes Jahr im Juni findet im Freilichttheater der „Slatnija Orfej" (Der goldene Orpheus) statt, ein internationales Festival der Unterhaltungsmusik.

Information

- www.sunny-beach.bg
- ***Seebadadresse:*** 8240 Slantschev brjag, Tel. (0554) 2256, 2469; Fax (0554) 2524, 2921
- ***Zentrales Informationsbüro*** Tel. (0554) 2346
- ***Radio Varna*** sendet täglich Nachrichten auch in deutscher Sprache auf Wellenlänge 388.

Unterkunft

Die folgenden Hotelpreise gelten sämtlich für Übernachtung mit Frühstück pro Person. Für Kinder zwischen zwei und zwölf Jahren im Zustellbett bei den Eltern werden 50 % Ermäßigung gewährt.

- ***Hotels „Burgas", „Globus", „Glarus", „Kuban" und „Pomorie":*** 16.9.-15.6., EZ € 24,50 (48 Lw), DZ € 18,4 (36 Lw); 16.6.-15.9., EZ € 32,20 (63 Lw), DZ € 23,50 (46 Lw).
- ***Hotels „Aktinia", „Amphibia", „Astoria", „Belassiza", „Vitoscha", „Delta", „Delphin", „Iskar", „Kosmos", „Ljulin", „Morska sweseda", „Meteor", „Nessebar", „Olimp", „Orel", „Sokol", „Sosopol":*** 16.9.-15.6., EZ € 16,4 (32 Lw), DZ € 13,30 (26 Lw); 16.6.-15.9. EZ € 21,50 (42 Lw), DZ 16,40 (32 Lw).
- ***Hotels „Balkan", „Bor", „Vedrina", „Sorniza", „Kotva", „Kontinental", „Lebed", „Mak", „Pliska", „Sredez", „Jassen", „Chrisantema":*** 16.9.-15.6., EZ € 12,80 (25 Lw), DZ € 10,20 (20 Lw); 16.6.-15.9. EZ € 16,40 (32 Lw), DZ € 12,80 (25 Lw).
- ***Hotels „Arda", „Akazia", „Bisser", „Gramada", „Dunav", „Kalofer", „Karlovo", „Kristal", „Koral", „Lilija", „Mariza", „Narzis", „Rodopi", „Trakia", „Junona", „Jantra":*** 16.9.-15.6., EZ € 11,80 (23 Lw), DZ € 9,20 (18 Lw); 16.6.-15.9. EZ € 15,30 (30 Lw), DZ € 11,80 (23 Lw).
- Außer den Hotels stehen in Slantschev brjag Zeltplätze und Feriendörfer zur Auswahl. Das ***Villendorf „Sora"*** (Morgenröte) zum Beispiel bietet Villen für drei bis acht Personen mit Badezimmer, Kochecke und Balkons. Alle Häuschen sind durch kleine Gärten voneinander getrennt, Restaurant und Verkaufsstelle vor Ort vorhanden.

- 1 Hotel Vedrina
- 2 Hotel Kotva
- 3 Hotel Delta
- 4 Hotel Amphibia
- 5 Hotel Morska swesda
- 6 Hotel Delphin
- 7 Hotel Aktinia
- 8 Hotel Kontinental
- 9 Hotel Arda
- 10 Hotel Jantra
- 11 Hotel Dunav
- 12 Hotel Mariza
- 13 Hotel Trakia
- 14 Hotel Sredez
- 15 Hotel Iskar
- 16 Hotel Burgas
- 17 Hotel Sosopol
- 18 Hotel Nessebar
- 19 Hotel Pomorie
- 20 Hotel Pliska
- 21 Hotel Mak
- 22 Hotel Olimp
- 23 Hotel Narzis
- 24 Hotel Lilija
- 25 Hotel Chrisantema
- 26 Hotel Kristal
- 27 Hotel Akazia
- 28 Hotel Koral und Hotel Kuban
- 29 Hotel Bisser
- 30 Hotel Gramada
- 31 Hotel Bor
- 32 Hotel Sorniza

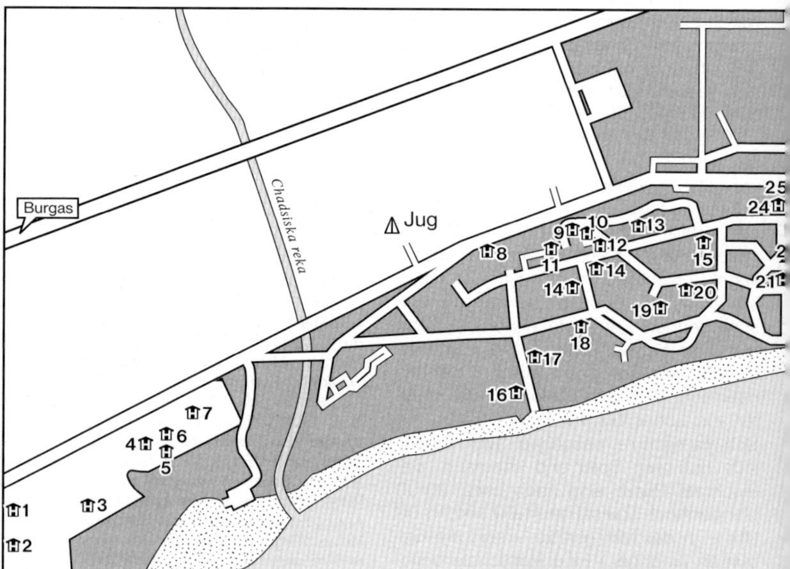

Seebäder

- 🏨 **33** Hotel Globus
- 🏨 **34** Hotel Kosmos
- 🏨 **35** Hotel Junona
- 🏨 **36** Hotel Karlovo
- 🏨 **37** Hotel Rodopi
- 🏨 **38** Hotel Kalofer
- 🏨 **39** Hotel Orel
- 🏨 **40** Hotel Astoria
- 🏨 **41** Hotel Meteor
- 🏨 **42** Hotel Sokol
- 🏨 **43** Hotel Lebed
- 🏨 **44** Hotel Glarus
- 🏨 **45** Hotel Ljulin
- 🏨 **46** Hotel Belassiza
- 🏨 **47** Hotel Jassen
- 🏨 **48** Hotel Balkan
- ⚠ **49** Villendorf „Sora"

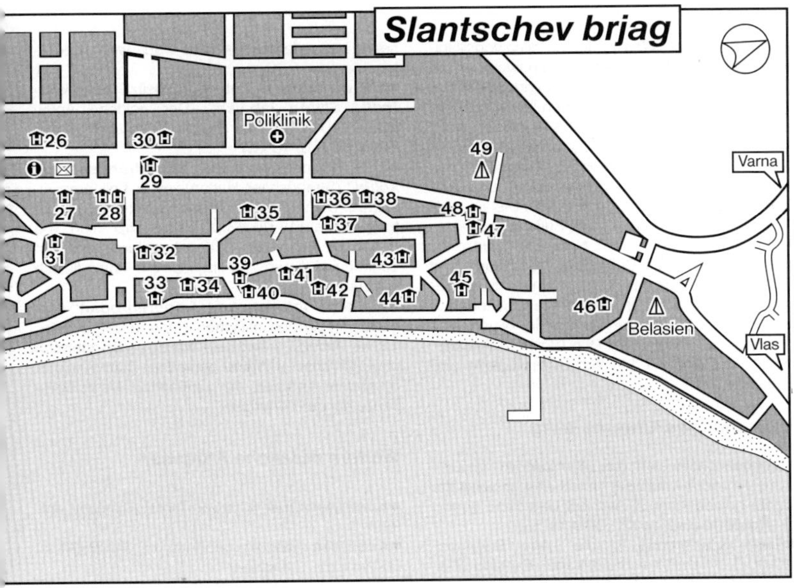

Von Touristen gern benutzt: Pferdedroschke

- ***Campingplatz „Vlas"***, 2 km nördlich von Slantschev brjag bei dem Dorf Vlas. Bungalows sowie Zeltplatz befinden sich in einem Waldgelände. Der Strand ist etwas steinig. Dennoch bietet sich der Ort als idealer Alternative an: Es ist billiger als im nahen Slantschev brjag, und man kann trotzdem das bewegte Touristenleben des internationalen Kurortes genießen. Die Bushaltestelle und eine Post gibt es im Dorf. Bei der kurzen Distanz zum Kurort kann man sich auf seine Füße verlassen.
- ***Camping „Emona"*** am Nordrand Slantschev brjags, Zeltplatz mit Bungalows; Gaststätte und Post, 2 km bis zur Tankstelle, 1 km zur Bushaltestelle. Die Preise haben hier bereits angezogen.
- ***Camping „Slantschev brjag"*** im gleichnamigen Seebad. Zeltplatz mit Bungalows, Gaststätte, Imbiss und Post; 1 km zur Bushaltestelle und Tankstelle.

Kulinarisches/Unterhaltung

- An erster Stelle steht das ***„Bar-Varieté"*** im Zentrum, die repräsentativste Unterhaltungsgaststätte an der bulgarischen Küste. Zur Gaststätte gehört ein ***Roulette-Kasino*** (22.30-4.00 Uhr).
- Einen Spaziergang ist die ***„Alte Fregatte"*** (10.00-3.00 Uhr) am Sandstrand Richtung Nessebar besonders am Abend wert, wenn sie erleuchtet ist.
- Ein wahnsinniges Interieur besitzt die ***Diskothek „Slatna jabalka"*** (Der goldene Apfel, 22.00-3.00 Uhr). Hier kosten 100 g zwölfjähriger Whisky € 3,07 (6 Lw).
- In den kleinen Strohhütten der ***„Strandshanski kolibi"*** (Strandshaer Hütten), einer Folkloregaststätte 2,5 km nördlich von Sonnenstrand in Richtung Varna (18.00-23.00 Uhr), sitzt man wie früher die Hirten im Strandshagebirge und isst dann auch deren Lieblingsspeise: Lammfleisch wie zum Georgstag.
- Auf dem ***Picknickplatz „Lageren ogan"*** ('Lagerfeuer') an den östlichen Hängen des Balkan, 12 km entfernt, kann man würzigen Spießbraten und aromatische Weine genießen. Zum Folkloreprogramm gehören die berühmten Nestinarski-Tänze auf der Feuerglut.

Weitere nützliche Adressen

- ***Kurortpoliklinik*** 50 m vom Hotel „Diamant" entfernt.
- ***Apotheke*** (ständig geöffnet) in der Poliklinik und im Hotel „Nessebar".

Transport

- ***Tankstelle und Autoservice*** (Tel. 3789) am Abzweig nach Nessebar.
- ***Linienbusse und Sammeltaxis*** nach Burgas, Nessebar und anderen Meeresortschaften verkehren von der Bushaltestelle im Zentrum oder vom Busbahnhof hinter der Post. Taxi Tel. 2291
- ***Mietwagenausleihe*** neben der Post im Zentrum, Tel. 2401

Djuni
Дюни

Djuni (Dünen) ist ähnlich wie Elenite eine unverwechselbare, ***kleine Feriensiedlung*** an der südlichen Schwarzmeerküste Bulgariens. Auf der internationalen Straße E 87 sind es jeweils in nördlicher Richtung 10 km bis Sosopol und 40 km bis Burgas.

Djuni liegt windgeschützt an einer malerisch weiten Bucht mit vielen Sanddünen ganz in der Nähe des Naturschutzgebietes und ***Vogelparadieses Alepu-See.*** Dieser See ist eine Raststelle auf der Via Pontica, der berühmten Zugvogelstraße, und Brutgebiet seltener Vogelarten.

Der Ferienort wurde angesiedelt mitten im Grün einer noch nahezu unberührten Natur. Den nur 2000 Feriengästen steht ein 3,5 km langer, ***feinsandiger Strand*** zur Verfügung.

Nach dem ***Vorbild alter Fischerdörfer*** erbaut, besitzt Djuni verwinkelte, kopfsteingepflasterte Gässchen, kleine Plätze und eine gemütliche Atmosphäre. Die kleinen Häuser im größten Teil der Siedlung, keines höher als zwei Stockwerke und mit einer Architektur, die von Stilelementen aus der Zeit der nationalen Wiedergeburt geprägt ist, ziehen sich einen sanften Hügel hinauf. Manchmal muss man zu einem Häuschen eine Treppe überwinden.

Für ***sportliche Abwechslung*** sorgen sieben Tennisplätze (zwei davon mit Flutlicht), Mehrzweck- und Volleyballplatz, Minigolf, Tischtennis, ein Swimmingpool mit eigenem Kinderpool und ein Jachtklub mit Surfen, Schnorcheln, Segeln, Wasserski, Wassertretbooten, Fallschirmsegeln.

Information

- ***Djuni AG,*** 8130 Sosopol, Tel. (05514) 260, (056) 204 42 (in Burgas), Fax (05514) 495.

Unterkunft

Wählen kann man zwischen einem eigenen Ferienhäuschen im Doppelhausstil, einem Fischerhaus-Bungalow, einem Appartement – immer mit Kochgelegenheit, Bad/Dusche, WC, Aufenthaltsraum und Balkon beziehungsweise Terrasse – oder einem üblichen Hotelplatz. Einbettzimmer stehen im ganzen Ferienort nicht zur Verfügung. Für architektonische Abwechslung (kein Hoteleinerlei) sorgt auch die Dreiteilung von Djuni.

- Die ***Zentralsiedlung „Alepu"*** befindet sich in einem jungen Kiefernwald und ist besonders für Familien mit Kindern geeignet. Vorhanden sind hier ein Hotelkomplex (drei Sterne), die so genannten Fischerhütten (vier Sterne), dem Sosopoler Baustil nachempfundene Häuser (vier Sterne) und Villen (vier Sterne); ein Restaurant „Lasur" mit Tanzsaal (7.00-23.30 Uhr), die Mechana „Starata losa" (Die alte Weinrebe, 10.00-1.00 Uhr), ein Café (mit türkischem Kaffee und orientalischen Süßigkeiten, 17.00-1.00 Uhr), Tages- und Nachtbar sowie ein Kindergarten. In jedem Viertel gibt es einen eigenen Touristenservice.
- Die ***Hafensiedlung „Marina"*** liegt unmittelbar am Strand und ist für jene bestimmt, die das Meeresrauschen und die Hafenromantik lieben. Das Drei-Sterne-Hotel bietet Zimmer allesamt mit Blick aufs Meer und zum Hafen. Ein Spezialrestaurant hält Fischdelikatessen bereit (18.00-2.00 Uhr geöffnet).
- Im Stil der alten bulgarischen Klöster errichtet wurde das dritte Viertel, die ***Klubsiedlung „Pelikan".***
- Ein „viertes Viertel" wäre der ***Campingplatz*** (drei Sterne) mit eigenem Restaurant, Café und Verkaufsstellen.
- ***Preise*** im Feriendorf Djuni pro Tag: DZ im Hotel pro Person mit Frühstück € 29,10 (57 Lw), von Einzelperson genutzt € 38,30 (75 Lw). Fischerhütte Übernachtung mit Frühstück für eine Person € 61,40 (120 Lw), für zwei Personen je Person € 33,20 (65 Lw). Appartement ohne Frühstück für vier Personen € 64,40 (126 Lw). Im übrigen gelten für Kinder und Erwachsene die gleichen Ermäßigungen wie in Elenite.

Städte und Landschaften

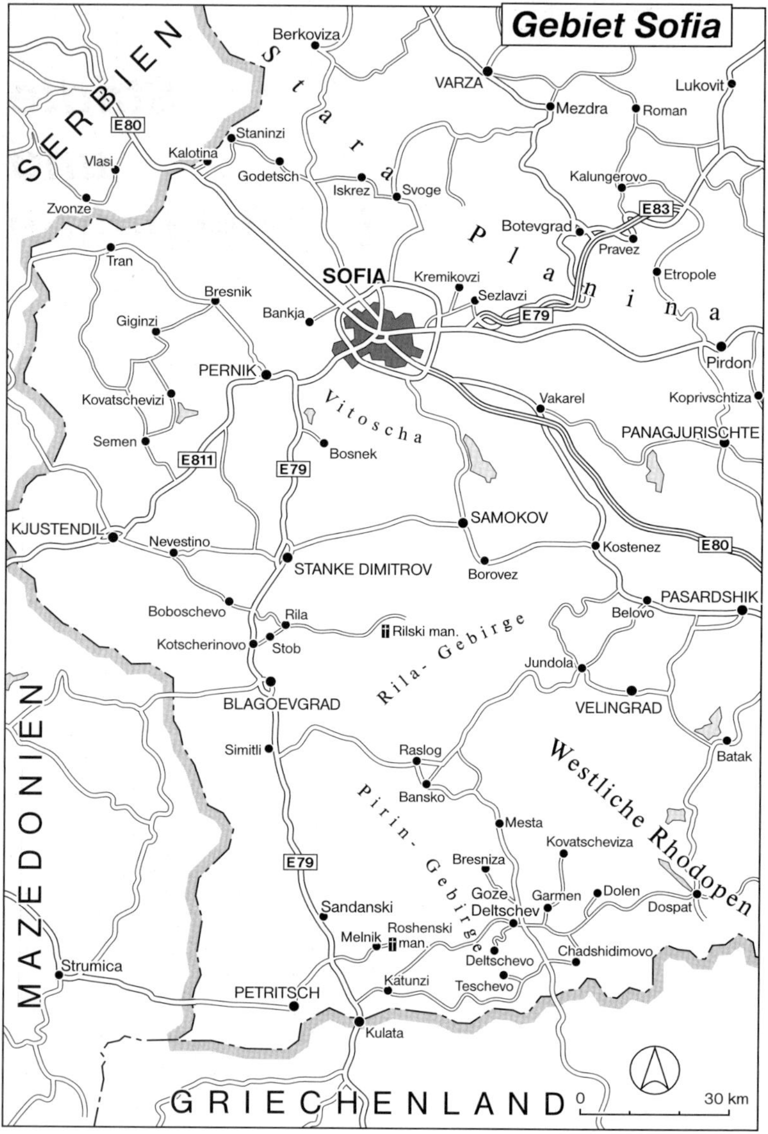
Gebiet Sofia
SERBIEN
Stara Planina
Berkoviza
VARZA
Lukovit
Mezdra
Roman
E80
Staninzi
Kalotina
Vlasi
Godetsch
Iskrez
Svoge
Kalungerovo
Zvonze
E83
Botevgrad
Pravez
Tran
SOFIA
Kremikovzi
Etropole
Bresnik
Sezlavzi
Bankja
E79
Giginzi
Pirdon
PERNIK
Vitoscha
Vakarel
Koprivschtiza
Kovatschevizi
PANAGJURISCHTE
Semen
Bosnek
E811
E79
SAMOKOV
KJUSTENDIL
Nevestino
Kostenez
E80
STANKE DIMITROV
Borovez
PASARDSHIK
Boboschevo
Rila
Belovo
Rilski man.
Rila-Gebirge
Kotscherinovo
Stob
Jundola
BLAGOEVGRAD
VELINGRAD
MAZEDONIEN
Simitli
Raslog
Batak
Westliche Rhodopen
Bansko
Pirin-Gebirge
Mesta
Kovatscheviza
Bresniza
E79
Goze
Garmen
Dolen
Deltschev
Dospat
Sandanski
Roshenski
Melnik
man.
Deltschevo
Chadshidimovo
Strumica
Katunzi
Teschevo
PETRITSCH
Kulata
GRIECHENLAND
0
30 km

Gebiet Sofia

„Sofia ist Europa - der Rest Bulgarien!", so überheblich reden nur die Hauptstädter. Wie wahr - aber der Rest!: Um das römische Pautalia dehnt sich der Obstgarten Bulgariens. Kosmische Fresken aus dem 14. Jh. - sogar außerhalb Bulgariens. Wirklich kosmische Fresken wie für Erich von Däniken (siehe Ausflug zum Pogonowski manastir).

Das Rila-Kloster: ein Bollwerk des bulgarischen Geistes. Das Roshen-Kloster: mitten in einem Meer von Sandpyramiden. Die aufregendsten Gebirge, Rila, Pirin und die Westrhodopen mit ihren abgeschiedenen Dörfern, zeigen noch eine heile Welt. Und wer Melnik erreicht - kann sich selbst vergessen. Dabei bleibt noch so viel Unentdecktes …

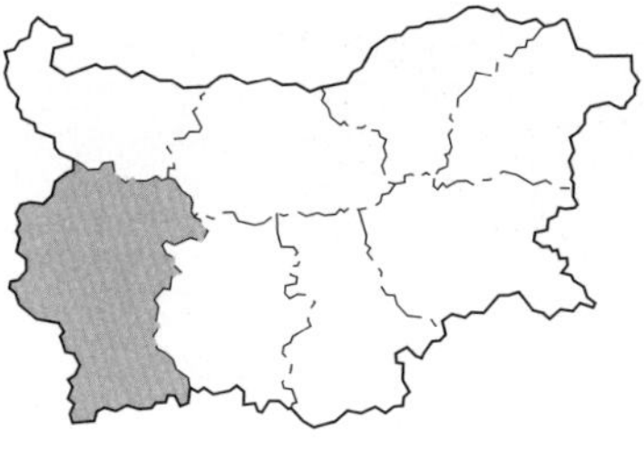

Sofia

София

Geschichte

Sofia gehört zu den ältesten Städten Europas, die Bulgaren behaupten, zu den ältesten der Welt. Nach jüngsten Angaben lebten in diesem fruchtbaren Talkessel bereits in der Jungsteinzeit vor mehr als acht Jahrtausenden Menschen. Etwa im 5. Jh. v. Chr. gründete der thrakische Stamm der Serden im Gebiet des heutigen Stadtzentrums die ***Siedlung Serdica,*** womit die so genannte Zeit der drei „S" (bezugnehmend auf den Anfangsbuchstaben des Stadtnamens) begann.

Als die Römer Ende des 1. Jh. v. Chr. auf die Balkanhalbinsel vorgedrungen waren, nahmen sie auch Besitz von Serdica und bauten es zur Festung aus. Unter Kaiser *Marcus Ulpius Trajan* (98-117), erhielt sie den Namen ***Ulpia Serdica.*** Im Jahre 809 verleibte *Khan Krum* die Stadt dem Ersten Bulgarenreich ein und gab ihr den slawischen Namen ***Sredez,*** was soviel wie „Mitte, Zentrum" bedeutet. Die Voraussetzung für eine solche Benennung erfüllte sie zwar noch nicht politisch, dafür aber um so mehr geografisch, denn ein geografischer Mittelpunkt auf der Balkanhalbinsel war und ist die Stadt in der Tat. Im Laufe der folgenden zwei Jahrhunderte wurde Sredez ein wichtiges Zentrum des Reiches.

Das Nationaltheater „Iwan Wasow“

1018 fiel die Stadt nochmals in byzantinische Hände und hieß vorübergehend ***Triadiza.*** In dieser Zeit musste sie Überfälle, Plünderungen und Zerstörungen der Petschenegen, Serben und Ungarn erdulden. Zu guter Letzt erschien Kaiser *Friedrich I. Barbarossa* höchstpersönlich mit einem Kreuzritterheer. Endlich gelang es Zar *Assen I.*, die Stadt dem Zweiten Bulgarenreich anzugliedern.

Ende des 14. Jh. tauchte erstmals ihr heutiger Name und damit das dritte „S" auf: ***Sofia.*** Den neuen Namen verdankt die Stadt ihrer großen alten Kirche der Heiligen Sofia (Sweta Sofia).

1392 nehmen die ***Osmanen*** nach zweijähriger Belagerung Besitz von der Stadt, die sie erst Jahrhunderte später, am 4.1.1878 zwangsweise russischen Truppen überlassen.

1879 wird Sofia ***Hauptstadt des befreiten Bulgariens.*** In der Folgezeit entstehen monumentale Bauten, auf die die Bewohner noch heute stolz sein können.

Schlimm wird es für die Stadt noch einmal im ***2. Weltkrieg.*** Da sich Bulgarien 1941 dem Dreimächtepakt anschloss, wird Sofia Angriffsziel anglo-amerikanischer Bomberverbände und zu fast einem Drittel zerstört.

Mit dem Aufstieg Sofias zur Hauptstadt setzte eine Entwicklung ein, die die Stadt im wörtlichen Sinne zu einem „Zentrum" werden ließ, und zwar wirtschaftlich, kulturell und auch politisch. Nicht zuletzt spiegelt sich diese zunehmende Bedeutung in einer ***wachsenden Einwohnerzahl*** wieder. Noch 1878 waren es nur 12.000, und die bevölkerungsreicheren Städte Plovdiv, Russe, Varna und Schumen verwiesen Sofia damit an die 5. Stelle. 1910 konnte die Stadt bereits auf über 100.000 Einwohner blicken, 1934 näherte man sich der Zahl 300.000.

Die Sofioter

Gegenwärtig ist Sofia bei über 1,2 Millionen Bewohnern angelangt, eine Tendenz, die nicht immer ungeteilte Zustimmung findet. Sofia ***erstickt mittlerweile im Verkehr*** und manchmal schon im Smog. Die ersten Stationen der geplanten ***U-Bahn-Strecke,*** deren Bau bereits in den tiefsten sozialistischen Zeiten begann, sind nun endlich im Dezember 2000 fertiggestellt worden. Neben realen Finanznöten als Verzögerungsgrund wurde früher gewitzelt, dass es wohl zu wenig politische Gefangene gebe, weil der Bau nicht vorankam. So blieb bislang neben dem Trolleybus eine Straßenbahn, die es nur in Sofia gibt, die einzige umweltschonende Alternative zum Luft verschmutzenden Massenverkehr.

Trabantenstädte sind in den letzten Jahren überall aus dem Boden geschossen, Wohngebiet reiht sich an Wohngebiet, wobei die Stadt auseinandergelaufen ist wie ein guter Hefeteig. ***Wohnungssuchende*** gibt es trotzdem immer noch en masse. Dabei darf man sich nicht darüber hinwegtäuschen lassen, dass die Wohnungsnot zumeist ein künstliches Problem ist, denn die meisten Sofioter sind die Provinzler von gestern, was sie aber nicht so gern hören und ganz schnell verdrängen. Die ***hauptstädtische Mentalität*** ist ein Gemisch aus den Gewohnheiten aller Landesteile. Nicht nur die Neuankömmlinge glauben trotzdem: Sofia ist Europa und der Rest ist Bulgarien. Das lassen sie in der Hauptstadt und bei einer Fahrt in die Provinz die anderen deutlich spüren. Früher strebte das halbe Bulgarien danach, ein *Sofianez* (Sofioter) zu werden. Viele Ehen wurden nur geschlossen, um in der Hauptstadt wohnen zu können. Nach fünf Ehejahren bekamen die Angetrauten dann die heiß ersehnte Erklärung zum Stadtbürger von Sofia. Während man hier bereit ist, beengt oder unter Niveau zu leben, besitzt die übergroße Mehrheit der Sofioter in der Provinz eine vermietete Eigentumswohnung oder ein leerstehendes Haus auf dem Dorf. Spätestens nach einem halben Jahr sind sie alle überzeugte Sofioter. Zum Sofioter Uradel gehört, wer einen Urgroßvater besitzt, der an der bedeutenden Adlerbrücke mitgebaut hat. So einen Uropa beansprucht aber jeder Dritte

Der ***Drang in die Hauptstadt*** ist inzwischen etwas gebremst, vor allem seit es Arbeitslosigkeit gibt und die Mietpreise höher als im Landesdurchschnitt liegen. Eines ist geblieben: Am Freitagabend überfällt Tausende schlagartig das Heimweh. In ganz Bulgarien begegnet man (vor allem) am Wochenende Fahrzeugen mit

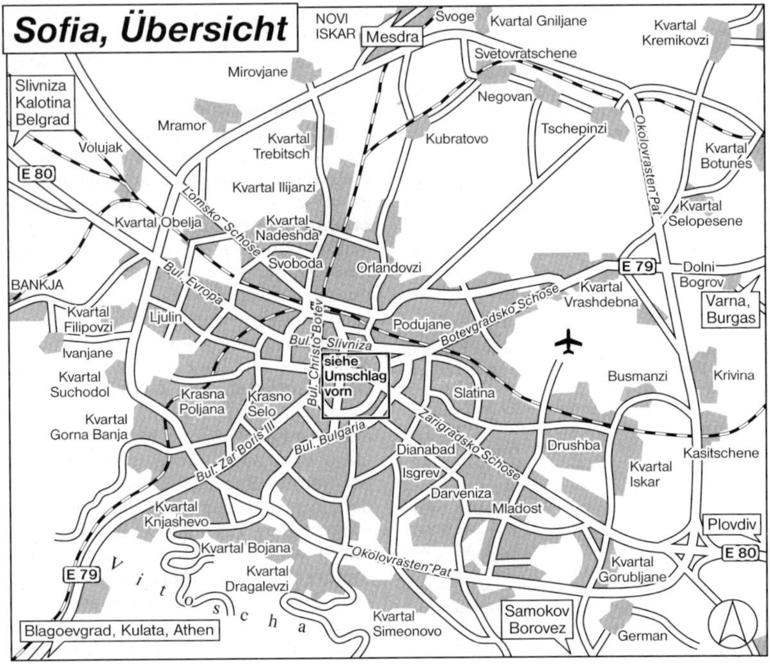

Sofioter Kennzeichen. Mit leeren Autos war man aus Sofia losgefahren, um am Sonntag spätabends überladen mit Vitaminen, Selbstgebranntem und Schafskäse in die neue Heimat zurückzukehren. Aber man ist ja kein Egoist: Freunde und Nachbarn haben teil an den Genüssen. „Man lebt in Sofia und genießt die Herrlichkeit der Provinz", lautet die Devise.

Italienische Nächte gibt es auch in Sofia. Die Temperaturen sind lieblich mild nach der aggressiven Hitze des Tages. Es ist der Bewohner liebste Zeit. Eben Zeit für Gäste. Jede Woche mindestens ein kleines oder größeres Fest ist die Regel. Das betrifft allerdigs nicht nur die Sofioter und ist schon ein anderes Kapitel.

Sofias neues Gesicht

Allenthalben stößt man auf internationale Restaurants, türkische Cafés, italienische Modegeschäfte, pakistanische Lederwaren, einheimische Wechselstuben. In den Straßen herrscht ein babylonisches Sprachengewirr. Die Leuchtreklame und westliche Werbung in den Schaufenstern zwingen schon den Normalverbraucher, sich ***Fremdsprachenkenntnisse*** zuzulegen. Doch der Sofioter ist in dieser Beziehung auf alle Fälle Weltstädter. Er sagt Ihnen auf englisch, deutsch, französisch oder sogar spanisch, wo Sie langgehen müssen; natürlich nicht jeder, aber sehr viele. Da Bulgaren auswärts mit ihrer Muttersprache kaum auf Verständnis hoffen können, sind Fremdsprachen für sie mehr als eine Mode.

Sofia hat einen ***neuen Rhythmus*** gefunden. Autos westlicher Provenienz dominieren bereits eindeutig vor Ladas, obwohl gerade diese der inzwischen herrschenden Parkplatzknappheit viel besser angepasst sind als die neuen, zumeist großen Fahrzeuge. Autohäuser führender Marken schießen wie Pilze aus dem Boden. Manchmal hat das Tempo der Veränderungen etwas Beängstigendes, auf jeden Fall aber etwas Aufregendes an sich. Sofia von heute ist eine Entdeckung für all jene, die die Stadt von gestern her kennen. Für Neulinge sind Reste einer Balkanromantik nur noch an Sofias Bahnhof und auf dem Basar zu finden.

Sofia, eine Metropole?

„Demnächst - irgendwann - wird Sofia Metropole." Einwand: „Das ist es doch schon seit über hundert Jahren." - „Keineswegs. Bisher war es nur -pole (Feld), ohne Metro. An ihr muss erst noch weiter gebaut werden."

Ein historisches Ereignis ist der Grund für die ***„Urfehde" zwischen der heimlichen und der tatsächlichen Metropole.*** Als Sofia 1879 den Zuschlag als Hauptstadt erhielt, geschah dies mit nur einer Stimme mehr als für das altehrwürdige Plovdiv, der wahren Perle Bulgariens. Die Plovdiver erklären: „Das ist nur geschehen, weil ein Sofioter beide Hände gehoben hat." Die Hauptstädter kontern: „Hieß Sofia nicht einst Sredez, die Mitte? Kreuzten sich hier nicht schon immer die Handelswege? Was wollt Ihr mehr?" Dieser Streit dauert noch heute an, und bei allem Scherz muss manchmal auch ein Sofioter Autoreifen in Plovdiv dran glauben.

Mit Vorliebe setzen die Provinzler landesweit den Hauptstädtern zu, indem sie auf die ***Schopen,*** die Ureinwohner der Umgebung des Vitoschagebirges anspielen, die als ebenso faul wie listig verrufen sind. „Weißt du, warum die Sofioter die

Mächtig: Nationaler Palast für Kultur

Nase so hoch tragen? – Damit sie die Arbeit nicht sehen!" Über die Schopen, Erfinder des berühmten Schopskasalates, kursieren ungezählte Witze: Einem Schopen wird eine dringende Arbeit aufgetragen. Er legt sich erst mal aufs Ohr. Ist die Arbeit beim Erwachen erledigt, muss sie wirklich Eile gehabt haben. Wartet sie noch auf ihn, kann's so dringlich nicht gewesen sein.

Stadtrundgang

In zwei Stunden (ohne Besichtigungen) können ganz Eilige den ersten Eindruck von den vielen Gesichtern Sofias gewinnen. Das ist aber wirklich der minimale Zeitaufwand für ein flüchtiges Kennenlernen der Innenstadt und eigentlich niemandem zu empfehlen. Wer mehr Zeit hat, sollte, wenn möglich, ein bis zwei Tage für diesen Rundgang einplanen, bei dem er auf die Spuren Serdicas und Sredez' stößt und auch das gestrige und heutige Sofia kennenlernt.

Nationaler Palast für Kultur

Der Nationale Palast für Kultur ist ein imposanter ***Bau mit gewaltigen Ausmaßen.*** Er ist nicht zu übersehen. Da sich vor ihm eine große Grünanlage ausbreitet, ist der Blick vollkommen unverstellt auf diesen mächtigen Bau am südlichen Ende der Fußgängerzone des bulewards Vitoscha, der an dieser Stelle den verkehrsreichen buleward Patriarch Ewtimij kreuzt. Für Kongresse, Tagungen und Konferenzen stehen sechs Säle mit einer gestaffelten Zahl von zweihundert bis viertausend Plätzen zur Verfügung. Von den Sofiotern wird er kurz „NDK" *(Nationalen dworez na kulturata)* genannt. Hier konzentriert sich das gesamte Kulturleben der Stadt. Früher hieß der Gebäudekomplex Volkspalast für Kultur „Ljudmila Shiwkowa". Die bereits verstorbene Tochter des kommunistischen Staats- und Parteichefs wollte als Kulturministerin auf ihre Art im Ausland für Bulgarien werben und zeigte den berühmten Thrakischen Goldschatz in vielen westlichen Städten. Aber eben nur dort, was ihr die Kritik der Sowjets einbrachte.

Zu empfehlen ist das ***Café mit Freiterrasse*** im obersten Stockwerk wegen der guten Aussicht auf die Stadt und das Vitoschagebirge. Die Berge der Vitoscha sind bei schönem Wetter malerisch, besonders im Frühjahr, wenn noch Schnee auf den Höhenzügen liegt.

In der ***Unterführung vor dem Kulturpalast*** befinden sich Souvenirgeschäfte, Cafés und Gaststätten, ein Bowlingzentrum und diesem gegenüber eine Diskothek (mit einem schlechten Ruf auf Grund häufiger Schlägereien). Hervorzuheben ist das ***„Büro für komplexe touristische Dienstleistungen".*** Es bietet das umfassendste Serviceangebot der Hauptstadt (siehe „Information").

Die gesamte ***Anlage um den Kulturpalast*** mit ihren Grünflächen und nicht mehr funktionierenden Fontänen macht seit der politischen Wende einen sehr vernachlässigten Eindruck. Nicht zu übersehen ist das ***Denkmal „1300 Jahre Bulgarien".***

Buleward Vitoscha

Vom Kulturpalast läuft man in nördlicher Richtung (das Gebirge im Rücken) weiter auf der ***schönsten Fußgängerstraße Sofias,*** der Vitoschka (offiziell: buleward Vitoscha), vorbei an Wechselbüros beiderseits der Straße, repräsentativen Geschäften, Gaststätten und Cafés. Durch das Menschengewimmel schlängelt sich nicht nur die Straßenbahn, auch Autos, die aus den Seitenstraßen kommen, queren den Fußgängerbereich.

Am Ende der Vitoschka trohnt linker Hand ein mächtiges Gebäude (1928-1936), vor dessen Tor zwei steinerne Löwen von 1984 bis 2000 die Exponate des Nationalhistorischen Museums bewachten. Das Gebäude nennen die Sofioter „Sadebnata palata" (Justizpalast), eine Bezeichnung, die man sich als Orientie-

Das majestätische Vitoschagebirge erhebt sich hinter der Stadt

rungshilfe merken soll. Der 16 Jahre andauernde Streit unter dem Motto: „Was ist wichtiger - das Recht oder die Geschichte?" endete mit einer eleganten Lösung. Der alte Besitzer, das Oberste Gericht Bulgariens, das Justizministerium und die Generalstaatsanwaltschaft, kehren wieder zurück in den Justizpalast und die Geschichte Bulgariens zieht in die ehemalige Residenz von Todor Shiwkow, ins Nobelviertel nach Bojana (s. unter „Weitere Museen").

Rund um den Ploschtad Sweta Nedelja

Noch ein kurzes Stück und man ist gleich auf dem ploschtad Sweta Nedelja. Wenn man sich von den Romafrauen, die sich hartnäckig als Hellseherinnen anbieten, nicht zu sehr ablenken lässt, kann man die von Grün umgebene malerische ***Kirche Sweta Nedelja*** in der Mitte des Platzes sehen. Das ist der Ort, an dem sich die Hauptstraßen des einstigen Serdica gekreuzt haben. Die kleine Kirche existiert seit dem Mittelalter, ihr Äußeres hat sie aber erst nach dem Abzug der Osmanen im 19. Jh. von einem russischen Architekten erhalten.

Am 16.4.1925 wurde sie Schauplatz eines der blutigsten Terroranschläge, die es jemals in der europäischen Geschichte gegeben hat. Das ***Attentat kommunistischer Illegaler*** galt Zar *Boris III.* Als sich an diesem Apriltag die gesamte bulgarische Regierung, die Generalität, Vertreter des Hofes und Parlamentarier zu einer Trauerfeier in der Kirche versammelt hatten, explodierte eine Bombe, die die große mittlere Kuppel einstürzen ließ. 146 Tote und 323 Verletzte waren die schreckliche Bilanz. Der Zar selbst war zur Trauerfeier nicht erschienen.

Nach dem Wiederaufbau der Kirche drohte ihr noch einmal Gefahr. Diesmal von den inzwischen an die Macht gelangten Kommunisten. Sie hatten mittlerweile den Platz nach *Lenin* benannt und am

Rande ein ***Lenindenkmal*** plaziert. In diese Gesellschaft passte eine Kirche schlecht. Zwangsläufig wurde der Abriss beschlossen. Nur der vehemente Widerstand von Künstlern und Denkmalschützern konnte das zum Glück verhindern. Heute ist die scheinbar einfachste, früher gar nicht zur Diskussion stehende Variante realisiert worden: Das Denkmal ist verschwunden und der Platz nach der Kirche benannt. Allerdings wäre für uns die noch einfachere Lösung gewesen, auch das Denkmal stehenzulassen.

Gegenüber vom Hauptportal liegt am ploschtad Sweta Nedelja das Gebäude der Theologischen Fakultät der Sofioter Universität. In ihrem rechten Flügel hat sich die Commercial Bank „Biochim" angesiedelt, in ihrem linken ist das ***Kirchliche Historisch-Archäologische Museum*** untergebracht (Besuch nicht Pflicht, aber empfehlenswert).

Das Museum befindet sich in der ersten Etage rechts; die Museumsleitung, bei der man sich anmelden muss, ist links. Neben Kirchengefäßen, heiligen Gewändern, feinen Schmiedearbeiten, einer Sammlung von Manuskripten und alten Drucken ist die ***reiche Ikonensammlung*** besonders hervorhebenswert. Alle Exponate sind chronologisch in fünf kleinen Sälen angeordnet.

● ***Kirchliches Historisch-Archäologisches Museum,*** ploschtad Sweta Nedelja 19, Tel. (02) 881 343, Mo.-Fr. 9.00-12.00 und 14.00-17.00 Uhr, freier Eintritt - allerdings ist eine kleine Spende stets gern gesehen, Führung in Deutsch.

Davon schräg gegenüber präsentiert Sheraton-Sofia das Hotel „Balkan". Ohne den Blick zu heben, sieht man von hier aus das Dach der ***Kirche „Sweta Petka Samardshijska".*** Zu ihr muss man hinabsteigen - in die Fußgängerunterführung, die zum Zentralen Warenhaus und, geschichtlich gesehen, ins Mittelalter führt. Die kleine und bescheiden wirkende Kirche wurde zu Beginn der Osmanenherrschaft errichtet. Durch das unauffällige Äußere sollten sich die neuen Eroberer nicht herausgefordert fühlen. Auf jeden Fall lohnt es sich, die wieder zugängliche Kirche von außergewöhnlichem künstlerischen Wert (u.a. bedeutende Wandmalereien und Bibelszenen) zu besichtigen. Anschließend kann man in einem der umliegenden Cafés das Kunsterlebnis nachklingen lassen und die Atmosphäre um die Kirche genießen. Für die manchmal gekonnt nachgemachte Ikonen, Kunsthandwerkliches und Schmuck anbietenden Straßenhändler in der Unterführung ist immer noch Zeit.

Kommt man aus der Unterführung wieder nach oben, so befindet man sich am Anfang des bis zum Hauptbahnhof führenden Buleward „Knjaginja Maria-Luisa" und seitlich des ***ZUM*** *(Zentralen uniwersalen magasin).* Das ***Zentrale Warenhaus*** ist das größte Sofias und des ganzen Landes.

Geradeaus, am Warenhaus vorbei, gelangt man zur Kreuzung der Treti-April-Straße, wo die einzige aus der osmani-

Den Kommunisten getrotzt: Sweta Nedelja

schen Zeit noch vollständig erhaltene und in Funktion gebliebene Moschee steht, die ***Banja-Baschi-dshamija.*** Ihr Name stammt von einem zu jener Zeit in der Nähe befindlichen großen Bad *(banja* heißt Bad). Mit dem stolzen Minarett und der großen Kuppel über dem Gebetssaal ist sie nicht zu übersehen. In den meisten Büchern steht, dass die Moschee 1576 von dem berühmten türkischen Baumeister *Hadshi Mimar Sinan* errichtet wurde. Nach der ersten bulgarischen Enzyklopädie der Brüder *Dantschowi* war *Sinan* jedoch Bulgare. So gab es eine Vielzahl bulgarischer Meister, die hervorragende Bauwerke im ganzen türkischen Reich geschaffen haben. *Sinan* brachte es auf 81 Moscheen, 33 Paläste, 35 Bäder, Bibliotheken, Grabstätten. Sein bestes Werk ist die Sultan-Selim-Moschee in Edirne. Während man in islamischen Ländern als „Ungläubiger“ eine Moschee nicht betreten darf, ist dies (nicht nur) hier möglich, sogar als Frau. Allerdings sollte man in jedem Fall vorher fragen, sich unauffällig verhalten und Betzeiten erst abwarten.

Auf der anderen Straßenseite steht die ***Zentrale Markthalle*** *(zentralnite hali)* (1909-1911), nach einer lange Renovierungszeit wieder in Betrieb. Täglich 7-24 Uhr geöffnet. Im Erdgeschoss vor allem Lebensmittel, im 1. Stock auch Kleider und Imbissbuden, Toiletten im Untergeschoss.

Unmittelbar dahinter findet man in der Exarch-Jossif-Straße Nr. 16 das mächtige Gebäude der ***Sofioter Synagoge,*** der größten auf der Balkanhalbinsel, die nach Plänen des Wiener Architekten *Grünanger* im Stil des Historismus erbaut wurde. In der Einganszone ist links an einer Tafel zu lesen: „Der Bau des Gebäudes begann im November 1905, und eingeweiht wurde es am 9. September 1909 während der Herrschaft seiner Majestät Ferdinand I., Zar der Bulgaren, und seiner Majestätin Eleonora, bulgarische Zarin.“ Um eine Führung zu bekommen, muss man an der Tür schellen. Eine Spende nicht vergessen.

Die Moschee im Hintergrund, Sweta Petka Samardshijska und der Abstieg ins Mittelalter

Im Gemeindehaus informiert eine Ausstellung über das Schicksal der ***bulgarischen Juden*** während des 2. Weltkriegs. Nach dem Beitritt Bulgariens zum Dreimächtepakt forderte Berlin die Auslieferung von 20.000 Juden. In den mit deutscher Zustimmung besetzten Gebieten Mazedoniens und Thrakiens lebten „nur“ 11.363 Juden. Die „Differenz“ sollte mit jüdischen Bürgern aus dem ursprünglichen bulgarischen Staatsgebiet ausgeglichen werden. Es kam zu Massenprotesten, die Bevölkerung wandte sich gegen eine rassistische Teilung der Bulgaren. Im Ergebnis verweigert der Zar die Auslieferung der 47.250 bulgarischen Juden und rettet sie somit vor der Deportation. Dafür wurden sämtliche Juden der angeschlossenen Gebiete der Vernichtung preisgegeben mit der Begründung, sie wären keine bulgarischen Staatsbürger. Diese Rechtfertigung diente später dem offiziellen Anspruch Bulgariens, es sei das einzige Land, welches seine Juden nicht ausgeliefert hat. Um den Zorn Deutschlands nicht zu sehr auf Bulgarien zu ziehen, wurden die Juden aus Sofia und anderen großen Städten umgesiedelt und zum Bau strategischer Objekte herangezogen.

Wenn man die gleiche Straße zurück zur Banja-Baschi-dshamija geht, kommt man am Ende einer hinter der Moschee liegenden Gartenanlage zum ***Sofioter Mineralbad*** *(Sofijskata mineralna banja),* das 1910-1911 erbaut wurde. Bereits die Römer nutzten das Wasser aus 27 Quellen und pflegten sich hier auf einem Gelände mit einer Fläche von 4000 qm. Später folgten die Türken mit einem kleinen Badehäuschen. Z.Zt. ist das Bad wegen Renovierung geschlossen, die Mineralquellen stehen den Sofiotern aber trotzdem zur Verfügung. Ein Stück rechts vom Eingang füllen sie sich ihre Behältnisse ab. So kann sich auch der Tourist mit einem Schluck über die Schließung hinwegtrösten.

Nahe den sich hinter dem Sofioter Mineralbad kreuzenden Straßen Iskar und Serdica wurden ***Überreste der Festungsmauer*** des antiken Serdica mit dem nordöstlichen runden Turm der damaligen Anlage freigelegt. Die Mauerreste beiderseits des Turms sind bis zu 6 m stark. Die zwei Etappen der Errichtung des Festungswerkes sind heute noch deutlich zu erkennen: Auf der Innenseite sieht man ein gemischtes Mauerwerk aus Ziegeln und Stein vom Ende des 3. Jh., außen ein Gürtel aus Ziegeln vom Ende des 5./Anfang des 6. Jh.

Damit man beim ersten Kennenlernen Sofias nicht die Orientierung verliert, kehrt man am besten zurück zum Platz Sweta Nedelja, wo man durch die Unterführung zu dem bereits bekannten Sheratonhotel „Balkan" gelangt. Wenn man nur 50 Schritte an der Seite des Hotels entlanggeht, findet man einen von mehreren Durchgängen, die Einlass in den Innenhof

Badehäuschen: Mineralbad

gewähren. Hier steht das vollständig vom Luxushotel und dem gegenüber angeordneten Präsidentensitz schützend umschlossene älteste Gebäude Sofias. Es ist zugleich die älteste Kirche der Stadt und das besterhaltene Denkmal der Römerzeit – die aus dem 4. Jh. stammende ***Rotunde „Sweti Georgi".*** Sie diente zuerst als römische Kultstätte, bevor sie nach dem 6. Jh. in eine dem Heiligen Georg geweihte Kirche umfunktioniert wurde. Im 16. Jh. folgte die Umwandlung in eine Moschee. Unterschiedliche Vorstellungen und veränderte Zweckbestimmung brachten über die Jahrhunderte zahlreiche bauliche Veränderungen und verschiedene künstlerische Ausgestaltungen mit sich. Von letzterer zeugen fünf nachgewiesene Schichten Wandmalereien im 14 m hohen Innenraum. In unmittelbarer Umgebung der Rotunde brachten archäologische Grabungen noch Überreste eines antiken öffentlichen Gebäudes, einer römischen Straße, eines mittelalterlichen bulgarischen und eines türkischen Wohnhauses zutage. Der ***Präsidentensitz,*** der die historische Stätte nach Osten hin abschließt, diente früher als Staatsratsgebäude.

Rund um den Ploschtad Alexander Battenberg

Die Repräsentationsbauten der sozialistischen Ära im Stadtzentrum entstanden im Zeitraum 1952-1957. Am größten geriet das ***Parteihaus;*** mitsamt 18 m hoher Spitze misst es 69 m. Der Sitz des Zentralkomitees der Bulgarischen Kommunistischen Partei bildete mit den jeweils schräg gegenüber liegenden Gebäuden des Staatsrates und des Ministerrates ein harmonisches Dreieck. Hier war sämtliche Macht des Landes konzentriert. In wessen Sinne sie ausgeübt wurde, zeigte unmissverständlich der das Parteihaus krönende leuchtend(e) rote Stern. Am 26. August 1990 wurde von antikommunistischen Demonstranten bei dem Versuch, den roten Stern als Parteisymbol vom Dach des Gebäudes zu entfernen, die Sofioter Parteizentrale der Sozialisten (inzwischen hatte sich die KP umbenannt) in Brand gesteckt. Das Feuer konnte erst am nächsten Tag gelöscht werden. Nunmehr ohne Stern, ist das Haus heute nicht mehr nur Sitz der bulgarischen Sozialisten, sondern auch anderer Nutzer. Ein ordnender Sinn schien bei deren Auswahl nicht zu walten: Cafés, Geschäfte und Kinos reihen sich willkürlich aneinander.

Vor dem Sitz des Präsidenten stehend, sieht man rechts vom ehemaligen Parteihaus ein flaches Gebäude mit mehreren Kuppeln, überragt von der sich gleich dahinter befindlichen Bulgarischen Nationalbank. Dieser „Flachbau“, der zu den ältesten osmanischen Bauwerken Sofias zählt, ist die ***Moschee Bujuk dshamija*** (1494). Als solche ist sie auf den ersten Blick ohne Minarett und mit ihren ebenfalls nur flachen Kuppeln gar nicht auszumachen. Sie beherbergt das ***Nationale Archäologische Museum.***

Die altgeschichtliche Sammlung umfasst Denkmäler aus thrakischer und römischer Zeit bis zum bulgarischen Spätmittelalter. Bedeutsam der Schatz von Lukovit aus Nordbulgarien; er enthält umfangreichen silbernen Pferdeschmuck und zahlreiche Silbergefäße, teils vergoldet. Er verkörpert den über Jahre angehäuften Reichtum eines thrakischen Herrschers und stammt von Mitte bis Ende des 4. Jh. v. Chr. Vermutlich in der schwersten Zeit der thrakischen Geschichte, während des Kelteneinfalls 277 v. Chr., ist er vergraben worden. Hervorhebenswert die bronzene Hirschstatue aus dem 8. Jh. v. Chr. und ein geborgenes Bodenmosaik aus dem 4. Jh. v. Chr. von dem ersten Vorgängerbau der Kirche „Sweta Sofia“. Am umfangreichsten ist die Antikensammlung mit Bronzegegenständen und griechischer sowie römischer Steinplastik. Die numismatische Abteilung gehört zu den bedeutendsten Europas.

● ***Nationales Archäologisches Museum,*** uliza Saborna 2, Tel. (02) 882 405, Di.-Sa. 10.00-12.00/13.30-18.00 Uhr, So. 10.00-12.00 Uhr, Mo. geschlossen. Eintritt € 0,41 (0,80 Lw), Führung in Deutsch € 1,02 (2 Lw), Voranmeldung erforderlich.

Beim weiteren Rundgang kann man sogar auf originalem Pflaster aus dem 5./6. Jh. wandeln, vorbei an Festungsmauern und direkt durch das östliche Stadttor Serdicas, wenn man – selbstverständlich kostenlos – die Fußgängerunterführung vor dem beziehungsweise zum ehemaligen Parteihaus benutzt. Zwischen bisherigem Parteihaus und ehemaliger Moschee beginnt der größte innerstädtische Platz, der ***Alexander-Battenberg-Platz.*** Eigentlich ist er eine sehr breite und lange Straße und hieß bis vor wenigen Jahren „Platz

Der „ruhende Satyr" aus der Römerzeit

des 9. September". Nach wie vor finden hier die größten Kundgebungen des Landes statt. Bis zur Wende hat das Volk an dieser Stelle in feierlichen Demonstrationen die Errungenschaften des Sozialismus bejubelt, dann seinen Protest gegen die Herrschaft der Kommunisten bekundet und nun seine Unzufriedenheit ...

An diesem Platz stand am Rande des Sofioter Stadtgartens das zuletzt nur noch beschmierte, bespuckte und groteskerweise als öffentliche Toilette benutzte ehemalige ***Georgi-Dimitroff-Mausoleum.*** Das früher bei Volksaufmärschen den Staatsoberen für dringende menschliche Bedürfnisse vorbehaltene stille Örtchen des Gebäudes wurde auf Drängen einiger Verwirrter, die glaubten, unbedingt diese Toiletten benutzen zu müssen, um so den Kommunismus bepinkeln zu können, von der Stadtverwaltung als kostenlose Bedürfnisanstalt freigegeben. Der ungewissen Zukunft des Mahnmals mit seiner beschämenden Nutzung wurde am 21.8.1999 durch Sprengung ein Ende bereitet. Das Gebäude erwies sich auf Grund seiner stabilen Bauweise als so widerstandsfähig, dass es noch einer zweiten Ladung Sprengstoff bedurfte. Nach dem Tode Dimitroffs im Jahre 1949 enthielt das mit größtem Elan in der Rekordzeit von nur sechs Tagen und Nächten errichtete Mausoleum in einem Glassarg den einbalsamierten Leichnam des größten Sohnes des bulgarischen Vokes, wie es noch bis zur politischen Wende 1989 in diesem Balkanstaat hieß (s. auch Exkurs „Georgi Dimitroff - der Held von Leipzig"). Von der Tribüne grüßte die Partei- und Staatsführung an sozialistischen Feiertagen die vorbeiziehenden Werktätigen und diese grüßten zurück. Tausende Besucher aus dem In- und Ausland kamen das ganze Jahr über ins Mausoleum, um sich vor dem „unsterblichen" Bulgaren zu verneigen. Am 23.7.1990 wurde die Urne mit der Asche des ehemaligen Kominternführers und KP-Chefs unter Anteilnahme von 250.000 meist älteren Bulgaren auf dem Sofioter Friedhof beigesetzt. „Sic transit gloria mundi" - so vergeht der Ruhm der Welt. Aus der öffentlichen Toilette ist mittlerweile ein öffentlicher Tanzplatz geworden. Dem Bepinkeln folgte das Betrampeln.

Gegenüber dem Mausoleum befindet sich das ***ehemalige Zarenschloss.*** Während der osmanischen Fremdherrschaft als türkischer Konak (Amtsgebäude) gebaut, wurde es nach der Befreiung von den Wiener Architekten *Rumpelmeyer* und *Grünanger* zu einem erstaunlich unauffälligen Neobarockbau für die neuen Herrscher Bulgariens umgestaltet und vergrößert. Eingezogen ist inzwischen im linken Flügel die ***Nationale Kunstgalerie*** und im rechten Teil das ***Nationale Ethnografische Museum.***

• ***Nationale Kunstgalerie,*** ploschtad Alexander Battenberg 1, Tel. (02) 883 559, Di.- So. 10.00-17.30 Uhr. 1954 eröffnet. Werke der bildenden Kunst ab dem 19. Jh. von den besten Künstlern aus der Zeit der Nationalen Wiedergeburt bis zur Gegenwart; ergänzt mit Werken ausländischer Künstler.

Die renovierte Zentrale Markthalle (Zentralni hali) Foto: CS

Auf dem Frauenmarkt (Shenskija pasar) Foto: CS

● ***Nationales Ethnografisches Museum,*** ploschtad Alexander Battenberg 1, Tel. (02) 987 4191, Mo.-Fr. 10.00-18.00 Uhr, Eintritt ca. € 1,28 (2,50 Lw). Bestechend die Schönheit der Volkstrachten; Zeugnisse der Holzschnitzerei, Gold-, Eisen- und Kupferschmiedekunst, Töpferei sowie mit Volksbräuchen verbundene Gegenstände.

Hinter *Dimitroffs* ursprünglicher Ruhestätte breitet sich das üppige Grün des ***Sofioter Stadtgartens*** aus. Er ist einer von 500 Parkanlagen in der Stadt, aber von allen der älteste öffentliche Garten, der bereits zu Zeiten der osmanischen Fremdherrschaft existierte. Die russischen Befreiertruppen wurden hier dankbar mit reich gedeckten Tischen verabschiedet.

An den Park grenzt das ***Nationaltheater „Iwan Wasow“,*** eine Spielstätte ersten Ranges. Auch architektonisch ist das Theater eine Augenweide, ein Prunkbau, der mehr an einen Palast erinnert. Von sechs reichverzierten Säulen wird ein mit Relief- und Vollplastiken bis zum Bersten angefülltes Giebeldreieck getragen. Die neoklassizistische Fassade ist mit Ornamenten übersät. 1907 erbaut, erhielt es in Folge eines Brandes seine heutige Gestalt erst 1928 nach Entwürfen des Dresdner Architekten *Dülfer.* Das Theater verfügt über zwei Säle mit 850 beziehungsweise 200 Sitzen. Im Foyer empfangen den Besucher außerordentlich schöne Jugendstildekorationen, im großen Theatersaal Gold und Seide, Kristall und Marmor; eine Prachtentfaltung wie an der Außenfront. Übrigens sind alle anderen traditionellen Theater der Stadt bis auf das supermoderne „Sofia“ in nur einer Straße konzentriert, dem Sofioter Broadway Rakowski.

Vor dem „Iwan Wasow“ reicht eine Reihe Fontänen bis in den Park hinein. Heute spenden wie früher Wasser und Bäume eine angenehme Kühle. Der Park ist ein Kommunikationszentrum geblieben. Hier kann man das Volk live erleben.

Am südlichen Ende des Gartens, an der Ecke der Straßen General Gurko und Knjas Alexander Battenberg lädt die ***Städtische Kunstgalerie*** zum Besuch ein. Als das Haus bis 1944 noch Stadtkasino war, konnte es garantiert mehr interessierte Gäste zählen.

An der nächsten Kreuzung der Straßen General Gurko und Wassil Lewski, auf gleicher Höhe wie das Nationaltheater, steht das ***Sofioter Hauptpostamt*** (1893). Wer telefonieren will, muss zum Fernmeldeamt schräg gegenüber. Direkt gegenüber der Post ist die Niederlassung des ***Internationalen Eisenbahnbüros,*** für Bahnreisende eine gute Adresse.

Für die Rückkehr zum Alexander-Battenberg-Platz nimmt man am besten den Weg am Park entlang und nochmals vorbei am Nationaltheater. Noch bevor die Lewskistraße in den Platz einmündet, zweigt rechts die Seitenstraße Aksakov ab. In dieser Straße befindet sich der ***Konzertsaal „Balgaria“,*** für Musikfreunde eine Adresse ersten Ranges. Als der Saal 1974 eine Orgel erhielt, wurde das Ereignis landesweit beachtet. Orgeln gibt es in Bulgarien selbst in Kirchen nicht. Die griechisch-orthodoxe Liturgie sieht keine musikalische Begleitung vor, sondern nur Chorgesang. So verwundert es nicht, dass es sich hierbei um das einzige königliche Instrument des Landes handelt. Und dass in Ländern wie Deutschland jede Kirche eine eigene Orgel besitzt und manchmal sogar zwei, ruft bei den meisten Bulgaren Verwunderung und Staunen hervor.

Buleward Zar Oswoboditel

Wieder auf dem großen Platz angelangt, lässt man Park und Nationale Kunstgalerie hinter sich und setzt den Bummel weiter in der vom Stadtzentrum wegführenden Richtung fort. Wo der Platz endet, beginnt der buleward Zar Oswoboditel. Rechts steht das Hotel „Balgaria“ (1930). Nun

Goldene Kuppeln: Russische Kirche

Goldene Inschrift: Nationaltheater

müsste man linker Hand schon die goldenen Zwiebelkuppeln der ***Russischen Kirche „Sweti Nikolaj"*** sehen können. Eine kleine, aber prunkvolle Kirche, 1913 erbaut von einem russischen Architekten im Moskauer Stil für die in der Stadt weilenden russischen Diplomaten und Kaufleute - schließlich war Russland der Befreier Bulgariens und eine befreundete Großmacht. Nicht von ungefähr hieß dieser Flanierweg bisher buleward Ruski. Diese Tradition setzt sich auch in seinem neuen Namen buleward Zar Oswoboditel fort, denn *Oswoboditel* bedeutet nichts anderes als Befreier. Mit seinen Sehenswürdigkeiten gehört diese Straße noch heute zum Pflichtprogramm eines Reisenden. Neben der Vitoschka ist Zar Oswoboditel die belebteste und wohl auch unter Sofiotern beliebteste Straße. An den Wochenenden ist sie ganz den Fußgängern vorbehalten.

Auf dem kurzen Stück bis zur Russischen Kirche kommt man an dem ***Nationalen Naturwissenschaftlichen Museum*** vorbei. Eine bessere Vorstellung liefert die geläufige Bezeichnung Naturkundemuseum.

- ***Nationales Naturwissenschaftliches Museum,*** buleward Zar Oswoboditel 1, Tel. (02) 885 115/706, Mi.-Mo. 9.00-12.00 und 13.00-18.00 Uhr, Di. geschlossen. Vielzahl präparierter Tiere, besonders reichhaltig die Vogel- und Insektensammlung, ebenfalls beachtliche Mineraliensammlung.

Dem Boulevard weiter über die Rakowskistraße (den Theaterbroadway) folgend, steht man gleich an der Ecke vor dem ***Zentralen Militärklub,*** einem für diesen Zweck ausgesprochen schönen Neorenaissancegebäude (1907). Der offenen Arkade im Erdgeschoss schließt sich darüber eine Terrasse an, die dem dreistöckigen Gebäude den Charakter eines Gartenhauses verleiht. Sein großer Saal zählte lange Zeit zu den elegantesten der Stadt, weshalb hier alle wichtigen Veranstaltungen einschließlich rauschender Bälle stattfanden.

Nach der nächsten Kreuzung mit der uliza Schesti Septemwri (6.-September-Straße) folgen auf der linken Seite zwei weitere stilvolle Gebäude, die ***italienische und die österreichische Botschaft.***

Inzwischen ist man am ploschtad Narodno sabranie (Platz der Volksversammlung) angelangt, wo sich das neueste Museum Sofias befindet, das ***Nationale Museum der politischen Parteien und Bewegungen,*** ploschtad Narodno sabranie 11, Tel. (02) 875 960.

Zur Linken befindet sich die Bulgarische ***Akademie der Wissenschaften*** (1926). Sie wurde noch während des letzten Jahrzehntes osmanischer Herrschaft über Bulgarien in Rumänien gegründet. Im Uhrzeigersinn folgt gegenüber der Akademie die repräsentative ***Volksversammlung.*** Der älteste, mittlere Teil stammt von 1884. Die Aufzählung beendet auf der anderen Seite des Platzes das ***Grand-Hotel „Sofia"*** (1969).

Vor dem Halbrund des Hotels erhebt sich in der Mitte des Platzes das 1905 von dem Italiener *Arnoldo Zocchi* geschaffene ***Denkmal der Befreier.*** Auf einem Renaissancesims hoch zu Ross der russische Zar *Alexander II.,* Führer der siegreichen Truppen im Russisch-Türkischen Krieg, der den Bulgaren die langersehnte Freiheit brachte. Um sich vorzustellen, mit welch ehrlicher, unendlich tiefer Dankbarkeit die Bulgaren dieses Denkmal ihren Befreiern widmeten, muss man sich vor Augen halten: Ein Volk lebt ein halbes Jahrtausend unter totaler Fremdherrschaft. Das sind etwa 20-25 Generationen, die nur die Hoffnung auf Freiheit ihren Kindern weitergeben können. Alle Blicke richten sich sehnsüchtig auf den Glaubensbruder im Nordosten, das orthodoxe Russland. Von „Djado Iwan", dem Großvater Iwan, wie das russische Volk liebevoll genannt wurde, ging die einzige Zuversicht der Bulgaren aus. Als es endlich soweit war, das Ende der osmanischen Herrschaft besiegelt war, stürzte das gesamte Land in einen Freudentaumel, in eine Ekstase von Begeisterung, Triumph und Siegesglück. Wie bescheiden die Bulgaren sich selbst und ihren Anteil an dieser Befreiungstat auf dem Denkmal darstellen, ist außergewöhnlich. Zu Füßen des Zaren führt die Göttin Victoria die vorwärtsstürmenden russischen Soldaten und Offiziere an. Nur ganz im Hintergrund sind ein paar bewaffnete bulgarische Bauern und einige Aufständische, noch dazu von plumper Gestalt, zu sehen. Dabei waren an dem Befreiungskampf auch ungezählte bulgarische Freiwillige beteiligt, deren Blut ebenfalls in Strömen geflossen ist ... Die Inschrift auf dem Denkmal lautet: „Den Brüdern, die uns befreit haben. Vom dankbaren Bulgarien." Siegesdenkmäler gibt es viele in Europa, wie aber die eigene Rolle in dem historischen Geschehen dargestellt ist, macht dieses Denkmal zu einem der bemerkenswertesten.

Rund um den Ploschtad Alexander Newski

Oft gibt auch die Richtung, in die ein Denkmal angeordnet ist, einen Anhaltspunkt über den Grund seines Entstehens. Wohin schaut nun Zar *Alexander II.?* Auch ohne erhöhten Standpunkt ist das leicht auszumachen. Sein Blick geht hinüber zu dem Wahrzeichen Sofias, der ***Alexander-Newski-Gedächtniskathedrale*** inmitten des gleichnamigen Platzes. Zwischen Denkmal und Kathedrale besteht nicht nur eine räumliche Nähe, sondern eine geistige Einheit, beide wurden aus gleichem Anlass geschaffen. ***Alexander Newski*** (um 1220-1263) hatte die Truppen des Schwedenkönigs an der Newa geschlagen und den Deutschen Ritterorden auf dem Eis des Peipussees besiegt. Wegen seines Kriegsglücks wurde er heiliggesprochen und erhielt als Beinamen den Ort seiner denkwürdigen militärischen Herkunft „von der Newa", *Newski.* Während des Türkenkrieges war er zum Schutzpatron der russischen Truppen geworden, ein Symbol für den Sieg. Auf Beschluss der Volksversammlung von 1879 wollten die Befreiten dem „Lenker der Geschicke" und mit ihm den zahllosen Gefallenen ein grandioses Denkmal weihen.

Die Mittel für den ***Aufbau*** wurden einzig aus Spenden der bulgarischen Bevölkerung zusammengetragen; eine Spendenbereitschaft, die bei manchem sicherlich an die Schmerzgrenze ging. Die russischen Architekten *Bogomolow* und *Pomeranzew* fertigten die Pläne, 30 Jahre wurden für die Ausführung der Arbeiten benötigt (1882-1912).

Vor allem ***groß und mächtig*** sollte die Kirche werden; selbstverständlich erscheint, dass sie an der höchsten Stelle der Stadt gebaut wurde. Während der Osmanenherrschaft durften die Bulgaren nur kleine, nicht herausragende Kirchen tief im Erdboden errichten und dann auch nur nachts. Der vergoldete Glockenturm entsprach mit 53 m Höhe den Erwartungen der Bulgaren. Er überragt noch etwas die gewaltige, ebenfalls vergoldete zentrale Kuppel. Die äußere ***Ähnlichkeit mit der Hagia Sophia*** in Konstantinopel ist sicherlich beabsichtigt. Das Bauwerk geriet beeindruckend. Es gelang eine monumentale, aber harmonische Verbindung von Bögen und Kuppeln. Die Kirche ist fünfschiffig, ihr Grundriss kreuzförmig.

Beim Betreten überfällt einen ein andächtiges Gefühl. Überwältigend und ein unvergessliches Erlebnis ist jedes Konzert des weltberühmten ***Alexander-Newski-Chores*** in dieser Ehrfurcht gebietenden Umgebung, natürlich a capella und bei neun Sekunden Nachhall. Begeisterung muss zurückgehalten werden, applaudiert wird hier nicht; obwohl alles Enthusiasmus herausfordert, wohin man blickt - Onyx, Alabaster, Marmor, Kristall, die Wandmalereien, Kunstwerke von russischen und bulgarischen Meistern.

Das Kellergeschoss, ursprünglich als Krypta geschaffen, vereinigt seit 1965 die wohl ***größte Ikonensammlung der Welt,*** darunter einige Glanzstücke wie die zwei kostbaren doppelseitigen Ikonen aus

Das Wahrzeichen der Stadt: Alexander-Newski-Kathedrale

dem bulgarischen Mittelalter. Hier bietet sich die seltene Möglichkeit, verschiedene Schulen und verschiedene Zeitalter miteinander zu vergleichen. Dafür muss man aber etwas Zeit mitbringen. Einem Laien oder flüchtigen Betrachter eröffnen sich kaum die Unterschiede in der Komposition wie in der Wiedergabe und Anordnung von Attributen, weil die Malweise dieser heiligen Bilder, die es in der Ostkirche seit dem 6. Jh. gibt, genau festgelegt und jede Veränderung eigentlich verboten ist. Um so mehr kann man sich auf die künstlerische Meisterschaft des Malers, auf Farbtöne und Pinselführung, auf einzelne Momente der Umsetzung der dargestellten biblischen Legendenwelt konzentrieren. Eines gilt aber für alle Ikonen gleichermaßen: Sie stellen die Welt nicht real dar, nicht wie sie ist, sondern so, wie sie sein sollte - nach der Vorstellung des Künstlers und dem Willen seines Auftraggebers. Derart in die Wirklichkeit zurückgeholt, ist man wieder vorbereitet auf die Gegenwart und das Tageslicht.

●***Museums-Krypta der Nationalen Kunstgalerie - Filiale Altbulgarische Kunst,*** ploschtad Sweti Alexander Newski, Tel. (02) 877 697, Mi.-Mo. 10.30-18.30 Uhr, Di. Ruhetag.

Da die Alexander-Newski-Kathedrale alle Blicke auf sich zieht, kann man leicht am nordwestlichen Ende des Platzes die ***Kirche „Sweta Sofia"*** (Heilige Sofia) übersehen. Ein schlichter, unverputzter Backsteinbau, umgeben von viel Grün. Dabei verdient sie unbedingt Beachtung als das wertvollste und nach der Rotunde des Heiligen Georg ***zweitälteste frühchristliche Baudenkmal.*** Wo „Sweta Sofia" im 4. Jh. als einschiffige kleine Friedhofskapelle erbaut wurde, lag die Nekropole, die ***'Totenstadt' Serdicas.*** Nach diesem ersten und weiteren immer wieder zerstörten Vorgängerbauten erhielt die Kirche ihre heutige Gestalt als dreischiffige Basilika etwa im 8./9. Jh. Diese Form bewahrte sie durch die Zeiten, auch als sie, mit einem Minarett versehen, zur Moschee erklärt wurde. Die „Sweta Sofia" gehörte früher so sehr zum Bild von Serdica wie heute die „Alexander Newski" zu Sofia. Sie war der imposanteste Bau im alten Serdica, und vielleicht ist dies der Grund, weshalb die Stadt ihren heutigen ***Namen dieser Kirche*** verdankt.

Als Bulgarien noch ein selbstständiger feudaler Staat war, sind an der „Sweta Sofia" auch ***adlige Würdenträger beigesetzt*** worden. Bei Ausgrabungen fand man Goldringe mit aufschlussgebenden Inschriften. Weshalb dieses Detail erwähnenswert ist, zeigt die Tatsache, dass die Bulgaren noch heute unter dem Trauma leiden, keinen eigenen Adel zu besitzen. Ihre Vorherrschaft setzten die osmanischen Machthaber in den unterworfenen Gebieten vor allem durch die Vernichtung der einheimischen Führungsschicht durch. Sie wurde entweder liquidiert oder assimiliert, was bedeutete, dass lediglich diejenigen Adligen überlebten, die zum Islam übertraten. So verlor Bulgarien innerhalb weniger Jahre seine traditionelle Führungsschicht. Mit ihr verschwand die soziale und kulturelle Elite, und eine Nivellierung und Verbäuerlichung der gesamten Bevölkerung war die Folge.

Deshalb auch die Notwendigkeit eines Goldringes als „Beweis", dass Bulgarien früher ebenfalls einen eigenen Adel besaß. Weil eben nur früher, wünschen sich heute nicht wenige Bulgaren einen Monarchen an die Spitze des Landes zurück, und zwar ihren im spanischen Exil lebenden ehemaligen Zaren *Simeon II. von Sachsen Coburg-Gotha.* In Bulgarien besteht bereits eine ***Partei der Monarchisten*** und für diejenigen, die es nicht abwarten können, auch ein Klub der Monarchisten mit einer Menge Fotos und anderen, nostalgischen Zeugnissen vergangener Herrlichkeit. Einen Höhepunkt für alle Monarchie-Fans bildete der Besuch der bulgarischen Prinzessin ***Maria-Luisa*** am 3.5.1991 in Sofia. Damit hielt sich zum ersten Mal seit Abschaffung der Monarchie ein Mitglied der ehemaligen königlichen Familie in Bulgarien auf. Die städtischen Behörden reagierten nicht mit der gewohnten bulgarischen Gastfreundschaft und schalteten anlässlich einer zu Ehren der Prinzessin abgehaltenen Autoparade die Straßenbeleuchtung ab.

„Sweta Sofia" kann wegen langfristiger ***Restaurationsarbeiten*** nur teilweise besichtigt werden. Mit der durch die verkürzte Besichtigung der Kirche eingesparten Zeit kann man noch das ***Grab von Iwan Wasows,*** (1850-1921), des Klassikers der bulgarischen Literatur, aufsuchen. Es ist leicht zu finden: unter einer Weide ein riesiger Feldstein. Der aus dem Vitoschagebirge stammende Stein wurde auf ausdrücklichen Wunsch des Dichters herbeigeschafft, denn im Gebirge war sein Zuhause. Die Bulgaren betrachten *Wasow* als ihren *Goethe.* Er wird nicht nur verehrt, er wird geliebt vom ganzen Volk. Kein bulgarisches Kind, das nicht mindestens zwei bis drei Gedichte oder eine Erzählung von ihm kennt.

An der anderen Seite der Kirche noch ein ***Denkmal*** eines Großen. Es ehrt den ***Mönch Paissij*** aus dem Chilendarkloster, der 1762 die bedeutende „Slawobulgarische Geschichte" verfasste (siehe „Große Namen eines kleinen Volkes").

Ein weiterer Sakralbau erhebt sich am Rande des Newskiplatzes gegenüber von „Sweta Sofia". Es handelt sich um kein Gotteshaus, sondern um den Sitz der neben dem Patriarchen obersten Behörde der bulgarischen orthodoxen Kirche. Nach der „Kirchenregierung" heißt das zu den schönsten Gebäuden Sofias zählende Haus ***„Swetija Sinod" (Heilige Synode).*** 1910 erbaut, zeigt es Anklänge an die byzantinische Architektur, schmückende Majolikafliesen an der Frontseite und über dem Eingang geistliche Würdenträger darstellende farbenfrohe Mosaike.

Rund um den Buleward Wassil Lewski

Hinter der Alexander-Newski-Kathedrale, schon bis zum Wassil-Lewski-Boulevard reichend, breitet sich die auch mit westeuropäischen Werken (gesammelt von *Shiwkows* Tochter *Ljudmila)* bestückte große ***Kunstgalerie „Kyrill und Method"*** aus (offiziell: Galerie für ausländische Kunst der Stiftung „Kyrill und Method", Tel. (02) 446 157, Mi.-Mo. 10.30-18.30 Uhr).

Die Moskowskastraße an der Galerie entlang, kommt man an dem kreuzenden Wassil-Lewski-Boulevard zum ***Wassil-Lewski-Denkmal,*** das in der Mitte der Kreuzung steht. Langsam beginnt man zu zählen: Nach der Wassil-Lewski-Straße am Nationaltheater „Iwan Wasow" noch ein Wassil-Lewski-Bouleward, dazu mit einem Denkmal, alles für den gleichen Mann? – *Wassil Lewski* gehört zu den Nationalhelden Bulgariens. Genau an der Stelle des Denkmals, nur wenige Jahre vor der Befreiung des Landes von osmanischer Herrschaft, musste der für diesen Sieg alles einsetzende junge *Lewski* am 19. Februar 1873 durch den Strang sterben (siehe „Große Namen eines kleinen Volkes").

Nur wenig vom Wassil-Lewski-Denkmal entfernt, beginnt an der nächsten, der Oborischtestraße, eine Grünanlage mit der ***Nationalbibliothek „Kyrill und Method"*** (1942-1954). Davor erhebt sich das Denkmal der beiden Schöpfer des kyrillischen Alphabets, was sie geradezu zwingend zu Schutzpatronen der Nationalbibliothek erhebt (siehe „Große Namen eines kleinen Volkes").

Hinter der Bibliothek, weiter von dem Boulevard Lewski entfernt, liegt ein von den Sofiotern ***Doktorgarten*** genannter Park. Die Bezeichnung stammt von dem so genannten Doktordenkmal, das an die im Russisch-Türkischen Krieg 1877/78 gefallenen Ärzte und Sanitäter mit 531 in das Denkmal eingemeißelten Namen erinnert. Im nordöstlichen Teil des Doktorgartens sind noch archäologische Funde, die ältesten aus dem 2. Jh., zu sehen.

Doktorgarten und Nationalbibliothek reichen von der Oborischte- bis zur Schipkastraße. Letztere wieder zur Nationalbibliothek zurückgehend, trifft man auf der anderen Straßenseite auf das modernere Gebäude der ***Galerie des Verbandes der Bildenden Künstler Bulgariens.*** Die hier gezeigten, ständig wechselnden Ausstellungen neuester bulgarischer Kunst weisen oft ein sehr hohes Niveau auf (uliza Schipka 6, Mo.-Sa. 10.00- 18.30 Uhr, Tel. (02) 446 115).

Ein Stück weiter sieht man Teile der ***Sofioter Universität*** „Sweti Kliment Ochridski". An der Ecke der Boulevards Wassil Lewski und Zar Oswoboditel thront das majestätische Hauptgebäude der Uni. 1888 gegründet, war bereits 1906 das Projekt eines Pariser Architekten für das neue Universitätsgebäude angenommen worden. Nützliche Veränderungen zweier bulgarischer Architekten verschoben den Baubeginn auf 1920. Die Bautätigkeit zog sich in einer ersten Etappe mit der Errichtung des zentralen Gebäudes noch einmal bis 1934 hin. Was entstanden war, konnte sich aber sehen lassen. Beiderseits des repräsentativen, mit ionischen Säulen betonten Eingangs sitzen an der gewölbten Fassade würdevoll die zwei Wohltäter, die der Uni das Grundstück samt eines erklecklichen Sümmchens Bargeld gestiftet hatten.

Erst seit der politischen Wende 1989 ist das ***Mausoleum des Fürsten Alexander von Battenberg*** (1892) wieder zur Besichtigung freigegeben. Bis dahin hieß es mindestens seit den 70er Jahren: „Das Mausoleum ist für Besucher vorübergehend geschlossen." Um es zu erreichen, überquert man die Kreuzung mit dem Boulevard Zar Oswoboditel und verbleibt auf dem sich im Halbkreis um das Stadtzentrum ziehenden Buleward Wassil Lewski. Das Mausoleum liegt an der rechten Seite. Der aus Hessen stammende *Alexander, Prinz von Battenberg* (1857-1893) wurde am 26.6.1879, erst 22jährig, von der Großen Volksversammlung zum ersten bulgarischen Fürsten gewählt. Damit begann Bulgariens Weg nach Europa. *Battenbergs* Politik stärkte Bulgarien, sicherte aber auch den österreichisch-ungarischen Einfluss. Und das war keineswegs im Sinne Russlands. 1886 wurde er von russophilen Offizieren gestürzt und unter russischem Druck zum Abdanken gezwungen. Nach seinem Tod in Graz fand er in dem von ihm geliebten Sofia die letzte Ruhestatt. Im sozialistischen Bulgarien stieß Monarchenverehrung nicht unbedingt auf große Liebe, zumal es sich um keinen russischen Adligen handelte. Also wurde das Mausoleum für den Besucherverkehr geschlossen und aus dem offiziellen Besichtigungsprogramm gestrichen.

Für das vollkommen barock gehaltene Mausoleum zeichnet ein Deutscher verantwortlich. Sein Projekt gewann den ausgeschriebenen Wettbewerb, allerdings durfte nicht er es verwirklichen, sondern der in Bulgarien bereits einen Namen besitzende Schweizer Architekt *Mayer.*

Gegenüber vom Mausoleum breitet sich zwischen Buleward Zar Oswoboditel, buleward Wassil Lewski und General-Gurko-Straße ein großer Park aus. Darin ist noch einmal ein gewaltiges ***Denkmal für die Sowjetarmee*** (1954) geschaffen worden, die Bulgarien im 2. Weltkrieg ein zweites Mal befreite. Über die zweite Befreiung ist man heute gar nicht mehr so glücklich, weil sie die Ära des Sozialismus eröffnete. Bis gestern wurden am Denkmal große Kränze abgelegt, heute lässt man hier mit Schmierereien seinen Frust ab. Vergänglich ist die Dankbarkeit …

Der Grund für die eingeschlagene Richtung sind die Sportstätten hinter dem Park, deren größte das ***Nationalstadion*** „Wassil Lewski" mit 75.000 Plätzen ist. Um den Stadtrundgang zu vollenden, müsste man dem Boulevard Wassil Lewski bis zu seinem Ende folgen und befände sich wieder am Kulturpalast. Dieses längere und nicht so attraktive Wegstück kann

Die Nationalbibliothek „Kyrill und Method" mit ihren Namenspatronen

man getrost mit dem Bus der Linien 1, 2, 5, 7, 9 oder 11 zurücklegen.

Hätten wir es nicht selbst ausprobiert, wir müssten zweifeln, wie der gesamte Rundgang in nur zwei Stunden zu schaffen sein soll. Allerdings ist in dieser Zeitangabe nicht einmal Gelegenheit, die entsprechenden Buchseiten zu lesen ... Und nun noch eine Zugabe. Nimmermüden seien drei Kirchen empfohlen:

Als erste die ***Kirche „Sweti Sedmotschislenizi“*** (Die Heiligen Sieben), bekannter unter dem Namen „Tschernata dshamija“ (Die Schwarze Moschee). Ihr Standort ist ein kleiner Garten an der Graf-Ignatiew-/Zar-Schischman-Straße. Die 1528 von dem vermeintlich türkischen Baumeister *Hodsha Mimar Sinan* (siehe Banja Baschi dshamija) geschaffene „Kirche“ war den damaligen Verhältnissen entsprechend eine Moschee. Sie ist ein Gegenbeispiel für die bisher kennen gelernte Umwandlung eines religiösen Bauwerkes. In diesem Falle wurde die Moschee nach der Befreiung in eine Kirche umfunktioniert, was ihrer äußeren Architektur sehr abträglich war.

Die letzten beiden Kirchen sind schnell genannt, zumal sie klein, sehr versteckt und von keinem architektonischen Interesse sind, dafür aber über beachtenswerte alte Ikonen und Wandmalereien verfügen: die ***„Sweti Nikola Golemija“*** (Heiliger Großer Nikola) an der Zar-Kalojan-Straße und die ***„Sweta Petka“*** im Innenhof eines Gebäudes an der Kreuzung des Boulevard Stambolijski und der Zar-Kalojan-Straße.

Weitere Museen

In sämtlichen, auch den großen Sofioter Museen gibt es nur bulgarische Beschriftung. Wenn die Möglichkeit besteht, sollte bei Interesse eine ***fremdsprachige Führung*** genutzt werden. Am einfachsten ist es natürlich, sich an eine Gruppe anzuschließen, da eine Führung meist erst bestellt werden muss. Es handelt sich nämlich immer um eine Führung mit einem persönlichen Begleiter, also kein Kassettenvorspiel.

Die Angabe ***„freier Eintritt*** (zum Beispiel) am Donnerstag“ gilt im Allgemeinen nur für Bulgaren. Nutzen könnte man den kostenlosen Eintritt nur, wenn man als Ausländer unerkannt bleibt, man kann sich nicht auf diese Angabe berufen. Für unsere Verhältnisse braucht man es auch nicht, denn die Qualität der Ausstellungsgegenstände und die Aufwendungen für deren Präsentation rechtfertigen auf alle Fälle einen Obolus, der höchstens zwischen € 1,02-2,56 (2-5 Lw) liegt. Dabei ist das schon der für Ausländer erhöhte Preis. Sämtliche Preisangaben sind immer gleich die für Ausländer, falls es überhaupt Unterschiede zu den Preisen für Einheimische gibt.

• ***Nationales Militärgeschichtliches Museum,*** buleward General Skobelew 29 (fünf Minuten zu Fuß vom Kulturpalast Richtung Russki pametnik, Russisches Denkmal, entfernt, Tel. (02) 522 574, Mo.-Fr. 8.00-17.00 Uhr.

Zur Zeit ist das Museum für den öffentlichen Besucherverkehr geschlossen. Ausnahmen werden gern für Spezialisten und für besonders Interessierte gemacht. Deshalb ist auch der Eintritt kostenlos. Die Besichtigung ist nur mit Erlaubnis des Museumsdirektors möglich. Das Museum eröffnete seine Sammlertätigkeit mit der Gründung im Jahre 1916. Es besitzt von der Art auf dem Balkan einmalige Waffen vom 17. und 18. Jh., auch deutsche Waffentechnik wird gezeigt. Besonders viele Zeugnisse stammen aus dem 1. und 2. Weltkrieg. Die Bulgaren haben 1912 als erste das Flugzeug als militärische Waffe eingesetzt.

• ***Nationalmuseum „Die Erde und die Menschen“*** *(Semjata i chorata),* buleward Tscherni wrach 4, Tel. (02) 655 096, Mo.-Sa. 10.00-18.00 Uhr. Das Museum widmet sich den mineralischen Rohstoffen, Edel- und Halbedelsteinen, ihrer Verarbeitung und Anwendung.

• ***Nationalhistorisches Museum*** *(nazionalen istoritscheski musej)* – kwartal (Wohnviertel) Bojana, im Residenzija Bojana, Dom 1, (Haus 1) Tel. (02) 955 4280 oder 955 4290. Täglich geöffnet von 9.30-17.30 Uhr; Eintritt 10 Lewa/€ 5,10 (Ausländerpreis!). Transport: Bus Nr. 63 vom *ploschtád Rúski pámetnik* (Russisches Denkmal); Bus Nr. 64 von der Haltestelle *Hladilnika* bis zur Haltestelle *Bojanskoto chantsche* (Bojanaer Gasthof); marschrutno taksi Nr. 21 (Sammeltaxi) entlang buleward Vitoscha; Taxi vom Zentrum (akzeptabler Preis 2,50–5,00 Lw eine Strecke), Fahrzeit ca. 30 min. Man sollte beim Sammeltaxi und Bus unbedingt den Fahrer fragen, wo man am besten aussteigt. Vom Nationalhistorischen Museum kann man über einen Wanderweg zur Kirche von Bojána gelangen. Fotografieren ist ohne Gebühren erlaubt. Das Museum ist das größte seiner Art und darf als das wichtigste des Landes bezeichnet werden. Wer Zeit für nur ein Museum hat, dann nur dieses. Aus vorgeschichtlicher Zeit bis zum Mittelalter datieren die Plastiken, Keramiken und Mosaike, daneben zahlreiche Ikonen. Der wohl berühmteste, in seinem künstlerischen und kulturhistorischen Wert sensationellste Fund auf bulgarischem Boden, ist der ***Goldschatz von Panagjurischte*** aus dem 4./3. Jh. v. Chr., benannt nach dem Fundort in der Nähe von Sofia. 1946 entdeckt, besteht er aus neun 24karätigen Goldgefäßen und wiegt 6,164 kg. Die Gefäße - vier Vasen, drei Kannen, eine Amphore und eine Schale - sind mit außergewöhnlich kunstfertigen Reliefs verziert, die sämtlich mythologische Szenen darstellen. Oftmals ist der Goldschatz auf Reisen durch die größten Museen der Welt.

Der ***Goldschatz von Valtschitran*** aus dem 7., vermutlich sogar aus dem 13.-12. Jh. v. Chr., wurde 1925 in einem Dorf bei Pleven gefunden. Die sechs Gefäße aus 12,425 kg Gold dienten den komplizierten Kulthandlungen eines thrakischen Priesterkönigs.

Der ***Silberschatz von Rogosen,*** einem Dorf bei Vraza, 1986 geborgen, stammt aus dem 5.-4. Jh. v. Chr. Die 165 Gegenstände mit einem Gewicht von etwa 20 kg befanden sich wahrwscheinlich im Besitz eines Königsgeschlechts.

● Die ***Kirche von Bojana*** *(Bojanskata zarkwa)* befindet sich in dem Sofioter Wohnort Bojana, ca. 9 km südwestlich vom Stadtzentrum, uliza Bojansko esero 3, Tel. (02) 685 304, Di.-So. 9.00-17.00 Uhr. Eintritt: 10 Lw, Studenten 5 Lw, Führung in Deutsch oder Englisch 5 Lw mit Vorbestellung, Fotografieren ist nicht erlaubt. Transport: s. Nationalhistorisches Museum, doch Taxi ist zu bevorzugen. Seit 2002 ist die Kirche den Besuchern nach jahrelangen Restaurierungsarbeiten wieder zugänglich. Man muss etwas Zeit mitbringen, weil nur 4-5 Personen für 10 Minuten in die mit spezieller Klimaanlage ausgerüstete Kirche eingelassen werden. Bojanskata zarkwa „Sweti Pantalejmon" („Heiliger Pantalejmon") ist eines der neun Kulturobjekte in Bulgarien, die in die UNESCO-Liste des Weltkulturerbes aufgenommen worden sind (1979). Die kleine Kirche besteht aus drei Teilen. Der älteste, östliche Teil wurde während des 11. Jh. gebaut. Die Wandmalereien stammen aus drei verschiedenen Epochen: dem 11., 13. und 14./15. Jh. Den Höhepunkt der bulgarischen Sakralmalerei stellen die Stifterporträts des Sevastokrators Kalojan, seiner Gattin Dessislawa, des bulgarischen Zaren Konstantin und seiner Gemahlin Irina dar, die 1259 entstanden sind. Der unbekannte Schöpfer wird liebevoll *Bojanskijat majstor* (der Meister von Bojána) genannt.

Ersatzweise kann man im ***Nationalen Museum „Bojanskata zarkwa"*** an Hand von Kopien und Fotografien einen Eindruck von den wundervollen Ikonen gewinnen. Dazu gibt es auch einen 20minütigen Film (unter anderem in Deutsch und Englisch) zu sehen. Das Museum ist nur 30 m von der Kirche entfernt; buleward Bratja Bakston 153, Tel. (02) 685 304, Di.-So. 9.00-17.00 Uhr.

● ***Sportmuseum „Georgi Asparuchow",*** uliza Todorini kukli 47, Tel. (02) 475 879

● ***Nationales Landwirtschaftliches Museum,*** uliza Suchodolska 30, Tel. (02) 211 901

Information

● ***Büro für komplexe touristische Dienstleistungen,*** die beste Adresse für Hotelreservierungen in Sofia und landesweit, Erholung im Gebirge und am Meer, Vorverkauf von Flugtickets, Eisenbahnfahrkarten, Platzkarten, Bus-Charterfahrten in zahlreiche europäische Städte, Charterflüge nach Berlin, Leipzig und Dresden, Telefonate, Vorverkauf von Karten für kulturelle Veranstaltungen und alle sonstigen touristischen Informationen. Büros in der Unterführung und im Haupteingang des Kulturpalastes.

● Information: Tel. (02) 843 4292.

● Flugtickets: Tel. (02) 659 557.

● Busfahrkarten: Tel. (02) 659 407.

● Bahnfahrkarten Ausland: Tel. (02) 843 4293.

● Bahnfahrkarten Inland: Tel. (02) 843 4296.

● Schlafwagen: Tel. (02) 659 108.

● ***Odysseia-in Travel GmbH*** (Sport & Tourist Agency), buleward Stambolijski 20 b (Eingang von uliza Lawelé), die zweite Querstrasse westlich vom ploschtad Sweta Nedelja, 1000 Sofia, Tel. (02) 9890 538, Fax (02) 9803 200, E-Mail: odysseia@omega.bg, www.newtravel.com. Vom Wandern in allen bulgarischen Gebirgen bis zu preiswerten Übernachtungen in Hotels, Privatquartieren und Klöstern in ganz Bulgarien organisiert die Agentur scheinbar alles für naturliebende, sportbegeisterte und an der bulgarischen Lebensweise interessierte Reisende.

● ***Touristen-Information,*** uliza Sweta Sofia 1, Sofia 1000, Tel. (02) 987 9778, Fax (02) 9896 939, E-Mail: info@bulgariatravel.org, www.bulgariatravel.org

Übernachtung in Sofia

Das Angebot an Übernachtungsmöglichkeiten in der Hauptstadt ist enorm. Die Palette reicht von Luxushotels, Familienhotels, Appartements oder eben nur einem Zimmer bei bulgarischen Familien, sei es im Zentrum oder in den Sofioter Wohnvierteln - für jeden Geldbeutel gibt das passende Bett. Zum guten Service gehört bereits ein kostenloser Transfer vom/zum Flughafen Sofia.

● Empfehlenswert ist der Erwerb des ***Bulletin „Hotel & Travel"*** (in Bulgarisch und Englisch), 5,90 Lw, Hotels, Preise, Reise-Agenturen, Transport, Rent a Car für ganz Bulgarien, erhältlich in guten Buchläden und Zeitungskiosken.
● Informationen im ***Internet:***
www.sofiahotels.net (deutsch, engl.)
www.minihotels-bg.com (engl.)
www.sofia.com (engl.)
www.visitbulgaria.net/rentacar/ (engl.)

Hotels

Die schwindelerregend hohen Preise der Sofioter Hotels stehen im vollen Kontrast zu ihren Leistungen. Hier wartet man hauptsächlich auf verirrte Touristen mit dicken Geldbeuteln. Die Gäste zahlen generell in Lewa. Die meisten der Hotels befinden sich im Stadtzentrum.

Preiskategorie 1: 9 $ und weniger
● ***Bristol 1,*** buleward Sliwniza 172.
Preiskategorie 2: 9-18 $
● Hotel ***„Dimitrova"*** uliza Skopie, block 212, Eingang 2, 3. Stock, App. 30; Tel. (02) 324 444; E-mail: krasibg@iname.com; www.geocities.com/TheTropics/Coast/8432/. Zimmer mit Telefon, Dusche, IWC, Satelliten-TV, Frühstück. Vom Hauptbahnhof 5 Min. und vom Zentrum 10 Min. entfernt. Internet-Service, Taxi-Service durch ganz Bulgarien.
● ***Edelweiß,*** buleward Maria Luisa 79, Tel. (02) 835 431, im Zentrum in der Nähe des Hauptbahnhofes.
● ***Sredna Gora,*** buleward Maria Luisa 60, Tel. (02) 8353 110, im Zentrum nahe beim Hauptbahnhof.

Preiskategorie 3: 18-36 $
● ***Baldshieva,*** uliza Zar Ivan Assen 23, die erste Parallelstraße westlich von der Vitoschka. Tel (02) 872 914, nur 4 Zimmer.
● Privat-Hotel ***Zar Assen,*** uliza Zar Assen 68, die erste Parallelstraße westlich von der Vitoschka. Tel. (02) 547 801, (02) 705 920. Der nette Wirt spricht Englisch.

Preiskategorie 4: 36-60 $
● ***Maya,*** uliza Trapesiza, Tel. (02) 894 611.
● ***Repos,*** uliza Klokotniza 1, Tel. (02) 314 612.
● ***Slavjanska Besseda,*** uliza Slavjanska 3, Tel. (02) 880 441.

Preiskategorie 5: 60-90 $
● ***Lyilin,*** uliza Serdika 8, Tel. (02) 884 341, Business-Hotel.
● ***Serdika,*** buleward Janko Sakasov 2, Tel. (02) 443 411, Fax 468 412.

Preiskategorie 6: 90-150 $
● ***Grand Hotel Bulgaria,*** buleward Zar Osvoboditel 4, Tel. (02) 871 977, Fax (02) 884 177.
● ***Grand Hotel Sofia,*** ploschtad Narodno Sabranie 1 A, Tel. (02) 878 821, Fax 881 308.
● ***Rila,*** uliza Kalojan 6, Tel. (02) 980 8865, Fax (02) 650 106.
● ***Rodina,*** buleward Zar Boris III 8 Tel. (02) 516 31. Fax (02) 543 22. Schlechter Ruf, Sammelpunkt der Sofioter Unterwelt.
● ***Sun,*** buleward Maria Luisa 89, Tel. (02) 833 670, 831 833, ein neues Business-Hotel in der Nähe des Hauptbahnhofes.

Preiskategorie 7: 150 $ und mehr
● ***Sheraton Sofia Hotel Balkan,*** ploschtad Sweta Nedelja 5, Tel. (02) 981 6541, e-mail: sheraton@biscom.net, www.luxurycollection.com/Sofia, das teuerste und beste Hotel des Landes!

Privatquartiere und Hotels in den Randgebieten

Im Stadtzentrum oder in den Villenzonen Dragalevzi und Simeonovo stehen als eine bessere Alternative viele Privatquartiere und Privathotels zur Verfügung. Diese Wohnorte sind Ausgangspunkte für Wanderungen in das Vitoscha-Gebirge.

Am Hauptbahnhof (zentrálna gára, централна гара) gibt es gleich drei ***Vermittlungsstellen*** für „Accommodations", Einzelzimmer, App. 11-22 $ je nach Lage und Einrichtung.

● ***Odysseia-in Travel GmbH*** (Sport & Tourist Agency), buleward Stambolijski 20 b (Eingang von uliza Lawelé), die zweite Querstrasse westlich vom ploschtad Sweta Nedelja, 1000 Sofia, Tel. (02) 9890 538, Fax (02) 9803 200, E-Mail: odysseia@omega.bg, www.newtravel.com. Der Geschäftsführer Ljubomir Popjordanow und seine Mitarbeiter vermitteln Privatquartiere im Zentrum von Sofia, in den Wohnvierteln Bojana, Bistriza, Simeonovo und Dragalevzi. Hier findet man auch Stadtpläne und Wanderkarten.
● ***B&S Sericed Flats,*** Inhaber Herr Bogdanov, uliza Korab Planina 32, Sofia 1164, Tel. (02) 883 79540, Tel./Fax (02) 268 1194, E-Mail: info@sofia-flats.com, Internet: www.sofia-flats.com, Einraumwohnungen, kostenloser Transfer vom/zum Flughafen Sofia, Garage.
● ***Markella,*** uliza Eksarch Jossif 35 (die Straße neben der Zentralen Markthalle) 1. Etage, Büro Nr. 103, Tel. (02) 980 4925, Mo.-Fr. 8.30-19.30 Uhr, Sa.-So. 9.30-16.30 Uhr.

Im Wohnort Dragalevzi:

- 7 km südlich vom Zentrum befinden sich 120 Privathotels mehrheitlich der Drei-Sterne-Kategorie. Ein Lift führt zum ***Hotel „Schtastliweza"*** im Vitoscha (etwa 3 km im Gebirge ein Kloster mit Wandmalereien aus dem 15. Jh. - Dragalevski manastir; Buslinien 64, 66, 93, 98).
- ***Emili,*** uliza Karnobatski prochod 6 A, Tel. (02) 671 475, DZ € 20,45 (40 Lw).
- ***Orchides 91,*** uliza Angel Bokureschliew 9, Tel. (02) 671 886, sauber, ruhig und nett, DZ mit D/WC und TV 20 $ (ca. € 21,70).
- ***Hotel Darling,*** liegt direkt neben dem Hotel Orchides, sauber und modern, DZ mit D/WC ca. 30 $ (ca. € 32,50).

Im Wohnort Simeonovo:

- 150 Privathotels, die meisten mit drei Sternen, Lift zum ***Hotel „Schtastliweza"*** im Vitoscha mit Restaurant Panorama und anderen Gaststätten. Buslinie 67 oder 98.
- ***Hotel-Restaurant Atlantik,*** wird als Luxushotel bezeichnet, Tel. (02) 635 1369.
- ***Vila Sintra,*** uliza 60-ta 48, Tel. (02) 635 2956.
- ***Olimp,*** uliza Wenez 12, Tel. (02) 635 1766.
- ***Jawor,*** uliza 76-ta 17, Tel. (02) 635 2312.

Im Vitoscha-Gebirge:

- ***Kopitoto,*** am Fuße des Vitoscha, Tel. (02) 571 296.
- ***Aleko,*** im Herzen des Gebirges. Ende der Buslinie 66. Tel. (02) 671 113.
- ***Planinetz,*** zwischen dem Wohnort Bojana und Slatni mostowe, Tel. (02) 574 310.

Motels und Campingplätze

können wir nicht empfehlen. Zur Zeit häufen sich Überfälle. Einen ganz schlechten Ruf hat das Motel Boshur (siehe „Kriminalität").

Kulinarisches

Die kulinarischen Verführungen der Hauptstadt sind unüberschaubar. Abgesehen von den nichtssagenden Hotelrestaurants, reicht das Angebot vom Schnellimbiss, Restaurants rund um die Uhr über türkische Cafés mit leckerem Kuchen, Straßencafés, Bäckereien mit den herrlichen Banizi und Ajran (Buttermilch), Lokale mit internationaler Küche bis hin zu gehobenen Restaurants und den beliebten bulgarischen Mechana.

Restaurants

- ***Club-Restaurant des Verbandes der bulgarischen Journalisten,*** ul. Graf Ignatiew 4, Tel. (02) 873 083. Schmackhafte bulgarische Küche, gute Bedienung, nette Atmosphäre.
- ***Vinarna,*** buleward Stambolijski 29, 11.00-24.00 Uhr, Tel. (02) 817 057; volkstümliche Atmosphäre, bulgarische Gerichte und Volksmusik.
- ***Otwad alejata sad schkafa*** („Jenseits der Allee hinter dem Schrank"), uliza Budapeschta 31, Tel. (02) 835 581; ab 12.00 Uhr bis der letzte Gast geht; Restaurant im Stil des alten Sofia, mit Jazz, Klassik, Chansons und guter Küche.
- ***Trimata musketari*** („Die drei Musketiere"), buleward Zar Oswoboditel 8 a, Tel. (02) 801 745, 11.00- 1.00 Uhr. Blau-rosa Salon mit großer Vielfalt an Speisen und Erotikshow.
- ***Ruski dom*** („Russisches Haus"), buleward Ewlogi Georgiew 169, Tel. (02) 468 640; Mo.-Sa. 11.00-1.00 Uhr, Gerichte der europäischen, bulgarischen und russischen Küche, Fischspezialitäten, mit Programm.
- ***Klub 50,*** uliza Schipka 50, Tel. (02) 442 049; 10.00- 24.00 Uhr, in einem schönen alten Haus, gute Küche und wechselnde Kunstausstellungen.
- ***Downtown,*** uliza Krum Popow 4, Tel. (02) 963 3706; nonstop geöffnet, auf zwei Etagen Café, Restaurant und Pizzeria.
- ***Birarija „Schwejk",*** gegenüber vom Sadebnata palata. Über 70 Sorten Bier sind hier erhältlich. In 9 Sälen, jeder von ihnen einem Land wie z.B. Irland, Deutschland, Spanien oder Bulgarien zugeteilt , wechselt jeweils die Herkunft der Biersorten; das teuerste Bier, etwa € 3,58 (7 Lw), ist das bayrische „Erdinger", die am meisten bevorzugten Sorten sind die tschechischen „Staropramen" und „Pilsen".

Cafés (Kafe-sladkarnizi)

- ***Wienska sladkarniza Wiko*** („Wiener Konditorei Wiko"), buleward Zar Oswoboditel 21; Wiener Kuchen und Spezialitäten.
- ***Laki,*** uliza Gurko 38; ruhig, angenehm und ein vielfältiges Angebot.
- ***Salon Luciano,*** uliza Moskowska 29; Kuchen und Kaffee bei Klaviermusik, ab 17 Uhr ist es immer voll.

Nationalitätengaststätten in der Umgebung

- ***Bojansko chantsche,*** kwartal Bojana, Tel. (02) 563 016.
- ***Wodenizite,*** kwartal Dragalevzi, Tel. (02) 671 021.
- ***Slatnite mostowe,*** Vitoscha, Tel. (02) 773 004.
- ***Gorski kat,*** Vitoscha, Tel. (02) 572 150.

Sofioter Kulturleben

Wenn man sich längere Zeit in Sofia aufhält, sollte es ein Muss sein, eine Theater-, Opern- oder Ballettinszenierung zu besuchen. Eine vielseitige und große Kulturauswahl bietet täglich der Nationalpalast für Kultur (s.o. „Stadtrundgang").

● ***Kartenvorverkauf:*** im Nationalpalast der Kultur (Saal 1), Haupteingang, Tel. (02) 9162 300. Sofioter Agentur Musik, buleward Zar Oswoboditel 2, Tel. (02) 871 588.

Schauspielhäuser

● ***Nationaltheater „Iwan Wasow",*** uliza Wassil Lewski 5, Tel. (02) 984 831.

● ***Theater der bulgarischen Armee,*** uliza Rakowski 98, Tel. (02) 884 365.

● ***Studententheater der Theaterhochschule,*** uliza Rakowski 108 A, Tel. (02) 884 214.

● ***Theater Sofia,*** buleward Janko Sakasow 23 A, Tel. (02) 446 011.

● ***Theater „Salsa i smjach"*** (Tränen und Lachen), uliza Slawjanska 5, Tel. (02) 875 895.

● ***Staatliches Satirisches Theater „Aleko Konstantinow",*** uliza Stefan Karadsha 26, Tel. (02) 884 611.

● ***Zentrales Puppentheater,*** uliza General Gurko 14, Tel. (02) 877 288.

● ***Puppentheater,*** buleward Janko Sakasow 19, Tel. (02) 441 424.

In der letzten Zeit gründeten sich neue Experimental-Theater mit avantgardistischem Charakter:

● ***Theater 199,*** uliza Slawjanska 8, Tel. (02) 878 533.

● ***Artistitschno atelie-90,*** uliza Vranja 40.

● ***Malak gradski teater sad kanala*** (Kleines Städtisches Theater hinter dem Kanal), buleward Janko Sakasow 25.

● ***Nov schou teater*** (Neues Showtheater), buleward Zar Boris III. 373.

● ***Teater dwishenie*** (Theater-Bewegung), buleward Zar Boris III. 12-18, blok 59.

● ***Teater na massa*** (Theater am Tisch), ploschtad Slawejkow 4.

Musiktheater

● ***Nationale Oper,*** buleward Knjas, Dondukow 58, Tel. (02) 871 366.

● ***Staatliches Musiktheater „Stefan Makedonski",*** uliza Wassil Lewski 4, Tel. (02) 441 979.

● ***Sala „Balgaria"*** (Symphoniekonzerte), uliza Benkowski 1, Tel. (02) 877 656.

● Während unserer Bulgarienaufenthalte besuchen wir immer wieder die Inszenierungen der ***Ballettgruppe „Arabesk".*** Dieses Ballett wirkt seit dem Ende der 60er Jahre und war schon damals etwas Ungewöhnliches. Die hohe Professionalität der Tänzer zieht Gastchoreografen beispielsweise aus Italien, Frankreich oder Kuba an.

Bildende Kunst

Für Kunstinteressenten bietet Sofia eine Vielzahl an Galerien. Bilder nicht nur zum Schauen, sondern auch zum Kaufen sind in Theatergebäuden, Geschäften und Cafés ausgestellt. ***Kauft man ein Gemälde,*** so muss man sich unbedingt eine Bestätigung ausstellen lassen, dass es „keinerlei Bedeutung für die nationale Kultur" besitzt. Diese Bescheinigung wird meistens im Verband der Bulgarischen Künstler, uliza Schipka 6, Tel. (02) 43 351, 446 115, Mo.-Sa. 10.00-18.30 Uhr, erteilt. Außerdem braucht man eine Quittung des Geschäftes damit man bei der Ausfuhr dem Zoll mit gutem Gewissen die geforderten 20% für Kunstwerke bezahlen kann.

● ***Galerie der Stiftung „Kyrill und Method",*** uliza 19. Fewruari 1, Tel. (02) 884 922.

● ***Nationale Galerie für dekorativ-angewandte Künste,*** uliza Rakowski 125, Tel. (02) 885 080.

● ***Sofioter Städtische Kunstgalerie,*** uliza Gurko 1, Tel. (02) 872 181.

Nachtleben

● Im Allgemeinen verfügen alle größeren Hotels auch über eine Nachtbar. Das beste Unterhaltungsprogramm bietet jedoch die ***Nachtbar des Sheraton-Hotels „Balkan"***. Ansonsten gibt es eine überquellende Auswahl für schlaflose Nächte.

● ***Varieté „Amasons",*** uliza Gurko 16, täglich erotische Tänze.

● ***Bibliotekata,*** buleward Wassil Lewski 88 (im Gebäude der Nationalbibliothek „Kyrill und Method" der Eingang links), täglich neues Programm.

● ***Restaurant „Dali",*** uliza Schipka 6, täglich gemischtes Programm.

● ***Diskothek „Imperial",*** buleward Vitoscha 109, täglich neues Programm.

● ***Restaurant „Magitschen teatar astor",*** bul. Tscherni wrach 20, täglich Varieté-Programm.

● ***Birarija*** (Bierstube) „Pri kmeta" (Beim Bürgermeister) uliza Parish 3, täglich neues Programm.

● ***Folk-Klub „Schecheresada",*** uliza Dshejms Bautscher 76 im Hotel Orbita, täglich Zigeuner-Live-Musik.

● ***Club „Kokaratscha",*** uliza Lege 10, hat einen guten Ruf bei unseren Sofioter Bekannten (Mo.-Sa.).

Rund ums Geld

Abgesehen von den rd. 300 Wechselstuben, deren größter Teil sich im und um das Zentrum herum befindet, sind einige Banken erwähnenswert.

- ***Bulbank,*** ploschtad Sweta Nedelja, Tel. (02) 84 91, Fax (02) 884 636
- ***BNP - Dresdnerbank,*** ploschtad Narodno Sabranie 11, Tel. (02) 860 951, Fax (02) 799/35 243
- ***Raiffeisenbank,*** uliza Serdika 14, (02) 860 811, Fax (02) 860 935

Einkaufen

- Nach wie vor besitzt Sofia im Vergleich zu der Provinz die besten Einkaufsmöglichkeiten. Die größte Konzentration von Geschäften aller Art bietet sich an der Vitoschka, der Graf-Ignatiew-Straße, der Patriarch-Ewtimij-Straße und am ***ploschtad Slawejkow.*** Letzterer ist speziell von den Bouquinisten erobert. Dort findet man auch eine Buchhandlung mit preiswerten ***Malerutensilien.***
- ***Zentralen universalen magasin (ZUM),*** größtes Kaufhaus des Landes im Stadtzentrum, einige Stände akzeptieren Kreditkarten. Mo.-Fr. 8.00-21.00 Uhr, Sa. 9.00-17.00 Uhr.
- ***Zentrale Markthalle*** *(Zentrálni cháli):* hier findet man ein breites Angebot unter einem Dach, auch saubere, kostenlose (europäische) Toiletten.

Antiquitätengeschäfte/Antiquariate

- ***Antikwariat,*** uliza Jurij Wenelin 26.
- ***Rojal,*** uliza Rakowski 94.
- ***Letostruj,*** uliza Rakowski 157.
- ***Antikwariat,*** uliza Denkoglu 40.
- ***Antiqu shop,*** uliza Zar Oswoboditel 4.
- ***Antikwariat,*** buleward Zar Oswoboditel 8a.
- ***Antikwariat,*** uliza Positano 2 (an der Ecke des buleward Vitoscha).

Bauernmärkte

Obst, Gemüse und Blumen (Gewürze und noch vieles andere) verkaufen die Bauern aus der Sofioter Umgebung auf sechs Märkten, die in den Stadtgebieten verteilt sind. Alle Märkte sind täglich geöffnet, Samstag ist jedoch der eigentliche und damit größte „pasaren den" - Basartag.

- Der meistbesuchte und größte Markt ist ***Shenskija pasar*** (Frauenmarkt). Man findet ihn problemlos - an der Synagoge vorbei bis zur Kreuzung buleward Stefan Stambolow (alter Name: Georgi Kirkow).
- ***Rimskata stena*** (die römische Mauer) befindet sich am buleward Christo Smirnenski, südlich vom Zentrum. Mit den Straßenbahnlinien 2, 8 oder 19 zu erreichen.

Medizinische Hilfe

- ***Zentar sa barsa medizinska pomoscht*** (Zentrum für schnelle medizinische Hilfe), buleward Wassil Lewski 41, Tel. (02) 835 220.
- ***Zentar sa speschna medizina Pirogow*** (Zentrum für dringende Medizin Pirogow), buleward General Totleben 21, Tel. (02) 515 31.
- ***Tschastna poliklinika „Vita"*** (Privatpoliklinik „Vita"), Samuil 131; Tel. (02) 324 073 (Stomatologie, Gynäkologie, Dermatologie und innere Medizin, Laboruntersuchungen, Nadeltherapie).
- ***Dental labor,*** rund um die Uhr geöffnet, spezialisiertes stomatologisches Zentrum, buleward Skobelew 39, Tel. (02) 510 882, 513 132.
- ***Stomatologische Klinik,*** uliza Prof. Anton Mitow 10, Tel. (02) 475 656.
- ***Stomatologische und allgemeine Medizin,*** uliza Nikola Kofradshiew 16, Tel. (02) 545 811, rund um die Uhr geöffnet.
- ***Kinderzahnarzt,*** buleward Patriarch Ewtimij 1, Tel. (02) 883 175.
- ***Zahnarzt Doktor Ilija Christow,*** uliza Lajosch Koschut 41, 4. Etage, täglich geöffnet.

Apotheken rund um die Uhr

- ploschtad Sweta Nedelja 5, Tel. (02) 875 089.
- buleward Alexander Stambolijski 145, Tel. (02) 220 529.
- buleward Janko Sakasow 79, Tel. (02) 442 483.

Heilkräuterapotheken (bilkow magasin)

- buleward Wassil Lewski 2 (am Musiktheater).
- uliza Zar Iwan Schischman 22.

Veterinärmedizinische Einrichtungen

- ***Doktor Och-boli,*** uliza Nerasdelna 9, Tel. (02) 656 174, täglich 16.30-19.00 Uhr.
- ***Veterinärapotheke Lerin,*** uliza Rakowski 62, Mo.-Fr. 8.00-20.00, Sa.-So. 10.00-18.00 Uhr.
- ***Doktor Jossifow,*** uliza Edisson 38 A, Tel. (02) 715 942.
- ***Weterinarno-medizinski zentar*** (Veterinärmedizinisches Zentrum) buleward Knjas Dondukow 63-65, Tel. (02) 442 462.

Post und Telefon

- Neben den kleineren Postämtern in den Stadtgebieten mit Telefonkabinen, die Mo.-Fr. bis 19.30 Uhr und am Sa. bis Mittag geöffnet sind, steht die ***Hauptpost*** Mo.-Sa. 7.00-20.30 Uhr mit kleineren Pausen am Vormittag, Mittag und Nachmittag zur Verfügung. Das Gebäude befindet sich an der Kreuzung der Straßen General Gurko und Wassil Lewski, auf gleicher Höhe wie das Nationaltheater.

- Das ***Fernsprechamt*** (telefonna zentrala) in einer kleinen Seitenstraße bei der Hauptpost hält die Tore jeden Tag rund um die Uhr auf.

Polizei

- uliza Knjas Boris I. 215, Tel. (02) 310 107.
- buleward Bratja Bakston 5, Tel. (02) 562 914.

Nützliche Telefonnummern

● ***Schnelle medizinische Hilfe***	150
● ***Polizei***	166
● ***Feuerwehr***	160
● ***Straßenhilfe***	146
● ***medizinische Konsultationen***	155
● ***Autoservice***	172
● ***touristische Informationen***	197
● ***Taxi***	1280, 1284, 2121
● ***Taxi ins Landesinnere***	318 045
● ***Eisenbahninformation***	311 11
● ***Telefonwecker***	163
● ***Telefonauskunft***	144

Transport

Siehe auch Kapitel „Praktische Reisetipps, Verkehrsmittel".

- In Sofia verkehren Busse *(awtobus)* und Trolleybusse (Oberleitungsbusse); zusätzlich (aber nur in der Hauptstadt) fährt noch eine Straßenbahn *(tramwaj).* Sofia hat auch eine kleine U-Bahn-Strecke mit insgesamt 6 Stationen. Die Zentralhaltestelle der Metro mit dem Namen ***„Serdika"*** befindet sich in der Fußgängerunterführung gegenüber vom Hotel „Sheraton", wo die kleine Kirche „Sweta Petka Samardshijska" steht. Bis 2008 soll die Strecke vollständig ausgebaut werden. Ein Fahrplan existiert nicht. In der Regel fahren die städtischen Verkehrsmittel alle 10–15 Minuten. Sollte es länger dauern, muss man eben geduldig warten, irgendwann wird man schon erlöst. Das funktioniert etwa in der Zeit von 5.00 Uhr bis 22.30 Uhr. Danach empfehlen sich nur Taxis.

In der Hauptstadt besteht für alle öffentlichen Verkehrsmittel ein ***einheitlicher Tarif.*** Ein Fahrschein kostet 0,40 Lewa, Tageskarte 2 Lewa, Wochenkarte 9 Lewa. Und damit fährt man – so man will – bis zur Endhaltestelle. Für einen größeren Rucksack, einen Koffer oder eine Reisetasche muss man noch einen zweiten Fahrschein lösen. Gerade ahnungslose ausländische Touristen sind besonders beliebte Zielscheiben für Kontrolleure. Fahrscheine kauft man am Kiosk. Zwischen den einzelnen Städten in Bulgarien gibt es geringfügige Preisunterschiede.

- Man sollte sich die zwei wichtigen Brücken Sofias merken, die auch als gute ***Orientierungpunkte*** dienen: ***Lawow most (Löwenbrücke)*** an der Kreuzung buleward Knjaginja Maria-Luisa und buleward Sliwniza, Richtung Hauptbahnhof; ***Orlow most (Adlerbrücke)*** an der Kreuzung buleward Ewlogi Georgiew und Zarigradsko schosse, Richtung Flughafen.

Taxi

- Als Orientierungspreis gelten 0,30 Lw pro gefahrenen km. Die Firmen ***Okay Supertrans*** (02) 9732121 oder ***Taxi-s-Express*** Tel. (02) 1280 gehen mit ihren Kunden fair um. Zum Flughafen Sofia kostet die Strecke nicht mehr als 5 Lw.
- ***Sammeltaxi*** *(marschrútno táksi,* маршрутно такси) fahren auf den Routen der öffentlichen Verkehrsmittel, Preis pro Person und Strecke: 1 Lw.

Busbahnhöfe (awtogara)

- ***Awtogara Sapad*** (Busbahnhof West), Tel. (02) 553 047, 554 033, befindet sich im kwartal Owtscha kupel am buleward Zar Boris III. Busverbindungen mit Bansko, Blagoevgrad, Goze Deltschev, Petritsch, Raslog, Rilski manastir (Rila-Kloster), Sandanski , Slatnite Mostowe. Zu erreichen mit Straßenbahnlinien 5, 16 oder 19, Buslinien 260 und 63.
- ***Awtogara Jug*** (Busbahnhof Süd), Tel. (02) 720 063, befindet sich im kwartal Darweniza. Erreichbar mit Buslinien 68, 69, 70, 71, sowie Straßenbahnlinien 14 und 19. Direktbusse nach Borovez 10:30 Uhr und 14:30 Uhr, ansonsten fast stündlich bis Samokov und dort Anschluss.
- Von der ***Ostseite des Hauptbahnhofes*** *(zentralna gara)* und dem gegenüberliegeden Hotel „Princess" fahren Privatbusse in die entlegensten Ortschaften des Landes sowie ins Ausland. Es ist ratsam, sich zuerst hier nach einer Verbindung zu dem gewünschen Reiseziel zu erkundigen. Es gibt in Sofia zwar noch mehr Busbahnhöfe, diese haben aber keine touristische Bedeutung. Fahrkarten werden in den umliegenden Kiosken verkauft. Die Preise sind fast identisch mit denen der Eisenbahn (z.B. Sofia-Varna 15 Lewa/€ 7,67) und man kommt schneller ans Ziel.

●***Meshdunarodna awtogara*** (Internationaler Busbahnhof), uliza Damjan Gruew 23, etwa 18 Minuten zu Fuß vom Kulturpalast (Richtung Ruski pametnik oder Hotel Rodina). Tel. (02) 525 004. Busverbindungen mit Skopje, Nisch, Tirana, Athen, Solun, Istanbul sowie Mittel- und Westeuropa. Man soll keinen großen Busbahnhof erwarten. An einer ruhigen Straße halten zum bestimmten Zeitpunkt die Busse. Das Büro befindet sich in einem kleinen Zimmer an der Ecke des Wohnblocks. Gegenüber ist ein Lebensmittelgeschäft.

Hauptbahnhof

●Der Hauptbahnhof (zentralna gara, Tel. 658 402) befindet sich am nördlichen Ende des buleward Knjaginja Maria-Luisa und ist mit den Buslinien 74, 77, 61, 213, 313 oder mit den Straßenbahnlinien 1, 6, 7, 8, 9, 12, 15 zu erreichen. Vom Hauptbahnhof fahren alle internationalen sowie die Züge der Nordlinien nach Varna, Russe, Vidin und Lom; Südwestlinien nach Kjustendil, Dupniza, Blagoevgrad und Petritsch; Ostlinien nach Plovdiv, Stara Sagora, Jambol, Burgas. An dem nordöstlich gelegenen Sofioter Bahnhof Poduene halten alle Züge der Ostlinien.

Nachtzüge nach Varna fahren um um 23.00 und nach Burgas um 23.15 (Ankunft gegen 7 Uhr).

Flughafen

●Der Flughafen *(letischte, aerogára)* Sofia liegt 12 km südwestlich vom Zentrum. Dorthin fährt der Bus Nr. 84 gegenüber der Sofioter Universität (*Sofijskijat uniwersitét*) ab oder das Sammeltaxi (*marschrutno taksi* bzw. *marschrútka*) Nr. 30, das entlang dem buleward Maria Luisa und uliza Zar Osvoboditel verkehrt.

●Taxifahrer verlangen von den Neuankömmlingen am Terminal irrsinnige Preise in Höhe von 20-30 Lw bis zum Zentrum. Finger weg davon, man braucht nur ein paar Schritte weiter zu laufen, bis man die gelbe Farbe des „normalen" Taxis sieht. Hier noch mal kurz vergewissern, ob der Preis in Lewa oder Euro lautet. Also, nicht mehr als 5 Lw!

Rent-a-car in Sofia

Mazda, Opel, Fiat, Volkswagen, Renault u.a. kann man für westliche Preise auch mit Fahrer mieten.

●***AVIS,*** buleward Vitoscha 3, Tel. (02) 9811 082; Hotel Kempinski-Sografski, buleward Jems Bautscher 100, Tel. (02) 684 149; Sheraton Hotel, ploschtad Sweta Nedelja 1-5, Tel. (02) 988 8167; Flughafen Sofia

●***Autorent Fest,*** uliza Zar Iwan Assen II. 24, Tel. (02) 435 555

●***Drenikov,*** uliza Oborischte 55, Tel./Fax (02) 465 551, www.service.bg/drenikovrentacar

●***Tourist Service,*** Tel. (02) 9817 253, E-Mail: bg@tourist-service.com, www.tourist-service.com

●***Budget,*** bul. Vitoscha 1, in der Nähe von McDonald's Tel. (02) 9871682

●***Etna Holidays Rent-a-Car,*** uliza Weslez 6, Tel. (02) 9803 472, 9874 513, Handy: (0489) 46390, Fax (02) 9801 452, E-Mail: etna@spnet.net, www.etna-bg.com

Umgebung von Sofia, Routenvorschlag

Sofia - Pernik - Dorf Kovatschevizi - Semen - Kjustendil - Nevestino - Boboschevo - Rila - Rila-Kloster - Blagoevgrad - Simitli - Raslog - Bansko, durch das Mesta-Tal bis Goze deltschev (ehemals Goze Deltschev) und Melnik. Von Melnik zurück nach Sofia auf der Schnellstraße E 79 oder Weiterfahrt ins Gebiet Plovdiv.

Raus aus dem Stau nach Pravez

Ausflug nach Pravez

Kremikovski manastir
Кремиковски манастир

Das ehemalige Dorf Kremikovzi (heute ein Wohnviertel von Sofia) befindet sich wenige Kilometer nordöstlich vom Sofioter Ring. Das eigentliche Ziel, das Kremikovski manastir, liegt noch einmal 2 km östlich davon; nicht wie die meisten bulgarischen Klöster versteckt in der Natur, sondern frei sichtbar auf einer Anhöhe. Vermutlich begann seine Geschichte im 15. Jh. Der örtliche Herrscher *Radiwoj* soll das Kloster erbaut haben, nachdem seine zwei Kinder starben. Der älteste Bau des Klosters ist jedenfalls die Kirche „Sweti Georgi" aus dem 15. Jh., deren Wandmalereien leider stark beschädigt sind. Vor einiger Zeit ein Brand, Mangel an Geld zur umfassenden Instandsetzung (zur Zeit laufen einige Restaurierungsarbeiten) und die einzige verbliebene Nonne (von ehemals 40) kennzeichnen den Verfall dieses nationalen Heiligtums. Trotz seines teilweise bedauernswerten Zustandes ist das Kloster wegen seiner Ikonen berühmt.

Seslavski manastir
Сеславски манастир

Zwei Kilometer weiter, am nordöstlichen Rand des Sofioter Wohnortes Seslavzi, folgt das nächste Kloster, Seslavski manastir aus dem 17. Jh. Den größten Wert stellen die wunderbaren Wandmalereien der einschiffigen Kirche „Sweti Nikolaj Tschudotworez" dar, die mit dem Namen *Pimen,* ein bulgarischer Maler und Verfasser religiöser Texte, verbunden sind.

Pravez
Правец

Nach wenigen Kilometern kommt man auf die schönste, autobahnartige Straße Bulgariens, die ***A 2.*** Man fährt über die größte Brücke des Landes und durch eine reizvolle Landschaft. Diesen kurzen Autobahnabschnitt, der gleich hinter Pravez endet, jagten jahrzehntelang ausländische Delegationen und Diplomaten zum Geburtsort von *Todor Shiwkow* entlang. Das einstige Dorf Pravez, 71 km vor Sofia, wurde 1981 ***zur Stadt erklärt.*** Aus Minderwertigkeitskomplexen sollte und wollte *Shiwkow* von seiner Herkunft kein Dörfler sein. Das bescheidene Geburtshaus blieb dabei aber unangetastet, konnte er sich doch gerade damit als Sohn des Volkes ausweisen.

Große moderne Hotel- und Gaststättenbauten an einem See rechts der Straße künden bereits von der Nähe Pravez'. Hoch in den Hügeln über der „Stadt" erblickt man einen weißen Bau, die ***ehemalige Residenz,*** die nunmehr als Hotel dienen soll. Im vollen Kontrast dazu steht das bereits erwähnte Geburtshaus *Shiwkows* am Ortsrand, das bis vor wenigen Jahren noch als Haus-Museum fungierte. Auf dem breiten, reichlich mit Marmor bedeckten Dorfplatz findet man das Hotel „Monowez" (drei Sterne) mit Restaurant und annehmbaren Preisen, wozu ab fünf Übernachtungen noch ein guter Rabatt gewährt wird. Ein Busbahnhof am Ende der Fußgängerzone bietet nicht nur einen Anschluss nach Sofia.

Das Umfeld dieses dörflichen Städtchens ist ein ideales Wandergebiet. In den ***Gegenden Gradischte, Bogotwor und Ostroma*** gibt es außerdem Spuren von thrakischen und römischen Festungen, Überreste eines römischen Weges, der noch im Mittelalter benutzt wurde, und einer römischen Brücke namens „Deliradewija most".

Wandertipp
- Pravez – Kloster „Sweti Todor Tiron" (zirka 3,5 km) – Semnite piramidi (Erdpyramiden); insgesamt 6,3 km.

Das Kloster und die Erdpyramiden befinden sich östlich von Pravez, an der Straße nach Etropole, in der Umgebung des Dörfchens Manastiriza. Bis hierher fährt auch ein Bus. Viel schöner ist aber der Weg, der vom südlichen Pravez aus

Pravez-See mit der Nachtbar Chanska Schatra

führt. Der Weg verläuft an dem Wiedergeburtshaus von Pop *Marko* vorbei und überquert den Fluss Gradeschniza. Durch Wiesen und entlang an einzelnen Häusern kommt man bis zur Villenzone von Pravez. Von hier aus könnte man die Wanderung entweder auf der Straße nach Etropole fortsetzen oder weiter durch die Wiesen, indem man sich immer in der Nähe des Waldgürtels hält. Man durchquert zwei Täler und erreicht das Kloster. Die andere Variante führt nur ein Stück auf der Straße entlang, vorbei an der Bushaltestelle bei der Ortschaft Vasilkjovska, und nach 300-400 m biegt man bei dem ersten Ochsenkarrenweg rechts ab. Dann sind es noch 500 m bis zum Kloster. Man geht durch die Ortschaft Radulska mit zehn alten Häusern, deren Architektur eigentlich der eines Architekturreservates würdig ist.

Das ***Kloster „Sweti Todor Tiron"*** liegt auf einer Wiese und wurde 1866 erbaut. Die Ikonen und die steinernen Reliefs stammen aus dieser Zeit. Diese Gegend wurde schon von den Thrakern bewohnt und ist noch nicht richtig erforscht.

Man geht auf demselben Weg zurück zur Straße und weiter in Richtung Etropole. Nach nur 500 m und der Überquerung des Flüsschen Witomeriza, sieht man die ***Erdpyramiden.*** Sie stehen in der Gegend Boshkow rat, ähneln den Pyramiden bei den Dörfern Stob und Katina (auch im Gebiet Sofia), sind aber viel kleiner. Von hier kann man zurück nach Pravez mit dem Bus fahren.

- Pravez - Gipfel Ostroma (1027 m) - Dorf Osikoviza - das Tal des Flusses Malak Iskar - Dorf Dshurovo - Dorf Vidrare (vier Stunden).

Die Wanderung führt durch schöne Natur und abgeschiedene Dörfer der Stara planina.

Etropole
Етрополе

10.000 Einwohner, 90 km östlich von Sofia und 13 km südöstlich von Pravez.

Klare Gebirgsluft und Wanderungen in die Stara planina verspricht diese kleine Ortschaft. Die alten Römer haben hier mit Sklavenarbeit Eisen, Silber und Gold gewonnen. Das ***historische Museum*** in dem restaurierten Gebäude des ehemaligen türkischen Konak (Amtsgebäude) von 1858 berichtet mehr über die Ortsgeschichte.

Zwischen den neuen Häusern stehen die ***Kirche „Sweti Archangel Michail"*** (1337) mit Ikonen des griechischen Malers *Mitrofanu Nikiforu,* ein jüdischer Turm vom 14. Jh., ein städtischer Turm (1710), der 1821 in einen Uhrturm verwandelt wurde, die Kirche „Sweti Georgi" mit einer Zellenschule sowie 24 ***Häuser aus der Wiedergeburtszeit,*** schön an dem Fluss Malki Iskar gelegen. Die charakteristischsten dieser Häuser sind Pawelpontschowata kaschta und Chadshigrigorowata kaschta. Das Drei-Sterne-Hotel „Etropole" reicht für die wenigen Gäste der Stadt völlig aus.

Etropolski manastir
Етрополски манастир

Das Kloster ist noch unter dem Namen „Warowitez" bekannt und befindet sich 5 km östlich von Etropole. Vermutlich wurde es im 12. Jh. gegründet. Während der Türkenherrschaft fiel ihm die Rolle des wichtigsten Klosters in den nördlichen bulgarischen Gebieten zu, wo man alte Schriften aufbewahrte und neue schuf. Ende des 16./Anfang des 17. Jh. spricht man schon von der ***Etropolski-Buchschule.***

Das ursprüngliche Baujahr der Kirche ist unbekannt, 1682 wurde ein zusätzlicher Bau errichtet. Die heutige ***Kirche*** von 1858, westlich von den Grundmauern der alten, stellt einen beeindruckenden dreischiffigen Kreuzbau dar mit einer hohen Zentralkuppel und vier kleineren Kuppeln über ihren Ecken. Die einzelnen Schiffe sind durch Säulen getrennt. 1860 wurde ihre äußere Bemalung beendet. Die Wandmalereien im Inneren der Kirche sind von 1907.

Wranata woda
Враната вода

Ein ***Wasserfall*** unweit des Dorfes Jamna, 10 km östlich von Etropole. Das Wasser entspringt einer Karstquelle und hat eine hohe Terrasse von Kalksinter gebildet. Mit seinen 30 m Höhe ist es einer der größten Wasserfälle in diesem Gestein.

Tschekotinski manastir
Чекотински манастир

Zum Kloster gelangt man, indem man Pravez in nördlicher Richtung auf der E 83/3 verlässt und nach etwa 5 km links in Richtung Kalugerovo - Svode abbiegt. Die Straße ist gut und die Natur etwas für Genießer. Im Dorf Kalugerovo steht die ***Kirche „Sweto Wosnessenie"*** (1857) mit schönen Ikonen.

Das ***Kloster*** selbst liegt links der Straße in der folgenden kleinen Ortschaft Tschekotin. Wenn man nicht weiß, dass es hier ein Kloster gibt, fährt man prompt daran vorbei. Es schmiegt sich an einen Abhang zu einem Flüsschen, so dass man es von der Straße aus nicht sehen kann. In dem neuen Klostergebäude ist ein sehr schöner Paraklis (Kapelle) geschaffen worden. Die alte Klosterkirche vom 13./14. Jh. ist reichlich mit Wandmalereien und Ikonen der Trjavnaer Schule geschmückt. Die phantastische Umgebung und die Ruhe verleiten zu einem mehrtägigen Aufenthalt.

Der Pope freut sich über jeden Besuch, denn 1989-91 wurden neue ***Gästezimmer*** mit WC/D eingerichtet. Die Übernachtung kostet zirka € 1,53 (3 Lw), mit angebotener Vollverpflegung bezahlt man zusammen € 5,10 (10 Lw).

Poganovskija manastir (Paganovo-Kloster)
Погановския манастир

Kosmische Fresken aus dem 14. Jh. In manchen von ihnen sähe *Erich von Däniken* außerirdische Gäste wie in seinem Film „Erinnerungen an die Zukunft". Ein wahnsinniges Spiel der Natur in der Erma-Schlucht. All das bietet das bulgarische Poganovo-Kloster ***im heutigen Serbien.*** Das Kloster blieb nach dem Friedensvertrag von Neuilly am Ende des Ersten Weltkrieges, vom 27. November 1919 an, gemeinsam mit anderen bulgarischen Gebieten in Serbien. Allerdings empfehlen wir gegenwärtig deutschen Reisenden, aufgrund der ungewissen Sicherheitslage von einem Ausflug auf serbisches Gebiet Abstand zu nehmen.

Von Sofia fährt man auf der E 80 in nordwestlicher Richtung zur Grenze mit Serbien. 16 km nach dem Grenzübergang Kalotina, bei dem Abzweig mit dem Schild

„Poganovski manastir - XIV. wek“, erübrigen sich alle Fragen. Man biegt eben nach links in Richtung Zvonce. Eine schmale Asphaltstraße schmiegt sich an das linke Ufer des Flusses Erma. Nach etwa 10 km wird das Tal enger, und kurz nach der Brücke steht einem der Atem still beim Anblick der Schlucht. Steile Felsen hängen über dem Fluss. Unter dem großartigen Felskranz des rechten Ermaufers hat sich das Dorf Vlasi angesiedelt. Nach einigen Kurven fließt die Straße unter einem Felsendach weiter. Hier besteht Steinschlaggefahr, und nach kräftigen Regen können größere Brocken auf der Straße liegen.

Dort, wo die Felsen plötzlich zurücktreten, breitet sich in der Schlucht eine Wiese aus. Die ***Landschaft*** ist so ***bezaubernd schön,*** dass es schwerfällt, sie mit Wörtern zu beschreiben. Selbst der sprachbegabte bulgarische Schriftsteller *Aleko Konstantinow* gibt zu: „Warum ist die menschliche Sprache so arm, warum ist meine Feder so schwach! Wie kann ich diese phantastischen Figuren (die Felsgebilde) beschreiben ...?“

Am Parkplatz wartet die ***Kneipe*** mit serbischer und bulgarischer Beschriftung „Ribarski sastanak“/„Ribarska sreschta“ (Fischertreff) und erhöhten Preisen auf die neugierigen Touristen. Für das Bier und ein Grillgericht bezahlt man nach dem inoffiziellen Kurs etwa € 5,60 (11 Lw).

Die älteste von den fünf Nonnen, Mutter Joana, empfängt die Gäste in dem Klosterhof mit den Worten: „Fühlen Sie sich wohl hier, aber bitte berühren Sie nicht die Wandmalereien. Und das Fotografieren erlaubt der Bischof nicht.“ Die betagte Nonne behauptet, dass die fast ***500 Jahre alten Wandmalereien*** bisher nicht restauriert worden sind. Vor einem Vierteljahrhundert wurden sie nur mit speziellen Mitteln gereinigt.

In der Mitte des Klosterhofes erhebt sich die einschiffige Kirche „Sweti Joan Bogoslow“, die für ihre 600 Jahre sehr gut aussieht. Man erblickt bekannte biblische Szenen: „Das letzte Abendmahl“, „Der Verrat des Judas“, „Jesus vor Pilatus“, „Die Kreuzigung“, „Die Auferstehung“, die mit einem für jene Zeit seltenen Realismus dargestellt sind. Die Hauptkuppel trägt die Gestalten der 12 Apostel. Die interessantesten Malereien sind aber die Fresken unter den Gewölben. In den vier Himmelsrichtungen sind kugel- und spiralförmige kosmische Geräte abgebildet, die an Raumschiffe erinnern. Aus deren unteren Teilen beugen sich, wie eine Botschaft übermittelnd, die Oberkörper menschlicher Figuren in Raumanzügen heraus.

Im Umkreis der Kirche sind die ***Wohn- und Wirtschaftsgebäude*** sowie ein Speisesaal mit großem Schornstein angeordnet. Die Bauten machen einen sehr gepflegten Eindruck. An der westlichen Klosterwand ist eine Inschrift von 1392 erhalten, wo die Namen der Stifter zu lesen sind, *Konstantin* und seine Tochter *Elena,* die später byzantinische Imperatorin werden sollte.

Abstecher zum Rasboischte-Kloster

Разбоишки манастир

Man verlässt das Poganovo-Kloster voller Begeisterung und braucht etwas Zeit, um die Eindrücke zu verarbeiten. Zurück auf bulgarischer Seite, bei Kalotina, erwartet ein weiteres Kloster Besucher. Um dorthin zu gelangen, bedarf es eines kleinen Abstechers nach Norden hinter Kalotina von der E 80 Richtung Staninzi. Eiligen bleiben dabei bei Kalotina die wilde ***Höhle Kalotinska peschtera*** und eine kleine einschiffige Kirche (1331-37) zu Füßen eines Hügels am Fluss Nischawa verborgen.

Einen Kilometer vom Dorf Rasboischte entfernt, steht dann das gleichnamige Kloster. Seine ***Kirche „Wawedenie Bogoroditschno“*** befindet sich außerhalb des Klostergeländes in einer Felsnische. Bis zum Felsen führt ein Pfad, dem sich weiter oben Steinstufen anschließen. Die Überlieferung berichtet, dass alle Versuche, die Kirche weiter unten auf der Ebene zu bauen, mit einem Misserfolg endeten. An der nördlichen Ecke der Westfassade sind ein Fragment der Szene „Das schreckliche Gericht" sowie die Figuren einiger Apostel aus dem 15./16. Jh. zu sehen. Einige andere Wandmalereien stammen aus dem 16.-17. Jh. Die restlichen Wandmalereien und die Ikonen sind aus der zweiten Hälfte des 19. Jh.

Südlich vom Kloster gibt es noch die wilde ***Höhle Temnata dupka*** (Das dunkle Loch) zu besichtigen.

Iskrezki manastir
Искрецки манастир

Die Weiterfahrt zurück nach Sofia kann man gleich auf der Landstraße fortsetzen, die die größere Ortschaft Godetsch durchquert, nach 6 km den Petrochanskija prochod (Petrochanpass), die Straße Nummer 81 kreuzt und nach nochmals 10 km das Dorf Iskrez erreicht, eine Ortschaft, die an der Stelle einer mittelalterlichen bulgarischen Festung entstand. Etwa 2 km westlich davon liegt die ***Höhle Wodnata peschtera Duschnika*** (Wasserhöhle Duschnika).

Das eigentliche Ziel bildet aber das Kloster Iskrezki manastir, unweit des Dorfes. Vermutlich entstand das Kloster Anfang des 13. Jh. Ende des 14. Jh. wurde es von den Türken geplündert und verwüstet. 1834 errichtete man einen neuen Klosterbau. Schon in der Mitte des 17. Jh. wurde die einschiffige ***Klosterkirche „Uspenie Bogoroditschno"*** gebaut. Ihre Wände sind mit drei Schichten Wandmalereien bedeckt. Sehr interessant sind die Wandmalereien im Vorraum der Kirche aus dem 19. Jh. Dreizehn Szenen illustrieren die Apokalypse. Die Kunsthistoriker vertreten die Auffassung, dass die ikonografischen Schemata von der westeuropäischen Kunst und besonders von dem bekannten Zyklus „Apokalypse" *Albrecht Dürers* beeinflusst worden sind.

Um zurück nach Sofia zu gelangen, kann man zwischen dem Petrochanpass, der Straße 81, oder der Straße Nummer 16 entlang des Iskar-Flusses wählen.

Pernik
Перник

100.000 Einwohner, 31 km südwestlich von Sofia, an der Struma. Man sollte sich nicht von den vielen verfallenen und verwaisten Fabrikgebäuden in der Umgebung der Stadt abschrecken lassen, denn hier wird seit 1879 Steinkohle abgebaut, und das dadurch entstandene ***Kohleförderungs- und Industriezentrum*** steckt heute genauso in der Wirtschaftskrise wie das ganze Land.

Das Stadtzentrum und einige Sehenswürdigkeiten sind auf alle Fälle einen Halt in der Stadt wert. Jedes zweite Jahr findet in Pernik das ***Nationale Festival der Kukeri und Surwakari*** statt (siehe „Feste und Feiertage").

Dank der Bergbauarbeiten sind reichlich interessante ***archäologische Funde*** aus der Zeit des Neolithikums und aus der Thrakerzeit, spätantike Grabmäler und vieles mehr zutage gefördert worden, so dass ein Besuch des historischen Museums lohnt.

- ***Historisches Museum,*** uliza Fiskulturna 2. Archäologische Funde aus einem thrakischen Tempel (2.-4. Jh.); ethnografische Ausstellung: Trachten, Kukeri-Masken, Gebrauchsgegenstände aus dem 19. und vom Anfang des 20. Jh.; Tel. (076) 23118.
- ***Minen musej*** (Bergbaumuseum), uliza Sweti Kiril i Metodij, Mo.-Fr. 8.30-12.00 und 12.30-17.30 Uhr.

Kakra-Festung (nach dem bulgarischen Bojaren *Kakra Pernischki,* Kakra von Pernik), auf einem Hügel am südwestlichen Stadtrand. An der Stelle einer früheren slawischen Siedlung entstand im 9. Jh. auf dem Gebiet und während des Ersten Bulgarischen Reiches eine Festung, die bis zum 12. Jh. existierte. Dann wurde sie vermutlich von einem Erdbeben zerstört. Im 13. Jh. legte man auf ihren Ruinen einen Friedhof an. Man sieht noch außer Überresten der Festung und von Wohngebäuden die Reste zweier frühchristlicher Kirchen.

Übernachtung

- ***Hotel „Struma"***, zwei Sterne, im Zentrum, Tel. (076) 24589; Restaurant, Diskothek, Café.
- ***Hotel „Atlas"***, Tel. (076) 74055, und ***Hotel „Sora"***, Tel. (076) 73316, befinden sich im kwartal Istok, bul. Juri Gagarin - billig.

Transport

- ***Bahnhof:*** uliza Shelesnitscharska 3, Tel. (076) 21001, 21031; an den Eisenbahnlinien Sofia - Vladaja - Pernik und Sofia - Volujak.
- ***Busbahnhof:*** uliza Stazionna 6, nahe beim Bahnhof, Tel. (076) 25683, 22803; Verbindungen nach fast allen Orten im Gebiet Sofia.

Umgebung von Pernik

Wandertipp

Zwischen Pernik, Sofia und Bankja (einem Luftkurort mit 34-38 °C warmen Thermalquellen) erstreckt sich das kleine ***Gebirge Ljulin*** (bis zu 1256 m hoch), so dass alle drei Städte Ausgangspunkte für Wanderungen sind.

- ***Chisha Ljulin*** befindet sich in der Landschaft Raskrasketo im westlichen Teil des Ljulin, unterhalb des Gipfels Rajlowo gradischte auf 1040 m. Ausgangspunkte: Dorf Ljulin nördlich von Pernik - eine Stunde auf einem 4 km langen Weg; Bankja (über Dorf Michajlovo) - 1,5 Stunden.

Wanderziele: Gipfel Rajlowo gradischte (1199 m) mit Überresten einer Festung; Diwotinskija manastir „Sweta Troiza" - 30 Minuten.

Von der Chisha Ljulin ist die Chisha Bonsowi poljani in vier Stunden zu erreichen. Nur zehn Minuten von ihr entfernt ist das Ljulinski (oder Gornobanski) manastir „Sweti Kiril i Metodij", von dem nur die Kirche übriggeblieben ist.

- ***Naturschutzgebiet „Ostriza"***, 5 km südlich von Pernik in dem Minigebirge Golo bardo. Auf einer kleinen Fläche um den Gipfel Ostriza (1148 m) konnten über 300 Pflanzenarten festgestellt werden, darunter 80 seltene oder gefährdete, die von wissenschaftlicher Bedeutung sind. An schönen Wanderwegen stehen die Herbergen Slawej, Orlite und Kralew dol.

Duchlata-Höhle
пещтера Духлата

Die Höhle befindet sich in der Nähe des ***Dorfes Bosnek,*** etwa 16 km südöstlich von Pernik. Den Ort findet man problemlos; nach etwa 12 km Fahrt auf der E 79 sind an dem linken Abzweig noch 4 km zurückzulegen. Diese längste Höhle in Bulgarien hat mehrere labyrinthartige und übereinanderliegende Höhlengänge und ist reich an Kalzitablagerungen. Seit 1963 zum Naturschutzgebiet erklärt. Die Höhle ist sehr schwer zugänglich. Ihr Eingang liegt 6-7 m über dem rechten Ufer des Flusses Struma. Ein Teil ihrer Galerien reicht bis unter den Fluss. Betreten der Höhle nur auf eigene Gefahr.

Giginzi
Гигинци

Das Gebiet nordwestlich und westlich von Pernik ist von Fremden so gut wie unberührt geblieben. Aber auch in dieser touristischen Schattenlandschaft gibt es neben der wundervollen Natur abgeschiedene Dörfer, Klöster und Spuren vergangener Kulturen zu entdecken.

Das Dorf Giginzi, zirka 30 km nordwestlich von Pernik, erreicht man am besten über Temelkovo. Die Straße verläuft eine Weile parallel zu dem Flüsschen Konska reka. 4 km südlich von Giginzi am Gipfel Kitka liegt das ***Giginski manastir*** (auch als Tschernogorski manastir bekannt). Über die Gründung des Klosters weiß man kaum etwas. Das interessanteste in dem Komplex ist die Kirche mit ihren Wandmalereien.

Bresnik
Брезник

Der heute 5000 Einwohner zählende Ort geht auf eine uralte Siedlung zurück, in deren Umgebung sich Überreste von Thrakern und Protobulgaren befinden. Etwa 16 km weiter westlich steckt zwischen zwei Hügeln das ***Bilinskaja manastir „Sweti Archangel Michail"***, gegründet im 16./17. Jh. Leider ist nur noch die flache Kirche übriggeblieben.

2 km östlich vom Dorf Velinovo und 1 km vom Dorf Filipovzi steht in einer sehr schönen Landschaft das ***Mislowschtizkija manastir*** aus dem 14. Jh. Von den damaligen Gebäuden sind die Kirche sowie zwei Wohn- und Wirtschaftsbauten erhalten, wenn auch in ziemlich verfallenem Zustand. Das Kloster bedarf heute dringend der Pflege. Die Wandmalereien aus dem 16./17. Jh. hat man abgenommen, restauriert und im Historischen Museum Pernik aufbewahrt.

Tran
Трън

27 km nordwestlich von Bresnik. Das Städtchen ist von Wäldern und jungen Kiefernpflanzungen umgeben. Nördlich von dem Ort bildete der Fluss Erma das selten schöne Durchbruchstal Shdreloto na Erma (noch als Lomnischkoto shdrelo bekannt). Hier steht die ***Chisha Erma,*** ein Stück entfernt ein Hotel-Restaurant.

Zum ***Transkija manastir „Sweti Archangel Michail"*** (14. Jh.) gelangt man von der Chisha Erma auf der die Schlucht durchziehenden Straße, dann links auf einem steilen Pfad (ca. 4 km von Tran). Die Wandmalereien der Kirche sind leider nur fragmentarisch erhalten.

Semen
Земен

Der kleine Ort (3000 Einwohner), 44 km südwestlich von Pernik, ist, für sich genommen, nicht interessant, seine Umgebung dafür aber um so reizvoller. Die ***Semen-Schlucht*** (Semenskija prolom) am Fluss Struma ist eng und tief. An ihren Felswänden haben sich phantasievolle Figuren wie Nägel, Türme, Tiere und menschliche Köpfe geformt. Die imposantesten sind Galabinskite skali, Sarajat und Ritlite, die einige hundert Meter Höhe erreichen.

Das Hauptziel ist aber eigentlich das ***Semenskija manastir*** am Anfang der Semen-Schlucht. Um das Kloster zu besuchen, muss man durch die Ortschaft fahren. Auf der steilen Straße in die Berge sieht man oberhalb des Dorfes links schon die Klosterpforten. Eine nette Frau empfing uns mit einer Entschuldigung: „Hier kann man vor Einsamkeit verrückt werden, und wenn Touristen kommen, können wir sie nicht richtig empfangen. Weder im Kloster noch in Semen gibt es geeignete Zimmer zum Übernachten. Wer zu uns kommt, bringt sein Zelt mit oder fragt einfach im Ort. Und das, obwohl die Kirche unter dem Schutz der UNESCO steht. Aber vielleicht ist deshalb das Fotografieren nicht erlaubt."

Die Entstehung des Klosters ist eng verbunden mit der Geschichte des Zweiten Bulgarenreiches. Es war Bestandteil der mittelalterlichen Festung Semlangrad, deren Überreste in der Nähe zu finden sind. In den historischen Quellen erwähnt man Semen als 1189 von den Serben neben Pernik, Sredez (dem heutigen Sofia), Velbashd (heute Kjustendil), Shitolesk und Skopie verwüstete und geplünderte Siedlung. Die Kirche wurde – durch neueste Forschungen bestätigt – im ausgehenden 11./Anfang des 12. Jh. errichtet. In der Mitte des 14. Jh., während der Zeit des Herrschers *Dejan von Welbadsh,* wurde sie von dessen Geld aufwändig restauriert und mit Wandmalereien ausgeschmückt. Davon berichtet die Inschrift auf dem Stifterporträt von *Dejan* und seiner Frau *Doja.* Den zweifellos größten Wert des Klosterkomplexes stellt die ***Kirche*** dar. Einsam steht sie auf der Wiese im Hof. Sie ist eine der vollkommensten, exakt proportionalen Kultbauten des mittelalterlichen Bulgariens. Das Gebäude hat eine kubische Form, jede Seite misst 9 m. Die drei halbzylindrischen Apsiden sind mit dem Bau durch einen massiven Sims an dem vierflächigen Zeltdach vereinigt. Die Kirche wird gekrönt von einem runden Dachreiter mit zwei Reihen übereinanderliegender Nischen. Davon enthält die untere Reihe vier Fenster.

Die ***Wandmalereien in der Semen-Kirche*** sind ein Inbegriff der Beständigkeit und des Konservatismus der mittelalterlichen christlich-orthodoxen Kunst. Sie besitzen dennoch eine ungewöhnlich starke Ausdruckskraft. Erreicht wird dies durch eine betonte, kräftige Linie, die die einzelnen Farbflächen scharf trennt, die Konturen verstärkt und dem Ganzen eine strenge Geschlossenheit gibt. Die traditionellen evangelisierenden Szenen sind auch mit vielen Kleinigkeiten wiedergegeben. Man betrachte nur die interessanten Porträts der Stifter *Dejan* und *Doja* sowie ihrer zwei Kinder *Witomir* und *Stojo*. Eine kleine Freske oben rechts in einer Dachnische stellt die *Heilige Anna* dar, die älteste Gestalt in dieser Kirche des 12. Jh. überhaupt.

Die Klosterkirche

Der ausgetretene Fußboden der Kirche ist noch der ursprüngliche. Im Klosterhof wurden 1973 eine große Grabanlage aus dem 12. Jh. sowie eine weitere vom Anfang des 17. Jh. entdeckt. Früher befanden sich die Glocken in dem Dachreiter der Kirche. Da diese jedoch bei einem Erdbeben abgestürzt waren, erbaute man im 19. Jh. einen getrennten Glockenturm im Klosterhof. Öffnungszeiten der Kirche: Mi.-So. 9.00-12.00 und 13.00-18.00 Uhr.

Je nach Zeit und Muße bietet sich die Möglichkeit, noch zwei in der Nähe liegende Klöster zu besichtigen:

Peschterski manastir (auch als Mratschki oder Orechowski manastir bekannt), gegründet im 14. Jh., in der Gegend Mrakata, nur wenige Kilometer vom Dorf Peschtera (2 km nördlich von Semen) entfernt. Aus der Gründungszeit sind leider nur einige kleine Fragmente erhalten, die Wandmalereien wurden 1853 geschaffen.

Shabljanski manastir „Sweti Joan Predetscha" unweit vom Dorf Shabljano, etwa 2 km nordöstlich von Semen.

Transport

- ***Bahnhof von Semen*** an der Strecke Sofia – Pernik – Kjustendil. Unmittelbar am Bahnhof drängt sich die Struma zwischen den zwei kleinen Gebirgen Semenska planina und Konjawska planina hindurch. Hier beginnt die bezaubernde Semen-Schlucht.
- ***Busbahnhof*** – Verbindungen mit Pernik, Radomir und Bobov dol.

Kjustendil
Кюстендил

55.000 Einwohner, 87 km südwestlich von Sofia, zu Füßen des kleinen Gebirges Osogowska planina (mit dem höchsten Gipfel Ruen, 2251 m).

Besonders schön ist das ***Panorama der Stadt*** von dem Hügel „Chissarlaka" im Frühling, wenn noch der Schnee in den hohen Lagen des Gebirges glänzt und unten auf den Feldern die ***Obstgärten*** in voller Blüte stehen. „Der Obstgarten Bulgariens", so wird Kjustendil und seine Umgebung auch genannt. Die Stadt ist eine der größten in Südwestbulgarien, ein bekannter balneologischer Kurort, wo mehr als ***40 Mineralquellen*** sprudeln. Kjustendil besitzt 16 Gesundheitseinrichtungen. Die Kurortzone ist mitten in die Stadt eingebettet und schließt das zentrale Bad „Tschifte banja" (1912), das „Derwisch banja" (1566), das „Alaj banja" (gebaut anstelle eines alten türkischen Gebäudes) und den Balneokomplex (1966) mit Kurortpoliklinik ein. Hinzu kommt noch ein öffentliches Schwimmbad mit Mineralwasser und ein Sportkomplex. Erfolgreich werden Krankheiten des Stütz- und Bewegungsapparates, Frauenleiden, Entzündungen der oberen Atemwege und Traumen des peripheren Nervensystems behandelt. Die Qualität der Kurbedingungen entspricht derzeit jedoch noch nicht internationalen Maßstäben.

Geschichte

Die heilende Kraft des Mineralwassers hatten schon die Thraker entdeckt und gründeten hier ihre Siedlung namens Pote (thrakisch: Quelle, Stadt der Quellen). Die badelustigen und genießerischen Römer machten daraus schnell eine ihrer berühmtesten Städte der Provinz Tracien, Pautalia. Vier Jahrhunderte römischer Besatzung brachten Pautalia eine prächtige Blüte und Berühmtheit. Sie wuchs zu einem großen Kurort und einem Heilzentrum des gesamten Römischen Reiches heran - schön, äußerst planvoll angelegt, mit mächtigen Bauten, die mit entzückenden Skulpturen geschmückt waren, mit breiten und geraden Straßen, die mit Platten belegt wurden.

Eines der schönsten Gebäude war das ***Römische Bad*** an dem Hügel Chissarlaka mit einer Art Krankenhaus und dem Asklepios-Tempel, errichtet für den griechisch-römischen Gott der Heilkunde. Es nahm die riesige Fläche von 3500 Quadratmetern ein und war der Größe nach das zweite hinter dem berühmten Bad Epidanios in Elada (Griechenland). Römische Quellen berichten über eine große Bautätigkeit in Pautalia während der Herrschaftszeit des Imperators *Ulpius Traianus* (97-117). Ihm zu Ehren wurde die Stadt Ulpia Pautalia genannt. Die Legende erzählt, dass *Traianus* quälende Wunden am ganzen Körper besaß. Mit Hilfe der heilsamen Wirkung des Mineralwassers von Pautalia konnte er jedoch wieder genesen. Aus Dankbarkeit befahl er, Schlösser, Bäder, Stadione und Tempel, geweiht dem Asklepios, zu bauen.

Eine noch größere Pracht erreichte Pautalia in der Zeit des ***Mark Aurel*** (160-180). Beflügelt von der Schönheit und dem Reichtum dieser Wunderstadt, schrieb er seine besten Werke. So übernahm die Stadt bald seinen Namen - Pautalia Aurelia.

Mit der ***Ansiedlung der Slawen*** im 7. Jh. wurde bald die ganze Pracht zerstört. Neue Ankömmlinge wie die Awaren, Byzantiner und Protobulgaren nutzten zwar die Heilquellen, kamen aber durch ständige Kriege nicht dazu, ihren Baubeitrag in der Geschichte zu hinterlassen. Seit 1019 bis Ende des 14 Jh. setzte sich der slawische Name Velbashd durch. Und nur für eine kurze Zeit trug der Kurort den Namen seines slawischen Herrschers *Konstantin Dragasch,* nämlich Konstantinowa banja. Die ***Türken,*** die den Ort als letzte bulgarische Stadt eroberten, tauften sie auf Kjostendil und bauten flott ihre Moscheen - und auch zwölf Bäder, die bis heute das Stadtbild prägen. In der Stadtbevölkerung überwog bald die Zahl der Türken. Repressalien unterworfen, mussten sich die Bulgaren hier zum Islam bekennen oder in weit entfernte kleinere Ortschaften flüchten. So lebten 1866 6000 Personen in 1300 türkischen Häusern, in 600 bulgarischen Häusern 3600 Personen. Weiterhin gab es 150 jüdische Häuser und 40 Häuser von Roma, Wlachen und anderen Nationalitäten.

Sehenswertes

Kjustendil ist sehr sinnvoll eingerichtet, sprich gebaut. Die Stadt aber - wie mancher Reiseführer behauptet - als eine der

Gebiet Sofia

schönsten Bulgariens zu bezeichnen, ist unseres Erachtens übertrieben und trifft höchstens auf die Römerzeit zu.

Historisches Museum mit der Hauptausstellung in der Moschee „Ahmed bej" (1575), bul. Balgarija 45, Tel. (078) 26396; Mo.-Sa. 9.00-12.00 und 13.00-17.00 Uhr. Es zeigt Marmorbüsten von Zeus und Hera und reichlich Funde von Ausgrabungen Pautalias.

„Wiedergeburt und nationale Befreiungskämpfe", eine weitere Exposition, die zu dem Museum gehört, befindet sich im Haus von djado Ilja Wojwoda. In einem dritten Haus, „Majorskata kaschta" (einem ehemaligen Konak), ist die ethnografische Sammlung mit Trachten und Gegenständen aus dem 18. Jh. untergebracht. Das Haus „Emfidshiewata kaschta" (1870) beherbergt eine Ausstellung aus der Jungsteinzeit. Für einen Besuch der „Außenstellen" des historischen Museums sollte man sich gleich im Hauptgebäude erkundigen, da eventuelle Veränderungen nicht ausgeschlosen sind.

Kunstgalerie „Wladimir Dimitrow-Majstora", uliza Patriarch Ewtimij 20, im Zentrum; Di.-So. 9.30-18.00 Uhr, Führung auch in Deutsch. Die Galerie besitzt Bilder von *Majstora* (der Meister) (1882-1960), einem der ganz großen bulgarischen Maler. Seine Werke sind eine Verbeugung vor der Schönheit der bulgarischen Natur und vor den Menschen. Er malte vorwie-

Das Lieblingsthema Majstoras: Frauen Bulgariens

gend bäuerliche Motive. Dazu werden Werke von mittelalterlichen und Wiedergeburtskünstlern gezeigt. Es gibt Ausstellungen bulgarischer Künstler aus dem ganzen Land und ausländischer Maler.

Das Gebäude der Kunstausstellung ist der erste spezialisierte Galerieneubau Bulgariens, entstanden im Jahre 1972 mit 1600 Quadratmetern Ausstellungsfläche, einem Saal für Grafik und sieben Räumen mit natürlicher Oberbeleuchtung.

Eine Filiale der Kunstgalerie mit Werken von *Majstora* befindet sich 5 km nördlich im Dorf Schischkovzi, wo der Maler sein Atelier hatte und die meisten seiner Bilder entstanden sind.

Überreste des ***römischen Asklepios-Tempels*** können im Stadtzentrum und Überreste der ***römischen Festung*** auf dem Hügel Chissarlaka im südlichen Teil der Stadt besichtigt werden.

Weitere Sehenswürdigkeiten: ***Moschee*** Fetih Sultan Mehmed Dshamija, stammt aus dem Jahre 1531. ***Kirche „Sweti Georgi"*** (12./13. Jh), auch als „Koluschkata zarkwa" bekannt (nach dem Namen des bulgarischen Wohnviertels während der Türkenzeit), im kwartal Koluscha, uliza Tintjawa, originelle Architektur und gut erhaltene Ikonen. ***Kirchen „Sweta Bogorodiza"*** (1816) und ***„Sweti Dimitar"*** (1866) mit schönen Ikonen. Der ***Pirkowata kula*** (Pirkturm, 16./17. Jh.), einstmals als separater Wehrturm errichtet, befindet sich in der Nähe des Asklepios-Tempels.

Übernachtung

- ***Hotel „Pautalija",*** zwei Sterne, bul. Balgarija 1; Tel. (078) 24561.
- ***Hotel „Velbashd",*** drei Sterne, bul. Balgarija 46; Tel. (078) 20242.
- In einer Seitenstraße nahe beim Hotel werden auch ***Privatquartiere*** angeboten, die zwar billig, aber unzumutbar sind.
- ***Hotel „Chissarlaka",*** zwei Sterne, am gleichnamigen Hügel im Stadtpark; Tel. (078) 25696.
- ***Hotel „Osogowo",*** oberhalb des Stadions, uliza Kolassija 15; Tel. (078) 26087, 26226.
- ***Hotel-Restaurant,*** bul. Balgarija 43.
- ***Hotel-Restaurant,*** uliza Daskal Dimitrij 4.
- ***Hotel „Mirash",*** bei dem Dorf Shilenzi, 4 km westlich der Stadt an der Europastraße; Restaurant, Bar, Diskothek mit Programm an jedem Abend von 20.00 Uhr bis die Gäste gehen. Es gibt einen kostenlosen Transport zu jeder vollen Stunde vom Hotel „Velbashd".
- ***„Osogowo"-Touristengesellschaft,*** uliza Zar Michail 5, Tel. (078) 22154. Reservierungen und Informationen über die Herbergen „Iglika" (Tel. 23132), „Tri buki" (Tel. 22332) und „Osogowo" (Tel. 22154), die sich kurz hintereinander etwas außerhalb südwestlich der Stadt in freier Natur befinden (dennoch mit Auto zu erreichen) und eine preiswerte Alternative zur Hotelübernachtung bieten, auch wenn man nicht wandern will. Wer das vorhat, für den gibt es eine markierte Route von der Chisha „Tri buki" zum Berg Ruen.

Kulinarisches

- ***Restaurant „Panorama",*** auf dem Hügel Chissarlaka, täglich 12.00-2.00 Uhr; Tel. 28154.

Weitere nützliche Adressen

- ***Kurortpoliklinik*** (Kurortna poliklinika), uliza Zar Simeon 22; Oberarzt, Tel. (078) 23241; moderne Diagnostik und Therapie, organisiert Übernachtungen in überprüften Privatquartieren.
- ***Stomatologische Poliklinik*** „Dr. Sl. Dawidkow", uliza P. K. Jaworow 9, Tel. (078) 20136.
- ***Stomatologisches Kabinett,*** uliza Zar Oswoboditel 19, rund um die Uhr besetzt; Tel. (078) 25436.
- ***Polizei,*** uliza Zar Oswoboditel 12, Tel. (078) 2121, ansonsten 166.
- Der ***Alpinistenklub*** „Ruen", unter der gleichen Adresse zu erreichen wie die „Osogowo"-Touristengesellschaft (s.o.), organisiert alpines Bergsteigen in allen bulgarischen Gebirgen.

Transport

- ***Bahnhof*** (Tel. 078/26176) und ***Busbahnhof*** (Tel. 078/22626) befinden sich am Ende der Fußgängerzone (bul. Balgaria), 6-7 Minuten vom Hotel „Velbashd" entfernt.
- ***Züge*** nach Sofia, Radomir, Pernik und Gjueschevo; ***Busse*** nach Sofia, Blagoevgrad, Dupniza und Bobov dol sowie ins Ausland.
- Information und Vorverkauf von ***Bahnfahrkarten,*** uliza Patriarch Ewtimij 1, Tel. (078) 26041.

Umgebung von Kjustendil

Kadin most (Kadin-Brücke)
Кадин мост

11 km südöstlich beim Dorf Nevestino auf der Landstraße Nummer 62. Die Brücke über die Struma wurde 1463 gebaut und ist eine der ältesten auf der Balkanhalbinsel.

Boboschevo
Бобошево

Etwa 22 km südwestlich von Nevestino. Es lohnt wirklich, sich einen Aufenthalt in diesem Dorf zu gestatten. Nicht nur, dass die Bewohner sehr nett sind, die Ortschaft selbst bietet viel mehr, als man überhaupt erwarten könnte.

Der gepflegte Dorfplatz wird beherrscht von dem neuen Gebäude des Kulturhauses und einem beeindruckenden ***Denkmal*** der antifaschistischen Aufstände 1923 und 1925. Ein sehr schönes ***historisches Museum,*** untergebracht in einem Wiedergeburtshaus, verschafft einen recht guten Eindruck von der Türkenzeit bis zum heutigen Tage. Untypisch für ein Dorf, erhebt sich hier eine riesige Kirche, die 1851 von der Bevölkerung aus der ganzen Umgebung mitgebaut wurde. Die Bewohner behaupten stolz, sie sei die ***drittgrößte Kirche Bulgariens*** (nach der Alexander Newski in Sofia und der Kirche in Vidin). Dabei ist sie nicht einmal die einzige des Dorfes. Am Gottesacker steht noch die Friedhofskirche „Sweti Atanassij“ von 1666. Die große Kirche überrascht überdies mit Ikonen, die die Meisterhand eines *Sachari Sograf* verraten. Daneben gibt es Ikonen von *Georgi Sograf,* einem Ikonenmaler aus Boboschevo, und von ***Orosow,*** gemalt zwischen 1925 und 1930.

Eine sehr ruhige und extrem billige Übernachtung (für € 0,41/0,80 Lw) verspricht das ***Hotel „Moskwa“*** neben dem Sportplatz (mit WC/D im Korridor). Sollte die Tür verschlossen sein, frage man im gegenüberliegenden Haus.

Die steile, aber sehr gute Straße, die das Dorf in die Berge verlässt, führt hoch oben zum ***Boboschevskija manastir*** (3 km). Hier befindet sich eine kleine Kneipe, die auch einige Zimmer bereithält. Die Übernachtung ist jedoch Glücksache, da die Bulgaren aus der Umgebung am Wochenende gern hierherkommen. Von dem Kloster ist leider nur die kleine, schon verfallene Kirche „Sweti Dimitar“ aus dem Jahre 1488 übriggebleiben. Aus dieser Zeit sind aber einige Wandmalereien noch recht gut erhalten. Im Boboschevski-Kloster, das schon Anfang des 10. Jh. ein Mittelpunkt des geistigen Lebens war, verbrachte *Sweti Iwan Rilski* seine Novizenzeit, bevor er sich in das Rilagebirge zurückzog. Als die Türken kamen, vernichteten sie alle Bauten. Ein im 15. Jh. neu errichtetes Kloster bestand Schließlich bis zum 18. Jh.

Für diejenigen, die ohnehin das Rila-Kloster zu besuchen eingeplant haben, besteht die reizvolle Möglichkeit, auf einem markierten Weg vom Boboschevski-Kloster in 2 Stunden 20 Minuten das größte Kloster Bulgariens zu erwandern.

Einen Hinweis darauf, dass das Dorf Boboschevo wirklich eine Ausnahmestellung einnimmt, liefern auch die über ***36 Felskapellen*** (skalni paraklisi) in den Steilwänden des Flusses Struma.

Pyramiden von Stob
Стоб

Diese wundervolle Naturerscheinung verpassen die meisten, die geradewegs zum Rila-Kloster eilen. Dabei sind die Pyramiden nach dem Abzweig von der E 79 auf dem gleichen Weg wie das berühmte Kloster zu erreichen, nämlich schon 7 km nach dem Abzweig, wobei der eine Kilometer „Umweg" zum Dorf Stob bereits mit eingerechnet ist.

Die ***Felsenphänomene*** erheben sich südöstlich von Stob, oberhalb vom linken Ufer des Flüsschens Rilska reka auf 7,4 Hektar Fläche. Die meisten tragen eine „Mütze" von 80-120 cm Breite. Was, nüchtern betrachtet, als Ergebnis der Wechselwirkung von Regen, Temperaturschwankungen und Wind entstand, ist auch ohne viel Phantasie etwas ganz Ungewöhnliches, um nicht zu sagen Traumhaftes. Die verschiedenen Gebilde sind mit Namen bedacht worden wie Saberite (die Felszacken), Kulite (die Türme), Samodiwskite komini (die Feenschornsteine), Tschukite (die Gipfelfelsen), Bratjata (die Brüder), Swatowete (die Trauzeugen). Die Erdpyramiden ragen bis zu 12 m hoch auf. Am interessantesten sind sie in der Gegend Argatscho.

Unersättliche Genießer lassen die Schönheit der Pyramiden ***bei Sonnenuntergang*** oder klarem Mondschein auf sich wirken. Dann ist es besonders schwer, sich von diesem Ort zu trennen. In jedem Fall nimmt man eine stille Inspiration mit und eine unbegrenzte Ruhe für die Weiterfahrt.

Rila
Рила

4000 Einwohner, 15 km östlich von Boboschevo. Auf dem Weg zum Rila-Kloster muss man das Städtchen Rila passieren. Es wird vermutet, dass Rila die Nachfolgerin der römischen Stadt Sportela ist, die zum Gebiet Pautalia (Kjustendil) gehörte. Das Stadtbild prägen heute 38 Kulturdenkmäler, von denen sich 27 im ***Architekturkomplex „Babinska machala"*** befinden. Zu ihnen gehört die Kirche „Sweti Archangel Michail" aus dem 14. Jh. Schon wegen ihrer Ikonen ist sie einen Besuch wert.

Auf dem Weg zum berühmten Rila-Kloster lohnt ein Halt beim ***Metoch Orliza,*** dem Frauenkloster Orliza (die Adlerin). Es ist gleich außerhalb Rilas direkt links an der Landstraße gelegen. Man kann es trotzdem übersehen, wenn man zum Rila-Kloster fährt, weil man dann nicht die Pforte des Klosters deutlich vor sich hat wie in der umgekehrten Fahrtrichtung. Zum ersten Mal wurde das Kloster in einem Schreiben des Zaren *Schischman* 1378 erwähnt. Eine ***kleine einschiffige Kirche,*** die nach alten Zeiten riecht, hält ihr Tor außer montags und dienstags täglich 8.00-17.00 Uhr geöffnet. Der Eintritt ist frei (im Gegensatz zum Rila-Kloster). Hier kann man eine ***gut erhaltene Wandmalerei*** von 1478 bewundern. Die Frau mit den Schlüsseln für die Kirchentür arbeitet meistens auf dem Feld in der Nähe. Man rufe sie und mache sich bemerkbar, wenn die Tür verschlossen ist. Die herrliche Kulisse des Klosters nutzten die Bulgaren mehrfach für historische Filme, die während der Osmanenzeit spielen.

Übernachtung

- ***Hotel „Rila"*** mit Restaurant, im Zentrum.
- Auf dem 19 km langen Weg zum Rila-Kloster kann man noch zwischen mehreren ***Campingplätzen*** wählen, die allesamt eine romantischere und dazu zum Teil preiswertere Übernachtung garantieren als das Hotel „Rila". Die Campingplätze verfügen auch über Bungalows und gute Gaststätten, in denen hervorragend schmeckende Forelle angeboten wird.
- ***Camping „Shaborek",*** 5 km hinter Rila. 10 Bungalows mit je zwei Betten, das Bett für ca. € 2,05 (4 Lw). Die Anmeldung ist zu jeder Tages- und Nachtzeit in der Mechana des Campingplatzes möglich, die bis zur Wende ein Partisanenmuseum war. Hier wird auch Deutsch gesprochen.
- ***Touristischer Komplex „Eleschniza",*** 14 km hinter Rila. Hier handelt es sich um einen festen Bau mit 72 Betten, der dank Fernheizung auch im Winter angesteuert werden kann.
- ***Camping „Ribariza",*** 5 km vor dem Rila-Kloster, mit 60 Betten und einer Mechana. So nahe beim Kloster ziehen die Preise schon deutlich an und betragen für das Bett € 7,20 (14 Lw) mit Frühstück. Dafür kosten 100 g frische Forelle et-

wa € 0,77 (1,50 Lw). Zum Übernachten muss man bis 24.00 Uhr kommen, danach ist die Rezeption nicht mehr besetzt.

Transport

- Der ***Bahnhof*** steht 8 km südwestlich bei Kotscherinovo an der Eisenbahnlinie Sofia - Kulata.
- ***Busverbindungen*** nach Dupniza (ehemals Stanke Dimitrow), Kjustendil, Kotscherinovo, Rilskija manastir, Blagoevgrad, Sofia.

Rilski manastir (Rila-Kloster)

Рилски манастир

Das Kloster liegt mitten im Rilagebirge, nach dem es benannt ist, 120 km südwestlich von Sofia.

Das Rila-Kloster, aufgenommen in die UNESCO-Liste des Weltkulturerbes, ist ein ***Nationalmuseum.*** Seit eh und je ist es das ***Touristenobjekt Nummer eins*** in Bulgarien und zieht In- und Ausländer wie mit magischen Kräften an. Viele können sich einen Aufenthalt in Bulgarien nicht ohne den Besuch des Klosters vorstellen, so dass es schon längst überlaufen ist. Es muss in den Sommermonaten, besonders an den Wochenenden, täglich zwischen 3000 und 5000 Besucher verkraften. Hinzu kommen Hochzeitsgesellschaften und Taufwillige aus dem ganzen Land. Zu Weihnachten, Ostern und zum ***Fest von Sweti Iwan Rilski*** am 19. Oktober ist das Kloster den vielen Mönchen und den Gläubigen vorbehalten, denn seine religiöse Funktion hat es nicht verloren. Ruhig ist der Klosterhof heute nur noch nachts.

Geschichte

Während der Herrschaft des bulgarischen Zaren *Peter* (927-968), der Sohn *Simeons,* eines der mächtigsten Zaren, zog sich der ***Einsiedlermönch Iwan*** (um 876 - 18. August 946) in die unzugänglichen Wälder des Rilagebirges zurück, nach dem er auch seinen Beinamen bekam. Er wollte nicht mehr das qualvolle Schicksal und das sinnlose Leben der Menschen mitertragen. Er konnte auch nicht mehr dem sittlichen Verfall der Kirche zusehen. In seiner Höhle strebte er nach eigener geistiger Vervollkommnung. Allein in der Wildnis, erreichte er bald mit Gottes Hilfe die ersehnte Erleuchtung und wurde durch seine Wundertaten weit über die Grenze des Landes als *Iwan Rilski* bekannt. Mönche aus fernen Gebieten strömten zu ihm (siehe Exkurs „Die Bogomilen - die Hippies des Mittelalters"). So entstand hier im 10. Jh. in der Nähe seiner Höhle ein Kloster, dessen Abt *Iwan Rilski* wurde. Und so begann die schon 1000jährige Geschichte dieses Gotteshauses, das die bewegten Ereignisse Bulgariens teilte.

Vom Zaren *Iwan Assen II.* reich beschenkt und von Zar *Iwan Schischman* mit goldbedruckten Urkunden zu einer privilegierten Stätte erkoren, erlebte das Rila-Kloster einen raschen Aufschwung. *Iwan Rilski* war einer der ersten bulgarischen Mönche, die heiliggesprochen wurden. Jahrhundertelang fanden die ***Gebeine des Heiligen*** vor den Scharen Wunder suchender Menschen keine Ruhe. Sie wurden als kostbare Reliquie vom Rila-Gebirge nach Sredec (Sofia) und Tarnovo, nach Russland, Serbien und Ungarn getragen. Seit 1469 werden sie wieder im Kloster aufbewahrt.

Eine vollkommene Blüte erreichte das Kloster unter dem Feudalherrscher ***Chreljo Dragowol*** im 14. Jh. Dieser stiftete auch den eindrucksvollen Wachturm und eine große Kirche, auf deren Grundfesten die heutige Klosterkirche steht.

Als die Osmanen ins Land zogen, konnte das Kloster noch eine Zeitlang seine Selbständigkeit bewahren. Gegen die ***Plünderungen und Brandstiftungen türkischer Soldaten*** und Banden halfen aber selbst die Schutzbriefe und Sultanerlasse nichts, die eigentlich die Privilegien und die Existenz des Klosters sichern sollten. Das Rila-Kloster verfiel langsam.

Erst im 19. Jh. setzte wieder Bautätigkeit ein. Die Mönche hatten zuvor über einen längeren Zeitraum fleißig von der Bevölkerung Geld gesammelt. Erstklassige Maler, Baumeister, Handwerker, Holzschnitzer, Schmiede aus allen Ecken des Osmanenreiches arbeiteten mit Elan und Inspiration. So verwandelte sich das Rila-Kloster in ein ***Zentrum des bulgarischen Geistes,*** das den entwürdigten Bulgaren Kraft und Hoffnung verlieh. Das Rila-Kloster bewahrte wie kein anderes Zeugen der bulgarischen Vergangenheit, Werke der Kunst und Literatur.

Wütend ging aber ausgerechnet der Patriarch der bulgarischen Literatur, ***Iwan Wasow,*** mit den

Die größte Sehenswürdigkeit Bulgariens...

Klosterbrüdern ins Gericht: „In ihrem Eifer um eine möglichst schöne Gestaltung ihres Klosters begingen sie jedoch einen unverzeihlichen Fehler: Ihr Entschluss, ein neues, modernes Gotteshaus zu errichten, gab ihnen den unglücklichen Gedanken ein, die alte Chreljo-Kirche, die ihnen nicht mehr gefiel, abzureißen. So zerstörten die Mönche selbst ein historisches Denkmal, das Schicksal und Türken verschont hatten ... Die jetzige Kirche ist reich an bunten Farben ausgemalt und wirkt sehr stattlich mit ihren fünf Kuppeln ... ich finde sie sogar zu strahlend schön ... Sie vermag ohne Zweifel in ihrer Herrlichkeit einfältige Pilger zu bannen und das Prestige des Klosters zu heben ..."

Die heutige Kirche „Sweta Bogorodiza" möchte aber wohl kein Bulgare mehr missen. Prestige und Ruhm des Klosters blieben nicht zuletzt wegen der heiligen Gebeine *Iwan Rilskis* ungebrochen, die in der neuerbauten Kirche wieder Ruhe fanden. Daneben ruht auch das Herz des bulgarischen Zaren *Boris III.* (18.1.1894-28.8.1943).

Sehenswertes

Das ***Historische Museum*** in unterirdischen Gewölben, die früher als Wein- und Vorratskeller gedient haben, besitzt Manuskripte auf Pergament, kostbare Gold- und Silbergegenstände, Ikonen, eine Münzensammlung, Schmuck, Waffen, den Erzbischofsthron und die Altarwand der Chreljo-Kirche aus dem 14. Jh. Hier liegt die Urkunde des letzten bulgarischen Zaren *Iwan Schischman* (1378). Bewundernswert ist ein Holzkreuz mit 140 biblischen Szenen und 1500 reiskorngroßen Menschenfiguren. Es ist das vollkommenste Werk der bulgarischen Holzschnitzerei, das der Mönch *Rafail* 12 Jahre lang schnitzte, nein, mit einer Nadel gestochen hat. Danach, so die Überlieferung, soll er erblindet sein. Die Sammlung zeigt Gegenstände der Volkskunst und des Kunsthandwerks (Teppiche, Schmuck, Kirchen-

...ist zweifellos das Rila-Kloster

zubehör), die seit mehr als 200 Jahren Pilger von der ganzen Balkanhalbinsel dem Kloster schenkten. Die Klosterbibliothek bewahrt 20.000 Bücher, Dokumente und Manuskripte, die den Zeitraum vom 10. bis 19. Jh. überstanden haben.

Geöffnet täglich 8.00-17.00 Uhr, Eintritt 5 Lewa (€ 2,56). Führung in Deutsch oder Englisch, etwa € 4,10 (8 Lw) für das gesamte Kloster.

Der ***Chreljo-Turm*** (1335) ist der älteste erhalten gebliebene Teil des Klosters. Er nimmt - 23 m hoch - den zentralen Platz des Hofes ein. Sein Bauherr wollte dem Kloster damit von vornherein einen sehr wehrhaften Charakter und Schutz geben. Eine altbulgarische Inschrift belegt, dass dies „mit viel Mühe und Aufwand" geschehen ist. In seinem fünften Stockwerk befindet sich eine kleine Kapelle mit Fresken der Entstehungszeit.

300 Mönchszellen sowie zahlreiche andere Räume mit unterschiedlicher Bestimmung gestalten den mächtigen Klosterkomplex um die Kirche und den Chreljo-Turm. Sie sind ebenso mit viel Phantasie und Pracht errichtet.

Information

- An der ***Rezeption des Hotels „Rilez"*** (s.u.) Geldwechsel und Informationen über Busverbindungen nach Sofia, Eisenbahnanschlüsse vom gara Kotscherinovo.

Übernachtung

- Die ***Gästezimmer des Klosters*** sind für die Fremden noch ein weiteres Erlebnis. Die Atmosphäre ist geprägt von holzgeschnitzten Decken, Wandmalereien, bunten Geweben. Die Zimmer tragen die Namen bulgarischer Städte, wie Koprivschtiza, Teteven, Samokov und Tschirpan, die die Einrichtung und den Schmuck spendeten. Jedes Zimmer hat D/WC. Etwa € 15,30 (30 Lw) ohne Frühstück muss man allerdings fürs Bett in einem unbeheizten Zimmer einkalkulieren.
- ***Hotel-Restaurant „Rilez",*** drei Sterne, Tel. 2106; liegt etwa 500 m vom Kloster entfernt. EZ € 15,30 (30 Lw), DZ € 21,50 (42 Lw) inkl. Frühstück). Im Hotel wird Deutsch und Englisch gesprochen.

Das Hotel ist auch im Winter in Betrieb. 500 m von ihm entfernt gibt es eine kleine Skipiste mit Skilift. Von hier aus werden das ganze Jahr über Wanderungen zu den Sedemte rilski esera (die Sieben Rilaseen), zur Chisha Skakawiza, Chisha Grantschar und zum Gipfel Maljowiza organisiert.
- ***Hotel „Tzarev Vrach",*** DZ mit D/WC für 25 $ (ca. € 27) p.P, hier auch Infos zu den Busverbindungen.
- ***Camping „Bor",*** 1500 m vom Rila-Kloster entfernt, geöffnet bis Ende September; im Zelt 3 $ (ca. € 3,25), im Bungalow 5 $ p.P, nettes Personal und gutes Essen.

Kulinarisches

- Nicht nur für den Geist sorgt das Rila-Kloster, der Magen wird auch mit bulgarischen Speisen gefüllt. Die ***Gaststätten „Rila", „Drushba"*** und die 500 m entfernte ***„Batschkowa tschesch-ma"*** bieten außerdem eine nette Atmosphäre, die oftmals allerdings durch die große Anzahl von Hungrigen gestört wird.

Einkaufen

- Wie erwartet, fehlt es auch nicht an kleinen ***Souvenirgeschäften,*** wo es schöne Prospekte in Deutsch zu kaufen gibt.
- Freie Maler bieten ***nachgemachte Ikonen*** an, verlangen aber von Ausländern unangemessen hohe Preise. Für eine große Ikone darf man allerhöchstens € 71,60-92 (140-180 Lw) und für eine kleine höchstens € 8,20 (16 Lw) hinlegen.

Sehenswertes in der Umgebung des Rila-Klosters

Das Kloster mit seiner unerhörten Pracht und schicksalhaften Historie, seiner Kunst und seinen Menschenmassen kann man nicht stundenlang problemlos verkraften. Danach fühlt man sich erschlagen und sehnt sich wieder nach und Ruhe.

Als anerkannte heilige Stätte war das Rila-Kloster nicht nur selbst das Ziel vieler Pilger, sondern auch ein Ort, an dem sich mehrere ***Wallfahrtsstraßen kreuzten.*** So war es dringend notwendig, für die großen Pilgerscharen die so genannten ***Skits und Metochs*** (kleine Mönchsunterkunft, Nebenkloster) zu errichten.

Metoch „Orliza". Das Frauenkloster befindet sich unweit der Stadt Rila (siehe dort). Auf dem weiteren Weg zum Rila-Kloster ist ein **Wachturm** aus dem 19. Jh. zu sehen, wo bewaffnete Wächter (ausgebildete Klosterbrüder und erfahrene Krieger), die im Sold der Mönchsgemeinschaft standen, untergebracht waren.

Ca. 4 km westlich des Rila-Klosters steht ***das Metoch „Ptschelino"*** mit Wirtschafts- und Wohnräumen vom Ende des 19. Jh. Die zum Kloster gehörende einschiffige ***Kirche „Sweto Uspenie Bogoroditschno"*** (Ende des 18. Jh.) befindet sich 800 m m weiter nördlich am Berghang. Sie besitzt Wandmalereien von 1835 und einige der frühesten Ikonen der Wiedergeburtszeit.

Die ***Friedhofskapelle*** (1795) mit Beinhaus und Klosterfriedhof steht gleich an der Ostseite des Rila-Klosters. In der Kirche „Wawedenie Bogoroditschno" (Tempelgang der Gottesmutter) wurden die Begräbniszeremonien der Klostergemeinschaft abgehalten.

3 km nordöstlich vom Rila-Kloster stößt man auf ***die neue Einsiedelei „Sweti Luka"*** mit zwei Kirchen; der „Sweti Evangelist Luka", vom Ende des 17. Jh. Hier soll der Überlieferung nach *Luka,* der Neffe *Iwan Rilskis,* von einer Schlange gebissen worden und gestorben sein, weil ihm sein Vater verboten hatte, die Mönchskutte anzuziehen. An der jüngeren Kirche bewirkte der große Aufklärer *Neofit Rilski* 1864 einen Anbau, in dem er eine Schule eröffnete. Obwohl Geistlicher und als Abt dem Rila-Kloster vorstehend, war er ein Vorkämpfer des weltlichen Unterrichts.

Etwa die gleiche Entfernung in derselben Richtung hat men noch zurückzulegen, um zur ***alten Einsiedelei „Sweti Iwan Rilski"*** oben im Gebirge zu gelangen. Nahe einer Felsenhöhle, in die sich der Eremit zurückgezogen hatte, steht eine Kirche, in deren Vorhalle sich die erste Grabstätte des Heiligen befand. Eine ältere Kirche an dieser Stelle wurde 1820 vollständig erneuert.

Blagoevgrad

Благоевград

80.000 Einwohner, 100 km südlich von Sofia. Die Stadt trägt seit 1950 den Namen des Gründers der organisierten sozialistischen Bewegung in Bulgarien, *Dimitar Blagoew* (1856-1924). An die ***einst typisch türkische Stadt Dshumaja*** („Markt"), entstanden im 15. Jh. und türkisch geblieben bis 1912, erinnert heute nichts mehr. Die Spuren der vielen Moscheen und Tekkes (Derwischklöster) sind für immer verschwunden.

Heute ist die Stadt ein lebendiges ***Museum der sozialistischen „Baukunst"*** und des sozialistischen Wahnsinns. Während der Regierungszeit *Todor Shiwkows* verwandelte sich die Stadt in ein Vorzeigeobjekt „für die Errungenschaften und die vorangeschrittene Entwicklung des realen Sozialismus". Für einen Besuch des Diplomatischen Korps aus Sofia, der in regelmäßigen Abständen an stets neuer Stätte stattfand, hatte man tonnenweise weißen Marmor herangeschleppt, um diesmal mit einem marmornen Stadtzentrum repräsentieren zu können. Am zentralen Platz Alen mak steht das Gebäude des ehemaligen Bezirkskomitees der Bulgarischen Kommunistischen Partei. Die ***Amerikanische Universität*** in diesem Gebäude erkennt man schon an der amerikanischen Fahne. Hier werden ca. 400 Studenten des In- und Auslandes von 20 amerikanischen und 10 bulgarischen Dozenten unterrichtet. Tel. (073) 25421.

In dem gleichen Haus ist noch das bekannte ***Ensemble für Volksmusik und -tänze, „Pirin",*** untergebracht. Hier findet jeden September ein Musikfestival der französischsprachigen Länder statt.

Vor dem ehemaligen Parteigebäude führen Treppen wie in einem Labyrinth hoch und runter, hin und her und an Fontänen vorbei zur Fußgängerzone, die über die Brücke am Fluss Bistriza zur ***Alt-***

Ein Kleinod: Sveta Bogorodiza

stadt Waroscha führt. Hier nun zeigt sich ein glänzendes Bild der Baukunst der Wiedergeburtszeit. Man bewundert schöne Häuser, die allerdings auch für den Diplomatenbesuch neu erbaut und zum Teil restauriert worden sind. Man staunt, dass eine ganze Reihe von Häusern einer bestimmten Kunst gewidmet ist: Kindergalerie, Malerei, Musik, Theater, Plastik, Literatur, Holzschnitzerei und so weiter. Als die hohen Gäste nun durch die engen Gassen spazierten, war jedes Haus voller kunstschaffender Kinder. Sie sollten zeigen, dass die Forderungen der Partei nach „ästhetischer Erziehung der Jugend" schon realisiert sind. Gleich am nächsten Tag wurden die Kunsthäuser still, und so blieben sie bis zum heutigen Tage ...

Man sollte aber nicht so schnell enttäuscht sein. Hier steht die wunderschöne ***Kirche „Sweta Bogorodiza"*** (1844) mit Wandmalereien von den gleichen Sografen (Ikonenmalern), die auch das Rila-Kloster geschmückt haben. Ein trauriges Bild stellt im Hof der Kirche der abgestorbene, über 700 Jahre alte Baum dar. Ursache für das Baumsterben war die chemische Behandlung der nahe stehenden Familiengrabstätte des Freiheitskämpfers *Goze Deltschew* (1872-1903).

Geht man zurück ins Zentrum auf dem schon bekannten Weg, ergibt sich - kurz bevor man die Brücke überschreitet - die Möglichkeit, dem ***Neubau des historischen Museums*** einen kurzen Besuch abzustatten. Von besonderem Interesse sind römische Grabplatten aus dem Strumatal, Keramik und Münzen von der Antike bis zum Mittelalter, Ikonen, Funde aus dem mittelalterlichen Melnik und von der Festung Samuilowata krepost; uliza Rila 1, geöffnet Mo.-Fr. mit einer Mittagspause.

Auf dem Hügel oberhalb vom Wohngebiet Waroscha breitet sich der ***Stadtpark*** aus mit Zoo und dem Observatorium.

Information

- ***Büro für komplexe touristische Dienstleistungen,*** rechts vom Hotel „Alen mak", Mo.-Fr. 8.00-12.00 und 13.00-18.00 Uhr.
- ***Touristen-Information,*** kwartál Waróscha, Tel./Fax (073) 65458, 36795, E-Mail: scabrin@pop3.aubg.bg

Übernachtung

- ***Hotel „Alen mak"***, drei Sterne, im Stadtzentrum, Tel. (073) 23373, 23031. 52 $ (ca. € 56,40) mit Frühstück/DZ. Das Preis-Leistungsverhältnis stimmt hier überhaupt nicht.
- ***Hotel „Bor",*** zwei Sterne, im Stadtpark, Tel. (073) 26491, 22491, ruhiger und billiger.
- ***Hotel „Poli",*** buleward Wassil Lewski 51 A, Tel. (073) 20897, etwa 5 Gehminuten vom Bahnhof entfernt. Im Gegensatz zum Äußeren präsentiert sich das im unteren, fertiggestellten Teil einer Bauruine gelegene Privathotel ausgesprochen gepflegt. 10 bis 15 Lw pro Nacht und Nase.
- In der schönen Umgebung von Blagoevgrad gibt es billige ***Campingplätze und Motels.***

Transport

Busbahnhof und Bahnhof sind benachbart und befinden sich am bulevard Svetí Dimítar Sólunski,

2,5 km südwestlich vom Stadtzentrum, zu erreichen mit Bus Nr. 2 vom Historischen Museum.

- ***Busbahnhof*** (áwtogara), Tel. (073) 23750. Die meisten Busse fahren von hier, einige Busse nach Sandánski, Sofia und Dúpniza starten vom Parkplatz gegenüber dem Bahnhof. Täglich verkehrt ein Bus direkt nach Sofia (2 Std.) über Dupniza, die meisten Busse nach Sofia kommen aber von Kulata und Sandanski und fahren über Blagóevgrad. Täglich 8 Busse nach Sandánski (1,5 Std.), 2-3 nach Plóvdiv, Gábrovo und Sámokov, 4-5 nach Kjustendíl, Bansko und Kulata. Zum Dorf Rila (die Straße führt weiter zum Rilakloster) fahren Busse täglich 7.00, 11.00, 14.00 und 16.00 Uhr. Nach Bitola in Mazedonien (25 Lw) kann man täglich mit der Busgesellschaft MATPU vom bulevard Sveti Dimitar Solunski, gegenüber dem Busbahnhof gelangen.
- ***Bahnhof*** (gára), Tel. (073) 23695, liegt an der Hauptstrecke zwischen Sofia und Kúlata, täglich 5 Schnellzüge (2,5 Std.) und ein Personenzug von Sofia über Dúpniza, mit drei von den Schnellzügen kann man nach Sandanski (2 Std.) und Kúlata (2,5 Std.) fahren.

Umgebung von Blagoevgrad

Blagoevgrad ist ein Ausgangspunkt für Wanderungen in die ***südwestliche Rila,*** auf deren Hauptkamm bis 1912 die Grenze zwischen Bulgarien und der Türkei verlief. Die schöne Straße im Tal des Flusses Bistriza, östlich von Blagoevgrad, geleitet bis zum ***Naturreservat Parangaliza.*** Zum Naturreservat wurde das Gebiet 35 km von Blagoevgrad schon im Jahre 1933 erklärt. Es umfasst eine große Fläche des Beckens der Bistriza in einer Gebirgslage von 1400 Metern. Der jahrhundertealte Wald besteht aus Fichten, Weißtannen und Kiefern, deren Höhe bis zu 45 m reicht. Eine leider schon abgestorbene Fichte misst 62 m und war 350 Jahre alt. Einzelne Bäume überschreiten bereits das Alter von 400 Jahren. 1973 wurde „Parangaliza" in die UNESCO-Liste aufgenommen.

An der Straße zum Naturreservat befinden sich genügend ***Unterkünfte:***

- ***Park „Batschinovo",*** 3,5 km von Blagoevgrad, mit Camping, Restaurant „Wodenizata" und Bar.
- ***Motel „Bistriza",*** 10 km von Blagoevgrad, einfache Einrichtung, etwa € 4,10 (8 Lw) pro Bett ohne Frühstück.
- ***Motel „Orbita",*** bei spartanischen Bedingungen € 2,56 (5 Lw) pro Bett, Gaststätte.
- ***Camping*** in der Gegend „Bodrost".

Goze Deltschev (früher Nevrokop)

Гоце Делчев

21.000 Einwohner, 233 km von Sofia und 133 km südöstlich von Blagoevgrad.

Die kleine, gemütliche Stadt liegt im Tal der Mesta; ein Fluss, der das Piringebirge und die Westrhodopen voneinander trennt. Erste Überlieferungen gehen auf das 9./10. Jh. zurück. In türkischen Dokumenten vom 15. Jh. erscheint die Siedlung mit dem Namen Nevrokup als Handwerkerzentrum. Ein alter Handwerkszweig, die ***Herstellung von Glocken und Glöckchen*** für die Haustiere, ist bis heute erhalten geblieben.

Seit eh und je ist die Bevölkerung so bunt gemischt wie ein Blumenstrauß. Bulgaren, Griechen, Juden, Türken, Mazedonier und bulgarische Mohammedaner (Pomaken) leben friedlich zusammen.

Die über ***600 Jahre alte Platane*** auf dem Weg zum nahegelegenen Kloster ist Zeuge der wechselvollen Geschichte der Stadt. In der Nähe des Baumes, am Rande der Stadt, befindet sich ein schönes Wiedergeburtshaus, das ***Rifat Bej,*** einem von den Bulgaren verehrten Türken, gehörte. Über ihn wird nur Gutes gesprochen. Er hat sich stets für die bulgarische Bevölkerung eingesetzt und nahm sogar an den Befreiungskämpfen bei Pleven und der Gefangennahme *Osman Paschas* teil. Seine in dem Haus wohnenden Nachfahren genießen allerdings keinen so guten Ruf mehr. Die Stadt ist auf Landkarten noch mit ihrem Namen alten ***Goze Deltschev*** zu finden. *Deltschew* (1872-1903) war ein mutiger Mazedonier, Mitglied der

Gebiet Sofia

Inneren Revolutionären Organisation von Mazedonien und Edirne. Er fiel im Kampf gegen türkische Soldaten.

Sehenswertes

Historisches Museum, uliza Christo Botew 24, im Stadtzentrum; Mo.-Sa. 9.00-12.00 und 14.00-18.00 Uhr. Das Museumsgebäude selbst ist der einzige Barockbau in dieser Gegend, 1877 von einem bulgarischen Baumeister gebaut. Im Barockstil sind sowohl die prunkvolle Hauptfassade als auch die mit Gipselementen reich verzierten Zimmerdecken, Fenster und der Balkon im zweiten Stock gehalten. Die Wesenszüge des Barock, kennzeichnend für das 17. Jh., hier aber später übernommen, machen sich am besten in dem so genannten repräsentativen oder Damenzimmer bemerkbar. Die erste Etage des Hauses zeigt reichen Holzschnitzschmuck.

Die Ausstellung in den beiden Stockwerken widerspiegelt die Entwicklung des Handwerks in der Gegend zum Ende des 18./Anfang des 19. Jh. Vertreten sind die Töpferei, das Kupferschmiedehandwerk, der Volksmusikinstrumentenbau, das Kunstgewerbe und Volkstrachten. Eine Besichtigung des Museums sollte man sich schon wegen des Museumsbaues nicht entgehen lassen.

Moschee Karadsha Pascha dshamija (15. Jh.), in Zentrumsnähe, ist sogar in Istanbul als Kulturdenkmal eingetragen.

Synagoge (1930), in der Nähe des Busbahnhofes, erbaut für die einst zahlreichen jüdischen Händler. Seit Jahren finden hier keine Gottesdienste mehr statt.

Die drei Kirchen der Stadt sind mit ihren schönen Malereien ebenfalls einen Besuch wert: ***Kirche „Sweti Archangeli“*** (1811), uliza Exarch Antim 13. ***Kirche „Uspenie Bogoroditschno“*** (1838), ploschtad Goze Deltschew. ***Kirche „Sweti Kiril i Metodij“,*** uliza Targowska 1; wurde 1914, nach der Befreiung der Stadt infolge des Balkankrieges (1912), erbaut.

Information

- ***Turistitschesko drushestwo*** (Touristengesellschaft) „Momini dworowe“, uliza Solun 24; Tel. (0751) 2379. Berät über Wanderrouten und vermittelt billige Übernachtungen in Touristenunterkünften im Pirin.
- ***Touristen-Informationszentrum*** uliza Zariza Joanna 2, Tel. (0751) 22086

Übernachtung

- ***Hotel „Nevrokop“,*** im Zentrum, Restaurant und Bar; Tel. (0751) 3581.
- ***Malámowata káschta*** uliza Christo Botew 25, Tel. (0751) 29135-36, Fax (0751) 24074, E-Mail: maiz@doce.techno-link.com, Familienhotel mit 22 Betten, EZ/DZ 30 Lw pro Person.
- ***Hotel Complex Bároto,*** Tel. (0751) 27346, 40 Betten, DZ 25 Lw, App. 30 Lw.
- ***Touristen-Unterkunft*** *(turistítscheska spálnja)* in der Nähe des Busbahnhofes, uliza Solun 26, deutlich preiswerter.

Nützliche Adressen

- ***Krankenhaus,*** uliza Stara planina 54, Tel. (0751) 2241/42.
- ***Privatzahnarzt,*** uliza Bregalniza 1, Tel. (0751) 4419. Mo.-Fr. 10.00-21.00 Uhr, Sa. und So. 11.00-14.00 Uhr; dringende Fälle jederzeit.
- ***Post,*** uliza General Kowatschew 2.
- ***Polizei,*** uliza Otez Paissij 2, Tel. (0751) 2131/32.
- ***Bank,*** uliza Solun 20, uliza Christo Botew 14.

Schlechte Wegstrecke

Transport

- Der nächst gelegene **Bahnhof**, gara Dobrinischte, befindet sich 47 km nordwestlich an der Bahnlinie Septemwri - Dobrinischte.
- Drei Busbahnhöfe verbinden Goze Deltschev mit Sofia, Plóvdiv, Blagóevgrad, Raslóg, Bánsko, Dobrinischte sowie mit den Dörfern in dieser Gegend. **Zentrálna áwtogara** (Zentraler Busbahnhof), uliza Bjalo moré, Tel. (0751) 23547, 23367, 23597; **Awtogara Sápad** (Busbahnhof West), Tel. (0751) 22417 und der **Privatbusbahnhof** (Tschástna áwtogara), Tel. (0751) 23811.

Umgebung von Goze Deltschev

Wer schon in diese Gegend vorgedrungen ist, dem liegen die reizvollsten, die abgeschiedensten Dörfer des Pirin und der Rhodopen zu Füßen. Hier, wo die Zeit ein abstrakter Begriff zu sein scheint, spürt man am deutlichsten die unverheilten Wunden der Türkenzeit in den typischen **Pomakendörfern** *(pomaschki sela)*, in denen sich das Leben um die kleine Moschee abspielt. Man begegnet **typischen Bulgarendörfern** mit einer einmaligen Architektur der Wiedergeburtszeit. Diese Gegend ist die reichste an **archäologischen Überresten** von der Antike bis zum späten Mittelalter. Und die Natur ist so reizvoll, so geheimnisvoll, dass man sie kaum in Worten erfassen kann.

Deltschevo

Делчево

Etwa 9 km südwestlich von Goze Deltschev. Aus Goze Deltschev fährt man auf der Straße Georgi Papalesow, die sich in der sehr engen und steilen Straße nach Deltschevo fortsetzt. Steuert man das hohe Ziel zu Fuß an, so geht man am Denkmal *Georgi Papalesow* vorbei, weiter gegen die Strömung des kleinen Flusses Deltschova bis zu der hundertjährigen Platane. Nach den letzten Häusern von Goze Deltschev beginnt ein steiler Pfad, der zu einem Kastanienwald führt. Man erreicht das **Kloster „Shiwotopriemni istotschnizi"**, gegründet im 12. Jh. Südlich davon, auf dem steilen Felsen, stehen die Überreste der Festung Momina kula. Das Kloster befindet sich an der Straße und daher gut mit dem Auto erreichbar.

Ein großartiges Panorama eröffnet sich von der Anhöhe Papas tscheir. Das **Dorf Deltschevo** selbst liegt schon in Wolkennähe. Die alten, bereits verfallenen, aber noch sehr romantischen Häuser beherbergen etwa 150 alte Leute mit ihren Enkelkindern, deren Eltern ihr Glück in der Stadt zu finden versuchen. Man könnte denken, dass kaum jemand da ist, wenn man nicht einigen Omis mit schwer beladenen Eseln begegnen würde. Die Kirche wurde in der Zeit der osmanischen Fremdherrschaft sehr versteckt gebaut, damit sie damals nicht die Türken reizte.

Oberhalb des Dorfes befindet sich die Touristenunterkunft Chisha Deltschevo. Sie ist Ausgangspunkt zur nahen Chisha Popowi liwadi. Mögliche **Wanderziele** sind mehrere Gipfel: im Süden und Südwesten Mutorog (1970 m - 3 Std.) und Sweschtnik (1975 m - 3 Std.); im Nordwesten Baba (1879 m), Beli rid (1917 m) und Orelek (2099 m - 2 Std.). Die nächste Chisha, Malina, ist 8 Std. entfernt, die nördlich gelegene Chisha Pirin 9-9,5 Std.

Teschevo

Тешево

26 km südl. von Goze Deltschev. Das kleine Dorf schaffte es, in der Türkenzeit die größte Kirche der Gegend zu bauen. Dazu brauchte es neben Mut ein starkes Selbstbewusstsein unter dem Motto: „Ein Bulgare ist ein Christ, ein Christ ist ein Bulgare."

Bresniza

Брезница

3082 Einwohner, liegt 17 km nördlich von Goze Deltschev im Tal des gleichnamigen Flusses. Seine Umgebung ist mit Birkenwald bewachsen. Das Dorf ist ein Ausgangspunkt für einsame ***Wanderungen.*** Als Ziele bieten sich hier drei Gebirgsseen: Dolnoto Bresnischko esero (125 m lang, 75 m breit), Srednoto Bresnischko esero (250 m lang, 150 m breit), Gornoto Bresnischko esero (180 m lang und 100 m breit) mit Herzform und steinigen Ufern. Nordwestlich vom letzten See lockt der Gipfel Kriwez (2709 m). Auf dem steilen Pfad ist die 30minütige Wanderung nicht gerade leicht. Nach solcher Anstrengung hat man sich den atemberaubenden, weiten Ausblick wahrlich verdient. Von dem Gipfel Kriwez erreicht man in drei Stunden die Chisha Pirin auf dem Hauptkamm.

Chadshidimovo
Хаджидимово

Etwa 17 km südöstlich von Goze Deltschev. Das Dorf mit seinen neueren Häusern ist nicht so interessant, dafür kann man in dem wenige Kilometer entfernten ***Kloster „Sweti Georgi"*** billig übernachten.

Dolen
Долен

Ein Architekturreservat zirka 28 km nordöstlich von Goze Deltschev. Hier ist man auf der höchsten Stelle der Westrhodopen gelandet. In dem Dorf wurde noch niemand bei Anbruch der Nacht auf der Straße stehengelassen. Doch würde man den ***Einwohnern*** nicht gerecht, bezeichnete man sie „nur" als gastfreundlich.

Die steilen Straßen scheinen leer und ohne jede Menschenseele. Dennoch spürt man, wie man aus den kleinen Fenstern der idyllischen Häuser mit neugierigen Augen beobachtet wird. Es ist schön, als Gast selbst den Kontakt zu ergreifen. Dazu reicht ein Gruß, eine Frage oder einfach der Besuch der Dorfkneipe. Dann öffnet sich jede Tür, und man fühlt sich wie ein lang erwarteter Gast. Schon nach kurzer Zeit scheint es, dass man das ganze Dorf kennt; seine Geschichte, wer die

Pomakenfrauen auf dem Weg zur Arbeit
Foto: TM

Lehrerin ist, wer der Arzt. Die Bevölkerung ist gemischt und besteht aus christlichen und mohammedanischen Bulgaren, wobei letztere sogar ein reines, dialektfreies Bulgarisch sprechen. Die kleine Kirche des Ortes von 1837 wurde aus Angst, den türkischen Unmut auf sich zu ziehen, nur nachts gebaut (normalerweise geschlossen, für eine Besichtigung melde man sich in der Dorfkneipe). Die Moschee aus dem 15. Jh. erinnert noch an die vergangenen Zeiten.

So schön die Natur, so idyllisch die Häuser, das Leben der Dorfbewohner ist außerordentlich hart, so wie es immer war. Die einzige Möglichkeit, den Lebensunterhalt zu verdienen, bietet nach wie vor der ***Tabakanbau.*** Man muss schon kurz nach Mitternacht aufstehen, damit man um zwei Uhr mit der Arbeit auf dem Tabakfeld beginnen kann und noch vor der großen Hitze etwas schafft. Um in der dunklen Nacht überhaupt sehen zu können, wird auf dem Feld ein großes Feuer angezündet. Von Juli bis September, in der größten Glut, ist diese Arbeit besonders schwer und dazu generell schlecht bezahlt. Wegen fehlender Transportmittel und auch nicht ausreichender Pferde und Esel müssen die Frauen und Kinder die bis zu 30 kg schweren Tabakballen auf dem Rücken, mit sich in das Fleisch einschneidenden Stricken vom Feld im Tal zum Dorf auf dem Berg hinauftragen. Deshalb, sollte man hier übernachten - und die Bewohner bewirten ihre Gäste besser als sich selbst - dürfte es selbstverständlich sein, einen angemessenen Betrag zu hinterlassen, obwohl die Leute das Geld ablehnen werden. Hier haben sie keine Ahnung, was Ausnutzen und Kommerz bedeutet. Hier zählt nur der Mensch.

In Ortsmitte, neben der Kneipe, unterhält ein Sofioter eine ***Touristenunterkunft.*** Ansonsten gilt als Kontaktperson *Lidia Aleksiewa,* die Kneiperin, von der man auch Brot kaufen kann. Ihr Wohnhaus steht am Anfang des Dorfes auf der linken Seite.

Etwa 6 km entfernt, in der Gegend Ilinden, befindet sich das ***Frauenkloster „Sweti Ilija“,*** in dem man auch übernachten kann. Am 1. und 2. August (dem Ilinden) feiern die Bewohner von Dolen ihr Dorffest. Dazu gehört das Schlachten von Schafen zu Ehren des Heiligen Ilija.

Garmen
Гърмен

7 km nordöstlich von Goze Deltschev. In der Machala (im Ortsteil) Sagradie bei Garmen, gleich an der Straße, befinden sich die ***Überreste der römischen Stadt*** Nikopolis ad Nestum. Zwischen den Ruinen weiden Schafherden, und die Bewohner aus der Umgebung verwenden das römische Baumaterial gern für ihre eigene zwei- und dreistöckige Häuser. Etwa 100 m von den Ruinen entfernt steht die Dorfkirche mit einem Storchennest und ihr gegenüber eine über 500 Jahre alte Platane.

Kovatscheviza
Ковачевица

Das eigentliche Ziel, das Dorf Kovatscheviza, liegt etwa 18 km nördlich von Garmen. Bevor man aber diese ganz hoch gelegene Ortschaft erreicht, durchfährt man gleich nach Garmen ein Roma-Wohnviertel, von den dortigen Bewohnern „Kremikovzi“ (nach dem großen Metallurgiekombinat bei Sofia) genannt. Hier beginnt ein Mut erfordernder Anstieg, eine enge Straße und märchenhafte Natur.

Im Dorf ***Leschten*** sieht man Wiedergeburtshäuser mit flachen Steinen als Dachplatten *(tikli).* Ein typisch bulgarisches Dorf mit einer erst 1934 gebauten Kirche, daneben eine Schule von 1838. In den zerfallenden Häusern wohnen noch etwa 30 alte Leutchen. Übernachtungsmöglichkeiten: 15 Häuser stehen bereit.

Gorno Drjanovo ist ein Pomaken-Dorf mit großen zwei- bis dreistöckigen Häusern und einer Moschee, die 1938 gebaut wurde. Die Bewohner sehen alle wie Geschwister aus: schön, blond und blauäugig; sie sind ängstlich und zurückhaltend (eben die reinen, echten Südslawen, siehe „Ethnische Gruppen“).

Kovatscheviza ist kein gewöhnliches Dorf. Kaum zu glauben, dass einstmals 2800 Seelen die idyllischen Häuser mit Leben erfüllt haben; Anfang des 20. Jh. 29 Wissenschaftler und Professoren aus diesem Dorf hervorgingen, die dazu noch in Frankreich ihre Ausbildung erhielten, und in dieser Höhe schon vor 1900 eine Kanalisation gelegt wurde. Zum Dorf gehörten 40.000 Hektar Wald. Bei der Geburt des Thronfolgers *Simeon* schenkten ihm die glücklichen Bewohner die Gegend „Milka“ mit drei Quadratkilometern Wald. Das war einmal. Die Beschlüsse des Berliner Kongresses (bis 1912 war das Dorf noch unter türkischer Herrschaft) und die kommunistische Nationalisierung des Landes führten zur ***Entvölkerung*** dieses blühenden Dorfes. Ein großer Teil der architektonisch wertvollen Häuser zerfiel schließlich.

Wie Toma, der Ungläubige, für Elena, die Schöne, die Sterne auf die Erde holte

Man taucht unverhofft in die Idylle der steilen, leeren Gassen dieses hochgelegenen, einsamen Dorfes. Die Häuser, versteckt im Grün zwischen hohen Hügeln, scheinen in der Stille der Natur eingeschlafen zu sein. Mein Blick fällt auf das schräg gegenüberstehende Haus mit dem alten Schild „poschta" (Post). Ich bin am „Ende" der Welt und will versuchen, nach Deutschland anzurufen. Eine junge Frau sitzt brav vor einer hochbetagten Telefonanlage. Zwei alte Männer in der Ecke erwidern meinen Gruß und unterhalten sich weiter. Meine Frage, ob ich nach Deutschland anrufen kann, scheint niemanden zu überraschen. Nun, ich soll es versuchen. Mit begeisterter Stimme schreie ich in die Muschel: „Auf einem Adlernest ... Kovatscheviza ... in den Westrhodopen ... Jawohl, hier bin ich." Die Verbindung ist toll!

Die zwei Alten schauen mich prüfend an, und nach einer Weile sagt der eine, so ohne jeglichen Sinn: „Weißt du, ich habe fünf Frauen ..." Ich fange den Satz in der Luft auf: „Wer bist du denn, der so viele Frauen hat?" „Wer kann ich sein? - Toma Newernija (Thomas, der Ungläubige)", antwortet er ernst. „So, wenn du Toma Newernija bist, so bin ich, mit deiner Erlaubnis, Elena Chubawata (Elena, die Schöne)". Wir drücken herzlich unsere Hände, und dabei wissen wir, so schnell werden wir uns nicht trennen. „Weißt du, wo der Mond und die Sterne auf der Erde sind?", fragt Toma, während er meine Hand noch hält. „Wenn du mich so fragst, dann willst du sie mir bestimmt zeigen."

Nach wenigen Minuten fahren wir mit dem Auto. Den Himmel verdecken dicke, dunkle Wolken. Hier bringt der Monat Mai viel Regen. Vom letzten Regenguss liegen noch Steine auf der Straße, und ich fahre langsam und vorsichtig, damit das Auto nicht in den Schlaglöchern steckenbleibt. Als ob Toma Newernija meine Gedanken lesen konnte, sagt er: „Nun fahren wir in die Richtung Velingrad. Und wenn es regnet, ist es auch nicht so schlimm, es sind nur 12 km. Die werden wir irgendwie schaffen. Schirm habe ich. Der Mond und die Sterne werden nicht weggewischt, sie warten auf uns. Drei Kilometer sind wir schon gefahren, und jetzt steige aus."

Wenige Meter von der Straße eröffnet sich eine gewaltige Schönheit. Ein Pfad führt tief in den Abgrund, wo der Fluss Kanina durch zwei 100 m hohe Felsen schäumt. „Das ist die Gegend 'Sinija wir'. Ich bin hier geboren, meine Eltern, Großeltern und Ur-Ur... Keiner hat es sein Leben lang geschafft, von unserer märchenhaften Natur sich zu sättigen. Alle sterben mit geöffneten Augen. Für so eine Schönheit braucht man mehrere Leben ..." Er wollte noch etwas Vertrauliches sagen, schließlich winkte er mit der Hand, und wir fuhren weiter.

Der Weg überquert zwei Brücken, nach der dritten biegen wir links ab, steigen aus, und über eine hölzerne Brücke gehen wir weiter zu Fuß. Die ersten Regentropfen melden sich, und Toma Newernija spannt über unsere Köpfe den Regenschirm, als ob er uns vor der Außenwelt in einer Zweisamkeit verschließen will. Das Gesicht des alten Mannes ist nass. Er flüstert leise: „Es soll regnen, damit keiner meine Tränen sehen kann ..."

"... Nur meine Kinder haben diese Schönheit nicht begriffen. Sie verließen meine Welt und gingen unten in die Stadt ... Die Stadt verdirbt die Menschen. Weißt du, ich hatte einen Sohn. Seit einem Jahr habe ich meinen Sohn verloren. Er hat wegen einer Jüngeren Frau und Kinder verlassen. Meine Enkel sind beim leibhaftigen Vater wie Waisenkinder geworden. Und mein Sohn ist für mich gestorben. Wenn du wüsstest, wie unerträglich weh das tut ..."

Ich gerate außer Atem und versuche, meine Schritte mit denen von Toma Newernija in Gleichklang zu bringen. „Toma, wo sind die Sterne und der Mond? Hier ist nur Wald." „Tja, die sind nicht so leicht zu entdecken. Du kannst an ihnen vorbeigehen, und sie werden sich nicht sehen lassen." Nach etwa 30 Minuten stehen wir plötzlich vor einer Gruppe nicht sehr hoher Felsen, die im Grün vollkommen versteckt sind. Als hätte sie jemand zufällig, nur so aus Spaß, hier, mitten im Wald, fallen gelassen. Mit etwas Mühe klettern wir auf den nassen, rutschigen Fels. Nun frage ich mich zum wiederholten Male: Wo sind die himmlischen Körper?

„Diese Felsen nennen wir Kosija kamak (Der Ziegenstein). Guck' mal hier, überall in der Felswand und auf unserem kleinen Plateau sind Löcher mit unterschiedlichen Größen, in den verschiedenen Gruppen und Reihen aber jeweils gleich groß und tief in den Fels gemeißelt, die ganz den uns bekannten Sternbildern ähneln. Manche sind mit Moos bewachsen." Toma Newernija reinigt dabei fleißig mit der Schirmspitze die vielen Löcher im Boden. Vor uns spiegelt sich der ganze Sternenhimmel. Wo man hinschaut, Löcher neben Löchern. Sogar an den unzugänglichen steilen Felsenwänden hat die unbekannte Hand Sterne aus dem Himmel geholt. „Und hier – das ist der Mond", zeigt Toma Newernija neben einen kleinen „See" (eine feingemeißelte Mulde mit Regenwasser gefüllt), dem eine feine Rinne sichelförmig von oben und unten zuläuft, zugleich das Wasserbecken speisend. „In der nördlichen Richtung siehst du in der Ferne den Felsen Karataschkata skala, der auch solche merkwürdigen Löcher hat, im Osten erheben sich die Felsen Kalijskite skali, auf denen es aber keine derartigen Spuren gibt."

Ich ärgere mich. Es regnet noch, und ich kann keine Fotos machen. Ein paar Schritte von Kosija kamak steht noch ein kleineres Grüppchen von Felsen. Auf allen Seiten sind wieder diese exakt bearbeiteten Löcher.

„Kein Mensch weiß, wann, warum, wieso, wer die Sterne aus dem Himmel auf diese Felsen geholt hat. Schon der Großvater meines Großvaters kannte sie."

Als ich mich am nächsten Tag im Museum von Goze Deltschev nach den Felsen erkundigte, konnten die Fachleute auch nichts sagen. Vielleicht waren die Felsen eine thrakische Kultstätte. Wer weiß? Niemand hat sich bisher damit beschäftigt.

An dieser Stelle erinnere ich mich an ein Gespräch mit einem Archäologen. In den Höhlen der bekannten Kultstätte „Madara" bei Schumen sowie in verschiedenen Teilen des Landes wurden primitive Zeichnungen gefunden. Sie stellen, wie von Kinderhand gemalt, ein Frauengeschlecht (Vulva) dar. Das war der Anlass für einen Streit unter den materialistischen und idealistischen Archäologen: „Existierte nun die Göttin Umai in dem protobulgarischen Pantheon?" Die Idealisten vertreten die Meinung: Die Vulva ist nichts anderes als die Göttin der Fruchtbarkeit Umai selbst, die Verkörperung des Wortsinns 'Gebärmutter, Mutterleib'. Die Materialisten sind fest überzeugt: Der Mensch in den Urzeiten war nichts anderes als wir heute. So hatten eben manche Bewohner der hohen Felsen in ihrer Einsamkeit auch physiologische Bedürfnisse gehabt. Der nach Liebe dürstende Mann zeichnete sich schnell eine Vulva auf, und so war sein Problem erledigt. Das war nur eine primitive Ur-Pornografie. Warum brauchen die Menschen denn heute Pornozeitschriften und -videos? Wegen ihrer unbefriedigten Phantasie? Jawohl! Der Mensch schafft alles zu einem bestimmten Zweck, mit einer konkreten Funktion."

„Wenn du etwas entdeckst, etwas siehst, – frage dich: Was für eine Funktion hat das Ganze? So findest du irgendwann die richtige Antwort", betonte mein „Aufklärer".

Mit solchen Gedanken sitzen wir wie gute alte Freunde in dem kleinen Häuschen von Toma Newernija. Seine Frau bereitet das Essen in der Küche. Nun will ich wissen, warum hat mich Toma zu sich nach Hause genommen, ohne zu fragen, woher ich komme, was für ein Mensch ich bin. „Was für eine Frage?!", staunt Toma. „Wir sind doch Menschen, oder?! Wie kann ich jemanden auf der Straße lassen? Ich kann mir nicht vorstellen, abends allein zu Hause zu sitzen. Wenn kein Mensch zu mir kommt, dann fühle ich mich wie lebendig begraben. Ein gutes Wort heilt mehr als die Medizin. Die gelehrten Leute sagen dazu Nachbarschaftspsychotherapie, und wir wissen seit eh und je: Geteilte Freude ist doppelte Freude, geteilter Kummer halber Kummer. So was können die Ausländer nicht verstehen. Sie haben keine Zeit für die anderen, nicht mal für sich selbst. Manche denken sogar, wir sind gastfreundlich, weil wir primitiv sind. Solche aber ersticken in Einsamkeit, eingesperrt in ihren eigenen Käfigen. Und am Ende wissen sie nicht mal mehr, warum sie unglücklich sind. Glück und Freude, Trost und Rat kann nur ein anderer Mensch dir geben. Und das gleiche erwartet er auch von dir. Bei euch gibt es solche Leute, die sich für ein Gespräch bezahlen lassen. Und die Einsamkeit und die Probleme der anderen machen sie zum Beruf. Wie kann mir jemand helfen, indem ich ihm noch Geld dafür gebe? Das begreife ich nicht. Habt ihr keine Freunde? Bei euch haben die Leute vergessen, miteinander zu leben. Stimmt das, dass ihr euch nur noch mit speziellen Einladungen am ... von ... bis ... besucht? Also, ich kann jemanden nur dann besuchen, wenn er mich einlädt und nicht, wenn ich ihn brauche? Gilt das auch für die Verwandtschaft und Eltern? Dass es solche Menschen auf der Erde gibt, ist nicht zu fassen! Bei euch sterben alte Leute alleine hinter verschlossenen Türen, und es bleibt lange unentdeckt, weil niemand an der Tür geklopft hat. So was ist bei uns undenkbar. Wir, die Bulgaren, leben zusammen von der Geburt bis zum Tod. Und selbst nach dem Tod wird keiner vergessen ..." Plötzlich lächelte Toma Newernijat und zeigte mir ein kleines Gläschen. „Weißt du, was das ist?" „Es sieht wie Honig aus." Und so hatte er ein neues Thema gefunden.

„Vor einem Jahr drehte ein französiches Team einen Film in Kovatscheviza. Drei französische Frauen befanden sich vor meinem Haus. Von ihren Gesten begriff ich, sie hatten's eilig. Schnell verschwanden sie hintereinander in die Toilette, und nach ihrem kurzen 'Merci!', wollten sie noch schneller wieder gehen. Da stand ich plötzlich vor der Tür. Na, na, so einfach ist es doch nicht. Ich habe nicht nur eine Toilette, ich habe auch ein Haus. Nun seid ihr herzlich eingeladen. Bitte eintreten! Die Dolmetscherin erklärte aufgeregt, sie hätten keine Zeit, sie müssten weiterdrehen, und schließlich ist der Chef sehr streng. Das geht doch nicht! Mein Haus ist ein bulgarisches Haus. Mit dem, was wir gerade hatten, deckte meine Frau den Tisch, und so vergingen ein paar Stunden. Der Chef kam wütend. Aber nach dem guten Wein und Essen hat er sich bald beruhigt. Besonders waren alle von meinem Honig begeistert. Zum Abschied fragte mich der Chef, ob ich Geld oder ein Geschenk will. Ein süßes Wort ist für mich das größte Geschenk. Er schaute mich unverständlich an. Später kriegte ich ein kleines Päckchen mit diesem Gläschen französischen Honig. Das werde ich nie aufmachen. Schau mal, der Kenner sieht das sofort - reine Chemie. Nur das Gläschen ist schön. Jetzt wirst du meinen Honig probieren."

Auf dem Tisch landeten Schnaps, eine riesengroße Pfanne mit grünem Salat, zwei übervolle tiefe Teller mit Honig. Wie soll man das essen? Außerdem habe ich seit einer Woche starke Magenschmerzen. Als hätte Tomata wieder meine Gedanken gelesen, sagte er: „Warum machst du solche großen Augen? Nasdrawe! (Prosit!). Nimm jetzt den Löffel und iss den Honig und den Salat. Mein Honig ist meine Medizin. Ich war noch nie krank, ich kenne kaum Schmerzen."

Bei seinen letzten Worten kam der Schwager mit seiner Frau herein. Sie schlossen sich der Schnaps-Honig-Runde an und stellten einen großen Topf mit weißen Bohnen auf den Tisch. Ich schwöre, nirgendwo habe ich so einfach und so schmackhaft gegessen. Köstliche Weißbohnen! „Das sind unsere berühmten smiljanski bob. So was kannst du nur bei uns genießen", erläutert stolz der Schwager. „Es gibt in jedem Haus Brot, aber nicht in jedem Haus schmeckt es", ergänzt Toma.

Tomata schaut seine Frau an. Das ist eine geheime Familiensprache. „Kann ich mal was helfen?", melde ich mich unsicher. „Na, komm mal mit." Sie führt mich die Treppe in den Keller hinunter. Vom Boden bis zur Decke reichen an den Wänden volle Regale mit eingemachten Gläsern. Über meinem Kopf hängt ein Wald von selbstgemachten Hartwürsten. Den Raum füllt ein gemischter Duft von getrocknetem Obst, Kräutern und Gewürzen. „Siehst du, das alles produzieren wir selbst. Jedes Jahr lagern hier 80 Liter rakija (Schnaps), 200 Liter Wein und Schafskäse. Obst und Gemüse landen in den Gläsern als türkischer Wintersalat. Wir brauchen nur Brot und Öl zu kaufen. Mehl haben wir auch genug da. Das reicht doch für uns und für die Kinder in der Stadt. Sie füllt eine Kanne mit Rotwein, gibt sie mir feierlich, denn ich wollte ja helfen.

Das Beisammensein hat sich bis um Mitternacht in fröhlichem Plaudern hingezogen, als ob diese alten, lieben Menschen keine Sorgen kennen. Meine Magenschmerzen waren auf einmal weg. Ein unbekanntes Gefühl entsprang aus den Tiefen meiner Seele und verschloss mir den Hals. Ich rannte in den Hof. Mein Gesicht war von Tränen überströmt. Solche Menschen, wie in einem Gute-Nacht-Märchen. Sie leben in einem seelischen Frieden, in Freude und Dankbarkeit. Sie reden nicht vom Geld, Schmuck, Autos, Karriere, Leistungsdruck, Neid, Hass, Gewalt; Gesprächsthemen, die zu meinem Alltag gehören. Als wären sie nicht auf dieser Erde geboren. Im Hintergrund hörte ich in der Stille die Stimme Tomas: „Lass sie weinen, sie braucht das, um ihre Seele zu reinigen."

Ich schlief in dem frischbezogenen Bett, nach hausgemachter Seife riechend, wie ein Baby ein. Die Tränen hat die Nacht getrocknet.

Wussten meine Gastgeber, dass ich schon aufgewacht bin? Der Tisch war bereits zum Frühstück gedeckt: eine volle Kanne mit duftendem Kräutertee aus den Rhodopen, wieder zwei übervolle Teller Honig, Weißbrot, gebratene Kartoffeln und Speck. Ich sammelte alle meine Kräfte, um sagen zu können: „Toma, du hast mich beherbergt und gesättigt. Nun muss ich weitergehen. Was hast du davon?" Meine Frage überraschte ihn nicht. „Das Bett, wo du geschlafen hast, das Brot, was du gegessen hast, gehören nicht dir. Alles gehört mir." Er las in meinen Augen die Unsicherheit und noch mehr Fragen. „Was ich gebe, das wird im Himmel gutgeschrieben. Und die Sterne kommen dann zu mir - auf die Erde."

Schweigend ging ich los. Mit Mühe unterdrückte ich die Tränen. Toma Newernija würde das verstehen. Es regnete schließlich nicht.

Heute leben in den verbliebenen 50-60 Häusern kaum 100 Menschen, von denen 70 Sofioter sind, die ihr Wochenende in der frischen Luft verbringen wollen. Die schöne ***Kirche „Nikolaj Tschudotworez"*** (erst 1934 gebaut) ist noch mit dem ersten Schlüssel, groß wie ein uraltes Werkzeug, zu öffnen. Eine Frau trägt ihn in der Tasche und macht die Türen auf für neugierige Gäste. Die alte Schule von 1838 ist verschlossen und wird heute nur noch als Lager für Baumaterial genutzt.

Seit dem 7. September 1977 ist Kovatscheviza zum ***Architekturreservat*** erklärt. Ob das hilft ...?

Melnik
Мелник

245 Einwohner mit sinkender Tendenz. Die kleinste bulgarische Stadt liegt 70 km südöstlich von Blagoevgrad und 20 km von Sandanski. Etwa 18 km trennen sie von der griechischen Grenze.

Wer Melnik nicht erlebt hat, der hat etwas verpasst. Es ist so, als ob man in der Wüste verdurstet, weil man die Oase für eine Fata Morgana hält. Im 19. Jh. schilderte der Reisende *A. Schopow* seine Eindrücke von Melnik so: „Stellen Sie sich ein enges Tal vor, zu dessen beiden Seiten kahle Wände steil aufsteigen. Kein Tier, das nicht Flügel besitzt, kann über diese Wände hinweg. Sie sind mehrere hundert Meter hoch und von sandgelber Farbe. Man glaubt, es sei ein Sandgebirge, das beim ersten Regen zusammensinken und die Stadt unter sich begraben würde, doch diese Sandberge stehen schon seit dem Anfang der Welt ... In dem engen Tal, zwischen diesen steilen, nackten, gelben und unüberwindlichen Felsen liegt Melnik, in das man nur zu Fuß oder zu Pferd durch zwei schmale Rinnen gelangen kann ... Es gibt keine Einfahrt, keine Straßen für Wagen ... Aus allem ist ersichtlich, dass Melnik vor Jahrhunderten nur einen einzigen Zugang hatte, und zwar den von Süden ... Nirgends ein Gärtchen, nirgends ein Hof, nirgends ein ebenes Plätzchen."

Schon bei der Einfahrt mit dem Auto (vom Süden eben) empfängt Melnik im Mai seine Gäste mit einem betörenden Akazienduft. Kurz danach ist man restlos verzaubert. Man traut seinen Augen nicht. Ein Meer von ***phantastischen Felsgebilden,*** Sandpyramiden recken sich in den Himmel; aus manchen ihrer Spalten sprießen Bäume und Sträucher. In dieser wilden Schönheit kleben übereinander und nebeneinander ***märchenhafte Häuser*** und idyllische Ruinen ... Man hat das Gefühl, die stillen Sandwellen werden sich jeden Augenblick bewegen und auseinanderreißen. Unsere Hauswirtin, Tante Donka, bestätigte später diese Vision: „Als das Erdbeben in Athen war, hat die Erde auch hier geschaukelt. Es war Nacht, und ich war alleine auf dem Balkon. Plötzlich wackelte mein Stuhl, der Rotwein floss aus dem Glas. Ich rannte in den Hof und kniete zwischen den Felsenwellen mit erhobenen Händen. Da hatte ich das Gefühl, ich berühre die Sterne, groß und schwer wie reife Birnen, und der rote Vollmond kullerte wie eine glühendheiße, strahlende Scheibe auf den Bergen zu mir. Ich fühlte mich wie ein Baby in der Wiege, das von den liebevollen Händen seiner Mutter eingeschläfert wird. Es war schrecklich schön!"

Geschichte

Als erste siedelten hier die ***Thraker.*** Dann erbauten die ***Römer*** ihre Ulpia mit dem üblichen Kanalisationssystem, repräsentativen Häusern und Skulpturen. Auf dem Hügel „Sweti Nikola" ruhen die Überreste aus der ersten thrako-römischen Siedlung. Nun kamen die ***Slawen,*** und deren erste Sorge war, die Stadt Melnik zu nennen (aus dem slawischen Wort *Mel,* weißer Ton, Kreide). Den ***Städtenamen Melnik*** trifft man auch in den slawischen Ländern Polen und Tschechien. Zwischen dem 7. und 9. Jh. entdeckten diese Schönheit die schwarzhaarigen ***Protobulgaren,*** denen auch die blonden Slawen nicht egal waren.

Im frühen Mittelalter war Melnik eine ***Grenzstadt,*** die mal zu Bulgarien, mal wieder zu Byzanz gehörte. Der Statthalter der Rhodopen und des südlichen Piringebirges, mit dem Sitz in Zepina (Tschepino), der Despot *Alexi Slaw,* verlegte seine Hauptstadt von 1205 bis 1229 nach Melnik. Und in den Ruhepausen der Auseinandersetzungen zwischen Bulgarien und Byzanz entwickelte sich hier eine rege Bautätigkeit. Ruinen und Überreste aus jener Zeit gehören heute zum Stadtbild.

Ende des 14. Jh. versank das kleine Melnik zusammen mit dem ganzen Bulgarien unter Türkenknechtschaft. Aber mit den neuen Eroberern wurde aus Syrien die bis heute beliebte ***Melnik-Rebe*** in diese Gegend gebracht, die hier vortrefflich gedieh. Der Rotwein aus Melnik gewann Märkte im ganzen Osmanischen Reich, in Italien, Spanien, England, Österreich. Und weil zu dem schweren Rotwein mit köstlichen Speisen auch mal ein aromatischer ***Tabak*** gehört, wurde diese rauchende Pflanze aus Melnik auch zum traditionellen Exportgut. Der Handel belebte die Entwicklung der Stadt und einigte die ***multikulturelle Bevölkerung*** aus Griechen, Türken, Armeniern, Juden und Bulgaren, deren Anzahl Ende des 19. Jh. 20.000 Seelen erreichte.

Im 17./18. Jh. kamen die Menschen zu so einem ***Wohlstand,*** dass sie ausnahmslos prächtige Häuser bauten. In 72 Kirchen wurde das Gotteswort in Griechisch und zuletzt auch in Bulgarisch gepredigt. 1873 wurde in Melnik die ***erste örtliche bulgarische Schule*** gegründet. Die wohlhabenden Händler, für die Europa nicht nur Dienstreisen bedeutete, wollten auch ihre Herzen erfreuen. So lockten sie im 19. Jh. mit ihrem Wein und ihrer Gastfreundschaft ***Wiener Künstler*** an, die im Paskalew-Haus und Mentschew-Haus Operetten und Kammermusik darboten. Fröhlicher Trubel und modische Tänze erfüllten viele Melniker Häuser, von denen das begehrteste das Welew-Haus war …

Erst 1912 mussten die Türken der Stadt die Freiheit gewähren. Das taten sie mit Wut und Grausamkeit. 26 Patrioten aus Melnik und den umliegenden Dörfern wurden unter dem Befehl von *Kjasim Bey* erschossen. Die ganze Stadt wurde ***in Brand gesetzt.*** Häuser und Kirchen gingen in Flammen auf. Es brannte alles, was dem Feuer nicht widerstehen konnte. Die hellen Sandpyramiden wurden grau …

Von dem reichen, blühenden Melnik sind von 3640 Häusern im Jahre 1912 heute kaum noch 96 erhalten; von den einst 72 Kirchen stehen nur noch fünf, wovon gerade noch zwei in Funktion sind. Seit 1964 ist Melnik zum ***Architektur-Reservat*** erklärt worden und 1968 zum Stadt-Museum.

Sehenswertes

Baugrund gab es in Melnik nie zur Genüge. Deshalb baute man die ***Wohnhäuser*** neben den beiden Flüsschen steil übereinander in die Höhe. Am Tage sehen sie wie weiße Blumen in den Sandfelsen aus und in der Nacht wie Glühwürmchen. Die steilen Gassen sind so eng, dass kaum zwei Esel aneinander vorbeilaufen können. Die festungsartigen Häuser sind jedoch sehr geräumig. Die Erdgeschosse sind hoch, oft mit zwei Fensterreihen, damit mehr Licht in die Wohnräume fällt. Durch einen ansteigenden Hof gelangt man zum Haupteingang, der in einen breiten Salon führt. Um ihn herum befinden sich die Wohnräume, ungewöhnlich lange Korridore führen zu Bad und Toilette, Vorratsräumen und anderen Zimmern. An einem Ende kommt man zur Terrasse oder dem Balkon, von denen man einen herrlichen Blick genießt. Typisch für Melnik sind die runden Kamine mit hohen Schornsteinen, die im Zimmer und auch auf der Fassade zu sehen sind. Im Erdgeschoss befinden sich die Kellerräume, in denen der begehrte Wein lagert. Von den Kellern führen Tunnel in den Felsen.

Kordopuolos kaschta. Das prächtigste Haus von Melnik ist zugleich das größte Wiedergeburtshaus ganz Bulgariens. Es erhebt sich an der höchsten Stelle unter einem hohen Felskegel. Das 1754 erbaute Haus gehörte einem in ganz Europa bekannten Weinhändler, dem Griechen *Manolis Kordopuolos.* Es hat vier Stockwerke, von denen die beiden unteren aus Stein sind. Sieben Innentreppen verbinden die Stockwerke miteinander. Der geräumige Salon hat 24 zweireihige Fenster. Die oberen Fenster bestehen aus venezianischen Farbglasscheiben. Die Räume dienten allen erdenklichen Zwecken und der Bequemlichkeit: Empfangszimmer, Gästezimmer, Schlafzimmer, geheimes Versteck, Bad, Küchen, Räume zum Brotkneten und Backstuben. Die Einrich-

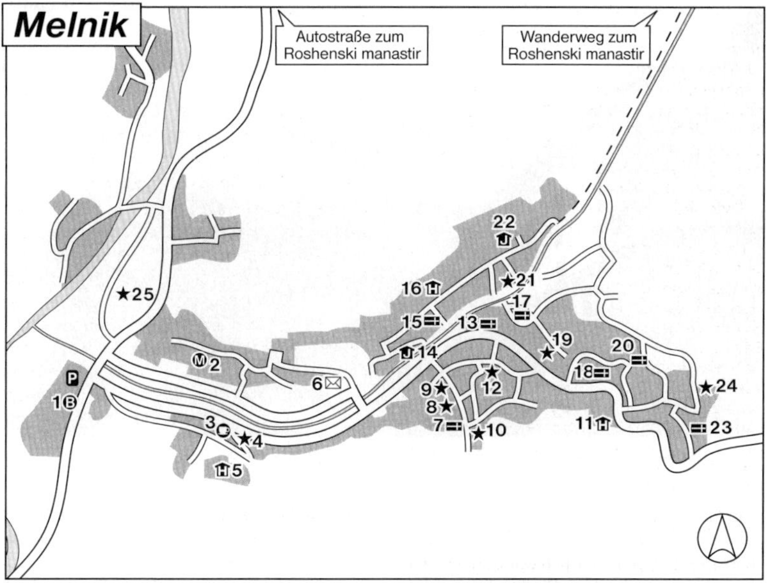

Ⓑ	1	Bushaltestelle, Zimmervermittlung
Ⓜ	2	Historisches Museum
☕	3	Café-Konditorei
★	4	Aleksowa kaschta (Aleksow-Haus)
H	5	Hotel-Restaurant „Melnik“
✉	6	Post
⛪	7	Kirche „Sweti Nikolaj Tschudotworez“
★	8	Lambrewa kaschta
★	9	Sandaktschiewata kaschta
★	10	Iwan Manolewa kaschta
H	11	Weljowata kaschta (Hotel-Mechana)
★	12	Das alte Bad
⛪	13	Kirche „Wawedenie Bogoroditschno“
J	14	Jugendherberge
⛪	15	Kirche „Sweta Marina“
H	16	Lumparowa kaschta
⛪	17	Kirche „Sweti Antonij“
⛪	18	Kirche „Sweti Dimitar“
★	19	Kiril Welewa kaschta
⛪	20	Kirche „Sweti Georgi“
★	21	Naschkowa kaschta (oder Paskalewa kaschta) mit Mechana
J	22	Jugendherberge
⛪	23	Kirche „Sweta Warwara“
★	24	Kordopuolos kaschta
★	25	Jane-Sandanski-Denkmal

tung ist vom Feinsten, und das nicht nur für die damalige Zeit: Teppiche aus Buchara und Persien; Wandschränke à la Franga (nach französischer Manier), voll mit kostbarem Schmuck und tollen Servicen aus ganz Europa; die Wände mit Malereien, die Decken mit Holzschnitzereien bedeckt; feine Stoffe schmücken die verglaste Terrasse. Die Kellerräume sind umwerfend groß; in Fässern lagerten zehntausend bis vierzigtausend Liter Wein und das bis 30 Jahre lang, damit ihm keiner gleichkäme. Es gibt sogar einen kleinen Karzer für böse Kinder und unehrliche Dienstboten. Selbst der große Boss bestrafte sich freiwillig und ging in den Arrest, wenn die Rechnungen durch eigenes Versehen nicht stimmten.

Geöffnet täglich 9.00-12.00 und 13.00-18.00 Uhr; Eintritt ca. € 1,02 (2 Lw); Fotografieren € 0,41 (0,80 Lw); Videokamera ca. € 1,53 (3 Lw), keine fremdsprachige Führung.

Das Haus des Weinhändlers ist das prächtigste der Wiedergeburtshäuser

In der Nähe des Mentschew- und Welew-Hauses (Kiril Welewa kaschta) sieht man die Kuppel eines niedrigen Gebäudes. Es war früher ein ***Bad*** mit doppelten Böden und Wänden, wo nach römischem Vorbild der Rauch der Feuerstelle zum Beheizen der Räume genutzt wurde.

Nicht zu übersehen ist eine mächtige, reich ornamentierte Ruine weiter oben. Sie war einst ein Bojarenhaus und trägt noch heute den Namen ***Boljarskata kaschta.*** Die Fachleute halten den Überrest für eines der ältesten Gebäude auf der Balkanhalbinsel aus dem 10. Jh. Bis Anfang des 20 Jh. war das Haus mit einem Uhrturm noch recht gut erhalten.

Fast daneben steht die architektonisch interessanteste ***Kirche „Sweti Antonij"*** (1861). Ihre südliche Wand ist nicht flach, sondern mehrmals gebrochen, die mittlere Achse des Baus ebenso. Der Schutzpatron dieses Gotteshauses soll Geisteskranke geheilt haben. Für diesen Zweck fesselte man sie mit einer Eisenkette an eine Säule, die noch für jeden Fall da ist …

Die dreischiffige ***Metropolitankirche „Sweti Nikola Tschudotworez"*** (Der Heilige Wundertäter Nikola) ist nicht zu übersehen. Erbaut 1756, an der Stelle einer alten Basilika, von dem gleichen Baumeister, der auch das Kordopuolos-Haus errichtete. Die schönen Wandmalereien und Ikonen stammen von unbekannten Künstlern.

Die ***Kirchen „Sweti Joan Predetscha",*** auch als „Sweti Jani" (18. Jh.) bekannt, in dem Wohnviertel auf der anderen Seite des Flusses, und ***„Sweti Petar i Pawel"*** (1840) dürfen nicht übersehen werden.

Zu der Anhöhe im Südosten führt ein steiler Pfad. Die Mühe lohnt sich allemal. Zwischen den Ruinen steckt die kleine ***Kirche „Sweta Bogorodiza Spileotissa",*** auch noch als „Sweta Sona" bekannt. Stundenlang kann man das märchenhafte Panorama genießen, Gedichte schreiben, Bilder malen …

Südwestlich davon liegen zahlreiche Ruinen, Zeugen größerer Bautätigkeit im 13. Jh. - ***Despot Slawowata krepost*** (die Festung des Despoten Slaw): Festungsmauer, Kirchen, Kloster, Burg. Bei klarem Wetter sieht man von hier das Weiße Meer.

Übernachtung

In Melnik zu schlafen bedeutet, den richtigen, gesunden Schlaf zu finden. Nachdem wir den schweren Rotwein mit köstlichen Speisen und herrlichem Schafskäse bis Mitternacht genossen hatten, wurden wir von den Grillen und Nachtigallen in den Schlaf gesungen. Einen Wecker braucht man hier nicht. Die Hähne, Esel und die Schafe künden vom Anbruch des Tages. So wurden wir schon kurz vor 5 Uhr munter, voller Energie und Lebensfreude. Und Hand aufs Herz: Nirgendwo haben wir so herrlich geschlafen wie in Melnik.

Jedes Haus in Melnik ist auf Fremde eingestellt. Es ist viel besser, selbst zu fragen, zu schauen und zu verhandeln (€ 5,10/10 Lw). Ein Frühstück kann immer mit der Wirtin vereinbart werden (Weißbrot, Käse, Marmelade, Butter und Tee für max. € 1,02 (2 Lw).

- Das einzige ***Hotel, „Melnik"***, drei Sterne, Tel. 272 (Verbindung nur über die Post) bietet zwar 25 Zweibettzimmer, Restaurant, Weinstube und einen Weinkeller, aber nicht die Gemütlichkeit der Privathäuser. DZ € 15,30 (30 Lw) ohne Frühstück. An der Rezeption wird Französisch und Englisch gesprochen.
- ***Zwei Jugendherbergen*** (turistitscheska chisa), gemütlich, sauber und mit einem Übernachtungspreis von ca. € 5,10 (10 Lw) recht günstig.
- ***Hotel „Lumparowa kaschta".*** Übernachtung für zwei Personen 30 Lewa (€ 15,30) mit ausgezeichnetem Frühstück; schöne große restaurierte Räume mit wunderbarer Aussicht auf die Stadt.

Kulinarisches

- Melnik ist nicht nur die kleinste Stadt Bulgariens, sondern zugleich das größte Hotel und die größte Gaststätte des Landes. Fast jedes Haus hat eine Mechana (Nationalitätengaststätte) und eigenen Wein. Es ist schwer, etwas Bestimmtes zu empfehlen. Wie bei der Übernachtung muss man gehen und sehen, sich hinsetzen, essen und trinken. Dennoch sehr zu empfehlen, besonders in den wundervollen sternklaren Nächten, ist der Weinkeller am nordöstlichen Rand der Stadt am Beginn des Wanderweges zum Roshenski manastir. Hier kann man entweder romantisch in einer natürlichen Höhle seinen Wein trinken oder aber draußen unter den Sandpyramiden sitzen.

Transport

- ***Bahnhof:*** 14 km von Melnik entfernt, Station Damjaniza an der Eisenbahnlinie Sofia - Kulata.

Die Häuser ziehen sich den Hang hinauf
Foto: KR

- Es bestehen ***Busverbindungen*** nach Sofia über Sandanska. Wegen der Abfahrzeiten sollte man sich am besten im Hotel „Sandanska" oder bei den Einwohnern informieren.

Roshenski manastir
Роженски манастир

Um zum Rosenkloster zu gelangen, gibt es zwei Möglichkeiten. Die ***Autofahrer*** benutzen einen Asphaltweg (6 km) nördlich an dem Flüsschen Melnischka reka durch die Dörfern Karlanovo und Roshen. Ein Abstecher von Roshen nach links führt durch einen Tunnel in den Sandfelsen zur Herberge im Dorf Ljubowischte.

Für ***Wanderfreudige*** bereitet der 5 km lange Weg (am nordöstlichen Stadtrand, an dem Weinkeller in der Höhle vorbei) unvergessliche Erlebnisse, die mit dem Roshenski manastir gipfeln.

Außerhalb von Melnik führt der Weg anfangs ein ganzes Stück durch ein totes Flussbett, welches aber bei starken Gewittern Wasser führen kann! Danach geht es zum Teil sehr stark aufwärts. Deshalb sollte man aus Sicherheitsgründen zurück nach Melnik ruhig die Straße benutzen.

Gegründet wurde das Kloster im 13. Jh., als Despot *Slaw* Melnik zu seiner neuen Hauptstadt wählte. Hier wurde im 14. Jh. eine ***kalligrafische Schule*** so erfolgreich, dass ein Manuskript mit 117 farbigen Miniaturen würdig genug war, 1674 nach Jerusalem in der Kirche „Grab Gottes" zu landen. In seinem heutigen Aussehen wurde das Kloster endgültig Ende des 18. Jh. geformt.

Im Rosenkloster
Foto KR

Die große, aber flache ***Kirche*** erfüllt den kleinen Hof. Die dreischiffige Pseudobasilika mit einem zusätzlich gebauten Gewölbe, von dem ein Teil als kleine Kapelle dient, beherbergt wunderschöne Ikonen. Aus den griechischen Inschriften geht hervor, dass die Wandmalereien über der westlichen Tür der Kirche von 1597, auf der südlichen Außenwand von 1611 und die letzten von 1732 stammen. In der Kapelle „Sweti Besrebrenizi Kosma i Damjan" ist die Ikone mit dem Heiligen Heiler von 1776 bewundernswert und vor allem die wundertätige Ikone der Heiligen Gottesmutter (1790). Sie ist eine Kopie von dem grusinischen Kloster in Sweta gora.

Nördlich befindet sich das ***Gebeinhaus*** mit der Kapelle „Sweti Joan Predtetscha" mit Wandmalereien von 1662.

In Klosternähe liegt das Grab des Kämpfers für nationale Befreiung, *Jane Sandanski,* dem auch eine kleine Exposition gewidmet ist.

Leider ist in dem Kloster ***keine Übernachtung*** möglich (trotzdem fragen!). Die idyllische Ruhe behalten die drei Mönche für sich alleine. Man kann sich aber trösten und unternehme eine kleine Wanderung (30 Min.) auf einem Pfad oberhalb des Klosters an einem kleinen Friedhof vorbei bis zu bezaubernden ***Felsfiguren,*** in deren Nähe man die einzigartige Natur in aller Ruhe genießen kann.

Gebiet Plovdiv

Liebe auf den ersten Blick verspricht ***Plovdiv.*** Die Rhodopen bereiten wilde Naturerlebnisse. Unvergesslich bleibt die abenteuerliche Fahrt zu den ***Höhlen Djawolskoto garlo*** und ***Jagodinskata peschtera*** durch die Bujnovoer und die Trigrader Schlucht. Die Hochburg des Christentums in den Rhodopen, das ***Batschkovo-Kloster,*** stürmen seit mehr als 900 Jahren Geistliche und Pilger und zuletzt noch die Neugierigen. Die blutigen Spuren des dramatischen Aprilaufstandes für nationale Befreiung im Jahre 1876 sind heute noch in vielen Ortschaften dieses Gebietes zu verfolgen. Und schließlich wartet der internationale ***Höhenkurort Pamporovo*** auf diejenigen, die von alldem fernbleiben wollen ...

Pasardshik

Пазарджик

80.000 Einwohner. Die Stadt liegt 36 km westlich von Plovdiv und ist 120 km von Sofia entfernt. Sie ist für Bahn und Auto eine ***Transitstation*** auf der Strecke Sofia – Burgas. Nach Meinung der meisten Bulgaren ist Pasardshik eine langweilige Stadt, die von vielen gemieden wird, auch von Ausländern. Man muss jedoch nur ins Stadtzentrum gelangen, und die Neugier ist geweckt. Unglaublich, aber wahr, Pasardshik bietet wirklich eine Menge Sehenswertes.

Sehenswertes

Gegründet wurde die Stadt im Jahre 1485, als ***Tataren*** sich hier niederließen und ihren Ort Tatar Pasardshik nannten. Die Stadt entwickelte sich zu einem Handels- und Handwerkerzentrum, in dem jedes Jahr ein großer Jahrmarkt stattfand. Das Stadtbild prägten mehr als 20 ***Moscheen.*** Aus dieser Zeit sind nur noch die ***Eski dshamija*** (1540), der älteste Bau in

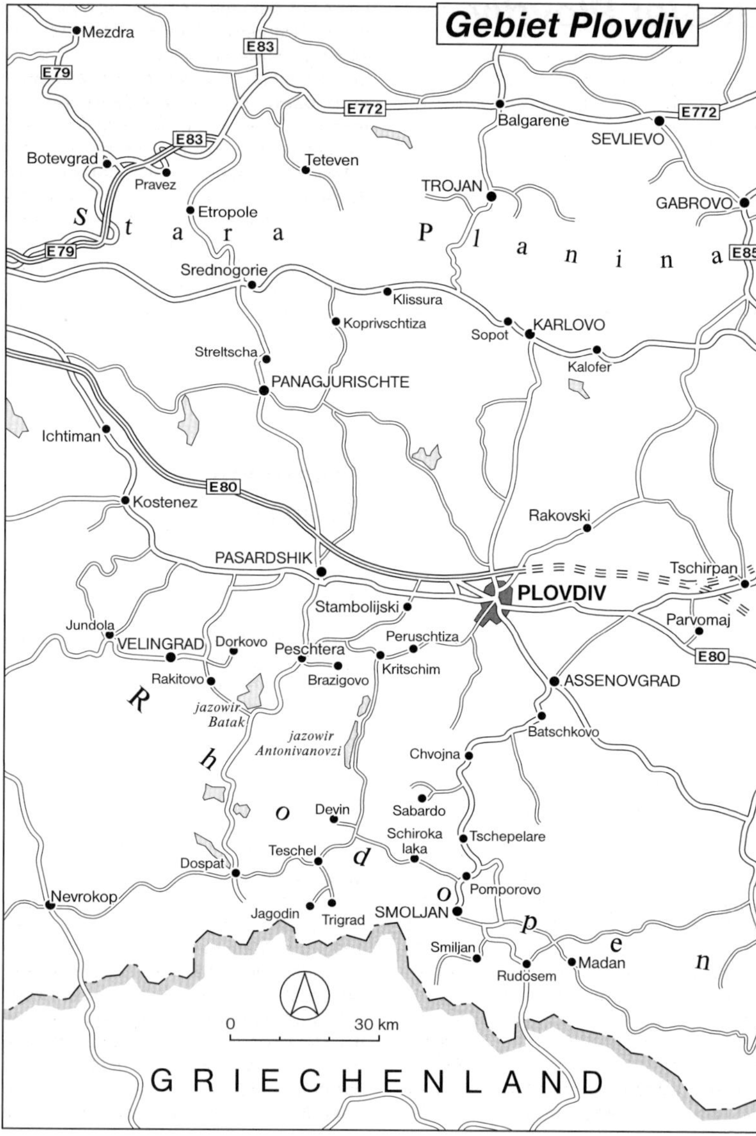
Gebiet Plovdiv
Mezdra
E83
E79
E772
Balgarene
SEVLIEVO
Botevgrad
Pravez
Teteven
TROJAN
GABROVO
Etropole
Stara Planina
E85
Srednogorie
Klissura
Koprivschtiza
Sopot
KARLOVO
Streltscha
Kalofer
PANAGJURISCHTE
Ichtiman
E80
Kostenez
Rakovski
PASARDSHIK
Tschirpan
PLOVDIV
Stambolijski
Parvomaj
Jundola
VELINGRAD
Dorkovo
Peschtera
Peruschtiza
Kritschim
Brazigovo
Rakitovo
ASSENOVGRAD
Rhodopen
jazowir Batak
Batschkovo
jazowir Antonivanovzi
Chvojna
Sabardo
Devin
Schiroka laka
Tschepelare
Teschel
Dospat
Pomporovo
Nevrokop
Jagodin
Trigrad
SMOLJAN
Smiljan
Madan
Rudosem
0
30 km
GRIECHENLAND

der Stadt, und die ***Kurschum dshamija*** (1667), beide im Stadtzentrum, erhalten. In der ***Wiedergeburtszeit*** dominierte der aufgeweckte bulgarische Geist, wenn auch nur bei der Minderheit der Bürger, denn die meisten Einwohner waren Türken. Dieser Geist hinterließ bedeutende Bau- und Kunstwerke. Zu Anfang des 18. Jh. schreibt der österreichische Globetrotter Gerhard Drisch, dass die Häuser in Pasardshik größer, schöner und bequemer sind als die Häuser in Sofia.

Die ***Kirche „Sweta Bogorodiza"*** (1837), uliza Otez Paissij, ist landesweit bekannt wegen ihrer wunderschönen holzgeschnitzten Ikonostase. Die Ikonen schufen erstklassige Maler jener Zeit, *Stanislaw Dospewski* und Schüler von *Sacharij Sograf*. Sehenswert sind auch die anderen zur gleichen Zeit gebauten ***Kirchen „Sweti Archangel Michail", „Sweta Petka" und „Sweti Konstantin i Elena"*** sowie die ***Synagoge*** aus dem Jahre 1850.

Das im Zentrum gelegene ***Haus von Chadshistojanow*** (1840) zeichnet sich durch eine originelle Architektur und wertvolle Holzschnitzereien aus. In den anderen Häusern aus der Wiedergeburtszeit sind einige Museen untergebracht. Der schöne Uhrturm (1741) im Stadtzentrum ist leider 1994 abgebrannt und wird hoffentlich schnell wieder restauriert.

Ethnografisches Museum, in dem Haus von Nikola Christowitsch (1850), wenige Schritte von der Kirche „Sweta Bogorodiza" entfernt. Wohnungseinrichtung, Handwerkskunst und Lebensweise der bulgarischen Bevölkerung dieser Gegend in der zweiten Hälfte des 19. Jh. Di.-So. 8.00-12.00 und 14.00-18.00 Uhr.

Historisches Museum, im Stadtzentrum, in einem der repräsentativsten Gebäude der Stadt; reiche Sammlung von Funden aus der Thraker- und Römerzeit. Di.-So. 8.00-12.00 und 14.00-18.00 Uhr.

Haus-Museum von Stanislaw Dospewski, bul. Knjaginja Marija Luisa 50. Der erste bulgarische Maler mit akademischer Ausbildung (an der Kunstakademie Moskau erworben) ließ sich in Pasardshik nieder. In diesem Haus, wo er von 1864-1877 lebte und arbeitete, bemalte der Künstler die Innenwände selbst. Im Wohnzimmer sind beispielsweise die von ihm erstellten Porträts seiner Schwester Domenika, des Vaters Dimitar, der Mutter Christina, der Ehefrau Mariola, des Bruders Atanas und der Söhne Boris und Nikola (s. Kapitel „Malerei") zu sehen. Mo.-Fr. ganztägig mit Mittagspause. Im Gebäude des Historischen Museums ist eine Bildersammlung von *Stanislaw Dospewski* ausgestellt.

Übernachtung

- ***Hotel „Elbrus",*** drei Sterne, das neueste (1984 eröffnet) und teuerste Hotel der Stadt; mit Restaurant, Tagesbar, Panoramabar und Nachtbar mit Programm, Tel. (034) 26530.
- ***Hotel „Trakija",*** zwei Sterne, ploschtad Wasrashdane, Tel. (034) 26006; verfallen und billig.

Transport

- ***Bahnhof:*** am südwestlichen Stadtrand, immer geradeaus auf der uliza Konstantin Russinow. Hier halten auch die Expresszüge Sofia - Plovdiv - Burgas.
- ***Busbahnhof:*** uliza General Skobelew, nördlich vom Stadtzentrum.

Plovdiv
Пловдив

Bei der Befreiung Bulgariens zählte die Stadt 24.000 Einwohner, 1975 - 287.744 und heute 367.000.

Plovdiv, die nach der Einwohnerzahl zweitgrößte Stadt Bulgariens, lässt schon seit Jahrhunderten die Herzen der Reisenden höher schlagen. Der griechische Satiriker *Lukian* (2. Jh.) schrieb in einem seiner Dialoge begeistert: „Diese Stadt ist wirklich die größte und schönste, die ich

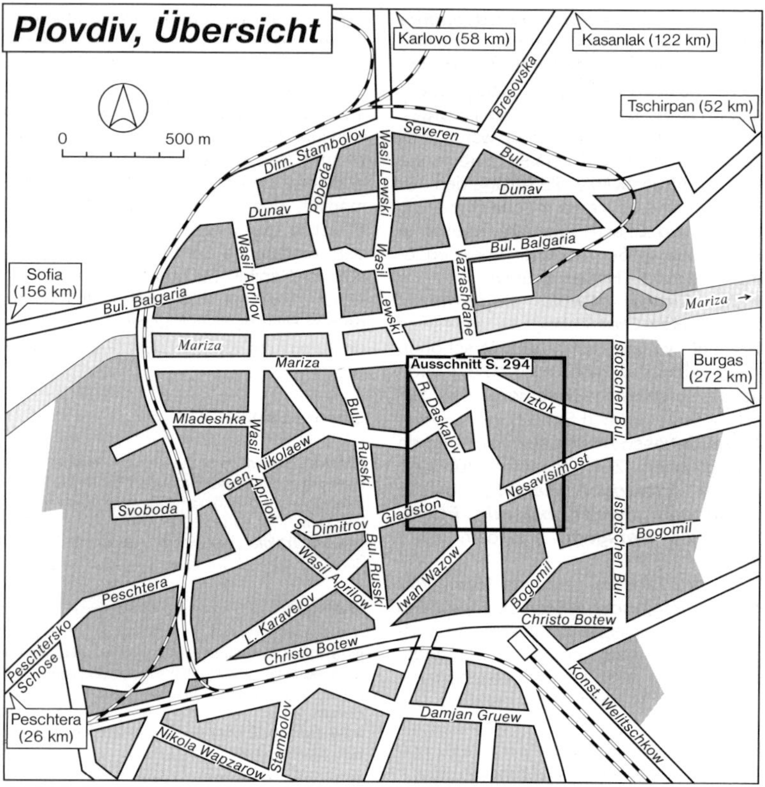

bisher gesehen habe. Schon aus der Ferne glänzt sie mit ihrer Schönheit." Der türkische Geograf und Reisende *Evliya Celebi* (17. Jh.) nannte sie „eine der zehn schönsten Städte des Osmanischen Reiches". Und der bekannte französische Dichter, Historiker und Politiker *Alphonse de Lamartine,* der im Jahre 1833 für kurze Zeit in Plovdiv Unterkunft nahm, äußerte: „Eine der ausgezeichnetsten Lagen, die sich der Mensch für eine Stadt vorstellen kann." Nun ist es jedem selbst überlassen, wie er die vielgepriesene Schönheit Plovdivs sieht und empfindet. Nicht alles ist mehr so, wie es einmal war, Neues ist hinzugekommen, Altes hat sich verändert. Die Altstadt jedoch könnte eine Liebe auf den ersten Blick werden. Schon von weitem, wenn man mit dem Zug von Sofia kommt, sieht man die aus der Ebene emporsteigenden Hügel, die der Stadt ihr einmaliges Antlitz verleihen.

Geschichte

Es ist kaum zu glauben: Plovdiv besitzt eine ***8000-jährige Vergangenheit.*** Auf den Hügeln von Plovdiv sind Überreste freigelegt worden, die aus vorgeschichtlicher Zeit stammen. Eumolpias scheint der Name der ersten ***thrakischen Siedlung*** im 5. Jh. v. Chr. gewesen zu sein, in deren Umgebung sich die Liebestragödie von Orpheus und Eurydike abgespielt haben soll.

Im Jahre 342 v. Chr. überrannten die Kampfwagen *Philipps II. von Mazedonien,* des Vaters *Alexanders des Großen,* die Weingärten und sonnigen Tempel der Thraker und erbauten auf den Trümmern ihre ***Siedlung Philippopolis,*** die Stadt Philipps. Pulpudeva hatten die besiegten Thraker, die tapfer gegen die mazedonischen Eindringlinge kämpften, in ihre Sprache den Namen der befestigten Stadt übersetzt, und hierin hat wohl die gegenwärtige Benennung ihren Ursprung.

Nun erkämpften die ***Römer*** im Jahre 46 n. Chr. ihren Platz in der Geschichte Plovdivs und errichteten hier die Hauptstadt der Provinz Thrakien, von ihnen Trimontium (Dreihügelstadt) genannt; eine der blühendsten und wohlgeordnetsten Städte auf der Balkanhalbinsel. Sie verfügte über ein großes Stadion, monumentale öffentliche Bauten, zahlreiche Tempel und starke Festungsmauern. In den folgenden Jahrhunderten brausten über die fruchtbare Ebene an der Mariza die wilden keltischen Pferde, und in der Stille zwischen den Stürmen kamen leise und unbemerkt die Kähne der ***Slawen*** auf dem wasserreichen Fluss angeschwommen. Es gelang ihnen, die schöne Stadt zu erobern, ohne sie zu zerstören. Und so wurde aus dem thrakischen Namen Pulpudeva Pyldin, das in ihrer weichen Sprache wie Ploudin klang.

Nach den Jahren byzantinischer Macht gliederte 834 der erste bulgarische Herrscher, *Khan Krum,* die Stadt dem Ersten Bulgarischen Reich an, und Zar *Simeon* (893-927) verwandelte sie endgültig in eine ***bulgarische Festung.*** Später entwickelte sich hier die ketzerische Bewegung des ***Bogomilentums*** (siehe „Die Bogomilen - die Hippies des Mittelalters“).

1018 wurde die Stadt nochmals dem Byzantinischen Reich einverleibt. Die Heerscharen der vier ***Kreuzzüge*** (1096, 1147, 1189, 1203) vernichteten die Pracht der Stadt. Unter dem bulgarischen Zaren *Iwan Assen II.* (1231-1241) blieb gerade genug Zeit, die Ruinen aufzuräumen. Nach seinem Tod geriet die Stadt erneut unter byzantinische Macht. 1364, im Verlauf der vielen Einfälle, wurde Plovdiv von den osmanischen ***Türken*** erobert und niedergebrannt. Sie nannten „ihre“ Stadt Philibe, und diese verwandelten sie im 18. und 19. Jh. in ein ***multikulturelles Zentrum,*** da Philibe zu einem großen Handelsplatz wurde, dessen Bevölkerung so bunt war wie in keiner anderen bulgarischen Stadt. Zu den wenigen Bulgaren und Türken gesellten sich Armenier, Griechen, Juden, Vlachen, Venezianer, Deutsche und Österreicher.

In der Zeit der bulgarischen Wiedergeburt prägte die Stadt ein bewegtes Leben. ***Kaufleute*** zogen mit ihren Waren über die Straßen von Konstantinopel bis Wien und Leipzig, von Odessa nach Venedig, zu den Nordküsten Afrikas, nach Indien und Kalkutta. Der erworbene ***Reichtum*** spiegelt sich in den prächtigen, mit bezaubernder Vielfalt errichteten Häusern der Altstadt wider. 1836 wurde in Philipe die ***erste Klosterschule*** eröffnet, und nur 20 Jahre später führte der Lehrer *Najden Gerow* den der bulgarischen Bildung und den Schöpfern des slawischen Alphabets, *Kyrill* und *Method,* gewidmeten 24. Mai als Feiertag ein. Ein Jahr danach, 1857, gründete der Wanderlehrer *Christo G. Danow* hier den ***ersten bulgarischen Buchverlag,*** der bis heute existiert.

Am 17. Januar 1878 wurde die Stadt von den russischen Truppen unter dem Namen Plovdiv zur ***inoffiziellen Hauptstadt*** des halbautonomen Thrakien (Ostrumelien) erklärt. 1885 folgte der Zusammenschluss Ostrumeliens mit dem Fürstentum Bulgarien, in dem Plovdiv nach der Hauptstadt Sofia zum zweiten Wirtschafts- und Kulturzentrum erhoben wurde. Diese Nebenrolle des ewigen Zweiten spielt Plovdiv unfreiwillig bis heute. Seit jener Zeit herrscht eine ***Rivalität zwischen Sofia und Plovdiv*** und eine Unverträglichkeit zwischen den Bewohnern beider Städte, die sich auf den verschiedensten Ebenen äußert.

Nur drei Jahre nach der Weltausstellung in Paris, 1892, veranstaltete Plovdiv die ***erste bulgarische Ausstellung,*** eine Landwirtschaftsausstellung, die zahlreiche ausländische Aussteller anlockte. Dieses Ereignis begleiteten viele „Premieren“: der erste Stenografenkongress, die erste bulgarische Kunstausstellung, die Eröffnung der ersten Bierbrauerei im Land und der erste Ballonflug eines Bulgaren ... So wurde Plovdiv auch die ***erste Messestadt Bulgariens,*** wo 1933 die erste internationale Messe stattfand. Heute empfängt die Dreihügelstadt zweimal Messegäste aus aller Welt.

Das Kulturleben präsentiert stets neue aufregende Veranstaltungen von internationalem Rang. Von den ***fünf Hochschulen,*** an denen auch viele ausländische Studenten ihre Ausbildung erhalten, zeichnen sich insbesondere die Universität Paissij Chilendarski, die Medizinische Hochschule sowie die Musik- und die Pädagogische Hochschule aus.

Sehenswertes

Für Plovdiv braucht man wenigstens zwei Tage, denn keine andere Stadt Bulgariens hält so viele Zeugnisse aus ihrer gesamten

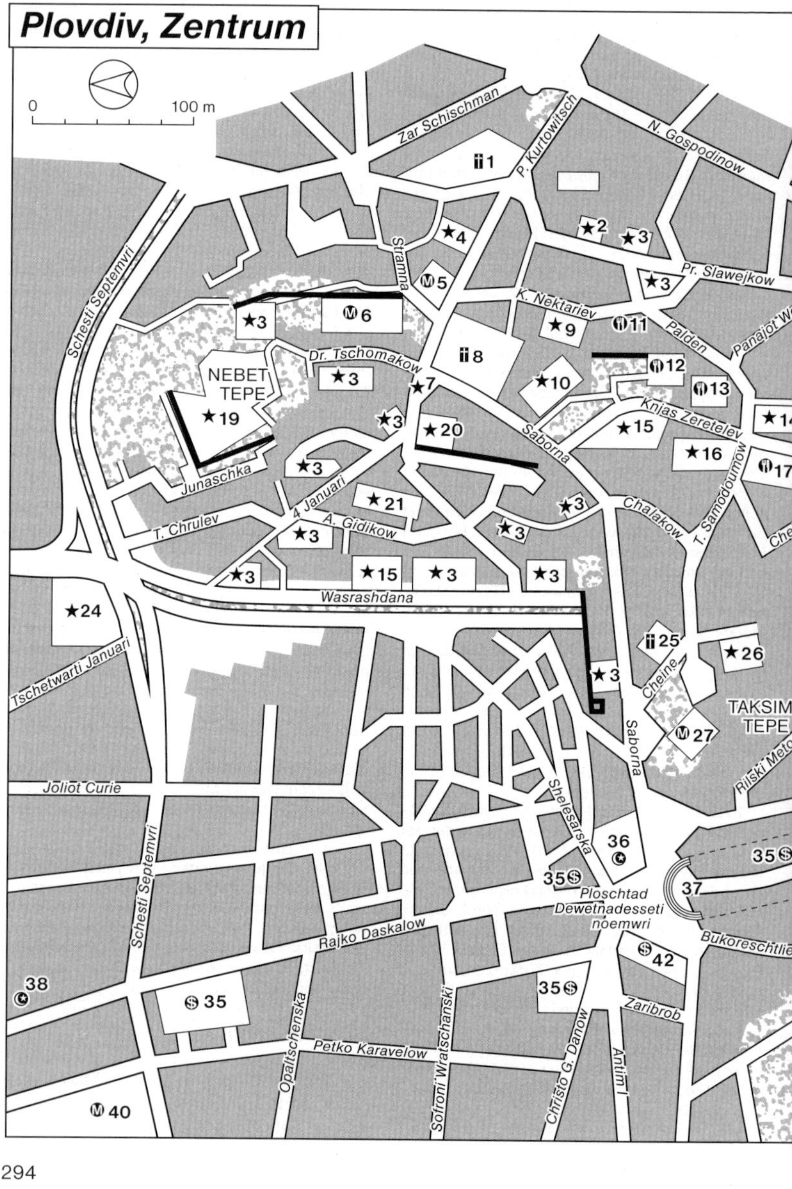
Plovdiv, Zentrum
0
100 m
Zar Schischman
P. Kurtowitsch
N. Gospodinow
1
2
3
4
5
6
Stramna
Pr. Slawejkow
K. Nektariev
9
11
Palden
Panajot W
Schesti Septemvri
Dr. Tschomakow
8
12
13
NEBET TEPE
19
7
10
Knjas Zeretelev
14
20
15
Saborna
16
17
Junaschka
4 Januari
21
Chalakow
T. Samodoumow
T. Chrulev
A. Gidikow
Che
24
Wasrashdana
25
26
Tschetwarti Januari
Cheine
TAKSIM TEPE
27
Saborna
Rilski Meto
Joliot Curie
Shelessarska
36
35
Schesti Septemvri
Ploschtad Dewetnadesseti noemwri
37
Rajko Daskalow
Bukoreschtlie
42
38
Zaribrob
Opaltschenska
Sofroni Wratschanski
Christo G. Danow
Antim I
Petko Karavelow
40

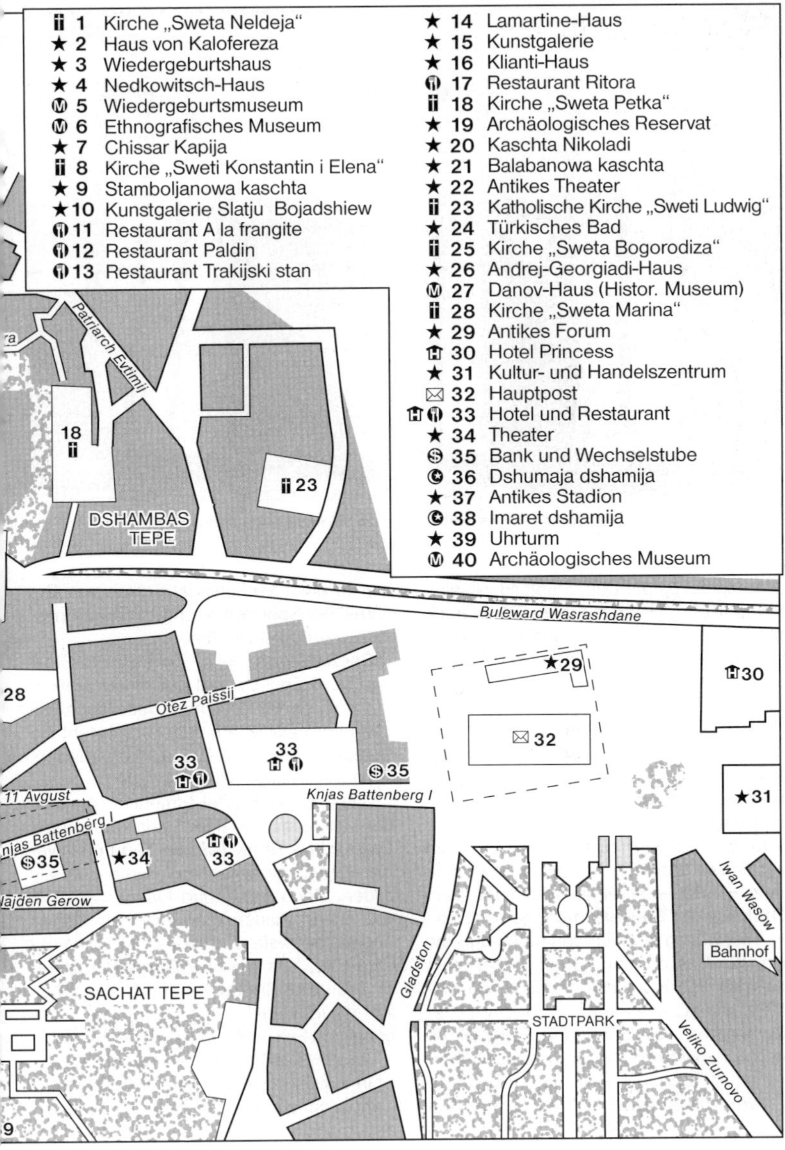
1 Kirche „Sweta Neldeja“
2 Haus von Kalofereza
3 Wiedergeburtshaus
4 Nedkowitsch-Haus
5 Wiedergeburtsmuseum
6 Ethnografisches Museum
7 Chissar Kapija
8 Kirche „Sweti Konstantin i Elena“
9 Stamboljanowa kaschta
10 Kunstgalerie Slatju Bojadshiew
11 Restaurant A la frangite
12 Restaurant Paldin
13 Restaurant Trakijski stan
14 Lamartine-Haus
15 Kunstgalerie
16 Klianti-Haus
17 Restaurant Ritora
18 Kirche „Sweta Petka“
19 Archäologisches Reservat
20 Kaschta Nikoladi
21 Balabanowa kaschta
22 Antikes Theater
23 Katholische Kirche „Sweti Ludwig“
24 Türkisches Bad
25 Kirche „Sweta Bogorodiza“
26 Andrej-Georgiadi-Haus
27 Danov-Haus (Histor. Museum)
28 Kirche „Sweta Marina“
29 Antikes Forum
30 Hotel Princess
31 Kultur- und Handelszentrum
32 Hauptpost
33 Hotel und Restaurant
34 Theater
35 Bank und Wechselstube
36 Dshumaja dshamija
37 Antikes Stadion
38 Imaret dshamija
39 Uhrturm
40 Archäologisches Museum
Patriarch Evtimij
DSHAMBAS TEPE
Buleward Wasrashdane
Otez Paissij
11 Avgust
Knjas Battenberg I
Najden Gerow
SACHAT TEPE
Gladston
STADTPARK
Iwan Wasow
Bahnhof
Veliko Zurnovo

Religiöses Plovdiv: Die katholische Kirche Sveti Ludwig am buleward Maria Luisa

Geschichte parat. Das Stadtbild ist eine harmonische Mischung aus Städtearchitektur des Westens und des Orients, an vielen Stellen unterbrochen von Ausgrabungen und Zeugnissen vorangegangener Epochen.

Zur besseren Orientierung sollte man sich etwas mit den ***sechs Hügeln der Stadt*** auskennen, die allesamt ihre türkischen Namen beibehalten haben.

Bunardshika ist auch als „Hügel der Befreier“ bekannt und erhebt sich im westlichen Stadtteil. An seinem Nordosthang windet sich eine Straße bis zum ***Denkmal der Sowjetarmee,*** gemeint sind die russischen Befreier von 1878 und die von 1944. Auf einem Granitsockel steht die mächtige Figur eines russischen Soldaten, die die Einwohner als Zeichen ihrer Dankbarkeit 45 Jahre lang liebevoll Aljoscha nannten. Heute ist diese Dankbarkeit umstritten.

Dshendem Tepe galt in den letzten Jahrzehnten als „Hügel der Jugend“, weil hier in einer Parkanlage südlich von Bunardshika Sportplätze und Unterhaltungsstätten errichtet wurden.

Sachat Tepe ragt im Zentrum der Stadt auf. Der Hügel besteht aus einem steilen, nur von seiner östlichen Seite zugänglichen Felsmassiv. Auf dem Gipfel steht die Büste von *Christo G. Danow,* des Gründers des ersten bulgarischen Verlages.

Das Dreihügelviertel Trimontium umfasst den ältesten Teil der Stadt, die Hügel ***Dshambas Tepe, Taksim Tepe und Nebet Tepe,*** die ein gemeinsames Massiv bilden. Der Westen und Osten war einst von hohen Mauern begrenzt, von denen heute Überreste und eines der drei Festungstore, das östliche ***Chissar Kapija,*** erhalten sind. Im Süden und Norden stellen diese Hügel senkrechte und unzugängliche Felsen dar.

Eine systematische Stadtbesichtigung ist in Plovdiv schwer zu gestalten. Man bewegt sich am besten nach Herzenslust und Intuition und stößt allenthalben auf immer wieder neue architektonische Sehenswürdigkeiten aus den verschiedensten Epochen. Als ***Orientierungs- und Ausgangspunkt*** eignet sich sehr gut das Hotel „Trimontium", gegenüber befinden sich das flache, weiße Gebäude der Hauptpost und die Fußgängerzone mit vielen Cafés, Geschäften, mit Theater und Kinos.

Das ***antike Forum*** aus dem 3. Jh. zwischen dem Hotel „Trimontium" und der Hauptpost zeigt eine mit Steinplatten bedeckte Straße, einen Teil der Säulengänge und Überreste von Kapitellen aus Philippopolis.

Am entgegengesetzten Ende der Fußgängerzone, am Ploschtad Dewetnadesseti noemwri, fast neben der Moschee Dshumaja dshamija, liegt das ***antike Stadion*** (das kleine Amphitheater von Philippopolis) aus dem 2. Jh. Es war Schauplatz für Gladiatorenkämpfe, für nachgestellte Seeschlachten, bei denen immer eine der gegnerischen Parteien „unterging", und für Tierhetzen. Heute dient es als Freilichtmuseum.

Die Moschee ***Dshumaja dshamija,*** ploschtad 19. noemwri im Stadtzentrum, ist noch als Ulu dshamija bekannt und in ihrem Grundriss ähnlich der Bujuk dshamija in Sofia. „Dshumaja" bedeutet soviel wie 'freitags', weil freitags der Gottesdienst stattfand. Das Gebäude nimmt die ganze Ostfront des Platzes ein und ist (wahrscheinlich) eine der größten Moscheen, die in Bulgarien gleich in den ersten Jahren nach seiner Eroberung durch die Türken gebaut wurden. Das genaue Baujahr ist aber umstritten. Manche Forscher vermuten, dass die Moschee während der Herrschaft von *Murad II.* in den Jahren 1369-1385 gebaut wurde, womit die vorangegangene Einschätzung zutreffen würde. In jüngsten Berichten wird sie jedoch auf das Jahr 1553 datiert.

Von hier gelangt man am leichtesten in die Altstadt, wenn man am Ende der Fußgängerzone den der Dshumaja-Mo-

Bildendes Plovdiv: Das Ethnografische Museum im Haus von Argir Kujumdshioglu von 1847

schee gegenüberliegenden Weg zu einer Steintreppe wählt, an der sich links eine Kirche befindet.

Zu den Gipfeln der drei Hügel winden sich alte, ***steile und enge Gassen*** mit vom Alter nachgedunkelten und auch frisch gestrichenen Wiedergeburtshäusern, deren originelle architektonische Formen eine malerische Atmosphäre ausstrahlen. Gewöhnlich sind diese Gassen unglaublich still, und man fühlt sich der Gegenwart weit entrückt. Besonders schön ist die uliza Dr. Tschomakow, die zum ***Nebet Tepe*** hinaufführt. Von hier hat man einen herrlichen Blick auf den Lauf des Flusses Mariza, den Balkan und die Sredna gora. Am anderen Ende der Altstadt hat man vom ***Dshambas Tepe*** eine weite Aussicht auf die Rhodopen. Reizvoll sind die Architekturensembles der Straßen Nektariew und Palden.

Sehenswertes in der Altstadt

Festungsmauer von Nebet Tebe. In diesem nördlichsten und höchsten Teil von Trimontium nahm die Geschichte der Stadt ihren Anfang. Als das Leben in der Ebene unsicher zu werden begann, gründeten die Bauern auf dem Hügel Nebet, der eine natürliche Festung darstellte, eine Siedlung. Hier befinden sich die am besten erhaltenen Ruinen der Festungsmauer (3.-4. Jh.), die überdies restauriert wurden. An dieser Stelle hat man einen Blick auf ganz Plovdiv.

Eingang zur Festung Chissar Kapija. Die Festung steht nicht mehr, erhalten sind nur Teile der Festungsmauer und eben der östliche Eingang, erbaut im 5.-6. Jh. Er liegt zwischen der Kirche „Sweti Konstantin i Elena" und dem Ethnografischen Museum. Zu beiden Seiten strecken sich Festungstürme empor, deren Fundamente sich unter dem Museumsgebäude und unter dem Altar der Kirche befinden.

Ethnografisches Museum, uliza Dr. Tschomakow 2, Tel. (032) 624 261; tgl. 9-17 Uhr, Eintritt 3 Lw, Führung 6 Lw. Das Museum ist in dem Haus von *Argir Kujumdshioglu* (1847), einem der schönsten Häuser der Altstadt, untergebracht. In den geräumigen Zimmern sind zahlreiche Exponate, auf fünf Sammlungen verteilt, zu sehen. Die Gegenstände berichten über die Lebensweise von der Wiedergeburtszeit bis zur Mitte des 20. Jh. und die Kultur der Bulgaren, die an der Mariza, in den Rhodopen, im Sredna gora und den Tälern zwischen dem Sredna gora und dem Balkan leben.

Das ***antike Marmortheater*** (Marmoramphitheater von Philippopolis). Der bedeutendste römische öffentliche Bau in Bulgarien, am Südhang des Dshambas Tepe, gebaut im 2. Jh. unter Kaiser *Marcus Aurelius.* Vier Jahrhunderte wurden hier Aufführungen und Feste veranstaltet. Heute werden im restaurierten Amphitheater vor 3000 Zuschauern erneut Theaterstücke und Konzerte aufgeführt.

Museum der bulgarischen Wiedergeburt und der nationalen Befreiungskämpfe, uliza Zanko Lawrenow 1, Tel. (032) 225 923; Mi.-Mo. 8.30-12.00 und 14.00-17.00 Uhr. Das Museum befindet sich in dem 1960 restaurierten Haus von Georgiadi (1848), dem vollendet symmetrisch gebauten Plovdiver Haus aus der Mitte des 19. Jh. Die Ausstellung berichtet über die wichtigsten Momente im Kampf der Bulgaren aus dieser Gegend um nationale Freiheit im 17.-19. Jh. bis hin zum Ersten Balkankrieg (1912).

Nedkowitsch-Haus, uliza Lawrenow 3; Mo.-Fr. 8.30-12.00 und 13.00-18.00 Uhr. Ein Wiedergeburtshaus aus dem Jahr 1863 mit rustikal verzierter Fassade und außergewöhnlich geschmackvoll eingerichteten Zimmern, mit kunstvoll geschnitzter Holzdecke, verzierten Wänden und Türen.

Haus-Museum Alphonse de Lamartine, uliza Knjas Zeretelew 19, Tel. (032) 631 779; So.-Di. 9.00-12.00 Uhr. Das Haus von *Mawridij* (1829) ist ein wertvolles Architekturdenkmal, in dem 1833 für einige Monate der französische Dichter, Politiker und Historiker *Alphons de Lamartine* (1790-1869) wohnte. In seinem Bericht „Reise nach dem Osten“ beschreibt er die Eindrücke und Begegnungen in den bulgarischen Gebieten. Ihm zu Ehren ist eine kleine Gedenkstätte eingerichtet.

Künstlerhaus, uliza Kiril Nektariew 21; 9.00-12.00 und 13.00-17.30 Uhr, Mo. und Fr. 13.30-17.30 Uhr. Es werden Werke der großen bulgarischen Maler *Zanko Lawrenow* und *Christo Stantschew* ausgestellt, die in Plovdiv gelebt und gewirkt haben. *Stantschew* (1870-1950) studierte in Wien, Florenz und München Vertreter des kritischen Realismus. Seine Werke zeigen die Leiden des einfachen Menschen und kritisieren die soziale Ungerechtigkeit. Sehr bekannt sind die Bilder „Auf dem Feld“ (1937), „Dienstmädchen“ (1934) und „Großvater Njagol“ (1904). *Lawrenow* (1896-1978), Autodidakt, folgte den Traditionen der Malerei der Wiedergeburt. Häufiges Sujet seiner Bilder sind die bulgarischen Altertümer.

Staatliche Kunstgalerie, Knjas Alexander I. 15. Bildende Kunst von der Wiedergeburtszeit bis zur Gegenwart.

Kunstgalerie „Slatju Bojadshiew“, Saborna 18 (früher uliza Maxim Gorki). Ölgemälde und Grafiken des Künstlers *Bojadshiew* (1903-1976). Studium in Sofia und Italien, malte vorwiegend einfache Menschen. Das heutige Galeriegebäude war das Haus von Doktor *Tschomakow.*

Balabanow-Haus, uliza Konstantin Stoilow 57; täglich 8.30-12.00 und 13.00-18.00 Uhr. In der ersten Etage sind Bilder zeitgenössischer Künstler zu sehen, die zweite ist mit Stilmöbeln eingerichtet. Hier werden Konzerte, literarische Abende und Ausstellungen organisiert. Im Hause ist die Abteilung für Stadtführungen „Plovdiver Altstadt“ untergebracht. Hier kann man eine Stadtführung organisieren und erhält alle möglichen ***touristischen Informationen.***

Ikonenausstellung, uliza Saborna (früher Maxim Gorki) 2; Di.-So. 9.00-12.30 und 14.00-17.30 Uhr. Gezeigt werden Ikonen aus dem 15.-19. Jh. Die ältesten entstammen der Ikonostase der benachbarten Kirche „Sweti Konstantin i Elena“.

Kirche „Sweti Konstantin i Elena“ (1832) befindet sich an der östlichen Festungsmauer beim Tor „Chissar Kapija“. Die vergoldete Altarwand im Barockstil und der Erzbischofsthron sind Werke von *Iwan Paschkula.* Die schönsten Ikonen schuf *Sachari Sograf.*

Kirche „Sweta Bogorodiza“, uliza Saborna 6. In dieser Kirche wurde am 30.12.1859 zum ersten Mal im Gebiet Plovdiv der Gottesdienst in bulgarischer Sprache abgehalten.

Kirche „Sweta Marina“, uliza Genow 6, südlich des antiken Theaters. Der hölzerne, 17 m hohe Glockenturm ist mit seinen sechs Stockwerken der einzige seiner Art in Bulgarien. Die Ikonostase gilt als ein einzigartiges Kunstwerk aus der Zeit der bulgarischen Wiedergeburt, sie besteht aus Nussbaumholz und ist durchbrochen geschnitzt. Sehenswert sind der Erzbischofsthron und die Kanzel. Die 1869 gebaute Kirche ist heute Metropolitankirche Plovdivs.

Historische Apotheke „Hippokrates“, uliza Saborna 16; Mo.-Fr. 9.00-13.00 und 14.00-18.00 Uhr. Die auch heute noch im Dienst der Gesundheit stehende Apotheke besitzt einen Museumsteil mit Originaleinrichtung aus dem vorigen Jahrhundert.

Es ist unmöglich, alle 150 ***Wiedergeburtshäuser*** der Altstadt von Plovdiv vorzustellen. Jedes von ihnen hat eine eigene Geschichte und besondere architektonische Merkmale. Wenn die Fachleute von einem ***bulgarischen Barock*** sprechen, so meinen sie die Plovdiver Häuser mit ihrer eigenen Dynamik, schwungvollen Bewegung der Formen und der Leidenschaft der Ausdrucksmittel. Der Fassadenschmuck besteht aus Medaillons, Landschaftsbildern, Bändern und Girlanden. Neben ihrer farbenprächtigen Fassade besitzen die zwei- oder dreigeschossigen Häuser doppeljochförmige Erker und geschnitzte Dachgesimse, so dass sie wie kleine Schlösser wirken. Als Herrscherhäuser wurden sie deshalb auch von den Türken angesehen und Sultan-Japia genannt.

Die Gestaltung und ***Anlage der Innenräume*** der Häuser ist jedoch fast gleich. Ein zentral gelegener runder oder viereckiger Salon und darum gruppiert die anderen Räume: Gästezimmer, Schlafzimmer, Küche, Bad und Toilette. Wirtschaftsräume und Vorratskammer befinden sich im Keller. Die Zimmerdecken sind mit phantasievollen Holzschnitzereien dekoriert, die Wände der Empfangsräume mit Friesen bedeckt, auf denen Vasen mit Blumen, exotische Landschaften, Vögel, Tulpen oder Weinblättermotive zu sehen sind. Das Mobiliar reicher Hausbesitzer stammt beinahe ausschließlich aus Wien oder ist venezianischen Ursprungs. Alle diese Häuser zeichnen sich durch Geräumigkeit, Vielfalt der Verzierungen, Meisterschaft des Baus und der Ausstattung aus.

Einige der Häuser sollte man, wenn es geht, doch noch besichtigen: Balabanowa kaschta, kaschta Altan elmas, kaschta Nikolaidi, kaschta Stepanjan, kaschta Tschernosemski, Stamboljanowa kaschta, Chadshikaltschowa kaschta, Chindlijanowa kaschta ...

Kulinarisches in der Altstadt

Es ist einfach ein Muss - und wenn man nur etwas trinkt -, die folgenden Gaststätten, die in wunderschönen alten Häusern untergebracht sind, zu besuchen. Die Empfehlungen beziehen sich allerdings weniger auf das Speisenangebot als vielmehr auf die Innenarchitektur, die einmalige Atmosphäre und Gemütlichkeit. Die Preise mancher Gaststätten arten zwar in Nepp aus, und dennoch, zumindest reinschauen muss man.

● ***Restaurant „Paldin“,*** uliza Knjas Zeretelew 3, Tel. (032) 231 720. Das Restaurant ist eines der

Antikes Plovdiv: das 3000 Menschen fassende Theater, gebaut unter Kaiser Marcus Aurelius

Modernes Plovdiv: hinter dem Maritsa-Fluss beginnt die Neustadt. Links der Bouleward Zar Boris III.

reizvollsten und meistbesuchten. Es wurde auf Überresten alter Festungsmauern im Stil der morgenländischen Architektur errichtet. Es besitzt eine Taverne auf zwei Etagen, einen römischen Garten und ein Café. Abends spielt ein Damenkammerorchester.

● ***Restaurant „Trakijski stan“,*** uliza Paldin 5, Tel. (032) 224 510. Untergebracht in zwei Häusern, die über eine Terrasse miteinander verbunden sind, mit im Stil des alten Plovdiver Hauses eingerichteten Zimmern. Platz nehmen kann man auch auf der Terrasse oder im schattigen Hof, wo ein Wasserbrunnen rauscht. Im Sommer bietet man den Gästen ein kleines Folkloreprogramm (21.30-22.00 Uhr).

● ***Restaurant „A la Frangite“,*** uliza Kiril Nektariew 17, Tel. (032) 229 809. Die Zimmer mit holzgeschnitzten Decken und Türen und Wandmalereien in den Nischen; Terrassen und ein von Weinlaub überdachter Hof. Spezialitäten: Filet und Käse auf thrakische Art, warme runde Weißbrote *(pitki).*

● ***Haus „Ritora“,*** uliza Samodumow 8 a, Tel. 222 093. In einem der schönsten restaurierten Häuser kann man bei einer Tasse Kaffee oder einem Glas Erfrischungsgetränk innehalten – im gepflegten Garten voller Blumen oder innen auf phantastischen venezianischen Möbeln (zur Zeit leider geschlossen).

Weitere Sehenswürdigkeiten

Archäologisches Museum, ploschtad Saedinenie 1; Mo. 14.00-17.00 Uhr, Di.-So. 9.00-12.00 und 14.00-17.00 Uhr. Das zweitgrößte archäologische Museum Bulgariens wurde 1882 gegründet. Die Sammlung vermittelt einen recht guten Einblick in die Kultur und Lebensweise der Thraker vom Oberlauf des Mariza-Flusses, der Einwohner von Philippopolis und der Wiedergeburt. Der Goldschatz von Panagjurischte, der auf Grund seines Fundortes eigentlich diesem Museum zustehen würde, befindet sich in Sofia.

Naturkundemuseum, uliza Christo G. Danow 34; Di.-So. 8.30-12.00 und 13.30-17.00 Uhr. Die Ausstellung ist die zweitbedeutendste Bulgariens nach der zoologischen Sammlung in Sofia, besitzt eine reiche Exposition an exotischem Material.

Historische Museums-Exposition „Neue Geschichte“, uliza Angel Bukureschtliew 14; Mo.-Do. und Sa./So. 9.30-

12.00 und 14.00-17.00 Uhr, Fr. 14.00-17.00 Uhr. Dargestellt wird die Entwicklung Plovdivs von der Befreiung bis 1944. Das Museumsgebäude ist selbst ein historisches Denkmal.

Haus-Museum „Christo G. Danow" (Historisches Museum), uliza Mitropolit Paissij 2. Zeigt die Leistungen der Plovdiver Intelligenz auf dem Gebiet des Verlagswesens und ihren Anteil am Aufbau einer bulgarischen Kultur.

Staatliche Kunstgalerie, uliza Saborna 14 a; Sa.-Do. 9.00-12.00 und 14.00-17.00 Uhr. Eine der größten Ausstellungen der bulgarischen bildenden Kunst.

Der ***Uhrturm*** auf dem Hügel Sachat Tepe, ca. 1633 gebaut und somit einer der ältesten in Europa, allerdings in seiner heutigen Gestalt 1812 wieder hergestellt.

Imaret dshamija, uliza Khan Kubrat 11, steht nördlich vom Stadtzentrum unweit der Mariza. Im Hof der Moschee befand sich ein zweistöckiges Gebäude, abgerissen am Ende des 19. Jh., das als Gasthaus mit einem Speisesaal (türkisch: *imaret)* für Arme diente. Daher auch der Name der Moschee. Diese ist ebenfalls mit dem Namen des *Schabedin paschas* verbunden. Vermutlich ist dieser Pascha in der alten Grabstätte (türkisch: *türbe)* in der südwestlichen Ecke des Hofkomplexes bestattet. Der Grundriss der Imaret dshamija ist ähnlich dem der Moscheen in Bursa (Stadt in der Nordwesttürkei). Über dem Eingang teilt eine eingemauerte Steinplatte jedem Interessenten die Bauzeit mit: 1444-1445.

Tschifte banja, das Badehaus aus dem 16 Jh. befindet sich an der uliza Ljuben Karawelow 1. Es ist noch heute in Funktion.

Information

Touristen-Agenturen

- ***„Starijat Plovdiv",*** vermittelt Übernachtungen sowie touristische Dienstleistungen, uliza Patriarch Ewtimij 13, Tel. (032) 624 623.

Erholsames Plovdiv: Café im Innenhof des Hauses Ritora

●***„Paldin Turs 91"***, Firma für komplexe touristische Dienstleistungen: Hotelresevierungen und Reisen im In- und ins Ausland, Vermittlung von Privatquartieren, Geldtausch, Reiseleiter und Dolmetscher, bul. Zar Boris III. Obedinitel 60, Tel. (032) 552 807, 555 120.
●***„Dilishans Express"***, uliza Knjas Alexander I. 49, Tel. (032) 620 630, Fax (032) 265 349.
●***„Hebros Turs"***, bul. Zar Boris III. Obedinitel 37, Büro Nr. 8, Tel. (032) 562 555.

Übernachtung

Zimmernachweis

Die folgenden Agenturen mit der Aufschrift „Accommodation" vermitteln Zimmer und Appartements, meistens mit Bad, mit und ohne Hauswirt. Mo.-Sa., 9.00-16.00/17.00 Uhr.

●***Prima Vista Agency,*** uliza Knjas Alexandar 28, Tel. (032) 272 778, Zimmer zwischen 18-22 Lewa, Englisch.
●***Esperansa,*** uliza Iwan Wasow 14, Tel. (032) 260 653, 22 Lewa pro Person, Englisch, Deutsch, Spanisch.
●***Trajkow,*** uliza Ibar 31, Tel. (032) 963014, Fax (032) 766 041, EZ 22 Lw, DZ 35 Lw, App./Küche/Bad/WC /TV 55 bis 88 Lw.
●***Wandi,*** uliza Ibar 21, Tel. (032) 964 979, 964970, Fax (032) 964 974, Hotels, Privatquartiere, Stadtrundgang in der Altstadt, Transport. E-Mail: wandi-tour@mbox.digsys.bg.
●***Balkan Vip Tours,*** buleward Zar Boris III. 37, Tel. (032) 903 430, Fax (032) 902 262, E-Mail: viptours@plovdiv.techno-link.com, EZ 16 Lw, DZ 18 Lw.
●***Prima Vista,*** uliza Knjas Alexander Battemberg 28 (im Innenhof), Tel./Fax (032) 272 778, Privattel. (032) 440 956, E-Mail: privitrans@abv.bg, auch Übersetzungen für Deutsch und Spanisch möglich, Zimmervermittlungen 10 Lewa.
●***Satelit EC,*** uliza Iglika 26 (Erdgeschoß), Tel. (032) 954 409, Fax (032) 650 089, E-Mail: satelite@evro.net, www.satelite-travel.net

Hotel

●***Turistítscheski dom,*** Touristenhaus mit 17 Betten in Wiedergeburtsatmosphäre, uliza P. R. Slawejkow 5, Tel. (032) 633 211, 22 Lw pro Person.
●***Hotel Feniks-Klub,*** uliza Siliwrija 18A, Tel. (032) 774851, E-Mail: fenix@langame.net, DZ 16-22 $, App. 50 $.
●***Privathotel „Feniks"***, uliza Kapitan Rajtscho 79, Tel. (032) 233211.

Kulinarisches

Plovdiv bietet ein reiches Angebot an internationalen kulinarischen Verführungen, aber nicht alles ist gleichermaßen zu empfehlen. Die Gaststätten der Altstadt sättigen manchmal mehr die Augen mit ihrer Architektur und dem Flair als den Magen. Um ein klares Wort zu sagen, sie sind nur an Gruppen interessiert. In der Fußgängerzone dagegen und in den Seitenstraßen wimmelt es von Imbissstuben, Cafés und Restaurants.
●Am Knjas Battenberg gibt es einige gute Restaurants, z.B. das ***„Kameniza":*** gute Küche, frischgezapftes Kameniza-Bier und man kann schön das Geschehen auf der Flaniermeile verfolgen.

Am Beginn der Altstadt, hinter der Moschee, unterhalb der Kirche Sweta Bogorodiza oder in der Sáborna, gibt es nette und gute Restaurants mit großen Gärten. Ein Döner Kebab kostet 1-3 Lw, Bier 1,50 Lw, Pizza 3-5 Lw, Salate 1,50 Lw, diverse Suppen 0,80-1,50 Lw, ein köstliches Gebäck mit Schokolade oder Marmelade *(kífla sas schokolád ilí marmalád)* 0,40 Lw und dazu Buttermilch *(Airan)* 0,25-0,50 Lw, Blätterteiggebäck mit Käse *(bánitschka sas sírene)* 0,40 Lw sind eine gute Zwischenmahlzeit. Verschiedene Sorten Kaffee 0,40-1,50 Lw. Faustregel: Man soll nur die Gaststätten aufsuchen, die auch von den Einheimischen gut besucht sind. So kann man sicher sein, das die Produkte stets frisch sind.
●***Sladkárniza Dshumajáta*** an der Moschee offeriert eine breite Palette an süßem türkischen Gebäck. In der oberen Etage kann man Wasserpfeife rauchen und die WCs aufsuchen.
●***Tschálga-bar Mamba,*** buleward Mariza 122, (032) 627 171, 140 Plätze; 23.00-6.00, Musikatschalga (Balkanvolksmusik), Programm.
●***Restaurant Imperátori,*** ul. Patriarch Ewtimij 12, im Zentrum gegenüber vom Hotel „Balgaria", Tel. (032) 622 543.
●***Ewropa,*** uliza Gurko 17 (50 m von den Fontaine), Tel. (032) 269 716, verspricht mehr als 30 Sorten Salate, 40 Fischdelikatessen, bulgarische und europäische Spezialitäten.
●***Rahat Tepe Bar,*** uliza Dr. Tschomakow, befindet sich an der Spitze vom Nebet Tepe (Hügel), sehr teuer! Bei einer Tasse Kaffee genießt man die Aussicht auf die Altstadt.
●Schöne Aussicht verspricht der Besuch der ***Sky Bar,*** ul. Knjas Alexander, die sich auf der obersten Etage des höchsten Gebäudes befindet.
●Empfehlenswert ist der ***Liverpool Club,*** uliza Gladston (gleich an der Verdi Pizzeria). Preiswerte Getränke bei lauter Musik und Videospielen.

Kulturelles

- ***Theater „N. O. Massalitinow",*** uliza Knjas Alexander I. (früher Wassil Kolarow) 38, in der Fußgängerzone, Tel. (032) 632 348, Kasse: 10.30-16 Uhr.
- ***Oper,*** uliza Wasrashdane (früher Georgi Dimitroff) 23, Tel. (032) 222 244.
- ***Philharmonie Plovdiv,*** ploschtad Zentralen, nur ein Stück vom Hotel „Trimonzium-Princess" entfernt, Tel. (032) 625 189, 626 030.
- ***Puppentheater,*** uliza Christo G. Danow (früher General Wladimir Saimow) 14, Tel. (032) 623 275.

Weitere nützliche Adressen

- ***Nonstop Internet Club,*** ul. Patriarch Ewtimij 24, Tel. (032) 271 178; ***SPEED,*** uliza Knjas Alexander Batenberg 12, tel. (032) 640 312; buleward Ruski 139, Tel. (032) 640 311, www.speed.bg, rund um die Uhr. ***Omega 19,*** uliza Gladston 15, Tel. (032) 631 664. ***Rojal,*** uliza Najden Gerow 6, rund um die Uhr.
- ***Geldautomaten*** sind reichlich vorhanden, z.B. am buleward Knjaginja Maria-Luisa 124, buleward Zar Boris III. Obedinitel 62, buleward Wasrashdane 37, uliza Iwan Wasow 4, buleward Schesti septemwri 239.
- **Neotlóshna medizínska pómoscht** (schnelle medizinische Hilfe), bul. Knjaginja Maria-Luisa 124, Tel. 9156, rund um die Uhr.
- ***Tschástna bársa pómoscht*** (private schnelle medizinische Hilfe), uliza Todor Alexandrow 16, Tel. 6150, rund um die Uhr.
- ***Verkehrspolizei*** *(Transpórtna polízija),* buleward Christo Botew 54, Tel. (032) 632 229.
- ***Autobahnpolizei*** *(Magistrálna polízija),* uliza Petko D. Petkow 9, Tel. (032) 624 625.
- ***Wichtige Rufnummern:***

Polizei (032) 630 777
Feuerwehr 160
Erste Hilfe 150
Information 144

Einkaufen

Plovdiv ist nach wie vor die bestversorgte Stadt nach Sofia. Wie allgemein üblich, sind die meisten Geschäfte im Stadtzentrum, davon Lebensmittelgeschäfte - rund um die Uhr geöffnet - unter anderem in der Fußgängerzone.

- ***Musikgeschäfte:*** uliza Otez Paissij 13; uliza Knjas Alexander Battenberg; uliza Konstantin Iritschek 13; „Metal Shop" (für Liebhaber des Heavy metal und für Rocker gibt es hier vollständige Ausrüstungen und selbstverständlich Musik) uliza Antim I. 34, Mo.-Fr. 11.00-19.00 Uhr, Sa. 11.00-15.00 Uhr.
- ***Souvenirgeschäfte:*** uliza Saborna 51 a, in der Altstadt gegenüber der alten Apotheke „Hippokrates" (Souvenirs, Schmuck, bulgarische Volksinstrumente); uliza Konstantin Iritschek 1, nördlich vom antiken Stadion.
- ***Antiquitäten- und Souvenirläden*** findet man in der uliza Saborna, Kyrill-Nektrariew und in der uliza Petko Ratschow Slawejkow 3.
- ***Lebensmittelgeschäfte rund um die Uhr:*** uliza Knjas Alexander Battenberg 28 (in der Fußgängerzone); uliza Gladston 44 (beim Hotel „Trimontium"-Princess), Lieferung ins Haus, Tel. (032) 248 950; uliza Rajko Daskalow 55.

Transport

- ***Vorverkauf und Information*** für die Eisenbahn, bul. Nesawíssimost 29, östlich vom Hotel Princess, Tel. (032) 622 732.
- ***Internationales Büro Rila,*** Vorverkauf und Information für die Eisenbahn, gegenüber dem Hauptbahnhof, buleward Christo Botew 31A, Tel. (032) 446 120, Mo.-Sa. 8.00-18.30 Uhr.
- ***Rent-a-Car,*** im Trimonzium Hotel Princess, Tel. (032) 623 496 oder in anderen großen Hotels.
- ***Rent-a-Car,*** bulewar Maria Luisa 5, Tel. (032) 625 090; (088) 221 366.
- ***Internationales Ticketzentrum*** *(Meshdunaróden biléten zéntar),* uliza Awkséntij Weléschki 60, Tel. (032) 633493.
- ***Internationaler Transport*** in dem Gebäude der Philharmonie gleich in der Nähe des Trimonzium Hotel Princess, Zentralen ploschtad 1, Tel. (032) 624 274. Busse nach Athen (102 Lw), Thessaloniki (52,50 Lw). Vom Busbahnhof Süd *(awtogára Jug)* fahren täglich Busse nach Istanbul (40 Lw) und Izmir (55 Lw).
- ***Hauptbahnhof*** *(Zentrálna gára),* buleward Christo Botev (032) 622 729, 632 720, zu erreichen mit allen möglichen Bussen oder zu Fuß auf der Straße Iwan Wasow vom Hotel Princess immer geradeaus, ca. 10-15 Min. Die Bahnsteige sind nicht (!) nummeriert, das Personal im Auskunftsbüro ist westlicher Sprachen nicht mächtig. Gepäckaufbewahrung ist vorhanden. Täglich 8 Schnellzüge, 3 Express- und 8 Personenzüge nach Sofia (2,5 Std.); 4 Schnellzüge und 1 Express (4 Std.) nach Burgas; 4 Personenzüge nach Swilengrad (3,5 Std.); 6 Personenzüge nach Chissarja (2 Std.), 6 Personenzüge nach Karlovo (2 Std.), 5 Personenzüge nach Veliko Tarnovo (4 Std.).
- ***Busbahnhof Süd*** *(Awtogára Jug),* buleward Christo Botew 47, gegenüber vom Hauptbahnhof,

Tel. (032) 626 937, ist nur 10-15 Min. vom Zentrum entfernt. 2 x tägl. nach Bansko (3,5 Std.); 3 x tägl. nach Blagoevgrad (3 Std.); 2 x tägl. nach Burgas (4 Std.); 5 x tägl. nach Chaskovo (1 Std.); 8 x tägl. nach Chissarja (1 Std.); stündlich nach Karlovo (1,5 Std.); 1 x tägl. nach Russe (6 Std.); 6 x tägl. nach Sliven (3 Std.); stündlich nach Sofia (2,5 Std.); stündlich nach Stara Sagora, 1-3 x nach Varna (6 Std.); 3 x tägl. nach Veliko Tarnovo (4,5 Std.). Im Sommer 1-2 x tägl. auch Fahrten zu den Ortschaften Kiten, Achtopol, Albena, Nessebar u.a. an der Schwarzmeerküste.

- ***Busbahnhof „Rodopi"*** *(Awtogara Rodopi),* bul. Makedonija, Tel. (032) 777 607; in ca. 5 Min. durch eine Unterführung vom Hauptbahnhof zu erreichen. 4 x tägl. nach Cháskovo (1 Std.) und Kárlovo (1,5 Std.), 6-8 x tägl. nach Smóljan (2,5 Std.), Assénovgrad, Bátschkovo, Tschepeláre, Pampórovo u.a.
- ***Busbahnhof Nord*** *(Awtogára Séwer),* uliza Dimitar Stambolov 2, Tel. (032) 953 705; gegenüber vom Bahnhof „Gara Filipowo" am nördlichen Stadtrand, ca. 15 Min. mit Taxi vom Stadtzentrum. 1 x tägl. nach Pleven um 15.00 Uhr, 1 x tägl. nach Russe 8.00 Uhr, 1 x nach Trojan um 13.30 Uhr und um 16.30 Uhr nach Koprivschtiza.

Ortschaften nördlich von Plovdiv

Karlovo

Карлово

29.000 Einwohner, 58 km nördlich von Plovdiv. Die Stadt beschäftigt sich nicht nur erfolgreich mit der ***Rosenöldestillation*** und der ***Weinproduktion*** (Karlovo-Wein „Misket"). Auf einer langen Tradition beruhen auch die Fabrikation hochwertiger Baumwoll- und besonders ***Seidenerzeugnisse.*** Die Stadt selbst ist eine feine Mischung aus hübschen Wiedergeburtshäusern und modernen Bauten. Dazu kommen die frische Balkanluft und die Wandermöglichkeiten in die mittlere Stara planina.

Karlovo ist auch die Geburtsstadt des ***Freiheitsapostels Wassil Lewski,*** des unerschrockenen Revolutionärs, dessen Name Sinnbild für den selbstlosen Dienst am Volk geworden ist (siehe „Große Namen eines kleinen Volkes"). Das größte Denkmal seiner Geburtsstadt ist ihm gewidmet.

Sehenswertes

Das ***Geburtshaus von Wassil Lewski,*** uliza General Karzow 57, Di.-So. 9.00-12.00/14.00-17.30 Uhr.

Historisches Museum (Wiedergeburtszeit und Ethnografie), uliza Wasroshdenska 2, nahe dem Denkmal von Wassil Lewski, Di.-So. 9.00-12.00/14.00-17.30 Uhr.

Moschee Kurschum dshamija aus dem Jahre 1485.

Kirche „Sweti Nikola" (1847), nahe beim Lewski-Denkmal. In ihrem Hof findet man das Grab von *Wassil Lewskis* Mutter *Gina Kuntschewa.*

Romantisch und mit ihren schweren, schmiedeeisernen Toren und malerischen Veranden einen wunderschönen eigenen Baustil verkörpernd, empfehlen sich auch die ***Wiedergeburtshäuser*** von Karlovo für eine Besichtigung. Bemerkenswert an den Häusern sind auch ihre Höfe. Hinter den hohen, steinernen Mauern schuf der Bulgare ein kleines Paradies für sich.

- ***Alexandrowata kaschta*** (Chadshiwalkowata kaschta), ploschtad Wassil Lewski;
- ***Pulewata kaschta,*** uliza Dimitar Dabew 3;
- ***Soewata kaschta,*** uliza Iwan Geschew 11;
- ***Belijat dwor,*** uliza Sokolowa 3;
- ***Sinijat dwor,*** uliza Iwan Geschew 7;
- ***Patewata kaschta,*** gegenüber vom Lewski-Denkmal;
- ***Samnaliewata kaschta,*** uliza Dragoman 1;
- ***Koprinarowata kaschta,*** uliza Rakowska 1;
- ***Ploschtakowa kaschta,*** uliza Werkowitsch 8.

Übernachtung

- ***Hotel „Rosowa dolina",*** am Zentralplatz; Restaurant, Tages- und Nachtbar, das teuerste, aber nicht unbedingt das gemütlichste Hotel der Stadt.
- ***Privathotel „Hemus",*** uliza Wassil Lewski 87 (hinter dem Bahnhof), ca. € 3,07 (6 Lw) pro Person.
- ***Komplex „Lowen park",*** Hotel, Café und Geschäft für Jagd- und Angelzubehör, bul. Oswo-

boshdenie, gegenüber dem Stadion, Tel. (0335) 5208. Viel billiger als im Rosowa dolina.

Kulinarisches

- ***Komplex „Venezia"***, uliza Wassil Karaiwanow 51; Restaurant, Bar, Mini-market.
- ***Mechana „Wodopad"***, uliza Wodopad 86, gute bulgarische Küche.
- ***Klub-Galerie***, uliza Kriwolak 1; Kaffee und Erfrischungsgetränke in angenehmer Atmosphäre.

Weitere nützliche Adressen

- ***Touristen Informationszentrum Karlovo***, ul. Wodopad 35, Tel. (0335) 53-73, E-Mail: infocentre@mbox.digsys.bg.
- ***Für Wanderer:*** Turistitschesko drushestwo (Touristengesellschaft) „Wassil Lewski", uliza Todor i Ana Pulewi 1, Tel. (0335) 8560. Verwaltet Chisha Chubawez, Chisha Balkanski rosi, Chisha Wassil Lewski, Chisha Kosja stena und Chisha Sweshen. Erteilt Wandervorschläge.

Transport

- ***Bahnhof:*** bul. Teofan Rajnow 2, am südlichen Stadtrand, Tel. (0335) 4641.
- ***Busbahnhof:*** uliza Wassil Karaiwanow 77, per Luftlinie schräg gegenüber vom Bahnhof, etwa acht Minuten zu Fuß, Tel. (0335) 3155. Busverbindungen nach Sopot, Klissura, Kalofer, Kasanlak und Plovdiv.
- ***Autoservice*** und Parken von Autos, uliza Liljana Dimitrowa 1, Tel. (0335) 3396; Mo.-Fr. 8.00-18.00 Uhr.

Kalofer

Калофер

5000 Einwohner, 17 km östlich von Karlovo. Die Stadt wurde zum Synonym für den kämpferischen Geist der Bevölkerung in der Stara planina. Allein in diesem Gebiet kreuzten 15 ***Heiduckenscharen*** (Freiheitskämpfer in den Balkanländern) ihre Klingen im Kampf gegen die Türken. Der Anführer *(Woiwode)* einer der Gruppen war ein Mann namens *Kalifer.* Dieser ***Woiwode Kalifer*** gründete Anfang des 16. Jh. die heutige Siedlung Kalofer. Die Stellung der Heiducken war so stark, dass sie die Forderung durchsetzen konnten, kein Türke dürfe die Stadt mit seinem Pferd durchreiten. Kam nun ein Türke angeritten, so hielt er an der Stadtgrenze, stieg vom Pferd, umwickelte die Hufe des Tieres mit Lappen und führte das Pferd leise zu Fuß durch den Ort. Noch heute beherrscht die große, aufrechte Granitfigur des Woiwoden *Kalifer* die Stadt. Die Bewohner wurden im Laufe der Zeit wohlhabend und unterhielten Handelsbeziehungen mit ganz Europa. Sie besaßen z.B. Kontore in Istanbul, Bukarest und Wien.

Hier, im Geiste der Opposition und einer Weltaufgeschlossenheit, erblickte der Revolutionär und Poet ***Christo Botew*** als Sohn eines hochgeachteten Lehrers das Licht der Welt (siehe „Große Namen eines kleinen Volkes"). Neben seinem Geburtshaus, oberhalb des Zentrums, uliza Christo Botew 5, ist ein Museum eingerichtet; Di.-So. 8.00-17.30 Uhr.

Am gleichen Platz fällt noch ein großes schönes Haus ins Auge: das ***Museum der Bildung.*** Darin wurde die Einrichtung einer Schule von 1898 wiederhergestellt. Mi.-Mo. 8.30-12.30/14.00-17.30 Uhr.

Sehenswert sind auch die ***Kirchen*** „Sweti Atanas" (1807) mit ihrer originellen Architektur und Wandmalereien sowie „Sweta Bogorodiza" (1848) mit schönen Ikonen.

Übernachtung

- ***Hotel „Rosa"***, zwei Sterne, im Zentrum; hat aber oft Probleme mit dem warmen Wasser.
- In Kalofer gibt es einige ***Touristenunterkünfte*** *(turistitscheski spalni)*, die sehr billig sind. Information: uliza Tundsha 3.

Transport

- ***Bahnhof:*** einige Kilometer südlich außerhalb von Kalofer an der Eisenbahnlinie Sofia – Burgas.
- ***Busbahnhof:*** gleich im Zentrum, Busverbindungen nach Sopot, Karlovo, Kasanlak, Chissarja und Plovdiv.
- Am westlichen Stadtrand liegt ein Nonnenkloster (keine Übernachtung möglich). Daran vorbei auf einer schlechten, steinigen Straße (mit Auto befahrbar) erreicht man nach 5 km in den Bergen ein größeres ***Kloster***, das schöne Gästezimmer bereithält. Leider will die Nonne auf Grund schlechter Erfahrungen keine Ausländer aufnehmen, man kann jedoch in der Umgebung ***zelten.*** Von hier aus sieht man den höchsten Gipfel Botew (2376 m).

So schön kann Bildung sein: das Museum, rechts das Denkmal des Woiwoden Kalifer

Wandervorschläge

- Von Kalofer durch die Gegend Panizite gibt es einen Asphaltweg. Bis zur ***Chisha Raj*** (1600 m), die unterhalb des Gipfels Botew liegt, sind es 4,5 Std. In unmittelbarer Nähe der Chisha Raj stürzen die Wasser des ***größten Wasserfalls Bulgariens,*** des Praskaloto, 125 m in die Tiefe. Die Felsen bei dem Wasserfall sind ein ideales Objekt zum Klettern. Lediglich fünf Minuten entfernt ist der Eingang zu der kleinen ***Höhle Chanmaara.*** Bis zum Gipfel Botew benötigt man noch ca. 2,5 Std. Der Weg ist markiert. Im Winter besteht hier Lawinengefahr. Benachbarte Unterkünfte sind: Chisha Tasha über den Gipfel Botew - 6,5 Std.; Chisha Wassil Lewski - 4 Std.

Sopot

Сопот

12.000 Einwohner. Nur 5 km duftenden Weges trennen Sopot von Karlovo. Zwischen den beiden Städten erstrecken sich ***Rosengärten,*** blau wie Seen leuchten die blühenden Pfefferminzgärten, und grün heben sich die Tabakfelder ab. Dazu sind überall noch Obstbäume und bernsteinfarbene Weintrauben zu sehen. Über Sopot erhebt sich majestätisch der zentrale und höchste Teil des Balkans. Damit bildet die Stadt einen ***guten Ausgangspunkt für Wanderungen*** ins Gebirge (Sessellift zum oberen Wandergebiet).

In der Zeit der bulgarischen Wiedergeburt war Sopot ein bewegtes Handelszentrum. Während des Russisch-Türkischen Krieges (1877/78) wurde die Stadt niedergebrannt und ein Großteil der Einwohner umgebracht. Aus dem Städtchen stammt ***Iwan Wasow,*** der Vater der neuen bulgarischen Literatur und größte Dichter der Zeit nach der Befreiung von der osmanischen Fremdherrschaft.

Sehenswertes

Das ***Geburtshaus von Iwan Wasow*** (1850-1921), im Stadtzentrum. Das romantische Haus wurde bereits während des Aprilaufstandes 1876 ein Opfer der Flammen. Später wieder aufgebaut, richtete man es als Museum für den Patriarchen der bulgarischen Literatur her.

Mitten im städtischen Treiben, im Zentrum von Sopot, liegt das ***Nonnenkloster „Wawedenie Bogoroditschno"*** (Einführung der Gottesmutter in den Tempel), das mit der eindrucksvollen Kirche „Sweti apostoli Petar i Pawel" und mit der alten Wiedergeburtsschule ein einheitliches architektonisches Ensemble bildet. Als kleines Kloster im 15. Jh. entstanden, wurde es 1665 erweitert; nach dem großen Brand lagen zunächst alle Bauten in Schutt und Asche. Wie durch ein Gotteswunder überlebte diese Schrecken ausgerechnet ein Weinstock im Kloster, der bis heute grünt und Trauben trägt.

Übernachtung

- ***Hotel „Stara planina"***, 2 Sterne, im Stadtzentrum.
- Das ***Kloster „Sweti Spas"*** (14. Jh.) liegt nordwestlich von Sopot. Sein heutiges Aussehen hat es von 1878. Übernachtung ist hier möglich.

Klissura

Клисура

Die Stadt liegt etwa 24 km westlich von Sopot. Auf der Fernverkehrsstraße Nummer 6, fast am Ziel, muss man nach Klissura für nur noch 2 km nach links abbiegen.

Die 2000 Bewohner leben bis heute mit den Erinnerungen an die heldenhaften Taten ihrer Vorfahren während des ***Aprilaufstandes 1876.*** Gegen die gewaltige Artillerie der Türken verteidigten sie ihre Stadt mit primitiven, aus Kirschbaumholz hergestellten Kanonen. Über 650 der Verteidiger fielen im Kampf. Die ganze Ortschaft wurde eingeäschert. Wahr ist die traurige Geschichte von *Ana Kosinarowa,* die sich, um den Türken nicht lebend in die Hände zu fallen, mit ihren vier Kindern in den Brunnen stürzte. Ein ***Memorialhaus*** für die Teilnehmer am Aprilaufstand von 1876 und eine (Aprilzi-)Gedenkstätte im Nordwesten der Stadt, wo erbitterte Kämpfe tobten, würdigen dieses Ereignis.

Erst nach der Befreiung wurden die Häuser neu errichtet, und die arbeitsamen Bürger verwandelten ihren Wohnort in eine ***reiche Stadt.*** Mehr als 800 meist zweistöckige Steinhäuser zeugen vom Aufbauwillen und Wohlstand der Bewohner. Das Rosenöl und handgewebte Tücher verkauften die Händler bis nach Kleinasien und auf den Inseln der Ägäis.

An Sehenswertem gehören das ***Historische Museum,*** uliza 20. April 1876 und die ***Kirche „Wasnessienie Bogoroditschno"*** (1855) genannt.

Wandermöglichkeiten

- Von Klissura benötigt man 5-6 Std. zum ***Balkangipfel Weshen*** (2198 m). Hier eröffnet sich ein weiter Blick nach Nord- und Südbulgarien. Nördlich vom Gipfel, in einem Nadelwald, liegt die Chisha Weshen; westlich Chisha Benkowski.
- Einen längeren Fußmarsch erfordert die Besteigung des höchsten Gipfels im Sredna gora, des ***Bogdan*** (1604 m), in dessen Nähe sich die Berghütten Bogdan, Barikadite, Tschiwira und Srednogorez befinden. Von diesem Gipfel kann man nach ***Koprivschtiza*** gelangen oder zu einem weiteren Gipfel namens ***Orel*** (1204 m) in östliche Richtung, wo auf dem Wanderweg noch die zwei Berghütten Fenera und Sakara liegen.

Koprivschtiza

Копривщица

Bevor man, aus Richtung Klissura kommend, links nach Koprivschtiza abzweigt, kann man noch - nur 200 m hinter dem Abzweig, noch auf der Straße Nr. 6 verbleibend - rechter Hand an einem kleinen Wasserfall zur Erfrischung Halt machen. Vom Abzweig sind es noch 12 km.

Dem Reiz von Koprivschtiza (3000 Einw.) kann man sich nicht entziehen. Der Ort ist sowohl geografisch einer der am höchsten gelegene Bulgariens (1050 m), als auch einer der am höchsten angesiedelten hinsichtlich seiner ideellen Werte. Diese Stadt hat ***große Persönlichkeiten*** hervorgebracht. In Koprivschtiza bestätigt sich das bulgarische Sprichwort: *„Poleto rashda tikwi, a planinata - chora."* Das Feld gebärt Kürbisse und das Gebirge - Menschen.) Die Bewohner der Berge besaßen große Viehherden, die sie im türkischen Reich verkauften. Viele waren auch Händler und ständig auf Reisen. So gelangten sie in ferne Regionen, was eine gewisse Weltläufigkeit mit sich brachte. Während der Mensch auf dem Feld mit der Erde verbunden ist, gekrümmt von der Arbeit, ist er in den Bergen frei und beweglich. Hier kann man nicht gebeugt gehen, der Blick ist immer zur Bergspitze gerichtet. Stets haben die Bergbewohner die Welt von oben gesehen - ihre unendliche Weite ...

Als ***Gebirgskurort*** ist Koprivschtiza bestens geeignet für die Behandlung von Bluthochdruck, beginnender Arteriosklerose, chronischen Erkrankungen der Lunge und der Atemwege, Allergien.

Sehenswertes

Wer nach Koprivschtiza kommt, begegnet auch dem jungen ***Popen Bogomil.*** Die Einwohner sagen, mit seinem schwarzen Talar, seinen blonden Haaren und blauen Augen sei er eine lebendige Sehenswürdigkeit. Als wir ihn trafen, erzählte er uns augenzwinkernd: „Hier dauert der Winter neun Monate, der Sommer ist nur drei Monate lang - Juni, Juli, August. Wenn man sich hier betrinkt, könnte man den Sommer verpassen."

„Ich sterbe und werde im Licht geboren.", schrieb *Debeljanow,* einer der zartesten Lyriker Bulgariens. Das scheint auch auf Koprivschtiza zuzutreffen, das dreimal eingeäschert wurde und danach auch dreimal auferstand. Jeder Stein in Koprivschtiza ist den Bulgaren heilig. Die Stadt ist zu einem Symbol des Geistes der bulgarischen Nation geworden. Selten verbinden sich mit einer Stadt so viele berühmte Namen. Und darüber hinaus ist sie eine Perle unter den Städten der Wiedergeburtszeit.

Die Stadt ist wie kaum eine andere ein einzigartiges ***Museum für Architektur und Geschichte.*** Hunderte ihrer Häuser stehen unter Denkmalschutz. Zusammen mit den Brücken, Trinkbrunnen und den Mauern bilden sie malerische, urwüchsige Ensembles. In jedem Museum kann man eine für sämtliche Museen gültige Eintrittskarte kaufen (etwas über € 0,51/1 Lw). Zum gleichen Preis gibt es eine Führung in Englisch. Öffnungszeiten: 8.00-12.00 und 13.30-17.30 Uhr. Im Prinzip ist Montag Ruhetag. Einige Häuser haben aber auch montags geöffnet: Karawelowata kaschta, Ljutowata kaschta und kaschta Benkowski.

Oslekow-Haus (1856), eines der wertvollsten Denkmäler mit Wandmalereien, Holzschnitzereien und phantastischer Inneneinrichtung, das dem reichen Pächter und Kaufmann *Nentscho Oslekow* gehörte, der während des Aprilaufstandes 1876 gefallen ist.

Ljutow-Haus (1845), ein markantes Beispiel für den bulgarischen Barock mit den schönsten Wandmalereien der Stadt.

Ljuben-Karawelow-Haus, das Geburtshaus des Schriftstellers und Revolutionärs *Karawelow* (1834-1879), mit originaler Einrichtung ist als Museum zugänglich.

Georgi-Benkowski-Haus, Geburtshaus des Führers des Aprilaufstandes im Sredna-gora-Gebirge, *Benkowski* (1844-1876). In dem als Museum eingerichteten Gebäude wird auch über die Kämpfe in Koprivschtiza berichtet.

Dimtscho-Debeljanow-Haus. Der in Koprivschtiza geborene Lyriker *Debeljanow* (1887-1916) fiel im 1. Weltkrieg. Im Hof des Geburtshauses steht die Skulptur seiner Mutter, als ob sie in Erwartung ihres Sohnes erstarrt wäre. Das Haus ist ein Memorialmuseum.

Todor-Kableschkow-Haus. Hier wurde der große bulgarische Revolutionär *Kableschkow* (1851-1876) geboren. Er war der Autor des „Blutigen Briefes", womit er am 20.4.1876 in Koprivschtiza den ersten Anlass zum Ausbruch des Aprilaufstandes gegeben hatte. An der Spitze des Revolutionsrates leitete er eine Gruppe Aufstän-

Bulgarischer Barock: Ljutow-Haus

discher. Nach der Niederschlagung des Aufstandes zog er sich mit einigen Getreuen in die Stara planina zurück. Von den Türken gefangengenommen, tötete er sich selbst. Sein Haus wurde 1930 zum Museum erklärt. Es gehört zu den charakteristischen Architekturdenkmälern der Stadt und besitzt eine schöne Innenausstattung.

Markow-Haus. Wegen seiner sehenswerten kunstvollen Holzschnitzereien und der Gitterfassade wird es oft das „Spitzenhaus" genannt. Sein Baumeister kam aus Edirne. Die holzgeschnitzten Decken schufen diverse Meister aus Samokov.

Petko-Doganow-Haus, von Plovdiver Meistern 1815 erbaut, mit charakteristischer Holzkonstruktion, Wandgemälden und Holzschnitzereien.

Naiden-Gerow-Haus (1810). In diesem Haus wurde ein namhafter Aufklärer aus der Zeit der nationalen Wiedergeburt geboren. Hier war eine der ersten Zellenschulen untergebracht.

Ploschtad 20. April, der Hauptplatz der Stadt, an dem sich das Mausoleum für die im Aprilaufstand gefallenen Revolutionäre befindet. Ebenso die Schule „Kyrill und Method" von 1837.

Kirche „Sweta Bogorodiza" (1817), mit kunstvoll geschnitzter Altarwand von Meistern aus der Trjavnaer Schule (1821) und Bischofsthron sowie wertvollen Ikonen von *Sachari Sograf* (1837/38). Die Glocken der Kirche haben als erste zum Aufstand gerufen.

Kirche „Sweti Nikola" (1842/44), ein architektonisches Meisterwerk, monumental und dekorativ. In der hohen Mauer am Osteingang ist der Morawenow-Brunnen eingelassen (1843).

Das Denkmal und die ***Brücke „Parwata puschka"*** (Der erste Schuss). Auf der gewölbten Steinbrücke aus dem Jahre 1813 hat der Aufständische *Georgi Tichanek* am 20. April 1876 den ersten Schuss gegen die osmanischen Unterdrücker abgefeuert und damit das Signal zum Volksaufstand gegeben.

Das ***größte Volksfest Bulgariens*** „Koprivschtiza pee i tanzuwa“ (Koprivschtiza singt und tanzt) findet seit 1965 alle fünf Jahre in der Gebirgsgegend Vojvodenez bei Koprivschtiza statt. Das letzte Fest war im Jahr 1998, wie immer drei Tage im August. Tausende von Teilnehmern, darunter auch Kinder, bereiten sich lange darauf vor, um das Beste zu den Festtagen der bulgarischen Folklore zu zeigen. Die Zahl der Teilnehmer ist so groß wie die der Gäste. Auch ausländische Folkloregruppen treten hier mit bulgarischen Volksliedern auf (siehe „Feste und Feiertage“).

Unterkunft

Die harmonische Beziehung zwischen Natur und der Architektur der Wiedergeburtszeit schafft eine solch verführerische Atmosphäre, dass man hier gern etwas länger verweilen möchte. Mehr als 30 Häuser halten ihre Tore für Gäste offen. Die Zimmer sind penibel sauber und liebevoll eingerichtet, meistens mit WC/D. Viele besitzen einen Kamin, einige einen Schwimmringpool, andere beherbergen eine gute Gaststätte. Ein Frühstück kann vereinbart werden. Die Übernachtungspreise bewegen sich in der Regel zwischen 18 und 22 Lewa. Sie liegen im Winter etwas höher.

Jedes Haus hat seinen individuellen Reiz. Wir sind beim besten Willen nicht in der Lage, eines bevorzugt zu empfehlen. Es lohnt sich auf jeden Fall, auf eigene Faust ein Zimmer für sich zu entdecken.

Tipp: unbedingt *ówtsche kísselo mljáko* (Schafsjoghurt, privat oder in einer Gaststätte) probieren.

- ***Touristen-Information im Zentrum,*** ploschtad Dwádesseti April, Tel./Fax (07184) 2191, E-Mail: koprivshtiza@hotmail.com Information über und Buchung von Hotels, Gaststätten, Museen, Transport, kulturellen Veranstaltungen, Wanderungen, Reiten etc. Ein Katalog (in Bulgarisch, Englisch und teilweise in Deutsch) gibt umfassende Auskunft. Unbedingt verlangen!
- ***Touristen-Agentur Torománowa,*** uliza Ljuben Karawelov 1, Tel. (07184) 2516, Handy 088 558 847, Zimmervermittlung, Fremdenführungen
- Die billigsten Unterkünfte: ***Turistítscheska spálnja „Wojwódenez“*** (Touristen-Unterkunft) uliza Wekilowa 9, 4,50 Lw/Pers. ***Turistítscheska spálnja „Bógdan“*** (Touristen-Unterkunft), uliza Ljuben Karawelov 24, 4,50 Lw/Person

Transport

- ***Bahnhof*** 9 km von Koprivschtiza entfernt. Hier halten Schnell- und Personenzüge aus Sofia, Karlovo und Burgas. Für jeden Zug gibt es einen Bustransfer nach Koprivtschiza.
- ***Bushaltestelle*** in Zentrumsnähe. Von Sofia fährt ein Bus Mo.-Sa. um 16.00 Uhr und So. um 17.00 Uhr vom Busbahnhof hinter dem Sofioter Hotel „Prinzess“ (für Tagesausflüge nach Sofia). Von Koprivschiza nach Sofia: Mo.-Sa. 6.45 Uhr und So. um 14.00 Uhr; von Koprivschtiza nach Plovdiv Mo.-Fr. 6.30 Uhr und So. 14.00 Uhr, von Plovdiv nach Koprivschtiza täglich um 16.30 Uhr.

Streltscha
Стрелча

5000 Einwohner, 26 km südlich von Koprivschtiza. Das Örtchen, in dessen Umgebung es nach Rosen und Lavendel duftet, wo Obst und Wein reifen, ist vor allem wegen seiner Mineralquellen ein beliebter ***Kurort von nationaler Bedeutung.*** An Nerven-, Haut-, Nieren-, Blutdruck- oder Frauenleiden Erkrankte finden hier Linderung oder Genesung.

An Sehenswertem sind erwähnenswert das ***Städtische Museum*** im Stadtzentrum und das ***Wiedergeburtshaus*** in der uliza Jako Kazarow. ***Streltschanska krepost,*** eine Festung vom 9.-12. Jh. mit doppelten, bis 8 m hohen Mauern, befindet sich südlich der Stadt.

In der näheren Umgebung am Hügel Shaba mogila wurde 1976 ein ***Thrakisches Grabmal*** *(trakijska grobniza)*, entdeckt. Es stammt vom Ende des 5./Anfang des 4. Jh. v. Chr. Sein Grundriss ähnelt dem des Grabmals bei Mesek.

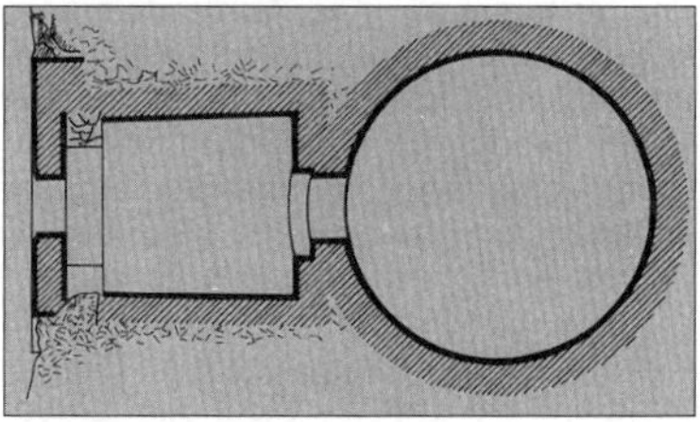

Grundriss des Grabes

Übernachtung/Kulinarisches

- Kursuchende wenden sich an das ***Erholungsheim „Potschiwen dom na TPK"***, uliza Vitoscha, Tel. (96432) 2288 (200 m entfernt zwei Schwimmbecken mit Mineralwasser), oder an das
- ***Balneosanatorium „Rosa"***, zirka 1 km nördlich vom „Potschiwen dom".
- ***Hotel „Streltscha"***, bul. Georgi Dimitroff, Tel. (96432) 2201. Verfügt über Restaurant, Tages- und Nachtbar.
- ***Motel, Restaurant, Bar „Wodenizata"***, Tel. (96432) 3414, rechts an der Straße nach Koprivschtiza.
- ***Restaurant-Diskothek „Tornado"***, im Stadtpark, Nonstop.

Transport

- ***Busbahnhof***, ploschtad Geto Balew, etwa fünf Minuten südlich vom Stadtzentrum.

Panagjurischte

Панагюрище

Was soll man eigentlich in Panagjurischte noch suchen, nachdem der 1949 in seiner Nähe gefundene ***antike Goldschatz*** im Sofioter Nationalmuseum für Geschichte landete? Das Städtchen mit seinen 22.000 Bewohnern lebt bescheiden und zeigt seinen Gästen Gedenkstätten und Museen, die mit dem Aprilaufstand 1876 verbunden sind.

Die Siedlung entstand zu Beginn der osmanischen Fremdherrschaft. Ihr damaliger Name stammt von dem griechischen Wort für Jahrmarkt: „Panegiris". Die Einwohner genossen die Privilegien der Soldatendörfer, weil sie die Pferde des Sultans in Konstantinopel pflegten.

Die gesamte Einwohnerschaft war an der Vorbereitung des ***Aprilaufstandes*** beteiligt. Der Aufstand brach hier früher als geplant schon am 20. April los. Ein Verrat zwang zum Abweichen von dem festgelegten Datum, so dass nicht alle Ortschaften zur gleichen Zeit losschlugen. Der mit so viel Hoffnung und Freude auf die nahe Befreiung vorbereitete Aufstand wurde auch in Panagjurischte im Blut erstickt und die gesamte Stadt dem Erdboden gleichgemacht.

Sehenswertes

Das ***Städtische Museum,*** uliza Raltscho Raltschew 1, zeigt Reliquien des Aprilaufstandes.

Das ***Haus von Rajna Popgeorgiewa,*** genannt *Rajna Knjaginja* („Rajna die Königin", 1856-1917), uliza Oborischte 5. Im Geburtshaus der Lehrerin ist heute ein Museum eingerichtet. Diese Frau gilt heute als die bulgarische *Jeanne d'Arc* und ging vor allem deshalb in die Geschichte ein, weil sie die Fahne der Aufständischen genäht hat.

Das ***Geburtshaus von Marin Drinow*** (1838-1906), Professor an der Universität in Charkov (Ukraine), vermittelt einen Eindruck der Wiedergeburtszeit. Eine kleine Sammlung berichtet von seinem Leben und der Tätigkeit als Historiker.

Einige ***Häuser aus der Zeit der Wiedergeburt*** stehen unter Denkmalschutz, so das Dudekow-, Futekow-, Smolkow-, Lekow- und Tutekow-Haus.

Die ***Kirche „Sweta Bogorodiza"*** (1818) zeichnet sich durch Wandmalereien und Ikonen von *Iwan Sografski* aus. Die ***Kirche „Sweti Georgi"*** stammt ebenfalls aus der Wiedergeburtszeit.

Etwa 14 km nördlich von Panagjurischte befindet sich ***Panagjurski kolonii,*** ein Luftkurort von örtlicher Bedeutung mit Erholungsheimen und Villen.

Die ***historische Gegend „Oborischte",*** 10 km nordwestlich der Stadt. Hier wurde am 12. April 1876 eine geheime Volksversammlung der Revolutionskomitees einberufen, auf der die Delegierten den Entschluss fassten, am 1. Mai zu einem das ganze Volk umfassenden Aufstand gegen die Türkenmacht aufzurufen. Ein großes, schlichtes Denkmal mit den Namen der 65 Delegierten steht an der Stelle, wo sie tagten. Übernachtungsmöglichkeit in der Chisha Oborischte.

Übernachtung/Kulinarisches

- ***Hotel „Kamengrad",*** zwei Sterne, im Stadtzentrum; ***Restaurant „Ewropa",*** das einzige in der Stadt.

Ortschaften in den Rhodopen

Peruschtiza

Перущица

Als lohnenswerter Ausgangspunkt für die Erkundung des Rhodopengebirges bietet sich Peruschtiza an. Die kleine Ortschaft mit nur 6000 Einwohnern liegt 23 km südwestlich von Plovdiv und etwa 30 km südöstlich von Pasardshik.

Die Wurzeln des heutigen Städtchens sind 2,5 km nördlich noch als ***Überreste der slawischen Siedlung Dragovez*** zu entdecken. Eine mittelalterliche Festung Peristi-i-za erhob sich im 13./14. Jh. auf den steilen Felsen im Süden. In der Umgebung stößt man auch auf längst verwischte Spuren aus thrakischer und römischer Zeit.

In der jüngeren Vergangenheit eroberte sich Peruschtiza einen würdigen Platz in der bulgarischen Geschichtsschreibung mit der massenhaften Teilnahme seiner Bevölkerung an den ***Ereignissen im Jahre 1876.*** Am 23. April verkündeten die Kirchenglocken den Beginn des Volksaufstandes. Gegen die nicht in allen Orten zeitgleich losschlagenden Bulgaren waren die zahlenmäßig überlegenen Türken jedoch schnell im Vorteil. So verteidigten die Aufständischen in Peruschtiza schließlich Haus für Haus. Nach zehn Tagen fanden die letzten Kämpfe bei der Kirche „Sweti Archangeli Gawrail i Michail" statt, wohin sich 600 Frauen, Kinder und alte Leute zurückgezogen hatten. Schließlich drangen die Türken in die Kirche ein und begannen, blindwütig das Volk abzuschlachten. Um nicht lebendig in türkische Hände zu fallen, tötete der Aufständische *Spas Ginow* seine Frau und seine fünf Kinder, bevor er sich selbst das Leben nahm. 22 Revolutionäre folgten seinem Beispiel, indem sie für sich und ihre Familien den Freitod wählten. Von den in der Kirche Schutz Suchenden verloren 347 Menschen das Leben. Heute werden in der historischen Kirche von 1847/48 auf dem städtischen Platz die sterblichen Überreste in Sarkophagen aufbewahrt. Auf einer Marmorplatte sind die Namen der Gefallenen zu lesen.

Am gleichen Platz, wo die Kirche steht, befinden sich noch das Haus der Kultur und ihm gegenüber das ***Historische Museum.*** Hier sind persönliche Gegenstände, Waffen und Dokumente der Aprilaufständischen zu sehen. Gleich in der Nähe des Museums findet man die restaurierte Schule von 1850, die eine Kunstausstellung beherbergt. Alle diese Objekte sind von Di. bis So. 8.00-12.00 und 14.00-18.00 Uhr zu besichtigen.

Eine weitere Sehenswürdigkeit ist die ***Tscherwenata zarkwa*** (Rote Kirche), 2 km vom Zentrum im Stadtgebiet Pastuscha entfernt. Selbst als Ruine wirkt dieser Bau noch stattlich. Einige Teile der aus roten Steinen errichteten Kirche wurden bereits im 4. Jh. gebaut, insgesamt stammt sie allerdings aus dem 6. Jh. Ihre Konstruktion weist einige Besonderheiten auf, wie beispielsweise die Kuppel, die zu den Meisterwerken der frühbyzantinischen Sakralbaukunst zählt. Die Kirche war reichlich geschmückt; der Fußboden mit zweifarbigen Mosaiken und die Wände bis zu einer Höhe von 2 m mit Marmorplatten bedeckt, über denen Wandmalereien folgten.

Transport

- Eine ***Bahnstation*** gibt es in der Ortschaft Stambolijski, 11 km nordwestlich von Peruschtiza an der Eisenbahnlinie Sofia - Burgas.
- ***Bushaltestelle*** in Peruschtiza: Verbindungen mit Stambolijski, Plovdiv und Kritschim.

Wandermöglichkeiten

- Der ***Gipfel Warchowrach*** (1635 m) ragt 12 km südlich von Peruschtiza empor. Zu ihm verläuft auch eine Straße über die Dörfer Skobelevo und Tschuren. Der Bus fährt einmal am Tag. Die ***Chisha Warchowrach*** befindet sich auf einer von Nadelwald umstandenen Wiese 20 Minuten vom gleichnamigen Gipfel entfernt. Von der Chisha kann man weiter zum ***Gipfel Komarow*** gelangen (eine Stunde), zum ***Gipfel Moda***r (zwei Stunden), zur ***Chisha Brjanowschtiza*** (zwei Stunden), ***Chisha Rodopski partisani*** über Chisha Brjanowschtiza (dreieinhalb Stunden) und zur ***Chisha Persenk*** (fünf Stunden).

Zwischen Peruschtiza und Devin

Von Peruschtiza verläuft in südwestlicher Richtung eine sehr ruhige Straße über Kritschim bis nach Devin, auf der man an den zwei ***Stauseen*** Jasowir Kritschim und Jasowir Antoniwanowzi vorbeikommt. An jedem Stausee steht eine Herberge.

Von den abgelegenen Ortschaften kann man entfernte Wanderziele ansteuern, die zu weiteren Herbergen und Natursehenswürdigkeiten führen. Von den im Folgenden angegebenen Ortschaften gelangt man erst nach einem längeren und einsamen Fußmarsch zum jeweiligen Ziel. Für diejenigen, die nicht so viel Zeit haben und trotzdem diese herrliche Gegend kennen lernen wollen, beschreiben wir die kürzeren und mit dem Auto erreichbaren Ziele der Strecke Assenovgrad - Smoljan.

- über die Dörfer Tschereschevo oder Ossikovo erreicht man ***Chisha Modar*** unterhalb des Gipfels Modar (1992 m) und die westlich davon gelegene ***Höhle Modarska peschtera;***
- über die Dörfer Michalkovo und Tschurukovo bis zur ***Chisha Persenk*** nördlich vom ***Gipfel Persenk*** (2074 m), die durch schöne Wanderwege mit anderen Herbergen verbunden ist;
- über das Dorf Ljaskovo den ***Gipfel Goljam Perelik*** (2091 m) und östlich davon ***Chisha Skalni mostowe.***

Wer bis nach Devin gelangt ist, befindet sich schon in der Nähe der zwei Perlen der Rhodopen: der ***Höhlen Jagodinskata peschtera und Djawolskoto garlo*** (siehe „Wandern, Bergsteigen und Wintersport", „Rhodopen").

Als Reiseziel bietet sich auch der ***Stausee Jasowir Batak*** an, wo viele und gute Unterkünfte auf Gäste warten. Der Weg bis dahin streift kleine Ortschaften, die durchaus einen kurzen Halt wert sind.

Brazigovo
Брацигово

Etwa 22 km westlich von Peruschtiza liegt das Städtchen Brazigovo, dessen Bewohner im 19. Jh. während des Aprilaufstandes ebenfalls Ruhmesblätter der bulgarischen Geschichte gefüllt haben. Daran erinnern ein ***Memorialpark „Wassil Petleschkow",*** ein Denkmal und ein Mausoleum.

Die ***Wiedergeburtshäuser*** von *Samfir* und *Michail Popowi* (1847) sind Museen. Die ***Kirche „Sweti Joan Predtetscha"*** von 1833 besitzt schöne Ikonen.

In der Nähe sprudelt eine ***Mineralquelle*** (19 °C), deren Heilwasser bei Nieren- und Harnwegserkrankungen wirksam ist. Hier findet man einen Komplex aus Badeanstalt und Hotel.

Busverbindungen bestehen nach Peschtera, Batak, Pasardshik und Plovdiv.

Peschtera
Пещера

Peschtera war immer eine Siedlung mit ***gemischter Bevölkerung,*** früher von Thrakern, Römern, Mazedonen, Griechen, Slawen und Protobulgaren bewohnt, heute von Bulgaren, Türken, Roma und Wlachen.

Die kleine Moschee veranstaltet regelmäßig Gottesdienste. Zwei Kirchen - „Sweti Dimitar" und „Sweta Petka" -, der Uhrturm, Brücken, Brunnen und einige Häuser bezeugen das erwachte bulgarische Selbstbewusstsein der Wiedergeburtszeit.

Information
- ***Touristen-Gesellschaft „Kupena",*** ploschtad Balgarija, Tel. (0350) 2045, vermittelt Übernachtung in Herbergen und macht Wandervorschläge.

Übernachtung/Kulinarisches
- ***Hotel „Biowet",*** uliza Wassil Petleschkow 49, Tel. (0350) 5659; Restaurant-Garten, Tages- und Nachtbar, Einkaufsmöglichkeiten und Sportsaal.
- ***Restaurant „Ribkata",*** immer mit frischer Forelle; auf der Straße nach Batak, etwa 1 km von Peschtera entfernt.

Weitere nützliche Adressen
- ***Wechselstube,*** uliza Dimitar Gorow 2.
- ***Krankenhaus,*** uliza Dr. P. Zikalow 42, Tel. (0350) 2021.
- ***Privatzahnarzt,*** Dr. Nitschewa, uliza Nestor Litschew 19; Mo. und Mi. 9.00-12.00 Uhr, Di. und Do. 14.00-19.00 Uhr, Sa. 8.00-13.00 Uhr.
- ***Polizei,*** uliza Dr. P. Zikalow 3, Tel. (0350) 6271.
- ***Post,*** uliza Tschipew 2.

Transport
- ***Busbahnhof:*** uliza Georgi Kjusseiwanow 20, Tel. (0350) 2276. Verbindung mit den Ortschaften der Umgebung und mit Plovdiv.
- ***Autoservice „Garant",*** uliza Dr. P. Zikalow 7, Tel. (0350) 4751, privat: (0350) 3945.

Umgebung von Peschtera
Ein beliebtes Erholungsgebiet ist die ***Gegend „Sweti Konstantin",*** wo auch genügend Unterkünfte vorhanden sind. Eine Asphaltstraße südwestlich von Peschtera führt bergauf zum ***Hotel „Awto"*** (18 km), Tel. (0350) 2266, 3867, Fax (0350) 3877; mit Restaurant, Bar, Sauna, Sportplätzen, Kinderspielplatz, im Winter Schlepplift; im Sommer werden noch Bungalows vermittelt. Vom Hotel gelangt man über einen Panoramaweg zum ***Stausee Jasowir Batak,*** direkt zum Baden und Angeln und vorbei an anderen Unterkünften.

Chisha Sneshanka, liegt etwa 5 km südwestlich von Peschtera in einer sehr schönen Umgebung. Das ***unterirdische Wasserkraftwerk*** in der Nähe kann täglich 7.00-19.00 Uhr besichtigt werden.

Etwa 30 Minuten entfernt kann man nochmals auf unterirdischen Pfaden wandeln, in der ***Höhle (peschtera) Sneshanka,*** und zwar Mi.-So. zwischen 9.00 und 17.15 Uhr.

Batak
Батак

In dieser, wie es scheint, total verschlafenen kleinen Ortschaft sind die ***Erinnerungen an den Aprilaufstand*** noch besonders lebendig. Nach der Niederschlagung wurde die ganze Stadt dem Erdboden gleichgemacht. Das einzige Bauwerk, das den osmanischen Rachesturm überstand, war die kleine ***Kirche „Sweta Nedelja"*** im Stadtzentrum, erst 1813 in nur 75 Tagen und Nächten von der Bevölkerung gebaut. Sie war die letzte Bastion von 2000 Rettung suchenden Menschen. Nach drei Tagen Kampf um diese Zufluchtsstätte wurden alle Insassen niedergemetzelt und die Kirche in Flammen gesetzt, wobei nur der hölzerne Innenteil verbrannte. Verschont von den Flammen blieb die Ikone der Heiligen Nedelja. In diesem Aprilblutbad gab es in Batak 5000 Opfer, soviel wie die heutige Stadt Einwohner hat. Die Kirche hat täglich 8.00-12.00 und 13.30-17.00 Uhr geöffnet.

Transport
- ***Bushaltestelle*** neben der Post, dreimal täglich Verbindungen nach Plovdiv und Pasardshik.

Umgebung von Batak

Wenige Kilometer westlich von Batak breitet sich am Stausee in der Gegend Zigov Tschark ein großer ***Jugendkomplex „Orbita“*** aus. Geboten werden reichlich Sportmöglichkeiten, Gaststätten, Sauna sowie im Winter eine Skipiste mit Schlepplift (300 m) und Skiausleihe. Die Übernachtung kostet pro Person 14 $ (ca. € 15) täglich. Gegenüber befindet sich noch ein ***Hotel*** für dickere Geldbeutel. Außerdem gibt es hier reichlich Privatunterkünfte in schönen Datschas.

Festung Zepina

Bei der Weiterfahrt über den landschaftlich schönen Weg durch ***Rakitovo*** (ein Städtchen mit Ambitionen zum Kurort; auch mit Wintersportmöglichkeiten), Kostandovo bis nach ***Dorkovo*** erreicht man zu Fuß auf einem Hügel hinter Dorkovo die Ruinen der mittelalterlichen bulgarischen ***Festung Zepina.*** Sie war Sitz des bulgarischen Feudaldespoten *Slaw*. Schon die baulichen Überreste beeindrucken mit ihren breiten und tiefen Grundmauern. Man kann sich gut vorstellen, dass diese Festung jahrhundertelang für die Byzantiner ein uneinnehmbares Ziel blieb. Festung und Siedlung wurden erst nach der gewaltsamen Islamisierung der Bevölkerung dieses Gebietes im 17. Jh. verwüstet. Auf der Festung eröffnet sich ein wunderschönes Panorama nach allen Richtungen. Westlich sind die interessanten Felsen Sokolov kamak zu sehen, östlich der Gipfel Kaltschisch (1475 m) und nördlich das einsame Kloster „Sweti Petar“. Unterhalb der Festung steht eine Herberge, die allerdings bei unserem Besuch verschlossen war.

Von Batak Richtung Süden

Es ist zu empfehlen, für die Fahrt von Batak nach Smoljan die sehr schöne Straße Nummer 37 bis Dospat zu wählen. An der Staumauer des ***Jasowir Wassil Kolarow*** rechts, nach etwa 2 km, bietet sich eine unerwartet gute Unterkunft, das ***Hotel „Raj“*** mit Restaurant, Sauna, Solarium, Swimmingpool, Angelausleihe, Wassersport und im Winter Skiausleihe. Ein Einzelzimmer kostet 12 $ (ca. € 13), ein Doppelzimmer insgesamt 20 $ (ca. € 21,70), das Appartement mit Ehebett 40 $ (ca. € 43,40) - alles ohne Frühstück.

Bevor man in ***Dospat*** anlangt, sollte man einen kurzen Halt machen, um einen der schönsten Ausblicke in den Rhodopen zu genießen: die Sicht auf den Stausee (jasowir) Dospat.

Assenovgrad
Асеновград

Die zweifellos schönste Strecke in den Rhodopen ist die ***Straße Nummer 86*** von Plovdiv über Assenovgrad nach Smoljan. Mehrere Abzweige östlich und westlich ermöglichen den Zugang zu abgeschiedenen Dörfern, Klöstern und reizvollen Naturerlebnissen.

Assenovgrad, 20 km südlich von Plovdiv, hat über 50.000 Einwohner. Zuerst gründeten die Thraker eine Siedlung an den Ufern der Asseniza. Im 11. Jh. wurde sie unter dem griechischen Namen Stanimachos bekannt, und 100 Jahre später war sie Bestandteil einer mächtigen Festung geworden, der so genannten ***Assenova krepost*** (Assen-Festung). Bis 1934 trug die Stadt, in der noch heute viele Griechen leben, den Namen Stanimaka und machte sich weit und breit einen Namen mit den guten ***Rotweinen*** „Stanimaschka malaga“ und „Mavrud“. Im ***Weinmuseum*** erfährt man mehr über die Tradition und die Bedingungen hiesiger Weinherstellung: Musej na losarstwoto i winarstwoto, uliza Bulair 6.

Besonders einladend zu einem Aufenthalt wirkt das Stadtbild jedoch nicht, denn hier verspricht die Umgebung viel mehr.

Wer sich für Sakralkunst interessiert, für den sind einige von insgesamt zehn ***Kirchen*** sehenswert - die Kirche „Sweta Bogorodiza" (1765) beispielsweise mit ihrer schönen Ikonostase, kwartal Gorni Voden, uliza Sweti Kirik; südwestlich vom Stadtzentrum die Kirche „Sweti Nikola"; von der daneben stehenden „Sweta Marina" ist auf Grund eines Straßenbaus nur der Kirchturm übriggeblieben. Die beliebteste Kirche ist die „Sweta Bogorodiza - Ribnata" im Zentrum.

Übernachtung

- ***Hotel „Assenovez",*** zwei Sterne, im Stadtzentrum, zu teuer und abstoßend.
- ***Hotel-Restaurant „Grebna basa"*** beim Stausee tschetiridessete iswora; befindet sich 5 km nördlich rechter Hand an der Straße nach Kosanovo, Tel. (0331) 22043.
- ***Hotel „Sweti Kirik",*** ein ganzer Hotelkomplex gebaut wie ein Kloster, mit Annehmlichkeiten, die über die eines jeden Klosters hinausgehen. Bis vor kurzem noch das exklusive Erholungsobjekt der bulgarischen Architekten, steht die Einrichtung jetzt auch ausländischen Gästen offen. Restaurant, Tages- und Nachtbar, Diskothek, Sauna; 2 km vom Wohngebiet kwartal Gorni Woden entfernt. Sehr romantisch und sein Geld wert (dabei noch billiger als in Plovdiv). Tel. (0331) 27919, 27322, 24722, Fax (0331) 29007.

Weitere nützliche Adressen

- ***Post,*** im Stadtzentrum.
- ***Krankenhaus,*** uliza Alexander Stambolijski 28.

Transport

- ***Bahnhof:*** Wassil Lewski 10, Tel. (0331) 23029, Verbindung nach Plovdiv.
- ***Busbahnhof:*** wenige Schritte östlich vom Bahnhof, regelmäßige Verbindungen nach Plovdiv, Kardshali und Smoljan, Tel. (0331) 22862.

Umgebung von Assenovgrad

Der Reiz der Landschaft um Assenovgrad erfährt noch eine Steigerung durch ***alte Klöster.*** In den Weinbergen sind die Ruinen von über 40 mittelalterlichen Kirchen und Kapellen verstreut. Die Gründung der meisten Gotteshäuser lag in der byzantinischen Besatzungszeit im 11.-12. Jh. Während der Herrschaft des Zaren *Iwan Alexander* verstärkte sich der kulturelle Einfluss der Bulgaren. In den ersten Jahrhunderten der osmanischen Unterdrückung verwandelten sich die Klöster in geistige Zentren. Alte Schriften wurden sorgfältig aufbewahrt, andere abgeschrieben und neue geschaffen. Im 18. und in der ersten Hälfte des 19. Jh. wurden die Klöster ein Mittelpunkt des kulturellen Zusammenwirkens zwischen Bulgaren und Griechen, denn der griechische Einfluss in den Kirchengemeinden des ganzen Plovdiver Gebiets wurde sehr stark von der zahlreichen griechischen Bevölkerung, meist Geistlichen und Händlern, geprägt. Deshalb findet man im Kirchenbau und in der Malerei immer wieder Ähnlichkeiten mit der Gestaltung der Klöster auf dem Berg Athos. Auch in der zweiten Hälfte des 19. Jh. bleibt der griechische Einfluss bestehen, was bis heute erhaltene Inschriften in griechischer Sprache bestätigen. Wiedergeburtsmeister wie *Sacharij Sograf, Georgi Dantschow, Krastjo Sachariew, Aleksi Atanasow* und andere hinterließen in Wandmalereien die neue Weltanschauung der Bulgaren und die neuentdeckte Ästhetik der Wiedergeburtskunst.

Kuklenskijat manastir „Sweti Bessrebarnizi Kosma i Damjan"

Das Kloster (bekannt auch als „Sweti wratsch") findet man 3 km oberhalb des Dorfes Kuklen (etwa 8 km nordwestlich von Assenovgrad).

Wandervorschlag:

- Ein Wanderweg südlich vom Kloster oder bereits vom Dorf Kuklen aus führt an der ***Höhle (peschtera) Zarna*** (ein Stück westlich vom Weg gelegen) und an Überresten einer Festung vorbei bis zur ***Chisha Ruen.*** Von der Hütte sind es noch 45 Minuten bis zum ***Gipfel Ruen*** (1326 m), etwa eine Stunde bis zu dem einem Kopf ähnelnden, 1,5 m kleinen Felsgebilde „Glawata" (der Kopf) und ebenfalls eine Stunde bis zu einer kleinen römischen Brücke.

Manastirat „Sweta Petka Muldawska"

Auf der Straße 58 etwa 4 km südöstlich von Assenovgrad, unweit vom Dorf Muldava; Übernachtung möglich.

Arapovskijat manastir Sweta Nedelja

8 km östlich von Assenovgrad, in der Nähe des Dorfes Slatovrach (alter Name Arapovo).

Assenovata krepost

Bereits 2,5 km südlich von Assenovgrad auf der Straße 86 nach Smoljan fällt jedem, der nach rechts oben blickt, in Adlerhöhe Assenovata krepost (die Festung von Assen) auf. Es ist ratsam, mit dem Auto die gute, aber sehr steile Straße hinaufzufahren, weil man noch genug ins Schwitzen gerät, bis man die zweigeschossige ***Kirche „Sweta Bogorodiza Petritschka"*** erklommen hat. Die ehemals gewaltige Festungsanlage, von der nur noch die Kirche erhalten ist, wurde von den Byzantinern im 11./12. Jh. geschaffen. Der bulgarische Zar *Iwan Assen II.* eroberte sie 1231, und bis 1410 blieb sie im Besitz der bulgarischen Herrscher. Inzwischen werden seit 1981 wieder Gottesdienste in der Kirche durchgeführt.

Übriggeblieben: die Kirche

In der ***Sommerhitze*** ist ein längerer Aufenthalt auf der Festung fast unerträglich. Man hat es dann nicht nur mit der bulgarischen Sonne zu tun, sondern auch mit den Felsen, die wie in einem Backofen die Hitze abgeben. Da man sich Assenovata krepost und das wunderschöne Panorama aber keinesfalls entgehenlassen darf, sei ein/e Aufstieg/Auffahrt bis spätestens 9.30/10.00 Uhr angeraten.

Von oben sieht man auf der anderen Straßenseite auf einem Felsen die ***Kirche „Sweti Jani"*** aus dem 13./14. Jh., die große Ähnlichkeit mit der Kirche von Assenovata krepost hat.

Batschkovski manastir

Бачковски манастир

Auf der guten Straße und in der abwechslungsreichen Natur Richtung Smoljan kann man leicht am Batschkovo-Kloster, einer Sehenswürdigkeit ersten Ranges, vorbeifahren. Für Ausländer stellt das Kloster die ***größte touristische Attraktion der Rhodopen*** dar, ohnehin ist es das zweitgrößte des Landes nach dem Rilakloster und ein nationales Heiligtum. Als Anhaltspunkt dienen auf der linken Straßenseite ein kleiner Wasserfall mit einer Gaststätte daneben, wo man das Auto parken kann. Seit Jahrhunderten herrscht vor der Klostermauer ein reger Betrieb. Früher kamen Pilger aus den entferntesten Ecken des Balkans, heute kommen die Bulgaren zur Taufe, Hochzeit oder zum Gebet an christlichen Feiertagen. Daneben wimmelt es auf dem kurzen Weg bis zum Kloster von fliegenden Händlern und

Porträtmalern, die aus religiösen Gefühlen, Kunst- und Kulturinteresse der Besucher mit oft überhöhten Preisen klingende Münze machen wollen.

Wenn sich diese Schar verzogen hat, schlafen in der Hochsaison direkt vor den Klostermauern ausländische Besucher, trotz genügender ***Gästezimmer*** des Klosters. Ein weiterer Fall, wo sich Ausländer durch unbedachte, aber beleidigend auffassbare Äußerungen zumindest vorerst selbst um die Möglichkeit einer Übernachtung im Kloster gebracht haben. Ob sich nach unserem langen Gespräch mit dem „Geschäftsführer" des Klosters dessen Meinung inzwischen geändert hat, können wir nur hoffen.

Zu beiden Seiten des Haupttores befinden sich ***Brunnen,*** die aus kunstvollen Mündern klares, kühles Gebirgswasser spenden.

Mit Durchschreiten des Tores und Betreten des Klosterhofes lösen sich alle Probleme der großen Welt in Nichts auf. Im Kloster zählen nur die Verrichtungen des täglichen Lebens und die Gebetszeiten. Die Mönche nehmen die Besucher mit Gelassenheit hin und haben ihren Alltag nicht aus falsch verstandener Aufmerksamkeit oder Geschäftssinn umgestellt. Hier richtet man sich eher nach dem Wetter als nach dem Besucher. Man solle sich in Batschkovo ganz der ***Stimmung des Klosters*** hingeben, dem Gleichmut, der Entrücktheit und Versenkung in sich selbst und der Harmonie mit der Natur.

Das Kloster ist in dem für die Zeit der ***nationalen Wiedergeburt typischen Baustil*** gehalten. Es besitzt hohe Steinmauern, eisenbeschlagene Tore, einen weiten, mit Kopfsteinpflaster bedeckten Hof. Das Klostergebäude ist zweistöckig, mehrere Kirchen gruppieren sich im Hof. Das Batschkovo-Kloster wurde 1083 von den in byzantinischen Diensten stehenden hohen Militärs, den ***georgischen Brüdern Grigori und Abasi Bakuriani,*** gegründet. Dies war in der Zeit zwischen den zwei bulgarischen Reichen, als das Land erneut unter byzantinischer Herrschaft stand. Das Kloster blieb auch nach Wiedererringung der bulgarischen Macht griechisch und wurde erst im 14. Jh. unter Zar *Iwan Alexander* bulgarisch. Das blieb es aber auch die Jahrhunderte türkischer Herrschaft hindurch. Es blieb vor Übergriffen verschont, brannte aber mehrmals ab.

Die Porträts der beiden Klostergründer (aus dem 14. Jh.) sind in der ***Grabeskirche,*** 300 m östlich vom Kloster, zu sehen. Im Vorraum der Gruft mit Oberkirche ist in einer Szene auch der um das Kloster sehr bemühte Zar *Iwan Alexander* in Lebensgröße dargestellt, ganz schematisch in der Tradition byzantinischer Kaiserporträts.

Die ***Hauptkirche*** des Klosters, „Heilige Gottesmutter" in der Mitte des Hofes, wurde 1604 auf den Grundmauern einer aus der Gründungszeit stammenden Kirche errichtet. Besondere Aufmerksamkeit verdienen die Wandmalereien im Vorraum (Narthex) von 1643. An der holzgeschnitzten Ikonostase der Kirche ist die wundertätige Ikone der heiligen Gottesmutter mit dem Kind Ziel vieler Gläubiger. Ein interessantes Detail, dass Maria ein Hemd mit bulgarischer Stickerei trägt.

Die ***Kirche des „Heiligen Nikola"*** im südlichen Klosterhof besitzt die wertvollsten Wandmalereien im Vorraum, die 1840 *Sachari Sograf* schuf. Er scheute auch vor der Darstellung sozialkritischer Themen nicht zurück, indem er zeigte, wie der Plovdiver Oberschicht vor dem Jüngsten Gericht der Weg in die Hölle gewiesen wird. Eine Neuheit stellt zu dieser Zeit das Selbstbildnis des Meisters dar. Er malte sich lebensgroß neben den Abt und den Abtshelfer mit einer Pergamentrolle in der Hand, die die Aufschrift trägt: „gemalt von meiner Hand".

Das ***Refektorium (Speisesaal),*** ebenfalls im südlichen Teil des Klosterhofes mit einem steinernen Tisch in der Mitte, trägt an Wänden und Gewölben reichlich

Die Wandmalereien sind berühmt (Foto: AE)

Wandmalereien von 1643. Die Darstellung antiker Philosophen stellt eine gewagte Neuerung in der sakralen Malerei dar. Die Außenwand des Refektoriums trägt eine Komposition des Klosters mit Prozession und Stifterfiguren, die zu den größten Wandmalereien des Balkans gehört.

Die ***Kirche des „Heiligen Erzengels“*** aus dem 12./13. Jh. ist das älteste Gebäude im Kloster, das alle Brände überstanden hat. Die Fresken im Gewölbe stammen ebenfalls von *Sachari Sograf.*

In dem kleinen ***Klostermuseum*** werden wertvolle Kunstschätze bewahrt. Dazu gehören ein venezianisches Schenkungskästchen in Form der Markuskirche und eine reiche Schmucksammlung.

Wandervorschläge

Östlich vom Batschkovo-Kloster ist die Gegend mit noch nicht erforschtern Höhlen besonders schön. An den Wanderwegen stehen Herbergen.

- ***Chisha Besowo,*** befindet sich vom Dorf Batschkovo 2,5 Stunden entfernt an einem steilen Abhang inmitten eines Mischwaldes. Ziele: das ehemalige faschistische Konzentrationslager „Gonda woda“ - 15 Minuten; das Konzentrationslager „Sweti Nikola“ - eine Stunde; Gipfel Besowo (1517 m) - eine Stunde; Chisha Marziganiza - drei Stunden.
- ***Chisha Marziganiza,*** 12 km vom Dorf Batschkovo. In der Nähe befinden sich die berühmten Höhlen Dobrostanski peschteri und peschtera Iwanowa woda; Gipfel Popa - 20 Minuten; peschtera Toptschika - 40 Minuten; Wasserfall (wodopada) Sliwowdolskoto padalo - drei Stunden.
- Eine weitere Höhle gibt es in 24 km Entfernung oberhalb des Dorfes Orechovo mit der ***Tschileweschka peschtera.*** Um hierher zu gelangen, fährt man in Richtung Smoljan bis zum Dorf Chvojna, wo man nach rechts abbiegt und noch 7 km bis Orechovo zurücklegen muss.
- Von Chvojna nach links abgebogen, gelangt man schon nach 2 km zum Dorf ***Pavelsko,*** ein Stück südlich davon befindet sich eine andere Höhle. Auf derselben Straße von Pavelsko weiter kommt man nach wenigen Kilometern zu zwei ***Herbergen: Lewna Chisha und Paschalijza.***

Tschudnite mostowe (Wunderbrücken)

Чудните мостове

Allen Naturfreunden sei empfohlen, die Weiterfahrt von Chvojna Richtung Smoljan nach sechs Kilometern nochmals zu unterbrechen und statt geradeaus zu fahren, nach rechts abzubiegen. Diese freundliche Empfehlung ist schon fast wieder ein Muss! Nach 10 km teilt sich der Weg. Links geht es 3 km zum Dorf ***Sabardo,*** von dem es westlich eine Höhle und nordöstlich die Überreste der ***Festung Sagrade*** zu entdecken gibt.

Der rechte Weg führt nach 5 km bis zur ***Chisha Tschudnite mostowe,*** das eigentliche Hauptziel des Abstechers. Die Herberge befindet sich in unmittelbarer Nähe (fünf Minuten) von den Felsenformationen, deren Namen sie auch trägt: die ***Wunderbrücken.*** Hier hat die Natur in einer verrückten Laune zwei Felsbrücken gemeißelt - ein an Schönheit und Pracht unübertroffenes Naturphänomen. Die eine, 70 m hoch und 35 m breit, überragt eine tiefe Kluft, die andere ist zwar kleiner und verhältnismäßig schmal, dafür aber etwa 60 m lang. Der darunter rauschende Fluss verschwindet in einem „Schluckloch" des Karstgebietes, um erst nach drei Kilometern wieder an die Oberfläche zu treten.

In der Nähe der Kleinen Brücke tut sich der dunkle Schlund einer ***Eishöhle*** auf, hoch am linken Ufer gähnt, einem Riesenmaul gleich, der Eingang zur Großen Höhle. Zum Besteigen lädt der ***Gipfel Persenk*** (2074 m) ein. Markierte Wege geleiten auch zu Herbergen wie der ***Chisha Kabata*** (1,5 Stunden), ***Chisha Persenk*** (3,5 Stunden), ***Chisha Skalnite mostowe*** (Felsenbrücken, 20 Minuten).

Tschepelare

Чепеларе

7000 Einwohner. Mit seinen 1140 Metern ü.d.M. gilt der Ort als die ***höchstgelegene Stadt Bulgariens*** und als preisgünstige Alternative zum nur 10 km entfernten internationalen Kurort Pamporovo. Die Bewohner der erst 1705 gegründeten Ortschaft pflegen die traditionelle Herstellung der bekannten ***Rhodopendecken*** aus reiner Schurwolle *(chalischta)* sowie der Läufer und Bettvorleger aus Ziegenwolle *(kosjak).* In der einzigen diesbezüglichen Fabrik des Landes werden ***Ski für Winter- und Wassersport*** mit eigenem Design der Marken Orion und Mladost produziert, die gut und preiswert sind.

Wer schon von den zahlreichen Höhlen Bulgariens fasziniert ist, der muss auch dem einzigen ***Höhlenmuseum*** auf der ganzen Balkanhalbinsel einen Besuch abstatten (Museum für Speläologie und Karstformen), uliza Schina Andreewa 9 a, Di.-So. 9.00-12.00 und 13.30-17.30 Uhr. Prähistorische Funde aus den Höhlen geben Auskunft über die Lebensweise der Urmenschen in diesem Gebiet.

Information

- ***Turistitschesko drushestwo „Studenez",*** uliza Schina Andreewa 9 a, Tel. (03051) 2289, 3261. Vermittelt Unterkünfte in den Herbergen und erteilt Wandervorschläge.

Übernachtung/Kulinarisches

- ***Hotel „Sarawez",*** uliza Ditscho Petrow 4 a, Tel. (03051) 2177; Restaurant, Bar, Diskothek.
- ***Erholungsheim der Technischen Hochschule*** in Varna, uliza Professor Mintscho Marinow 1, Tel. (03051) 3969.
- ***Hotel-Restaurant „Skior",*** uliza Sportna 1, Tel. (03051) 3681; Bar.
- Es gibt auch genügend ***Privatunterkünfte*** sowie kleine Familien-Pensionen.
- ***Restaurant „Ribkakta",*** uliza Belomorska, Tel. 2963, am nördlichen Stadtrand Richtung Plovdiv; Fischgerichte, stets frische Forelle.

Weitere nützliche Adressen

- ***Post,*** uliza Ditscho Petrow 45.
- ***Poliklinik und Zahnarzt,*** Belomorska 44 a, Tel. 2119.
- ***Fotoatelier,*** uliza Wassil Detschew 52.
- ***Polizei,*** uliza Ditscho Petrow 10, Tel. (03051) 2223.

Transport

- **Busbahnhof:** uliza Tschaja, Tel. (03051) 2023, östlich vom Stadtzentrum.
- **Autoservice und Straßenhilfe,** uliza Belomorska, am nördlichen Stadtrand, Richtung Plovdiv.

Smoljan

Смолян

Den Anfang der ***Stadtgeschichte*** schrieben die Thraker. Ihnen folgte der slawische Stamm der Smoljani, und bis zum 14. Jh. trug die Siedlung den slawischen Namen Eserovo. Nachdem die Türken die Festung zerstörten (nördlich der heutigen Stadt existieren noch Überreste), entstand eine neue Siedlung - Paschmakli. Erst seit 1934 nannte sich die Stadt Smoljan.

In jedem Reiseführer werden die Rhodopen mit ihren abgeschiedenen Dörfern als der romantischste Teil Bulgariens dargestellt. Langsam hatten es die ehemaligen Funktionäre satt, das Gebiet, aus dem *Orpheus* und *Spartakus* stammten, als „unzivilisiert" abgestempelt zu sehen. Ideen und große Mittel wurden eingesetzt, eine ***Rhodopenhauptstadt*** zu errichten. Dazu wurden seit 1960 die Ortschaften ***Smoljan, Rajkovo*** und ***Ustovo*** zusammengeschlossen. Erst Jahre später vereinigte die drei Stadtviertel ein gewaltiges Zentrum mit breiten Straßen, Fußgängerbrücke und riesigen Gebäuden. Vom Rathausgebäude mit seinen geräumigen, bestens eingerichteten Räumen können die Ministerien in Sofia nur träumen. Das Theater beherbergt drei Säle, einer mit 681 Plätzen und zwei mit jeweils 150 und 80 Plätzen, 27 Künstlergarderoben, einige von ihnen sind so groß wie eine richtige Wohnung, mit Bad und Toilette. Für größere und kleinere Cafés hat man auch noch

Spannende Architektur: Sandstein und Glas waren die Baumaterialien des Theaters

genug Platz gelassen. Gegenüber dem modernen Theater thront das Hotel „Smoljan", das teuerste und beste der Stadt. Dazu gesellen sich ein Haus für die Jugend, ein Historisches Museum, eine Kunstgalerie, viele Wohnblöcke und, und ... und sogar ein deutschsprachiges Gymnasium. Heute zählt die „Rhodopenhauptstadt" 40.000 Einwohner.

Sehenswertes

Das ***moderne Zentrum,*** das mit dieser malerischen Landschaft durch seinen eindrucksvollen Stil und die terrassenförmige Lage der Stadt erstaunlich gut harmoniert, macht manche Großstädter richtig neidisch. So spotten sie, Smoljan sei das Zentrum der Pomaken. Andere wiederum behaupten, Smoljan sei eine der schönsten Städte Bulgariens. Sei es, wie es sei, dank dem Ehrgeiz der Funktionäre ist es gelungen, die Bedürfnisse des modernen Lebens zu befriedigen und die einmalige Rhodopenarchitektur der Wiedergeburtszeit zumindest in den Wohnvierteln Rajkovo und Ustovo zu bewahren und zu pflegen.

Die Sehenswürdigkeiten im Zentrum befinden sich in unmittelbarer Nähe des Theatergebäudes:

Historisches Museum, oberhalb des Theaters. Reiche Sammlungen an archäologischen, ethnografischen und historischen Exponaten, die auch Leben und Kultur der ältesten zivilisierten Bewohner der Rhodopen darstellen: Thraker, Slawen und Protobulgaren. Di.-So. 9.00-12.30 und 13.30-17.30 Uhr.

Kunstgalerie, gegenüber dem Historischen Museum, Tel. (0301) 23183. Gegründet 1964, zeigt es Werke der Malerei, der Grafik und der Skulptur von den bekanntesten bulgarischen Künstlern *Wladimir Dimitrow-Majstora, Slatju Bojadshiew, Nenko Balkanski, Bentscho Obreschkow, Detschko Usunow, Najden Petkow* u.a. sowie Werke ausländischer Künstler. Di.-So. 9.00-12.00 Uhr und 13.30-17.30 Uhr.

Planetarium, bul. Balgarija 20, Tel. (0301) 22953. Verfügt über einen Sternensaal und ein Observatorium, errichtet mit Geräten der Werke „Carl-Zeiss" Jena, einer Fachbibliothek und Ausstellungsräumen. Im Sternensaal wird der künstliche Sternenhimmel demonstriert und erläutert. Der Beginn ist täglich 9.30, 11.00, 14.00 Uhr (in Deutsch und Englisch) und 15.00, 16.30 und mittwochs zusätzlich 17.30 Uhr. Im Observatorium werden auch Teleskop-Beobachtungen des echten Sternenhimmels ermöglicht.

Das jetzige Wohnviertel ***Rajkovo*** gründete wahrscheinlich der bulgarische Herrscher *Iwan Alexander* (1331-1371). Während der Wiedergeburtszeit erreichten die Bewohner einen beneidenswerten Wohlstand durch die Herstellung und den Handel mit Mänteln aus grobem Wollstoff, Teppichen und Wolltuchgeweben. Die damals errichteten, großzügig angelegten Häuser, von denen ein großer Teil aus zwei oder drei Stockwerken besteht, sind vorzugsweise aus Stein erbaut und ähneln einer Festung. Die vielen Fenster, die Erker und sogar die Schornsteine vermitteln eine dynamische Architektur, die mit der Landschaft harmoniert. Das schönste dieser Häuser ist ***Pangalowata kaschta*** im Zentrum von Rajkovo. Das 1860 gebaute Haus eines Händlers verfügt über 18 Räume in drei Etagen. Die ***Häuser von Gjordshew und Tscheschitew*** sind ebenfalls eine Besichtigung wert. Ein weiteres sehenswertes Haus ist ***Alibeewata kaschta*** in einer steilen Gasse im oberen Teil von Rajkovo.

Etwa 4 km von Rajkovo liegt das dritte ***Wohnviertel, Ustovo.*** An dem steilen Berghang scheinen die dreistöckigen Steinhäuser übereinander gebaut zu sein. Alte Brücken über den Fluss Bjala reka, Kirchen und steile, enge Gassen bewahren die Stimmung des 18./19. Jh. Als Spitzenleistung bulgarischer Baukunst gelten die ***Häuser von Petko Takew und Scheremetew.***

Übernachtung

● ***Hotel „Smoljan“:*** 3 Sterne, buleward Balgarija 3, gegenüber dem Theater. Das ehemalige Balkantouristhotel (1970 gebaut) ist das dominierende Gebäude im Stadtzentrum. Tel. (030) 62545, Tel./Fax. (0301) 62022, E-Mail: Hotel.Smolian @smolian.cibsbg.net, EZ 33 Lw, DZ 40 Lw, App. 66-154 Lw (sämtliche Preise mit Frühstück), alle Zimmer mit Bad, im Hotel Swimmingpool (25-m-Bahn) und Sauna, Apotheke, Friseursalon, Geschäfte, Transportbüro, Rent-a-car, Parkplatz. Das Hotel besitzt noch den Charme und technischen Stand der 1970-er Jahre. Im Freiluftrestaurant des Hotels nur nach der bulgarischen Speisekarte bestellen, die in englischer Version weist doppelt so hohe Preise auf!

● ***Hotel „Wawilon“,*** uliza Chan Persijan 22, Tel. (0301) 32668, 63268; 3 EZ (20 Lw) und 3 DZ (12 Lw pro Person) sowie 6 App., alle Zimmer mit WC/D, eine gute Unterkunft mit Zusatzangeboten: Ausflüge 0,50 Lw/km, Fahrt nach Plovdiv und zurück 10 Lw, Massage 8 Lw, Wassermassage 10 Lw; kleine und gute Gaststätte. Eines der wenigen Hotels mit gleichen Preisen für Bulgaren und Ausländer. Viele Rabatte: Vorauszahlung für drei Tage - 15% Rabatt, bei Übernachtung mehr als drei Tage 10%.

● ***Hotel „Makrelov“,*** uliza Nikola Filipov 14, Tel. (301) 27742, Fax; (301) 22762, Zimmer mit WC/B, TV, Balkon, gute Gaststätte, EZ 40 Lw, DZ 57 Lw (inkl. Frühstück).

Nützliche Adressen

● ***www.rodopi-bg.com*** (Deutsch, Englisch): Eine Fülle an Informationen über Smoljan und die umliegenden Ortschaften, Sehenswürdigkeiten, Hotels, Preise etc.

● ***Tourist-Information*** im Haus der Jugend (Mladéshki dom), Tel. (0301) 25040, Mo.-Fr. 9.00-17.30 Uhr, Sa. 10.00-14.00 Uhr. Im gleichen Gebäude ein Internet-Zentrum.

● ***Tourist-Information*** buleward Balgarija 80, Tel./Fax (0301) 38085, organisiert Touren mit und ohne Führer, informiert über örtliche Kunst und Handwerk, E-Mail: Rhra@mbox.digsys.bg.

● ***Touristengesellschaft „Karlak“*** *(Turistítschesko drúshestvo „Karlak“)* uliza Rodopi 57, Tel. (0301) 62688, Fax (0301) 62690, Handy (048) 761158; vermittelt Übernachtungen in den Bergbauten Chisha Studenéz zu Füßen des Gipfels Sneshanka (1735 m), Chisha Smóljanski eserá südlich vom Gipfel Sneshanka, Chisha Studenéz nördlich des Gipfels Sneshánka, Chisha Momtschil junák, Chisha Préspa. Je nach Bettenzahl und Einrichtung Preise pro Person von 5 bis 20 Lewa, Verpflegung pro Tag 10 Lewa.

Transport

Den fehlenden Bahnhof ersetzen Busbahnhöfe. Zwischen beiden Busbahnhöfen fahren die Stadtbusse Nr. 3, 8, 9, 11, 14 und 18 vorbei am Hotel „Smoljan“.

● ***Busbahnhof*** im Wohnviertel Rajkovo östlich des Stadtzentrums. Von dort mit Bussen in die Ortschaften der Umgebung.

● ***Busbahnhof*** entlang dem buleward Bulgarija in westliche Richtung. Genutzt von den meisten Bussen von und nach Smoljan. Täglich 3-4 Busse nach Sofia (3,5 Std.), 6-8 nach Plovdiv (2,5 Std.), stündlich mehrere nach Tschepelare und Pamporovo. Von hier verkehren auch Busse nach Devin und Teschel, wenn man zu den Höhlen Jagodínskata peschterá und Djáwolskoto gárlo gelangen möchte.

Umgebung von Smoljan

Smoljanski wodopad

Der 20 m hohe ***Wasserfall*** ergießt sich am westlichen Stadtrand des Wohngebietes Smoljan. Nördlich vom Wasserfall liegt das ***Naturschutzgebiet Soskowtscheto*** mit jahrhundertealten Fichten- und Kiefernwäldern, in denen Bären und Wildschweine zu Hause sind. Dieses Gebiet wird von zahlreichen weiteren Wasserfällen und Felsschluchten durchzogen.

Wandertipp

● ***Chisha Smoljanski esera*** (Herberge Smoljansker Seen) in der Landschaft Smoljanski esera am Fuße des Gipfels Sneshanka (1925 m). Ausgangspunkt ist Smoljan. Zu Fuß benötigt man auf einem markierten Weg 1,5 Stunden. Zur Hütte führt aber auch eine 8 km lange Asphaltstraße in nordwestlicher Richtung,Schiroka laka - Devin, von der man dem zweiten Abzweig nach rechts folgen muss. Mit dem Bus Linie Smoljan - Schiroka laka ist man in 30 Minuten an der Hütte. In der Gegend blieben von 20 Seen bis heute sieben in ihrem ursprünglichen Zustand erhalten. Es gibt hier genügend Berghütten und Erholungsheime; eine gute Gelegenheit, eine billigere Unterkunft als in Smoljan zu bekommen.

Wanderziele von Chisha Smoljanski esera: Paraklis „Sweti Duch“ (Kapelle 'Heiliger Geist') - zehn Minuten; die drei oberen Smoljansker Seen (10-30 Min.); Gipfel Sneshanka 2 Std.); Orfeewite skali (die Orpheus-Felsen) - 2 Stunden; Pamporovo (3 Std.); Chisha Studenez (2,5 Std., mit Lift 40 Min.); Gipfel Murgawez (2 Std.).

● ***Chisha Perelik*** (Herberge Perelik) in der Landschaft Sowata südlich von Schiroka laka auf einer Wiese 1960 m ü.d.M. Die Unterkunft ist etwas spartanisch, die Wanderungen dafür um so angenehmer. Ausgangspunkte: Vom Dorf Solischta (südlich von Schiroka laka) - 1,5 Stunden. Von Schiroka laka bis zur Chisha Perelik sind es 3,5 Stunden. Von Smoljan geht es zuerst durch das Tal des Flusses Tscherna reka und danach durch das Tal des reka Gersjowiza - 3 Stunden. Von der Chisha Studenez bis zur Chisha Perelik benötigt man durch die Gegend Prewala (noch als Eschekkulak bekannt) 4 Stunden. Die Wanderwege sind nur zum Teil markiert. Am bequemsten gelangt man zur Chisha Perelik mit dem Fahrzeug bis zur Gegend Prewala, dem höchsten Punkt der Straße Smoljan - Schiroka laka, und von dort zu Fuß auf einem markierten Weg in etwa 1,5 Stunden.

Wanderziele von der Chisha Perelik: Gipfel Goljam Perelik (2191 m) - 1 Stunde; geht man immer auf dem Kamm in westliche Richtung, so gelangt man bis zur Höhle Lednizata und zur gleichnamigen Herberge; bis zum Gipfel Turlata, wo die Überreste einer römischen Festung liegen, braucht man 2 Stunden.

Südlich von Smoljan

Für einen Tagesausflug eignet sich südlich von Smoljan eine sehr schöne Bergstraße, auf der die typisch abgeschiedenen Rhodopendörfer liegen. Die Fahrt beginnt im Wohnviertel Rajkovo und führt über das ***Dorf Smiljan*** (bis hierher fährt auch die Buslinie 13). Beim ***Dorf Koschniza*** gibt es eine wilde Höhle.

Vier Kilometer vor dem Dorf Mogiliza, rechts, direkt oberhalb der Straße, befindet sich die ***Höhle (peschtera) Uchloviza*** (täglich 9.00-18.00 Uhr), 450 m lang, von denen 350 m beleuchtet sind. Sie soll die reichsten und interessantesten Tropfsteingebilde in Europa besitzen. Auskunft und Führung (auch in Deutsch) in der nahe gelegenen Kneipe.

Das Dorf Mogiliza ist bekannt durch ***Aguschewi konazi*** (1820), dem bedeutendsten Konak der gesamten Gebirgsregion. Das ehemalige Herrenhaus ist mit seinen Wohn- und Wirtschaftsräumen zugleich der größte Bau in den Rhodopen. Er gehörte einem islamisierten Bulgaren namens *Agusch Aga,* der zu diesem Reichtum unter anderem durch seine 20.000 Schafe kam. Der Komplex um drei miteinander verbundenen Innenhöfe umfasst insgesamt 78 Räume, die überlegt und praktisch eingerichtet sind. In den Wänden wurden geheime Schränke eingebaut. Lange Zeit diente ein Flügel dieses repräsentativen Konaks, der mit Erkern, Türmen, Holzschnitzereien und Malerei sehr eindrucksvoll wirkt, als Museum. Jetzt sollen die Eigentumsverhältnisse geklärt werden, so dass die Tore meist verschlossen sind. Man muss sich im Dorf nach dem netten jungen Mann *Wesso Rakow* erkundigen, der die Schlüssel verwahrt.

Wenige Kilometer von Mogiliza entfernt, in der Nähe des Dorfes ***Tschereschovo,*** befindet sich in einem Tal noch ein Ableger von Aguschewi konazi, Aguschewite stopanstwa. Obwohl „nur" Wirtschaftsräume, zeugen sie von dem beneidenswerten Wohlstand dieses *Agusch Aga.*

Von Mogiliza zweigt eine 2 km lange Straße ab und führt in das hoch gelegene ***Dorf Bukata,*** ein Ort, der von Pomaken besiedelt ist, was auch die in Funktion gebliebene Moschee bestätigt. Die göttliche Ruhe und die einsame Natur verführen zum Bleiben. Oberhalb vom Dorfplatz ist der ehemalige Konak. Oberhalb des Dorfplatzes und noch 100 Meter von dem ehemaligen Konak entfernt, hat der ehemalige Bürgermeister Miltscho Ruschanow eine Pension eröffnet. 4 Zi. mit 10 Betten, freundlich, einfach, sauber, gute rhodopische Küche, schön geschnitzte Decke im Speiseraum; ausgezeichnete Wandermöglichkeiten (auf Wunsch auch geführte Wanderungen), Holzschnitzkurs möglich. Überanchtung pro Pers. € 6, Tel. (03036) 297 oder Handy (087) 678194.

Sollte man noch mehr Zeit haben, können wir nur empfehlen, die südlich von Smoljan Richtung Rudosem liegenden Ortschaften wie ***Polkovnik Serafimovo*** mit dem Kloster „Sweti Atanas" und einer Höhle und die bis zur griechischen Grenze folgenden Orte zu besichtigen.

Schiroka laka

Широка лъка

16 km westlich von Pamporovo und 23 km nordwestlich von Smoljan - auf einer für bulgarische Verhältnisse sehr guten Straße zu erreichen.

Für Historiker, Ethnografen, Architekten, Folkloristen, Maler und Musiker ist Schiroka laka ein Ort, wo man stets aufs neue Begeisterung und kreative Anregung schöpfen kann. Viele ausländische Touristen reisen ebenfalls zum wiederholten Male hierher, einige allerdings auch, um festzustellen: „Es hat sich ja noch nichts verändert ..." Vor allem die älteren Bewohner, unter denen es viel Naivität, aber auch Herzenswärme gibt, stöhnen manchmal: „In großen Scharen kommen die Ausländer nach Schiroka laka und bringen uns nicht nur ihr Geld, sondern auch viel Schlechtes. Sie stecken ihre Nasen überall hin, wo es nur geht, als ob wir hier nur für sie leben. Den ganzen Tag hört man das Klicken der Fotoapparate, ohne dass wir gefragt werden. Man fühlt sich weder in der Kneipe wohl noch im eigenen Haus. Im Sommer laufen ihre Weiber fast nackt herum und wackeln mit ihrem weißen Fleisch. Am Ende meckern sie noch, dass die Lebensmittelversorgung sich seit Jahren nicht geändert hat: immer noch nur Schafskäse, Hartkäse, Joghurt und Weißbrot. Tja, das ist eben alles, was man zum Leben braucht, den Rest produzieren wir selbst. Egal, wer nach Schiroka laka kommt, des Essens wegen ist er bestimmt nicht hier!"

Als ob der liebe Gott den Menschen diese herrliche Landschaft gezeigt hätte, bauten sie in dem schmalen und steilen Flusstal ihre ***prächtigen Häuser.*** Jedem Haus gaben sie ein eigenes Gesicht. Es war der Stolz jedes Bauherrn und der Ehrgeiz jedes Baumeisters, sagen zu können: „Schaut her, Leute, das ist m e i n Haus!" Und wirklich, wenn man alle Häuser genau vergleichen würde, wird man keines finden können, das dem anderen genau gleicht. Es gibt jedoch einige ästhetische Merkmale, die die einzelnen Häuser im Zusammenwirken mit der bezaubernden Natur zu einem harmonischen Architekturensemble vereinigen. Die Bauten (davon mehr als 100 unter Denkmalschutz stehende Häuser) sind meist schmal wie das Flusstal und zwei, drei Stockwerke hoch, wobei jedes breiter als das untere ist. Die Dächer sind mit schweren Steinplatten gedeckt. Die dem gebirgigen Gelände angepasste vertikale Bauweise unterscheidet die Häuser deutlich von den Wiedergeburtshäusern der anderen Landesteile. Hohe Steinmauern dienen als Stütze der nachfolgenden Fassade. Erker schaffen eine dynamische Linienführung. Die vielen Fenster eröffnen den Bewohnern eine Sicht in alle Richtungen und lassen die Räume wegen des einfallenden Lichtes größer wirken. Eisenbeschlagene schwere Holztore sollten böswillige Menschen stoppen. Die mit Steinplatten ausgelegten Vorderhöfe haben gewöhnlich einen Brunnen. Besondere Aufmerksamkeit verdienen die Häuser von *Karow, Utschikow, Bagrinski, Kalajdshijski, Massurski* und *Bogdanow.* Alte Brücken, unter denen rauschend das klare Wasser fließt, ergänzen die romantische Stimmung des Ortes.

An die langen Jahre osmanischer Herrschaft erinnert ***Sgurowijat konak,*** ein ehemals türkisches Amtsgebäude von dem einheimischen Baumeister *Iltscho Nikolow*. Es beherbergt im Erdgeschoss statt Werkstätten oder Lagerräumen eine Wohnung.

Sehr stolz sind die Bewohner von Schiroka laka auf ihre ***Kirche „Sweto Uspenie Bogoroditschno"*** (Maria Himmelfahrt) von 1834. Ihre Geschichte könnte so oder ähnlich die Geschichte vieler Kirchen sein, die zu jener Zeit gebaut wurden, als dazu noch die Erlaubnis der osmanischen Herrscher eingeholt werden musste. Zuvor konnten sie sich nicht wagen, mit einem solchen Ansinnen zum Konak zu gehen. Deswegen errichteten sie in ihren Häusern Paraklisen (Gebetsecken), wo sie ihren christlichen Glauben praktizieren konnten. Nun, nachdem die Türkenherrschaft schon langsam ins Wanken geriet - die russische Armee hatte fünf Jahre zuvor Adrianopel erobert sowie Konstantinopel bedroht und damit für die Griechen die Freiheit erzwungen -, trugen sie ihre Bitte, im Dorf eine Kirche bauen zu können, vor. Die Zusage der Agas, der türkischen Beamten, hatte aber einen Haken, denn sie stellten eine entscheidende Bedingung: Die Kirche müsse in 40 Tagen fertig sein, sonst würde das Ergebnis dem Erdboden gleichgemacht. Bei Sonnen- und Mondschein arbeiteten Männer und Frauen, Kinder und alte Leute unermüdlich und waren noch vor der gesetzten Frist fertig ... So, wie die Kirche damals gebaut wurde, steht sie noch heute: 120 Meter lang und 10 Meter hoch bis zur Spitze des Glockenturmes.

Die besten Gelegenheiten, um die Leute in ihrer Ursprünglichkeit zu erleben, sind das ***Kukerifest*** am ersten Märzsonntag und im Sommer das schönste und größte ***Dorffest am Ilin-Tag*** beziehungsweise Ilinden, dem 2. August oder, falls er auf einen Wochentag fällt, dem Samstag danach (siehe „Sitten und Bräuche"). Am Ilinden, Kirmes und Erntedankfest in einem, trifft sich nach altem Brauch die ganze Familie im Vaterhaus. An einer langen Tafel aus weißen Leinentüchern auf dem Rasen wird gegessen und getrunken; es wird viel musiziert und getanzt.

Um die bezaubernde Rhodopenmusik am Leben zu erhalten, wurde eine ***Schule für Volksmusikinstrumente*** geschaffen. Nirgendwo haben wir eine so herrliche Schule gesehen. Die Schulräume sind mit viel Liebe eingerichtet, manche der Klassenzimmer waren mit den für dieses Gebiet typischen Rhodopendecken (aus reiner Schurwolle) ausgelegt. Für die jungen Talente aus ganz Bulgarien steht auch ein Wohnheim zur Verfügung. Die Schule ist für Interessenten eine gute Adresse, sich nach einem Musiklehrer zu erkundigen.

Wer die ***Privatzimmer*** im Dorf nutzen will, sollte sich umschauen und um den Preis feilschen! Auf Grund der großen in- und ausländischen Nachfrage sind die Leute schon etwas verwöhnt und verlangen gerade von Ausländern manchmal unangemessene Preise: über € 15,30 (30 Lw) für ein Doppelzimmer. Im Dorf Stojkite, nur 5 km von Schiroka laka Richtung Smoljan entfernt, gibt es ebenfalls zahlreiche Privatzimmer, jedoch zum Preis von etwa € 4,10 (8 Lw) für zwei Personen.

Jagodinskata peschtera und Djawolskoto garlo

Von Schiroka laka sind es 33 km gen Westen bis Teschel. Südlich davon in den abenteuerlichen Schluchten Bujnovskoto shdrelo und Trigradskoto shdrelo befinden sich mit den ***Höhlen*** Jagodinskata peschtera und Djawolskoto garlo weitere Reiseziele (siehe „Wandern, Bergsteigen und Wintersport", „Rhodopen").

Naturschutzgebiet Kastraklij

Nur 7 km westlich von Teschel, nördlich vom Dorf Borino, liegt das Naturschutzgebiet, ein felsiges und von Schluchten durchzogenes Terrain, wo einer der schönsten alten Schwarzkiefernwälder Europas wächst.

Gebiet Chaskovo

Durch das Gebiet Chaskovo ziehen die Touristenströme nur durch. Doch es gibt hier eine Sehenswürdigkeit, die alles Vergleichbare in den Schatten stellt und nicht versäumt werden sollte: das ***thrakische Grabmal von Kasanlak*** aus dem 4.-3. Jh. v. Chr. mit seinen wunderschönen Wandmalereien. Ein kurzer Halt in Stara Sagora lohnt sich, um Europas besterhaltene Wohnungen aus der Zeit des Neolithikums zu sehen. In ***Chaskovo*** selbst steht die älteste aller Moscheen (1395) in Bulgarien. Und ganz Neugierige, die bis ***Kardshali*** vordringen, können einige Naturwunder erleben ...

Kasanlak
Казанлък

Mit ihren 65.000 Einwohnern ist die Stadt die größte im so genannten Rosental (siehe Exkurs) und als ***Stadt der Rosen*** („grada na rosite") bekannt.

Die ***historischen Wurzeln*** von Kasanlak liegen 7 km westlich, unweit der Straße nach Sofia, auf dem Grund des neun Kilometer langen Stausees. Hier wurden bei den Bauarbeiten in den Jahren 1947-1955 Überreste der im 4./3. Jh. v. Chr. angelegten thrakischen Siedlung Seuthopolis, der Hauptstadt Königs *Seuthes,* freigelegt, die als Vorgängerin von Kasanlak betrachtet werden kann.

Die heutige Stadt errichteten die Türken im 15. Jh. anstelle einer von ihnen geplünderten und zerstörten altbulgarischen Festung. Jahrhundertelang hatte die Stadt eine typisch türkische Gestalt. Erst im 18. Jh. nahm der bulgarische Einfluss stark zu. Kasanlak entwickelte sich parallel mit der Rosenölproduktion stürmisch als Handwerker- und Handelszentrum. Die 1873 gegründete Tschitalischte „Iskra" (Lesehalle 'Funke') gehört noch heute zu den besten des Landes und prägt nach wie vor das Kulturleben.

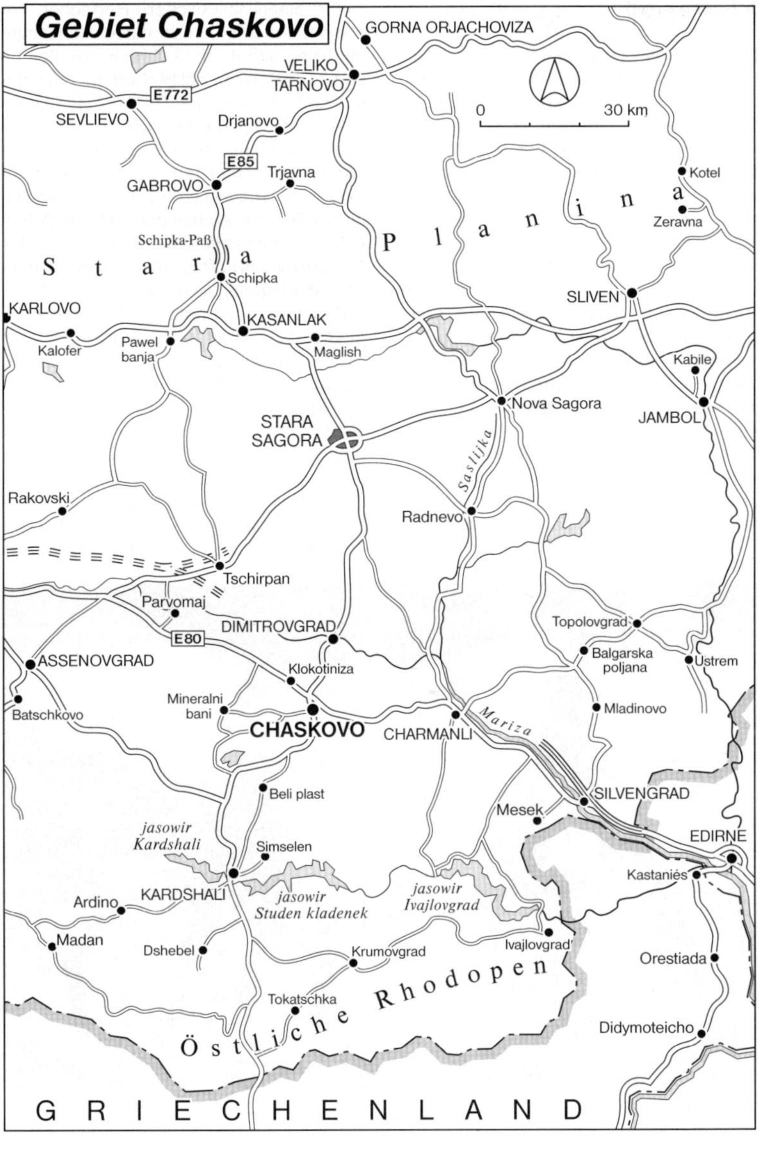
Gebiet Chaskovo
GORNA ORJACHOVIZA
VELIKO TARNOVO
E772
SEVLIEVO
Drjanovo
0
30 km
E85
Trjavna
GABROVO
Kotel
Zeravna
Schipka-Paß
Stara Planina
Schipka
SLIVEN
KARLOVO
KASANLAK
Kalofer
Pawel banja
Maglish
Kabile
Nova Sagora
JAMBOL
STARA SAGORA
Saslijka
Rakovski
Radnevo
Tschirpan
Parvomaj
DIMITROVGRAD
Topolovgrad
E80
Balgarska poljana
ASSENOVGRAD
Klokotiniza
Ustrem
Mineralni bani
Batschkovo
CHASKOVO
CHARMANLI
Mariza
Mladinovo
Beli plast
SILVENGRAD
Mesek
jasowir Kardshali
Simselen
EDIRNE
Kastaniés
KARDSHALI
Ardino
jasowir Studen kladenek
jasowir Ivajlovgrad
Madan
Dshebel
Krumovgrad
Ivajlovgrad
Orestiada
Östliche Rhodopen
Tokatschka
Didymoteicho
GRIECHENLAND

Sehenswertes

Thrakisches Grabmal

Die größte Sehenswürdigkeit von internationalem Rang ist „trakijskata grobniza", das thrakische Grabmal von Kasanlak, eingetragen in die Liste des Weltkulturerbes und somit ***unter UNESCO-Schutz*** stehend. Entdeckt wurde es am 19. April 1944 aus reinem Zufall, als Soldaten zum Schutz vor anglo-amerikanischen Bombenangriffen einen Zivilbunker ausheben wollten. Zur Erhaltung des einmaligen Kunst- und Geschichtszeugnisses schuf man wegen des zu großen Andrangs 100 m östlich vom Original eine allen Besuchern zugängliche ***originalgetreue Kopie,*** während das Original selbst nur noch von Wissenschaftlern betreten werden darf, die seinen Zustand ständig kontrollieren. Das Grabmal findet man in unmittelbarer Nähe des Komplexes Kulata auf dem Hügel Tjulbeto (täglich 8.00-12.00 und 13.00-17.30 Uhr).

Für einen thrakischen Herrscher bestimmt, errichtete man diese Ruhestätte am Ende des 4. Jh. v. Chr. in der Zeit eines bedeutenden politischen und kulturellen Aufschwungs der Thraker. Das Grabmal wurde schon ***im Altertum ausgeraubt.*** Nicht nur deshalb geben die Knochenfunde zweier Personen noch immer Anlass zu Spekulationen. Glücklicherweise blieben die Architektur und die Wandmalerei unbeschädigt und sind heute das ***besterhaltene Denkmal der hellenistischen Welt*** aus dieser Zeit.

Das Grab ist dreiteilig und verhältnismäßig klein. Über einen ***Vorhof*** gelangt man in den 2 m langen und 1,20 m breiten ***Gang*** *(dromos)*, der zu der runden, von einer glockenförmigen Kuppel überwölbten ***Grabkammer*** führt. In der Höhe misst dieser Raum etwa 3 m, im Durchmesser 2,65 m. Bei den geringen Ausmaßen reichen wenige Besucher, um einen Stau und Wartezeiten zu verursachen. Das war bei unserem Besuch nicht der Fall, so dass

In der Grabkuppel: hervorragend erhaltene Malereien

wir uns auf den Boden an die Stelle legen konnten, wo man den verstorbenen Thraker gebettet hatte. Die aufsichtsführende Frau erklärte uns später, dass das alle Ausländer so machen würden. Diese unbewusste „Nachahmung" half uns, aus dem „Blickwinkel" des Thrakers in die von einem unbekannten Maler festgehaltene tiefe Symbolik der thrakischen Religion einzudringen, in welcher der Bestattungsritus die reale Welt der Lebenden mit der Vorstellung von der Unsterblichkeit verbindet.

Die zwei ***Friese im Dromus*** zeigen noch das irdische Dasein mit seinem vergänglichen Ruhm. Auf dem einen Fries grüßen sich die Anführer zweier sich feindlichen Heere, auf der anderen Seite sieht man eine Kampfszene. ***In der Grabkammer*** fällt der Blick in der Kuppel zuerst auf das sitzende junge Herrscherpaar. Der Mann mit dem rituellen goldenen Kranz hält in der rechten Hand einen vollen Becher, seine linke reicht er in liebevoller, fast zärtlicher Berührung seiner Gattin. Für ihn ist der Übertritt ins Jenseits kein trauriges Ende seines Lebens, sondern das ruhig hingenommene Schicksal und ein mit dem Totenmahl feierlich begangener Augenblick. Nur bei der Frau erkennt man an dem traurigen Gesicht den zu- rückgehaltenen Schmerz des Abschieds. Beiderseits des Paares stehen teilnahmsvolle Diener mit Grabbeigaben, gefolgt von zwei Trompetenbläsern, denen sich ein pferdeführender Knecht und ein Krieger anschließen. Diesem ruhigen Bild in hellen Pastelltönen folgt darüber ein in kräftigeren Farben gehaltener Fries mit dahinstürmenden Wagenlenkern beim Wett- rennen, gleichsam die Endlosigkeit von Raum und Zeit darstellend. Man ist überwältigt von der künstlerischen Meisterschaft und der Philsophie der Thraker.

Weitere Sehenswürdigkeiten

Das ***Historische Museum „Iskra"*** im Stadtzentrum, uliza Petko Ratschew Slawejkow 8, 8.00-12.00 und 13.00-17.30 Uhr, Tel. (0431) 23741, 1901 geschaffen und eines der ältesten Museen des Landes, zeigt Fundstücke und eine Rekonstruktion des untergegangenen Seuthopolis. In unmittelbarer Nachbarschaft befindet sich eine ***Kunstgalerie*** (gleiche Öffnungszeit) mit Ikonen, Malerei und Grafik aus der Wiedergeburtszeit sowie neuzeitlichen Werken.

Im ältesten Stadtviertel, in „Kulata" am östlichen Stadtrand - gruppiert um die uliza Knjas Swetopolk Mirski (oder kurz uliza Mirska) - entstand ein ***historisch-ethnografischer Komplex*** aus einer Reihe rekonstruierter Wiedergeburtshäuser (täglich 8.00-12.00 und 13.00-17.00 Uhr). In ihnen wird sowohl bäuerliche als auch städtische Lebensweise gegen Ende des 19. Jh. anhand kleiner Ausstellungen demonstriert. Im Hof von Chadshienjowata kaschta stehen Geräte und Anlagen einer primitiven Rosenöldestillation. Den Gesamteindruck vertiefen sollen einige ebenfalls wiederhergestellte Werkstätten, in denen alte Handwerkskunst vorgeführt wird.

Kaschta musej Tschudomir, uliza Trapesiza 10, Di.-So. 8.00-12.00 und 13.30-18.00 Uhr. Hier lebte *Dimitar Tschorbadshijski-Tschudomir,* der bekannteste Bürger von Kasanlak und einer der populärsten humoristischen Schriftsteller und Karikaturisten Bulgariens im 20. Jh., der es fertigbrachte, sogar über seine tödliche Krankheit zu lachen. Trotz Berühmtheit blieb er seiner Geburtsstadt bis zum Tode treu.

Anders seine beiden Zeitgenossen, die ***Maler Nenko Balkanski und Detschko Usunow,*** deren Geburtshäuser unweit des historisch-ethnografischen Komplexes mit einigen ihrer Werke zum Besuch einladen. Geöffnet täglich 9-17 Uhr.

Dewitscheski manastir (Nonnenkloster, 1864-1866), uliza Zar Oswoboditel 21. Die Mittel zum Bau des Klosters wurden von bulgarischen Nonnen in Russland gesammelt. Während des russisch-türkischen Krieges nutzten die Türken alle Gebäude einschließlich der Kirche als Lebensmittellager. Seitdem blieben die Wandmalereien stark beschädigt. Sie stammen von dem einheimischen Maler *Petko Iliew,* der sie nicht im Zeitgeist der Wiedergeburt malte, sondern im Geiste der westeuropäischen Kirchenmalerei. Die große holzgeschnitzte Ikonostase wurde in Russland gearbeitet.

Kirche „Sweta Bogorodiza" (1834), uliza S. Oreschkow 13 a, südöstlich des Stadtzentrums, mit schöner holzgeschnitzter Ikonostase.

Übernachtung/Kulinarisches

- ***Hotel „Kasanlak",*** im Stadtzentrum, mit drei Sternen das teuerste Hotel in Kasanlak, Tel. (0431) 27202, 27431, mit Restaurant, Mechana, Panoramabar, Nachtbar mit Programm, Swimmingpool, Sauna, Friseur, medizinischen Dienstleistungen.
- ***Hotel „Rosa",*** im Stadtzentrum, zwei Sterne, Tel. (0431) 24703, mit Restaurant, Tagesbar und Konditorei, etwas billiger.
- ***Hotel „Sorniza"*** mit zwei Sternen, in der Nähe des thrakischen Grabmals, sehr ruhige Lage, Tel. (0431) 22384, mit Restaurant und Nachtbar.
- ***Hotel „Arsenal",*** uliza Petko D. Petkow 52, am nördlichen Stadtrand Richtung Gabrovo, Tel. (0431) 20583, 24698, Restaurant, Tagesbar, Sauna und eine Reihe von Dienstleistungen.
- ***„Woenen klub",*** der Militärklub verfügt über ein gutes, preiswertes Hotel mit Restaurant sowie Geschäften und wartet auf Zivilgäste, buleward Rosowa dolina 8, am südlichen Rand des Stadtzentrums.
- ***Motel und Camping „Kranska kurija",*** 4 km nördlich auf dem Weg nach Gabrovo, mit Restaurant „Kransko chantsche" und Nachtbar.

Transport

- Kasanlak liegt an der Kreuzung der Fernverkehrsstraßen Sofia - Burgas und Russe - Stara Sagora. Über den Schipkapass in der Stara planina wird die Stadt mit Nordbulgarien verbunden.
- ***Busbahnhof:*** am südlichen Stadtrand, Busverbindungen nach Kalofer, Karlovo, Sopot, Gabrovo und Stara Sagora.
- ***Bahnhof:*** nahe beim Busbahnhof, Eisenbahnlinie Sofia - Burgas.

Umgebung von Kasanlak

Mineralbäder von Kasanlak

5 km südwestlich. Das 45 °C warme Mineralwasser wirkt prophylaktisch und heilend auf Erkrankungen des Stütz- und Bewegungsapparates, bei Nerven- und Hautkrankheiten.

Pawel banja

Павел баня

23 km westlich von Kasanlak, ein bekanntes balneologisches Zentrum mit einem Rehabilitationskomplex für Patienten mit geschädigtem Stütz- und Bewegungsapparat und Erkrankungen des peripheren Nervensystems. Kontaktadressen: Osdrawitelen komplex „Pawel Banja", bul. Oswoboshdenie 1, Tel. 20-90; Rechabilitazionen zentar, Basa 1, bul. Oswoboshdenie 2, Tel. 21-46.

Schipka

Шипка

Etwa 13 km nördlich von Kasanlak, Richtung Schipkapass. Die kleine Ortschaft besitzt eines von den insgesamt 445 Denkmälern Bulgariens, das den während des russisch-türkischen Krieges (1877-1878) für die Befreiung des Landes gefallenen russischen Soldaten und bulgarischen Kämpfern gewidmet ist. Das Denkmal geriet in Schipka als ***Gedächtniskirche.*** Ihre goldenen Kuppeln sieht man von weitem. Das Gotteshaus wurde 1902 anlässlich des 25. Jahrestages der Kämpfe am berühmten Schipkagipfel im Balkan festlich geweiht. In der herrlichen Natur zu Füßen der Stara planina wirkt der angewandte Baustil russischer Kirchen des 17. Jh. besonders ehrenvoll. Täglich 8.00-18.00 Uhr geöffnet.

Maglish
Мъглиж

11 km östlich von Kasanlak. Eine kleine Ortschaft mit der frischen Atmosphäre der Balkansiedlungen. Ausgerechnet in diesem Provinznest erheben sich im September 1923 die Bürger gegen die damalige faschistische Regierung Bulgariens. Der Aufstand griff auf Stara und Nova Sagora über, doch der Bevölkerung von Maglish gehört die Ehre, den ersten antifaschistischen Aufstand in der Welt gewagt zu haben. Daran erinnert auf einem Hügel eine weithin sichtbare, monumentale Statue.

1965 wurde westlich von Maglish die ***größte thrakische Familiengruft*** (23 m lang) aus dem 3. Jh. v. Chr. mit einer Wanddekoration aus Pflanzenelementen entdeckt.

Eine schmale, steinige Straße führt 2-3 km bergauf zum ***Nonnenkloster „Maglishki manastir"*** (12./13. Jh.), wo man auch übernachten kann.

Gegensätze im Zentrum von Stara Sogora

Stara Sagora
Стара Загора

Die sechstgrößte Stadt Bulgariens beherbergt 162.000 Einwohner und wirkt schon von weitem mit ihrer ***Betonsilhouette*** abstoßend. Sie ist mit ihren geraden Straßen die einzige Stadt, in der man sich nicht verlaufen kann, weil jede an einem Stadtrand beginnt und endet. Man muss sich der Stadt erst nähern, um die verborgene provinzielle Atmosphäre zu spüren. Ihre Kurzcharakteristik lautet: Stadt der Linden, Poeten und Klatschtanten.

Geschichte

Kaum zu glauben, dass sich hinter den ganzen hässlichen Neubaublöcken eine alte und reiche Geschichte versteckt. Sie begann vor mehr als 2500 Jahren als ***thrakische Siedlung Beroe*** (wie die Fußballmannschaft Stara Sagoras heute heißt). Später verwandelte *Philipp von Mazedonien* die Siedlung in eine starke Festung, die sich während der ***römischen Herrschaft*** unter dem Namen Augusta Trajana entwickelte, benannt nach dem Imperator *Trajan.* Die Ausbreitung der römischen Kultur auf thrakischem Gebiet dauerte bis zur ersten Hälfte des 4. Jh., bis zu ihrem beginnenden Verfall. Trotzdem konnte die Stadt einen Teil ihres ursprünglichen kulturellen Reichtums auch in der folgenden ***frühbyzantinischen Periode,*** im 5. und 6. und sogar im 7. Jh. bewahren. 784 erhielt die Stadt Verea (seit Ende des 6. Jh. der neue Name, entstanden aus Beroe, weil das griechische b zu dem Reibelaut v geworden war) Besuch von der byzantinischen Imperatorin *Irina.* Sie gab Befehl, die schon mehrfach zerstörte Stadt zu restaurieren, woraufhin die Stadt sich eine Zeit lang Irinopolis nannte.

Anfang des 9. Jh. lag das Gebiet um Verea in den Grenzen des ***Ersten Bulgarischen Reiches*** und wurde zu einem administrativen und strategischen Mittelpunkt. Vom 12. Jh. an hieß die Stadt Boruj und ihre Umgebung Borujskata chora. In dieser Zeit wuchs Boruj zu einer Hauptstadt im Hinterbalkangebiet Sagore. Nach und nach nahm sie auch den Namen dieses Gebietes an und hieß nach ihrer ***Eroberung durch die Türken*** im Jahre 1370 Eski Sagra (Sagora).

Während des Befreiungskrieges verwandelte sich die Stadt in ein Schlachtfeld und wurde ***völ-***

lig verwüstet. Als sie von den Türken befreit war, wurde sie unter dem heutigen Namen nach Entwürfen des tschechischen Architekten *Lubor Baier* ***neu erbaut.*** Seit dieser Zeit kreuzen sich die Straßen im rechten Winkel.

Sehenswertes

Die größte Sehenswürdigkeit sind zweifellos die ***„neolitni shilischta"*** - Behausungen aus der Zeit des Neolithikums (um 600 v. Chr.). Bis heute sind diese „Wohnungen" die am besten erhaltenen mit reichem Inventar aus dieser Epoche nicht nur in Bulgarien, sondern in ganz Europa. Dieser sehr interessante kleine Komplex befindet sich unterirdisch auf dem Gelände des Bezirkskrankenhauses (Okrashna bolniza), von einem modernen Bau geschützt. Man findet ihn problemlos, wenn man im Zentrum vom Hotel „Verea" dem bul. Zar Simeon Weliki in westlicher Richtung folgt (zirka acht Minuten), bis rechts eine Grünanlage und links eine Schule auftauchen. An der Ampelkreuzung biegt man nach rechts (nördlich) in die uliza Georgi Petrow. Nach weiteren drei Minuten sieht man links das Gelände des Krankenhauses. Man geht durch den Haupteingang und weiter auf der Hauptallee, bis einige Stufen aufwärts führen. Nach den Stufen sieht man rechts den Neubau der medizinischen Hochschule und daneben einen Flachbau mit den „neolitni shilischta".

Selbst wenn der Laie vom Anblick der „Wohnungen" vielleicht enttäuscht ist, werden die kunstvoll gefertigten „Fundstücke" jedoch zweifelsohne seine Bewunderung abverlangen.

Reste von Augusta Trajana (2.- 4. Jh.) im Stadtzentrum, gegenüber dem Opernhaus. ***Spätrömisches Fußbodenmosaik*** (4.- 5. Jh.) im Gebäude der Hauptpost, Stadtzentrum.

Das ***Historische Museum*** der Stadt hat zur Zeit keine ständige Exposition und ist geschlossen, weil es auf ein neues Gebäude wartet. Um das vom Museum betreute sehenswerte Fußbodenmosaik des Gästezimmers eines privaten Hauses aus dem 4. Jh. zu besichtigen, das sich unterirdisch, von einer Kuppel geschützt, hinter dem Opernhaus befindet, muss man sich bei der Museumsverwaltung melden: uliza Graf Ignatiew 11, östlich vom Opernhaus, Di.-Sa. 8.00-12.00 und 13.00-17.00 Uhr, Tel. (042) 239 31, 211 19.

Museum der städtischen Lebensweise des 19. Jh., nach dem ehemaligen Besitzer als Chadshiangelowata kaschta bekannt, uliza Dimitar Naumov 68. Weil es sehr versteckt ist: die zweite Querstraße westlich der Hauptpost, gleich hinter einem Kindergeschäft.

Eski-Moschee aus dem 15 Jh., ein Denkmal der türkischen feudalen Kultur, unmittelbar im Stadtzentrum. Seit vielen Jahren ist das Gotteshaus stillgelegt. Sein Minarett wurde in der Zeit des Herrschers *Todor Shiwkow* entfernt, damit es nicht das gegenüberstehende Hochhaus dominiert.

Kunstgalerie (1908), eine der ältesten des Landes mit bulgarischen Malern des 20. Jh.; buleward Zar Simeon Weliki 110, das Eckhaus gegenüber dem Hochhaus, Mo.-Fr. 9.00-12.00 und 14.00-18.00 Uhr.

Übernachtung

- ***Hotel „Vereja",*** 3 Sterne, buleward Zar Simeon Weliki 100, im Zentrum, Tel. (042) 26728; 618841; 618 600, E-Mail: vereyatour@mbox.digsys.bg mit mehreren Gaststätten, Bars, Nachtbar, Geschäfte, EZ 44 $, DZ 48 $, App. 60 $. In der Fußgängerzone vor dem Hotel spielt sich das Kommunikationsleben der Stadt ab. Hinter dem Hotelgebäude ein bewachter Parkplatz. Viel zu teure Unterkunft für das gebotene Niveau.
- ***Hotelski kompléks Eseroto*** (Hotelkomplex der See), 3 Sterne, uliza Bratja Shekovi 60, am Ende der Fußgängerzone, Richtung Bahnhof auf der linken Seite in einer Grünanlage. Tel. (042) 600 103, E-Mail: stroitel@zeda.bgam.
- ***Hotel Tangra,*** 3 Sterne, uliza Ljuben Karawelow 80, Tel. (042) 600 901, EZ/DZ 90 Lewa
- ***Hotel-Restaurant Dedov,*** 3 Sterne östlich vom Zentrum, buleward Zar Simeon Weliki 162, Tel. (042) 6026-67/68, www.dedov.bg, E-Mail: dedov@mbox.digsys.bg, EZ/DZ 50 $, ein sehr gepflegtes Familienhotel.

● ***Hotel-Restaurant „Chishata",*** 2 Sterne, im Park „Ajásmoto" Tel. (042) 620 502, schlafen in der frischen Luft, EZ 30 $, App. 50 $.

Kulinarisches

● ***Volkstümliche Kneipe „Shelésni wratá",*** uliza Borujgrad 39, nettes lokal, dessen Eigentümer etwas Deutsch spricht, Archäologie liebt und sich über jeden ausländischen Gast freut.

● ***Nationalitätengaststätte „Leschnika",*** Tel. (042) 30266, außerhalb der Stadt, Richtung Kasanlak, auch mit Buslinie 3 zu erreichen; besonders empfehlenswert.

● ***Restaurant „Ajasmoto",*** im gleichnamigen Stadtpark.

Transport

● ***Bahnhof:*** etwa 15 Minuten zu Fuß in südlicher Richtung vom Hotel „Verea". Eisenbahnlinien: Russe - Stara Sagora - Dimitrovgrad - Chaskovo - Kardshali - Podkova und Sofia - Plovdiv - Stara Sagora - Jambol - Burgas. Vorverkaufsstelle für In- und Ausland südlich vom Hotel „Verea", 3 Minuten entfernt, rechts neben einem Souvenirgeschäft.

● ***Busbahnhof:*** 7 Minuten östlich vom Bahnhof; Busverbindungen nach Tschirpan, Kasanlak, Nova Sagora, Dimitrovgrad und Chaskovo.

● ***Flughafen:*** zur Zeit nicht in Betrieb.

Umgebung von Stara Sagora

Starosagorski mineralni bani

Die ***Mineralbäder*** von Stara Sagora liegen in den bewaldeten Hügeln von Sredna gora, 15 km nordwestlich der Stadt (Buslinie 9). Die zwei Schwimmbecken sind im Sommer die einzige Rettung vor der Hitze. Das Wasser des Mineralbades mit Temperaturen zwischen 36 °C und 52 °C heilt seit dem Altertum die häufigsten menschlichen Leiden: Rheuma, Nieren-, Magen- und Darmerkrankungen, Frauenleiden, Erkrankungen des Stütz- und Bewegungsapparates und fast alles, was weh tut.

Neben den Gebäuden des Mineralbades steht ein ***altes römisches Bad,*** das zwischen 161 und 163 n. Chr. von den Einwohnern Augusta Trajanas benutzt wurde - die besterhaltenen römischen Thermen im Lande. Im Ort gibt es einige Hotels und Gaststätten.

Ausgrabung Carassura

Nahe dem Weinstädtchen Tschirpan südwestlich von Stara Sagora befindet sich ein weitläufiges Areal mit überaus bedeutsamen archäologischen Funden. Näheres dazu siehe im Exkurs „Logoklau aus Bulgarien" im Kapitel „Praktische Reisetipps".

Chaskovo
Хасково

Sehenswertes

95.000 Einw., liegt 55 km südlich von Stara Sagora, 78 km südöstlich von Plovdiv und 234 km südöstlich von Sofia. Die im 14. Jh. unter dem türkischen Namen Hasköj entstandene Stadt lässt die Eiligen schnell weiter auf der Transitstrecke gen Türkei ziehen. Einige wenige Sehenswürdigkeiten in dem schönen Stadtzentrum sollten jedoch einen Halt wert sein.

Eski dshamija (1395), die älteste Moschee (!) in Bulgarien, noch in Funktion.

Kirche „Sweti Archangel Michail" mit schöner holzgeschnitzter Ikonostase von 1861, uliza Zar Oswoboditel, etwa 15 Minuten westlich vom Stadtzentrum. Ein paar Schritte weiter, uliza Bratja Mintschewi steht die Kirche ***„Sweta Bogorodiza".***

● ***Historisches Museum*** *(Istorítscheski muséj)* ploschtad Swoboda, Tel. (038) 32067 mit Expositionen zur Archäologie, Ethnografie und den nationalen Befreiungskämpfen. Sehenswert!

● ***Exposition Städtische Lebensweise des 19. Jh.*** *(Grádski bit - dewetnájsti wek)* im Paskalewata kaschta *(im Paskal-Haus)* uliza Bratja Mintschewi 9

● ***Exposition Handwerk bis Ende des 19. Jh.*** *(Domáschni sanajáti - do krája na 19. wek)* im Schischmánowata káschta (im Schischman-Haus) uliza Professor doktor Assen Slatárov.

● Alle Museen sind Mo.-Fr. 9.00-12.00 und 14.00-17.00 Uhr geöffnet.

Übernachtung/Kulinarisches

● ***Hotel Rodopi,*** buleward Balgarija 39, Tel. (038) 34166, EZ 22 Lw, DZ 44 Lw, App. 88 Lw.

Das Rosental – das duftendste Tal der Welt

Es gibt in Bulgarien ein Tal in der Gegend von Kasanlak, eingebettet zwischen dem Balkan- und dem Sredna-gora-Gebirge, wo in den letzten Tagen des Mai und Anfang Juni seit mehr als 400 Jahren ***Milliarden von Rosen*** blühen.

Über die ***Ausbreitung der Rose*** von Persien und Kleinasien durch den Bosporus bis hin in das so genannte Rosental spekulieren zahlreiche Legenden. Als ausschlaggebendes Motiv für die Verbreitung dieser Blume wird in den meisten die Liebe genannt, deren Symbol die Rose ist. Dabei glänzen die Rosen hier nicht mit der Schönheit und vielfältigen Farbenpracht der „normalen" Rose. Äußerlich sind sie klein und nur blass rosafarben. Ihr Geheimnis, das sie der schönsten Rose überlegen sein lässt, ist das Rosenöl - Grundstoff für die berühmtesten Parfüme der Welt.

Obwohl heute viele Düfte synthetisch kreiert werden, hat das Rosenöl seinen Wert als Naturprodukt beibehalten, wenn auch die volkswirtschaftliche Bedeutung zurückgegangen ist. Die Art der Gewinnung ist trotz aller technischen Entwicklung noch immer die gleiche geblieben. Jeden Tag während der Erntezeit stehen die ***Rosenpflückerinnen*** schon vor Sonnenaufgang zwischen den noch vom Tau benetzten Büschen. Die Rosenblätter müssen gepflückt sein, bevor die Sonnenstrahlen sie abgetrocknet haben. Nur so bleibt das Aroma voll erhalten. In speziellen Destillationsapparaten kondensiert zuerst ***Rosenwasser.*** Es findet Verwendung als Duftstoff, zum Beispiel in den als Souvenir beliebten Rosenölfläschchen, ist Bestandteil von kosmetischem Reinigungswasser und Ausgangsstoff für die äußerst schmackhafte und schwer erhältliche Rosenkonfitüre als auch für eine gewöhnungsbedürftige Schnapssorte.

Das ersehnte Endprodukt, das ***Rosenöl,*** schwimmt als dünne Schicht auf dem Rosenwasser und muss vorsichtig abgeschöpft werden. Wie gering die Ausbeute ist und wie entsprechend wertvoll das Rosenöl, zeigen die ungeheuren Mengen, die zu seiner Gewinnung erforderlich sind: Für ein Gramm Rosenöl benötigt man 2000 Blüten, oder anders ausgedrückt, für 1 kg Rosenöl müssen 3,5 t Blüten gepflückt werden. Es ist daher teurer als Gold.

Die Gewinnung von Rosenöl hatte ihren Höhepunkt im Jahre 1911 erreicht, als Bulgarien Spitzenreiter in dieser aufwändigen Produktion geworden war. Noch heute werden im Rosental ca. ***80 % der Weltproduktion*** erzeugt. Die einmalige Kombination von Boden, Klima und Rosensorten machte das Tal zur Goldgrube.

Foto: TM

Teilhaben an diesem Geschäft wollte auch der deutsche Unternehmer *Schimmel.* Seine Fabrik im mitteldeutschen Miltitz bei Leipzig produzierte Duft- und Aromastoffe. 1922/1923 importierte er bulgarische Rosen und baute sie mit gewissem Erfolg bis Mitte der 30er Jahre ***auf Miltitzer Feldern*** an. In Deutschland hatte die ölspendende bulgarische Rose jedoch nur für kurze Zeit ein neues Domizil gefunden, die Produktion war zu aufwändig und die natürlichen Bedingungen schlechter als die bulgarischen. „Die Rosensäle", eine Miltitzer Gaststätte, gibt es dagegen bis heute noch.

In der Stadt Kasanlak befindet sich das einzige ***Forschungsinstitut für Rosenzucht*** auf dem Balkan. In dem „Institut für ölspendende Rosen, ätherische Öle und Ölpflanzen" gedeihen über 1500 Rosensorten aus allen Teilen der Erde, hier werden neue Sorten gezüchtet und bessere Technologien entwickelt.

Jedes Jahr gibt es in Kasanlak und in Karlovo einen Höhepunkt, das ***Rosenfest.*** Es findet einen Tag vor Beginn der Rosenernte, Anfang Juni. Zu dieser Zeit ist das gesamte Tal so sehr vom zarten Duft der Rosenblüten durchdrungen, dass man selbst kein Parfüm braucht. Das Fest beginnt in der Morgendämmerung mit der Ernte in den Rosengärten. Mädchen, junge Frauen und an diesem Tag sogar Männer pflücken in schmucken Volkstrachten unter den Klängen volkstümlicher Weisen die duftenden Blüten und stecken die ersten davon nach altem Brauch in ihr Haar. Später erfüllen die Farbenpracht, die klangvollen Melodien und die rhythmischen Schritte die Straßen von Kasanlak und Karlovo. Man kann eine Rosenparade und einen Karnevalsumzug miterleben. Fünf Tage dauern die Feierlichkeiten. Konzerte, Ausstellungen, Blumenbasare füllen das Kulturprogramm. Am Internationalen Journalistentreffen „Bulgarische Rose" nehmen Journalisten und Schriftsteller teil. Diejenigen, die am erfolgreichsten über Bulgarien berichtet haben, werden mit Preisen ausgezeichnet.

Noch vertrauter mit der Rosenölproduktion wird man beim Besuch des ***„Museums der Rose"*** in Kasanlak, am Ortsausgang, Richtung Schipka; Tel. (0431) 25170, im Sommer 8.30-17.00 Uhr, im Winter nach Voranmeldung.

Für diejenigen, die das Rosental zur Zeit der Rosenernte nicht auf eigene Faust besuchen möchten, gibt es Pauschalangebote: *Balkantourist,* Kontor „Interessenreisen", bul. Vitoscha 1, 1040 Sofia, Tel. (02) 43331, Fax 800 134.

- ***Hotel Aida,*** 2 Sterne, ploschtad Swoboda 1, im Zentrum, Tel. (038) 25033, 25164; das einst gute Balkantouristhotel ist zurzeit renovierungsbedürftig, man muss hier einige Abstriche machen, DZ 42 Lw.
- ***Hotel Oasis*** uliza Rakovski 10, Tel./Fax (038) 63093, ca. 200 m nördlich vom Hotel Aida; für Ausländer bestimmt, teuer, teuer!
- ***Hotel Romantika,*** 3 Sterne, im Park Kenána, 2 km nordwestlich von Chaskovo, Tel. (038) 22636, DZ 30 Lw, App. 40-60 Lw.
- ***Motel und Camping Klokotniza,*** 3 Sterne, Tel. (038) 665283 im Park Kenána, 5 km nordwestlich von Chaskovo, 100 m von der Straße E-80; DZ 30 Lw, App. 100 Lw.

Transport

- ***Busbahnhof,*** buleward Saedinenie 11, Tel. (038) 22393, 24218; mehrere Privatunternehmer kämpfen um die Gunst der Reisenden, bis zu 10 mal täglich Verbindungen nach Sofia und Plovdiv, 2-3 mal tägl. nach Stara Sagora, Kasanlak, Gabrovo, Tarnovo, Svilengrad, Kardshali u.a.; im Sommer tägliche Verbindungen nach Burgas und Varna sowie zu anderen Schwarzmeerorten, tägl. nach Istanbul.
- ***Bahnhof*** 3 km außerhalb der Stadt, liegt auf der Eisenbahnstrecke Russe - Tulovo - Podkova, spielt keine große Rolle, hält nicht mit der Streckenvielfalt des Busbahnhofes mit.

Umgebung von Chaskovo

Park Kenána 2 km nordwestlich von Chaskovo entfernt, schöne Natur, Übernachtungsmöglichkeiten und Gaststätten.

Cháskovski minerálni báni (Thermalbäder) 15 km westlich von Chaskovo, stündlich Bus; 12 Thermalquellen mit einer Temperatur von 48,5 °C. Die Wässer helfen bei Entzündungsprozessen, Leberleiden, Harnwegserkrankungen, Diabetes und Rheuma. Hotels und Erholungsheime sind vorhanden. Ausgangspunkt für Wanderungen in die Ostrhodopen.

Von hier kommt man in etwa einer Stunde zu Fuß in südlicher Richtung nach ***Scharapánite*** – eine unikale ***thrakische Winzerei*** *(trakíjski winárnizi).* Das sind riesige, in den Felsen eingemeißelte Fässer, die untereinander mit Rinnen verbunden sind (1. Jahrtausend v. Chr.).

Neolitni shilischta: Tongefäß

Die Ruinen von ***Assénowata krépost*** (die Festung von Assen) liegen 7 km nordwestlich von Chaskovo und 2 km südlich vom Dorf Klokótniza. Ein Denkmal und ein Springbrunnen erinnern an den großen Sieg des Zaren *Iwan Assen II.* über den byzantinischen Despoten von Epiros, *Theodoros Komnenos* (9.3.1230). Mehrmals täglich bestehen Busverbindungen von und nach Chaskovo.

Etwa 20 km nordöstlich von Chaskovo, beim Dorf Aleksándrovo befindet sich ein ***thrakisches Kuppelgrab*** *(Trakíjska kúpolna gróbniza)* aus dem 4. Jh. v. Chr. Auf den Wänden sind Jagdszenen dargestellt.

Die ***Nymphenquelle*** *(Isworat na nímfite),* auch als ***Heiligtum der Nymphen*** *(Swetílischteto na nímfite)* bekannt, befindet sich ca. 10 km nordwestlich, beim Dorf Kasnákovo. Hierbei handelt es sich um eine thrakische Kultstätte (2. Jh.). Weiterhin Überreste eines Gasthofes und Amphitheaters aus dem 3./4. Jh. Busverbindungen mehrmals tägl.

Kardshali
Кърджали

64.000 Einw., 55 km südlich von Chaskovo. Nach Kardshali fahren nur Touristen, die das Land schon mehrfach bereist haben und nun auch diese Ecke der Vollständigkeit halber kennen lernen wollen.

Kardshali ist die ***größte Industriestadt in den Ostrhodopen,*** an den beiden Ufern des Flusses Arda gelegen. Entdeckte Überreste einer Neusteinzeitsiedlung und zwei thrakische Grabmäler bezeugen eine frühe Besiedlung dieses Gebietes. Die heutige Stadt entstand erst im 14. Jh. und erhielt den Namen ihres Gründers, *Kardshi Ali,* eines Anführers osmanischer Kriegerabteilungen. Dem Berliner Vertrag von 1878 entsprechend, blieb die Stadt bis 1913 unter türkischer Verwaltung. Danach entwickelte sich Kardshali als Handelszentrum. Die ***Tabakerzeugung*** war zum Haupterwerbszweig der Bewohner geworden und beschäftigte mehr als 3000 Menschen. Bald wurde der aromatische Tabak von Kardshali über die Grenzen hinaus bekannt.

Die kommunistische Regierung förderte die weitere Entwicklung der Stadt und tat dabei besonders viel für die Kultur: Es gibt ein Theater, ein Symphonieorchester, mehrere Kultureinrichtungen und Bildungsstätten, um eine schnelle Integration der noch immer ***überwiegend türkischen Bevölkerung*** zu erreichen.

Sehenswertes

Historisches Museum (Istorítscheski muséj) uliza Republikanska 4, Tel. des Direktors (0361) 62102, Information (0361) 62101, E-Mail: hmuzkj@infotel.bg, Mo.-Fr. 9.00-17.00 Uhr. Das Museum befindet sich oberhalb des Zentrums mitten in einem großzügigen Innenhof eines schlossartigen, sehr beeindruckenden Gebäudes (1922-1930) im orientalischen Stil nach dem Projekt eines russischen Architekten. Das Gebäude sollte als muslimische Schule dienen, erfüllte seine Bestimmung aber nie. Als Museum ist es ein Muss! Mehr als 27.000 Exponate aus acht Jahrtausenden auf 1800 Quadratmetern Fläche. Die ethnografische Sammlung mit Gegenständen aus dem Alltag, von Handwerken und Trachten der Region, ist besonders interessant. Eine Kunstgalerie mit Werken großer bulgarischer Maler und Bildhauer sowie eine Ikonensammlung runden das ohnehin reiche Angebot an Sehenswertem ab. Erhöhte Aufmerksamkeit verdient ein Amulett aus Nefrit. Es handelt sich um eine 6000 Jahre alte Swastika, eine plastische Darstellung in Form eines Vierwirbels, Höhe 5,6 cm, Breite 5,4 cm. Stilisierte Tierfiguren in starker Bewegung. Die einzelnen Teile sind so ausgewogen, dass der Eindruck einer kreisenden Bewegung entsteht. Die Frage, woher und wie dieser Amulett hierher gekommen ist, denn in Europa gibt es keine Funde an Nefrit, bleibt noch offen. Diesen Edelstein gibt es nur in Indien und Nepal. Leider sind die Exponate nicht beschriftet, die Infomaterialien sind veraltet, so dass man auf eine Führung angewiesen ist. Der Direktor des Museums, gospodín (Herr) Pavel Petkóv, ein sehr engagierter Mann, ist bereit, für interessierte Besucher eine eintägige Tour in der sagenhaften Umgebung samt Besichtigung der Sehenswürdigkeiten von Kárdshali organisieren.

Zárkwa „Swetí Joán Predtétscha" (11.-12. Jh.) im Wohngebiet Wesseltscháne. Die Kirche wurde 2000 restauriert; mit noch erhaltenen Wandmalereien, die denen der Kirchen in Veliko Tarnovo sehr ähneln. Die älteste Kirche in Bulgarien, die noch im Dienst ist. 1998 sorgten archäologische Ausgrabungen für Schlagzeilen: ein unikaler Fund - die Grabstätte eines hohen christlichen Metropoliten (12.-13. Jh.) und seine Bekleidung (Epitrachíl), bestickt mit goldenen Fäden. Ähnliche Kleidungstücke gibt es nur drei in der Welt, dieses ist aber bis jetzt der erste Fund aus einem Grab.

Übernachtung/Kulinarisches

- ***Manastírski kompléks „Swetá Bogoródiza"*** (Klosterkomplex „Heilige Gottesmutter"), uliza Ana Wentúra 2, Tel. (0361) 62494, Handy: 048918766, 3 km vom Zentrum, zu erreichen mit Bus Nr. 6 Richtung Momtschílgrad oder mit Taxi (2 Lw), 3 Zimmer mit jeweils 2 Betten mit Bad/WC, 10 Lw pro Person.
- ***Zárkwa „Swetí Geórgi Pobedonóssez"*** (Kirche „Heiliger Georg der Sieger"), uliza Eksarch Jossif im Zentrum, 9 Zimmer mit 3-4 Betten, preiswert, Frühstück ist möglich.
- ***Hotel Arpesos,*** 2 Sterne, uliza Republikanska 46, Tel. (0361) 28825, Fax (0361) 23313, EZ 22 Lw, DZ 30 Lw
- ***Hotel Ustra uliza,*** 2 Sterne, uliza General Delov 1, (0361) 25755, EZ 22 Lw, DZ 30 Lw
- ***Hotel Akázija,*** 3 Sterne, jasowir Kardshali (am Stausee Kárdshali), Tel. (0361) 25950
- ***Chiha Beli bresí,*** 6 km von Ardino, spartanische Unterkunft für 10 Lw. Tel. (0361) 61266
- ***Touristengesellschaft Kardshali,*** uliza Otez Paissij 2, Tel. (0361) 61266, 61247-48, Handy:

Gebiet Chaskovo

048760655. Der Geschäftsführer Geórgi Iwanow vermittelt gute Unterkünfte, organisiert Wanderungen in die Umgebung, Angelsport etc.

Transport

- ***Bahnhof*** (gara), buleward Balgarija 98, Bahnlinie Russe-Stára Sagóra-Cháskovo-Kárdshali-Podkóva
- ***Busbahnhof*** (awtogára), gleich in der Nähe des Bahnhofes, mehrmals täglich Verbindungen nach Chaskovo, Plovdiv, Smoljan, Ardino, Momtschiilgrad, Krúmovgrad, Iwájlovgrad, 1-2 mal nach Sofia und Varna sowie in die kleineren Ortschaften der Region.

Umgebung von Kardshali

Wer die noch nicht verwischten Spuren vergangener Zivilisationen, eine atemberaubende Natur, eine dichte Besiedlung mit verschiedenen Ethnien (Alianen, Schiiten, Türken, Bulgaren) kennen lernen möchte, sollte sich zuerst im Historischen Museum oder bei der Touristengesellschaft Kardshali nach den wichtigsten Details erkundigen. Die von mir erwähnten Sehenswürdigkeiten sind noch nicht touristisch erschlossen, es gibt nicht überall Straßenschilder, keine Hinweise auf das Sehenswerte. Manche Ortschaften sind noch nicht auf Straßenkarten verzeichnet. Man muss bei seinen Unternehmungen beachten, dass die dörfliche Bevölkerung noch fest mit ihrer Tradition verbunden ist. Ein rücksichtsvolles Benehmen und anständige Kleidung sind unbedingt erforderlich. Um möglichst viel zu sehen, lohnt es sich, einen einheimischen Taxifahrer, der die Sehenswürdigkeiten selbst kennt, für einen ganzen Tag zu engagieren.

Festung Perperikon
Krépost Perperikón
Крепост Перперикон

Die mittelalterliche Festung Perperikon liegt zwischen den Dörfern Górna krépost und Múrgovo, 15 km nordöstlich von Kardshali. Ein Weg (auf der linken Seite der Straße Richtung Górna Krépost) spaltet sich von der Asphaltstraße ab, der zu einem ausgetrockneten Brunnen führt. Bis dorthin kann man mit dem Auto fahren. Man läuft ca. 15-20 Minuten auf einem steilen Weg hoch bis zur Festung (Der stark abfallende Rückweg ist bei Nässe und Regen gefährlich: Rutschgefahr!), geht dann auf der anderen Seite der Festung weiter durch den Wald und kommt wieder zum Brunnen. Die Gegend ist auch als Dshin tepesí (türk. „Berg der Geister") bekannt.

Die spärlichen Überreste vermitteln dennoch einen respektvollen Eindruck von einer der größten mittelalterlichen Festungen (12.000 Quadratmeter) in den Rhodopen. Der Archäologe Prof. Nikolaj Ovtscharov ist davon überzeugt, das sich genau hier die Heilige Stadt der Thraker befand. Man sieht noch die Grundmauern des Schloss-Heiligtums (4./5. Jh. v. Chr.), der thrakischen Festung, einer Siedlung und eines runden Tempels. Höchstwahrscheinlich war hier auch eine der Hauptstädte der Könige des Odrysenreiches Teres und Sitalkes („Vater und Sohn"). Das Schloss war auf 3 bis 4 Etagen gebaut und besaß 40 Zimmer. Man erkennt deutlich zwei Korridore und 13 Räume. Der Thronsaal hatte eine Größe von 25 x 6 m (150 qm). Die größte Entdeckung jedoch ist bis jetzt der runde Tempel, der nach römischen Quellen der berühmte Tempel ohne Dach war. Hier soll Alexander der Große den Hohepriester befragt haben, bevor er seinen Siegeszug nach Kleinasien antrat. Schatzsucher haben noch nicht aufgegeben, nach den angeblich unzähligen Reichtümern zu suchen …

Die steinernen Pilze
Kámennite gábi
Каменните гъби

Etwa 20 km auf einer Nebenstraße in nördlicher Richtung begegnet man nahe dem Dorf Beli plast einem Naturwunder mit dem Namen *Kamennite gabi*. Die Bildung dieser pilzähnlichen Felsen aus vulkanischem Ablagerungsgestein, die durch die enthaltenen Eisen-, Mangan- und anderen Oxyde rosa, gelb und grün gefärbt sind, wird auf ungleichmäßig einwirkende Witterungserscheinungen zurückgeführt.

Teufelsbrücke
Djáwolskijat most
Дяволският мост

Befindet sich ca. 35 km südwestlich von Kárdshali, 5 km nördlich von Ardino beim Dorf Djádovzi. Die Teufelsbrücke aus dem 17./18. Jh. zeichnet sich durch eine unikale Architektur aus: drei nebeneinander liegende Gewölbe mit einer Höhe von 4,65/8,5/4,65 m und einer Breite von 8,50/18/8,50 m. Die Brücke steht in einer reizvollen Gegend. Hier kreuzen sich mehrere Wanderwege.

Die weißen Birken
Bélite bresí
Белите брези

Das ist eine der malerischsten Landschaften in der Umgebung von Kárdshali und in den ganzen Rhodopen. Der „Zauberwald" wächst ca. 35 km südwestlich von Kardshali und etwa 7 km östlich von Ardino. Übernachtungsmöglichkeiten in der Chisha „Belite bresi". Ausganganspunkt für weitere Wanderungen. Mehrmals täglich Busverbindungen oder eben zu Fuß.

Festung Patmos
Krépost Pátmos
Крепост Патмос

Die Ruinen der mittelalterlichen Festung Patmos befinden sich auf dem linken Ufer des Flusses Bórowiza; gegenüber steht die Chísha „Bórowiza" (18 km nordwestlich von Kardshali). Um zur Festung zu gelangen, muss man den Fluss mit einem Kahn überqueren. Vom Ufer bis zur Festung braucht man 20 Minuten. Die Festung Patmos war einst viel größer als die benachbarte Krivus. Eine Wanderung durch den Canyon des Flusses Bórowiza beschert einen Hochgenuss in einer sich an Formen verrückt gebärdenden Natur. Bis zum Dorf Dashdóvniza bzw. Padárzi besteht Busverbindung.

Festung Ustra
Krépost Ústra
Крепост Устра

Die mittelalterliche Festung Ustra befindet sich in den Westrhodopen zu Füßen des Gipfels Ustra (1015 m). Sie nimmt eine Fläche von 1286 Quadratmetern ein. Die Länge der gesamten Festungsmauer beträgt 112 m und die Höhe bis zu 10 m.

Hier liegen die Grundmauern von Wohnräumen und eines Wasserspeichers.

In der Nähe befinden sich die Überreste einer ***thrakischen Festung*** gleichen Namens. Von ihr sind noch Festungsmauern mit einer Höhe bis zu 2 m zu sehen. Höchstwahrscheinlich wurde sie im 12.–10. Jh. v. Chr. errichtet.

Unweit davon, im Tal des kleinen Flüsschens sind zwei ***thrakische Grabmäler*** erhalten geblieben. Die Historiker sind der Meinung, dass sich hier die Hauptstadt des thrakischen Stammes Odrisi befand. Unterhalb der Festung liegt die Chisha „Ustra", die innerhalb von 20 Minuten zu erreichen ist.

Ausgangspunkt zu diesen Sehenswürdigkeiten ist der ***Ort Dshebel,*** ca. 20 km südwestlich vom Kardshali. Es bestehen mehrmals täglich Busverbindungen. Von Dshébel bis zur chisha Ustra braucht man ca. 3 Stunden zu Fuß.

Festung Monjak
Krépost Monják
Крепост Моняк

Rund 10 km östlich von Kardshali und 2 km südlich vom Dorf Schiróko polé. Das Dorf liegt an der Bahnlinie Chaskovo – Podkova. Hier halten die Schnellzüge. Von Kárdshali besteht mehrmals Busverbindung.

Die Überreste der mittelalterlichen Festung (18.000 Quadratmeter Fläche) findet man auf einem Felsengipfel namens Schésta krépost (586 m), dessen Abhänge steil zum Fluss Arda (heute Stausee Studén kládenez) abfallen. Die bis heute erhaltene Festungsmauer ist 273 m lang und ragt an manchen Stellen bis zu 5 m auf. Einen Teil von einem einstmals starken Turm und zwei Wasserreservoire hat der Zahn der Zeit noch verschont. Im höchstgelegenen Teil sieht man die Überreste einer Zitadelle mit einer Fläche von 350 Quadratmetern.

Thrakisches Heiligtum Tatul
Trakíjsko swetílischte Tatúl
Тракийско светилище Татул

ca. 18 km nordöstlich von der Kleinstadt Momtschílgrad am Rande des gleichnamigen Dorfes. Tatúl nimmt einen hohen Stellenwert in Fachkreisen ein. Nach Ansicht der Thrakologen Prof. Beksac (Türkei), Prof. Alexander Fohl und Prof. Andrej Pantev (beide Bulgaren) soll das thrakische Heiligtum Tatul das ***älteste Heiligtum des Planeten Erde*** sein (12. Jh. v. Chr.).

In dem großen Fels sind zwei Felsengräber eingemeißelt, acht Stufen und eine Nische für die rituelle Platte. Ein Teil der bearbeiteten Felsen ist durch einen Mann aus dem Dorf zerstört worden. Er hatte den Fels mit Sprengstoff „bearbeitet", um Steine für sein Haus zu gewinnen. Kurz darauf ist er an Herzinfarkt gestorben. Die Einheimischen betrachten seinen Tod als gerechte Strafe für den Angriff auf diese heilige Stätte.

Hier haben die Thraker in komplizierten Ritualen ihre ***Opfergaben*** der Sonne dargebracht. Dem ältesten Musiktherapeuten, Poeten und Schamanen, Orpheus, sollen die Thraker ihr Heiligtum geweiht haben. Bis heute noch wird diese heilige Stelle von der Bevölkerung aus der Umgebung verehrt. Hier finden an bestimmten Tagen Reinigungsrituale statt. Und wenn das jemandem nichts bedeuten mag, kann er von der hohen Opferplatte die Aussicht auf die herrliche Natur genießen.

Weitere Sehenswürdigkeiten östlich von Momtschílgrad: ***Der steinerne Wald*** (Kámennata gorá, Каменната гора) westlich vom Dorf Gurguliiza; das Reservat ***„Die schwarze Kiefer"*** („Tschérnijat bor", Черният бор); ***Die steinerne Hochzeit*** („Kámennata swádba", Каменната свадба) oberhalb vom Dorf Póstnik; ***thrakische Opfersteine*** in dem Machalá Gassáka (махала Гъсака); ***Felsengräber*** auf dem Hügel Gabásdere (рид Габъздере) und am Ende des Hügels ***kosmische Kreise*** bei Charmánkaja (Харманкая); ***Antikes Observatorium*** im Dorf Dólna Tschobánka (село Долна чобанка).

Pyramiden von Simselen
Piramídite kraj Símselen
Пирамидите край Зимзелен

Durch Erosion phantasievoll geformtes vulkanisches Gestein unweit des gleichnamigen Dorfes, 5 km östlich von Kardshali, breitet sich auf einer Fläche von fünf Hektar aus.

Stausee „Kardshali"
язовир Кърджали

Das ***Erholungsgebiet*** am 15 km langen Stausee, nur 2 km westlich der Stadt (Buslinien 4 und 5) bietet Wassersportmöglichkeiten und Wandern. Erholungsheime und Herbergen vorhanden.

Wanderungen: Von der Staumauer erreicht man ***Chisha Boroviza.*** Hier eröffnet sich ein herrlicher Blick auf den Gipfel Besdiven (1140 m). Westlich der Hütte liegt die Gegend Chissarja, wo die Ruine der mittelalterlichen ***Festung Patmos*** steht; noch erhalten sind die Grundmauern zweier Türme und einer einschiffigen Kirche. Von der Festung aus sieht man eine verfallene alte Brücke mit sechs Bögen. Wenn man den Fluss überquert und auf der anderen Seite seinem Lauf folgt, stößt man nach einer weiteren Festung auf die ***Teufelsbrücke*** (Djavolskijat most).

Von hier würde sich noch ein Ziel anbieten (weitere vier Stunden Fußmarsch): ein ganzer ***Wald von Weißbirken*** („Belite bresi") unweit Ardino (35 km von Kardshali entfernt und 7 km östlich von Ardeno). Hier befindet sich gleich ein ganzer Touristenkomplex mit Hotel, Camping, Erholungsheimen und einer Wanderhütte (Chisha Belite bresi). Fünf Kilometer weiter südlich erhebt sich der Gipfel Kaleto, wo einst eine römische Festung stand.

In dieser Gegend, unweit der Stadt Dshebel (21 km südlich von Kardshali), harrt noch eine weitere Naturerscheinung auf Besucher: ein ***Felsbogen aus vulkanischem Gestein*** beim Gipfel Ustra (1015 m).

Erneut von der Chisha Boroviza aus findet man nördlich in den Kiefernwäldern zwischen den Dörfern Dashdoviza und Nenkovo weitere Felsgebilde, „Skalnite gabi" (die felsigen Pilze) genannt.

Stausee Studen kladenez
язовир Студен кладенец

Östlich von Kardshali erstreckt sich der ebenfalls 15 km lange Stausee. Wenn er wasserreich ist, kann man von der Stadt direkt mit dem ***Boot bis zur Staumauer*** fahren. Am östlichen Ende des Stausees, 300 m von der Staumauer entfernt, befindet sich die ***Chisha Studen kladenez.***

Etwa 2 km nordöstlich der Hütte, in der Gegend Chassarkaja, liegen die ***Reste einer römischen Festung.***

Die ***Höhle „Pop Martinovata peschtera",*** von der Hütte führt der Weg am Fluss entlang, könnte ein weiteres Ziel sein; allerdings ist sie unerschlossen.

Immergrüne thrakische Eiche

Dieser besondere Baum (lateinisch Quercus tracica) wächst beim Dorf Tokatschka (55 km südlich von Kardshali über Krumovgrad). Dieser unter Naturschutz stehende Baum ist der einzige in freier Natur wachsende einer Pflanzenart mit saftgrünen, festen und spezifisch geschnittenen Blättern, die im Winter nicht vom Baum fallen und ihre grüne Farbe bis zum Frühlingsanfang frisch halten. Mit dem Treiben der Knospen und dem Erscheinen der jungen Blätter beginnen die alten von der Krone nach unten zu trocknen.

Charmanli
Харманли

20.000 Einwohner, zwischen Svilengrad und Chaskovo an der E 85 gelegen. Hier ist der Ägäis-Einfluss spürbar und begünstigt die Aufzucht von Baumwolle, Erdnüsse, Sesam, Anis und Mandeln.

Charmanli entstand erst im 16. Jh. als Wegstation. Sehenswert sind die ***Kirche Sweta Anastassija*** und die 1585 errichtete ***Bogenbrücke.***

An der Straße liegt 5 km südöstlich von Charmanli das ***Motel „Isworat na Belonogata"*** mit Restaurant, Tages- und Nachtbar sowie Geschäften.

Svilengrad
Свиленград

Die letzte bulgarische Stadt (19.000 Einwohner) am Fluss Mariza, nur 16 km von der türkischen und 2 km von der griechischen Grenze entfernt. Wegen der ***ausgezeichneten strategischen Lage*** entstand hier schon in frühgeschichtlicher Zeit eine Ortschaft. Anfangs thrakisch, wurde sie später die wichtige römische Festung Burdenis, die den Zugang nach Konstantinopel schützte. Das Gebiet war immer eine belebte Kreuzung und Feld ständiger kriegerischer Auseinandersetzungen nach der Gründung des Ersten Bulgarischen Reiches. An dieser Stelle wurde eine der größten ***Schlachten*** in der mittelalterlichen bulgarischen Geschichte geschlagen: 1205 erlitt die bis dahin unbesiegte römische Armee unter Führung von *Balduin* eine vernichtende Niederlage durch die Truppen *Kalojans*.

Die Unterwerfung Bulgariens unter die ***osmanische Herrschaft*** bestimmte für Jahrhunderte das historische Schicksal dieser Gegend. Die Türken gründeten im 15. Jh. eine neue Siedlung namens Kinekli. Aus dieser Zeit (1530) stammt die 295 m lange ***Mustafa-Pascha-Brücke*** des Baumeisters *Mimar Sinan*. Das die Mariza überspannende Bauwerk stellt die schönste Brücke des ganzen Landes und seinerzeit des gesamten osmanischen Reiches dar und steht unter UNESCO-Schutz. Heute verbindet sie die beiden Teile der Stadt.

Erst nach dem Ersten Balkankrieg (1912/13) wurde Kinekli offiziell ***Bulgarien angegliedert.*** Vor ihrem Abzug ließen die Türken die ganze Stadt in Flammen aufgehen. Seit 1913 trägt die neu aufgebaute Stadt ihren heutigen Namen, den ihr schon 1874 der Lehrer *Petar Stantschow* gegeben hatte.

Während der Balkankriege wurde bei Svilengrad ein ***Militärflughafen*** errichtet. Zum ersten Mal benutzte die bulgarische Armee damals Flugzeuge als Kampfmittel.

Übernachtung/Kulinarisches

- ***Hotel „Svilena",*** drei Sterne, ploschtad Svilena im Stadtzentrum, Tel. (0379) 2609, Restaurant und Nachtbar.

Weitere nützliche Adressen

- Mehrere ***Banken und Wechselstuben*** im Stadt- zentrum sowie an den Grenzübergängen Kapitan Andreevo nach der Türkei und am Parkplatz des griechischen Zollamtes.
- ***Poliklinik und Post***, uliza Zar Simeon Weliki/ bul. Balgarija.
- ***Schnelle medizinische Hilfe,*** Tel. (0379) 3121.
- ***Polizei,*** uliza Krajretschna 1, Tel. 166.

Transport

- ***Busbahnhof:*** uliza Zar Simeon Weliki 19, Tel. (0379) 2883, 6.30-19.00 Uhr.
- ***Bahnhof:*** kwartal Novo selo, wenige Kilometer westlich des Zentrums, Tel. (0379) 4169, Bahnstation auf der internationalen Eisenbahnlinie über Sofia nach Istanbul.
- Alle ***Tankstellen*** sind rund um die Uhr geöffnet.

Umgebung von Svilengrad

Thrakisches Grabmal von Mesek
Мезек

Das Grabmal aus dem 6.-4. Jh. v. Chr. befindet sich 6 km südwestlich von Svilengrad unter dem Hügel Maltepe beim Dorf Mesek (dort dem Schild 'Kropniza 1 km' folgen). Das 1931 entdeckte Grabmal ist mit 32 m Länge ***das größte Bulgariens*** mit dem auch am weitesten entwickelten Grundriss, was wiederum auf die Bestattung einer bedeutenden Persönlichkeit, wahrscheinlich eines odrysischen Königs, schließen lässt.

Ein langer Gang (dromos) führt durch zwei unterschiedlich große Vorräume bis in die runde ***Grabkammer*** mit einer bienenkorbähnlichen Kuppel (4,30 m hoch und 3,30 m im Durchmesser). Die Grabkammer ist wie die beiden Vorräume schön gepflastert. Genau gegenüber vom Eingang in die Totenkammer befindet sich ein steinernes, von zwei Urnen flankiertes Lager. Ursprünglich versperrte eine zweiflügelige Bronzetür den Zugang zu diesem heiligsten Raum mit seinen wertvollen Beigaben. Man fand hier Gebrauchs- und Schmuckgegenstände aus Gold, Silber und Ton sowie eine Brustplatte aus Eisen und Silber. Eine zweite Tür befand sich zwischen den beiden Vorräumen, und eine Steinplatte verschloss den ersten Vorraum. Es ist kaum zu glauben, aber dieses Grabmal ist nicht verschlossen und unbewacht. Zum Betreten braucht man neben Neugier nur die nötige Ehrfurcht und eine Taschenlampe!

Festungsruine von Mesek

Oberhalb von Mesek stößt man auf eine das Landschaftsbild dominierende monumentale Festungsruine aus dem 11./12. Jh., eine der am besten erhaltenen Festungen des Landes überhaupt, deren starke Mauern bis zu 8 m hoch aufragen. Vermutlich handelt es sich um die byzantinische Festung Neutsikon.

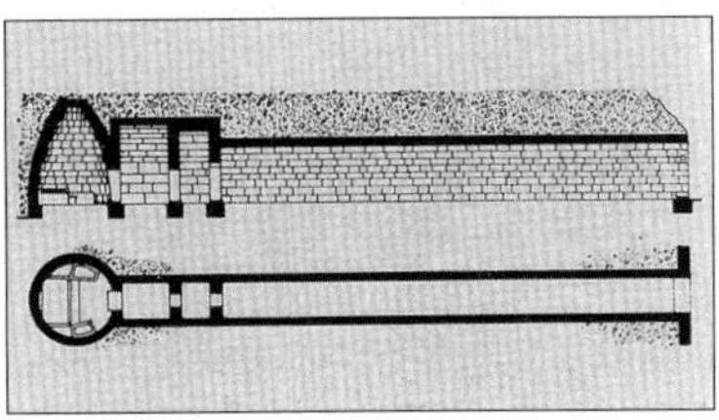

Das Grabmal von Mesek

Ivajlovgrad

Ивайловград

Die Stadt mit ihren 5000 Einwohnern war noch nie ein touristisches Ziel gewesen. Bis zur Wende durften selbst Bulgaren nur mit einer Sondergenehmigung diese Stadt betreten, „schließlich" ist sie nur 4 km von der griechischen Grenze entfernt. Leider gibt es hier bis heute noch keinen Grenzübergang, dafür aber eine göttliche Ruhe. Und wie stets bei derart abgeschotteten Gebieten ist die ***Natur absolut unberührt.***

Die für viele Gegenden in den Rhodopen typische Tabakproduktion wird hier durch den Anbau von Wein, Nuss- und Mandelbäumen ersetzt. In beachtenswertem Umfang pflegt man auch die Seidenraupenzucht.

Nur drei Kilometer südlich von Ivajlovgrad wurden 1964 im Tal des Flüsschens Armira die Überreste der ***römischen Villa Armira*** entdeckt. Als großer repräsentativer Landsitz zu Beginn des 2. Jh. in drei Bauphasen errichtet, gehörten zu dem einstöckigen Haus mehr als 20 Räume, ein großer Swimmingpool (Impluvium) und ein 130 qm großer Festsaal, der reichlich mit Fußbodenmosaik bedeckt war, sowie auf zwei Hektar verteilte landwirtschaftliche Gebäude. Der Landsitz wurde bereits 376-378 von den Goten geplündert und niedergebrannt; erhalten blieben nur die ausgegrabenen Fundamente und die zur Bekanntheit der Villa führenden über 3000 Mosaikfragmente mit Szenen aus der antiken Mythologie, mit pflanzlichen und geometrischen Ornamenten. Einige davon können im Nationalmuseum für Geschichte in Sofia besichtigt werden (in der Nähe des Eingangs).

Eine reizvolle Landschaft erstreckt sich nördlich vom Dorf Slaveevo (4 km östlich von Ivajlovgrad), wo der ***Fluss Arda*** die Grenze zu Griechenland überschreitet, und beim ***Stausee „Jasowir Ivajlovgrad".***

Dolmen von Topolovgrad

Wenn man schon in dieser Ecke Bulgariens weilt und Interesse an Nekropolen besitzt oder gefunden hat, sollte man nicht die Dolmen in der Umgebung von Topolovgrad auslassen. Bei den ***Dörfern Mladinovo und Balgarska poljana*** sind solche Dolmen aus dem 11.-7. Jh. v. Chr. zu sehen. Das Dorf Mladinovo ist zirka 25 km hinter Svilengrad auf der Straße 55 erreicht. Weiter auf der Straße 55, dann nach rechts in die 76 einbiegen. 3-4 km vom Abzweig auf die Straße 76 ist Balgarska poljana erreicht.

Was sind Dolmen eigentlich? Etwa am Anfang des 1. Jahrtausends v. Chr. treten in Kleinasien und ganz Europa Hügelgräber auf, die nach der Bestattung in Einzelgräbern erstmals Familiengräber darstellen. Die frühesten dieser Familiengräber scheinen die Dolmen gewesen zu sein. Dolmen sind Megalithgräber, tischförmig gebaute Großsteingräber der Jungsteinzeit und frühen Bronzezeit (man rechnet zwischen 1200 und 600 v. Chr.), die 2-3 m oder länger sind und aus großen, grob behauenen Steinen bestehen. Sie besitzen eine rechteckige Grabkammer mit einem Eingang an der Schmalseite, der entweder in den Stein gehauen ist oder aus drei sorgfältig geglätteten Steinen gebaut wurde, gleichsam einen viereckigen Rahmen bildend. Oft haben sie vor der Grabkammer einen mehr oder weniger langen Dromos (Korridor), der noch durch einen oder zwei kleine Vorräume von ihr getrennt ist. Die Dolmen errichtete man auf ebener Erde und deckte sie in Form eines flachen Satteldaches mit Steinen, worüber man einen kleinen Steinhügel aufschüttete.

Leider hat man bisher noch keinen unversehrten Dolmen gefunden; entdecken kann man sie nicht in ganz Thrakien, sondern nur in den Gebirgsgegenden Südostthrakiens, im Strandsha- und Sakargebirge und selten im östlichen Stara planina.

Topolovgrad

Тополовград

Die wegen ihrer „Nähe" zur türkischen Grenze bis zur Wende gesperrte Stadt Topolovgrad entstand im 13. Jh. und trug bis 1934 den türkischen Namen Kavaklij (Pappelstadt), der im Bulgarischen die gleiche Bedeutung hat. Man kann sich fragen, was man an diesem Ort soll, den sonst kein Reiseführer erwähnt und kein Tourist besucht - eben deshalb, um die Ruhe zu spüren, die alten Häuser, Kirchen und Brunnen zu sehen. Darüber hinaus gibt es in der Umgebung ***Überreste zweier Festungen:*** der spätantiken Festung Paleokastro und der antiken Wischegrad (auch als Bijukale bekannt).

Ein schönes Ziel ist das ***Ustremskija (Wakafskija) manastir.*** Das Kloster liegt beim Dorf Ustrem, etwa 14 km südöstlich von Topolovgrad. Über eine Holzbrücke tritt man in den Klosterhof. Von hier aus kann man das höchste Gipfelchen im Sakar-Gebirge besteigen, den Wischegrad (856 m). Auf dem Wanderweg rechts vom Kloster kommt man an einer „wilden" Höhle vorbei. Vom Gipfel kann die Wanderung über weitere 14 km fortgesetzt werden zu einem nur den dortigen Bewohnern bekannten Kloster. In südöstlicher Richtung marschiert man dazu über das Dorf Planinovo bis zum Dorf Studena. Allerdings gibt es hier leider nirgendwo eine Herberge. Man ist entweder auf die Gastfreundschaft der Dorfbewohner beziehungsweise des Klosters angewiesen oder schleppt sein Zelt mit.

Gebiet Burgas

Sheravna und Kotel im ***östlichen Balkan,*** Nessebar und Sosopol am Meer - Orte, die beim Bereisen Bulgariens nicht ausgelassen werden dürfen. Übrigens, Küste ist auch nicht gleich Küste. Der südliche Abschnitt des ***Schwarzen Meeres*** ist reizvoller, wärmer und billiger. Es gibt mehr Möglichkeiten für Übernachtung und Baden. Trotz der internationalen Kurorte Slantschev brjag, Elenite und Djuni kann man sich fernab des touristischen Babylons bewegen. Und wer ganz abgeschieden sein will, der mache einen Abstecher ins ***Strandsha-Gebirge,*** wo die Zeit noch stehengeblieben ist ...

Fahrt ans Schwarze Meer

Die meisten Reisenden benutzen die ***E 773,*** um schnellstmöglich nach Burgas und ans Schwarze Meer zu gelangen. Wer nach Nessebar, Slantschev brjag oder weiter nördlich fahren will, braucht sein Fahrzeug nicht erst durch Burgas zu steuern. Gleich am Rand der Stadt biegt die Straße nach links auf die E 87, die am Atanassowsko esero (Atanassow-See) vorbeiführt.

Viele der gen Norden Fahrenden denken bei der Ansicht des sich links der Straße erstreckenden ***Atanassow-Sees*** zunächst, sie hätten das Meer vor sich. Der die Täuschung hervorrufende See ist sehr groß - und in seinem nördlichen Teil ein Naturschutzgebiet. Auf dem entlang der bulgarischen Schwarzmeerküste verlaufenden Wanderweg der Zugvögel bietet der See einen geeigneten Rastplatz. Im Frühling und Herbst ziehen hier mehr als eine halbe Million Vögel entlang. Während der Brutzeit bietet der See für rund 20.000 Vögel eine Möglichkeit zum Nisten. Der Atanassow-See sowie die zwei anderen Seen (Burgasko esero) in der Umgebung von Burgas sind gemeinsam mit dem jasowir Mandra (Mandra-Stausee) südwestlich der Stadt im Register der international bedeutenden Tierschutzgebiete eingetragen. Leider hilft das nicht gegen die in der letzten Zeit stark zugenommene Verschmutzung der drei Seen …

In der Hochsaison ist die 33 km lange Strecke von Burgas nach Slantschev brjag stark befahren. Allen aus westlicher Richtung über Ajtos Kommenden sei deshalb unbedingt empfohlen, 11 km hinter Ajtos von der E 773 abzubiegen und die kürzere und ruhigere ***Strecke über Kableschkovo*** zu nehmen

Von Ajtos kann man allerdings auch viel romantischer und abwechslungsreicher ans Meer gelangen als auf der stark befahrenen und langweiligen Straße nach Burgas; wenn auch mit erheblichem Umweg. Dazu fahre man nördlich durch den ***Ajtoskija prochod (Ajtos-Pass),*** der seit dem Altertum genutzt wird und eine ruhige Fahrt durch die stille, liebliche Landschaft der östlichen Stara planina garantiert. Nach etwa 25 km läuft die Straße parallel zum Fluss Luda Kamtschija (Verrückte Kamtschija). Wenige Kilometer hinter ***Daskotna*** gibt es rechts eine erste „Notunterkunft", die Chisha Luda Kamtschija.

Südlich vom Dorf ***Dobromir*** erblickt man die Felsen Swinskata glawa (der Schweinekopf) und Kostenurkata (die Schildkröte). Einige Kilometer danach kommt man zu einer weiteren Chisha, die benannt ist nach den gegenüberliegenden Felsen Tschudnite skali (Wunderfelsen), sowie zu den Ruinen des Klosters „Sweti Atanas".

Im Dorf ***Asparuchovo,*** das an einem Stausee liegt, legt man noch großen Wert auf die Pflege alter Sitten und Bräuche.

Von hier aus kann man die Fahrt entweder in östliche Richtung fortsetzen, um nach etwa 50 km auf die E 87 am Schwarzen Meer zu stoßen, oder man fährt den größten Teil der bereits bekannten Strecke zurück und biegt im Dorf ***Jabaltschevo*** nach links auf neues Terrain ab, um wiederum durch abgeschiedene Dörfer bis nach Obsor oder nach Slantschev brjag zu gelangen.

Nova Sagora
Нова Загора

27.000 Einwohner. Die kleine Stadt, über die sich nicht viel berichten lässt, ist für den Reisenden vor allem als ***Verkehrsknotenpunkt*** bedeutsam. Sie ist 121 km

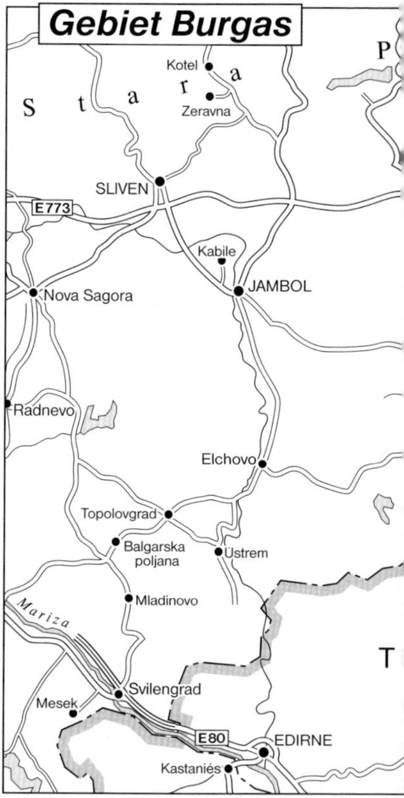

von Plovdiv und 151 km von Burgas entfernt. Von der Stadt führt die E 773/E 85 südlich nach Svilengrad ins Dreiländereck Bulgarien-Griechenland-Türkei. Von Nova Sagora ist die alte Hauptstadt Veliko Tarnovo über den Prochoda na Republikata (Pass der Republik, 101 km) erreichbar.

Das kleine ***archäologische Museum*** im Zentrum, ploschtad Swoboda 3, Di.-Sa. 9.00-12.00/14.00-17.00 Uhr, So. 14.00-18.00 Uhr, Tel. (0457) 23164, 23154, ist einen kurzen Abstecher wert. Die Ausstellungsstücke, zumeist Keramik

und thrakische chirurgische Instrumente, sind alles Fundstücke aus dem Bezirk Nova Sagora, wo es 102 vorgeschichtliche Siedlungen gibt, allein in der Umgebung von Nova Sagora siebzehn.

Von großer Bedeutung sind die Ausgrabungen des ***Siedlungshügels Karánovo*** *(Karánovskata mogíla),* 9 km nordwestlich von Nova Sagora und 3 km nördlich von der Straße Sofia - Burgas, unweit des Zentrums von Karanovo. Der letzte Fund, ein Stempel, sorgte für aufregende Spekulationen: Handelt es sich bei den bis jetzt unbekannten Zeichnungen auf dem Stempel um die älteste Schrift der Menschheit? Bulgarische und österreichische Archäologen graben jeden Sommer immer tiefer in die Geschichte und suchen weiter. Infomaterial (etwas veraltet) ist in Deutsch vorhanden. Über das Museum ist eine Besichtigung der Ausgrabungsstätte möglich.

Sliven
Сливен

115.000 Einwohner. Gehört zu den neun Städten Bulgariens mit einer Bevölkerung von über 100.000. Von Plovdiv trennen die Stadt 160 km, bis nach Burgas sind es 112 km.

Wenn man sich Sliven aus Richtung Plovdiv nähert, zeigen sich schon aus der Ferne die Umrisse eines rauen, felsigen Gebirgsmassivs, das über der Stadt mal drohend, mal schützend aufragt, die so genannten ***Blauen Steine*** (Sinite kamani). Die Straße führt noch an Fabriken, Eisenbahnlinien und einer Tankstelle vorbei, bevor man in *„grada na wjatara i ziganite"* anlangt. Unter dieser Bezeichnung ***„Stadt des Windes und der Zigani"*** ist Sliven in ganz Bulgarien bekannt. Die geografische Lage der Stadt ist dergestaltig, dass hier nördliche Winde von mehreren Balkanpässen zusammentreffen. Hier kann man

Wiedergeburtshäuser in der für Sliven typischen Architektur

nicht selten hinter seinem Hut herrennen und büßt manchmal auch den Regenschirm ein. Über Sliven kursiert noch folgende Geschichte: „Wenn du nicht aufpasst, stolperst du über die Steine. Wenn du dich fast hingefallen wieder aufrichtest, erfasst dich der Wind. Und wenn du wieder richtig sehen kannst, erblickst du nur Zigani oder Soldaten." Dies ist noch einmal ein Hinweis auf den hohen Anteil von Sinti und Roma an der Bevölkerung und darauf, dass Sliven auch eine Garnisonsstadt ist. Nicht zu vergessen, Sliven ist auch eine Stadt der Gefängnisse. Dennoch empfehlen wir einen Halt.

Vermutlich wurde Sliven in den ersten Jahrhunderten n. Chr. gegründet. Von dieser Zeit sind keine Spuren geblieben. Während der osmanischen Besatzungszeit entwickelte sich Sliven zum Handwerkerstädtchen, hergestellt wurden Stoffe, eiserne Geräte und Rosenöl. 1834 gründete *Dobri Sheljaskow* die ***erste Textilfabrik*** nicht nur in Bulgarien, sondern ***auf der Balkanhalbinsel*** überhaupt. Später wurde die Fabrik in ein Gefängnis umfunktioniert. Nun soll es ein Museum werden.

Sliven leistete auch einen massiven Widerstand gegen die türkischen Machthaber, was der Stadt bis heute noch zur Ehre gereicht und eine weitere Bezeichnung einbrachte: *„grada na stote wojwodi"*, die Stadt der hundert Woiwoden (Heerführer).

Sehenswertes

Historisches Museum *(Istorítscheski muséj)* uliza Zar Oswoboditel 18, Tel. (044) 22495, Mo.-Fr. 9.00–12.00/14.00–17.00 Uhr. Die sehr eindrucksvolle Sammlung präsentiert Funde aus der Zeit der Thraker, Byzantiner und Römer sowie ethnografische Exponate und ist einen Besuch wert.

Nationalmuseum der Textilindustrie *(Nazionálen muséj na tekstílnata industrija)* ploschtad Stoíl wojwóda, Tel. (044) 26759, 27006, Mo.-Fr. 9.00-12.00/ 14.00-17.00 Uhr. Demonstriert wird manuelle Textilherstellung, altes Textilhandwerk und historische Fabrikmaschinen.

Ausstellung „Wiedergeburtskunst", bul. Zar Oswoboditel 13, Mo.-Fr. 10.00-12.00 und 14.00-18.00 Uhr.

Ausstellung „Zeitgenössische bulgarische Kunst", bul. Zar Simeon 2, Mo.-Sa. 10.00-12.00/14.00-18.00 Uhr.

Kunstgalerie „Dimitar Dobrowitsch", uliza Mirkowitsch 10, Mo.-Fr. 10.00-12.00 und 14.00-18.00 Uhr. Werke teils bekannter bulgarischer Maler, unter anderem aus dem Nachlass des 1905 verstorbenen *Dimitar Dobrowitsch;* eine der ältesten Kunstsammlungen Bulgariens.

Haus-Museum „Dobri Tschintulow", uliza Wasroshdenska 5. Ausstellung über Leben und Werk des Dichters *Dobri Tschintulow* (1822-1886), des Begründers der neubulgarischen Dichtkunst. Die Ausstellungsräume, im damaligen Stil eingerichtet, vermitteln zugleich etwas Zeitkolorit.

Kunstgalerie „Maj" der Malergesellschaft im Foyer des Rathauses, Verkaufsausstellung.

Museum „Slivensker Lebensweise des 19 Jh.", uliza Simeon Tabakow 5, Mo.-Fr. 9.00-12.00 und 14.00-17.30 Uhr.

Haus-Museum „Chadshi Dimitar", an der Ecke der Straßen Baba Tonka und Assenowa. Dokumentiert werden das Leben und die Heldentaten des bekannnten Heiduckenführers *Chadshi Dimitar* (geb. 1840 in Sliven - 1868 gefallen). Die Ausstellungsräume sind im Stil des 19. Jh. eingerichtet.

Übernachtung

- ***Hotel „Sliven",*** zwei Sterne, im Zentrum, 16 Etagen; Tel. (044) 27065, 25173, EZ 44 Lw, DZ 66 Lw.
- ***Hotel „Imperia",*** 4 Sterne, etwa 3 km vom Zentrum und 1 km von der Schwebebahn nach Karandila entfernt, malerisch gelegen zu Füßen der Berge in der Gegend Djúlewa reká, Tel. (044) 85071; 83617, E-Mail: imperia@sl.bia-bg.com, mit allem denkbaren Luxus, ausgezeichneter Küche, Diskothek, Fitness, Sauna, Swimmingpool, Tennisplatz, Garage, EZ/F 80 $, DZ/F 60 $ (pro Person), Suite/F 100 $.
- ***Hotelski kompleks „Stoté wojwódi",*** 3 Sterne, in der Nähe des Hotels „Imperia" in der Gegend Djúlewa reká, Tel. (044) 711 133, gepflegte Zimmer, Swimmingpool, etwas preiswerter als „Imperia".
- ***Hotel „Scható Álpia",*** ehemalige Regierungsresidenz, auf der linken Seite der Straße nach Kotel, buleward Panajot Chitov, Tel. (044) 89215, EZ/F 57 Lw, DZ/F 114 Lw, Nationalitätengaststätte, Cafés. Nur 100 m davon befindet sich die Schwebebahn nach Karandila.
- ***Hotel „Oasis",*** an der Straße nach Kotel in der Gegend Málowa kurija, die letzte Haltestelle der Buslinie 12, Tel. (044) 88461, Tennis, Schwimmbassin.
- ***Hotel „Dinámo",*** 3 Sterne, uliza Sofijsko schossé 1, Tel./Fax (044) 22901, EZ/F 30 $, EZ/HP 36 $, EZ/VP 42 $, E-Mail: hotel-dinamo@sliven.net, hotel-dinamo.sliven.net.
- ***Hotel „Polsko selischte",*** buleward Panajót Chítov 119, Tel. (044) 88461, an der Straße nach Kotel am nordöstlichen Stadtrand, gut und verhältnismäßig preiswert.
- Darüber hinaus bestehen ***sehr preiswerte Übernachtungsmöglichkeiten*** in der Gegend Karandila: ***Seminaren zentar,*** Tel. (044) 24867, EZ 7.20 Lw, und in der ***Chisha Karandila,*** Tel. (044) 88112, Handy (088) 301829, DZ 6,50 Lw.
- Informationen über Wandertouren und preiswerte Übernachtungen im ***Turistítschesko drúshestwo „Sínite kámani"*** (Touristen-Gesellschaft „Die blauen Steine"), uliza Welikoknjásheska 13A, Tel. (044) 29361.

Transport

- ***Busbahnhof*** südlich der Stadt, uliza Cadshi Dimitar 2, Tel. (044) 26629, 24793, 25120; Verbindungen nach Jambol, Nova Sagora, Karnobat, Ajtos, Burgas, Elena, Veliko Tarnovo, Kotel, Sheravna, Sofia, Plovdiv, Varna, Primorsko, Burgas u.a.
- ***Bahnhof*** südlich der Stadt, im kwartal Dame Gruew, unweit des Busbahnhofes, Tel. (044) 83656, 82292, liegt an der Eisenbahnlinie Sofia - Karlovo - Kasanlak - Burgas, ein Expresszug täglich nach Sofia (5,5 Std.) und nach Burgas (1,5 Std.), ein Schnellzug nach Varna.
- ***Firma Doris,*** Vorverkaufsstelle für Fahrkarten des In- und Auslandes, uliza Dimitar Dobrowitsch 2A (gegenüber vom Kino Bálgarka), Tel. (044) 37535.

Umgebung von Sliven

Die Mineralbäder von Sliven
Slívenskite minerálni báni

Сливенските минерални бани

Nur 12 km südwestlich von Sliven an der Straße nach Nova Sagora bzw. Stara Sagora beim Dorf Sláti wojwóda findet sich ein bekannter balneologischer Kurort. Bereits die Römer nutzten das heilsame Quellwasser, das mit einer Temperatur von 45 °C aus der Erde sprudelt.

Hier werden Erkrankungen des peripheren Nervensystems, des Darmmagens, der Leber, Galle u. a. günstig beeinflusst. Und wenn man nichts von all dem hat, kann man sich hier trotzdem von den Strapazen der Reise erholen und sich eine Badeentspannung gönnen. Nach dem Bad soll man mindestens eine Stunde Ruhepause einhalten und ausgiebig Mineralwasser trinken. Leere Flaschen für die Weiterfahrt füllen.

- Preiswerte Übernachtungsmöglichkeiten bestehen in den Hotels ***„Zentrálen", „Shíwa wodá"*** und im ***Hotel „Slívenski minerálni báni",*** letzteres mit 2 Sternen, Tel. (04511) 2950, Handy 048 832 563, Fax (044) 88987. Mehrmals tägl. Busverbindungen nach Sliven und Nova Sagora.

Volkspark Sinite kamani

Сините камани

Sliven ist Ausgangspunkt für reizvolle Wanderungen in den ***Volkspark Sinite kamani*** (zwei Stunden). Eine Schwebebahn von der ehemaligen Regierungsresidenz Schato Alpia benötigt für die Fahrt in den Nationalpark etwa 25 Minuten; im Sommer 8.30-19.30 Uhr, im Winter 8.30-16.00 Uhr in Betrieb. Jede volle Stunde fährt ein Bus der Linie 13 vom Stadtzentrum. Mit dem eigenen Fahrzeug erreicht man das Gebiet Karandila auf der guten Straße in etwa 30 Minuten. Die Natur empfängt den Wanderer mit dunklen Felsen und dichten Nadel- und Laubwäldern. In der Gegend Karandila befindet sich ein Kurortkomplex mit Hotel, Tages- und Nachtbar, Sportanlagen. Nicht weit von hier ist ein See und ein Stadion. Auf die Alpinisten warten 42 Wanderrouten und die Felsen Motschurite, Goljama Tschatalka, Sloto mjasto, Iglata und Shabata mit einem Schwierigkeitsgrad von II bis IV b.

Etwa 12 km von Karandila befindet sich die ***Gegend Titenite*** mit vier Skipisten und einer Skiausleihstation

Die Gegend Karandila ist Ausgangspunkt für ein- und mehrtägige Ausflüge, wie zum Beispiel zum ***Gipfel Balgarka*** (1180 m). Einen schönen Blick auf die Stadt hat man von der meteorologischen Station, einem großen Neubau, der momentan verlassen und verwüstet ist.

Um die Übernachtung im Hotel „Karandila" zu garantieren, empfiehlt sich die Reservierung beim Reisebüro „Sinite kamani" (EZ € 10,20/20 Lw, DZ insgesamt € 16,40/32 Lw, jeweils ohne Frühstück).

Sheravna
Жеравна

Von Karandila führen zwei ruhige Straßen nach Sheravna, einem kleinen Ort mit 636 Einwohnern. Um die herrliche Natur zu genießen, empfiehlt es sich, die längere Strecke über die Dörfer Rakovo und Nejkovo zu nehmen. Sheravna ist wieder einmal ein absolutes Muss! Das Dorf, in einem grünen, nach Kräutern duftenden Tal angelegt, besitzt mit etwa 300 Häusern aus dem 17.-18. und hauptsächlich 19. Jh. ein ganzes ***Architekturensemble aus der Wiedergeburtszeit.*** Bis heute ein überzeugendes Beispiel der bulgarischen Baukunst. Das ältere Sheravnahaus ist einstöckig und ausschließlich aus Holz gebaut, später wurde das Erdgeschoss aus Steinen gemauert. Dabei verfügen fast alle Häuser über eine ähnliche Gestalt. Nur die kleinen Details verleihen jedem Haus eine persönliche Note. Die

Pforte ist im oberen Teil mit phantasievoller Schnitzerei verziert. Alle Häuser in Sheravna sind dem Süden zugewandt. Die oberen Stockwerke tragen einen Erker und einen breiten Dachsims. Innenarchitektur und zahllose Verzierungen, Teppiche und Kissen machen die Häuser besonders anziehend. Davon kann man sich in mehreren ***Wiedergeburtshäusern*** selbst überzeugen: im Haus von *Sawa Filaretow* (1851), *Chadshi Draganow* (1851), *Chaltakow* (1818), *Todor Ikonomow* (erste Hälfte des 19. Jh.), *Russi Tschorbadshi* (18.-19. Jh.), *Matej Gendow* (19.Jh.) und in dem Haus des großen bulgarischen Schriftstellers *Jordan Jowkow* (1880-1937); täglich 8.30-12.00 und 13.30-18.00 Uhr.

Die ***Kirche „Sweti Nikolaj"*** ist eine Sehenswürdigkeit für sich. In den Kirchenräumen befindet sich eine interessante Ikonenausstellung, und im Hof steht eine 150jährige Linde; an jedem Tag 8.00-12.00/13.30-17.30 Uhr geöffnet, Eintritt 10 Lewa (€ 5,10).

Wiedergeburtshäuser

- Selbst für ***Übernachtung*** ist in diesem Dorf gesorgt, in bezaubernden Wiedergeburtshäusern mit eigener Dusche und Toilette für jedes Zimmer. Die Zimmer von 18 restaurierten Häusern werden über den Komplex „Slatna Orescha" vermittelt, Tel. (994535) 273. Zum Komplex gehört eine Nationalitätengaststätte. Preise: 1-Bett-Zimmer € 8,70 (17 Lw), 2-Bett-Zimmer pro Person € 8,20 (16 Lw), 3-Bett-Zimmer pro Person € 6,10 (12 Lw), 4-Bett-Zimmer pro Person € 4,10 (8 Lw).
- Die ***Bushaltestelle*** am Dorfplatz mit einigen kleinen Geschäften und einer Bäckerei wird mehrmals täglich angefahren. Die Busse verkehren zwischen Sliven und Kotel und streifen auch die näheren kleinen Ortschaften.

Kotel
Котел

Das kleine Städtchen mit 8000 Einwohnern ist 16 km von Sheravna entfernt und hat viel mit diesem Dorf gemeinsam. Kotel bietet wie Sheravna die romantische ***Atmosphäre der Wiedergeburtszeit,*** obwohl die Wiedergeburtshäuser auch mit modernen Bauten vermischt sind. Die Ortschaft liegt in einem malerischen Talkessel *(Kotel* bedeutet auf Deutsch Kessel) des östlichen Balkans, am Pass Kotlenski prochod, der Nord- mit Südbulgarien verbindet.

Geschichte

In der Zeit der türkischen Fremdherrschaft zählte Kotel zu den ***privilegierten Soldatendörfern*** Bulgariens und war von Steuern an den Staat befreit, was den außergewöhnlichen Wohlstand der hiesigen Handwerker und Kaufleute erklärt und ihnen eine größere Freiheit sicherte.

Der Schöpfer der ***„Slawobulgarischen Geschichte",*** *Paissij Chilendarski,* gab 1765 sein Buch dem Popen *Stojko* aus Kotel, der später Bischof *Sofronij Wratschanski* wurde. Dieser fertigte die erste Abschrift des Manuskripts. Die Bewohner von Kotel waren die ersten, die die Tat der Brüder *Kyrill* und *Method* so sehr geschätzt haben, dass sie bereits 1860 den 24. Mai als deren Ehrentag feierlich begingen. Vier weltliche Schulen gab es schon im 19. Jh. in der kleinen Ort-

Gebiet Burgas

schaft. Das war nur möglich, weil hier im 18. und 19. Jh. namhafte ***Persönlichkeiten von nationaler Bedeutung*** gewirkt haben wie *Sofronij Wratschanski* (1739-1813), *Georgi Mamartschew* (1786-1846), *Neofit Bosweli* (1785-1848), *Dr. Peter Beron* (1800-1871), Begründer des bulgarischen Bildungswesens, und *Georgi Sawa Rakowski* (1821-1867), ein Revolutionär, Publizist, Historiker und Dichter, der „mit Feder und Schwert" gegen die Türken kämpfte.

Ein fürchterlicher ***Brand*** vernichtete 1894 fast die ganze Stadt. Verschont wurden nur die Wohnviertel Galata und Darljanka.

Sehenswertes

An erster Stelle stehen die ***Wiedergeburtshäuser,*** die zu der Art von Holzhäusern zählen, wie sie im östlichen und mittleren Balkan verbreitet sind. Sie sind drei- oder vierstöckig. Die Balkone werden durch Erker ersetzt und die Wirtschaftsräume im Erdgeschoss durch Werkstätten und Läden. In Architektur und Ausstattung nähern sich diese Häuser an die städtische Bauweise an, sie weisen bereits einen Salon auf, und die Außen- und Innenwände sind kunstvoll verziert. sehenswert sind die Häuser von *Kositschkow, Pismow, Barnew, Bajramov,* und *Karaiwanow* sowie die alte Mühle und das Wirtshaus.

Ethnografisches Museum im Kjorpeew-Haus, uliza Altanla Stojan, Mo.-Fr. 8.30-12.00 und 13.30-18.00 Uhr.

Ausstellung von Teppichen, Geweben, Holzschnitzereien und Ikonen in der ***Galatanskoto utschilischte*** (Galataer Schule) von 1869, uliza Isworska 17, Mo.-Fr. 8.30-12.00 und 13.30-18.00 Uhr.

Museum der Wiedergeburt und Pantheon zum Gedenken an *Georgi Sawa Rakowski* im Stadtzentrum, täglich 8.30-12.00 und 13.30-18.00 Uhr.

Übernachtung

- ***Hotel „Kotel",*** zwei Sterne, uliza Isworska 59, am Stadtpark; Tel. (0453) 2762.
- ***Privathotel*** mit 10 Betten, uliza Wetrila 1, Tel. (0453) 2711.
- ***Privathotel*** mit 14 Betten, uliza Georgi Sawa Rakowski 43, Tel. (0453) 2471.
- ***Hotel-Restaurant*** mit Nachtklub, uliza Stara planina 31, Tel. (0453) 3458.

Kulinarisches

- ***Taverna „Apogej",*** uliza Georgi Sawa Rakowski 47, griechische Küche.
- ***Mechana „Starata wodeniza"*** (Die alte Mühle) im Park Isworite.

Weitere nützliche Adressen

- ***Krankenhaus,*** uliza Georgi Sawa Rakowski 5, Tel. (0453) 2223.
- ***Post,*** uliza Iwan Siwow 4.
- ***Bank,*** uliza G. Gawrailow 4.

Transport

- ***Busbahnhof,*** uliza Luda Kamtschija, Tel. (0453) 2052, Busverbindungen nach Targovischte, Veliko Tarnovo, Gorna Orjachoviza, Sliven, Jambol und Burgas.

Jambol
Ямбол

99.000 Einwohner, 22 km südöstlich von Sliven am Fluss Tundsha und 93 km westlich von Burgas.

Jambol war schon in der Römerzeit eine bekannte Siedlung unter dem Namen Diampolis. Die Slawen nannten die Stadt im 14. Jh. Dabilino, und einige Jahrzehnte danach tauften sie die Türken Ineboli, um sie 1479 nochmals in Jambol umzubenennen. Seit der Befreiung entwickelte sich Jambol als landwirtschaftliches Zentrum und später als wichtiges Industriegebiet.

Sehenswertes

Obwohl die Stadt einiges zu bieten hat, ist sie vom Tourismus noch nicht entdeckt worden.

Historisches Museum *(Istorítscheski muséj)* uliza Bjálo moré 2, Tel. (046) 32736, Mo.-Fr. 8.00-12.00 Uhr und

13.00-17.00 Uhr, thor@descom.com. Außerhalb der Öffnungszeiten ist eine Besichtigung nach Vereinbarung möglich. Der Besuch ist ein großes MUSS! In den Archiven und Kollektionen gibt es mehr als 100.000 Exponate. Manche archäologischen Funde sind als Leihgaben im Louvre und im Britischen Museum sowie im Archäologischen Museum Sofia. In drei Fachgebieten, Archäologie (u.a. Idole - Götzenbilder aus Stein - aus mehr als 5000 Jahren v. Chr.), Numismatik (eine der reichsten Sammlungen Bulgariens) und Ethnografie (Schmuck, Volkstrachten, Waffen der 18. und 19. Jh.), werden wahre Kostbarkeiten ausgestellt.

Zarkwa „Swetí Geórgi“ (Kirche „Der heilige Georg“, 1737), uliza Swetí Geórgi 45. Die sehenswerte Ikonostase ist aus Nussbaum.

Jámbolskijat besistén (Stadtbasar) ploschtad Oswoboshdenie, ist einer der wenigen in Bulgarien erhalten gebliebenen überdachten Basare im Stadtzentrum. Der massive Steinbau aus dem 15. Jh. an der Kreuzung zweier Handelsstraßen diente zur Lagerung und zum Schutz der Waren. 1970-1973 wurde er restauriert und dient heute als Verkaufstelle für Souvenirs.

Eski-dshamája, Moschee aus dem 15 Jh. mit einem eckigen Minarett.

Kunstgalerie „George Papásov“ uliza Zar Samuil 2, Mo.-Fr. 9.00-12.00/ 13.00-17.00 Uhr. Noch ein Muss! Eine der reichsten Kunstgalerien des Landes. Sie verfügt über mehr als 3000 Werke bekannter bulgarischer und ausländischer Künstler.

Übernachtung

- ***Touristen-Information:*** *Turistítschesko drúshestwo „Kabilé“* (Touristen Gesellschaft „Kabile“) uliza Stefan Karadsha 31, Tel. (046) 22670, vermittelt Privatquartiere und Hotels.
- ***Hotel „Tundsha“,*** 2 Sterne, uliza Busludsha, mit Restaurant.
- ***Park-Hotel „Bórowez“,*** 3 Sterne, uliza Bórowez 100, in einem Kiefernwald, Tel./Fax (046) 63357, (046) 4662244, mit Restaurant, Nachtbar, annehmbaren Preisen, www.borowetz.com, E-Mail: borowetz@descom.com.
- ***Motel-Restaurant,*** an der Straße zum Dorf Vesselinovo gelegen (nordöstlich der Stadt), Tel. (046) 21047.

Kulinarisches

- ***Mechana Borovez,*** uliza Preslav.
- ***Sladkarniza Sacharno petle,*** Kinderkonditorei, uliza Zar Oswoboditel 2.

Weitere nützliche Adressen

- ***Krankenhaus,*** uliza Panajot Chitow 30, Tel. (046) 26961.
- ***Stomatologische Poliklinik,*** uliza Dimitar Blagoew 2, Tel. (046) 29796.
- ***Polizei,*** uliza Preslav 36, Tel. (046) 26991.
- ***Postamt,*** uliza Georgi Sawa Rakowski 3.
- ***Balkanbank,*** uliza Zar Iwan Alexander 9, Mo.-Fr. 8.00-11.30 und 14.00-17.00 Uhr.
- ***Reise- und Übersetzungsbüro „Balkan“,*** neben dem Kino „Wapzarow“, Mo.-Fr. 9.00-12.30 und 14.00-17.30 Uhr.

Transport

- ***Busbahnhof*** uliza Targóvska, östlich vom Stadtzentrum, gleich in der Nähe des Basars *(pasára)* Tel. (046) 23654, 24417, 23885, Verbindungen nach Sliven, Nova Sagora, Plovdiv, Sofia und im Sommer nach Burgas und zu anderen Schwarzmeerorten.
- ***Bahnhof*** nordwestlich außerhalb der Stadt, uliza Shelesnitscharska 1, Tel. (046) 22626, 22254. Die Stadt ist Verkehrsknotenpunkt an der Eisenbahnlinie Sofia - Plovdiv - Burgas.

Umgebung von Jambol

Thrakische Siedlung Kabile

Тракийско селище Кабиле

Das archäologische Reservat befindet sich etwa 6 km nordwestlich von Jambol, nicht weit entfernt von dem heutigen Dorf Kabilé (2 km nördlich). Im 2. Jh. v. Chr. entstand hier eine thrakische Siedlung um ein älteres Kultzentrum. Die Siedlung existierte bis zum 14. Jh. Interessant sind die ausgegrabenen Überreste eines römischen Militärlagers mit Kasernenräumen, Bädern, Teilen einer Festungsmauer und eines Getreidelagers, des Horeums. Ein archäologisches Museum zeigt die Funde; wenn geöffnet, dann 8.00–20.00 Uhr. Neun Mal am Tag pendelt ein Bus von und nach Jambol.

Wandertipp

Chisha Bakadshik in der Gegend Bakadshizite (eine Kette von kleineren Hügeln mit erzhaltigen Felsen) bei einem jungen Laubwald.

Ausgangspunkt ist Jambol; 16 km mit dem Bus auf zwei verschiedenen Straßen in östliche Richtung zum Dorf Tschargan oder Pobeda. Zu Fuß erreicht man die Chisha Bakadshik von den Dörfern Tschargan, Pobeda und Tarnava in einer Stunde.

Ziele: Kloster „Sweti Spas" (1865) mit seiner Kirche „Alexander Newski"; Gipfel Sweti Spas (500 m) mit Überresten einer römischen Festung - 20 Minuten; Gipfel Kaleto mit Überresten einer mittelalterlichen Festung; Chisha Drushba - 10 Minuten, in deren Nähe eine künstliche Höhle mit Skulpturen angelegt wurde und sich eine Gaststätte befindet (beide 10 Minuten entfernt).

Karnobat
Карнобат

23.000 Einwohner, eine weitere Station auf dem Weg nach Burgas (noch 56 km); in diesem Fall eine abstoßende kleine Industriestadt, die man gern schnell wieder verlässt.

Im Zentrum gibt es ein ***türkisches Bad*** (1450-87) und eine Moschee (1821); einen 23,45 m hohen ***Uhrturm*** mit einem auf Steinmauern aufgebauten oberen Teil aus Holz; einige zweistöckige, hölzerne ***Wiedergeburtshäuser,*** z.B. die des *Nikifor Minkow* und des *Bej Saroolu,* mit holzgeschnitzten Decken und Wandschränken, und die ***Kirche „Sweti Iwan Bogoslow"*** (1880).

Westlich der Stadt befinden sich ein großer ***Siedlungshügel aus dem Neolithikum*** und Überreste der mittelalterlichen Festung Markela.

Transport

- ***Bahnhof,*** im Norden, außerhalb der Stadt; Bahnlinie Sofia - Burgas und Karnobat - Kommunari mit Abzweigungen nach Schumen und Varna.
- ***Busbahnhof,*** Verbindungen nach Burgas, Ajtos, Balgarovo, Sungulare, Sliven, Jambol.

Ajtos
Айтос

20.000 Einwohner. Für ganz Eilige mit Zielrichtung Schwarzes Meer (nur noch 30 km bis Burgas) ist das kleine Städtchen bedeutungslos. Für Entdeckungsreisende hält die ***Kirche „Sweti Dimitar"*** wertvolle Malerei bereit. 1972 wurden im Zentrum ***Spuren einer thrakischen Siedlung*** und einer kleinen Festung aus dem 5.-6. Jh. entdeckt.

Nordwestlich der Stadt erhebt sich die felsige Anhöhe Chissar (322 m), wo die Grundmauern von drei Türmen der ***mittelalterlichen Festung Aetos*** (griechisch: Adler) zu sehen sind. Östlich von Ajtos steht das ***Felsengebilde Trimata bratja.***

Burgas
Бургас

Wenn man sich auf der Europastraße E 773 der Stadt nähert, wird man von der Skyline überrascht sein. Das sind die Hochhäuser der neuen Wohnorte einer stürmisch wachsenden Stadt. Die mit 200.000 Einwohnern nach Varna zweitgrößte Stadt am Schwarzen Meer und die fünftgrößte Bulgariens ist ein wichtiges ***Handels-, Industrie- und Kulturzentrum.*** Im Hafenkomplex werden über 50 % der im gesamten Seeverkehr anfallenden Umschlagarbeiten abgewickelt. Fast alle Produktionsbereiche der Schwer-, Leicht- und Nahrungsgüterindustrie sind hier vertreten. Bei Burgas befindet sich das größte petrolchemische Kombinat des Landes

Karte siehe S. 359

„Neftochim". Das kulturelle Antlitz von Burgas prägen ein Schauspiel- und ein Opernhaus, eine große Bibliothek, das staatliche Sinfonieorchester, das Freilichttheater und einige in den letzten Jahren angesiedelte Hochschulen.

Hier sucht man vergeblich Spuren alter Kulturen, denn die Siedlung, aus der Burgas erwuchs, ist erst Ende des 16./Anfang des 17. Jh. von Fischern aus Sosopol angelegt worden. Und erst nach der Befreiung von der türkischen Herrschaft begann eine rasche Entwicklung zur Stadt. Einen wesentlichen Anteil daran hatte die Burgas mit Sofia verbindende Eisenbahnlinie (1890). Die Grundmauern des heutigen Hafens wurden 1903 gelegt.

In der Umbruchszeit versucht Burgas, ein neues Gesicht zu finden. Das wird bestimmt nicht leicht, weil sich ***Tourismus und Industrie*** (das Erdölverarbeitungswerk liegt nur 15 km westlich, der Hafen in unmittelbarer Nähe des Strandes) nicht so einfach unter einen Hut bringen lassen.

Der Badestrand ist mit schwarzem, magnetithaltigem Sand wie in Pomorie bedeckt, der sogar bei verschiedenen Krankheiten therapeutische Wirkung erzielt. Zunehmend werden aber ***Strand und Meer*** durch Masut (Bestandteil des Erdöls, Kesselheizmittel) und Öl vom benachbarten Hafen ***verschmutzt,*** so dass das Baden kein Vergnügen mehr ist. Man hat hinterher Flecke am Körper, die sich nur schwer entfernen lassen.

Außerdem herrscht im Sommer ein ***Mangel an Trinkwasser,*** der zu einer strengen Wassereinteilung führt, die man auch beim Duschen im Hotel zu spüren bekommt.

So bleibt einem eigentlich nichts anderes übrig, als sich schnell zu entscheiden, in welche Richtung man Burgas verlässt. Aber für einen Bummel sollte man sich gerechterweise doch etwas Zeit nehmen. Im Zentrum sind denn auch alle Sehenswürdigkeiten und kulturellen Einrichtungen konzentriert.

Sehenswertes

Die ***kleine armenische Kirche,*** uliza Lermontov, hinter dem Hotel „Balgarija", 1858 von der armenischen Gemeinde in Burgas errichtet.

Kirche „Sweti Kyrill i Methodi" (1894/95) nahe dem Mórskata gradína (Meeresgarten), gebaut nach Plänen des italienischen Architekten Ricardo Toscani.

Archäologisches Museum (Archeologítscheski muséj), uliza Aleko Bogoridi 21, Tel. (056) 843541, zeigt einige unikale Skulpturen und Reliefs, wie die altgriechische Marmorstatue (5. Jh. v. Chr.), die als das älteste plastische Denkmal Bulgariens gilt, ein Grabrelief und einen kleinen Marmorkopf (5. Jh. v. Chr.), den Schmuck der thrakischen Priesterin Leseskepra und viele Gegenstände aus der römischen Zeit.

Ethnografisches Museum *(Etnográfski muséj),* uliza Slawjánska 69, Tel. (056) 42843. Schmuck und Volkstrachten der Region aus dem 19./20. Jh.

Historisches Museum *(Istorítscheski muséj),* uliza Lermontov 31, Tel. (056) 841815. Die geschichtliche Entwicklung von Burgas und seiner Region in der Periode der bulgarischen Wiedergeburt, der Kampf für eine nationale Kirche und Kultur, die Befreiung von der türkischen Herrschaft und die industriellen Fortschritte der 30-er Jahre.

Naturwissenschaftliches Museum *(Prirodonaútschen muséj),* uliza Fotinov 30, Tel. (056) 843 239. Eindrucksvoll wird der Naturreichtum der Region Burgas demonstriert.

Kunstgalerie *(Hudóshestwena galéria)* uliza Mitropolit Simeon 24, Tel. (056) 842169. Die Kunstgalerie ist eine der ältesten des Landes. Sie befindet sich in der ehemaligen jüdischen Synagoge, einem Kulturdenkmal der Stadt, gebaut 1905-1910 von dem italienischen Architekten Ricardo Toskani. Auf drei Etagen werden ca. 2000 Werke der Malerei, Skulptur und Grafik gezeigt. Ein zentraler

Platz ist den großen Namen der bulgarischen Kunst, wie Bentscho Obreschkov, Zeno Todorov, Nikola Marionov, Slatju Bojadshiev, Stojan Welev, Mara Zontscheva, Entscho Pironkov u.a. eingeräumt. Auf der zweiten Etage werden die Werke der Künstler von Burgas präsentiert. Besonders sehenswert ist die Ikonensammlung aus dem Strandsha-Gebiet vom 17. bis Anfang des 20. Jh.

Öffnungszeiten der Museen: Mo.-Fr. 9.00-12.00 und 13.30-17.00 Uhr.

🏨	1	Hotel Park
★	2	Krankenhaus
★	3	Freilichttheater
ℹ	4	Balkantourist
★	5	Theater, Oper und Ballett
★	6	Puppentheater
🏨	7	Interhotel Balgaria
Ⓜ	8	Archäologisches Museum
★	9	Theater A. Budewska
✉	10	Hauptpost
🏨	11	Hotel Tschechoslovakia
●	12	Bahnhof
Ⓑ	13	Busbahnhof Süd
🏨	14	Hotel Primorez

Kultur

● ***Dramatisches Theater „Adriana Budewska"*** uliza Zar Asen 135, Tel. (056) 841524.

● ***Theater für Oper und Ballett,*** uliza Kliment Ochridski 4, Tel. (056) 843057.

● ***Sommertheater*** *(Léten teátar)* im Meeresgarten *(Mórskata gradína).*

Im Sommer organisiert Burgas für seine Gäste ein reiches Kulturprogramm:

● ***Nationales Musikfestival „Burgas und das Meer"*** (Juli und August),

● ***Kindermusikfestival „Sladkopójna tschutschulíga",*** „Süß singende Lerche" (Mai),

● ***Internationales Folklorefestival*** (vorletzte Woche im August),

● ***Musikfestival Emil Tschakárov*** (Klassik, Anfang Juli).

Übernachtung

Ein Privatzimmer in Burgas? Kein Problem. Denn die wenigsten Touristen wollen hier bleiben. Die Vermieter warten bereits am Bahnhof und sprechen die potenziellen Gäste an. So bleiben die Preise auch in der Hochsaison im Keller: 5-8 Lewa pro Bett.

Accommodations

(Agenturen für Privatzimmer)

● ***Primorez Travel,*** uliza Ivan Wasov, Tel. (056) 842 727, gleich gegenüber vom Bahnhof, Mo.-Fr. 9.30-17.30, pro Bett 11 Lw

● ***TS Travel*** an der Ecke uliza Konstantin Fotinov und uliza Bulair, Tel./Fax (056) 845 060, E-Mail: tstravel@ns.comnet.bg, pro Bett 7 Lw

● ***Touristen Büro Balkanov,*** uliza Aleko Bogoridi 14, Tel. (056) 844 597, Mo.-Fr. 10.00-19.00 Uhr, DZ 20 Lw.

Hotels

● ***Hotel Balgarija,*** 3 Sterne, wenige Schritte vom Bahnhof entfernt, uliza Aleksandrovska 21, Tel. (056) 842 610, Fax (056) 841 291, E-Mail: hotelbulgaria@2plus.bg, EZ/F 38 $, DZ/F 50 $, mit gutem Restaurant.

● ***Hotel Primorez,*** zwei Sterne, uliza Knjas Alexander Battenberg 1, gegenüber von einem Sportplatz, östlich vom Bahnhof, Tel. (056) 843 137, Fax (056) 842 934, Zimmer mit Balkon und Meeresblick, EZ/F 80 Lw, DZ/F 120 Lw

Transport

● ***Flughafen,*** Tel. (056) 683 181; unmittelbar vor dem Abflugterminal befindet sich die Bushaltestelle des Stadtverkehrs Burgas. Der ***Bus der Linie 15*** verkehrt zwischen 6.00 und 21.00 Uhr etwa alle 30 Minuten und fährt bis ins Stadtzentrum zum Bahnhof/Busbahnhof. Die rund 30-minütige Fahrt kostet 40 Stotinki, Fahrscheine verkauft der Schaffner im Bus. Balkan Airlines fliegt nicht mehr nach und von Burgas. Die neue Fluggesellschaft Dandy Airlines verbindet jetzt Burgas mit Sofia viermal in der Woche (nur in der Zeit zwischen 15. April und 30. Oktober, eine Richtung 50 $, hin und zurück 100 $).

● ***Reiseagentur*** für Balkan und Dandy Airlines, Ecke uliza Christo Botev/uliza Ferdinandov, Tel. (056) 842 631. Gebucht werden können auch internationale Flüge.

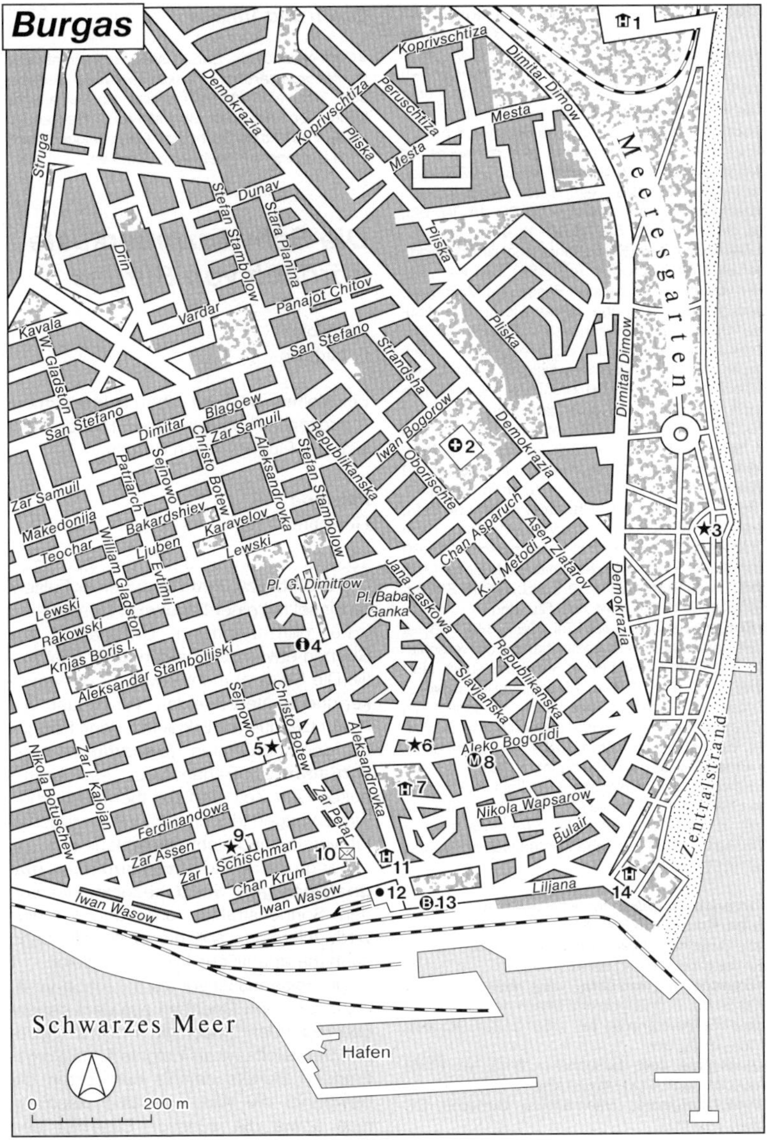

Gebiet Burgas

- ***Bahnhof,*** uliza Iwan Wasow, Tel. (056) 843 337; täglich 7 Züge nach Sofia (7-8 Std.), davon einmal Expressverbindung über Plovdiv (6-7 Std.) und 4 Schnellzüge über Plovdiv (bis Plovdiv 4-5 Std.) sowie einmal Expresszug (5-6 Std.) über Karlovo; Expresszug nach Kasanlak (3 Std.), nach Stara Sagora (2 Std.) und nach Sliven (1,5 Std.).
- Internationale Fahrscheine gibt es außer im Bahnhof noch im ***Büro Rila*** (Tel. 820 523), uliza Alexandrovska 106, ein Stück nördlich vom ploschtad Troikata, Mo.-Fr. 08.00-16.30 Uhr, Sa. 08.00-13.30, So. 08.00-14.00.
- ***Awtogára Jug*** (Busbahnhof Süd) am Südende der uliza Alexandrovka, Tel. (056) 840 841. Von hier verkehren die meisten Busse und Minibusse. Den gesamten Tag über fahren alle 30-40 Minuten Busse zu den schönsten Plätzen an der Schwarzmeerküste: nach Sosópol (40 Min.), Nessebar (40 Min.), Slantchev brjag (45 Min.); zwischen 6.00 und 19.00 Uhr jede halbe Stunde nach Primorsko (1 Std.), zwischen 6.00 und 20.00 Uhr alle 60-90 Minuten nach Kiten (1 Std.), täglich viermal nach Achtopol (1,5 Std.). Minibusse verkehren im Abstand von 60 bis 90 Minuten direkt nach Pomorie-Zentrum (25 Min.). Täglich 7.30 und 9.15 Uhr nach Plovdiv (4 Std.), jede 30-40 Minuten nach Varna (2 Std.), nach Chaskovo (3 Std.) viermal meist zwischen 14.00 und 17.00 Uhr, über zehnmal nach Sofia (7-8 Std.), nach Stara Sagora (2,5 Std.) um 10.30 Uhr, nach Sliven (2 Std.) alle zwei Stunden.
- ***Enturtrans*** uliza Bulair, Tel. (056) 844 708, ist eine der privaten Busgesellschaften, die verschiedene Ziele in Europa (über Sofia) ansteuert, fährt aber auch nach Sliven, Pleven, Veliko Tarnovo, Chaskovo, Kasanlak und Varna zu geringfügig höheren Fahrpreisen als die öffentlichen Buslinien. Viermal täglich fahren Busse nach Istanbul.
- ***Awtogára Sápad*** (Busbahnhof West), 1,8 km nordwestlich vom ploschtad Trojkata, Verbindungen nach Malko Tarnovo (3 Std.) und 4-5 mal täglich in die Ortschaften im Strándsha planiná (Strandsha Gebirge) nahe der türkischen Grenze, Tel. (056) 821 094.

Vorverkaufsstellen für Bustickets nach Sofia, Varna, Russe, Jambol, Plovdiv, Stara Sagora, Pleven, Swischtov, Veliko Tarnovo, Gabrovo u.a. sowie nach Zentral und Westeuropa in:

- ***Transportna kaschta,*** uliza Aleksándrovska 106 (in der Fußgängerzone neben der Stomatológijata (Zahnarztpraxis), Tel. (056) 24237, Mo.-Sa. 7.00-19.00 Uhr.
- ***Awtogára Jug*** (Busbahnhof Süd) Tel. (056) 840 841, tägl. 6.00-18.00 Uhr.
- ***Hotel Balgarija*** - internationale Buslinien, Tel. (056) 840 601.

Essen und Trinken

- Gute Nachtclubs, Bars, Cafés, Restaurants sind im ***Meeresgarten*** *(Mórskata gradína)* angesiedelt. Schmackhafte und preiswerte bulgarische Küche von Fast Food wie ***BMS*** (uliza Aleksandrovska), ***Fast Food Beit*** (uliza Aleko Bogoridi) sind auch für Vegetarier sehr zu empfehlen.

Die Schwarzmeerküste nördlich von Burgas

Sarafovo
Сарафово

Ein kleines Dorf mit Übernachtungsmöglichkeiten in Privatquartieren. Hier befindet sich der Flughafen von Burgas.

Pomorie
Поморие

13.000 Einwohner, 3 km vom Abzweig an der E 87 bis zu dem Ort auf einer Felsenhalbinsel mit einer Lagune im Norden.

Für den „normalen" Urlauber ist das Seebad etwas bescheiden, eher unattraktiv. Die Stadt ist mehr etwas für Rheumatiker und an Nervenleiden, Venen- und Gelenkentzündungen Erkrankte, denn hier gibt es den berühmten ***jodhaltigen Heilschlamm*** zur Behandlung dieser Krankheiten. Zur Zeit sind die therapeutischen Einrichtungen jedoch heruntergewirtschaftet, veraltet und nicht empfehlenswert.

Der große Strand ist von ***dunklem, magnetithaltigen Sand*** bedeckt, der von den Sonnenstrahlen unerträglich erhitzt wird. Allerdings soll dieser dunkle Sand auch therapeutische Wirkung erzielen.

Die Felsenhalbinsel wurde schon im 4. Jh. v. Chr. von Griechen aus dem gegenüberliegenden Appolonia Pontica (Sosopol) besiedelt und als Kolonie Anchialo gegründet. Bereits damals entdeckten die Bewohner die Wirkung des Heilschlammes sowie die günstige Lage für den

Weinanbau. Dann teilte die Stadt das tragische Schicksal aller Hafenstädte und strategischen Siedlungen an der Schwarzmeerküste: Sie wurde mehrmals von Römern, Bulgaren, Byzantinern und Osmanen überfallen, erobert und zerstört. In den Friedenszeiten entwickelte sich die Stadt zu einem ***bedeutenden Hafen,*** der hauptsächlich Getreide, Vieh und Wein ausführte und im Mittelalter Handelsbeziehungen mit Genua und Venedig pflegte. Die von den Kriegen verschont gebliebenen historischen Werte vernichtete ein ***großer Brand*** im Jahre 1906, so dass nur einige alte Häuser im Ostteil erhalten geblieben sind.

Dank seiner günstigen Lage gelingt es Pomorie bis heute, seine alten ***Wirtschaftstraditionen*** zu bewahren. In der Stadt arbeitet die größte Weinfabrik des Landes und produziert gute Weine und den wohlschmeckenden Kognak „Pomorie"; in der Umgebung wird Meersalz gewonnen, gibt es Anpflanzungen von Obst und anderen Kulturen.

Sehenswertes

Auf den Felsen am Meer steht das Denkmal des bedeutenden bulgarischen Dichters und Dramatikers ***Pejo Kratscholow Jaworow*** (1878-1914), den hier eine Zeitlang die Musen beflügelten. Seine Poesie, sein Leben und sogar sein Freitod wurden von der Liebe bestimmt. Bis heute bleiben seine Liebesbeziehungen und sein Tod ein aufregendes Thema. Jedes Jahr im August werden ***Jaworow-Kulturtage*** veranstaltet.

Manastir „Sweti Georgi". Das Kloster befindet sich zwischen der Alt- und Neustadt, uliza Knjas Boris I. 110, und bietet auch Übernachtungsmöglichkeiten. Die Versorgung ist hier kein Problem. Das Essen bringt man aus der Stadt mit, und verdursten kann man hinter den Klostermauern auch nicht, da die Mönche fleißig „grosdowa rakija" (Weintraubenschnaps) und Wein selbst herstellen und verkaufen.

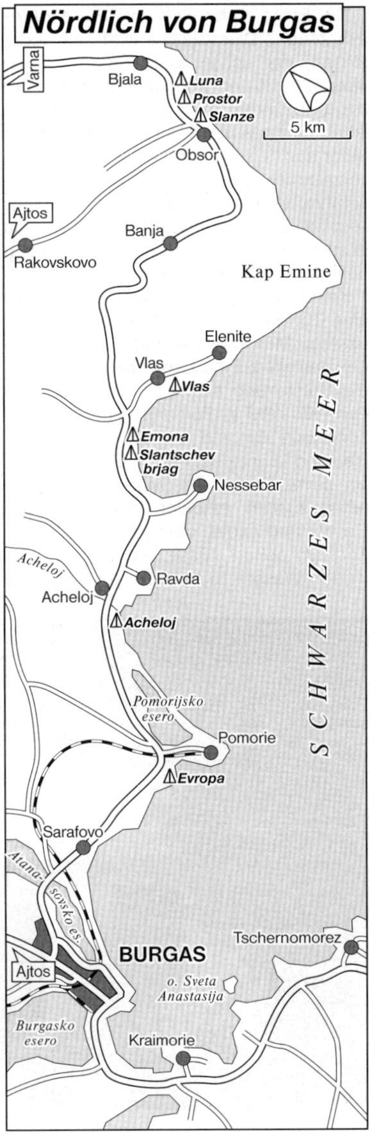

Die Frage lautet vielmehr: Ein ***Kloster am Meer?*** Diese Frage wird sich jeder stellen, der schon weiß, dass sich die über 120 Klöster hauptsächlich in den Gebirgen befinden. Auf den Touristenkarten ist als einziges mittelalterliches Kloster am Meer das Felsenkloster Aladsha bei Varna verzeichnet. Selbst die bulgarischen Reiseführer verlieren darüber kein Wort. Dies verpflichtet uns, etwas mehr über das (fast) einzige und dazu noch in Funktion befindliche Kloster zu berichten.

Keiner weiß eigentlich genau, warum so eine Klosterarmut am Schwarzen Meer besteht. Man kann darüber nur Vermutungen anstellen. Eine ***Legende*** erzählt über die Entstehung dieses „geheimgebliebenen" Klosters in Pomorie folgendes: Ein Türke aus Zarigrad war schwer erkrankt, niemand konnte ihm helfen. Eines Nachts, als seine Leiden ihn wieder besonders heftig quälten, erschien ihm der Heilige Georgi und sagte, dass er schnell nach Anchialo gehen müsse, um von dem heilenden Wasser zu trinken. Nur so könne er sich von der schweren Krankheit befreien. Der Türke erfüllte sofort, was ihm geheißen, und wurde wieder kerngesund. Er war so dankbar und begeistert von dem Wunder des christlichen Heiligen, dass er sich von seinem Glauben lossagte und ein braver Christ wurde. Er ließ sogar seine Familie in dem neuen Glauben taufen. Und dort, wo er das heilende Wasser trank, baute er ein Kloster und wurde selbst bis zum Ende seiner Tage ein Mönch.

Das Kloster „Sweti Georgi" wurde bereits im 12. Jh. erwähnt und im Mittelalter zerstört. Sein heutiges Äußeres hat es seit etwa 1856. In der einschiffigen ***Klosterkirche*** kann man Ikonen aus dem 18. und 19. Jh. bewundern. Manche zeigen den Patron des Klosters, den Heiligen Georgi, in der bekannten Gestalt als Drachentöter auf einem weißen Pferd.

Thrakisches Kuppelgrab (3./4. Jh.), ein Stück außerhalb von Pomorie, rechts an der Straße Richtung Burgas gegenüber dem Eingang des Campingplatzes „Euro-

Kloster „Sveti Georgi"

pa". Das Grabmal liegt unter einem Hügel namens Kuchata mogila (leerer Hügel) auf dem Gelände eines landwirtschaftlichen Versuchsgutes für Obstanbau. Es stellt ein in seiner Architektur einmaliges thrakisches Kuppelgrab dar. Zu einem gewölbten Rundraum mit einem Durchmesser von 12 m und 5,5 m Höhe führt ein 22 m langer Korridor (Dromos). Eine mächtige Säule trägt die Kuppel. Diese erst zum Ende des 19. Jh. entdeckte Anlage diente schon in römischer Zeit als Mausoleum.

Obwohl die Anlage leider immer noch sehr vernachlässigt ist, wurde sie jetzt wenigstens wieder verschlossen. Das Grabmahl steht dennoch für jedermann offen – aber nur auf telefonische Anforderung. Im Eingangsbereich findet man eine Telefonnummer, oder man schließt sich einer Reisegruppe an.

Übernachtung

- ***Interhotel „Pomorie",*** drei Sterne; direkt am Meer und ins Wasser hineinragend. War das sechsstöckige Hotel einst die Attraktion, ist es aber inzwischen total renovierungsbedürftig. Vom verlorenen alten Glanz sind noch die Preise diktiert: EZ 40 $ mit Frühstück, DZ pro Person 30 $ mit Frühstück. Restaurant, Bar, balneotherapeutische Abteilung mit Heilschlammbehandlung und verschiedenen physiotherapeutischen Prozeduren. Tel. (0596) 2440, Fax 2280.
- Preiswerte ***Privatquartiere*** stehen reichlich zur Verfügung und stellen eine Alternative für diejenigen dar, die sich die medizinischen Prozeduren im Hotel „Pomorie" angedeihen lassen wollen.
- ***Camping „Europa"*** 2 km südlich von Pomorie an der E 87, in einer schönen stillen Bucht in Strandnähe unter schattenspendenden Pappeln. Einige Preise zur Orientierung:

Datscha mit vier Zimmern und D/WC – € 51 (100 Lw); mit zwei Zimmern, D/WC – € 30,70 (60 Lw); mit drei Zimmern, D/WC – € 41 (80 Lw).

Zeltplatz pro Person € 1,02 (2 Lw), Kinder von 2 bis 12 Jahre € 0,51 (1 Lw); Zelt € 1,02 (2 Lw).

Auto € 1,02 (2 Lw), Auto mit Anhänger € 2,05 (4 Lw); Motorrad € 0,51 (1 Lw), Mikrobus € 2,56 (5 Lw).

Strandtaxe € 0,26 (0,50 Lw); Kurortgebühr € 0,26 (0,50 Lw); Versicherung € 0,26 (0,50 Lw).

Transport

- ***Busbahnhof,*** mehrmals täglich Verbindungen nach Nessebar, Burgas, Varna und Sofia.

Acheloj

Ахелой

Ein stilles Dorf am gleichnamigen kleinen Fluss. Nur der altertümliche Name erinnert noch an ein großes Ereignis in der bulgarischen Geschichte. 917 hat hier der bulgarische Zar *Simeon* einen glänzenden Sieg über den byzantinischen Heerführer Leo Phokas errungen.

Von der großen Konkurrenz der umliegenden bekannten Seebäder und Campingplätze bedroht, warten die Bewohner sehnsüchtig auf sich verirrende Touristen. Hier kann man nicht viel Service erwarten, dafür aber mit niedrigen Preisen rechnen oder diese aushandeln.

Unterkunft

- ***Camping „Acheloj",*** nur 2 km südlich vom Dorf (von Slantschev brjag nur 12 km), am Abzweig von der E 87. Zeltplatz und Bungalows direkt am Strand, WC/D, Restaurant, Post. Der Campingplatz ist auf jeden Fall teurer als ein Privatzimmer im Dorf; hier die Preise zur Orientierung:

im ***Bungalow:*** ein Bett € 5,10 (10 Lw), Zimmer mit zwei Betten € 10,20 (20 Lw), Zimmer mit drei Betten € 13,30 (26 Lw);

Übernachtung mit Halbpension € 9,20 (18 Lw), mit Frühstück € 6,10 (12 Lw);

Versicherung pro Person und Tag € 0,13 (0,25 Lw); Strandtaxe € 0,20 (0,40 Lw), für Kinder von 2 bis 12 Jahre € 0,10 (0,20 Lw);

Auto € 2,05 (4 Lw), Auto mit Anhänger € 3,37 (6,60 Lw);

Zelt € 2,05 (4 Lw), pro Person € 2,05 (4 Lw).

Ravda

Равда

Ein Ferienort mit feinsandigem Strandstreifen und einem Ferienlager für Schüler. Für Leute ohne große Ansprüche, die hier die besonders billigen Quartiere (€ 1,02-1,53/2-3 Lw) nutzen wollen.

Nessebar
Несебър

7000 Einwohner, zirka 40 km von Burgas und 100 km von Varna.

Ob mit Bus, Fahrrad oder einfach zu Fuß entlang am Strand vom nur 4 km entfernten Slantschev brjag, die Touristenscharen kommen, um die herrliche, altertümliche Atmosphäre der Altstadt zu genießen. Kaum zu glauben, dass sich auf diesem Halbinselchen, durch eine 10 m breite und etwa 300 m lange Straße mit dem Festland verbunden, einstmals mehr als 40 ***Kirchen*** drängten. Heute sind davon lediglich noch elf teils als Ruinen, teils in Funktion erhalten geblieben und damit dennoch mehr mittelalterliche Kirchen als in jeder anderen Ortschaft Bulgariens.

Wenige der Besucher, die in einer Stunde das alte Nessebar durchlaufen haben, wissen, dass diese ***Siedlung eine der ältesten Europas*** ist. Mehr als 3000 Jahre lang wurde sie ununterbrochen besiedelt. Spuren ***thrakischer Besiedlung*** reichen bis ins 2. Jahrtausend v. Chr. zurück. Die strategisch an der bulgarischen Schwarzmeerküste nahezu einmalige Lage der natürlich geschützten, felsigen, verhältnismäßig hohen und ins Meer hinausragenden Halbinsel zog zuerst ***griechische Eroberer*** im 6. Jh. v. Chr. an. Zunächst unter Beibehaltung des thrakischen Namens Messambria, später Messemvria, schufen sie eine Festung mit starken Mauern, die auch heute noch zu sehen sind. Aus der so geschützten Siedlung machten sie einen blühenden Handelsplatz. Im Zusammenhang mit mehrfachem Besitzerwechsel, zuerst an die Römer, dann abwechselnd an Byzantiner und Bulgaren, gab es ein ständiges Auf und Ab, wobei sich der Handel immer wieder belebte und die Stadt zu neuer Blüte führte.

Die ***Osmanen*** setzten der Entwicklung ein Ende, und die Stadt verfiel zu einem unbedeutenden Provinzstädtchen. Nach der Befreiung entwickelte sie sich als kleiner Fischerort.

Heute steht die gesamte ***Stadt unter Denkmalschutz*** und ist ein einzigartiges Museum. Die Wohnhäuser stammen aus dem 18. und vorwiegend aus dem 19. Jh. und bilden an verschiedenen Stellen malerische Gruppen. Sie sind alle vom gleichen ***Typ des Schwarzmeerhauses*** mit einem Erdgeschoss aus Stein und einem darüber hinausragenden hölzernen Obergeschoss. Unten waren die Unterkünfte des Dienstpersonals und die Lagerräume, oben befanden sich die Wohnräume.

Museen (in der Altstadt)

- ***Archäologisches Museum,*** uliza Messembria 30, in der Kirche „Sweti Joan Krastitel" (Heiliger Johannes der Täufer, 10./11. Jh., eine der besterhaltenen Kreuzkuppelkirchen jener Zeit), 9.00-12.00 und 14.00-18.00 Uhr; von griechischer Keramik bis zu Zeugnissen der Osmanenzeit.
- ***Ethnografisches Museum,*** uliza Messembria 31, 9.00-12.00/14.00-18.00 Uhr, im Muskojani-Haus (19. Jh.) mit Trachten, Hausgerät, Handwerkserzeugnissen.
- ***Pantokrator-Kirche*** (13. Jh.), eine der am besten erhaltenen mittelalterlichen Kirchen Bulgariens und ein Höhepunkt bulgarischer Baukunst, Typ Kreuzkuppelkirche mit drei Apsiden, die Wirkung der reich gegliederten Fassade wird durch die Verwendung glasierter Keramik verstärkt. In der Kirche befindet sich ein Kunstladen.

Übernachtung in der Altstadt

Die Altstadt ist so stark kommerzialisiert, dass selbst im Oktober noch € 10,20 (20 Lw) pro Bett und Nacht (ohne Frühstück) verlangt werden. In der Hochsaison klettern die Preise für ein Bett sogar teilweise auf über € 25,60 (50 Lw). Man kann deshalb jedem nur abraten, sich hier einzuquartieren. Lieber gehe man in die Neustadt, wo die Preise bei etwa der Hälfte liegen, wo aber leider oftmals auch die Zimmerqualität zu wünschen übrig lässt. Hier muss man erst recht hartnäckig verhandeln.

Sowohl in der Altstadt als auch in der Neustadt von Nessebar wimmelt es von Privatquartieren und Hotels. (Übernachtungsmöglichkeiten bieten sich praktisch überall, auch in den großen Wohnblocks. Man muss nur die Menschen ansprechen.) Wir verzichten jedoch auf konkrete Empfehlungen, da wir hier keine guten Erfahrungen gemacht haben.

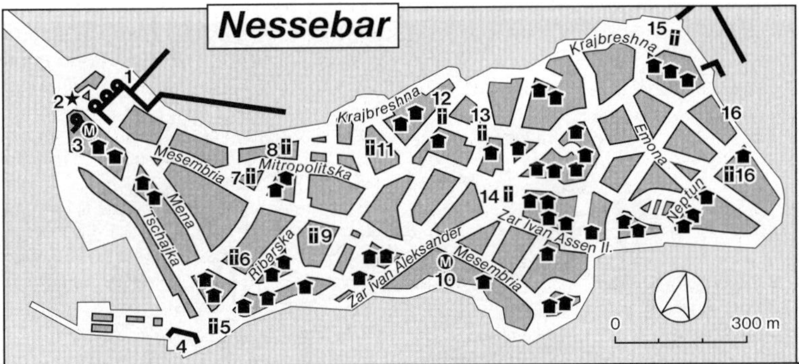

- 1 Griechische Festungsmauer
- ★ 2 Stadttor mit Festungsanlagen
- Ⓜ 3 Archäologisches Museum
- 4 Festungsmauer am Hafen
- 5 Kirche „Sweti Johann Aliturgetos"
- 6 Kirche „Sweti Stefan"
- 7 Kirche „Christus Vsedarshitel" (Pantokrator-Kirche)
- 8 Kirche „Sweti Johann Krastitel"
- 9 Kirche „Sweti Kliment"
- 10 Kirche „Sweti Spas"
- Ⓜ 11 Ethnographisches Museum
- 12 Kirche „Sweti Archangeli Michail i Gawrail"
- 13 Kirche „Sweta Paraskewa"
- 14 Kirche „Sweta Sofia"
- 15 Kirche „Bogorodi za Eleussa"
- 16 Kirche „Sweti Todor"
- Wiedergeburtshäuser

Kulinarisches

- Für das leibliche Wohl sowie schlaflose Nächte gibt es in ganz Nessebar ein reiches Angebot. Gleich am Hafen stehen Buden, die verschiedene Sorten teuren, aber wohlschmeckenden ***frisch gebratenen Fisch*** anbieten. Wem das alles nicht zusagt, der kann in ***Slantschev brjag*** auf seine Kosten kommen.
- Wer seinen Geldbeutel schonen möchte, der findet ***Supermärkte*** und den preiswerteren, täglich geöffneten ***Bauernmarkt*** in der Neustadt - von der Fußgängerzone, die zum Strand führt, in einer rechts abzweigenden Seitenstraße. Einen Bauernmarkt gibt es zwar auch in Alt-Nessebar, der ist allerdings teurer.

Weitere nützliche Adressen

- ***Stadtpolizei***, uliza Pliska 8 (in der Neustadt), Tel. (0554) 3244.
- ***Poliklinik,*** uliza Otez Paissij 46, Tel. (0554) 3252.

Transport

- Es gibt eine regelmäßige, in kurzen Abständen verkehrende ***Busverbindung*** mit Burgas sowie Slantschev brjag und von dort die Anschlussmöglichkeiten nach Varna, Pomorie und anderen Schwarzmeerorten. Die Bushaltestelle ist rechts vom Stadttor.
- ***Küstenschiffahrt:*** Früher existierte ein regelmäßiger Schiffsverkehr mit allen bulgarischen Schwarzmeerhäfen. Über die derzeitigen Möglichkeiten erkundige man sich am Hafen oder unter Tel. (0554) 3468 (7.00-18.00 Uhr).
- Für Autofahrer ist Alt-Nessebar gesperrt. Ein ***Parkplatz*** befindet sich linker Hand vor dem Stadttor. Die Busfahrt zwischen Nessebar und Slantschev brjag kostet € 0,15 (0,30 Lw).

Slantschev brjag

Слънчев бряг

Siehe Kapitel „Seebäder".

Vlas

Влас

Das Dorf, nur 10 km nördlich von Nessebar und 2 km von Slantschev brjag, glänzt nicht mit einer interessanten Vergangen-

Die Pantokrator-Kirche von Nessebar

heit, dafür ist es ganz der Zukunft zugewandt. Die Siedlung liegt auf den südlichen Hängen des Eminska planina, dem südlichsten Teil der Stara planina (Balkangebirge).

Der ***Badestrand*** befindet sich in einer kleinen Bucht, wo man zumeist nur auf bulgarische Urlauber und Dorfbewohner trifft. Man kann seine Unterkunft auswählen zwischen kleineren Hotels, einigen Pensionen, Privatzimmern direkt bei den Dorfbewohnern oder dem Campingplatz. Und wer sich mal in das bewegte Leben von Slantschev brjag stürzen will, kann dies zu Fuß (die Straße führt steil bergab), per Bus oder mit dem Taxi tun. Post und Bushaltestelle fehlen in Vlas nicht. Der Ort ist eine preiswerte Alternative zum überlaufenen Sonnenstrand und kommerzialisierten Nessebar.

Obsor
Обзор

Obsor ***„teilt" die bulgarische Schwarzmeerküste,*** von hier bis zur türkischen Grenze spricht man vom südlichen Abschnitt der Schwarzmeerküste.

Die alten Griechen nannten die Ortschaft Helipolis (Sonnenstadt). Hinter Obsor erheben sich hohe Hügel, auf denen sich Überreste römischer Festungsmauern befinden. Sie bezeugen den ***altertümlichen Ursprung*** dieser Ortschaft, die einst auch eine befestigte römische Siedlung mit dem Namen Templum Jovis (Tempel Jupiters) war. Im Dorfgarten begegnet man noch Funden aus dieser Zeit. Bis zum heutigen Tag sind in der Nähe die Überreste der bulgarischen mittelalterlichen Festung Kosjak zu sehen. Die Osmanen benannten das Dorf mit dem treffenden Namen Gjosek (Meeresauge). Dieser wie auch der heutige bulgarische Name Obsor, der wörtlich übersetzt „Übersicht“ bedeutet, versinnbildlichen den weiten Ausblick auf das Meer, den man hier genießt.

Obsor ist eine kleine Ortschaft mit 2000 Einwohnern und bietet eine harmonische Kombination aus ***Gebirge und Meer.*** Ein östlicher Ausläufer des Balkans reicht mit seinen reichen Wäldern direkt bis an den 8 km langen Sandstreifen. Die ***bescheidene Feriensiedlung,*** in der 30 % der Bevölkerung Griechisch sprechen, bewahrt noch eine ***ursprüngliche Ruhe*** ohne das Nachtleben und die touristischen Attraktionen, mit denen die großen Badeorte die Touristen locken. Fast jedes Haus nimmt hier Gäste auf, wo man dann abends in Familienatmosphäre bei einem Gläschen Schnaps und frischem Salat aus dem eigenen Garten die gastfreundlichen Bewohner hautnah erleben kann. In der ***Hochsaison*** (vom 15. Juli bis 25. August) ist es allerdings auch hier etwas schwierig, ein Quartier zu bekommen.

Übernachtung

- ***Privatzimmervermittlung*** in einem Eckhaus nahe dem Zentrum, welches auch auf Deutsch beschildert ist; täglich 8.00-12.00 und 13.30-17.30 Uhr. Außerhalb dieser Zeiten kann man Frau *Marija Dobrewa* in der uliza Todor Pantschew 10 aufsuchen, die gerne weiterhilft und Quartiere vermittelt. In der Regel kostet ein Bett etwa € 2,05-2,56 (4-5 Lw), Frühstück muss jeder selbst vereinbaren.
- ***Motel und Camping „Prostor“*** liegen etwa 1 km nördlich von Obsor. Zeltplätze sowie Bungalows mit D/WC gibt es direkt am Strand. Vom 1.6. bis 15.7. kostet der Bungalowplatz etwa € 5,10 (10 Lw), vom 15.7. bis 20.8. zirka € 6,10 (12 Lw) pro Person. Nur für Allergiker gibt es einen Nachteil, weil man hier wie auch in einigen anderen Campingplätzen schnellwachsende Pappelbäume gepflanzt hat, die zwar schnell den ersehnten Schatten spenden, ansonsten aber die für Asthmatiker idealen Bedingungen am Meer beeinträchtigen. So sollten sich Betroffene im Monat Juni und Anfang Juli lieber fernhalten. Der Campingplatz wird übrigens ständig bewacht.

Kulinarisches

- An der Versorgungslage hat sich gegenüber früher nicht viel geändert beziehungsweise verbessert. Verhungern kann man allerdings nicht. Für das Nötigste gibt es einen ***Gemüse- und Obstmarkt*** gleich in der Ortsmitte sowie zwei kleine Lebensmittelgeschäfte.
- ***Mechana „Badema“*** mit guter bulgarischer Küche und deutschsprachiger Bedienung gleich hinter dem Campingplatz „Prostor“. Geöffnet ist jeden Tag ab 11.00 Uhr, abends spielt ein Volksmusikorchester.
- ***Mechana „Starata kaschta“*** in Obsor.

Weitere nützliche Informationen

- ***FKK*** gibt es offiziell zwischen dem Motel „Obsor“ und der Mündung des Flüsschens Dwojniza.
- ***Bushaltestelle*** im Zentrum mit Verbindungen nach Burgas (75 km) und Varna (50 km).

Touristentreiben mit allem Für und Wider

Die Schwarzmeerküste südlich von Burgas

Krajmorie

Краймориe

Für Eilige, die nach Malko Tarnovo (zum Grenzübergang in die Türkei) wollen, gibt es bei Krajmorie die Möglichkeit, die kurze Strecke auf der Fernverkehrsstraße 98 zu fahren: Burgas - Kruschevez - Svesdez - Malko Tarnovo (83 km). Sollte man etwas mehr Zeit haben und den schönen Panoramaweg entlang der Küste genießen wollen, fahre man weiter auf der E 87 Burgas - Sosopol - Primorsko - Zarevo - Malko Tarnovo (143 km).

Unterkunft

- ***Camping „Krajmorie".*** In Höhe des Dorfes von der E 87 links abbiegen, durch das Dorf hindurch und dann in Strandnähe rechts noch 400 m auf einem schlechten Weg. Campingplatz mit Bungalows, Restaurant und Post, Bushaltestelle, Tankstelle 15 km entfernt.

Tschernomorez

Черноморец

Die E 87 lässt das am Ufer der Burgas-Bucht gelegene Dorf Tschernomorez links liegen. Im Zentrum des Dorfes gibt es eine Bushaltestelle. Die Versorgungslage ist hier aber etwas schwierig, und die Landschaft wird weiter südlich noch attraktiver.

Unterkunft

- Von dem Ort zweigt eine 1 km lange, schmale Straße zu dem am Eingang der Sosopol-Bucht errichteten ***Campingplatz „Tschernomorez"*** ab.
- Im Dorf Tschernomorez biegt noch vor der Straße zum gleichnamigen Campingplatz eine 2 km lange Straße zu dem ***Campingplatz „Gradina"*** ab (25 km südlich von Burgas, 3 km nördlich von Sosopol). Dünengelände am 1,2 km langen Strand, eine Kneipe vor dem Eingang. Die Bungalows gibt es mit verschiedener Einrichtung, von Holzhütten mit zwei Betten bis zu Bungalows mit Küche, Kühlschrank und eigenem WC/D. Auf unsere Frage, ob man hier auch nackt baden kann,

antwortete uns der Pächter witzig: „In Anwesenheit unserer bewaffneten Wächter ist das Baden mit Textilien verboten!" Bevor man sich entscheidet, ob man sich in Sosopol oder weiter südlich niederlassen will, werfe man einen Blick auf die Preise des Campingplatzes „Gradina". Die angegebenen Preise gelten von Mai bis Juni, in den Monaten Juli und August sind sie etwa 40 % teurer:

- Auto € 1,53 (3 Lw), Wohnmobil € 3,07 (6 Lw), Motorrad € 0,51 (1 Lw), Mikrobus € 3,07 (6 Lw), Anhänger € 1,28 (2,50 Lw);
- Bungalow für 2 Personen (Schlafzimmer, Aufbettung möglich, Küche mit Kühlschrank, WC/D) € 18,90 (37 Lw); Holzhütte für zwei Personen € 7,20 (14 Lw); Zelt € 1,53 (3 Lw), Person € 1,53 (3 Lw), Kinder von zwei bis zwölf Jahren 50 % Ermäßigung.

Sosopol

Созопол

Ca. 4000 Einwohner, 33 km von Burgas, 56 km bis Achtopol.

Geschichte

Sosopol gilt als eine der ältesten Städte an der bulgarischen Schwarzmeerküste. Sie wurde im 7. Jh. v. Chr. von ***Griechen*** gegründet. In der Altstadt leben noch heute Nachfahren der alten Griechen, die ihre Muttersprache beibehalten haben. Im 5. Jh. v. Chr. schuf der griechische Bildhauer *Kalamis* eine 13 m hohe ***Apollonstatue,*** die vor einem dem Gott geweihten Tempel stand.

Seit dem 5. Jh. trägt die Stadt den heutigen Namen Sosopol (griechisch: Stadt der Rettung). 814 gliederte sie *Khan Krum* dem ***bulgarischen Reich*** ein. Oftmals war sie ein Ziel für Angreifer vom Festland als auch vom Meer.

Unter den ***Osmanen*** verkam Sosopol zu einem unbedeutenden Fischerort. Neubelebt wurde es erst im 18./19. Jh. ähnlich vielen anderen bulgarischen Städten. Im Krimkrieg (1853-56) wurde Sosopol von der Türkei an die Engländer und Franzosen als ***Flottenbasis*** abgetreten. Und heute ist die romantische Stadt manchmal eine Erholungsstätte für Marinesoldaten der in Griechenland stationierten 6. amerikanischen Flotte.

Sehenswertes

Sosopol ist in zwei voneinander getrennte Stadtteile gegliedert. Die ***Altstadt*** liegt auf einer länglichen Felsenhalbinsel. Vom Felsenkap erblickt man in nördlicher Richtung die größte Insel an der bulgarischen Küste, ***Sweti Iwan.*** Sie trägt nur einen Leuchtturm und ist ansonsten ganz kahl. Näher beim Festland erhebt sich eine andere Felseninsel namens ***Sweti Kyrill,*** die mit der Halbinsel durch eine Mole verbunden ist. Hier war der eigentliche Gründungsort von Apollonia. Die ***Neustadt*** breitet sich auf einem südlich gegenüber liegenden Hügel aus.

Die Straßen der Altstadt sind eng und mit Steinen gepflastert, die Häuser vorwiegend alt und mit ergrauten Brettern verkleidet, die vor der salzigen Feuchtig-

Kulturfesttage Apollonia in Sosopol

keit des Meeres schützen sollen. Diese Häuser gehören zum örtlichen ***Typ des Schwarzmeerhauses:*** die untere, aus Steinen gemauerte Etage, wurde als Keller und Vorratsraum genutzt, die obere Wohnetage ragt gewöhnlich über die untere vor und ist mit Erkern, kleinen Terrassen und Balkons ausgestattet. Besondere Achtung verdient das ***Haus von Duka Dukow*** im zentralen Teil der Altstadt. Es erhebt sich zweistöckig über die anderen alten Häuser. Das ***Haus von Ana Trendafilowa*** in der Nähe der Kirche „Sweta Bogorodiza" ist ein originales und unwiederholbares Denkmal der Architektur der Wiedergeburtszeit. Das Haus ist etwas versteckt, so dass man es nicht gleich entdecken kann.

Sehenswert sind auch die ***Kirche „Sweta Bogorodiza"*** (18. Jh.) mit wertvollen Ikonen und kunstvollen Holzschnitzereien aus der Schule von Samokov. Die sich halb unter der Erde befindende Kirche überrascht mit ihrer Geräumigkeit. Im Stadtpark steht die kleine ***Kirche „Sweti Sosim"*** (19. Jh.).

Archäologisches Museum, uliza Apolonia, 1. Mai - Mitte Oktober täglich, sonst Di.-So. 8.00-19.00 Uhr.

Jedes Jahr vom 1. bis 10. Sep. wird Sosopol von den Musen beherrscht: Theater, Pantomime, Konzerte, Kino, Ausstellungen. Diese Kunst- und Kulturfesttage, die als ***Apollonia*** bekannt sind, genießen eine große Popularität.

Übernachtung

In der Stadt gibt es keine großen Hotels. Die Übernachtung ist in Privatzimmern oder Appartements möglich. Hier dominiert nicht der Luxus, sondern die Einfachheit und Schönheit. Gerade deshalb bevorzugen es aber Maler, Schauspieler und Schriftsteller. Sie lieben die Romantik der alten Gassen und Höfe, die Freundlichkeit der Gastgeber und die noch vorherrschende Anspruchslosigkeit in der Lebensführung, von der man sich ruhig anstecken lassen sollte. Zimmernachweis:

- ***Reisebüro „Lotos"*** (8130 Sosopol), uliza Mussala 7, Tel. (05514) 429, Fax (05514) 1925; Appartements (für 2-3 Personen je nach Saison € 17,90-22,50/35-44 Lw, für 4 oder 5 Personen € 27,60-34,80/54-68 Lw) und Privatzimmer in der Alt- und Neustadt (Übernachtung mit Frühstück pro Person € 5,60/11 oder € 6,10/12 Lw, für ein Zustellbett 75 % des Preises). Geboten wird ein Transfer vom Flughafen Burgas zur Unterkunft für € 6,10 (12 Lw) je Person. Üliza Ropotamo 1, Übernachtung für € 3,07-6,10 (6-12 Lw), Frühstück für € 1,53 (3 Lw), Stadtrundgang mit Museumsbesuch in Deutsch € 7,70 (15 Lw).
- ***Helio-Tur-S,*** Ropotamo 28, Tel./Fax (05514) 1049 oder 285, 251 378. Üliza Apolonija 22.
- ***Camping „Slatna ribka",*** etwa 3 km nordöstlich von Sosopol. Von der E 87 biegt man an einer Tankstelle noch vor Sosopol nach links. Im Waldgebiet Bungalows, Zeltplätze, Restaurant.

Kulinarisches (in der Altstadt)

- ***Restaurant „SHB"*** (Verband der bulgarischen Künstler), uliza Kyrill i Methodi 74, reiches Menü; herrlicher Blick über den Strand.
- ***Mechana „Wjatarna melniza"*** (Windmühle), etwa 300 m von „SHB" entfernt, mit nationalen Spezialitäten und Folkloreprogramm.

Transport

- ***Busbahnhof,*** am Beginn der Altstadt zwischen dem Meeresgarten und dem Bauernmarkt. Busse verkehren täglich zwischen 8.00 und 21.00 Uhr, stündlich nach Burgas sowie täglich nach Sofia und in die südlich gelegenen Küstenorte.

Südlich von Sosopol

Südlich von Sosopol setzt sich die Kette herrlicher Naturwinkel entlang des Schwarzen Meeres fort. Die Küste ist felsig und hoch. Enge Buchten sind von senkrechten Steilwänden umgeben, ins Meer ragen felsige Kaps, ausgedehnte Strände mit hohen Dünen breiten sich aus, dahinter stehen dichte, teils tropisch anmutende Wälder, durch die sich Wasserläufe schlängeln. Die Natur bietet hier einmalige Erlebnisse, so dass man vor Begeisterung die Vorsicht vergessen könnte. Den folgenden Ausflug müssen wir mit einer Warnung bezüglich Baden verbinden.

Zunächst rüste man sich für einen ganzen Tag mit Verpflegung aus, nicht weil es so weit ist, sondern um die Zeit in der Natur optimal nutzen zu können, und nehme Schnorchel, Taucherbrille und Schwimmflossen mit. Ausgangspunkt ist das südliche Ende von Sosopol, der Parkplatz. Man fahre oder laufe aber nicht auf der E 87, sondern auf einer kleinen Parallelstraße von etwa 5 km Länge mit Weinanbau rechts und dem Meer links, die an ihrem Ende auf die E 87 mündet. Endziel ist die Gegend Kawazite, ein Gelände, wo sich mehrere Campingplätze befinden. Nach einer Weile kommt man schließlich zu einer Bucht mit dem Namen ***Zarskija saliv.*** Bäume hängen über dem Meer, und man muss 50-60 Stufen zum Wasser hinabsteigen. Hier gibt es keinen Sandstreifen. Der Weg wird fortgesetzt, vorbei an der Datscha Wilata na Tichonow zu einem großen, abgestorbenen Baum. Auf einem Ochsenkarrenweg schreitet man noch 300-350 m und erblickt nun eine kleine Bucht mit einem Brunnen (zum Kühlen der Getränke). Etwa 50 m weiter befinden sich wunderschöne Felsen. Als Orientierungspunkt dient hier noch ein alter Militärwachturm. Die Einheimischen nennen die ***Felsen „Germankata"*** (die Deutsche).

Mit dieser unerwarteten Benennung ist auch unsere ***Warnung*** verbunden. In den 60er Jahren passierte es, dass an dieser Stelle, von dem Reiz der Felsen und der Tiefe des Meeres gelockt, eine junge Deutsche, zumal eine anerkannte, aktive Schwimmerin, in die Wellen sprang und nie wieder zurückkehrte. Die Felsen ähneln einem nicht ganz stillen Friedhof. Weiße Marmorplaketten, die man vielleicht noch gar nicht bewusst wahrgenommen hat, berichten vom Tod mehrerer Menschen, die Opfer dieser faszinierenden Nuturschönheit wurden. Auch wir nahmen die Todesnachrichten nicht ernst und posierten vor der Felskulisse schöner Fotos wegen, bis uns zwei Bulgaren auf die Gefahr aufmerksam machten. „Na, wollt ihr die Nächsten sein?! Da gibt es bald keinen Platz mehr für die Plaketten!"

Dann erzählten sie uns, wie gemein die Natur hier manchmal sein kann. Die Gefahr lauere bereits auf den Felsen, noch einige Meter vom Meer entfernt. Obwohl also in „sicherer" Entfernung, kann hier plötzlich eine Welle aufsteigen und jeden mit sich reißen. An dieser Stelle bildet sich sehr oft die so genannte *martwo tetschenie* (Todesströmung), die den Schwimmenden ins Meer hinauszieht oder durch starke, auch plötzlich auftretende Wellen an die Felsen zurückwirft und gegen die Felsen schleudert wie im Falle jener Deutschen. Genug der Warnungen. In der Bucht, weg von den Felsen, kann man, wenn man nicht allzu weit hinausschwimmt, ungefährdet baden. Auch leidenschaftliche Angler können hier mit etwas Geduld auf ihre Kosten kommen.

Rajskija saliv
Райския залив

Eine weitere lohnenswerte Stelle befindet sich etwa 1 km vor Kawazite. Es ist die kleine versteckte Bucht Rajskija saliv (Paradiesbucht), ohne Sandstrand, aber ideal zum Tauchen! Es gibt keinen anderen Ort an der südlchen Küste, wo es unter Wasser so reizvoll ist: Schwärme von Fischen und riesengroße Muschelfelder, die Muscheln voller Fleisch (Achtung!, nur bei Vollmond). Bestimmt wird man Bulgaren beobachten können, die mit Feuer unter einem auf Steine gelegten Blech Muscheln rösten. Beim Erhitzen öffnen sich die Muscheln und sind eine schmackhafte Zuspeise für das inzwischen im Meer kaltgewordene Bier. Beim Nachahmen danach nicht vergessen, das Feuer zu löschen!

Campingplatz Kawazite
Кавацитe

Wenn man weiter läuft, sieht man die ersten Bauten eines ehemaligen Pionierlagers, eines Ferienlagers für Kinder. Die massiven und jetzt leerstehenden Häuser sind schon alt und sehen unglücklich aus. Sie sind jedoch die ersten Anzeichen, dass man sich auf dem Gebiet von Kawazite (türkisch: die Pappeln) befindet. Hier ist der ***Campingplatz Kawazite,*** der bekannteste und am meisten bevölkerte der ganzen bulgarischen Schwarzmeerküste, seit vielen Jahren ein beliebter Stammplatz der neuen Bundesbürger. Mit der Beliebtheit stiegen auch die Preise und ließen ihn zum teuersten im Süden werden.

In unmittelbarer Nähe liegt noch der ***Campingplatz „Smokinite"*** (die Feigen) mit Bungalows, Zeltplätzen, Restaurant, Café, Post, Tankstelle und Bushaltestelle.

Der Strand hat hier seine größten Ausmaße erreicht, ist breit und geht in Dünen und ein ausgedehntes sandiges Gelände über, auf dem Weinstöcke angepflanzt sind. Der Sand ist fein und weich, und der Meeresboden fällt ganz seicht ab. Hier wächst die seltene, wohlriechende Wildlilie (Pancratium maritimum).

Kap Agalina
нос Агалина

Etwa 2 km weiter südlich hinter Kawazite sind wieder einige romantische Felsen am Meer zu sehen, wo sich ein Halt lohnt. Die E 87 erklimmt hier das aus dunklen Felsen gebildete Kap Agalina. Links am Beginn des Anstiegs befindet sich der kleine ***Campingplatz Wesselie*** mit einem breiten Strand und schöner Aussicht. Vom höchsten Punkt des Kaps ist eine sich tief ins Festland einschneidende Bucht zu sehen, die in der Ferne am noch erkennbaren Kap Maslen nos endet.

Alepu-Strand, Djuni
плаж Алепу, Дюни

Am Fuße des Kaps Agalina beginnt der kilometerlange Bogen des ***Strandes Alepu***. Der See Alepu versteckt sich rechts etwas von der Straße entfernt. Links sieht man die schönen, modernen Bauten der ***Feriensiedlung Djuni*** (siehe Kapitel „Kurorte und Seebäder"). Landeinwärts erheben sich die bewaldeten Hügel des Strandsha-Gebirges.

Ein Stück im Meer liegt die winzige Insel ***Smijski ostrov*** (Schlangeninsel). Sie ist ein idealer Nistplatz für viele Wasservögel und beherbergt manch seltene Tierart und sogar Kakteen. Besichtigungsfahrt s.u.

Etwa 2 km weiter hat man eine der ruhigsten Stellen an der Küste vor sich mit den berühmten ***FFK-Stränden*** (*nudistki plashowe).* Vom Trinkwasser ist man hier dafür abgeschnitten. Diese Gegend ist von den bulgarischen Studenten besetzt. Sie haben sich das Recht erkämpft, hier schwarz zu zelten. In Bulgarien ist es im Unterschied zu Griechenland noch nicht verboten, sein Zelt auf dem Strand aufzubauen. Rechts der Landstraße liegt der See Arkutino, dem alsbald der Fluss Ropotamo folgt. Das Meer ist freundlich ruhig, der Sand goldgelb und der Anschluss zur Zivilisation, die hier Primorsko heißt, sehr bequem. Quälend sind dagegen die blutdürstigen Mücken. Im August ist dieses Gebiet ein Lieblingsort für einige Arten großer Medusen (Quallen).

Naturreservat Ropotamo
Ропотамо

Ein längerer Halt am ***Fluss Ropotamo*** lohnt allemal. Das Mündungsgebiet ist ein neues Naturreservat. Früher war es das Jagdgebiet von *Todor Shiwkow* und der Zutritt jedermann versperrt. Zum 1000 Hektar umfassenden Gebiet gehören der 62 Hektar große ***Sumpf Arkutino*** und ein „Urwald". Der Teich zählt zu den größten Seerosengebieten Bulgariens. Im Mündungsgebiet des Flusses gibt es überdies ***unikale Felsbildungen*** – „Lawskata glawa" (der Löwenkopf) und „Wesselata skala (die lustigen Felsen) sowie die höchsten Dünen an der bulgarischen Schwarzmeerküste. Von dem Felsen Wesselata skala hat man einen herrlichen Blick auf das Ropotamo-Gebiet. In dem Naturschutzgebiet wachsen etwa 500 Pflanzen. An Tieren gibt es beispielsweise Wildschweine, Rehe, Wildkatzen, Schakale, viele Reptilien, Wasserkröten und Vögel.

Smijski ostrov (Schlangeninsel)
Змийски остров

Im Waldgebiet am Fluss warten in einem kleinen Hafen ein paar Bootsmänner, bis sich wenigstens zehn Personen angesammelt haben, um ihnen das Sehenswerte von Ropotamo zu zeigen. Dazu gehört auch die ***Fahrt zu der*** im Meer liegenden ***Schlangeninsel.*** Im Juli und August halten sich die Bootsmänner jeden Tag 8.00-20.00 Uhr bereit, in den restlichen Monaten täglich 8.00-15.00 Uhr. Pro Person etwa € 2,05 (4 Lw).

Primorsko
Приморско

Eine gewisse Zeit begleitet die Straße noch den Fluss Ropotamo, und man fährt ausnahmsweise sogar unter Bäumen, denn der Fluss fließt an niedrigen, von Schilf oder dichten schattigen Wäldern bestandenen Ufern entlang. Von hier sind links die bewaldeten Zugänge zum ***Kap Maslen nos*** zu erkennen, und etwas weiter befindet sich in der Niederung der Erholungsort Primorsko. Obwohl die Strände hier auch schön sind und das Meer flach, dazu mehr als genug Übernachtungsmöglichkeiten existieren, können wir Primorsko nicht empfehlen. In Erwartung vieler Urlauber hat der Bauboom seit Jahren noch kein Ende gefunden. So entstanden eine Vielzahl geschmackloser großer Wohnhäuser. Über 70 Erholungsheime und Campingplätze gibt es außerdem noch. Der Ort entstand durch Zusammenlegung zweier Dörfer und leidet etwas an Gigantomanie. Es gibt einen Hafen und Busverkehr nach Sosopol, Burgas und Achtopol. Von Primorsko führt am nördlichen Strand ein Fußweg etwa 5 km bis zum Fluss Ropotamo (s.o.).

Das Reich der Seerosen – der Sumpf Arkutino

Der Meereswolf – ein Lebensretter

Ermüdet von dem langen Junitag, nehme ich auf dem Campingplatz „Gradina" Unterkunft. Es scheint, als ob ich hier der einzige Gast bin – und das Mitte Juni! Den ganzen Tag bin ich an der Schwarzmeerküste entlanggefahren, und überall haben meine Augen nur leere Strände gesehen. Man könnte vergessen, dass in nur wenigen Wochen der große Strom von Bade- und Sonnenhungrigen die Strände füllt. Nun kann ich noch die Ruhe genießen. Mein Bungalow ist spartanisch eingerichtet, soviel wie man für ein paar Nächte braucht: zwei Betten, zwei Stühle, ein Tisch, ein Schrank.

Das, was mir jetzt fehlt, ist eine Erfrischung in der ruhigen See. Da kann ich mich mit dem Meer und den Sternen vereinen, auf dem Mondweg schwimmen. Die Entspannung ist total – eine höhere Meditation, eine vollkommenere Vereinigung meines Körpers und Geistes mit der Natur und dem Kosmos kenne ich nicht. Ich liege auf dem Rücken, das Meerwasser streichelt zärtlich meinen nackten Körper, leichte Wellen schaukeln mich, meine Hände sind ausgebreitet, als ob sie den schweren nächtlichen Himmel samt Sternen umarmen wollten. Eine totale Ruhe beherrscht mich und das unwahrscheinliche Gefühl, ich bin ein Teil von dieser ganzen schweigsamen Schönheit. Eine nicht gekannte Sehnsucht erfüllt mich – diese unbeschreibliche Vereinigung möge ewig dauern ... „He! Atmest du noch?", trifft mich scharf eine männliche Stimme. Die Magie ist spurlos verschwunden.

Eine Stunde später trinken Emo und ich das nächste Bier in der Campingbar. Ein wenig entfernt schreien von einem Tisch die lustigen Stimmen zweier deutscher Frauen, die sich bemühen, den beiden Barkeepern etwas zu erklären. „Na, die Saison hat noch nicht begonnen, da willst du die erste sein? Prosit! Weißt du, im vergangenen Jahr haben meine Kumpel und ich in nur vier Tagen 60 Menschen gerettet. Da geraten wir ganz schön ins Schwitzen, im Juli und August. Die waren mit Essen vollgestopft, noch eine Flasche Cognac oder Sekt dazu und zack!, ab ins Meer. Aber das Meer duldet keine Besoffenen", erzählt Emo weiter. „Wir, die Meereswölfe, können nur die Körper herausziehen, nicht die Seelen. Wenn du wüsstest, wieviel Volk durch meine Hände gegangen ist, Schauspieler, Sportler, Millionäre, Kommunisten, Kapitalisten, wieviele Nationalitäten: okay, charascho, ahoi!, wie geht es?, comme ci, comme ça. Aber wenn sie ertrinken, sind alle gleich. Hier hilft kein Beruf, keine Partei, keine Sprache, hier hilft dir auch nicht dein Westgeld. Hier muss ich helfen mit dem, was ich habe: Leinen, Schnorchel, Flossen, Rettungsgürtel, aber an erster Stelle mit meinen Muskeln. Die Muskeln, die du siehst, sind vom Kampf. Ich habe früher mal Kampfsport betrieben, da war ich Träger am Hafen. Die Tätowierungen sind eine bittere Erinnerung vom Knast."

Emo zündete die nächste Zigarette an, schwieg und bemühte sich, die Tränen zu verschlucken. „Ja, ich war mal einige Jahre im Knast wegen meiner Frau. Da wollte sie sich scheiden lassen. Während ich die Leute rettete, hat sie sich bei einem Schönen gerettet. Aber der hat was von mir gekriegt. So eine Prügel wird er nie im Leben vergessen. Sie habe ich auch nicht verschont. Ich sage immer wieder meinem Sohn, du, es gibt viele Frauen, aber diese, die dich einmal im Leben getroffen hat, sie bleibt in deinem Herzen ... Weißt du, ich bin auch kein Engel, was Frauen betrifft. Ja, das stimmt. Die Ausländerinnen fliegen auf uns wie Bienen auf Honig, und damit wir uns nicht vor uns selbst schämen, schenken wir ihnen eine Liebesnacht. So kann man auch die Sprachen lernen: I love you, kocham te, ja ljublju tebja, io ti amo, ich liebe dich. Guck' mal, wie die beiden ihre Hälse verdrehen, um mich anzumachen. Na, da sollen sie sich diese Nacht mal langweilen. Der liebeshungrigen Frauen sind so viele, wie du willst. Und selbst wenn du dich kaputtmachst dabei, kannst du doch nicht alle beglücken. Solche Eine-Nacht-Fliegen versuchen, sich selbst zu bestätigen, indem sie sich eine Liebesnacht erzwingen. Die haben nicht begriffen, dass das einzige, was man im Leben nicht verschenken kann, die Liebe ist. Merke dir das gut, was ich, Emo, nur dir sage: Liebe und Achtung – die höchsten Werte, die es gibt – kann man nicht erzwingen, man kann sie nur zu gewinnen versuchen. Ich habe jahrelang gebraucht, um zu dieser Wahrheit zu gelangen. Weißt du, ich bin mit meinen Erfahrungen schon so weit gekommen, dass ich nicht mal die Sprache hören brauche, um die Nationalität der Frauen zu erkennen. Da laufen am Strand Beine aus ganz Europa. Aber die deutschen Mädchen finde ich sofort heraus."

Hier lächelt Emo und wartet gespannt auf meine neugierige Frage. Dabei legt er einen Ausdruck in sein Gesicht, der ihn als Kenner ausweisen soll. Ich gebe nach. „Es sind immer die rassigsten, genauer gesagt, die kräftigsten. Deren Fleisch ist so weiß wie unser Schafskäse. Aber von allen Frauen die schönsten und besten sind unsere Bulgarinnen. Und für mich ist die schönste die", sein Blick scheint durch mich hindurchzusehen, „die so schön ist, dass andere das überhaupt nicht bemerken, nur ich selbst.

Warum ich Lebensretter geworden bin? Damit ich immer wieder mich selber retten kann. Ob du das verstehst? Wenn ich jemanden aus dem Wasser ziehe, presst er seine Finger um meinen Hals und versucht, mich mit in die Tiefe zu ziehen. Ja, bis jetzt ist es mir schon 15 Jahre lang gelungen, mich im wörtlichen Sinne immer wieder über Wasser zu halten. Und immer wieder ziehe ich mich mit dem Ertrinkenden selbst aus dem Wasserloch. Aber diese Geschichte mit meiner Frau zieht mich wieder ins Loch zurück ..."

Das lange Schweigen darauf hat Emo selbst gebrochen. „Ach, ja, du hast mich gefragt, wieviele Leute ich gerettet habe? Ob du es mir glaubst, aber so viele kann ich nicht zählen. Darüber könnte ich ein Buch schreiben. Die meisten sind allerdings deine Landsleute - Deutsche. Die mutigsten kommen abends. So wie im vergangenen Jahr einer, gleich von der Gaststätte weg, schön gegessen und getrunken, hat sogar seine zwei Kinder mitgeschleppt. Und am Strand kein Rettungsschwimmer mehr, denn unsere Arbeitszeit geht von 8.00 bis 18.00 Uhr. Die sind dann in ein Wasserloch gefallen und ... Am nächsten Tag haben wir nur die Leichen gefunden, die Seelen waren weg.

Mein schwärzester Tag ist der zweite August, der Ilintag (Eliastag). Wir nennen diesen Tag den „Tag des Ertrinkenden". Dann nimmt das Meer die meisten Opfer. Da beginnt eine Totenströmung. Man sieht keine Welle, aber es zieht einen nach innen. Eine ganze Woche bin ich in Spannung. Mein schlechtes Vorgefühl täuscht mich nie, so dass ich auch in der Nacht wie dieser zum Strand komme. An einem Abend saß ich mit meinen Kumpels in der Kneipe am Strand, und ohne zu wissen warum, sagte ich plötzlich: Jetzt ertrinkt ein Mensch ... Gerade habe ich das ausgesprochen, da hörten wir vom Strand Schreie: Hilfe! Wie auf Kommando sind wir fünf losgerannt. Mir ist ganz schlecht geworden. Aus dem Wasser ein Wald von Händen. Die sind mit Sektflaschen ins Meer gegangen, um eine Wasserparty zu feiern - Jungen und Mädchen. Sie waren in eine Strömung geraten und hatten nicht begriffen, dass sie nur auf den Grund zu treten bräuchten, um zurück zum Ufer zu gelangen. Wir hatten schwer zu tun, bis alle an den Strand geschleppt waren. Und die waren nicht nur besoffen, sondern auch so geschockt, so dass wir nicht mal ein Dankeschön zu hören bekamen.

Hast du mal gehört, dass einer als Lebensretter pensioniert wurde? Ja, da hast du recht, unser Sommerleben ist überhaupt nicht leicht. Den ganzen Tag unter der Sonne, abends sehe ich rote Kreise vom angespannten Starren auf das Meer. Und das alles nur fürs Brot und den Schnaps. Denn unsere Gehälter bewegen sich, je nach Verhandlungsgeschick, zwischen 60-300 Lewa (€ 30,68-153). Wenigstens bekommen wir unser Essen verbilligt. Ansonsten geht die Hälfte drauf fürs Quartier. Es gibt keine Sozialversicherung für uns. Und das Risiko ist ja nicht gerade gering." Wie auf Bestellung sang in diesem Augenblick aus der Musikbox Udo Jürgens: „... Denn kein Meer ist so wild wie die Lie-ie-be ..."

„Was gibt es zwischen dem Meer und dem Strand?", wiederholte Emo meine Frage und antwortete ganz ernst: „Die Wellen. Nachdem sie das Meer verlassen, zerbrechen sie und sterben, damit eine neue Welle kommt ... Was sagst du, ich sei ein Philosoph, ein Romantiker? Das kommt vom Meer. Das Meer ist die Liebe, ist das Leben und der Tod. Was sonst suchen alle hier? Glaube mir, derjenige, der ans Meer kommt, will leben, lieben und ... Aber darüber will ich nicht mehr reden. Ich, Emo, der Meereswolf, der Lebensretter, stehe zwischen dem Meer und den Lebenshungrigen. So was kannst du an keiner Hochschule lernen. Ein Diplom kriegst du nie, statt dessen hast du jeden Tag Prüfungen in den Fächern Liebe, Leben, Tod. Ich kann ohne das Meer nicht leben. Während ich im Winter als Fischer auf einem Trawler arbeite, warte ich auf den Sommer ..."

Ich habe nicht gespürt, wann es dämmerte. Die zwei Deutschen schliefen am Tisch, die beiden Barkeeper sahen uns mit roten, müden Augen an. Die Musik heulte einsam. Schweigend trennte ich mich von Emo. Dann ging ich langsam zwischen dem Meer und dem Strand, dort wo die Wellen sterben, wo die Spuren verschwinden ... und hörte weiter Emos Stimme: „Man braucht im Leben ein gutes Wort, etwas Achtung. Tust du etwas Gutes, so schmeiße es ins Meer und lobe dich vor niemandem. So sagen wir - die Meereswölfe."

Auch ich habe wie die anderen vergessen, mich bei dir, Emo, zu bedanken mit einem bulgarischen „blagodarja!".

Internationales Jugendlager

Ab Primorsko über Zarevo, Achtopol bis zu dem letzten bulgarischen Ort an der Küste, Resovo, führt parallel zum Meer und bis Zarevo parallel zur E 87 eine kleinere ***Nebenstraße.*** Wir empfehlen sie, weil man von ihr aus einfach mehr sehen kann. Sollte man sich verfahren, so gibt es immer einen Abzweig auf die E 87.

Die Straße überquert zunächst den Djawolska reka (Teufelsfluss) und erreicht ein dichtes Waldgebiet, wo sich im wörtlichen Sinne das bekannte internationale Jugendlager „Georgi Dimitroff" versteckt. Hier verbrachten viele sozialistische Sommer lang Tausende Jugendliche aus verschiedenen Teilen der Welt in freundschaftlicher Stimmung einen herrlichen Urlaub, den der Staat stark bezuschusste. Dass die Betonburgen voll genutzt wurden, sieht man an ihrem heruntergekommenen Äußeren. Und weil die Zukunft des Komplexes noch unklar ist, ist das Personal auch entsprechend „freundlich".

Für Individualreisende sind nur die zwei ***Zeltplätze „Romantika" und „Les"*** sowie einige Bungalows (für zwei Personen, pro Bett 5 $ (ca. € 5,40), ohne D/WC) vorgesehen. Die in Hotels umgewandelten Bettenhäuser Neptun, Horizont und Drushba sind dem organisierten Touristen vorbehalten. Die ***Gaststätten*** haben für alle geöffnet: Neptun, Drushba, Lasur, Strandsha. ***Info:*** Tel. 2101; medizinischer Dienst, Tel. 2205; Polizei 2144, 2209.

Kiten
Китен

Das etwa 2 km südlich folgende Dorf Kiten auf einer nicht hohen, aber felsigen, bewaldeten Halbinsel gehört noch zu Primorsko. Die zwei Strände und die Privatquartiere für € 2,56 (5 Lw) locken die ausländischen Touristen trotzdem nicht, weil der allgemeine Eindruck nicht anziehend ist. Besiedelt wurde Kiten erst 1930.

In der Nähe gibt es die ***Festung Urdowiza*** und nach weiteren 2 km in der Gegend Tapanite die Überreste einer ***römischen Festung.*** Busverbindungen bestehen nach Burgas, Zarevo und Sosopol.

Unterkunft

- ***Camping „Kiten"*** im gleichnamigen Ortsteil in einem Waldgelände mit Bungalows, Zeltplätzen und Restaurant.
- Die nächstfolgenden ***Campingplätze*** sind ***„Jug" und „Koral",*** der letztere nur für Zelte.

Losenez
Лозенец

Die Straße läuft weiter durch das Dorf Losenez, das Ambitionen hat, sich zum Kurort zu entwickeln. Ringsherum stehen weitflächig Weinstöcke, vor und hinter der Ortschaft sind Strände zu sehen. Das Ufer zwischen den Stränden ist steil und felsig.

Gleich nach dem Dorf Losenez befinden sich die beiden ***Campingplätze „Oasis" und „Balgarka".***

Zarevo (früher Mitschurin)
Царево

5000 Einwohner. Hier überwiegen die ***Betriebserholungsheime*** für die Bulgaren selbst. Die Kurortbedingungen ein- schließlich der Versorgungsmängel werden ausländischen Gästen nicht zugemutet.

Im 12 Jh. war die Siedlung unter dem Namen Wassiliko eine der bekanntesten. 1880 vernichtete ein Brand die Spuren der Geschichte. Die ***Kirchen „Sweta Troiza"*** (1810) und ***„Sweti Zar Boris"*** (1930) sind die einzigen Sehenswürdigkeiten. Überreste einer alten Festung findet man auf dem Hügel Papija im Süden der Stadt.

Unterkunft

- ***Camping „Arapja",*** nördlich von Zarevo, romantisch und ruhig, ideale Voraussetzungen für einen naturverbundenen Urlaub.
- ***Camping „Nestinarka",*** etwa 2 km südlich von Zarevo, Wiesengelände in einem lockeren Pinienwald, mit Bungalows und Zeltplatz.

Malko Tarnovo

Малко Търново

Bei Zarevo verlässt die E 87 die Schwarzmeerküste in südwestlicher Richtung über die Dörfer Isgrev, Kondolovo, Gramatikovo und erreicht nach 57 km Malko Tarnovo, eine Stadt mit ungefähr 6000 Einwohnern. Sie ruht in einem Talkessel an den nordwestlichen Hängen des Strandsha-Gebirges. An dieser Stelle existierte eine thrakische Siedlung und Festung. Die heutige Stadt entstand während der türkischen Herrschaft und war das Zentrum des blutig niedergeschlagenen ***Aufstandes von 1903*** (Preobrashensko wastanie), der auf das ganze, damals noch immer unter Fremdherrschaft stehende Strandsha-Gebiet übergriff.

Sehenswert sind die ***Wiedergeburtshäuser*** im Strandsha-Baustil, eine ***ethnografische Sammlung*** im Haus Popikonomowata kaschta und eine museale Sammlung mit Erinnerungsstücken an den Aufstand von 1903.

Sieben Kilometer nordwestlich der Stadt gibt es eine ***Höhle, Bratanowata peschtera.***

Alle weiteren nennenswerten Dinge zeugen von der ***früheren Allgegenwart der Thraker.*** In Malko Tarnovo sind es thrakische Dolmen und Grabhügel. Auf dem Gebiet der Erzgrube „Propada" wurde ein thrakisches Grabmal entdeckt. Auf den Hügeln Goljamoto und Malkoto gradischte existieren Spuren thrakischer Festungen und Überreste thrakischer Tempel. Und in der Gegend Tagarevo ist eine thrakische Begräbnisstätte gefunden worden.

Zehn Kilometer westlich der Stadt befindet sich der ***Grenzübergang zur Türkei.***

Südlich von Zarevo

Wer noch Lust, Zeit, Kraft (und Geld) hat, die Schwarzmeerküste bis zum bulgarischen Ende weiter südlich von Zarevo kennenzulernen, der bereite sich auf eine schlechtere Wegstrecke vor. Man spürt an Hand der vielen Schlaglöcher sofort, dass

Sinemorez: links das Meer, rechts die Weleka

man die „Zivilisation" hinter sich gelassen hat. Die nächsten Ortschaften bieten all denen, die sich vom Massentourismus zurückziehen wollen, die Möglichkeit, ein wirklich bescheidenes und unkompliziertes Urlaubsleben zu führen, so wie die Menschen hier selbst. In der letzten Zeit hoffen manche der hiesigen Bewohner, dass sie etwas abbekommen könnten vom warmen Geldregen des Tourismus, und entwickeln recht unrealistische Vorstellungen. So sagte uns der Besitzer eines schönen Wiedergeburtshauses in Sinemorez, er würde eine Etage seines Hauses nur für € 102 (200 Lw) pro Nacht an Ausländer vermieten. Das ist in dieser krassen Form nur eine Ausnahme. Denn nach wie vor bezahlt man nicht mehr als € 2,05 (4 Lw) für eine Übernachtung. Man muss sich nur etwas Zeit lassen, von Haus zu Haus gehen, handeln und die Preise nicht verderben.

Achtopol
Ахтопол

700 Einwohner, auf einer hohen Felseninsel 16 km südlich von Zarevo. Von der Vergangenheit erzählen die ***Überreste uralter Mauern*** einer einst starken, dann von den Türken zerstörten Festung. Zuerst eine thrakische Siedlung, später römische Festung. Die Byzantiner gaben ihrer Kolonie den Namen Agathopolis (Stadt des Glücks). Erhalten ist noch ein ***Brunnen*** mit der Darstellung eines thrakischen Reiters und auch die ***Kirche*** von 1776. Der kleine ***Hafen*** ist teilweise hinter rötlichen Felsen verborgen. Zwei ruhige Strände warten auf Badelustige.

Sinemorez
Синеморец

Ein Dorf mit 90 Einwohnern und 10 Kneipen. Im 7. Jh. v. Chr. als griechische Piratensiedlung entstanden, besitzt Sinemorez heute einen fast jungfräulichen Reiz. Hier ist man allein! Die kleinen, wilden Strände, an die der Wald heranreicht, und die Mündung des Flüsschens Weleka bleiben Einzelgängern und Verliebten vorbehalten.

Sollte man sich hier am 21. Mai (nach altem Kalender der dritte und vierte Juni), dem Tag der Heiligen Konstantin und Elena, aufhalten, dann kann man live die ***Nestinarski-Tänze*** (Feuertänze, siehe „Sitten und Bräuche") in den Strandsha-Dörfern Balgari, Brodilovo oder Kosti erleben. Unweit vom Dorf Kosti befindet sich das älteste Naturschutzgebiet Bulgariens, ein Wald vorwiegend aus Eichen und orientalischen Buchen. Die abgeschiedenen Strandsha-Dörfer sind unbedingt eine Entdeckung wert. Bei Svesdez und Dolno Jabalkovo warten Dolmen; in Stoilovo, Braschljan, Bjala woda, Goljamo Bukovo sind es alte, verfallene Häuser und die überall vorherrschende Romantik.

Gebiet Varna

Großstadt, Meer plus Kultur, das ist Varna. An den langen Stränden bis zur rumänischen Grenze wetteifern ***einsame Seebäder*** mit ***international bekannten Kurorten*** um die Gunst der Urlauber. Das echte ***Schloss „Ewksinograd“,*** die ***„Weiße Stadt“ Baltschik*** und das sagenumwobene ***Kap Kaliakra*** ergänzen die Liste der Reiseziele.

Was für manchen nur Steine sind, ist die mit den Stichwörtern Schumen – Pliska – Preslav umschriebene ***Wiege Bulgariens.*** Ein Stück Orient mitten im Nordosten Bulgariens? Und wer für all das keinen Sinn hat, kann beim Anblick des ***Reiters von Madara*** über den Sinn des Lebens meditieren …

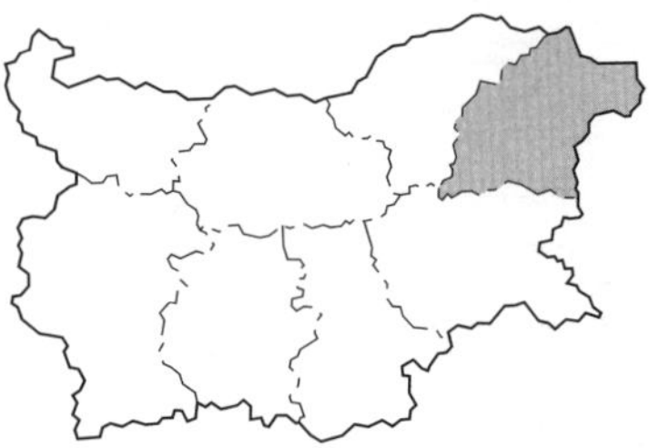

Varna
Варна

342.000 Einwohner, die drittgrößte Stadt Bulgariens nach Sofia und Plovdiv, 470 km nordöstlich von Sofia.

Varna ist nicht nur ein weltweit ***bekanntes Seebad,*** wie ein Amphitheater auf mehreren Terrassen gelegen, sondern auch ein Zentrum für Kulturveranstaltungen mit internationalem Rang. Jedes Jahr im Juni/Juli wird das ***Internationale Musikvestival „Varnaer Sommer“*** veranstaltet, auf dem bulgarische und ausländische Opern-, Ballett-, Sinfonie- und Kammermusikensembles ihre Kunst zeigen. Im Rahmen dieses Festivals wird alle zwei Jahre der Internationale Ballettwettbewerb organisiert, der erste seiner Art in der Welt, der die Entwicklungstendenzen der modernen Choreografie demonstriert. Zweijährig findet in Varna auch ein Internationaler Chorwettbewerb statt.

Kunstfreunde sollten nicht die Möglichkeit versäumen, eine Veranstaltung des Theaters, der Oper, der Philharmonie oder des besten Puppentheaters im Lande zu besuchen. Selbst das Kinder-und-

Jugend-Pantomimentheater „Schturtsche" (Grille) ist einen Besuch wert. Seit 1979 ist Varna Gastgeber der ersten und der einzigen ***Internationalen Biennale der Grafik.*** Am bul. Knjas Boris 65 werden im Graphischen Kabinett Werke bisheriger Teilnehmer gezeigt.

Geschichte

An der Stelle thrakischer Pfahlsiedlungen gründeten Griechen aus Milet im 6. Jh. v. Chr. eine Stadt mit dem Namen Odessos (Stadt am Wasser). Sie entwickelte sich sehr bald zu einer blühenden ***griechischen Kolonie.***

Die ***Römer*** verwandelten die Stadt in eine starke Festung. Ende des 6. Jh. siedelten sich in der Umgebung von Odessos die Slawen an. Die ***Byzantiner*** vermochten jedoch, ihre Herrschaft über die Stadt noch ein Jahrhundert lang nach der Gründung des Ersten Bulgarischen Reiches zu behaupten. Im 7. Jh. taucht der ***Name Varna*** auf. In der zweiten Hälfte des 8. Jh. wurde die Stadt dann doch von den ***Bulgaren*** erobert und entwickelte sich zu einem bedeutenden Hafen.

Die ***Türken*** nahmen die Stadt 1391 ein und zerstörten die Festung. Während des ***Russisch-Türkischen Krieges*** 1828 umzingelten die Russen Varna und konnten die Stadt besetzen. Im ***Krimkrieg*** (1853-56), als die Türken gegen die Russen noch Verbündete hatten, wurde Varna in

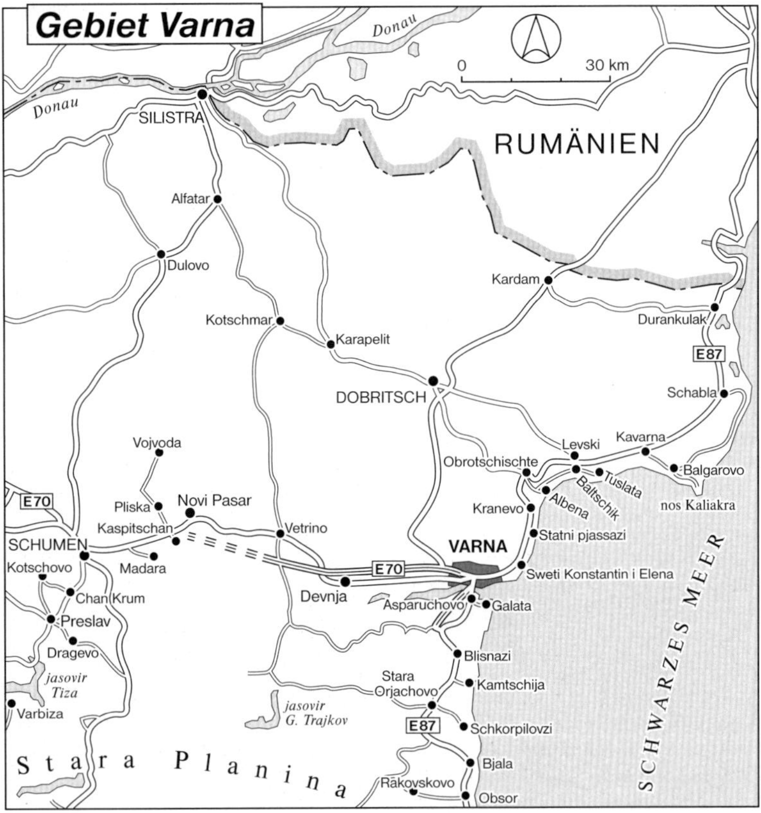

eine englisch-französische Militärbasis verwandelt. Ein von der französischen Regierung 1888 errichtetes Denkmal auf der Straße zum Aladsha-Kloster, an einer Kreuzung 6 km nördlich der Stadt, erinnert an die französischen Soldaten und Offiziere, die während des Krimkrieges an einer Epidemie in Varna starben.

In den 30er und 40er Jahren des 19. Jh. setzte ein ***wirtschaftlicher und kultureller Aufschwung*** ein. Er äußerte sich unter anderem in einer regen Bautätigkeit. Konsulate fast aller europäischen Staaten wurden eröffnet. Nach der Befreiung von der osmanischen Fremdherrschaft begann der Aufstieg zum Kultur- und Industriezentrum.

Sehenswertes

Meeresgarten

Einen Spaziergang im Meeresgarten (Morskata gradina, 1862), dem größten Park der Stadt (8 ha, 8 km lang) und einem der schönsten auf der Balkanhalbinsel, auf dessen Fläche 50 Arten Bäume und Ziersträucher wachsen, kann man mit einem Besuch des ***Delphinariums*** verbinden. Öffnungszeiten der Kasse: Di.-So. 10.00-12.00 Uhr und 13.30-15.30 Uhr; Vorführung 11.00 und 15.00 Uhr. Außerhalb dieser Zeiten ist es möglich, bei einer Tasse Kaffee die Delphine beim Schwimmen im kleinen Becken zu beobachten. Der Eingang zum Café befindet sich, von der Meeresseite gesehen, rechts unten.

In der Nähe des Delphinariums gibt es den ständig bewachten ***Parkplatz*** „Akazite", ein Stück weiter das ***Freilufttheater,*** auf dessen Bühne das Internationale Ballettfestival stattfindet. Auf der ***Allee der Wiedergeburt*** begegnet man den Büsten bedeutender Persönlichkeiten ihrer Zeit: *Paissij Chilendarski, Georgi Rakowski, Christo Botew, Wassil Lewski, Ljuben Karawelow* und *Georgi Benkowski.*

Wenn man mit Kindern unterwegs ist, sollte man den ***Zoo*** nicht übersehen (jeden Tag 8.00-20.00 Uhr). Für weitere Entdeckungen im Meeresgarten ist entsprechend mehr Zeit einzuplanen.

Morskij musej (Marinemuseum), bul. Primorski 2; im Sommer täglich 8.00-17.00 Uhr, im Winter So. und Mi. Ruhetag. Gezeigt wird im Gebäude des ehemaligen italienischen Konsulats die Entwicklung der bulgarischen Marine und der Schiffahrt auf dem Schwarzen Meer und der Donau.

Aquarium, bul. Primorski 4; im Sommer Di.-So. 8.30-19.00 Uhr, Mo. 14.00-19.00 Uhr, im Winter Mo.-Fr. 9.30-16.00 Uhr. In den Aquarien schwimmen Salz- und Süßwasserfische bis hin zu Tropenfischen; man erhält Auskunft über Entstehung und Besonderheiten des Schwarzen Meeres.

Naturkundemuseum, an der Seepromenade, nicht weit vom Palast der Kultur und des Sports; Di.-So. 10.00-17.00 Uhr. Mit drei Bereichen: Geologie, Pflanzenwelt und Tierwelt.

Weitere Museen und Sehenswürdigkeiten

Archäologisches Museum *(Archeologítscheskijat musej)* ist ein absolutes Muss! buleward Maria Luisa 41, Tel. (052) 681 011, (052) 681 033, im Sommer Di.-So. 10.00-18.00 Uhr, im Winter Di.-Sa. 10.00-17.00 Uhr. Das Gebäude im Stil des späten Barocks ist 1892-1898 nach dem Projekt des namhaften bulgarischen Architekten Petko Momtschilov als Lyzeum (höhere Lehranstalt für Mädchen) gebaut worden. In 39 Sälen werden auf 2150 Quadratmetern Expositionsfläche Zeugen der Kulturgeschichte der Menschheit, beginnend vor 100.000 Jahren, gezeigt. Das Markenzeichen des Museums ist ***das älteste Gold der Menschheit*** 4600-4200 v. Chr. (Säle 5, 6 und 7), das 1972 zufällig 4 km westlich von Varna in einer Nekropole entdeckt wurde. In den 294 erforschten Gräbern fand man 3000 Goldgegenstände mit einem Gewicht von 6 kg. Die Funde zeugen von dem hohen Entwicklungsstand einer Zivilisation, die älter ist als die mesopotamische und ägyptische. Empfehlenswert ist der Erwerb eines Prospektes (Bulgarisch u. Englisch).

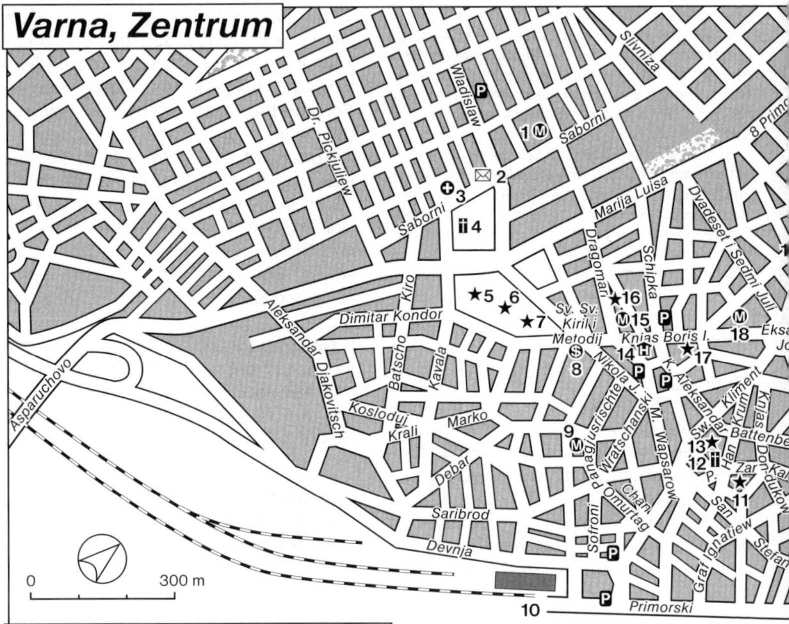

Ⓜ 1 Haus-Museum „Georgi Weltschew“
✉ 2 Hauptpost
✚ 3 Städtisches Krankenhaus
⛪ 4 Kathedrale „Sweto Uspenie Bogoroditschno“
★ 5 Theater „Stefan Batschwarow“
★ 6 Alter Glockenturm
★ 7 Oper
$ 8 Bulgarische Nationalbank
Ⓜ 9 Ethnografisches Museum
• 10 Bahnhof
★ 11 Römische Thermen von Odessos
⛪ 12 Kirche „Sweta Bogorodiza“
★ 13 Neue römische Bäder
H 14 Hotel Mussala
Ⓜ 15 Archäologisches Museum
★ 16 Puppentheater
★ 17 Römische Festungsmauer
Ⓜ 18 Wiedergeburtsmuseum
H 19 Hotel Tscherno more
H 20 Hotel Orbita
H 21 Hotel Odessa
Ⓜ 22 Marinemuseum
• 23 Hafen (morska gara)
★ 24 Aquarium
★ 25 Astronomischer Komplex
★ 26 Festivalkomplex
★ 27 Freilufttheater
Ⓜ 28 Naturkundemuseum
★ 29 Kultur- und Sportpalast
✚ 30 Poliklinik
★ 31 Zoo
★ 32 Delfinarium

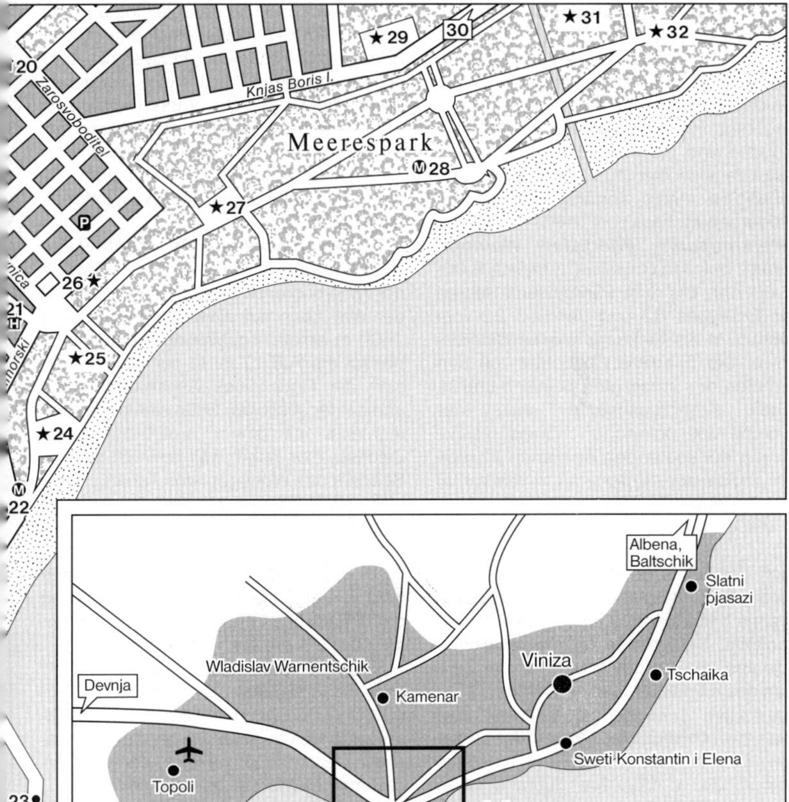
20
Zarosvoboditel
Knjas Boris I.
Meerespark
29
30
31
32
28
27
26
25
24
21
22
23
nica
morski

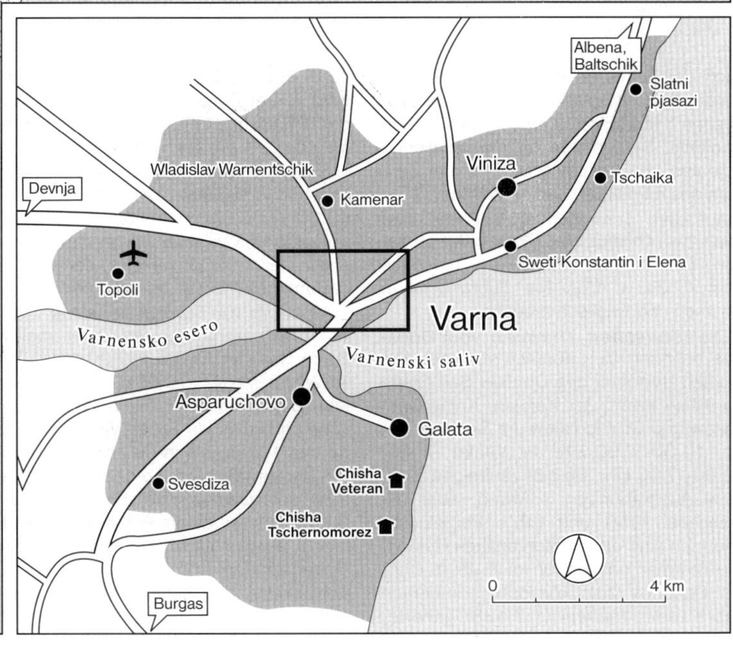
Albena, Baltschik
Slatni pjasazi
Wladislav Warnentschik
Viniza
Tschaika
Devnja
Kamenar
Sweti Konstantin i Elena
Topoli
Varna
Varnensko esero
Varnenski saliv
Asparuchovo
Galata
Svesdiza
Chisha Veteran
Chisha Tschernomorez
0
4 km
Burgas

Ethnografisches Museum, uliza Panagjurischte 22; im Sommer Di.-So. 10.00-17.00 Uhr, im Winter Mo.-Fr. 10.00-17.00 Uhr. Die Ausstellungsstücke von der zweiten Hälfte des 19. bis zum Anfang des 20. Jh. veranschaulichen die Bräuche und die materielle und geistige Kultur der Bevölkerung von Varna und Umgebung in einem sorfältig restaurierten Wiedergeburtshaus von 1860.

Parkmuseum „Wladislaw Warnentschik", bul. Jan Chunijadi 1, täglich 9.00-17.00 Uhr. Bis zum Parkmuseum fahren der Trolleybus 82 und der Bus 22 vom Zentrum in die Richtung kwartal Wladislawowo. Die Exposition berichtet von den Kämpfen des vereinigten polnisch-ungarischen Kreuzzugsheeres unter der Führung des polnischen Königs *Wladyslaw III.*, der später den Beinamen *Warnenczyk* (bulgarisch *Varnentschik* = von Varna) erhielt, gegen die Türken im Jahre 1444. In dieser großen Schlacht, in der das Kreuzfahrerheer vernichtet wurde, fiel auch der polnische König. Ihm zu Ehren wurde ein Mausoleum errichtet, für den zweiten Heerführer, *János Hungadi*, ein Denkmal, Sarkophage für die gefallenen Soldaten und besagtes Museum im Zentrum des damaligen Schlachtfeldes.

Auf dem Territorium des Parks sind noch zwei ***thrakische Grabmäler*** zu sehen. Eins ist das eines Herrschers aus dem 4. Jh. v. Chr. Die Führung ist in Deutsch und Englisch möglich.

Die ***römischen Thermen von Odessos*** befinden sich nördlich vom bul. Primorski, zwischen den Straßen San Stefano, Khan Krum, Zar Kalojan, Knjas Dondukow und Graf Ignatiew. Im Sommer Di.-So. 10.00-17.00 Uhr, im Winter Di.-Sa. 10.00-17.00 Uhr. Es gibt zahlreiche römische Ausgrabungen in Varna, aber die zwischen 1959 und 1971 freigelegten Thermen sind die größten antiken Ruinen. Die Thermen entstanden im 2. Jh. n. Chr., als Odessos zum römischen Imperium des Kaisers *Hadrian* (117-138) gehörte. Die Frauen- und Männerabteilung und alle übrigen Räume dieser einst öffentlichen Badeanstalt nahmen insgesamt eine Fläche von einem Hektar ein, von denen drei Viertel freigelegt wurden. Die bis zum 4. Jh. betriebenen Thermen waren mit wertvollen farbigen Marmorböden verziert und geben noch heute einen vortrefflichen Eindruck von der Badekultur der alten Römer.

Der ***Schutzwall von Asparuch*** wurde im Ersten Bulgarischen Reich zum Schutz der Meeresgrenze aufgerichtet. Heute ist der Wall noch auf einer Länge von über 1500 m erhalten geblieben. Seine Breite beträgt am Fuß 12 m. In der Mitte erhebt sich die Figur eines Asparuchkriegers, und an der südlichen Seite steht eine Marmorsäule mit einem protobulgarischen Zeichen. Der Schutzwall befindet sich im Seepark des Wohngebietes Asparuchowo und ist vom Zentrum mit allen Buslinien zu erreichen.

Kunstgalerie, uliza Ljuben Karawelow 1, Di.-So. 10.00-19.00 Uhr, Do. Eintritt frei. In drei Etagen wird die Entwicklung der bulgarischen bildenden Kunst vom Anfang des 20. Jh. bis heute gezeigt.

Haus-Museum „Georgi Weltschew", uliza General Radko Dimitriew 8, Di.-So. 10.00-17.00 Uhr. In drei Sälen sind 60 Ölgemälde des Varnaer Malers *Georgi Weltschew* (1891-1955) gezeigt, der die Darstellung des Meeres bevorzugte.

Museum für Stadtgeschichte *(Musej sa istoriga na Varna),* uliza Osmi noemwri 3; im Sommer Di.-So. 10.00-17.00 Uhr, im Winter Mo.-Fr. 10.00-17.00 Uhr. Sehr lebendig wird ein Einblick in das ökonomische und kulturelle Leben Varnas vom Ende des 19. Jh. bis in die 30er Jahre des 20. Jh. gewährt - mit einer Werkstatt, einem Hotelzimmer, einer Bierstube, einer Buchhandlung, einem Fotoatelier, dem Interieur einer städtischen Wohnung sowie Gegenständen und Unterlagen über die Entwicklung des Schiffsbaus und vielem mehr.

Museum der Medizingeschichte, uliza Paraschkewa Nikolau 7 (Ecke bul. Primorski), Mo.-Fr. 10.00-16.00 Uhr. Das Museum ist das einzige seiner Art in Bulgarien. Eine „therapeutische" Reise von den Anfängen der menschlichen Zivilisation bis zum Zweiten Weltkrieg.

Museum „Der Mensch und seine Gesundheit", uliza Bregalniza 3, Mo.-Fr. 8.00-17.30 Uhr. Die Schilder sind viersprachig. Das eindrucksvollste Exponat ist ein gläserner Frauenkörper.

Kathedralen chram „Sweto Uspenie Bogoroditschno" (1882-1886), im Zentrum, täglich von 7.00-18.00 geöffnet. Am Sonntag früh sowie an kirchlichen Feiertagen singt hier der Männerchor. Der Chor besitzt eine alte Tradition und verfügt über ein reichhaltiges Repertoire an Kirchenliedern; ein beliebter Ort für Trauungen.

Chram „Sweta Petka" (1906), uliza General Kolew 28, jeden Tag bis auf eine Mittagspause zugänglich. Hier singt sonntags früh und an Festtagen ein gemischter Chor.

Chram „Sweta Bogorodiza" (1602), uliza Khan Krum 19, täglich zugänglich. Hier wird die wundertätige Ikone der Heiligen Gottesmutter bewahrt. Die Ikonostase stammt aus der zweiten Hälfte des 19. Jh. Zum Gottesdienst am Sonntag früh singt ein gemischter Chor.

Chram „Sweti Nikola", bul. Knjas Boris 35, täglich 7.00-12.00 Uhr und 13.00-18.00 Uhr. Die Kirche wurde in den 60er Jahren des 19. Jh. gebaut. Die Wandmalerei ist aber erst von 1961. Sonntags früh singt ein gemischter Chor.

Chram „Sweti Atanassij" (1838), uliza Graf Ignatiew 19. Bei den Ikonen handelt es sich um Kopien, die Originale befinden sich im Archäologischen Museum. Jeden Sonntag singt zum Gottesdienst ein gemischter Chor. Hier finden die meisten Trauungen in Varna statt.

Chram „Sw. Konstantin und Elena", befindet sich in dem gleichnamigen Kurort. Die Kirche ist das Überbleibsel eines Klosters vom Anfang des 18. Jh. (*Chram* bezeichnet im Bulgarischen eine größere Kirche.)

Unterkunft

Auch in der Hochsaison ist eine Übernachtung in Varna wie überall an der Schwarzmeerküste kein Problem: Bei Ankunft eines Fernzuges oder eines Fernlinienbusses stürzen sich Heerscharen von Frauen und Männern mit dem Schlachtruf „Kwartiri!" auf die Ankömmlinge, um ihnen ein ***Privatquartier*** anzubieten. Dies ist meist ein Zimmer in ihrer Privatwohnung in einem Neubau- oder Wohngebiet. Vorher sollte man sich unbedingt nach der Lage des Quartiers und der Entfernung zum Zentrum bzw. einer Busverbindung erkundigen. Die Preise für eine Übernachtung pro Person dieser Art betragen 6 Lewa, 10 Lewa ist schon zu viel, da die Leute „schwarz" vermieten. Für längere Aufenthalte ist diese Art von Unterkunft auf Grund des meist nur geringen Platzes allerdings nicht jedermanns Sache.

Sollte man diesem Angebotssturm entkommen sein, landet man gleich danach in den Händen der ***Taxifahrer.*** Sie beteiligen sich auch kräftig an dem Quartiergeschäft, indem sie je nach Wunsch des Gastes ein Zimmer suchen. Wenn das erste besetzt ist, muss man zum nächsten Vermieter fahren. So verdient der Taxifahrer doppelt: an der Provision und an dem durch die längere Fahrt höheren Fahrpreis.

Empfehlenswert sind die Dienste der privaten Zimmervermittler ***(Accommodation).*** Meist verfügen sie über schlicht, aber ausreichend eingerichtete Ein- bzw. Zweiraumwohnungen mit Küche, Bad und Toilette im Zentrum oder in dessen Nähe. Man bezahlt in der Regel 5 Lewa Pfand für den Schlüssel und wird kostenlos (!) zum Quartier transportiert. Für Ruhebedürftige besteht ein Nachteil: Man ist nicht der einzige Gast in einer Wohnung und sollte sich auf Mitbewohner einstellen, die nicht immer rücksichtvoll sind. So konnten wir zwei Nächte lang nicht ruhig schlafen, weil das Nebenzimmer von einem jungen Pärchen aus Varna für stürmische Liebesnächte genutzt wurde.

Die Zimmervermittlungsbüros unterscheiden sich durch Preis und Freundlichkeit. Man muss beachten, dass bis 12.00 Uhr die Unterkünfte geräumt und die Schlüssel abzugeben sind.

- ***Isak Accommodation,*** Tel. (052) 613 659, (052) 602 170, Geschäftsführer Iwán Stáwrew, der preiswerteste und freundlichste in seiner Branche, Handy 088 785 663; befindet sich am Osteingang des Bahnhofes, tägl. geöffnet, bis der

Das Delphinarium

letzte Gast ein Bett bekommen hat. 6-8 $ pro Person, Übernachtungsmöglichkeiten im Zentrum von Varna, in den Wohnvierteln, in „Sweti Konstantin i Elena". Die freundlichen jungen Leute sprechen Deutsch und Englisch.

● ***Astra Tour*** am Ende des Bahnsteiges 6, Tel. (052) 605 861, E-Mail: astratur@mail.vega.bg, EZ 20 Lw, DZ 30 Lw

● Zur nächsten ***Accommodation*** geht es die Unterführung vom Bahnhof ins Zentrum. Gleich links in einem Block in einem winzigen Raum bekommt man ein EZ für 8-9 $, ein kleines App. für 40 $ und ein App. Lux für 3-4 Pers. 60 $ (verhältnismäßig teuer!), tägl. 8.00- 20.00 Uhr.

● ***Accomodation*** (eine Zweigstelle vom Isak), buleward Knjas Boris I. 88/Ecke bul. Zar Oswoboditel, Tel. (052) 602 170, tägl. 9.00-18.00 Uhr.

● ***Tourist Büro George,*** uliza zar Simeon 36 B, Tel. (052) 607 474, georgesm@ revolta. com, EZ 18 Lw, DZ 26 Lw, ohne Bad, tägl. 8.00-20.00 Uhr.

● ***Tourist Service*** befindet sich im Foyer des Hotels Odessa, Mo.-Fr. 9.00-18.00 Uhr, EZ 22-26 Lw, DZ 31 Lw. Die Preise sind ziemlich hoch, aber die Qualität der Unterkünfte ist besser als die der meisten anderen.

● ***Frau Todorka Balinowa,*** uliza zar Simeon 27, Tel. (052) 630 182, Fax (052) 60 008, Privatzimmer, Villen, Hotels, Camping in Varna, Sweti Konstantin i Elena, Slatni pjasazi, Galata, Kranevo, Albena, Baltschik und Obsor,E-Mail: tebe@mail.bg.

● ***Beni-Tour,*** buleward Wladimir Warnentschik 131, Block 41, Eingang B, App. 22; Tel. (052) 246 000, Tel./Fax (052) 601 136, E-Mail: beni_tour@abv.bg, vermittelt App., Villen in Varna, in den Wohnvierteln und in den Kurorten, guter Preis für sorgfältig ausgesuchte Räume.

Hotels

● ***Hotel „Tscherno more",*** buleward Slíwniza 33, Tel. (052) 612 235-38, Fax (052) 612 220, EZ 20-42 $, DZ 33-64 $, ein Überbleibsel der sozialistischen Zeit im Stile von Balkantourist.

● ***Hotel „Orbita",*** buleward Zar Oswoboditel 25, Tel. (052) 612350, Fax (052) 602617, EZ/F 21 $, DZ/F 30 $, App. 40 $, geringe Entfernung zum Zentrum, E-Mail: orbita@abv.bg.

● ***Hotel „Odessa",*** 3 Sterne, buleward Primorski 65 (gegenüber dem Meeresgarten), Tel. (052) 228 381, Fax (052) 253 083, EZ/F 36-44 $, DZ/F 47-54 $ gute, komfortable Zimmer, nicht alle mit Meeresblick.

Varna - Sofia / Варна - София

Abfahrt	Ankunft	Fahrtdauer/Std.	Zug/Zugnummer	Firma/Busnummer
07:45	15:40	07:55	Expresszug/202	
07:45	15:30	07:45		Etap/809
08:00	15:00	07:00		Grup/999009
08:00	15:00	07:00		Grup/999097
09:32	18:20	08:48	Schnellzug/814	
10:15	18:50	08:35	Schnellzug/210	
11:00	18:00	07:00		Etap/828
13:15	21:34	08:19	Schnellzug/212	
13:30	20:30	07:00		Etap/811
14:00	21:00	07:00		Grup/999010
14:00	21:00	07:00		Grup/999098
17:00	23:00	06:00		Biomet/4
21:35	05:55	08:20	Schnellzug/336	
22:00	06:40	08:40	Schnellzug/226	
22:30	04:30	06:00		Biomet/5
22:30	05:30	07:00		Etap/812
22:55	07:28	08:33	Schnellzug/286	
23:00	06:00	07:00		Grup/999011

- ***Woennomorski Klub,*** buleward Wladislaw Warnentschik 2, Tel. (052) 238 311, DZ ohne Bad 22 Lw, EZ/DZ mit Bad 22/36 Lw, App. mit Bad 55 Lw. Das hellblaue Gebäude gegenüber der Kathedrale bietet kleine und spärlich möblierte, aber sehr saubere Zimmer.
- ***Hotel Santa Marina,*** uliza Baba Rada 28, Tel. (052) 603 826, Fax (052) 603 825, EZ/DZ/F 30/40 $, App. 50 $, gemütliches Hotel, zentral gelegen, preisgünstig in der mittleren Preiskategorie, alle Zimmer und App. haben TV, Kühlschrank und Klimaanlage. Fast immer ausgebucht, besonders an den Wochenenden im Sommer, empfehlenswert im Voraus zu buchen.

Kulturelles

- ***Volksbibliothek „Pentscho Slawejkow",*** bul. Sliwniza 34, Mo.-Fr. 9.30-18.00 Uhr. In dem Gebäude gibt es seit kurzem einen deutschen Lesesaal. Neben den 3000 Bänden aus verschiedenen Bereichen findet man auch deutsche Tages- und Wochenzeitungen sowie Zeitschriften.
- ***Varnaer Oper,*** ploschtad Nesawissimost 2, im Zentrum.
- ***Dramatisches Theater*** „Stefan Batschwarow", im gleichen Gebäude wie die Oper.
- ***Puppentheater,*** uliza Todor Wlajkow 6 im Zentrum.
- ***Palast der Kultur und des Sports,*** bul. Knjas Boris I. 115; Diskothek, div. Sportmöglichkeiten, Billardklub, Tages- und Nachtbar mit Varietéprogramm, Handelszentrum und Ausstellungen.

Kulinarisches

Das Angebot an Essbarem ist enorm.

- Bei Fast Food ist die bulgarische Imbisskette ***Happy Bar & Grill*** mit einer ganzer Reihe Nationalgerichte eine bessere Alternative zu McDonald's. Gute Preise und eine breite Palette an Salaten haben die bekannten ***Pizza Hut, Mustang Food.***
- Darüber hinaus gibt es in der ganzen Stadt gute Restaurants, die darauf warten, von den Touristen entdeckt zu werden (bei den meisten sind die Speisekarten nur in Bulgarisch). Im ***Primórski Park*** (Meeresgarten) findet man eine Reihe sehr guter Lokale. Hier spielt sich auch das vielseitige Nachtleben der Stadt ab.

Einkaufen

Bevor man sich in Varna auf Schnäppchenjagd begibt, sollte man dafür sorgen, dass die Geldbörse, der Fotoapparat und sonstige Wertgegenstände gut am Leib verstaut sind. ***Diebstahlgefahr*** (von Romafrauen) besteht auf dem Basar Tschataldshá na Tscherwénija ploschtad oberhalb der Kathedrale. Dort wird Obst, Gemüse und vieles mehr angeboten. Die Straßenhändler in Varna wirken auf ausländische Touristen ziemlich aggressiv, was eigentlich für Bulgarien nicht typisch ist. Auf der Straße und in vielen Geschäften werden für überhöhte Preise minderwertige Waren, Kleidungsstücke und Schuhe, made in Türkei oder China verkauft. Viele Lebensmittelgeschäfte und Apotheken sind rund um die Uhr geöffnet.

Baden

- ***Zentralstrand*** (zentralen plash in Varna), 7.00-18.00 Uhr bewacht.
- ***FFK*** (nudistki plash): zwischen dem Kurort Albena und dem Dorf Kranevo; zwischen Trifon Saresan und Shurnalist; nördlich der chisha Weteran und nördlich der chisha Tschernomorez.

Transport

- ***Bahnhof,*** bul. Primorski, östlich vom Zentrum in Meeresnähe, erreichbar mit Bus 1, 22, 41 und Trolleybus 82, 83, 86. Auskunft, Tel. (052) 630 444 (5.30-23.00 Uhr). Fahrkarten kann man zwei Stunden vor Abfahrt des Zuges kaufen.
- ***Busbahnhof*** *(awtogara),* 2 km nordwestlich vom Zentrum, bul. Warnentschik 160, erreichbar mit städtischen Buslinien 1, 22, 41. Es gibt regelmäßige Busverbindungen verschiedener Privatbusunternehmen nach Dobritsch, Schumen, Veliko Tarnovo, Stara Sagora, Plovdiv, Burgas sowie andere Ortschaften. Fahrscheine für die Firma *Etap* kann man am Busbahnhof, Tel. (052) 504 808, (täglich 7.00-23.30 Uhr), im Hotel „Tscherno more", Tel. (052) 604 674 (täglich 9.00-22.00 Uhr) oder direkt im Bus kaufen. Die Preise der verschiedenen Busfirmen und der Eisenbahn weichen nur geringfügig um 1-2 Lewa voneinander ab: Varna - Veliko Tarnovo 8-9 Lewa (€ 4,10-4,60), Varna - Schumen 5 Lewa (€ 2,56), Varna - Sofia 14-15 Lewa (€ 7,16-7,67). Busse in die Türkei und Griechenland (19-25 Lw).

Achtung! Abfahrtzeiten und Preise ändern sich ständig. Aktuelle Information vor Ort einholen.

Städtischer Busverkehr

- ***Meeresgarten,*** Delphinarium und Zoo: Busse 8, 9, 14, 20; Trolleybusse 84, 86;
- ***medizinischer Komplex*** in Varna: Bus 13, 32;
- ***Varna-Slatni pjasazi:*** Bus 209;
- ***Wohngebiet W. Warnentschik:*** Bus 22 und Trolleybus 82;
- ***Wohngebiet Galata:*** Bus 17;
- ***Wohngebiet Winiza:*** Bus 31;
- ***Slatni pjasazi*** (bis Hotel „International"): Bus 9 (16 km);
- ***Sweti Konstantin und Elena*** (ehemals Drushba): Bus 8 (10 km);
- ***Aladsha manastir:*** Bus 29 (zirka 15 km);
- ***Kranevo:*** Bus 53 (zirka 24 km);
- ***Tschernomorez und Fitoscha:*** Bus 60;
- ***Batova:*** Bus 52 und 54;
- ***Hafen Varna:*** Bus 48;
- ***Flughafen Varna:*** Bus 50, Abfahrt am „Makedonskija dom".

Flüge

- ***Flughafen*** (letischte), ca. 9 km v. Varna, Tel. (052) 650835, Tel. (052) 44213, 44416, Taxi: 6-8 Lw.
- Fluglinie Varna - Sofia: Mo. 6.30, 7.20, 9.45, 12.00, 17.45, 21.35 Uhr; Di. 6.30, 7.20, 9.45, 21,35 Uhr; Mi. 6.30, 7.20, 9.45, 12.00, 17.45, 21.35 Uhr; Do. 6.30, 7.20, 9.45, 21.35 Uhr; Fr. 6.30, 7.20, 9.45, 12.00, 17.45, 21.35 Uhr; Sa. 6.30, 7.20, 9.45 Uhr; So. 6.30, 7.20 Uhr.

Umgebung von Varna

Schloss „Ewksinograd"

Im Wohngebiet Trakata, 5 km nördlich vom Zentrum Richtung Slatni pjasazi.

Das einzige echte bulgarische Schloss (außer dem Zarenschloss, der heutigen Nationalgalerie in Sofia) ist ein Obdach für Auserwählte geblieben. Im Schloss „Ewksinograd", das in jener Zeit „Sandrowo" genannt wurde, erholte sich Fürst *Alexander von Battenberg* von der sommerlichen Hitze. Hier empfing *Ferdinand I. von Sachsen-Coburg und Gotha* gekrönte Häupter. „Ewksinograd" war auch die Sommerresidenz des Zaren *Boris III.* Und das gleiche Schloss diente zur Erholung der kommunistischen Führer. *Todor Shiwkow* schlief im so genannten Slantschewo bungalo (Sommerbungalow). Das letzte Staatsoberhaupt, das den Luxus des Schlosses „Ewksinograd" genoss, war *Richard von Weizsäcker* im Jahre 1986.

Der schöne englische Park mit seltenen und exotischen Bäumen und die unmittelbare Nähe des Meeres machen aus diesem Stück Schwarzmeerküste wirklich einen ***Ort für Gottesauserwählte.*** Der von der griechischen Bezeichnung für das Schwarze Meer als 'Gastfreundliches Meer' hergeleitete Name 'Gastfreundliche Stadt' lässt diesen Aspekt des Auserwähltseins allerdings unberücksichtigt. Als Fürst *Alexander von Battenberg* über eine Sommerresidenz nachdachte, schien ihm diese Gegend nur ein paar Kilometer von Varna entfernt, wo sich das Kloster „Sweti Dimitar" befand, gerade richtig. Am 16. März 1882 erhielt er das Gelände mit Weingärten und anderem Grund und Boden von dem griechischen Metropoliten und der griechischen Gemeinde in Varna zum Geschenk. Der Bau des Schlosses wurde nach Plänen des Wiener Architekten *Rumelmaier* ausgeführt und 1886 von dem Schweizer *Hermann Meier* im Neorenaissancestil beendet. Nach der Abdankung *Battenbergs* kaufte der bulgarische Staat „Sandrowo".

Heute findet hier die neue Regierungsmannschaft für einige Zeit Ruhe von den demokratischen Umwandlungsprozessen des Landes. Im Vergleich zur früheren Regierung, die sich hier kostenlos von der Erfüllung eines weiteren Fünf-Jahr-Planes erholte, müssen die neuen Staatsdiener tief in die eigene Tasche greifen: ein Kotelett € 0,41 (0,80 Lw) und ein Bier € 0,26 (0,50 Lw)!

Ganz im neuen, demokratischen Sinne können sich hier doch noch Außenstehende ein Stück des bulgarischen Luxus gönnen: eine ***Übernachtung im Bungalow Todor Shiwkows*** für 820 $ (ca. € 890), in den anderen Bungalows für 400-800 $ (ca. € 434-868). In dem Preis ist das warme Mineralwasser inbegriffen. Die kostbaren Tropfen aus dem Weinkeller muss man allerdings extra bezahlen: von einem 20jährigen Kognak kostet die Flasche € 33,20 (65 Lw). Dafür gibt es einen ***Spaziergang im Park*** fast gratis: für € 1,28 (2,50 Lw), für Kinder € 0,51 (1 Lw).

Aladsha manastir (Aladsha-Kloster)

Аладжа манастир

Zirka 15 km nördlich von Varna mit dem Bus 33 und 4 km westlich vom Seebad Slatni pjasazi. Mai-Okt. tgl. 9-19 Uhr.

Das Höhlenkloster ist eines der ungewöhnlichsten Zeugnisse aus der Geschichte Bulgariens. Es stammt ***aus der frühesten Zeit des Christentums.*** Vermutlich wurden die natürlichen Höhlen der Kalksteinfelsen schon im 4. Jh. von christlichen Einsiedlermönchen bewohnt, als die Christen noch gezwungen waren, sich vor den grausamen Verfolgungen zu verstecken. Man erweiterte dazu die Höhlen und verband sie künstlich mit Gängen. Das Kloster selbst wurde im 13./14. Jh. gegründet und bis zum 18. Jh. genutzt.

Wahrscheinlich bei einem Erdbeben oder einer Erdschichtverschiebung stürzte die Vorderwand ein und legte das gesamte ***Innenleben des Klosters*** frei: alle Gänge und Räume, die in zwei mit einer Holztreppe verbundenen Stockwerken existierten. Erhalten blieben weder Einrichtung noch Ausschmückung. Nur in der zweiten Etage gibt es noch Fragmente der Wandmalerei. Dem Kloster ist ein ***Museum*** angegliedert, wo Beispiele mittelalterlicher bulgarischer Kunst und archäologische Ausgrabungen gezeigt werden.

Pobiti kamani (Steinwald)

Побити камъни

Zirka 18 km von Varna entfernt, direkt links an der alten Straße nach Sofia (Richtung Varna-Devnja). Diese einmalige Naturerscheinung breitet sich auf einer Fläche von 50 Quadratkilometern in der Nähe der Dörfer Slantschevo, Banovo, Straschimirovo und Beloslav aus. Die Gegend ist leicht an ihrem wüstenähnlichen Aussehen und den im Gelände aufragenden abgerundeten Steinsäulen zu erkennen. Dabei handelt es sich um keine baulichen Überreste, sondern um das jahrtausende-

Erosion legte den Steinwald bei Beloslav frei

alte Ergebnis natürlichen Wirkens. Mineralhaltiges Wasser drang hier in den Untergrund ein und bildete, in der Erde verborgen, diese bis einen Meter starken und bis zu vier Metern hohen Stalaktiten. Infolge von Erosionsprozessen wurden diese Säulen freigelegt und an der Erd- oberfläche sichtbar.

Badeorte in der Umgebung
(ausführlich siehe Kapitel „Seebäder")

Albena
31 km nordöstlich von Varna. Im Sommer fährt zwischen 7.00 und 18.00 Uhr jede Stunde ein Bus vom Busbahnhof.

Slatni pjasazi (Goldstrand)
16 km nordöstlich, mit dem Bus 9 zu erreichen.

Sweti Konstantin und Elena
Früher Drushba, 10 km nordöstlich, dorthin fährt der Bus 8.

Kamtschija
30 km südlich von Varna gelegen. Vom Busbahnhof verkehren im Sommer mehrmals täglich Busse: 8.40, 11.00 und 15.50 Uhr.

Die Schwarzmeerküste südlich von Varna

Der Ort Obsor in der Mitte zwischen Burgas und Varna trennt die bulgarische Schwarzmeerküste in den südlichen und den nördlichen Küstenabschnitt. Nachdem der südliche Abschnitt im „Gebiet Burgas" behandelt wurde, folgt hier die Darstellung der nördlichen Schwarzmeerküste. Die Beschreibung folgt der Straße E 87 von Obsor nach Norden.

Bjala, Бяла

Ein Dorf, 6 km nördlich von Obsor und 3 km vom Meer entfernt, im Binnenland gelegen. Die Siedlung entstand bereits im 4. Jh. v. Chr. als griechische Kolonie Aspro (Weiß), die Römer befestigten sie, und der Feudalherr *Dobrotiza* ließ hier einen Hafen anlegen.

Auch in Bjala wurde in letzter Zeit viel in neue, größere Häuser investiert, die Urlauber beherbergen sollen. Die ***schlechte Versorgung*** hindert aber bisher die Urlauber daran, die ***günstigen Übernachtungspreise*** von etwa 5 Lw zu nutzen. Wenige Kilometer südlich von Bjala befindet sich der ***Campingplatz „Luna“,*** wo auch Bungalows vermietet werden.

Staro Orjachovo, Старо Оряхово

In Bjala verabschiedet sich die E 87 für etwa 50 km (bis Varna) vom Meer und dringt ein Stück aufs Festland vor. Der Fahrweg überwindet ein hügeliges Gelände, steigt auf und ab, führt an bewaldeten Flächen vorbei, an Feldern und Weinbergen, durchquert einige Dörfer und fällt zum Tal des Flusses Kamtschija beim Dorf Staro Orjachovo wieder ab. Hier endet der Abzweig einer Eisenbahnlinie der Strecke Sofia - Varna.

Schkorpilovzi
Шкорпиловци

In Staro Orjachovo biegt man rechts ab, wenn man einen Halt am Meer machen will. Nach 8 km ist man im Dorf Schkorpilovzi. Hier wird man sogar zu einem längeren Aufenthalt verleitet, denn es ist schlagartig ruhiger als an der Fernverkehrsstraße, und der dichte Laubwald auf einem Hügel, dahinter ein herrlicher Sandstrand mit Dünen lassen einen schwerlich widerstehen. Neben Quartierangeboten im Dorf erleichtern zwei ***Campingplätze („Horizont“ und „Isgrev“)*** am Strand (2 km vom Dorf) die Entscheidung.

Kamtschija, Камчия

Weiter auf der E 87 erreicht man den ***Fluss Kamtschija,*** den größten bulgarischen Fluss, der direkt ins Schwarze Meer mündet. An seinem Unterlauf, wo er ein breites Bett bildet, verlangsamt sich seine Strömung, und die Tiefe beträgt bis zu fünf Metern.

Bevor sich seine Wasser ins Meer ergießen, durchfließt er einen ausgedehnten, unberührten Wald. Hier ist das ***Naturschutzgebiet Longosa,*** 25 km vor Varna und 5 km auf einem Abzweig von der E 87 zum Meer. Auf dem Fluss und seinen Nebenarmen gedeihen Wasserrosen. Der Wald hat ein tropisches Aussehen angenommen und ist Heimstatt vieler Vögel und kleiner Wildtiere. Dieser bulgarische Dschungel umfasst 4500 Hektar, von denen 500 Hektar das Naturschutzgebiet Longosa bilden.

Obwohl sich der 10 km lange Strand mit feinkörnigem Sand und Dünen empfiehlt, macht das Baden in der Nähe der Kamtschija-Mündung wenig Spaß. Das Wasser ist nicht klar, und man denkt zwangsläufig an Wasserverschmutzung durch den Fluss. Wer sich entscheidet, hier zu bleiben, hat die Auswahl zwischen zwei ***Hotels*** („Kamtschija" und „Longos" - beide zwei Sterne) sowie drei ***Campingplätzen:*** „Raj" (ist eine Villensiedlung), „Pirin" und „Ustie Kamtschija". Es gibt so genannte Attraktionslokale, Restaurants, Snackbars, Konditoreien, Bars und Verkaufsstellen.

Transport

- Zwischen Varna (Busbahnhof) und Kamtschija verkehren ***Linienbusse.*** Die Haltestelle im Seebad Kamtschija ist am Hotel „Longos", wo sich auch der Fahrkartenschalter befindet. Die Fahrkarten werden zusammen mit den Platzkarten verkauft, weshalb sie im Voraus zu lösen sind.
- In der Feriensiedlung Kamtschija fährt ein ***Autozug*** von der Villensiedlung „Raj" die Strandpromenade entlang bis zum Restaurant „Kamtschijska Lilija" und rückwärts am Hotel „Longos" vorbei. Die Fahrkarten sind beim Fahrer zu lösen, gehalten wird überall auf Wunsch der Fahrgäste.

Galata, Галата

Auf dem Weg nach Varna verliert man das Meer wieder aus dem Auge. Die E 87 führt erneut in hügeliges Gelände zwischen Äcker, Wälder und Weinstöcke. Man durchquert einige touristisch unbedeutende Dörfer, bis man wieder an „Höhe" verliert und hinunterfährt nach Varna, in das Stadtviertel Asparuchovo. Nach einer Brücke führt ein linker Abzweig in die Stadt.

Ein Abzweig nach rechts, bereits im Gebiet Asparuchovo, endet nach 6 km am Meer im Wohngebiet Galata beziehungsweise am Kap Galata, wo sich auch ein gleichnamiger ***Campingplatz*** befindet. Südlich davon, in der Nähe der zwei Touristenunterkünfte „Weteran" und „Tschernomorez", besteht das ***FKK-Paradies*** von Varna.

Die Schwarzmeerküste nördlich von Varna

Nördlich von Varna folgen die bekannten Seebäder ***Sweti Konstantin i Elena*** (früher Drushba), ***Slatni pjasazi*** und ***Albena*** (ausführliche Angaben siehe im Kapitel „Seebäder"). Reisende, die die Vorteile der großen Kurorte (Wassersportmöglichkeiten und Nachtleben) nutzen wollen und trotzdem preiswert und romantisch nächtigen möchten, können die Campingplätze in der Umgebung dieser Seebäder nutzen:

- ***Campingplätze „Slatni pjasazi"*** und ***„Panorama"*** nördlich von Slatni pjasazi in einem Waldgelände mit Bungalows.
- ***Campingplätze „International"*** und ***„Exotika"*** zwischen Kranevo und Albena.
- ***Camping „Albena",*** westlich vom gleichnamigen Seebad. Wald, Bungalows, Zeltplätze und Duschen mit Mineralwasser.

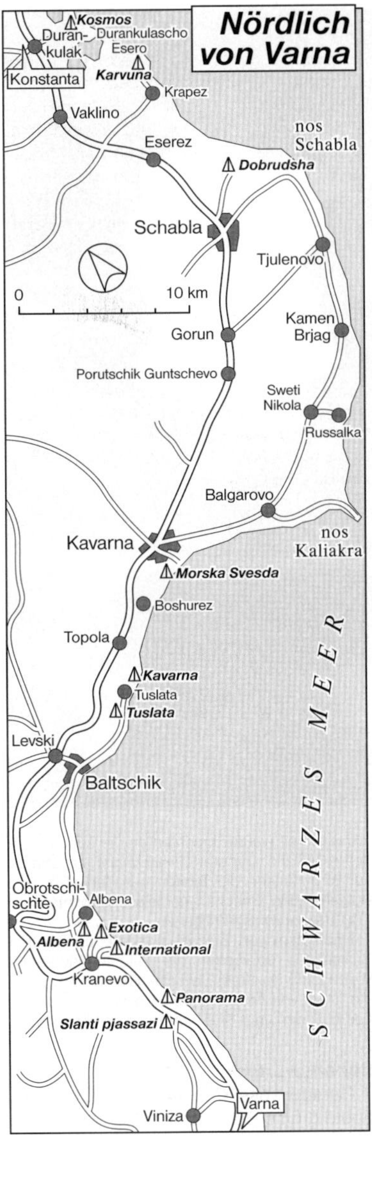

Kranevo, Кранево

Diese Kurortsiedlung, ein Stück vom Wasser entfernt, ehemals römische und mittelalterliche bulgarische Festung, ist ***für Familien mit Kindern*** besonders geeignet, da das Meer hier flach ist. Unterkunft findet man in Privatquartieren.

Obrotschischte, Оброчище

Das kleine Dorf ist zwar kein Ferienort, aber bekannt wegen seines ***Derwischklosters Arat teke,*** so dass ein Halt an der Rotunde im maurischen Stil durchaus lohnt. Bis 1934 hieß der ganze Ort selbst Teke (türkisch *tekke* = mohammedanisches Kloster). Man vermutet, dass das Kloster in den ersten ein bis zwei Jahrhunderten der osmanischen Herrschaft auf bulgarischem Boden gebaut wurde. Es beherbergte bis zu 100 Derwische und bot täglich bis zu 200 wandernden moslemischen Mönchen Unterkunft. Was in der Form einem Minarett ähnelt, ist der Schornstein einer in Überresten erhalten gebliebenen Küche, deren Größe auf die gewaltige Versorgungsleistung der Insassen und Gäste schließen lässt. Um das Kloster nicht zu überfordern, war die Verweildauer der Wandermönche auf drei Tage beschränkt.

Baltschik, Балчик

13.000 Einwohner, 47 km von Varna, 37 km bis Schabla.

Es wäre ein Versäumnis, an der subtropischen „weißen Stadt“ mit ihren mehr als 100 m ***hohen Kalksteinhängen*** vorbeizufahren. Die Stadt, in der selbst noch weiße Hügel aufragen, erstreckt sich malerisch auf mehreren Terrassen des steil zur Bucht abfallenden Ufers.

Geschichte

Die ersten Bewohner des Gebietes waren ***Thraker,*** bevor im 5./6.Jh. v. Chr. Kolonisten aus der griechischen Stadt Milet eine Siedlung na-

mens Krunoj gründeten. Sie huldigten so sehr dem ***Dionysoskult,*** dass sie ihm zu Ehren nicht nur mehrere Statuen errichteten, sondern später sogar ihre Stadt nach dem griechischen Gott des Weines und der Fruchtbarkeit Dionysopolis nannten. In diesem Sinne sind die Leute aus Baltschik noch immer eifrig, wie ein Kenner des Landes feststellte: „Sie keltern einen vorzüglichen Wein, sie verstehen eine Menge vom Feiern und Trinken, sind fruchtbar und vermehren sich beispielhaft."

Im Mittelalter hieß die Stadt dann Karwuna (Karbona), und danach wurde auch ihr Schicksal jahrhundertelang von den ***Türken*** bestimmt. Sie gaben ihr den heutigen Namen, und als die Stadt 1878 befreit wurde, brachten es die Türken, wie der russische General *Zimmermann* berichtete, auf 900 Häuser, die Tataren besaßen 400, und Bulgaren und Griechen gemeinsam konnten nur 200 Häuser ihr eigen nennen.

Nach dem von Bulgarien verlorenen Zweiten Balkankrieg übergaben die Entente-Mächte im Vertrag von Bukarest Baltschik ***Rumänien,*** wozu die Stadt von 1913 bis 1940 gehörte. In dieser Zeit hieß die Stadt Srebaren Brjag (Silberküste).

Sehenswertes

Gerade dieser Periode hat die Stadt ihre heute größte Sehenswürdigkeit zu verdanken: das Schloss oder besser die ***Sommerfrische der ehemaligen rumänischen Königin Maria*** (tgl. 8–22 Uhr). Nach ihren Plänen schufen zwei italienische Architekten 1924-1931 ein gelungenes Konglomerat aus altbulgarischen, gotischen, maurischen und orientalischen Stilelementen, gleichsam einen architektonischen Brückenschlag zwischen Okzident und Orient. Ein Schweizer Gärtner tat noch ein übriges und ließ einen ebenbürtigen, zehn Hektar großen ***Schlosspark*** entstehen mit originellen Bauten, zu denen man über steinerne Wege, Promenaden, über kleine Brücken und Labyrinthe gelangt und - nicht zu vergessen - mit 3000 seltenen Gewächsen, wozu auch eine ***Kakteensammlung*** ge- hört. Mit mehr als 250 Arten ist dies die zweitgrößte Sammlung in Europa.

Historisches Museum *(Istorítscheski muséj),* uliza Dimítar Shélev 1 im Zentrum, Mo.-Sa. 10.00–17.30 Uhr. Eine kleine, aber interessante Sammlung, die die Entstehung der Stadt im 6. Jh. v. Chr. illustriert. Neben antiken Glas- und Tongefäßen stellt ein thrakischer Streitwagen für sportliche Zwecke (3. Jh.) das Aushängeschild des Museums dar.

Ethnografisches Museum *(Etnográfski muséj),* gleich gegenüber dem Historischen Museum neben einer kleinen gemütlichen Gaststätte, Mo.-Sa. 10.00–17.30 Uhr. Auf zwei Stockwerken in einem Wiedergeburtshaus werden die Entwicklung der Handwerke, wie Stellmacherei, Schmiedehandwerk, Tischlerei, Böttcherei, daneben Arbeits- und Festkleidung, Webstuhl, Schmuck u.a. gezeigt.

Zárkwa „Sweti Nikolaj", die Kirche (1866) wirkt mit der Wahl ihres Standortes wie ein Symbol der Souveränität der Bulgaren. Sie steht weit oberhalb eines kleinen Minaretts in Hafennähe. Die Kirche und die Schule bilden den Wiedergeburtskomplex. Im Schulgebäude wird die Einrichtung eines Klassen- und eines Lehrerzimmers aus dem 19. Jh. vorgestellt.

Kunstgalerie *(chudóshestwena galérija),* uliza Otez Paíssij 4, Mo–Sa. 10.00–12.00/13.00–18.00 Uhr. Frau Penka Kóstowa und ihre Tochter Christina Panajótowa fühlen sich mit Leib und Seele mit der Kunst verbunden und freuen sich über jeden Gast. Das Gebäude selbst wurde 1895 als das erste Gymnasium der Stadt gebaut, 1987 umgebaut zur Kunstgalerie mit 800 Quadratmeter Ausstellungsfläche. Neben der ständigen Ausstellung von Malerei, Grafik und Skulptur werden stets verschiedenartige Ausstellungen bulgarischer und ausländischer Künstler präsentiert. Dieser Ort versteht sich als Zentrum internationaler Pleinair und Festivals und arbeitet gern mit ausländischen Kulturinstituten und Botschaften zusammen. Werke namhafter bulgarischer Künstler wie Wladimir Dimitrow-Májstora, Detschko Usunow, Wassil Barakow, Zanko Lawrenow, Iwan Christow u.a. haben hier einen festen Platz.

Eine kleine Moschee aus dem 16.Jh. erinnert an die dramatische Vergangenheit dieser Stadt. Mechméd, einem jungen Geistlichen, ist jeder, auch christlicher Besuch, willkommen.

Übernachtung

Die Stadt bietet sich als alternative Übernachtungsmöglichkeit zu den großen internationalen Kurorten an. Sie ist familiär, ruhig, hat aber einen nicht so guten Strand. Das Unterkunftsangebot reicht von Privatzimmern (5–6 Lw), über kleine Familienhotels bis hin zu mehreren guten Mittelklassehotels im Zentrum oder in der Villenzone der Stadt. Und wer sich nicht alleine auf Quartiersuche begeben will, dem stehen zwei Büros ***Accommodation*** (die günstigere ***Tourist Agency Zora,*** Tel. (0579) 72732, 4–5 $ pro Person und ***Chaika,*** Tel. (0579) 73775, im Zentrum gegenüber vom Hafen zur Auswahl.

- ***Touristen-Information,*** ploschtad Ribárski 1, Tel./Fax (05797) 2034.
- ***Hotel Baltschik,*** ploschtad 21. septemwri 1 (Zentrum), ein Überbleibsel aus Balkantouristzeiten, gebaut 1960, Tel. (0579) 72780, EZ/F 22 Lewa, DZ/F 27 Lewa.
- ***Hotel Elit,*** 2 Sterne, Tel. (0579) 75006, Fax (0579) 74197, vom Haupteingang des Schlosses

Gebiet Varna

200 m entfernt, komfortable Zimmer mit TV und Balkon, DZ/F 20 Lewa. Gute Gaststätte, geöffnet auch für Nicht-Hotelgäste.
● ***Hotel Lotos,*** 3 Sterne, Tel. (0579) 72195, ul. Primorska 12, EZ/F 62 Lewa, DZ/F 77 Lewa.

Transport

● ***Busbahnhof,*** Tel. (0579) 74069, befindet sich ca. 1 km vom Hafen entfernt, die uliza Tschérno moré ansteigend Richtung Schloss. Die Preise für eine Richtung liegen je nach Entfernung zwischen 1,20-3 Lewa. Minibusse verkehren jede 15 Min. nach Albena (20 Min. Fahrzeit), stündlich nach Varna (1 Std.), jede halbe Stunde nach Dobritsch (45 Min.), viermal tägl. nach Kavarna (30 Min.), dreimal nach Sofia (10 Std.).
● Der drittgrößte ***Schwarzmeerhafen*** wartet noch auf die Wiederbelebung der Schiffsverbindungen zu den anderen bulgarischen Häfen. Aktuelle Informationen am Hafen.

Tuslata

Тузлата

Das ***Heilschlammbad*** befindet sich 5 km östlich von Baltschik, direkt am Meer. Der Heilschlamm wird aus einer ehemaligen Salzgrube gewonnen und dient der Behandlung von Erkrankungen des Stütz- und Bewegungsapparates und des peripheren Nervensystems sowie von Frauenleiden. Eine Heilschlammklinik, ein Sanatorium und eine Kurortpoliklinik stehen Genesungssuchenden zur Verfügung.

Kavarna

Каварна

12.000 Einwohner, 18 km von Baltschik. Die Stadt liegt etwa 4 km vom Meer entfernt. Hier, im nördlichsten Teil der bulgarischen Schwarzmeerküste, über 60 km von Varna entfernt, beginnt und ***endet die „Touristenzivilisation".*** Das kleine Städtchen bietet keine Sehenswürdigkeiten, und die Zeiten sind schon längst vorbei, als Kavarna im 14. Jh. Hauptstadt der Dobrudscha war. Die türkischen Eroberer vernichteten die letzten Spuren der damaligen Kultur und hinterließen eine ***traurige Legende,*** die mit dem Kap Kaliakra zusammenhängt.

Das ***Kap Kaliakra,*** 12 km südöstlich von Kavarna, besitzt eine bis zu 70 m hohe Steilküste und ragt märchenhaft 2 km weit ins Meer hinaus. Als die Osmanen hier im 14. Jh. eine Festung belagerten, sollen sie 40 junge und bildhübsche Mädchen gefordert haben, um die Festung zu verschonen. Für die Jungfrauen war ein Platz im Harem des Padischahs vorgesehen. Als für die auserwählten Jungfrauen die letzte Nacht auf Kaliakra anbrach, erhoben sie sich unbemerkt, flochten ihre Zöpfe ineinander, traten weit hinaus auf den Rand der Klippe, fassten sich bei den Händen und sprangen gemeinsam ins Meer. Es war ihnen lieber zu sterben, als in türkische Hände zu fallen. Wenn heute in dieser Gegend von den Steinmetzen Platten gebrochen werden, stoßen sie manchmal auf solche, die rote Flecke tragen. Dann sagen die Alten: „Hier hat der Stein das Blut der Mädchen festgehalten, damit keiner es jemals vergesse ..." Der Freitod der Mädchen war für die Belagerer Anlass genug, Stadt und Festung dem Erdboden gleichzumachen, und das nicht nur nach der Legende. Was heute übriggeblieben ist, sind Überreste einer thrakischen Festung und die in einer Höhle am Kap ausgestellten archäologischen Funde (vom 3.-1. Jh. v. Chr.), wo auch Auskunft über die Geschichte der Halbinsel gegeben wird.

In der Umgebung der Stadt befinden sich 147 ***thrakische Erdhügel.*** Direkt am Strand wurde eine Höhle mit zwei unterirdischen Geheimkammern zur Aufbewahrung von Nahrungsmitteln entdeckt, an deren Wänden unikale Zeichnungen aus dem Neolithikum erhalten geblieben sind.

2 km in nordöstlicher Richtung von Kavarna breitet sich ein großes ***Parkgelände*** mit artenreicher Flora und Fauna aus.

Städt. Museum, uliza Dobrotiza 24; Mo.-Fr. 8.00-12.00 und 14.00-18.30 Uhr.

Kunstgalerie, uliza Dwadesset i peti septemwri (25. September); Mo.-Fr. 8.00-12.30 und 13.30-17.30 Uhr.

Denkmal der toten Mädchen

Übernachtung

- **Hotel „Dobrotiza",** drei Sterne, uliza Dobrotiza 22; Tel. (0570) 2396, EZ 55 Lw / DZ 77 Lw.
- **Hotel „Siana"**, mit den niedrigsten Preisen in der Stadt; ploschtad Dobrudsha, Tel. (0570) 5066.
- **Camping „Morska swesda",** etwa 2,5 km südlich vom Stadtzentrum, mit acht Gaststätten und einem Hotel mit zwölf Zimmern (D/WC), das ganzjährig geöffnet ist.

Kulinarisches

- **Restaurant „Kaliakra",** befindet sich am Kap in einer natürlichen Höhle. Gute Küche und angenehme Musik (10.00-23.00 Uhr).
- **Piknik „Kavarna",** in dem Parkgelände bei Kavarna, Folkloreprogramm. Spazierfahrten mit Pferdekutsche in die Umgebung. Die Gaststätte ist vom 1. Mai bis zum 31. Oktober täglich von 10.00-23.00 Uhr in Betrieb.

Weitere nützliche Adressen

- **Post,** uliza Dobrotiza 29.
- **Poliklinik,** uliza Dwadesset i peti septemwri, Tel. (0570) 3161-64.

Transport

- **Busverbindungen** nach Dobritsch, Schabla, Baltschik und Varna vom **Busbahnhof,** ploschtad Dobrudsha, 5.00-20.00 Uhr.
- **Hafen,** aktuelle Information für Schiffsverbindungen vor Ort.

Zwischen Kavarna und Schabla

Von Kavarna in Richtung Norden trennt sich die E 87 bis zur rumänischen Grenze endgültig vom Meer und verläuft etwas weiter im Landesinneren. Doch bietet sich hier die Möglichkeit eines **„Umweges" direkt am Meer** entlang. Dazu kann man die E 87 in Kavarna verlassen und über eine zweitrangige Straße an der Küste entlangfahren oder sich vom Kap Kaliakra im Dorf **Balgarovo** gleich rechts halten.

Nach Balgarovo folgt das Dorf **Sweti Nikola,** von dem ein rechter Abzweig unmittelbar ans Meer zum **Seebad Russalka** geleitet. Seit Jahren ist dieser Ort sommers fest in französischer Hand.

Über **Kamen brjag** erreicht man **Tjulenovo** mit einer zerklüfteten Steilküste und mit Höhlen, die einmal bewohnt waren.

Am ***Kap Schabla,*** dem östlichsten Punkt Bulgariens, bietet sich die Felsküste wieder in bezaubernder Schönheit. Die kleine Meeresstraße führt vom Kap zum Ort Schabla, zurück zur E 87. Damit hat man die letzte größere Siedlung vor der Grenze erreicht.

Schabla, Шабла

Schabla ist der Mittelpunkt eines reichen landwirtschaftlichen Gebietes. Wie an den meisten Schwarzmeerorten siedelten hier zuerst (im 6.-5. Jh. v. Chr.) die Thraker, später herrschten Römer und Byzantiner. Derzeit versucht Schabla, sich als Ferienort zu etablieren. Zugleich bieten sich industrielle Perspektiven, denn in der Umgebung stieß man auf ***Erdölvorkommen.***

3 km nordöstlich der Stadt befindet sich der salzhaltige ***Schablensko esero*** (Schabla-See), zu dem eigens eine Straße führt. Bekannt ist der See durch seinen radioaktiven Heilschlamm. Gleich in der Nähe liegt im Wald am See der ***Campingplatz „Dobrudsha"*** mit Bungalows, Restaurant, Post und einer Mineralquelle.

● ***Kap Schabla,*** neben dem Leuchtturm, gute Gaststätte mit Fischspezialitäten.

Krapez, Крапец

Weiter nördlich auf der E 87, 10 km hinter Schabla, folgt eine Kreuzung, von der man, nach rechts abbiegend, noch 6 km bis zum Dorf ***Krapez*** fährt. Hier hat man es wieder mit einem Campingplatz am Meer zu tun: ***Camping „Karwuna"*** mit schattenspendenden Bäumen, Bungalows, Restaurant, Post und einer Bushaltestelle in 3 km Entfernung.

● ***Hotel Janiza,*** direkt am Meer, EZ 25 Lw / App. 75 Lw, Tel. (05749) 324, www.infotour.org.

Durankulak, Дуранкулак

Vom letzten bulgarischen Dorf Durankulak auf der E 87 sind es 3 km bis zum letzten ***Campingplatz („Kosmos")*** am Meer und mit der üblichen Ausstattung. Südlich davon liegt ***Durankulaschkoto esero.*** Der See mit einer Fläche von 240 Hektar erstreckt sich über drei ausgetrocknete Flüsse. Die zahlreich hier angesiedelten Tierarten und die charakteristische Süßwasserflora bewogen dazu, den See zum Naturschutzgebiet zu erklären. 6 km vor der Grenze nach Rumänien herrscht Ruhe und Einsamkeit.

Dobritsch (früher Tolbuchin)
Добрич

116.000 Einwohner. Die Stadt bietet sich als Ausflugsziel von Varna (51 km) oder Baltschik (33 km) an.

Die größte Stadt der Süddobrudscha entstand im 15. Jh. und war unter dem Namen Hadshioglu-Pasardshik (die Stadt der Pilger) bekannt. Nach der Befreiung, von 1889 bis 1949, hieß die Stadt bereits Dobritsch nach dem im Mittelalter lebenden Herrscher *Dobrotiza.*

Die politische Wende brachte die ***Rückbenennung der Stadt.*** Ob das wirklich hilft, so schnell den Namen des Befehlshabers der 3. Ukrainischen Front, Marschall *Tolbuchin,* eines Haupthelden der Roten Armee, aus der Geschichte Bulgariens wegzuwischen? Denn überall in Bulgarien hatte das Volk einst feierlich die russischen Soldaten empfangen ...

Sehenswertes

Rund um das Zentrum des ploschtád Swobodá (Platzes der Freiheit) findet man alles, was man brauchen könnte: Vereinigte bulgarische Bank *(Obedinéna bálgarska bánka),* die Post *(póschta)* mit Telefonzentrale, das große Hotel „Balgárija". In unmittelbarer Nähe des Platzes, in den kurzen Seitenstraßen, sind alle Sehenswürdigkeiten konzentriert und der Busbahnhof *(awtogára).*

Der ethnografische Komplex „Das alte Dóbritsch" *(Etnográfskijat kompléks „Stárijat Dóbritsch")* wird von einem Ensemble hübscher Wiedergeburtshäuser gebildet, in denen insgesamt 37 kleine Geschäfte, Cafés, Bars, Restaurants, Souvenirläden, ein Hotel und eine sehenswerte archäologische Sammlung untergebracht sind.

Das Archäologische Museum *(Archeologítscheski muséj),* uliza Konstantin Stoilow 18, Tel. (058) 25491, Tel./Fax (058) 28213. Mo.-Fr. 9.00-18.00 Uhr. Diese kleine, aber mit sehr viel Liebe zum Detail eingerichtete Exposition führt den Besucher durch eine 7000 Jahre alte Geschichte des Gebietes Dóbrudsha. Besondere Aufmerksamkeit verdient eine erhobene Hand, die eine halbe Nussschale hält. Die Symbolik der Nussschale erinnert an die Visionen des genialen Wissenschaftlers unserer Zeit, Stephen Hawking, und seines Buches „Das Universum in der Nussschale".

Für besonders interessierte Besucher organisiert das Museum eintägige ***Ausflüge*** in die Umgebung. Hervorhebenswert ist die Fahrt zur größten prähistorischen Nekropole der Welt (5200-3800 v. Chr.), 86 km von Dobritsch (Näheres unter: www.omda.bg oder bei der deutschsprachigen Dolmetscherin Frau Evelína Rómanova: ivelinaromanova@yahoo.com). Die ausgesprochen freundlichen Mitarbeiter des Museums erteilen gern Auskunft über weitere Sehenswürdigkeiten sowie interessanten Ziele in der Umgebung.

Das Ethnografische Museum *(Etnográfski muséj)* uliza Alen Mak 5, Tel. (058) 24717, zeigt Volkstrachten, Sitten und Bräuche aus dem Dobrudsha-Gebiet.

Haus-Museum „Jordan Jowkow" *(Káschta-muséj „Jordán Jówkow"),* uliza General Gurko 4, Tel. (058) 24308, Mo.-Fr. 9.00-18.00 Uhr, Sa./So. 9.00-16.00 Uhr. Ein Teil der Exposition ist dem großen bulgarischen Schriftsteller Jordan Jówkow (1880-1937) im Hause seines Schwiegervaters gewidmet. In seiner realistischen Erzählkunst schildert er das Leben der Bauern, Handwerker und Kleinstädter von Dóbrudsha. Die anderen Räumlichkeiten beherbergen Waffen aus dem 20. Jh. Ein anderer Teil der Ausstellung beschäftigt sich mit der Dóbrudsha-Frage (wechselnde Zugehörigkeit des Gebietes zu Rumänien und Bulgarien) - Beschriftung leider nur in Bulgarisch.

Kunstgalerie *(Hudóshestwena galérija),* uliza Balgaria 14, Tel. (058) 28215, Mo.-Fr. 9.00-12.30 und 13.30-18.00 Uhr; beherbergt 1700 Werke aus den letzten 100 Jahren, inklusive Bilder von Vladimir Dimitróv-Májstora (der Meister). Ikonen des 19. Jh. aus dem Dobrudsha-Gebiet. Käuflicher Erwerb von Ikonen und anderen Werken ist möglich.

Memorialkomplex „Militärfriedhof" *(Memoriálen kompléks Woénno gróbischte),* befindet sich im nördlichen Teil von Dobritsch. An dieser Stelle sind mehr als 3000 Soldaten von sieben Nationalitäten (Bulgaren, Russen, Rumänen, Deutsche, Türken, Serben und Juden) und fünf Religionen gemeinsam begraben. Zum Gedenken an die Gefallenen haben die Bürger der Stadt 1921 aus Spenden die Kapelle „Swetí Archángel Michaíl" errichtet.

Das römische Bad *(Rímskata bánja)* (3./4. Jh.) befindet sich in dem nördlichen Teil von Dobritsch, Richtung Militärfriedhof. Das Bad ist das einzige erhaltene archäologische Denkmal aus der Epoche der Antike.

Übernachtung/Kulinarisches

- ***Hotel Balgaria,*** 4 Sterne, ploschtád Swobodá 8, Tel. (058) 858, Fax (058) 25444, E-Mail: ta@bulgaria.bergon.net, EZ 45 $, DZ 76 $; App. je nach Größe 85, 90, 100 und 120 $, zwei Restaurants, Bars, Nachtclub, Internet Center (teuer, 4 Lw/Std.), Sportzentrum mit Schwimmhalle, Fitness, Solarium, Sauna (nicht zu empfehlen: macht einen traurigen Eindruck, unzureichende Hygiene), Parkmöglichkeiten auch für Hotelgäste gegen Entgelt vorhanden, Büros für Transportdienstleistungen (Mietautos, Busfahrkarten).

● ***Hotel „Stárijat Dóbritsch"*** („Das alte Dobritsch"), 2 Sterne, im gleichnamigen Komplex, Tel. (058) 43611, DZ 20 $. Gegenüber eine ***Gaststätte*** *(gostílniza),* preiswerte Nationalküche, ein Essen höchstens 2 Lewa.

● ***Hotel „Sport-palas"***, 3 Sterne, uliza 25. Septemvri 1a, Tel. (058) 43622, mit Gaststätte.

● ***Happy Bar & Grill,*** uliza Balgaria, in westlichem Stil, gutes Essen für akzeptablen Preis bis 3,50 Lewa.

● ***Restaurant „Bálgarsko píwo"*** („Bulgarisches Bier"), uliza 25. Septemwri, Grill 3-5 Lw.

Transport

● ***Busbahnhof*** am östlichen Stadtrand, Tel. (058) 22240, Busse und Minibusse jede 30 bis 60 Minuten nach Albena (45 min.), Varna (40 min.), Baltschík (45 min.), Kavárna (1 Std.); 5 Busse tgl. nach Russe (3 Std.), mehrere Busse direkt nach Sofia (7-8 Std.). Zu anderen Zielen ist es günstiger, von Varna aus zu fahren.

● ***Bahnhof*** am westlichen Stadtrand, Tel. (058) 39078; nach Sofia über Káspitschan (9,5 Std.), 3 Personenzüge täglich nach Kardam (1 Std.) Richtung rumänische Grenze, 2 Personenzüge nach Varna (2 Std.). Auch für die Bahn bieten sich mehr Alternativen ab Varna.

Schumen
Шумен

100.000 Einwohner, 380 km von Sofia und 90 km bis Varna.

Hier, in Schumen, liegen die ***Anfänge der bulgarischen Geschichte.*** In der Umgebung hatte *Khan Asparuch* dreizehn Jahrhunderte zuvor sein Erstes Bulgarenreich gegründet und Zar *Simeon* das „Goldene Zeitalter" der bulgarischen Kultur eingeleitet. Die Ruinen aus der damaligen Zeit bezeugen den Ursprung Bulgariens. In Schumen, wo die größte Moschee der Mohammedaner in Bulgarien, die ***Tombul-dshamija*** (1744), wie ein erhobener Finger in den Himmel zeigt, kann man schnell Verständnis für die dramatische Geschichte der Bulgaren finden. Auf der Suche nach den bulgarischen Wurzeln wird man hier auf ein Stück Orient stoßen, wo noch mehr als 100 Jahre nach der Befreiung des Landes über 40 % der Bevölkerung ***ethnische Türken*** sind und auf Straßen und in Geschäften fast mehr die türkische Sprache zu hören ist. Eben dadurch ist die reizvolle Atmosphäre in Schumen einmalig und unterscheidet sich von jeder anderen großen bulgarischen Stadt.

Von der dramatischen Geschichte Schumens gibt es noch so viele Zeugnisse, die besser als jedes geschriebene Wort von den Höhen und Tiefen der zurückliegenden Jahrhunderte berichten, so dass man sich jederzeit selbst ein Bild von den Ereignissen machen kann.

Reiche museale Sammlungen, verschiedene Konzerte und Vorstellungen, die in Europa bekannten ***Festspiele*** wie der Internationale Wettbewerb junger Pianisten „Pantscho Wladigerow" und die ***Musiktage*** jeden Sommer in der Höhle „Madarski konnik" (Reiter von Madara) setzen die Traditionen der Wiedergeburt in der Gegenwart fort.

Geschichte

Auf den Ruinen einer befestigten ***thrakischen Siedlung*** entstand im 2. Jh. eine römische Stadt mit monumentalen Gesellschafts- und Wohnbauten. Dann siedelten hier ***Slawen und Protobulgaren.*** Das Entstehen der alten bulgarischen Stadt geht auf das 10. Jh. zurück und ist mit dem Namen des Zaren *Simeon* (864-927) verbunden. Unter *Simeon* war sie ein bedeutendes Kulturzentrum und galt laut späteren Chroniken als eine der stärksten Festungen. Damals war Schumen auch ein bedeutendes Wirtschaftszentrum der Bulgaren. Der Handel prägte die Stadt.

1388 wurde Schumen von den ***Türken*** erobert. Mit dem Einzug der Türken verlor die Stadt nach und nach ihren bulgarischen Charakter. In ihr stellten Bulgaren, Armenier, Griechen und Juden zusammen nicht einmal die Hälfte der Bevölkerung. 1444 zog kurzzeitig der ***polnische König*** *Wladyslaw III. Warnenczyk* mit seinem Kreuzfahrerheer in Schumen ein. Nach der Schlacht bei Varna eroberten die Türken die Festung zurück.Nach der niedergeschlagenen europäischen Revolution von 1848 kamen 2000 ***ungari-***

sche und polnische Emigranten mit *Lajos Kossuth* an der Spitze nach Schumen. Indem ausgerechnet die Türken Revolutionären Asyl gewährten, nutzten sie eine Gelegenheit, den Österreichern eins auszuwischen. Die Emigranten übten einen starken Einfluss auf die Kultur und die Heimatliebe der einheimischen bulgarischen Bevölkerung aus. 1851 gründete der Ungar *Mihŕly Sŕfŕny* das erste bulgarische Orchester, und 1856 wurde eine der ersten Lesehallen eröffnet, in der man sich sogar um ein bulgarisches Nationaltheater bemühte. 1886/87 waren hier *Dimitar Blagoew* und seine Frau *Wela* als Lehrer tätig und gründeten ***eine der ersten sozialistischen Gruppen*** in Bulgarien.

Schumla, so wurde die Stadt von den Türken genannt, war eine der Hauptpfeiler im Festungsdreieck Schumla-Rustschuk (Russe)-Silistra. Sie wuchs während der türkischen Herrschaft auf dem Balkan zu einer ***gewaltigen Garnisonsstadt*** heran, in der Handwerk und Handel seiner Bewohner in der Hauptsache auf die Bedürfnisse des Militärs zugeschnitten waren und zu fast jedem Haus ein Lädchen, ein Café oder eine Schenke gehörte. Das türkische Element blieb auch nach der Befreiung Bulgariens erhalten, obschon manche Bewohner der Stadt mit den abrückenden Truppen des Sultans das Land verließen.

Sehenswertes

Architektonische Denkmäler

Der ***Besistenat*** (von *bezesten* aus dem Persischen bzw. Türkischen = überdachter Markt) aus der Mitte des 16. Jh. ist das älteste gesellschaftliche Gebäude in Schumen, ein rechteckiger Bau mit 41,50 m Länge und 22,90 m Breite. Ursprünglich gab es hier viele Geschäfte voller Stoffe, silberner und goldener Gegenstände, Glaserzeugnisse und Kolonialwaren. Im 17. Jh. verlor diese Markthalle schon ihre Handelsbedeutung. Heute ist sie ein Komplex aus Konditorei, Restaurant und wiederum aus Geschäften. An den zum Bau verwendeten großen Steinblöcken, die aus den Ruinen der altbulgarischen Hauptstädte Pliska und Preslav sowie von den Festungsmauern Schumens stammen, kann man noch einige Ornamente mit pflanzlichen und geometrischen Motiven und Zeichen sehen. Das Gebäude befindet sich im alten Teil der Stadt, uliza Rakowski 20.

Uhrturm von 1740 in der Nähe der Tombul-Moschee (gewährt einen guten Blick auf den Moscheekomplex). Zu jeder vollen Stunde schlägt oben im Turm die Glocke, und das bereits seit dem Baujahr 1740 ohne Unterbrechung und ohne Reparatur. Die Uhr wird nur jeden zweiten Abend aufgezogen. Mehr bedurfte es bisher nicht.

Mädchenschule (1870), als ***Andrejkowo utschilischte*** bekannt (nach dem Namen des Stifters, des Händlers *Andrej Rankow*), uliza General Saimow 74. In diesen großen Schulbau konnte nach Fertigstellung 1870 die von dem Lehrer *Sawa Dobroplodni* bereits 1856 gegründete Einklassenschule für Mädchen umziehen.

Tschitalischte „Dobri Wojnikow". Im Frühjahr des Jahres 1856 wurde in Schumen eine der ersten Lesehallen des Landes gegründet. Die Eröffnung ist mit dem Namen des bekannten Lehrers *Sawa Dobroplodni* verbunden. Das heutige Gebäude entstand 1885-1898 nach Plänen eines französischen Architekten mit großer künstlerischer Meisterschaft und ist ein luxuriöser Bau für Bildungszwecke.

Die zwei ***Brunnen „Goljamata tscheschma"*** (17. Jh., Der große Brunnen) und ***„Kurschun tscheschma"*** (1774, türkisch: Bleikugel) ergänzen die Architekturdenkmäler der Stadt. Der letztere, ein Brunnenhaus, gehört zu den größten und schönsten Bulgariens.

Alte Handwerkskünste und das Können hiesiger Goldschmiede, Waffenmeister, Weber, Kürschner und Holzschnitzer kann man in der uliza Oborischte bestaunen.

Sakralbauten

Tombul-dshamija. Die Tombul-Moschee ist zweifellos die größte Sehenswürdigkeit moslemischer Kultur nicht nur in Schumen, sondern in ganz Bulgarien. Der Bau wurde von einem unbekannten bulgarischen Baumeister ausgeführt. Ver-

Tombul-dshamija: Brunnenhäuschen

wenden musste er dazu „christliches" Baumaterial von den Ruinen der ehemaligen bulgarischen Hauptstädte Pliska und Preslav sowie von der Festung bei Schumen. Die Moschee ist von allen Seiten mit Höfen umgeben, die durch Mauern oder Gebäude voneinander getrennt sind. Das Gebetshaus liegt zentral und ist 25 m hoch. Die Wände tragen pflanzliche Ornamente, geometrische Figuren und arabische Inschriften. In den meisten architektonischen Formen herrscht der damalige türkische Barock. Der Saal beeindruckt durch seine Größe und Schönheit. Der Baumeister hat durch den Einbau von Tongefäßen in den Wänden eine ausgezeichnete Akustik erreicht. Links von der Moschee, in einem kleineren Hof, war eine Grundschule untergebracht. Rechts liegt der Innenhof der Medrese, einer höheren islamischen Schule, von drei Seiten mit Arkadengalerien eingeschlossen. Über ihr erhebt sich die Bibliothek, die ehemals mehr als 5000 Bände und Manuskripte in arabischer Sprache besaß. In der Mitte des Hofes befindet sich ein kunstvoller Brunnen *(schadrawan)* für rituelle Waschungen. Über dem Tor des Gebetshauses ist eine Marmorplatte eingelassen, die in türkischer Inschrift Auskunft über das Baujahr gibt: 1744.

Die Moschee wird in Schumen selbstverständlich noch genutzt, jetzt sogar wieder stärker, und ist mit entsprechender Rücksicht auch zu besichtigen: Uliza Rakowski 21, Di.-So. 9.00-16.00 Uhr, Eintritt € 0,51 (1 Lw). Sollte man noch etwas später kommen, tut dennoch ein alter, sehr freundlicher Türke das Tor auf, zeigt alles und erzählt gern.

Die ***Kirche „Sweto Wasnesenie"*** (Heilige Himmelfahrt), uliza Otez Paissij 48, ist die älteste Kirche in Schumen, eine dreischiffige Basilika mit alten Ikonen, die ihre jetzige Gestalt 1829 erhielt.

„Armenskata zarkwa" (1834), die 'Armenische Kirche', befindet sich im höchsten Teil Schumens, im armenischen Wohnviertel.

Die ***Synagoge*** im jüdischen Viertel (westlicher Stadtteil) wurde 1840 an der Stelle einer kleinen hölzernen Synagoge errichtet. Schöne Fassade mit Sonnenuhr. Aus der Zeit des Vorgängerbaus ist noch ein Brunnen mit einer jüdischen Inschrift erhalten geblieben.

Wiedergeburtshäuser

Die Häuser in Schumen aus der Epoche der Wiedergeburtszeit im Stil der Baukunst Nordostbulgariens sind nicht nur interessante Denkmäler der Wohnarchitektur, sondern auch ein Beweis für die ökonomische, politische und kulturelle Entwicklung der Stadt zu jener Zeit. Trotz des großen türkischen Bevölkerungsanteils war Schumen nicht abgeschnitten von der allgemeinen Entwicklung.

Das ***Haus der Brüder Djukmedshiewi*** (1851), uliza Stara planina 2, im alten bulgarischen Teil Schumens.

Das ***Haus von Owanes Awscherjan*** befindet sich im armenischen Wohngebiet und gehörte einer reichen armenischen Goldschmiedefamilie. Dieses Haus ist eines der wenigen dreistöckigen Wiedergeburtshäuser Schumens, uliza Stara planina 14.

Das ***Haus der Brüder Kuzarowi,*** uliza Zar Oswoboditel 75.

Im ***Haus von Dimitar Srebow*** (1872) hat sich der Klub der Kulturschaffenden eingerichtet, uliza Zar Oswoboditel 76.

Museen

Kaschta-musej „Lajos Kossuth", uliza Zar Oswoboditel 27, befindet sich in einem schönen großen Wiedergeburtshaus, in dem der ungarische Dichter und Revolutionär während seines Aufenthaltes in Bulgarien 1848 abgestiegen war. Der Ort ist eine Pilgerstätte für alle ungarischen Touristen.

Kaschta-musej „Panajot Wolow", uliza Zar Oswoboditel 42. In dem einstöckigen Haus wurde der Kämpfer für die nationale Befreiungsbewegung und einer der Helden des Aprilaufstandes von 1876, *Panajot Wolow* (1850-1876), geboren.

Kaschta-musej „Dobri Wojnikow", uliza Zar Oswoboditel 87. Hinter einem massiven Tor und einer hohen Steinmauer verbirgt sich das alte, zweistöckige Geburtshaus von *Dobri Wojnikow* (1833-1878), des Lehrers, Autors von Lehrbüchern, Musikers und Komponisten, des ersten bulgarischen Dirigenten und Musikkritikers, Zeitungsredakteurs, Autors des ersten bulgarischen Dramas und Begründers des bulgarischen Theaters.

Kaschta-musej „Wassil Kolarow", uliza Todor Ikonomow 11. Das Geburtshaus von *Wassil Kolarow* (1877-1950), eines bedeutenden Vertreters der bulgarischen und internationalen revolutionären Bewegung, ist seit der politischen Wende in Bulgarien aus naheliegenden Gründen offiziell geschlossen. Man kann aber dennoch einen Blick in das bescheidene Haus werfen. *Kolarow* war Mitstreiter von *Georgi Dimitroff* (gemeinsam mit ihm leitete er den Septemberaufstand 1923), Führer der Bulgarischen Kommunistischen Partei und der Volksrepublik Bulgarien (nach *Dimitroffs* Tod wurde er Ministerpräsident).

Kaschta-musej „Pantscho Wladigerow", in der Altstadt. Die Ausstellung illustriert Leben und Wirken des großen bulgarischen Komponisten, Pianisten, Dirigenten und Pädagogen *Pantscho Wladigerow* (1899, Zürich - 1978, Sofia). Studierte 1912-1918 in Berlin, absolvierte dort 1921 die Kunstakademie und wirkte 1920-1932 als Dirigent und Komponist am Deutschen Theater unter *Max Reinhardt.* Seit 1932 lehrte er als Professor an der Musikakademie in Sofia; er gehörte zu den bedeutendsten Komponisten bulgarischer Sinfonie- und Kammermusik. Zu dem Haus-Museum gehört ein Kammermusiksaal.

Historisches Museum, bul. Slawjanski 17, im Stadtzentrum, mit vielen unikalen Ausstellungsstücken und reichen Sammlungen aus verschiedenen Epochen.

Kunstgalerie, uliza Zar Oswoboditel 56, besitzt wertvolle Gemälde hervorragender bulgarischer Künstler.

Übernachtung

- ***Hotel „Schumen",*** vier Sterne, bul. Simeon Weliki; Tel. (054) 59141-46, Restaurant, Bar, Nachtbar, Diskothek, Schwimmhalle (25 x 12 m), Sauna, Fitnesscenter, Kosmetiksalon. EZ mit Frühstück 45 $ (ca. € 48,80), DZ je Person 35 $ (ca. € 38).
- ***Hotel „Madara",*** drei Sterne, ploschtad Oswoboshdenie 1; Tel. (054) 57598, DZ mit Frühstück 80 $ (ca. € 86,80).
- ***Hotel „Starija grad",*** auf dem Weg zur Schumener Festung in einem Wald, etwa 1 km vom Stadtzentrum entfernt; einfach und billig.

Kulinarisches

- ***„Popschejtanowa kaschta",*** Nationalitätengaststätte in einem Wiedergeburtshaus, ploschtad Oborischte, Tel. (054) 57402.
- ***Wiener Café,*** uliza Christo Botev 7 (eine Seitenstraße in der Nähe vom Hotel Madara). Köstlichste, immer frische Torten mit Straßen-Café-Flair zu genießen.

Weitere nützliche Adressen

- ***Bezirkspoliklinik,*** ploschtad Wasrashdane, Tel. (054) 57341.
- ***Bezirksstomatologische Poliklinik,*** uliza Enjo Markowski 14.
- ***Balkanbank,*** uliza Lajos Kossuth 2.
- ***Post,*** ploschtad Oswoboshdenie.

Transport

- ***Bahnhof,*** uliza Stazionna. An der Eisenbahnlinie Sofia - Varna mit einem Abzweig Schumen - Karnobat.
- ***Busbahnhof,*** in unmittelbarer Nähe des Bahnhofs, unter anderem mit Verbindungen nach Preslav, Pliska und Madara.

Geschichtliche Stätten rings um Schumen

Die Umgebung von Schumen ist reich an weiteren archäologischen Ausgrabungen verschiedener Epochen und Kulturen sowie an sehenswerten Zeugnissen der Wiedergeburtszeit. Für diejenigen, die Interesse am speziellen Kulturerbe der Bulgaren haben, sind die Ortschaften nicht nur mit dem Auto schnell zu erreichen. Manche der beschriebenen Sehenswürdigkeiten sind für den Massentourismus noch ein weißer Fleck, so dass die Reise für Entdecker die Möglichkeit bietet, auf abgelegenen Straßen zu fahren, abgeschiedene Ortschaften mit ihren Bewohnern zu sehen und individuelle Routen zu gestalten.

Schumenska krepost

Шуменска крепост

Die Schumen-Festung, auch als „starija grad", ***die alte Stadt,*** bekannt, erhebt sich 3 km westlich der neuen Stadt am Rande des Schumen-Plateaus. So wie man von der Festung einen herrlichen Blick auf die gesamte Stadt hat, so sieht man die mächtige Festungsanlage als Kulisse von der Stadt aus.

Auf den zur Festung fahrenden ***Bus*** (von der Haltestelle Bojan Balgaranow am Rande der Stadt um 6.30, 12.30 und 18.30 Uhr) kann man sich nicht verlassen. Man macht sich am besten zu Fuß auf den Weg oder nimmt ein Taxi. Öffnungszeit: 8.00-19.00 Uhr, ohne Ruhetag.

Archäologische Untersuchungen ergaben, dass das Gebiet um Schumen seit mehr als 3200 Jahren besiedelt ist. Vermutlich im 5. Jh. v. Chr. baute der thrakische ***Stamm der Geten*** eine Festung mit zwei Schutzmauern. Alle nachfolgenden Herrscher - von Römern, Byzantinern bis Bulgaren - bauten die Festung weiter aus und vervollkommneten sie. Im 2. bis 4. Jh. n. Chr. schufen die ***Römer*** neue Festungsmauern und Türme. Die ***Byzantiner*** verstärkten die Festung nach mehrmaligen vernichtenden Überfällen der Goten. Und unter den ***Bulgaren*** wurde sie ein unüberwindliches militärisches Bollwerk zum Schutz der ersten bulgarischen Hauptstädte Veliki Preslav und Pliska. Im 12.-14 Jh. war Schumen mit einer Zitadelle, drei Festungsmauern sowie vielen Türmen die größte und am besten befestigte Stadt in Nordbulgarien. Das ganze Festungsgebiet war dicht bebaut, und neben den zum Teil restaurierten Verteidigungsanlagen findet man die Fundamente ganzer Wohnkomplexe und mehrerer Kirchen. 1388 eroberten die ***Türken*** Stadt und Festung. Die vorübergehende Befreiung der Stadt unter Mithilfe der Bevölkerung während des Feldzuges des polnisch-ungarischen Ritterheeres war 1444 mit der Zerstörung der Festung verbunden. Nach dem Scheitern der Mission des polnischen Königs *Wladislaw III.* vor Varna nahmen die Türken Stadt und Festung wieder in Besitz. Ihre militärische Bedeutung hatte die Festung nunmehr verloren. Fortan wurde sie von den Osmanen für den Bau ihrer Häuser in der sich in Richtung Ebene ausbreitenden Stadt als eine Art „Steinbruch" ausgeschlachtet …

Eine kleine, aber sehr interessante ***Ausstellung*** hier gefundener Gefäße, Schmuckstücke und Münzen aus verschiedenen Epochen zeugen von der einstigen wirtschaftlichen Bedeutung Schumens. Denn die Geschichte der Schumener Festung ist eigentlich die Geschichte der Altstadt von Schumen. Zu den ausgestellten Stücken gehört auch Kunstkeramik mit Sgrafitto-Verzierung.

Die Schumen-Festung aus der Vogelperspektive

Denkmal „Begründer des bulgarischen Staates“

Das Denkmal - aus Anlass der ***1300-Jahr-Feier Bulgariens*** 1981 errichtet - befindet sich wenige Kilometer entfernt oberhalb der Stadt auf dem Schumener Plateau. Von der zur Festung führenden Straße gelangt man auf einem Abzweig zu dem Monument, das von der Stadt und der Festung gleichermaßen zu sehen ist.

Bewusst hier, an der Wiege Bulgariens, schuf man dieses ***gewaltige Denkmal*** mit überlebensgroßen Figuren der Staatsgründer und das Landesgeschick bestimmender Personen sowie mit farbigen Mosaiken zur Landesgeschichte. Wer sich die Mühe macht und hierher geht, wird sich von den acht geschichtstragenden Betonkörpern vielleicht etwas erschlagen fühlen. Auf Fremde kann das Denkmal nationalistisch überhöht wirken. Es war aber die Absicht der Schöpfer, dem leidenden bulgarischen Selbstbewusstsein ein wenig zu helfen. So soll das Denkmal die Kraft des bulgarischen Geistes und das Voranschreiten des Staates symbolisieren. An die höchste Stelle ist ein Granitlöwe gestellt. Im Zentrum der Komposition steht die Figur des Fürsten *Boris*. Ein Mosaik widmet sich der aufklärerischen Mission der Brüder *Kyrill* und *Method* und deren Schüler.

Peschterite pod „Zar Krumowi porti“
пещерите под Цар Крумови порти

Die ***Höhlen unter den „Zar-Krum-Pforten“*** befinden sich im Park Kjoschkowete am westlichen Stadtrand Schumens. In den Felsen gibt es sieben natürliche Höhlen, deren Eingänge nach Osten weisen und zum Tal ausgerichtet sind. Die größten sind mehr als 10 m tief. In ihnen wurden Spuren aus frühen Epochen der Menschheit entdeckt. Die Höhlen sind leicht von der Festung Schumen aus zu erreichen.

Skalni manastiri
Скални манастири

Die ***Felsenklöster*** unweit des Schumener Plateaus wurden im 13.-14. Jh. aus passivem Protest gegen die religiöse Ordnung und weltliche Ungerechtigkeit angelegt und von Mönchen und Einsiedlern bewohnt. Damals geriet der Staat in Verfall und war verheerenden Überfällen ausgesetzt. Die Felsenklöster sind natürliche und zusätzlich bearbeitete Höhlen, in den Felsen gehauene viereckige Nischen oder Felsenwohnungen, teils in die Felswand eingegraben, teils an die Felswand angelehnt. Außer Wohnräumen gab es eine Kirche, in der sich die Mönche versammelten.

Madara (Der Reiter von Madara)
Мадара

Das ***archäologische Reservat*** Madara ist 16 km von Schumen entfernt. Auf der E 70 Richtung Varna steht bei dem Dorf Matniza unmittelbar an der Straße eine Kopie des bekannten Reiters von Madara, in einen großen Felsbrocken gemeißelt. Für viele, die nicht Bescheid wissen, ist damit der Madara-Komplex, eines der interessantesten Ausgrabungsgebiete Bulgariens, „abgehakt“. Sie halten nicht nur die Kopie für den echten Reiter, ihnen fehlt die Information von der Existenz und Bedeutung eines gesamten Komplexes. Von hier ist es jedoch nicht mehr weit, es sind nur noch 5 km bis zum Reservat, zu dem von Schumen aus auch ein Bus fährt. Sollte man den Zug benutzen, so kann man auch direkt in Madara aussteigen. Von der Bahnstation führen Treppen gleich hinauf zu dem Reservat. Mit dem Auto/Bus auf dem Parkplatz angekommen, ist man schon näher am Madara-Komplex, muss aber auch Treppen bewältigen. ***Öffnungszeit*** im Sommer: täglich 8.00-18.30 Uhr, Eintritt etwa € 1,02 (2 Lw). Im Winter eingeschränkte Öffnungszeiten.

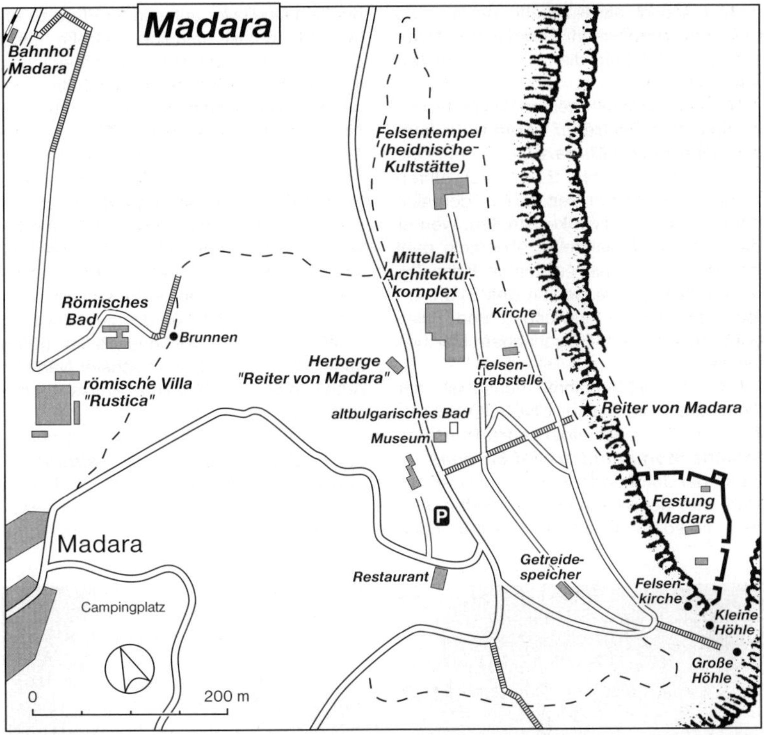

Der Besucher ist beeindruckt von den malerischen Felshängen der Madara-Hochebene, die über ***Kultur- und Siedlungszeugnisse*** aus verschiedenen Epochen und Kulturen (von 4000 v. Chr. bis zum 15. Jh. n. Chr.) verfügt.

In der ***„Kleinen Höhle“*** wurden die ältesten Funde entdeckt. Vom 4.-1. Jh. v. Chr. war sie von Thrakern bewohnt. Auch die malerische und imposante ***„Große Höhle“*** (auch als Nymphentempel bekannt) ist voll von Zeugnissen aller Epochen. Unter ihrer Öffnung in Form eines Schutzdaches finden im Sommer ***Konzerte*** statt. Eine solche Veranstaltung ist ein unvergessliches Erlebnis: Ein Sonnenuntergang, als Kulisse die geheimnisvolle Natur und der Chor der Vogelstimmen, der sich mit dem Orchester vereint, faszinieren das Publikum.

Die Natur soll hier ***magische Kräfte*** besitzen. In der „Großen Höhle“ gibt es eine Stelle, die jeden mit neuer Lebensenergie auflädt. Ob es wahr ist oder Einbildung – kaum irgendwo anders haben wir uns so wohl gefühlt wie in Madara. Die Wirkung der magischen Kräfte der Natur kann jeder nur selbst ausprobieren. Etwas Besonderes spüren aber auch die Menschen, die hier arbeiten. Sie behaupten, dass die verschiedenen Völker, die die Gegend aussuchten und bewohnten, sie nicht umsonst als Kultstätte nutzten. Zu der unerschöpflichen Energie der Natur zählt auch die Luft, die hier heilende Wirkung haben soll.

Madara verdankt seinen Weltruf dem einzigartigen ***Felsrelief „Madarski konnik“ (Reiter von Madara),*** in 23 m Höhe in den Fels gemeißelt. 226 Stufen führen zu dem rätselhaften Reiter, über den sich noch heute die Historiker streiten, wen er denn eigentlich darstelle. Allgemein geht man davon aus, dass es sich um Khan *Terwel* handelt, der zu Beginn des 8. Jh. erfolgreich für die Ausweitung und Festigung des Ersten Bulgarischen Reiches wirkte.

Egal, ob die Annahme richtig ist, der Dargestellte steht unter UNESCO-Schutz, gilt er doch als das ***einzige frühmittelalterliche Monumentalrelief Europas.*** Im Laufe der Jahrhunderte ist er zwar schon stark von der Witterung angegriffen worden, trotzdem ist an dem Felsen noch deutlich ein Reiter auf seinem Pferd zu erkennen. In fast natürlicher Größe misst der Reiter 2,85 Meter. Er hat in feierlicher, ruhiger Pose einen zu seinen Füßen liegenden Löwen mit dem Speer getötet, ein Hund folgt Reiter und Pferd. Die Plastik ist auf weit in die Ferne reichende Wirkung angelegt. Drei in den Stein gemeißelte griechische Inschriften umziehen das gesamte Relief. Sie berichten über Ereignisse, die sich in den Jahren 701 bis 831 zwischen Bulgarien und Byzanz abgespielt haben. Figuren und Inschriften waren früher mit Putz überzogen. Da man nicht unmittelbar vor das Relief treten kann, ist eine Kopie aus nächster Nähe im Archäologischen Museum Sofias zu begutachten.

Unterhalb des Reiterreliefs liegt auf einer Felsterrasse ein Komplex ***altbulgarischer Kultgebäude.*** Hoch im Felsen sind Mönchszellen, Kapellen und Grabstätten eines großen Felsenklosters einge-

Eigentlich unter freiem Himmel: Konzert in der großen Höhle

meißelt. Auf der Hochebene finden sich die Überreste einer Festungsanlage aus dem 4. Jh., die 1388 von den Osmanen erobert wurde. Noch mehr als der Anblick der Ruinen lohnt hier der phantastische Ausblick.

Der Platz vor dem Reiter von Madara ist ein ***Lieblingsort für Meditierende*** geworden, insofern ist die Kultstätte noch heute in Funktion ...

Übernachtung/Kulinarisches

- ***Herberge „Madarski konnik",*** WC/D im Korridor, DZ/F 35 Lewa (€ 17,90); Tel. in Varna (995313) 261.
- ***Camping „Madárski kónnik",*** mit dem Gesicht zum Eingang des Madárski kónnik führt rechter Hand ein Weg (ca. 1,5 km) zum empfehlenswerten Campingplatz von Frau Shána Gózewa. Von der großen Höhle führt auch ein Wanderweg zum Campingplatz auf einer romantischen Wiese, wo 10 ältere Bungalows mit jeweils 3 Betten stehen (nur 5 Lw pro Bett), einfach, aber ausreichend; es gibt genug Platz für Wohnwagen und Zelte. Eine bescheidene Gaststätte ist vorhanden, die Gastgeber sind sehr freundlich.

Pliska
Плиска

Die ***Ruinen der ersten bulgarischen Hauptstadt, Pliska*** (681-893), liegen 24 km nordöstlich von Schumen und etwa 3 km vom Dorf Pliska entfernt. Von Schumen besteht eine Busverbindung. Öffnungszeit: täglich 8.00-18.00 Uhr, Eintritt etwa € 0,41 (0,80 Lw). Für den Rundgang durch das alte Pliska braucht man etwa zwei Stunden.

Was einst zur Hauptstadt wurde, begann bescheiden als befestigtes Militärlager, entwickelte sich aber unaufhaltsam zum administrativen, politischen, wirtschaftlichen und kulturellen Zentrum des Staates. Die Stadt umfasste ein Gelände von 23 Quadratkilometern und war durch drei konzentrische Festungsgürtel geschützt. Der ***äußere Ring*** aus einem Graben und einem Erdwall umschloss die Außenstadt, in der das arbeitende Volk lebte. Monumentale Steinmauern, 10-12 m hoch, mit Rundtürmen an den Ecken und je zwei fünfeckigen Türmen in den Mauern schützten als zentraler Verteidigungswall die 0,5 Quadratkilometer große ***Innenstadt,*** wo nur die Höhergestellten wohnten und in der Tempel, später Kirchen und Paläste entstanden. Die Festungsmauern der Innenstadt besaßen je ein Tor. Der ***innerste Ring*** war Zufluchtsort in höchster Not, hier befand sich die Zitadelle der Stadt mit den Wohnungen der Obersten des Staates im so genannten ***„Kleinen Schloss".*** Dies bestand aus einem heidnischen Tempel, einer Kirche, Wasserspeicher, Bädern und Staubecken sowie einem dichten Netz unterirdischer Galerien.

Eines der imposantesten Gebäude war das ***„Schloss von Krum",*** das „Große Schloss", vom Anfang des 8. Jh. Es war ein Werk des Khan-Baumeisters *Omurtag.*

In der Außenstadt, etwa 1,5 km vom rekonstruierten Osttor, durch das man heute die Innenstadt betritt, gelangt man auf einem steinigen Weg zur Großen oder ***Königsbasilika.*** Die dreischiffige Basilika (9. Jh) maß 100 m in der Länge und 30 m in der Breite. Was die Archäologen hier zutage förderten, entpuppte sich mit diesen Ausmaßen als eine der seinerzeit größten Kirchen des christlichen Europa. Diese Kirche ist mit der Bekehrung der Bulgaren 865 zum Christentum verbunden. Noch heute feiern die Menschen des Gebietes Pliska jedes Jahr am 2. Mai die ***Taufe der Bulgaren*** im christlichen Glauben, das Ereignis des Jahres 865. In der Kirche empfing Fürst *Boris* die Schüler von *Kyrill* und *Method,* die hier die Grundlagen der so bedeutsamen Literarischen Schule von Pliska legten.

811 zerstörten die Byzantiner unter *Nikifor* die Hauptstadt Pliska. Trotzdem blieb ihr diese Ehrenbezeichnung noch bis 893 erhalten, bis sie den Titel Hauptstadt an Preslav abtreten musste. ***Kriege, Plünderungen*** und fünfhundert Jahre Türken-

herrschaft vernichteten die Pracht Pliskas vollends. Die Ruinen lagen längst geheimnisvoll vergraben, als die hier angesiedelten Türken ihre neue Ortschaft Aboba (Alter Vater) nannten.

Die ***archäologischen Ausgrabungen*** im Jahre 1899/1900, geführt von dem Direktor des Russischen Archäologischen Instituts in Zarigrad (bulgarisch für Istanbul), *Uspenski,* gemeinsam mit dem ersten Erforscher des bulgarischen Altertums, *Karel Skorpil,* entdeckten in diesem von Gott verlassenen Gebiet die Wurzeln der bulgarischen Geschichte. Dem Tschechen *Skorpil* (1859-1944), der als Vater der Archäologie in Bulgarien gilt, ist im Ruinenfeld ein kleines Museum gewidmet, in dessen Nähe auch sein Grab liegt.

Übernachtung

- ***Motel „Pliska"*** mit Restaurant, nahe den Ruinen; Tel. 2418 (keine Durchwahl möglich, Verbindung nur über das Fernmeldeamt).

Preslav

Преслав

Das ***archäologische Reservat „Weliki Preslav"*** (Großes Preslav) befindet sich mit seinem Museum 20 km südwestlich von Schumen. Hierher gibt es eine Busverbindung. Mit dem Zug muss man bis Chan Krum fahren und von dort mit dem Bus bis Preslav. Öffnungszeit: Di.-So. 8.00-12.00 und 14.00-18.00 Uhr.

Von 893 bis 972 war Weliki Preslav die Hauptstadt Bulgariens. Inoffiziell wurde die ***Hauptstadt des Ersten Bulgarischen Reiches*** bereits 10 Jahre nach der Zerstörung Pliskas nach Preslav verlegt (821). Das damalige Preslav befand sich 3 km südlich der heutigen Stadt Preslav, die erst unter Khan *Omurtag* gegründet wurde. 893 erklärte Zar *Simeon* Preslav auch offiziell zur neuen Hauptstadt. Das Ende Preslavs wurde jedoch bereits 972 besiegelt, so wie das Vergehen von Städten und Reichen damals an der Tagesordnung war: durch die Zerstörung durch fremde (in diesem Fall byzantinische) Truppen.

Unter türkischer Herrschaft (seit 1388) war die Stadt dem allgemeinen Verfall preisgegeben. Ihre Schlösser, die Kirchen und die Festung verwandelten sich zu einer Quelle für Baumaterial. Lange Zeit erinnerte ausschließlich der bloße Name der von den Türken an Stelle des alten Preslav geschaffenen neuen Siedlung „Eski Stambol" (Zarenstadt, das heutige Preslav) an die einstige Hauptstadt der Bulgaren. „Weliki Preslav" war aus dem Bewusstsein verschwunden und auf keiner Karte mehr verzeichnet. Nur ein „Eski Stambol" konnte man in den Kartenwerken Westeuropas und in den Reiseberichten jener Zeit finden. Seit 1927 werden in Weliki Preslav systematisch Ausgrabungen durchgeführt.

Im Vergleich zu Pliska nehmen sich die 3,5 Quadratkilometer ***Ausgrabungsfläche*** Preslavs direkt bescheiden aus. Doch was hier als Ruinen wieder ans Tageslicht befördert wurde, sprengt alle Vorstellungen, müssen doch diese Grundmauern des alten Preslav Bauten getragen haben, die in ihrer Großartigkeit und Pracht einmalig waren; einmalig auch wegen der kurzen Zeitspanne, in der sie errichtet wurden (laut einer bulgarischen Chronik in nur 28 Jahren) und Preslav verhalfen, sich zu ***einer der bedeutendsten Hauptstädte Europas*** zu entwickeln, zu einem Mittelpunkt von Kultur und Bildung.

Preslav bestand aus einer ***äußeren und einer inneren Stadt,*** die von zwei konzentrischen Steinmauern geschützt wurde, wozu die innere Mauer noch mehrere Türme besaß. In der Innenstadt lag das nochmals befestigte ***Palastviertel.*** Darin erhob sich der ***Große Palast,*** der Zarenpalast von *Simeon,* mit dem repräsentativen Thronsaal. Unmittelbar daneben folgte der Wohnzwecken dienende ***Kleine Palast.***

Das bekannteste Bauwerk Preslavs beziehungsweise teilrekonstruierte Reste findet man in der Außenstadt, die ***Goldene oder Runde Kirche*** (907), ein einzigartiges Meisterwerk der altbulgarischen Sakralbaukunst. Der Rundbau war durch zwölf Nischen gegliedert, seine Kuppel von außen vergoldet und von innen mit Mosaiken auf goldenem Grund verziert. Weitere Mosaiken, Reliefs, bemalte Keramikplatten, kleine glasierte Fliesen und Steinplastiken zierten den kirchlichen Innenraum. Einen Eindruck von dieser prächtigsten aller bulgarischen Städte vermittelt der zeitgenössische bulgarische Schriftsteller *Joan Exarch:* „Wenn ein Bauer oder ein Armer oder ein Fremder von weither sich den Türmen des Zarenpalastes nähert und sie sieht, staunt er. Tritt er durch das Tor, ist er verwundert und erkundigt sich, und wenn er dann in das Innere kommt, sieht er zu beiden Seiten große Gebäude, mit Stein verziert und mit Holz ausgekleidet. Betritt er den Hof und sieht hohe Paläste und Kirchen, die außen mit Steinen, Holz und Bemalung verziert

Keramikikone des Heiligen Theodoros

sind und innen mit Marmor und Kupfer, Silber und Gold, weiß er nicht, womit er das alles vergleichen soll, denn der Arme hat so etwas in seiner Heimat noch nicht gesehen, sondern nur Strohhütten, und ihm ist, als sollte er vor Staunen den Verstand verlieren."

Gewaltige Bedeutung für die Entwicklung der slawischen Kultur im 10. Jh. hatte die ***literarische Schule von Preslav.*** Von dieser Stadt verbreitete sich die slawische Schrift. Man spricht hier zu Recht von dem „Goldenen Zeitalter" der bulgarischen Literatur und Kunst. Die zahlreichen Klöster in der Innenstadt und der Umgebung von Preslav waren nicht nur literarische Zentren, in ihnen blühten auch eine hochentwickelte Kunst und eine Reihe Kunsthandwerke. Von dem nur als Ruinen erhaltenen Kloster Patlejna (unter Zar *Boris I.* im 9. Jh. errichtet), etwa 2 km südöstlich Preslavs, stammt die berühmte ***Keramikikone des Heiligen Theodoros*** vom Anfang des 10. Jh. Diese bemalte Kera-

Fresko aus dem Aul Khan Omurtags

mik aus Preslav wurde weit über die Grenzen Bulgariens hinaus bekannt. Hoch entwickelt waren auch die Marmorbearbeitung, die Knochenschnitzerei und die Goldschmiedekunst. Im Jahre 1979 wurde der ***Goldschatz von Preslav*** entdeckt, der aus dem 10. Jh. datiert. Er besteht aus Frauenschmuck, der von bemerkenswerter präziser Arbeit und Anmut ist.

Aul Khan Omurtags

Der Aul *Khan Omurtags* befindet sich bei dem ***Dorf Chan Krum,*** 6 km nordöstlich von Preslav, zwischen Preslav und Schumen. Di.-So. 8.00-12.00 und 14.00-18.00 Uhr.

Unter „Aul" versteht man ein befestigtes (Zelt-) Lager, eine ***militärische Festung.*** Die hier freigelegten Festungsanlagen und Gebäude weisen auf den Militärcharakter der Befestigung hin. An diesem Ort hatte *Khan Omurtag* (Sohn des *Khan Krum,* 816-831) seine Truppen stationiert, um zwei Balkanpässe zu schützen, die die Haupteinfallstore der byzantinischen Heere zur Hauptstadt Pliska bildeten.

Erst 1957-1962 wurden 2 km südöstlich vom Dorf Chan Krum am rechten Kamtschija-Ufer (ehemals Titscha) die ***Überreste von Erdwallfestungen*** und von zerstörten Bauten aus verschiedenen Epochen entdeckt. *Khan Omurtags* Siedlung wurde im Jahre 822 aufgebaut. Dem Plan nach ähnelt diese Siedlung Pliska. Der Aul war ebenfalls durch zwei Befestigungsgürtel geschützt, einen äußeren aus Erde und einen inneren aus Stein. Die Steinbefestigung hat eine viereckige Form und ist 515 m lang und 405 m breit.

Besonders wertvoll sind die hier ausgegrabene ***marmorne Löwenfigur*** (1 m hoch, der Kopf fehlt), an dessen Mähne ein protobulgarisches Zeichen zu sehen ist, und eine in der Nähe einer Kirche gefundene ***Kalksteinsäule*** mit einer aufschlussreichen griechischen Inschrift. Deren Inhalt lautet auszugsweise: „... Im Pliska-Lager lebend, richtete er ein kleines Lager beim Titscha-Fluss ein und ließ seine Truppen (dort) gegen Griechen und Slawen Positionen einnehmen. Und hat über den Titscha-Fluss gemeinsam mit dem kleinen Lager eine kunstfertig gezimmerte Brücke aufgebaut und in diesem kleinen Lager vier Säulen aufrichten und darüber zwei Löwen aufstellen lassen. Möge Gott dem von Gott eingesetzten Archonten seine Gnade erteilen, damit er ... über viele Bulgaren herrscht und er seine Feinde bekämpft, in Freude und Fröhlichkeit hundert Jahre erreicht ..." Die ***Überreste einer Brücke*** am rechten Ufer der Kamtschija, etwa 1 km östlich vom Aul, stammen von der erwähnten Brücke.

Vojvoda
Войвода

23 km nordöstlich von Schumen, 14 km nördlich von Pliska.

Einen Kilometer östlich vom Dorf Vojvoda erhebt sich eine ***Festungsmauer mit großen Türmen,*** deren Durchmesser bis zu 18,5 m beträgt. Das gemischte Mauerwerk des Baus ist charakteristisch für die spätantike Epoche. Die rotfarbenen Ziegel wirken dekorativ. Die Festung datiert aus der ersten Hälfte des 4. Jh. Sie sollte Barbareneinfälle vom Norden her abwehren. Anfänglich wurde die Festung mehrfach von Goten und Hunnen geplündert und niedergebrannt. Auf Grund ihrer strategischen Bedeutung errichtete man sie jedoch immer wieder neu und verstärkte ihre Befestigung, indem man eine zweite Festungsmauer hochzog. Man nimmt an, dass es sich hier um das ***antike Dineja*** handelt. Endgültig wurde die Festung von den Slawen und Awaren geplündert. Ihr Baumaterial floss in die erste bulgarische Hauptstadt Pliska. Im 7.-9. Jh. wurde die befestigte Siedlung 1 km westlich an die Stelle des heutigen Dorfes Vojvodovo verlegt. 1,5 km nordöstlich der Festung entdeckte man noch die antike Ziegelei.

Pet mogili
Пет могили

Etwa 50 km nordöstlich von Schumen und 27 km nordöstlich vom Dorf Vojvoda.

Das einstige ***Produktionszentrum römischer Keramik*** liegt 3 km westlich des Dorfes, in der Nähe eines Schweinestalles. Ganze 15 Zweikammeröfen sind noch gut erhalten. Hier wurden schöne Amphoren, Gefäße, Tassen, Kannen und Teller gefertigt. Die erzeugte Keramik wirft ein Licht auf die Handelsbeziehungen auf bulgarischem Boden während des 2.-4. Jh. Hier wurden auch frühe thrakische Siedlungen entdeckt, eine römische Villa und Siedlung, ein Grabmal und eine große befestigte Siedlung (97 Hektar) aus dem frühen Mittelalter.

Kotschovo
Кочово

Etwa 10 km südlich von Schumen. 4 km südwestlich des Dorfes Kotschovo, in der Gegend Siwritepe, befand sich Ende des 5./Anfang des 6. Jh., während des byzantinischen Imperiums von *Justinian,* eine mächtige Festung. Zu den Überresten gelangt man auf einem malerischen Pfad über das Plateau von Schumen.

Dragoevo
Драгоево

7 km östlich von Preslav und 24 km südlich von Schumen. Die Überreste einer ***römischen Festung*** aus dem 4. Jh. liegen 6 km südwestlich von Dragoevo. Dorthin führt ein Asphaltweg.

Gebiet Russe

Eine Reise in das Gebiet Russe ermöglicht die Begegnung mit der ***europäischsten Stadt Bulgariens,*** mit ***Höhlenkirchen,*** wahren Schatzkammern der Kunst; mit einem ***Bioreservat*** von Weltbedeutung und einem ***Thraker,*** der eher beerdigt werden musste, als sein Grabmal fertig war …

Russe

Pyce

Mit 190.000 Einwohnern ist Russe die größte bulgarische Stadt an der Donau und die viertgrößte des Landes. Extra nach Russe kommt man normalerweise nicht, da die Stadt zu abseits liegt. Nur diejenigen, die über die einzige ***Brücke zwischen Bulgarien und Rumänien*** fahren, gelangen hierher. Die 1800 m lange Stahlkonstruktion der „Most na drushbata" (Brücke der Freundschaft) liegt 6 km nordöstlich der Stadt. Sie wurde von bulgarischen, rumänischen und sowjetischen Fachleuten in den Jahren 1952-54 erbaut.

Die Bulgaren bezeichnen Russe als die ***europäischste Stadt des Landes.*** Darin steckt viel Wahrheit. Dank ihrer günstigen Lage an der Donau und nahe zur rumänischen Hauptstadt Bukarest entwickelte sich die Stadt als wichtiges Zentrum des Verkehrs, des Handels und der Kultur. Sie galt als Tor nach Mitteleuropa und war offen für alle progressiven Tendenzen. Die Altstadt von Russe misst sich mit den schönsten Städten Europas. Das Stadtzentrum weist Gebäude aller Architekturströmungen Mittel- und Westeuropas auf.

Russe ist bis heute ein ***bedeutendes kulturelles Zentrum*** Bulgariens. Das Theater in der Stadtmitte, die Oper am ploschtad Sweta Troiza und die Philharmonie sind einige der besten Kulturinstitute des Landes. So ist Russe jedes Jahr Gastgeber des Internationalen Festivals der Märzmusiktage, auf dessen Programm Sinfonie- und Kammerkonzerte, ein Dichter- und Liederabend und eine Opernaufführung stehen.

Russe ist die Geburtsstadt des deutschsprachigen Schriftstellers und Nobelpreisträgers ***Elias Canetti,*** der 1905 in einer Familie spanischer Juden zur Welt kam.

Geschichte

Gegründet wurde es Ende des 1. Jh. v. Chr. als die ***römische Stadt Sexaginta Prista*** (Stadt der sechzig Schiffe) und war Sitz der römischen Donaukriegsflotte. Während der letzten drei Jahrhunderte ***osmanischer Fremdherrschaft*** war Rustschuk (so der türkische Name) nicht nur das Verwaltungs-, sondern auch das Wirtschaftszentrum von ganz Nordbulgarien. Über den Hafen wurden Industriewaren aus westlichen Ländern nach Bulgarien eingeführt und landwirtschaftliche Erzeugnisse exportiert. Infolge des Baus der ***ersten Eisenbahnlinie*** im Osmanischen Reich (1864-1866), die die Donau mit dem Schwarzen Meer verband, wurden die Häfen der Städte Rustschuk und Varna die belebtesten der Balkanhalbinsel. Gleichzeitig blieb Rustschuk eine starke ***Festung von strategischer Bedeutung*** für das Osmanische Reich, obwohl ihre steinernen Mauern schon im Jahre 1811 von den russischen Truppen unter *Kutusow* zerstört wurden.

Russe ist eng mit dem Kampf des bulgarischen Volkes um seine Befreiung verbunden. Viele ***Revolutionäre der Wiedergeburtszeit*** wurden hier geboren. Viele wohnten auch hier, weil auf der anderen Seite der Donau die freie Walachei mit dem Zentrum der bulgarischen Intellektuellen und Revolutionäre in Bukarest lag. Dem Heldentum dieser Männer ist ein ***Pantheon*** von 1978 gewidmet, am bul. Saedinenie (Di.-So. 9.00-12.00 und 15.00-18.30 Uhr).

Sehenswertes

Schon vor der Befreiung 1878 bestand in Russe in gewissem Umfang ein Plan für die Bautätigkeit, der von der damals vorherrschenden ***europäischen Architekturmode*** beeinflusst war. Nach der Befreiung strömten nach Russe unter anderem namhafte österreichische und deutsche Architekten wie *Grünanger, Brang, Winter, Maier* und *Major,* die die prunkvollen Formen der architektonischen Neostile und des Eklektizismus in das Stadtbild einbrachten. So entstanden das Stadtschloss des Fürsten *Battenberg* (1882, *Grünanger),* der Bezirkssitz der Ingenieure (1901, *Winter),* daneben von bulgarischen Baumeistern das Jungen-Gymnasium (1894, *Momtschilow),* die Industrie- u. Handelskammer (1911, *Lasarow).* In der Periode 1880-1900 war Russe das be-

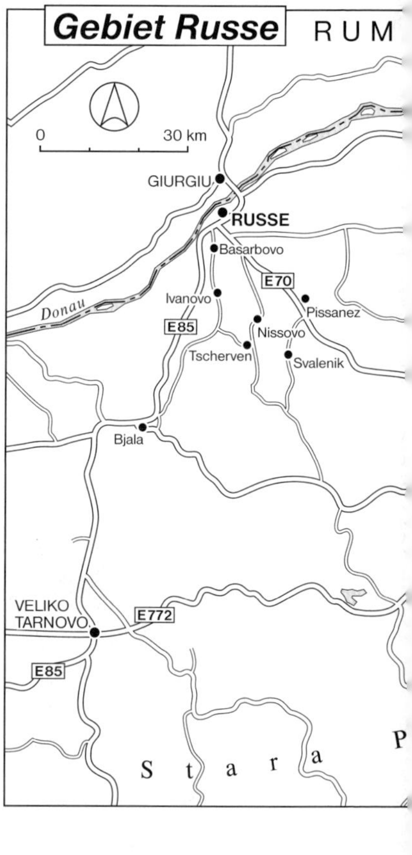

deutendste Bankenzentrum Bulgariens. So entstanden ***prachtvolle Bankbauten,*** in denen sich die Finanzexperten tummeln und für das befreite Bulgarien eine eigene Finanzpolitik entwickeln konnten. Gut geformt ist das ***Ensemble um den Ploschtad na swobodata*** (Platz der Freiheit, früher Platz Zar Boris) mit dem heutigen Theatergebäude (1896, *Brang),* dem Hotel „Teteven" (1911, *Lasarow)* und dem Denkmal der Freiheit (1906, *Arnoldo Zocchi).* Mit reichen Fassadendekorationen sind die Häuser der beiden Handelsstraßen Alexandrowska und Nikolaewska versehen. Speziell für die Seelsorge der zahlreichen Österreicher und Deutschen, die Anfang des 20. Jh. nach Russe kamen, wurde eine katholische Kirche, uliza Episkop Bossilkow (nordwestlich vom Stadtzentrum, nahe der Donau) gebaut.

Bezirksmuseum für Geschichte *(Regiónalen istorítscheski muséj)* ploschtad Alexander Battenberg 3, Tel. (082) 238 154, 236 115, 230 123, E-Mail: museumrusse@mlnk.net, Mi.-So. 8.00-12.00/13.00-17.00 Uhr. Archäologische Sammlung aus der Früh-, Stein- und Bronzezeit sowie Funde aus thrakischen und römischen Siedlungen sowie eine interessante ethnografische Abteilung. Besonders sehenswert ist der Schatz von Russe aus der 1. Hälfte des 4. Jh. v. Chr. (thrakischer Silberschatz, bestehend aus 5 Gefäßen, teilweise vergoldet) und 13 Miniatur-Ikonen aus Ton von der Festung Tscherven.

Römische Festung „Sexagínta Prísta" *(Rímska krépost „Seksagínta Prísta");* die Überreste der Festung sind frei zugänglich, eine Führung kann man beim Bezirksmuseum für Geschichte bestellen. Eingang von der uliza Kaloján oder vom Denkmal des Seemannes *(Pámetnik na morjáka)* oberhalb des Hauses der Volksarmee.

Haus-Museum der städtischen Lebensweise (19./20 Jh.) *(Muséj na grádskija bit)* bulewárd Zar Ferdinand 39 (gegenüber vom Hotel „Riga"), Tel. (082) 227 742, Mo.-Fr. 9.00-12.00/13.00-17.00 Uhr. In dem 1866 als preußisches Konsulat erbauten Haus erlebt man die Einflüsse des Westens auf das Osmanische Reich, Sammlungen von Porzellan, Glas, Silber und Variationen von Damen- und Herrenbekleidung - vieles ist importiert aus Deutschland und Österreich aus den frühen 1920er Jahren.

Verkehrsmuseum *(Muséj na transpórta),* Tel. (082) 222 012 befindet sich im ersten Bahnhof Bulgariens (1866) an der

Linie Russe - Varna unter dem *Mladéshkija park* (Jugendpark). Die Exposition stellt die Entwicklung der Eisenbahn und des Flusstransports in Bulgarien dar. Auf den Bahnsteigen vor dem Bahnhof werden zahlreiche Lokomotiven und Waggons gezeigt, unter denen sich die erste Lokomotive und der Salonwagen des Sultans Abdul Asis von 1866, der Waggon des Zaren Boris III. und der Waggon von Marschall Tolbúchin befinden.

Katholische Kirche „Der heilige Pawel von dem Kreuz" *(Katolítscheska zárkwa „Swetí Páwel ot Krásta")* an der Donau, buleward Pridunawski, tägl. 7.00-18.00 Uhr; 1890-92 erbaut nach dem Projekt des Italieners Valentino, mit der ersten Orgel des Landes (1907).

Bassarbóvski manastír *(Bassarbóvski Kloster)* aus dem 13. Jh., Tel. (082) 268 185, www.monastery.mlnk.net, 600 m östlich von Bassarbóvo, das Dorf liegt ca. 10 km südwestlich von Russe. Vom Busbahnhof Ost *(Awtogára Istok)* fahren mehrmals täglich Busse. Der Besuch des Klosters eignet sich besonders für diejenigen, die nach Ivanovo und Tscherven weiterfahren. Von dem mittelalterlichen Kloster ist nur die über eine am Fels angelehnte Treppe erreichbare Felsenkirche erhalten geblieben. Das kleine Museum wurde 2002 ausgeraubt. Der Igúmen (Abt) Víktor und eine nette Nonne freuen sich auf jeden Besuch. Eine Übernachtungsmöglichkeit im Kloster wird vorbereitet, ansonsten gibt es eine spartanische Unterkunft in der Chisha „Alpiníst" (2 km) am Ufer des Flusses Lom.

Kaschta musej „Baba Tonka", das Haus-Museum „Oma Tonka" mit einem Denkmal davor, uliza Baba Tonka 40; Di.-So. 9.00-12.00 und 15.00-18.00 Uhr. *Baba Tonka* ist eine bulgarische Mutter, deren vier Söhne im Kampf für die nationale Befreiung fielen. Von ihr stammen die Worte: „Ich habe vier Söhne verloren ... Und wenn ich noch vier hätte, würde ich sie unterstützen, die bulgarische Fahne mit dem Löwen zu tragen."

Museum „Sachari Stojanow", 50 m von „Baba Tonka" entfernt, uliza Pridunawski 14; Sa.-Do. 9.00-12.00 und 15.00-

Russe - Sofia / Русе - София

Abfahrt	Ankunft	Fahrtdauer/Std.	Zug/Zugnummer	Firma/Busnummer
02:20	07:30	05:00		Etap/839
05:30	11:15	05:45		Grup/999039
06:12	13:12	07:00	Schnellzug/412	
14:00	19:30	05:30		Etap/824
15:00	20:00	05:00		Bodiwali/13
22:40	05:50	07:10	Schnellzug/946	
01:31	07:00	05:29		Grup/999109
01:40	07:00	05:20		Grup/999048

Russe - Varna / Русе - Варна

Abfahrt	Ankunft	Fahrtdauer/Std.	Zug/Zugnummer	Firma/Busnummer
06:00	10:12	04:12	Schnellzug/921	
16:10	20:18	04:08	Schnellzug/923	

Anmerkung: Die Reiseziele und Abfahrtzeiten haben keinen Anspruch auf Vollständigkeit. Aktuelle Informationen vor Ort. Nach Bukarest fahren Schnellzüge um 03:07, 06:55, 14:55 Uhr, Fahrtdauer ca. 2,45 Std.

18.00 Uhr. *Sachari Stojanow* (1850 oder 1851-1889) war Schriftsteller und Revolutionär. Er schloss sich 1872 in Russe der nationalen Befreiungsbewegung an. Schrieb authentisch über den Aprilaufstand 1876, an dem er maßgeblich beteiligt war. Seine „Aufzeichnungen über die bulgarischen Aufstände" erschienen 1978 in Deutsch als „Der Aufbruch der fliegenden Schar".

Kirche „Sweta Troiza" (1764), eine der acht Kirchen der Stadt, die Ikonen und Holzschnitzerei sehenswert; ploschtad Sweta Troiza im Stadtzentrum.

Angenehme Spaziergänge versprechen der ***„Park na wasroshdenzite"*** im Stadtzentrum und ***„Mladeshki park"*** (Park der Jugend) mit einem Freibad und Sportstadion am Donauufer.

Übernachtung/Kulinarisches

Alle aufgeführten Hotels sind neu und modern und verfügen über gute Gaststätten. Mit komfortablen Zimmern, Bad, TV, inkl. Frühstück. In jedem Hotel erhält man aktuelle Infos und einen Stadtplan von Russe und in den größeren gibt es Rent-a-car.

- ***Hotel Splendid,*** uliza Aleksandrovska 40, Tel. 235 951, reservations@splendid.rousse.bg, EZ 60 Lw, DZ 70 Lw, gute Gaststätte, Live Musik.
- ***Danube Plaza Hotel,*** 4 Sterne, ploschtad na Swobodáta 5, Tel. (082) 822 929, Fax (082) 822 952, E-Mail: plazahotel@mbox.digsys.bg, www.hotelworld.com, EZ/F 30 $, DZ/F 40 $, App./F 135 $, Nachtclub mit Programm.
- ***Hotel Bistra & Galina,*** 3 Sterne, uliza Asparúch 8, Tel. (082) 823 344, Fax (082) 823 345, E-Mail: bghotel@rousse.net, EZ/F 45 $, DZ/F 60 $, App./F 110 $.
- ***Hotel Riga,*** 3 Sterne, buleward Pridunawski 22, Tel. (082) 222 181, Fax (082) 230 362 EZ/F 40-55 $, DZ/F 48-70 $, App./F 100 $, zwei gute Restaurants, Mechana (Nationalitäten-Gaststätte), Nachtclub.
- ***Hotel Kristal,*** 2 Sterne, uliza Nikolaewska 1, (082) 824 333, E-Mail: hotel_kristal@abv.bg, EZ 50 Lw, DZ 70 Lw, App. 100 Lw.
- ***Hotel Petrov,*** 2 Sterne, Sápaden park Prista na réka Dúnav (Westpark Prista an der Donau), Tel. (082) 222 401, EZ 30 Lw, DZ 35 Lw.
- ***Schiff-Restaurant Balkan Princess,*** Schésti pontón na Rússenskija kej, Tel. (088) 270 297, (088) 326 313, Fahrten nach Gjurgevo (Rumänien) möglich.
- ***Camping Ribarska Koliba*** (Camping Fischerhütte), mit Gaststätte, 6 km südlich von Russe auf der Straße Richtung Sofia, Tel. (082) 224 068, Camping 6 Lw pro Person, Bungalow für 2 Personen 25 Lw, Taxi ca. 5 Lw, sonst Bus Nr. 6 oder 16.
- ***Empfehlung:*** Wer den Nationalpark Russenski Lom, die Felsenkirchen von Ivanovo, die Festung in Tscherven, die Höhle Orlowa tschuka, das Bassarbowo-Kloster, das thrakische Grabmal beim Dorf Sweschtári und Teke Demir Baba erkunden möchte, könnte sich im Dorf Koschow (22 km südlich von Russe), uliza Otez Paissij 17, bei Herrn Angel Rangelov telefonisch anmelden (082) 272 811, (08159) 479, Handy: 089 899 254 oder direkt bei Frau Albena Petkova (spricht Englisch), uliza Pirotska 27, whod (Eingang) B, Et. 3 (hinter der Zentralpost), Tel. (082) 272 811, E-Mail: albena_petkova@abv.bg. Es kann vereinbart werden, dass man von Russe abgeholt wird. Hier handelt es sich um 6 saubere Zweibettzimmer mit separater Toilette und Dusche. Übernachtung mit All inklusive plus Tagesausflüge und Wanderungen für 36 Lewa pro Person und Tag.
- Wie in den meisten großen bulgarischen Städten empfiehlt sich auch in Russe die nationale Fast-Food-Kette ***Happy Bar & Grill,*** ploschtád na Swobodáta, Speisekarte in Deutsch und Englisch, Salate um 2,50 Lw, Grill ab 4,50 Lw. Des Weiteren ein ***Chinarestaurant*** (uliza Zar Osvobodítel 4), die ***Pizzeria San Benedeto*** (uliza Zar Oswobodítel) und - in halber Höhe des Fernsehturms - ein ***Café*** (nur 10.30-12.30 Uhr geöffnet). Es bietet neben guten Drinks auch eine Aussicht über Russe und das rumänische Ufer.
- ***Nachtclub „Odissej",*** uliza Slavjanska 11, (23.00-5.00 Uhr), wahnsinnige Diskothek.
- ***Nachtclub „Moulen Rouge",*** Go-go-Girls, ploschtad Balkan, (23.00-05.00 Uhr).

Transport

- ***Busbahnhof Süd*** *(Awtogara Jug),* ploschtad Alexander Stambolijski 150, Tel. (082) 222 974, über 2,5 km südlich vom Stadtzentrum. Täglich fahren Busse nach Schumen, Fahrzeit 2 Std. um 8.30 und 14.00 Uhr, nach Varna 4 Std. um 6.30 und 16.00 Uhr, nach Plovdiv 6 Std. um 9.00 Uhr, nach Veliko Tárnovo 2 Std. um 8.30 Uhr, zusätzlich täglich oder jeden zweiten Tag nach Gabrovo, Pleven und Dobritsch, neben Bussen verkehren noch Minibusse stündlich nach Silístra, Fahrzeit 2 Std. Tickets sind meist nur im Bus zu haben. Private Luxusbusse bieten stündlich Expressfahrten nach Sofia an (5 Std.).
- ***Busbahnhof Ost*** *(Awtogára Istok),* Tel. (082) 443 836, uliza Iwán Wédar 10, über 4 km östlich

vom Stadtzentrum; Busse fahren in die Dörfer der Region wie Ivánovo und Tschervén und zum Nationalpark „Rússenski Lom".

- ***Hauptbahnhof*** *(Zentrálna gára),* südwestlich vom Stadtzentrum, Tel. (082) 222 213, grenzt unmittelbar an den Busbahnhof Süd. Von dem rekonstruierten Bahnhof fahren täglich 2 Schnellzüge in 4 Std. nach Varna über Schumen, 11 Züge nach Gorna Orjáchowiza (Schnellzüge in 2 Std.), von dort weiter nach Sofia (4 Schnellzüge in 5 Std. über den ganzen Tag verteilt). Einige Züge gibt es auch nach Veliko Tarnovo.
- ***Tickets*** für den nationalen und internationalen Zugverkehr kauft man außer im Bahnhof (Tel. 228 016) noch im Büro Rila, Tel. (082) 223 920, uliza Knjasheska 33, Mo.-Fr. 9.30-Mittag, 12.30-17.00 Uhr, sowie in der Vorverkaufsstelle am Platz ploschtád Sweta Troíza 5, Tel. (082) 224 161, (082) 228 953.
- ***Hafen:*** Alle 3 Std. legen vom Hafen nahe der Brücke der Freundschaft große Fähren nach Giurgiu in Rumänien ab (pro Person 5 $, Auto 25 $), kleinere Fähren fahren los, sobald sie voll sind (pro Person 1 $, Auto 10 $). Alle Fähren verkehren rund um die Uhr, gezahlt werden kann in $, € oder Lw.
- ***Brücke der Freundschaft:*** Achtung! Die Grenzbrücke nach Rumänien kann nicht zu Fuß oder per Fahrrad überquert werden, nur mit Auto, Motorrad, Bus oder Zug.

Weitere nützliche Adressen

- ***Touristen Information*** *(Informaziónen zéntar),* uliza Aleksandrovska 65, Tel. (082) 824 704, Mo.-Fr. 9.00-18.00 Uhr.
- ***Dunav Turs,*** ploschtad Chan Kubrát 5, Tel. (082) 225250, E-Mail: dtbktu@dunavtours.bg, Vermittlung von Privatquartieren im Zentrum, EZ 31 Lw, DZ 36 Lw.
- ***Elit Travel Touristen Agentur,*** uliza Wardár 32, Fax (082) 225 070, unter anderem Vorverkauf von Fahrkarten für Bus, Bahn, Schiff und Flugzeug.
- ***Internet-Informationen*** über Sehenswürdigkeiten, kulturelle Ereignisse etc.: www.rousse.bg.

Kulturkalender

- ***März-Kulturtage - internationales Festival der klassischen Musik,*** Mitte bis Ende März, Tel. (082) 223 064, E-Mail: music_days@mlnk.net, bulgarianspace.com/bmg.
- ***Golden Folklore Festival,*** Juni, uliza Záribrod 3, Tel. (082) 270 260, E-Mail: culture@mlnk.net.

Umgebung von Russe

Naturpark Rússenski Lom

Природен парк Русенски Лом

Der Naturpark, 3200 ha groß, liegt 20 km südlich von Russe. Die Flüsse Beli (Weißer), Tscherni (Schwarzer) und Malki (Kleiner) Lom haben ihr Bett bis zu 100 m tief in die im Laufe der Erdgeschichte langsam aufsteigenden, teils 2500 m mächtigen Kalksteinfelsen eingeschnitten. Es ist so ein ***cayonartiges Tal*** in einer zauberhaften Landschaft entstanden. Man glaubt sich ins Gebirge versetzt. Japaner sollen ernsthaft gefragt haben, ob diese Landschaft nicht von den Bulgaren selbst als touristische Attraktion, quasi als Kulisse künstlich geschaffen worden sei.

Die ***Pflanzenwelt*** ist hier sehr vielfältig. Der Wald enthält ca. 60 Baum- und Straucharten sowie Schlingpflanzen. Auf den Gleithängen versammelt sich eine rein submediterrane Strauchgesellschaft: Orientheinbuche, Felsenkirsche, Christdorn, Mannaesche, Zerreiche, Perückenstrauch, Flieder, Felsenkreuzdorn, Mandelblättrige Birne, Zwergmandel, Blasenstrauch u.a. In der Krautschicht (ca. 1000 Arten) sind auch ungewöhnlich viele südliche Elemente, Steppeneinwanderer und Felsenbewohner zu finden.

Die ***Tierwelt*** ist noch vielfältiger. Hier lebt der bekannte Gürtelskolopender und der Karpatenskorpion. Unter den Insekten sind die Kleine Gottesanbeterin, der Schwarze Riesenlaufkäfer, der Nashornkäfer, der Eichen- oder Heldbock und die Dolchwespe besonders eindrucksvoll. 22 Fischarten tummeln sich im Fluss. Das Tal ist von 9 Lurcharten und 3 Schildkröten-, einer Gecko-, 8 Echsen- und 7 Schlangenarten (unter anderem auch giftigen!) bevölkert.

Der Naturpark ist auch ein ***Vogelparadies*** mit 190 registrierten Arten. Davon nisten hier 110 Arten, die anderen sind Durchzügler, Wintergäste und mehr oder weniger zufällige Besucher. Von Interesse für die Ornithologen sind die Felsenbewohner. Unter ihnen findet man europaweit bedrohte Vögel, wie Schmutzgeier, Steinadler, Schlangenadler, Würgfalke (Saker), Rötelfalke, Rostgans oder Arten, die sich in den letzten Jahrzehnten unerwartet ausgebreitet haben, wie Adlerbussard, Rötelschwalbe oder Weidensperling. Während der Schwarzstorch in Mitteleuropa auf Bäumen nistet, ist er in Bulgarien fast ausschließlich Felsnischenbrüter. Über den Wäldern kreist der Schreiadler, der in Nordostbulgarien glücklicherweise noch eine relativ stabile Population besitzt. Das Tal ist vom Bulgarischen Vogelschutzbund in Einklang mit den Richtlinien von Bird Life International als Important Bird Area (IBA) ausgewiesen.

Von den insgesamt 92 in Bulgarien registrierten ***Säugerarten*** werden hier 62 angetroffen. Die Fledermäuse sind die zahlreichsten mit 23 Arten, darunter alle 5 in Europa vorkommenden Hufeisennasen. Danach kommen 20 verschiedene Nager, u.a. Ziesel, Ährenhügelmaus, Zwergmaus, Großhamster, Dobrudshahamster u.a. Von den Raubtieren sind die Marder besonders wichtig: Mauswiesel, Steppen- und Tigeriltis, Fischotter. Wildkatze, Wolf und Schakal leben hier sowie alle Schalenwildarten.

Wegen seiner günstigen Bedingungen ist das Tal seit Urzeiten bewohnt. Neben Schädeln von Höhlenbären sind auch Werkzeuge aus der Oberen Altsteinzeit und aus der Steinkupferzeit in der ***Tropfsteinhöhle „Orlówa tschúka"*** beim Dorf Pepelína ausgegraben worden.

Im Mittelalter (Zweites Bulgarisches Königreich, 13. bis 14. Jh.) war die starke ***Festung Tscherven*** ein wichtiges administratives, geistiges und kulturelles Handels- und Produktionszentrum. Bei Ivanovo sind aus dieser Zeit stammende ***Höhlenklöster und Felsenkirchen*** erhalten, die zum UNESCO-Weltkulturerbe zählen (s.u.).

Der Naturpark bietet für jeden etwas, für Botaniker und Zoologen, Naturfotografen, Liebhaber der Archäologie, Geschichte und Kunst. Den Park kann man zu Fuß, mit Pferden, auf zwei oder vier Rädern erkunden. Die Dörfer Pissanetz, Nissovo, Tscherven und Ivanovo halten Unterkünfte bereit.

• ***Leitung des Naturparkes:*** Russe 7000, uliza Skobelev 7, Tel./Fax (082) 272 397, E-Mail: dnparkrl@mbox.digsys.bg.

Felsenkirche von Ivanovo

Иваново

Ivanovo liegt etwa 20 km südlich von Russe. Die Ortschaft erreicht man am besten auf einer zweitklassigen Parallelstraße zur E 85.

Die auf der UNESCO-Liste stehenden Höhlenkirchen verbergen sich etwa 4 km vom Bahnhof in den hohen, senkrechten Felsmauern am Ufer des Flusses Russenski Lom. So wie der Fluss hier die weichen Kalksteinfelsen aushöhlte, so gruben die ersten ***Einsiedler*** ihre fast unzugänglichen Zellen und Kirchen in die Felswände. Das Einsiedlerleben war eine für das Mittelalter typische Erscheinung. Geistliche und manchmal auch Weltliche zogen sich in abgelegene Gegenden zurück und verbrachten ihr Leben in Einsamkeit, mit Beten und Gottesbetrachtungen. Nicht selten bildeten sich kleine Kolonien von Einsiedlern, die durch Heilung und Wunder berühmt wurden und viele Pilger aus der Aristokratie und den Hofkreisen anzogen. So entwickelte sich eine Einsiedlerkolonie im Russenski Lom-Tal.

Großzügige Geldspenden erlaubten, die besten Maler der Zeit mit der ***Ausschmückung der Höhlenkirchen*** zu beauftragen. So wurde diese Gegend im 13. und besonders im 14. Jh. eine wahre Schatzkammer der Kunst. Die bis heute erhaltenen Wandmalereien sind ein Zeugnis von der außerordentlichen Meisterschaft ihrer Schöpfer. Mehrere Inschriften belegen, dass hier bulgarische Meister (aus der Schule von Tarnovo) ihre Werke hinterließen. Trotz des engen Raumes und der unebenen Flächen gelang es ihnen, die erdrückende Schwere der Steinmassen zu überwinden und statt dessen eine lebendige Weite zu erzeugen. Komplizierte Kompositionen wurden gemeistert, helle und warme Farbtöne gewählt und Szenen geschaffen, die eine für diese Zeit ungewöhnliche Kenntnis des menschlichen Körpers verraten. Für das 14. Jh. stellen die nicht zerstörten Wandmalereien einen Höhepunkt der bulgarischen Kunst dar. Ein Teil der Wandmalereien ist im Museum in Russe zu betrachten.

Ursprünglich waren die Kirchen zahlreicher und wiesen eine viel kompliziertere räumliche Gestaltung mit Gängen und Plattformen aus Holz auf. Nach der Eroberung Bulgariens durch die Osmanen erlosch das Klosterleben allmählich.

Einige Reste von anderen felsigen Aufenthaltsorten der Mönche sind noch an der Strömung der Flüsse Beli und Tscherni Lom zu sehen. Zu diesem System der Felsenklöster gehört das ***Bassarabowski manastir*** (In der Nähe des Dorfes Basarabovo, 8 km südlich von Russe).

Ganze ***Komplexe von Felsenzellen und Kirchen,*** die auch ein Ziel für reizvolle Wanderungen darstellen, befinden sich bei den Dörfern ***Nissovo*** (etwa 25 km südlich von Russe), ***Pissanez*** (zirka 30 km südlich von Russe auf der E 70) und ***Svalenik*** (9 km südlich von Nissovo).

Praktische Hinweise

- Die ***Touristeninformation*** in Ivanovo befindet sich gleich gegenüber dem Bahnhof auf der linken Seite des Gemeindehauses *(obschtináta).* Während unseres Besuches konnten wir nicht erfahren, wann diese Infostätte geöffnet ist. Es gibt auch kein Schild, keinen Hinweis auf die unter UNESCO-Schutz stehende Felsenkirche von Ivanovo. Sollte man kein Glück mit der Öffnungszeit haben, kann man darauf hoffen, dass die Angestellten der Gemeinde weiterhelfen, vorausgesetzt, man fragt auf Bulgarisch: *„Kadé se namíra skálnata zárkwa?“* (Къде се намира скалната църква?) Oder man versucht es auf eigene Faust: Man fährt vom Gemeindehaus Richtung Russe. Gleich am Ende des Dorfes sieht man linker Hand einen Bahnübergang. Ihm gegenüber biegt man rechts auf eine schlechte Asphaltstraße ein. Wenige Meter weiter rechts ist eine kleine Tankstelle. Man fährt die schlechte Straße weiter. Die Pflanzen und Bäume am Wegesrand scheinen die Straße bald zuzuwuchern, wenn nichts unternommen wird. Insofern braucht die Kirche eigentlich keinen UNESCO-Schutz, da sie bereits durch eine nicht ausgeschilderte und schlechte Zufahrt vor den meisten Besuchern geschützt ist. Nur Hartgesottene schaffen es, bis zu ihr vorzudringen. Also die Straße so weit fahren, bis es nicht weiter geht. An dem Parkplatz - rechter Hand im Grünen versteckt - findet man eine Treppe, auf der man bis zur Kirche hoch gelangt.

Die offizielle ***Öffnungszeiten*** lauten Mi.-So. 9.00-13.00/14.00-18.00 Uhr. Sollte man außerhalb der Öffnungszeiten da sein, muss man zu dem Haus gleich gegenüber der Kirche über eine Holzbrücke gehen. Hier ist fast die ganze Saison über die gute Seele, der Bewacher und der ***Fremdenführer*** der Kirche anzutreffen: Herr Todor Petrov (Privatadresse: Ivanovo, uliza Jordán Jóvkov 5, Diensttelefon (08116) 2219, privat (08116) 2348, Handy: 089 370 006. Diesem Mann kann man blind vertrauen. Er kennt jeden Felsen, jedes Tier und kann in dem Buch der Natur das lesen, was für unsere Augen verborgen bleibt. Wie erschrocken war ich gewesen, als er auf dem Weg zu einer heiligen Höhle mit bloßen Händen eine kleine giftige Schlange vor meinen Füßen wegräumte. Gern führt er wirklich interessierte Besucher zu ansonsten unzugänglichen und geheimen Einsiedlerhöhlen. Und sollte man ein Bett brauchen, kann man spartanisch in seinem Zimmer mit vier Betten oder bei seinen Eltern im Dorf übernachten. Essbares und Getränke gibt es in mehreren Geschäften im Dorf.

Achtung, in der Gegend wimmelt es von ***Giftschlangen,*** Kreuzottern *(pepeljánka)* und Sandottern *(ussójniza').* Deshalb ist es nicht zu empfehlen, Wanderungen allein zu unternehmen.

Kóschov

(Кошов)

Wer den Nationalpark Russenski Lom, die Felsenkirchen von Ivanovo, die Festung in Tscherven, die Höhle Orlowa tschuka, das Bassarbowo-Kloster, das thrakische Grabmal beim Dorf Sweschtári und Teke Demir Baba erkunden möchte, könnte sich im Dorf Koschov (22 km südlich von Russe), uliza Otez Paissij 17, bei Herrn Angel Rangelov telefonisch anmelden (082) 272 811, (08159) 479, Handy: 089 899 254 oder bei Frau Albena Petkova (spricht Englisch) uliza Pirotska 27, Eingang B, Et. 3 (hinter der Zentralpost), Tel. (082) 272 811, E-Mail: albena_petkova@abv.bg. Es kann vereinbart werden, dass man von Russe abgeholt wird. Hier handelt es sich um 6 saubere Zweibettzimmer mit separater Toilette und Dusche. Übernachtung mit all inclusive plus Tagesausflüge und Wanderungen für 36 Lewa pro Person und Tag.

Die Dörfer ***Píssanez*** und ***Níssovo*** bieten ein wahres Vogelparadies und halten reizvolle Wanderwege bereit. Eine Wanderkarte „Naturpark Russenski Lom" auf Deutsch sowie Wandervorschläge besorgt man sich in den Zeitungskiosken, Buchhandlungen der Hotels, den Informationszentren oder direkt bei der Leitung des Naturparks in Russe, uliza Skobelev 7, Tel./Fax (082) 272 397, E-Mail: dnparkrl@mbox.digsys.bg.

Píssanez
(Писанец)

30 km südöstlich von Russe auf der Straße Russe - Rasgrad entlang dem Fluss Beli Lom. Sehenswert: die Ruinen einer ***mittelalterlichen Festung*** auf zwei Hügeln, die Große Festung *(Goljámo gradíschte)* und die Kleine *(Málko gradíschte); der)* sowie der ***„Probítija kámik".*** Der ehedem wahrscheinlich als Kultstätte dienende „Durchbohrte Stein" (mit einem von menschlicher Hand gemeißelten Durchmesser von einem Meter und 142 cm Tiefe in einem horizontalen Felsen), befindet sich an einem Felsenkranz am Waldrand beim Hügel Mogílite, 2 km südwestlich vom Dorf. Unter diesem Stein durchströmt der Beli Lom die Gegend Kamberiza. Gegenüber ragt der Fels Kasán kanará auf. Der Wanderweg von Píssanez bis Níssovo ist ca. 20 km lang und belohnt mit höchstem Naturgenuss. Unterwegs begegnet man den Felsen ***Mamúla, der Großen Höhle*** u.a.

Übernachtung
- Fast am Anfang des Dorfes auf der rechten Seite steht ein schönes Haus der gastfreundlichen ***Familie Oftschárowi,*** Tel. (08164) 240 oder 250. Sollte man sich verfahren, frage man im Dorf nach dem *Wilata na bankérite* (die Bankiersvilla), sehr sauber, für volkstümliche 10 Lewa.
- Das ***Gemeindehaus*** *(kmétstwoto)* unterhält eine Touristenunterkunft namens *Bélija dom* („Das weiße Haus"), Tel. (998119) 263.

Níssovo
(Нисово)

Der Ort liegt 20 km südlich von Russe an dem Fluss Beli Lom. Ausgangspunkt für mehrere kurze (5-6 km) und längere Wanderungen. Das ***Große Nissovski Kloster*** *(Golémijat Níssovksi manastír)* ist innerhalb einer Stunde zu erreichen. Unten am Fluss unterhalb des Dorfes befindet sich der ***Pferdefriedhof*** *(Kónskite gróbischta)* mit Grabplatten, die mehr als 200 Jahre alt sind.

- ***Übernachtung*** bei Familie Nina i Marko Iwanowi, Tel. (082) 273 397.

Tscherven
Червен

30 km südlich von Russe, 12 km südlich von Ivanovo. Hier befand sich im 12.-14. Jh. auf einem hohen und schwer zugänglichen Felsvorsprung eine Siedlung, die von drei Seiten von einem Fluss umgeben war. Sie entwickelte sich zu einem festungsartig geschützten Verwaltungs-, Wirtschafts- und Bildungszentrum. Es sind Überreste zahlreicher einschiffiger Kirchen freigelegt worden, deren phantasievoller, dekorativ-plastischer Fassadenschmuck mindestens so schön gewesen sein soll wie der der Kirchen von Tarnovo und Nessebar. Teile der Festungsmauer

Jeder Kuh ihren Hirten

sind noch recht gut erhalten beziehungsweise rekonstruiert worden. Eine Fahrt nach Tscherven lohnt aber auf jeden Fall schon wegen des Ausblicks von der Höhe der Festung auf Fluss und Landschaft.

Sollte es nicht möglich sein, während der offiziellen Öffnungszeiten Mi.-So. 9.00-13.00/14.00-18.00 Uhr zu kommen, kann man die Festung trotzdem betreten, denn sie ist jederzeit frei zugänglich. Allerdings muss man erst die vielen Stufen bewältigen, die auf das Plateau führen. Dazu bietet sich eine herrliche ***Rundwanderung*** über ca. 2 km an. Man beginnt an dem Parkplatz, besteigt die Treppe, die zum Eingang der Festung führt. Oben angekommen, durchquert man die Festung und läuft an den Grundmauern von 13 Kirchen, des Schlosses und an einem 12 m hohen, original erhaltenen, mittelalterlichen Wehrturm entlang (einer von nur zwei original erhaltenen in ganz Bulgarien). Nicht zu vergessen der herrliche Blick auf das Dorf und die Umgebung. Am westlichen Ende der Festung angekommen, geht es wieder die Treppe hinab auf einem schmalen Pfad vorbei an dem unterirdischen Wasserreservoir der Festung der Strömung des Flusses entgegen, um wieder zurück zum Parkplatz zu gelangen.

Eine weitere ***Wanderung*** bietet sich an entlang dem Cayon zwischen Tscherven und Koschov. Die Strecke ist nur 8 km lang, und man kommt durch die schöne Gegend Tschutschána mit einer Quelle und einer Mühle und stößt auf der Strecke auf eine Reihe von Felsenklöstern.

Übernachtung

- Bei dem weithin bekannten buntesten Vogel des Dorfes, einer sehr energischen netten Frau im Pensionsalter mit Namen ***Dshordshéta Béltschewa*** im letzten Haus der uliza Kaléto 18, gleich rechts auf dem Weg zur Festung, findet man sechs piksaubere Zimmer in einem alten Holzhaus. Die Betten mit selbstgenähter Bettwäsche und originalen bulgarischen Decken bieten einschließlich der gesamten Einrichtung ein Flair, wie es kein Hotel nur annähernd erreichen kann. Telefonisch ist die nette alte Dame nicht zu erreichen, da ihr für ein Telefon das Geld fehlt.
- Auf einer Anhöhe gegenüber der Festung sieht man ***neue Reihenhäuser,*** die auf ankommende Touristen warten.
- Man kann bei den Dorfbewohnern frisches ***Obst und Gemüse*** kaufen.

Tropfsteinhöhle Orlowa Tschuka
Peschterá Orlówa Tschúka

Diesen Besuch soll man nicht dem Zufall überlassen, Mi.-So. 9.00-12/13.00-18.00 Uhr, Eintritt 2 Lw, sonst nach Vereinbarung bei dem Führer Iwan Iwanów, Tel. 081 412 546 oder 089 205 625. So wie bei vielen anderen Sehenswürdigkeiten in Bulgarien weißt kein Schild, kein Hinweis auf diese so sehenswerte Höhle hin oder darauf, wo sie sich befindet.

Man fährt von Russe in Richtung Ortschaft Dwe Mogili und muss auf der Straße jemanden fragen, wo man zum Dorf Pepelína (Пепелина) nach links abbiegen soll. Findet man den richtigen Weg, kommt man bis zu einer Weggabelung, wo man auf der linken Straße an drei thrakischen Hügeln rechts der Fahrbahn vorbeikommt. Nach 4 km, weiter geht es nicht, soll man sich seiner Intuition überlassen. Zu Fuß gelangt man über eine Wiese zwischen zwei verfallenen Gebäuden hindurch und danach auf Stufen hinunter bis zum Eingang der Höhle.

Durch Zufall 1941 von einem Hirtenjungen entdeckt, sind bisher von insgesamt 35 km Länge 13,155 km Gänge und Säle, die untereinander ein kompliziertes System bilden, freigelegt und kartiert worden. Die Höhle steht in ihrer Bedeutung an zweiter Stelle in Bulgarien nach der Höhle „Duchlata" bei Pernik mit 15 km Gesamtlänge und 7 Etagen.

Bjala
Бяла

53 km südwestlich von Russe. Die Kleinstadt mit 11.000 Einwohnern liegt am Fluss Jantra, ihr Bahnhof an der Strecke Gorna Orjachoviza - Russe. Die Stadt wurde im Russisch-Türkischen Befreiungskrieg bekannt. Damals hatte hier der ***Stab Alexander III.*** sein Quartier, der als Thronfolger den östlichen Flügel der russischen Armee befehligte. Das Haus, in dem der Stab untergebracht war, ist heute ein Museum. Sehenswert ist das ***Museum für Militärgeschichte,*** uliza Vreska 2, und der 15,2 m hohe ***Uhrturm*** (1872).

Bevor man in die Stadt einfährt, sieht man links der Jantra-Brücke ein weißes ***Denkmal,*** errichtet zu Ehren der Helden des Aprilaufstandes 1876, *Panajot Wolow, Georgi Ikonomow* und *Stefan Angelow,* die an dieser Stelle ihr Ende fanden.

Aber eigentlich spricht man von der Stadt wegen der berühmten ***Jantra-Brücke von Bjala*** (Belenski most), die im Auftrag von *Mithad Pascha* in den Jahren 1865-1867 von dem berühmten Autodidakten *Koljo Fitscheto* gebaut wurde. Die Steinbrücke ist 267 m lang und 9 m breit. Die Oberwinkel der 14 Brückenbögen sind mit Tieren und anderen reliefartig abgebildeten Gestalten geschmückt.

Rasgrad
Разград

54.000 Einwohner, 67 km südöstlich von Russe auf der E 70. Die Stadt erstreckt sich, im Norden und Süden von Anhöhen umgeben, im Tal des Flusses Beli Lom.

Im Jahre 1953 wurden in unmittelbarar Nähe Überreste der von den Archäologen gesuchten altertümlichen ***römischen Stadt Abritus*** (2.-6.Jh) freigelegt, die berühmt war wegen ihrem Befestigungs- und Städtebausystem und ihren monumentalen Wohnbauten und öffentlichen Gebäuden. In der Schlacht, die hier im Jahre 251 zwischen Römern und Goten stattfand, wurde der römische Kaiser *Decius* getötet.

Im 7. Jh. gründeten die Bulgaren auf den Ruinen von Abritus ihre Siedlung, die bis zum 10. Jh. existierte. Während der osmanischen Herrschaft wurden die architektonischen Überreste der antiken Stadt als Grube für Baumaterial der neuen Siedlung genutzt.

Heute entwickelt sich Rasgrad als Verwaltungs-, Wirtschafts- und Kulturzentrum. Ein Theater, eine Kunstgalerie und ein Sinfonieorchester setzen die Akzente des Kulturlebens.

Sehenswertes

Sehenswerte Bauwerke der Stadt sind der ***Uhrturm*** (1864), die ***Ahmed-Bej-Moschee*** (1442) und die ***Ibrahim-Pascha-Moschee*** (1614) mit reicher Innenausstattung.

Museale Wiedergeburtssammlung „Stanka und Nikola Ikonomowi“, kwartal Warosch, bul. Sweti Kliment 7.

Ethnografischer Komplex (Wiedergeburtshäuser), kwartal Warosch, uliza Antim I. 20.

Kunstgalerie „Dragan Danailow“, uliza G. S. Rakowski. *D. Danailow* (1873-1948) absolvierte die Akademie der bildenden Künste in Turin und ein Zusatzstudium in Paris. Erwarb Verdienste in der Porträtmalerei.

Kunstgalerie „Ilija Petrow“, uliza Kiril i Metodij. Der Maler *Ilija Petrow* (1903-1975), ein großer Name in der bulgarischen Kunst, wurde in Rasgrad geboren und studierte in Sofia und München. Trug zur Durchsetzung des Realismus in der bulgarischen Kunst bei.

Das ***Historische Museum*** und das ***Archäologische Reservat*** befinden sich 1 km östlich von Rasgrad, rechts an der Straße E 70 (Richtung Schumen-Varna). Bis dorthin fährt ein Bus. Geöffnet: Di. 12.00-18.00 Uhr, Mi.-So. 9.00-12.00 und 13.00-18.00 Uhr. Das Museum stellt eine reiche Sammlung von Ausgrabungsgegenständen der Thraker, Römer, Griechen und Bulgaren aus, die die Siedlung oder ihre Umgebung vom 1.-10. Jh. bewohnt haben.

Übernachtung

- ***Hotel „Rasgrad“,*** drei Sterne, im Stadtzentrum, 20stöckig; Tel. (084) 20751.
- ***Hotel „Sportna sreschta“,*** uliza Stadionna 1, Tel. (084) 21845. Einfach und billig.
- ***Hotel „Zentral“,*** bul. Beli Lom, Tel. (084) 22622. Neben der üblichen Ausstattung verfügt das Hotel noch über eine Garage für 20 Autos.

Kulinarisches

- ***Restaurant „Akademijata“,*** uliza Rakowski 11, Tel. (084) 34184; 10.00-3.00 Uhr, Gerichte aus der bulgarischen und europäischen Küche.
- ***Fischrestaurant,*** uliza Kostur 23.
- ***Mechana „Metscha poljana“,*** uliza Parkowa 33, Tel. (084) 34232; 10.00-24.00 Uhr, Grill- und Fischgerichte.
- ***Restaurant „Starata kaschta“,*** bul. Sweti Kliment 53, Tel. (084) 43432; 16.00-2.00 Uhr, Grillgerichte und Delikatessen.

Weitere nützliche Adressen

- ***Krankenhaus,*** uliza Angel Kantschew 2, Tel. (084) 24321.
- ***„Diana Tur“*** - Hotelreservierungen, Transport, Geldtausch, Wirtschaftsreisen, uliza Sheravna 15, Tel. (084) 24335.

Transport

- ***Bahnhof,*** nördlich, außerhalb der Stadt, an der Eisenbahnlinie Russe - Varna.
- ***Busbahnhof,*** bul. Balgarija 2, Tel. (084) 26979.

Archäologisches Reservat „Sborjanovo“

Археологическият резерват „Сборяново“

40 km nordöstlich von Rasgrad Richtung Isperich, auf der Straße Nr. 23 zwischen Isperich (Исперих) und Sávet (Завет), 2,5 km südwestlich vom Dorf Sveschtári (Свещари).

Was heute als archäologisches Reservat bezeichnet wird, war einst ein von den Thrakern ausgewählter Ort für die Ewigkeit - eine Verbindung zwischen Himmel und Erde. Auf einem Territorium von ca. 16.000 Quadratmetern befanden sich mehr als 100 Hügelgräber. ***Thrakische***

Kultstätten wurden an den beiden Ufern des kleinen Flusses Krápinez errichtet. An kleinen Heilquellen unter alten, schattenspendenden Bäumen versteckte sich ein thrakisches Heiligtum.

Aus längst vergangenen Zeiten ist der hiesigen Bevölkerung noch der Name dieser Gegend als ***„Dausdáva“*** („Stadt der Wölfe“) überliefert im Gedächtnis geblieben. Zu dem Namen „Dausdava“, der bereits bei Ptolomeus erwähnt wurde, passen die zahlreichen ***Hundebegräbnisse,*** die hier stattfanden.

Diese sagenumwobene Gegend hat ihre Anziehungskraft auf die Menschen seit mehr als sieben Jahrtausenden nicht verloren. Sowohl alianische (Muslime, die Ali, den Schwiegersohn von Mohamed, verehren) als auch christliche Pilger machen sich noch immer auf den Weg zum ***Kloster „Demír babá teké“*** (Демир баба теке, Kloster „Der eiserne Vater“).

Den touristischen Höhepunkt aber stellt heute das ***Thrakische Grabmal von Sveschtári*** (Тракийската гробница при Свещари) dar. Das Grabmal, in der ersten Hälfte des 3. Jh. v. Chr. für einen thrakischen Herrscher errichtet, wurde erst 1982 entdeckt und ist inzwischen in die UNESCO-Liste des Weltkulturerbes aufgenommen worden. Der Eingang wird flankiert von zwei Wandpfeilern. Ein ***Gang*** (dromos), 4,06 m lang, 1,85 m breit und 2,15 m hoch, führt über einen ***Vorraum*** zur ***Grabkammer.*** Vom Vorraum zweigt noch ein Seitenraum ab. Alle drei Kammern besitzen einen fast quadratischen Grundriss und sind aus gut bearbeiteten weißen Kalksteinblöcken gefertigt, die in ein Tonnengewölbe münden. In der ***Grabkammer*** misst die Höhe des Gewölbes 4,55 m. Am beeindruckendsten sind die zehn Frauenfiguren im Fries, jede 1,20 m groß. Frontal dargestellt und in festlicher Pose, scheinen sie mit ihren erhobenen Händen die Last des Gewölbes zu stützen. Wandmalereien, die den Herrscher darstellen, folgen im Bogenfeld über dem Fries. Der Plan der Grabkammer, die Architektur, der Reliefschmuck, die Wandmalereien und die gesamte künstlerische Gestaltung sind einmalig in Bulgarien und werden als Phänomene der thrakischen Nekropolenkust bezeichnet. Dennoch macht die monumentale Grabanlage einen unvollendeten Eindruck, weil manche Details fehlen. Man nimmt an, dass der Herrscher noch vor der geplanten Fertigstellung verstorben ist, so dass das Grabmal schnell seiner Bestimmung übergeben werden musste.

Der Aufenthalt ist wegen der Luftfeuchtigkeit bis auf 10 Minuten begrenzt. Mi.–So. 9.30–16.30 Uhr, Eintritt 10 Lw, Führung in Deutsch bzw. Englisch 4 Lewa. In diesem Preis ist der Besuch von noch zwei kleineren Grabstätten mit enthalten.

Die von den Archäologen mit den Nummern 12 und 13 bezeichneten kleineren thrakischen Grabstätten entstammen dem Ende des 4. Jh. v. Chr. und haben den gleichen Grundriss. Sie bestehen aus Vorraum und Grabkammer mit einem halbzylindrischen Gewölbe. ***Schiebetüren aus Stein*** trennen zwei Welten voneinander, die der Toten und die der Lebenden. Warum sich aber die Schiebetür von der Grabstätte Nr. 13 in die Richtung Osten öffnet und die Tür von der Grabstätte Nr. 12 in westliche Richtung, bleibt bis heute eine offene Frage. Eine simple Erklärung könnte sein, dass die beiden Grabstätten und ihre in verschiedene Richtungen zu öffnenden Türen einen Kern des gesamten Ensembles bildeten und die Bewegung der Sonne mit ihrer Bedeutung des Vergehens, des Sterbens, und der Neugeburt verdeutlichen. Möge jeder Besucher sich an solchen Orten selbst Fragen stellen und nach Antworten aus seiner eigenen Lebenserfahrung suchen. Solche Schiebetüren sind die ersten ihrer Art auf dem Balkan, dennoch waren sie in dieser Zeit sehr wohl in Kleinasien bereits bekannt, was für einen Austausch von Wissen und Ideen zwischen den verschiedenen Kulturen spricht.

Das ***Kloster „Der eiserne Vater“,*** *Demír babá teké* (Демир баба теке) befindet sich ca. 2,5 km südwestlich der thrakischen Grabmäler. Man fährt von dem Parkplatz zurück in südlicher Richtung durch einen Buchenwald, dann nach rechts abbiegen und bis zu einer etwas hoch gelegenen Wiese an der rechten Straßenseite. Auf der linken Straßenseite befindet sich die Chisha Achinóra (spartanische und billige Unterkunft).

Von Dienstag bis Sonntag und verstärkt an den Wochenenden kommen Alianen (Verehrer Alis, des Schwiegersohn Mohameds) und Christen auf diese Wiese. Es wird das ***Opferfest Kurbán*** („Opfergabe“) für einen Sohn der Familie, für dessen Gesundheit oder aus Dankbarkeit für dessen Geburt veranstaltet. Dazu werden Schafe geschlachtet, zubereitet und verzehrt. Auch der vorbeikommende Fremde bekommt etwas zu Essen. Andere alianische Frauen sitzen mit ihrer weißen Kopfbedeckung mit dem Gesicht in Richtung Kloster gewandt und singen stundenlang ihre Suren. Ein schmaler Weg durch den Wald führt zu einer steil abfallenden Treppe. Der Weg zum Kloster ist von unzähligen bunten Stoffresten auf Büschen und Bäumen gekennzeichnet.

Das Kloster ist im 16. Jh. als Grabstätte des alianischen ***Heiligen Demír baba*** („Der eiserne Vater“) errichtet worden. Sein Motto - rechts am Eingang zu lesen - „Ich war Kind, dann bin ich Held geworden und danach Beschützer der Armen“, macht heute noch den Besucher auf die Nöte der Heimkinder unweit vom Kloster aufmerksam. Kein Eintrittsgeld wird verlangt, dafür sollte es für jeden ein Bedürfnis sein, eine kleine Spende für das Kinderheim zu hinterlassen.

Die drei Felsmassive, auf denen die Grundmauern des Gebäudes ruhen, bildeten bereits vor ca. dreitausend Jahren die Hauptpfeiler des Heiligtums. Hier steht alles mit der magischen ***Zahl Sieben*** in Verbindung. Auf der Mauer erkennt man Reliefs bekannter und weniger bekannter Symbole, die immer Elemente mit der Zahl Sieben vorweisen, wie die Swastika, den jüdischen Stern, sowie Pilgerstädten wie die Basilika „Hagia Sophia“ in Istanbul, die Geburtskirche Jesu usw.

Der Bewacher des Klosters schwärmt von der ***heiligen Wirkung des Wassers*** der Quelle, die im Hof links vom Eingang sprudelt. Das Wasser enthält 87 Mineralien und soll alle inneren Krankheiten heilen. Zehn Tage lang hat er nur dieses Wasser getrunken und seine Galle sei geheilt gewesen. Die Ärzte, die ihn schon längst abgeschrieben hätten, sollen sprachlos gewesen sein. Aus Dankbarkeit für seine Genesung dient er im Kloster. Man kann ihm stundenlang zuhören. Überzeugt erzählt er davon, dass dieser heilige Boden die Nabelschnur der Welt sei. Von hier sollen die großen Propheten der Menschheit ausgegangen sein: Moses, Jesu Christi, Mohammed. Die Einheimischen berichten, dass sie fliegende Objekte über dem Plateau gesehen hätten. Vor den noch ***unerforschten Höhlen*** in der Nähe haben die meisten Einheimischen Angst. Einige mutige von ihnen, die in die Höhlen vorgedrungen sind, berichten von unwahrscheinlichen Erlebnissen. Eine Empfehlung von dem guten Mann: Der Fels auf der linken Seite der Grabstätte soll hohe ***kosmische Energie*** besitzen. Um richtig (original) eine kleine Dosis kosmischer Energie aufladen zu können, soll man mit dem Bauch oben auf dem Stein liegen, mit dem Kopf dabei nach unten. Die Prozedur dürfte nicht länger als 1–3 Minuten dauern, sonst könnte man mit Blutdruckproblemen rechnen. Autofahrern sei es eben deshalb geraten, nicht sofort ins Auto zu steigen und mit nicht mehr als 50–60 km/h zu fahren. Und wer sich entscheidet, in der Chisha Achinora in der Nähe zu übernachten, sollte unbedingt die Felsen, die verschiedenen

Figuren über dem Kloster bei Sonnenauf- und Sonnenuntergang genießen.

Ich muss gestehen, dass ich mich schweren Herzens entschlossen habe, über dieses Heiligtum zu berichten. Solche Orte sollen ungestört vor Neugierigen weiterhin ihre Bestimmung erfüllen. Ein Appell deshalb an unsere Leser: Betreten Sie diesen Boden nur in angemessener Kleidung (keine kurzen Röcke oder Hosen, keine nackten Schultern). Zeigen Sie Respekt vor den religiösen Praktiken der Pilger. Fotografieren Sie die Leute nicht, sie sind kein Freiwild.

Außer den bereits erwähnten Sehenswürdigkeiten gibt es auf dem gesamten Gelände noch Objekte, die bisher nicht touristisch erschlossen sind. Ein weiterer Grund, in der Gegend Wanderungen zu unternehmen.

Informationsmaterial (in Englisch und Bulgarisch), etwas veraltet, bekommt man für 5 Lw am Kiosk des Thrakischen Grabmals von Sveschtári.

Silistra

Силистра

Silistra (60.000 Einwohner) ist die östlichste Stadt Bulgariens an der Donau, 109 km nordöstlich von Rasgrad.

Im 2. Jh. ließ der römische Kaiser *Trajan* an dieser Stelle die starke ***Festung Durostorum*** errichten. Die mehrfach zerstörte Stadt wurde im 6. Jh. vom byzantinischen Kaiser *Justininan* unter dem Namen Dorostol wieder aufgebaut. Vom 8. bis 10. Jh. nannte man sie Drastar. Erneut entwickelte sie sich zu einem bewehrten Zentrum. Diese Rolle behielt sie auch in den Jahren der osmanischen Fremdherrschaft. Die berühmte ***osmanische Festung „Medshid tabija"*** ist noch bis zum heutigen Tage gut erhalten. Zwischen 1913 und 1940 gehörte die Stadt zu Rumänien.

Sehenswertes

Historisches Museum und eine ***Kunstgalerie,*** untergebracht in der restaurierten türkischen Festung Medshid tabija (1841-53), uliza Dimitar Michajlow 18; Mi.-Mo. 9.00-12.00/15.00-19.00 Uhr.

Ruinen der ***römischen Festungsmauer*** aus dem 4. Jh. am Donau-Ufer.

Thrakisches Grabmal der Spätantike (aus den ersten Jahrzehnten des 4. Jh.) im südwestlichen Teil von Silistra. Wurde zufällig 1943 entdeckt. Gemalt sind 72 Figuren (Vögel, Tiere, Menschen, Pflanzen), die erstaunlich gut erhalten sind. Gegenüber dem Eingang sieht man ein Ehepaar, die Herren des Grabmales. Ihre hervorgehobene Stellung wird durch die zentrale Lage unterstrichen, durch reiche Kleidung und überproportional große Gesichter. Zu beiden Seiten stehen Diener bereit, alle Personen mit individuellen Gesichtszügen, die der Diener mit charakteristischen Zügen für die im 4. Jh. auf der Balkanhalbinsel einströmenden Goten.

Übernachtung

- ***Hotel „Slatna Dobrudsha",*** 2 Sterne, ploschtad Swoboda 3, Tel. (086) 22392; 22861, EZ/F 18-25 $, DZ/F 45 $.
- ***Hotel „Bartimeks",*** 2 Sterne, uliza Kapitan Mamartschev 20, Tel. (086) 62317, Fax (086) 22965, EZ 25-45 $, DZ 28-30 $.
- ***Hotel Orbita,*** 2 Sterne, Tel. (086) 75221, Fax (086) 25148, in der Gegend „Kreposttá", 5 km südwestlich der Stadt, nur wenig entfernt vom Fernsehturm, mit Panoramablick auf Silistra, Donau, Rumänien, am besten mit Taxi zu erreichen (2-3 Lw), EZ/F 30 Lw, DZ/F 40 Lw, App./F mit zwei Zimmern 60 Lw - alle Zimmer mit Bad.
- ***Hotel Tschefo,*** 5 km östlich vom Silistra im Park „Órechowa gorá" (Park „Nusswald"), Tel. (086) 22390, Fax (086) 22864, EZ 40 Lw, DZ 60 Lw, App. mit zwei Zimmern 40 Lw.
- ***Touristen-Unterkunft*** *(Turistítscheska spálnja)* am Donau-Ufer, nahe dem Grenzübergang zu Rumänien, spartanisch eingerichtet, die Zimmer mit vier, sechs oder acht zweistöckigen Betten, dafür sehr billig.

Gebiet Varna

Transport

- ***Busbahnhof*** und ***Bahnhof*** liegen benachbart im Industriegebiet westlich der Stadt. Ungefähr jede Stunde fahren Busse und Minibusse vom Busbahnhof, Tel. (086) 23062, zum Busbahnhof Süd in Russe (über 2 Std.), 2-3 Busse täglich nach Varna, 8 nach Dobritsch, 4 nach Sofia, 3 nach Schumen und 1 nach Veliko Tarnovo. Es gibt zudem täglich 1 Zug nach Russe und 3 nach Samuil.
- Vom ***Hafen*** pendelt täglich eine Fähre alle paar Stunden zwischen Silistra und Calarasi in Rumänien (Auto 15 $, Passagiere 3 $). Bezahlung auch in Euro oder Lewa möglich. Von der rumänischen Seite funktioniert der Rücktransport jedoch nicht zuverlässig, so dass es einfacher ist, die Grenze in Russe zu passieren.

Umgebung von Silistra

Srebarna-See

езеро Сребърна

Der See liegt etwa 12 km westlich von Silistra, 1 km von der Donau entfernt, in der Nähe des gleichnamigen Dorfes.

1977 wurde der 6000 Hektar große See von der UNESCO zum ***Bioreservat von Weltbedeutung*** erklärt. Womit verdient der Srebarna-See diese hohe Wertschätzung?

Hier sind seltene und vom Aussterben bedrohte Wasser- und Sumpfvögel anzutreffen (rund 160 Arten, von denen 90 im Srebarna-See nisten). Von den Pflanzenarten überwiegt das ***Schilf,*** das etwa zwei Drittel der Fläche einnimmt und 6-7 m hoch wird. In der Mitte des Reservats gibt es eine freie Wasserfläche. Die Schilfmassive werden von zahlreichen natürlichen Kanälen und kleineren Wasserflächen durchzogen. Die größte Tiefe des Sees beträgt drei Meter.

Von größtem Interesse im gesamten Reservat ist die Kolonie der ***Krauskopfpelikane*** auf einer schwimmenden Insel in der Mitte des nördlichen Schilfmassivs. Seit Jahrhunderten ziehen dort 60-120 Paare ihre Nachkommenschft groß. Es wird angenommen, dass es auf der ganzen Erde nicht mehr als 1200 nistende Paare gibt.

Eine andere für das Reservat typische Kolonie bilden die verschiedenen ***Reiherarten.*** Sie nisten auch in der Mitte des nördlichen Schilfmassivs. Auf der offenen Wasserfläche sieht man die Nester von Rothalstauchern und Haubentauchern, Weißbartseeschwalben sowie die graziösen Silhouetten von ***Höckerschwänen.*** Hier befindet sich ihr einziger Nistort in ganz Bulgarien. Die Nester liegen aber in den schwer zugänglichen Teilen des Reservats.

Während des Vogelzuges im Frühjahr und Herbst kann man in und um das Reservat große Schwärme von Blessgänsen, grauen Kranichen, weißen und schwarzen Störchen sowie verschiedene Raubvögel beobachten. Im Winter bildet das Naturschutzgebiet einen sicheren Zufluchtsort für mehrere nordeuropäische Vögel und seltene Wasservögel.

In einem modernen Gebäude am Westufer des Sees ist eine ***Ausstellung über Naturschutz*** untergebracht. Dort arbeitet auch ein kleines, aber begeistertes Team von Ökologen, Biologen und Förstern. Die Ausstellung ist jeden Tag 9.00-12.00 und 14.00-16.00 Uhr geöffnet.

Gebiet Lovetsch

Für das Gebiet Lovetsch sollte man sich Zeit und Ruhe gönnen. Klöster, Klöster und abermals Klöster, besonders in und um Veliko Tarnovo, dabei jedes ein Kleinod. Das ***Gloshenski manastir*** bei Teteven zählt zum Pflichtprogramm für Entdecker. Ganze Dörfer, wie ***Boshenzi*** und ***Arbanassi,*** sind seit der Zeit der Wiedergeburt erhalten geblieben. ***Trjavna*** liegt wie eine Perle im Balkan versteckt.

Die idyllische Berglandschaft lädt zu einsamen Wanderungen. Und wenn man nicht alles schaffen kann, lasse man getrost Svischtov und Pleven aus und lache lieber mal in ***Gabrovo*** …

Lovetsch

Ловеч

Die Stadt mit 50.000 Einwohnern macht einen vertrauten Eindruck und überrascht mit ihrer gepflegten Atmosphäre, mit der harmonischen Verbindung zwischen alter und gegenwärtiger Architektur. Schon beim Erreichen der Stadtgrenze besticht die terrassenförmige Lage an beiden Ufern des Ossam im Balkan-Vorgebirge.

Es war kein Zufall, dass die Römer eine an dieser Stelle bereits existierende kleine Siedlung zu einer Stadt namens Melta ausbauten. Sie diente als ***Wegstation*** von Escus (einer römischen Stadt und Festung an der Donau, unweit vom heutigen Dorf Gigen) über den Trojan-Pass nach Philippolis (Plovdiv). Während des Zweiten Bulgarischen Reiches entwickelte sich Lovetsch zu einer starken Festung.

In der Zeit der bulgarischen Wiedergeburt war die Stadt ein wichtiges Handels- und Handwerkerzentrum. Lovetsch ist aufs engste mit dem Namen ***Wassil Lewski*** verbunden (siehe „Große Namen eines kleinen Volkes"). Hier war der Sitz eines der ***ersten Revolutionskomitees*** im Lande, das 1870 zur Zentrale der antitürkischen Organisation wurde.

Sehenswertes

Die größte Sehenswürdigkeite ist die ***überdachte Brücke am Ossam-Fluss,*** 1872/74 von dem namhaften Baumeister *Koljo Fitscheto* aus Holz auf Steinfundamenten erbaut. 1925 fiel die Brücke einem Brand zum Opfer; danach wurde sie aus Beton wieder rekonstruiert.

Park „Stratesch" - hier liegen die Reste der mittelalterlichen Festung, Denkmäler für die im Befreiungskampf gefallenen russischen Soldaten, der Zoo, ein Freilichttheater und ein Touristenheim.

Waroscha heißt die unter Denkmalschutz stehende ***Altstadt mit Wiedergeburtshäusern.*** Die beachtenswertesten sind Kaschta Tscheschneto; Kaschta na Christo Zonew-Latineza; Pankowa kaschta, uliza Iwan Fotinow 8; Kaschta-musej na Iwan Drasow sowie das ***Museum der Wiedergeburt und nationalen Befreiung,*** uliza Todor Kazarow 16, Tel. (068) 27990, und das ***Wassil-Lewski-Haus*** in der uliza Marin Poplukanow 14, das als Museum eingerichtet ist, Di.-So. 8.00-12.00 und 14.00-18.00 Uhr; Kunstgalerie, uliza Wassil Lewski. ***Ethnografisches Museum*** (Etnográfski muséj), Mo.-Sa. 8.00-12.00/14.00-17.00 Uhr.

Übernachtung

In der Altstadt „Waroscha"

- ***Hotel „Waroscha 1",*** ploschtad Todor Kirkow, Tel. (068) 25950, mit 42 Betten, billig.
- ***Hotel „Waroscha 2";*** ploschtad Todor Kirkow, Tel. (068) 23813, mit 36 Betten, billig.

In der Neustadt

- ***Hotel „Lovetsch",*** drei Sterne, uliza Targowska 12, Tel. (068) 24716, Restaurant, Nachtbar mit Programm, das teuerste Hotel in Lovetsch.
- ***Hotel „Chissarja",*** zwei Sterne, uliza Targowska 51, Tel. (068) 23821, deutlich billiger als das „Lovetsch".
- ***Hotel-Restaurant*** 3 km südlich von Lovetsch, in der schönen Gegend Gurowoto, Nachtbar mit Programm, Sauna, Tennis, Tel. (068) 24315. Weitere Informationen im Restaurant „Rubin".

Transport

- ***Busbahnho,*** Tel. (068) 23204; täglich fahren 3 Busse nach Burgas, Sliven, Teteven und Veliko Tarnovo, mehrere nach Kasanlak, stündlich nach Pleven (Fahrzeit 1 Std.) und Trojan (45 Min.). 5-6 öffentliche und private Buslinien verkehren täglich nach Sofia (3 Std.).
- ***Bahnhof,*** Tel. (068) 24935; nach Trojan gibt es 3 Bummelzüge täglich, 3 weitere fahren nach Levski, von wo es Verbindungen nach Sofia und Gorna Orjachoviza gibt (von dort Anschluss nach Veliko Tarnovo mit Bus möglich).

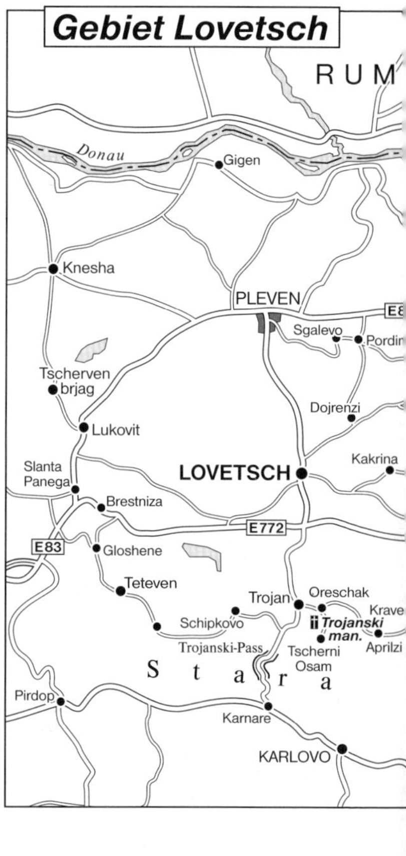

Umgebung von Lovetsch

Kakrina
Къкрина

20 km östlich von Lovetsch an der Fernverkehrsstraße nach Sevlievo. Im Gasthaus „Kakrinskoto chantsche" wurde am 26. 12. 1872 der Revolutionär ***Wassil Lewski*** von einem bulgarischen Popen an die Türken verraten, die ihn festnahmen und zum Tode verurteilten. Während des Befreiungskrieges brannte das Gasthaus ab, 1927 wurde es nach Erinnerungen von Augenzeugen wieder aufgebaut und beherbergt heute eine kleine Exposition über Leben, Kampf und Tod von *W. Lewski.* Mehr über seine Person siehe Exkurs „Große Namen eines kleinen Volkes".

Dewetaschkata peschtera
Деветашката пещера

Die 1400 m lange Höhle vom Dorf Devetaki versteckt sich etwa 20 km nordöstlich von Lovetsch (Straße nach Levski). Mit der Bahn muss man an der Station Dojrenzi aussteigen und von dort entweder den Bus nehmen oder etwa 6 km zu Fuß laufen. Zu sehen sind riesige Säle, ein See, ein Wasserfall und ein reißender Fluss, den 14 Quellen speisen.

Drei weitere Höhlen befinden sich bei dem 18 km entfernten Dorf Kruschuna: ***Wodopada*** (1995 m lang, bei der Höhle gibt es auch wirklich einen 20 m hohen Wasserfall, nach dem die Höhle benannt ist), ***Uruschka maara*** (1600 m) und ***Boninska peschtera*** (2753 m).

Pleven
Плевен

Mit 134.000 Einwohnern gehört Pleven (35 km nördlich von Lovetsch) schon zu den größten Städten des Landes, dennoch herrscht in der wohlgeordneten Stadt eine angenehme ***provinzielle Atmosphäre.*** In Bulgarien hat Pleven besonders bei den Männern einen angenehmen Klang, hier soll es nämlich die landesweit ***hübschesten Frauen und Mädchen*** geben. Manchmal beginnt schon am frühen Nachmittag in der Fußgängerzone eine Moden- und Schönheitsschau (siehe Exkurs „Die bulgarische Frau").

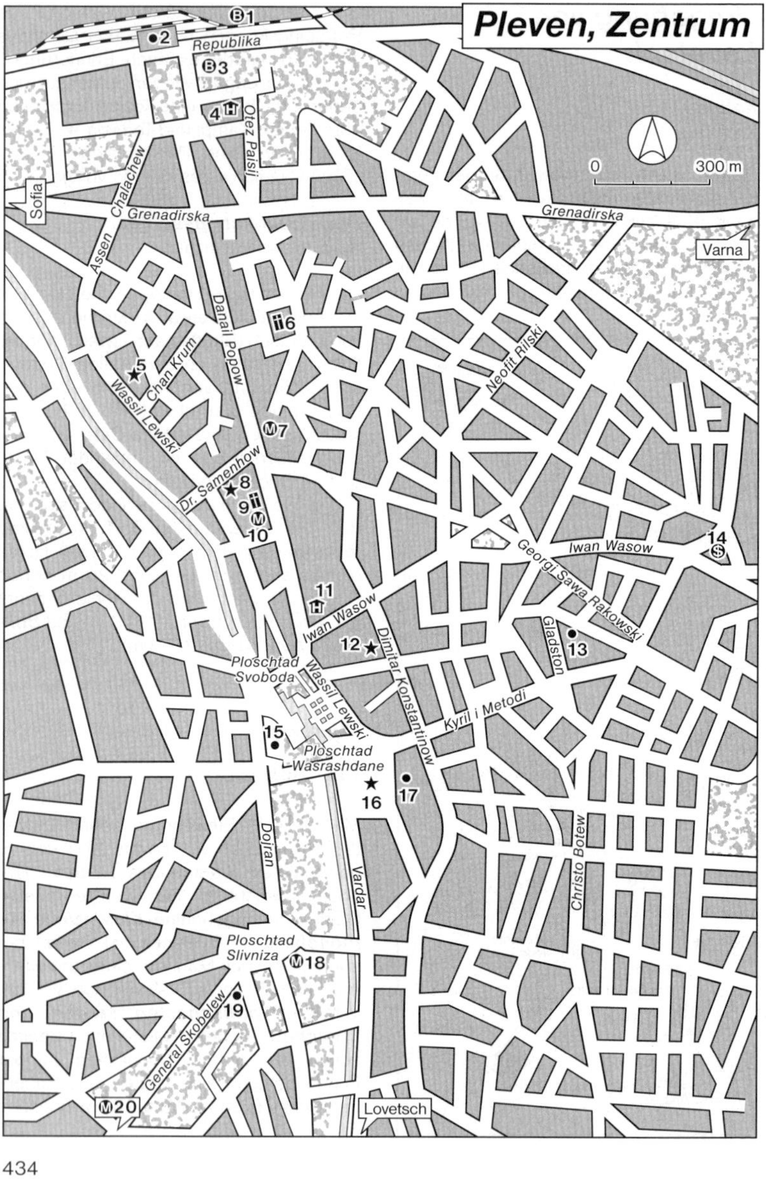
Pleven, Zentrum
1
2
Republika
3
4
Otez Paisij
Sofia
Assen Chalachew
Grenadirska
Grenadirska
Varna
0
300 m
6
Danail Popow
5
Chan Krum
Wassil Lewski
Neofit Rilski
7
Dr. Samenhow
8
9
10
Iwan Wasow
14
Georgi Sawa Rakowski
11
Iwan Wasow
Gladston
13
12
Dimitar Konstantinow
Ploschtad Svoboda
Wassil Lewski
Kyril i Metodi
15
Ploschtad Wasrashdane
16
17
Dojran
Vardar
Christo Botew
Ploschtad Slivniza
18
19
General Skobelew
20
Lovetsch

Ⓑ 1	Busbahnhof Nord
• 2	Bahnhof
Ⓑ 3	Zentraler Busbahnhof
🏨 4	Hotel Pleven
★ 5	Wiedergeburtskomplex
✝ 6	Kirche "Sweta Paraskewa"
Ⓜ 7	Museum für Jagd- und Fischereiwesen
★ 8	Theater
✝ 9	Kirche "Sweti Nikolaj"
Ⓜ 10	Museum der Befreiung
🏨 11	Hotel Rostov
★ 12	Puppentheater
• 13	Polizei
Ⓢ 14	Bank
• 15	Kunstgalerie "Pleven"
★ 16	Mausoleum
• 17	Telegrafenamt
Ⓜ 18	Geschichtsmuseum
• 19	Kunstgalerie "Ilija Beschkow"
Ⓜ 20	Skobelew-Parkmuseum

Jeden Herbst findet das ***Opernfestival*** „Katja Popowa" statt, an dem Preisträger anderer Festivals teilnehmen.

Geschichte

Als eine der ältesten Siedlungen Bulgariens reichen Plevens Spuren bis in urgeschichtliche Zeiten zurück. Geschichtlich überliefert ist der Ort erstmals als ein ***thrakischer Marktflecken.*** Die ***Römer*** nannten den Ort Storgosia und verwandelten ihn in eine blühende Stadt. Die ***Slawen*** gaben ihr den Namen Kamenez („Kalkstein-Felswand"). Der heutige Name ist dann im 13. Jh. urkundlich belegt.

Einen geschichtlichen Höhepunkt erlebte die Stadt im ***Russisch-Türkischen Krieg*** (1877/78), als russische und rumänische Truppen in fünfmonatigen erbitterten Belagerungskämpfen den Widerstand der türkischen Garnison brachen und die Truppen des Festungskommandanten *Osman Pascha* zur Kapitulation zwangen. Damit wurde der Ausgang des gesamten Krieges entschieden und kurz darauf die Befreiung Bulgariens besiegelt. Über 100 Denkmäler, historische Gebäude und Museen in Pleven und Umgebung erinnern auf jedem Schritt an die gefallenen 31.000 russischen und 7500 rumänischen Soldaten und die für die Freiheit Bulgariens so bedeutungsvollen Kämpfe. Deshalb gilt Pleven als ***„Stadt-Museum des Russisch-Türkischen Krieges".*** Davon droht die Stadt jetzt etwas einzubüßen; denn nach der Wende gerieten manche Museen oder Gedenkstätten in akute Schwierigkeiten, weil Gebäude oder Grundstücke an die ursprünglichen Eigentümer zurückgegeben werden mussten.

Mit der Befreiung setzte eine stürmische Entwicklung ein. 1890 wurde in Pleven die ***erste Winzerschule Bulgariens*** gegründet, 1892 der größte Weinkeller auf der Balkanhalbinsel geschaffen.

Sehenswertes

Mausoleum der 1877 gefallenen russischen und rumänischen Soldaten auf dem ploschtad Wasrashdane, dem schönsten Platz der Stadt am Beginn der Fußgängerzone. Das eindrucksvolle Gebäude zieht sofort die Aufmerksamkeit mit seiner originellen Architektur (1907, Architekt *Pentscho Kojtschew)* auf sich. Im Innern steht eine Ikonostase aus Lindenholz (1905) mit Ikonen bulgarischer Meister von hohem künstlerischem Wert. Im Beinhaus befinden sich drei Sarkophage mit Überresten der gefallenen Helden.

Nur ein paar Schritte weiter ist ein größeres Gebäude im orientalischen Baustil mit interessanten Fensterformen nicht zu übersehen – das ***frühere türkische Bad*** beherbergt heute eine ***Kunstgalerie*** mit Werken des Malers *Swetlin Russew* (geb. 1933) und den Klub der Kulturschaffenden. Galerie: Di.-Sa. 11.00-19.00 Uhr.

Museum der Befreiung Plevens – 1877, in einem kleinen Park im Stadtzentrum, uliza Wassil Lewski 157, Di.-So. 8.00-12.00 und 14.00-18.00 Uhr. Das Museum wurde auf Initiative von *Stojan Saimow,* einem revolutionären Demokraten aus der Wiedergeburtszeit, gegründet. In dem Gebäude wurde am 11.12.1877 dem russischen Zaren *Alexander II.* der gefangene türkische Befehlshaber, *Osman Pascha,* vorgeführt. Das Haus selbst ist ein Architekturdenkmal mit bemalten Dächern und Tapeten im Wiener Stil.

Zarkwa „Sweti Nikolaj“, ploschtad Sweti Nikolaj. Die Kirche (1834), zu einem Drittel unter der Erde gelegen, besitzt eine schöne Ikonensammlung aus der Wiedergeburtszeit. Sommer 7.00-19.00, Winter 7.00-18.00 Uhr.

Das ***Geschichtsmuseum,*** uliza Stojan Saimow 3, Mi.-Mo. 8.00-12.00 und 13.30-18.30 Uhr, ist das größte nach dem Nationalhistorischen Museum in Sofia. Auf 6000 qm sind 10.000 Exponate aller Epochen und Völker zu sehen, die Zeugnisse ihrer Siedlungen und Kulturen auf dem Gebiet Pleven hinterließen. Dazu gehören bedeutende römische Funde besonders von Ausgrabungen der Stadt Escus in Nordbulgarien sowie viele Trachten aus dem 19. Jahrhundert. Ein Museum, dessen Besuch durchaus lohnt.

Skobelew park musej - das Skobelew-Parkmuseum aus dem Jahre 1904 liegt auf dem Hügel am südwestlichen Stadtrand, wo am 11. und 12.09.1877 die entscheidenden Kämpfe stattfanden. Es ist benannt nach dem russischen General *Skobelew.* Gezeigt werden russische Batterien mit ihren Kanonen, die wiederhergestellte türkische Schanze „Isa aga“ und das Beinhaus. Im Park befindet sich das Haus-Museum über *Stojan Saimow* und dessen Sohn, General *Wladimir Saimow* (1888-1942).

Wer noch mehr über die Befreiungskämpfe von Pleven erfahren möchte, dem steht das ***Panorama „Plevenska epopeja 1877“*** (Das Epos von Pleven 1877) am Ende des Parks zur Verfügung. Am 10.12.1977, dem 100. Jahrestag der Befreiung der Stadt fertiggestellt, demonstriert es auf einer 115 m langen und 15 m breiten Leinwand aus der Sowjetunion realistische Kampfszenen beim dritten Sturm auf Pleven. Der Besucher ist so mitten in die dramatischen Ereignisse hineingestellt. Früher war das Mausoleum einmal ein wahrer Wallfahrtsort. Das Innere des Panoramas ist in vier Säle geteilt: in einen Einführungssaal, das eigentliche Pa-

Trockengelegt: Das türkische Bad beherbergt heute eine Kunstgalerie

norama, ein Diorama und den „Abschlusssaal". In dem Gebäude führen zwei Fahrstühle zu einer Aussichtsplattform, von der man das echte Panorama des heutigen Plevens genießen kann. Di.-So. 8.30-12.00 und 12.30-19.00 Uhr.

Weitere Sehenswürdigkeiten: ***Wiedergeburtskomplex,*** uliza Ljuben Karawelow, ***Kunstgalerie „Pleven",*** bul. Dojran 75, ***Kunstgalerie „Ilija Beschkow",*** bul. General Skobelew, ***Museum für Jagd- und Fischereiwesen,*** bul. Danail Popow 15-17, Mo., Mi. und Fr. 8.00-12.30 Uhr, Di. 8.00-12.00/14.00-18.00 Uhr und Do. 14.00-18.00 Uhr.

Der ***Park „Kajlaka",*** 2 km südlich von Pleven (Buslinie 4), ist ein sehr beliebtes Ausflugsgebiet der Plevener und ihrer Gäste. Zum Park gehören ein Schwimmbad und ein See mit Ruderbooten, das Hotel-Restaurant „Kajlaka" (Tel. 064-3515) und ein Campingplatz. In dem Hotel ist es ruhig, wenn nicht gerade Hochzeitsfeiern stattfinden. Ein weiteres Restaurant wurde in einer der Karsthöhlen eingerichtet.

Auf dem Gebiet von „Kajlaka" befand sich die altertümliche Siedlung Storgosija. Die ***Überreste einer Basilika*** sind am östlichen Rand der Festung Storgosija zu betrachten. Erst 1909 wurde die Basilika, ein ehemals monumentales Kultgebäude aus der Spätantike und der frühbyzantinischen Epoche (4.-6. Jh.), bei Ausgrabungen entdeckt. Auf Grund ihrer großen Abmessungen (Länge 45,25 m, Breite 22,20 m) gehört sie zu den größten Basiliken, die bis jetzt in Bulgarien erschlossen worden sind. Die Basilika ist wahrscheinlich zusammen mit der Festung Storgosija Ende des 6. Jh. von der slawischen Bevölkerung zerstört worden, die sich zu dieser Zeit in der Gegend ansiedelte.

Übernachtung/Kulinarisches

• ***Hotel „Balkan",*** drei Sterne, das neueste, aber auch nicht mehr ganz junge Hotel ist 13 Stockwerke hoch, bul. Russe 68, Tel. (064) 37021/22, 22215. Panoramarestaurant, Nachtbar mit Programm, EZ 125 Lw, DZ 176 Lw.

• ***Hotel „Pleven",*** drei Sterne, 12stöckig, ploschtad Republika am Bahnhof, Tel. (064) 30181, EZ 24-33 Lw, DZ 48 Lw.

• ***Hotel „Rostov na Don",*** zwei Sterne, 12-stöckig, ploschtad Swoboda im Stadtzentrum, Tel. (064) 23892, EZ 68 Lw, DZ 105 Lw.

• ***Hotel „Kajlaka"*** im gleichnamigen Park (s.o.).

• Alle Hotels verfügen über Restaurant und Nachtbar. Von den sechs Restaurants im Park Kajlaka ist das ***Restaurant „Peschterata"*** in einer Karsthöhle wegen der Kühle und romantischen Atmosphäre besonders zu empfehlen.

• ***„Pleventurist 91",*** bul. San Stefano 3, Tel. (064) 24119, organisiert Reisen, bietet Geldwechsel, Privatquartiere und Dolmetscher.

Transport

• ***Busbahnhof,*** am ploshtad Republika (Platz der Republik) neben dem Bahnhof, Tel. (064) 22961; Busverbindungen gibt es täglich nach Burgas, Gabrovo, Plovdiv, Russe, Sliven, Sofia, Stara Sagora, Teteven, Trojan, Varna, Veliko Tarnovo, Vidin und Vraza. Stündlich verlassen Busse die Stadt nach Lovetsch (1 Std.) und nach Sofia (2,5 Std.). Etwas weniger häufig fahren Busse nach Burgas, Russe und Varna auch vom Ticketbüro gegenüber vom Hotel Pleven und vom Bahnhof.

• ***Bahnhof,*** Tel. (064) 24127; täglich verkehren 3 Schnellzüge und 1 Expresszug (4,5 Std.) nach Varna und Sofia (3,5 Std.); 11 Züge halten täglich in Pleven auf ihrer Fahrt von Sofia nach Gorna Ojachoviza, von wo es viermal täglich Verbindungen nach Russe gibt.

• ***Büro Rila,*** uliza Doiran 43, Tel. (064) 22390, verkauft Fahrkarten für Flüge im In- und Ausland.

Abstecher nach Sgalevo und Pordim

Згалево, Пордим

Wenn man Pleven in südöstlicher Richtung verlässt, sollte man seine Fahrt unbedingt über die nahe beieinander liegenden Dörfer Sgalevo (18 km) und Pordim (20 km) legen.

Sgalevo ist das einzige Dorf in Bulgarien, dessen ***Straßen von Weinstöcken gesäumt*** sind und nicht von Bäumen. So ist die Hauptstraße mit ihrer etwa 1,5 km Länge zu beiden Seiten von Wein bestan-

Weinallee in Sgalevo

den. Besonders reizvoll ist es im Herbst, wenn über den Köpfen die großen Trauben einer tollen und sehr süßen Dessertsorte prangen.

Über Pordim sind viele Gerüchte in Umlauf; in der Gegend ist das Dorf wegen seiner ***Bewohner, die „germanzi“*** (Deutsche) genannt werden, berühmt-berüchtigt. Noch heute kann man hinter vorgehaltener Hand erfahren, dass die Frauen des Dorfes im Zweiten Weltkrieg mit den Deutschen Liebesbeziehungen eingegangen sein sollen. Das Ergebnis: Alle Einwohner sind blond und blauäugig - zugleich zurückhaltend und wenig gastfreundlich, wie eben viele Deutsche. Deshalb die „Warnung“, sollte man hier von der Dunkelheit überrascht werden, dann bleibt man auf der Straße. Keiner wird, wie das in „normalen“ bulgarischen Dörfern der Fall ist, die Tür öffnen, um den Fremden über Nacht zu sich zu nehmen.

Ruinen von Escus
Гиген

Von Pleven in nördliche Richtung sind es 59 km bis zu der bei Lovetsch erwähnten römischen Stadt Escus beim heutigen ***Dorf Gigen.***

Escus, das spätere Ulpia Escus, gehörte mit seiner Festung auf einem flachen Plateau zu den zahlreichen ***römischen Bastionen eines Grenzwalls*** an der Donau und war eine der schönsten Städte in der Provinz Moesien. Der Name Escus nimmt Bezug auf den an dieser Stelle in die Donau mündenden Fluss Escios, heute Iskar genannt. Im Jahre 328 ließ Kaiser *Konstantin* sogar eine Brücke über die Donau anlegen, wovon nur noch spärliche Überreste auf der rumänischen Seite zu finden sind. Die alte Stadt Escus war von einer bis zu drei Meter starken, als Fünfeck angelegten Mauer geschützt, zu der ein Graben und später noch eine zweite Mauer gehörten. Bei Ausgrabungen in Escus stieß man 1948 auf ein farbiges Mosaik, das eine Szene aus der von dem Griechen *Menander* verfassten Komödie „Die Achäer" darstellt. Bisher legte man noch ein Forum (Markt- und Versammlungsplatz) mit darum gruppierten Gesellschaftsbauten und einen korinthischen Fortuna-Tempel aus dem 2. Jh. frei. Die hier gefundene Kolossalstatue der Demeter (Muttergöttin) kann man im Archäologischen Museum Sofia besichtigen.

Svischtov
Свищов

30.000 Einwohner, etwa 70 km nordöstlich von Pleven an der Donau. Die kleine Stadt erstreckt sich terrassenförmig am hohen Donauufer und verfügt nach Russe und Lom über den drittgrößten Binnenhafen des Landes.

Geschichte

Etwa 3 km von der heutigen Stadt entfernt, befinden sich in der Gegend Staklen die freigelegten ***Überreste der antiken Stadt Nove*** (1. Jh. n. Chr.) und ihres Schutzes, einer römischen Festung. Sie existierte 600 Jahre lang und war ein wichtiger Militär-, Verwaltungs- und Wirtschaftsmittelpunkt, dem eine bedeutende Rolle bei der Verteidigung der am Donauunterlauf liegenden Grenzprovinzen des Römischen Reiches zufiel. Die bei den Ausgrabungen gefundenen Befestigungsanlagen, das Forum, die öffentlichen und Kulturbauten bestätigen die Angaben antiker Quellen über die strategische Bedeutung dieser Stadt.

In die Geschichte des 18. Jh. ist Svischtov durch den 1791 geschlossenen so genannten ***„Frieden von Svischtov"*** zwischen Russland und Österreich einerseits und dem Osmanischen Reich andererseits eingegangen.

Im 19. Jh. haben hier zum Auftakt des mit der Befreiung Bulgariens endenden ***Russisch-Türkischen Krieges*** (1877/78) die russischen Soldaten zum ersten Mal bulgarischen Boden betreten.

Bis Ende des 19. Jahrhunderts war Svischtov ein wichtiges ***Handelszentrum.*** Sein Hafen wetteiferte mit den lebhaftesten Häfen der Donauländer. Einige Kaufleute aus Svischtov hatten sogar Kontore in Wien. Der Reichtum ihrer Bewohner beeinflusste entscheidend die Entwicklung der Bildung: 1815 wurde hier die ***erste weltliche Schule*** des Landes geschaffen, 1856 die ***erste Lesehalle*** (tschitalischte) zusammen mit einem Bibliotheksmuseum (uliza K. D. Awramow 1), 1884/85 öffnete die erste Berufsschule, 1936 die erste Handelshochschule, die bis heute noch als Hochschule für Ökonomie fortbesteht.

Sehenswertes

Die folgenden Sehenswürdigkeiten befinden sich alle im Zentrum der Stadt:

Historisches Museum (1856), das älteste in Bulgarien, untergebracht im Geburtshaus von *Aleko Konstantinow,* uliza Klokotniza 6. Das Museum stellt die Geschichte der Stadt und der Region dar. *Aleko Konstantinow* (1863-1897) gehört zu den bedeutenden bulgarischen Schriftstellern. Seine wichtigsten Werke sind der satirische Roman „Baj Ganjo" mit der bis heute gültigen besten Beschreibung der bulgarischen Mentalität und die beeindruckende Reisebeschreibung „Bis Chicago und zurück". Weil die aufkommende bulgarische Bourgeosie sich in „Baj Ganjo" wiedererkannte und absolut treffend charakterisiert sah, kostete ihn dieser Roman das Leben. *A. Konstantinow* ist auch der Begründer der bulgarischen Touristenbewegung.

Zwei ***unterirdische Kirchen*** „Sweti Dimitar" (1640) und „Sweti Petar i Pawel" (1644).

Zarkwa „Sweto Preobrashenie" (die Kirche Heilige Verklärung, 1836) und ***Zarkwa „Sweta Troiza"*** (Dreifaltigkeitskirche, 1867), beides Werke des hervorragenden bulgarischen Baumeisters und Autodidakten *Koljo Fitscheto.* Die Dreifaltigkeitskirche ist die vollkommenste und mutigste Leistung der Kultarchitektur der reifen Wiedergeburtszeit. Ihre Ikonen stammen von *Nikolaj Pawlowitsch,* dem ersten bulgarischen Maler mit akademischer

Ausbildung, einem bedeutenden Vertreter der Malschule von Samokov, der in Svischtov geboren wurde.

Der **Uhrturm** stammt aus dem Jahr 1760. Zwei **Moscheen** aus der Zeit osmanischer Herrschaft erheben sich im südlichen Teil der Stadt.

In der Gegend „Pametnizite" ('Denkmäler'), 5 km östlich von Svischtov bei dem Dorf Vardim, sind in einem Park zahlreiche **Denkmäler den russischen Befreiern** gewidmet. In der Nähe liegen die **Ruinen der römischen Stadt Nove** und ihrer mittelalterlichen Festung.

Übernachtung/Kulinarisches

- **Hotel „Dunaw",** ein Stern, ploschtad Aleko 4 im Stadtzentrum, Tel. (0631) 23621; Restaurant.
- **Hotel „Aleko"** mit Restaurant, im Park „Kaleto", uliza Toma Panteleew 2 (fast an der Donau), Tel. (0631) 22683; noch billiger und besser.

Weitere nützliche Adressen

- **Post,** ploschtad Aleko 5
- **Erste Privatbank,** ploschtad Aleko 5
- **Poliklinik und Stomatologie,** uilza Petar Angelow

Transport

- **Bahnhof,** uliza Otez Paissij; Svischtov ist die Endstation der Eisenbahnlinie Levski - Svischtov, Tel. (0631) 22461
- **Busbahnhof,** schräg gegenüber vom Bahnhof
- **Autoservice,** uliza Dojran 112, Tel. (0631) 22202

Teteven
Тетевен

13.000 Einwohner, 80 km südwestlich von Lovetsch. Das kleine, hübsche Städtchen liegt an beiden Ufern des Flusses Beli Wit inmitten des Balkans. Bewaldete und mit Felsen bestückte Hügel umgeben den Ort. Wegen seiner grünen Natur, des gesunden Klimas und der Ruhe ist Teteven ein gern gewählter Ausgangspunkt für **Wanderungen im Balkangebirge.**

Liebhaber des bulgarischen Hochprozentigen wissen eine Sorte Rakija besonders zu schätzen. Die hier gedeihende berühmte Pflaume von Teteven ist Grundlage eines erstklassigen **Pflaumenschnapses.**

Das **Historische Museum,** ploschtad Sawa Mladenow, macht den Besucher mit vorgeschichtlichen Funden, einigen thrakischen Gegenständen und der Entwicklung des örtlichen Handwerks bekannt. Öffnungszeiten: Di.-So. 9.00-12.00 und 14.00-17.00 Uhr.

Die **Häuser** von Jorgow, Bobew und Hadshi Iwan **aus der Wiedergeburtszeit** fallen inmitten der anderen Bauten durch ihre reichen Holzschnitzereien auf.

Übernachtung

- **Hotel „Teteven"** im Stadtzentrum, zwei Sterne, Tel. (0678) 2310, 3222.

Die zum Wandern einladende Umgebung hält in schönen Gegenden zahlreiche touristische Unterkünfte bereit, die zwar bescheiden, aber sehr preisgünstig sind:

- **Touristenunterkunft „Teteven"** in der Gegend Rata, südlich der Stadt und vom Zentrum nur 25 Minuten zu Fuß oder auf der Straße 3 km entfernt; befindet sich unterhalb des Gipfels Petrachilja inmitten eines Mischwaldes.
- **Touristenkomplex „Skribatna"** an dem kleinen gleichnamigen Flüsschen in unmittelbarer Nähe der Straße Teteven - Ribariza, auf der 5 km bis hierher zurückzulegen sind.
- **Chisha „Chajduschka poljana" und „Sawa Mladenow"** sind 1,5 Stunden von Teteven entfernt.

Weitere nützliche Adressen

- **Post,** uliza Iwan Wasow.
- **Balkanbank,** uliza Iwan Wasow 91.
- **Autoservice,** Industrialna sona (Industriezone), Tel. (0678) 2014.
- **Busbahnhof,** gegenüber dem Stadion auf der anderen Seite des Flusses.

Umgebung von Teteven

Manastir „Sweti Ilija"
манастир Свети Илия

Das Kloster aus dem 14. Jh. befindet sich am nördlichen Stadtrand Tetevens. Nach einem lange zurückliegendem Brand ist allerdings nur noch die kleine Kirche erhalten geblieben.

Gloshene und Gloshenskija manastir „Sweti Georgi"
Гложене

Das Kloster liegt 15 km nordwestlich von Teteven und 3 km von Gloshene. Es ist nur mit Esel, Motorrad, Mountainbike oder eben zu Fuß zu erreichen. (auch wenn die Dorfbewohner etwas anderes behaupten sollten! Jemand, der es mit dem Auto versuchen wollte, musste schon nach kurzer Zeit einen Reifen flicken.) Vom Dorf Malak Isvor ist der Weg eng, steil und voller Steine. Sollte es stark regnen, kann man sich weder vorwärts noch rückwärts bewegen.

Auch für bulgarische Verhältnisse ist die ***Lage des Klosters außergewöhnlich.*** Es schwebt gleichsam über den Wolken auf einem Felsbrocken, unmittelbar an den Steilhängen des Lissez-Gipfels. Von hier beherrscht es hoch über dem Witt-Fluss die gesamte Landschaft. Wie ein Adlernest scheint es unerreichbar für Mensch und Tier.

Kloster und Dorf Gloshene wurden von dem Kiewer Fürsten *Georgij Glosh* gegründet. Er erhielt das Gebiet von dem bulgarischen Zaren *Iwan Assen II.* im 12. Jh. zum Geschenk, als er auf der Flucht vor den Tataren in Bulgarien Zuflucht suchte. Und einen sicheren Unterschlupf bot das Kloster jedem, mehrfach auch dem bulgarischen Revolutionär *Wassil Lewski.*

Das einmalige Denkmal des Mittelalters zu erreichen ist bereits ein wild-romantisches Erlebnis und lässt jedes Wanderherz höher schlagen. In der Hitze des

Die Mechana in Teteven

Sommers wird der Fußmarsch durch Schatten spendende Bäume erleichtert. Ein sehr netter junger Pope in Jeans unter dem Talar freut sich über allen Besuch und gewährt jedem eine bescheidene ***Übernachtung*** ohne jeglichen Luxus (für € 2,56/5 Lw). Sollte der Pope abwesend sein, ist er gerade auf dem Weg ins Dorf und wird bald zurückkehren. Für eine Übernachtung muss man sich nur reichlich mit Lebensmitteln versorgen. Aber alle Zivilisationsmängel erhöhen nur den Reiz der ursprünglichen Natur und gehören zur einmaligen Romantik dieser Stätte. Jedem sollte es ein Bedürfnis sein, etwas zum Erhalt des Klosters zu spenden.

Als Sehenswürdigkeit im Dorf Gloshene wären die ***Überreste einer alten Festung*** aus dem 13./14. Jh. zu nennen, ferner die ***Nikolajkirche*** aus dem 19. Jh. mit wertvollen Wandmalereien sowie die 5 km südlich gelegene ***Morowiza-Höhle*** (3020 m lang).

Brestniza
Брестница

Das Dorf liegt 50 km westlich von Lovetsch bzw. 20 km nördlich von Gloshene an der Strecke E 772 und ist durch seine ***Höhle „Saewa dupka"*** bekannt, die sich südlich des Dorfes befindet. Die Karsthöhle besteht aus fünf Sälen, von denen „Harmanat" (Die Tenne), „Kosmos" und „Belijat samak" (Das weiße Schloss) besonders interessant sind. Hier wird man empfangen von einer Märchenwelt aus Kalkspatkristallen in schwertförmigen Stalaktiten, kaskadenartig gestalteten hohen Stalagmiten, Säulen, Figuren und anderen phantasievollen Tropfsteingebilden. Die 400 m lange Höhle ist beleuchtet und für Besucher zugänglich gemacht.

Südöstlich von Brestniza gibt es zwei weitere Höhlen, die ***„Ruschowa peschtera"*** beim Dorf Gradeshniza und die ***„Sopotska peschtera"*** beim Dorf Sopot, genauer nordöstlich vom jasowir Sopot.

Slatna Panega
Златна Панега

Nur 10 km nördlich von Brestniza auf der E 83 sprudelt unweit des Dorfes Slatna Panega die ***größte Karstquelle in Bulgarien,*** die „Glawa Panega". Das Wasser entspringt aus einer großen trichterförmigen Höhle, die tief unter dem heutigen Wasserspiegel eines breiten Sees liegt. Die prachtvolle Pflanzenwelt, ein Felsbogen und die daneben liegende trockene Höhle sind zu jeder Jahreszeit ein Anziehungspunkt. Schon die Thraker haben diese großartige und geheimnisvolle Welt zu schätzen gewusst und errichteten am Seeufer eine Kultstätte.

Ribariza
Рибарица

Das 18 km lange Dorf erstreckt sich südöstlich von Teteven auf dem Weg nach Trojan. Ein großer Campingplatz empfängt gleich zu Beginn der Ortschaft links und rechts der Straße seine Gäste. Wegen der schönen Natur und den idealen Wandermöglichkeiten kommen nicht selten Besucher. Ein festes Dach über dem Kopf zu bekommen ist aber kein Problem. Man kann sich am besten gleich bei den Bewohnern erkundigen (die Übernachtung € 2,05/4 Lw!). Sollte das unerwartet fehlschlagen, gibt es noch das allen offenstehende ***Erholungsheim „Stara Ribariza"*** mit Restaurant und Nachtbar gleich nach dem Ortseingangsschild 20 m links.

Das 3273 Hektar große ***Bioreservat „Zaritschina"*** beherbergt einen Bestand an alten Nadelbäumen sowie selteneTierarten.

Der ***Gipfel Weshen*** (2198 m) ist ein lohnenswertes Ziel für Bergsteiger und im Winter für Skisportler. Auf seinem Nordrücken befindet sich die Baude „Weshen" (1650 m). Die Umgebung der Baude steht unter Naturschutz.

Schipkovo
Шипково

Auch im nächsten Dorf, Schipkovo, 11 km vor Trojan, gibt es reichlich Übernachtungsmöglichkeiten: Campingplätze, teils mit Villenhäuschen, und Privatquartiere.

Als sehr empfehlenswert erwähnt ein Leser das von der äußerst freundlichen Familie Kostowski geführte ***Hotel „Planinski Rai"***, uliza Kiril i Metodi 5, wo jeder Gast verwöhnt wird, auch wenn die Verständigung nur mit Russisch klappt.

Was aber auf jeden Fall klappen wird, ist eine Entspannung und Körperreinigung in dem ***Mineralbad,*** Eintritt 1 Lew/€ 0,51 (siehe auch Kapitel „Hygiene, Toiletten und Baden").

Trojan
Троян

27.000 Einwohner, 36 km südlich von Lovetsch und ca. 50 km östlich von Teteven.

Trojan ist das nächste ***typische Balkanstädtchen*** mit eigener Romantik und sehr schöner Berglandschaft. Seine Bewohner sind aber vor allem stolz auf ihre 13 Betriebe. Diese Zahl ist für die kleine Ortschaft im Vergleich mit der Millionenstadt Sofia, bezogen auf die Einwohnerzahl, auch viel höher. Und das ist kein Zufall, denn bis zur Befreiung von den Türken blühte hier das Handwerk. Großgeschrieben werden heute noch das ***Töpferhandwerk*** und die Herstellung von Porzellan und Fayencen.

Der toll schmeckende ***Trojanska rakija*** (einer für Trojan typischen Pflaumenschnapssorte) sollte eigentlich die künstlerischen Ideen der Trojaner Meister immer wieder beflügelt haben. Ob das tatsächlich so war und was dabei herausgekommen ist, davon kann man sich selbst ein Bild machen in dem großen ***Museum für Handwerke und angewandte Kunst,*** dem einzigen seiner Art in Bulgarien. Das Museum ist untergebracht in dem 1868 als türkischer Konak (Amtssitz des türkischen Verwalters) errichteten Gebäude am ploschtad Wassil Lewski, Di.-So. 8.00-12.00 und 13.00-17.00 Uhr. Übrigens gibt es für Kenner und Liebhaber noch einen anderen Genuss anzubieten, die ***Trojanska lukanka*** (eine Art Hartwurst).

Geschichtsmuseum, Post, Einkaufsmöglichkeiten, Parkplatz - alles im Zentrum, ploschtad Wasrashdane.

Übernachtung/Kulinarisches

- ***Hotel „Trojan",*** zwei Sterne, Tel. (0670) 24323, gut und billig.
- ***Hotel „Edelweiß"***, einfacher und billiger.
- ***Turistitscheski dom*** (Touristenhaus) auf dem Hügel (im Park) „Kapintscho" am Stadtrand, noch billiger.
- ***Turistitscheski dom „Garwanski",*** uliza Sachari Stojanow 17, Tel. (0670) 26017, Gaststätte.
- ***Restaurant „Metschata dupka",*** Mo.-So. 10.00-24.00 Uhr, uliza Ljuben Karawelow 42.
- ***Restaurant „Balgarija"***, manchmal Programm.
- Die ***Restaurants „Starata kaschta", „Lissitschata dupka"*** und ***„Starijat dab"*** sind wegen der guten bulgarischen Küche zu empfehlen.

Transport

- ***Bahnhof,*** uliza Dimitar Ikonomow-Dimitrikata 21. Eine Eisenbahnlinie verbindet Trojan mit Lovetsch und weiterhin über den Eisenbahnanschluss bei der Stadt Levski mit der Hauptlinie Sofia - Pleven - Varna.
- ***Busbahnhof,*** gleich neben dem Bahnhof.
- ***Pannenhilfe,*** kwartal Balkan, Tel. (0670) 22458.

Umgebung von Trojan

Trojanski prochod
Троянски проход

Eine Landstraße führt über den 49 km langen Trojan-Pass (er ist der höchste Pass der Stara planina und im Winter oftmals geschlossen oder schwer zugänglich) bis

Karnare und noch weitere 17 km bis Karlovo ***ins Rosental.***

Bevor man im Dorf Karnare ankommt, wo man ebenfalls einen guten Schnaps trinkt, gelangt man nach 22 km in 1525 m Höhe in die ***Touristensiedlung Beklemeto,*** eine schöne Gegend mit breiten Wiesen und Laubwäldern. Für den Wintersport stehen Skipisten und Sessellift zur Verfügung. Hier ist alles unkompliziert, einfach und nicht für Massentourismus angelegt. Als Wanderziele bieten sich unter anderen die Hütten Dermenskaja, Dobrila und Kosja stena an.

Mehrere andere Straßen schlängeln sich durch schöne, kleine Dörfer nach Sevlievo nordöstlich von Trojan.

Vorbereitung auf den harten Winter

Oreschak
Орешак

Das Dorf Oreschak, nur 5 km östlich von Trojan, wird wie ein Geheimtipp für Kunstinteressenten gehandelt. Selbst als Herstellungsort begehrter künstlerischer Keramik bekannt, breitet sich am Ortsrand die größte ***Verkaufsausstellung*** des Landes ***für kunstgewerbliche Arbeiten*** und Werke der angewandten Volkskunst aus. Hier kann man Töpferwaren, schmiedeeiserne Gegenstände, Textilien, Holzschnitzereien, Schmuck und vieles andere von Meistern aus ganz Bulgarien bewundern und im Sommer auch kaufen und zwar täglich von 9.00 bis 17.30 Uhr. Es gibt ständige und zeitweilige Ausstellungen. Die zeitweiligen sind die eigentlichen Verkaufsausstellungen, sie beginnen im Juni und enden im September. Die vom Angebot her beste „Einkaufszeit" besteht bis Ende Juni/Anfang Juli. Egal wann, in jedem Fall erwirbt man ein unikales Souvenir mit künstlerischem Wert. In der Nähe des Geländes gibt es ein Hotel.

Trojanski manastir
Троянски манастир

Nach nur wenigen hundert Metern auf dem gleichen Weg weiter kommt man zum Trojanski manastir (Trojankloster), dem nach Ausmaß und Bedeutung drittgrößten des Landes (nach dem Rila- und Batschkowokloster). Es wurde im 14. Jh. gegründet, kurz bevor Bulgarien unter osmanische Herrschaft geriet.

In ihrer heutigen Gestalt besteht die dreischiffige ***Klosterkirche*** seit 1835. Die Ikonen und Wandmalereien stammen aus den Jahren 1847-49 und sind ein Werk des berühmten Meisters von Samokov, *Sachari Sograf.* Die aus Nussbaum gefertigte Altarwand (1839) mit lebhaften Pflanzen- und Tierornamenten ist ein meisterhaftes Werk der Künstler *Petar* und *Nikola Mateew* aus Trjavna.

Das Kloster war nicht nur ein religiöses, sondern auch ein Kultur- und Revolutionszentrum. Schon vor 1865 wurde eine Zellenschule für die Kinder aus der Umgebung gegründet. Viele Kämpfer für die nationale Befreiung fanden hier einen sicheren Zufluchtsort. Und 1872 organisierte einer von ihnen, ***Wassil Lewski,*** im Kloster ein geheimes Revolutionskomitee, dessen Vorsitzender sogar der Igumen (Abt) höchstpersönlich war. In *Lewskis* Zimmer von damals ist heute ein kleines Museum untergebracht.

In der aus Platzgründen um zwei Höfe erweiterten Klosteranlage bestehen ***Übernachtungsmöglichkeiten,*** und zwar täglich ab 15.00 Uhr. Wer in Oreschak nichts erstehen konnte, kann hier noch seine Kauflust stillen und die Einnahmen der Mönche aufbessern, indem er im Kloster gefertigte und preiswert angebotene Töpferwaren in einem kleinen Souvenirgeschäft erwirbt. Vom Kloster verkehren regelmäßig ***Busse*** nach Trojan. Neben der Bushaltestelle gibt es einen Imbiss für den kleinen Hunger.

Eine halbe Stunde Fußmarsch östlich vom Trojan-Kloster gelegen, erhebt sich auf dem Hügel „Iwan" der kleine ***Klosterbau „Sweti Nikola".*** Er gehört noch zum Trojan-Kloster. In seiner Kapelle stellen die Altartüren ein weiteres Meisterwerk der Schnitzkunst aus Trjavna dar. Von hier bietet sich in alle Richtungen ein wunderschönes Panorama.

Tscherni Osam

Черни Осъм

Den Weg von Trojan links am Trojan-Kloster vorbei und immer am Fluss Tscherni Osam entlang, erreicht man auf einem schmalen Asphaltweg bald das ***Gebirgsdorf*** Tscherni Osam. Das Dorf ist wegen seiner Ruhe und reizvollen Natur einen Halt wert. *Dotscho Neschkow* verwaltet das dörfliche Museum und vermittelt Übernachtungsmöglichkeiten.

In der Umgebung von Tscherni Osam liegt das ***Reservat „Steneto"*** mit alpinem Charakter. Zu den phantasievollen Felsgebilden gesellen sich alte Nadelbäume, wilde Ziegen, Hirsche und Bären.

Der Asphaltweg zur ***Chisha Jaworowa laka*** (13 km, 2,5 Stunden Fußmarsch) führt vorbei an der Gegend „Selenikowez", wo sich das ***Kloster Sweti Iwan,*** auch als Selenikowski manastir bekannt, befindet. Ausschließlich zu Fuß wären es von der Chisha Jaworowa nochmals 2-2,5 Std. bis zur ***Chisha Ambariza*** (1503 m). In der Umgebung befinden sich noch weitere Bauden. Nicht mehr weit ist es nun bis zum ***Gipfel Lewski*** (2166 m), dem eigentlichen Ziel der Wanderung zur Chisha Ambariza.

Gumoschtnik

Гумощник

Auf dem Weg nach Aprilzi, südöstlich von Trojan (über Oreschak), lohnt sich ein Abstecher von etwa 5 km zum Dorf Gumoschtnik. Im Dorf Staro Mletschevo (gegenwärtig dem Dorf Gumoschtnik angegliedert) verbirgt sich eine der besten Leistungen der ***Holzschnitzkunst*** im Bezirk Lovetsch: die Altarwand in der Kirche „Sweti Nikola Letni" (1839). Sie stammt von dem alten Kunstschnitzer *Nikola Mateew* (1785-1866) und dessen Sohn *Jonko Mateew* (1810-1878), die beide durch ihr Schaffen nach den Worten des österreichisch-ungarischen Ethnologen *Felix Kanitz* „bis Edirne (in der Türkei) Ansehen gewonnen haben". Nach Komposition, Stilbesonderheiten und dekorativen Mitteln ähnelt die Altarwand denen in der Kirche „Sweti Ilija" in Sevlievo sowie in der Kirche des Batoschevo-Klosters, beide von denselben Meistern geschnitzt. Einen hohen künstlerischen Wert mit starker Ausstrahlung besitzen die zwölf Figurenkompositionen in der Sockelreihe, die Szenen aus der Bibel zur Erschaffung der Welt in sechs Tagen veranschaulichen. Erstaunlich realistisch werden hier die biblischen Ereignisse behandelt. Die Szene „Eva beim Spinnen" und „Adam gräbt" ist eine Darstellung aus dem alltäglichen Leben der Bauern.

Im Kirchenhof steht die einzige im Bezirk Lovetsch erhaltene ***Klosterschule,*** ein untrennbarer Bestandteil des Kirchen- und Schulkomplexes während der Zeit der nationalen Wiedergeburt.

Aprilzi

Априлци

Die kleine Ortschaft (seit 1976 Stadt), bestehend aus vier Dörfern, ist ein klimatischer Kurort von örtlicher Bedeutung und hat einige Sehenswürdigkeiten zu bieten: ein architektur-ethnografisches Museum, Museum des Nowoseler Widerstandes (Aprilaufstand von 1876), die Kirchen „Sweti Georgi" und „Sweta Paraskewa" und beim Wohngebiet „Novo selo" noch ein Kloster.

Als Unterkunft gibt es ein ***Hotel*** mit 85 Betten.

Die ***Wanderwege*** sind gut markiert, beispielsweise: Aprilzi (Wohngebiet Widima) - Chisha Widima - Chisha Pleven - Gipfel Botew (2376 m, 6 Stunden) oder Aprilzi (Wohngebiet Ostrez) - Chisha Tasha - Gipfel Botew (sieben Stunden).

Batoschewski manastir

Батошевски манастир

Zum Batoschewski manastir „Uspenie Bogoroditschno" führt eine Straße östlich von Aprilzi durch die Dörfer Kravenik und Stokite. Hier biegt man nach links ab und befährt auf etwa 4 km eine kurvenreiche Bergstraße bis zum Kloster (von Aprilzi 20 km). Eine erhaltene Steinplatte, die im Nationalmuseum für Geschichte in Sofia zu sehen ist, berichtet an Hand der eingemeißelten Schriftzüge, dass Begründer und Stifter des Klosters der bulgarische Patriarch Zar *Michail Assen* (1248-1258)

Mönchsunterkünfte

ist. Diese Schrift sowie die Überreste der ursprünglichen Kirche und Gebäude, gefunden nördlich vom heutigen Kloster, geben eine Vorstellung vom ehemaligen Aussehen. Das Kloster hat das traurige Schicksal der meisten Sakralbauten in Bulgarien erlitten - mehrmalige Plünderungen und Zerstörungen.

An der Stelle des zerstörten Klosters siedelte sich der Mönch *Isaak* an und errichtete 1836 mit Hilfe der Bevölkerung die Bauten in ihrer heutigen Gestalt. Die Wandmalereien und die Ausschmückung sind von der Kirche des Trojan-Klosters beeinflusst. Wie auch die anderen bulgarischen Klöster spielte das Batoschewski-Kloster zugleich eine Rolle als Bildungs- und Widerstandszentrum. Nach der Niederschlagung des Aprilaufstandes (1876) wurde das Kloster von den Türken ausgeraubt und niedergebrannt, nur die Kirche blieb ohne besondere Schäden erhalten.

Sevlievo
Севлиево

Die kleine 27.000-Einwohner-Stadt breitet sich zu beiden Ufern des Flusses Rossiza am Fuße des Vorbalkans aus. Das Städtchen liegt an der Strecke E 772 48 km südöstlich von Lovetsch, 28 km nordwestlich von Gabrovo und 50 km westlich von Veliko Tarnovo.

Eine Siedlung entstand zu Beginn der osmanischen Herrschaft unter dem Namen Tachtadshikjoj, stark gewachsen, hieß sie 1618 Selvi, 1798 wurde sie niedergebrannt.

Sevlievo bietet einige Architekturdenkmäler aus der Wiedergeburtszeit wie den ***Uhrturm*** von 1777; es besitzt ein ***Denkmal der Freiheit*** nach Entwürfen des Italieners *Arnoldo Zocchi* (1894), das genau an der Stelle der erhängten bulgarischen Revolutionäre des gescheiterten Aprilaufstands von 1876 errichtet wurde; die ***Kirche „Sweti Ilija"*** (1834) mit einer sehenswerten Ikonostase und die ***Kirche „Sweta Troiza"*** (1870). Das städtische Geschichtsmuseum ist in einer alten Schule von 1844 untergebracht, uliza General Skobelew 10.

Das ***Hotel „Rossiza"*** mit Restaurant, uliza Stefan Paschov 19, bietet eine bescheidene, aber preiswerte Unterkunft.

Veliko Tarnovo
Велико Търново

Diese Stadt zählt 75.000 Einwohner und gilt als eine der malerischsten des Landes. Die ***mittelalterliche bulgarische Zarenstadt*** erhebt sich unerwartet faszinierend vor den Augen des erstmaligen Besuchers. Wie ein Amphitheater am Nordrücken des Balkan-Vorgebirges auf mehrere Hügel gebettet, wird die hohe Schönheit von tief eingeschnittenen Mäandern des Flusses Jantra umrahmt. „Ruhmreiche Zarenstadt", „zweitschönste nach Konstantinopel und drittschönste nach Rom" - diese Attribute stammen von zeitgenössischen bulgarischen und byzantinischen Reisenden und Chronisten.

Veliko Tarnovo ist das Reiseziel Nummmer Eins für Kunst- und Geschichtsinteressierte. Viele bekannte und weniger bekannte Maler legen heute noch Tausende Kilometer zurück, um die ungewöhnliche ***Harmonie von Baukunst und Landschaft*** selbst zu interpretieren. Die gesamte Stadt wirkt wie eine riesige Festung, Häuser und Felsen scheinen zusammengewachsen zu sein.

Geschichte

Zuerst die Thraker, im 5./6. Jh. die Byzantiner und im 7. Jh. die Slawen haben die Grundsteine für die lange Geschichte Tarnovos gelegt. Die große Stunde schlug im Jahre 1185, als die Bojarenbrüder *Peter* und *Assen* mit ihrem Aufstand einen entscheidenden Sieg über die Byzantiner errangen und deren Vorherrschaft beseitigten. Damit wurde die erneute Anerkenung des Bulgarenreiches erzwungen und Tarnovo zur ***Metropole des Zweiten bulgarischen Staates.*** Ganze 206 Jahre (1187-1393) blühte die Zarenstadt und erreichte den höchsten Gipfel in der bulgarischen Kulturgeschichte.

Drei Monate lang stürmten die Türken vergeblich die Festung. Am 17. Juli 1393 war durch Verrat das Schicksal der Stadt besiegelt. Die über Tarnovo herfallenden Türken ließen ihre ganze Wut über den heldenhaften Widerstand der Verteidiger aus. Sie legten die gesamte Stadt mit ihren Kirchen, Palästen und Klöstern in Schutt und Asche, viele der Bewohner mussten mit dem Leben bezahlen.

Sehenswertes

Der Hügel, an dessen Fuß der größere Teil der Stadt erbaut ist, heißt ***Orlow wrach (Adlergipfel).*** Von seiner Höhe eröffnet sich der Blick auf die langgezogene Bergkette des Balkans. Die Jantra windet sich wie eine riesige, glänzende Schlange und umfließt ***drei felsige Halbinseln:*** Sweta gora (Heiliger Wald), Zarevez (Zarenhügel) und Trapesiza.

Zarevez-Hügel

Vom Zarevez-Hügel hat man den schönsten Blick auf Veliko Tarnovo. Von Süden, Osten und Norden vom Fluss umschlossen, ist er nur auf einer schmalen Landzunge zugänglich. Im 12.-14. Jh. war der Hügel von allen Seiten mit einer bis zu zwölf Meter hohen und bis zu drei Meter starken ***Festungsmauer*** mit Wachtürmen umgeben. Dahinter stand der ***Palast*** der bulgarischen Zaren. An der höchsten Stelle des Zarevez-Hügels, dem Kambanen wrach (Glockengipfel), wurde in den letzten Jahren auf den alten Grundmauern die ***Patriarchenkirche „Maria Himmelfahrt“*** in einem modernen Stil neu errichtet. *Teofan Sokerow* bemalte die Wände mit Szenen aus der Kulturgeschichte Bulgariens. Der Zarenpalast und das Patriarchat waren nochmals von einer Festungsmauer mit Wachtürmen umschlossen.

Am südöstlichen Ende der Festung steht der 1930/32 restaurierte ***Balduin-Turm,*** der an den oströmischen Kaiser *Balduin von Flandern* erinnert. Im Jahre 1205, in der Schlacht bei Adrianopel, wurde der Kaiser von Zar *Kalojan* gefangengenommen und blieb bis zum Tode eingesperrt.

Im nordöstlichen Teil des Zarevez-Hügels steht der senkrecht aufragende ***Fels „Lobna skala“*** (Hinrichtungsfelsen). Hier wurden im Bulgarenreich ganz „unkompliziert“ die Todesurteile vollstreckt, indem man die abgeurteilten Verräter und Verschwörer gegen den Zaren einfach in den Abgrund stürzte. Einer von denen, die so bestraft wurden, war der Patriarch *Joakim III.,* der Ende des 13. Jh. den Tataren geholfen hatte, in die bulgarische Hauptstadt einzudringen.

Die Festung ist für Besucher täglich 8.00-19.00 Uhr geöffnet.

Trapesiza-Hügel

Auf dem schwer zugänglichen und stark befestigten Hügel Trapesiza lebte die bulgarische Feudalaristokratie: Bojaren, Höflinge und die hohe Geistlichkeit. Hier liegen die Fundamente von 17 kleineren, vermutlich privaten Bojarenkirchen sowie einiger weltlicher Gebäude.

Stadtviertel „Assenowa machala“

Unten, außerhalb der Festungsmauer, erstreckte sich am Fuße der beiden Hügel Zarevez und Trapesiza die mittelalterliche Stadt Tarnovo, in der das Volk, Handwerker, Händler und niedere Geistliche, lebte. Dort befand sich wie auch heute das Stadtviertel „Assenowa machala“.

Die renovierte ***Kirche „Sweti tschetiridesset matschenizi“*** (Heilige Vierzig Märtyrer) ließ Zar *Iwan Assen II.* im Jahre 1230 zu Ehren seines Sieges über den byzantinischen Despoten *Theodor Komnenos* erbauen. In dieser Kirche werden der in der ostorthodoxen Welt ***älteste biblische Kalender*** und die ***Säulen*** des

Khan *Omurtag* sowie des Zaren *Iwan Assen II.* aufbewahrt. Die Inschriften auf diesen Säulen, die zu den bedeutendsten Schriftdenkmälern in Stein gehören, sind die ältesten erhaltenen schriftlichen Überlieferungen aus dem bulgarischen Mittelalter. In der altbulgarischen (slawischen) Inschrift der Assen-Säule aus dem Jahre 1230 wird von der Mächtigkeit und Stärke des bulgarischen Volkes und der Erweiterung seines Staates bis nach Adrianopel (Edirne) und bis zur Stadt Dratsch am Adriatischen Meer berichtet. Von den zwei Säulen, die aus den alten bulgarischen Hauptstädten Preslav und Pliska hierhergebracht wurden, ist die eine mit einer Inschrift des bulgarischen *Khan Omurtag* (814-831) versehen. Darin liest man in Griechisch über die damalige Bautätigkeit und über den ruhmreichen Khan. Auf der anderen Marmorsäule erfährt man aus der Inschrift etwas über die siegreichen Kriegszüge des *Khan Krum* (803-814).

Die ***Kirche „Sweti Dimitar“*** ist der älteste Sakralbau der Stadt, ein typisches Werk der Bau- und Kunstschule von Tarnovo. In dieser Kirche haben die Bojarenbrüder *Assen* und *Petar* das im Jahr 1186 gegründete Zweite bulgarische Reich proklamiert.

„Sweti Georgi“, die einschiffige, kleine Kirche, besitzt schöne Wandmalereien von 1612.

Die aus dem 13. Jh. stammende ***Kirche „Sweti apostoli Petar i Pawel“*** (Heilige Apostel Petrus und Paulus) zieht die Blicke mit ihrer kunstvollen Backsteinverzierung auf sich. Die Wandmalereien vom 14., 16. und 17. Jh. unterscheiden sich sehr von der alten religiösen byzantinischen Darstellungsweise. Die biblischen Szenen zeugen von der frühen Entwicklung der realistischen Richtung in der mittelalterlichen bulgarischen Malerei und weisen auf die typischen Merkmale der Malschule von Tarnovo.

In der malerischen Altstadt

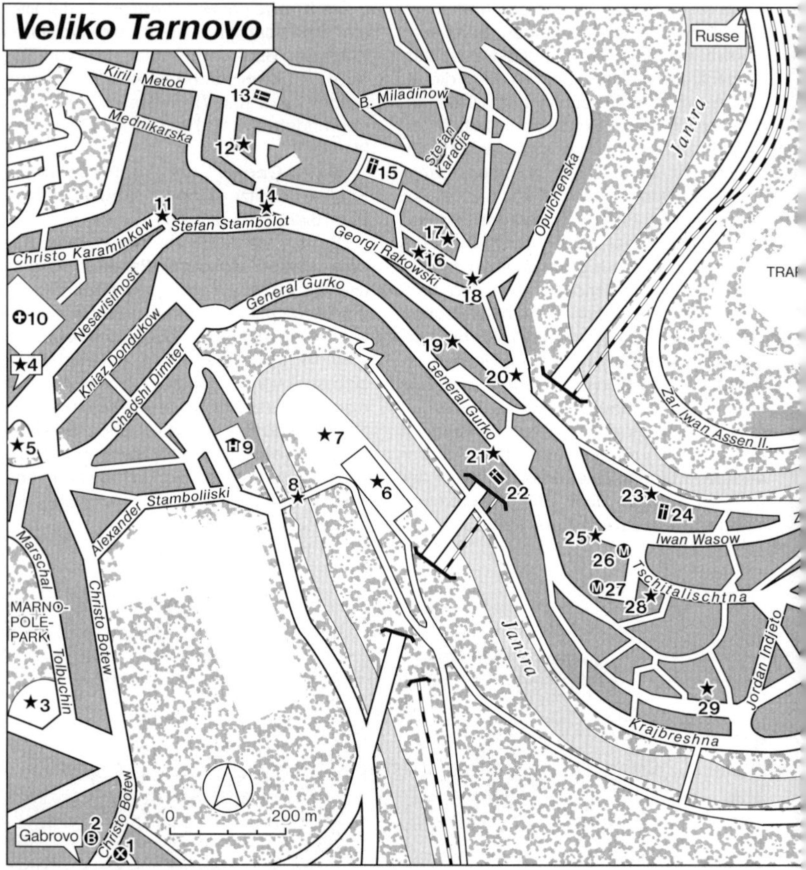

Hügel Sweta gora

Der Hügel Sweta gora (Heiliger Wald) südlich vom Zarevez, benannt nach dem „Heiligen Berg" auf der Halbinsel Athos, war im 12.-14. Jh. Mittelpunkt des geistigen und kulturellen Lebens Bulgariens und übte einen großen Einfluss auf den europäischen Südosten aus. In den vielen Klöstern schufen Geistige und Gelehrte Spitzenwerke des Mittelalters. In der hiesigen ***Kunst- und Literaturschule*** entstanden solche Werke wie die Manasses-Chronik (1345), die heute Eigentum der Vatikan-Bibliothek ist, der Tomic-Psalter (um 1360), der im Moskauer Museum für Geschichte aufbewahrt wird, und das Evangeliar des Zaren *Iwan-Alexander* (1356), mit seinen prachtvollen Buchde-

koniert

- ⊗ 1 Taxistand
- Ⓑ 2 Busbahnhof
- ★ 3 Freilichttheater
- ★ 4 Schauspielhaus "K. Kissimow"
- ★ 5 Denkmal "Mutter Bulgarien"
- ★ 6 Bilderausstellung über Tarnovo
- ★ 7 Assen-Denkmal
- ★ 8 Stambolow-Brücke
- Ⓗ 9 Interhotel "Veliko Tarnovo"
- ⊕ 10 Städtisches Krankenhaus
- ★ 11 Denkmal der Hingerichteten
- ★ 12 Slawejkow-Haus
- ⅱ 13 Kirche "Sweti Atanas"
- ★ 14 Haus mit dem Äffchen
- ⅱ 15 Kirche "Sweti Nikola"
- ★ 16 Ethnographische Ausstellung
- ★ 17 Emiljan-Sanew-Haus
- ★ 18 Samovodska-Handelsstraße
- ★ 19 Stambolow-Wirtshaus
- ★ 20 Weltschowa-Sawera-Denkmal
- ★ 21 Ausstellung "Leben im 19. Jh."
- ⅱ 22 Kirche "Sweti Konstantin i Elena"
- ★ 23 Anastassija-Haus
- ⅱ 24 Metropolitenkirche "Sweta Bogorodiza"
- ★ 25 Ausstellung "Veliko Tarnovo im 12.-14. Jh. "
- Ⓜ 26 Ausstellung "Nationale Wiedergeburt"
- Ⓜ 27 Museumsgefängnis
- ★ 28 Bey-Haus
- ★ 29 Großes und kleines Konak
- ★ 30 Zarevez
- ⅱ 31 Kirche "Sweti Georgi"
- ★ 32 Bischofsbrücke
- ⅱ 33 Kirche "Sweti Dimiter Solunski"
- ⅱ 34 Kirche "Sweti Petar i Pavel"
- ★ 35 Schischmans Bad
- ★ 36 Hinrichtungsfels
- ⅱ 37 Kloster des großen Laurus
- ⅱ 38 Kirche der Heiligen 40 Märtyrer
- ★ 39 Geheime Unterführung
- ★ 40 Assens Tor
- ⅱ 41 Klosterkomplex
- ★ 42 Bojaren-Haus
- ★ 43 Schloß der Zaren
- ⅱ 44 Patriarchenkirche "Sweto Vosnesenie"
- ★ 45 Südöstliche Wehranlage
- ★ 46 Denkmal des Patriarchen Ewtimij Tarnowski
- • 47 Universität "Kyrill und Method"

korationen eines der kostbarsten Exponate des Britischen Museums in London. Von dieser Stätte ruhmreicher bulgarischer Kunst- und Geistesgeschichte gibt es nur einen Bezug zur Gegenwart - die auf dem Hügel stehende Universität zu Veliko Tarnovo - ansonsten wachsen auf dem Kulturboden nur Bäume und Gras, im Park Sweta gora.

Die Altstadt – ein Baudenkmal der bulgarischen Wiedergeburt

Veliko Tarnovo war nicht nur eine mittelalterliche Metropole, sondern auch eine wichtige Stadt in der Epoche der nationalen Wiedergeburt. Die Häuser aus dieser Zeit sind wie aus den steilen Ufern gehauen und zugleich wie eine Verzierung der Felsen mit ihren Erkern, prunkvollen Fassaden und breiten Dachgesimsen. Hier wirkte in einem noch unerfassten Ausmaß der große bulgarische Baumeister und Autodidakt *Koljo Fitscheto.*

Der ***Gasthof „Hadshi Nikoli Chan“,*** der von *Koljo Fitscheto* 1858 gebaut wurde, liegt in der uliza Georgi Sawa-Rakowski 17, in der Nähe des bekannten „Samowodska tscharschija“ (Alter Marktplatz). Gebaut im Stil der Konstantinopler Herbergen (Chan), entstand er im Auftrag des Kaufmanns *Hadshi Nikoli.* Das Gebäude besteht aus zwei parallelen Bauten an zwei Straßenzügen. Während es an der unteren Straße noch dreigeschossig ist, verjüngt es sich bis zur oberen Straße auf nur ein Geschoss.

Der Zarevez-Hügel mit der Festung

Auch die ***Kirche „Sweti Konstantin i Elena“*** (1874) ist ein Werk von *Koljo Fitscheto.* Die ***Kirche „Sweti Nikola“*** wurde vom Baumeister *Iwan Dawdata* errichtet, aber von *Koljo Fitscheto* 1841 fertiggestellt.

Das ***Haus mit dem Äffchen*** (1849) ist ebenfalls ein Bau *Koljo Fitschetos* und in der uliza Wastanitscheska 14 zu finden. Namensgebend war das kleine Äffchen unterhalb des Erkers.

Das ***Dimo-Sarafina-Haus,*** uliza Gurko 88, gehört zu den schönsten Häusern der Wiedergeburtszeit, dessen Einrichtung über die Lebensweise der Tarnover Kaufleute im 19. Jh. Aufschluss gibt. Hier ist eine Kollektion von Originalmünzen aus dem 15.-19. Jh. ausgestellt, die dem mit Münzen handelnden Besitzer gehörte.

Die ***Häuser Baba Moto,*** uliza Gurko 35, ***und Ana Chariewa,*** uliza Gurko 55, dienten Wassil Lewski als Schlupfwinkel.

Im ***architektonisch-ethnografischen Komplex „Samowodska tscharschija“*** (Alter Marktplatz) versucht man, mit Wiedergeburtsatmosphäre die kleinen Handwerkerläden neu zu beleben. In der uliza Iwan Wasow 13 hat sich die ***erste bulgarische Apotheke*** *(lekarna)* angesiedelt, die 1823 von *Dr. Christo Markow* eröffnet wurde. Ihr Inventar ist im Original erhalten worden.

Das ehemalige ***türkische Amtsgebäude*** (Konak) ist der letzte Bau von *Koljo Fitscheto.* Hier wurde am 10.2.1879 die erste bulgarische Verfassung, die seinerzeit demokratischste in Europa, angenommen.

Museen

- ***Haus-Museum „Emilijan Stanew“,*** uliza Nikola Slatarski. Eine Ausstellung über das Leben und Werk des in Tarnovo geborenen bulgarischen Schriftstellers *Emilijan Stanew* (1907-1979).
- ***Museum „Veliko Tarnovo – Hauptstadt Bulgariens im 12.-14. Jh.“,*** uliza Iwanka Botewa 2, in der Altstadt. Die museale Sammlung veranschaulicht vor allem die Rolle der Stadt als Hauptstadt und Mittelpunkt des politischen und geisti-

gen Lebens des mittelalterlichen Bulgariens von 1185 bis 1393.

●Auf dem ploschtad Saedinenie in der Nähe des Museums „Veliko Tarnovo ..." befindet sich das ***„Museum der Wiedergeburt und der konstituierenden Versammlung".*** Es ist im restaurierten Gebäude des alten Bürgermeisteramtes, einem der Meisterwerke *Koljo Fitschetos* aus dem Jahre 1872, untergebracht. Die Ausstellung veranschaulicht die Beteiligung der Bevölkerung dieses Gebietes an den Kämpfen um die Unabhängigkeit in den Jahren der osmanischen Fremdherrschaft sowie die Atmosphäre, in der das erste bulgarische Parlament getagt hat.

●***Haus-Museum „Petko Ratschew Slawejkow",*** dem Vater von *Pentscho Slawejkow,* uliza Dragoman 15. Eine Bekanntschaft mit dem Dichter, Poeten, Publizisten *Petko R. Slawejkow* (1827, Tarnovo - 1895, Sofia), der als Autodidakt die erste bulgarische Kinderzeitschrift und die erste bulgarische Frauenzeitschrift herausgab. Seine Gedichte und Poeme gelten als ein erster Höhepunkt in der modernen bulgarischen Literatur.

●***Museum „Städtische Lebensweise vom Ende des 19. bis Anfang des 20 Jh.",*** uliza Gurko 88, im Sarafina-Haus.

●***Nationalmuseum der Architektur,*** uliza Iwan Wasow 35.

Übernachtung

Man wird als Tourist häufig von älteren Frauen angesprochen, die ein Bett für höchstens 10 Lw anbieten. Da das Geschäft „schwarz" läuft, kann man sich mit gutem Gewissen auf 6-7 Lewa einigen. Man sollte sich aber nach der Lage erkundigen. Bevorzugt sein soll die Straße uliza Stefan Stambolow im Zentrum mit Blick auf den Fluss Jántra. Man möge nicht blind Hotels mit aggressiver Werbung vertrauen, wie z.B. dem Hotel Komfort, dessen Werbetafeln überall anzutreffen sind. Es gibt bessere und vor allem preiswertere Unterkünfte. Um sich einen Eindruck von der Stadt zu verschaffen, empfiehlt sich eine Stadtrundfahrt auf eigene Faust. Man nehme den Bus Nr. 5 von der Haltestelle Pámetnik „Majka Balgaria" (Denkmal „Mutter Bulgarien"), Fahrkarte nur 0,40 Lw, Richtung Starija grad (Altstadt), Fahrtzeit ca. 20 Minuten.

●***Touristen Information,*** uliza Christo Botew 5, gleich am ploschtad „Májka Balgárija" in der Nähe des Kinos, Tel. (062) 622 148, (062) 600 768, Mo.-Sa. 9.00-18.00 Uhr, E-Mail: dtour@vali.bg; tic_vt@mobikom.com, Privatzimmer und Appartements: 15-22 Lw (teilweise mit Frühstück), abhängig von Jahreszeit und Lage.

●***Hotel „Orbita",*** uliza Christo Botew 15, Tel. (062) 621 513, schlicht und einfach, 14,50 Lw pro Person (Juli, August), sonst 12 Lw pro Person, Zimmer und Rezeption im 4. Stock.

●***Touristenhotel „Trapésiza",*** uliza Stefan Stambolów 79, im Zentrum Tel. (062) 622 061, Fax (062) 621 593, Einrichtung veraltet, aber schöner Blick auf den Fluss Jantra, EZ ohne Bad 14, DZ 28, 3-Bett-Zi. 36 Lw, mit Bad 18/36/45 Lw.

●Über ein empfehlenswertes Familienhotel gibt es ausführliche ***Informationen*** in Deutsch unter: www.tashkoff.com

●An der uliza Gurko preiswerte ***Zimmer*** 13/26 Lewa, Appartements mit Bad und vielen Extras für 55 Lewa.

●***Motel „Swetá gorá",*** 3 Sterne, 2,5 km vom Zentrum entfernt, nur mit Taxi zu erreichen, in einem kleinen Wald mit schönem Blick zur Stadt, nur DZ/F 30 $

●***Accommodation,*** Zimmervermittlung im Awtogara Jug (Busbahnhof Süd)

Kulinarisches

Faustregel: Man sollte nur die Gaststätten aufsuchen, die gut besucht sind. Das ist ein Zeichen dafür, dass die Lebensmittel frisch sind und schmackhaft zubereitet wurden.

●Sehr beliebt unter den Einheimischen ist die Gaststätte ***„Schtastlíweza"*** (Щастливеца, der Gückliche) im Zentrum 100 m nördlich vom ploschtad „Majka Balgaria"; immer voll, reiches Angebot an Salaten, Fisch und Gegrilltem. Leider ist die Speisekarte nur auf Bulgarisch.

●***Bulgarisches Fast Food*** schmeckt sehr gut und ist preiswert. Leckere Kebábtscheta (Fleischklöschen) und Salate auf der Straße der Handwerker im „Haus mit dem Äffchen" *(káschtata s majmúnkata).*

Einkaufen

●Folgt man der langen Hauptstraße Stefan Stambolów im Zentrum am Touristen-Hotel „Trapesiza" vorbei immer geradeaus, so sieht man Cafés, Wechselstuben, links und rechts Textiliengeschäfte, Einkaufspassagen, einen sehr guten Supermarket. Am Ende der Straße befindet sich der ***Markt*** mit täglich frischem Obst und Gemüse.

●In der Altstadt, Samowódska tscharschíja, präsentiert eine ganze Straße ***bulgarische Handwerkskunst.*** Das Wiedergeburtshaus mit dem Äffchen *(Káschtata s majmúnkata)* ploschtad Slawejkow 5, Tel. (062) 35874, www.viliart.com, beherbergt eine Kunstgalerie und käufliche alte bulgarische Gebrauchs- und Kunstgegenstände der beiden Brüder Welisláv und Juri Stéfanov. Sehenswert sind die Verkaufswerkstätten der Schwestern Nina Néschewa (Tongefäße nach der Art der Zarenkeramik von Tarnovo) und Ljudmíla Nikólova (bulgarische Stickerei). Gern erwähnen wir die Namen dieser netten Handwerkerinnen, weil sie auch von den Touristen ehrliche Preise verlangen und bezüglich des neuesten Standes des Kulturlebens, der Gaststätten und Preise mit Orientierungshinweisen weiterhelfen.

Weitere nützliche Adressen

- ***Städtische Poliklinik,*** uliza Dobritsch 21, Tel. (062) 21842
- ***Stomatologische Poliklinik,*** uliza Wassil Lewski 6, Tel. (062) 21864
- ***Polizei,*** uliza Datscho kiro 7, Tel. (062) 20365
- ***Post,*** uliza Christo Botew 1, Mo.-Fr. 7.30-12 und 13-17 Uhr
- ***Balkanbank,*** ploschtad Majka Balgarija 2

Transport

- ***Busbahnhof Pátnitscheski prewósi,*** uliza Nikola Gabrovski, Tel. (062) 40908, ca. 4 km vom Stadtzentrum entfernt und mit den Bussen 10, 12, 14, 66, 70 und 110 entlang der uliza Wassil Lewski zu erreichen; Gepäckaufbewahrung vorhanden (täglich 7.30-16.30). Veliko Tarnovo befindet sich an der Hauptautobahnstrecke zwischen Sofia und Varna. Viele Busse halten hier an auf ihrer Fahrt nach Varna (4 Std.), Schumen (2 Std.), Pleven (2 Std.), Sofia (4 Std.) und bieten die Möglichkeit zum Zusteigen. Dazu noch täglich ein Bus nach Karlovo (4 Std.), fünf nach Kazanlak (2,5 Std.) zwei nach Lovetsch (1,5 Std.), neun nach Stara Sagora (3 Std.), drei nach Plovdiv (4,5 Std.), einer nach Russe (2 Std.), 2-3 nach Trojan (2 Std.), stündlich Busse nach Gabrovo (40 Min.) vorbei am Drjánowski manastir (Kloster). Alle Preise liegen unter 10 Lw.
- ***Awtogara Jug*** (Busbahnhof Süd) 15 Min. zu Fuß vom ploschtad „Majka Balgárija" entlang der Straße uliza Christo Botew auf der rechten Seite. Hier befinden sich mehrere Büros der Privatbusunternehmen „Etar" und „Global BioMet", wo man Tickets kaufen kann. Zimmervermittlung, WC, Cafés, mehrere kleine Geschäfte, Wechselstube, Apotheke, Gepäckaufbewahrung (Garderób). Mehrmals am Tag fahren Busse nach Sofia (3,5 Std.), Varna (3,5 Std.), Burgas, Gabrovo, Stara Sagora, Plovdiv, Russe, Pleven. Im Sommer gibt es regelmäßige Verbindungen zu den Ortschaften an der Schwarzmeerküste.

Ungewöhnlich: der Eingang zur Stadt

● Neben dem Hotel „Étar", uliza Iwajlo 1, sind zusätzlich Büros der ***Busgesellschaften „Etar"*** und ***„Global BioMet".*** 11 Busse nach Sofia, 2 nach Dobritsch, 8 nach Varna, 1 Bus nach Kavarna, Albena und Baltschik.

● Der ***Bahnhof*** von Veliko Tarnovo ist nicht von großer Bedeutung; 5 Personenzüge tägl. nach Plovdiv und nach Stara Sagora, 6 Personenzüge nach Gabrovo, 10 Personenzüge nach Gorna Orjachoviza. Die Buslinien 10, 12, 14, 66, 70, 110 verbinden den Bahnhof mit dem Busbahnhof „Patnitscheski prewosi".

● Wer unbedingt mit dem Zug fahren möchte, sollte den ***Bahnhof Górna Orjáchoviza*** (8,5 km) erreichen: mit dem Minibus *(marschrútka)* von der Haltestelle uliza Wassil Lewski (unterhalb von ploschtad „Majka Balgarija") gegenüber dem Markt oder mit dem Bus 14 von dem Busbahnhof „Patnitscheski prewosi", mit dem Bus 10 vom Stadtzentrum oder eben mit Taxi für ca. 5 Lw.

● Der ***Bahnhof Górna Orjáchoviza*** ist der größte und wichtigste Verkehrsknotenpunkt Nordbulgariens. Zwei Eisenbahnlinien kreuzen sich hier: Sofia - Varna und Russe - Stara Sagora. Tel. (0618) 56050. Täglich von/nach Sofia fahren 4 Expresszüge (3 Std.), 6 Schnellzüge und 1 Personenzug. Nach Varna fährt ein Express- (3 Std.) und 3 Schnellzüge, 11 Züge tägl. nach Russe.

● Von der gegenüber des Bahnhofes gelegenen Seite des Bahnhofsvorplatzes fahren in Intervallen von etwa 15 Minuten so genannte ***Microbusse*** nach Veliko Tarnovo. Diese bedienen in Górna Orjáchoviza auch die Oberstadt und enden in Veliko Tarnovo in der Neustadt am südlichen Ende der Einkaufsstraße. Im Gegensatz zur Bahnfahrt ist somit kein Aufstieg in die Stadt erforderlich. Der Fahrpreis beträgt 1 Lw. Einige Fahrten bedienen auch Arbanássi (Fahrer fragen). Weitere Linienbusse fahren von der Oberstadt nach Veliko Tarnovo.

Umgebung von Veliko Tarnovo

Man sollte für die landschaftlich reizvolle Gegend von Veliko Tarnovo mit ihren verborgenen Klöstern und stillen Bergdörfern von vornherein etwas mehr Zeit einplanen. Nicht auszuschließen, dass man sich vor Begeisterung unverhofft entscheidet, länger zu bleiben, und dabei die Zeit vergisst.

Arbanassi

Арбанаси

Das Dorf liegt 4 km nordöstlich von Veliko Tarnovo auf einem Plateau mit Blick auf die Festungen Zarevez und Trapesiza. In Arbanassi befindet sich ein Teil der ***Baudenkmäler von Tarnovo.*** Für einen Spaziergang von Tarnovo aus bietet sich die Straße nach Arbanassi trotz der geringen Entfernung nicht an, da sie recht hügelig ist und von den vielen Fahrzeugen rücksichtslos befahren wird. Deshalb am besten ein Sammeltaxi für 0,5 Lew (€ 0,26) pro Person, Taxi 2,50 Lw, benutzen.

Arbanassi, ein in seiner Architektur einmaliges Dorf in Bulgarien, ist ein Rätsel der Vergangenheit. Was seine ehemaligen Bewohner für Leute waren, ob hochstehende Bojaren oder angesehene Höflinge, hohe kirchliche Würdenträger oder Heerführer, einfache Leibeigene oder beutende Gelehrte, Bulgaren oder Albaner, weiß man bis heute nicht. Auf jeden Fall gilt Arbanassi als einstige ***Sommerresidenz der bulgarischen Zaren*** und heute als nationales Architekturreservat.

Im 17. Jh. gab es in dem Dorf 1000 Häuser. Die hiesigen Kaufleute und Handwerker unterhielten rege Geschäftskontakte nach Russland, Polen, Ungarn, Italien, Persien und Indien und waren wohlhabende und weltoffene Menschen. Diese Freiheit war möglich, weil nur ein Feudalherr die Steuern einzog und die Einwohner zur Rechenschaft ziehen durfte. Daher blieb Arbanassi von der Willkür und der uneingeschränkten Ausbeutung durch die osmanischen Machthaber verschont.

Von den heute erhaltenen ***80 alten Häusern*** sind 36 denkmalgeschützt. Besonders sehenswert sind das Konstanzaliew-, das Hadshi-Iliew-, das Hadshi-Kostow-, das Tschamurow-, das Kandilarow- und das Letschew-Haus. Die meisten der festungsähnlichen Häuser verfügen über eine reichlich mit Holzschnitzereien und Wandmalereien dekorierte Inneneinrichtung.

Das kleine Dorf Arbanassi hat fünf Kirchen und zwei Klöster. Die Kirchen wurden Ende des 16. und zu Beginn des 17. Jh. erbaut. Eine der ältesten und eindrucksvollsten ***Kirchen*** Bulgariens, die ***„Roshdestwo Christowo“*** (Christi Geburt, um 1637/49), liegt halb unter der Erde, besitzt ein asketisches Äußeres, keine Kuppel und keinen Glockenturm. Innen jedoch erinnert sie an eine Gemäldegalerie. 3500 Figuren, die aus verschiedenen Epochen und von unbekannten Meistern stammen, bedecken die Wände. Die biblischen Szenen sind überraschend realistisch. Hier wurde erstmals in Bulgarien der Lauf des menschlichen Lebens gemalt und Geburt, reifes Alter, Altwerden und Tod künstlerisch wiedergegeben.

Die ***Kirche „Sweti archangeli Michail i Gabriel“*** (Heilige Erzengel Michael und Gabriel) ist die größte in Arbanassi. Sehenswert sind auch die Kirchen „Sweti Georgi“, „Sweti Dimiter“ und „Sweti Atanas“ sowie die kleinen Kapellen „Sweta Paraskewa“ und „Sweti Haralampi“.

Die ***Klöster „Uspenie Bogoroditschno“*** (Entführung der Gottesmutter) ***und „Sweti Nikola“*** entwickelten sich aus Kirchen, die früher unmittelbar im Ort standen. Nach einem Überfall von Räuberbanden im Jahre 1798, als ein großes Feuer ganze Wohnviertel vernichtete, blieben sie außerhalb der Ortschaft, da man diese Gebiete im Gegensatz zu den Kirchen nicht wieder aufbaute. Sie entwickelten sich im Laufe der Zeit zu Klöstern. Heute liegt „Sweti Nikola“ auf einem Plateau südwestlich und „Uspenie Bogoroditschno“ nordwestlich von Arbanassi.

Auf dem Dorfplatz verkauft man in einem Kiosk ***Eintrittskarten*** für den gesamten Komplex (2,5 Lewa/€ 1,28). April-Ende Oktober Di.-So. 9.00-12.00 und 13.00-17.30 Uhr. Es gibt ***Fremdenführer*** für 5 Lewa (€ 2,56), nur in Englisch. Man findet sich aber auch ganz gut allein zurecht, da die sehenswerten Häuser auch in Deutsch beschriftet sind. Falls der Kiosk geschlossen ist, geht man über den Platz und die Straße, eine Treppe hinunter zu einem gegenüberliegenden Haus, in dem sich die Fremdenführer aufhalten.

Manastir „Sweta Troiza“
манастир Света Троица

Das Patriarchenkloster „Heilige Dreifaltigkeit“ erreicht man 6 km nördlich von Veliko Tarnovo, indem man zuerst in Richtung Arbanassi fährt, bis ein kleines Schild an einer Weggabelung nach links weist. Obwohl der Weg bis zum Kloster sehr holprig ist, kann man ihn mit etwas Vorsicht im Auto zurücklegen.

Die Klosteranlage ist an dem steil abfallenden Felsen über dem Ufer der Jantra errichtet worden. Der ***Glockenstuhl*** im Hof mit den hohen Felsen im Hintergrund bildet ein einmaliges Fotomotiv.

Das renovierungsbedürftige Kloster wurde 1070 gegründet. Der ***Mönch Ewtimij*** schuf hier die berühmte Literarische Schule von Tarnovo. Patriarch seit 1375, wirkte er für die Stärkung der Zentralgewalt gegen die osmanische Bedrohung. Nach seinem Tod gab es für Jahrhunderte keinen bulgarischen Patriarchen. Die ***Klosterkirche*** wurde 1847 von *Koljo Fitscheto* erbaut und von dem ebenbürtigen *Sachari Sograf* ausgemalt.

Wenn man die Sympathie der Nonnen gewinnt, kann man hier wohnen.

Preobrashenski manastir
Преображенски манастир

Auf der anderen Seite des Flusses Jantra (von Tarnovo 6,5 km auf der Straße nach Russe) gelangt man zum größten Kloster im Raum Tarnovo und zum viertgrößten des Landes, dem „Preobrashenski manastir“ (Kloster der Verklärung Christi). Die malerische Gegend wurde im 14. Jh. vom Zaren *Iwan Schischman* persönlich für den Bau des Klosters ausgewählt. Allerdings lag das mittelalterliche Kloster vier- bis

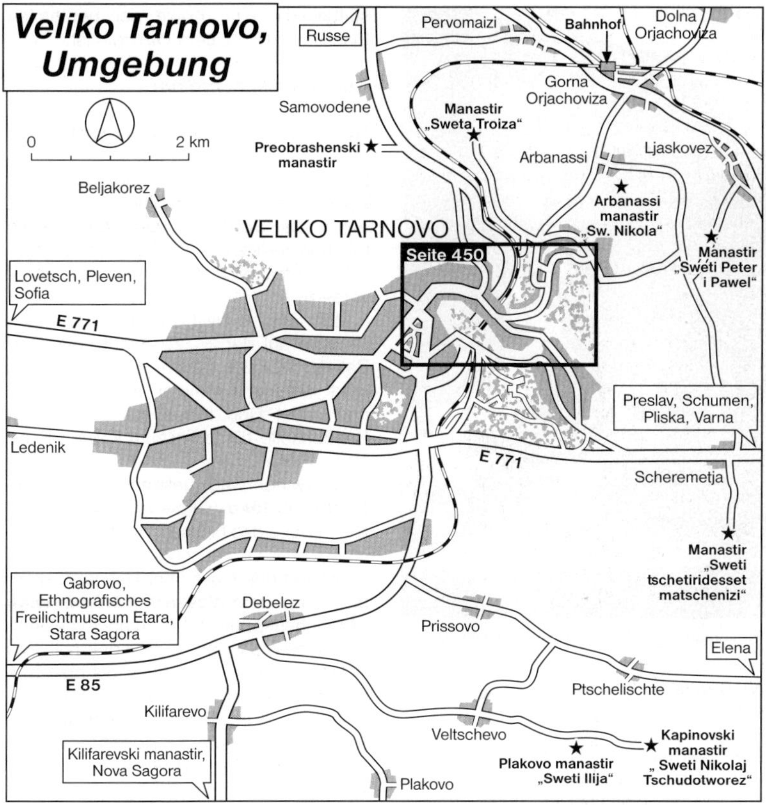

fünfhundert Meter südlich von der heutigen Lage entfernt.

Auch hier haben *Koljo Fitscheto* und *Sachari Sograf* ihre künstlerischen Spuren hinterlassen. In der ***Hauptkirche*** sieht man eine Wiederholung zum Thema „Das Rad des Lebens“ (wie in Arbanassi). Unschätzbar wertvoll sind die ***Schnitzereien der Altarwand.*** Die Wandmalereien in der kleineren Kirche stammen von dem ersten akademisch gebildeten Maler Bulgariens, *Stanislaw Dospewski.*

Manastir „Sweti Petar i Pawel“

манастир Свети Петър и Павел

Das Kloster liegt etwa 9 km nordöstlich von Tarnovo auf dem Weg nach Ljaskovez. Im 12. Jh. erbaut, wurde es mehrmals zerstört. Große Schäden richtete auch das Erdbeben von 1913 an. Im Innenhof erhebt sich ein 30 m hoher Glockenturm. Ein paar alte Nonnen bemühen sich, alles in Ordnung zu halten.

Preobrashenski-Kloster vor der Felswand (KR)

Nicopolis ad Istrum
Никюп

Die Überreste von Nicopolis ad Istrum, einst eine der größten römischen Städte auf der Balkanhalbinsel, befinden sich 24 km nördlich von Tarnovo an der Strecke E 85 Richtung Russe bei dem ***Dorf Nikjup*** am Fluss Rossiza. Noch heute beeindruckt die Größe der Stadt, die von Kaiser *Trajan* im Jahre 106 anlässlich seines historischen Sieges über den nördlich der Donau lebenden thrakischen Stamm der Daker gegründet wurde. Die ganze Anlage steht unter Denkmalschutz. Erkennbar sind noch der tiefe Stadtgraben und Reste der Stadtmauern. Freigelegt werden konnten das Forum sowie Teile von öffentlichen Bauten, Tempeln und eines Theaters sowie eine Eros-Marmorstatue, die eine Kopie der berühmten Plastik des Bildhauers *Praxiteles* ist.

Negowánskijat prólom beim Dorf Émen
Негованскиян пролом край село Емен

Das Herz jedes Naturfreundes wird höher schlagen bei dieser reizvollen Wanderung durch die ***Schlucht von Negowanka*** (hin und zurück ca. 2,5 Std.). Landschaftlich fühlt man sich in den „Wilden Westen" versetzt.

Man fährt in westlicher Richtung nach Sevlíevo auf der E 772, biegt beim Dorf Balwán (nördlich davon) nach rechts ab, fährt wenige Kilometer weiter nördlich nach dem Dorf Emen auf der rechten Straßenseite hinab bis zum kleinen Fluss Negowánka.

Ein Wanderweg, bekannt als ***Ekologítschna patéka*** (Ökoweg), führt auf der linken Seite des Flusses, entlang der Strömung, durch malerisch steile Felsen. Man überquert den Fluss über Hängebrücken, bis man zu dem ***Wasserfall Mómin skok*** („Mädchensprung"; 9,5 m hoch) gelangt. Der Rückweg empfiehlt sich oberhalb des Wasserfalls über den Wald, bis man wieder auf der Asphaltstraße anlangt. Zwei Höhlen sind in dieser Schlucht noch zu finden: ***Émenskata peschterá*** und ***Peschteráta Bába Tschutúrka.***

Wenige Kilometer weiter nördlich im Dorf ***Wischóvgrad*** wartet eine gastfreundliche Touristenunterkunft namens „Dalbók símnik" auf Besuch, Ü/HP 25 Lw pro Person.

Prissovski manastir „Sweti Archangel Michail"
Присовски манастир

Das Kloster, 10 km südlich von Veliko Tarnovo bei dem Dorf ***Prissovo,*** wird meistens von den eiligen Touristen übersehen und hat deshalb seine Ruhe und Geheimnisse bewahrt.

Karte siehe S. 457

Manastir „Sweti Ilija"

манастир Свети Илия

Das Kloster „Heiliger Elias", 18 km südlich von Veliko Tarnovo beim kleinen ***Dorf Plakovo,*** erscheint etwas unscheinbar, die Landschaft dafür um so reizvoller. Vermutlich entstand das Kloster wie die meisten um Veliko Tarnovo in der Zeit des Zweiten Bulgarenreiches. Die Klöster wurden ***immer wieder zerstört,*** gebrandschatzt und wieder aufgebaut. Dieses soll während seiner Geschichte zwölfmal niedergebrannt sein. Das Kloster war 1835 das Zentrum der Vorbereitung einer ***Verschwörung*** örtlicher Persönlichkeiten und der Mönche gegen die osmanischen Unterdrücker, in der bulgarischen Geschichte bekannt als „Weltowata sawera" (Verschwörung des Weltschows). Nach der Aufdeckung wurde das Kloster ausgeraubt und ein erneutes Mal niedergebrannt. Sein heutiges Aussehen geht auf die Wiederherstellung im Jahre 1845 zurück.

Die Kirche, der 28 m hohe Glockenturm und einige andere Bauten sind wiederum ein Werk von *Fitscheto.* Ebenso schuf die Ikonen der Ikonostase erneut der Altmeister *Sograf.* Die Ikone „Christus auf dem Thron mit den Aposteln" trägt die Unterschrift des großen Malers.

Kapinovski manastir „Sweti Nikolaj Tschudotworez"

Капиновски манастир

Nur 2 km weiter, insgesamt 20 km südlich von Veliko Tarnovo, erhebt sich das Kapinovo-Kloster „Sweti Nikolaj Tschudotworez" unweit von einem Wasserfall des kleinen Flüsschens Wesselina, ein wenig südlich vom ***Dorf Kapinovo.***

Umstritten ist die ***Entstehung des Klosters.*** Entweder gründete es Zar *Iwan Assen* 1228 oder – wie eine Schrift auf der Apside der Klosterkirche vermuten lässt – 1272 Zar *Konstantin Assen Tich.* Fest steht, dass die Kirche 1835 im Baustil der Epoche der bulgarischen Wiedergeburt rekonstruiert wurde.

Von den vielen ***sehenswerten Ikonen und Wandmalereien*** ist der bemerkenswerteste Ausschnitt die Szene „Das jüngste Gericht" (1841) an der Außenwand der Kirche. Die Teufel traktieren darin ausschließlich die Obrigkeit, und zwar sowohl weltliche als auch geistliche Würdenträger. In den massiven Klostergebäuden befinden sich in der ersten und zweiten Etage noch zwei Paraklisen (griechisch: kleiner, als Kirche eingerichteter Raum zum Beten) mit schönen Wandmalereien und Ikonen aus dem 19. Jh.

Die äußerlich wie eine Festung anmutende Klosteranlage vermittelt im Inneren mit ihrem üppigen Grün der Bäume, Weinranken und Blumen den Eindruck eines Paradiesgartens. Seit den 60er Jahren wird das Kloster von Nonnen bewohnt und bewirtschaftet, die auf Nachfragen eine Übernachtung anbieten.

Kilifarevski manastir „Sweti Dimitar"

Килифаревски манастир

Das Kloster etwa 17 km südlich von Veliko Tarnovo und 5 km von der Kleinstadt Kilifarevo entfernt, versteckt sich im vielen Grün des Flusstales der Beliza. Zu dem wehrhaften Kloster führt eine kleine Brücke über die Beliza. Hier wurde es 1836 nach mehrfachen Zerstörungen neu errichtet. Reste des alten Klosters kann man noch auf einem nahen Hügel entdecken. Während der Herrschaft des Zaren *Iwan-Alexander* gründete der Mönch *Teodosij Tarnowski* (1300-1363) ein großes Kloster (1348-1350), in dem junge Mönche zu Skriptoren (Buchschreiber) ausgebildet wurden. Die ***Literaturschule von Kilifarevo*** wurde bald so berühmt, dass sie die Eigenschaften einer mittelalterlichen bulgarischen Universität erreichte und die Traditionen der Schulen von Preslav und Ochrid erweiterte.

Manastir „Sweti tschetiridesset matschenizi“

манастир Свети четиридесет мъченици

Das Kloster der Heiligen 40 Märtyrer liegt etwa 15 km südöstlich von Veliko Tarnovo auf dem Weg nach Elena, hinter dem ***Dorf Merdanja.*** Seine Geschichte geht wie bei den anderen Klöstern auf das bulgarische Mittelalter zurück. Die heutigen Bauten wurden 1856 angelegt. Auch hier kann man versuchen, bei den Nonnen ein Obdach zu erhalten.

Elena
Елена

8000 Einwohner, 38 km südöstlich von Veliko Tarnovo. Neben der schönen Umgebung bietet der kleine Ort frische Balkanluft und ist auf Grund fehlender Industriebauten sogar ein ***Höhenkurort.***

Elena entstand schon vor der Eroberung Bulgariens durch die Osmanen. Vom Mittelalter bis zum 18./19. Jh. war es ein berühmtes Handwerkerstädtchen und ein Mittelpunkt des Handels. Heute entwickelt sich Elena als Agrar- und Kurortzentrum. Besonders beliebt sind die hier gefertigten langhaarigen ***Jacquard-Teppiche.***

Die zahlreichen erhaltenen Häuser der Altstadt aus dem 18./19. Jh. sind renovierungsbedürftig, vermitteln jedoch die ***Atmosphäre der Wiedergeburtszeit,*** beispielsweise die Häuserreihe in der uliza Sawa Katrafilow und die fünf Häuser von Hadshi Dimitar, das Porjasow-Haus und das Pop-Nikola-Haus.

Weiterhin sehenswert sind der ***Uhrturm*** von 1812 mit seinem immer noch funktionierenden Uhrwerk, die ***Kirchen*** „Sweti Nikola“ (1804) und „Uspenie Bogoroditschno“ (1837), die für die damalige Zeit größte Kirche Bulgariens, mit interessanten Holzschnitzereien und das ***Schulmuseum*** der Wiedergeburtszeit „Daskalowniza“, uliza Karschowska 26.

Übernachtung/Kulinarisches

- ***Hotel-mechana Nazional,*** uliza Ilation Makariopolski 32, Tel. (06151) 2045, EZ 10 Lw, gutes Essen.
- ***Central Hotel,*** 2 Sterne, uliza Stojan Michailowski 4, im Zentrum, Tel. (06151) 2348 2179, Fax (06151) 2289, sehr sauber, jedes Zimmer mit Bad, freundliches Personal, EZ 10 Lw, App. für 5 Pers. 50 Lw, E-Mail: hotel-central@elena.vali.bg.
- ***Turistitschesko drushestwo „Tschumerna“,*** die touristische Gesellschaft des Ortes vermittelt preiswerte Übernachtungen in der Stadt und ihrer Umgebung; uliza Stojan Michajlowski 3, Tel. (06151) 2517, 4191.
- ***Hotel „Elena“,*** zwei Sterne, Restaurant, Mechana, Café; uliza Stojan Michajlowski, Tel. (06151) 3632, 3732, Touristeninformation, EZ 32 Lw, DZ 45 lw.
- ***Taverna*** mit bulgarischen Spezialitäten, uliza Christo Stanew, täglich 6.00-24.00 Uhr.

Weitere nützliche Adressen

- ***Post,*** uliza Christo Stanew 38.
- ***Polizei,*** uliza Christo Stanew 1 a, Tel. (06151) 2589, 2062, 2177.
- ***Krankenhaus „Dr. Mollow“*** am nördlichen Stadtrand, Tel. (06151) 2391/93; Schnelle medizinische Hilfe, Tel. (06151) 2016.
- ***Balkanbank,*** uliza Christo Stanew 24, Tel. (06151) 2330.

Transport

- ***Bahnhof,*** Endstation der Eisenbahnlinie Gorna Orjachoviza - Elena.
- ***Busbahnhof,*** Verbindungen nach Veliko Tarnovo, Gorna Orjachoviza und anderen Orten.

Drjanovo
Дряново

10.000 Einwohner. Das kleine Städtchen an der Strecke zwischen Veliko Tarnovo (28 km) und Gabrovo (21 km) breitet sich amphitheaterähnlich zu beiden Ufern des gleichnamigen Flusses aus. Der Ort ist Nachfolger der mittelalterlichen bulgarischen Stadt Strinava. Auch Drjanovo erlebte während der nationalen Wiedergeburt einen großen wirtschaftlichen Aufschwung und mit ihm die ***Bau- und Schnitzkunst,*** die den Ort in besonderer Weise berühmt machte. Hier wurde der bedeutendste bulgarische Baumeister des 19. Jh., ***Koljo Fitscheto*** (1800-1881), geboren. Drjanovo war in der Wiedergeburtszeit die erste sozialistische Gemeinde Bulgariens, 1894 als ***Drjanovoer Kommune*** gegründet.

Das milde Bergklima und die herrliche Natur ließen Drjanovo im Lauf der Zeit zu einem ***Gebirgskurort*** von lokaler Bedeutung werden. So ist es sicherlich kein Zufall, dass der Ort als ***Stadt der Hundertjährigen*** bekannt ist.

Sehenswertes

Das wichtigste Museum der Stadt ist das seinem größten Sohn gewidmete ***„Koljo-Fitscheto-Haus“,*** uliza Schipka 59. Auf der Suche danach weist die Bronzestatue des Baumeisters vor dem Haus den Weg. Di.-So. 9.00-12.00 und 15.00-18.00 Uhr.

Gleich daneben steht ein besonderes Beispiel bulgarischer Baukunst. Das zweistöckige ***Laftschiew-Haus*** (1840) ist vollkommen aus Holz und ohne einen einzigen Nagel erbaut. Das Haus gewährt einen Einblick in die Lebensweise des 19. Jahrhunderts (wenn geschlossen, im Museum nach dem Schlüssel erkundigen).

Die ***Kirche „Sweta Troiza“*** (1851) ist eine der von *Koljo Fitscheto* erbauten zahlreichen Gotteshäuser. Ihre Ikonen und Fresken schufen Ikonenmaler aus Teteven.

Übernachtung/Kulinarisches

- ***Hotel „Milkana“,*** zwei Sterne, uliza Batscho Kiro 2, nahe beim Bahnhof, Tel. (0676) 2261

Transport

- ***Bahnhof,*** an der Eisenbahnlinie Russe - Stara Sagora
- ***Busbahnhof,*** Busverbindungen nach Veliko Tarnovo, Gabrovo und Sevlievo sowie in die nahe gelegenen Dörfer

Umgebung von Drjanovo

Drjanovski manastir
Дряновски манастир

Das Kloster, 4 km südwestlich der Stadt, liegt ganz romantisch an dem Fluss Drjanowska, umgeben von hohen Felsen. Es wurde bereits im 12. Jh. gegründet und zweimal von den Osmanen niedergerissen. 1845 entstand die Kirche „Sweti Archangel Michail“ ('Heiliger Erzengel Michael'), die bis heute unverändert erhalten geblieben ist. Die übrigen Klosterkirchen stammen aus der Zeit nach der Befreiung Bulgariens.

Der Freiheitskampf hinterließ hier besonders blutige Spuren und machte das Kloster weithin bekannt. Während des ***Aprilaufstandes*** 1876 hatten sich 200 Rebellen im Kloster verschanzt und unter der Führung des legendären *Batscho Kiro* und des Mönchs *Hariton* neun Tage lang einer erdrückenden osmanischen Übermacht standgehalten. Ein kleines Klostermausoleum, welches die sterblichen Überreste der gefallenen Helden birgt, und ein Museum halten die Erinnerung an das Geschehen wach.

Östlich vom Kloster gibt es die ***Chisha Batscho Kiro,*** die „wilde“ ***Höhle Andaka*** und einen Wasserfall des Andaka-Flusses.

Sollte man im Drjanovski manastir kein Bett bekommen, wende man sich an das ***Motel „Momini skali“*** gegenüber, Tel. (066) 2471.

Batscho-Kiro-Höhle

Bei dieser Höhle, 300 m oberhalb des Klosters, auf 1200 m begehbar, handelt es sich um eine der ältesten ***bewohnten Höhlen der Steinzeit*** im Lande. Hier wurden zum ersten Mal in Bulgarien Knochen von Höhlenbären, Nashörnern, Wildpferden und anderen Tieren aus prähistorischer Zeit sowie Steinwerkzeuge gefunden. Auch die Zähne eines zwölfjährigen Menschens entdeckte man bei Ausgrabungen in der Höhle. Das sind die einzigen Knochenreste, die eine menschliche Anwesenheit im mittleren Paläolithikum belegen.

Phantasievollen Tropfsteinformationen begegnet man bereits in der 15-20 m hohen Vorhalle, der sich viele andere Säle anschließen. Die Höhle ist ganzjährig jeden Tag 7.00-12.30 und 13.00-18.00 Uhr geöffnet.

Trjavna
Трявна

Zu dem Städtchen mit seinen 13.000 Einwohnern führen drei enge, kurvenreiche und romantische Bergstraßen: von Drjanovo über 16 km, von Gabrovo 19 km und von Woneschta woda an der E 85 über den Prochoda na Republikata auf 20 km.

Hier, im Herzen des Balkans, wo noch der ***alte bulgarische Geist*** lebt, sind die Einwohner der Meinung, dass die Polizei überflüssig ist. Die gestiegene Kriminalität der Großstädte ist in dieser Gegend völlig unbekannt. In Trjavna stimmt (noch) alles - Menschen, Architektur und Natur sind unverdorben geblieben.

Trjavna strahlt durch und durch noch die lebendige ***Romantik der Wiedergeburtszeit*** aus: Häuser, Höfe, Kirchen, gepflasterte Straßen, Brunnen, Plätze und der Uhrturm erinnern an die Zeit des 17.-19. Jh. Damals wurde die Trjavnaer Mal- und Holzschnitzereischule von *Vikentij Kartschew* gegründet, der selbst in den Athosklöstern Malerei studiert hatte. Er ist der Stammvater einer begabten Künstlergeneration, die sich nicht nur auf Trjavna beschränkte, sondern im ganzen Land umherzog, überall kunstvolle Werke der Malerei und dekorative Verzierungen schaffend. 1798 wurde die Stadt von brandschatzenden Räubern in Schutt und Asche gelegt, doch bald von ihren Einwohnern mit Liebe und Beharrlichkeit wieder aufgebaut.

Trjavna ist eine einzigartige ***Stadt der Holzschnitzkunst und Ikonenmalerei*** und uns besonders ans Herz gewachsen. Wer auf Entdeckungsreise bis hierher gekommen ist, sollte auch für Trjavna und seine Umgebung einige Tage einplanen. Ausgerüstet mit Rucksack und Verpflegung, kann man in der Umgebung versteckte ***Bergdörfer entdecken,*** die mit ihrem Grün bis unter die Wolken zu reichen scheinen, und deren Bewohner nicht selten aus nur zwei, drei alten Leutchen bestehen. Hier findet man vergessene Kirchen und klare Bäche, aus denen nur die Tiere ihren Durst stillen. In dieser Stille ist die Zeit nicht nur stehengeblieben, hier ist sie vergessen. Solche Orte sind in keiner Karte gekennzeichnet, jeder muss sie selbst aufspüren.

Es ist bestimmt nicht uninteressant zu wissen, dass Trjavna auch ein Luftkurort ist. Langjährige und gute Erfahrungen hat das ***Kindersanatorium für Lungenkrankheiten*** „Zariza Joana" gesammelt, uliza Bresa 49, auf einem Hügel außerhalb der Stadt; Tel. (0677) 2021, Chefarzt 2131.

In Trjavna gibt es seit 1990 auch das ***erste „SOS-Kinderdorf"*** Bulgariens, uliza Herman Gmainer, Tel. (0677) 3597.

Sehenswertes

Alles, was man sehen sollte, befindet sich auf einem der schönsten Plätze des Landes, dem „Kapitan djado Nikola" oder in dessen unmittelbarer Nähe.

Der ***Uhrturm*** (1814) bildet mit den alten Häusern und der ***Brücke*** (1844) das schönste Ensemble des städtischen Platzes.

Slawejkowoto schkolo (1836) rechts vom Uhrturm. In dem restaurierten Gebäude der alten Schule sind einige Abteilungen des städtischen Museums untergebracht, die Kunstgalerie der Brüder *Dimi-*

Romantik pur: Trjavna (KR)

tar und *Nikola Kasakowi,* Ausstellungen über Holzschnitzerei, alte Uhren und so weiter. Di.-So. 8.00-12.00 und 14.00-18.00 Uhr.

Bei der ***Kirche „Sweti Archangel Michail"*** handelt es sich um eines der ältesten historischen Denkmäler Bulgariens, das wie durch ein Wunder bis heute alle Wirren der Geschichte überstand. Das Gotteshaus wurde wahrscheinlich am Anfang des Zweiten Bulgarischen Reiches um 1190 von den Brüdern *Assenowzi* gebaut. Die Holzschnitzereien an der Ikonostase stammen von *Papa Witan Mladi* und sind ein wahrhaftes Meisterwerk aus der Trjavna-Schule (1814). Hier wird auch eine kleine Ikonenausstellung gezeigt; täglich 8.00-12.00 und 15.00-18.00 Uhr.

Dolnata zarkwa „Sweti Georgi" (Die untere Kirche Heiliger Georg, 1848-1852), wird so genannt, weil sie sich in dem unteren Wohngebiet von Trjavna befindet, uliza Angel Kantschew 28. Auch hier wird die Ikonostase von einer wunderschönen Holzschnitzerei Trjavnaer Meister geziert. Die Kirche ist in Bulgarien auch deshalb berühmt, weil in ihr im Winter 1871 *Wassil Lewski,* noch als Diakon, gesungen hat.

Daskalowata kaschta, das Daskalow-Haus, befindet sich an der uliza Petko Ratschew Slawejkow 27; Di.-So. 8.00-12.00 und 13.00-18.00 Uhr. Das schönste Haus in Trjavna wurde von *Dimitar Oschaneza* und seinem Gehilfen, *Iwan Botschukoweza,* 1804 gebaut. Beide waren gleichermaßen geschickte Baumeister und Holzschnitzer und gingen eine Wette ein, wer die schönere Zimmerdecke schnitze. Sechs Monate später - solange hielt man beide in ihren Zimmern eingesperrt - waren auf den Decken zwei unnachahmliche Holzschnitzereien mit der Sonne in der Mitte entstanden. Auch heute sind beide noch unübertroffene Kunstwerke. In einem Flügel des Hauses zeigt das Museum die Spitzenleistungen der Trjavnaer Kunst- und Malschule.

Kalintschewata kaschta, das Kalintschew-Haus (1830), uliza Pentscho Ratschew Slawejkow, beherbergt seit 1983 eine der Stadt übereignete Privatsammlung des in Trjavna geborenen Juristen *Totju Gabenski.* Das Ergebnis seiner 65-jährigen Sammeltätigkeit waren 459 Werke bulgarischer Gegenwartsmaler (unter anderem von *Ilija Petrow, Tenjo Shelew* und *Dimitar Kasakow).*

Slawejkowa kaschta, uliza Pentscho Ratschow Slawejkow 50. In dem ansehnlichen Haus, heute Museum, wohnten die zwei großen Poeten und herausragenden Persönlichkeiten des öffentlichen Lebens, Vater und Sohn, *Petko* (1827-1895) und *Pentscho* (1866-1912) *Slawejkow.*

Rajkowa kaschta. Das Rajkow-Haus hinter der Kirche „Sweti Archangel Michail", uliza Professor Pentscho Rajkow 1, ist auf seine Art wieder ein Meisterwerk der Baukunst; 1844-1846 entstand es ohne die Verwendung jeglicher Nägel. In dem Haus wurde der erste bulgarische Biochemiker, *Prof. Dr. Pentscho Nikolow Rajkow* (1864-1940), geboren.

Museum „Trewnenska ikonopisna schkola" (Trjavnaer Schule der Ikonenmalerei), befindet sich auf einem Hügel oberhalb der Stadt, uliza Bresa 1, Tel. (0677) 3753. Die Ausstellung zeigt eine sehenswerte Sammlung wertvoller Ikonen hiesiger Meister.

Übernachtung/Kulinarisches

- ***Hotel „Trjavna",*** drei Sterne, uliza Angel Kantschew 46.
- ***Hotel „Raliza",*** zwei Sterne, mit Restaurant und Nachtbar auf einem Hügel am Stadtrand und dennoch nicht weit vom Zentrum gelegen. Mit seinem schönen Panorama und der sehr ruhigen Lage empfiehlt es sich noch vor dem Hotel „Trjavna".
- ***Komplex „Panorama",*** Hotel-Restaurant, Bar; uliza Ljaskow djal 37.
- ***Hotel „Braschljan",*** mit Campingplatz, Restaurant und Nachtbar, uliza Panorama 5, Tel. (0677) 3119.
- Mit Sicherheit findet man auch ein ***Privatquartier*** oder ein Bett in einem von mehreren ***Erholungsheimen.***
- Selbst in der kleinen Altstadt gibt es über 20 Gaststätten. Am meisten schwärmen alle jedoch von den Gerichten des ***„Pri Dobrjaka"*** gleich auf dem Stadtplatz oder der ***Gaststätte im „Schkoloto"*** (gemeint ist die „Slawejkowoto Schkolo").

Weitere nützliche Adressen

- ***Post,*** uliza Borowa 2
- ***Polizei,*** uliza Professor Pentscho Rajkow 13, Tel. 2210
- ***Wechselstube,*** uliza Angel Kantschew 15
- ***Bank,*** uliza Batscho Kiro 6

Transport

- ***Bahnhof,*** uliza Stara planina, an der Eisenbahnlinie Russe - Stara Sagora - Kardshali nach Südbulgarien (nur Personenzug). Den Zug kann man in die Planung der Wanderrouten mit einbeziehen.
- ***Busbahnhof,*** gleich neben dem Bahnhof.
- ***Tankstelle,*** uliza Angel Kantschew 154
- ***Autoservice,*** uliza Stara planina 131, Tel. (0677) 2466

Umgebung von Trjavna

Wanderziele

- Südöstlich von Trjavna, eine Stunde zu Fuß, erhebt sich der ***Hügel Kilimjawka.*** Bis dahin läuft man auf dem „Rimski pat" (Römischen Weg), an der Gegend Kaleto vorbei, durch die Dörfer Kojtschevzi und Raschevite. Hinter Raschevite liegt der Hügel Kilimjawka, auf dem sich schöne Wiesen mit Blumen und Kräutern ausbreiten. Die Überlieferung berichtet, dass sich hier eine römische Festung befand, ohne zu übermitteln, welchen Ursprungs sie gewesen sein soll. Jetzt sieht man nur Spuren einer unerforschten Geschichte.
- Um zum ***Gipfel Goljam Krastez*** (1007 m) zu gelangen, kann man zunächst in den Zug steigen, der früh von Trjavna losfährt und nach etwa einer Stunde im gara Krastez (Bahnhof Krastez) ankommt. Von hier bis zum Gipfel führen Pfade in den Wald, die sich durch ganze „Plantagen" von Walderdbeeren und wilden Himbeeren schlängeln. Die Leute der Umgebung sammeln im Juni und Juli diese herrlichen Früchte und bereiten daraus schmeckende und aromatische Weine und Konfitüren. Den Gipfel Goljam Krastez könnte man auch mit dem Auto auf der Straße Trjavna – Platschkovzi - Radevzi - Krastez (45 Minuten) er-

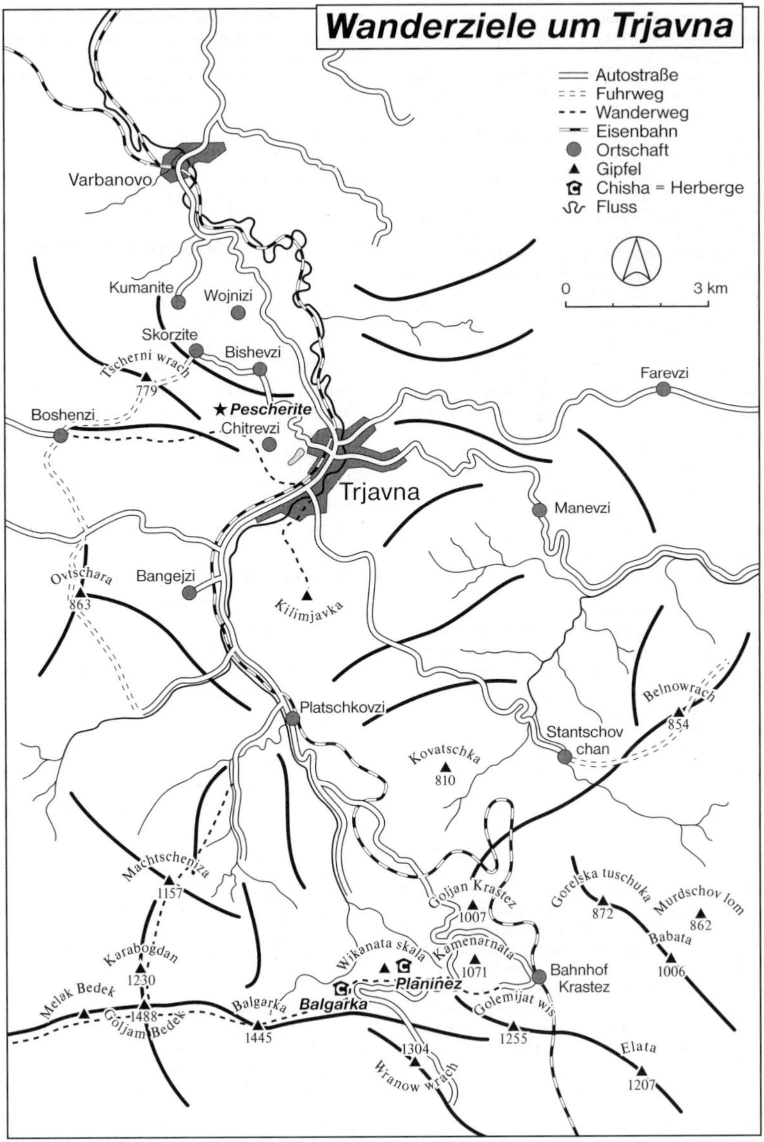
Wanderziele um Trjavna
Autostraße
Fuhrweg
Wanderweg
Eisenbahn
Ortschaft
Gipfel
Chisha = Herberge
Fluss
0
3 km
Varbanovo
Kumanite
Wojnizi
Skorzite
Bishevzi
Tscherni wrach
779
Boshenzi
Pescherite
Chitrevzi
Trjavna
Farevzi
Manevzi
Ovtschara
863
Bangejzi
Kilimjavka
Platschkovzi
Belnowrach
854
Stantschov chan
Kovatschka
810
Machtscheniza
1157
Goljan Krastez
1007
Gorelska tuschuka
872
Murdschov lom
862
Babata
1006
Karabogdan
1230
Wikanata skala
Kamenarnata
1071
Planinez
Bahnhof Krastez
Melak Bedek
1488
Goljam Bedek
Balgarka
1445
Golemijat wis
1255
1304
Wranow wrach
Elata
1207

reichen. Auf dem gleichen Weg gelangt man zur ***Herberge „Planinez"*** und weiter zu der ***Herberge „Balgarka"***.

- Im Südosten von Trjavna befindet sich beim ***Gipfel Belnowrach*** (854 m) das schönste Gebiet der gesamten Umgebung. Bis dahin gelangt man in zirka vier Stunden zu Fuß oder mit dem Auto nach 12 km zunächst bis zum Dorf Stantschev chan, von wo noch 3 km per pedes bis zum Gipfel zurückzulegen sind. Hier reicht der Blick über breite Wiesen, Obstgärten und dichte Wälder bis nach Trjavna und sogar nach Veliko Tarnovo. Der Gipfel Belnowrach ist in den umliegenden Orten wegen der Pflege einer Volkstradition bekannt. Jedes Jahr im Juni finden hier Volkslied-Wettbewerbe statt.
- In nordwestlicher Richtung von Trjavna, durch die Gegend Tscherneva poljana (oberhalb der Herberge Braschljan), erreicht man nach 3 km die rätselhafte und wenig erforschte ***Höhle Smejowa dupka,*** von der der kleine Bach Swetuschka seinen Ausgang nimmt. Der Höhleneingang liegt am oberen Rand eines tiefen Tals, dessen Hänge mit unberührten Buchenwäldern bestanden sind. In der Tiefe verstecken sich saftige grüne Fleckchen, die geradezu zum Zelten einladen.
- Ein sehr beliebtes Ziel in der Umgebung ist der unmittelbar vor den Toren der Stadt sich ausbreitende ***Trevnenskoto esero*** (Trevnensko-See). Zu ihm sind es nur 100 Schritte von den letzten Häusern des Trjavnaer Wohngebietes Swetuschkata. Man kann dort den ganzen Tag mit Schwimmen, Wasserski, Rudern oder Nichtstun verbringen. Etwa 200 m hinter dem See liegt das Dorf Chitrevzi. Unweit der Ortschaft schneidet sich das tiefe Tal in die Landschaft, in welchem sich die Höhle Smejowa dupka (s.o.) befindet. Damit bietet sich hier die zweite Möglichkeit, zu dieser Höhle zu gelangen.
- Auf einem schmalen, asphaltierten Weg sind es 7 km von Trjavna in nordwestliche Richtung durch Buchen- und Nadelwälder bis zum ***Dorf Skorzite.*** Es handelt sich um ein noch nicht restauriertes Architekturreservat des Trjavnaer Baustils. Heute ist es schwer vorstellbar, dass hier einmal das Leben pulsierte. Die Einwohner waren ambulante Händler, die mit Pelz und Wachs ihr Geld verdienten und davon schöne zweistöckige Häuser bauten. Inzwischen stehen fast alle Häuser leer, und das Dorf ist samt Kirche verfallen - bis auf das Haus Totewata kaschta. Es ist das einzige, welches renoviert und für Gäste hergerichtet ist. Unmittelbar an Skorzite grenzt das Dorf Krastenizite mit seinen vier, fünf Häusern. Von hier empfiehlt es sich, bis zum Dorf Wojnizi querfeldein zu laufen. Von Wojnizi führt wieder ein enger Asphaltweg auf die Straße nach Trjavna.
- Auch die ***Höhle Propastite,*** 8 km nordwestlich von Trjavna gelegen, ist ein schönes Wanderziel. Bis dahin gelangt man über das Dorf Gentschevzi (von Trjavna Richtung Boshenzi). Nach der Hälfte der Strecke erblickt man den Berg Tscherni wrach (779 m), der dicht mit Nadelwäldern bewachsen ist. Seinen nördlichen Abhang bedecken zahlreiche Felsen. Gerade hier befindet sich der Eingang zur Höhle, die ebenfalls zu den noch wenig erforschten gehört.

Woneschta voda (Stinkendes Wasser)

Вонеща вода

So unappetitlich klingt der Name eines Dorfes, das 20 km östlich von Trjavna an der Straße E 85, 500 m ü.d.M., inmitten einer waldreichen Gebirgsgegend liegt. Das Dorf ist durch seine ***Mineralquelle*** bekannt, die schon von weitem an ihrem charakteristischen Geruch nach Schwefelwasserstoff zu erkennen ist. Das Mineralwasser ist kalt und enthält rund 7 mg/l Schwefelwasserstoff sowie andere oxydierende Schwefelverbindungen bei einem Gesamtmineralgehalt von 1,466 g/l. Es ist für Trinkkuren zur Heilung von Hauterkrankungen geeignet. Das ist jedoch nicht alles, mit diesem Wasser kann man auch noch seinen Spaß machen. Direkt an der Straße gibt es eine Quelle, wo das Wasser aus einem Metallrohr fließt. Auf Grund seines hohen Schwefelgehalts reicht ein Streichholz - und das Wasser brennnt. Wenn man abends mit dem Auto die Straße entlangfährt, staunt man nicht schlecht, plötzlich brennendes Wasser zu sehen.

- ***Übernachtung und Kulinarisches*** bieten die Hotels „Albizija" und „Bresa" mit Freibad, Nationalitätengaststätte, bewachtem Parkplatz. Die Hotels verfügen über Satellitenantennen, es werden auch Ausflüge organisiert, Tel. (062) 21874.

Prochod na Republikata

проход на Републиката

Die Straße, von der gerade die Rede war, ist die ***E 85.*** Ihre Geschichte ist nicht uninteressant. Der Pass trug früher den türki-

Die Innenstadt von Gabrovo präsentiert sich modern

schen Namen Chainboas und ist heute noch so bekannt. Im Juli 1877 erlangte er historische Bedeutung, als die Armee des russischen Generals *Gurko* über den Pass zog, um Südbulgarien zu befreien. Danach geriet der Pass wieder in Vergessenheit und wurde wegen seines schlechten Weges nur wenig von der ansässigen Bevölkerung genutzt.

Im Jahre 1946 richtete die Bulgarische Kommunistische Partei einen Aufruf an die Jugend des Landes, den Bau einer erstklassigen Landstraße in eigener Regie zu übernehmen. Mit der typischen Begeisterung der Anfangsjahre folgten dem Aufruf spontan mehr als 2000 Jugendliche, alsbald sogar über 18.000 junge Leute. Es war geradezu eine Ehre, an diesem Vorhaben mitzuwirken. In ***freiwilliger Arbeit*** durchgruben die Jugendlichen den Schoß des Gebirges und legten den heutigen Weg an. Noch im Herbst des gleichen Jahres wurde die neue, 32 km lange Landstraße fertiggestellt und auf den Namen „Prochod na Republikata" (Pass der Republik) getauft. Dieser Pass ist einer der niedrigsten im Balkangebirge mit dem höchsten Punkt bei 538 m.

Gabrovo

Габрово

Eine Stadt im geografischen Zentrum Bulgariens mit 80.000 Einwohnern, 46 km südwestlich von Veliko Tarnovo und 220 km nordöstlich von Sofia. Gabrovo liegt zwischen Bergen eingezwängt und zieht sich bei kaum einem Kilometer Breite das schmale Tal entlang.

Sind Sie schon einmal in der ***längsten Stadt Bulgariens*** gewesen? Nein?! Da haben Sie etwas im Leben verpasst – Sie haben nicht genug gelacht! Gabrovo ist weltbekannt für sein Geschick, Lachen zu erzeugen. Früher nannte man die Stadt das bulgarische Manchester und jetzt – die ***Hauptstadt des Lachens.*** Eine bulgarische Weisheit besagt: „Wenn einer über die anderen lacht, bedeutet das, dass er sich über die anderen erhoben hat; wer aber über sich selbst lacht, der hat sich über sich selbst erhoben."

Hier, wo es der Fluss Jantra geschafft hat, die feuersteinige Brust der Stara planina zu durchbohren, hat der Sage nach im 14. Jh. der Schmied *Ratscho Kowatscha* eine Siedlung gegründet. Er sei vor den türkischen Eroberern geflohen, habe sich hier niedergelassen und eine Schmiede eröffnet. Das ***Denkmal des Stadtbegründers*** erhebt sich auf dem großen Felsbrocken inmitten des Jantra-Flusses im Stadtzentrum. Jedenfalls siedelten sich nach den unerforschten Gesetzen des Überlebens in diesem Gebiet Bulgaren an, die sehr fleißige Handwerker waren und wussten, wie man den Groschen zweimal umdreht und hart spart, was die anderen falsch deuteten und für Geiz hielten.

Tatsächlich entstand in Gabrovo nach der Befreiung eine der ersten Textilfabriken (1882), und es wurden mehr als 800 Werkstätten gegründet. Heute zählt Gabrovo mit seinen Fabriken der Textilindustrie, des Maschinenbaus und der Elektrotechnik zu den ***bedeutendsten Industriestädten*** Bulgariens.

Schon vor der Befreiung entstand 1838 auch eine der ersten weltlichen Schulen in Bulgarien, die sich 1889 in ein Gymnasium verwandelte, bekannt als ***Aprilow-Gymnasium.*** Im gleichen Schulgebäude ist das ***Nationale Bildungsmuseum*** untergebracht, uliza Aprilowska 15, Di.-So. 9.00-12.00 und 13.00-18.00 Uhr.

Einen recht guten Eindruck von der Atmosphäre der bulgarischen Wiedergeburt vermittelt das ***Altstadtviertel,*** insbesondere in den Straßen Opaltschenska und Radezki. Der ***Uhrturm*** stammt von 1835. In dem ***Historischen Museum,*** ploschtad Balwan 7, kann man die gesamte Geschichte von Gabrovo erfahren.

Der ***Kirchenbau „Sweta Bogorodiza"*** im Stadtzentrum, uliza Nikolaewska 1, wurde 1866 fertiggestellt und gehört zu den schönsten Architekturdenkmälern von Gabrovo. Besonders wertvoll ist die Ikonostase, in der die Meisterschaft der Holzschnitzkünstler aus der Schule von Trjavna verewigt ist. Täglich 7.00-12.00 und 14.00-18.00 Uhr geöffnet.

Die 80.000 sparsamen, witzigen und unternehmungslustigen Spaßvögel von Gabrovo, die allerlei Witze über sich selbst erzählen, erwarben sich die beneidenswerte Ehre, auch ein ***internationales Zentrum des Humors*** und der Satire zu sein. Treu ihrem Prinzip, „aus dem Nichts etwas zu machen", ließen sie sich vom „verlogenen" 1. April inspirieren und leisteten sich 1972 einen Aprilscherz. Sie gründeten in ihrer an humoristischen Folkloretraditionen reichen Stadt ein ***Haus des Humors und der Satire*** und stellten es unter die Devise des größten bulgarischen Humoristen, *Radoj Ralin:* „Überlebt hat die Welt, weil ihr das Lachen gefällt."; uliza Brjanska 68, Di.-So. 8.30-12.00 und 14.00-18.00 Uhr, Tel. (066) 27228, Fax (066) 26989 (Kontaktadresse: PSF 104, 5300 Gabrovo). Vor dem Haus werden die Besucher von den Skulpturen des *Hitar Petar* (der schlaue Peter, der Spaßvogel der Bulgaren und das Ebenbild Till Eulenspiegels), *Charlie Chaplin, Don Quichote* und *Sancho Pansa* empfangen.

Nicht umsonst übte das Haus mit seiner edlen Idee sehr schnell einen unwiderstehlichen Reiz auf die Humoristen und Satiriker aus aller Herren Länder aus, die es mit Schenkungen bereicherten – schließlich ist es das einzige Haus seiner Art in der Welt. So besitzt es in seinen zehn Ausstellungsräumen mit insgesamt 8000 Quadratmetern Ausstellungsfläche zwangsläufig auch die größte Karrikatursammlung der Welt, die größte Sammlung „Satirische Malerei" und die größte Aus-

- 1 Hotel Jantra
- 2 Bahnhof
- 3 Autoservice
- 4 Busbahnhof
- 5 Haus des Humors und der Satire
- 6 Poliklinik
- 7 Hotel Balkan
- 8 Brücke Igoto (1749)
- 9 Denkmal Ratscho Kowatscha
- 10 Restaurant Mogilew
- 11 Restaurant Staropriemnizata
- 12 Theater
- 13 Platz Wasrashdanie
- 14 Museum
- 15 Kino Aleko
- 16 Haus der Kultur
- 17 Nationalmuseum der Bildung
- 18 Mechana
- 19 Ausstellungskomplex
- 20 Post

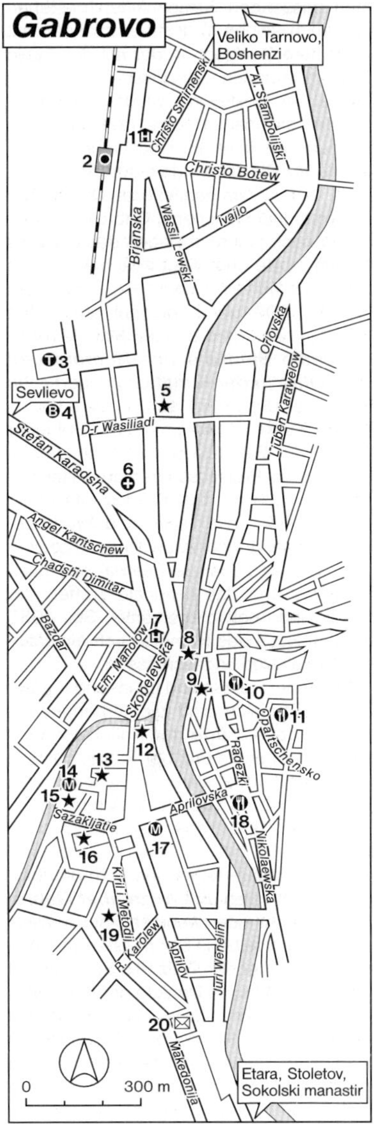

stellung der kleinen satirischen Plastik sowie darüber hinaus die umfangreiche Kollektion „Fotolachen". Umfangreich ist auch die Sammlung „Humor der Völker". Es fehlen nicht die satirische Grafik und Skulptur, die Karnevals- und Ritualmasken, Kostüme, satirische Kulturfresken usw. Moderne audio-visuelle Technik ergänzt die Eindrücke. Das Haus unterhält Kontakte zu 17.300 Künstlern und 12.300 Institutionen des gesamten Erdballs. Beträchtlich angewachsen ist auch die Humorbibliothek. Sie pflegt Beziehungen zu 113 Bibliotheken aus 44 Ländern.

Verlassen sollte man dieses humorige Gebäude nicht, bevor man bei dem Souvenirstand vorbeigeschaut hat. Hier gibt es allerlei ***kuriose Keramik*** zu kaufen, bestens als Mitbringsel geeignet. Angeboten werden zum Beispiel Kaffeetassen für ungebetene Gäste mit Haifischzähnen am Tassenrand, ergänzt von einem durchlöcherten Kaffeelöffel, spezielle Tassen für Bartträger und auch solche, die den Henkel platzsparend innen haben. Es gibt Tassen für Verliebte, die aus zwei zusammen passenden Tassenhälften bestehen und auch solche für Kaffeesatzdeuter mit nur einem Guckloch in der mit der Tasse fest verbundenen Untertasse ...

Wie auf Bestellung wieder an einem 1. April, diesmal im Jahre 1976, geschah übrigens noch etwas Ungewöhnliches – ein ***neuer Planet*** wurde entdeckt, und erhielt, dem Datum gemäß, den Namen der Hauptstadt des Lachens, Gabrovo.

Wer nach Gabrovo wegen des Lachens kommt, sollte unbedingt beachten: Jedes Jahr, das auf eine ungerade Zahl endet (1995, 1997 usw.), beginnt am ersten Sonntag nach dem zehnten Mai die ***Internationale Biennale des Humors und der Satire in der Kunst*** und dauert zehn Tage. Der Grand Prix der Biennale für bildende Kunst ist die Statuette „Goldener Äsop". Zur Biennale gehört auch das internationale Preisausschreiben „Hitar Petar" ('der schlaue Peter'), das das beste humoristische oder satirische Werk der vorausgegangenen zwei Jahre auszeichnet; das internationale Festival des Lustspielfilms und das nationale Treffen der Witze- und Anekdotenerzähler. Seit 1985 ist dem Haus des Humors auch ein satirisches Kabarett angeschlossen.

Besonders anziehend für in- und ausländische Touristen sind die farbenprächtigen ***Karnevalszüge*** des Nationalen Festivals des Humors und der Satire, das alle vier Jahre im Mai stattfindet. (Den letzten Karneval gab es 1989, der planmäßig folgende fiel 1993 wegen Geldmangels leider aus.)

Jeder Bulgare kennt und liebt die lustigen Geschichten und ***Witze über Gabrovo,*** die mehr oder weniger einen realistischen Kern haben. Die meisten machen sich lustig über den Geiz (die Sparsamkeit und das praktische Denken der Gabrovzi). So erzählt man, dass die Bürger von Gabrovo ihren Katzen den Schwanz abschneiden, damit im Winter nicht so lange die Tür offensteht und keine unnötige Wärme verlorengeht, wenn die Katzen das Haus verlassen. Diese Geschichte ist uralt, und mit ihr beginnt die Eröffnung der Feste des Humors und der Satire. Sofort nach dem symbolischen Abschneiden des Katzenschwanzes geht der Karneval los. Die ganze Stadt ist schon lange angesteckt vom Karnevalsfieber. Der Umzug ist fast ohne Ende, und man merkt nicht, wie es Abend wird. Dann beginnen die Tänze, die bis zum Sonnenaufgang andauern. Auch dann denkt noch keiner ans Schlafen, weil sich nur ein paar Kilometer weiter, im architektonischen Museum Etera, auf einer Wiese die größten „Lügner" Bulgariens versammeln. Jeder erzählt eine Geschichte und versucht, den Gegner zu übertrumpfen. Der Wettstreit dauert den ganzen Tag und hat den Preis „Blagolash" für den besten Erzähler zum Ziel. Bei diesem Wettstreit hinterlässt weniger die Müdigkeit als vielmehr das Lachen einige zusätzliche Fältchen. Aber wenn man den Ärzten Glauben schenkt, entsprechen 15 Minuten Lachen dem Erholungseffekt von 20 Tagen Urlaub. Man hat also selbst wie die Gabrovzi Geld und Zeit gespart.

Einige bittere Kostproben des bulgarischen Humoristen *Radoj Ralin:*

- Häufig ist der Tod der einzige Sieg des ehrlichen Menschen.
- Ein Kompliment ist geistiges Trinkgeld.
- Eine Idee ist wie eine Frau: Nimmt sie dir jemand, wird sie seine.
- Rundfunk und Fernsehen gehören zu den bedeutendsten Errungenschaften der Menschheit – man könnte Analphabet sein.
- Bei den heutigen reichen Möglichkeiten zum Diebstahl ist die Armut wirklich ein Laster.
- Ich denke nicht, also bin ich.
- Gastfreundschaft lernen die Völker während der Knechtschaft.
- Wenn die Gesellschaft krank wird, achte auf deine Gesundheit.

Information

- ***Informationsbüro,*** im Hotel „Balkan" (s.u.).
- ***Hemus Tourist,*** uliza Opaltschenska 2, Tel. (066) 24831; vermittelt Unterkunft und gibt Informationen über die gesamte Region.

Übernachtung/Kulinarisches

- ***Hotel „Balkan",*** drei Sterne, uliza Emanuil Manolow 14, im Stadtzentrum gegenüber der Brücke „Igoto", Tel. (066) 21911, zehnstöckig; mit Restaurant und Nachtbar, Wechselstube.
- ***Hotel „Jantra",*** am Bahnhof, zwei Sterne, ploschtad Garata, Tel. (066) 24812, zwölfstöckig.
- Kleines ***Privathotel „Korona Bobi"*** im Wohnort Etara, uliza Grigorowzi 27, Tel. (066) 43804,
- ***Hotel-Restaurant „Lowen dom",*** am südlichen Stadtrand, bul. Chemus, auf dem Weg nach Schipka rechts. Tel. (066) 45090; Preise nach Vereinbarung, höchstens € 5,10-6,10 (10-12 Lw).
- ***Campingplatz:*** Im Wohnort Vartschovzi (Richtung Schipka), Tel. (066) 42662; Camping „Sasrarja", auf dem Weg nach Veliko Tarnovo, Tel. (066) 30236.
- ***Restaurant „Staropriemnizata",*** Stadtzentrum, uliza Opaltschenska; Nationalitätenküche.

Weitere nützliche Adressen

- ***Balkanbank,*** uliza Brjanska 30
- ***Poliklinik,*** uliza Brjanska 1, Tel. (066) 26980
- ***Stomatologische Poliklinik,*** uliza R. Karolew 2, Tel. (066) 21051
- ***Hauptpost,*** bul. Aprilow 52
- ***Polizei,*** im Zentrum, uliza Jantra 6, Tel. (066) 23293

Transport

- ***Bahnhof,*** kwartal Padalo, ploschtad Garata, Tel. (066) 25301; durch einen Abzweig vom Bahnhof Varbanovo mit der Eisenbahnlinie Russe - Stara Sagora verbunden.
- ***Busbahnhof,*** uliza Stefan Karadsha 2, Tel. (066) 25577. Busverbindungen unter anderem nach Veliko Tarnovo, Kasanlak, Stara Sagora.
- ***Buslinie*** von Gabrovo über Etar ***zum Scholski manastir*** (Scholski-Kloster) früh, mittags und abends.
- Über den ***Schiptschenski prochod*** (Schipkapass) im Balkan führt eine gute Autostraße nach Südbulgarien.
- ***Autoservice „Gabrovo Awto",*** uliza Dr. Samenhof 3, Tel. (066) 25189; auch Autoverleih.

Umgebung von Gabrovo

Boshenzi

Боженци

16 km östlich von Gabrovo und 8 km westlich von Trjavna. Von weitem ist das Dorf vor lauter Grün kaum auszumachen, es wirkt wie ein Bestandteil der malerischen Landschaft. Boshenzi ist unverändert erhalten geblieben. Nichts verletzt hier die ***Stille, Ruhe und Einsamkeit.*** Besucher des Dorfes müssen ihr Fahrzeug am Rande des Ortes auf einem Parkplatz abstellen und zu Fuß die „Zivilisationsschwelle" überschreiten, wo der Asphaltweg abbricht und unvermittelt in Kopfsteinpflaster übergeht. Das Dorf wurde der Legende nach von der Bojarin *Boshana* gegründet. Sie musste nach der Eroberung Tarnovos durch die Türken gemeinsam mit ihren Kindern in die Berge fliehen.

Die früheren Einwohner, die in der Mehrzahl wohlhabende Händler waren, errichteten die schönen, von Grün umrankten, weißgetünchten und mit schweren Steinplatten bedeckten Häuser in den steilen Gassen. Im Erdgeschoss befinden sich die Wirtschafts- und Lagerräume sowie die Geschäfte. Unter den etwa 100 gut erhaltenen Gebäuden aus dem 18./19. Jh. ist das ***Haus von Dontscho Popa*** eines der charakteristischsten Baudenkmäler der Wiedergeburtsarchitektur in Boshenzi. Der ***Brunnen*** im Dorfzentrum und die ***Weinstube*** sind in dem Zustand erhalten, in dem sie sich vor 150-200 Jahren befanden. Aus dieser Zeit stammt ferner eine ***Werkstatt zur Wachsgewinnung***.

1835 wurde die ***Kirche „Sweti Ilija"*** gebaut. Der dreischiffige Bau ist mit massiven Steinmauern und mit unter dem doppelten Dach verborgenen Gewölben und Kuppeln errichtet. Unwahrscheinlich ist die Tatsache, dass sich die Einwohner von Boshenzi von den türkischen Machthabern die Zustimmung zum Bau eines

Glockenturmes ertrotzten, was zur Zeit der Fremdherrschaft noch verboten war. Die Glocke dazu wurde aus der russischen Stadt Tula geliefert. Boshenzi hat neben einigen alten Menschen inzwischen neue Einwohner gefunden, und zwar solche, die die Idylle zur Inspiration benötigen und hier beste Bedingungen für ihre Muse finden. Der Ort ist zur ***Oase für Künstler*** geworden.

Etara
Етъра

8 km südlich von Gabrovo und 3 km von dem Abzweig zum Schipkapass entfernt. Das ***architektonische und ethnografische Freilichtmuseum*** Etara ist das einzige dieser Art in Bulgarien, neben dem Wohnort Etara. Individuell gelangt man hierher mit dem Bus Nr. 1 und weiter zum Wohngebiet Jabalka (Apfel).

Das Museum wurde 1964 an der Stelle eröffnet, wo man zuvor drei ***alte Werkstätten*** und einige Häuser gefunden hatte. Aus Sorge um die Aufrechterhaltung der Traditionen und Überlieferungen aus der Zeit der nationalen Wiedergeburt entstanden an dem schäumenden Bergbach weitere Werkstätten, die genau nach den alten Vorbildern als originalgetreue Kopien errichtet und deren einfache Mechanismen mit Wasserkraft betrieben wurden. Im 18./19. Jh. waren die Menschen des Balkangebirges als vollkommene Handwerker bekannt, die ihre Werkstätten an Bächen wie hier errichteten. In dieser Zeit brachte die Innung der Gabrovoer Messerschmiede 150 Arten Messer auf den Markt. In Gabrovo und Umgebung waren fast alle der damals in Bulgarien ausgeübten Handwerke vertreten und die Erzeugnisse der Meister weit über die Landesgrenzen hinaus bekannt und bewundert. Demonstriert werden 26 Handwerke. Die Vorrichtungen und das Werkzeug sind original. Am rechten Ufer des Flüsschen Siwak liegen die Messerschmiede, mit deren Blasebalg an der Esse schon vor 200 Jahren das Feuer angefacht wurde, eine Walkmühle, eine Wassermühle, eine Drechslerei, ein Uhrturm, die Weberei, ein Schöpfrad, eine Sägemühle und andere Wasserkraft-Geräte.

Architektonisch besonders wertvoll sind die beiden ***Steinbrücken*** und die vier ***Brunnen.*** Der älteste davon, 1834 erbaut, ist vor allem durch seine kunstvollen Ornamente interessant, deren Symbolik in Bulgarien selten anzutreffen ist. An eine seiner Platten ist ein Spruch gemeißelt: „Der Wind verweht unsere Fußspuren, zuerst die Leidenschaften und dann verschlingt uns die Zeit. Dieser Brunnen wurde gebaut, weil der Stein den Menschen überdauert und das Wasser ewig ist."

Ein belebtes Bild bietet die ***Ladenstraße*** am linken Ufer. In den Läden, die zugleich wie in der alten Zeit Werkstätten sind, stellen die Meister von heute aus Ton, Holz und Metall Gebrauchsgegenstände her, die man sofort kaufen kann. In der alten Kaffeestube gibt es Kuchen nach Großmutterart, türkischen Kaffee, Tee und türkischen Honig. Hier befindet sich auch eine Nationalitätengaststätte.

Was die ***Häuser*** in Etara betrifft, so wurden ähnlich wie bei den Werkstätten vorhandene restauriert, Originalbauten aus umliegenden Orten hierher geschafft oder zerstörte original wieder aufgebaut.

Etara ist das ganze Jahr über täglich 8.00-12.00 und 13.00-17.00 Uhr geöffnet. Führungen auch in Deutsch.

Übernachten kann man im ***Hotel „Etara"*** am Anfang des Museumskomplexes mit Mechana und Bar; Einzelzimmer € 16,90 (33 Lw), Tel. (066) 42026. In einigen Häusern werden auch Zimmer vermietet.

Sokolski manastir
Соколски манастир

Das Frauenkloster kann man zu Fuß oder mit dem Auto 3 km hinter Etara in den Bergen erreichen. Schon während des Zweiten Bulgarischen Reiches trugen die Felsen hier ein Kloster. Erst 1833 gründeten an dieser Stelle die Geistlichen *Jossif Sokolski* und *Agapij* vom Trojan-Kloster das heutige Gotteshaus und eine Zellenschule. Die Klosterkirche besitzt Ikonen von Malern aus Trjavna und Schipka.

In einem Bau ein Stück hinter der Kirche sind an der Wand noch die eisernen Haken zu sehen, an denen die Osmanen im Kloster versteckte und hier gefangengenommene ***Freiheitskämpfer*** gefesselt hatten, bevor man sie nach grausamen Qualen im nahen Abgrund in die Tiefe stürzte. Mitten in dem großen Klosterhof erinnert ein ***Brunnenhäuschen*** mit seinen acht Wasserstrahlen an die acht Opfer. In dem großen Kloster werden noch keine Gäste beherbergt.

Schiptschenskija prochod (Schipka-Pass)

Шипченския проход

Von Gabrovo aus schlängelt sich die Straße in steilen Serpentinen zum Bergrücken der Stara planina hinauf, durch Landschaften, von denen sich ein herrlicheres Panorama auftut. Auf der höchsten Stelle erreicht man den Schiptschenskija prochod (Schipka-Pass), auch als wrach Stoletow (Stoletow-Gipfel) bekannt.

Die durch den hohen Bergsattel (1200 m) führende Straße verbindet Gabrovo mit Kasanlak und wurde bereits im Altertum genutzt. Die Römer belegten sie mit Steinplatten, die Türken erweiterten sie 1873. Dieser Pass ist im Russisch-Türkischen Befreiungskrieg (1877-1878) in die Geschichte eingegangen. Am Gipfel Sweti Nikola, der später nach dem General *Stoletow,* Kommandeur der russisch-bulgarischen Verteidiger, in Stoletow-Gipfel umbenannt wurde, spielten sich im August 1877 und Januar 1878 entscheidende Kämpfe ab. General *Stoletow* sah sich am 19. August 1877 mit etwa 6000 Soldaten sowie 27 Geschütze - der 40.000 Mann starken Hauptstreitmacht *Sulaimans* gegenüber. Die gegen den Pass vorrückenden Angreifer hatten sich den kürzesten Weg nach Nordbulgarien gewählt, um die bei Pleven von der russischen Armee eingeschlossenen 70.000 Mann des *Osman Pascha* herauszuschlagen. Dank der heldenhaften Verteidigung des wichtigen Passes wurde das Vordringen der osmanischen Truppen verhindert, was den Ausgang des Krieges entschied. *Iwan Wasow* schilderte das Geschehen später so:

Jede Schlucht erdröhnt vom Widerhall der Schlacht.
Wild die Türken greifen an mit Übermacht,
auf den Steilhang stürmen sie zum zwölften Mal,
der mit Blut bedeckt ist und mit Leichen fahl.
Schwarm auf Schwarm! Sie stürmen unermüdlich an.
Wütend weist zum Gipfel wieder Sulaiman,
schreit: „Dort sind die Rajah! Hunde, rennt hinauf!"
Und die wilden Herden brechen brüllend auf,
rings die Luft erschütternd durch den Schrei: „Allah!"
Antwort gibt der Gipfel mit dem Ruf: „Hurrah!" ...
Ohne Hilfe kämpfen sie drei Tage lang ...
Keine Kugeln gibt's, die Flinten noch zu laden –
Äste werden Schwerter, Steine gar Granaten,
Seelen werden Flammen, jeder Blick ein Speer.
Aber bald gab's oben keine Steine mehr,
da schrie einer: „Männer, Männer, packt die Leiber!"
Plötzlich wie Dämonen grausig fliegen Leichen
von der Höhe nieder in die schwarzen Scharen,
die mit ihnen höllenwärts zur Tiefe fahren.
Panisches Entsetzen packt den Türkenschwarm:
Lebende und Tote kämpfen Arm in Arm!

Mit dem vom ganzen bulgarischen Volk gestifteten Geld wurde hier das majestätische, 31,5 m hohe ***Freiheitsdenkmal*** errichtet. Es soll an den Heldenmut und die Selbstaufopferung der Verteidiger vom Schipkagipfel erinnern. Die Bauarbeiten dauerten von August 1926 bis Ende 1929. Die Enthüllung fand am 26. August 1934 statt. Ein Zeitgenosse schreibt über dieses Ereignis: „Die zwei Tage dauernde Volksfeier im Schipkabalkan wird denkwürdig durch ihre Größe bleiben. Daran haben mehr als 100.000 aus verschiedenen Ecken und Enden des Landes gekommene Menschen teilgenommen, um den für unsere Befreiung Gefallenen und den Überlebenden eine Ehre zu erweisen. Niemals bisher hatten sich in Bulgarien so viele Menschen an einem Ort versammelt."

Das Denkmal, das von den Bulgaren bis heute wie ein Heiligtum betrachtet wird, ähnelt in der Form der mittelalterlichen bulgarischen Festungsbaukunst. In Form eines Pyramidenstumpfes gebaut, wird das Denkmal als eine natürliche Fortsetzung des Gipfels empfunden. Die acht Meter hohe Steinfigur des Löwen, die für den Heldenmut steht, hat den Blick wachsam nach Süden gerichtet, in die Richtung, woher die Osmanen kamen.

894 Stufen führen bis zum Denkmal, in dessen Umgebung sich zahlreiche Gedenktafeln, Gräber und Waffen befinden. Eine Asphaltstraße verkürzt das Treppensteigen etwas.

Öffnungszeiten: täglich 8.30-17.30 Uhr, Führung auch in Deutsch.

Campingplatz, Motel, Gaststätte und Geschäft am Parkplatz. Man sollte hier unbedingt den hervorragenden „biwolsko kisselo mljako" (Büffeljogurth) kosten.

Gedenkstätte Busludsha

Бузлуджа

Von der Höhe des Schipka-Denkmals erblickt man in östlicher Richtung die gigantische Gedenkstätte Busludsha. Auf diesem Gipfel fand am 2.8.1891 der Gründungskongress der Bulgarischen Sozialdemokratischen Partei statt. Das neunzigjährige Gründungsjubiläum der sozialdemokratischen Partei war den bulgarischen Kommunisten am 23. August 1981 Anlass, einen gigantischen Memorialkomplex durch *Todor Shiwkow* persönlich zu eröffnen. Der Grund für die Bedeutung, die dem offiziellen organisatorischen Zusammenschluss der Sozialdemokraten beigemessen wurde, lag in der Ansicht der bulgarischen Kommunisten, dass die Bulgarische Kommunistische Partei am 2.8.1891 gegründet wurde. Das kostspielige Denkmal, das vor der Wende viel besucht wurde, soll jetzt ganz schnell vergessen werden. Man weiß nur noch nicht genau, wie man das gigantische Monument von der Bildfläche und aus dem Gedächtnis der Menschen verschwinden lassen kann.

Das ***Hadshi-Dimiter-Denkmal*** soll an die letzte Schlacht seiner Freischar gegen die Türken erinnern, in der der bekannte Heiduckenführer sein Leben lassen musste. Ein weiteres Denkmal steht für die Partisanen die 1939-1944 gefallen sind.

Gebiet Montana

Felsen, Höhlen und wieder Felsen. Bei Lakatnik und Vraza - für mutige Bergsteiger; in der Gegend von Karlukovo - für Entdecker; die Felsen von Belogradtschik - für Romantiker. Und immer wieder auch ein Kloster. Für Nostalgiker sogar ein ***deutsches Dorf,*** Bardarski geran, - fast ohne Deutsche ...

Es ist empfehlenswert, die Reise durch das Gebiet Montana (ehemals Michajlovgrad) in Nordwestbulgarien von Sofia aus zu beginnen, auf der ***Route*** Sofia - Iskar-Durchbruch - Vraza - Montana - Belogradtschik - Vidin. Dazu fährt man auf den Sofioter Ring 18, um auf die unmittelbar in nördliche Richtung führende Straße Nummer 16 abzubiegen.

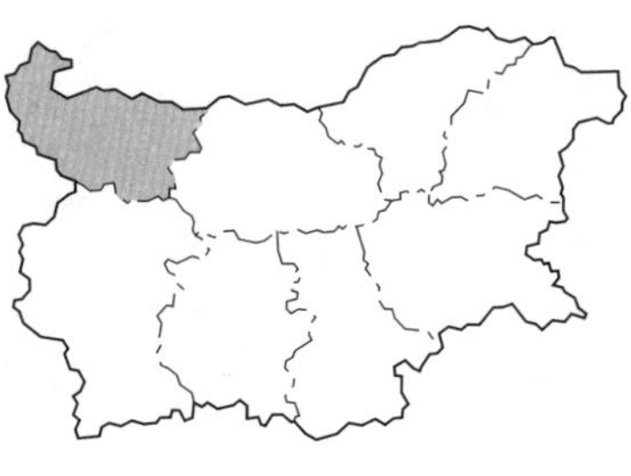

Novi Iskar
Нови Искър

Eine an den südlichen Ausläufern des Balkans gelegene ***Eisenbahnstation*** auf der Strecke Sofia - Mesdra. Die Stadt (14.000 Einwohner) entstand 1974 durch den Zusammenschluss der Dörfer Kurilo, Alexander Wojkow und Gniljane.

In der Nähe liegt das ***Kloster von Kurilo*** (Kurilovski manastir), das 1593 an der Stelle eines noch älteren Klosters entstand. Nur einige wenige der ursprünglichen Wandmalereien sind erhalten geblieben, unter anderem das Bildnis von Sweti Konstantin und Elena und die Tötung der Knaben von Betlehem (beide 1596). Die neueren Wandmalereien von 1816 zeugen im Unterschied zu den älteren nur von einer mittelmäßigen Handschrift.

Ein Abstecher von 4 km westlich vom heutigen Stadtteil Kurilo führt zu den berühmten ***Pyramiden von Katina.*** Von den in Jahrtausenden geformten Erdpyramiden bei dem Dorf gleichen Namens erreichen einige eine Höhe bis zu 30 Metern.

Iskar-Durchbruch

Von Novi Iskar führt die Fernverkehrsstraße 16 durch den majestätischen Iskar-Durchbruch. Im Laufe von Jahrtausenden hat sich der Fluss Iskar in die gewaltigen Felsmassive des Balkans gegraben und ein herrliches Panorama gemeißelt. Die Länge des Durchbruchtales von Novi Iskar bis Ljutibrod beträgt 67 km.

Jahrhundertelang war das Tal schwer zugänglich. Erst im Jahre 1899 durchfuhr es der erste Zug. Dann entstanden an der ***Eisenbahnlinie*** Bahnstationen und an beiden Ufern des Flusses eine Reihe neuer Ortschaften. Parallel zur Bahnlinie schlängelt sich auch die ***Straße*** durch das Tal, beide immer wieder die Flussseite wechselnd.

Es folgt die Ortschaft ***Svoge,*** die das Zentrum eines Erholungsgebietes ist. Dann gerät man allmählich in eine phantastische Welt von Felsgebilden. Etwa 45 Min. von der Bahnstation ***Bov,*** in der malerischen Gegend des Nebenflüsschens Sasselska beim gleichnamigen Dorf erblickt man den schönen ***Skaklija-Wasserfall,*** der aus mehreren Kaskaden besteht, von denen eine allein 92 m hoch ist.

Lakatnik

Лакатник

In der Umgebung von Lakatnik ist der Iskar-Durchbruch besonders reich an Karstformen. Die Felsen sind bis zu 300 m hoch und ideale Bergsteigerobjekte. Dem Bahnhof von Lakatnik gegenüber ragen senkrechte Felswände empor, die die Bergsteiger immer wieder herausfordern. Hoch in den Felsen befindet sich, einem Schwalbennest gleich, eine kleine Berghütte. Unweit von ihr steht ein Denkmal für die Antifaschisten, die nach der Niederschlagung des Septemberaufstandes von 1923 hier erschossen wurden.

Die ganze Gegend ist auch ein Paradies für Höhlenfreunde. Die größte ***Höhle, Temnata dupka*** (das Dunkle Loch), ist fast drei Kilometer lang. Sie wird von einem rauschenden unterirdischen Fluss durchflossen, der Seen bildet und dann als Quelle „Shitoljub" an die Oberfläche tritt. Hier sind Spuren der ältesten Bewohner Bulgariens aus dem Paläolithikum gefunden worden. Die ***Höhle Metschata dupka*** (das Bärenloch) ist 480 m lang.

Mit Übernachtung ist es etwas problematisch. Wenn man kein Zelt hat und bei den Einheimischen nichts findet, fährt man weiter bis zur Bahnstation Prolet.

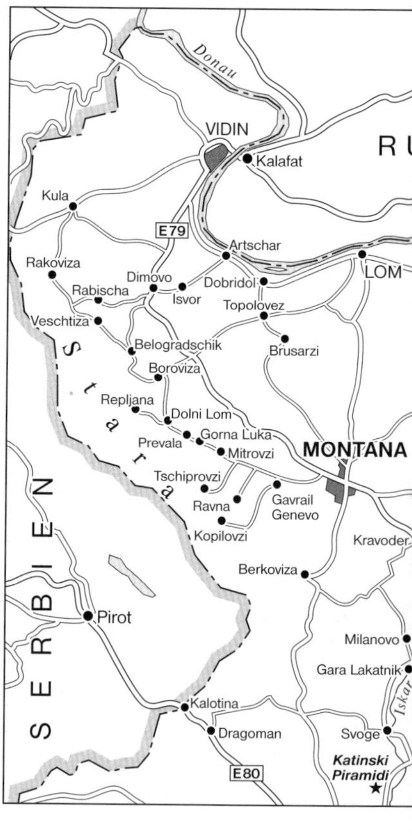

Kloster „Sedemte prestola"
Манастир Седемте престола

Ein Abzweig nach rechts in Richtung Ossenovlag führt etwa 12 km bis zum Kloster „Sedemte prestola". Das Kloster ist eines der interessantesten auf bulgarischem Boden. Die frühesten schriftlichen Zeugnisse über sein Entstehen reichen ins Jahr 1511 zurück. Mehrfach von den Türken zerstört, wurde es stets neu aufgebaut. Das eigentlich Interessante ist die ***Kirche,*** deren Grundriss auf bulgarischem Boden selten anzutreffen ist. Mit der Übernachtung an Wochenenden ist es hier leider etwas schwierig.

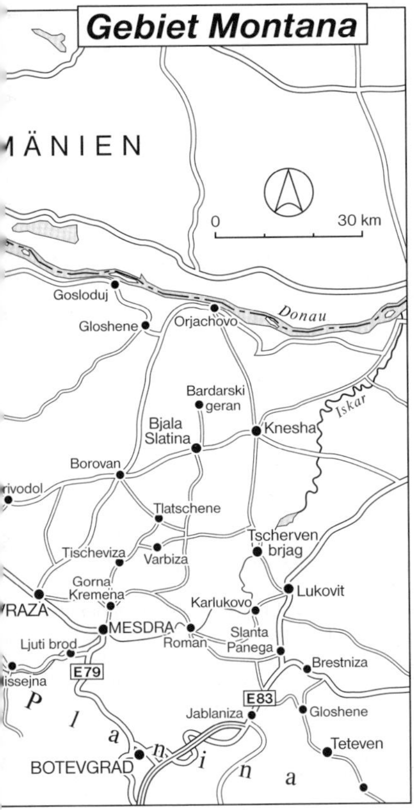

Tscherepischkija manastir
Черепишкия манастир

Etwa 16 km hinter Elissejna versteckt sich bei Sverino gleich an der Straße im Flusstal das Tscherepisch-Kloster, das zur Zeit des Zweiten Bulgarischen Reiches entstand (12.-14. Jh.). Auch dieses Kloster traf das Schicksal, mehrfach von den Türken niedergebrannt und ausgeplündert zu werden, so dass die gegenwärtigen Gebäude erst aus dem 19. Jh. stammen. Hier fand einst der große bulgarische Aufklärer *Sofronij Wratschanski* Zuflucht. Die kleine ***Klostersammlung*** enthält alte Kirchenbücher, Gold- und Silbergeräte sowie Waffen. Im Kloster gibt es die Möglichkeit der Übernachtung und beim Kloster einen kleinen ***Campingplatz.*** In der Umgebung erheben sich bizarre Felsgebilde.

Ritlite-Felswände

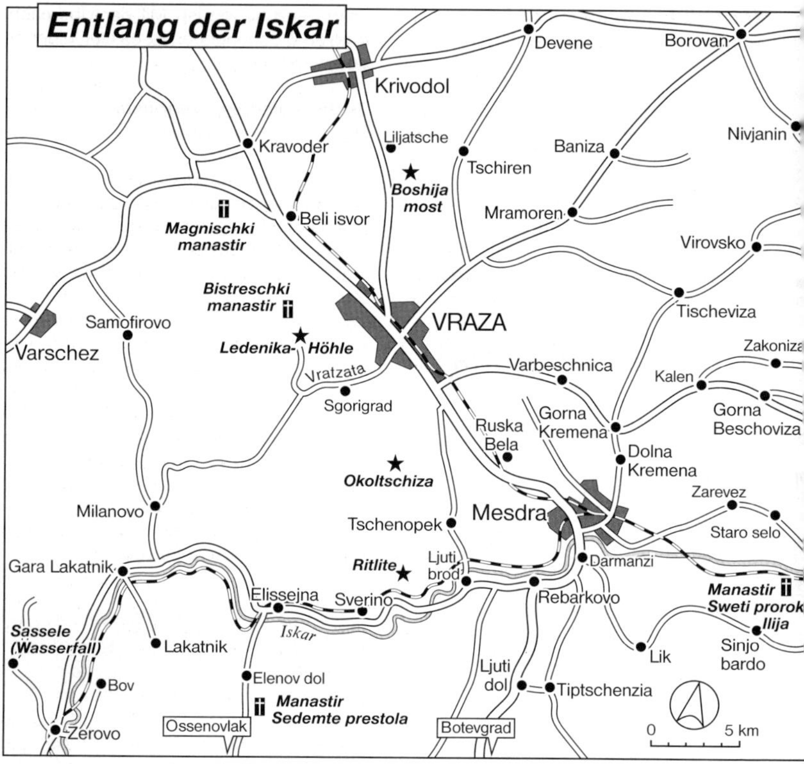

Ritlite

Wo sich der Fluss wieder tief ins Gebirge einschneidet, sieht man die „Ritlite", senkrechte Felswände, die den Eindruck von 'Wagenleitern' erwecken. Sie sind die bemerkenswerteste Naturerscheinung im Iskar-Durchbruch und das Ergebnis ungleichmäßiger Witterungsbedingungen. Man erblickt sie erstmals in der Nähe des Dorfes ***Ljutibrod*** am linken Iskar-Ufer. Die Felswände der Ritlite verlaufen parallel, sind 60-80 m hoch, stehen nur 2-6 m auseinander und sind bis zu 200-500 m lang.

In alter Zeit sperrte eine römische Festungsmauer den Schluchtausgang. Im Mittelalter errichteten die Bulgaren an der gleichen Stelle eine bewehrte Stadt - Koritengrad.

Links von den Felswänden steigt die enge Kluft Raschow dol zum Fluss ab; an dieser Stelle wurden einige der Freischärler *Christo Botews* im Juni des Jahres 1876 erschossen. Von Lakatnik bis zu den Ritlite kann man auf den Felsen immer wieder vereinzelt Holzkreuze zum Gedenken an die hingerichteten Freischärler und Partisanen entdecken.

Mesdra
Мездра

Am Ausgang des Iskar-Durchbruchs gelegene Kleinstadt und Eisenbahn- und Verkehrsknotenpunkt in Nordbulgarien. Sie ist Eisenbahnstation auf den Strecken Sofia - Gorna Orjachoviza und Sofia - Vraza.

Karlukovo
Карлуково

Von Mesdra zweigt eine Fernstraße in östliche Richtung nach Roman, eine am rechten Iskar-Ufer befindliche Eisenbahnstation liegt an der Strecke Sofia - Varna. Dieser „Seitensprung" ist nur denjenigen zu empfehlen, die abseits der touristischen Pflichtstrecken mehr sehen und erleben wollen.

Unweit von Roman gibt es am Iskar-Flusslauf den phantastischen Komplex von Karlukovo mit geheimnisvollen Höhlen, malerischen Klüften und unnachahmlichen ***Felsgebilden.*** Um das Dorf Karlukovo stößt man auf die Prowartenika, ein breites und großes Felsgebilde mit einem „Loch" im obersten Teil; die Brankowiza-Höhle und die Prochodna, der längste, einer Brücke ähnelnde Felsenbogen Bulgariens, der Teil eines an mehreren Stellen eingestürzten Höhlengewölbes ist.

Im Volk wird Karlukovo jedoch mehr mit seinem ***Psychiatriekrankenhaus*** in Verbindung gebracht. Jeder, der aus Karlukovo kommt, wird von anderen zunächst einmal als Irrer angesehen. An der Bahnstation Karlukovo, wo auch das Krankenhaus liegt, existierte früher ein Kloster, das ebenfalls psychisch Leidende betreute. Im Hof des Krankenhauses ist nur noch die Klosterkirche mit wertvollen Ikonen erhalten geblieben.

Oberhalb des Krankenhauses befinden sich, hinter Felsen versteckt, ein ***Paraklis*** (Felsnische, die als Wohn- und Altarraum eines Einsiedlers diente) und Reste einer römischen Festung. Auf der gegenüberliegenden Seite des Iskar-Flusses gibt es den ***Paraklis „Sweta Marina"*** und eine kleine Höhle.

Kunino
Кунино

Nordwestlich von Karlukovo, östlich der Bahnstation Kunino (mit dem Zug von Tscherven brjag in etwa 15 Minuten zu erreichen) breitet sich eine ***wundervolle Felslandschaft*** aus, die nur den Einheimischen bekannt ist. Nördlich vom Kunino wartet zudem noch eine kleine Höhle.

Strupez
Струпец

Das ***Kloster „Sweti prorok Ilija“*** verbirgt sich 500 m südwestlich von der Bahnstation Strupez hoch über der Bahnlinie. Die Klostergebäude aus dem Zweiten Bulgarenreich wurden wiederum mehrfach von den Türken zerstört. Die Kirche datiert aus dem 16. Jh., die restlichen Bauten sind von 1824-27. Das Kloster bietet gute Übernachtungsmöglichkeiten an.

Vraza
Враца

78.000 Einwohner, 117 km nordöstlich von Sofia und 41 km südwestlich von Montana. Die Stadt erstreckt sich an beiden Ufern des kleinen Flusses Lewa, am Fuße der nördlichen, steilen Hänge des Balkans. Besonders schön ist die Stadt im Frühling, wenn die Bäume ihre grüne Blätterpracht entfalten und der angenehme Duft des blühenden Flieders an den Berghängen die Luft erfüllt. Man kommt nach Vraza eigentlich nur wegen seiner Umgebung, wo die Felslandschft die mutigsten Bergsteiger stets aufs Neue reizt und der Westbalkan zu herrlichen Wanderungen einlädt.

Vraza entwickelte sich als Siedlung Ende des 13. Jh. Der Name der Stadt stammt von dem Felsendurchbruch Vratzata und der alten Ortschaft Vratiza, die bei der Eroberung von den Osmanen verbrannt wurde. Die günstige Lage der Stadt trug zu ihrer raschen Entwicklung bei. Mehrfach wurde sie auch verwüstet. 1596 verheerte der walahische Eroberer *Michail Vitjas* die blühende Stadt. Später, im 19. Jh., zur Zeit des Kampfes zwischen dem Feudalherren aus Vidin und dem Heer des Sultans, wurde sie abermals niedergebrannt. Schnell war sie aber wieder aufgebaut und entwickelte sich zu einem beachtlichen Wirtschafts-, Verwaltungs- und Kulturzentrum mit einem bedeutenden Pelzhandel, hauptsächlich mit den Ländern Italien und Frankreich. Auch das Goldschmiedehandwerk und der Weinbau spielten eine Rolle. Nach der Befreiung von den Osmanen erlebte Vraza einen neuerlichen Aufschwung.

Das heutige Stadtbild macht jedoch im Kontrast zu der herrlichen Bergkulisse einen eher bescheidenen Eindruck, auch wenn der Eindruck entsteht, dass die neueren Betonbauten in ihrer Höhe mit dem Gebirge konkurrieren wollen.

Sehenswertes

Einige ***Wiedergeburtshäuser*** in zwei ethnografischen Komlexen in der uliza Nikola Wojwodow und uliza Dawid Todorow 2, zu letzterem gehört eine Schule und die Kirche „Sweto Wasnessenie“.

Zwei gut erhaltene ***Wohn- und Wehrtürme:*** Kurtpaschowi- und Meschtschiite-Turm aus dem 17. Jh.

Haus-Museum von Andrej Nikolow, Ecke uliza Andrej Nikolow und uliza Professor Dimitar Jozow. Das Museum vermittelt einen Eindruck von Leben und Werk des großen bulgarisches Bildhauers (geb.1878 in Vraza, gest. 1959 in Sofia). Studierte 1903-1907 an der Akademie der Künste in Paris; 1910 Professor an der Kunstakademie in Sofia; lebte 1914-1927 in Rom. *Nikolow* behandelte in Marmorskulpturen das Thema der Mutterschaft, schuf Büsten bekannter Persönlichkeiten und ist Schöpfer monumentaler Werke.

Haus-Museum von Iwanka Botewa, uliza Iwanka Botewa 12. Gibt einen Einblick in das Leben der einzigen Tochter von *Christo Botew.* **Denkmal für Christo Botew** und seine Freischar am Christo-Botew-Platz.

Kirche „Sweti Nikolaj“ (1862), ploschtad Christo Botew; beherbergt Ikonen des bedeutenden Malers der Wiedergeburtszeit *Stanislaw Dospewski.*

Übernachtung/Kulinarisches

- ***Hotel „Hemus",*** zwei Sterne, im Stadtzentrum, Tel. (092) 23581/82.
- ***Hotel „Chaschowe",*** zwei Sterne, an der Ausfallstraße nach Sofia, Tel. (092) 24287.
- ***Hotel-Restaurant „Alpijski dom",*** in der Gegend Vratzata, Tel. (092) 22005, die Umgebung bietet alle Bedingungen für Alpinismus.
- Das ***kulinarische Angebot*** ist in Vraza noch sehr bescheiden. Man verhungert zwar nicht, muss sich aber weitestgehend mit Imbissstuben durchschlagen.

Weitere nützliche Adressen

- ***Interbalkan,*** uliza Nikola Wojwodow 2, Tel. (092) 20543; verkauft und reserviert Tickets für Bahn, Bus und Flugzeug, vermittelt Übernachtungen, Autoverleih, organisiert In- und Auslandsreisen, Geldwechsel.
- ***Firma „Slawi", Übersetzungen*** in alle Sprachen, uliza Stojan Saimow 7, Tel. (092) 36569, Mo.-Fr. 8.30-12.30 und 15.00-18.30 Uhr.
- ***Foto,*** uliza Lukaschow 3.
- ***Poliklinik,*** uliza Nikola Jonkow Wapzarow 4, Tel. (092) 46161/63.
- ***Stomatologische Poliklinik,*** uliza General Leonow 85, Tel. (092) 21531.
- ***Post,*** Ecke uliza Christo Botew und Antim I.
- ***Balkanbank,*** bul. Demokrazija 1.
- ***Verband der bulgarischen Automobilisten,*** uliza Bistrischko schosse 1; Straßenhilfe, Tel. 146 und (092) 41379; Autowäsche, Autoservice.

Transport

- ***Bahnhof,*** am Ende der uliza Nikola Wojwodow
- ***Busbahnhof,*** gegenüber dem Bahnhof

Umgebung von Vraza

Vratzata-Schlucht

Вратцата пролом

Kurz hinter der in der Ebene liegenden Stadt Vraza steigt der Balkan bis auf 700 m auf. Der kleine Fluss Lewa hat es unweit der Stadt geschafft, sich ganz tief in das Gebirge einzuschneiden. Die dadurch entstandene Karstschlucht ist als Vratzata-Schlucht bekannt. Deren senkrechte Felswände säumen beiderseits den Lewa-Fluss und sind an manchen Stellen 300 m hoch. Sie bieten ausgezeichnete Möglichkeiten zum Klettern. Hier legte man 60 verschiedene ***Klettertouren*** mit unterschiedlichen Schwierigkeitsgraden fest, die das Trainingsgebiet einer ganzen Generation von Bergsteigern wurden. Die deutlich markierten Touren sind - angehenden und gestandenen Bergsteigern durchaus verständlich - in folgende Kategorien eingeteilt: III a - 2 Touren; III b - 5 Touren; IV a - 14 Touren; IV b - 3 Touren; V a - 19 Touren; V b - 9 Touren; VI a - 5 Touren und VI b - 3 Touren.

Ratschläge und Hilfeleistungen gibt es im ***Alpinisten-Haus*** auf dem rechten Lewa-Ufer - 2 km südlich von Vraza am Anfang der Vratzata-Schlucht -, das auch über 50 Betten und eine touristische Küche verfügt. 300 m vor dem Haus liegt das Restaurant „Vratzata" und in dessen Nähe ein kleiner See.

Ledenika-Höhle

Леденика пещера

6 km südwestlich von Vraza Richtung Milanovo. Die ***zweitgrößte Höhle Bulgariens*** besitzt gewaltige Galerien und Räume - ihr größter Saal misst 60 x 46 m und ist 22,7 m hoch - sowie eine hervorragende Akustik; Voraussetzung für gelegentlich stattfindende Konzerte und in Verbindung mit der besonderen Kulisse ein unvergessliches Erlebnis. In der Nähe befinden sich Erholungsheime und die Touristenhütte ***„Chisha Ledenika".***

Von Vraza bis zum Komplex „Ledenika" führt eine Panoramastraße. Der städtische ***Bus*** Nummer 16 fährt zweimal am Vormittag und zweimal am Nachmittag. Bis zur Höhle Ledenika führen auch einige markierte ***Wanderwege.*** Der bequemste Weg beginnt nach der Vratzata-Schlucht und überquert einige Male die Panoramastraße.

Von der Chisha Ledenika kann man zu der ***Kluft Resnjowete*** (700 m) gelangen, zur ***Höhle Smejuwa dupka*** (zwei Stunden) und zum ***Gipfel Toschina mogila*** (1133 m, etwa eine Stunde). Die schönste ***Höhle, Ponora,*** ist nur mit dem Boot zu erreichen, und zwar über eine 3 km lange Schlucht mit rauschenden Wasserfällen.

Gipfel Okoltschiza

Околчица

Von Vraza bis zum Gipfel mit der Todesstätte *Christo Botews* gelangt man über eine 20 km lange Panoramastraße. Sie streift die Dörfer Pavoltsche und Tschelopek. Bis dahin fährt die Buslinie Nummer 6. Von Pavoltsche bis zum Denkmal führt ein Ochsenkarrenweg (zu Fuß zwei Stunden). Ein direkter Weg beginnt in Tschelopek. Einige ***Wanderwege*** führen unmittelbar von Vraza in zirka vier Stunden zum Gipfel Okoltschiza durch die Gegenden Skaklja und Wojwodin dol; über den Serpentinenweg vom Wohngebiet Medkovez oder über die Botewa aleja (Botew-Allee). Bequeme Wege gibt es von Mesdra und Ljutibrod jeweils über Tschelopek.

Etwa 300 m vor dem Denkmal zweigt von der Asphaltstraße links ein steiniger Weg ab, von dem man auf einem Pfad nach 2 km an der ***Todesstätte Christo Botews*** anlangt. Am späten Nachmittag des 1. Juni 1876 fand *Botew* hier als Anführer einer 200 Mann umfassenden Freischärlerschar den Heldentod (siehe Exkurs „Der Poet Christo Botew - 20 Gedichte, die die Bulgaren erschüttern").

Bistreschkijat manastir

Бистрешкият манастир

Das Bistreschki-Kloster „Sweti Joan Bogoslow" (bekannt auch als „Sweti Iwan Kasinez" oder „Sweti Iwan Pusti") befindet sich 6 km westlich von Vraza, in den Berghängen verborgen.

Im Fels über dem Kloster gibt es eine große Öffnung mit einem ***natürlichen Bogen,*** 30 m hoch. Im südlichen Teil dieses Bogens sind noch Wandmalereien erhalten geblieben mit drei Szenen aus dem Leben des Heiligen Dimitar und zwei vom Leben des Heiligen Georgi. Die ebenfalls erhaltene Schrift unter diesen Szenen berichtet über die Erneuerung (oder Gründung) des Klosters von Dimitar Dubow im Jahre 1540.

Noch höher in den Felsen gibt es einen ***Raum zum Fasten*** (3 x 2 m) mit einer „gemauerten" Kuppel, die aus geflochtenen und mit Putz beworfenen Ruten besteht. In diesem Raum fastete *Iwan Pusti,* dessen Namen das Kloster später erhielt. Die Wände, im 18./19. Jh. bemalt, sind heute stark beschädigt.

In dem alten Klosterkomplex ist am besten die ***Kirche*** aus dem 16. Jh. erhalten geblieben, ein kleiner einschiffiger Bau. Ihre Wandmalereien weisen zwei Schichten auf. Die erste stammt vom 16./17. Jh. Auf der westlichen Wand über dem Eingang ist noch die Szene „Das schreckliche Gericht" (1867) zu erkennen. Die geschnitzte Ikonostase ist ein Werk des Meisters *Petar Minjow* (1820) aus Trjavna. Er ist auch der Schöpfer der meisten Ikonen in der Kirche.

Boshijat most

Божият мост

Die „Gottesbrücke", ein großartiges Naturwunder unweit des Dorfes Liljatsche, 14 km nordwestlich von Vraza. Felsreste einer Karsthöhle, deren Gewölbe an einigen Stellen eingestürzt ist.

Bardarski geran

Бърдарски геран

Als Tagesausflug oder einfach, um in die Richtung Donau zu fahren, wo verschlafene Ortschaften liegen, eignet sich als Ziel das ***deutsche Dorf*** Bardarski geran, etwa 57 km nordöstlich von Vraza. Das Dorf ist „strategisch" gelegen, abgeschieden von anderen Ortschaften. Nur ein hier endender 8 km langer Weg verbindet es mit dem kleinen Städtchen Bjala Slatina.

In Bardarski geran trifft man auf eine ***einmalige Wohnarchitektur,*** die man sonst nirgendwo in Bulgarien sehen kann. Die Häuser erinnern an die Anwesenheit und die Lebensweise von einstmals 90 deutschen Familien.

Die ***Geschichte*** dieser einmaligen Siedlung kann man noch heute von den zwei (einzigen) deutschen Frauen *Maria Dauerbach* und deren Cousine *Franziska Welsch* erfahren. Das Dorf Bardarski geran gründeten im Jahre 1887 die Nachfahren der wegen der blutigen Niederschlagung des Tschiprovzi-Aufstandes vom September 1688 in die Fremde geflüchteten Bevölkerung. Diese hatte zweihundert Jahre in Sehnsucht nach dem bulgarischen Vaterland im Banat und in der Walachei gelebt. Dort hatten sie die bulgarische Sprache und Kultur bewahrt. Nach der Befreiung der Heimat kehrten sie nach Bulgarien zurück und brachten die katholische Religion (Tschiprovzi war eine katholische Insel), ihre Trachten, Sitten und Bräuche sowie Lebensweise mit, die von der multikulturellen Bevölkerung im Banat beeinflusst worden war.

Wie wichtig eine gute Nachbarschaft und Zusammenhalt sind, bewiesen sechs Jahre später die aus dem Banat nachkommenden deutschen Familien. Sie hatten die Freundschaft und Nachbarschaft der weggezogenen Bulgaren vermisst. So entstanden zwei „machali" (Wohnviertel); auf der einen Seite die ***Banat-Deutschen*** (Donauschwaben) und auf der anderen Seite die ***Banat-Bulgaren*** (in der Gegend als *banatschani* bezeichnet).

Sehr schnell dominierten Kultur und ***Unternehmergeist der Deutschen.*** Sie brachten als erste den Stahlpflug nach Bulgarien, so dass die Landwirtschaft hier blühte. In den 30er Jahren des 20. Jh.

Gefeuert: Backofen im Museum

bauten sie unweit der bulgarischen katholischen Kirche eine eigene katholische auf, die eine reichte ohnehin nicht mehr, gründeten einen Männer- und einen Mädchenchor und führten als erste eine Orgel und ein Harmonium ein. Sie bauten auf dem Kirchengelände ein Kloster und eine deutsche Schule mit medizinischer Betreuung. Auch der von den Deutschen praktizierte Nachhilfeunterricht zur Verbesserung der schulischen Leistungen war neu in Bulgarien. Die Ausbildung war so gut, dass die reichen Familien der Umgebung ihre Kinder in die ***deutsche Schule*** nach Bardarski geran schickten. Der erste Kindergarten in Bulgarien entstand auch hier.

Bis 1943 war das Dorf eine heile Welt für sich. Und dann entschieden ausgerechnet die Deutschen aus der deutschen Heimat über das Schicksal des fernen Dorfes. Mit der Wende des Zweiten Weltkrieges an der Ostfront schlug auch für die Deutschen in Bardarski geran die Stunde. Sie rechneten wegen ihrer Nationalitätenzugehörigkeit mit Repressalien und ***verließen ihre Wahlheimat*** schnell. Seit dieser Zeit leben sie wieder zusammen in Renningen bei Stuttgart.

Heute wohnen in ihren Häusern Aussiedler aus den bulgarischen Kolonien in Rumänien. Die deutsche Kirche ist seit langer Zeit verschlossen und verwüstet. Aus dem deutschen Kloster ist ein Kinderheim mit 100 Waisenkindern geworden. Die zwei deutschen Frauen spielen mit dem Gedanken, mit ihren bulgarischen Ehemännern und Kindern zu ihrer Verwandtschaft nach Renningen zu ziehen. Bei einem Frühstück mit deutschem Filterkaffee sagte uns eine entschieden: „Ein Leben lang musste ich meine deutsche Herkunft verschweigen und durfte meine deutsche Muttersprache nicht sprechen. Jetzt will ich laut schreien, dass ich Deutsche bin und Deutsche geblieben bin. Meinen Kindern konnte ich kein Deutsch beibringen, aber meinen Enkelkindern will ich das Deutschtum nahebringen. Deshalb will ich zu meinen Leuten, wo ich hingehöre." (Wer weiß, wie schwer es ist, in der Fremde als Angehöriger einer ungeliebten Minderheit zu leben, kann die Frau verstehen. Im sozialistischen Bulgarien war es zum Beispiel noch im Jahre 1970 verboten, in der Öffentlichkeit Türkisch zu sprechen.)

Das kleine ***Dorfmuseum,*** untergebracht in einem Haus aus den 30er Jahren, vermittelt die Lebensweise der Dorfbewohner dieser Zeit. Mit Übernachtungsmöglichkeiten sollte man im Dorf nicht rechnen. In Bjala Slatina gibt es zur Not eine sehr ***bescheidene Unterkunft*** im einzigen Hotel.

Montana (ehem. Michajlovgrad)
Монтана

Die Bezirksstadt mit 54.000 Einwohnern besitzt ***keine touristischen Reize,*** die ein Anhalten lohnen würden. Um die Stadt, nach der immerhin ein ganzes Gebiet benannt ist, nicht zu benachteiligen und um zu wissen, was man eventuell doch verpassen könnte, stellen wir die Stadt in Kürze vor.

Montana liegt am Fuße des Vorbalkans in einem kleinen Tal des Flusses Ogosta, 41 km nordwestlich von Vraza und 109 km nördlich von Sofia.

Die Siedlung wurde bereits in der Antike von den Römern zu einer ***Festung*** ausgebaut, die die Straße von Serdica (Sofia) zu den befestigten Hafenstädten an der Donau schützten sollte. Von der alten Festung zeugen noch heute die Überreste von Befestigungsanlagen, Wasserleitungen, Kirchen und anderen Bauten südlich der Stadt. Damals hieß die Siedlung Castra ad Montanensium, das heißt „Festung der Gebirgsbewohner".

Jeder einigermaßen Sprachbegabte erkennt in dem seit 1992 gewählten ***Namen der Stadt*** den Wortstamm „Berg, Gebirge". Diese „neutrale" Bezeichnung ersetzte den 1954 aus ideologischen Gründen gewählten Namen des 1944 ermordeten Antifaschisten und den in den Jahrzehnten davor (ab 1891) gültigen nach dem Zaren *Ferdinand.*

Die ***früheste Kunde*** über die Stadt datiert vom Ende des 4. Jh. Später wurde sie von den Hunnen und Goten zerstört. Danach errichteten die Slawen auf ihren Trümmern eine Siedlung, die den Namen Kutloviza bekam. Zur Zeit der osmanischen Fremdherrschaft war Montana eine wichtige Ortschaft am Weg Sofia - Petrochan - Lom. Die Stadt war ***Zentrum des ersten antifaschistischen Aufstandes*** im September 1923. Daher auch der Grund für die Umbenennung der Stadt nach einem der Führer im Septemberaufstand (und Oberbefehlshaber der bulgarischen Partisanengruppen während des Zweiten Weltkrieges).

Seit der Wende sind viele Museen, die mit der neuesten Geschichte verbunden waren, aus neuen ideologischen Gründen geschlossen. Geöffnet ist das ***Historische Museum,*** uliza Graf Ignatiew 3.

Übernachtung/Kulinarisches

- ***Hotel „Monturist",*** ploschtad Sherawiza, Tel. (096) 29186; Restaurant, Nachtbar.
- ***Hotel „Ogosta",*** bul. Pejo Jaworow 4, Tel. (096) 22611, Restaurant.
- ***Camping „Tschernila",*** an der Ausfallstraße nach Berkoviza, Tel. (096) 22352, Restaurant.

Weitere nützliche Adressen

- ***Bulgarische Postbank*** (zum Geldtausch), uliza Alexander Stambolijski 12.
- ***Wechselstuben,*** uliza Zar Boris III. 19 und 4.
- ***Foto,*** bul. Pejo Jaworow 1.
- ***Poliklinik,*** uliza Zar Boris III., Tel. (096) 24941.
- ***Stomatologische Klinik,*** uliza Alexander Stambolijski 10, Tel. (096) 23514.
- Erste ***private stomatologische Poliklinik,*** uliza Dimitar Talew 32, Tel. (096) 22546.

Transport

- ***Bahnhof,*** liegt an dem Abzweig Bojtschinovzi - Berkoviza von der Eisenbahnlinie Mesdra - Vidin.
- ***Autoservice,*** nahe der Tankstelle auf dem Weg nach Belogradtschik, Tel. (096) 28101.

Nach Belogradtschik

Auf dem Weg nach Belogradtschik empfiehlt es sich nicht, die „schnelle" Straße E 79 zu wählen. Sie sollte man sich für die Rückfahrt nach Sofia aufsparen. Eine viel abwechslungsreichere Fahrt und die Möglichkeit von Abstechern verspricht eine Nebenstrecke. Dazu verlässt man die E 79 bereits nach etwa 5 km und biegt nach links (in westliche Richtung) ab. An der nächsten Gabelung wieder links gehalten, hat man bereits den ersten Abstecher gemacht und nach insgesamt 15 km mit dem Dorf Georgi Damjanovo (früher Lopuschna) das Ziel fast erreicht.

Lopuschanskija manastir

Лапушанския манастир

Nahe dem Dorf Georgi Damjanovo liegt in einem malerischen Tal des Flusses Dalgodelska Ogosta das Lopuschanski-Kloster. An der Stelle eines älteren Klosters errichteten hier 1850-1853 die Klosterbrüder *Dionisij* und *Gedeon* die heutigen Bauten. Der Grundriss der ***Kirche*** ist fast eine genaue Kopie der Hauptkirche des Rilaklosters. Die Außenfront der Kirche und die großen Hofpforten sind mit einigen Steinfiguren geschmückt, deren naive Gestaltung jedoch etwas ungeschickt wirkt. Die Innenwände der Kirche sind weiß gestrichen und nur aus Geldmangel frei geblieben.

Von Interesse ist die ***Ikonostase,*** deren Schöpfer der Holzschnitzer *Stojtscho Fandakow* (1810-1892) aus der Schule von Samokov war. Zur Hauptikonostase zählen außer den Apostelgestalten acht Ikonen von *Nikola Dospewski.* Dessen älterer Bruder *Stanislaw Dospewski* malte zwei von den Ikonen der Nebenikonostasen in den Gebetnischen der Kirche.

Die schöne Natur und die Ruhe zogen nach der Befreiung den bedeutenden Schriftsteller *Iwan Wasow* ins Kloster, der hier einen Teil seines Romans „Unter dem Joch" schrieb.

Vom Lopuschanski-Kloster führt der Weg weiter in die Bergdörfer Goweshda, Dalgi del, Glavanovzi und Kopilovzi.

Kopilovzi

Копиловци

Das Dorf Kopilovzi zu Füßen des Gipfels Kopren (1964 m) ist eine alte Siedlung, deren Einwohner geschickte Teppichweber waren. Erhalten sind noch ein alter Brunnen namens „Latinskata tscheschma“ (Lateinischer Brunnen) und von einer katholischen Kirche nur noch die Grundmauern. Die ***Kirche „Sweti Archangel Michail“*** (1869) südlich vom Dorfplatz beherbergt schöne Ikonen von 1879.

Etwa 7,5 km südwestlich vom Dorf findet man ***Reste einer Römerfestung.*** In der Nähe kann man noch Spuren antiker Bergwerke entdecken. Von Kopilovzi gibt es einen auch befahrbaren Weg parallel zu dem kleinen Flüsschen Trebesh bis zur ***Chisha Kopren*** (5 km; mit 50 Betten). Südlich erheben sich die Gipfel Kopren (1964 m) und Sbek, der letztere mit interessanten Felsen. Südwestlich erblickt man den Gipfel Tri tschuki (1938 m).

Von der Chisha Kopren gelangt man weiter am Trebesh entlang zum Kamm des Gebirges. Nach einer Stunde hat man den 15 m hohen ***Wasserfall Landshin skok*** erreicht. Die Wanderung bergauf und ständig die Flussseite wechselnd ist manchmal etwas beschwerlich, bereitet aber ein großes Vergnügen. Bevor man bei dem hohen Wasserfall anlangt, fällt der Blick auf mehrere kleinere. Die Gegend ist eigenartig schön und hält viele Wanderziele bereit, zum Beispiel noch den ***Wasserfall Durschin skok*** (8 m hoch) und den höchsten, den ***Wodni skok*** mit 30 m, der einer schattigen und geheimnisvollen Stelle entspringt.

Ravna
Равна

Der Weg führt wieder zurück zur Straße nach Belogradtschik über die bereits bekannten Dörfer Georgi Damjanovo und Gavrail Genovo. Auf der „Hauptstraße“ bleibt man nur 3 km, um dann nach links abzubiegen, zum noch 7 km entfernten Dorf Ravna. Eine thrakische Festung auf einem Hügel 1 km südlich vom Dorf soll das Ziel sein. Die ***Festung Ravnensko gradischte*** hatte eine günstige Lage. Vom Osten, Süden und Westen war das Terrain von 10 m hohen Felsen natürlich geschützt. Die Festungsmauer im Norden ist 1,80-3,10 m dick. Ein 3 m breiter Eingang führte in die Festung. Dieser Abstecher wird noch mit einem schönen Ausblick belohnt.

Belimel
Белимел

Weiter Richtung Belogradtschik muss man alsbald durch das Dorf Belimel, wo man unbedingt anhalten sollte. Hier sind einige Wiedergeburtshäuser erhalten. Auf dem Dorfplatz steht ein Denkmal des Aufstandsführers von 1837, *Warben Penow.* Hinter dem Denkmal, in einem zweistöckigen Haus, gibt es eine kleine museale und Kunstsammlung von in der Umgebung ansässigen Künstlern. Eine felsige Straße führt von hier bergauf bis zur ***Kirche „Sweta Troiza“*** (17. Jh.) mit ihrem schönen holzgeschnitzten Altar und sehenswerten Ikonen aus den Jahren 1816-1883.

Etwa 3 km nördlich von Belimel, auf dem Hügel ***Belimelsko gradischte,*** befinden sich Überreste einer thrakischen Festung und einer Nekropole, die noch nicht erforscht sind. Neben all dem Geschichtlichen kann man hier wieder ursprüngliche Natur genießen.

Tschiprovskija manastir
Чипровския манастир

Kurz hinter Belimel gilt der nächste Abzweig nach links dem Städtchen Tschiprovzi. Nach etwa 4 km kommt man auf halbem Weg zu einem Abzweig. Rechts einbiegend muss man noch einen Kilometer bis zu dem auf einem Hügel erbauten Tschiprovskija manastir „Sweti Iwan Rilski“ zurücklegen. Gegründet wurde das Tschiprovo-Kloster vor mehr als 700 Jahren von bulgarischen Katholiken. Es entwickelte sich bald zu einem Bildungs- und politischen Zentrum in dieser Gegend. Auf Grund des zahlreichen offenen Widerstandes der dortigen Bevölkerung gegen die Osmanen wurde das Kloster Opfer türkischer Racheakte. Insgesamt wurde es sechsmal niedergebrannt und verwüstet.

Die einschiffige kleine ***Kirche*** (20 x 8 m) in der Mitte des Klosterhofes wurde wahrscheinlich Ende des 16. Jh. gebaut. Interessant ist der Altarraum „Sweti Atanasij Aleksandrijski Weliki", der in dem in den ersten Jahren nach der Befreiung geschaffenen Wohngebäude am Ostende des Klosters angelegt wurde. Außen an der Tür sind die Heiligen Atanasij - Patron des Altarraumes - und Archangel Michail gemalt. Auf der Innenseite sieht man die Gebrüder *Kyrill* und *Method,* den Patriarchen *Ewtimij* und andere.

Das wertvollste Stück des Klosters - ein mit Silber beschlagenes ***Evangelium,*** ein Geschenk des russischen Zaren ***Pawel I.*** (1796-1801), befindet sich heute im Nationalhistorischen Museum in Sofia.

Tschiprovzi

Чипровци

Nur 6 km weiter ist man endlich in Tschiprovzi, einer kleinen Stadt, deren Bürger Geschichte geschrieben haben. Denn nirgendwo in Bulgarien waren die ***Aufstände gegen die Osmanen*** so zahlreich und so dramatisch: 1630, 1647-1650, 1656, 1673/74 und 1688. Das Endziel aller politischen Aktivitäten der aufgeweckten Bürger aus dem Raum Tschiprovzi war die Befreiung Bulgariens in dessen historischen Grenzen. Das einzige Mittel zur Erreichung dieses Ziels sahen sie in einem massenhaften bewaffneten Aufstand, der durch die Armeen aktiver antimuselmanischer europäischer Staaten unterstützt werden sollte. Der größte Aufstand war der von 1688. Die gesamte männliche Bevölkerung aus Tschiprovzi und Umgebung beteiligte sich daran. Nach schwerer Belagerung und harten Kämpfen fielen nacheinander Tschiprovzi und alle anderen Orte in die Hände des Feindes. Zwei Drittel der Bevölkerung wurden damals umgebracht oder verschleppt. Die wie durch ein Wunder Geretteten machten sich auf den Weg in die Ungewissheit in Richtung Walachei, Österreich-Ungarn, Albanien und noch weiter. Das Denkmal am Zentralplatz würdigt die Heldentat und die Opferbereitschaft der Aufständischen.

Tschiprovzi war jahrhundertelang die ***Hochburg des Katholizismus*** in Bulgarien, deshalb erlebt man hier das Kulturerbe, die Traditionen, Sitten und Bräuche ganz anders als anderswo auf bulgarischem Boden. So hat zum Beispiel der ***Brauch „Swetaz"*** (darin steckt das Wort „Heiliger") tiefe Wurzeln in der hiesigen Geschichte. Die Verwandtenin jedem Wohnviertel haben ihren eigenen Beschützer, einen Heiligen. Jedes Jahr am Iwanowden (Iwanowtag), am Tag des Heiligen Nikola, Petrowden, Heiligen Ilija und den anderen Tagen zu Ehren ihres bestimmten Heiligen versammeln sich die Verwandten mit ihren Nachbarn bei dem Opferstein ihres Wohnviertels. Man schlachtet Lämmer, die in großen Gefäßen gekocht werden, und bereitet die sehr schmackhafte kurban-tschorba. Die Frauen decken eine lange Reihe Tische mit volkstümlichen Decken, auf die man selbstgebackenes Brot („pogatschi-kolatschi") stellt, das mit geheimnisvollen Reliefs verziert ist. Für den Fremden ist dieser märchenhafte „Brotweg" - eine Volkskunst, die an eine uralte Schrift erinnert - ein beeindruckendes Erlebnis.

Die ganze Bevölkerung von Tschiprovzi hat darüber hinaus einen allgemeinen Beschützer, dem man am 6. September auf den Ruinen des Guschkowskija manastir (Guschowski-Kloster, 4 km westlich) eine ***Opfergabe*** darbringt. Das ganze Fest wird von einer kirchlichen Liturgie und viel Essen im Freien begleitet.

Von den alten Handwerken, wie Gold- und Silberschmiedekunst sowie Teppichweberei, die in der zweiten Hälfte des 16. und 17. Jh. blühten und deren kunstfertige Erzeugnisse auf den Märkten ferner Länder begehrt waren, ist nur noch die ***Teppichweberei*** am Leben erhalten geblieben. Die Teppiche von Tschiprovzi – „bakamski" und „karakatschka" genannt – haben nichts Vergleichbares, weder in Europa noch in anderen Teilen der Welt. Die Teppiche sind mit den Brauchtumsfesten, Hochzeiten und ähnlichem verbunden. Ein Teil ihrer Ornamente soll magische Funktionen besitzen. In dem Historischen und Ethnografischen Museum in Sofia, in den Museen im Rila-Kloster, in Plovdiv, Schumen, Vraza, Montana, Vidin Berkoviza und anderen werden Teppiche aus Tschiprovzi gezeigt.

Schön ist es in Tschiprovzi eigentlich zu jeder Jahreszeit. Der Winter ist mild, der Sommer angenehm kühl. ***„Blume Bulgariens"*** wurde die Stadt während der osmanischen Herrschaft genannt. Und das ist auf erstaunliche Weise treffend, blühte sie doch trotz der großen Fluchtwellen nach der Niederschlagung der Aufstände stets von neuem wieder auf. Man bedenke, dass die Bevölkerung heute 4000 Einwohner zählt – genauso viele wie vor 300 Jahren, vor dem Aufstand von 1688.

Hervorgehoben sei noch der Umstand, dass die Bevölkerung dennoch nur aus Bulgaren besteht und in der Stadt kein Türke lebt ... Leider gibt es aus den „alten" Zeiten keine Häuser mehr, die heute ältesten stammen vom 19. Jh. Dennoch hinterlässt die Stadt einen angenehmen Eindruck.

Sehenswertes

Das Kulturhaus besitzt eine ***Galerie*** mit Werken einheimischer Künstler.

Der ***Historische Museumskomplex*** umfasst das Terrain und die Bauten auf dem historischen Hügel im Zentrum der Stadt sowie die Wiedergeburtshäuser. Eine treppenartige Straße führt vom Kulturhaus hinauf zum ***historischen Hügel*** von Tschiprovzi. Hier liegen die archäologischen Ausgrabungen von der katholischen Kirche „Sankta Maria" (1371) sowie von der Kirche, die 1672 auf den Grundmauern der ersten Kirche der Stadt errichtet wurde. Außerdem gibt es hier noch einen Friedhof der Katholiken.

Im Hintergrund des historischen heiligen Hügels erhebt sich der Glockenturm der ***orthodoxen Kirche „Wasnesenie Christowo".*** Hohe Steinmauern verbergen den grünen Hof, in dem die kleine einschiffige Kirche steht, die die Schrecken des Tschiprovzier Aufstandes erlebt und überlebt hat.

Das ***Historische Museum*** ist in den vier Gebäuden auf dem historischen Hügel untergebracht. Gezeigt werden archäologische Funde aus der Umgebung von der Antike bis zum Spätmittelalter, Erzeugnisse der Goldschmiedekunst, Materialien über den Aufstand von 1688, kirchliche Malerei, Teppiche und Gobelins. Mo.-Fr. 9.00-12.00 und 13.00-18.00 Uhr. Sollte die Tür verschlossen sein, muss man sich in der Museumsverwaltung gegenüber dem Museum melden.

Scharenata tscheschma (der bunte Brunnen), der einzige aus der Zeit vor 1688 erhaltene Brunnen der Stadt, befindet sich in der uliza Balkanska.

Von der im 17. Jh. gebauten ***Kirche „Sweti Nikolaj",*** 20 Meter östlich vom Brunnen, sind nur noch die Grundmauern und ein Teil der Apsis zu erkennen.

Sehenswert wegen der Wohnhausarchitektur sind die Häuser ***Punkowata kaschta*** auf dem historischen Hügel südwestlich vom Historischen Museum; ***Mininite kaschti,*** 200 m südlich vom Historischen Museum; ***Katerininata kaschta,*** über die Brücke südöstlich vom historischen Hügel. Hier arbeitet die Teppichweberin *Sewka Bardinska,* bei der man nicht nur über die Schulter schauen, sondern auch einen Teppich kaufen kann. ***Pawlowata kaschta,*** uliza Dejana wojwoda, zwischen dem Zentralplatz und dem Katerininata kaschta. Andere interessante Häu-

Gostopriemnizata: Übernachtungsmonopol in der Stadt

ser befinden sich in den verschiedenen Stadtteilen, wie beispielsweise ***Tartinata kaschta*** am Ende der uliza Totscho wojwoda.

Etwas Besonderes ist das ***Gymnasium „Petar Partschewitsch"***, 300 m nordöstlich vom Zentralplatz. Die Schule blickt auf ein Alter von weit über 300 Jahre zurück, sie wurde als katholische Bildungseinrichtung 1624 gegründet. Ein solches Alter kann keine andere Schule Bulgariens aufweisen. Heute vermittelt sie den Schülern in jeweils einem Hauptfach Techniken der angewandten Künste. In einem speziellen Saal mit senkrechten Webstühlen erarbeiten die zukünftigen Künstler - an die Schule kommt man nur nach strenger Aufnahmeprüfung - ihre Projekte für Teppiche und Gobelins. Die Schule besitzt einen eigenen Ausstellungsraum.

Übernachtung/Kulinarisches

● ***„Gostopriemnizata"*** (Gasthof) mit 24 Betten, WC und Dusche im Korridor, etwa € 2,05 (4 Lw) pro Bett.

● In der Umgebung von Tschiprovzi gibt es einige ***Herbergen,*** die schon deshalb empfehlenswert sind, weil die Natur zum Wandern lockt. Man beachte aber, dass man sich hier im Grenzgebiet zu Serbien befindet. Da einige der umliegenden Gipfel unmittelbar an der Grenze liegen, wird man unweigerlich auch Grenzsoldaten begegnen.

Transport

● ***Bus,*** eine Bushaltestelle im Zentrum mit Verbindung nach Montana.

Wandervorschläge

● ***Chisha Kresna*** (6 km). Ausgangspunkt ist der Zentralplatz. Man geht vorbei am Bunten Brunnen, dem „Gostopriemnizata" und an der Straße Balkanska, die schon nach oben ansteigt. An der Stadtgrenze führt der Weg links am Wasserspeicher vorbei. Danach überquert man das Fluss-

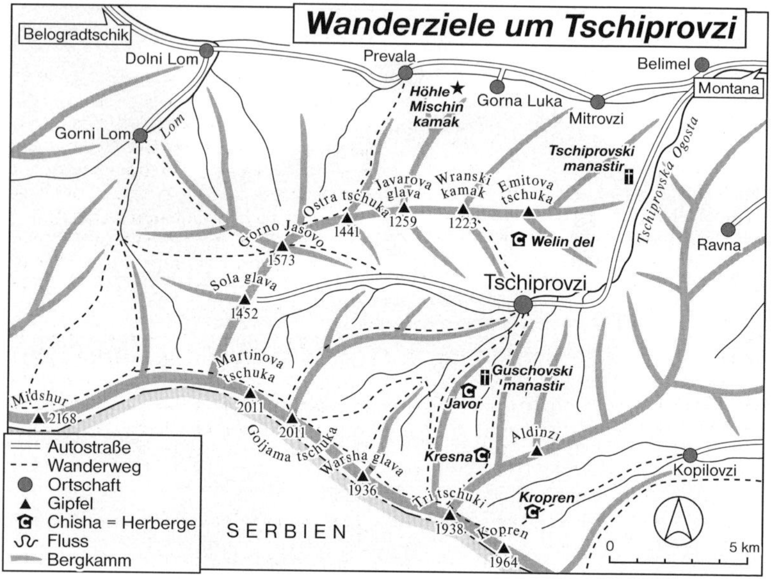

tal Samokow. Hier gab es vor vier Jahrhunderten Grubenanlagen und Mühlen. Weiter geht man über die Guin-Brücke entlang an einer Schonung auf der linken Seite bis zum Schafstall. Nun teilt sich der Weg in drei Richtungen. Man nimmt den äußerst linken und läuft durch die Landschaft Androwiza und Janitschow brod. In den Wiesen rechts steht die ***Herberge der Firma „Kipra“*** (produziert Teppiche), die 25 Betten besitzt und nicht nur Mitarbeitern offensteht. Der Weg erstreckt sich weiter bis zu der schönen Gegend Kresno, wo sich die ***Chisha Kresna*** mit 50 Betten, Küche und Bad befindet. Die Herberge wird auch von bulgarischen Grenzsoldaten benutzt.

- Vom Dorf Kresna empfehlen sich Ausflüge zum ***Wasserfall Wodni skok*** (30 m hoch), in die Gegend Dejaniza, zum Gipfel Tri tschuki (1938 m) oder zur ***Chisha Jawor*** (30 Minuten). Sie ist eigentlich ein Erholungsobjekt für Bergleute, beherbergt aber auch Fremde. Zur Chisha Jawor gelangt man auch auf einer Autostraße.

Eine Stunde von der Hütte entfernt, ergießt sich der 18 m hohe ***Wasserfall Tschiprowskija wodopad.***

- ***Chisha Welin del.*** 4 km nördlich von Tschiprovzi in der malerischen Landschaft Welin del befindet sich die gleichnamige Herberge mit 30 Betten, Küche und Speiseraum. Auch bis hierhin kann man per Auto gelangen. Einen Kilometer nordöstlich der Hütte erhebt sich der Gipfel Emitowa tschuka.

Mitrovzi, Gorna Luka

Митровци, Горна Лука

Weiter geht die Fahrt zurück zur Straße nach Belogradtschik, auf der man nach wenigen Kilometern im Dorf Mitrovzi anlangt. Die ***Dorfkirche „Wasnessenie Christowo“*** wurde 1871 gebaut. Die Ikonen von 1876 stammen von Meistern aus der Schule von Trjavna.

Nach weiteren etwa 2 km kann man nach links zum Dorf Gorna Luka abbiegen. Die Kirche datiert vom Anfang des 19. Jh. Unweit vom Dorf gibt es die ***Höhle Petsch*** und 2 km nördlich die ***Höhle Shiwkowa dupka.***

Peschtera Mischin kamak
Пещера Мишин камък

Etwa 2,5 km, bevor man das Dorf Prevala erreicht, sieht man links über dem Fluss die Felsen des Gipfels Pleschew. Diese Felsen nennt man ***Mischin kamak*** (Mäuschen-Stein). Hier ist auch die gleichnamige Höhle. Auf dem Weg zu ihr überquert man den Fluss in Richtung der Felsen und folgt dann dem Wald. Weiter nach oben lässt man das Wäldchen hinter sich und geht durch einen steinernen Bogen (Lashliwata peschtera - die Lügenhöhle). Jetzt ist man schon auf einem Felsenplatz, wo sich die Höhle befindet. Ihr Eingang ist ein einfaches Loch, aber drinnen, wenn man die Hauptgalerie entlanggeht, kommt man zu einem breiten Saal. Von der Decke hängt ein ***Stalaktit, der einer Glocke ähnelt.*** Beim vorsichtigen Beklopfen hört man wirklich ein Glockenläuten. Von hier aus gelangt man zu einem interessanten „Platz". In der Nähe, in einem Korridor, hat die Natur einen phantastischen ***„Wasserfall"*** gebastelt. Links durch märchenhafte Korridore geht man zu dem großen ***Harfen-Stalaktiten,*** der bei Berührung verschiedene Töne „singt". Der breite Vorraum führt zu vielen kleinen Seen mit kristallklarem Wasser. In einer Seitengalerie ist eine ***Mühle*** modelliert. Gegenüber ist eine ***Bühne*** mit einem Marmorvorhang.

Achtung! Der Eintritt ist zwar kostenlos, aber auf eigene Gefahr, denn die Höhle ist wie ein Labyrinth, und man kann sich verirren. Bis jetzt hat man die Länge der Höhle nicht genau feststellen können. All die beschriebene Herrlichkeit lässt sich nur mit mutiger Eigeninitiative und einer Taschenlampe erschließen.

Allein in der Umgebung von Prevala gibt es mehr als zehn Höhlen, zum Beispiel in dem Merdshanow dol die Ajdutschka peschtera; die Pleschowska peschtera 2 km südöstlich von Prevala; die peschtera Wreloto oberhalb von Prevala und die Ewrijski rep 2 km nördlich des Dorfes.

Prevala
Превала

Das Dorf Prevala selbst besitzt eine interessante ***Kirche,*** die „Wasnessenie Christowo" (1857). Ihre Wandmalereien sind leider fast unkenntlich. Die Bevölkerung produziert „kitenizi" ***(Wolldecken*** mit langen Fransen) und Pelzmäntel, die man selbstverständlich auch gern verkauft.

Das Dorf ist Ausgangspunkt für zwei ***Wanderrouten*** in das Schiroka planina: 1. Gipfel Statowzi (drei Stunden); 2. Gipfel Tiptschen (zwei Stunden).

Die weiteren 40 km bis Belogradtschik verläuft die Straße durch schöne Natur und durch die ***Ortschaften Dolni Lom, Repljana und Boroviza,*** wo man die ersten Felsen der phantastischen Felsengruppe von Belogradtschik erblickt.

Belogradtschik
Белоградчик

7000 Einwohner. Um die Naturschönheit von Belogradtschik in Worte zu fassen, genügen kaum Superlative. Wir selbst sind von den märchenhaften Felsen völlig fasziniert. Im Westen der Stadt breiten sich auf 200 Hektar die berühmten ***Belogradtschik-Felsen*** aus, eine ganze „Felsen-Stadt", und zwar die einzige der Welt. Die Natur hat ein solch irdisches Kunstwerk geschaffen, dass die menschliche Phantasie übertroffen wird.

Oberhalb von Belogradtschik, inmitten der Felsen, erstrahlt die altertümliche ***Festung Kaleto.*** Sie nimmt eine Fläche von über einem Hektar ein und ist eine der am besten erhaltenen in Bulgarien. Die Festungsanlage wurde schon nach dem Fall von Veliko Tarnovo (1392) von dem örtlichen Feudalherrscher *Ivan Srazimir* restauriert, da sie eine strategisch wichtige Stellung einnahm. In dieser Zeit nannte sich Belogradtschik „Selenigrad" (Grüne Stadt). Später, beim Osmaneneinfall, wurden Festung und Dorf in Schutt und Asche gelegt, und fast 70 Jahre lang gab es hier keinerlei Leben. Die Festung wurde in drei Etappen gebaut: Vom 1.-6. Jh. von den Römern und Byzantinern, vom 7.-14. Jh. von Byzantinern und Bulgaren und 1805-1837 von den Türken. Geöffnet täglich 8-11.30 und 13.30-17.30 Uhr (45 Minuten Dauer), Tel. (0936) 3001.

Das ***Naturkundemuseum*** (prirodonautschen musej) befindet sich außerhalb der Stadt auf dem Weg nach Sofia, unweit vom Ortsschild „Belogradtschik" auf der linken Seite. Mo.-Fr. 8.00-12.00/14.00-18.00 Uhr, Tel. (0936) 3231. Eintrittskarten für das Museum gibt es auch an der Kasse von der Festung Kaleto zu kaufen.

Übernachtung/Kulinarisches

● ***Turistitscheski dom,*** das Touristenhaus, mit Restaurant und Bar; 300 m vom Stadtplatz entfernt, befindet es sich inmitten eines Kiefernwäldchens auf einem Hügel mit hervorragendem Blick auf das Felspanorama. Bietet die beste Unterbringung in der Stadt. Tel. (0936) 3382; EZ/D/WC pro Person 21 $ (ca. € 22,80) ohne Frühstück.

● ***Hotel „Belogradtschischki skali",*** im Zentrum, Restaurant und Nachtbar; EZ 16 $, DZ 13 $ je Person; Appartement 38 $, Frühstück nach Vereinbarung.

● ***Camping Madonna,*** 3 km südöstlich von Belogradtschik, sehr romantisch.

Weitere nützliche Adressen

● ***Post,*** am Hotel „Belogradtschischki skali".

● ***Bank,*** im Stadtzentrum.

● ***Frau Marussja Todorowa,*** Fremdenführerin und Dolmetscherin für Deutsch, ist auch behilflich bei der Beschaffung von Privatquartieren; uliza Wassil Lewski 8, Tel. (0936) 5024.

Transport

● ***Bahnhof,*** 10 km nordöstlich bei der Bahnstation Gara Oreschez, an der Linie Mesdra - Vidin.

● ***Busbahnhof,*** neben der Bank im Zentrum. Verbindungen nach Vidin, Lom, Montana und Sofia.

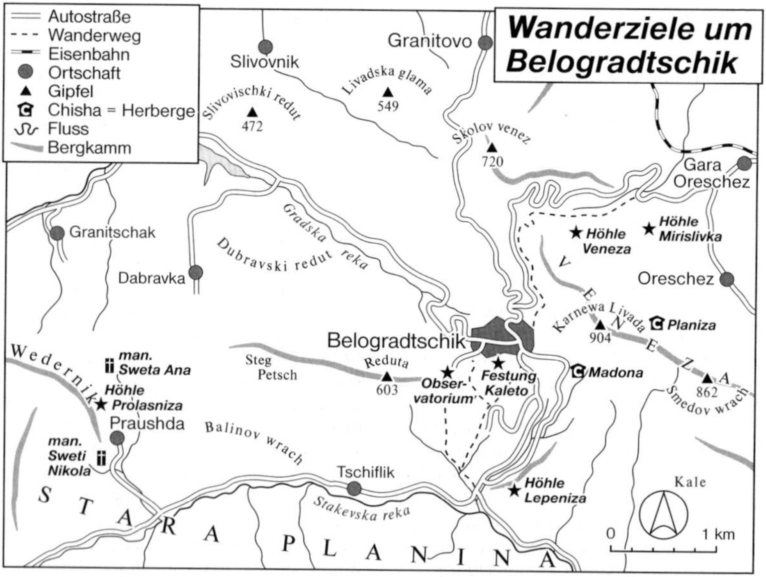

Naturverbunden: Festung Belogradtschik wurde in die Felsen gebaut

Umgebung von Belogradtschik

Peschterata Magura (Magura-Höhle)

Пещерата Магура

Die Weiterfahrt kann mit der Besichtigung der 30 km nördlich von Belogradtschik befindlichen Magura-Höhle verbunden werden, deren Tiefe bis zu einem Kilometer beträgt. Sie ist beleuchtet und eine der populärsten Höhlen in Bulgarien, am besten zu erreichen über die Dörfer Veschtiza, Oschane und Rajanovzi, nach letzterem biegt man rechts ab. Unweit vom ***Dorf Rabischa*** ist das Ziel erreicht.

Die Höhle weist drei Hauptgalerien auf. In 370 m Entfernung vom Eingang sind an den Wänden in geringer Höhe ***Zeichnungen*** in brauner Farbe entdeckt worden, die bezeugen, dass sie während der Jungsteinzeit und am Ende der Bronzezeit bewohnt war. In den großen Sälen wurden Überreste von ***Ureinwohnern*** aus dem 3. Jahrtausend v. Chr. freigelegt. Die Temperatur in der Höhle liegt bei 12,5 °C. Die Luft soll ideal für Asthmaleidende sein.

Normalerweise ist täglich von 9.00 bis 19.00 Uhr geöffnet. Bei unserem letzten Besuch war die Höhle jedoch wegen Privatisierungsproblemen geschlossen.

Am Fuße des Hügels gibt es eine bei Hitze zu nutzende herrliche Erfrischungsmöglichkeit im ***jasowir Rabischa,*** dem größten Süßwassersee Bulgariens. An seinem Ufer ist ein Campingplatz angesiedelt und in unmittelbarer Nähe des Höhleneingangs ein Restaurant und ein Motel.

Bevor man die Richtung Vidin ansteuert (oder auch auf dem Rückweg nach Sofia), bietet sich die Möglichkeit, noch ***drei kleinere Klöster*** zu besuchen. Diese Gotteshäuser sind bisher vom Tourismus

Die Felsen um Belogradtschik sind sehenswert

Steinerne Pilze ragen in den Himmel

verschont geblieben. Wer etwas Geheimnisvolles und noch absolut Romantisches kennen lernen will, sollte sich für diese Ziele entscheiden.

Rakowischkijat manastir

Раковишкият манастир

Man findet das Kloster nordwestlich von der Magura-Höhle unweit des ***Dorfes Rakoviza*** inmitten der waldigen Hügel des Westbalkans am Berg Tschernoglaw. Vermutlich lag die Gründung des Klosters im Mittelalter. Die Wandmalereien und Ikonen stammen aus der Zeit der Wiedergeburt von zwei Meistern der Schule in Trjavna.

Kloster Uspenie Bogoroditschno

манастир Успение Богородично

Das Kloster erreicht man am besten über Dimovo auf der E 79, 4 km östlich vom Dorf Isvor. Vom Dorfplatz biegt eine sehr schlechte, steinige Straße zu dem waldigen Hügel, wo sich das Kloster wirklich vor der Außenwelt versteckt hat. Über dieses Gebäude, das rund 130 Jahre älter ist als das Rilakloster, existieren keinerlei Angaben.

Die einzige Nonne hier, eine sehr alte Frau, verriet uns, dass das Kloster vor ungezählten Jahrhunderten dank einer ***Wunderquelle*** entstanden sei. Etwa 100 Schritte vom Kloster entfernt sprudelt diese kleine Quelle, die nur durch den Innenhof zu erreichen ist. Das Wasser dieser Quelle soll eine heilende Kraft besitzen: Gelähmte können wieder laufen, Kranke werden gesund, und außerdem gehen Wünsche in Erfüllung. Begleitet von Gebeten der Nonne zur Heiligen Gottesmutter, der Schutzherrin des Klosters, erzielt man nach einigen Tagen Trinken und Waschen die Heilung. Damit die Leidenden schnelle

Lockt Besucher an: die Wunderquelle

Hilfe erhalten und gleich im Kloster übernachten können, werden jetzt neue Räume gebaut.

Dobridolski manastir „Sweta Troiza"
Добридолски манастир

Vom Dorf Isvor fährt man geradeaus weiter direkt zur Donau und beim Dorf Artschar dann auf die Straße Nummer 11 nach rechts in südöstliche Richtung. Auf der Fernstraße bleibt man 24 km bis Dobri dol. Hier biegt man nochmals nach rechts Richtung Brusarzi, es sind jetzt aber nur noch 4 km. Das Kloster sieht man nicht gleich, weil es von lauter Grün verdeckt ist. Die Orientierung ist ein Brunnen links an der Straße.

Das Kloster wurde im Jahre 1150 gebaut, mehrmals geplündert und niedergebrannt. Die letzte große Zerstörung war 1710. Aufgebaut wurde das Kloster erst wieder 1860. In idyllischer Landschaft kann man heute in dem Gottesgemäuer für € 0,51/1 Lw (!) übernachten.

Vidin
Видин

68.000 Einwohner. Die Stadt verfügt über einen regen Donauhafen und ist durch eine ***Schiffsfähre*** mit dem gegenüberliegenden Kalafat in Rumänien verbunden. In Vidin beziehungsweise Kalafat bilden sich fast ganzjährig die längsten Warteschlangen, die es an einem bulgarischen ***Grenzübergang*** gibt. Die allgemeine Devise lautet: „Lieber länger, aber sicher an der Grenze warten, als in Unsicherheit lange durch Rumänien fahren." Die Strecke über Vidin stellt die kürzeste Verbindung von und nach Ungarn dar.

Vidin zählt zu den ältesten Städten Bulgariens. Die Kelten bauten hier schon im 3. Jh. v. Chr. eine Siedlung mit dem Namen Dunonia, die später von den Römern zu der starken, strategisch wichtigen Festung Bononia erweitert wurde. Von den Bulgaren wurde sie Bdin genannt.

Ende des 14. Jh. erklärte sie der bulgarische Herrscher *Iwan Srazimir* zur Hauptstadt des Nordwestbulgarischen Zarenreiches. Aus jener Zeit stammt die ***Festung,*** die unter dem Namen ***„Baba Vida"*** (Oma Vida) oder im Volksmund „Babini Vidini Kuli" (Oma-Vida-Türme) bekannt ist. *Vida* ist der Name einer mittelalterlichen bulgarischen Bojarin. Im Jahre 1396 wurde die Stadt von den Osmanen erobert.

Vidin war im Zweiten Bulgarischen Reich der exponierteste Punkt im Nordwesten des Landes und die Festung immer ein Ziel für Überraschungsangriffe der Ungarn oder der Reitervölker aus Südrussland. Heute ist „Baba Vida" ein großer und gut erhaltener viereckiger Bau mit mehreren massiven Toren, der von vier quadratischen Türmen an den Ecken be-

Die Festung am Donauufer

grenzt wird. Die dicken Mauern und Türme machen einen strengen und unzugänglichen Eindruck. An der Donau eine strategische Lage besetzend, liegt die Festung stadtseits inmitten eines Parks an der Donau-Promenade und wirkt heute sehr romantisch. Umgeben wird sie von einem tiefen, mit Donauwasser gefüllten Graben. Gelegentlich wird ein Teil der Festung als Freilichtbühne für Theatervorstellungen und andere Aufführungen genutzt.

An der Wende vom 18. zum 19. Jh. lebte in der Festung ein abtrünniger Janitscharen-Offizier, ***Osman Pasvantoglu*** (1792-1807), als selbstständiger osmanischer Herrscher über das Gebiet von Vidin. Er lehnte sich gegen den Sultan auf und unternahm sogar einige erfolgreiche Kriegszüge gegen ihn. *Pasvantoglu* war der Hohen Pforte teilweise so gefährlich, dass sie ihn bis zu seinem Tode gewähren ließ und er sein „Reich" behielt. Die Spuren dieses ehrgeizigen Mannes, der eigentlich das ganze Osmanische Reich hatte regieren wollen, kann man noch heute verfolgen. An ihn erinnert die kleine ***Moschee Pasvantoglu*** im Park am Donauufer, uliza Baba Vida 4, bekannt durch ihre schöne Tür und das Minarett, das an Stelle eines Halbmondes ein Herz trägt (eventuell auf Grund freimaurerischen Einflusses). Neben der Moschee steht noch ein kleiner Kuppelbau mit der von *Pasvantoglu* gegründeten Bibliothek. Sein ***Grab*** befand sich auf dem Friedhof der Mustapha-Pascha-Moschee, die im Zuge der Altstadtsanierung abgerissen wurde. Das Grab ist jedoch erhalten geblieben, allerdings dort, wo man es gar nicht vermutet: in dem modernen Stadtteil hinter vierstöckigen Neubaublöcken in einem nach einer Seite offenen Hof. Die Grabsäule trägt einen steinernen Turban und eine persische Inschrift.

Für einen anderen Türken gibt es ein weiteres erhalten gebliebenes Baudenkmal, und zwar für den im Jahre 1738 im

Österreichisch-Türkischen Krieg gefallenen ***Salachadin Baba,*** der als „Verteidiger“ Vidins in Erscheinung trat. Die Österreicher wollten damals - wenn auch nicht ganz uneigennützig - die Gebiete südlich der Donau von den Türken befreien. Ihm zu Ehren errichtete man ein islamisches Kloster.

Die ***Kathedrale Sweti Dimitar*** (1885-1889), in der Nähe der uliza Wassil Lewski, ist die in ihrer Schönheit, Größe und Pracht zweitgrößte des Landes mit wertvollen Fresken, Wandmalereien, Holzschnitzereien und Glasmalereien, gearbeitet von bulgarischen und ausländischen Künstlern. Unweit von der Kathedrale befindet sich das ***Historische Museum,*** uliza Georgi Dimitroff 55.

Sehenswert sind die ***Kirchen Sweti Pantelejmon*** (1643), uliza Baba Vida 15, ***und Sweta Petka*** (1633), uliza Knjas Boris I. nahe der Donaupromenade, deren Wände mit Malereien aus dem 17. Jh. bedeckt sind.

Übernachtung/Kulinarisches

- ***Hotel „Bononia“,*** zwei Sterne, uliza Bdin 4, im Stadtzentrum, Tel. (094) 23031.
- ***Hotel „Rovno“,*** zwei Sterne, uliza Todor Petrow 4, Tel. (094) 24402.
- ***Turistitscheski dom*** (Touristisches Haus), uliza Iskra 3, gegenüber dem Hafen, Tel. (094) 22813.
- ***Hotel „DNA“*** (eigentlich ein Haus nur für Offiziere; aber auch hier sieht man das nicht mehr so streng), uliza Baba Vida, WC/D im Korridor, sehr sauber; mit bewachtem Parkplatz, pro Bett etwa € 5,10 (10 Lw) ohne Frühstück.
- ***Chisha „Boshuriza“,*** 16 km von Vidin entfernt nach dem Dorf Dunavzi.
- ***Camping,*** in der Nähe des Grenzübergangs; nicht zu empfehlen.

Weitere nützliche Adressen

- ***Poliklinik,*** uliza Michail Georgiew, nahe dem ploschtad Osmi mart.
- ***Stomatologische Poliklinik,*** uliza Georgi Dimitroff, gegenüber dem Historischen Museum.
- ***Mineralbank,*** ploschtad Bdinzi, im Gerichtsgebäude, IV. Etage.
- ***Post,*** ploschtad Saedinenie.

Brunnen im Zentrum von Vidin

Transport

- ***Binnenhafen,*** seit der Wende gibt es große Schwierigkeiten im Passagierschiffsverkehr. Normalerweise existieren Verbindungen zu allen anderen Donauhäfen sowie eine Schiffslinie Vidin - Passau.
- ***Bahnhof,*** Eisenbahnlinie Mesdra - Bojtschinovzi - Vidin.
- ***„Dunav-Awtotransport“,*** uliza Shelesnitscharska 34, Tel. (094) 22127. Transport von Waren und Passagieren im In- und Ausland, Autoservice und -Ersatzteile.

Weiterreise

Nachdem man auf der Hinfahrt das Maximum gesehen hat, empfiehlt sich eine schnelle ***Rückfahrt nach Sofia*** auf der E 79 bis Montana und dann auf der Straße 81. Nach Berkoviza folgt der Petrochanskija prochod (Petrochan-Pass), wo am Straßenrand herrlicher Honig und bulgarischer Joghurt gekauft werden kann.

... Oder man steuert auf einer beliebigen Straße das Gebiet Lovetsch an.

Touristenattraktion Folkloretanz (Foto: LP)

Anhang

Kleine Sprachhilfe

„Ch" wird wie im deutschen Wort *„ach"* ausgesprochen. *„Sh"* wie *g* in „Garage". Der Akzent markiert die Betonung.

Grüßen/Verabschieden

dobró útro!	Guten Morgen!
dóbar den!	Guten Tag!
dóbar wétscher!	Guten Abend!
léka noscht!	Gute Nacht!
dowíshdane!	Auf Wiedersehen!

Höflichkeit

blagodarjá	danke!
mólja	bitte

In der Stadt

stóliza	Hauptstadt
grad	Stadt
stárija grad	Altstadt
kwartál	Wohngebiet
blok	Block, Wohnblock
káschta	Haus
úliza	Straße
bulewárd	Boulevard
ploschtád	Platz
zéntar	Zentrum
most	Brücke
park	Park

Auf dem Dorf

sélo	Dorf
píwniza	Dorfkneipe
pat	Weg
polé	Feld
gradína	Garten
lóse	Weingarten
magáre	Esel
kon	Pferd

Übernachtung

noschtúwka sas/bes sakúska	Übernachtung mit/ohne Frühstück
hotél	Hotel
tschástna kwartíra	Privatquartier
motél	Motel
kámping	Campingplatz
palátka	Zelt
bungálo	Holzhäuschen
chísha	Herberge
turistítscheski dom	Touristenhaus
kljutsch	Schlüssel
stája	Zimmer
nómer na stájata	Zimmernummer
telewísor	Fernsehapparat
telefón	Telefon
kúchnja	Küche
chladílnik	Kühlschrank
pétschka	Herd
legló	Bett
bánja	Bad
dusch	Dusche
wána	Badewanne
tópla wodá	warmes Wasser
toalétna	Toilette
toalétna chartíja	Toilettenpapier

Essen und Trinken

restoránt	Restaurant
mechaná	Nationalitäten-gaststätte
krátschma	Kneipe
nóschten bar	Nachtbar
diskotéka	Diskothek
menjú	Speisekarte

Einkaufen

uniwersálen magasín	Kaufhaus
magasín sa chranítelni stóki	Lebensmittel-geschäft
supermarkét	Supermarkt
chlebárniza	Bäckerei
messárniza	Fleischerei
pasár	Bauernmarkt
fotográfsko atelié	Fotogeschäft, -atelier

Kulturelles

teátar	Theater
léten teátar	Freilichttheater

kúklen teátar	Puppentheater
ópera	Oper
kíno	Kino
kultúren dom oder *dom na kultúrata*	Kulturhaus
tschitálischte	Lesehalle
bibliotéka	Bibliothek

Nützliches

póschta	Post
pismó	Brief
póschtenski márki	Briefmarken
plik sa pismó	Briefumschlag
lístowe sa pismá	Briefpapier
póschtenska kártitschka	Postkarte
telefónna zentrála	Telefonzentrale
telegráma	Telegramm
lékar	Arzt
bólniza	Krankenhaus
poliklínika	Poliklinik
stomatologítscha poliklínika	Stomatologische Klinik
sabolékar	Zahnarzt
polízija	Polizei (ehem. Miliz)
polizáj	Polizist
turistítscheska fírma	Reisebüro
ekskursowód	Reiseleiter
prewodátsch	Dolmetscher
bánka	Bank
obménno bjuró	Wechselstube

Sehenswertes

istorítscheski muséj	Museum für Geschichte
káschta-muséj	„Haus-Museum" (Wiedergeburtshaus; Geburts- oder Wohnhaus einer bedeutenden Person)
etnográfski muséj	Ethnografisches Museum
priródonaútschen muséj	Naturkundemuseum
mawsoléj	Mausoleum
chudóshestwena galérija	Kunstgalerie
trakíjska gróbniza	thrakisches Grabmal
gróbischte	Friedhof
pámetnik	Denkmal
dworéz	Palast, Schloss
rímska krépost	römische Festung
manastír	Kloster
skálen manastír	Felsenkloster
zárkwa	Kirche
ikóna	Ikone
oltár	Altar
ikonostás	Ikonostase
krípta	Krypta
swescht	Kerze
pop, sweschténik	Pope
dshamíja	Moschee
minaré	Minarett

Geografisches

planiná	Gebirge
bílo	Kamm
wrach	Gipfel
chalm oder *baír*	Hügel
skalí	Felsen (Mehrzahl)
própast	Abgrund, Schlucht
peschterá	Höhle
doliná	Tal
gorá (bórowa gorá)	Wald (Kiefernwald)
poljána	Wiese
reká	Fluss
wodopád	Wasserfall
íswor	Quelle
potók	Bach
ésero	See
jasowír	Stausee
moré	Meer
Tschérno moré	Schwarzes Meer
óstrov	Insel
plash	Strand

Transport

magistrála	Autobahn
párking	Parkplatz
shelesopátna gára, kurz: *she-pe-gára* oder *gára*	Bahnhof
kolowós	Bahnsteig
eksprés	Expresszug
bars wlak	Schnellzug
pátnitscheski wlak	Personenzug
bilét	Fahrkarte
platzkárta	Platzkarte
wagón	Eisenbahnwagen
spálen wagón	Schlafwagen
kuschét wagón	Liegewagen
wagón sa puschátschi	Raucherabteil
wagón sa nepuschátschi	Nichtraucherabteil
awtobúsna gára	Busbahnhof
letíschte oder *aerogára*	Flughafen
samolét	Flugzeug
táksi	Taxi
tramwájna spírka	Straßenbahnhaltestelle
trolejbúsna spírka	Trolleybushaltestelle
awtobúsna spírka	Bushaltestelle
pristánischte	Hafen
bensinostánzija	Tankstelle
besolówen bensín	bleifreies Benzin
swetofár	Ampel
awtoservís	Autowerkstatt

Häufige Fragen

Kadé se namíra ...?	Wo befindet sich …?
Kólko strúwa towá?	Wieviel kostet das?
Kak se káswa towá?	Wie heißt das?
íma li ...?	Gibt es …?
Kogá trágwa wlákat,	Wann fährt der Zug?
awtobúsat sa ...?	der Bus nach ..?
Kogá islíta samolétat sa ...?	Wann fliegt das Flugzeug nach …?

Zahlen

0	*núla*
1	*ednó*
2	*dwe*
3	*tri*
4	*tschétiri*
5	*pet*
6	*schest*
7	*sédem*
8	*óssem*
9	*déwet*
10	*désset*
11	*edinádesset*
12	*dwanádesset*
13	*trinádesset*
14	*tschetirinádesset*
15	*petnádesset*
16	*schestnádesset*
17	*sedemnádesset*
18	*ossemnádesset*
19	*dewetnádesset*
20	*dwádesset*
21	*dwádesset i ednó*
22	*dwádesset i dwe*
30	*trídesset*
40	*tschetirídesset*
50	*petdessét*
60	*schestdessét*
70	*sedemdessét*
80	*ossemdessét*
90	*dewetdessét*
100	*sto*
200	*dwésta*
300	*trísta*
400	*tschétiristotin*
500	*pétstotin*
600	*schéststotin*
700	*sédemstotin*
800	*óssemstotin*
900	*déwetstotin*
1000	*chíljada*

Orte Deutsch – Kyrillisch

Acheloj	Ахелой
Achtopol	Ахтопол
Agalina, Kap	нос Агалина
Ajtos	Айтос
Aladsha manastir	Аладжа манастир
Albena	Албена
Alepu	Алепу
Aprilzi	Априлци
Arbanassi	Арбанаси
Assenovgrad	Асеновград
Baltschik	Балчик
Bansko	Банско
Bardarski geran	Бърдарски геран
Batak	Батак
Batoschewski manastir	Батошевски ман.
Batschkovski manastir	Бачковски ман.
Belimel	Белимел
Belogradtschik	Белоградчик
Bistreschkijat manastir	Бистрешкият ман.
Bjala	Бяла
Blagoevgrad	Благоевград
Boboschevo	Бобошево
Borovez	Боровец
Boshenzi	Боженци
Boshijat most	Божият мост
Brazigovo	Брацигово
Bresnik	Брезник
Bresniza	Брезница
Brestniza	Брестница
Burgas	Бургас
Busludsha	Бузлуджа
Chadshidimovo	Хаджидимово
Charmanli	Харманли
Chaskovo	Хасково
Chissarja	Хисаря
Deltschevo	Делчево
Djuni	Дюни
Djuni	Дюни
Dobridolski manastir	Добридолски ман.
Dobritsch	Добрич
Dolen	Долен
Dragoevo	Драгоево
Drjanovo	Дряново
Drjanovski manastir	Дряновски ман.
Duchlata-Höhle	пещтера Духлата
Durankulak	Дуранкулак
Elena	Елена

Elenite	Елените
Escus	Гиген
Etara	Етъра
Etropole	Етрополе
Etropolski manastir	Етрополски ман.
Gabrovo	Габрово
Galata	Галата
Garmen	Гърмен
Giginzi	Гигинци
Gloshenskija manastir	Гложенския ман.
Gorna Luka	Горна Лука
Gorna Orjachoviza	Горна Оряховица
Gumoschtnik	Гумощник
Iskrezki manastir	Искрецки ман.
Ivajlovgrad	Ивайловград
Ivanovo	Иваново
Jambol	Ямбол
Kabile	абиле
Kadin most	Кадин мост
Kakrina	Къкрина
Kalofer	Калофер
Kamtschija	Камчия
Kapinovski manastir	Капиновски ман.
Kardshali	Кърджали
Karlovo	Карлово
Karlukovo	Карлуково
Karnobat	Карнобат
Kasanlak	Казанлък
Kavarna	Каварна
Kawazite	Кавацитe
Kiten	Китен
Kjustendil	Кюстендил
Klissura	Клисура
Klokotniza	Клокотница
Kopilovzi	Копиловци
Koprivschtiza	Копривщица
Kotel	Котел
Kotschovo	Кочово
Kovatscheviza	Ковачевица
Krajmorie	Крайморие
Kranevo	Кранево
Krapez	Крапец
Kunino	Кунино
Lakatnik	Лакатник
Ledenika-Höhle	Леденика пещера
Lopuschanskija man.	Лапушанския манастир
Losenez	Лозенец
Lovetsch	Ловеч
Maglish	Мъглиж
Magura-Höhle	Пещерата Магура
Malko Tarnovo	Малко Търново

manastir Sweta Troiza	манастир Света Троица
manastir Sweti Ilija	манастир Свети Илия
manastir Sweti Petar i Pawel	манастир Свети Петър и Павел
manastir Uspenie Bogoroditschno	манастир Успение Богородично
Melnik	Мелник
Mesdra	Мездра
Mesek	Мезек
Mineralni bani	Минерални бани
Mischin kamak	Мишин камък
Mitrovzi	Митровци
Montana	Монтана
Nessebar	Несебър
Nevrokop	Неврокоп
Nicopolis ad Istrum	Никюп
Nova Sagora	Нова Загора
Novi Iskar	Нови Искър
Novi Pasar	Нови Пазар
Obrotschischte	Оброчище
Obsor	Обзор
Okoltschiza	Околчица
Oreschak	Орешак
Pamporovo	Пампорово
Panagjurischte	Панагюрище
Pasardshik	Пазарджик
Pawel banja	Павел баня
Pernik	Перник
Peruschtiza	Перущица
Peschtera	Пещера
Pet mogili	Пет могили
Pleven	Плевен
Pliska	Плиска
Plovdiv	Пловдив
Pobiti kamani	Побити камъни
Poganovskija manastir	Погановския ман.
Pomorie	Поморие
Pordim	Пордим
Pravez	Правец
Preobrashenski manastir	Преображенски манастир
Preslav	Преслав
Prevala	Превала
Primorsko	Приморско
Prissovski manastir	Присовски ман.
Prochod na Republikata	проход на Републиката
Rajskija saliv	Райския залив
Rasboischki manastir	Разбоишки манастир
Rasgrad	Разград
Ravda	Равда
Ravna	Равна
Ribariza	Рибарица
Rila	Рила
Rilski manastir	Рилски манастир
Ropotamo	Ропотамо
Roshenski manastir	Роженски ман.
Russe	Русе
Samokov	Самоков
Sandanski	Сандански
Sarafovo	Сарафово
Schabla	Шабла
Schipka	Шипка
Schipka-Pass	Шипченския проход
Schipkovo	Шипково
Schiroka laka	Широка лъка
Schkorpilovzi	Шкорпиловци
Schumen	Шумен
Semen	Земен
Seslavski manastir	Сеславски ман.
Sevlievo	Севлиево
Sgalevo	Згалево
Sheravna	Жеравна
Silistra	Силистра
Simselen	Зимзелен
Sinemorez	Синеморец
Sinite kamani	Сините камани
Slantschev brjag	Слънчев бряг
Slantschev brjag	Слънчев бряг
Slatna Panega	Златна Панега
Slatni pjassazi	Златни пясъци
Sliven	Сливен
Smijski ostrov	Змийски остров
Smoljan	Смолян
Sofia	София
Sokolski manastir	Соколски ман.
Sopot	Сопот
Sosopol	Созопол
Stara Sagora	Стара Загора
Staro Orjachovo	Старо Оряхово
Steinerne Pilze	Каменните гъби
Stob	Стоб
Streltscha	Стрелча
Strupez	Струпец
Sveschtari	Свещари
Svilengrad	Свиленград
Svischtov	Свищов
Sweti Konstantin i Elena	Св. Константин и Елена
Targovischte	Търговище

Teschevo	Тешево
Teteven	Тетевен
Topolovgrad	Тополовград
Tran	Трън
Trjavna	Трявна
Trojan	Троян
Trojanski manastir	Троянски ман.
Trojanski prochod	Троянски проход
Tschepelare	Чепеларе
Tscherni Osam	Черни Осъм
Tschernomorez	Черноморец
Tscherven	Червен
Tschiprovskija manastir	Чипровския ман.
Tschiprovzi	Чипровци
Tschudnite mostowe	Чудните мостове
Tuslata	Тузлата
Varbiza	Върбица
Varna	Варна
Veliko Tarnovo	Велико Търново
Velingrad	Велинград
Vidin	Видин
Vojvoda	Войвода
Voneschta voda	Вонеща вода
Vratzata-Schlucht	Вратцата пролом
Vraza	Враца
Wranata woda	Враната вода
Zarevo	Царево

Orte Kyrillisch – Deutsch

Агалина	Agalina
Айтос	Ajtos
Аладжа манастир	Aladsha manastir
Албена	Albena
Алепу	Alepu
Априлци	Aprilzi
Арбанаси	Arbanassi
Асеновград	Assenovgrad
Ахелой	Acheloj
Ахтопол	Achtopol
Балчик	Baltschik
Банско	Bansko
Батак	Batak
Батошевски ман.	Batoschewski man.
Бачковски ман.	Batschkovski man.
Белимел	Belimel
Белоградчик	Belogradtschik
Бистрешкият ман.	Bistreschkijat man.
Благоевград	Blagoevgrad
Бобошево	Boboschevo
Боровец	Borovez
Боженци	Boshenzi
Божият мост	Boshijat most
Брацигово	Brazigovo
Брезник	Bresnik
Брезница	Bresniza
Брестница	Brestniza
Бургас	Burgas
Бузлуджа	Busludsha
Бърдарски геран	Bardarski geran
Бяла	Bjala
Върбица	Varbiza
Варна	Varna
Велико Търново	Veliko Tarnovo
Велинград	Velingrad
Видин	Vidin
Войвода	Vojvoda
Вонеща вода	Voneschta Voda
Вратцата пролом	Vratzata-Schlucht
Враца	Vraza
Враната вода	Wranata woda
Габрово	Gabrovo
Галата	Galata
Гиген	Escus
Гигинци	Giginzi
Гложенския ман.	Gloshenskija man.
Горна Лука	Gorna Luka
Горна Оряховица	Gorna Orjachoviza
Гумощник	Gumoschtnik
Гърмен	Garmen
Делчево	Deltschevo
Добридолски ман.	Dobridolski man.
Добрич	Dobritsch
Долен	Dolen
Драгоево	Dragoevo
Дряново	Drjanovo
Дряновски ман.	Drjanovski man.
Дуранкулак	Durankulak
Дюни	Djuni
Дюни	Djuni
Дуранкулак	Durankulak
Духлата	Duchlata
Елена	Elena
Елените	Elenite
Етрополе	Etropole
Етрополски ман.	Etropolski man.
Етъра	Etara
Жеравна	Sheravna
Згалево	Sgalevo
Земен	Semen
Зимзелен	Simselen
Сините камани	Sinite kamani
Златна Панега	Slatna Panega
Златни пясъци	Slatni pjassazi

Змийски остров	Smijski ostrov
Искрецки манастир	Iskrezki manastir
Ивайловград	Ivajlovgrad
Иваново	Ivanovo
Кабиле	Kabile
Каварна	Kavarna
Каваците	Kawazite
Кадин мост	Kadin most
Казанлък	Kasanlak
Калофер	Kalofer
Камчия	Kamtschija
Капиновски ман.	Kapinovski man.
Карлово	Karlovo
Карлуково	Karlukovo
Карнобат	Karnobat
Клисура	Klissura
Килифаревски ман.	Kilifarevski man.
Китен	Kiten
Клокотница	Klokotniza
Копиловци	Kopilovzi
Копривщица	Koprivschtiza
Котел	Kotel
Кочово	Kotschovo
Ковачевица	Kovatscheviza
Краймориe	Krajmorie
Кранево	Kranevo
Крапец	Krapez
Кремиковски ман.	Kremikovski man.
Кунино	Kunino
Кърджали	Kardshali
Кьркрина	Kakrina
Кюстендил	Kjustendil
Лакатник	Lakatnik
Ловеч	Lovetsch
Леденика пещера	Ledenika-Höhle
Лозенец	Losenez
Пещерата Магура	Magura-Höhle
Малко Търново	Malko Tarnovo
ман. Света Троица	man. Sweta Troiza
ман. Свети Илия	manastir Sweti Ilija
ман. Свети Петър и Павел	Man. Sweti Petar i Pawel
ман. Свети Илия	man. Sweti Ilija
Мелник	Melnik
Мездра	Mesdra
Мезек	Mesek
Минерални бани	Mineralni bani
Мишин камък	Mischin kamak
Митровци	Mitrovzi
Монтана	Montana
Мъглиж	Maglish
Несебър	Nessebar
Неврокоп	Nevrokop
Никюп	Nicopolis
Нова Загора	Nova Sagora
Нови Искър	Novi Iskar
Нови Пазар	Novi Pasar
Оброчище	Obrotschischte
Обзор	Obsor
Околчица	Okoltschiza
Орешак	Oreschak
Павел баня	Pawel banja
Пазарджик	Pasardshik
Пампорово	Pamporovo
Панагюрище	Panagjurischte
Перник	Pernik
Перущица	Peruschtiza
Пет могили	Pet mogili
Пещера	Peschtera
Плевен	Pleven
Плиска	Pliska
Пловдив	Plovdiv
Побити камъни	Pobiti kamani
Погановския ман.	Poganovskija man.
Поморие	Pomorie
Пордим	Pordim
Правец	Pravez
Превала	Prevala
Преображенски ман.	Preobrashenski man.
Преслав	Preslav
Присовски ман.	Prisovski man.
Приморско	Primorsko
проход на Републиката	Prochod na Republikata
Равда	Ravda
Равна	Ravna
Разград	Rasgrad
Райския залив	Rajskija saliv
Рибарица	Ribariza
Рила	Rila
Рилски манастир	Rilski manastir
Роженски ман.	Roshenski man.
Ропотамо	Ropotamo
Русе	Russe
Самоков	Samokov
Сандански	Sandanski
Сарафово	Sarafovo
Сеславски ман.	Seslavski manastir
Севлиево	Sevlievo
Силистра	Silistra
Синеморец	Sinemorez
Слънчев бряг	Slantschev brjag
Слънчев бряг	Slantschev brjag
Сливен	Sliven

Смолян	Smoljan
София	Sofia
Соколски ман.	Sokolski manastir
Сопот	Sopot
Созопол	Sosopol
Стара Загора	Stara Sagora
Старо Оряхово	Staro Orjachovo
Каменните гъби	Steinerne Pilze
Стоб	Stob
Стрелча	Streltscha
Струпец	Strupez
Свещари	Sveschtari
Свиленград	Svilengrad
Свищов	Svischtov
Свети Константин и Елена	Sweti Konstantin i Elena
Търговище	Targovischte
Тешево	Teschevo
Тетевен	Teteven
Тополовград	Topolovgrad
Трън	Tran
Трявна	Trjavna
Троян	Trojan
Троянски манастир	Trojanski manastir
Троянски проход	Trojanski prochod
Тузлата	Tuslata
Хаджидимово	Chadshidimovo
Харманли	Charmanli
Хасково	Chaskovo
Хисаря	Chissarja
Царево	Zarevo
Чепеларе	Tschepelare
Черни Осъм	Tscherni Osam
Черноморец	Tschernomorez
Червен	Tscherven
Чипровци	Tschiprovzi
Чудните мостове	Tschudnite mostowe
Шабла	Schabla
Шипка	Schipka
Шипково	Schipkovo
Шипченския проход	Schipka-Pass
Широка лъка	Schiroka laka
Шкорпиловци	Schkorpilovzi
Шумен	Schumen
Ямбол	Jambol

Reise-Gesundheits-Information
Bulgarien

Stand: 24.02.2003

Die nachstehenden Angaben dienen der raschen Orientierung, was für eine geplante Reise in das Land an Gesundheitsvorsorgemaßnahmen zu berücksichtigen sind. Die Informationen wurden uns freundlicherweise vom *Centrum für Reisemedizin* zur Verfügung gestellt. Auf der Homepage: **www.Travelmed.de** werden diese Informationen stetig aktualisiert. Es lohnt sich, dort noch einmal nachzuschauen.

Klima: Beckenlandschaften im Süden (Maritzatal) und Südwesten (Strumatal) mediterran beeinflusst, Norden kontinental geprägt.

EINREISE-IMPFVORSCHRIFTEN
keine

EMPFOHLENER IMPFSCHUTZ
Generell: Tetanus, Diphtherie

Je nach Reisestil und Aufenthaltsbedingungen im Lande sind außerdem zu erwägen:

Impfschutz	Reisebedingung 1*	Reisebedingung 2**	Reisebedingung 3
Hepatitis A	x	x	
Hepatitis B (1)	x		
FSME (2)	x		
Tollwut (3)	x		

(1) vor allem bei Langzeitaufenthalten und engerem Kontakt zur einheimischen Bevölkerung.
(2) April – Oktober, nur bei beruflicher Tätigkeit oder Freizeitaktivitäten mit möglicher Zeckenexposition in endemischen Gebieten
(3) bei vorhersehbarem Umgang mit Tieren

***Reisebedingung 1:**

Reise durch das Landesinnere unter einfachen Bedingungen (Rucksack- /Trecking- /Individualreise) mit einfachen Quartieren/Hotels; Camping-Reisen, Langzeitaufenthalte, praktische Tätigkeit im Gesundheits- o. Sozialwesen, enger Kontakt zur einheimischen Bevölkerung wahrscheinlich;

****Reisebedingung 2:**

Aufenthalt in Städten oder touristischen Zentren mit (organisierten) Ausflügen ins Landesinnere (Pauschalreise, Unterkunft und Verpflegung in Hotels bzw. Restaurants mittleren bis gehobenen Standards);

Reisebedingung 3:

Aufenthalt ausschließlich in Großstädten oder Touristikzentren (Unterkunft und Verpflegung in Hotels bzw. Restaurants gehobenen bzw. europäischen Standards);

Wichtiger Hinweis

Welche Impfungen letztendlich vorzunehmen sind, ist abhängig vom aktuellen Infektionsrisiko vor Ort, von der Art und Dauer der geplanten Reise, vom Gesundheitszustand sowie dem eventuell noch vorhandenen Impfschutz des Reisenden.

Da im Einzelfall unterschiedlichste Aspekte zu berücksichtigen sind, empfiehlt es sich immer, rechtzeitig (etwa 4 bis 6 Wochen) vor der Reise eine persönliche Reise-Gesundheits-Beratung bei einem reisemedizinisch erfahrenen Arzt oder Apotheker in Anspruch zu nehmen (Anschriften qualifizierter Beratungsstellen, siehe unten).

Aktuelle Meldungen

HIV-Test: Ausländer, die länger als 1 Monat im Lande bleiben, müssen sich innerhalb von 72 Stunden nach Ankunft einem HIV-Test unterziehen. In der Praxis wird diese Regelung bei Reisenden aus Europa und Nordamerika nicht angewandt bzw. mitgebrachte Zeugnisse anerkannt, wenn sie nicht älter als einen Monat sind. HIV-positive Personen können ausgewiesen werden.

Unter www.travelmed.de finden Sie Adressen von

- Apotheken mit qualifizierter Reise-Gesundheits-Beratung (nach Postleitzahlgebieten).
- Impfstellen und Ärzte mit Spezialsprechstunde Reisemedizin (nach Postleitzahlgebieten).
- Abruf eines persönlichen Gesundheitsvorsorge-Briefes für die geplante Reise.
- Kurze Beschreibung aller hier erwähnten Krankheiten

Literaturtipps

Ausführliche Hinweise siehe im Kapitel „Literatur".

Erzählungen, Romane und Lyrik

- ***Der Eiserne Leuchter*** u.a. bulgarische Erzählungen. Auswahl und Redaktion von *Michael Rehs* unter Mitwirkung von *Nadja Kozuharova*. Horst Erdmann Verlag 1967.
- ***Sonnenquadrat auf winterlichem Strand.*** Junge bulgarische Erzähler. Eine Auswahl. Herausgegeben von *G.H. Herzog* und *Ljuben Dilow*. Limes Verlag 1969.
- ***Der Mandelzweig.*** Moderne bulgarische Prosa. Herausgegeben von *Hartmut Herboth*. Aufbau-Verlag 1969.
- ***Die Pannonischen Legenden.*** Das Leben der Slawenapostel *Kyrill* und *Method*. Übertragen, herausgegeben und mit einem Nachwort von *Norbert Randow*. Mit 12 Farbholzschnitten von Maria Hiszpanska-Neumann. Union-Verlag 1972, (3. Auflage 1977).
- ***Märchen aus Bulgarien.*** Übersetzt von *Hilde Fey*. Fischer Taschenbuch Verlag 1977.
- ***Quellen reinsten Wassers ...*** Eine Anthologie bulgarischer mittelalterlicher Literatur. Auswahl, Einführung und Anmerkungen von *Donka Petkanova*. Edition Neue Wege 1979.
- ***Elegie.*** Junge bulgarische Prosa. Deutsch von *Hartmut Herboth*. Ausgewählt von *Barbara Antkowiak*. Aufbau-Verlag 1986 (Edition Neue Texte)
- ***Märchen aus Bulgarien.*** Herausgegeben von *Elena Ognjanowa*. Insel-Verlag 1987.
- ***Dudelsack live.*** Neue Erzählungen und Novellen aus Bulgarien. Herausgegeben und mit einem Nachwort von *Dietmar Endler*. Verlag Tribüne Berlin GmbH 1990.
- *Botew, Christo:* ***Schwarz wie eine Wolke.*** Gedichte, Publizistik und Briefe. Herausgegeben von Wolfgang Köppe. Deutsch von Wolfgang Köppe und Inge Kuschel. Nachdichtung von Franz Fühmann. Reclam 1976 (RUB 599)
- *Chaitow, Nikolai:* ***Wilde Geschichten.*** Deutsch und mit einem Nachwort von Hartmut Herboth. Aufbau-Verlag 1973.
- *Dimitrowa, Blaga:* ***Fenster zur Hoffnung.*** Gedichte. Herausgegeben und aus dem Bulgarischen nachgedichtet von *Wolfgang Köppe*. Mit einem Nachwort von Barbara Antkowiak. Verlag Volk und Welt 1986.
- *Dimitrowa, Blaga:* ***Die Lawine.*** Roman. Deutsch von Egon Hartmann. Verlag Volk und Welt 1981.
- *Dimitrova, Blaga:* ***Verurteilt zur Liebe.*** Gedichte. Aus dem Bulgarischen von Rumjana Zacharieva. Edition Xylos 1981.
- *Dimow, Dimiter:* ***Tabak.*** Roman. Deutsch von Josef Klein. Verlag Volk und Welt 1957 (6.Auflage 1981).
- *Jowkow, Jordan:* ***Balkanlegenden.*** Aus dem Bulgarischen übersetzt von Ziwka Dragnewa. Verlag Volk und Welt 1959.
- *Konstantinow, Aleko:* ***Bai Ganju, der Rosenölhändler.*** Herausgegeben von *Norbert Randow*. Deutsch von Georg Adam, Hartmut Herboth und Norbert Randow. Reclam 1974 (RUB 568).
- *Korudshiew, Dimiter:* ***Der Garten mit den Amseln.*** Erzählung. Deutsch von Barbara Antkowiak. Verlag Volk und Welt 1987.
- *Milew, Geo:* ***Tag des Zorns.*** Gedichte. Herausgabe und Nachdichtungen von Wolfgang Köppe. Das Poem „September" wurde von Norbert Randow und Martin Remane nachgedichtet. Verlag Volk und Welt 1975.
- *Mutaftschiewa, Wera:* ***Spielball von Kirche und Thron.*** Historischer Roman. Deutsch von Hartmut Herboth. Rütten & Loening 1971 (3.Auflage 1980).
- *Paissi von Chilandar:* ***Slawobulgarische Geschichte.*** Übersetzt, herausgegeben und kommentiert von Norbert Randow. Insel-Verlag 1984 (Insel-Bücherei 683).
- *Petrow, Iwailo:* ***Wolfsjagd.*** Roman. Aus dem Bulgarischen von Egon Hartmann. Verlag Volk und Welt 1989.
- *Raditschkow, Jordan.* ***Die fliegende Kreissäge und andere merkwürdige Geschichten.*** Deutsch von Egon Hartmann. Verlag Volk und Welt 1973.
- *Raditschkow, Jordan.* ***Dem Herrgott vom Wagen gefallen.*** Kurzgeschichten. Deutsch von Egon Hartmann, Hartmut Herboth und Andreas Tretner. Herausgegeben und mit einem Nachwort versehen von Andreas Tretner. Mit 6 Zeichnungen von Jordan Raditschkow. Reclam 1987 (RUB 1191).

- *Sofroni von Wraza:* **Leben und Leiden des sündigen Sofroni.** Übersetzt, herausgegeben und kommentiert von Norbert Randow. Mit 20 Holzschnitten von Iwan Koshucharow. Insel-Verlag 1976 (2. Auflage 1979)
- *Stanew, Emilijan:* **Der Antichrist.** Historischer Roman. Deutsch von Hartmut Herboth. Rütten & Loening 1974.
- *Stojanow, Sachari:* **Der Aufbruch der Fliegenden Schar.** Chronik der bulgarischen Aufstände 1875/76. Deutsch und mit einer Einführung von Hartmut Herboth. 2 Bde, Rütten & Loening 1978.
- *Wasow, Iwan:* **Unter dem Joch.** Der von Norbert Randow bearbeiteten Fassung liegt eine Übersetzung von Toma Topolov zugrunde. Mit einer Einführung von Erich Arendt und einem Nachwort von Norbert Randow. Verlag Neues Leben 1967.
- *Wasow, Iwan:* **Die brennenden Garben.** Ausgewählte Erzählungen. Aus dem Bulgarischen übertragen von Norbert Randow, Nachdichtungen von Uwe Grüning. Mit einem Nachwort von Norbert Randow. Insel-Verlag 1978 (Insel-Bücherei 1019).
- *Wasow, Iwan:* **Im Schoße der Rhodopen (Wanderungen durch Bulgarien).** Bulgariens Bergwelt und ihre Menschen mit den Augen des Patriarchen der bulgarischen Literatur zu Anfang des 20. Jahrhunderts gesehen. Rütten & Loening 1982.
- *Shetschew, Tontscho:* **Erlebnisse und Reflexionen eines Pygmalion.** Roman. Deutsch von Egon Hartmann. Weimar: Kiepenheuer 1987.

Kunst- und Kulturgeschichte

- *Tschilingirov, Assen*: **Kulturgeschichte im Prisma: Bulgarien, vom Altertum bis 1878.** Prisma-Verlag Zenner u. Gürchott 1986.
- *Boschkov, Atanas:* **Die bulgarische Ikone.** Historische Entwicklung, ikonografische und stilistische Besonderheiten, mit zweiundzwanzig farbigen und dreiundfünfzig einfarbigen Abbildungen, Henschelverlag Kunst und Gesellschaft, 1986.
- *Boschkov, Atanas:* **Die bulgarische Volkskunst.** Recklinghausen 1972.

Boschkov, Atanas: **Die bulgarische Malerei** (Von den Anfängen bis zum 19. Jahrhundert). Recklinghausen 1969.

- *Venedikov, Ivan* und *Gerassimov, Todor:* **Thrakische Kunst.** E.A. Seemann Verlag, 1976.
- *Filov, Bogdan:* **Geschichte der altbulgarischen Kunst im altbulgarischen Reich bis zu seiner Eroberung durch die Türken,** 1932.

Neue bulgarische Literatur

- *Kantschev, Nikolai:* **Musik aus Sphären, die ich hör**. Gedichte (Zweisprachige Ausgabe). Übersetzt von Barbara Beyer, Erich Arendt, Richard Pietraß, Jochen Laabs, Elke Erb, Stefan Döring, Gregor Laschen, Joachim P. Tammen und Oscar Pastior. ANGO BOY Presse 1996.
- *Kantschev, Nikolai:* **Im weißen Raum der Unendlichkeit.** Gedichte (Zweisprachige Ausgabe). Übertragen von Barbara Beyer. ANGO BOY 1996.
- *Kantschev, Nikolai:* **Weiße Akazie in Weissenkirchen.** Gedichte (Zweisprachige Ausgabe). Übertragen von Barbara Beyer. ANGO BOY 1997.
- *Nikolov, Ljubomir:* **Nur ein Steinwurf vom Diesseits des Jenseits.** Gedichte. Aus dem Bulgarischen von Michael Basel. Residenz Verlag 1993.
- *Pavlov, Konstantin:* **Zerkratzter Himmel.** Gedichte aus vierzig Jahren. Aus dem Bulgarischen von Rumjana Zacharieva. Avlos Verlag 1995 (Bulgarische Bibliothek Band 1).
- *Ralin, Radoj:* **Späte Brombeeren.** Gedichte. Aus dem Bulgarischen von Rumjana Zacharieva. Avlos Verlag 1997 (Bulgarische Bibliothek Band 2).
- *Daverov, Vlado:* **Junge Liebe ist kein Spiel.** Aus dem Bulgarischen von Egon Hartmann. Edition Q Verlags GmbH 1993.
- *Paskow, Viktor:* **Viola d'Amore.** Roman. Aus dem Bulgarischen von Wolfgang Köppe. Gustav Kiepenheuer 1993.
- *Saprjanov, Christo:* **Der gehäutete Hund.** Roman. Aus dem Bulgarischen von Barbara Müller. Verlag Neue Kritik 1994.
- *Tomowa, Ekaterina:* **Die vom Himmel Vergessenen.** Hundertjährige erzählen ihr Leben. Deutsch von Annemarie Mara. Kiepenheuer & Witsch 1994.
- **Wider die Wand aus Rücken.** Neue bulgarische Literatur. Assen Assenow, Koljo

Georgiew, Jordan Raditschkow, Iwailo Petrow. Iwan Kulekow, Stefan Zanew, Mirela Ivanova, Valentin Angelov, herausgegeben von *Sylvia Geist.* Rabenrat-Verlag 1993 (Textura 2).

●***Hör den Weg der Erde.*** Poesie aus Bulgarien. Herausgegeben von *Gregor Laschen.*

●***Edition die horen.*** Sechster Band der Reihe POESIE DER NACHBARN. Wirtschaftsverlag NW, Verlag für neue Wissenschaft 1994.

●***Bulgarische Erzählungen des 20. Jahrhunderts.*** Herausgegeben und mit einem Nachwort versehen von *Norbert Randow.* Insel Verlag 1996.

●***Das Buch der Ränder.*** Bulgarien: Lyrik. Von Nikolaj Kancev (Hrsg.). Aus dem Bulgarischen von Klaus Detlef Olof gemeinsam mit Valeria Jäger. Wieser Verlag 1997.

●*Trojanow, Ilija:* ***Hundezeiten. Heimkehr in ein fremdes Land,*** Hanser 1999. Der Autor, seit zwanzig Jahren ein Exilbulgare, besucht seine Heimat das erste Mal wieder nach den Umstürzen des turbulenten Jahres 1989 und ist schockiert von den Zuständen. Für an Bulgarien Interessierte ist das Buch eine wichtige Hilfe, denn selten wurde die politische Situation so genau dargestellt und ist man den Menschen so nahe gekommen.

●*Stehl, Lutz:* ***Thrakien, Thrakien,*** Gedichte.

●*Buselmeier, Michael:* ***Die Hunde von Plovdiv.*** Bulgarisches Tagebuch (1997).

●*Koneffke, Jan:* ***Gulliver in Bulgarien.***

●*Thenior, Ralf:* ***Das bulgarische Gefühl, Reisebilder aus Plovdiv und vom Schwarzen Meer.***

Die vier letztgenannten Bücher wurden vom Verlag Wunderhorn in der Reihe ***Impressionen über Bulgarien*** herausgegeben.

Geschichte und Politik

●*Härtel, Hans-Joachim* und *Schönfeld, Roland:* ***Bulgarien.*** Verlag Friedrich Pustet/ Südosteuropa-Gesellschaft 1998. Die erste deutschsprachige Gesamtdarstellung der wechselvollen Geschichte Bulgariens von der Gründung des Ersten Bulgarischen Reiches 681 bis in die jüngste Gegenwart.

●*Knaus, Gerald:* ***Bulgarien.*** Beck'sche Reihe Länder 866, C. H. Beck'sche Verlagsbuchhandlung 1997. Eine sachkundige und vielseitige Bewertung der bulgarischen Realität mit einem Rückblick in die Geschichte.

●*Hösch, Edgar:* ***Geschichte der Balkanländer. Von der Frühzeit bis zur Gegenwart.*** C. H. Beck'sche Verlagsbuchhandlung 1999. Eine erste Verständnishilfe der dramatischen südosteuropäischen Geschichte an Hand der bewegten Geschichte seiner Völker.

●*Weithmann, W. Michael:* ***Balkan-Chronik.*** 2000 Jahre zwischen Orient und Okzident. Verlag Friedrich Pustet/Verlag Styria Graz, 2. Auflage 1997. Sehr umfassende und vielseitige Informationsquelle für alle, die die politischen, sozialen, kulturellen und religiösen Hintergründe der dramatischen Ereignisse in dieser Region verstehen wollen. Fesselnd geschrieben, entwirrt es die Geschehnisse von der Römerzeit bis in die Gegenwart.

●***Bulgarien.*** Munziger Länderhefte für Politik, Wirtschaft und Kultur. Ständig aktualisierte Informationen. Munziger-Archiv, 88213 Ravensburg, Albersfelder Str. 34, Tel. (0751) 769 31-0, Fax (0751) 65 2424.

Sprachführer

●*Engelbrecht, Elena:* ***Bulgarisch – Wort für Wort.*** Reise Know-How Verlag Peter Rump Bielefeld. Der Reisesprachführer aus der Reihe „Kauderwelsch" ermöglicht Verständigung ohne Lernstress. Leicht verständliche Grammatik und Lautschrift, Mustersätze auch mit Übersetzung Wort für Wort, umfangreiche Wörterlisten. Ergänzende Begleitkassette erhältlich.

Landkarten

Wanderkarten zu kaufen ist ein äußerst schwieriges Unterfangen. Es gelingt selbst in Bulgarien nur mit großem Glück. Es kann aber auch einmal ganz unkompliziert in einem bulgarischen Hotel oder einer Herberge klappen. Eine Möglichkeit, an das gewünschte Kartenmaterial heranzukommen, besteht ebenso wie für Bücher bei den Bouquinisten in Sofia, auf dem ploschtat Slaweijkow, wobei es sich immer um Restbestände mit kyrillischer Beschriftung handeln wird.

Zum Glück bietet man endlich ***Stadtpläne*** von vielen bulgarischen Ortschaften an, auch wenn es sich meistens um *„bisnes plan-ukasatel"* handelt, also Stadtpläne überwiegend mit Werbung, die es bei uns kostenlos gibt. Aber einige sind zusätzlich auch in Latein beschriftet und mit einem Heftchen nützlicher Adressen nicht nur für Geschäftsreisende versehen. Diese Pläne sind noch nicht immer ganz exakt und zuverlässig, oft enthalten sie keine Sehenswürdigkeiten, aber sie stellen immerhin einen hoffnungsvollen Anfang dar.

Inzwischen sind in Deutschland die ersten ***Landkarten*** erschienen, die wenigstens teilweise die geänderten Ortsnamen in Bulgarien berücksichtigt haben. Es ist trotzdem empfehlenswert, sich zu den daheim besorgten Landkarten noch eine zusätzliche in Bulgarien zu kaufen, weil in den bulgarischen Straßenkarten die meisten Herbergen, Tankstellen, Campingplätze und die wichtigsten Klöster verzeichnet sind.

- ***Bulgarien 1:400.000,*** World Mapping Project (aktuelle Karte mit Ortsindex, Höhenlinien und farbige Höhenschichten).
- ***Shell EuroKarte Bulgarien*** (mit Stadtplan von Sofia), alles Latein beschriftet, sämtliche größeren Ortschaften zusätzlich in Kyrillisch, 1:750 000.
- ***Rumänien/Bulgarien*** (mit Stadtplänen), 1:1.000.000, Freytag & Berndt.
- ***Bulgarien*** (mit Ortsverzeichnis), 1:750.000, Ravenstein Verlag.

Sofia - Varna / София - Варна

Abfahrt	Ankunft	Fahrtdauer/Std.	Zug/Zugnummer	Firma/Busnummer
07:30	13:30	06:00		Biomet /1
07:45	14:15	06:30		Etap /800
08:00	15:00	07:00		Grup /999095
09:30	17:40	08:10	Schnellzug /211	
12:30	18:30	06:00		Etap /827
13:00	21:26	08:26	Schnellzug /213	
13:00	19:00	06:00		Biomet /2
13:15	22:20	09:05	Schnellzug /815	
13:30	19:30	06:00		Etap /802
14:00	21:00	07:00		Grup /999096
16:00	22:00	06:00		Etap /803
21:20	05:55	08:35	Schnellzug /287	
22:25	07:10	08:45	Schnellzug /337	
22:30	04:30	06:00		Biomet /3
22:30	05:30	07:00		Etap /804

Sofia - Burgas / София - Бургас

Abfahrt	Ankunft	Fahrtdauer/Std.	Zug	Firma/Busnummer
06:40	13:00	06:20	Expresszug /801	
07:00	13:00	06:00		Biomet /8
07:15	14:18	07:03	Schnellzug /321	
07:30	13:30	06:00		Etap /819
07:45	13:30	05:45		Grup /999001
09:25	16:34	07:09	Schnellzug /811	
13:30	19:00	05:30		Bodiwali /3
14:30	20:30	06:00		Etap /821
15:30	21:30	06:00		Biomet /6
16:00	22:00	06:00	Expresszug /301	
16:45	22:15	05:30		Bodiwali /4
22:00	04:05	06:05		Turing /5
22:40	06:24	07:44	Schnellzug /827	
23:15	07:16	08:01	Schnellzug /887	

Sofia - Plovdiv / София - Пловдив

Abfahrt	Ankunft	Fahrtdauer/Std.	Zug	Firma/Busnummer
06:40	08:50	02:10	Expresszug/801	
07:00	09:00	02:00		Vitoscha-Express /1
08:00	10:00	02:00		Vitoscha-Express /2
09:00	11:00	02:00		Vitoscha-Express /3
09:25	11:50	02:25	Schnellzug /811	
10:00	12:00	02:00		Vitoscha-Express /4
11:00	13:00	02:00		Vitoscha-Express /5
12:00	14:00	02:00		Vitoscha-Express /6
13:00	15:00	02:00		Trafik-Express /1
13:15	15:45	02:30	Schnellzug /815	
14:00	16:00	02:00		Trafik-Express /2
14:15	16:50	02:35	Schnellzug /171	
15:15	17:21	02:06	Expresszug /101	

16:00	18:00	02:00		Trafik-Express /4
16:15	18:31	02:16	Expresszug /803	
17:00	19:00	02:00		Trafik-Express /5
17:15	19:55	02:40	Schnellzug /121	
18:00	20:00	02:00		Trafik-Express /6
19:00	21:00	02:00		Trafik-Express /7
19:15	21:47	02:32	Schnellzug /151	
20:00	22:00	02:00		Trafik-Express /8
22:40	01:28	02:48	Schnellzug /827	
23:15	01:45	02:30	Schnellzug /887	

Sofia - Veliko Tarnovo / София - Велико Търново

Abfahrt	Ankunft	Fahrtdauer/Std.	Firma/Busnummer
07:00	10:30	03:30	Turing /1
07:45	10:45	03:00	Etap /800
08:00	11:30	03:30	Grup /999095
08:00	11:30	03:30	Grup /999099
13:30	16:30	03:00	Etap /802
14:00	17:30	03:30	Grup /999096
16:00	19:30	03:30	Grup /999081
16:00	19:00	03:00	Etap /803
16:30	19:30	03:00	Etap /806
17:00	20:30	03:30	Grup /999014
22:30	01:30	03:00	Etap /804

Sofia - Gabrovo / София - Габрово

Abfahrt	Ankunft	Fahrtdauer/Std.	Firma/Busnummer
07:30	11:00	03:30	Grup /999050
17:00	20:30	03:30	Grup /999110
18:00	21:30	03:30	Etap /843

Sofia - Sosopol / София - Созопол

Abfahrt	Ankunft	Fahrtdauer/Std.	Firma/Busnummer
13:30	19:30	06:00	Bodiwali /5
16:45	22:45	06:00	Bodiwali /6
22:00	04:40	06:40	Turing /5
22:30	04:30	06:00	Grup /999093

Sofia - Nessebar / София - Несебър

Abfahrt	Ankunft	Fahrtdauer/Std.	Firma/Busnummer
07:15	13:15	06:00	Grup /999091
15:30	22:00	06:30	Biomet /6

Sofia - Primorsko / София - Приморско

Abfahrt	Ankunft	Fahrtdauer/Std.	Firma/Busnummer
07:00	13:30	06:30	Biomet /8
13:30	20:30	07:00	Bodiwali /7
22:00	04:55	06:55	Turing /5

HILFE!

Dieses Reisehandbuch ist gespickt mit unzähligen Adressen, Preisen, Tipps und Infos. Nur vor Ort kann überprüft werden, was noch stimmt, was sich verändert hat, ob Preise gestiegen oder gefallen sind, ob ein Hotel, ein Restaurant immer noch empfehlenswert ist oder nicht mehr, ob ein Ziel noch oder jetzt erreichbar ist, ob es eine lohnende Alternative gibt usw.

Unsere Autoren sind zwar stetig unterwegs und versuchen, alle zwei Jahre eine komplette Aktualisierung zu erstellen, aber auf die Mithilfe von Reisenden können sie nicht verzichten.

Darum: Schreiben Sie uns, was sich geändert hat, was besser sein könnte, was gestrichen bzw. ergänzt werden soll. Nur so bleibt dieses Buch immer aktuell und zuverlässig. Wenn sich die Infos direkt auf das Buch beziehen, würde die Seitenangabe uns die Arbeit sehr erleichtern. Gut verwertbare Informationen belohnt der Verlag mit einem Sprechführer Ihrer Wahl aus der über 150 Bände umfassenden Reihe „Kauderwelsch" (siehe unten).

Bitte schreiben Sie an:

REISE KNOW-HOW Verlag Peter Rump GmbH, Osnabrücker Str. 79
D-33649 Bielefeld, oder per e-mail an: info@reise-know-how.de

Danke!

Kauderwelsch-Sprechführer – sprechen und verstehen rund um den Globus

Afrikaans ● Albanisch ● Amerikanisch - *American Slang, More American Slang* ● Amharisch ● Arabisch - Hocharabisch, für Ägypten, Algerien, Golfstaaten, Irak, Jemen, Marokko, Palästina-Syrien, Sudan, Tunesien ● Armenisch ● *Bairisch* ● Baskisch ● Bengali ● *Berlinerisch* ● Brasilianisch ● Bulgarisch ● Balinesisch* ● Burmesisch ● Cebuano ● Chinesisch ● Dänisch ● *Deutsch - Allemand, Duits, German, Nemjetzkii, Tedesco* ● *Elsässisch* ● Englisch - *British Slang, Australian Slang, Canadian Slang, Neuseeland Slang,* für Australien ● Esperanto ● Estnisch ● Finnisch ● Französisch - für Frankreich, für Restaurant & Supermarkt, für den Senegal, für Tunesien, *Französisch Slang, Franko-Kanadisch* ● Galicisch ● Georgisch ● Griechisch ● Guarani ● Hausa ● Hebräisch ● Hieroglyphisch ● Hindi ● Indonesisch ● Irisch-Gälisch ● Isländisch ● Italienisch - *Italienisch-Slang,* für Opernfans, kulinarisch* ● Japanisch ● Javanisch ● Jiddisch ● Kantonesisch ● Kasachisch ● Katalanisch ● Khmer ● Kisuaheli ● Kinyarwanda ● *Kölsch* ● Koreanisch ● Kroatisch ● Kurdisch ● Laotisch ● Lettisch ● Lëtzebuergesch ● Lingala ● Litauisch ● Madagassisch ● Makedonisch ● Malaiisch ● Mallorquinisch ● Maltesisch ● Mandinka ● Mongolisch ● Nepali ● Niederländisch ● Norwegisch ● Paschto ● Patois ● Persisch ● Pidgin-English ● *Plattdüütsch* ● Polnisch ● Portugiesisch ● Quechua ● *Ruhrdeutsch* ● Rumänisch ● Russisch ● *Sächsisch* ● *Schwäbisch* ● Schwedisch ● *Schwiizertüütsch* ● *Scots* ● Serbisch ● Singhalesisch ● Sizilianisch ● Slowakisch ● Slowenisch ● Spanisch - *Spanisch Slang,* für Lateinamerika, für Argentinien, für Chile, für Costa Rica, für Cuba, für die Dominikanische Republik, für Ecuador, für Guatemala, für Honduras, für Mexiko, für Nicaragua, für Panama, für Peru, für Venezuela, kulinarisch* ● Tagalog ● Tamil ● Tatarisch* ● Thai ● Tibetisch ● Tschechisch ● Türkisch ● Ukrainisch ● Ungarisch ● Urdu ● Usbekisch ● Vietnamesisch ● Weißrussisch ● *Wienerisch* ● Wolof

Europas Osten

Europa rückt zusammen und der reizvolle Osten des Kontinents lässt sich einfacher denn je erkunden. **Reise Know-How** bietet dafür die passenden Reisebegleiter:

Frank Strzyzewski
Budapest und Umgebung
Der City Guide für eine atemberaubende Stadt
312 Seiten, farbige Karten in den Umschlagklappen, durchgehend illustriert.

Karin Werner, Jozef Petro
Prag und Umgebung
Die Goldene Stadt neu entdecken
360 Seiten, 16 Karten und Pläne, durchgehend illustriert.

Katarzyna Jone, Christiane Rahn
Krakau & Warschau
mit Ausflügen in die Umgebung, inklusive Tschenstochau mit dem Kloster Jasna Góra und der Schwarzen Madonna
312 Seiten, 21 Karten und Pläne, durchgehend illustriert.

Karin Werner, Jozef Petro
Tschechien
Vom Böhmischen Bäderdreieck über Prag bis ins Riesengebirge, die Beskiden und die Walachai
456 Seiten, 40 Karten und Pläne, durchgehend illustriert.

Reise Know-How Verlag,
Bielefeld

Praxis – die neuen handlichen Ratgeber

Wer seine Freizeit aktiv verbringt, in die Ferne schweift, moderne Abenteuer sucht, braucht spezielle Informationen und Wissen, das in keiner Schule gelehrt wird. Reise Know-How beantwortet die vielen Fragen rund um Freizeit, Urlaub und Reisen in einer neuen, praktischen Ratgeberreihe: „Praxis".

Die Themenpalette reicht von Basiswissen wie beispielsweise „Wildnis-Ausrüstung" über Outdoor-Aktivitäten und Fun-Freizeitsportarten bis hin zu den Geheimnissen asiatischer Märkte.

So vielfältig die Themen auch sind, gemeinsam sind allen Büchern die anschaulichen und allgemeinverständlichen Texte.

Birgit Adam:
Als Frau allein unterwegs
Alexander Maier:
Höhlen erkunden
Rainer Höh:
GPS Outdoor-Navigation
Frank Littek:
Fliegen ohne Angst
Erich Witschi:
Clever buchen – besser fliegen
Wolfram Schwieder:
Richtig Kartenlesen
Matthias Faermann:
Schutz vor Kriminalität und Gewalt unterwegs
Gunther Schramm:
Internet für die Reise

Weitere Titel: siehe Programmübersicht

Jeder Titel: 144-160 Seiten, handliches Taschenformat 10,5 x 17 cm, robuste Fadenheftung, praktische Umschlagklappen, Glossar, Register und Griffmarken zur schnellen Orientierung

Reise Know-How Verlag, Bielefeld

KulturSchock

Diese Reihe vermittelt dem Besucher einer fremden Kultur wichtiges Hintergrundwissen. **Themen** wie Alltagsleben, Tradition, richtiges Verhalten, Religion, Tabus, das Verhältnis von Frau und Mann, Stadt und Land werden nicht in Form eines völkerkundlichen Vortrages, sondern praxisnah auf die Situation des Reisenden ausgerichtet behandelt. Der **Zweck** der Bücher ist, den Kulturschock weitgehend abzumildern oder ihm gänzlich vorzubeugen. Damit die Begegnung unterschiedlicher Kulturen zu beidseitiger Bereicherung führt und nicht Vorurteile verfestigt. Die Bücher haben jeweils ca. 240 Seiten.

Folgende Titel sind lieferbar:

- **KulturSchock Mit anderen Augen sehen**
- **KulturSchock Afghanistan**
- **KulturSchock Ägypten**
- **KulturSchock Brasilien**
- **KulturSchock China, mit Taiwan**
- **KulturSchock Golfemirate/Oman**
- **KulturSchock Indien**
- **KulturSchock Iran**
- **KulturSchock Islam**
- **KulturSchock Japan**
- **KulturSchock Marokko**
- **KulturSchock Mexiko**
- **KulturSchock Pakistan**
- **KulturSchock Russland**
- **KulturSchock Spanien**
- **KulturSchock Thailand**
- **KulturSchock Türkei**
- **KulturSchock Vietnam**

REISE KNOW-HOW Verlag, Bielefeld

Alle Reiseführer von Reise

Reisehandbücher
Urlaubshandbücher
Reisesachbücher
Rad & Bike

Afrika, Bike-Abenteuer
Afrika, Durch, Bd.1
Afrika, Durch, Bd.2
Agadir, Marrak./Südmarok.
Ägypten individuell
Alaska ⇗ Canada
Algarve
Algerische Sahara
Amrum
Amsterdam
Andalusien
Äqua-Tour
Argentinien, Urug./Parag.
Äthiopien
Auf nach Asien!

Bahrain
Bali und Lombok
Bali, die Trauminsel
Bali: Ein Paradies ...
Bangkok
Barbados
Barcelona
Berlin
Borkum
Botswana
Bretagne
Budapest
Bulgarien
Burgund

Cabo Verde
Canada West, Alaska
Canada Ost, USA NO
Chile, Osterinseln
China Manual
Chinas Norden
Chinas Osten
Cornwall
Costa Blanca
Costa Brava
Costa de la Luz
Costa del Sol
Costa Dorada
Costa Rica
Cuba

Dalmatien
Dänemarks Nordseeküste
Dominik. Republik
Dubai, Emirat

Ecuador, Galapagos
El Hierro
England – Süden
Erste Hilfe unterwegs
Europa BikeBuch

Fahrrad-Weltführer
Fehmarn
Florida
Föhr
Fuerteventura

Gardasee
Golf v. Neapel, Kampanien
Gomera
Gran Canaria
Großbritannien
Guatemala

Hamburg
Hawaii
Hollands Nordseeinseln
Honduras
Hongkong, Macau, Kanton

Ibiza, Formentera
Indien – Norden
Indien – Süden
Irland
Island
Israel, palästinens. Gebiete, Ostsinai
Istrien, Velebit

Jemen
Jordanien
Juist

Kairo, Luxor, Assuan
Kalabrien, Basilikata
Kalifornien, USA SW
Kambodscha
Kamerun
Kanada ⇗ Canada
Kapverdische Inseln
Kenia
Kerala
Korfu, Ionische Inseln
Krakau, Warschau
Kreta
Kreuzfahrtführer

Ladakh, Zanskar
Langeoog
Lanzarote
La Palma
Laos
Lateinamerika BikeB.
Libyen
Ligurien
Litauen
Loire, Das Tal der
London

Madagaskar
Madeira
Madrid
Malaysia, Singap., Brunei
Mallorca
Mallorca, Leben/Arbeiten
Mallorca, Wandern auf
Malta
Marokko
Mecklenb./Brandenb.: Wasserwandern
Mecklenburg-Vorp. Binnenland
Mexiko
Mongolei
Motorradreisen
München
Myanmar

Namibia
Nepal
Neuseeland BikeBuch
New Orleans
New York City
Norderney
Nordfriesische Inseln
Nordseeküste NDS
Nordseeküste SLH
Nordseeinseln, Deutsche
Nordspanien
Normandie

Oman
Ostfriesische Inseln
Ostseeküste MVP
Ostseeküste SLH
Outdoor-Praxis

Panama
Panamericana, Rad-Abenteuer
Paris
Peru, Bolivien
Phuket
Polens Norden
Prag
Provence
Pyrenäen

Qatar

Rajasthan
Rhodos
Rom
Rügen, Hiddensee

Sächsische Schweiz
Salzburg
San Francisco
Sansibar
Sardinien
Schottland
Schwarzwald – Nord
Schwarzwald – Süd
Schweiz, Liechtenstein
Senegal, Gambia
Singapur
Sizilien
Skandinavien – Norden
Slowenien, Triest
Spaniens Mittelmeerküste
Spiekeroog
Sporaden, Nördliche
Sri Lanka
St. Lucia, St. Vincent, Grenada
Südafrika
Südnorwegen, Lofoten
Sylt
Syrien

Register

W

Z

Die Autoren

Elena Engelbrecht (1951), eigentlich Elena-Josef nach ihrem österreichischen Großvater, verbrachte Kindheit und Jugend in Bulgarien. Zunächst nur auf Reisen in den deutschsprachigen Ländern unterwegs, verschlug sie die Liebe schließlich nach Deutschland. Jetzt pendelt sie mindestens einmal im Jahr in umgekehrter Richtung nach Bulgarien, für das ihr Herz ebenso schlägt wie für ihren Mann. Beruflich liebt sie die Abwechslung. Ein absolviertes Theaterstudium macht sie noch immer verwandlungsfähig: von der Putzfrau zur Dozentin, von der Werbedame zur Reiseleiterin, von der Kulturtherapeutin zur Journalistin und jetzt zur Reisebuchautorin. In der Kauderwelsch-Reihe erschien im gleichen Verlag von ihr der Band „Bulgarisch - Wort für Wort" und „Makedonisch - Wort für Wort".

Ralf Engelbrecht (1952), ist ein mit seiner Heimatstadt fest verwurzelter Sachse. Früher den ganzen Ostblock bis zur Mongolei abklappernd, fand er in Bulgarien die Frau fürs und den Sinn des Lebens. Ihre Freunde wurden auch seine Freunde, Bulgarien sein zweites Heimatland. Nach dem Studium der Germanistik und Geschichte ist er heute ein treuer Staatsdiener, im Urlaub seiner Heimat aber stets untreu. Die spontanen Einfälle seiner Frau unterstützt er nach Kräften und lässt sich von ihr immer wieder mitreißen. So wurde er Koautor dieses Buches.

Legende zu den Karten im Innenteil

- Tourist-Information
- Sehenswürdigkeit
- Museum
- Hotel
- Restaurant
- Post
- Bank
- Kirche
- Moschee
- Synagoge
- Krankenhaus
- Campingplatz
- Taxistand
- Busbahnhof
- Tankstelle
- Parkplatz
- Flughafen

Kartenverzeichnis

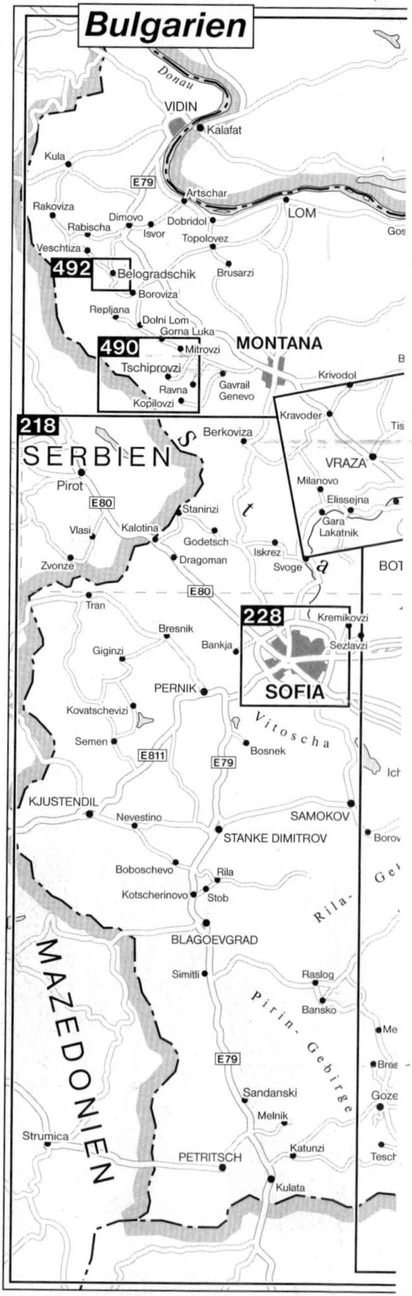